"十二五"國家重點圖書出版規劃項目
哈佛燕京圖書館書目叢刊第十五種

沈津 主編

美國哈佛大學
哈佛燕京圖書館藏
中文善本書志

Annotated Catalogue of the Chinese Rare Books
in the Harvard-Yenching Library,
Harvard University, U.S.A.

· 3 ·

 子部

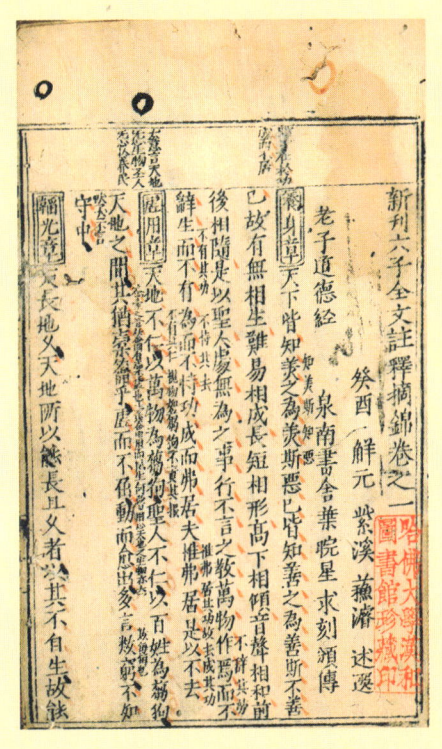
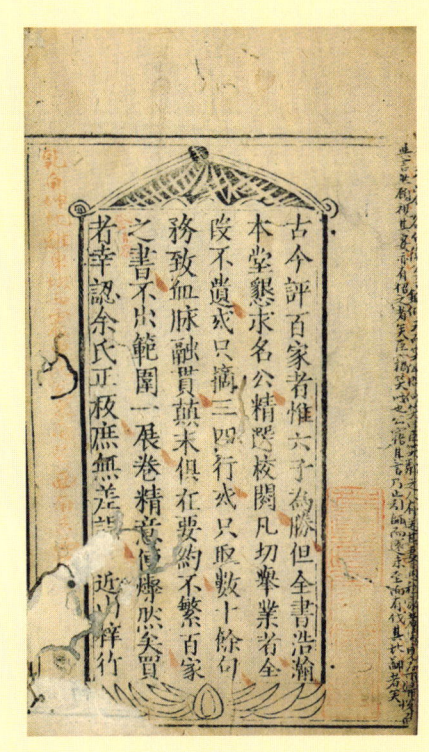

《新刊六子全文註釋摘錦》六卷　明蘇濬輯　明萬曆二年(1574)葉皖星泉南書舍刻本

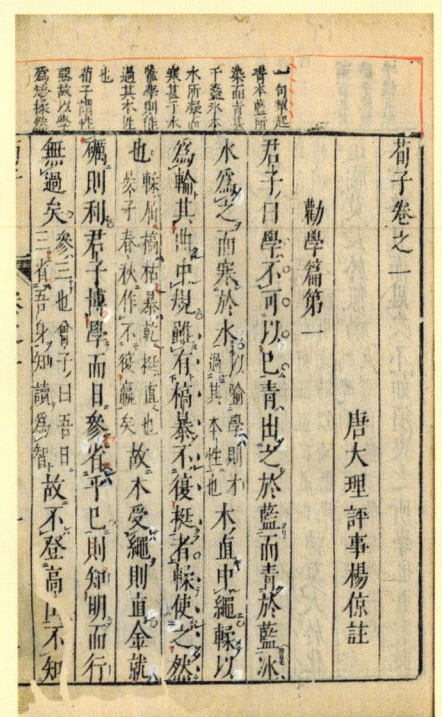

《荀子》二十卷　唐楊倞注　明末肯石居刻本

《鹽鐵論》十卷　漢桓寬撰　明萬曆十四年(1586)張袤星聚堂刻本

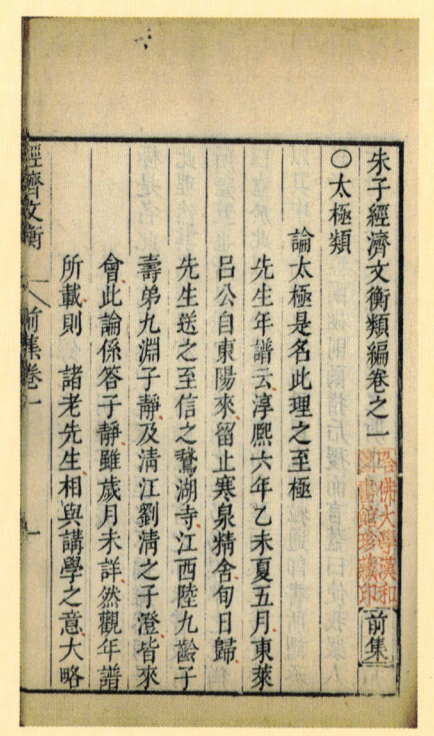

《朱子經濟文衡類編前集》二十五卷《後集》二十五卷《續集》二十二卷
宋滕珙輯　清乾隆四年(1739)刻本

女訓 閨訓第一

夫女者坤道也。其生則設悅於門右。明其生女也。三日則臥之於床下。明其卑弱也。七歲男女不同席。十歲閨門不出。習言貌之柔順。恭聽從之懿德。敎麻枲治絲繭織紝布帛。組紃縰纓。皆女人之職以供衣服也。潔明酒漿。親執籩豆。理乎葅菜。具乎肉醢。亦女

《女訓》一卷　明興獻皇后蔣氏撰
明嘉靖九年（1530）內府刻本

大明仁孝皇后內訓
德性章第一

貞靜幽閒端莊誠一。女子之德性也。孝敬仁明慈和柔順德性備矣。夫德性原於所稟而化成於習。匪由外至實本於身。貞靜者。正固而不妄動也。幽閒者。幽深閒雅之謂。誠一者。真實無妄之謂。端莊者。齊莊正直之謂。聰明者。心之德。愛之理。孝者。善事父母為孝。敬者。敬之謂。仁者。無所不愛。無所不敬。慈者。無所不愛。無所不順。柔者。無所不順。和者。無所不和。順者。無所不從。是數者皆德性備矣。夫德性者。天之所命。而成於所稟。無德言。無德性。

《大明仁孝皇后內訓》一卷　明仁孝皇后徐氏撰　明嘉靖內府刻本

却獻懿規

漢文帝時有獻千里馬者。文帝曰鸞旗在前。屬車在後。吉行日五十里。師行日三十里。朕乘千里馬獨先安之於是還其馬與道里費。而下詔曰朕不受獻也。其令四方無復來獻武帝自如舊制時異國有獻名馬者日行千里。又進以薦宗廟。自如舊制。時異國有獻名馬者。日行千里。又進以寶劍價值百金。詔以劍賜騎士。馬駕鼓車。夫王之富在四海。貢獻何足愛哉。仁義之道。若能時常討論。則知福德脩於天下。其善繼善述為至寶。用賢敎子為明珠。國祚自然隆長。稍有愛物存積之念。則却貢之美談不足稱也。日綱

《御世仁風》四卷　明金忠撰　明萬曆四十八年（1620）鳳陽刻本

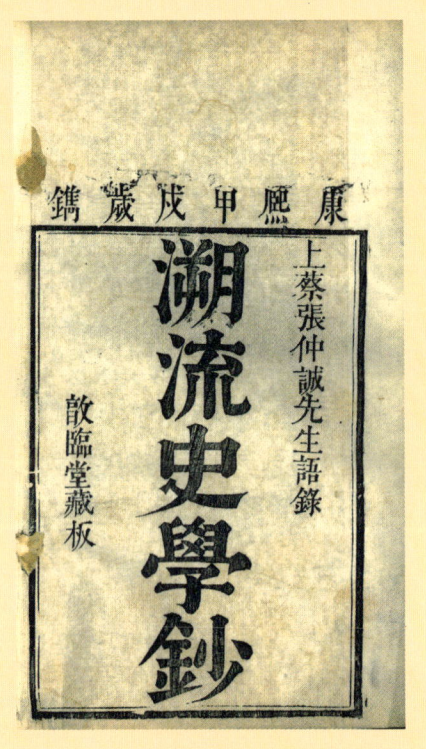
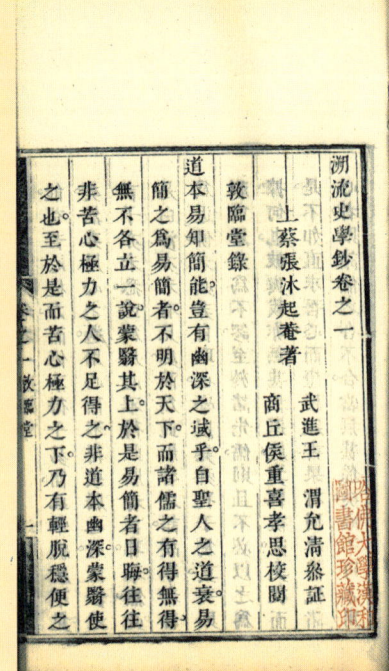

《溯流史學鈔》二十卷　清張沐撰　清康熙三十三年(1694)刻本

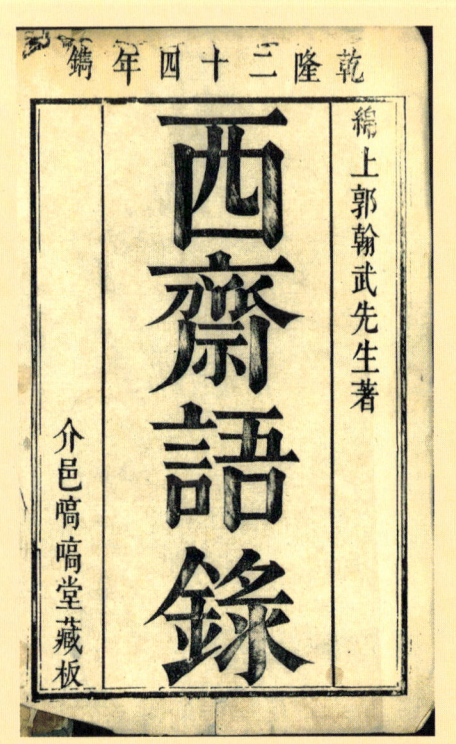
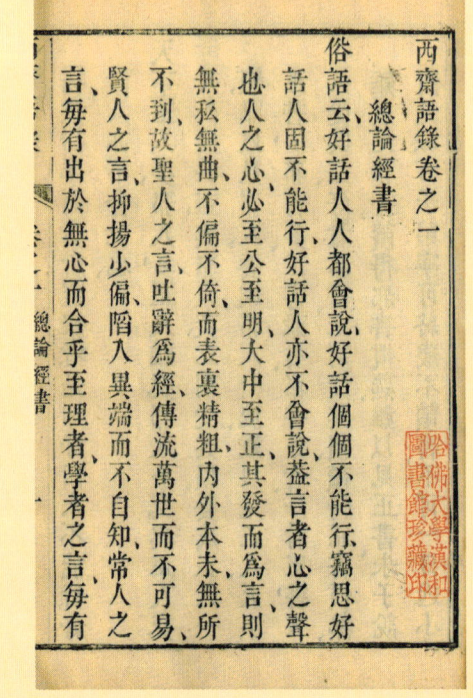

《西齋語錄》四卷　清郭元鎬撰　清乾隆二十四年(1759)郭謙亨刻本

《孫子參同》五卷 明閔于忱輯
明萬曆四十八年(1620)閔于忱松筠
館刻朱墨套印本

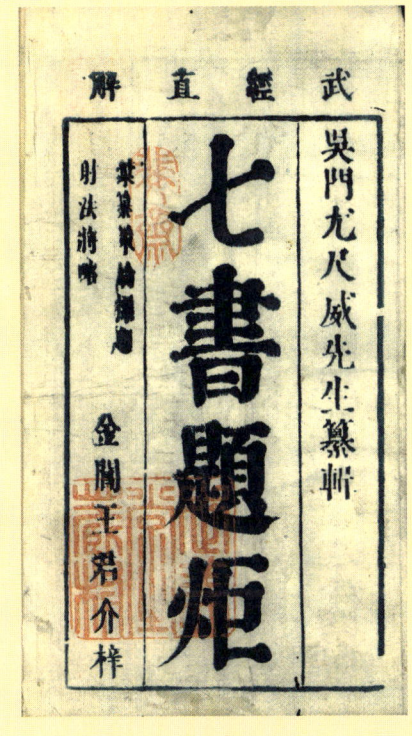
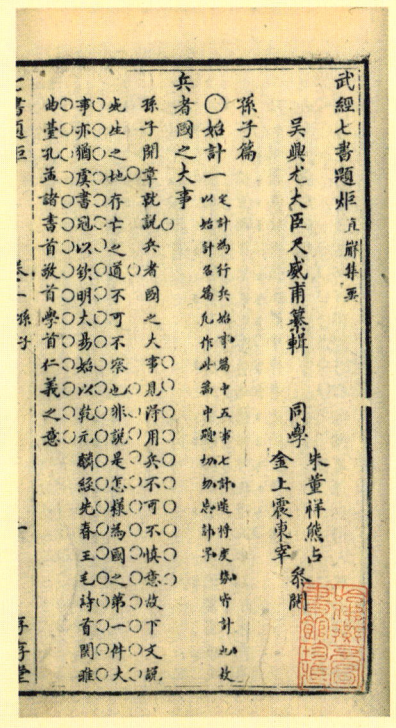

《武經七書題炬》十一卷 清尤大臣撰 清順治年間存存堂刻本

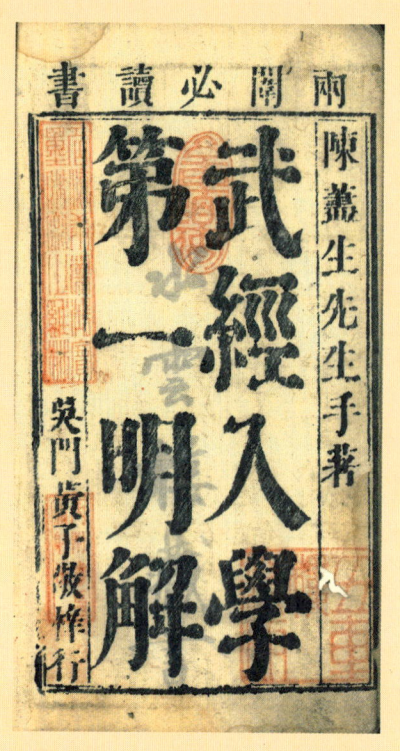 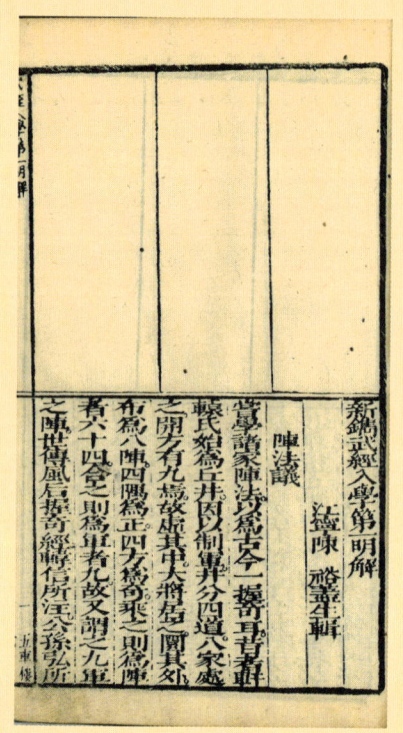

《新鎸武經入學第一明解》七卷　清陳裕撰　《武經七書集注》七卷　清陳裕輯　清康熙刻本

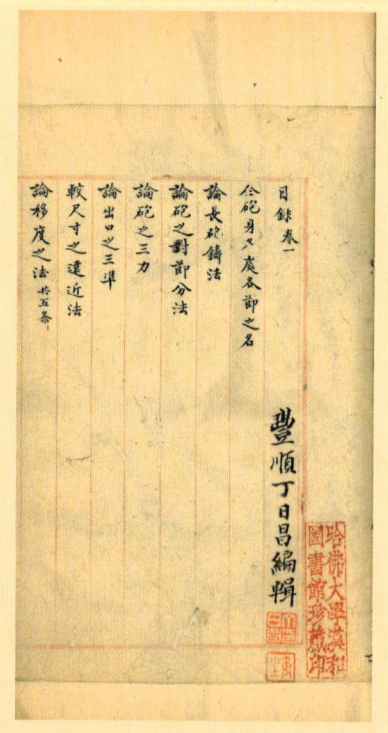 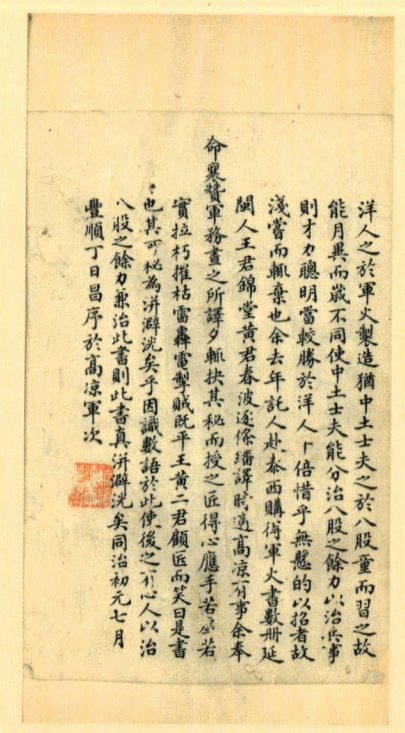

《砲錄》不分卷　清丁日昌輯　稿本

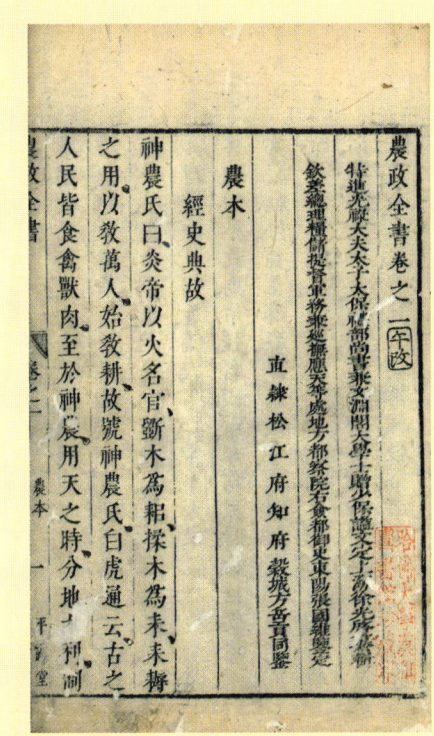

《農政全書》六十卷　明徐光啓撰　明崇禎十二年(1639)陳子龍平露堂刻本

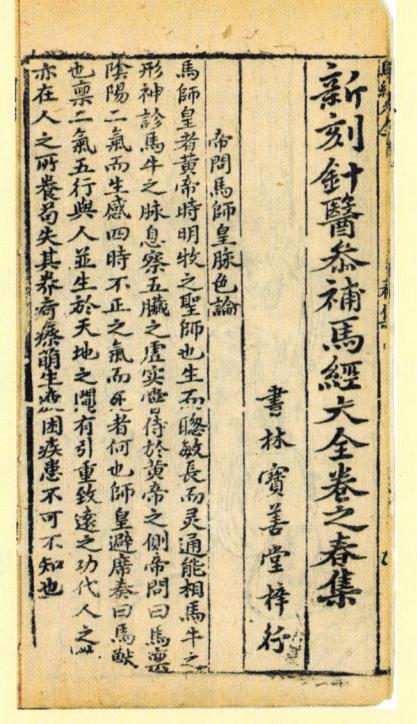

《新刻針醫參補馬經大全》四卷　題馬師問輯　明末書林寶善堂刻本

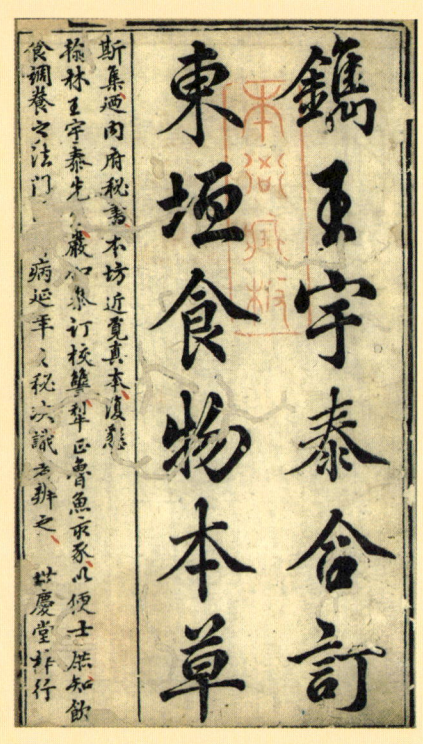
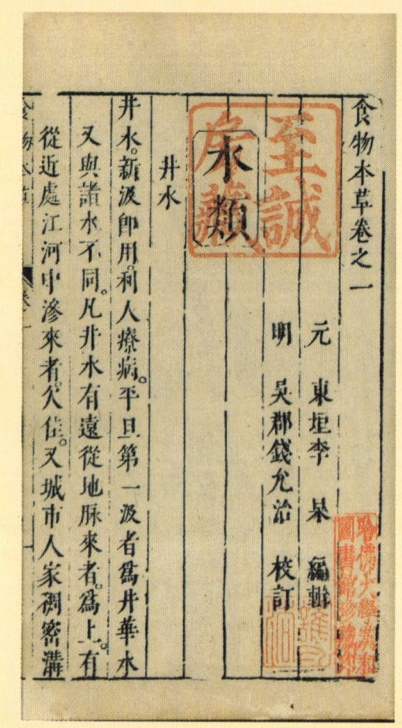

《食物本草》七卷　元李杲輯　《日用本草》三卷　元吳瑞輯
明錢允治校注　明萬曆四十八年(1620)世慶堂刻本

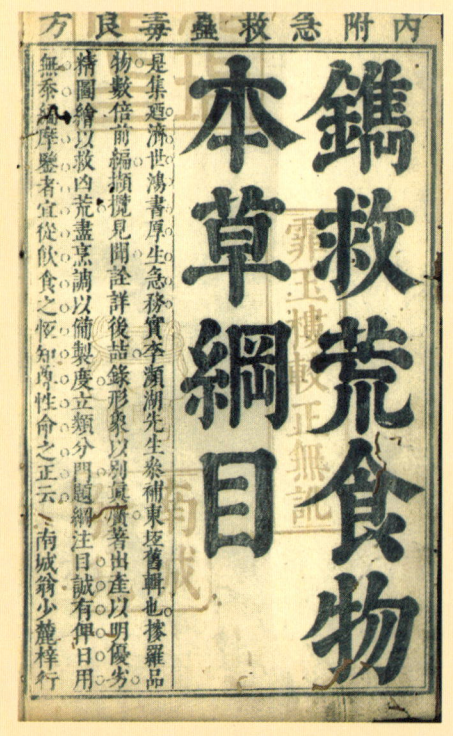
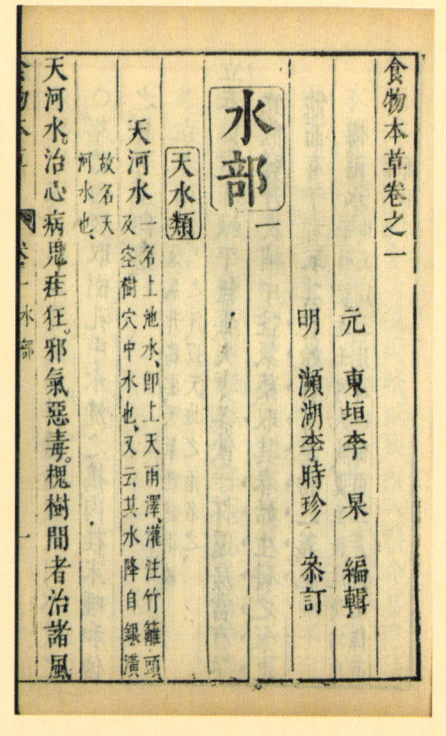

《食物本草》二十二卷首一卷　題元李杲輯　明李時珍訂　明末南城翁少麓刻清印本

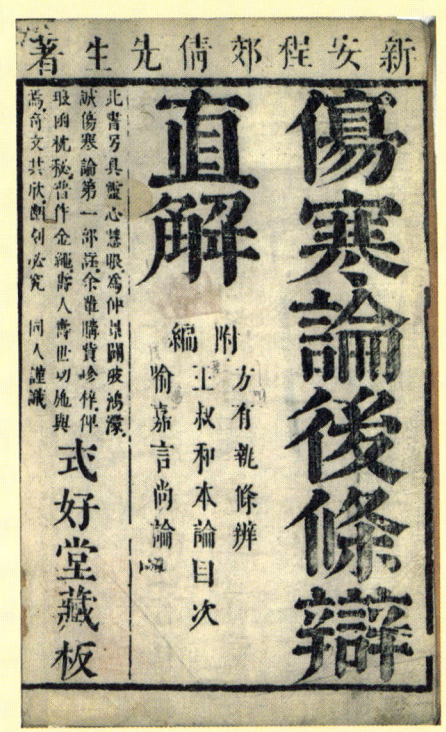
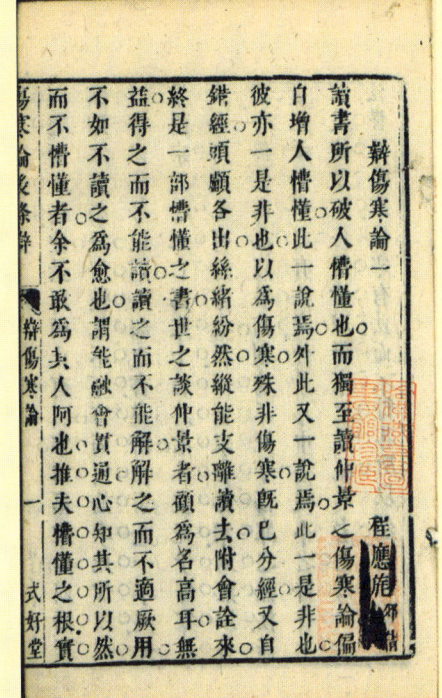

《傷寒論後條辨》十五卷　清程應旄撰　清康熙刻本

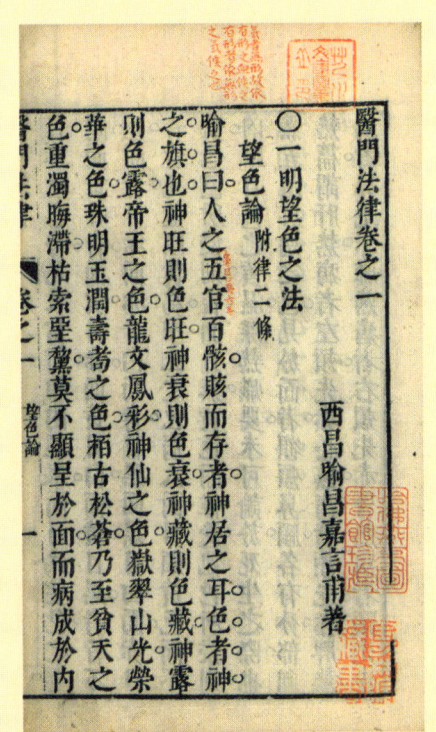

《醫門法律》六卷　清喻昌撰　清初葵錦堂刻本

《大清咸豐九年歲次己未時憲書》一卷
清咸豐刻朱墨套印本

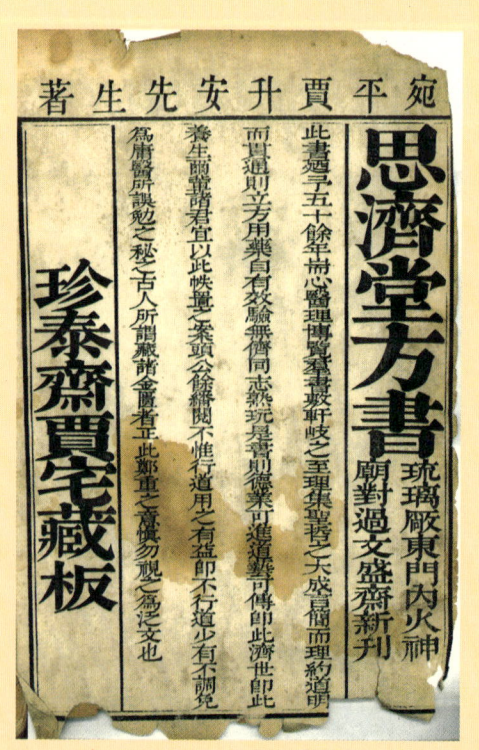
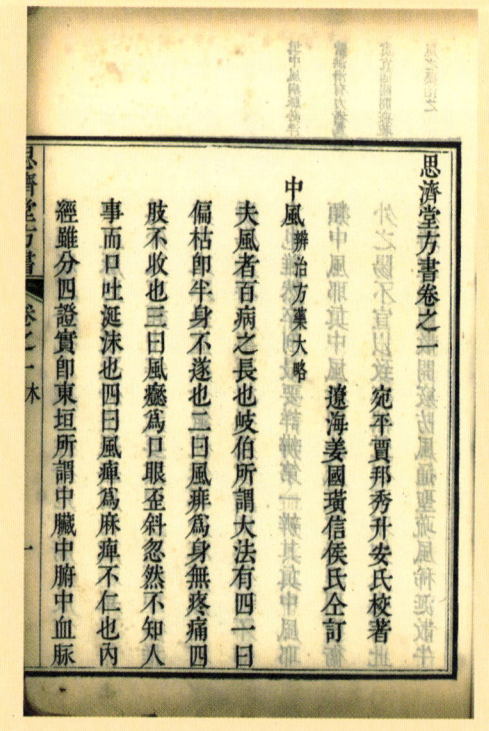

《思濟堂方書》五卷　清賈邦秀撰　清雍正刻本

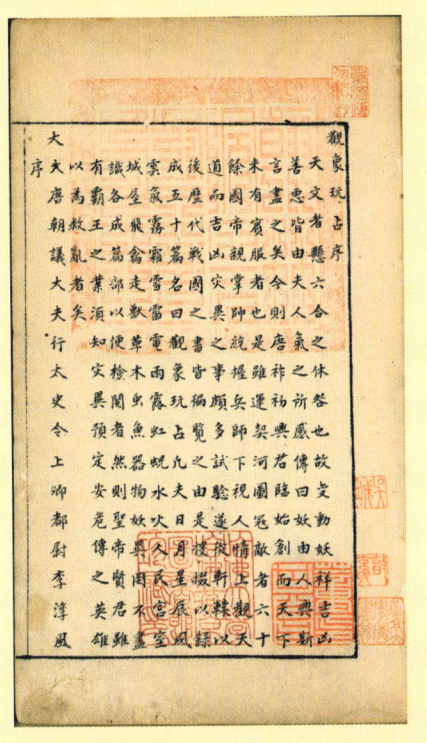
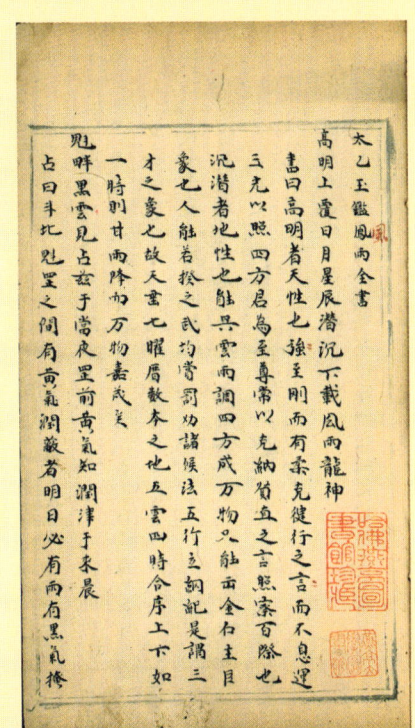

《觀象玩占》五十卷附《太乙玉鑑風雨全書》一卷　題唐李淳風撰　明藍格抄本

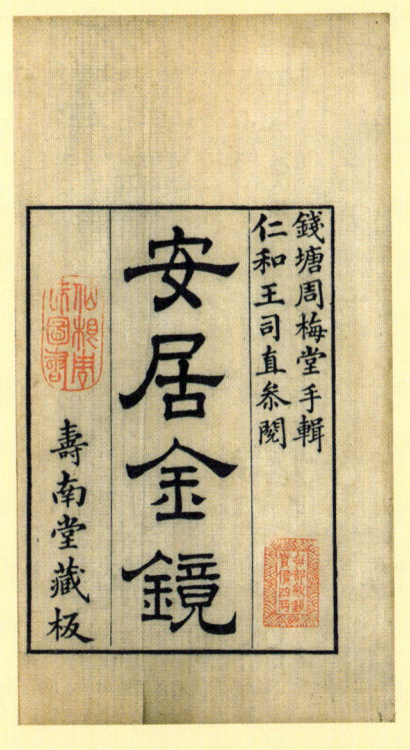
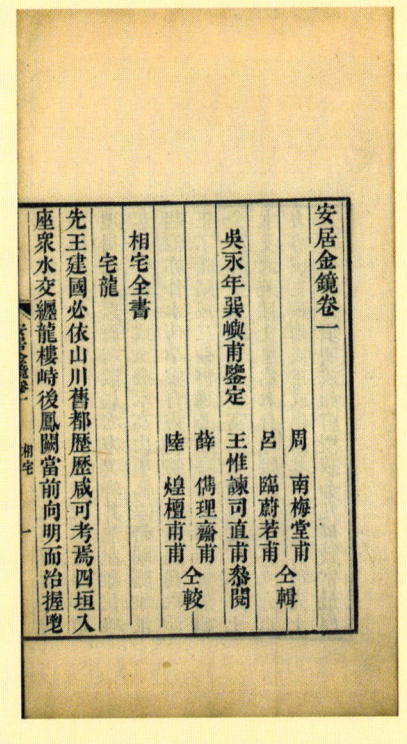

《安居金鏡》八卷　清周南輯　清乾隆四十五年(1780)周氏壽南堂刻本

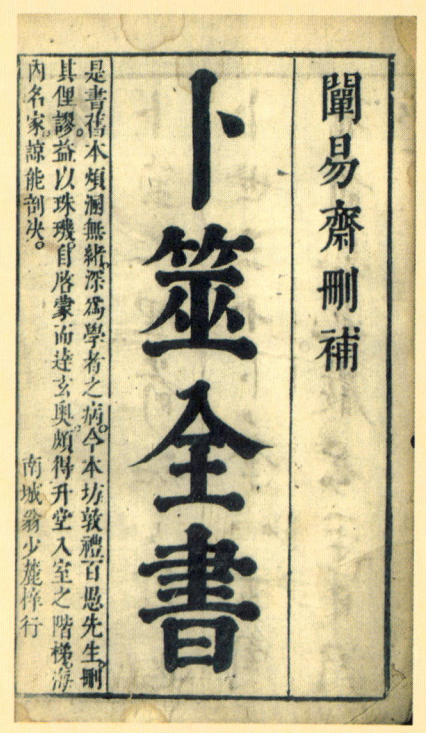
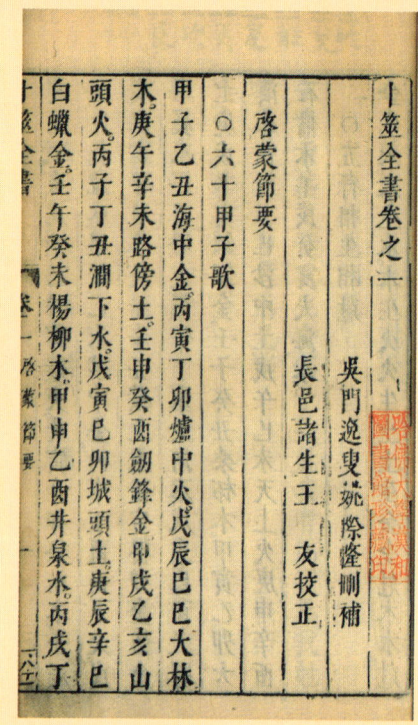

《卜筮全書》十四卷　明姚際隆刪補　明崇禎翁少麓刻本

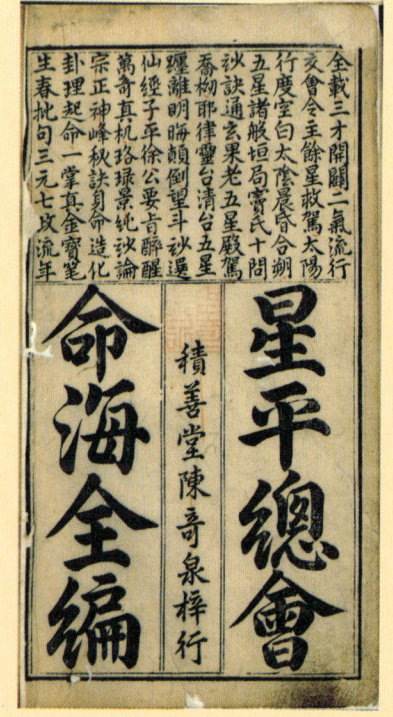
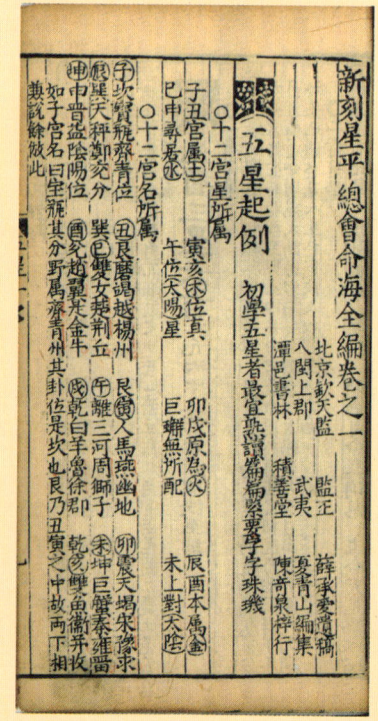

《新刻星平總會命海全編》十卷首一卷　明薛承愛撰　夏青山編集
明萬曆三十九年(1611)文林積善堂陳奇泉刻本

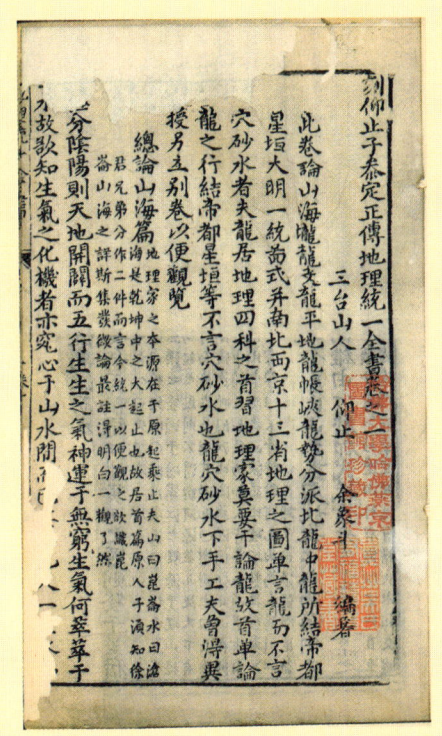

《刻仰止子參定正傳地理統一全書》
十二卷首一卷　明余象斗輯　明崇禎
元年(1628)余應虬、余應科刻本

《選擇叢書集要》五種二十八卷　明江之棟輯　清康熙三十九年(1700)豐南吳氏尚白齋刻本

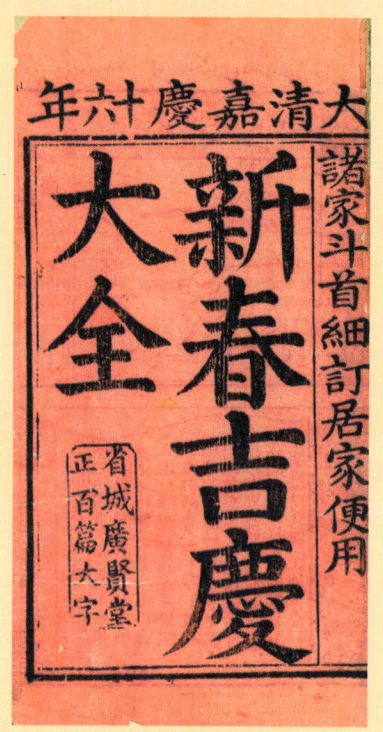
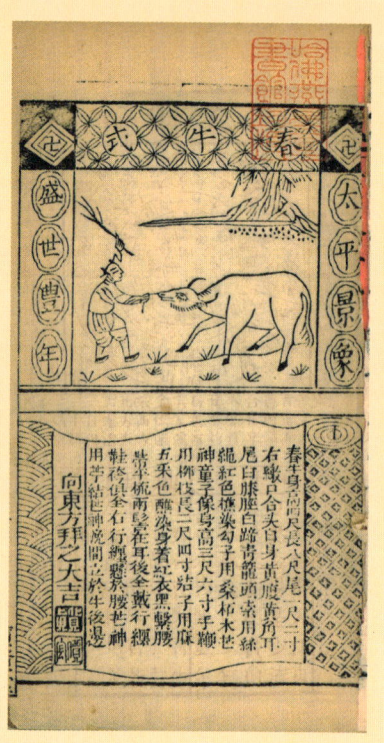

《新春吉慶大全》一卷　清嘉慶十六年(1811)廣賢堂刻本

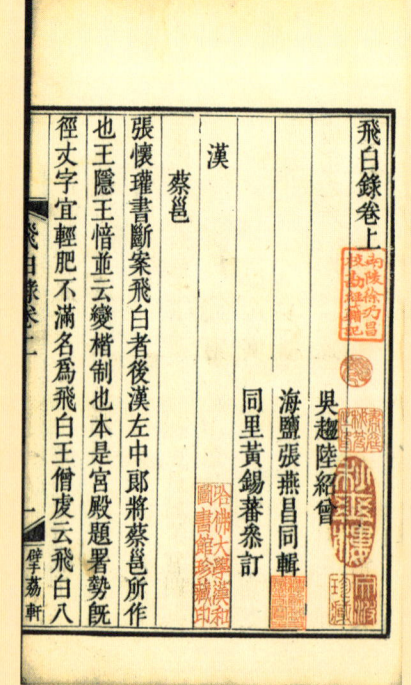

《飛白錄》二卷　清陸紹曾、張燕昌輯　清嘉慶九年(1804)海鹽黃氏擘荔軒刻本

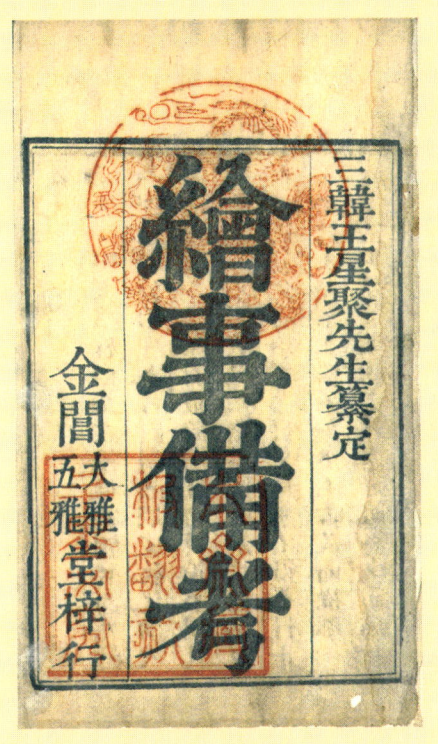
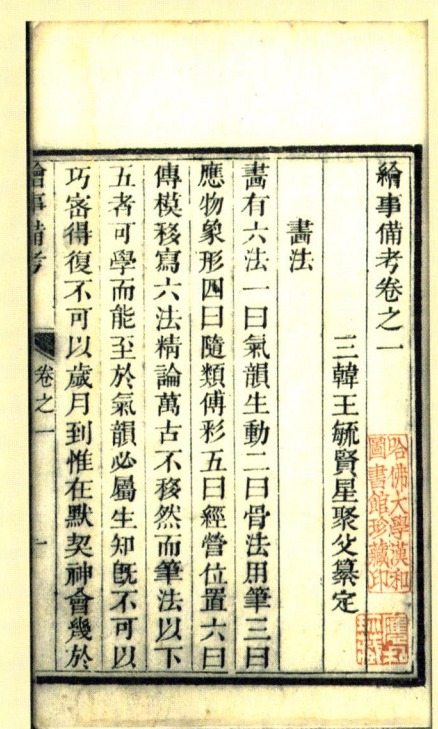

《繪事備考》八卷　清王毓賢撰　清康熙三十年(1691)金閶大雅、五雅堂刻本

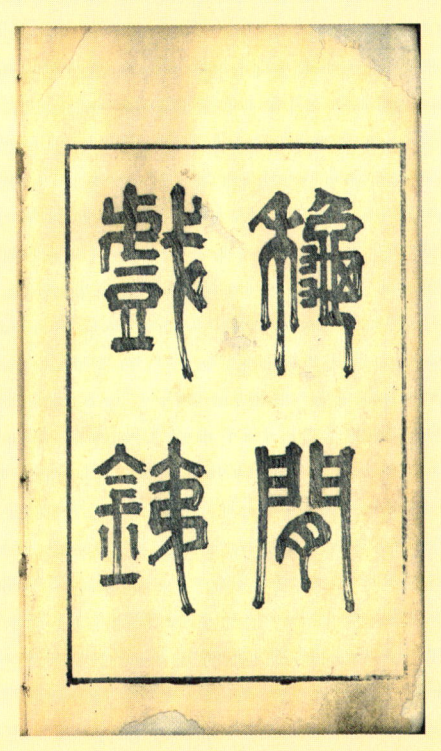
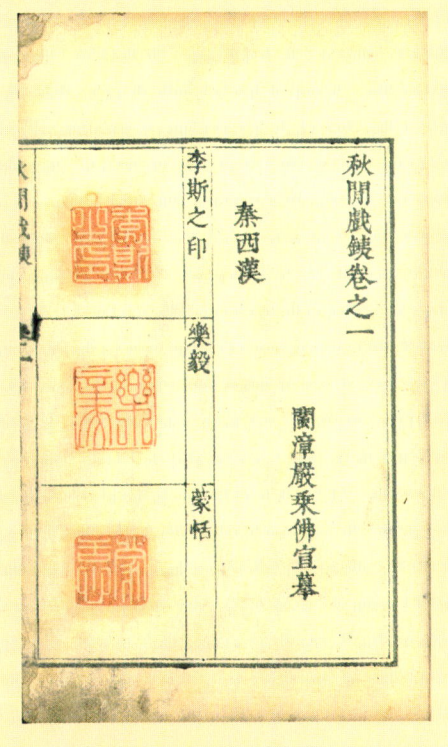

《秋閒戲鐵》八卷續一卷　清嚴乘輯　清羅公權續輯　清初鈐印本

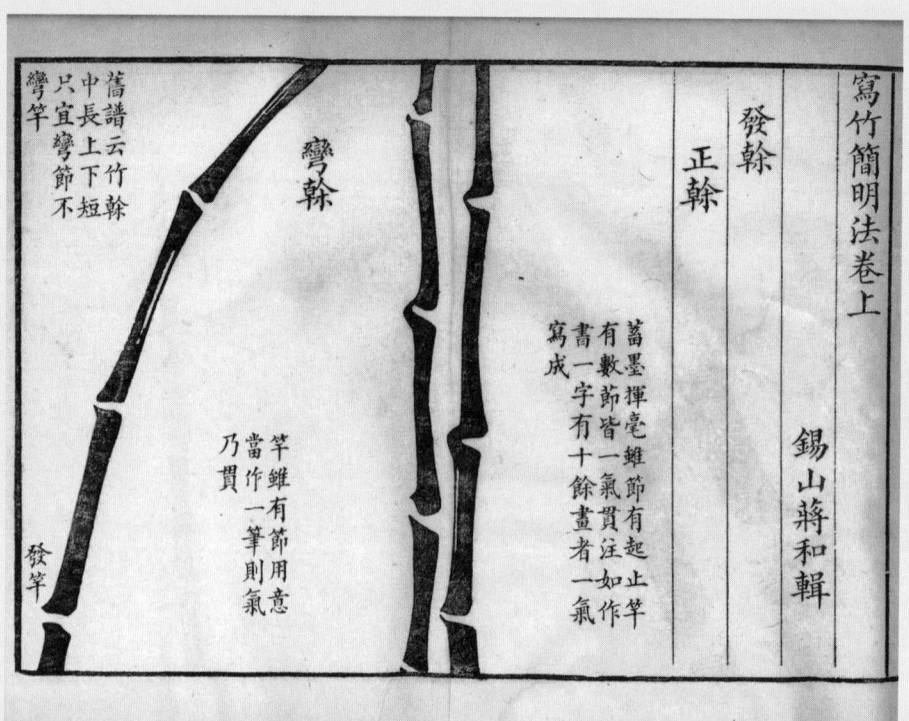

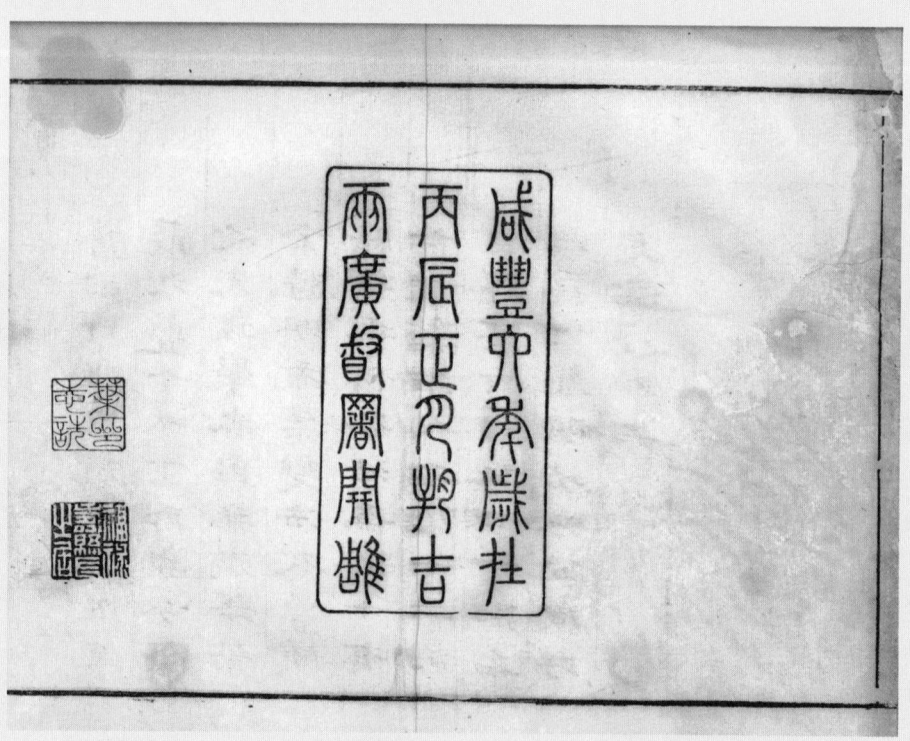

《寫竹簡明法》二卷　清蔣和撰　清咸豐六年(1856)葉志詵兩廣督署刻本

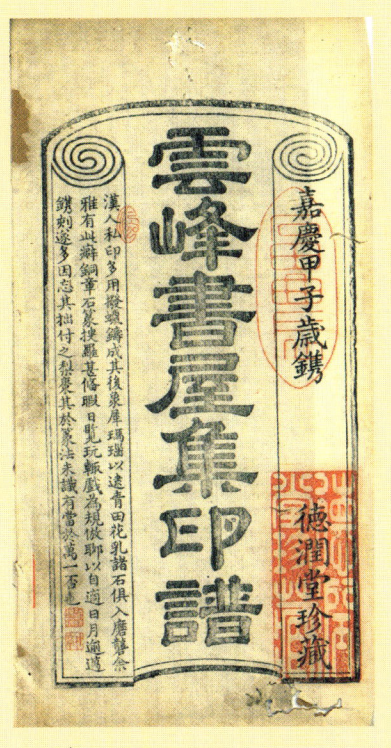 

《雲峰書屋集印譜》八卷　清趙錫綬篆刻　清鏡塘輯　清嘉慶九年(1804)鈐印本

 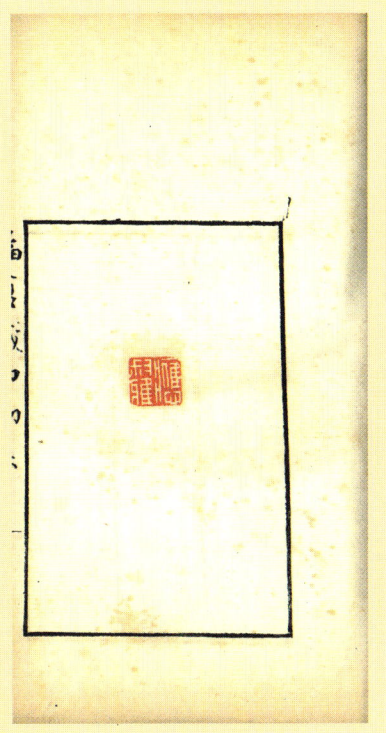

《福盦藏印六集》六卷　清王禔輯　清光緒鈐印本

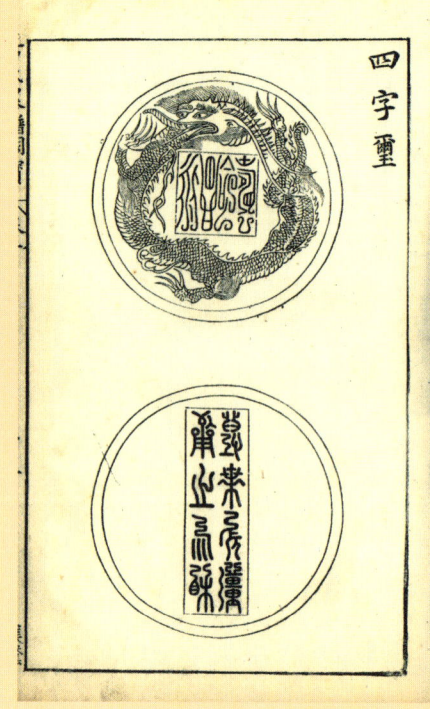

《方氏墨譜》六卷　明方于魯撰
明萬曆方氏美蔭堂刻本

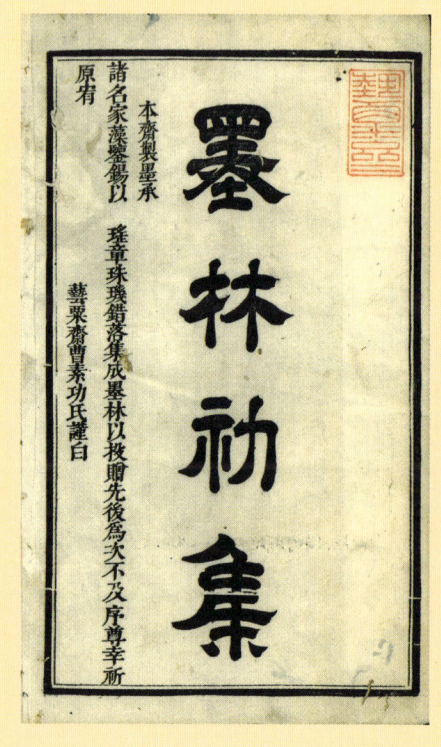
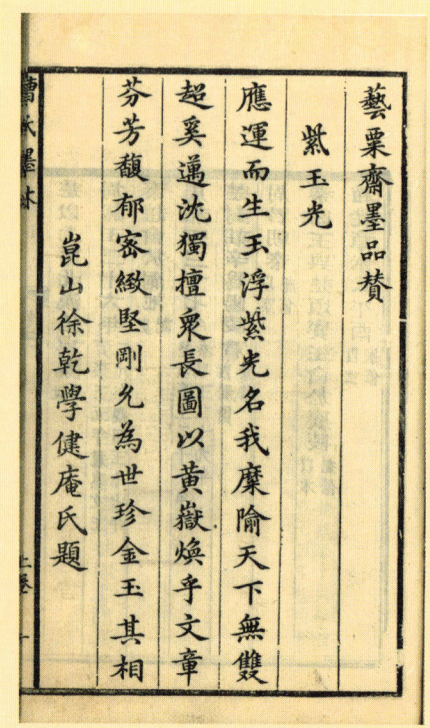

《曹氏墨林》二卷　清曹聖臣輯　清康熙二十七年(1688)自刻本

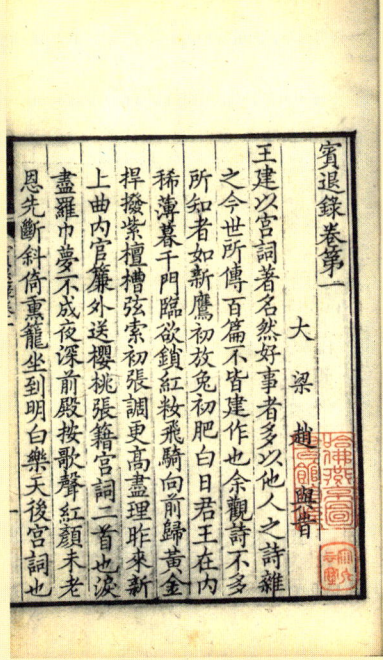

《賓退錄》十卷　宋趙與旹撰　清乾隆十七年(1752)存恕堂刻本

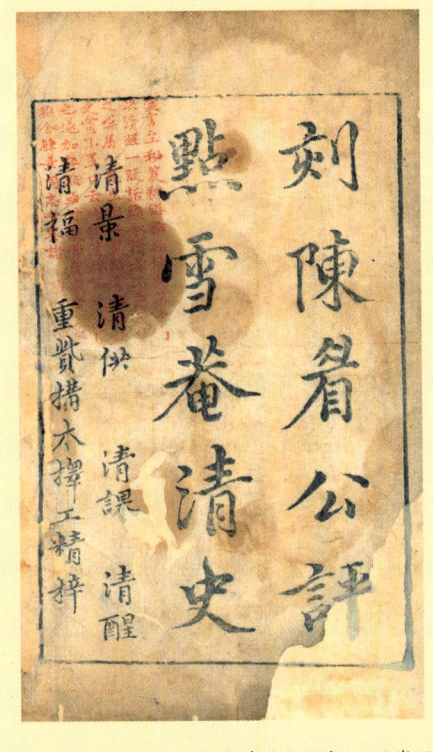
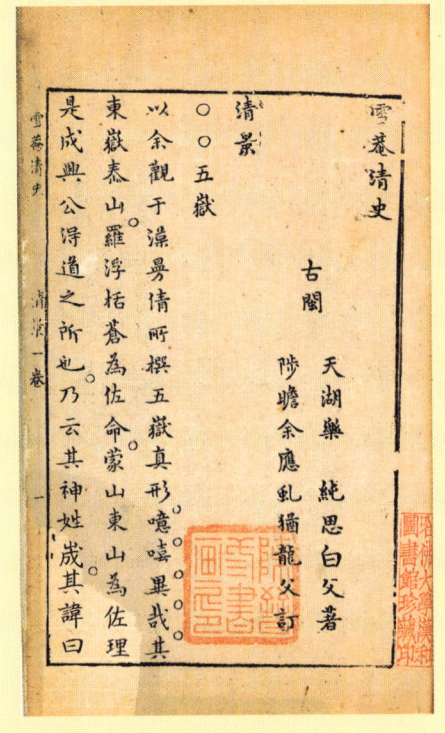

《雪庵清史》五卷　明樂純撰　明萬曆四十二年(1614)刻本

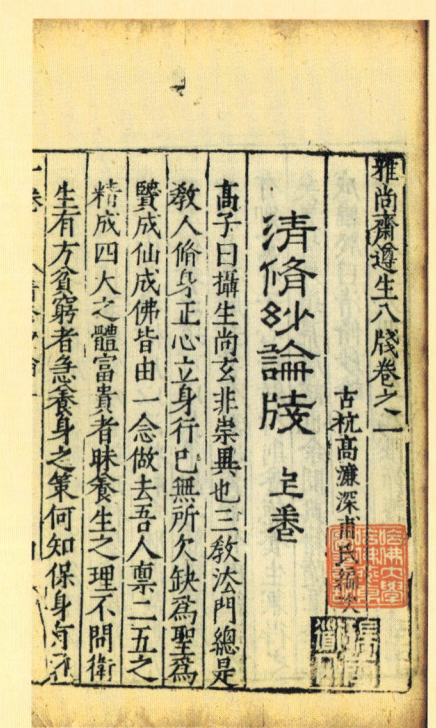

《雅尚齋遵生八牋》十九卷　明高濂撰　明萬曆十九年（1591）雅尚齋刻本

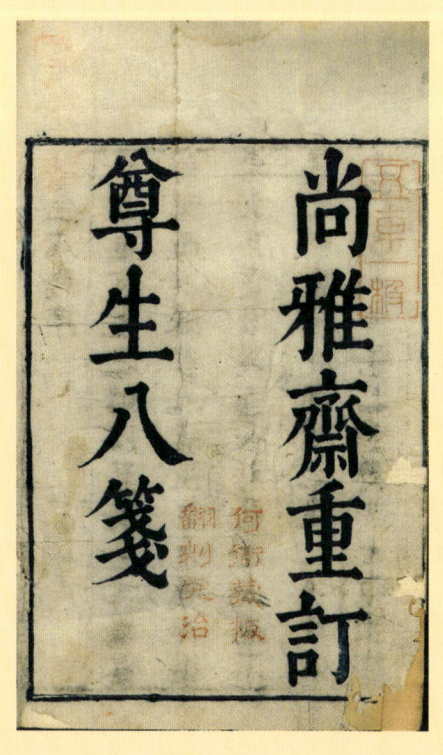
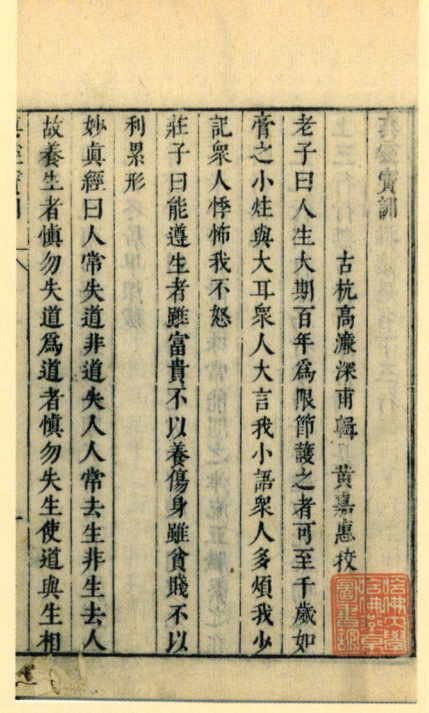

《雅尚齋遵生八牋》十九卷　明高濂撰　明末刻本

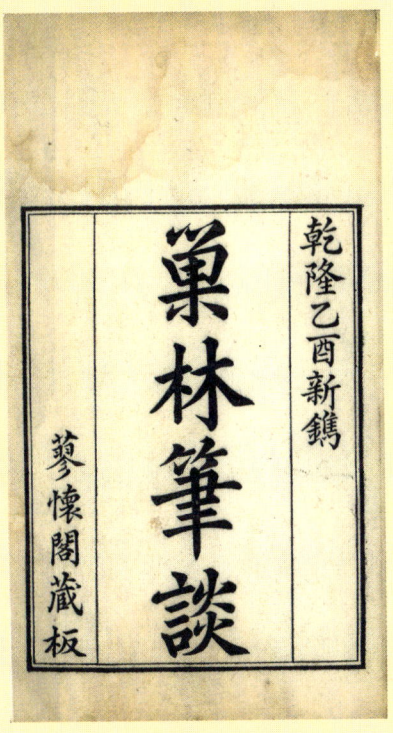
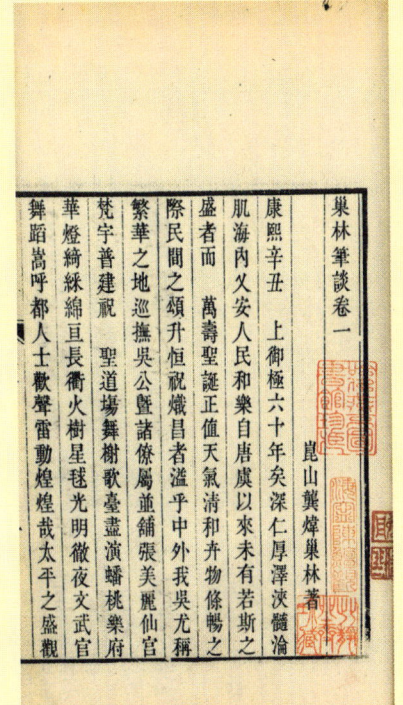

《巢林筆談》六卷　清龔煒撰　清乾隆三十年(1765)刻本

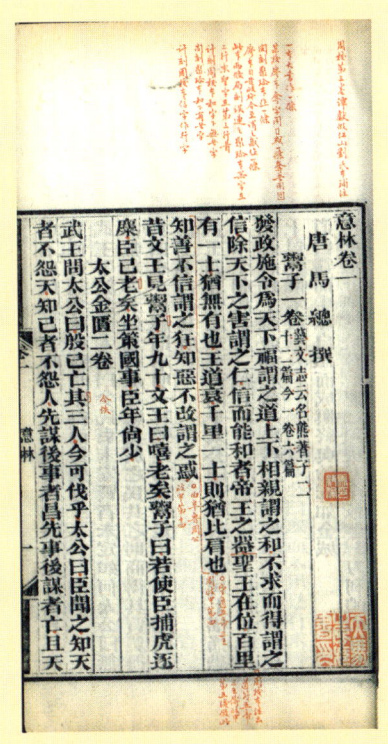

《意林》五卷《補遺》一卷　唐馬總輯
清光緒三年(1877)崇文書局刻本
《補遺》一卷　抄本　馬敘倫校

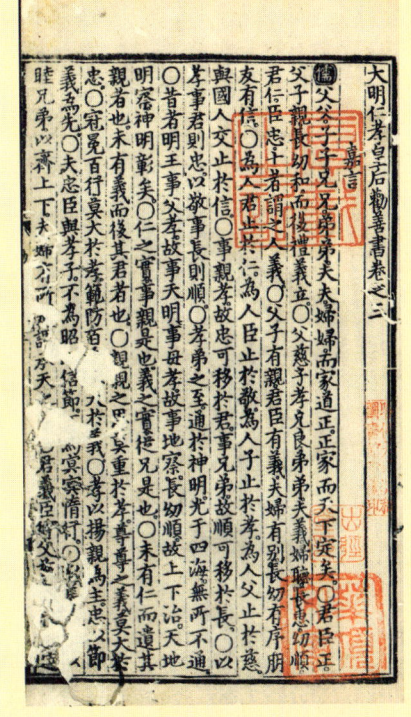

《大明仁孝皇后勸善書》二十卷
明仁孝皇后徐氏撰　明永樂五年
(1407)內府刻本

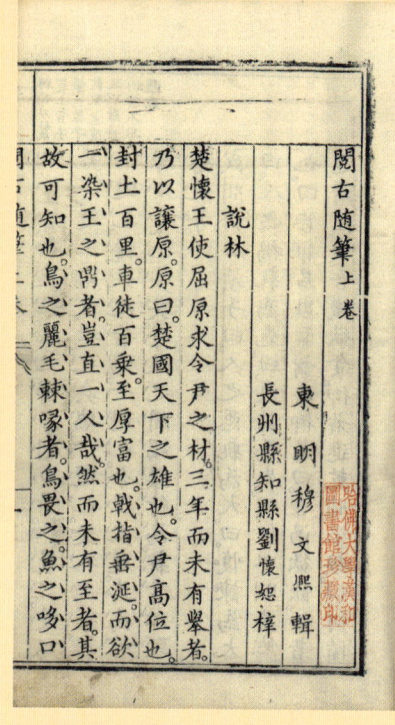

《閱古隨筆》二卷　明穆文熙撰
明萬曆九年(1581)劉懷恕刻本

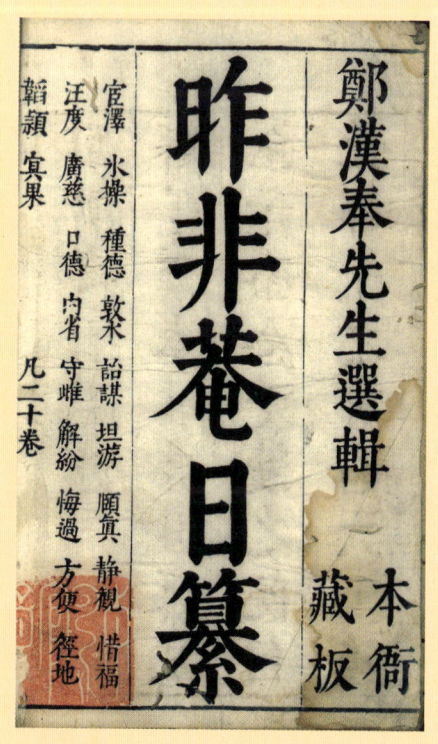
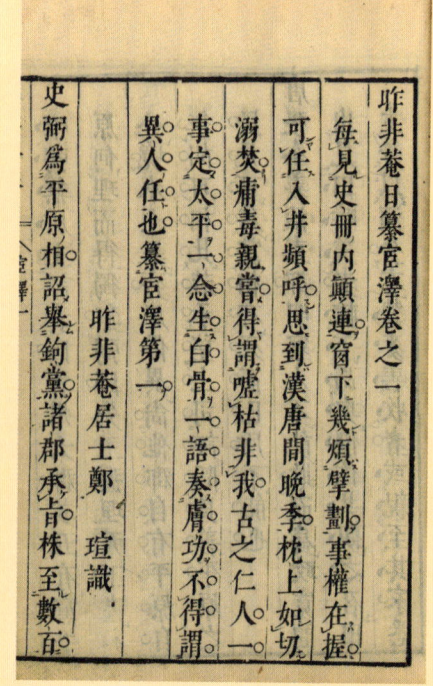

《昨非菴日纂》二十卷《二集》二十卷《三集》二十卷　明鄭瑄撰　明崇禎刻本

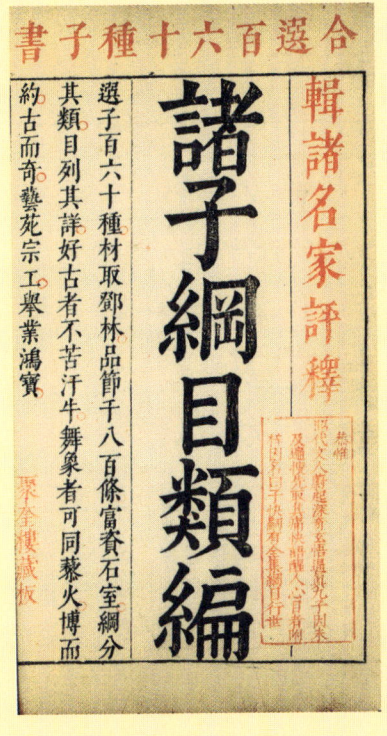
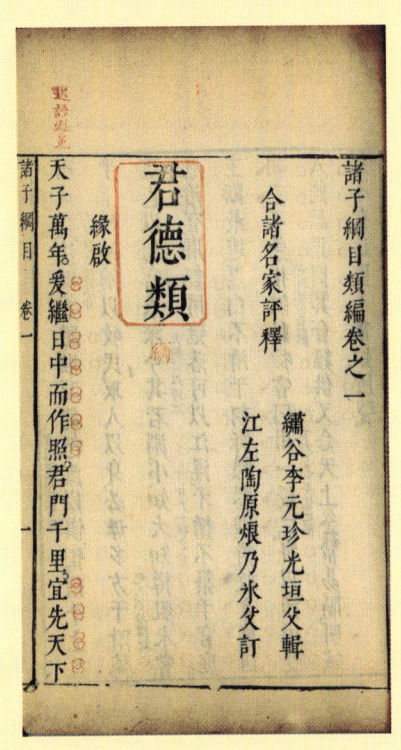

《諸子綱目類編》八卷附《昭代子快》一卷　明李元珍輯　明末聚奎樓刻朱墨套印本

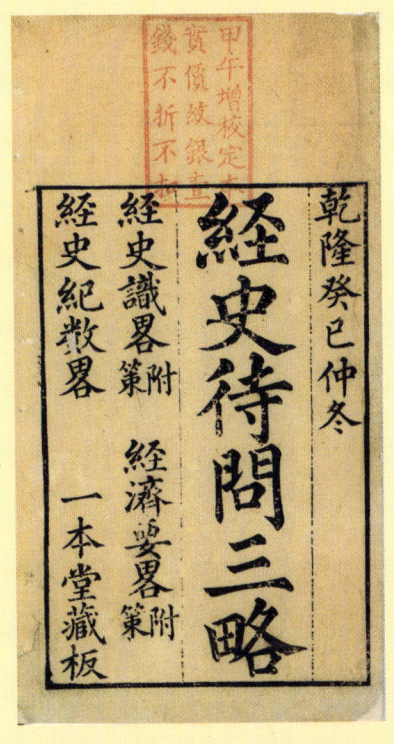
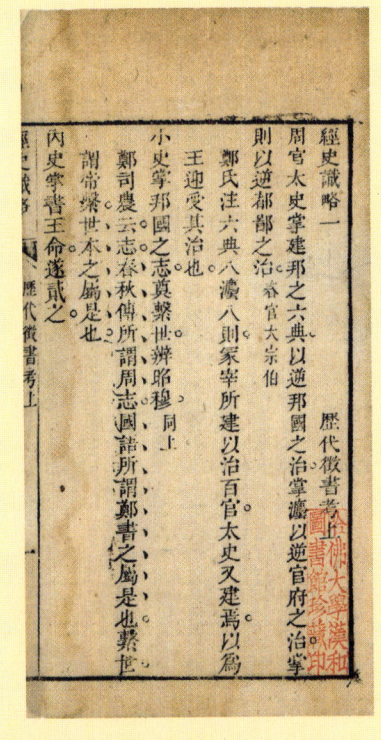

《經史待問三略》不分卷　清辛子成撰　清乾隆三十八年(1773)刻本

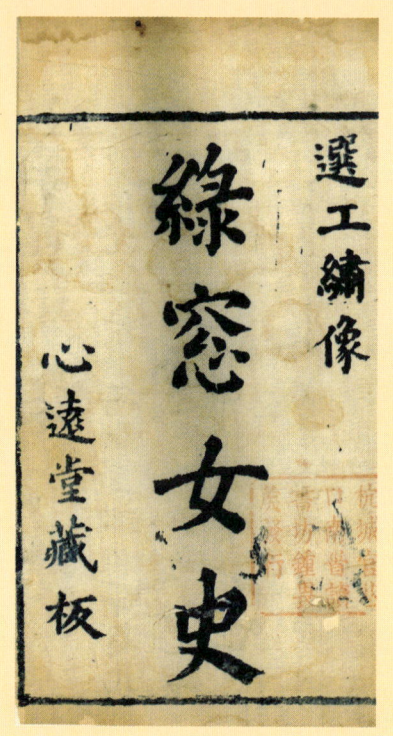
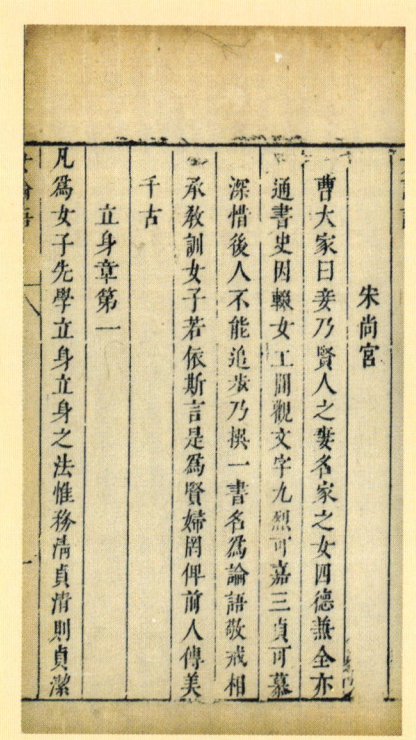

《綠牕女史》十四卷　明秦淮寓客編　明末刻本

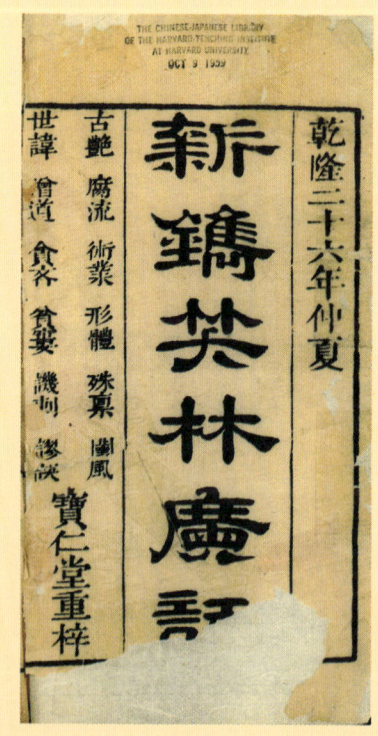
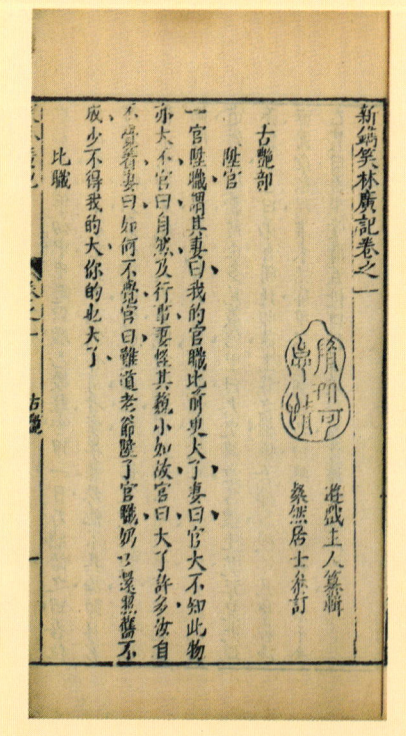

《新鐫笑林廣記》十二卷　題游戲主人纂輯　清乾隆二十六年(1761)寶仁堂刻本

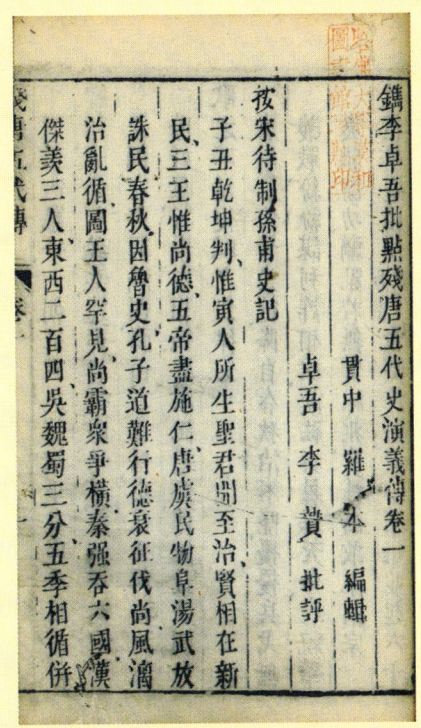

《鐫李卓吾批點殘唐五代史演義傳》
八卷六十回　明羅本撰　明李贄評
清初刻本

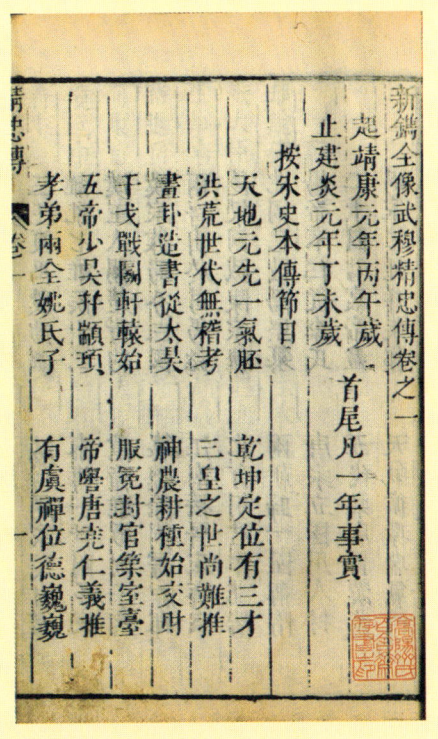

《新鐫全像武穆精忠傳》八卷　明佚名撰　清初刻本

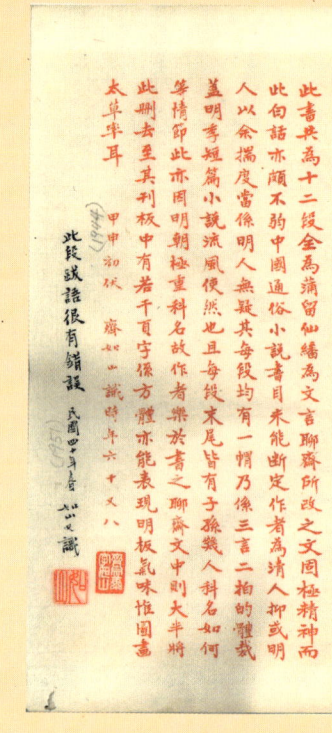
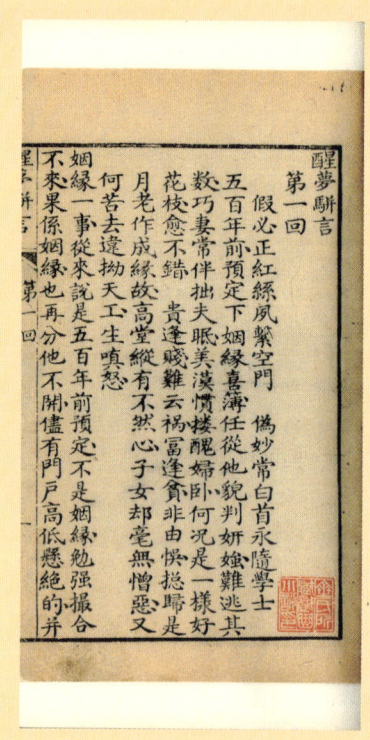

《醒夢駢言》十二回　清菊畦主人輯　清刻本　齊如山跋

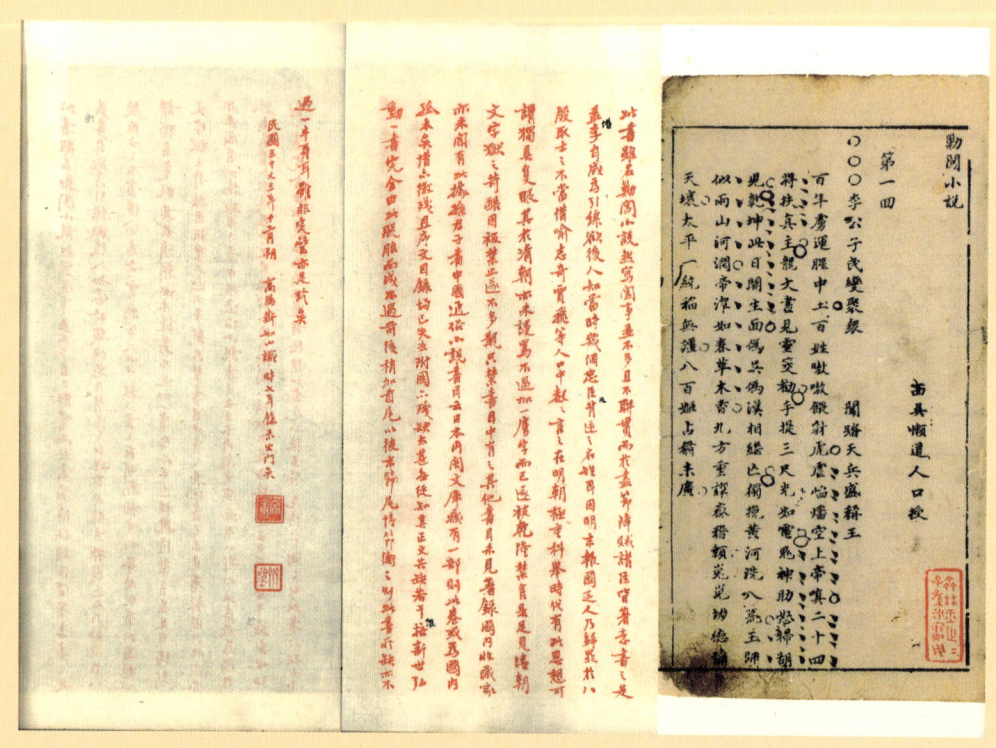

《剿闖小說》十回　題西吳懶道人撰　清初刻本　齊如山跋

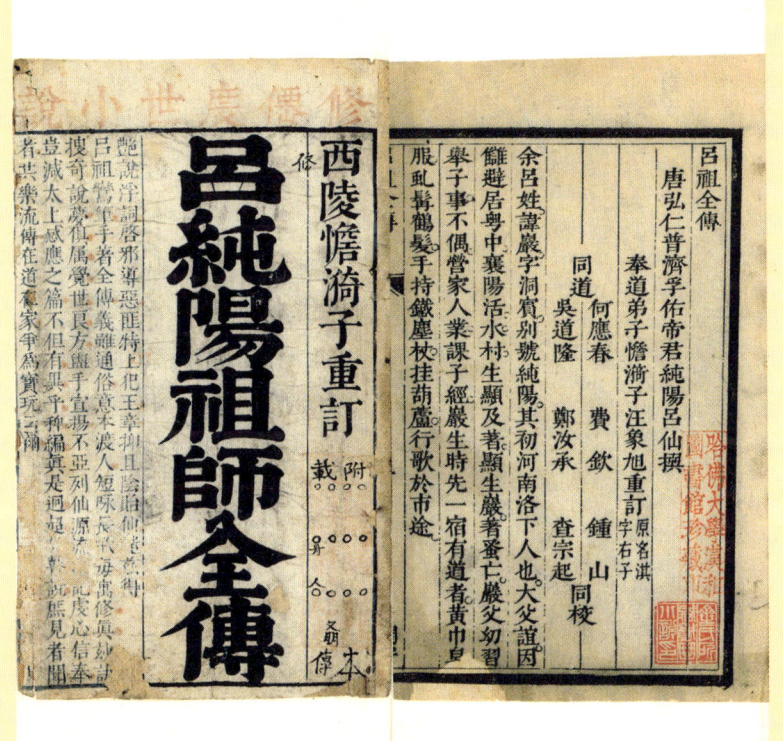

《呂祖全傳》一卷　清汪象旭撰　清康熙汪氏蜩寄刻本　齊如山跋

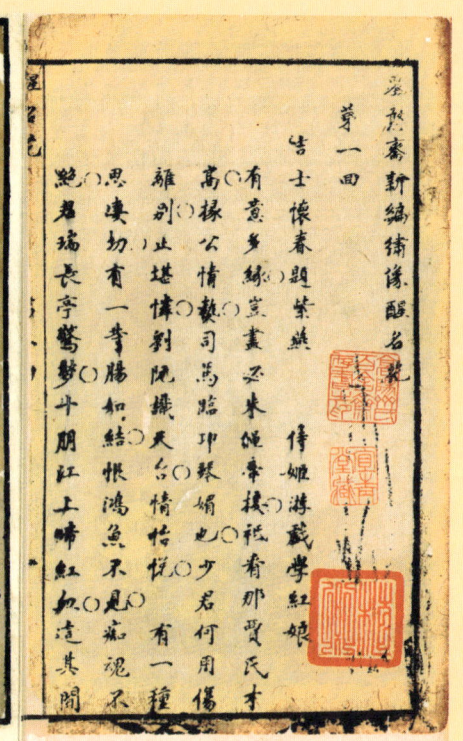

《墨憨齋新編繡像醒名花》十六回　題明馮夢龍撰　清刻本　齊如山跋

《新鐫批評繡像玉嬌梨小傳》二十回　題清荑秋散人撰　清初刻本　齊如山跋

《初學記》三十卷　唐徐堅等輯　明
嘉靖十年(1531)安國桂坡館刻本

《事類賦》三十卷　宋吳淑撰並注
明嘉靖十一年(1532)崇正書院刻本

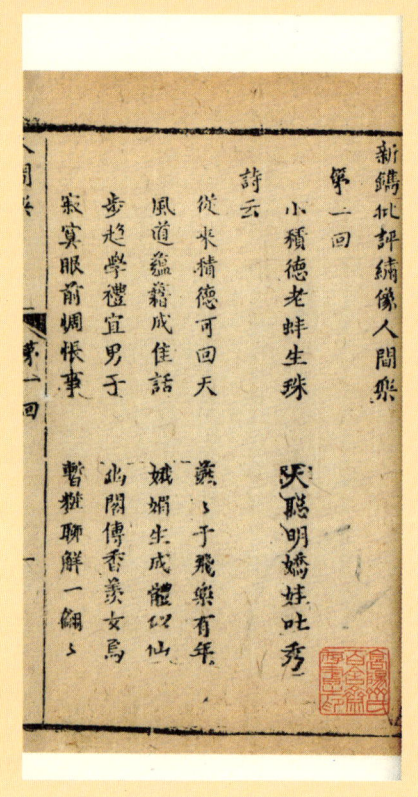

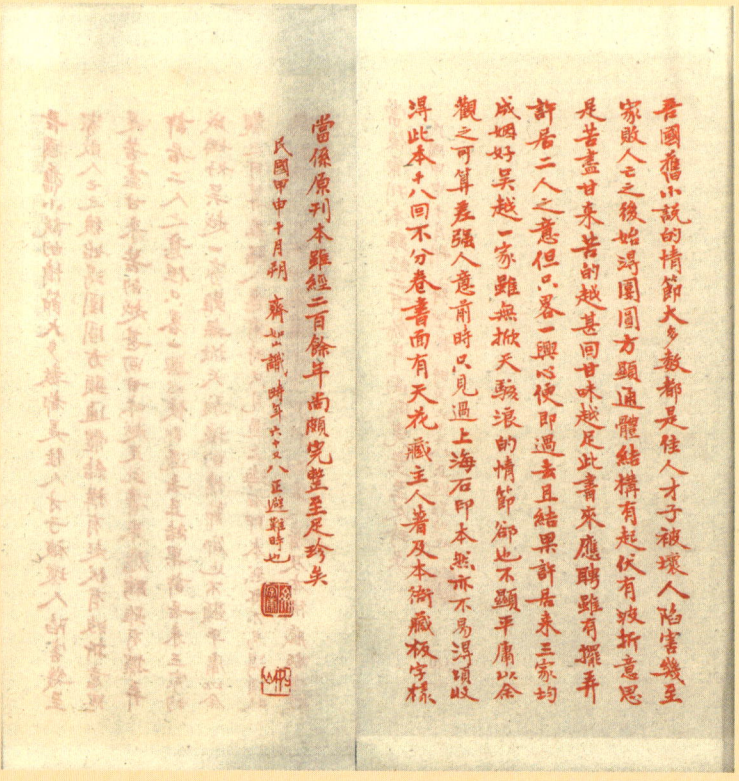

《新鐫批評繡像人間樂》十八回　題清天花藏主人撰　清刻本　齊如山跋

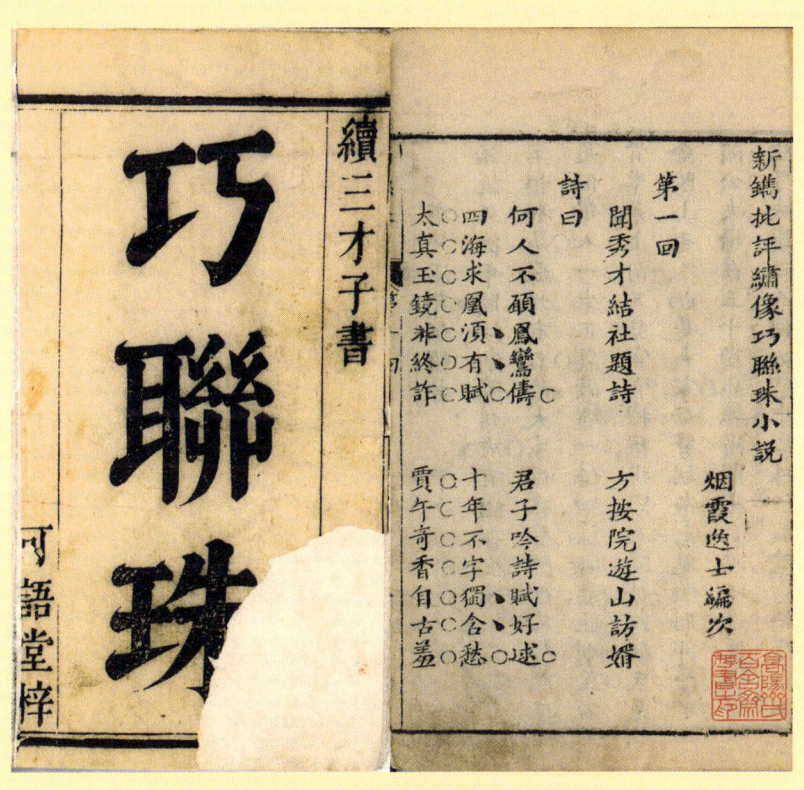

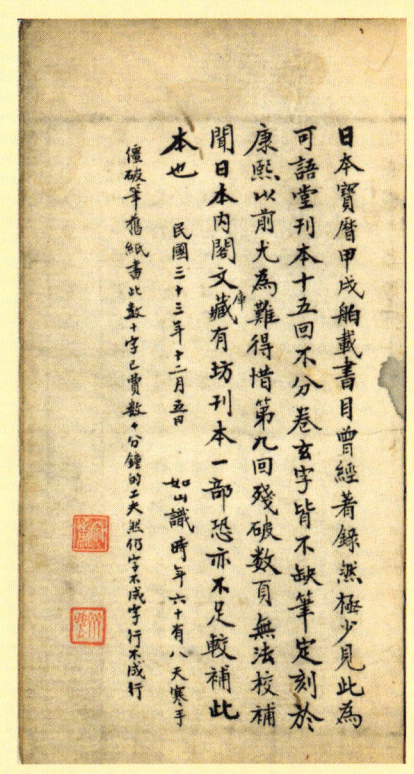

《新鐫批評繡像巧聯珠小說》十五回　清題煙霞逸士撰　清雍正可語堂刻本　齊如山跋

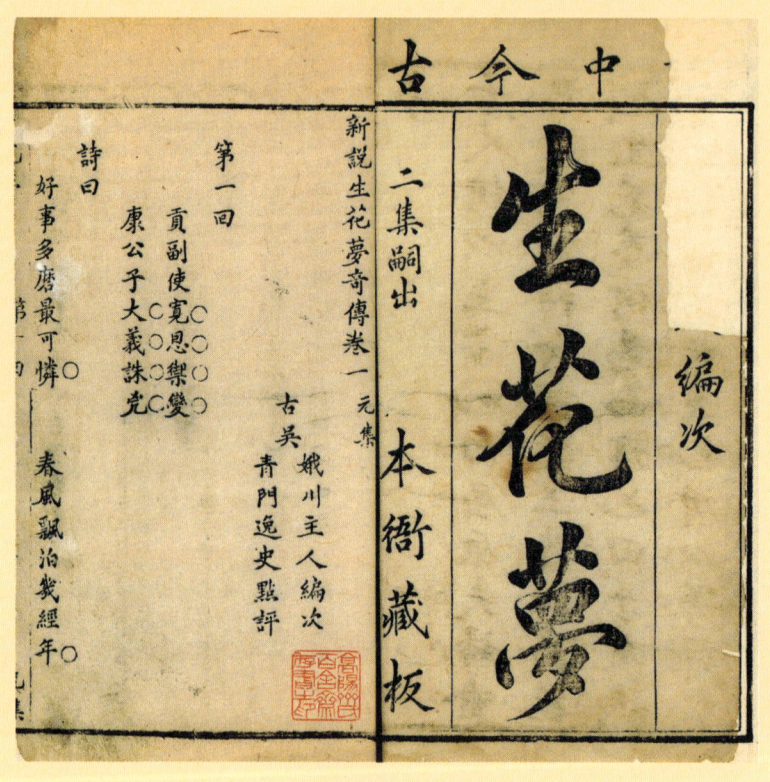

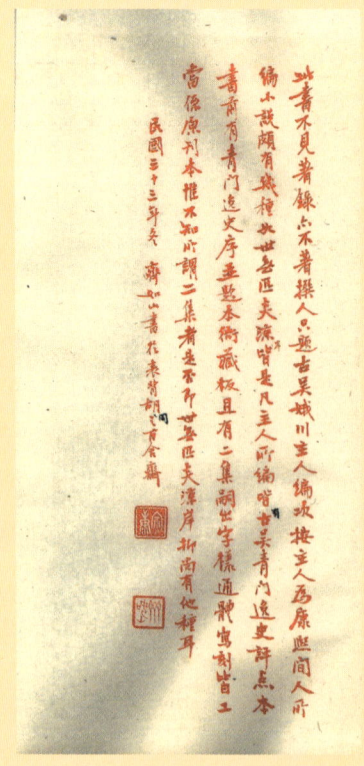

《新說生花夢奇傳》四卷十二回　清題娥川主人撰　清康熙刻本　齊如山跋

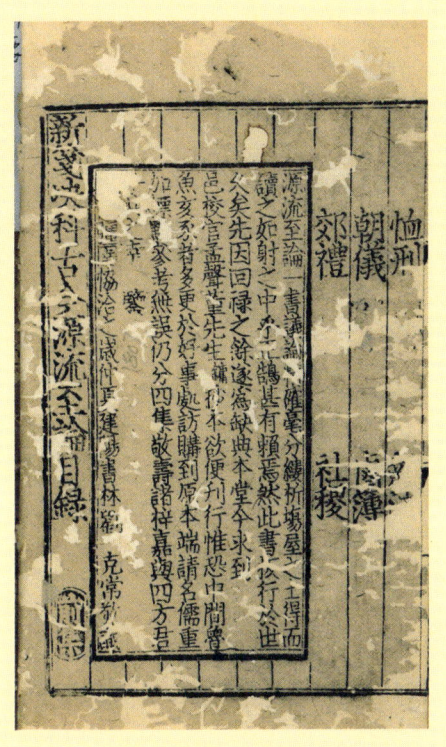 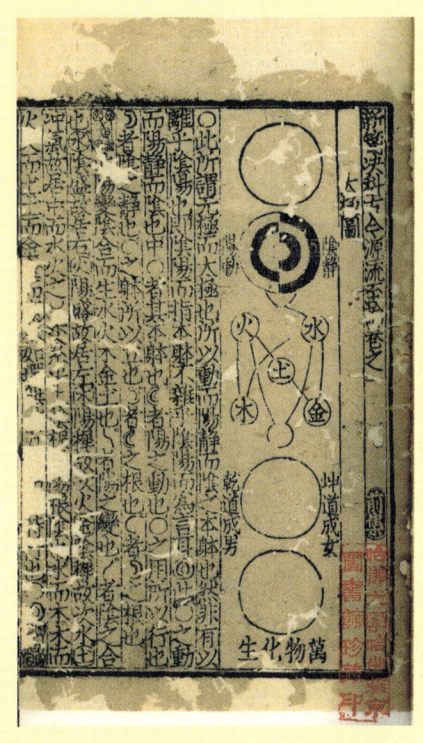

《新箋決科古今源流至論前集》十卷《後集》十卷《續集》十卷　宋林駉撰　《別集》十卷
宋黃履翁撰　明宣德二年(1427)建陽書林劉克常刻本

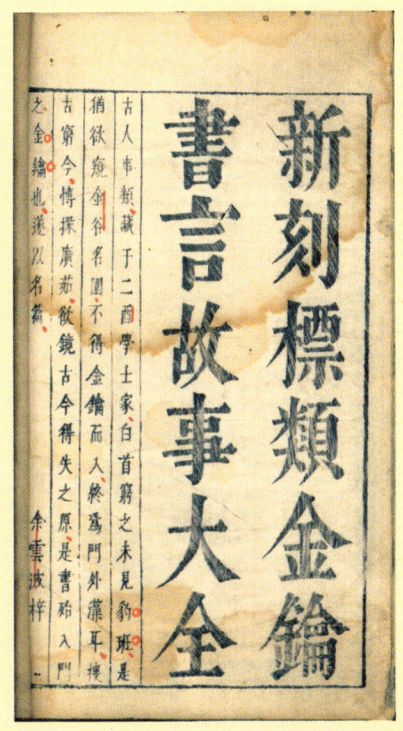 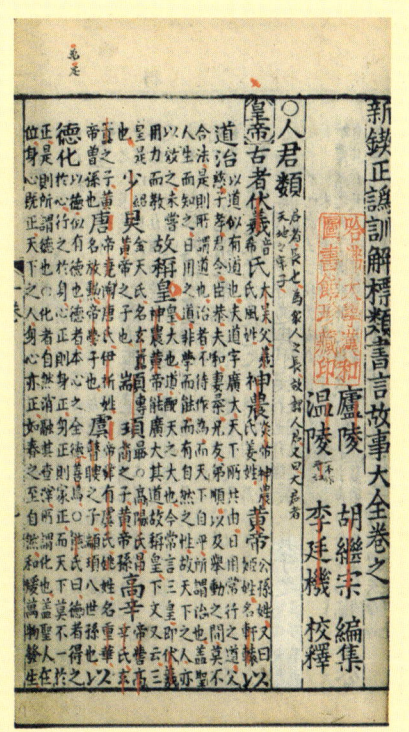

《新鍥正譌訓解標類書言故事大全》十卷　宋胡繼宗輯　明李廷機釋　明余雲波刻本

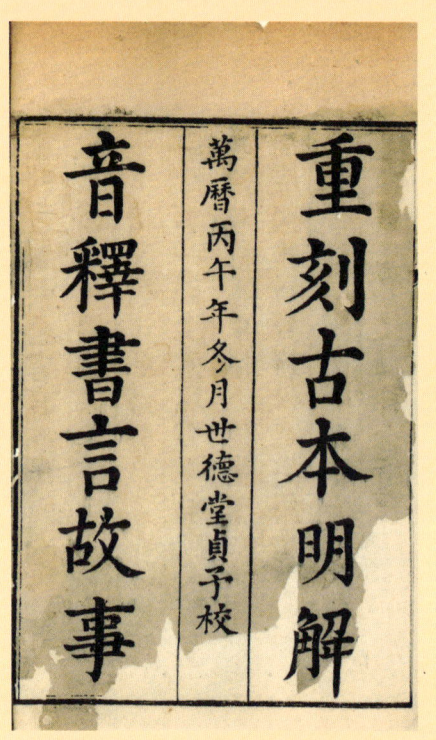
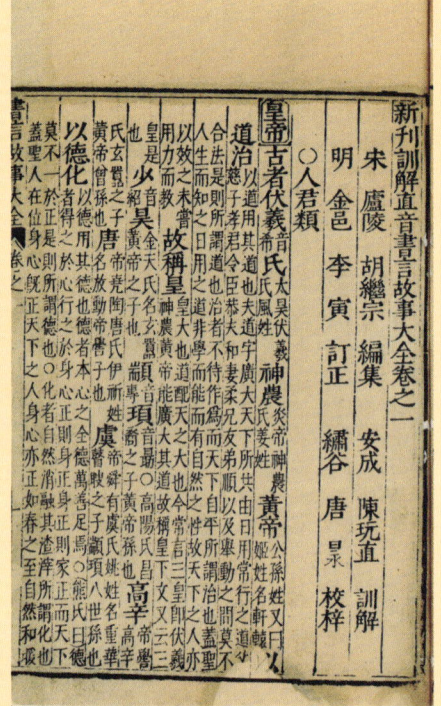

《新刊訓解直音書言故事大全》六卷　宋胡繼宗輯　明萬曆三十四年(1606)唐氏世德堂刻本

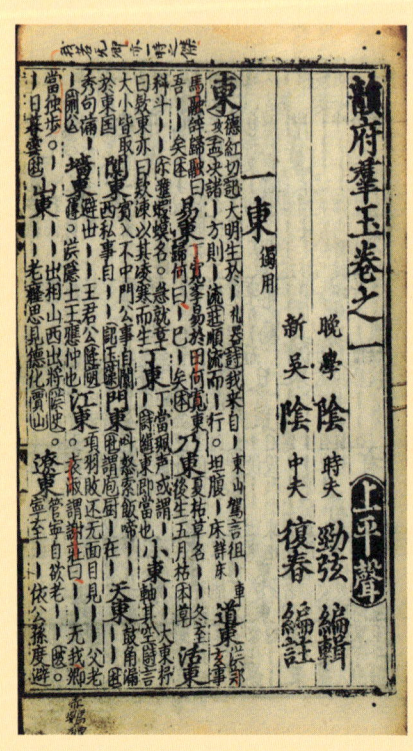
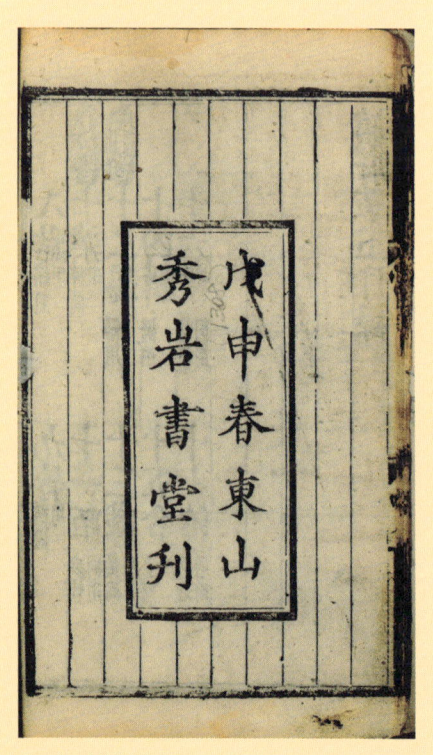

《韻府羣玉》二十卷　元陰時夫輯　陰中夫注　元至正二十八年(1368)東山秀岩書堂刻本

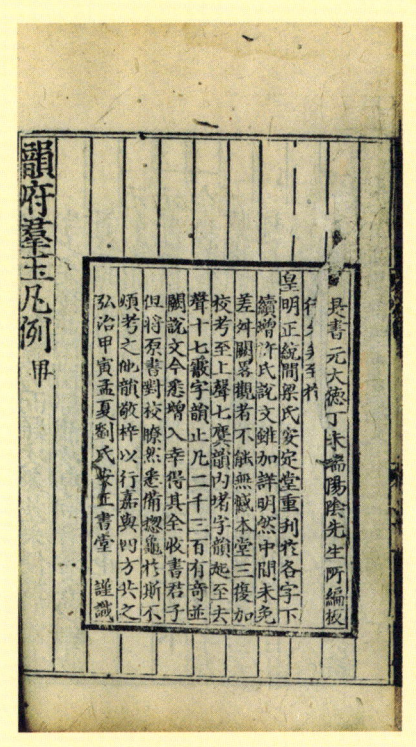
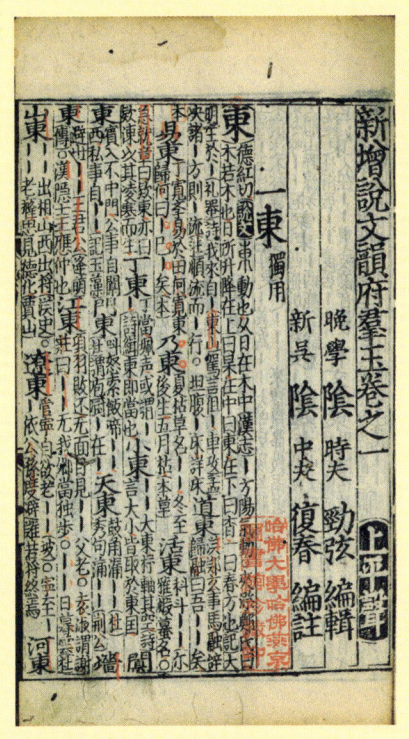

《新增說文韻府羣玉》二十卷　元陰時夫輯　陰中夫注　明弘治七年(1494)劉氏安正書堂刻本

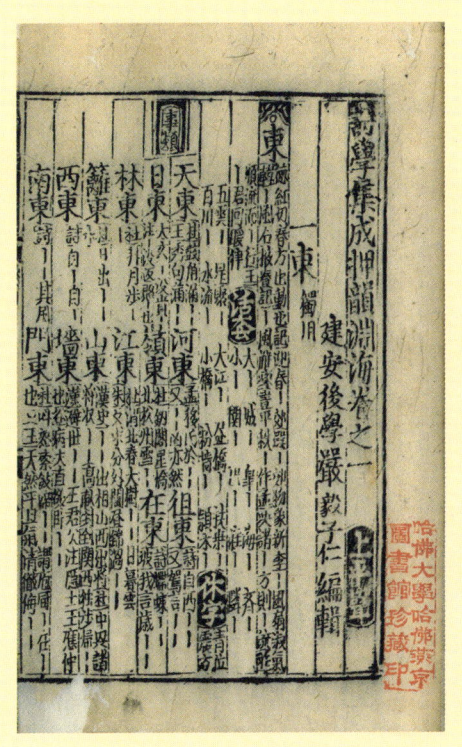
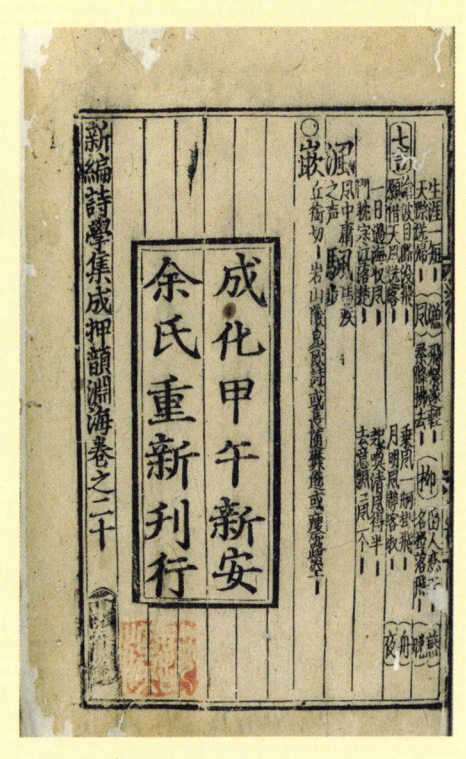

《詩學集成押韻淵海》二十卷　元嚴毅輯　明成化十年(1474)新安余氏重新刻本

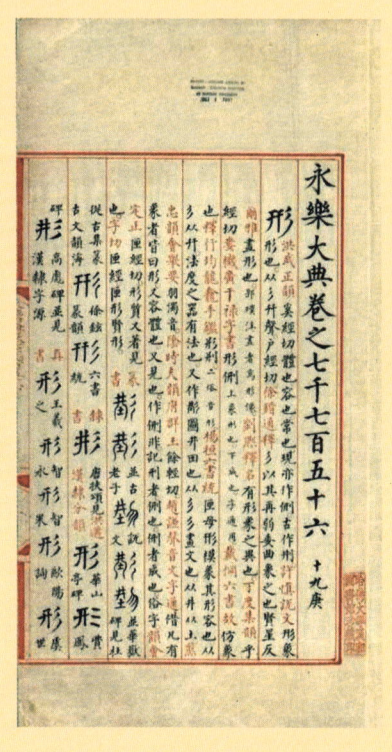 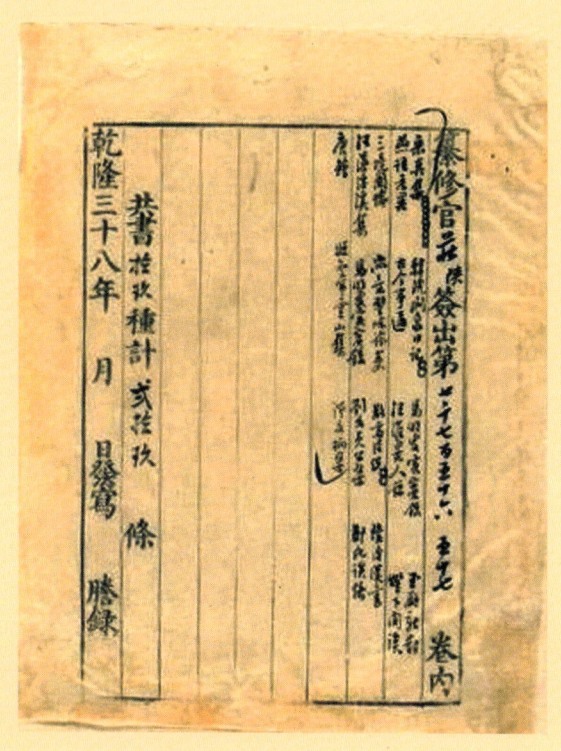

《永樂大典》二萬二千八百七十七卷　明解縉等輯　明嘉靖內府抄本

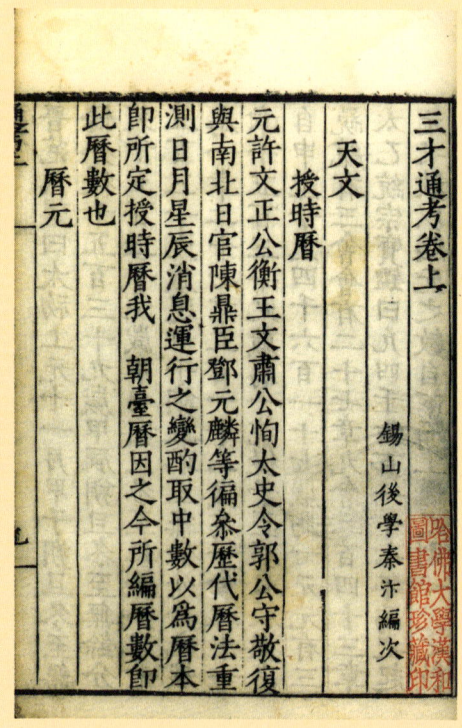

《三才通考》三卷　明秦汴撰　明嘉靖二十一年(1542)刻本

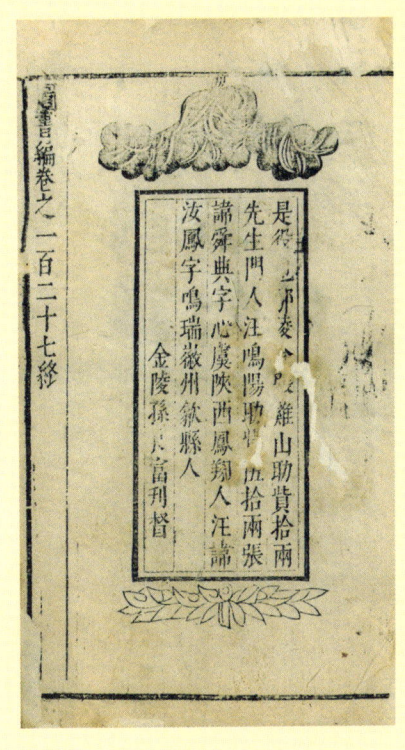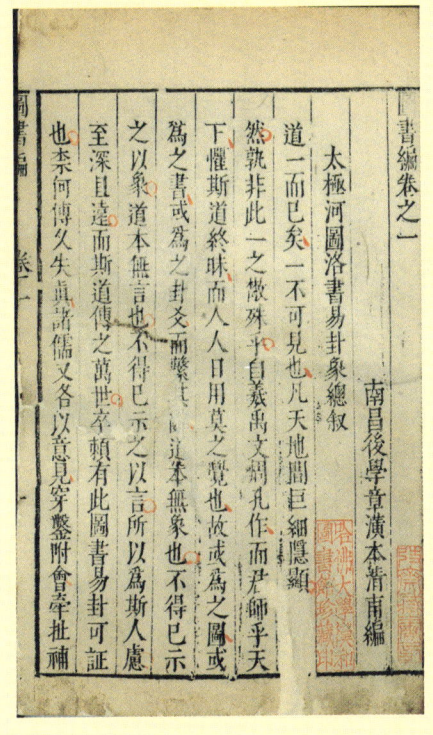

《圖書編》一百二十七卷　明章潢輯　明萬曆四十一年(1613)涂鏡源等刻本

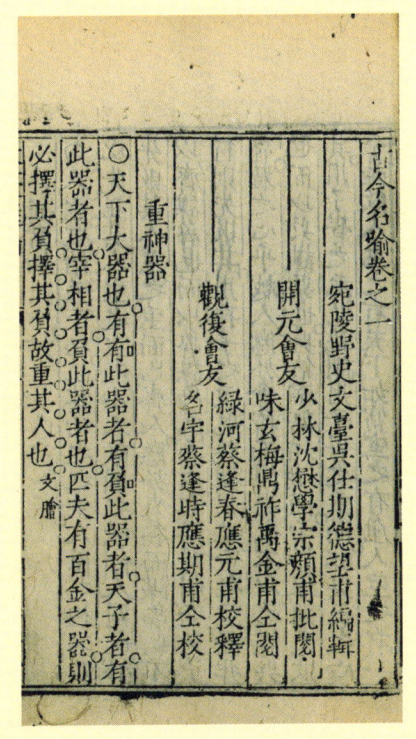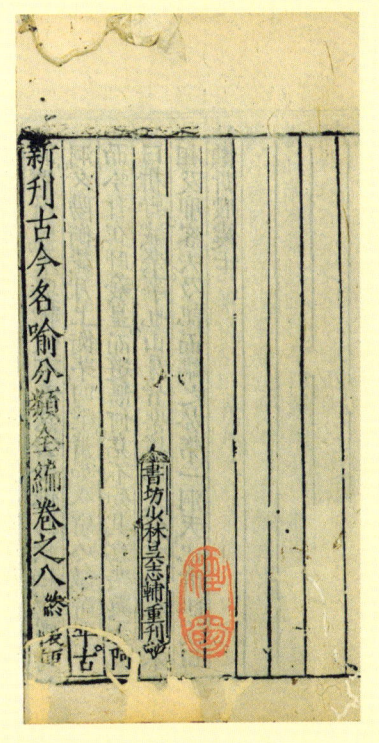

《古今名喻》八卷　明吴仕期輯　明萬曆書坊吴志輔耕野堂刻本

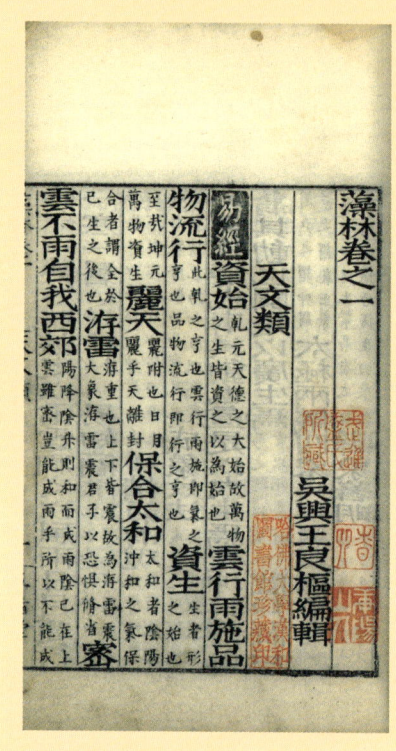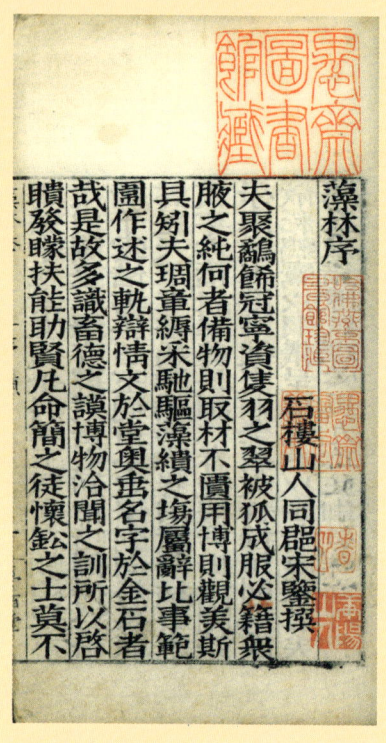

《藻林》八卷　明王良樞撰　稿本

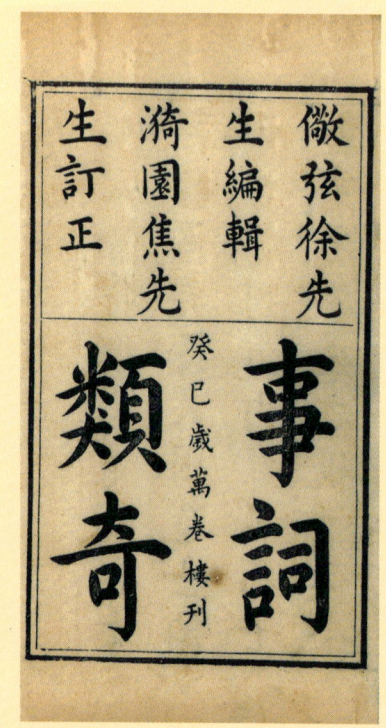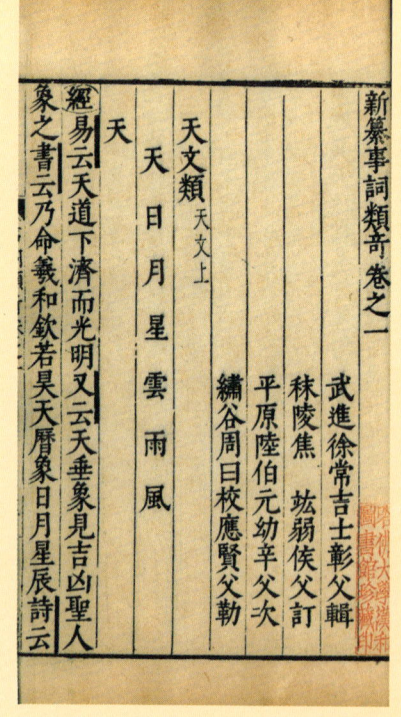

《新纂事詞類奇》三十卷　明徐常吉輯　明萬曆二十一年（1593）周曰校萬卷樓刻本

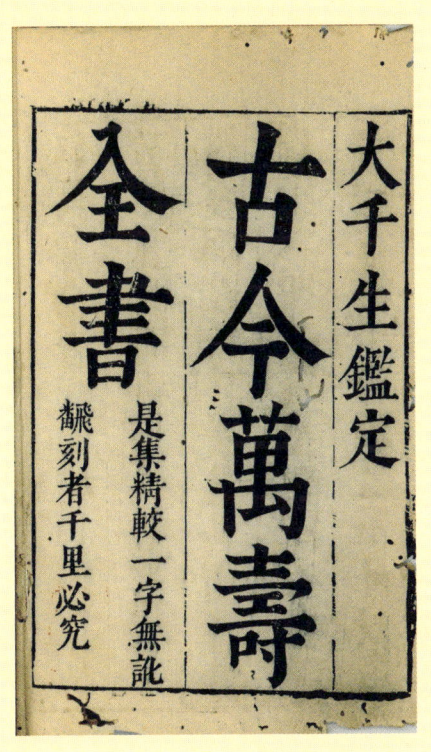
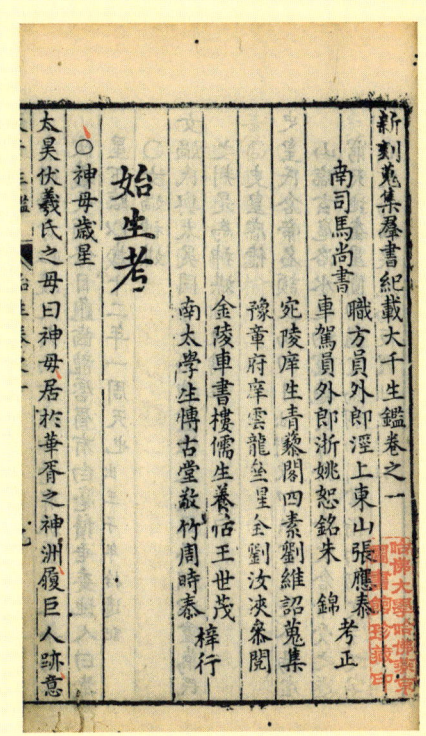

《新刻蒐集羣書紀載大千生鑑》六卷　明劉維詔輯　明萬曆金陵王世茂車書樓、周時泰博古堂刻本

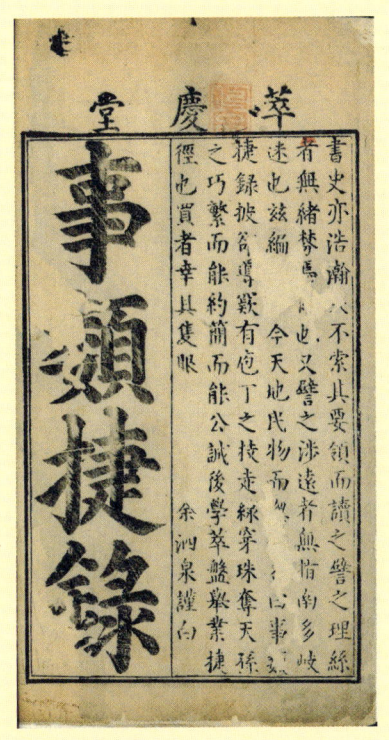
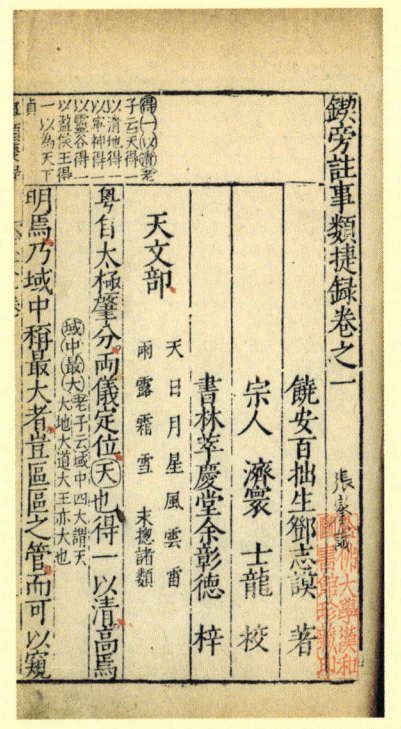

《鍥旁註事類捷錄》十五卷　明鄧志謨撰　明萬曆余彰德萃慶堂刻本

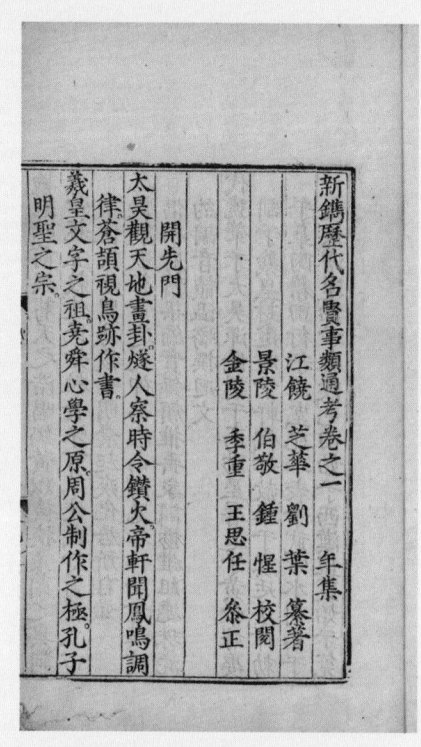

《新鍥歷代名賢事類通考》十卷　明劉葉輯　明種德堂刻本

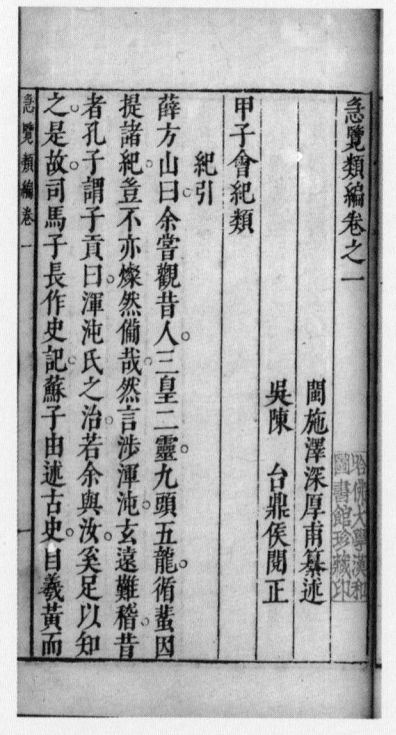

《急覽類編》十卷　明施澤深撰　明天啟奎璧堂鄭思鳴刻本

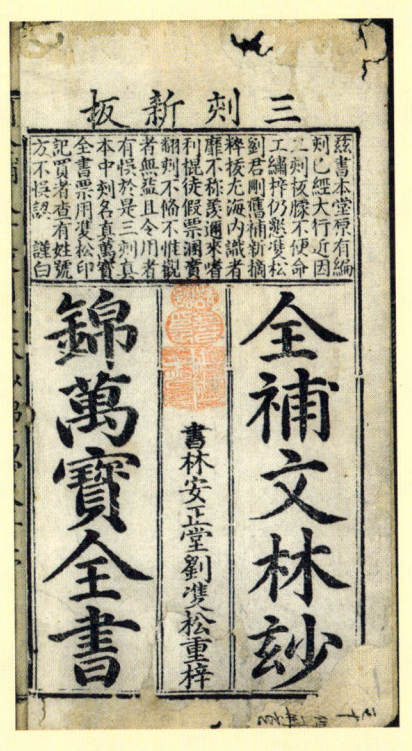
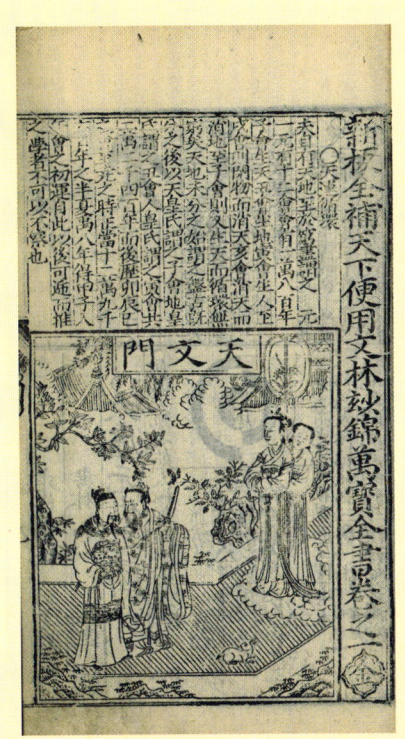

《新板全補天下便用文林妙錦萬寶全書》三十八卷　明劉雙松輯
明萬曆四十年(1612)書林劉雙松安正堂刻本

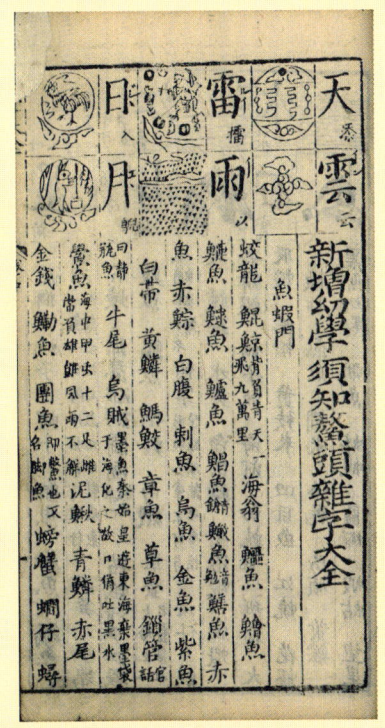

《增廣幼學須知鰲頭雜字大全》四卷　清初刻本

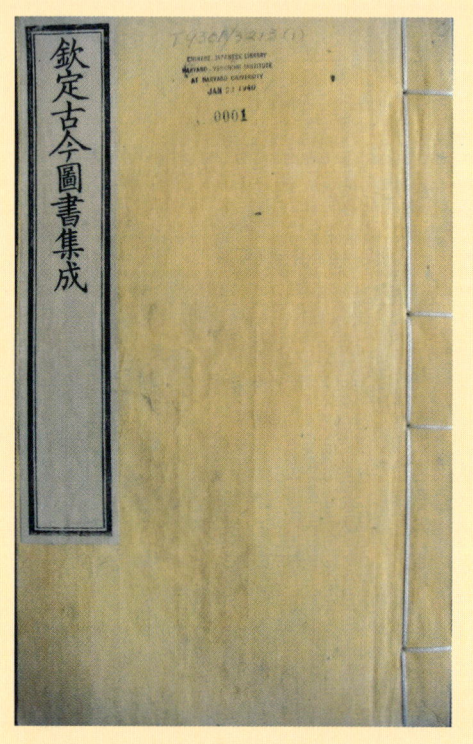

《欽定古今圖書集成》一萬卷目錄四十卷　清蔣廷錫、陳夢雷等輯　清雍正六年(1728)內府銅活字印本

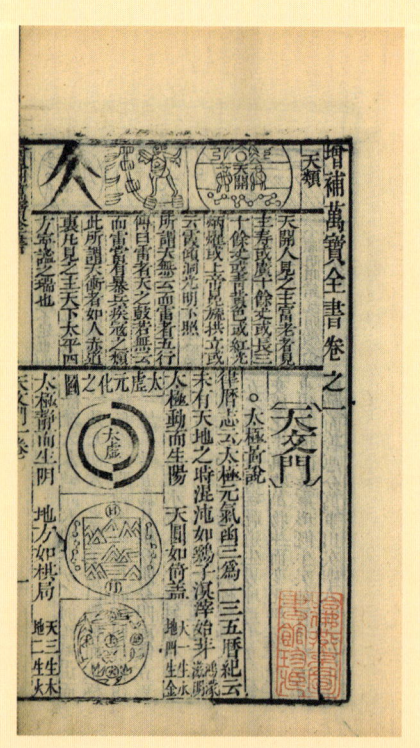

《增補萬寶全書》三十卷　清毛煥文增輯　清乾隆金閶書業堂刻本

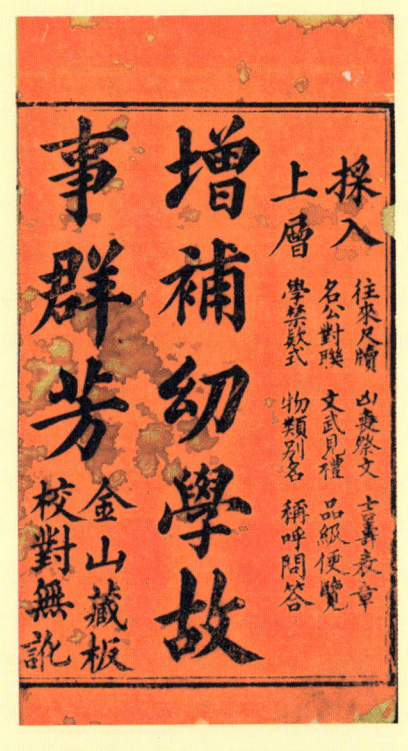
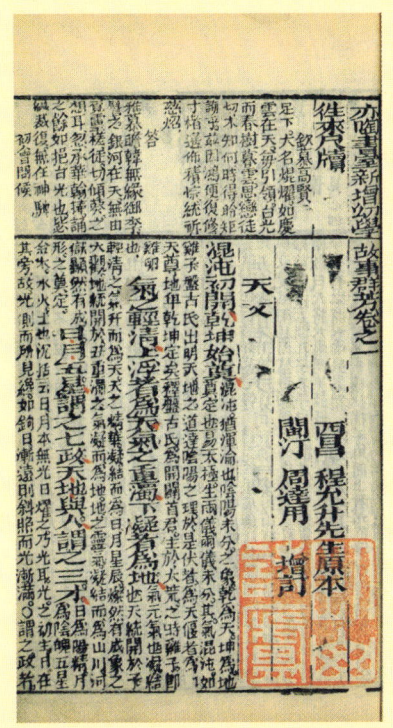

《亦陶書室新增幼學故事群芳》四卷首一卷　清程允升撰　周達用增補　清乾隆刻本

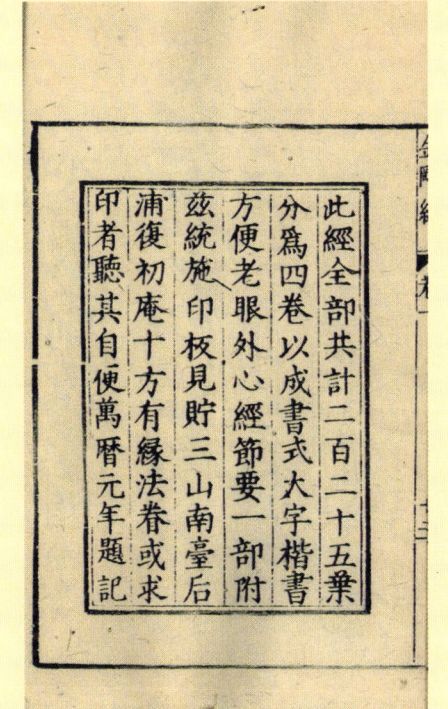

《金剛般若波羅蜜經》四卷　宋楊圭集注　明萬曆元年(1573)刻本

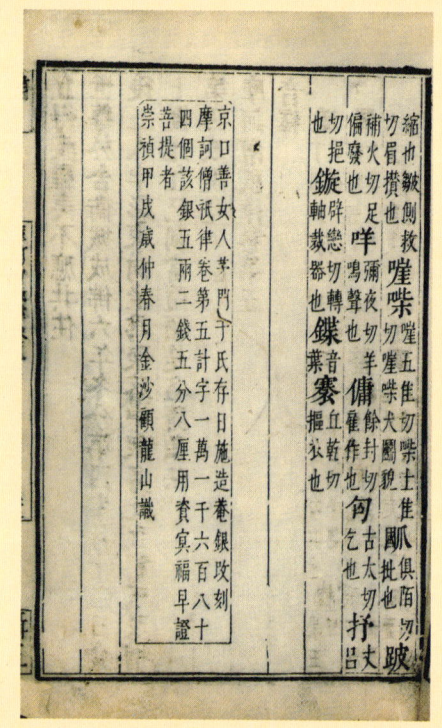

《摩訶僧祇律》四十卷　東晉釋佛陀跋陀羅、法顯合譯　明崇禎七年(1634)金壇于玉德等刻本

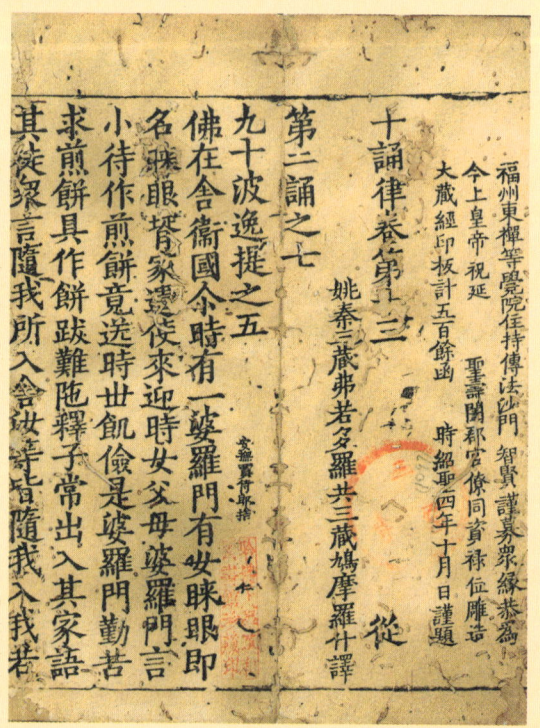

《大佛頂如來密因修證了義諸菩薩萬行首楞嚴經》十卷　唐釋般剌密帝、彌伽釋迦譯　明天啓元年(1621)凌弘憲刻三色套印本

《十誦律》六十一卷　姚秦弗若多羅、鳩摩羅什譯　宋紹聖四年(1097)福州東禪等覺院刻《萬壽大藏》本

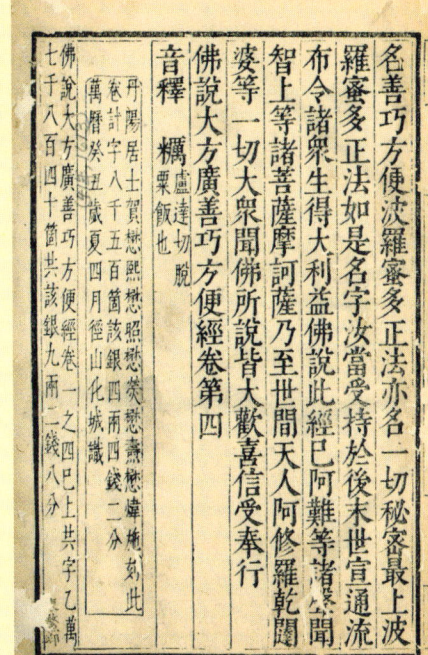
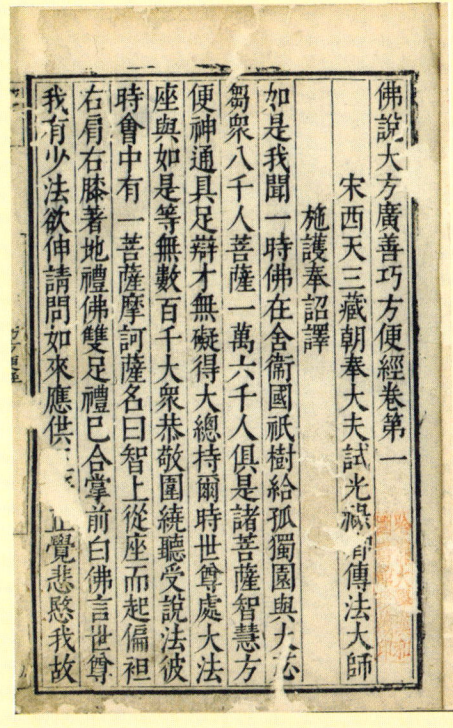

《佛說大方廣善巧方便經》四卷　宋釋施護譯　明萬曆四十一年(1613)丹陽賀懋熙等刻本

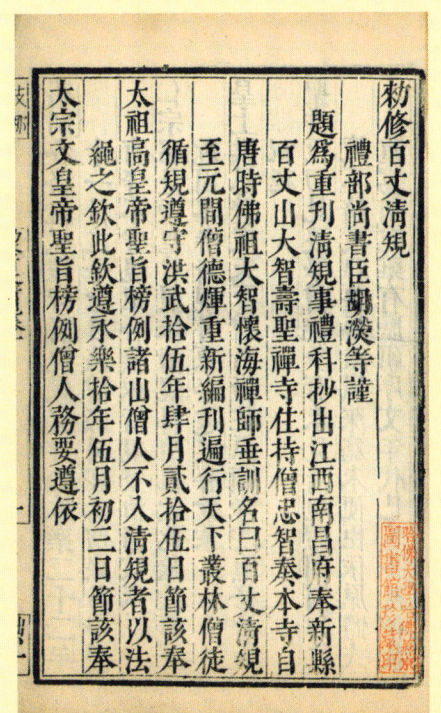

《敕修百丈清規》八卷　元釋德輝撰　明末刻本

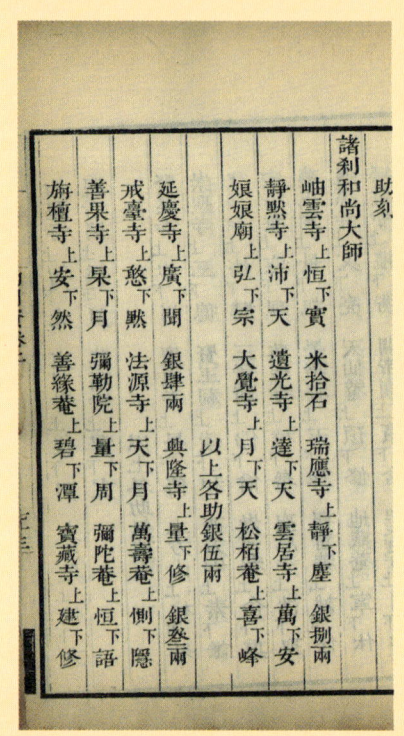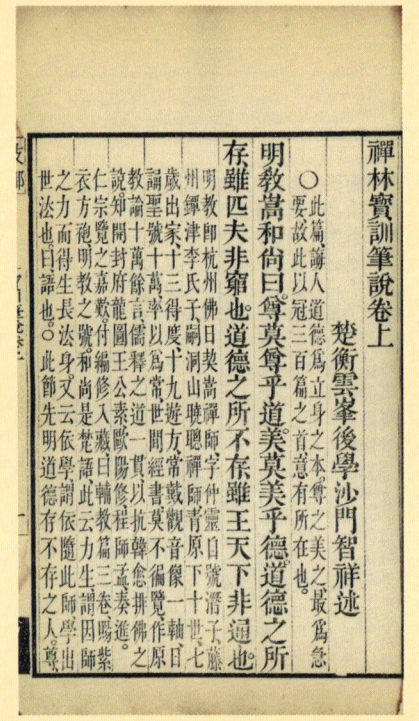

《禪林寶訓筆說》三卷　清釋智祥撰　清乾隆十五年(1750)京都比丘際存、了育刻本

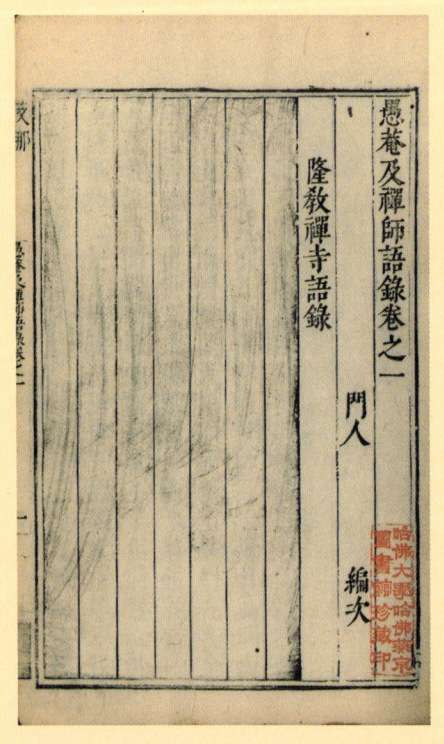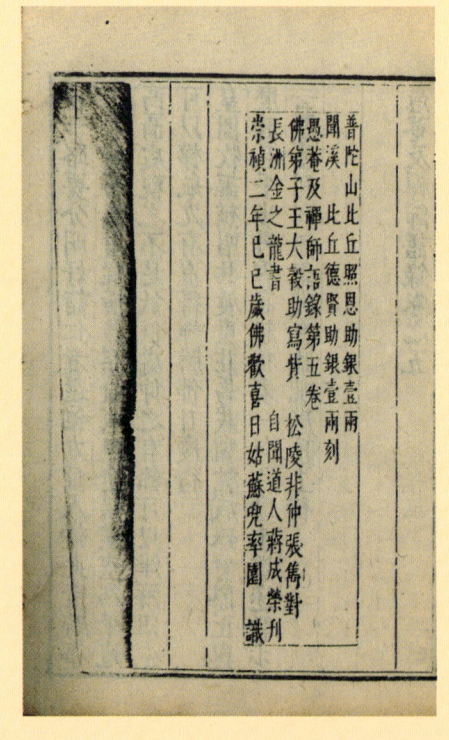

《愚庵及禪師語錄》十卷　元釋智及撰　明釋希顏等編　明崇禎二年(1629)釋法藏集貲刻本

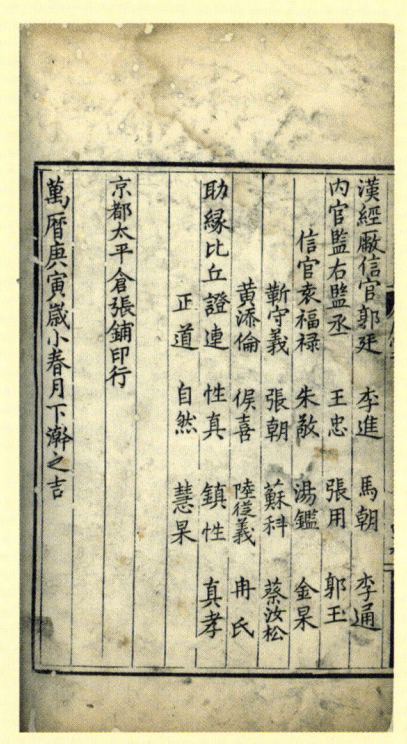

《林泉老人評唱丹霞淳禪師頌古虛堂習聽錄》三卷　元釋慧泉輯
明萬曆十六年(1588)內官監管理太監解寧等刻十八年京都太平倉張鋪印本

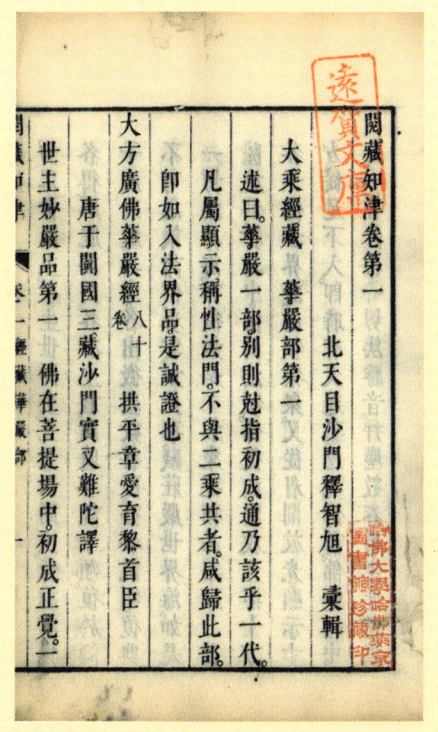
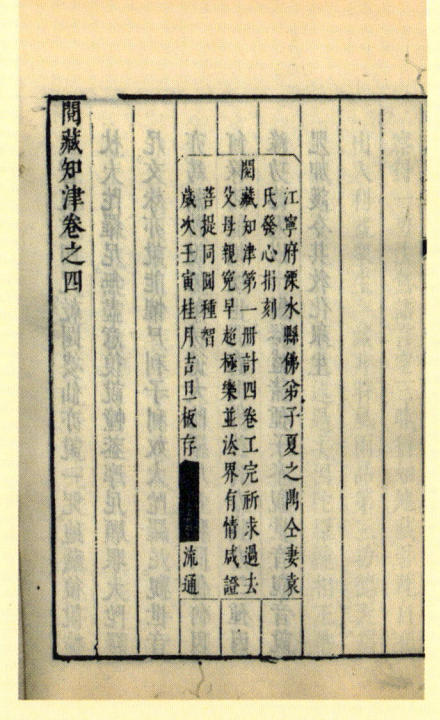

《閱藏知津》四十四卷總目四卷　清釋智旭撰　清康熙三年(1664)夏之鼎刻《嘉興藏》本

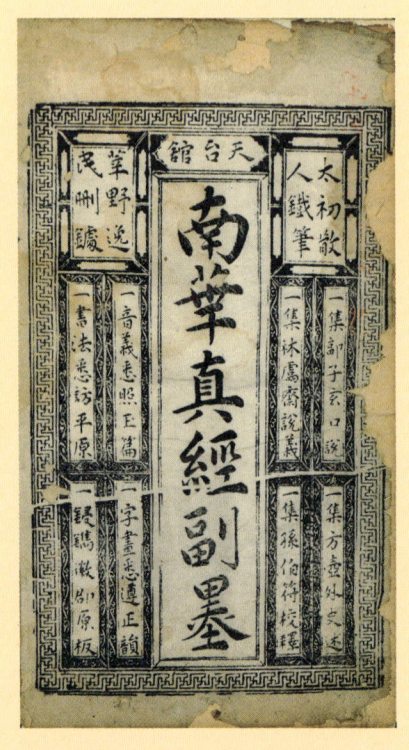

《南華經》十六卷　晉郭象注　宋林希逸口義　劉辰翁點校
明王世貞評點　陳仁錫批注　明刻四色套印本

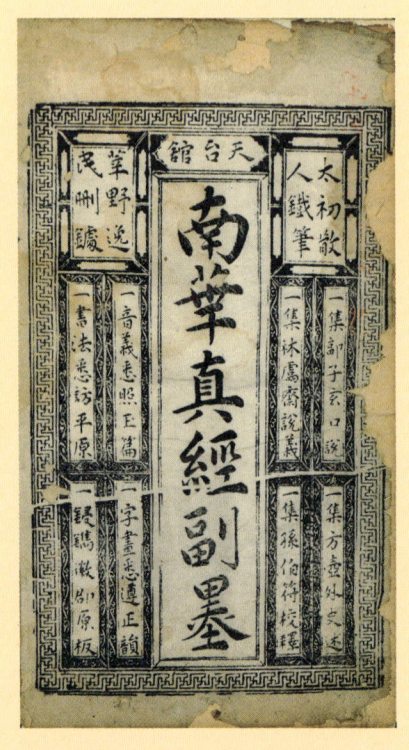 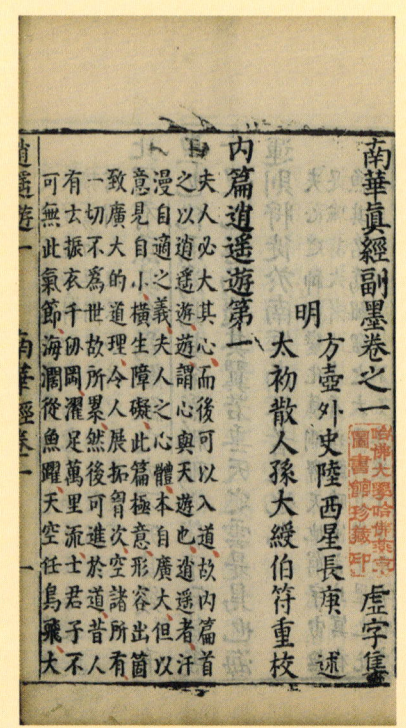

《南華真經副墨》八卷《讀南華真經雜說》一卷　明陸西星撰　明萬曆天台館刻本

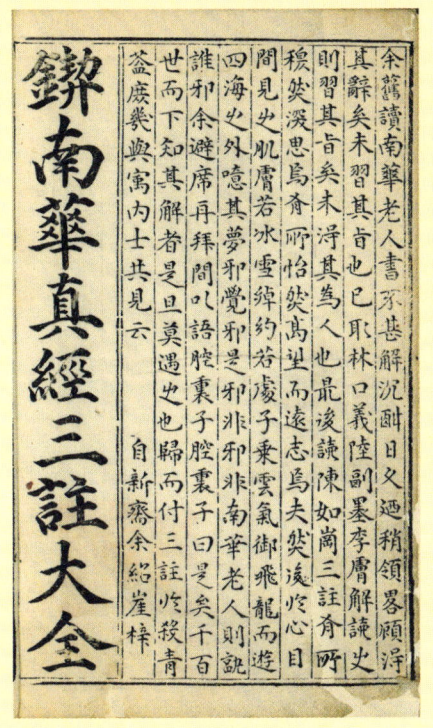
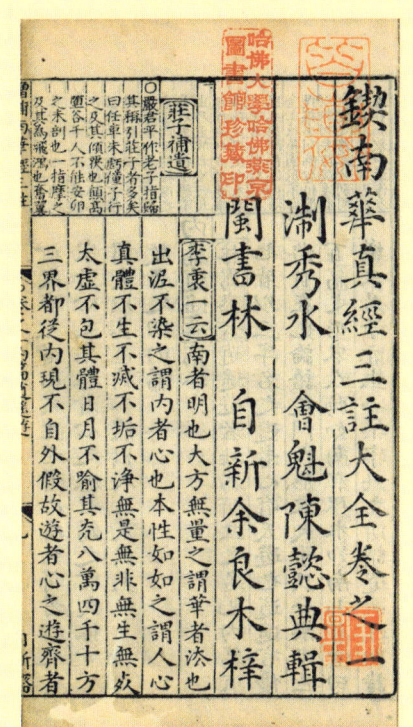

《鍥南華真經三注大全》二十一卷　明陳懿典輯　明萬曆二十一年(1593)書林余紹崖自新齋刻本

《性命雙修萬神圭旨》四卷　明萬曆四十三年(1615)吳之鶴刻本

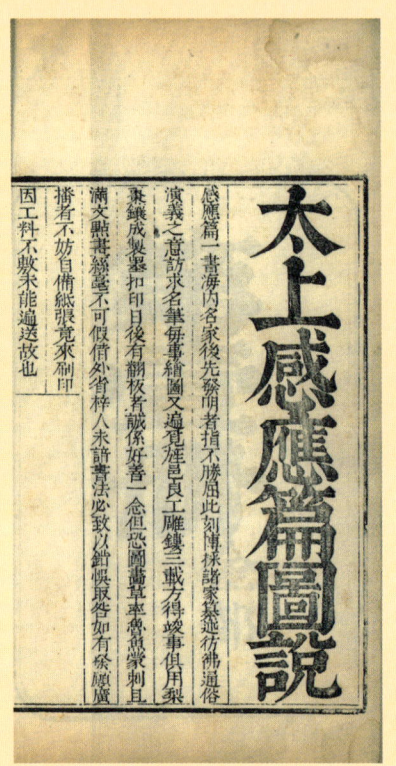
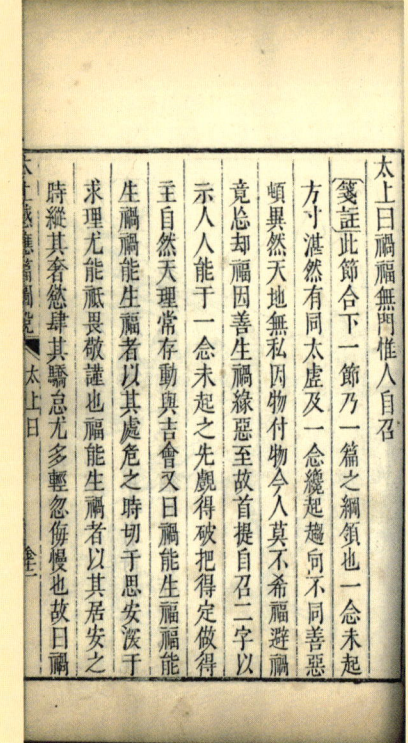

《太上感應篇圖說》八卷　清許纘曾撰　清乾隆刻本

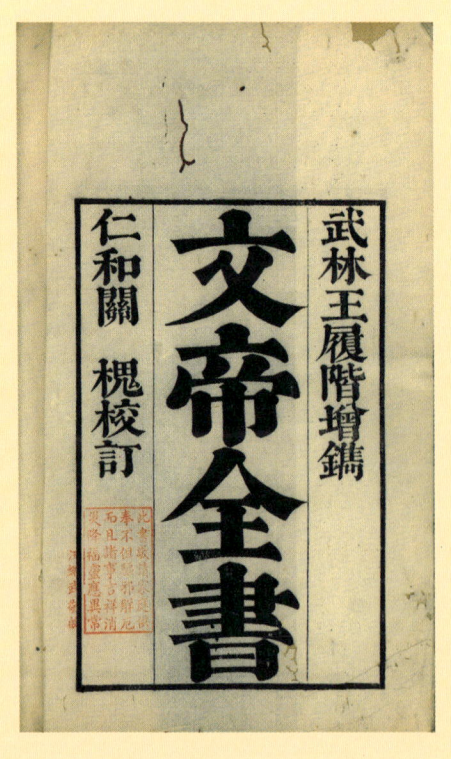
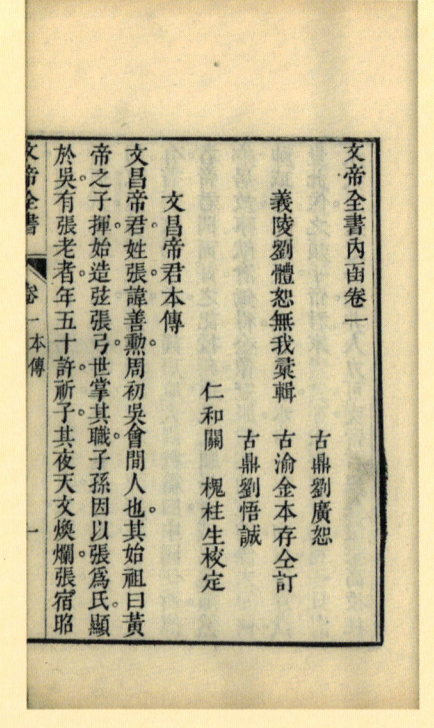

《文帝全書》五十卷《藝文附錄》一卷　清劉體恕輯　清關槐增輯　清乾隆三十九年(1774)王世陛等刻本

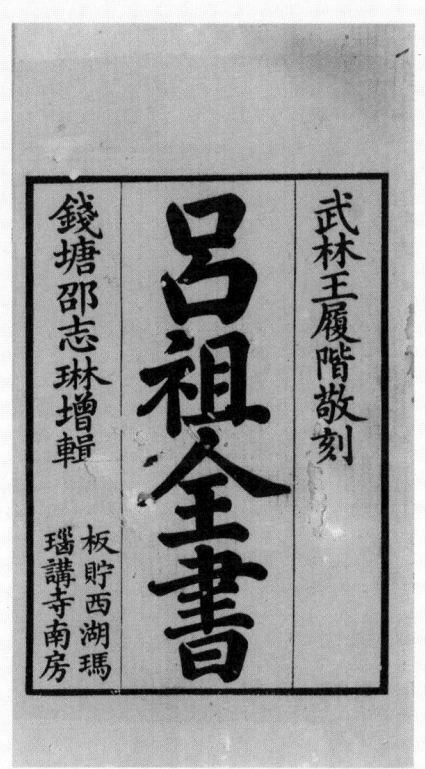

《呂祖全書》六十四卷　清劉體恕輯　清邵志琳增輯　清乾隆四十年(1775)王世陞等刻本

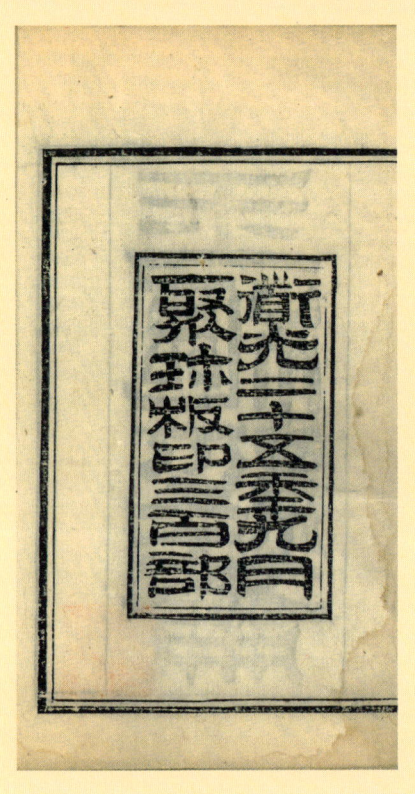

《玉樞經籥》二十四卷首一卷　清姚燮撰　清道光二十五年(1845)洞梵閣木活字印本

子部

1038　明嘉靖刻本六子書

T1060/0618

《六子書》六十卷，明顧春編。明嘉靖十二年(1533)顧春世德堂刻本。三十八册。半頁八行十七字，四周雙邊，白口，單魚尾，書口上刻"世德堂刊"。框高19.9釐米，寬13.8釐米。

是編爲《老子道德經》二卷，漢河上公注；《南華真經》十卷，晉郭象注，唐陸德明音義；《沖虛至德真經》八卷，晉張湛注；《荀子》二十卷，唐楊倞注；《新纂門目五臣音注揚子法言》十卷，晉李軌、唐柳宗元、宋宋咸、宋吳秘、宋司馬光注；《中説》十卷，宋阮逸注。

按，世德堂爲顧春所居。顧春，別號東滄居士。吴郡人。官懷遠將軍。此本始刻於嘉靖九年，竣於嘉靖十二年，歷四年而成。世德堂刻《六子》，後人又有翻刻，如桐陰書屋刻本及明刻本兩種。世德堂本在書口上刻有"世德堂刊"四字，而桐陰書屋本上書口無此四字，下書口刻"桐陰書屋校"。明刻本上亦無"世德堂刊"。又翻刻本的行款均同世德堂原本。民國三年，右文社曾據顧本影印。

又按，此本天頭甚高。佚顧春《刻六子書跋》，今據《明代版本圖録初編》卷六"家刻"中圖影補之："先刑部府君，少敦仁義之學，晚慕道德之言，故於《六子書》無不講覈，春之得於過庭者侈矣。自先君下世，每對是書，未嘗不悵然若有所慕焉而弗得也。將究其意旨，而無善本，脱謬不可考定。嘉靖庚寅冬，因治先君墓於銅井山，遂廬其側，校讎授梓，參文群籍，考義多方，越癸巳夏乃成。"王重民《中國善本書提要》也録有此跋，然斷章取義，僅二十八字。王氏《提要》録前人序跋，往往任意割裂或漏句，令人不敢引用。

《中國古籍善本書目》著録。中國國家圖書館、上海圖書館等三十一館，臺北"國家圖書館"(三部，其一爲原藏北平館者)亦有入藏。按，世德堂本六子，日本有延享四年(1747)皇都書林翻刻本。本館有其中一種，爲《沖虛至德真經》。

鈐印有"御書樓印"、"橄欖軒"。

1039　明萬曆刻本中立四子集

T1060/5061

《中立四子集》六十四卷，明朱東光編，張登雲參補。明萬曆七年(1579)刻本。十八册。半頁十行二十一字，四周雙邊，白口，單魚尾。框高21.2釐米，寬14.3釐米。

朱東光，字元曦。原籍江西臨川，徙居浦城。由府學生舉嘉靖辛酉鄉試。隆慶二年進士。官浙江平陽縣知縣，調江南祁門縣，以卓異陞户科給事中。出督河工，擢廣東按察司副使，禦倭寇有功，議陞，爲有力者所擠。奉母家居十餘年，起爲廣西布政司參議，陞廣東布政司參政，復以禦倭功加俸。請老歸。又有《訓政編》行世。《(光緒)續修浦城縣志》卷二三有傳。

中立者，中都也。是書以老子在亳、莊子在濠梁、管子在潁、淮南子在壽春，皆中都轄地，故名。四子者，爲《老子道德經》二卷、《莊子南華真經》十卷、《管子》二十四卷、《淮南鴻烈解》二十八卷。書爲朱東光與鳳陽府知府張雲登哀而刊之。每子前有郭子章爲之題辭，蓋其時郭氏奉使鳳陽也。郭氏老子題辭云："老氏，故中都人，今亳之天靜宮，其遺跡也。而莊、而管、而淮南，求其居里，亦皆中都屬焉，足稱中四子，盍彙而刻之。"

《四庫全書總目》入子部雜家類存目，作《中都四子集》。《總目》於此書評價甚低，云："其書刊版頗拙，校讎亦略，又於古注之後，時時妄有附益，殆類續貂，遂全失古本之面目，書帕本之最下者也。"《中國古籍善本書目》著録。上海圖書館、天津圖書館等十四館,臺北"國家圖書館"(兩部),及日本内閣文庫、京都大學人文科學研究所亦有入藏。

鈐印有"江南第一先生十九世孫"。

1040　明萬曆刻本新鍥翰林三狀元會選二十九子品彙釋評　T1035/2303

《新鍥翰林三狀元會選二十九子品彙釋評》二十卷首一卷,明焦竑等編。明萬曆四十四年(1616)寶善堂刻本。十册。半頁十行二十四字,四周單邊,白口,雙魚尾,書眉上刻評,書口下有"寶善堂"。框高21釐米,寬12.4釐米。題"翰林三狀元從吾焦竑校正;青陽翁正春參閲;蘭嶼朱之蕃圈點"。前有萬曆四十四年李廷機序;《凡例》八則。

卷首《老子道德經》,卷一《莊子南華經》,卷二至四《莊子》,卷五《列子冲虛經》,卷六至七《荀子》,卷八《淮南子》,卷九《吕氏春秋》,卷一〇《韓非子》、《尉繚子》,卷一一《屈子》,卷一二《揚子法言》、《墨子》,卷一三《鶡冠子》、《陸子》,卷一四《管子》、《區言》,卷一五《晏子》、《文中子》、《韓子》,卷一六《關尹子》、《譚子》、《譚子德化》、《譚子仁化》、《譚子食化》、《譚子儉化》,卷一七《抱朴子》;卷一八《劉子》、《尹文子》、《適一子》,卷一九《子華子》、《孔叢子》、《桓子》,卷二十《鬼谷子》。此書雜録諸子,毫無倫次,評語亦皆託名,謬陋不可言狀,蓋坊賈射利而爲之也。

李廷機序云:"從吾焦君、青陽翁君、蘭嶼朱君,皆積學浩瀚,博綜今古。嘗於公署之暇,拔二十九子之文,擇其言堪爲世資者,爲之注釋品評,或紀其實,或節其文,或斷其事之是非,或考其言之真贋,或斷章取義,或解字詮言,俾好古之士,一展卷間,若日麗中天,毫無翳蔽。藉讀者能掇其玄精,嚅其芳腴,則吐咳盡珠璣,下筆若泉湧矣。他日登文壇,建旗鼓,稱大將者,非此二十九子爲之先驅耶……余請廣之四方,爲後學標的,俾崢嶸於寰宇,設施於廟廊,均有藉焉。故謹序授之剞劂氏。"李序亦當托名者所爲。

《四庫全書總目》入子部雜家類存目。臺北"國家圖書館"(兩部),及美國國會圖書館、普林斯頓大學葛思德東方圖書館、日本内閣文庫、京都大學人文科學研究所亦有入藏。

鈐印有"天橋山智恩寺",日人印也。

1041　明萬曆刻本新刊六子全文注釋摘錦　T1060/0180

《新刊六子全文注釋摘錦》六卷,明蘇濬輯。明萬曆二年(1574)葉晥星泉南書舍刻本。四册。半頁十一行二十三字,四周雙邊,白口,雙魚尾,書眉上刻評。框高18.9釐米,寬12.1釐米。題"癸酉解元紫溪蘇濬述選;泉南書舍葉晥星求刻頒傳"。前有萬曆二年夏器序。

蘇濬,字君禹,號紫溪。晉江人。爲諸生,即耽書史。教授旁邑,主人多藏書,晝夜搜涉,學益富。爲文蒼淵宏肆,一時莫匹。萬曆癸酉,大司馬郭子章得濬卷,大奇之,首薦得解元。丁丑會魁會榜制舉之文,出經入史,大變衰薾之習,海内翕然宗之。官止貴州按察使。《(同治)泉州府志》卷四三《明列傳》有傳。

是書選注老子、莊子、揚子、荀子、文中子、列子中某些章節,爲通俗之書。夏器序云:"若老氏之恬淡,莊列之豪放,荀卿之明律令,揚雄之精曆理,王文中之究心禮樂,則其言也,尤不啻若爝火之光也,而謂其可廢乎?但其章句浩瀚,觀者怕病其難。吾郡紫溪蘇君,乃倣真氏遺意,拔其尤者録之,别爲注釋,以發明其趣。譬如擇都市之綺絢,而陳於天府,燦然美飾之奪目也。書林葉氏求梓之,持其稿以示予。予謂蘇君之録文,其精詳若此,則六子之言,其益可以不廢。夫其益可以不廢,夫故因其請,而爲之序云。"

此本末有荷蓋蓮座牌記,刊"古今評百家者,惟六子爲勝。但全書浩瀚,本堂懇求名公精選校閱,凡切舉業者,全段不遺,或只摘三四行,或只取數十餘句,務致血脉融貫,顛末俱在,要約不繁。百家之書,不出範圍,一展卷,精意便燦然矣。買者幸認余氏正板,庶無差誤。近山梓行"。

《四庫全書總目》及《中國古籍善本書目》俱未著録。

1042　明萬曆刻本飛霞館選百家纂雋　T1063/7148

《飛霞館選百家纂雋》十卷,明陸孝錫輯。明萬曆陸孝錫刻本。十冊。半頁九行二十字,四周單邊,白口,無魚尾。框高21.3釐米,寬12.9釐米。前有朱鳳翔序;百家書目題辭。

陸孝錫,浙江長興人。

此書輯諸子之出衆者,爲當時之通俗讀物。

朱鳳翔序云:"庚寅之臘,余啣楚命歸覲,而友人孝錫攜所裒《百家纂雋》示余,且圖播之梓……孝錫固先喆遺武也,嗟夫,孝錫鍵關就思,氣陵西京,而上猥云平原,其著述餘晷,雌黃欲狂,始稍試其袞鉞於諸子家。余於孝錫雅稱惠子知,而尤憾其坎壈,鉛槧末緣,抽金石中秘之藏,列之纂中,用述所相劘切而評隲者於簡首,若兹纂實,無娭余言建旗鼓也。"

刻工有宗仁。

《四庫全書總目》未收。《中國古籍善本書目》未著録。

鈐印有"雲煙家藏書記子孫永保"、"知止堂"、"松儔竹伴"。

1043　明末刻本彙選子集奇賞　T1060/7928

《彙選子集奇賞》七卷,明陳仁錫輯,張溥選注,吳偉業增訂。明末刻本。二冊。半頁十行二十一字,四周單邊,白口,無魚尾,書眉上刻評。框高20.4釐米,寬13.7釐米。題"古吳明卿陳仁錫彙輯;天如張溥選注;駿公吳偉業增訂"。

是書彙録諸子(四十九家)集之片段,多者百余段,少者僅一篇,乃坊賈托名射利之書。

扉頁刊"三函子集。陳明卿先生評選。紫霞居藏板"。

《四庫全書總目》未收。《中國古籍善本書目》亦未著録。

1044　明刻本孔子家語　T1075/2215

《孔子家語》八卷,明何孟春注。明永明書院刻本。四冊。半頁九行二十字,四周單邊,白口,單魚尾,書口下刊"永明書院藏板",書眉上刻評。框高21.9釐米,寬13.1釐米。題"宋王肅纂注;明太子太傅襲封衍聖公孔胤植編正;何孟春補注;孔尚達參訂"。有正德二年(1507)何孟春序;正德十六年(1521)林俊題辭;正德十六年黃鞏跋。

何孟春,字子元。郴州人。弘治六年進士。師李東陽,學問該博。屢遷右副都御史,巡撫雲南。嘉靖初,爲禮部侍郎。大禮議起,孟春上疏力爭,又偕百官伏闕號泣,奪俸調南京工部,引疾歸。卒謚文簡。

是書雜採先秦兩漢諸書所載有關孔子遺文軼事，綜合成篇，並借諸書中有關古代婚姻、喪祭、郊禘、廟祧等制度與鄭玄所論不同處，以攻擊鄭玄之學。後人多疑爲王肅僞作。雖系僞書，但其中保存一些古本書籍之記載，可供校勘、考證參考。按，王肅，字子雍，王朗子。三國魏東海郯人。官至中領軍，加散騎常侍。善賈逵、馬融之學。兩漢經學至鄭玄合今古文而集大成，肅欲與之爭勝，撰《聖證論》，專攻鄭氏。

此本分元亨利貞四集，孟春序云："春謹即他書有明著家語云云，而今本缺略者以補綴之。今本不少概見，則不知舊本爲在何篇，而不敢以入焉，分四十四篇爲八卷，他書所記事同語異者箋其下，而一二愚得附焉。其不敢以入焉者，仍別錄之，並春秋、戰國、秦漢間文字，載有孔子語者，錄爲家語外集，存之私塾，以竢博雅君子或得肅舊本而是正焉，是豈獨春之幸哉！"

《四庫全書總目》入子部儒家類。《中國古籍善本書目》著錄。浙江圖書館、中國科學院圖書館等八館，臺北"國家圖書館"（兩部），及日本內閣文庫亦有入藏。

又按，永明書院又刻有《標題句解孔子家語》三卷。

1045 明萬曆刻本孔聖家語圖   T1075/2340

《孔聖家語圖》十一卷，明吳嘉謨輯。明萬曆十七年（1589）自刻本。六冊。半頁十行二十字，四周單邊，白口，單魚尾，書口下間有刻工及字數。框高21釐米，寬13.1釐米。卷二題"武林後學吳嘉謨集校"。前有王鏊序；《凡例》九則。

是書曰"家語圖"者，乃從《家語》舊名而增其圖。卷一前爲圖四十幅，以孔聖像爲首，其《凡例》云："先聖歷年事蹟，雜見傳記諸書者，多牽合附會，莫可據信。惟《家語》、《史記》及《孔氏世譜》載先聖歷年事蹟頗詳，今謹據其說，續以聖蹟圖彙成四十幅，而以意按之於後，以便考古者稽焉。"自卷二起，乃爲《家語》本文。

據王重民《中國善本書提要》，中國國家圖書館藏本有嘉謨自序，云圖依闕里所傳《聖蹟圖》輯成。是本佚萬曆十七年自序、王世貞序、萬曆十七年楊士經跋。刻工爲黃祖、信。先聖像題"新都程起龍伯陽甫薰沐寫，歙人黃祖鐫"。起龍即爲繪《女範編》者。

《四庫全書總目》未收。《中國古籍善本書目》著錄。中國國家圖書館、上海圖書館等九館，臺北"國家圖書館"（四部，其一爲原藏北平館者）亦有入藏。日本內閣文庫有明萬曆刻本，不知與此同板否。

是書又有明萬曆書林余碧泉刻本，上海圖書館、臺北"國家圖書館"入藏。

館藏有複本一部，六冊。有"岡田真之藏書"印。

1046 明末刻本荀子   T1120/4229

《荀子》二十卷，唐楊倞注。明末肯石居刻本。六冊。半頁九行十八字，四周單邊，白口，單魚尾，書眉上刻評注。框高18.9釐米，寬13.7釐米。前有元和十三年（818）楊倞序。

此本有扉頁，刊"合諸名家批點荀子全書。本衙藏板肯石居行"。鈐有"本衙藏板"印。日人朱筆校注。

《四庫全書總目》入子部儒家類。《中國古籍善本書目》未著錄。嚴靈峰輯《無求備齋荀子集成》亦未收入。

鈐印有"小田氏藏書"。日人印也。

1047　明萬曆刻本鹽鐵論　　T4311/4131D

《鹽鐵論》十卷,漢桓寬撰。明萬曆十四年(1586)張袞星聚堂刻本。四册。傅增湘跋;莫宗熙跋並錄清黄丕烈跋。半頁九行二十字,四周單邊,白口,單魚尾,書口上方刻"太玄書室"。框高 19.6 釐米,寬 12.4 釐米。題"漢桓寬撰;明張袞校;黄金色訂正"。前有弘治十四年(1501)都穆序。

漢始元六年,昭帝徵集郡國賢良文學之士,詢以治亂,皆求罷鹽鐵、榷酤、均輸,獨御史大夫桑弘羊以爲不可廢,因止罷榷酤而鹽鐵卒不變。至宣帝時,桓寬推衍當時雙方論難之語,集成是書。

是書之明代刻本較複雜,存世最早爲明初刻本《新刊鹽鐵論》十卷,半頁十三行二十六字,四周雙邊,黑口,今存中國國家圖書館;次爲弘治十四年塗禎刻本,半頁十行二十字,左右雙邊,白口,中國國家圖書館、上海圖書館入藏;三爲嘉靖三十年倪邦彥刻本,半頁十行二十字,四周雙邊,白口,藏中國國家圖書館;四爲明刻本,半頁九行十八字,四周單邊,白口,藏中國國家圖書館、上海圖書館等十二館。以上皆爲十卷之本。另有明沈延銓刻本,爲四卷本,半頁九行二十字,左右雙邊,白口,藏中國國家圖書館。又有十二卷本,爲張之象注本,有嘉靖三十三年張氏猗蘭堂刻本,中國國家圖書館、上海圖書館等二十館入藏;明萬曆七年朗陵刻本,藏上海圖書館;明萬曆八年趙南星等刻本,藏廣東中山大學圖書館、中國科學院圖書館;明末刻本,藏中國國家圖書館等五館;明刻本兩種,皆九行十七字,左右雙邊,黑口,前者藏吉林省圖書館,後者藏上海圖書館、南京圖書館。

此星聚堂本,據傅增湘《藏園群書經眼錄》,書前應有萬曆十四年張袞序,並有封面,題"張氏星聚堂梓"、"徽郡新陽黄先生同校於祠部官舍",又書籤題"新刊校正官板鹽鐵論"。卷尾塗禎序後有"萬曆十四年歲在丙戌十月望日星聚堂張氏重梓"一行。然今此本所有涉及萬曆十四年及星聚堂字樣者,均爲書賈抽去以充塗禎本。

傅增湘跋云:"此書明刊各本均見過,所未覯者,獨蘭雪堂活字及此本耳。承侗伯兄惠假,因取沈延銓本對勘一過,其佳處亦有出塗禎本之外者,是可寶貴,不特以罕見爲珍也。沅叔附記。"按,傅氏《藏園群書經眼錄》於是書又有一段記載,云:"余曾見黄蕘翁校本,盛稱太玄書室本之佳,然其刊本乃殊罕覯。前年與郭侗伯太史談及,適藏有是刻,乃假來一讀,因取明季沈埏本手勘一過,其文字往往有視塗本爲佳者,第郭藏本失去前後序跋,封面籤題即張袞校一行亦失去,遂不能考年代及刻書人名,於是遂有擬爲正嘉間本者。今於蟠青書室獲覯此册,首尾完具,乃知爲武林張氏星聚堂太玄書室所刊,書目中所據以補入,積年疑慮一旦涣然冰解,殊足喜也。"

《四庫全書總目》入子部儒家類。《中國古籍善本書目》著錄。中國國家圖書館、臺北"國家圖書館"亦有入藏。

金鑲玉裝。

鈐印有"增湘私印"、"宗熙所讀之書"、"遺經齋藏書印"。

1048　明刻本新纂門目五臣音注揚子法言　T1150/1791

《新纂門目五臣音注揚子法言》十卷，漢揚雄撰，晉李軌、唐柳宗元、宋宋咸、宋吳祕、宋司馬光注。明刻《六子書》本。三冊。半頁八行十七字，四周雙邊，白口，單魚尾。框高20.3釐米，寬13.7釐米。題"李軌、柳宗元注；宋咸、吳祕、司馬光重添注"。前有景祐三年(1036)宋咸序；景祐四年(1037)宋咸進書表；元豐四年(1081)司馬光序。

此爲明刻《六子書》零種。明刻本《六子書》，中國國家圖書館、山西省圖書館等十三館有全帙。《中國古籍善本書目》僅收此書零種之有名人批校題跋本。

鈐印有"寒泉精舍"、"曾在柳氏"、"岡田真之藏書"。

1049　明萬曆刻漢魏叢書本申鑒　T1162/4823

《申鑒》五卷，漢荀悅撰，明黃省曾注。明萬曆二十年(1592)程榮刻《漢魏叢書》本。一冊。半頁九行二十字，左右雙邊，白口，單魚尾。框高19.7釐米，寬13.7釐米。題"漢潁川荀悅著；明吳郡黃省曾注；新安程榮校"。前有正德十四年(1519)王鏊序，正德十四年黃省曾序。末有正德十六年喬宇跋。

據《後漢書‧荀淑傳》云，悅侍講禁中，見政移曹氏，志在獻替，而謀無所用，乃作《申鑒》五篇，爲政體、時事、俗嫌、雜言上下。內容以儒術談政治，主張德刑並用，駁斥讖緯符瑞等。書成奏上，帝覽而善之。其書見於《隋書‧經籍志》、《唐書‧藝文志》者皆作五卷。

王鏊序云："悅仕獻帝朝，辟曹操府，與孔融及弟彧同侍講禁中。悅每有獻替而意未盡，此《申鑒》所爲作者，蓋有志於經世也。然當時政體，願有大於總攬機務，使權不下移者乎？而曾無一言及之，何哉？厥後融以論建漸廣，或以不阿九錫，皆不得其死，悅獨優游以壽終，其亦善處濁世者矣！其論政體，無賈誼之經制而近於醇，無劉向之憤激而長於諷；其雜言等篇，頗似揚雄《法言》，雄曲意美新，而悅無一言及於操，視雄爲優矣。"

《四庫全書總目》入子部儒家類。《總目》云："此書剖析事理，亦深切著明，蓋由其原本儒術，故所言皆不詭於正也。明正德中，吳縣黃省曾爲之注，凡萬四千餘言，引據博洽，多得悅旨。其於《後漢書》所引，間有同異者，亦并列其文於句下，以便考訂。"

此爲《漢魏叢書》零種。《中國古籍善本書目》著錄《漢魏叢書》。北京大學圖書館等四十館有全帙。另有明正德十三年李濂刻本、明嘉靖十二年張惟恕刻本、明萬曆何允中刻《廣漢魏叢書》本、明正德黃氏文始堂刻本等。

1050　明天啓刻本家範　T1682/1279

《家範》十卷，宋司馬光撰。明天啓六年(1626)司馬露等刻本。四冊。半頁九行二十字，四周雙邊，白口，單魚尾。框高19.4釐米，寬13.4釐米。題"十八世孫露，十九世孫嶸、嵩、崢、巏、崙、岐梓"。有吳時亮序；天啓六年司馬露跋。

司馬光，字君實，世稱涑水先生。山西夏縣涑水鄉人。寶元進士。仁宗末年任天章閣待制兼侍講，知諫院。熙寧三年，出知永興軍。次年判西京御史臺，退居洛陽。元豐八年，哲宗即位,高太皇太后聽政,召其入京主國政。次年任尚書左僕射,兼門下侍郎,廢王安石新法。爲相八月而卒,追封温國公。又著有《資治通鑒》、《司馬文正公集》、《稽古録》、《涑水記聞》。

家範者,家之規範也。首列《易·家人》卦辭,並節録儒家書中有關治家之語以作綱領,分十九篇,自治家至乳母,皆可爲法則者。間亦有光所論説,與朱子小學義例差異,而用意略同。其節目備具,簡而有要,似較小學更切於日用,且大旨歸於義理,亦不似《顔氏家訓》徒揣摩於人情世故之間。

吴時亮序云:"余于役平水,過其里,瞻謁其祠,高山景行,無射於人。斯又從先生之裔孫露得盡覩先生遺編,曰:嗟乎!是乃先生之所爲無射也哉?顧其最夷易、最切實者,則有《家範》一書,諄諄亹亹,總爲齊家示訓。"

司馬露跋云:"先文正公《家範》,事擷古今,義兼述作,上自卿士,下逮庶人,凡家行隆美可爲世法者,罔不備載,如冶人鎔金,陶人塼埴,圜觚方直,一聽之於範,不少差僭。顧家之本在身,而身之主宰在心,求之吾心,取《家範》所載佳言懿行,以證吾心,決吾響往,則範自我立,化自我行,巳真巳僞,皆由巳而由人乎?先大父邵武公刻之於閩,板毁無存,未得傳世。先大人孝廉公未仕早殁,亦不克成所志。露家徒四壁,無力梓行,荷蒙當道名公,崇賢重道,所賜俸金,露授梓人,永垂懿範。"

卷一〇末刻"夏縣梓匠衞守刊刻"一行。此本當刻於其地。

《四庫全書總目》入子部儒家類。《中國古籍善本書目》著録。上海圖書館、陝西省圖書館等六館,臺北"國家圖書館"(兩部),及美國國會圖書館亦有入藏。

按,是書又有明刻本,九行十八字。今傳世最早之本,僅見《宋司馬温國文正公家範》十卷,有明萬曆三年陳世寶刻本及萬曆七年莫與齊刻本。

鈐印有"寒默龕珍藏金石書畫"、"善伯所得金石書畫經籍之記"。

1051　明弘治刻本二程全書　　T9111/1285

《二程全書》六十五卷,宋程顥、程頤撰,明弘治十一年(1498)河南府知府陳宣刻本。十六册。半頁十行二十一字,四周單邊,黑口,單魚尾。框高 21.6 釐米,寬 14.7 釐米。題"河南布政司左參議武定康紹宗重編;河南按察司僉事清江彭綱校正;河南府知府平陽陳宣刊行"。前有弘治十一年李瀚序。末有弘治十一年陳宣後序,弘治十一年彭綱後序,附陳宣撰《刱伊洛淵源祠記》、《二程門人》。序後有程太中公像、明道純公像、伊川正公像,三像皆據程氏家譜臨摹,像後並有贊。

是書爲《遺書》二十八卷,《附録》一卷,《外書》十二卷,《經説》八卷,《文集》十三集,《文集拾遺》一卷,《續附録》二卷。

李瀚序云:"《遺書》、《外書》、《經説》、《文集》,在宋時固已板行,號《程氏四書》。自時迄今幾四百年,書在人間,各相珍襲,好事者往往刻其所藏本。天順間,國子監丞洛陽閻君子與求得四書,及臨川譚元之所蒐輯遺文、遺事,合爲一書。大師南陽李文達公題曰《二程全書》,而爲之序。今學士泌陽焦君爲編脩時,嘗爲校正,南陽知府陽曲段君可久實刊行之。二先生之書至是亦昌矣。然板留偏郡,字多漫漶,行亦不廣,學者憾焉。瀚自志學,即好觀二先生之書,竊以爲是書與六經相古今,六經薄海內外,無處無之,而是書之全者,既不可盡見,其僅存者,又不得徧海宇而人觀之。嘗欲取南陽本與家藏舊本參訂梓之,而力有所不逮。頃者奉命來按河南,親歷先生故址，謀酬初志，訪得各本，遂屬參議康君孝隆重爲編輯，僉事彭君性仁復從而校正焉，又採程氏家譜、象贊揭於前，俾學者開卷起敬。並取《宋史‧程珦傳》及謚議、制詞諸文係於後，以見二先生之道。前有所啓，生雖見擯斥，而其後卒大行也。書凡六十五卷，繕寫既完，河南知府東嘉陳君文德樂承繡木之任。河南二先生鄉郡，居四方之中，素稱多士，書得梓於是，其不與六經相悠久，徧於人人也哉？是業也，陳君其永之。"

陳宣後序云："去歲來知河南府事，自幸得以入夫子之境，拜夫子之祠墓，而平生之所願慕者，不愈親切有所感動也乎？既而蜀參喬君廷儀致政還洛，日相與講明二程之學，上而聖人之道賴之以不墜，下而儒先皆不能及之。但其全書雖刻於南陽，洛人亦少得而覿之，況其偏鄉下邑，吾徒不能以無負也。適巡按河南監察御史沁水李公，突然以斯文爲己任，尋以《二程全書》屬宣鋟梓，以傳不朽。"

《四庫全書總目》收《文集》，入集部總集類；《遺書》、《外書》入子部儒家類，而未收《經說》。《中國古籍善本書目》著錄。中國國家圖書館、上海圖書館等九館、臺北"國家圖書館"，及美國國會圖書館、日本內閣文庫亦有入藏。

按，《二程全書》明代所刻不下八種，有六十二卷本（明成化十二年段堅刻本）、六十五卷本（除此陳宣本外，又有明萬曆二十年蔣春芳刻本）、五十一卷本（明嘉靖三年李中、余祜刻本及明刻本二種，明隆慶四年金立敬刻本）、六十八卷本（明萬曆三十四年徐必達刻本）等。

金鑲玉裝。

明人硃筆批並圈點。

鈐印有"悔堂藏弄"、"辟古萬仞"。

1052　清康熙刻本二程文略　T1209/2915

《二程文略》二卷，宋程顥、程頤撰，清朱璘輯。清康熙三十七年（1698）萬卷堂刻本。二冊。半頁九行二十一字，左右雙邊，白口，單魚尾。書口下刻"萬卷堂藏板"。書眉上刻評語。框高18.3釐米，寬11.7釐米。卷一題"洛國純公程顥著；古虞後學青巖朱璘輯；襄城後學禮山李來章校"，卷二以下改題"豫國正公程頤著"。前有康熙三十七年朱璘《弁言》；康熙三十七年朱璘序；《凡例》四則並李來章識語；《程純公本傳》、《程正公本傳》。

朱璘，見《朱子文略》。

朱氏先有《朱子文略》，復編是書，輯二程之文，以爲書院講學之用。卷一收程顥文三十篇，包括劄子、上疏、奏狀、試策、祭文、墓銘等。卷二收程頤文三十一篇，包括劄子、書、簡、序、祭文、墓銘等。眉端評語將各文劃分段落，敍其大旨。篇後有簡短評語，行間有圈點及評論之句。

朱璘《弁言》云："理學文章，固相爲表裏者也。蓋文章不本於理學，則必流於瀚漫；理學不兼以文章，則必淪於枯槁。甲戌之秋，讀《朱子全書》所載奏劄記敍諸篇，益知理學文章各集其成而醇乎其醇者也。因訂《朱子文略》而句讀之，標釋之，以公同好。若夫大程之古雅，二程之詳晰，其文章又何可不講誦乎？復刻是編，以見理學之文章始不流於瀚漫，而程朱之理學乃不淪於枯槁也夫。"朱氏序又云："予不敏，輯二先生文各爲一卷，離析句讀，界畫段落，稍綴數言，發揮指趣，總爲南陽書院初學之士而設。"

李來章識語云："乙亥自春徂夏，予居南陽書院，讀《二程遺書》，數以所疑者仰質於先生。先生一一爲之剖析，語皆可紀。一日，先生謂予曰：二程精義，具載《遺書》。予僭有箋說，藏之篋衍,尚俟閑中再爲刪定。惟茲文集録得數十首,細分句讀,略加點注,將爲童稚發蒙,子以爲何如?予以爲是誠學人所急者,慫恿梓之,與《朱子文略》爲合璧云。"

《四庫全書總目》、《續修四庫全書總目提要(稿本)》、《清史·藝文志》等皆未著録。《中國古籍善本書目》不收。各家書目亦鮮見著録。

按,館藏有朱璘輯《朱子文略》,爲康熙三十七年萬卷堂刻本,亦罕見於諸家著録。另《四庫全書存目叢書》影印朱璘編輯之《諸葛丞相集》,亦爲康熙三十七年萬卷堂刻本。此萬卷堂或爲朱氏家刻。

鈐印有"會稽魯氏貴讀樓藏書印"。

1053　明崇禎刻清修補本程子詳本　　　　T1209.2/7901

《程子詳本》二十卷,明陳龍正撰。明崇禎十六年(1643)刻清康熙十四年(1675)修補印本。八册。半頁九行十九字,四周單邊,白口,單魚尾。框高20.4釐米,寬13.5釐米。題"後學陳龍正彙纂"。前有崇禎十六年陳龍正序,康熙十四年宗裔國澐序;記者姓名;《凡例》十五則。

陳龍正,見《幾亭全書》。

陳龍正以《二程遺書》雖朱熹所編,而其重復訛誤處猶未暇是正,於是排比刊削,分類編次,而成是書。卷一《道體》,卷二《爲學》,卷三《致知》,卷四《存養》,卷五《克治》,卷六《家道》,卷七《禮法》,卷八《出處》,卷九《治體》,卷一〇《治法》,卷一一《教人》,卷一二至一四《經說》,卷一五《聖賢》,卷一六《辨異端》,卷一七《明道先生文》,卷一八至一九《伊川先生文》,卷二〇《附録》。

陳氏序云:"乃略仿《近思録》義例,類聚其言,而於其重復者、舛訛者、不可解者,與雖可解而無甚切繫者,量爲節去。凡欲讀程子全書者,文公所編具在。倘人情樂簡苦繁,取整去亂,則今日所緝,固深體朱子之意,以仰遡程子之心。雖視全書頗約,而實不敢不加詳者也。故不曰約本,曰詳本。繇博而詳,則約也近矣。"

宗裔國澐序云:"魏里陳幾亭先輩研精理學,裒集程、朱二氏之書,爲之分門别類,删複節繁,且間質以己見,使後學披閱,昭昭乎若揭日月而行焉。未幾運際鼎革,表彰無人,遂至其板束諸高閣者幾四十年。余甥朱集瑾憂失其傳,訪求得之。《朱子語類》、《經解》業已補其缺殘,修其漫漶,流播宇内矣。而《二程語録》則猶從事未遑……矧詳本一書,其編輯去留,比之刪定紫陽倍加歲月,顧可不爲之廣其傳乎?故於余甥所有志未遑者,力任修明。又遲二年而板乃完。"

《四庫全書總目》子部儒家類存目著録,云是書"於二子之説多所辨駁,不出明末講學家詬争之習"。

《中國古籍善本書目》子部儒家類著録明崇禎十六年刻本,僅湖南圖書館收藏一部,《四庫全書存目叢書》即據其影印。館藏此本爲修補印本,增入宗裔國澐序文一篇。日本《内閣文庫漢籍分類目録》著録一部清康熙十四年序刊本,當即此本。

鈐印有"積學齋徐乃昌藏書"。

1054　明刻本分類經進近思録集解　　　　T1237/4929

《分類經進近思録集解》十四卷,宋葉采撰。明吳勉學刻本。一册。半頁九行十八字,左右雙邊，白口，單魚尾。框高19.5釐米，寬13.5釐米。題"建安葉采集進；鷺洲後學周公恕類次；新安吳勉學校閱"。前有淳祐八年(1248)葉采序；淳祐十二年(1252)葉采進書表；近思錄群書姓氏；淳熙二年(1175)朱熹跋，淳熙三年(1176)呂祖謙跋。末有成化九年(1473)張元禎跋。

　　葉采，建安人。鄉貢進士。從李方子問學，得其指歸。

　　《近思錄》爲宋朱熹、呂祖謙合撰，十四卷，分十四門，共六百二十二條。集宋代學者周敦頤、程顥、程頤及張載主要言論而成。取《論語·子張》記子夏"切問而近思"之義爲書名，爲闡述儒家性理概論之作。此爲葉采集解之本。葉序云："時則朱子與呂成公，採摭四先生之書，條分類別，凡十四卷，名曰《近思錄》，規模之大，而進修有序；綱領之要，而節目詳明，體用兼該，本末殫舉。至於闢邪説，明正宗，罔不精覈洞盡，是則我宋之一經，將與四子並列，詔後學而垂無窮者也。嘗聞朱子曰：'四子，六經之階梯。'《近思錄》，四子之階梯。蓋時有遠近，言有詳約不同，學者必自近而詳者，推求遠且約者，斯可矣。采年在志學，受讀是書，字求其訓，句探其旨，研思積久，因成《集解》。其諸綱要，悉本朱子舊注，參以《升堂記聞》及諸儒辯論，擇其精純，刊除繁復，以次編入。有闕略者，乃出臆説，朝删暮輯，踰三十年，義稍明備，以授家庭訓習。或者謂寒鄉晚出，有志古學，而旁無師友，苟得是集，觀之亦可並通大義，然後以類而推，以觀四先生之大全，亦近思之意云。"

　　《四庫全書總目》未收。《中國古籍善本書目》著録。上海圖書館、南京圖書館等八館，及美國普林斯頓大學葛思德東方圖書館、日本内閣文庫亦有入藏。按，采之《集解》另有元刻明修本，及明嘉靖十七年劉仕賢刻本、明崇禎八年陸雲龍刻本等。

　　館藏有複本一部，四册。

1055　明萬曆刻本分類近思錄集解

T1237/4929B

　　《分類近思錄集解》十四卷，宋葉采撰。明萬曆四十六年(1618)陳以躍刻本。三册。九行十八字，四周雙邊，白口，單魚尾，書口下刻字數。框高20.1釐米，寬14.2釐米。題"建安葉采集進；鷺洲後學周公恕類次；新安吳勉學校閱；泰和後學陳以躍校梓"。前有淳祐八年(1248)葉采序，嘉靖十七年(1538)劉仕賢序；淳祐十二年葉采進書表；近思錄群書姓氏；淳熙二年(1175)朱熹跋，淳熙三年(1176)呂祖謙跋。末有成化九年(1473)張元禎跋。

　　此本爲陳以躍據嘉靖十七年劉仕賢刻本重梓。劉序後刊"萬曆戊午秋月兩浙運使泰和陳以躍重梓"。以躍，字司霖，江西泰和人。

　　《中國古籍善本書目》及《"國立中央圖書館"善本書目》皆未著録此本。

1056　明崇禎刻本張天如先生校正文公小學音注句解

T1665/2943.13

　　《張天如先生校正文公小學音注句解》十卷附《張天如先生校正標題孝經集注詳解》一卷《張天如先生校正標題忠經集注詳解》一卷，明張溥撰。明崇禎九年(1636)書林吳耀珠刻本。二册。半頁十行二十五字，四周單邊，白口，無魚尾，書眉上刻評。框高21.8釐米，寬11.8釐米。題"婁東張溥天如父訂"。《孝經集注詳解》題"禮部鑒定；宋學士邢昺疏義；明旭旸黄澍注解"。《忠經集注詳解》題"婁東張溥天如父訂；書林吳耀珠梓"。前有聖諭。

　　小學者，古時小子所學之學，教人以灑掃應對進退之節，愛親敬長隆師親友之道，即所謂修身齊家治國平天下之本。始爲朱熹所作,後人多有釋解,蓋童蒙之讀物也,如宋夏相輯《文公先生小學明説便覽》、明吳訥撰《文公先生小學集解大成》、明陳選撰《小學集注》等皆是。

此本每句之下皆有詳釋,書眉刻總旨、論旨、論題、参。聖旨有云:"其士子,自童時入塾,以迨應試登科,只以富貴温飽爲志,竟不知立身修行、忠君愛民之大道,如此教化不明,士風吏治,安得不日趨卑下……童子必入學,遇試先查德行,自童儒以及鄉會,須有實蹟,方許入場,異日敗行,考官挨論。酌古準今,宜有法則規條,頒有遵守。"

書末有荷蓋蓮座牌記,刊"崇禎歲在丙子書林吳耀珠梓"。

《四庫全書總目》及《中國古籍善本書目》皆未著録。

鈐印有"翼輪堂藏書記"、"加藤家藏書印"。

1057　明成化刻本晦庵先生語録類要　　T1237/4940

《晦庵先生語録類要》十八卷,宋葉士龍輯。明成化六年(1470)韓儼婺源縣刻本。十册。半頁十一行十九字,四周雙邊,黑口,雙魚尾。框高 19 釐米,寬 12 釐米。題"勉齋黃先生門人括蒼葉士龍編次"。前有嘉熙二年(1238)朱安序,淳祐四年(1244)王遂序;語録答問弟子姓氏。末有大德六年(1302)詹天祥跋,成化六年韓儼跋。

葉士龍,字雲叟,號淡軒。括蒼人。後遷居長樂之唐石,從黃勉齋學,嘗爲考亭書院堂長。傳見《宋元學案》卷六三。

是書爲葉氏讀朱熹之語録,而取其會於心者編輯而成。元代詹天祥爲之刊刻,詹序云:"是編取文公語録,撮要分類,以幸學者,初題曰《語録格言》,凡十有九卷,見者如獲重寶,且刊行矣。殿講進齋徐公幾絶愛其簡切,且門類尤便尋繹,更爲題曰《語録類要》,内獨省去第十九卷,蓋不欲使學者驟言兵也。近年書市本兵毁不復存,天祥家藏殿講手校本蠹壞將不可考,乃重校刻之。"今詹刻不傳於世。

此爲韓儼刻本。韓儼,字敬夫,河南修武人。官婺源縣令。縣多大族,儼一以齊民視之。有事到官,以是非曲直斷之,民服其公正。事見《(乾隆)婺源縣志》卷一〇、《(民國)修武縣志》卷一四。儼序云:"儼幸官於大賢之邦,常謁祠下,景仰私淑,中心拳拳。成化戊子冬,赴京考績,道經洌水,訪舊友新城宰江君,出是編見示,捧讀喜甚。待次年回,求録弗果,竟復任訪求,得之於先生九世孫餘杭少尹槑所録稿本,如獲拱璧,詳加考校,補其闕遺,正其訛謬,捐己俸貲,命工重刊,以廣其傳。"

是本書末刻"古歙黃文敬刊"。

《四庫全書總目》未收。《中國古籍善本書目》著録。浙江圖書館、北京大學圖書館等五館、臺北"國家圖書館",及美國國會圖書館亦有入藏。

葉士龍輯本,又有題《新刊京本晦庵先生語録類要》十八卷者,爲明刻本,今藏上海圖書館。

1058　清康熙刻本淵鑒齋御纂朱子全書　　T1237/83C.2

《淵鑒齋御纂朱子全書》六十六卷,清熊賜履、李光地等纂。清康熙五十三年(1714)武英殿刻本。二十三册。半頁九行二十字,四周單邊,黑口,雙魚尾。框高 19.2 釐米,寬 13.4 釐米。前有康熙五十二年(1713)御製序;康熙五十三年李光地等上表;諸臣職名;《凡例》六則。

熊賜履，字敬修，湖北孝感人。順治十五年進士，選庶吉士，授檢討，遷國子監司業、弘文館侍讀。康熙十四年授武英殿大學士，兼刑部尚書。尋罷歸。三十八年授東閣大學士兼吏部尚書，預修《聖訓》、《實錄》、《方略》、《明史》，並充總裁官。四十八年卒，諡文端。《清史稿》卷二六二有傳。

李光地，見清康熙刻本《篆文六經四書》。

此書取朱熹語錄、文集之精要，以類編次。卷一至六《學》，卷七至九《大學》，卷一〇至一九《論語》，卷二〇至二三《孟子》，卷二四至二五《中庸》，卷二六至三二《易》，卷三三至三四《書》，卷三五《詩》，卷三六《春秋》，卷三七至四〇《禮》，卷四一《樂》，卷四二至四八《性理》，卷四九至五〇《理氣》，卷五一《鬼神》，卷五二至五七《道統》，卷五八至六〇《諸子》，卷六一至六二《歷代》，卷六三至六四《治道》，卷六五《論文》、《論詩》、《字學》、《科舉之學》，卷六六《賦》、《詞》、《琴操》、《古詩》、《律詩》、《絕句》、《詩餘》、《贊》、《箴》、《銘》。

《凡例》云："近代名儒，惟朱子之學最醇，其所著作亦最備。今《四書集注》及《易本義》、《詩傳》既以頒行學校，著爲令甲，此外如《太極圖》、《通書解》、《西銘解》、《四書或問》、《易學啓蒙》、《小學》、《家禮》、《儀禮經傳通解》諸書，皆所以發明性道，補益經術。然亦自爲成書，流傳於世舊矣。惟《語類》一編，係門弟子記錄，中間不無譌誤冗複，雜而未理。文集一部，則是其平生議論問答，應酬雜著，以至奏牘公移皆具焉。精粗雜載，細大兼收，令覽者苦其繁多，迷於指趣，學人病焉。今合此二書，撮其精要，芟削繁文，以類相次，裒爲全書，以便學者。蓋文雖不悉錄，而微言大義，庶幾具是矣，故曰全書也。"

諸臣職名所列，承修：原任東閣大學士兼吏部尚書熊賜履、文淵閣大學士兼吏部尚書李光地、原任都察院左都御史兼管翰林院掌院學士事吳涵等三人；御前校對：二等侍衛法通、翰林院編修何國宗等六人；武英殿校對：翰林院編修徐用錫等三人；監造：武英殿總監造兼管翻書房和素等三人。御製序後鈐"體元主人"、"稽古右文之章"。

《中國古籍善本書目》不收。《北京圖書館古籍善本書目》子部儒家類著錄《淵鑒齋御纂朱子全書》三種版本，一爲此本；一爲十九卷，著錄爲清康熙内府刻本，行款版式與此本同；一爲六十六卷，著錄爲清乾隆元年至二年國子監刻本，行款同此本，唯書口爲白口。《内閣文庫漢籍分類目錄》亦著錄一部十九卷本，注云"四書十九卷"。《清代内府刻書圖錄》收錄此書兩種，皆作六十六卷，著錄爲清康熙五十三年内府刻本，一爲黑口本，一爲白口本，其黑口本卷一内容爲《大學》類，與館藏此本及白口本之卷一《學》類内容不同，或即《北京圖書館古籍善本書目》、《内閣文庫漢籍分類目錄》著錄之十九卷本。另《北京大學圖書館藏古籍善本書目》、《中科院圖書館藏中文古籍善本書目》著錄此本。

鈐印有"馬佳氏廣榮桐軒之章"、"彤軒"、"求放心齋藏書之印"、"求放心齋所藏"、"方錫嘉"。

1059 清乾隆刻本朱子經濟文衡類編　　T1237/7218

《朱子經濟文衡類編前集》二十五卷《後集》二十五卷《續集》二十二卷，宋滕珙輯。清乾隆四年(1739)刻本。十二冊。半頁九行二十字，四周單邊，白口，單魚尾。框高19.8釐米，寬12.8釐米。前有明萬曆三十四年(1606)朱吾弼序，正德四年(1509)楊一清序，清乾隆四年程恂序，乾隆四年楊雲服序。

滕珙,字德章,江西婺源人。淳熙十四年進士,官合肥令。與兄璘俱游朱子之門,有善譽。《弘治徽州府志》卷八有小傳。

是書取《朱熹語錄》、《文集》等分類編次。《前集》分太極、太極圖說、兩儀四象、河圖洛書、先天後天等六十四類;《後集》分三皇五帝、伏羲、黃帝、堯、舜等七十五類;《續集》分聖學、聖德、修身、正心等四十九類。每類下有數論,如太極類下包括《論太極是名此理之至極》、《論易有太極之義》、《論道生一即易之太極》等十篇,每篇前有數語敘其大旨。大體《前集》論學,《後集》論古,《續集》兼二集所遺而補之。《四庫全書總目》云其"條分縷析,條理秩然,視他家所編經世大訓之類或簡而不詳、或繁而少緒者,迥乎不同","朱子平生學問大端,具見於此。"

是書明代有正德四年趙俊刻本、萬曆三十四年朱崇沐刻本,題《類編標注文公先生經濟文衡》,即此本卷前楊一清、朱吾弼兩舊序所自出。舊本流布未廣,且歷百餘年未加重刻,徽州知府楊雲服於任中將其校勘付梓。楊氏序云:"前萬曆丙午,閩董公崇相出家藏《經濟文衡類編》善本,授高安朱公吾弼重刻行世,前、後、續三集計六十二卷。然其流布未甚廣,又其版存閩省,窮鄉僻壤之士,未由受而讀焉,百餘年來未有付之梨棗以廣其傳者。雍正乙卯予領郡事,始至之日,重建文公祠落成,予奉委進主至婺源,視其藏書,如《資治通鑑綱目》、《宋名臣言行錄》、《近思錄》等書,亦已漫滅而不可讀矣。乃既校讎鋟梓,且將次及《經濟文衡》而未遑也。今夏始得出藏本刻焉。"

此本有扉頁,刻"朱子經濟文衡。郡守後學楊雲服校。乾隆四年重鐫。徽州府署藏版"。

《四庫全書總目》子部儒家類著錄。《中國古籍善本書目》著錄有元泰定元年梅溪書院刻本《類編標注文公先生經濟文衡》及上述明刻本,不收此本。《北京大學圖書館藏古籍善本書目》、《中國科學院圖書館藏中文古籍善本書目》、日本《國立國會圖書館漢籍目錄》、《京都大學人文科學研究所漢籍分類目錄》等著錄。

1060　清刻本北溪先生四書字義性理字訓朱子三書　T1060/9133

《北溪先生四書字義》二卷《嚴陵講義》一卷,宋陳淳撰。《性理字訓》一卷,宋程端蒙撰,程若庸補。《朱子三書》一卷,宋朱熹撰。清刻本。四冊。半頁八行二十四字,四周單邊,白口。框高 20.5 釐米,寬 10.1 釐米。《性理字訓》半頁四行,大小字相間,大字八字。《北溪先生四書字義》目錄題"門人清源王雋編"。有宋陳宓序,《宋史》陳淳本傳,明林同序。《性理字訓》題"程若庸撰",有明朱升跋。

陳淳,字安卿,號北溪,福建龍溪人。曾從朱熹學,嘉定九年嚴陵郡守鄭之悌延講郡庠。明年,以特奏恩授迪功郎、泉州安溪主簿,未上而卒,年六十五。有《北溪大全集》傳世,《宋史》卷四三〇有傳。

程端蒙,字正思,號蒙齋,江西德興人,一作鄱陽人。朱熹門人,淳熙中補太學生。紹熙二年卒,年四十九。著有《學則》等,《宋元學案》卷六九有傳。

程若庸,字達原,或作逢原,安徽休寧人。咸淳四年進士,歷安定、臨汝、武夷書院山長,從學者衆。學者稱"勿齋先生",又稱"徽庵先生"。《宋元學案》卷八三有傳。

《北溪先生四書字義》又名《北溪字義》、《北溪先生字義》,以四書字義分二十六門,旁引曲證,以暢其論。卷上命、性、心、情、才、志、意、仁義禮智信、忠信、忠恕、一貫、誠、敬、恭敬;卷下道、理、德、太極、皇極、中和、中庸、禮樂、經權、義利、鬼神、佛老。《嚴陵講義》爲陳淳於嚴陵郡庠講學時所作，分《道學體統》、《師友淵源》、《用功節目》、《讀書次第》四篇。

宋陳宓序云："臨漳北溪陳君淳，從文公先生二十餘年，得於親炙，退加研泳，合周、程、張、朱之論而爲此書，凡二十有五門。決擇精確，貫串浹洽。吾黨下學，工夫已到，得此書而玩味焉，則上達由斯而進矣。"

《四庫全書總目》子部儒家類著録《北溪字義》，云："初刻於永嘉趙氏，又有清漳本，刻於宋淳祐間，即九華葉信原本也。舊版散佚，明弘治庚戌始重刻。"弘治庚戌即明弘治三年。《中國古籍善本書目》著録明弘治五年林同刻本《北溪先生字義》二卷《嚴陵講義》一卷，中國國家圖書館、南京圖書館有藏。另臺北《"國立中央圖書館"善本序跋集録》子部儒家類著録《北溪字義》，作明弘治五年林進卿浙江刻本，有明林同序。按，進卿爲林同字，亦爲福建龍溪人，天順進士。館藏此本有林同序，當即據林同刻本翻刻者。

《性理字訓》分造化、性情、學力、善惡、成德、治道六門，以四字句的形式宣講理學，以爲啓蒙之書。此書初爲程端蒙所作，後若庸增廣之，並各分門類，爲一百八十三條。明初朱升編《小四書》，將此書收入，又有增益改動。

朱升跋云："晦庵門人程正思《字訓》三十條，勿齋增廣之，爲六門百八十三條。今增善字，補以蒙齋之訓，凡百八十四條。德業盡性心正四條，訓有未妥，借易數字，餘皆元文。"

《四庫全書總目》子部儒家類存目著録《性理字訓》，云："皆以四字爲句，規仿李瀚《蒙求》，而不諧聲韻。不但多棘唇吻，且亦自古無此體裁。疑端蒙游朱子之門，未必陋至於此，或村塾學究所託名也。"《四庫全書存目叢書》據同治間刻《西京清麓叢書》本影印。

《朱子三書》包括《太極圖解》、《通書》、《西銘》，爲朱熹注解三書之作。

此本有扉頁，題"性理啓蒙。陳北溪字義。程達源字訓"。

《中國古籍善本書目》不收。他館未見著録，中國國家圖書館有清刻本《性理字訓》與《朱子三書》合刻本，不知是否與此本同。

鈐印有"李氏山房藏書印"、"攬翠園藏書"。

1061 清乾隆刻本慈溪黄氏日抄分類古今紀要

T2517/4813

《慈溪黄氏日抄分類》九十七卷《古今紀要》十九卷，宋黄震撰。清乾隆三十二年(1767)刻本。六十四册。半頁十四行二十六字，《古今紀要》半頁十二行二十二字，四周雙邊，細黑口，雙魚尾。框高19釐米，寬12.8釐米。題"慈溪黄震東發編輯"。《慈溪黄氏日抄分類》前有元後至元三年(1337)沈逵序，乾隆三十二年(1767)沈起元序。《古今紀要》前有乾隆三十二年汪佩鍔序，乾隆三十二年汪佩鍔跋。

黄震，字東發，浙江慈溪人。理宗寶祐四年進士。爲史館檢閱，出判廣德軍，知撫州，改提點刑獄，移浙東提舉常平，皆有惠政。卒，門人私諡曰文潔先生。

《慈溪黄氏日抄分類》前六十八卷爲黄震讀書札記之作：卷一《讀孝經》，卷二《讀論語》，卷三《讀孟子》，卷四《讀毛詩》，卷五《讀尚書》，卷六《讀周易》，卷七至一三《讀春秋》，卷一四至二九《讀禮記》，卷三〇《讀周禮》，卷三一《讀三傳》，卷三二《讀孔氏書》，卷三三至四五《讀諸儒書》，卷四六至五〇《讀史》，卷五一至五四《讀雜史》，卷五五至五八《讀諸子》，卷五九至六八《讀文集》。卷六九以下爲黄氏自作之文，包括奏札、申明、公移、講義、策問、書、記、序、題跋、啓、祝文、祭文、行狀、墓志銘。其中卷八一、卷八九、卷九二原闕。

《四庫全書總目》子部儒家類著録是書,云:"是編以所讀諸書隨筆札記,而斷以己意。有僅摘切要數語者,有不摘一語而但存標目者,並有不存標目而採録一兩字者。大旨於學問排佛老……或引諸家以翼朱子,或舍朱子而取諸家,亦不堅持門户之見。蓋震之學朱,一如朱之學程,反復發明,務求其是,非中無所得而徒假借聲價者也。"

此書歷代頗有傳刻,今有宋刻、元後至元三年刻、元刻、明刻諸本存世。此本卷前沈遠序即出自元後至元三年刻本。汪佩鍔跋云:"南宋黄東發先生日抄九十七卷,梓行於至元三年公孫禮之,年久毀廢。今所存者,有明正德間龔氏書林重刊本而已,然僅存什一於千百。士大夫争購傳抄,卷帙既繁,舛譌不少,考古者以爲憾。余家先世藏書數千卷,家君復廣搜重購,而是書始歸插架。嘗手示佩鍔等曰:黄先生之學爲濂洛關閩五子之功臣,志於道者每以是爲津筏,第亥豕魯魚,坊本不無疎略,承訛襲謬,漸至漫漶而不可讀,汝曹其致意焉。佩鍔受而識之,復訪求善本,鍵户讎校,如是數載。缺者補而訛者正,至於脱字傳疑,一仍其舊,不敢傅會穿鑿,以志慎也。繕寫既成,開卷了然。家君讀而喜曰:是宜急爲重雕,以公當世之好古者矣。佩鍔輒付之剞劂氏。"

《古今紀要》則撮舉諸史,括其綱要,上自三皇,下迄北宋哲宗。《四庫全書總目》列之於史部別史類。汪佩鍔序云:"余既敬承庭訓,鑴黄氏日抄將竣事矣,復搜插架,得《紀要》十九卷。上自左國,下迄北宋,或採其粹語,或撮其綱領,時代後先,人物本末,博綜條貫,細大不捐,間附折中之論,簡約詳明。蓋讀史而備遺忘,取韓子語而名之也。其經經緯史,衣被來學,實與《日抄》一書相輔而行。惟是元版久失,傳本無多,密字雙行,模糊尤甚。爰率子姪輩繙閱諸史,詳加是正,以備家塾省覽,而坊人固請梓行……乃鳩工鏤板,凡再閱寒暑而成,然後《黄氏日抄》一書復成全璧。"

《中國古籍善本書目》子部儒家類著録宋紹定二年積德堂刻元至元重修本,存二十五卷,藏山東省博物館;元後至元三年刻本,藏上海圖書館。又有數種明刻本,而不收此本。《清華大學圖書館藏善本書目》等著録,中科院圖書館、北京大學圖書館、日本京都大學人文科學研究所等皆有收藏。

1062　明嘉靖内府刻本大明仁孝皇后内訓　T1682/0182(3-4)

《大明仁孝皇后内訓》一卷,明仁孝皇后徐氏撰。明嘉靖内府刻本。二册。半頁八行十七字,四周雙邊,黑口,雙魚尾。框高26.8釐米,寬16.2釐米。前有永樂三年(1405)徐氏自序。

明成祖仁孝皇后徐氏,爲中山王徐達之長女,幼貞静,好讀書,稱女諸生。洪武九年册爲燕王妃。三十五年册立爲后。永樂五年七月卒,年四十六。

是書計二十篇,爲德性、修身、慎言、謹行、勤勵、警戒、節儉、積善、遷善、崇聖訓、景賢範、事父母、事君、事舅姑、奉祭祀、母儀、睦親、慈幼、逮下、待外戚。

自序云:"肅事今皇上三十餘年,一遵先志,以行政教。吾思備位中宫,愧德弗似,歉於率下,無以佐皇上内治之美,以悉高皇后之訓……仰惟我高皇后教訓之言,卓越往昔,足以垂法萬世,吾耳熟而心藏之。乃於永樂二年冬,用述高皇后之教以廣之,爲内訓二十篇,以教宫壼。夫人之所以克聖者,莫嚴於養其德性,以備其身,故首之以德性,而次之以脩身。而脩身莫切於謹言行,故次之以慎言、謹行。推而至於勤勵、警戒,而又次之以節儉。人之所以獲久長之慶者,莫加於積善,所以無過者莫加於遷善,又次之以積善、遷善。之數者皆身之要,而所以取法者,則必守我高皇后之教也，故繼之以崇聖訓。遠而取法於古，故次之以景賢範。上而至於事父母、事君、事舅姑、奉祭祀，又推而至於母儀、睦親、慈幼、逮下，而終之於待外戚。顧以言辭淺陋，不足以發揚深旨，而其條目亦粗備矣。"

《四庫全書總目》入子部儒家類，《總目》云："又考本傳，后撰此書，頒行天下，在永樂三年。而《明朝典彙》載五年十一月，以仁孝皇后《內訓》頒群臣，俾教於家。若五年以前已頒行天下，不應至五年之末，始賜群臣。又考《名山藏》坤則記，載后初爲此書，不過示皇太子諸王而已，至永樂五年七月以後，成祖乃出后《內訓》、《勸善》二書，頒賜臣民，與《典彙》相合。此本爲明初刊本，首標大明仁孝皇后。考后於永樂五年七月乙卯崩，甲午謚曰仁孝，則此本刊於五年七月以後無疑。至十一月特賜臣民，正屬刊行之始。《明史》本傳，偶未及檢耳。各章之下，繫以小注，多涉頌揚，當爲儒臣所加。"

按，此本非永樂間所刻。嘉靖九年內府所刻興獻皇后蔣氏《女訓》一卷，字體、用紙均與此本同，當爲同時所刻。館藏《女訓》及此本均在一函之內，一覽即明。又按，日本有影印本，乃據帝室所藏爲底本，一函三冊，又有《內訓》一卷、《大明孝慈昭憲至仁文德承天順聖高皇后傳》一卷，本館有藏。

《中國古籍善本書目》著錄。中國國家圖書館、北京故宮博物院亦有入藏。

1063　明嘉靖內府刻本女訓　　　　　　　　　　　T1682/0182

《女訓》一卷，明興獻皇后蔣氏撰。明嘉靖九年(1530)內府刻本。四冊。半頁八行十七字，四周雙邊，黑口，雙魚尾。框高 26.5 釐米，寬 16.2 釐米。前有嘉靖九年御製序，正德三年(1508)御製序，正德三年蔣氏自序。按，是本末應有嘉靖九年御製後序，但佚去。

武宗興獻皇后蔣氏，世宗母。父斅，大興人，追封玉田伯。弘治五年冊爲興王妃，嘉靖元年上尊號曰興國太后，十七年崩。

是編之作，乃在宣揚封建社會婦女之道德規範，爲男尊女卑、三從四德之封建倫理。計篇十二，爲閨訓、修德、受命、夫婦、孝舅姑、敬夫、愛妾、慈幼、妊子、教子、慎靜、節儉。

自序云："是以古者，教必有方，男子八歲而入小學，女子十歲而聽姆教。小學之書無傳，晦庵朱子編輯成書，則小學之教始有所入。獨女教未有全書，世惟取《列女傳》、曹大家《女戒》爲訓，人常病其簡略，有所謂《女憲》、《女則》，皆徒有名耳。近世始有女教之書，大要撮曲禮、內則之言，周南、召南之旨，卓越往昔，足以垂法萬載，但文理奧妙，恐婦人女子未能盡知其意而率由是道也。吾自選入內庭，榮配睿主，躬謁祖廟之餘……日多閒暇，間嘗侍睿主之側，聽其議論，晝誦夜味，豁然貫通。乃采古人之教，周南、召南之文，爲《女訓》拾貳篇，雖不足追配忠經、孝經之義，聊取以教貞女耳。"

《四庫全書總目》未收。《中國古籍善本書目》著錄。中國國家圖書館、上海圖書館、北京故宮博物院亦有入藏。日本有影印本，乃據帝室所藏爲底本。

鈐印有"欽文之璽"、"章聖慈仁皇太后寶"。

1064　明萬曆刻本性理大全書　　　　　　　　　　T1060/4208

《性理大全書》七十卷，明胡廣等撰。明萬曆二十五年(1597)吳勉學師古齋刻本。二十四册。半頁十行二十字,左右雙邊,白口,雙魚尾,書口下間刻字數。框高21釐米,寬14.2釐米。前有永樂十三年(1415)御製序;永樂十三年胡廣等進書表;先儒姓氏并纂修姓氏;萬曆二十五年師古齋識語。

是書乃胡廣等奉勅撰,與《五經四書大全》同於永樂十三年九月告成奏進。自漢以來,弟子錄其師說者,始於鄭記《鄭志》,是即後世之語錄。其裒諸儒之言以成一書者,則古無是例。胡廣等所採宋儒之說,凡一百二十家,其中自爲卷帙者,爲《太極圖》一卷、《通書》二卷、《西銘》一卷、《正蒙》二卷、《皇極經世書》七卷、《易學啓蒙》四卷、《家禮》四卷、《律呂新書》二卷、《洪範皇極内篇》二卷,共二十五卷。自二十六卷以下,捃拾群言,分爲十三目,曰理氣、鬼神、性理、道統、聖賢、諸儒、學、諸子、歷代、君道、治道、詩、文。《四庫全書總目》於此書云:"大抵龐雜冗蔓,皆割裂裒積以成文,非能於道學淵源真有鑒别。"

師古齋識語云:"我成祖凝道錫極,博選碩儒,編次《性理大全》。其貫天人之理,備修治之方,鉤玄舉要,擊蔀廓塞,羽翼六經,陶鑄萬世,有不容名言者。第書肆板刻舛訛滋甚,讀者病焉。監察御史臣楊宜董學南畿,懼大道之弗宣,乃簡應天府學教授胡儒,訓導應稽、許金,弟子員潘鵠、吴士進、徐昻、李□、沈九思、皮豹、顧巖、盛時春、張沂、朱潤身,取官降善本,□録翻刻,布之庠序。迨今歲久模糊,新安吴勉學重校,付之剞劂,庶廣極之。敷言爲譽,髦斯士之一助云耳。萬曆丁酉春師古齋刊。"

是本有扉頁,刊"性理大全。太史李九我先生纂訂。積秀堂唐際雲藏板"。又鈐有"本衙藏板"。多卷卷末刊有"新安吴勉學重校"一行。是書版本頗多,也較複雜,書名相同明代所刻除此本外,所知者約九種,即永樂十三年内府刻本、弘治五年梅隱精舍刻本、魏氏仁實書堂刻本、弘治八年書林魏氏仁實書堂刻本、嘉靖十二年葉氏作德堂刻本、嘉靖十三年王氏三槐堂刻本、嘉靖二十二年應天府學刻本、嘉靖三十八年樊獻科刻本,及明刻本一種。

《四庫全書總目》入子部儒家類。《中國古籍善本書目》著録。上海圖書館、天津圖書館等十五館,及日本東京大學東洋文化研究所亦有入藏。

1065 明嘉靖刻本新刊性理大全

T1060/4208B

《新刊性理大全》七十卷,明胡廣等撰。明嘉靖三十年(1551)張氏新賢堂刻本。三十二册。半頁十一行二十二字,四周雙邊,白口,雙魚尾。框高17.2釐米,寬12.5釐米。前有永樂十三年(1415)御製序;永樂十三年胡廣等進書表;先儒姓氏並纂修姓氏。

是本卷七〇末有書牌,刊"皇明嘉靖辛亥仲夏張氏新賢堂重校刊"。明代同此書名的版本亦有十種以上。按,新賢堂爲建陽書林,又刻有《春窗聯偶巧對便蒙類稿》、《通鑑續編》、《禮記集注》等書。

《中國古籍善本書目》著録,上海圖書館亦有入藏。

1066 明嘉靖刻本新刊群書考正性理大全

T1060/4208A

《新刊群書考正性理大全》七十卷,明胡廣等撰。明嘉靖三十七年(1558)余應陽敬賢堂刻本。三十三册。半頁十一行二十五字,四周單邊,白口,雙魚尾。框高19.3釐米,寬12.3釐米。前有永樂十三年(1415)御製序;永樂十三年胡廣等進書表;先儒姓氏並纂修姓氏。末有嘉靖三十七年余應陽跋。

是本末余應陽跋云："坊間翻刻是書屢數十家,然率皆射利省紙,訛以傳訛,聾誤後學,誠可痛也。予郡先達梅墩林先生,以明經登癸丑進士,前已有策論會編、會選、墨卷等書付予刻矣。今又慨然以是自任,乃取《憲臺通鑑》、《性理》、《四書大全》日加考正,謄寫大字,付予重刻,以便後學,可謂有功聖門矣。刻成,因跋成卷末。收書君子,乞認余氏敬賢堂爲記可也。時嘉靖戊午仲秋吉旦,梅軒余應陽謹跋。"

《中國古籍善本書目》未著録。

1067　明萬曆刻本薛文清公讀書全録類編　T1294/0858.2

《薛文清公讀書全録類編》二十卷,明薛瑄撰,侯鶴齡輯。明萬曆二十七年(1599)侯氏刻本。六册。半頁十行二十字,四周單邊,白口,單魚尾。框高20.2釐米,寬13.8釐米。前有侯鶴齡序,萬曆二十四年(1596)張崇儒序,萬曆二十七年趙用光序。卷二〇後有薛瑄跋。末有萬自約後序,馬負圖後序;萬曆二十四年趙訥後跋。

薛瑄,字德溫,號敬軒。河津人。永樂十九年進士。宣德中授御史,忤中官王振,下獄論死。尋得釋。景帝嗣位,召起大理寺丞。英宗復辟,拜禮部右侍郎,兼翰林院學士,入閣預機務。卒謚文清。瑄學一本程朱,以復性爲主,嘗謂自朱子後斯道大明,無煩著作,直須躬行。事蹟具《明史》儒林傳。

此爲薛瑄之讀書録。薛瑄云："横渠張子云:'心中有所開,即便劄記,不思,則還塞之矣。'余讀書至心有所開處,隨即録之,蓋以備不思而還塞也。"由是,讀書劄記有一條一二句者,有一條三五句者,有一條數十句者,積二十餘年乃成。後又於讀書時日記所得者,積久復爲《讀書續録》。即有得即録,不覺重複者多,然又以可備不思還塞,則辭雖重複,亦可爲屢省之助。

侯鶴齡則取《讀書録》予以類分,其序云："文清公《讀書録》、《讀書續録》,前後二集,前録舊刊於我邑,未有《續録》,今木亦刷磨平淺,即故里本源之地,殘缺而遺其半矣。余覓得《續録》,計成全編,第載言浩翰,散見錯陳,難於記誦。初讀有所嗜,不忍掩卷,恐復尋繹舊聞,則梗於繙閱,而亟不可得。及再讀,逐條號記,分類抄集,竊以便覽焉……録編於隆慶庚午,至萬曆甲申,余令深澤,刊以布多士。後歸田里,僻居西疇,讀有遺落錯簡者,再爲訂証,協吾鄉同志捐助重梓,内再删其重複,則會孝義陽豀趙君之議也。"侯鶴齡,幼爲庠士。祖父疾,終歲同寢,憂勤無倦,邑人賢之。又母疾,歲久事之,終如其始。研窮醫理,泣禱身代,因施藥活人,欲陰以壽母。歷官昌邑、觀城、深澤三縣令,廉介迥出尋常,正大卓然難犯,在在有惠政。鶴齡生平操履,自以爲步趨文清,故於薛氏《讀書録》尤爲屬意,後以繼母疾思鄉,懇乞致仕,享年九十餘。《(康熙)河津縣志》卷五有傳。

張崇儒序云："全録當憲宗朝,命刻建陽,而鄢陵楚中有刻,青州章丘有刻,聞喜及安邑鱣上有刻,獨耿無《續編》,何稱文獻?松磐侯君,生先生里,耽愛此書,沉潛二十餘年,攜令深澤,類分鋟梓。比解綬歸,嘆曰,曩年吏事鞅掌,測海窺天,寧無錯謬。於是取舊刻,裁爲寸縷,徧綜前類後先之,一開卷如蜩集鱗次,楷録二十卷,類計八十有二。再證於孝義陽豀趙君,倡邑薦紳士協捐重梓。自今觀之,見復者删,類者聚,井然鱉然,如晉庫之蓄,梁園之蘂,目觸神駭,而又各彙以方,詎不尤愜賞心哉?侯君年幾期耄,乃研精獨苦,剸劂獨良,誠揭聖哲矩矱,而更闢一易尋蹊徑也。"

趙訥跋云："而公同里松磐侯君，獨以《讀書》二錄分類抄集，尹深澤時，已捐俸刻之。後歸田數年，又再三校正，益詳析爲之重刊。"按，張序、趙跋所云，鶴齡令深澤時已有刻本，今則不見傳世。

是本有刊書姓氏，題"邑後學知縣侯鶴齡編類；教授侯封參閱；庠生侯尊周、侯登翰、周德恭校正；邑後學憲副趙三聘，庶吉士趙用光，員外高拱辰，照磨暢孔樂，通判暢孟樂、暢家科，教諭暢家傳，知縣王汝爲，舉人寧晉芳、董三邊、任三錫、師兆吉、史記言，庠生師昌言、楊景震、衛國賢，文清公七世孫府同知薛應麟，監生薛應第仝刊"。

《四庫全書總目》收瑄之《讀書錄》十一卷《續錄》十二卷，而未及侯氏此書。據《四庫全書總目》云："其後萬曆中，有侯鶴齡者，因所記錯雜，更爲編次，刪去重複，名《讀書全錄》，然去取之間，頗失瑄本義。"《中國古籍善本書目》著錄。上海圖書館、南京圖書館等三十六館，臺北"國家圖書館"（兩部，然著錄作明萬曆二十七年河東侯氏重校刊本），及日本京都大學人文科學研究所亦有入藏。按，是書又有明萬曆四十二年張銓刻本。日本尊經閣文庫有明萬曆刻本。

鈐印有"岩佐氏圖書印"。

館藏有複本一部，八册。鈐印有"芸樓"、"夥山李氏藏書"、"河島氏圖書"。

1068　清乾隆刻本讀書錄　　　　　　　　　　T1294/0858

《讀書錄》十一卷《續錄》十二卷，明薛瑄撰。清乾隆十六年(1751)薛肯穫刻本。八册。半頁十二行二十二字，左右雙邊，黑口，雙魚尾。框高18.4釐米，寬13.3釐米。前有乾隆十一年(1746)孫嘉淦序，乾隆十一年王安國序，乾隆十六年侯錦雲序。

薛瑄，見明萬曆刻本《薛文清公讀書全錄類編》。

此爲薛氏自錄讀書心得之言，隨得隨錄，皆簡短札記，積數十年所得而成。兩錄前各有薛氏識語。《續錄》卷一前識語云："往年因讀張子'心中有所開即便札記，不思則還塞之矣'之言，遂於讀書心中有所開時，隨即札記。有一條一二句者，有一條三五句者，有一條數十句者，積二十餘年乃成一集，名曰《讀書錄》，蓋以備不思還塞如張子所云者。近年又於讀書時日記所得者，積久復成一集，名曰《讀書續錄》。但有得即錄，不覺重復者多。欲皆刪去，而意謂既亦以備不思還塞，則辭雖重復，亦可爲屢省之助云。"

薛氏爲明初程朱理學代表人物，開創河東學派，其學宗朱熹而有所修正。四庫館臣稱"明代醇儒，瑄爲第一"（見《四庫全書總目》之《薛文清集》）。此書爲薛氏理學思想之代表著作，歷來爲人所重，故後世頗有傳刻，卷次分合各異。僅據《中國古籍善本書目》所錄，今存明代刻本即有：明正德十五年鄭維新刻本《讀書錄》十卷，明嘉靖三十四年沈維藩刻本《讀書錄》十卷《續錄》十二卷，明趙府味經堂刻本《薛文清公讀書錄》十一卷《續錄》十二卷，明萬曆七年王圻青州府刻本《讀書錄》十一卷《續錄》十二卷《薛文清公事實》一卷，明萬曆二年湖廣布政司刻本《讀書錄》十一卷，明嘉靖二年蕭鳴鳳刻本《讀書錄》二十四卷，明萬曆二十四年刻本《薛文清公讀書全錄類編》二十卷，等等。此本爲薛瑄十二世孫薛肯穫所刻，曾以數本參校，其文字異同以小字隨文注出，注中所列參校本包括洛陽本、河津本、石門本。

侯錦雲序云："薛文清所著《讀書錄》，前代已表彰之，海內志道之士守爲津梁者，數百年來如一日矣。文清之學主乎敬，踐乎實，根柢六經，而醞釀濂洛關閩諸子。予嘗受其書而讀焉，則見其篤實純粹，正大精微，單語隻詞，無非萃前聖之蘊而會心體身以出，信乎爲明儒之冠。顧其書流布甚廣，板藏河津者，條分類編，較監本及金陵本稍有異同，而漫漶磨滅，寖不可識。有薛天章者，爲文清裔孫，慮無以爲久遠也，爰走四方，購金付剞劂，且得當世名公語弁其首。工逮竣，復索序於予。"

王安國序後鐫"鐵筆軒刻字匠人葛國璽；十二代孫薛肯穫授梓"兩行。侯錦雲序後有"東雍後學梁開宗考訂；東雍後學閻廷玠較正；高梁後學閻有光參輯"三行。

《四庫全書總目》子部儒家類著録。《中國古籍善本書目》著録明刻本多種，不收此本。《普林斯頓大學葛思德東方圖書館中文舊籍書目》子部儒家類著録此本。

1069　明正統內府刻本五倫書　　T1667/6330

《五倫書》六十二卷，明宣宗朱瞻基撰。明正統十二年（1447）內府刻本。四十冊。半頁九行十八字，四周雙邊，黑口，雙魚尾。框高30.3釐米，寬18.6釐米。前有正統十二年御製序。

朱瞻基，太祖曾孫，仁宗長子，自號長春真人。傳見《明史》卷九本紀。

五倫者，君臣、父子、兄弟、夫婦、朋友，也稱五常。

御製序云："我皇考宣宗章皇帝，纂承大統，益隆繼述，嘗於萬幾之暇，采輯經傳百家嘉言善行之有關於君臣、父子、夫婦、兄弟、朋友之道者，類分爲六十二卷，命曰《五倫書》。欲嘉與萬方，講求其理，將以施之於身，行之於家，而達之於邦國，俾咸囿仁義忠孝慈良之域而後已……承皇考之志，謹用鋟梓，以廣其傳。"

《四庫全書總目》未收。《中國古籍善本書目》著録。中國國家圖書館、上海圖書館等十四館，臺北"國家圖書館"，及美國普林斯頓大學葛思德東方圖書館亦有入藏。

按，是書又有明景泰五年劉氏翠巖精舍刻本、明正德元年宗文書堂刻本。

鈐印有"廣運之寶"。

1070　明嘉靖刻本大學衍義大學衍義補　　T1278/4822

《大學衍義》四十三卷，宋真德秀撰。《大學衍義補》一百六十卷首一卷，明丘濬撰。明嘉靖三十八年（1559）吉澄刻本。五十冊。半頁十行二十字，四周單邊，白口，白魚尾。框高19.9釐米，寬13.7釐米。《大學衍義》前有真德秀序。《大學衍義補》前有丘濬序，嘉靖三十八年宗臣序；弘治元年（1488）周洪謨呈、成化二十三年（1487）丘濬《進書表》。

真德秀，字景元，後改希元，學者稱"西山先生"，福建浦城人。慶元五年進士。歷任起居舍人，兼太常少卿，出爲江東轉運副使，知泉州、隆興府、潭州。理宗即位，召爲中書舍人，尋擢禮部侍郎、直學士院。後罷歸。紹定五年，知泉州、福州。召爲户部尚書，改翰林學士，拜參知政事，卒諡文忠。《宋史》卷四三七有傳。

丘濬，字仲深。廣東瓊山人。景泰五年進士。孝宗時累官文淵閣大學士，參預機務。嘗以寬大啓上心，忠厚愛士習，顧性褊隘，議論好矯激，廉介持正。性嗜學，熟於國家典故。晚年右目失明，猶披覽不輟。卒諡文莊。

《大學衍義》因大學之義而推衍之，故名。卷一《帝王爲治之序》，卷二至四《帝王爲學之本》，卷五至二七《格物致知之要》，卷二八至三四《誠意正心之要》，卷三五《修身之要》，卷三六至四三《齊家之要》。其中《格物致知之要》下又列明道術、辨人材、審治體、察民情四目；《誠意

《正心之要》下列崇敬畏、戒逸欲二目;《修身之要》列謹言行、正威儀二目;《齊家之要》列重妃匹、嚴內治、定國本、教戚屬四目。每條皆徵引經訓,參證史事,旁採先儒之論而各以己意發明之,大旨在於正君心,肅宮闈,抑權倖,皆陰切時事以立言。

丘濬以《大學衍義》止於格致、誠正、修齊,而闕治國平天下之事,乃採經傳子史,成《大學衍義補》。全書分十二目,曰正朝廷、正百官、固邦本、制國用、明禮樂、秩祭祀、崇教化、備規制、慎刑憲、嚴武備、馭夷狄、成功化,每目下又各分細目。其自序云:"真氏前書本之身家以達之天下,臣爲此編,則又將以致夫治平之效,以收夫格致誠正修齊之功。因其所餘而推廣之,補其略以成其全,故題其書曰大學衍義補云。"

是本爲巡按福建監察御史吉澄任內所刊。宗臣序云:"二書故列在學官,薦申先生類能誦之。而前侍御山泉吉公按閩,檄合梓二書,以便誦者。侍御斗山樊公繼至,讀其書,則檄臣手校而序焉。"知二書同時所刻。吉澄,字靜甫,直隸開州人,嘉靖二十三年進士,授雒南知縣,累遷都御史。《(嘉慶)開州志》有其小傳。所刻書頗富,今存者有《禮記集說》、《書經集傳》、《周易程朱傳義》、《春秋四傳》、《資治通鑑綱目》等。

宗臣序後列校刊者銜名,云:"巡按福建監察御史開州吉澄詳覽,縉雲樊獻科考誤,建寧府知府程秀民、劉佃、福建府知府吳崧、同知張仲孝、建陽縣知縣顧名儒、縣丞包大中、建陽縣儒學教諭周杞、訓導陸位、建陽縣儒學庠生趙鏌、李懷仁、袁中規、盧鳴鑾同校刊。"《大學衍義》卷四三末、《大學衍義補》卷一六〇末皆有牌記,云"巡按福建監察御史吉澄校刊"。

《中國古籍善本書目》子部儒家類將二書分別著錄,《大學衍義》作明嘉靖吉澄刻本,上海圖書館、遼寧省圖書館等七家館藏;《大學衍義補》作明嘉靖三十八年吉澄刻本,首都圖書館、上海圖書館等十家館藏。另臺北"故宮博物院"圖書館藏有《大學衍義》,臺北"國家圖書館"藏有《大學衍義補》,日本《東京大學東洋文化研究所漢籍分類目錄》亦著錄此本《大學衍義補》。

鈐印有"阿波國文庫"。

1071　明崇禎刻本大學衍義補　T1319/7136C

《大學衍義補》一百六十卷首一卷,明丘濬撰,陳仁錫評。明崇禎刻本。四十二册。半頁十行二十字,四周單邊,白口,單魚尾,書眉上刻評。框高21.4釐米,寬13.8釐米。題"明閣臣前國子監祭酒丘濬進呈;經筵日講官左諭德陳仁錫評閱"。前有萬曆三十三年(1605)御製序,丘濬序,陳仁錫序;成化二十三年(1487)丘濬進書表;弘治元年(1488)周洪謨等呈本。

丘濬,見明嘉靖刻本《大學衍義》。

宋真德秀撰《大學衍義》四十三卷,以四書中之《大學》爲本,援引儒家經籍與史事,並附以己說,講修身、齊家、治國之道。丘濬以此書止於格致、誠正、修齊,而缺治國、天下之事,故採經傳子史,繼續引伸,廣取未備,輯成是書,以揭治國平天下新民之要,以收明德之功。其採古今嘉言善行之遺,以發經傳之指,而後體用具備,成真氏之完書,有功於《大學》不淺。萬曆間,神宗命儒臣日以進講此書,更數寒暑,至於終篇,又命重梓是書,以廣其傳。

丘濬序云:"竊倣真氏所衍之義,而於齊家之下,又補以治國、平天下之要也。其爲目凡十有二,曰正朝廷(其目六)、曰正百官(其目十有一)、曰固邦本(其目十有一)、曰制國用(其目十有一)、曰明禮樂(其目六)、曰秩祭祀(其目七)、曰崇教化(其目十有一)、曰備規制(其目十有六)、曰慎刑憲(其目十有四)、曰嚴武備(其目十有六)、曰馭夷狄(其目九)、曰成功化

(其目一)。先其本而後末,繇乎内以及外,而終歸於聖神功化之極,所以兼本末,合内外,以成夫全體大用之極功也。真氏前書,本之身家以達之天下;臣爲此編,則又將以致夫治平之效,以收夫格致、誠正、修齊之功,因其所餘而推廣之,補其略以成其全,故題其書曰《大學衍義補》云。"

丘氏此書在明代影響頗大,蓋其聞見甚富,議論乃不甚醇。故王鏊《震澤紀聞》稱其學問該洽,尤熟於國家掌故,議論高奇,務於矯俗,能以辨博濟其説。《四庫全書總目》云:"濬學本淹通,又習知舊典,故所條列,元元本本,貫串古今,亦復具有根柢。其人雖不足重,其書要不爲無用也。"

後人於丘氏此書又有摘抄纂要之編,如《大學衍義補抄》六卷(明刻本)、《大學衍義補摘要》四卷、《大學衍義補纂要》六卷(明徐栻輯)、《大學衍義補摘要》五卷(明顧起経輯)、《大學衍義補編述》二卷(明戚繼華撰)、《纂丘瓊山先生大學衍義補英華》十八卷(明凌遇知輯)、《丘瓊山先生大學衍義補贅英華》六卷(明陳仁錫輯)等。

此本卷一五至一八爲日人美格抄配,用日本皮紙。卷一八末有"美格寫之"。

《四庫全書總目》入子部儒家類。《中國古籍善本書目》著録。中國人民大學圖書館、南京圖書館等三十四館,臺北"國家圖書館"(作明崇禎五年長洲陳氏刻本)均作明崇禎刻本,不知與此同板否?美國國會圖書館有兩部,一作明刻本,一作明刻清印本,據王重民《中國善本書提要》著録,二本框之高寬不同,顯爲不同版本。又普林斯頓大學葛思德東方圖書館有此書兩部。日本内閣文庫等館也有入藏,唯不知與此同否。本館所藏另一部,與此不同板,書眉上無評。

鈐印有"小田氏藏"、"明霞館圖書記",日人印也。

1072 明崇禎刻本大學衍義補

T1319/7136B

《大學衍義補》一百六十卷首一卷,明丘濬撰,陳仁錫評。明崇禎刻本。四十册。半頁十行二十字,四周單邊,白口,單魚尾。框高 21.6 釐米,寬 14 釐米。題"明閣臣前國子監祭酒丘濬進呈;經筵日講官左諭德陳仁錫評閱"。前有陳仁錫序,萬曆三十三年(1605)御製序,丘濬序;成化二十三年(1487)丘濬進書表;弘治元年(1488)周洪謨等呈本。

此本扉頁刻"大學衍義補。太史陳明卿先生評閱。梅墅石渠閣藏板"。此本與前一種雖同爲明崇禎刻本,然實爲不同刻本。此本書眉上無評。日本東京大學東洋文化研究所亦有入藏。

鈐印有"鮎貝藏書",日人印也。

1073 明萬曆刻本陽明先生道學鈔

T5411/7622

《陽明先生道學鈔》七卷附《年譜》二卷,明王守仁撰。明萬曆三十七年(1609)武林繼錦堂刻本。五册。半頁九行十八字,四周單邊,白口,單魚尾,書口下刻字數。框高 21.9 釐米,寬 14.3 釐米。前有李贄序。

王守仁,字伯安,世稱陽明先生。浙江餘姚人。弘治十二年進士。正德初因忤宦官劉瑾,謫龍場驛丞。瑾誅,移廬陵知縣,累擢右僉都御史,巡撫南贛,總督兩廣,官至南京兵部尚書,封新建伯,卒謚文成。《明史》有傳。

是書卷一《論學書》,卷二《雜著書》,卷三《龍場書》,卷四《廬陵書》,卷五《南贛書》,卷六《平濠書》,卷七《思田書》。

李贄序云:"余舊録有先生年譜,以先生書多不便攜持,故取譜之繁者删之,而録其節要,庶可挾之以行遊也。雖知其未妥,要以見先生之書而已……而明貢書屋正有王先生全書,既已開卷,如何釋手? 况彼已均一旅人,主者愛我,焚香煮茶,寂無人聲。余不起於坐,遂盡讀之,於是乃敢斷以先生之書爲足繼夫子之後,蓋逆知其從讀《易》來也,故余於《易》因之。稿甫就,即令汪本鈳校録先生全書,而余專一手抄年譜,以譜先生者,須得長康點睛手,他人不能代也。抄未三十葉,工部尚書晉川劉公,以漕務巡河,直抵江際,遣使迎余。余暫閣筆,起隨使者,冒雨登舟,促膝未談,順風揚帆,已到金山之下矣。嗟嗟,余久不見公,見公固甚喜,然使余輟案上之紙墨,廢欲竟之全鈔,亦終不歡耳。於是遣人爲我取書,今書與譜抵濟上,亦遂成矣。大參公黄與參、念東公於尚寶,見其書與其譜,喜曰:'陽明先生真足繼夫子之後,大有功來學也。况是鈔僅八卷,百十有餘篇乎! 可以朝夕不離,行坐與參矣。'參究是鈔者,事可立辦,心無不竭於艱難禍患也……宜共序而梓行之,以嘉惠後世之君子乃可。"

序後刊"萬曆己酉春月武林繼錦堂梓"。

《四庫全書總目》未收。《中國古籍善本書目》著録。四川省圖書館、北京大學圖書館等四館,臺北"國家圖書館",及美國普林斯頓大學葛思德東方圖書館、日本尊經閣文庫亦有入藏。

1074　清順治刻本王陽明先生傳習録論　T1307/1106

《王陽明先生傳習録論》八卷,明王守仁撰,清王應昌論。《宗譜纂要》一卷《年譜纂要》一卷,清王應昌撰。清順治刻本。十二册。半頁九行二十字,四周單邊,白口,單魚尾。眉上刻評。框高19.6釐米,寬13.6釐米。題"古豫王應昌亮之父論;若耶唐九經敏一父評;杭州門人徐如珩較正"。前有順治三年(1646)王應昌《總論》,順治三年李際期序,唐九經《評傳習録論説》,《凡例》四則,《歷代聖學宗譜之圖》,王陽明小像。末有王應昌跋。

王應昌,字亮之,號雪園,河南柘城人。明天啓四年舉人。知交河縣。清初召爲御史,巡按浙江等地,皆有政聲。卒於官,年五十三。平生究心理學,以陽明學説爲宗。順治十二年祀鄉貢。《(乾隆)柘城縣志》卷一〇有傳。

《傳習録》爲王守仁語録及論學書信,由其弟子徐愛等輯録而成。王應昌此書將《傳習録》析爲卷上三卷,卷中二卷,卷下三卷,於《傳習録》原文每條之下,加入評論之語,冠以"亮之曰",旨在闡發陽明學説。計卷上之一《徐曰仁録》,卷上之二《陸澄録》,卷上之三《薛侃録》;卷中之一《九川録》、《黄直録》、《黄修易録》,卷中之二《黄省曾録》、《錢德洪録》、《黄以方録》;卷下之一《答顧東橋書》,卷下之二《答周道通書》、《答陸原静書》,卷下之三《答歐陽崇一書》、《答羅整庵書》、《答聶文蔚書》、《訓蒙大意》、《教約》,並原附《朱子晚年定論》。

《宗譜纂要》題"古豫王應昌亮之父編;若耶唐九經敏一父測"。其旨敍歷代理學源流,所列有:開天一世祖伏羲,下至帝舜;承天第一宗大禹,下至衛武公;達天第一宗孔子,下列顏子、子貢、子路、子夏、漆雕開、曾點、子張、曾子、子思、孟子、荀卿、董仲舒、楊雄、王通、韓愈、穆修、胡瑗、李之才、邵雍;翼天第一宗周敦頤,下列程顥、程頤、吕希哲、邵伯温、張載、謝良佐、游酢、楊時、吕大臨、尹焞、張繹、羅從彦、胡安國、胡宏、劉子翬、李侗、張九成、朱熹、張栻、吕祖謙、陸九淵、蔡沈、楊簡、真德秀、許衡、吴澄、黄澤、薛瑄、吴與弼、陳獻章、陳真晟、胡居仁;知天第一宗王守仁,下列徐愛、錢德洪、王畿、鄒守益、歐陽德、薛侃、王艮、黄弘綱、何秦、徐樾、魏良弼、羅洪先、趙貞吉、王棟、羅汝芳。各人下敘其傳記學說。

《年譜纂要》題"古豫王應昌亮之父纂；若耶唐九經敏一父訂"，蓋據舊譜刪要而成。

《凡例》云："宗譜以道爲宗。道之存亡，宗之絕續繫焉。故雖明經如田何，如公穀，如二夏、二戴，俱不得與子夏並傳。元以蒙古部入主中華，而許衡、吳澄諸賢崇重聖道，源流甚清，自不得以意祧之，故概與纂入，一炤古本。""年譜非爲先生表盛及記家世也。先生學凡三變，即語錄多不能詳。惟紀年中各有歲異月殊、與日俱深之緒。至於論道之屢遷，育才之審曲，處事行師之奇奇化化，皆以時之小異而符乎道之大同。故凡纂要所存，必與道相發而有當乎宗傳。""錄中語多與諸子論學，而舊本中卷間以七書者，向遵南大吉之敘也……今按論學之書不止於七，而外集編次，則並以書爲首，故正集次第仍以語錄爲上卷、中卷，而以七書序爲卷之下，以起外集，使語從其類，省覽者亦得其條貫云。"

是書蓋王應昌刻於浙江任上。王氏"總論"末署"順治丙戌(三年)夏五月巡按浙江監察御史古豫王應昌亮之父"，並云："隆慶壬申年新建謝君來按浙，爲王文成公捊全書梓之。謝君所按者全浙，又時當全盛，故其刻全書也易。余今所按止杭、嘉、湖三郡，又兵燹未已，故殫力盡能，以期塞吾願，雖《傳習》一錄，猶岌岌乎難之。然則曷不姑序爾？曰：余正留以待余也。"

李際期序亦云："乙酉(順治二年)河南夫子王公持斧而至，入其邦，發其書，登其崇祀之堂，慢乎思，愯乎見焉。謂先生之教，莫《傳習》一錄，急而丹之，而節之，而詮之，於是乎論，於是乎梓。""公之論有疏本旨者，有引伸錯綜者，有別爲之送難樹義者。是即不爲陽明先生之書，爲王公之書。夫爲公之書，乃所以壽先生之書也。"

《四庫全書總目》史部傳記類存目著錄有《宗譜纂要》一卷，云："明王應昌撰，其子鋑續成之。應昌字亮之，嵊縣人，萬曆癸酉舉人。鋑字長穎，入國朝官上海縣知縣。"萬曆癸酉爲萬曆元年，而據本書所署，王氏順治三年仍在浙江任上，距萬曆元年已七十餘年，疑館臣有誤。另所敘里籍亦與王氏所署不相符合，應以《(乾隆)柘城縣志》爲準。

《四庫全書總目》所錄王應昌撰、王鋑續編之《宗譜纂要》一卷，今存清康熙刻本，僅知臺北"中央研究院"史語所傅斯年圖書館有藏。另《昭代叢書》收入《宗譜纂要》一卷，題作"清王鋑撰"。《四庫全書總目》子部儒家類存目又著錄有一部《傳習錄論述參》一卷，云："明王應昌編，其子鋑續成之。應昌有《宗譜纂要》，已著錄。是編皆發明《傳習錄》之旨，蓋姚江之學弊於明末，至國初而攻之者彌衆，故應昌父子力爲之回護云。"其書不見於各館著錄，不知今尚存否。或應昌子王鋑取本書"亮之曰"即王應昌"論"的內容編訂而成，亦未可知。《四庫全書存目叢書》於《宗譜纂要》及《傳習錄論述參》均付闕如。

《中國古籍善本書目》未收。諸家書目鮮見著錄，僅知中國國家圖書館藏有一部。

1075　明嘉靖刻本慎言　　　　T5413/1114.9

《慎言》十三卷，明王廷相撰。明嘉靖刻本。四冊。半頁十行十八字，左右雙邊，白口，單魚尾。框高17.8釐米，寬13.5釐米。題"門生蜀人焦維章、後學長洲姚厚校"。前有嘉靖十一年(1532)黃芳序，嘉靖六年王廷相序，焦維章序。

王廷相，字子衡。儀封人。弘治十五年進士。選庶吉士，授兵科給事中。忤中官劉瑾、廖堂，屢躓屢起。嘉靖中以右副都御史巡撫四川，討平芒部賊沙保，累遷左都御史。廷相博學好議論，以經術稱。卒諡肅敏。事蹟具《明史》本傳。

卷一《道體》,卷二《乾運》,卷三《作聖》,卷四《問成性》,卷五《見聞》,卷六《潛心》,卷七《御民》,卷八《小宗》,卷九《保傅》,卷一〇《五行》,卷一一《君子》,卷一二《文王》,卷一三《魯兩生》。

王廷相自序云:"余自知道以來,仰觀俯察,驗幽覈明,有會於心,即記於册,三十餘年,言積數萬。信陽無涯孟君見之曰:'義守中正,不惑非道,此非慎言其餘乎!'遂以'慎言'名之,類分爲十三篇,附諸集以藏於家。"

焦維章序云:"嘉靖癸巳三月望後,予得之南來者,方展玩案間,適蘇人沈生、姚生見之,且請甚力,乃校而俾其壽諸木。"

此本佚卷三第二頁。金鑲玉裝。

《四庫全書總目》入子部儒家類存目。疑此本爲《王氏家藏集五種》或《王浚川所著書九種》之零種,非爲單刻。日本內閣文庫亦有入藏。

1076　明資政堂刻本聖學格物通　　T1311/1742

《聖學格物通》一百卷,明湛若水撰。明資政堂刻本。四十八册。半頁九行十八字,四周單邊,黑口,雙魚尾。序及目錄之書口下刊"資政堂藏板"。框高 19 釐米,寬 13.3 釐米。前有嘉靖七年(1258)湛若水謝恩進書疏;進書表;序;纂要錄。

湛若水,字元明,號甘泉。增城人。少從陳獻章游,弘治十八年進士。授編修。母喪,廬墓三年。嘉靖時,歷南京兵部尚書。王守仁在吏部講學,若水與相應和,築西樵講舍,學者稱"甘泉先生",卒謚文簡。

格物者,推究事物之原理也。《禮·大學》:"致知在格物,物格而後知至。"是編乃嘉靖七年,若水任南京禮部侍郎時所進,體例略仿《大學衍義》,以致知併於格物,而以格物統貫誠意、正心、修身、齊家、治國、平天下六條。凡誠意格十七卷,分審幾、立志、謀慮、感應、儆戒、敬天、敬祖考、畏民;正心格三卷;修身格九卷,分正威儀、慎言語、進德業;齊家格十三卷,分謹妃匹、正嫡庶、事親長、養太子、嚴內外、恤孤幼、御臣妾;治國格十四卷,分事君使臣、立教興化、事長慈幼、使衆臨民、正朝廷、正百官、正萬民;平天下格四十四卷,分公好惡、用人、理財,而用人之中又分學校、舉措、課功、任相、任將、六官,理財之中又分修虞衡、抑浮末、飭百工、屯田、馬政、漕運、勸課、禁奢時、省國費、慎賞賜、蠲租、薄斂、恤窮、賑濟。皆雜引諸儒之言,參以明之祖訓,而各以己意發明之,大致與邱濬《大學衍義補》相近。而濬書多徵舊事,以爲法戒之資。此書多引前言,以爲講習之助。二書相輔而行,均於治道者有裨益也。

是本進書表及序後刊"福建布政司右布政使吳昂校刊"一行。按,吳昂字德翼。海鹽人。弘治十八年進士,令宜城,廉介自持,教民耕織。後知新建,累陞福建按察僉事,所至有善政,及歸如未仕。積書萬卷遍讀之,尤好《周禮》。《(乾隆)海鹽縣圖經》卷一三有傳。《纂要錄》後刊"資政堂重刻"一行,則此書當爲資政堂據吳昂本重刻。

《四庫全書總目》入子部儒家類,作《格物通》。《中國古籍善本書目》著錄明嘉靖十二年陳陞刻本,十一行十九字,左右雙邊,白口,但無此本。臺北"國家圖書館"(原藏北平館者)爲明嘉靖間福建右布政使吳昂校刻本。日本靜嘉堂文庫有明刻本,內閣文庫及東京大學東洋文化研究所有明嘉靖七年福建右布政使吳昂刻本(東大殘)。

鈐印有"李南澗藏書印"、"大雲山人"。

1077　明嘉靖刻萬曆補刻本涇野子内篇　T1316/6642

《涇野子内篇》二十七卷，明呂柟撰，王光祖輯。明嘉靖十一年(1532)胡大器等刻萬曆十五年(1587)呂昀補刻本。六册。半頁十行二十二字，四周單邊，白口，無魚尾。框高19.9釐米，寬14.2釐米。題"門人解梁王光祖編；門人白水廉介録"。前有隆慶四年(1570)耿定向序，嘉靖十一年章詔序，嘉靖十二年(1533)陳昌積序，嘉靖十二年程默序。

呂柟，字仲木，號涇野。高陵人。正德三年進士。授編修，累官禮部侍郎，立朝持正敢言，學守程朱。與湛若水、鄒守益共主講席三十餘年，家無長物，終生未嘗有惰容。及卒，高陵人爲罷市三日，四方學者咸設位持心喪。謚文簡。事蹟見《明史・儒林傳》。

王光祖，字克孝，解梁人，曾爲解州監。

是書乃呂柟門人王光祖所輯，録其門人廉介、張伊、權世用、吉士、丘東魯、胡大器等所記語録。凡雲槐精舍語三、東林書院語三、端溪問答一、解梁書院語一、柳灣精舍語二、鷲峰東所語十三、過江北行途中語一、再過解州語一、太常南所語一。此本存卷一至二〇，疑缺太學語二、春官外署語二、禮部北所語一。

章詔序云："吾師涇野先生，振起關中，方其盛年，已大魁天下。列職翰林，納誨經筵，中間多見忤於時，是故先後立朝，不逾五稔。而家食者數年，與羣弟子講學於雲槐精舍，於東林書屋，樂其教者，有紀録焉。嘉靖初，以言官薦召用，又以言謫判解州。興解梁書院之教，及與王端溪公往復問答，而門人丘東魯、王光祖輩皆有録焉。戊子春，起仕南曹，至今尚寶，四方學者多從之，講道於柳灣，於鷲峰東所。詔不敏，幸分半席於門下，爰與新安胡友大器、金壇王友標，洎諸同門者數百人，日聞至教。親炙既久，各紀録之，日積月累，不啻數十萬言，一皆道德之精微，身心之至要，爲學之大方，經世之大務，與夫天地鬼神之奧，古今人物之辯，巨細精粗之畢舉，聖賢王道之具昭……諸録既備，諸生及門雖甚久，鮮得全見。今年秋，詔偕大器諸友，叩請數四，迺得徧觀而莊誦之。竊仰嘆曰，聖賢道統之傳，盡在是矣。間嘗與程友默、張友重光、王友紹、陳友昌積輩數子，參互校閲；大器諸友，欲謀刻之，以公於天下後世。"

是本序後有"涇野子内篇門人録"，始廉介、李繼祖，終閻調元、郭岱，凡二百零八人。後有萬曆十五年呂昀識語，云："右先君内篇門人問答姓名。昀歸田二十一載，始能理之，若不登録，恐歲久弗能徵之矣。況遊先君之門，或學而後舉，或舉而後士，或居館院臺省，或居部署藩臬，以至通顯，謹令姪全機書之，其不知者缺焉，以便覽者察之，可見道義之交乎，人心之相感，有如是哉。"

《中國古籍善本書目》著録是書，復旦大學圖書館、山西大學圖書館入藏，計二十七卷。《四庫全書總目》入子部儒家類，其云"其子昀等類而刻之"，或爲另一本。又中國國家圖書館、安徽安慶市圖書館有《涇野先生語録》二十卷，作廉介、王光祖、胡大器等輯，有附錄一卷，爲明萬曆四十年畢□、馮從吾刻本，九行十八字。又按，是本書口上方刻"涇野先生文集"，初疑爲《涇野先生文集》之部分，然查柟集今所存之本，有嘉靖三十四年於德昌刻三十六卷本(十行二十三字，四周雙邊)、萬曆二十年李楨刻三十八卷本(九行二十字，四周單邊)、明嘉靖刻本(爲殘本，十二行二十三字，四周單邊)，皆與此不同，此當爲單刻也。

鈐印有"慎修"。

1078　清康熙刻本弘道録　　　T1319/1225

《弘道録》二十五卷,明邵經邦撰,清邵遠平補案。清康熙邵遠平刻本。十二册。半頁十行二十四字,四周單邊,白口,單魚尾。框高20釐米,寬14.3釐米。題"明刑部員外郎仁和邵經邦弘齋學;皇清詹事府少詹事四世孫遠平補案"。前有康熙四十年(1701)邵遠平識語;《弘道録總例》三則;《刊刻弘道録公啓》。

邵經邦,字仲德,浙江仁和人。正德十六年進士,授工部主事。権荆州税,進刑部員外郎。嘉靖八年以上書獲罪,謫戍福建鎮海衛。十六年大赦,唯經邦等數人不在赦例。於戍所閉户讀書,居鎮海三十七年而卒。著有《弘簡録》、《弘藝録》、《弘道録》。《明史》卷二〇六有傳。

邵遠平,見清乾隆刻本《元史類編》。

卷一《君臣之仁》,卷二《父子之仁》,卷三《夫婦之仁》,卷四《昆弟之仁》,卷五《朋友之仁》,卷六《君臣之義》,卷七《父子之義》,卷八《夫婦之義》,卷九《昆弟之義》,卷一〇《朋友之義》,卷一一《君臣之禮》,卷一二《父子之禮》,卷一三《夫婦之禮》,卷一四《昆弟之禮》,卷一五《朋友之禮》,卷一六《君臣之智》,卷一七《父子之智》,卷一八《夫婦之智》,卷一九《昆弟之智》,卷二〇《朋友之智》,卷二一《君臣之信》,卷二二《父子之信》,卷二三《夫婦之信》,卷二四《昆弟之信》,卷二五《朋友之信》。目録下注明各卷原録若干條,補案若干條。每條低一格冠以"録曰"者,當即邵經邦原録。間有再低一格冠以"案"字者,當即邵遠平補案。

《刊刻弘道録公啓》爲漳州府學生員蕭應麒等乞刻《弘道録》書,云:"竊見原任刑部員外郎邵經邦,別號弘齋,自少奮鳴乎藝苑,臨事獨持乎風裁。先於嘉靖八年十月内因日食建言,劾奏大學士張璁,謫居邊徼,歷今二十餘載。苦心嚮道,竭力啓蒙,著有《弘藝》、《弘簡》、《弘道》三録,名《三弘集》,而《弘道》一編總揭五德,通貫五倫,發至理之淵微。"並有"提督學政周批"云:"先生道著韋編,直聞折檻,當代仰止久矣。今居閩海,教澤尤深,覽書具見,學有本原,實可羽翼經傳。准即捐俸刊行,以弘大道。"小字注云:"周公諱琬,號石崖。"按,此當爲明嘉靖時福建諸生乞刻《弘道録》,學政周琬准予刊行之公啓。今日本蓬左文庫藏有明嘉靖二十八年閩督學周琬刻本,當即其時刻行之本。其本五十七卷,與《千頃堂書目》著録本書卷數相合。

此本爲邵經邦四世孫邵遠平補案重編。遠平於經邦各條後,間加按語,並重訂卷次爲二十五卷。其識語云:"弘毅先生居閩海時,著有《三弘集》。勝國之末,板毁於火。予自康熙甲子休假回里,有志繼繩,已將《弘簡》、《弘藝》二録購聚散佚,校訂重刊。其《弘道》一書,又閱一十八載,至今年辛巳,始克授梓。蓋《弘藝》論文,《弘簡》編史,雖皆載道之籍,然只仍其原本考正訛謬而已。至《弘道》一録,因迹究心,因事衡理……約之則切身心,極之則關政教。""思欲以發明其緒餘,而智力短淺,反復潛玩,數更寒暑,竟不能一辭補綴。去春于役南河,荒度稍暇,幸得肆力兹編,偶有所見,輒條數語。譬彼候蟲鳴秋,意氣適至,時引時歇。其於《弘道》之旨,詎敢謂有得萬一。第念去日苦多,學不加長,前人遺業,唯恐終淪殘闕,是以汲汲開雕,僅期卒願。自此三弘既全,倘能廣傳諸世,俾先生數十餘年著述之精神長留天地,承其後者何快如之也。元孫遠平戒山氏敬識於清河客舍。""辛巳"爲康熙四十年。

是書流傳不廣,明嘉靖刻五十七卷本及此本皆鮮見於諸家著録。唯萬曆《續道藏》收入《弘道錄》,爲五十六卷本,較爲易見。《續修四庫全書總目提要(稿本)》所據即《道藏》本,其本不著撰者姓氏,提要云"蓋晚明時人之所撰也",並云:"今考其書大旨在推闡義理之學,雜採史傳説部,及前人緒論,標舉事要,分別條錄,復於每條之末,繹以己意,以爲論斷。其所採擷,大都摘取精要,不事博引繁稱,故條理次序頗爲精密。上起周秦,下迄有明,各家之説,並皆撮集,以參觀互證,能不蹈襲講學家門户之見。""惟稽其所論,悉本儒家五常之道教……是其所論,於道家之説,殊少關係,而萬曆續修《道藏》乃亦加收載,未免失之牽強矣。"

此本有扉頁,刻"弘道錄。邵弘毅先生遺集。仁和邵戒山學士重訂。繼善堂藏板"。

《千頃堂書目》卷一一儒家類著錄"邵經邦《弘道錄》五十七卷",小注云:"總揭五德,通貫五倫,採摭經史事實,附以己意闡發之。"《四庫全書總目》未著錄此書,而錄邵經邦《三弘集》中之《弘藝錄》,云:"經邦以講學自任,嘗採古今論學語,發明其旨,爲《弘道錄》。又删掇諸史,爲《弘簡錄》。所著詩文,則別爲此錄。"

《續修四庫全書總目提要(稿本)》著錄五十六卷本。《中國古籍善本書目》未收。北京大學圖書館藏有清康熙四十三年繼善堂刻本《弘道錄》二十五卷,當即此本,《北京大學圖書館藏古籍善本書目》未收入。

1079　明萬曆刻本蔣道林先生桃岡日錄　　T1319/4426

《蔣道林先生桃岡日錄》一卷,明蔣信撰。明萬曆三十六年(1608)楊鶴刻本。二册。半頁九行十七字,四周雙邊,白口,單魚尾。框高18.9釐米,寬13.2釐米。題"後學楊時芳中行父、孫蔣孟昂望之父仝校"。前有萬曆三十六年周傳誦序,萬曆三十六年楊鶴序。

蔣信,字卿實。常德人。嘉靖十一年進士。師王守仁,嘉靖初貢入京師,復師湛若水。累官四川僉事,却播州土官賄,置妖道士於法,遷貴州提學副使。踐履篤實,湖南學者宗其教,稱爲"正學先生"。《明史·儒林傳》附載湛若水傳末。

是編爲信與門人陶悦、柳東、蔣如川、賀鳳梧、郭訪、符友聞、周世亨、姚世俊、覃世維、丁有周、徐仲文、丁應賓等問答語錄,計七十則。信之學,不作空虚玄遠語。其早年聞道,實從病中悟入,其後游於陽明、甘泉之門,又優游林下者若干年,凝神默識,勿助勿忘,動静二根,久而俱化。其立論不求爲異,亦不主於同,以慎獨爲主,以篤倫修行爲實踐,以明理通事務爲致用之具。桃岡,當爲蔣信授學之處。

此爲單刻之本,傳世罕見。周傳誦序云:"修齡楊侯,以制科高等拜長安令。侯爲先生里人,數相對談先生遺事,恍若身遊萬桃間,而神交先生於數十年之後已。出《桃岡日錄》一帙,謂不佞序之,則尊人封公手校而付侯梓行者。"楊鶴序又云:"是編舊本漫漶不可讀,家君手校訛字,意欲公之同志,且屬余服膺,敬付剞劂。"鶴,字修齡。武陵人。萬曆三十二年進士。崇禎初拜兵部右侍郎,總督陝西三邊軍務。

是本第十三、十四、五十二至五十四頁佚。

《四庫全書總目》收蔣信《道林諸集》(無卷數),入子部儒家類存目,内容有古大學義、桃岡講義、桃岡訓規、傳疾錄、桃岡日錄。《中國古籍善本書目》未著錄,僅有《道林先生摘言》四卷(明隆慶刻本,湖南圖書館入藏)。美國國會圖書館有《蔣道林先生文粹》九卷(明萬曆刻本)。

鈐印有"王野印"、"侣真"、"渾齋王氏珍藏"。

1080　明萬曆刻本鐫性理精抄　　　　　　　　　　T1060/0428

《鐫性理精抄》十二卷,明許順義撰。明萬曆二十年(1592)萃慶堂余泗泉刻本。十二册。半頁十二行二十五字,四周雙邊,白口,單魚尾,書眉上刻評。框高 22.5 釐米,寬 12.6 釐米。題"晉江和齋許順義時制甫抄;建陽泗泉余彰德以成甫梓"。前有萬曆二十年許宗鎰序,永樂十三年(1415)御製舊序。

許順義,字如齋,晉江人。

許宗鎰序云:"夫性理一書,先儒道德性命之書也,顧篇帙浩渺,讀者苦不暇全窺。許生迺極神妍思,芟繁剔冗,純者載其全編,廣者摘其旨要,蘄讀是書者稱便焉,噫,亦精矣! 許生向在吾門,余器之。甫弱冠,輒以棘試之文,爲主司識獎,今且未奮翮,而發憤於古編,以惠後人,可謂篤學之士哉! 兹其抄足以行矣,命梓之。"

是本有荷蓋蓮座牌記,刊"時萬曆壬辰仲春月萃慶堂余泗泉梓行"。

《四庫全書總目》收有順義《六經三注粹鈔》,而不及此書。《中國古籍善本書目》未著録。日本内閣文庫亦有入藏。

日人裝訂。

1081　明崇禎刻本性理標題綜要　　　　　　　　　　T1060/2631

《性理標題綜要》二十二卷,明詹淮撰,陳仁錫訂正。明崇禎刻本。二十册。半頁九行十九字,四周單邊,白口,單魚尾,書眉上刻評。框高 20.6 釐米,寬 13.7 釐米。題"新安詹淮纂輯;古吳陳仁錫訂正"。前有崇禎五年(1632)陳仁錫序,朱從古序,李廷機序,永樂十三年(1415)御製序;永樂十三年胡廣等進書表;先儒姓氏;譚藪;《凡例》八則。

詹淮,號栢山。新安人。仕履未詳。

是編卷一太極圖,卷二通書,卷三至六正蒙、皇極經世書、外書,卷七易學啓蒙、律吕新書,卷八洪範皇極、理氣、天文,卷九至一〇鬼神、性理,卷一一至一六道統、諸儒、學,卷一七諸子,卷一八至二〇歷代,卷二一至二二君道、治道、詩古選、絶句、贊、箴、銘。是書爲科舉場屋用書,《凡例》云:"性理有詹栢山、諸理齋、黃葵陽、李九我、董思白諸刻,皆删汰十之六七,存其有關論題策表題者十之三四,而窮理家以爲太簡略。兹刻酌諸刻之去取,從《大全》中益而增之,要使科場試題有關切者,悉羅集中,無遺漏云。"

朱從古序云:"故陳太史編輯之如《綱鑑》例,凡有切於身心治術者存之,有切於論表策題者存之;其提指處,有切於關節者存之。人略我詳,人忽我覈,井然有條,注釋俱備,較之他刻,其亦性理之綜其要者乎! 因請斯編,謀壽於梓,以廣其傳。"

是本有扉頁,刻"性理綜要。太史陳明卿先生訂正。梅墅石渠閣藏板"。鈐印有"劍閣"、"玉芷園藏板"。

《四庫全書總目》入子部儒家類存目,作《性理綜要》。《中國古籍善本書目》著録。安徽省圖書館、浙江圖書館等八館,及美國普林斯頓大學葛思德東方圖書館、日本内閣文庫亦有入藏。臺北"國家圖書館"有《性理綜要》二十二卷,明崇禎刻本,不知與此同否。按,詹淮又有《新刊性理集要》八卷,有明嘉靖四十年李廷海刻本、明嘉靖四十年書林歸仁齋刻本。本館另藏清刻本

《性理標題彙要》二十二卷,與此《綜要》同,然多詹淮序。

1082　清刻本性理標題彙要　　　　　　　　　　T1060/2631B

　　《性理標題彙要》二十二卷,明詹淮撰,陳仁錫訂正。清刻本。八册。半頁九行十九字,四周單邊,白口,單魚尾。眉端上刻評。框高20.5釐米,寬13.9釐米。題"新安詹淮纂輯;古吴陳仁錫訂正"。前有永樂十三年(1415)御製序、李廷機序,詹淮序,崇禎五年(1632)陳仁錫序,朱從古序;《性理彙要譚藪》;《凡例》八則;先儒姓氏,集修姓氏;永樂十三年胡廣等進書表。

　　詹淮,字栢山,安徽新安人,仕履不詳。另有《新刊性理集要》八卷傳世。

　　卷一《太極圖》;卷二《通書》;卷三《正蒙》;卷四《正蒙》、《皇極經世書》;卷五《皇極經世書》;卷六《皇極經世書》、《外書》;卷七《易學啟蒙》、《律吕新書》;卷八《洪範皇極》、《理氣》、《天文》;卷九《鬼神》、《性理》;卷一〇《性理》;卷一一《道統》、《諸儒》;卷一二《諸儒》;卷一三《諸儒》、《學》;卷一四至一六《學》;卷一七《諸子》;卷一八至二〇《歷代》;卷二一《君道》、《治道》;卷二二《治道》、《詩古選》、《絶句》、《贊》、《箴》、《銘》。

　　詹淮序云:"性理一書,瀚洋浩大……真理學之淵藪,而吾人之裘葛也。比來先輩纂集是書者,不可枚舉。但好詳者或輕重不辨,博載其文,而失於繁;崇略者或本末不具,徒摘其句,而失於簡。求其詳略適宜而便於披閱也難矣。一日諸友相聚而議曰:淵深宏博而文之大全者,既不能旁通以涉其泮涯;而書之纂者,又難於憑藉以究其蘊奥。願子編集一書,俾吾人得有所依歸……於是參之衆説,而凡《二程全書》、《遺書》、《近思録》、《伊洛淵源》之同於要旨者,亦必兼採以附其類。"

　　《凡例》云:"性理有詹栢山、諸理齋、黄葵陽、李九我、董思白諸刻,皆删汰十之六七,存其有關論題策表題者十之三四,而窮理家以爲太簡略。兹刻酌諸刻之去取,從大全中益而增之,要使科場試題有關切者,悉羅集中,無遺漏云。"

　　是書原名《性理標題綜要》。《四庫全書總目》子部儒家類存目著録《性理綜要》二十二卷,又著録《性理標題彙要》二十二卷,云:"核檢其文,與《性理綜要》相同。蓋坊賈以原刻習見,改新名以求速售,非兩書也。"《中國古籍善本書目》著録明崇禎刻本《性理標題綜要》,有安徽省圖書館等八家館藏,本館亦有收藏。以此清刻本與明崇禎刻本相比對,其文字内容、行款版式皆同,字體刀法亦頗相似。唯清刻本書名改"綜要"爲"彙要",序文中相關文字亦改"綜"爲"彙",如朱從古序"其亦性理之綜其要者乎"中"綜"字改"彙"字之類。館臣所言誠不虚也。

　　關於是書作者,《四庫全書總目》亦有辨别:"舊本題明詹淮輯,陳仁錫訂正。而前有《凡例》一條云:性理有詹栢山、諸理齋、黄葵陽、李九我、董思白諸刻,或病其太簡略,兹刻從大全增益之云云。栢山即詹淮之號。則凡例必非淮語。殆仁錫取淮原本稍增輯之。又卷首並存李廷機、詹淮及仁錫序,皆稱其所自輯。而仁錫序中亦不稱爲據淮本。即開卷數頁,已自相牴牾,則是書爲庸俗坊本決矣。"

　　《中國古籍善本書目》不收。《東北地區古籍綫裝書聯合目録》著録長春市圖書館、吉林大學圖書館、東北師範大學圖書館、黑龍江大學圖書館等四家館藏,作明崇禎刻本。

　　有日人守拙昭和十一年(1936)題記。

子　部

1083　明萬曆刻本汪子中詮　　T1319/3105

《汪子中詮》六卷,明汪應蛟撰。明萬曆四十六年(1618)汪元兆敬思堂刻本。三册。半頁十行二十字,四周單邊,白口,單魚尾。框高20.6釐米,寬13.6釐米。前有畢懋康序,萬曆四十六年汪應蛟自序。末有校梓姓氏汪元兆等九十八人。

汪應蛟,字潛夫。婺源人。萬曆二年進士。授南京兵部主事,累遷至南京户部尚書,天啓初改北部,爲人亮貞有守。後見忤帝保姆客氏,致仕去。陛辭猶疏陳聖學,引宋儒語以宦官宫妾爲戒。又有《古今夷語》。事蹟具《明史》本傳。

此書爲應蛟講學之語,起萬曆丁亥(十五年),至丁巳(四十五年)(《四庫全書總目》云,起萬曆丁亥,至乙卯,凡二十年。不確),多詳於儒釋之辨。畢懋康序云:"吾郡大司徒汪登源先生,潛心斯道,緬以年歲,力學力行,稱紫陽墨守,著述甚富。而《中詮》一書,尤其以心得爲名理者也,其精以闡發性命,次則杼軸經濟;其緒餘旁及千古上下,六合内外,本地風光,絶無依傍,六經注我,我注六經,以此詮中。"

汪應蛟自序云:"予自弱冠聞學,見語空妙者殊,扞格不能入。然沉潛體驗,未敢易其言。年近四十,豁然有所自信。適里居,默坐一小樓,思慮所至,輒筆識之,間念及古今得失之故,亦併録焉。已復出山,荏苒簿書十餘載,比省侍還里,自菽水風木愉戚外,暇則復理舊業,未嘗敢懈,寔藉此檢身戢志,以希寡過,非敢謂立言乖世也。今奄奄老至矣,爰蒐輯成帙,令兒輩繕寫數本,將就正於海内二三有道。"

是本有扉頁,刊"中詮。新安汪登原手著。萬曆戊午年鐫。敬思堂藏板"。

《四庫全書總目》入子部儒家類存目。《中國古籍善本書目》著録。上海圖書館、南京圖書館等八館,臺北"國家圖書館"亦有入藏。按,是書又有明崇禎十四年刻本。

鈐印有"真州吴氏有福讀書堂藏書"。

1084　明萬曆刻本呻吟語　　T1323/6645

《呻吟語》六卷,明吕坤撰。明萬曆刻本。八册。半頁九行十九字,左右雙邊,白口,單魚尾。框高21.5釐米,寬13.5釐米。題"寧陵吕坤叔簡父著"。前有萬曆二十一年(1593)吕坤序。

吕坤,字叔簡,號心吾。寧陵人。少時資質魯鈍,讀書不能成誦,乃澄心體認,久之了悟。十五讀性理書,欣然有會,遂孜孜講學,以明道爲己任。年二十舉茂才第一。嘉靖辛酉,以詩經舉鄉試第三名。萬曆甲戌,對策同進士,授山西襄垣令,陛吏部主事,山西按察使。官至陝西右布政、協理院事左僉都御史、刑部右侍郎,尋轉左。立朝持正,以是爲小人所不悦,欲中以奇禍,遂致仕。年八十三卒。又有《閨範》、《去僞齋文集》等。《(康熙)寧陵縣志》卷九有傳。

是書分内外兩篇,又分禮樂射御書數六集。内篇爲性命、存心、倫理、談道、修身、問學、應務、養生,外篇分天地、世運、聖賢、品藻、治道、人情、物理、廣喻、詞章。立旨在宣揚程、朱理學,但在論述省心察物等修身之道時,又認爲氣無終盡之時,形無不毁之理,肯定世界本體乃爲物質。書以"呻吟語"爲名,乃因"呻吟,病聲也。呻吟語,病時疾痛語也。病中疾痛,惟病者知,難與他人道,亦惟病時覺,既愈,旋復忘也。予小子,生而昏弱善病,病時呻吟,輒志所苦以自恨。"呂坤序又云:"三十年來,所志《呻吟語》,凡若干卷,攜以自藥。司農大夫劉景澤,攝心繕性,平生無所呻吟,予甚愛之。頃共事雁門,各談所苦,予出《呻吟語》眎景澤。景澤曰:'吾亦有所呻吟,而未之志也,吾人之病,大都相同,子既志之矣,盍以公人,蓋三益焉。'"

又此本有校正姓氏,題"門人劉言謹校正;張庚、盧宗泰、徐元化、劉言訒、徐鳴珂、喬警章、張文同校;男呂知畏、呂知思,孫呂聲宏、呂聲洋同録"。

呂坤晚年又將此書手自刪補,成《呻吟語摘》二卷,彌爲簡要,有萬曆四十四年刻本。後人又以《呻吟語》予以節録,有《呂子節録》四卷補遺二卷(清陳弘謀輯,見《培遠堂全集》、《津河廣仁堂所刻書》)、《呂子節録》四卷續四卷(見《三益齋續集》)、《呻吟語》一卷(明葉廷秀輯評,見《葉潤山輯著全書》)、《呻吟語選》二卷(清阮承信選,見《文選樓叢書》、《叢書集成初編》)、《呻吟語》一卷(民國周學熙節録,見《周氏師古堂所編書》)。

《四庫全書總目》入子部儒家類存目。《中國古籍善本書目》未著録。臺北"國家圖書館",及美國普林斯頓大學葛思德東方圖書館(兩部)均作明萬曆二十一年刻本。

1085　清康熙刻本養正圖解　　　　　　　　　　　　T1685/2303B

《養正圖解》二卷,明焦竑撰。清康熙八年(1669)曹鈖刻本。二册。半頁十行二十一字,四周單邊,白口,白魚尾。有圖。框高21.5釐米,寬14.3釐米。前有康熙八年曹鈖序。

焦竑,字弱侯,號澹園,江蘇江寧人。爲諸生,有盛名。萬曆十七年以殿試第一名官翰林修撰,爲皇長子講官。萬曆二十五年主順天鄉試,以事被劾,謫福寧州同知。歲餘大計,復鐫秩,遂不出。竑博極群書,自經史至稗官雜説,無不淹貫,善爲古文。萬曆四十八年卒,年八十。有《澹園集》、《焦氏筆乘》、《國史經籍志》等。《明史》卷二八八有傳。

萬曆二十二年竑任皇長子講官,採古言行可資勸戒者,著爲此書,以爲皇長子學習之用。《續修四庫全書》影印清光緒二十一年武英殿刻本此書卷前有明祝世禄序、焦竑自序、萬曆二十五年進書題奏,此本無。據祝氏序云:"我皇上明並日月,澤究縣寓。即位二十二年,詔皇長子出閣講學,選一時儒臣爲之左右。先是廷臣以皇長子且長,宜正儲位,章疏前後凡數十上,皇上特遲之,遂有今詔。於是修撰焦竑侍講之暇,伏念高皇帝嘗命諸臣繪《農業艱難圖》、《古孝行圖》進太子諸王,而累朝東宮官僚講讀之外,亦多自爲書以進者。蓋講讀止於析理,圖説兼以徵事……遂採往昔言事可備勸誡者,繪爲圖、著爲解以獻。""繪圖爲丁雲鵬,書解爲吳繼序,捐資鐫之爲吳懷謙,而鐫手爲黃奇。咸樂是舉,借以自效,而世禄實董厥成。"

此本分上下兩卷,卷上寢門視膳、膳斥鮑魚、賑貸貧民、丹書受戒、聽朝四輔、桐葉封虞、亟用賢人、戒君節飲、善言格天、自結履繫、夫婦如賓、託相獻規、廷理執法、仁言動衆、因樂求賢、得賢弭盜、敧器示戒、金人示戒、賤貨尊賢、泣思直臣、詢求政術、誅絶佞人、咨訪相材、式閭禮士、政術諭下、雨不失期、旌賢去姦、敝袴待功、井窺示警、勅子務學;下卷條陳故事、嘉獎勸學、下車問疾、遣使質疑、愛惜郎君、託物諭政、禮聘遺賢、師事名賢、教子讀書、傷指自悲、運甓習勞、不賣的盧、觀穫進規、投籤警寐、弓矢喻政、闢館親賢、習射殿廷、崇師問道、上書減膳、觀圖自警、煮藥然鬚、克己任賢、獎勸循良、樂受格言、散遣宮人、遵守舊章、論字知非、常讀論語、焚香告天、借事納忠。共六十事,每事一圖,先圖後文,每文後低一格爲解説,以通俗易明之語對正文進行説解。

此書今存明刻本數種,皆不分卷。清光緒武英殿刻本亦不分卷。《千頃堂書目》著錄,爲二卷本。此本爲曹鈖所刻,曹氏序云:"考此册爲前太使焦竑手纂,繪之者丁雲鵬也,從而解者吳繼序也。迄今百有餘年,原板已廢。予稍事刪正而重梓之。"曹鈖,字賓及,號瘿庵,豐潤人,曹鼎望子。善屬文,尤精繪事。《大清畿輔先哲傳》卷十九曹鼎望附傳云:"鼎望守新安時,鈖讀書黃山之桃花源。尋以貢生仕內閣中書舍人。聖祖幸奉天,南巡吳越,皆以鈖從。"又鼎望傳云康熙六年,鼎望出守新安,召諸生講學於紫陽書院,捐資刊刻《朱子綱目》、《新安文獻志》諸書。此本曹鈖序末署"康熙歲次己酉春二月朔後六日漁陽曹鈖賓及氏書於新安郡署",當即曹鈖隨父於新安任中所刻。此本與光緒武英殿本相較,除分上下兩卷及缺焦竑等序外,插圖細微處亦稍有不同。

此本有扉頁,刻"養正圖解。曹瘿庵重訂。蓋公堂藏版"。

《四庫未收書目提要》、《續修四庫全書總目提要(稿本)》著錄。《中國古籍善本書目》子部儒家類著錄此本,僅中國國家圖書館、南京圖書館兩家館藏。另《內閣文庫漢籍分類目錄》亦著錄。

1086　明萬曆刻本黽記　　　　　　　　　　　　　　　　　　　T1042/8515

《黽記》四卷,明錢一本撰。明萬曆四十一年(1613)刻本。二册。半頁九行十九字,四周單邊,白口,單魚尾。框高 21.4 釐米,寬 13.2 釐米。前有孟養浩序,董漢儒序,歐陽東鳳序,萬曆四十一年錢一本序。

黽者,勉力也。是書以黽記作書名,蓋取《詩·邶風·谷風》"黽勉同心,不宜有怒"之意。毛傳:"言黽勉者,思與君子同心也。"

是編乃錢氏隨手劄記,自萬曆甲午始,迄癸丑,凡二十年,意有所得,輒筆之於書。其發明性道,排斥釋道,頗爲深切,其中間有過當者。

歐陽東鳳序云:"先生今作《黽記》,亦由數十年來功專而心苦,無不有也,無不徹也,故根沃而枝茂,水盛而流長。其言也不竊竊然求其文,而吐之即文;其文也不鑿鑿然求合於道,而出之皆道……先生以黽名記,非徒自謙,亦以砭世也。"一本自序又云:"余山中二十年之隨筆有記,頗謂似之,且自諒真非其力之所堪,心之所堪,祇不敢玩愒時日,妄意勉強而已矣。因授之剞劂,以自識其勉強之所已至,不敢自誣其勉強之所未至。"

《四庫全書總目》入子部儒家類存目。《中國古籍善本書目》著錄。南京圖書館、蘇州市圖書館、中國科學院圖書館、臺北"國家圖書館"(兩部),及日本內閣文庫亦有入藏。

鈐印有"古潭州袁卧雪廬收藏"。

1087　明萬曆刻本卓吾先生批評龍谿王先生語錄鈔　　　　　　T5419/1125.3C

《卓吾先生批評龍谿王先生語錄鈔》八卷,明王畿撰,李贄評。明萬曆蘇州閶門刻本。四册。半頁九行十八字,四周單邊,白口,單魚尾,書眉上刻評。框高 20 釐米,寬 13.8 釐米。題"新安後學吳可期、吳可善校正"。前有萬曆二十六年(1598)李贄序;李贄祭龍谿文;與焦弱侯書。

卷一至四語錄七十四則,卷五至六書九十一通,卷七序二十三篇,卷八雜著二十二篇、記說七篇、詩十二首、祭文七篇。

此本有扉頁,刊"李卓吾批點王龍谿先生文集。蘇州閶門重刻"。卷一第一頁書口下刊"秣陵楊應時書;梅仕見刻"。

李贄評本又有九卷本,明光裕堂刻,爲十行二十字,河北大學圖書館入藏。另又有祝世禄評本,《石林先生批評龍谿王先生語録鈔》八卷,爲崇禎十五年刻本,山東大學圖書館入藏。

《四庫全書總目》未收。《中國古籍善本書目》著録。上海圖書館、南京圖書館等十七館亦有入藏。

館藏有複本一部,八册。

1088 明天啓自刻本新鐫性理奧   T1020/1233

《新鐫性理奧》十卷首一卷,明丁進撰。明天啓六年(1626)丁氏自刻本。六册。半頁九行二十字,四周雙邊,白口,單魚尾,書眉上刻評。框高 19.3 釐米,寬 13.8 釐米。首一卷題"始寧印趨丁進纂;男顯哉樞謨、君正樞訓訂"。卷一題"始寧印趨丁進纂;弟君亨丁遇訂"。前有胡維霖序,天啓六年丁進自序。目録後又有《姓氏目録》。首一卷爲圖説略並圖説。

丁進,字印趨,號甌石。浙江上虞人。博學强記,通達治體、性理之學。萬曆四十七年進士。授翰林院庶常,陞檢討。後分考禮闈,晉左春坊,經筵日講官。上嘉悦,賜金帛。癸酉主試江南,魁南宫,登撰席者甚盛,忤權要,歸里。《(康熙)上虞縣志》卷一五《人物志》有傳。

性理,乃指宋儒之性命理氣之學。奧者,高深也。此也爲釋解性理之書。胡維霖序云:"猶是《性理大全》,徧觀者苦於不得要領,邇來選者徒爲論策捷徑,不爲性理金鍼。丁太史嘉惠後學,獨精取而類纂之,其明明德於天下之意乎!嘗與余論用世者須變化氣質,夫吾輩禀氣有剛柔之偏,賦質有淳漓之異,於此能變化,便爲生生之易,以是知太史所得於性理者深也。吁!性理洒六經之羽翼,悟後六經且無一字,安得性理而筌蹄之?則讀者當作性理觀,不當作語録觀,吾亦名之曰性理云。"

丁進序云:"余以下士索鐫再四,因付梨棗。"

《四庫全書總目》未收。《中國古籍善本書目》著録。上海圖書館、浙江圖書館等七館亦有入藏。

1089 明刻本闇澹三言   T9115/6198

《闇澹三言》六卷,明羅尚年撰。明刻本。六册。半頁八行十八字,四周單邊,白口,單魚尾。框高 21.1 釐米,寬 13.9 釐米。題"豫章羅尚年齒一甫著"。前有萬曆四十五年(1617)范如春序,萬曆四十三年(1615)戴立大序,王命召序。後有謝始亨跋。

羅尚年,字齒一,號完極。豫章人。據范如春序,羅氏窺易最深,蓋家學淵源由來久矣。王命召序又云,羅君攻若理學而參究之,探賾索隱已數十年。

闇澹者,指闇素澄神,澹寧養志。是書分爲《河洛悟言》二卷、《潛修膚言》二卷、《清課餘言》二卷。

范如春序云:"蓋精神惟根之闇澹者,愈養愈邃;文章惟出之闇澹者,愈焕愈真。古人三不朽,以立言居一,蓋是之理也。"

此本刻工爲湯君聘。

《四庫全書總目》未收。《中國古籍善本書目》未著録。

1090　明萬曆刻本御世仁風　　　　　　　　　　T1685/8153

《御世仁風》四卷,明金忠撰。明萬曆四十八年(1620)鳳陽刻本。八册。半頁十行二十二字,四周雙邊,白口,六魚尾。框高26釐米,寬18釐米。題"明方城金忠敏恕纂輯;古雄王安允逸校訂;益津張文元郁懷、金臺王體乾惟貞仝閲"。前有萬曆四十八年周詩序,萬曆四十七年(1619)劉鐸序。末有萬曆四十八年金忠後跋。

金忠,字敏恕,號葵庵,河南方城人。爲萬曆間司禮監太監,職掌帝王詔書,後出鎮安徽鳳陽。

御世,治理天下也。仁風,形容恩澤如風之流布。是書集聖賢往蹟,編刻成篇,爲卷一君道、儲訓、賢后、納諫,卷二任賢、予奪、去佞、重民、文事、武備、臣道、賢宦、諷諫、務德、崇儉、用才、禮讓、重農、好生、仁愛、謙恭、警貪、達觀,卷三積德、謹微、去僞、道學、恬澹、三教、戒忿、性學、清廉、孝友、感應、重本、憫農、天道、養生、操存、見道、高尚、友道、蒙養、自修、重師、趨向、續纂,卷四攝養、農事、蠶事、節候。每篇若干則,皆注明出處。卷一至三,每則皆有圖,頗精。卷四最爲實用,以"農事"爲例,分授時圖解、四時農政、一至十二月農事,並附救荒諸方,皆有益於民。

劉鐸序云:"吾友金公,叨侍中秘,有概於中久矣。近者,奉差出守鳳陽,因集賢聖往蹟,編刻成篇,名曰《御世仁風》,繪之圖像,以便批閲。"

《四庫全書總目》未收。《中國古籍善本書目》著録。中國國家圖書館、故宮博物院、中國國家博物館、中共北京市委圖書館、臺北"國家圖書館"(兩部)亦有入藏。

1091　明刻本西翁教子言　　　　　　　　　　T1682/4444

《西翁教子言》十三卷,明李梓撰,李惟一輯。明刻本。八册。半頁九行十九字,四周雙邊,白口,單魚尾。框高21.3釐米,寬13.2釐米。題"不肖次男惟一叩頭謹述"。前有天啓五年(1625)余懋衡序,潘之祥序,汪元功序;《西翁祖訓》(七世孫李朴撰);《西翁譜略》(李鏊元撰);李惟一序。

李梓,字必恭,號西橋。原籍山東兗州。生平好急人難,鄉人愛之。

是書分《上篇》一卷、《上篇副》一卷、《正篇》六卷、《正篇副》一卷、《廣篇》三卷、《西翁卧榻八遺記》一卷,爲教子之家訓。

余懋衡序云:"翁家世孝友,百口同炊,庭無間言,此盧度世、楊播、崔倕之家法,所以聲施於異代也,而翁力行之。入其門,和氣藹然,誰謂古今人不相及哉?翁肭墳典,嗜經籍,諸史百家,靡不漁獵,凡大之而天地,瀰之而人物,幽之而鬼神,精之而文字,皆有論著。至於太極三才、一貫之説,即老學宿儒,時或閣筆,而不敢輕吐詞者,翁亦冥會沉思,而抒所獨得。"

是本卷上第一頁書口下有"汪汝達刊"。卷上第二十七頁、正篇卷四第十六頁佚。

《四庫全書總目》及《中國古籍善本書目》皆未著録。臺北"國家圖書館"入藏,作八卷,明天啓五年原刻本。

1092　明崇禎刻本經世石畫　　　　　　　　　　　　　　T1042/0481

《經世石畫》三卷,明辛全輯。明崇禎二年(1629)韓居貞等刻本。四册。半頁九行二十字,四周單邊,白口,無魚尾。框高22.8釐米,寬13.9釐米。題"河汾草莽臣辛全謹輯;洪洞門人韓居貞、胡曰璉、晉淑健、晉家銓、晉家仁梓;太平門人廉有聲録"。前有崇禎二年胡來陛序;《凡例》六則。

辛全,字復元,號天齋。絳州人。幼穎悟,家貧廢學,年十五復讀。見程朱語,嘆曰:"吾固謂天地間當有此等人也。"錄其言行,以爲師法。兒童婦女,亦稱爲辛夫子。父没,哀毁盡禮。事母兄,以孝友聞。崇禎中歲貢,以特薦授知府,未及赴官而卒。門人私諡文敬先生。又有《衡門芹》一卷。

石畫,《漢書》卷九四下《匈奴傳》(揚雄諫書)云:"時奇譎之士、石畫之臣甚衆。"鄧展注曰:"石,大也。"顔師古注曰:"石言堅固如石也。畫,計策也,音獲。"石,通碩。石畫,又作碩畫,謂遠大的計謀。是書輯前代事蹟議論之有關治道者,分爲二門,一曰聖典,採據皆紀明太祖至英宗五朝善政;二曰定論,採據皆宋明諸儒之説,而以北魏至唐共四條附焉。

胡來陛序云:"先生博大淵深,著述甚富,予青氊焚香,讀之洞心快志,得未曾有。令諸生讀之,亦洞心快志,得未曾有。讀至《衡門芹》、《經世石畫》二書,酌古參今,明體適用,真欲濟斯世於唐虞三代之盛……適吾邑諸君子,將以是書授梨棗也,遂不揣固陋而筆之若此。"

《四庫全書總目》入子部儒家類存目。臺北"國家圖書館",及美國國會圖書館亦有入藏。

1093　清雍正刻本讀書日記　　　　　　　　　　　　　　T1335/7233

《讀書日記》六卷《補編》二卷,清劉源淥撰。清雍正五年(1727)劉行秉等刻本。存卷一至二,《補編》二卷。四册。半頁十行二十一字,左右雙邊,黑口,雙魚尾。框高17.6釐米,寬12.2釐米。題"安邱劉源淥直齋甫著;歸安陸師巢雲甫定;後學馬長淑漢荀甫較"。前有康熙五十九年(1720)陸師序,雍正十一年(1733)李燾序;《劉直齋先生傳》、《直齋劉先生別傳》、《劉直齋先生墓志銘》;參訂姓氏。末有雍正五年孫自務跋,雍正五年劉行秉識語,雍正五年李瀠跋,雍正五年劉汝飛跋。原本尚有康熙四十年(1701)馬恒謙跋,雍正五年馬長淑跋,雍正五年秦勷跋,此本佚去。

劉源淥,字崑石,號直齋,山東安邱人。生於明萬曆四十六年,十四歲而孤,事母至孝。入清後伏處海濱,購經史及宋儒書日夜讀之,尤篤好朱子書,反覆推究四十餘年。與弟子講論,每至夜分,有所得輒札記,積數萬言,而大要歸於主敬集義。康熙三十九年卒,年八十三。著有《近思續録》、《冷語》等。《清史列傳》卷六六有傳。

此爲劉氏講論讀書所得札記,卷一至五爲《記疑》,卷六爲《冷語》。補編僅卷二末數條爲《冷語》,餘皆《記疑》。每條下皆記日月,全書依札記時間編次。

劉行秉識語云:"(先君)又證以宋元明諸儒之説,剖判異同,務使冰解霧釋而後已。每有所得,輒用札記。久之裒然成帙,犁爲《記疑》廿四卷,晚年又著《冷語》五卷。自棄養以來,行秉藏弆篋衍,未敢輕以示人。康熙庚子,歸安陸巢雲先生奉使過安邱。先生一代鴻儒,行秉敬獻藏書,深蒙鑑賞,乃取《記疑》、《冷語》,削除冗復,更名《讀書日記》,未及刊布而先生謝世。行秉深懼日久就湮,賴同學諸君子重加校訂,補其遺缺,乃付梓人。"

《四庫全書存目叢書》影印此本馬長淑跋云:"康熙庚子,歸安陸巢雲先生奉使安邱,閱此書,深加激賞,沉潛反覆,至忘寢饋。芟繁除蕪,彙爲一集……攜之入都,未及授梓,遽爾淹逝,定本不復可見。淑恐其久而湮也,即所刪原本偕諸同人悉心校讎,間或裁其重複,補其缺漏,按年編次,定爲八卷,付劉先生喆嗣躬修鋟板行世。"

由諸序跋可知,此書由陸師據劉氏《記疑》、《冷語》刪削編定,劉氏子行秉等刊刻,時當雍正五年。雍正十一年李燾序當爲其後增刻。李序云:"歲庚子,余年寅友陸君巢雲先生乃爲鑒定,而先生之門人暨同里後學諸公付諸棗梨,而先生之書乃成。其實行義舉,俱載原敘傳志中。"

劉汝飛跋後鐫"雍正丁未孟夏男行秉、孫燱、夢月、曾孫憑信敬刊"。參訂姓氏列同學、門人、參閱、校字諸人,末鐫"族孫遬督工"。

《四庫全書總目》子部儒家類存目著錄,云:"皆讀書札記之言。其《記疑》本二十四卷,《冷語》本五卷,後歸安陸師爲之刪定,更以今名。然《冷語》又有三卷一本,蓋天下之至易作者,莫如語錄,偶逢紙筆,即可成編,故諸本錯出如是也。"

《中國古籍善本書目》子部儒家類著錄,清華大學圖書館、中國人民大學圖書館、中國社會科學院近代史研究所、保定市圖書館、山東師範大學圖書館、四川省圖書館等六家館藏。《四庫全書存目叢書》子部第26冊據清華大學圖書館藏本影印。另臺灣大學圖書館亦有收藏。

1094　清康熙刻本溯流史學鈔　　T9155/1339

《溯流史學鈔》二十卷,清張沐撰。清康熙三十三年(1694)刻本。十二冊。半頁九行二十字,四周雙邊,黑口,單魚尾。框高18.1釐米,寬12.6釐米。題"上蔡張沐起庵著;武進王渭允清參證;商丘侯重喜孝思校閱"。前有康熙三十三年黃與堅序,康熙三十三年侯重喜序,康熙三十四年(1695)孫士傑序;張沐《溯流史學鈔說》。卷二〇《游梁講語》前有康熙三十三年顧泇序,康熙三十三年管竭忠序,《游梁書院學規》。末有康熙三十三年侯重喜跋。

張沐,字仲誠,河南上蔡人。順治十五年進士。康熙元年,授直隸内黄知縣,五年,坐事免。十八年,復以薦起知四川資陽縣,一載告歸。自幼勵志爲聖賢,於内黄任中,講學明倫堂,請業者衆。湯斌稱其任道甚勇,求道甚切。曾迎請孫奇逢至内黄講學。歸後主講汴中,兩河之士翕然歸之,多所成就。年八十三卒,學者稱"上蔡夫子"。著有《道一錄》、《學道六書》、《周易疏略》、《書經疏略》等。《清史稿》卷四七六、《國朝耆獻類徵初編》卷二一八有傳。

張氏自云因感水哉水哉之意,製册而名其日記課本曰《溯流史》。凡日間言行及所見聞,天地、古今、人物、山川、旅遇之異,及友朋往復書札、辨論言語,無不記載,而寓得失、勸諭於其中。由從學士子摘選其有益於學者,挨年順月,抄錄成本,以便講習。後付諸梓。其排列大體依時間順序,卷一至四《敦臨堂錄》,卷五《關中錄》,卷六至八《嵩談錄》,卷九至一〇《鈞談錄》,卷一一《燕邸錄》,卷一二《蜀中錄》,卷一三至一八《天中錄》,卷一九《昏》、《處女死節》、《喪禮》、《祭禮》、《廬墓》,卷二〇《游梁講語》。

侯重喜序於此書編集經過言之甚詳,云:"夫子日記課本名爲《溯流史》者,正窮工夫之源流者也……喜於甲戌夏侍夫子函丈,得其全史,手錄過半。因襄夫子成斯集,以公諸同志。其《敦臨堂錄》者,夫子解組内黄,記言記動講學贈答之作也。《關中錄》,夫子避薦舉,潛跡長安臨潼間之筆。旋又避於嵩高登密間,又爲《嵩談錄》。至《鈞談錄》者,夫子避蔡邑凶歉,講學於禹州所錄也。《燕邸錄》者，夫子復爲當路所薦舉起送入都，與一時京師諸君子往來辨論之語，更何可略。旋補授蜀之資縣尹，時值軍興旁午，資當衝劇，邑無人民，驛無夫馬，艱難萬狀，無不克盡厥職，故有《蜀中錄》。視事一載告歸，汝南郡守熊公敦聘夫子主天中書院，嗣是爲《天中錄》。若夫昏喪葬祭、處女死節、廬墓共成一者，夫子憂禮義之不明，人事之乖謬，極力挽回，以啓時俗之迷耳。後附《游梁講語》一卷，是年初夏應顧大中丞之聘，與八郡士子日相講解所集也。共計卷二十。"

此本有扉頁，刻"溯流史學鈔。上蔡張仲誠先生語錄。康熙甲戌歲鐫。敦臨堂藏板"。

《四庫全書總目》子部儒家類存目著錄。《中國古籍善本書目》不收。《清華大學圖書館藏善本書目》著錄，存卷一至九。張氏著作後人彙印爲《張仲誠遺書》十八種，見《中國科學院圖書館藏中文古籍善本書目》叢部自著類，其中亦包括此本。《四庫全書存目叢書》即據清華大學及中科院圖書館藏本影印。另中國國家圖書館、上海圖書館、臺灣大學圖書館亦有收藏。

1095　清康熙刻本學道六書

T1332/1339

《學道六書》六卷，清張沐撰。清康熙六年(1667)刻三十四年(1695)修補印本。三册。半頁九行十九字，四周單邊，白口，單魚尾。框高19.3釐米，寬13.1釐米。前有康熙六年孫奇逢序，康熙六年黃本訥序，康熙三十四年田蘭芳序，耿極序。

張沐，見《溯流史學抄》。

是書爲張沐任職內黃期間講習正學之所得，分爲六目：卷一《人心》，卷二《本體》，卷三《性善》，卷四《順逆》，卷五《一念》，卷六《廣論》。

據黃本訥序，沐與諸生所講，即自記，或命訥等記之。或所言人有未達，多手書示之，遂成若干言，別其類爲六書，諸生請授諸梓。

孫奇逢序云："上蔡張公仲誠尹內黃之四年，民用大治。與邑紳士講習正學，咸知興行勵志，邑彬彬稱絃歌矣。會以棘闈事去官，從游諸士眷戀於臨岐，梓其講語，爲昕夕提撕之助。爲目有六，額曰《學道六書》。""余嘗聞公談學，如論逆力曰：本體皆順，功夫皆逆，富貴不處，貧賤則不去，性也有命焉，命也則又有性，總是逆力。如論一念常在，不分遇事不遇事，儼然嚴師憚友之相隨，居處自不容不恭，執事自不容不敬，與人自不容不忠。一念不在，便是氣用事矣。諸說透徹親切，皆致其道於日用者。"

田蘭芳序云："康熙己酉、庚戌間，得先生所著《學道六書》於潛庵架上。""甲戌，先生講道大梁……疑曩者之書於先生猶未盡。踰年再至，先生果取其舊板修改之，屬蘭爲敘。"己酉、庚戌即康熙八至九年，其時此書已行於世。書板刻成近三十年後，張沐又即舊板修訂，遂成此本。除加入康熙三十四年序外，張氏於正文内容亦多有刊改。刊落文字處徑鏟去，增入文字處則以雙行小字出之，全書多有删除文字所遺空白。

《續修四庫全書總目提要(稿本)》著錄，云："仲誠內黃一任，不特政績卓著，稱爲一代循吏，即思想規模，亦於此時大備。內黃去官，從游諸士眷戀於臨岐，特梓其講語，彙爲六書，以爲昕夕提撕之助。夏峰以八十四之高齡，更製序文，備極推崇。夏峰高弟如范陽耿極、河内鍾國士，亦皆各作書後，以示景仰。知仲誠所發明，在當時已驚動儕輩，無怪顏習齋中州之遊，大半爲仲誠而來也。"

《中國古籍善本書目》不收。《東北地區古籍綫裝書聯合目錄》子部儒家類著錄，遼寧省圖書館藏此書,作清康熙刻同治補修本。《中國科學院圖書館藏中文古籍善本書目》著錄《張仲誠遺書》十八種,收入此本,作清康熙六年刻後印本。

1096　清康熙刻本小學分節　　　　　　　　　　　　T1665/2943.01

《小學分節》二卷,清高熊徵撰。清康熙刻本。二冊。半頁十行二十一字,四周單邊,白口,單魚尾。框高18.4釐米,寬11.4釐米。題"思明府儒學教授西岑高熊徵纂釋"。前有康熙四十三年(1704)張恭交序,康熙四十一年(1702)宋瑾序,康熙三十七年(1698)高熊徵序,宋淳熙十四年(1187)朱熹原序;小學題辭。

高熊徵,字渭南,廣西岑溪人。順治十七年副榜貢生。康熙十八年補桂林府教授,旋調思明,興學勸士,兩地文風爲之丕變。三十九年爲井陘知縣,四十年擢兩浙鹽運史。在官多惠政,康熙四十五年卒。所著有《逞雪齋前後集》等。《(乾隆)岑溪縣志》有傳。

朱熹輯有《小學》,爲童蒙講習用書,分内、外兩篇。《内篇》包括立教、明倫、敬身、稽古四目;《外篇》包括嘉言、善行二目。本書以《内篇》爲卷一,《外篇》爲卷二,將《小學》逐節標其大旨,略加訓解,明白簡當,使童子讀之,易於明曉。

高氏自序云:"檄行之後,業已兩年,而諸生之知小學者尚無幾人,況童子乎?因取小學之書,與之講習。其立教、明倫、敬身三篇,皆雜引經傳之文,照依舊注,去煩纂要,逐節示解,要使明乎本文之意而止。至稽古、嘉言、善行三篇,則皆集古人之言與事,而示人以是則是傚者,則亦逐節標其大旨,俾觀者燎然識其所引之意。顏曰《小學分節》,命兒曹抄録,以授諸生。誠使父兄以此教,子弟以此習,爲之師者爲之講解指示,責其躬行,攀古賢哲之行誼而效法焉,將見文行兼優,家修既敦,廷獻自裕,處則爲孝弟之儒,出則爲忠順之士。"

《四庫全書總目》子部儒家類存目著録。《中國古籍善本書目》未收。諸家書目亦鮮見著録,唯見《販書偶記續編》附録之子部著録有康熙甲申刊本,或即此本。《四庫全書存目叢書》、《續修四庫全書》均未收入。

1097　清康熙刻本理學正宗　　　　　　　　　　　　T1060/3844

《理學正宗》十五卷,清竇克勤輯。清康熙刻本。六冊。半頁九行二十字,四周雙邊,白口,單魚尾。框高19.3釐米,寬13.2釐米。題"柘城後學竇克勤編輯;弟克恭、振起、男容端仝較"。前有康熙二十八年(1689)耿介序,康熙二十六年(1687)竇克勤序;《凡例》十一則。

竇克勤,字敏修,號静庵,一號艮齋,又號遜齋,河南柘城人。順治十年生,康熙十一年舉於鄉,任泌陽教諭。康熙二十七年成進士,選翰林院庶吉士,丁母憂歸。於柘城東門外創朱陽書院,躬親課業,從學者衆。服闋,授檢討,以疾乞歸,殫力書院。康熙四十七年卒,年五十六。事見《清史稿》卷四八〇《儒林一》、《碑傳集》卷四六、《國朝耆獻類徵初編》卷一二〇。

是書列宋至明理學正宗十五人:卷一周敦頤,卷二程顥,卷三程頤,卷四張載,卷五楊時,卷六胡安國,卷七羅從彥,卷八李侗,卷九朱熹,卷一〇張栻,卷一一吕祖謙,卷一二蔡沈,卷一三黄榦,卷一四許衡,卷一五薛瑄。人各一傳,録其著作、語録、答問等,每篇下略附己意。每家後兼輯諸家評論。

《凡例》云:"是編止録正宗,其他儒行駁而不純者,槩弗敢收。""先儒著述採摭難盡,語録摘存，以表正脈。至煌煌大篇，與經傳相表裏者，不敢不録其全。每篇下妄附數語發明，聊存鄙見，非云心得。"

竇克勤序云："余於諸儒之書，悉心讀之，蓋不敢忽。潛玩既久，始知精要之所在，雖聖聖相承，莫有外焉者。因取篇章之最切者，彙而輯之，間亦妄附己意爲發明。雖於全書不能盡録，然知者觀此，思過半矣。由門户以尋階級，由階級以達堂奧，要在乎人之能自得焉爾。是編也，甫輯於嵩陽，多爲耿逸庵先生所較正。繼成於藍鄉。焦鶴浦、趙鵬九、李子昭、曹聞衣、吉乘旃諸子請付梓，因得公諸同好。"

耿介序云："夫學術本於人心，人心關乎世道。正學不明，此人心淳漓、世道升降之所由係也。靜庵先生每言及，輒憂之，非一日矣。乙丑秋八月，三過嵩陽，流連四十日，博觀理學諸書，手鈔成帙。謂孔孟以來言正宗者，必以宋儒爲斷，而宋儒必以周、程、張、朱爲歸……戊辰，先生讀書中秘，以刻本見寄。"

按，"乙丑"爲康熙二十四年，"戊辰"爲康熙二十七年，則此書始作於康熙二十四年，康熙二十六年付梓，至康熙二十七年書已刻成，康熙二十八年又以耿介序付刻。竇氏後人彙印竇氏著作爲《竇靜庵先生遺書》，此本亦收入其中，見《中國叢書綜録》彙編獨撰類。

此本有扉頁，刻"尋樂堂編輯。理學正宗。求善居藏板"。"玄"字避帝諱。

《四庫全書總目》子部儒家類存目著録，《四庫全書存目叢書》子部第 24 册據國家圖書館藏清康熙刻《竇靜庵先生遺書》本影印。《中國古籍善本書目》不收。《東北地區古籍綫裝書聯合目録》著録，東北師大圖書館藏。另北京大學圖書館亦有收藏。

鈐印有"富岡氏之印"、"鐵老齋"、"富岡百煉"、"鐵槍齋"。各册書衣有墨筆題書名、篇卷。扉頁有墨筆題字："梁川星巖舊藏，每册題字其親筆。"按，梁川星巖爲日本江户時代末期著名詩人，有《星岩集》《星岩先生遺稿》。富岡氏即富岡鐵齋，日本著名畫家，其藏書印鑒可參見《新編藏書印譜》富岡鐵齋條。

1098　清康熙刻本廣理學備考

T1060/0172

《廣理學備考》八十種，清范鄗鼎編。清康熙五經堂刻本。四十八册。半頁九行二十五字，四周雙邊，白口。書口下刻"五經堂彙編"。框高 18.7 釐米，寬 10.9 釐米。題"洪洞後學范鄗鼎彙編；受業絳州閻擢、姪翃參閱"。前有康熙二十五年(1686)高龍光序，康熙二十四年(1685)龍光序，康熙二十四年王承露序，康熙二十四年朱裴序，康熙二十六年(1687)韓茨序，康熙二十五年徐弘先序，范鄗鼎序；康熙二十三年(1684)范鄗鼎撰、三十一年(1692)《重訂凡例》八則；助刻姓字。

范鄗鼎，見清康熙刻本《三晉詩選》。

是書收録明代理學諸儒薛瑄、胡居仁、王守仁、陳獻章等共計八十家語録、詩文，各家前有小傳，行間加圈點評語。所録諸家名氏參見《中國叢書綜録》。

范氏先有《理學備考》三十四卷，備列有明一代講學諸儒傳記。又編爲此書，輯諸家語録、詩文。其《理學備考·凡例》提及本書："辛集止載本傳，不載語録。孫集於本傳之後，有語録者，或載十余節，或數十余節，言行俱存，誠爲完書。余於語録盡删，竊取吾夫子躬行未得之意。或曰，六經皆聖賢之言，此説何居？余曰：續有《廣理學備考》一書，皆聖賢之言也。在後世視聖賢，非言莫傳。而聖賢在當日，先行爲急。余所以分本傳與語録而二之也，善讀者自能一貫。"

本書《凡例》又於其編纂意圖重加闡釋："前刻《理學備考》,有傳者止錄一傳,無傳者截取序志。其於嘉言善行,尚多掛漏。余下愚,終未得門而入也。此廣之不容已也。且前刻綱也,茲刻目也。前刻經也,茲刻緯也。合而讀之,理學之事備矣。""錄理學者重語錄。陳幾亭曰:語錄於明道切也。從來理學諸公,成功雖一,入手不同。有得力在詩者,詩亦足以明道。有得力在文者,文亦足以明道。茲刻即從其得力處表彰,不敢執一而求也。""諸公全集,多則三四十卷,少亦不下十餘卷。茲刻止錄數十葉,少或數葉。尚未窺見一班,何以云廣?竊意理學諸集,蓋非八股舉業、四民通用等書可比。求之書肆,虛空足音矣……茲刻姑存大略,令見者按籍而求,百不失一。然則數十葉之傳,傳其書也,傳其名也。"

此本有扉頁,刻"廣理學備考。洪洞范彪西彙編。五經堂藏板"。"玄"字避帝諱。按,五經堂即范鄗鼎室名,其五經堂曾刻多種圖籍,據《理學備考》(《四庫全書存目叢書》影印清康熙五經堂刻本)卷前之"五經堂既刻書目"所列,即有三十餘種。范氏以發揚儒學爲己任,其五經堂所刻亦多爲儒學性理之書及三晉鄉邦文獻。

《四庫全書總目》著錄《理學備考》,入史部傳記類,而不及此書。《續修四庫全書》未收。《續修四庫全書總目提要(稿本)》未著錄。《中國古籍善本書目》未收。《中國叢書綜錄》子類儒家著錄清康熙五經堂刊道光五年洪洞張恢等修補印本,有國家圖書館、清華大學圖書館、上海圖書館等七家收藏。《清史稿·藝文志》著錄於子部儒家類。《清華大學圖書館藏善本書目》著錄於史部傳記類。《中國科學院圖書館藏中文古籍善本書目》著錄於集部總集類。

鈐印有"木堂"。

1099 清康熙刻本晚邨先生家訓真蹟

T1682/6673

《晚邨先生家訓真蹟》五卷,清呂留良撰。清康熙四十二年(1703)呂氏刻本。二册。行字不等,四周單邊,白口,無魚尾。框高22.5釐米,寬14.4釐米。末有康熙四十二年員賾載跋。

呂留良,見清康熙刻本《晚村先生八家古文精選》。

是書以呂留良所遺信札家訓真蹟,原樣付刻。大抵皆與子姪家人輩之訓示,亦有詩文雜著數篇。卷一《楳華閣齋規》、《壬子除夕諭》、《戊午一日示諸子》、《遺令》,卷二《諭大火帖二十四》,卷三《諭大火辟惡帖七》、《諭辟惡帖六》、《諭降婁帖五》,卷四《與姪帖五》、《與姪孫帖二》、《與甥朱望子帖二》,卷五《得澹生堂藏書示大火詩》、《和東坡洗兒詩示兒輩》、《井田硯銘與大火》、《哭阿慧文》、《書舊本朱子語類》。目錄另有附編,《列訓門人》、《友朋責善》兩篇,注明未刻。

員賾載跋云:"壬申歲,始得造南陽講習之堂,而先生謝世已近十年矣。俳徊廡序,不能自已。既因先生嗣子無鄰瞻拜遺像,執瓣香之誼焉,無黨復盡出先生遺書手澤,共相展閱。中有家訓數帙,其言尤深切著明。載乃作而嘆曰:始吾知先生見道之高明也,今復見先生躬行之篤實矣。夫庭闈私語,皆可告人,立心之誠也;造次指揮,字必端楷,持身之敬也;巨細之務,至理具存,格物之精也。一事而引伸之,數善備矣。至其間格言正論,皆可以砥挽頹波,綱維人紀……因與無鄰共相簡綴成一編,以垂惠來學。"

員跋所云"先生嗣子無鄰",蓋呂留良長子呂葆中。據《碑傳集補》卷三十六呂留良傳按語,呂氏有七子,長名公忠,後改名葆中。葆中字無黨,號冰邐,康熙四十五年進士。此書《楳華閣齋規》、《遺令》等篇後,間有識語,述各篇寫作時間緣由,署名"公忠",當即呂葆中。是書蓋葆中與員賡載共相選編付梓者。

此本有扉頁，刻"晚邨先生家訓真蹟"。

《清代禁燬書目》、《清代禁書知見錄》、《續修四庫全書總目提要(稿本)》等著錄。《中國古籍善本書目》子部儒家類著錄，中國國家圖書館、上海圖書館等十一家館藏。另臺北"國家圖書館"、"中央研究院"史語所傅斯年圖書館等亦有收藏。《續修四庫全書》據天津圖書館藏本影印。

1100　清康熙刻本御纂性理精義　　　　　　T1060/4494

《御纂性理精義》十二卷，清李光地纂修。清康熙五十四年(1715)武英殿刻本。四冊。半頁八行十八字，小字雙行二十二字，四周雙邊，白口，單魚尾。框高22.2釐米，寬15.5釐米。前有康熙五十六年(1717)御製序；康熙五十四年李光地等上表；諸臣職名，先儒姓氏；《凡例》七則。

李光地，見清康熙刻本《纂文六經四書》。

卷一《太極圖說》、《通書》；卷二《西銘》、《正蒙》；卷三《皇極經世》；卷四《易學啓蒙》；卷五《家禮》；卷六《律呂新書》；卷七至八《學類》；卷九《性命類》；卷一〇《理氣類》；卷一一至一二《治道類》。

是書據明胡廣《性理大全》約取修訂、重加纂輯而成。康熙御製序云："前明纂修《性理大全》一書，頗謂廣備矣。但取者太煩，類者居多。凡性理諸書之行世者不下數百，朕實病其矛盾也。爰命大學士李光地詮擇進覽，授以意指，省其品目，撮其體要。既使諸儒之闡發不雜於支蕪，復使學者之披尋不苦於繁重。至於圖象律曆性命理氣之源，前人所未暢發者，朕亦時以已意折中其間，名曰《性理精義》。"

《凡例》云："明初編爲《性理大全》之書，其所采輯亦幾備矣。然擇焉不精，未免泛雜冗長之弊。其所區分門目，亦頗繁碎而失綱要。是以三百年來精熟此書者鮮，是反以多爲病也。今特撥去華葉，尋取本根，必其微言大義，真與六經四書相羽翼者，然後慎收而約載之。"

李光地等上表云："伏蒙皇帝陛下命臣等編校《御纂性理精義》，總一十二卷，刊刻已竣，謹裝潢成帙進呈。"知康熙五十四年書已刻竣。

所列諸臣職名包括：承修李光地，御前校對魏廷珍等四人，分修楊名時等四人，武英殿繕寫嵇曾筠等十二人，武英殿監造伊都立等五人。

御製序後有"體元主人"、"萬幾餘暇"朱印。

《四庫全書總目》子部儒家類著錄。《中國古籍善本書目》不收。《北京圖書館古籍善本書目》、《中國人民大學圖書館古籍善本書目》、《中國科學院圖書館藏中文古籍善本書目》等著錄。《清代內府刻書圖錄》著錄，作清康熙五十六年內府刻本。另臺北"國家圖書館"、臺北"故宮博物院"、日本京都大學人文科學研究所等亦有收藏。

1101　清康熙刻本先儒正修録先儒齊治録　　　T1042/1434

《先儒正修錄》三卷《先儒齊治錄》三卷，清于準輯。清康熙刻本。六冊。半頁十二行二十三字，左右雙邊，白口，單魚尾。框高17.6釐米，寬13.8釐米。題"石州于準萊公纂"。前有

《正修録纂例》十則;康熙四十七年(1708)于準序;又《正修録纂例》八則;《齊治録纂例》十一則。

于準,字子繩,江西永寧州人。兩江總督于成龍之孫。康熙二十五年由蔭生授山東臨清知州,後薦卓異,遷刑部員外郎、户部郎中。三十年,授江南驛鹽道。再遷浙江按察使、四川布政使。康熙四十三年,授貴州巡撫。調江蘇,坐事罷歸。雍正三年,復職銜。雍正九年卒。《清史稿》卷二七七、《國朝耆獻類徵初編》卷一五八有傳。

是編爲于準在于成龍雜鈔稿基礎上增廣而成。《正修録》收録宋濂、方孝孺、王褘等諸家文,不分門目。《纂例》云其收録之標準,取於身心有裨益者。不切身心者不録,悖道離經者不録,衹晰名義者不録,毁訾先正者不録,矜奇堅僻者不録,争論異同者不録,罵詈姚江者不録,闡辨禪學者不録。《齊治録》則分幼學蒙養法、閑家善後法、士子守身法、縉紳居鄉法、以道事君法、任職居官法、勸諭愚民法、慎刑重獄法、善俗戢姦法、催科撫字法、備荒救災法數門,亦雜採諸家文。

于準序云:"先清端平生從不講學,而所行未嘗不合於道……平生無他著述,其大端見於《政書》。吴門蔡子息關夙侍先清端教,知先清端心,故屬之編次。編次已竟,麓中存有手録雜稿,大都皆先儒語,散亂無次。蔡子見之,恍然曰:往者尊清端公曾命炳曰,予薄有纂録,尚未成書,今政務冗忙,不暇及此。俟通志竣後,當延子入署,爲我排纘之。豈料通志甫竣,而山頽木壞矣,此願不果。得無所需排纘者即此稿耶?準泯然久之,思先人有志而弗之繼,予滋罪矣。逐逐簿書塵涴中,尤無暇及此。今歲自春及夏,于役於淮,于役於浙,舟車中稍有隙暇,聊爲檢點。蔡子亦出其平日所鈔見示,因得備録而成是編。"清端即于成龍。

《纂例》云:"所採録者,衹先儒之言。當代正多大儒,正多著述,但其人現存,未敢擅爲論定,槩不採録。"

此本有扉頁,刻"石州于氏纂正修齊治録"。"玄"字避帝諱。

《四庫全書總目》子部儒家類存目著録。《四庫全書存目叢書》子部第23册據清華大學圖書館藏本影印。《中國古籍善本書目》著録,有清華大學圖書館、河北保定市圖書館、山西省圖書館、福建同安縣文化館四家收藏。

鈐印有"韓玉鐸印"、"孔顔樂處"、"静觀自得"、"萬卷樓藏"、"寡欲"、"樂此不疲"。

1102 清康熙刻本静用堂偶編 T1344/3914

《静用堂偶編》十卷,清涂天相撰。清康熙刻本。四册。半頁九行二十字,左右雙邊,白口,單魚尾。行間刻圈點評語。框高20釐米,寬13.6釐米。題"孝昌迂叟涂天相著;受業魏亦晉、李四載編校"。前有康熙五十七年(1718)曾元邁序,康熙六十年(1721)張伯行序,康熙五十九年(1720)夏力恕序。末有康熙五十九年黄施鍔跋。

涂天相,字燮庵,號存齋,一號迂叟,湖北孝感人。康熙四十二年進士。改庶吉士,授編修,遷國子監司業、翰林院侍講。雍正二年擢内閣學士,遷刑部左侍郎。十一年遷刑部尚書,轉兵部尚書。後調工部尚書。乾隆初以病請開缺回籍,乾隆四年卒。秉性剛正,其論學師從同里熊賜履。嘗分纂《康熙字典》,典試陝西歸,御賜松花寶硯,其銘曰"以静爲用,是以永年",遂名其堂曰"静用"。又有《静用堂文集》等行世。傳見《(光緒)孝感縣志》卷一四及《國朝耆獻類徵初編》卷六八。

是書分上、下兩編,卷一至五爲上編,卷六至一〇爲下編。卷一《學言》一百二十則,卷二

《學言》八十則,卷三《政言》一百則,卷四《學辯》六十則,卷五《學辯》五十則,卷六《家訓》八十則,附《壁帖雜吟六言詩》三十首,《讀書作文法》十則,卷七《幼儀雜箴》二十首、《雜銘》八十首,卷八《雜誡》六十則,外附《雜錄》二十則,卷九《古今體詩》九十首,卷一〇《存齋詩話》七十則。

涂氏著有《謹庸齋札記》、《守待錄》、《存齋閒話》等書,弟子欲請刊行,而無力盡刻,遂於諸書中擇精要而成是書。曾元邁序云:"孝昌涂先生之於學,務在真知而允蹈之,非欲以言見者也。然講且肄者歷數十年,理味會心,隨錄所得,成書數種,爲《謹庸齋札記》,爲《守待錄》,爲《存齋閒話》,泊諸雜著,藏靜用堂中。雖先生未嘗輕出以示人,而海內知有是書者甚多,每私以請於門人子弟。其門人子弟苦於傳鈔之難徧,請付諸梓,而力不能盡刻。則取其論學者爲學言一、學言二、學辯一、學辯二,論政者爲政言一、政言二,其他鴻文鉅筆因事而發者具載文集,不以入編。惟訓誡箴銘皆下學之精要、政事之基本,所不敢遺,而古近體詩亦揀其吟詠理致者百餘首附焉,合爲上、下二編。"

據張伯行跋云:"孝昌涂先生生三楚之鄉,獲游熊文端公之門,沉潛於濂洛關閩之書者數十年,真知允蹈,篤實力行,以其所得筆而成書,爲靜用堂(偶)編十卷,其門人弟子梓以問世,而請序於余。"黃施鍔跋云:"今年春,先生秉鐸成均,講論之餘,間出以示諸生。諸生服教者輒請付梓以公同志,而艱於資斧,僅擇其最精且要者,刊成十卷,名曰《靜用堂偶編》。"則此本之刊刻,當在康熙五十九年、六十年前後。

《四庫全書總目》子部儒家類存目著錄。《四庫全書存目叢書》子部第27冊據南京圖書館藏本影印。《中國古籍善本書目》子部儒家類著錄清康熙道生堂刻本,上海辭書出版社圖書館、山西省圖書館兩家藏。《中國科學院圖書館藏中文古籍善本書目》集部別集類著錄《靜用堂偶編》十卷《續編》十卷,作清康熙五十九年刻雍正二年奚源增修本,知此本雍正間又增刻《續編》十卷,合爲二十卷本印行。另中國國家圖書館、北京大學圖書館、臺灣大學亦藏有二十卷本。

1103 清雍正刻本陸子學譜　　　　T1254/4424

《陸子學譜》二十卷,清李紱撰。清雍正十年(1732)無怒軒刻本。十册。半頁十二行二十三字,四周雙邊,白口,單魚尾。書口下刻"無怒軒"。框高19.4釐米,寬14.6釐米。題"後學臨川李紱編;南昌萬承蒼訂;平越王士俊校"。卷前原有雍正十年李紱序,此本佚去。

李紱,字巨來,號穆堂,江西臨川人。少貧,力學讀書,五行並下。康熙四十八年中進士。由翰林超五階爲庶子,主試滇中、浙中,再遷至閣學,攝吏部侍郎兼副都御史,巡撫廣西,又爲直隸總督。紱爲他人所劾,削職入獄,後奉旨赦,令纂修八旗志書。左遷詹事,母憂,服除補光祿卿,尋遷內閣學士兼禮部侍郎。乾隆六年,主試江南,忽得病還京,許以原官致仕。十五年卒,年七十六。《(同治)臨川縣志》卷三九有傳。

是書兼採《近思錄》與《伊洛淵源錄》二書體例,以發明陸九淵學說,序列陸氏學脈爲主旨。卷一《辨志》、《求放心》、《講明》、《踐履》;卷二《定宗仰》、《闢異學》;卷三《讀書》、《爲政》;卷四《友教》;卷五《家學》;卷六至一五《弟子》;卷一六至一七《門人》;卷一八至一九《私淑》;卷二〇《附錄》。其中《家學》列陸九思等十四人,《弟子》列楊簡等一百七十餘人,《門人》列包恢等七十餘人,《私淑》列吳澄、陳苑及其弟子門人若干,《附錄》包括《宋史》本傳、行狀、謚議、文集序、祠堂書院諸記、後學辯論。

《四庫全書存目叢書》影印此本李紱序云:"昔朱文公與呂成公作《近思錄》,記濂洛諸君子

子　部

之言者也。文公又獨爲《伊洛淵源錄》,記諸君子之行,因以及其所教之弟子,以證其所行者也。顧言與行分而爲二,視論、孟所記若有間矣……紱自早歲即知嚮往,牽於俗學,玩物而喪志三十餘年矣。再經罷廢,困而知反。盡棄宿昔所習,沉潛反復於先生之書,自立課程,從事於先生所謂切己自反、改過遷善者,五年於茲,於先生之教粗若有見焉。獨學無友,不敢自信。今歲萬子字兆奉召還朝,相見之次,叩其近業,心同理同,若同堂而共學也。既而同事書局,時相考證,益著益明。乃敢抄撮先生緒言,並其教思所及,共爲一書,名曰《陸子學譜》,蓋兼用《近思》、《淵源》二錄之體。先生之言與行略備,其淵源所及,亦十得五六,視黃氏宗羲所爲象山學案頗加廣焉。"

　　《四庫全書總目》子部儒家類存目著錄,云:"考陸氏學派之端委,蓋莫備於是書。惟其必欲牽朱入陸,以就其晚年全論之說。所列弟子如呂祖儉之類,亦不免有所假借。是則終爲鄉曲之私耳。"

　　李紱序署"雍正壬子仲冬穆堂學人李紱書於京邸之無怒軒",又李紱《穆堂初稿》卷三○有《無怒軒記》,無怒軒蓋李氏室名,則此當爲李氏自刻本。

　　《中國古籍善本書目》子部儒家類著錄,僅北京大學圖書館、中國科學院圖書館、湖北省圖書館三家館藏。《四庫全書存目叢書》子部第27冊、《續修四庫全書》第950冊即據中國科學院圖書館藏本影印。另《內閣文庫漢籍分類目錄》史部傳記類亦著錄此本。

1104　清刻本愚齋反經錄　　　　　　　　　　　　　　　T1339/0013

　　《愚齋反經錄》十六卷,清謝王寵撰。清刻本。八冊。半頁八行二十字,四周雙邊,白口,單魚尾。框高19釐米,寬11.5釐米。題"關西謝王寵愚齋輯;郇陽年姪陳佩儀、秀水後學錢受圯全校;男旌、豐、升、旂手受;姪實正字"。前有謝王寵自序。

　　謝王寵,字賓于,寧夏靈州人。幼孤貧好學,康熙四十一年中鄉試,康熙四十五年成進士。選翰林庶吉士,尋告假回籍。雍正元年擢補山西雁平道。後轉光祿寺少卿,陞翰林院侍讀學士,署國子監祭酒。進順天府尹、都察院左副都御史,調宗人府府丞。以疾告休,卒年七十三。《(光緒)靈州志》(《西北稀見方志文獻》第52冊)卷一四有其小傳。

　　是書卷一至四《論語尊注解意》,卷五《小學指要》、《大學指要》、《中庸指要》、《兩孟指要》,卷六《孝經述朱》,卷七《忠經擇要》,卷八《明倫錄》,卷九《理學入門》,卷一○《知性錄》,卷一一《尋孔顏樂處》,卷一二《易學指要》,卷一三《善利圖説補》,卷一四《學要》,卷一五《治要》,卷一六《荒政錄》。其中《論語尊注解意》、《孝經述朱》、《忠經擇要》、《明倫錄》、《理學入門》、《治要》、《荒政錄》前各有序。

　　謝王寵自序云:"予何爲而有是《反經錄》也?蓋因經學之失其真傳,而爲異學所亂也。孟子曰:君子反經而已矣。經正則庶民興,庶民興斯無邪慝矣。""予賦質愚魯,於六經精義未能研窮蘊奧,惟於四書小學及先儒性理、大學衍義諸書尋繹數十年,仿彿略見大意,錄成十六卷。""自知擇之不精,語之未詳,然明簡易曉,庶幾後之學者開卷瞭然,得其大指,窮經讀書路逕不差,則大經漸明,是非一定,雖有異説,不足以惑之矣。"

　　《四庫全書總目》子部儒家類存目著錄此書,指其"皆陳因之説,無所發明"。

　　《中國古籍善本書目》不收。《中國科學院圖書館藏中文古籍善本書目》著錄,《四庫全書存目叢書》子部第29冊據中科院圖書館藏本影印。

1105　清乾隆刻本西齋語録　　　　　　　　　　　T1344/0218

《西齋語録》四卷,清郭元鎬撰。清乾隆二十四年(1759)郭謙亨刻本。四册。半頁九行二十字,左右雙邊,白口,單魚尾。框高21釐米,寬14.1釐米。前有乾隆二十三年(1758)梁錫璵序,乾隆十三年(1748)郭元鎬自序。

郭元鎬,字翰武,人稱"西齋先生",山西介休人。雍正二年與梁錫璵同時舉於鄉,乾隆十五年赴京需次銓曹,以年老辭邑令而就廣文,爲文水縣教諭。與諸生講經史,翕然從之。歷二載,卒於官。

本書爲郭氏讀書講論札記。卷一《總論經書》、《小學》、《近思録》、《大學》、《論語》、《中庸》、《孟子》、《朱子太極圖説通書西銘三解》;卷二《禮記》、《詩經》、《書經》、《易經》、《春秋》;卷三《綱目》、《歷代總録》、《歷代補遺》、《歷代要覽》;卷四《立教之法》、《爲學之方》、《出處之義》、《爲政之要》、《闢除異端》、《景仰聖賢》。《歷代要覽》下又列君道不可不學、君心不可不正、太子不可不教、用人不可不慎、直言不可不聽、求賢不可不廣、學校不可不立、取士不可不真、農業不可不重、飢荒不可不賑、吏治不可不察、刑罰不可不嚴、邪説不可不除、兵勢不可不振等條目,類聚古人言行,非徒談心説性之言。

是書成於乾隆十三年,郭氏自序云:"愚天資昏拙,秉質柔弱,淺見薄識,安敢談論經書旨趣;庸夫俗子,豈能扶持世道人心。竊嘗自念平生上未得爲公卿大夫,下未習爲農工商賈,自幼至老,六十餘年,其所爲者止此讀書一事。本性恬淡,一切浮華靡麗染之未深;愛讀經史,一切閒書雜書未嘗寓目。温習日久,每有活潑之趣;時事相感,常存抑鬱之懷。静坐讀書之間,時而有所樂,欲與世人同樂之;時而有所憂,欲與世人同憂之。不自顧其鄙陋狂妄,作《西齋語録》四卷。"

此本係郭氏子謙亨付刻,並請梁錫璵爲序。其時已在成書十年之後,郭氏已卒。

有扉頁,刻"西齋語録。乾隆二十四年鎸。綿上郭翰武先生著。介邑嚆嚆堂藏板"。

《續修四庫全書總目提要(稿本)》著録,云其書"語語如布帛菽粟,耐人涵味。不尚矜異創解,而皆躬行自得、反約窮源之言。閹修篤實處,堪與昌樂閻循觀比肩,亦康、乾時程朱學派中不可多得者也。"

《中國古籍善本書目》不收。《北京大學圖書館藏古籍善本書目》、《清華大學圖書館藏善本書目》著録。

1106　明崇禎刻本武經開宗　　　　　　　　　　　T8910/4827

《武經開宗》十卷,明黄獻臣輯。明崇禎芙蓉館刻本。三册。半頁十行二十七字,四周單邊,白口,無魚尾。框高21.7釐米,寬12.1釐米。題"曾一雲老師諱櫻、徐玉林老師諱胤昇全定;莆田黄獻臣皇肱輯著;社友陸經翼羽功、余元熹躅徽、陸冲元建全參"。前有崇禎九年(1636)黄士俊疏。

黄獻臣,字皇肱。福建莆田人。

是編卷一《孫子》,卷二《吴子》,卷三《司馬法》,卷四《唐李問對卷》,卷五《尉繚子》,卷六《三略》,卷七《六韜》,卷八《戚南塘》,卷九《古今名將》,卷一〇《弓馬陳法》。每段原文後,皆有作者之批評及見解。其古今名將,自周至明末,計一百九十三人,止劉綎、鄭芝龍。除名將小傳外,主要爲戰例,頗實用。

明末,民生疲敝,武備頹弛,爲濟時艱,以襄治理,自明崇禎十年始,凡鄉會選士子,皆須講習武備,考武經論策,馬步射箭。據黄疏云:"有生儒精通騎射者,報名卷册,聽提學官公同守令、教官,另試之演武公所。果真有百步命中、技勇絶倫之士,不妨衡量其文藝,考居一等者,即與幫補,二、三、四、五等,依次遞拔,以示鼓勸。但提學官務期矢慎……至於鄉會得售之日,試録上注明精通武備字樣於名下,以備宏疆邊才之選。"明廷以爲"生儒既各競備,則鄉勇益思鼓厲(勵),委弱不振之積習,當有焕然一變者,國可使強矣"。按,黄士俊,順德人,萬曆三十五年殿試第一。歷官禮部尚書,崇禎間入閣,後相永明王,耄不能决事,乞歸卒。

卷九末有"芙蓉館主人"識語,云:"我孔子會夾谷,墮三都,誅少正卯,誠萬世師表。迨關壽亭、岳武穆,好讀左氏春秋,忠勇古今一轍。霍去病,雖方略自顧,未嘗不暗孫、吴。我國家徐、常、李、鄧,開天諸名世,從高皇帝,飛淮甸之龍,逐胡元之鹿,制勝奇籌,烺烺史册,大堪法程。然則習韜鈐者,而不參閲古今名將,譬如無舵之舟,大海茫茫,誰爲杓指?顧遍撿事蹟,後學之耳目既易紛,若偶挈一籌,名世之精神又不見。兹編博綜其概,約略其旨,間有傳所未載事與法合者,備歷七書,以資印證,上下數千年,方略成法,燦如列眉,真允文允武,萬邦爲憲者也。"

此本佚曾櫻序,據日本寬文刻本載有曾序。曾序云:"我祖宗養士幾三百年,稍遇盤錯,終未得如韓、范者起而寒亂賊之膽,何也?文臣不識武,與武臣不知文一也。文臣不識武,安能以八股張六軍勇氣?武臣不知文,又安能以一劍作萬里長城哉!邇者,奴酋反側,流寇披猖,聖天子厪拊髀之思,慨然以武科並重文闈,誠將相抒獻之會也。莆陽文獻甲天下,固不乏蹇蹇桓桓之彦,堪爲國家勒鐘鼎殊勳,標銅柱奇猷。余不佞,分守兹土,叨預觀風之役,獲披蕙蘭之秀而品題之,乃得黄生獻臣、陸生經翼列諸前矛,既受評文之任,復提講武之衡。入彀中者,亦皆彬彬豪儁,而陸生冲與焉。已而黄陸三生,以解釋武經請政於余,余閲之,覺從前牽合附會之陋,滌除净盡,一開卷而瞭然心目,誠登壇之上略,保國之良圖也……余故曰:出將入相,朝廷以此正其始;經文緯武,是編洵足開其宗。"

《四庫全書總目》未收。《中國古籍善本書目》著録。北京大學圖書館亦有入藏。日本内閣文庫藏兩部。

《中國兵書總目》著録此書,然作十四卷,版本項作"明崇禎九年(1636)日本刻本";下又録十卷本四種,爲明芙蓉館刻本(華東師範大學圖書館藏)、明崇禎刻本(北京大學圖書館藏)、明崇禎九年刻本(北京大學圖書館藏)、明崇禎五聚堂刻本(河南省圖書館藏)。十四卷本另有日本寬文元年(1661)中野市右衛門刻本(北京大學圖書館及日本静嘉堂文庫藏)。按,十四卷之"明崇禎九年日本刻本",實即日本寬文元年中野市右野門刻本。本館有此本,七册。卷一四末有牌記,刊"寬文元(辛丑)十月吉旦中野市右衛門刊行"。前又有曾櫻序。鈐印有"由井文庫"。十卷本之前三種,實爲一種,即此明崇禎刻本,蓋各館編目人員著録不同也。五聚堂本爲十行二十七字,四周單邊,白口,有刻工,與此本不同。又按,寬文刻本與明崇禎刻本之不同,在於寬文本將崇禎本之卷一《孫子》析爲卷一、卷二;卷七《六韜》析爲卷八、卷九;卷一〇《弓馬陳法》析爲卷一二、一三,另增入《七書全部圖説》爲卷一四。

1107　明天啓刻套印本兵垣四編　T8910/7462

《兵垣四編》四卷附四種四卷,明閔聲編。明天啓元年(1621)閔氏刻朱墨套印本。四册。

半頁八行十八字，四周單邊，白口，無魚尾，眉端上刻評。框高20.2釐米，寬14釐米。前有天啓元年陳繼儒序，泰昌元年(1620)顧天埈序。末有萬曆四十七年(1619)臧懋循跋，天啓元年閔聲跋，閔暎張跋。

閔聲，字襄子，烏程人。

是書輯《黃帝陰符經》一卷(明唐順之評釋)、《素書》一卷(宋張商英注)、《孫子》一卷(明王世貞評釋)、《吳子》一卷(明王士琪評釋)，附《九邊圖論》一卷(明許論撰)、《海防圖論》一卷(明胡宗憲撰)、《遼東軍餉論》一卷(明萬世德撰)、《日本考略》一卷(明殷都撰)。

閔聲跋云："小子不敏，不能請纓闕下，繫單於頸，而目覩孔亟，每爲中夜起舞，恨提刀躍馬勢所不能也。曾於先渭陽晉叔氏手受諸編，曰《陰符》、《素書》，次之兼輯孫、吳，彙爲四編。憶昔軒轅氏擒蚩尤，留侯輔赤帝，自非神人親授秘誡，洞悉兵機，吾未見其能也……因附邊海圖論於後，使留心國事者洞兵機，曉兵法，矚兵形，以稍抒目前緩急之用，亦草茅之士所深願也，謹以災木，俟之知者。"

閔暎張跋云："右《兵垣四要》通若干卷，《陰符》得之毘陵唐氏，《素書》藏之先塾，《孫》、《吳》二子得之瑯琊王氏，《九邊圖論》得之中州許氏，《海防圖論》及《日本考略》得之曒城殷氏。茲彙而梓之以傳者，則張從父襄子氏也。從父束髮讀書，既雅意經濟，酒酣耳熱，有齒及古俠烈丈夫事，輒欣然慕之。故其書窺二酉，而尤學富五兵，蓋其性然也。頃者，遼左未靖，羽書告急，從父卒不勝憤憤焉。自恨一書生，不能借尺組生繫單於頸，則悉探秘笈，不靳流傳，以神登壇請纓者考焉。"

此本金鑲玉裝。《黃帝陰符經》、《素書》並《孫子》之序、傳皆抄配。《九邊圖論》、《小引及》、《海防圖論》小引皆爲藍色印。

《四庫全書總目》未收。《中國古籍善本書目》著錄。上海圖書館、南京圖書館等二十三館，臺北"國家圖書館"(兩部，其一爲原藏北平館者)，及美國國會圖書館、日本内閣文庫、尊經閣文庫亦有入藏。又據《中國古籍善本書目》著錄，浙江圖書館、中國國家博物館有明天啓元年閔氏刻三色套印本。

1108　明萬曆刻套印本孫子參同　　　　T8911/1914

《孫子參同》五卷，明閔于忱輯。明萬曆四十八年(1620)閔于忱松筠館刻朱墨套印本。六冊。半頁八行十八字，四周單邊，白口，無魚尾，眉端刻評。框高20釐米，寬14釐米。前有王世貞序，李贄序，梅國禎序，松筠館主人序；《凡例》七則。

閔于忱，字冬叔，烏程人。

《孫子參同》原爲三卷，李贄所撰。閔于忱後復旁集諸書，廣採事實，以補李之未備。李所撰此書，詳見於梅國禎序。梅序云："余友禿翁先生，深於禪者也。於兵法獨取孫子，於注孫子者，獨取魏武帝，而以餘六經附於各篇之後，注所未盡，悉以其意明之，可謂集兵家之大成，得孫子之神解。余在雲中，始得讀之，雲中於兵，猶齊魯之於文學，其天性也，故爲廣其傳。使人知今古兵法盡於七經，而七經盡於孫子，若善讀之，則十三篇皆糟粕也，況其他乎？余家居，與禿翁未數見，見亦未與深譚，且不知有禪，亡論兵。及余在行間，無與語者，思可共事，無如禿翁……禿翁者，李贄，號卓吾子。"

松筠館主人序云："甲寅歲，余留鄴邸，冬官景愚郎公以所刊鳳洲批注十三篇見示，其注大都本於魏武,於孫子閫奧尚徑庭也。後復於舊笥中檢得了凡手筆,點畫甚詳,段絡條貫,呼應起伏,無不昭然顯揭。讀之數過,恍若起孫武而面質之者,與卓吾子所參脗合,因請以歸,集爲合璧,付歟厥氏,公之宇内云。"

《四庫全書總目》入子部兵家類存目。《中國古籍善本書目》著録。中國國家圖書館、上海圖書館等十九館,及美國國會圖書館、日本内閣文庫、尊經閣文庫亦有入藏。上海圖書館又有閔于忱松筠館刻本。

鈐印有"黄氏燕思"、"黄光父藏書印"、"光父"、"黄光父藏書"、"一樓藏書"、"南昌彭氏"、"知聖道齋藏書"、"遇讀者善"。

1109　清道光抄本李衛公望江南　　　　　　　　　　　　T8914/4402.4

《李衛公望江南》二卷。清道光八年(1828)抄本。二册。半頁八行二十字,無框格。前有乾隆四十六年(1781)王垂綱序,唐貞觀七年(633)李靖原序;五代梁貞明三年(917)劉剸跋。

是書以《望江南》詞的形式,述兵家占候凡三十門,計《委任》二十七首,《風角》三十二首,《占雲》二十四首,《占氣》三十二首,《占霧》十首,《占霞》十一首,《占虹霓》十一首,《占雨》十七首,《占雷》十一首,《占天》十一首,《占日》五十五首,《占月》二十三首,《占星》四十三首,《占北斗》十六首,《占地》二十一首,《占樹》五首,《占蜂》五首,《占鼠》十首,《占蛇》十二首,《占獸》三十四首,《占水族》七首,《占鳥》八十一首,《占怪》四十四首,《禳壓》十三首,《占夢》九首,《周易占候》三十七首,《太乙》三十一首,《占六壬》四十五首,《醫方》十六首,《馬藥方》四首。末附《五音姓氏》。

是書作者舊題唐李靖。《四庫全書總目》辨云:"案段安節《樂府雜録》,《望江南》詞本李德裕爲亡妓謝秋娘作,則其調起於中唐。世傳《海山記》隋煬帝作《望江南》八闋,實出僞託。靖在唐初,安得預製是詞。推厥所由,蓋以《望江南》調始德裕,德裕實封衛國公,言兵者多稱靖,靖亦封衛國公。此書以《望江南》談兵,遂合兩衛公而一之耳。"

王垂綱序稱:"余獲衛公《望江南》曲於清涼寺之西堂石穴中,竟不知爲何人珍藏。余拜啓簡端,玩味經年,始知其書乃行兵之要訣,其間能深明造詣、洞徹先機者共七百餘首,爲將者不可不知也……余得是編,不敢有私懷抱,而欲公諸海内,刊示來今,奈貧不能舉,故手録一部以爲稿本,高明者其諒諸。"

此本卷末有"道光八年六月十一日甘州"、"太子太保内大臣世襲雲騎尉鎮守西安等處地方將軍進勇巴圖魯哈敬録";卷上末有"印房貼寫閒散廣喜、委前鋒年長阿、生員馬甲德玉、前鋒西林太等敬録";目録題下有"哈潤亭謹"字樣。此當爲道光八年哈潤亭命屬下諸人抄録者。

《四庫全書總目》子部兵家類存目著録《兵要望江南歌》一卷即此,但其本共三十二門,末附《李淳風占風法》、《諸葛亮氣候歌》,與此本有異。

《中國古籍善本書目》子部兵家類著録有《李衛公望江南》一卷,明萬曆十年保定府刻本,中國國家圖書館藏,《四庫全書存目叢書》據此本影印;又有《李衛公望江南集》一卷,明抄本,四川省圖書館藏。

1110　明萬曆刻本唐荆川先生纂輯武編　　　　　　　　　　T8917/0623

《唐荆川先生纂輯武編》十二卷,明唐順之撰。明萬曆四十六年(1618)徐象橒曼山館刻本。

十二册。半頁十行二十字，左右雙邊，白口，單魚尾，書口下有"曼山館"。框高21.3釐米，寬13.7釐米。題"瑯玡焦竑校"。前有姚文蔚序，吳用先序，郭一鶚序；郎文映題詞。

唐順之，字應德。武進人。嘉靖八年進士。倭寇蹣江南北，以郎中視師浙江，躬泛海，屢破敵，擢右僉都御史。巡撫鳳陽，力疾渡焦山，至通州卒。順之於學無所不窺，爲古文汪洋紆折，當明之中葉，屹然爲一大宗。至晚年講學，文格又稍變，學者稱"荊川先生"。崇禎中追謚襄文。

郭一鶚序云：荊川先生"學本六經，胸富萬有，退藏者密，運量者神，平生所輯左、右等編，不下十種，業已盛行於海內，獨《武編》未睹記耳。其繕本藏於秣陵焦先生家，先生心契而嗜之，不啻荊川先生之契之也。時有索藏本授梓，焦先生曰：'兵，陰道也，乃陽言之乎？危道也，乃安譚之乎？非其時耳，姑什襲敬藏。'迄於戊午夏，東夷奴酋匪茹，一旦與中國衡至，破軍殺將，所不忍言，士大夫方緩文而急武。徐子請梓，焦先生始授之曰：'此一時也，足傳矣。'余莊誦之，前編、後編凡若干目，而總名之曰《武編》……是編也，極古今之陣勢，殫水陸之情形，盡背合之巧態，窮伏起之變法，而證之古，酌之今，準之成，究之敗。靡所弗有，而有者非鑿空之譚；靡所弗奇，而奇者非嘗試之舉。弁而壯者，樞而中筦者，得是編熟之，化之天下，無勁敵矣。"

此本卷一目錄後刊"仁和沈士鳳、茂苑許自昌仝校，武林徐象樗梓"。象樗，字孟雅，錢塘人，又刻有《國史經籍志》六卷、《古詩選》三十一卷《均藻》四卷《詩細》一卷《七言詩細》一卷《國朝獻徵錄》一百二十卷、《春秋愍度》十五卷、《東坡先生尺牘》十一卷、《五言律祖》十卷、《玉堂叢話》八卷等。徐氏亦書林中人，姚文蔚序有云："象樗爲吾亡友徐三雅子。其言曰：'士之子常爲士，不肖以貧故營什一，鬻書爲業，庶幾往來皆士人耳。'焦先生憐而欲振之，每出秘藏以資匱乏，殺青斯竟，載之兼兩，白拈烏攫，無可奈何。而焦先生施不倦也，復惠此編使流通，以繼荊川先生之志。"

《四庫全書總目》入子部兵家類。《中國古籍善本書目》著錄。上海圖書館、山西省圖書館等十五館，臺北"國家圖書館"，及美國國會圖書館亦有入藏。按，此書又有重修本，南京圖書館、浙江圖書館等十四館入藏。日本內閣文庫、靜嘉堂文庫、尊經閣文庫有明刻本。

鈐印有"東海郡圖書記"。

1111 清抄本金湯借箸十二籌　　T8917/4421

《金湯借箸十二籌》十二卷，明李盤、周鑑、韓霖撰。清抄本。八册。半頁八行十九字，無框格。題"淮南李盤小有原名長科、京口周鑑臺公、古絳韓霖雨公"。前有孔貞運序，吳道昌序，陳際泰序，李嗣京序，李清序，李喬序，李盤序。

李盤，原名長科，字小有，一字根大，江蘇句容人。事見《明代金陵人物志》。

是書共十二籌，各爲一卷，依次爲《籌修備》、《籌訓練》、《籌積貯》、《籌制器》、《籌清野》、《籌方略》、《籌申令》、《籌設防》、《籌拒禦》、《籌阨險》、《籌水戰》、《籌制勝》，每籌下又有細目。

李盤序云："是書緣韓子雨公有《守圉全書》，予爲刪其繁，增其缺，周子臺公重加參訂，如聚米設帶，令人了然心目間。"李喬序云："吾兄客歲阻虜廣武，目擊畿南山左六十三城望風瓦解，生靈百萬盡化青燐，慘動天地，不覺涕泗橫襟，嘆今之爲守令者，使能先事暇辦，未雨爲綢繆之計，當機悉戰守之宜，則金湯屹然，寧遂決裂至此？因出是書梓之，爲後來守令作南車，保一邑即救一邑之生靈，保一郡即救一郡之生靈。"

《四庫全書總目》子部兵家類存目著錄是書殘本八卷，其本僅存八籌，闕《籌申令》、《籌設防》、《籌拒禦》、《籌阸險》四籌。舘臣云:"所言皆團練鄉勇、扞禦土寇之計,雜引古事以證之,多不切合,亦頗支蔓。"

《中國古籍善本書目》著録明崇禎刻本,中國國家圖書館藏。《四庫全書存目叢書》及《四庫禁燬書叢刊》分別有影印本,前者所據爲清華大學圖書館藏吴壽格抄本,後者所據即明崇禎刻本。

此本鈐印有"葉德輝焕彬甫藏閲書"。

1112　明萬曆刻本登壇必究　　　　　　　　　　T8917/1164

《登壇必究》四十卷,明王鳴鶴撰。明萬曆刻本。四十二册。半頁十行二十字,四周雙邊,白口,單魚尾,書口下刻字數。框高 21 釐米,寬 13.5 釐米。卷一題作"淮陰王鳴鶴編輯;姑蘇袁世忠校正;門生廣陵奚汝嘉、貴陽鍾伏武仝校"。前有萬曆二十七年(1599)張朝瑞序,馬從聘序,曹于汴序,萬曆二十六年王鳴鶴序;《凡例》六則佚。

王鳴鶴,字羽卿。江蘇淮安人。萬曆十四年武進士。授淮安衛指揮同知,升湖廣鄖襄守備,平定鄖縣軍變有功,升湖廣行都司僉事。兵部選將才,得中,升陝西游擊,官至五軍營左副將、廣西總兵、驃騎將軍、南京右府都督僉事。

是書凡四十卷,卷一《天文》,卷二《玉曆》,卷三《太乙》,卷四《奇門》,卷五《六壬》,卷六至九《地理》,卷一○《兩直各省事宜》,卷一一《兵柄》、《將權》、《將帥》,卷一二《選將》、《任將》、《賞功》、《賞罰》,卷一三《簡閲》、《選兵》、《教兵》、《訓練》,卷一四《威武》、《懷遠》、《京輔》、《郡國》,卷一五《征討》、《軍行》、《下營法》,卷一六《軍制》、《經武》、《軍情》,卷一七《屯戍》、《屯田》、《城守》、《守邊》,卷一八《馬政》、《相馬》、《車戰》、《用騎》、《奇伏》,卷一九《師律》、《師戒》、《號令》,卷二○《敘戰》、《百戰》、《戰地》、《戰陣》,卷二一《攘夷》、《外夷》,卷二二《四夷》、《夷情》、《譯言》、《譯語》,卷二三《北狄》、《胡名》,卷二四《東南海夷》、《朝鮮》、《東倭》,卷二五《江防》、《水戰》,卷二六《遏盗》,卷二七《攻城》,卷二八《守城》,卷二九《器械》、《器圖》、《營器》、《火器》,卷三○《劍經》附《長槍》,卷三一《漕河》附《漕運海運》,卷三二《烽燧》、《間諜》、《謀主》、《祭禱》、《醫藥》,卷三三至三六《陣圖》,卷三七至四○《奏疏》。

全書探源求全,自天文地理、内夏外夷、江河海防,以及選將行軍,攻城象敵,樵蘇芨舍之類,無不具載。蓋本之六經,以討其源;博之左、國、子、史,以談其變;考之《武經七書》,以求其法;參之歷代將傳,以驗其用;稽之近世明臣封事,以采其識;旁及百家衆技、稗官小説,以盡其能。

王鳴鶴自序云:"今世輕武弁,而久之武弁亦自輕,寖淫成俗,幾於不振。挽強蹶張者,不事考索;頑訴紈袴者,湛溺自安。嘗觀世胄子弟,傴僂一官,目不識一丁,舉筆如扛鼎,語以忠君愛國之道,審機達變之權,則瞢乎無知。嗟哉乎!若而人也,而邊使之當一面,其不至敗,乃公事幾希矣。兵書行世,如《武經七書》及《百將傳》,奚翅菁蘁,顧家誦户習,目爲常談。其或散見經史諸家切於兵事者,汗漫廣衍,博綜匪易。余不佞,少遊膠庠,志在觚管,尋以世資受襲,倖叨制科,捐身忘私,圖報國恩有日矣。每檢閲載籍,凡有裨將略者,手録盈笥,彙成簡編,得四十卷,題曰《登壇必究》,大都爲吾武人津筏乎哉!"

《禁書總目》、《違礙書目》、《清代禁書知見録》著録。《清代禁燬書目·補遺一》云:"查《登壇必究》,係明王鳴鶴撰,皆論次兵家事宜,多係雜湊成書,並無發明。書中有觸礙字句,其二十一至二十四共四卷,原板挖去,均係違礙之處,應請銷燬。"

《中國古籍善本書目》著錄。安徽省圖書館、寧夏回族自治區等十館,及日本内閣文庫、尊經閣文庫亦有入藏。另外美國普林斯頓大學葛思德東方圖書館藏明萬曆二十七年姑蘇袁氏刻本,疑同此本。又日本京都大學人文科學研究所、東京大學東洋文化研究所有萬曆二十七年序刻本。

館藏有複本一部,四十册,多出《凡例》六則,較前本後印。有扉頁,刊"登壇必究。淮陰王鳴鶴先生評。本衙藏板"。扉頁上鈐"葉氏天葆堂印"。鈐印有"海軍圖書之記"、"海軍圖書之印"、"海軍文庫和漢××××號"、"乙"、"教漢雜第×番"、"消印"、"納户藏東"、"調濟"。

1113　明末刻本兵鏡　　　　　　　　　　　　　　T8917/2392

《兵鏡》二十卷《綱目》一卷,明吳惟順、吳鳴球撰。明末刻本。十二册。半頁十行二十字,四周單邊,白口,單魚尾。框高21.6釐米,寬14.1釐米。題"新都吳惟順長卿父、吳鳴球玉宣父編輯;姑蘇張國經元建父較正"。前有張蕭序,楊漣序,汪瑞跋,江起龍撰《凡例》十則。

是書卷一《軍制》,卷二《選將》,卷三《任將》,卷四《將職》,卷五《選兵》,卷六《講武》,卷七至八《行軍》,卷九至一〇《計戰》,卷一一《營陣》,卷一二至一五《攻守》,卷一六《軍需》,卷一七至一八《天文》,卷一九至二〇《地理》。

鏡,鑒察也。據《凡例》云:是書抽陰符之秘,洩玉版之精,不繁不簡,準古酌今而集其成,倣孫子而輯爲十三篇。條略之外,復有圖説者,蓋義未易曉,則摹之以圖;圖未易曉,則闡之以説。是書大都襲成書爲根柢,運已意爲斧斤。亦間有發前人所未發,道時人所不敢道者。

楊漣序云:"庚申歲,吳長卿緣其叔江村,訪余於京都。余覩其人美如玉,英英有奇氣,嗣是日與把臂,時擎樽吊古,時檢韻描情,時對局敲燈,時爐香孃座,而覺長卿嗜尤熟,無他介也。顧語及奴醜,便拍案大叫,毅然有請纓繫頸之思焉。噫!何壯也。既余值光廟大漸,倉遽求幼主,侍左右,弗可得,雖旋奉乘乾,而一垂一紹之交亦岌岌矣。余方拭目新政,思得進終軍以致單于,詎意以病歸園,閒閒泄泄,一瞬更秋,志且休矣。而長卿忽柬余曰:'獫狁匪茹,整居焦穫,余小子無能餒戎以匡王國,唯是鼠首牖下,藉同志玉宣子,搜古今武備,彙而成編。凡一十有三,蓋以寸管代戈矛,以尺帙代露布,以擷採代帷中之借箸,以校讎代塞上之摧鋒。而願持戈矛,捧露布,摧鋒借箸者,一展之而收虜於目中,再展之而擒敵於掌上,展之又展,而勒績於旂常,如是焉而已。'"

《禁書總目》、《違礙書目》、《清代禁書知見錄》著錄。《清代禁燬書目·補遺一》云:"查《兵鏡》係明吳惟順、吳若禮撰。其書大抵剿襲兵家陳言,並無發明,末卷内語多狂悖,應請銷燬。"

《中國古籍善本書目》著錄明末問奇齋刻本。南京圖書館、北京大學圖書館等六館入藏。臺北"國家圖書館"有清同治三年古歙鮑倫浚手抄本。日本内閣文庫(兩部)、尊經閣文庫所藏明刻或同此本。

1114　明天啓刻本喻子十三種秘書兵衡　　　　　　T8917/6202

《喻子十三種秘書兵衡》十三卷,明喻龍德撰。明天啓鄭大經刻本。十二册。半頁十行二十字,四周單邊,白口,無魚尾。框高21釐米,寬14.1釐米。題"姑蘇金之丹九還彙成;雲林龔居中應圓傳輯;南州徐惟惕樂行參論;廬陵蕭士玠鼎然訂録;鍾山鄭大經道常梓行"。前有喻龍德自序;天啓三年(1623)龔居中跋,傅世芳撰《授受印證師友源流》;龔居中撰《凡例》十三則;蕭士玑撰《綱目》。

喻龍德,字明時,號實實子,又號達用生。豫章人。爲學重實體達用。二十後,專心理學,發明程朱,錯綜群書,尤嗜易,爲詩文定闢世教,不涉風花雪月之詞。

是書十三種,爲《武論齧偏肩》、《武策窔穻》、《軍政金壇律令》、《陣法神爲》、《奇技泣天狼》、《霹靂星》、《延稍》、《閉户周疆》、《奇門鬼吼》、《禽遁蜃樓山象》、《大六壬專兵燭怪犀》、《太乙相天根》、《天書龍女珠》。

龔居中跋云:"此《兵衡》十三卷,實爲十三種秘書,則居中所受以示通國,有目共寶,乃付主人鄭氏梓之,以爲天下公。"

《禁書總目》著録。《清代禁燬書目・補遺二》:"記載違謬,語多觸犯。"

此本金鑲玉裝。有扉頁,刊"秘書兵衡。喻子十三種。鄭思鳴梓行"。按,鄭思鳴字元美,歙縣人,有肆奎璧齋,刻有《歌林初集》、《養正圖解》、《新鐫樂府名時曲萬家錦》、《鼎鐫諸方家彙編皇明名公文雋》等。鄭大經,字道常,有肆四德堂,刻有《新鍥袁中郎校訂音訓古事鏡》、《古今道脈》、《新鍥官版批評注釋虞精集》、《新刻四六旁訓古事苑》等。此實爲鄭大經刻本,疑板片後歸思鳴,扉頁當後刻者。

《中國古籍善本書目》著録中國科學院圖書館所藏殘本,存卷一至七、卷九至一三。臺北"國家圖書館"(原藏北平館者),及美國國會圖書館、日本内閣文庫、尊經閣文庫亦有入藏。

1115　明崇禎刻本戰守全書　　T8917/4160

《戰守全書》十八卷,明范景文撰。明崇禎刻本。存六册。半頁九行十八字,四周單邊,白口,單魚尾。框高17.9釐米,寬12.9釐米。題"吴橋范景文質公輯"。前有崇禎十一年(1638)范景文自序。

范景文,字夢章,號質公。河北吴橋人。幼穎異,有大志。萬曆四十一年進士,授東昌府推官,悉心平反,介節特著。取吏部主事,歷郎中。後遷兵部侍郎,督治通鎮,護漕運,所至有異績。又任南京都憲,遷大司馬,加意整頓,寇不敢窺江上。授刑部尚書,改工部尚書,晉東閣大學士。甲申二月投井死,贈太傅,謚文貞。《(光緒)吴橋縣志》卷七《人物志上・忠義》有傳。

是書卷一至八爲《戰部》,卷九至一八爲《守部》。

范景文自序云:"余自承乏南樞,憤天驕之匪茹,傷流氛之未靖,日進將士而整率之,特輯是書,人授一册。軍中大端,無過戰守,能戰可以制人,能守不爲人所制,合度應機,自可立於不敗之地。古之人非能爲勝也,能不敗而已。中間所載器械,壁壘之,粗精之,而紀律機權即在其中,使夫横槊執殳者,人人曉暢,事事博習,猝遇不虞,按圖决策,運用孫吴,取之帳中,有餘裕矣。"

《禁書總目》著録。《清代禁燬書目・補遺一》云:"查《戰守全書》係明范景文撰,所論用兵事宜,大都紙上空談。其守部中有狂悖字句,應請銷燬。"

此本存卷一、卷五、卷一三、卷一五至一六。

《中國古籍善本書目》著録。中國國家圖書館有全帙。

1116　明末刻巾箱本鐫古今兵家籌略　　T8917/8902

《鐫古今兵家籌略》二卷,明余應虬輯。明末刻巾箱本。十一册。半頁六行十五字,四周單邊，白口，無魚尾。框高10釐米，寬6.5釐米。題"會稽等軒商老師鑒定；建陽猶龍余應虬纂輯"。前有鄭芝龍序，余懋衡序，余應虬序；余應虬撰《平虜侯紀略》；余應虬自序；《凡例》六則。

鄭芝龍序云："有自潭陽來者爲余言，余猶龍太學，任心好古，然專儒家業。弗是也。顧迺博極群書，其涉於文者，既烺烺有傳書，則凡涉於武者，慮無不精覈參考。或脱悟於載籍之奥而採其英，或萃輯於超傑之議而立其式，又或經略天下形勝於思視指顧間，爲之晰其要害而據其上游。於是荒落者裁之，淵懿者綜之，若天有以啓而護之，俾得彰宣前哲，而友教來許奮興智勇之儔者，稽厥額命曰《武庫》……猶龍余君，殆精騖八極，心遊萬仞，用兵家開此胸襟智調，便知維摩丈室間，容八萬四千獅子座也，謂之武庫，豈在斯乎？"

余應虬自序云："余草茅書生，何敢忘談兵。夫兵者，天地不洩其機，陰陽莫測其妙，鬼神難知其用。兵猶藥也，用兵猶用藥也，良醫治病，須先洞其伏病何處，發病何因，以何方治標，以何方治本，迺能投藥輒效。如不究源柝委，漫試古方，豈能有濟？惟按病用藥，合於古而可施於今，宜於今而不必出於古，此不拘泥古方，神而明之，存乎其人。兹編也，余以太乙六壬、奇門兵法諸書，參以時務論策、諸家奏議，酌古準今，成蹟具在，以之醫身、醫國、醫天下，則古今一部大醫案也；以之籌略、籌國、籌天下，則古今一部大籌略也。況今皇路弗清，大仇未復，痛切君父，凡有可以恢疆復土者，雖肝腦塗地，無不削管爲戈，破墨爲戟，剪楮爲甲，砥硯爲砲，聞鷄起舞，必滅此而後朝食，報國雪耻，深歷刀兵水火之中。"

此本有扉頁，刊"武庫。南安伯鄭鑒定。起舞堂藏板"，上印"中興第一書"。又有扉頁，刊"古今籌畧。時務論策疏議。鄭南安鑒定。起舞堂藏板"。

此本疑爲不全之本。查日本内閣文庫有《鐫古今中興籌略》四卷，明余應虬編，明刻本。

《四庫全書總目》未收。《中國古籍善本書目》未著録。

鈐印有"島原秘藏"。

1117　明隆武潭陽王介爵觀社刻本經國雄略　　T8917/8244

《經國雄略》四十八卷，明鄭大郁撰。明隆武潭陽王介爵觀社刻本。三十册。半頁八行二十字，四周單邊，白口，無魚尾，書口下刊"觀社"。框高20.3釐米，寬13.2釐米。題"南安伯鄭芝龍飛虹、清漳鄭崑貞十師、武榮鄭鴻逵羽公全鑒定；石江鄭芝豹玄公較閱；温陵鄭大郁孟周編訂；晉江蔡鼎無能參閲；潭陽王介爵錫九較梓"。前有鄭芝龍序，明隆武元年(1645)張運泰序，明隆武元年鄭大郁自序；《紀例》十四則。

是書分《天經考》三卷，《畿甸考》五卷，《省藩考》四卷，《河防考》四卷，《海防考》三卷，《江防考》三卷，《賦徭考》二卷，《賦税考》二卷，《屯政考》二卷，《邊塞考》六卷，《四夷考》二卷，《奇門考》三卷，《武備考》九卷。

鄭大郁自序云："昔人有云，宋初南渡時，士大夫相見，咸痛哭流涕，誓不與虜俱生。然後江淛粗安，而韓岳著績，今當事者詎無披忠仗義之人，委身鋒鏑，爲朝廷掃除腥穢，以佐我聖主中興，必光復帝室而後已耶！郁總角時，每恨蠅肝虱脛，不獲奮溟海而慕垂天空，恃筆戰偃蹇不前。夙夜以思，捫心負愧，猶能廣搜異紀，得熟按天下興圖，雖河山繡錯，而形勝洞目徹心也。爰詳探要領，隨所在風氣利病，有關於國家安危者繫括之，各爲繪圖，分别論著。他如天經地紀、富國彊兵、撫字安攘之略，治道、兵政、華夷、邊關、水利之務，以及古秘器用物數之微，莫不考核，經集百家，擷其幽奥，有若借箸畫米者，然彙成編次，額曰《經國雄略》。天下士必藉此以上報君父,下謝蒼生,則是編爲中興治平之宏軌,其勿慮與兔絲燕麥同類而共敝之矣。"

鄭芝龍序云:"孟周是編,搜羅今古,援證天人與夫山川形便,安攘富彊,極之帆海絶徼,靡不詳載考圖,俾留心經國者讀此,備知窮變度險,孚號忠志,協佐中興,殆虚語哉!"

《四庫全書總目》未收。《中國古籍善本書目》著録,中國國家圖書館、上海圖書館等六館入藏,均爲殘本。美國國會圖書館、日本内閣文庫亦有入藏。

1118　清順治刻本武經七書題炬　　　　　　　　　　T8910/1245.4

《武經七書題炬》十一卷,清尤大臣撰。清順治年間存存堂刻本。八册。半頁十行二十六字,四周雙邊,白口,無魚尾。書口下刻"存存堂"。框高21.3釐米,寬11.7釐米。題"吴興尤大臣尺威甫纂輯;同學朱董祥熊占、金上震東宰參閲"。前有順治十八年(1661)尤大臣序。

尤大臣,字尺威,浙江吴興人。本書卷十一《時務要覽》諸篇或題"俞大臣",小注云"本姓尤",知其本姓"尤",後改姓"俞"。

此書卷一《孫子》十三篇,卷二《吴子》六篇,卷三《司馬法》五篇,卷四至五《李衛公問對》上、中、下,卷五《尉繚子》二十四篇,卷六《黄石公三略》,卷七《六韜》,卷八《經内策題》,卷九《馬射法》、《步射法》,卷一〇《百將集要便覽》,卷一一《時務要覽》。其中前七卷爲武經七書之説解,卷八至一〇爲策問題目、馬射步射之法、百將集要,皆署"吴興尤大臣尺威甫纂輯"。卷一一《時務要覽》則收尤大臣所作策論通要十七篇,包括《兵制考寔》、《任將要略》、《陳法考寔》、《屯田備考》、《兵餉要略》、《練兵要略》、《弭盗剿撫》、《火器考寔》、《鄉兵考寔》、《江防要略》、《井田兵法》、《漕運要略》、《治河要略》、《漕輓考寔》、《漕數考寔》、《牧荒要略》、《馬政考寔》,每篇下署"俞大臣"或"尤大臣",版心下刻"存存堂著"。

尤大臣序云:"今天子赫然振刷,文武並重,《七書》與《四書》並列膠庠。惜《七書》未經考亭纂定,人異説,家異學,紛紛無所準的。余竊有志,欲悉照《四書》家數,參訂《七書》集注、大全、直解、説約、題炬諸書,以質正當世,而力有未逮。奈坊客日以《七書》講説,請余先出《題炬》一册付之,固不敢竊比於宋先生,妄冀都人士有典型之奉,無非仰體朝廷經緯並重之制。士之奮志皇途者,不可自外於揣摹。故爾不避愚陋,以爲多士倡。近西陵汪子殿武已有《七書直解》之刻矣,余願通人達士,悉力於《七書》之中,共舉集注、大全、説約諸書。世有能者,余將屏跡静聽。倘功名之彦不甘好事,余則次第舉行。姑先以此集爲始。"

此本有扉頁,刻"七書題炬。武經直解。彙纂策論標題、射法將略。吴門尤尺威先生纂輯。金閶王君介梓"。鈐"世美堂藏板"、"斐齋"印。

《中國兵書總目》著録此書,僅日本尊經閣藏清順治年間刻本一部。

鈐印有"知止堂"、"田丸城文庫之印章"。

1119　清康熙刻本新鎸武經入學第一明解　　　　　　T8910/1245.21

《新鎸武經入學第一明解》七卷,清陳裕撰。《武經七書集注》七卷,清陳裕輯。清康熙刻本。三册。上下兩欄,上欄半頁二十行二十字,下欄半頁九行十七字,四周單邊,白口,無魚尾。書口下刻"五車樓藏板"。框高21.3釐米,寬11.5釐米。上欄《新鎸武經入學第一明解》題"江寧陳裕葢生纂訂;上元孫龍奭介庵、江都蔡金章珮珂、江寧李言德育仝參"。下欄《武經七書集注》題"江寧陳藎生輯"。前有康熙九年(1670)陳裕序。

陳裕,字藎生,江蘇江寧人。

此書下欄爲《武經七書集注》,包括《孫子》、《吳子》、《司馬法》、《李衛公》、《尉繚子》、《三略》、《六韜》,各爲一卷。上欄《新鐫武經入學第一明解》則對七部兵書正文逐節進行説解。卷前有《馬射法》、《射法圖》、《陣法議》、《屯田議》、《河漕議》、《海相議》、《彌盜議》、《任將議》、《舟車議》、《水道議》等。

陳氏自序云:"余鑑乎其失,爲之字櫛句比,從乎詳而不從乎略,務使句句分明,字字了當,絶無遺憾而後已。其所採入者俱屬名家確解,未嘗妄出意見,則折衷具有苦心,不敢自欺以欺人也。至於舛謬處,亟須刪改,然亦惟於諸説中陟甲之可黜、乙之否而已矣。是故遠稽之於古,近證之於今,芟繁而綴闕,譬範雜金,而如出一手。蓋稽於古者如魏武帝之新書、杜牧之確論、張預之注疏、李筌之解殳、陳暤之偉言、賈林之兵談、孟氏之特辯、杜佑之合參、梅堯臣之雄鋒,以逮王晢、何氏、張賁、鄭友賢、紀燮、蕭吉、沈友、孫鎬、吳璋諸子,莫不各擅厥長;陳希聲、賈詡、成氏、呂惠卿、張載、王震、曾皎、郭逢原、劉寅諸公,莫不獨樹一幟。曾櫻、徐胤昇、黄獻臣、陸經翼、張泰嶽、謝弘儀、趙光裕、李卓吾、陳大士、周介生、李維垣、徐象卿、汪升之諸先輩,莫不有所著之書。余彙集而總攬於其間,决不致有挂漏之弊。"

此本有扉頁,刻"武經入學第一明解。陳藎生先生手著。兩闈必讀書。吳門黄子敬梓行"。鈐"五車樓藏板"等印。

《中國兵書總目》著録陳裕著作三種,一爲《近花樓纂釋分類合法百將全傳》二卷,清初俞大緍刻本;一爲《五經七書開宗合纂全題匯解》七卷,清康熙四年刻本;一爲《五經七書集注合參》七卷,清康熙刻本。此書則僅見《内閣文庫漢籍分類目録》著録。

1120　清康熙刻本武經講義全彙合參
T8910/1245.1

《武經講義全彙合參》十卷,清朱塸撰。清康熙刻本。八册。半頁十三行三十三字,四周單邊,白口,單魚尾。書口下刻"大盛"。框高20.8釐米,寬12.9釐米。題"青溪朱塸鹿岡輯著;金谿王安邦卓贊參訂;門人王喆既明、侄元英師晦、男元曾紹先、元庠繼芳全較"。前有康熙三十八年(1699)朱塸序。

朱塸,一名城,又名堪,字若張,號鹿岡,一號與游,又號僅可,别號鹿田農,江蘇上元人。事見《皇清書史》卷四。

是書卷一包括《引用書目》、《注釋前賢》、《論法指南》、《經籍考》、《數目全題》、《列國世代考》、《兵制考》、《四裔考》、《閱史釋義》、《同字異義》;卷二以下分別爲《孫子》、《吳子》、《司馬法》、《李衛公》、《尉繚子》、《黄石公》、《太公六韜七書説解》。卷一〇包括《標題全旨》、《射經》、《射義》。其《引用書目》列古今著述八十餘種,《注釋前賢》八十餘人。

朱塸自序云:"七書自魏武注釋以後,皆稱三家孫子,而陳暤、杜牧、張預之外,不啻數十人,歐陽修獨許梅聖俞爲可宗。由此觀之,注疏之書,合古今天下而樹之的,殆非可以粗疏偏執爲也。一偏之見,不僅不足以釋經,且更易以滋惑,使後人不知指歸,其獲罪於先賢,寧可逭哉。余故並較於七子而兼收群説以爲彙解也。"

《中國兵書總目》著録,爲康熙三十八年雲林大盛堂序刻本,中國國家圖書館藏。此外又有四卷本,爲康熙五十一年大盛堂刻本,上海圖書館藏。

1121　清抄本戰略輯要

T8918/4324

《戰略輯要》一百四十二卷,清裘行恕撰。清抄本。十册。半頁八行二十一字,四周雙邊,白口,單魚尾。框高 16.9 釐米,寬 11.1 釐米。題"裘行恕愼甫氏編"。前有嘉慶二十四年(1819)徐必觀序,嘉慶二十四年裘行恕序。

裘行恕,字愼甫,江西新吴人。

此書摘歷代史書中之戰事,彙而編之,每事爲一卷。起自《趙韓魏滅智氏》、《齊孫臏破魏兵》,終至《平四川播州》、《平川黔賊》、《明末流寇》,末二卷爲《史論》、《世統》。所取諸書以《資治通鑑》、諸史紀事本末爲主,兼取各史紀傳,每事後以"愼甫曰"加以評論,行間亦間有評語。全書以鐫印紅格紙精抄。

徐必觀序云:"吾鄉裘愼甫抱經濟才,熟於史事,每當稠人廣座,娓娓而談,上下數千年間,若燭照數計,毫無舛誤。而舊時楚北軍興,又常從事戎行,深以武備爲事。乃於暇時輯《歷代戰略》一書,以一事爲一卷,計一百四十卷,每卷後著論一則。凡其中之料敵決勝悉指出之,俾閱者了然於心目。而上下千古,偶有事蹟相同、攻戰相似者,復取而品評較量之,自非胸羅全史,烏能論世知人如此其審哉?"

裘行恕序云:"恕自乾隆乙卯迄嘉慶壬戌,久從事於苗疆及邪匪之役,深信夫兵兇戰危之訓,因於讀史時凡涉兵間勝負之事、有成效可指者,即摘録之。自周秦以迄五代,則以温公《通鑑》爲宗。宋以後則以商輅《續通鑑綱目》及張溥、陳邦瞻、谷應泰紀事本末爲宗,而何事由何人制勝,則又取諸史中何人之紀傳摘附之,俾閱者知其人以尚友焉。積久成帙,因名之爲《戰略輯要》,聊爲兵備萬一之助耳。至朝代遞嬗,亦略爲紀載,並附史論、世統者,譬之繪事家畫人必先眉目,使閱者了了於心目中,是不必檢全史而千古之治忽興衰瞭如指掌,不又事半而功倍哉。"

此書未見諸家著録。

鈐印有"愚齋鑑藏"、"愚齋圖書館藏"、"愚齋審定善本"、"武進盛氏所藏"。

1122　清抄本太白兵備統宗寶鑑

T8914/4272

《太白兵備統宗寶鑑》一百八十四卷首二卷,清福康安增訂。清咸豐十年(1860)顧堉抄本。四十二册。半頁十二行二十一字,四周單邊,白口,單魚尾。框高 20.8 釐米,寬 12.8 釐米。前有咸豐十年顧堉《重抄兵備寶鑑補序》,福康安序,道光元年(1821)潘元焯序。

福康安,字瑶林,富察氏,滿洲鑲黄旗人。大學士傅恒子也。初以雲騎尉世職授三等侍衛,再遷頭等侍衛,擢户部侍郎、鑲黄旗滿洲副都統。從阿桂平金川,授雲貴總督,移四川總督。召還京,署工部尚書。歷兵部、户部、吏部尚書等。嘉慶元年卒於軍中。《清史稿》卷三三〇有傳。

此書内容包括太乙紫庭經、太乙神明、武侯遁甲全書、輯戰地説、輯師戒説、輯兵柄説、注陰符經、姜太公六韜、黄石公三略、諸葛武侯心書、諸葛武侯陣圖説、南塘戚公行營軍令禁納、輯車戰説、輯水戰説、拳經捷要篇、旌旗金鼓圖説、三垣二十八宿説、占天象、占軍候、軍中雜占、李衛公望江南、歷代世統等,網羅宏富。

福康安序有殘破。據諸序可知,此爲福康安集幕僚據舊抄本增訂,又由潘元焯合顧氏所藏舊本訂定而成。潘元焯序在卷一"太乙紫庭經"前,云:"《太白兵備統宗寶鑑》乃制蜀長白福公增訂，又得我郡顧氏所秘李衛公原本，合得一百八十四卷，囑予訂定。因自嘉慶甲戌孟春錄起，至道光辛巳孟夏竣事，瞬息七年矣。內有蠹餘闕疑及脱漏抄錯者，復搜求藏書原本，稽考補全，重復者核準删去，至天文三垣二十八宿星圖，似乎重疊，未敢删也。原本歷數有錄至乾隆三百零八年及一百六十八年者，焯以乾隆六十一年謹遵御纂《歷代三元甲子紀年》改爲嘉慶元年，乾隆八十六年改爲道光元年。茲錄之成，書以記。時道光辛巳夏四月上浣吳郡後學潘元焯雪香氏書於錦官斗室，時年七十。"

顧堉序云："《太白兵備統宗寶鑑》一百八十四卷，此余家舊藏本也。余係出李氏，本唐李衛公諱靖之裔。此書即衛公秘册，傳至前明嘉靖間。余始祖梅泉公幼孤，賴姨顧撫育成立，姨乏嗣，梅泉公遂續祧焉。始兼顧、李二姓，現有顧李合祠，猶存吳郡。迨後此書歷藏於家。先高祖復得明劉青田、陳宗周諸書纂入，卷帙益多。雖知爲兵家善本，而昇平日久，無可爲用，仍珍笥篋。歷年既久，蠹缺已多。復傳至先君朗亭公，於乾隆五十六年金川之役，參福郡王戎幕，竊見福王用奇獲勝之處，往往與此書吻合。朗亭公因請詢焉，福王始出一册示之曰：此余戰功捷法也。臺灣青海之役，得益實鉅，余序中已略述矣。朗亭公受而讀之，即衛公舊本，然仍有缺失。因將家所秘本出而合訂，續成百八十四卷，請序於王。王欣然嘆爲全璧，欲加詳序而未果。王薨，此書仍歸先君，迄今又六十餘年矣……卷帙浩繁，刊行不易，爰集善書者繕謄數部，以公同好。"

此書以鐫印藍格紙抄寫。版心上刻"數理全書"，下刻"樂山書屋"。

由顧氏序可知，此書當時無力刊刻，僅抄錄數部傳世。《中國兵書總目》著錄此書抄本，一爲道光元年(1821)吳郡潘元焯抄於錦官城，藏軍事科學院；一爲道光間抄本，藏中國科學院圖書館；一爲清抄本，藏北京大學圖書館。

鈐印有"顧堉"。

1123　清抄本兵鏡輯要

T8910/7841

《兵鏡輯要》不分卷。清抄本。十一册。半頁八行二十字，四周雙邊，無框格。有圖。

此本原十二册，今闕第十册。書衣簽題"兵鏡輯要"。此書內容包括古今陣圖、述陣法、諸葛武侯魚腹江八陣圖、李衛公六花陣圖、宋真宗常陣圖、戰守四方陣圖、剿巢陣圖、曾銑擬復河套陣圖、許洞陽六甲營法、戚繼光車營圖、馬營圖、步營圖、輜重營圖等；攻守器具，列攻城、守城器具形制用法。攻城如壕橋、折疊橋、火車、雲梯、行女牆、半截船、撞車等，守城如弩臺、空心墩、插版、塞門刀車、鹿角木、飛鈎等，皆加圖繪；經緯輯略演禽大全，包括列宿分野圖、列宿應叶圖、天下總輿圖、星野分論等；海防，包括海防總論及江南海防、江北海防、浙江海防、福建海防、廣東海防形勢圖；火器，述各類火器形制圖示；器械，述各類戰鬥器械形制、圖示、用法；兵鏡輯要，列天星、天文驗、分野、井制、屯田、兵制、八陣圖、地利、用人、謀將、練兵、賞罰等目；並新輯登壇必究、遁甲集略大全等。

此書未見諸家書目著錄。

鈐印有"五雲書閣侍史"。

1124　明嘉靖刻本諸史將略

T8917/7225

《諸史將略》十六卷，明劉畿撰。明嘉靖四十五年(1566)毛鋼浙江杭州刻本。十册。半頁九行二十字,四周雙邊,白口,單魚尾。框高21釐米,寬12.9釐米。目錄頁後刊"浙江杭州府知府毛鋼校正;錢塘縣學教諭黃議、長興縣縣丞吳承恩、瑞安縣學廩膳生秦激同編次"。前有嘉靖四十五年劉畿自序,末有嘉靖四十五年毛鋼跋。

劉畿,字子京,號羽泉。江蘇長洲人。嘉靖二十九年進士。除知瑞安,任吏科給事中,進通政參議,陞太僕卿,遷順天府尹,彈射豪貴,諸奸猾不寒而慄。以築張家灣城,功進右副都御史,巡撫兩浙,陞兵部右侍郎,未幾,移病歸里卒。《(乾隆)元和縣志》卷二三《人物》有傳。

是書始夏時《啓征有扈誓師》,終明代《大兵諭定中原》。

劉畿序云:"甲子,恭承上命,督畿兩浙,自愧淺陋,無以爲諸將士訓也,因紬繹往志,授儒生以大意,俾纂而成焉。其事則起自三代,逮我國初,凡聖王之神謨偉烈,諸臣之決策殫謀,無不畢録,其違機致僨者亦時存一二,以示鑒戒焉。其文則本之諸史,不能易也。書成,爲卷十六,爲目三百□十三,用梓以傳。"

毛鋼跋云:"大中丞司馬劉翁,開府兩浙,幾三禩矣,運籌決勝,整且能暇用,致海氛願息,烽火不驚,士民倚若長城。然安不忘危,於公餘退食遍閱諸史,蒐羅將略,萃爲一編,命鋼梓而行之,以爲用兵者式。"

《四庫全書總目》未收。《中國古籍善本書目》著録。中國國家圖書館、貴州省圖書館等四館,及日本內閣文庫亦有入藏。臺北"國家圖書館"有明宣府東路通判劉必紹重刻本,存首四卷。

鈐印有"抱經樓"、"無竟先生獨志堂物"。

1125 明天啓刻本注釋評點古今名將傳   T8907/7919

《注釋評點古今名將傳》十七卷附録一卷,明陳元素評點。明天啓三年(1623)刻本。十冊。半頁九行十八字,四周單邊,白口,單魚尾,眉端上刻評。框高21.7釐米,寬13釐米。題"長洲陳元素孝平父評點"。前有天啓三年陳元素序。

陳元素,字古白。長洲人。諸生。早負才名,萬曆丙午鄉試,卷已擬解首,同鄉司提調者以小嫌厄之,竟落去。元素以義命自安,無幾,微見於顔色,一時名輩多從之游。能詩文,尤善臨池,楷書法歐陽,行草入二王之室。兼善畫蘭,寸縑尺牘,人爭寶之。殁後,同志私諡貞文先生。《(道光)蘇州府志》卷九九《文苑四》有傳。

以古今名將爲書者,今存最早之刻本,當爲宋代張預撰《張氏集注百將傳》一百卷(宋刻本)及《十七史百將傳》(元刻本)。明代此類書尚有何喬新《續百將傳》四卷、劉畿《諸史將略》十六卷、馮孜《古今將略》四卷、馮時寧輯《古今將略》四卷、高折枝《將略類編》二十四卷、顧其言《新刻皇明百將列傳評林》四卷、周鑑《將略標》六十六卷、李元瑛《彈柳居精纂百將類編》十卷等。

是書列古今名將,始周之齊太公、吳之孫武,終明之朱紈、劉綖。凡陳元素之評點,俱刻之書眉。以卷一《齊孫臏傳》可見一斑,陳評曰:"田忌喜見孫子,便見後來成功之由。""先以我之所短,博其所長,後以我之所長,勝其所短,於較射中可識其善用兵矣。故田忌進之於威王。""魏伐趙,而齊救之;魏伐韓,而齊又救之。兩出師而皆勝者,皆孫子之善用謀也。""前與田忌救趙,則使之疾走大梁,而俾魏人什趙以自救。後與田忌救韓,則不從直走大梁,而又且減竈以示怯,臏之用兵神矣哉!"

陳元素序有云:"頃余既校《武經》梓之,客謂當併梓《百將傳》。私怪臧丈人而下至勝國,其間禍亂時有，英雄代生，將材當不勝僂指數，寧僅止此，會須繙《廿一史》更搜之，而客不能待。仍以舊本請標目，而於我明，則取李溫陵所編稍進退之。間有不名爲將，而其才將、其事將者亦將之，總題之曰《名將傳》，言不止於百也。"則此書爲元素應書賈之請，就《百將傳》及李贄所編者，彙輯成書。

《禁書總目》、《清代禁書知見錄》等著錄。《清代禁燬書目·補遺一》云："查《古今名將傳》係明陳元素撰，其書所敘歷代名將事蹟，皆係剽竊史文，別無考訂，書前冠以繡像，全似坊刻小說，殊爲鄙陋。末載劉綎一傳，字面甚多指斥，應請銷燬。"

《中國古籍善本書目》著錄。上海圖書館、浙江圖書館等七館，及日本內閣文庫亦有入藏。

鈐印有"振衣千仞岡"、"一痕新月在花枝"。

1126　明末刻本新鐫旁批詳注總斷廣名將譜　　T8907/7914.4

《新鐫旁批詳注總斷廣名將譜》二十卷，明黃道周注。明末刻本。存四冊。半頁九行二十字，四周單邊，白口，單魚尾。框高 18.5 釐米，寬 12.5 釐米。題"古閩黃道周石齋父注斷"。前有崇禎十六年(1643)黃道周序。

是本存十卷，爲卷一至一〇。題黃道周注，乃坊賈所依托。《四庫全書總目》著錄之本爲十七卷，云："卷首題黃道周注斷，前有崇禎癸未道周序，稱即舊本芟其繁文，取其精要，入妙旁批，有疑夾注，又總斷結其智勇之所在云云。詞意弇陋，當不出道周之手，殆坊肆所依托。其目錄後幅割裂，亦似非足本。"

此本目錄頁後半皆爲坊賈撕去，蓋欲以殘充全也。

《中國古籍善本書目》未著錄。日本內閣文庫、東京大學東洋文化研究所有全帙。

1127　清刻本新鐫繡像旁批詳注總斷廣百將傳　　T8907/7919.01

《新鐫繡像旁批詳注總斷廣百將傳》二十卷，明陳元素撰，明黃道周評注，明周亮輔增補。清刻本。十冊。有圖。半頁九行二十字，左右單邊，單魚尾，白口。框高 18.8 釐米，寬 12.6 釐米。題"古閩黃道周石齋注斷；長洲陳元素孝平原本；後學周亮輔猷庵增補"。前有天啓三年(1623)陳元素序，崇禎十六年(1643)黃道周序。

陳元素，見明天啓刻本《注釋評點古今名將傳》。

黃道周，見清康熙刻本《石齋先生經傳九種》。

周亮輔，生平不詳。

宋人張預曾撰有《百將傳》，元素增廣而及於明，並爲評點注釋，撰成《名將傳》十七卷。道周以元素之書爲本加以注斷，亮輔復增補數人，纂成是書。

卷一收姜太公至李牧等十人，卷二收趙奢至程不識等九人，卷三收霍去病至岑彭等八人，卷四收賈復至班超等九人，卷五收虞詡至張飛等九人，卷六收張遼至陸抗等十人，卷七收羊祜至檀道濟等十人，卷八收王鎮惡至程靈洗等十人，卷九收楊素至李勣等九人，卷一〇收蘇定方至李光弼等九人，卷一一收郭子儀至王忠嗣等七人，卷一二收王彥章至李繼隆等九人，卷一三收尹繼倫至宗澤等七人，卷一四收岳飛至劉錡等四人，卷一五收吳玠至王德等五人，卷一六收王彥至杜杲等八人，卷一七收余玠至張弘範等七人，卷一八收劉基至程濟等十一人，卷一九收姚廣孝至程信等十二人，卷二〇收羅通至劉珽等二十八人。

黃道周序云："《名將》一書，爲武而設也。既爲武而設，則名將中之智勇所在，與夫正之爲正，奇之爲奇，必明明點醒，細細拈出，使披閱者一覽而知前人之用意，得借以發後人之用意，方不媿著書之大義。倘纂修無識，祇輯繁文，反遺精要，縱三絕韋編，於武何益？此舊本所以不足重輕也……因取而細較之，芟其繁文，出其精要，再入妙旁批，有疑夾注，又總斷結其智勇之所在，雖仍是此百數英雄，祇覺一經洗發，而面目精神皆躍躍紙上。"

陳元素序首二頁殘存半頁，書前有繡像二十幅。行間有圈點及小字注，每篇後有道周斷語。卷二〇末本已敘至嘉靖間抗倭名將俞大猷，忽又標曰"明將"，自太祖時湯和敘至萬曆時劉珽等十一人，文辭簡略，時序突兀，行文、格式俱與前文有異，俱無注斷，無界欄，蓋即爲亮輔所增補者。

"玄"、"弘"不避帝諱。《清代禁燬書目·補遺一》著錄《古今名將傳》四本，云："查《古今名將傳》，系明陳元素撰，其書所敘歷代名將事蹟，皆系剿竊史文，別無考訂。書前冠以繡像，全似坊刻小說，殊爲鄙陋。末載劉綎一傳，字面甚多指斥，應請銷燬。"是書前最末一幅繡像爲"明劉珽孤軍破遼兵四隊"，亦應屬禁燬之列。

《四庫全書總目》子部兵家類存目著錄《廣名將譜》十七卷，曰："不著撰人名氏，卷首題'黃道周注斷'。前有崇禎癸未道周序……詞意弇陋，決不出道周之手，殆坊肆所依托。其目錄後幅割裂，亦似非足本。"《四庫全書存目叢書》收入清華大學圖書館藏明崇禎十六年本立堂刻本，觀其字體斷板，俱與此本同。《續修四庫全書總目提要(稿本)》著錄明刊本《廣百將傳》二十卷。《中國古籍善本書目》著錄明崇禎十六年本立堂刻本，清華大學圖書館、北京師範大學圖書館等十一館有藏。《中國兵書總目》著錄明天啓三年刻本，北京大學圖書館有藏；明崇禎九年刻本，北京大學圖書館、中國軍事科學院圖書館有藏；明崇禎十六年本立堂刻本，清華大學圖書館、中國國家博物館、日本東京大學東洋文化研究所、尊經閣文庫等多館有藏；舊抄本，北京大學圖書館有藏。是書又有《海山仙館叢書》本、《叢書集成初編》本。

1128　稿本砲錄　　　　　　　　　　　　　　T8926/1266

《砲錄》不分卷，清丁日昌輯。稿本。十二冊。半頁八行二十二至二十四字。紅格，書口下有"彩玉齋"。高 18.3 釐米，寬 10.8 釐米。目錄頁題"豐順丁日昌編輯"。前有同治元年(1862)丁日昌序。

丁日昌，字雨生，或作禹生，廣東豐順人。以廩生出仕，官至江蘇巡撫、福建巡撫、臺灣學政。晚年加總督銜，會辦南洋防務，節制沿海水師，兼總理各國事務大臣，亦洋務運動中之重要人物。曾佐曾國藩，仿造西洋火器、船舶最力。其以研究火器見長，非當時大吏所能及。在國事日衰、政治劇變之際，他痛疾時艱，倡行改革，辦理海防，整頓吏治，皆有獨特見解。丁氏家有持靜齋，藏書極富，校讎尤精。有《撫吳公牘》、《百蘭山館集》等。

是稿每冊扉頁皆題"第×號砲錄"，計一至十號，每號一冊。又有《砲錄後編》一卷、《軍火雜錄》一卷。書中所錄，皆爲各種火砲之製法、尺寸、配藥、製火藥法，各種槍、火箭、砲車之製造，以及步兵、戰馬之管理使用，並有繪圖說明之。雖名爲《砲錄》，實乃當時各種槍砲之大全也。

丁日昌序云："洋人之於軍火製造，猶中土士夫之於八股，童而習之，故能月異而歲不同。使中土士夫能分治八股之餘力以治兵事，則才力聰明，當較勝於洋人十倍，惜乎無懸的以招者，故淺嘗而輒棄也。余去年託人赴泰西，購得軍火書數册，延閩人王君錦堂、黃君春波逐條繙譯。時適高涼有事，余奉命襄贊軍務，晝之所譯，夕輒抉其秘而授之匠，得心應手，若虛若實，拉朽摧枯，雷轟電掣。賊既平，王黃二君顧匠而笑曰：是書也，其可秘爲泮澥洸矣乎？因識數語於此，使後之有心人以治八股之餘力兼治此書，則此書眞泮澥洸矣。同治初元七月，豐順丁日昌序於高涼軍次。"丁序指出，中國人在軍火製造上並不比洋人落後，只是制度的問題，如此率直，亦淸朝一明白人。

所謂"高涼有事"、"襄贊軍務"，乃爲廣東大吏檄調，日昌至高州廣東提督昆壽營中，協助籌劃職守，並督辦火器。其時，日昌在粵，經其設計監製之火器較多。同治三年恭親王奕訢奏折云："治國之道，在乎自強，而審度時勢，則自強以練兵爲要，練兵又以製器爲先。"而日昌在此之前，已充分認識到軍火製造之重要。《廣東通志列傳稿》中說，迄同治三年夏，丁氏已先後製成大小硼砲三十六尊，大小硼砲子二千餘顆。由於丁氏"學識深醇，留心西人秘巧"，故奉廷諭前往上海助李鴻章辦理軍火製造業務，爾後江南製造局之籌劃，早期海軍之建設及輪船航業，都與丁氏有很大關係。

此書不見著錄，亦未見刊行。呂實強著《丁日昌與自治運動》所列徵引書目也不見此書。鈐印有"丁印日昌"、"禹生"、"八渡滄海兩登泰山"、"雨生入目"。

1129　明萬曆刻管韓合刻本管子　　　　　　　　　T4614/8725B

《管子》二十四卷，唐房玄齡注。明萬曆十年(1582)趙用賢刻《管韓合刻》本。六册。半頁九行十九字，四周單邊，白口，單魚尾，書眉上刻評，書口下間有刻工。框高21.9釐米，寬12.2釐米。題"唐司空房玄齡注"。前有王世貞序，萬曆十年趙用賢序。又有慶曆四年(1044)楊忱序，劉向舊序；張嵲跋；管子文評；《凡例》六則。

《管子》版本甚多，白文刻本今存最早者，爲明劉氏安正書堂刻本，又有明刻本、萬曆吳勉學刻《二十子全書》本、萬曆黃之寀刻《二十子》本。唐房玄齡注本有宋本傳世，今存中國國家圖書館。明代有劉績補注之本(萬曆《中立四子集》本、明刻本)，張榜等評本(天啓五年朱養純花齋刻本)，劉績、朱長春補注、張榜等評本(明刻本)，及別本如萬曆四十八年凌汝亨刻朱墨套印本等多種。

此爲趙用賢刻《管韓合刻》本，傳世頗多，《中國古籍善本書目》只收名家批校者，而零本則不予收錄。《管韓合刻》全帙，上海圖書館、南京圖書館等二十五館入藏。按，趙用賢字汝師，常熟人。隆慶五年進士，萬曆時官檢討，疏論張居正奪情，與吳中行同杖戍。居正歿，起官，終吏部侍郎。諡文毅。

趙用賢本出自宋楊忱本，是明刻中最完善、流傳也最廣之本，其後諸刻多脫胎於此。其特點爲依據宋本校正文意，保存劉績補注於眉端，章目分合重新釐定，缺失頁碼文字均予以補正，如楊忱本《重令》篇奪去一頁，凡正文注釋七百餘字，趙氏本均據他本予以補齊。故趙序云："爲正其脫誤者逾三萬言。"

是本刻工有顧植、顧時中、劉廷惠、呂廉、章扦、顧文、周甫、呂玄、章挾、何成德、顧言、何成業、吳初、吳丙初。

又此本後有日人君山題識，并錄清孫星衍《平津館鑒藏記》中此書之記載。題識云："是書有'葉氏藏書'、'葉君錫藏書'二印記，秘閣所藏元刻本《樂府詩集》亦有此二印記，見乎善本目録。昭和七年五月中九,君山。"

鈐印有"葉君錫藏書印"、"葉氏藏書"、"瀧川氏圖書記"。

1130　明萬曆刻中立四子集本管子　　　　　　　　　　　　T4614/8725D

《管子》二十四卷,唐房玄齡注,明劉績補注。明萬曆刻《中立四子集》本。六冊。半頁十行二十一字,四周雙邊,白口,單魚尾,書口上刻"中立四子集"。框高 21.4 釐米,寬 14.3 釐米。題"唐臨菑房玄齡注釋;蘆泉劉績增注;明臨川朱東光輯訂;寧陽張登雲參補;休寧吳子玉繙校"。前有司馬遷撰《管子傳》;郭子章題辭。

郭子章題辭云:"唐房氏有注,劉績爲之補,自宋人削去,鮮有刻本。"乃誤以劉績爲唐人。朱東光又誤以蘆泉爲地名。冒廣生先生曾跋此書,校記甚詳,俱見《管子學刊》1987 年第 3 期。

此本佚朱東光序,朱序稱《中都四子集》,《千頃堂書目》亦稱"中都",然書題"中立",明初設中立府,治今安徽鳳陽縣東。《中立四子集》收《老子道德經》二卷、《莊子南華真經》十卷、《淮南鴻烈解》二十八卷、《管子》二十四卷,當爲張登雲守中立時所刻。按,張登雲字攀龍。山東寧陽人。少穎悟,博學工文,隆慶五年進士,累官遼海道副使,解組歸,卒於家。好爲詩古文詞,規撫漢唐,音節篤雅,里居築日涉園,有小西湖、瑞芝樓諸勝,與邑名流觴詠其中。傳見《(光緒)寧陽縣志》卷一三《文學傳》中。

《中國古籍善本書目》著錄《中立四子集》六十四卷。上海圖書館、南京圖書館、臺北"國家圖書館"等十五館俱有全帙。本館亦有入藏。中國國家圖書館有此零種,爲藍印本。美國國會圖書館、日本京都大學人文科學研究所亦有此零本入藏。此本也初印,天頭極高。

鈐印有"四明盧氏抱經樓藏書印"。

1131　明天啓刻本管子　　　　　　　　　　　　T4614/8725C

《管子》二十四卷,唐房玄齡注,明劉績補注,張榜等評。明天啓五年(1625)朱養純花齋刻本。六冊。半頁九行二十字,四周單邊,白口,單魚尾,書口下刊"花齋藏板",書眉上刻評。框高 19.9 釐米,寬 13.4 釐米。題"唐臨菑房玄齡注釋;蘆泉劉績增注;明西湖沈鼎新自玉、朱養純元一參評;明朱長春通演、朱養和元冲輯訂"。前有天啓朱養純序,郭正域序;司馬遷撰《管子傳》;趙用賢序。

此爲花齋刻本,出自趙用賢本及朱長春本。眉批及篇末、行間句下,皆有注評,引張榜、楊慎、沈鼎新、梅士亨、朱養純、郭正域及前代劉勰、李泌、孔穎達等諸家説。冒廣生先生早年曾對《管子》頗多研究,據此本冒跋云,各家之評論文字,無神考訂,且疑中多僞托。然其所見有宋本、劉績本,又有梅、張、楊、趙、朱諸本,亦云博洽。

此本佚朱養和撰《凡例》、沈鼎新序。朱養純序云:"余故梓其書而行之,以質同人之有心經濟者。"又據冒廣生先生跋,花齋在沈鼎新所居園中,鼎新與朱養純取前人所注評《管子》,字釋句解,參其所未備。

《中國古籍善本書目》著錄。上海圖書館、南京圖書館等五十館,及美國普林斯頓大學葛思德東方圖書館、日本内閣文庫(三部)、東京大學東洋文化研究所、京都大學人文科學研究所亦有入藏。

鈐印有"遠湖圖書"、"內田氏圖書記"、"懷松□記"、"靈峰藏書"。

1132　明萬曆刻本管子權　　　　　　　　　　　　　　T4614/8725.29

《管子權》二十四卷,明朱長春撰。明萬曆四十年(1612)張維樞刻本。十四冊。半頁九行十九字,左右雙邊,白口,單魚尾,書口下刻字數,間有單字刻工。框高20.5釐米,寬14釐米。題"唐司空房玄齡注;明道民朱長春權"。前有朱長春序,萬曆四十年張維樞序,朱長春校《管子》舊序,萬曆十年(1582)趙用賢序,劉向舊序,慶曆四年(1044)楊忱舊序;舊《凡例》六則;文評十四則;《管子權凡例》十二則。

朱長春,字大復,號瀛海。烏程人。萬曆十一年進士。知舒城、常熟、陽信三縣,皆有聲名,召為刑部主事。病歸赴補,力詆樞臣石星媚倭危國,疏上,削籍為民。歸隱城南溪灣,閉戶著述,隻字不入長安。天啟改元,贈光祿寺少卿。《(乾隆)烏程縣志》卷六《人物》有傳。

權者,商榷也。是書以趙用賢本增釋之,故原本體例、文評,俱仍其舊,惟每篇各加敘釋,在篇首者曰評,多論作文之法;在篇中者曰通,則隨文訓解其義;在篇末者曰演,乃統論一篇大旨,皆出長春一手。

朱長春序云:"凡三權,會故文義,發幽晦,證舛錯,曰通;論文論世,略表合累,襃抑品目,曰評;以所證響獨契,抉玄顯用,揭宗鏡來,通及政事之大略,附以揚挖,曰演。"張維樞序則云:"西吳朱大復先生,以文章主盟海內。中歲好道,五車二酉,悉已庋屏,而獨成《管子權》。其凡例有三,曰通、曰評、曰演,抉玄刊誤,會故標新,於是《管子》遂為全書。余過山中問奇,得是篇而喜之,亟請以公諸鋟。"是刻當時流傳較廣,家弦戶誦,故沈鼎新、凌汝亨兩刻幾全採之。按,張維樞,福建晉江人,萬曆二十六年進士。

刻工有郭、文、秀、中、化、立、湯、明、用等。

《四庫全書總目》入子部法家類存目。《中國古籍善本書目》著錄。中國國家圖書館、上海圖書館等二十九館,臺北"國家圖書館",及日本內閣文庫亦有入藏。

鈐印有"雲艫"、"檇原名珣"。

1133　明萬曆刻套印本管子　　　　　　　　　　　　　　T4614/8725

《管子》二十四卷,明趙用賢、朱長春等評。明萬曆四十八年(1620)凌汝亨刻朱墨套印本。十冊。半頁九行十九字,四周單邊,白口,無魚尾,書眉上刻評。框高20.5釐米,寬13.9釐米。前有萬曆十年(1582)趙用賢序,劉向舊序;凌汝亨撰《凡例》四則。

《管子》諸本中,以趙用賢本較善,亦最通行,此凌汝亨刻套印本亦屬趙本系統。此本無注,採錄趙用賢、朱長春、張榜等評注於眉端或篇後,以朱墨套印之。由於《管子》舊本,魯魚豕虎,半不成義,虞山定宇趙先生沉酣是集,創為考訂,世宙間始識仲父一書真面孔矣"。(《凡例》)趙氏訂本,雖稱精覈,然掛漏處往往捉襟見肘。朱長春之《管子權》,對趙本曾加以評釋,間加補漏,故朱長春本之參考價值頗大。凌氏《凡例》有"非直為夷吾之忠臣,且堪為定宇之益友矣"。張榜,字賓王,句容人,其評管子多有排砂揀金,處處見寶之譽,故凌氏此刻也多有採之。

凌汝亨識語云:"《管子》之書,宏博奧衍。亨,魯人也,詎能窺其一斑,矧如趙、如朱、如張,當宇宗匠,業有先哲,隨為龍吟,奚俟後膚,贅為狗續。第其間間茂總棼,刪繁去蠹,則不佞不辭藏息微劬,要以合三先生旨趣,彙成一帙,俾讀者展卷了然,庶不至承訛襲舛爾。"

《中國古籍善本書目》著録。中國國家圖書館、南京圖書館等三十六館,臺北"國家圖書館",及美國國會圖書館亦有入藏。

鈐印有"張印世堯"、"號振宇直隸欒城人"。

1134　明萬曆刻管韓合刻本韓非子　　　　　　　　　　　　　T4614/4511B

《韓非子》二十卷。明萬曆十年(1582)趙用賢刻《管韓合刻》本。六册。半頁九行十九字,四周單邊,白口,單魚尾,書眉上刻評,書口下間有刻工。框高 21.6 釐米,寬 12.2 釐米。前有萬曆十年趙用賢序;韓子總評;《凡例》四則。

《韓非子》版本甚多,最早有宋刻本,今不傳,僅有影宋抄本延其一脈。清嘉慶二十三年吳鼒又有影宋刻本。明代有嘉靖四十年張鼎文刻本、萬曆周孔教刻本、萬曆吳勉學刻《二十子全書》本、萬曆黃之寀刻《二十子》本及明刻本數種。此趙用賢刻《管韓合刻》本,刻工有吕廉、吳丙初、張珮之、顧植、顧文、時中、徐文、何成業。

《中國古籍善本書目》著録《管韓合刻》,上海圖書館、南京圖書館等二十五館入藏。

鈐印有"瀧川氏圖書記"。

1135　明天啓刻本韓子　　　　　　　　　　　　　　　　　　T4614/4511C

《韓子》二十卷附録一卷。明天啓五年(1625)趙如源刻本。五册。半頁九行十八字,四周單邊,白口,無魚尾,書眉上刻評。框高 20 釐米,寬 13.6 釐米。題"錢塘趙如源濬之甫、王道焜昭平甫仝校"。前有至元三年(1337)何犿序。

是本應有王道焜序并天啓五年趙世楷《重訂凡例》五則,今皆佚。王氏序云:"余友趙濬之諸同社,嗜書若渴,尤嗜非之書。始爲讎其譌舛,已而彙諸家異同箋評之,復請正諸先輩版行之,其爲好亦已甚矣。"

是書集趙用賢、汪道昆、孫鑛、張榜、陳深、茅坤、劉辰翁、楊慎、陳仁錫諸家評語於書眉上方。附録一卷爲《史記》"韓非傳",《戰國策》"姚賈譖殺韓非",《史記》"李斯劾行督責之術",蘇軾、蘇轍撰《韓非論》,楊慎撰《孔明寫申韓書》。

有扉頁,刊"合諸名家評訂韓子。讀書坊藏板"。

《四庫全書總目》入子部法家類。《中國古籍善本書目》著録。上海圖書館、南京圖書館等三十館,及日本内閣文庫入藏。

鈐印有"越川藏書"、"太公山人藏書"。

1136　明末刻套印本韓子迂評　　　　　　　　　　　　　　　T4614/4511

《韓子迂評》二十卷,題明門無子撰。明末刻朱墨套印本。七册。半頁九行二十字,四周單邊,白口,無魚尾,書眉上刻評。框高 20.6 釐米,寬 13.9 釐米。前有萬曆六年(1578)陳深序。

作者題"門無子",見陳深序。陳序云:"故不終其天年而中道夭絶,後之君子悲其志,想見其人,悼其術之不終,而惜其不遇聖主明王以裁之,不究以死,非死至今千八百年矣,而書不磨滅。唐宋以來,病其術之不中,黜而不講,故其文字多舛駁而不讎,市亦無售。近世之學者,乃始艷其文詞,家習而户尊之,以爲希世之珍,沿訛習舛而不以爲怪。今門無子乃得何氏善本,爲之訂其訛謬,而品題其當否,表其文詞,梓而出之,以俾世學之覽觀。自門無子之書出,而訛本盡廢,文從字順,章妥句適,一如韓氏之舊,不亦大愉快矣哉?門無子之用心亦勤矣。門無子,吳郡人,姓俞氏,巖居嗜古,篤行君子也。年七十,脩身刻文,不窺市,不醜窮,不慍貴人。書成而示余,余故得以肆目,於是而條陳其本末云。"

是本佚門無子序及何犿舊序。門無子序有云:"最後得何氏本,字字而讎之,則皆不失其舊。則又喜曰,先秦之文,當不使遂湮也。顧無副本,度久之遂湮而無難。竊不自量,而肆筆於是,句爲之讀,字爲之品,間取何氏注而折衷之,以授之梓人,而號之曰《韓子迂評》。"

按,此本作者,《北京圖書館善本書目》不列撰人。《"國立中央圖書館"善本書目》作周韓非撰,明凌瀛初集評,版本作明吳興凌氏刊朱墨套印本。鄭良樹《韓非子知見書目初稿》(載《"國立中央圖書館"館刊》新二十三卷二期)作凌瀛初撰,吳興凌氏刊朱墨套印本。嚴靈峰編輯之《韓非子集成》收入此本,作"韓非子集評,明門無子、凌瀛初撰,明吳興凌氏刊朱墨套印本"。是書除此套印本外,又有萬曆六年門無子自刻本(八行十八字,中國國家圖書館、南京圖書館等十五館藏)、萬曆六年門無子自刻十一年重修本(上海圖書館、湖南圖書館等八館藏)、明刻本(十行二十三字,浙江圖書館等三館藏)。

此本書眉上所批除趙定宇、張賓王、孫月峰外,凡不署名者,與館藏明刻本《韓子》相核,多爲陳深語。王重民《中國善本書提要》云"卷内不題主名之評語,蓋皆門無子説也",不確。又王氏《提要》引陳深序文漏去四十餘字。

按,是書序作"韓子迂評",故《四庫全書總目》、《中國古籍善本書目》及臺北《"國立中央圖書館"善本書目》皆以"韓子迂評"爲書名著錄。《北京圖書館善本書目》則作"韓子"。是書中國國家圖書館、上海圖書館等三十五館,臺北"國家圖書館",及美國國會圖書館亦有入藏。

1137 明刻本韓非子 T4614/4511D

《韓非子》二十卷。明刻本。四册。半頁九行十九字,四周單邊,白口,單魚尾,書眉上刻評。框高21.6釐米,寬12.2釐米。《凡例》四則。

是本書口間刻"韓非子評林"。查《中國古籍善本書目》,著錄《韓非子評林》,行款等與此同,或即此本。

鈐印有"滿山天童"、"水西氏藏"、"東海釣客"。

1138 清道光套印本補注洗冤錄集證 T4899/3382.85B

《補注洗冤錄集證》四卷附《檢骨圖格》一卷《作吏要言》一卷,宋宋慈撰,清王又槐注,清阮其新補注,清童濂編。清道光二十三年(1843)江都鍾淮刻朱、墨、藍三色套印本。二册。有圖。半頁十行十八字,左右雙邊,白口,單魚尾。框高15.4釐米,寬12.7釐米。前有道光二十三年童濂序。《作吏要言》題"延平葉玉屏明府鎮著;松江朱性齋總憲椿增",前有乾隆二十九年(1764)陳宏謀序。

宋慈，字惠父，福建建陽人。入太學，師真德秀，博記覽，善辭令。嘉定十年進士。寶慶二年，出任贛州信豐縣主簿。六年後調福建長汀縣令。嘉熙二年再調爲劍南州通判。此後歷任提點廣東、江西、湖南刑獄。淳祐初年，撰成《洗冤集錄》，是爲中國現存最早之系統法醫學專著。淳祐八年，升廣東經略安撫使。劉克莊爲之撰墓志銘，贊其"奉使四出，皆司臬事。聽訟清明，決事剛果"。《宋史翼》有傳。

王又槐，見清乾隆刻本《增訂則例圖要便覽》。

阮其新，字春薔，會稽人。一生幕途得意，出會稽後，嘉慶十二年佐浙江撫署，道光三年佐横州刺史。道光十年爲泗城司馬，十三年卒於任上。守泗城政閑之餘，訂正《洗冤錄》錯訛，在各條後附以成案，編成《洗冤錄補注》。

童濂，湖北江夏人。由監生歷官兩淮、海州運司通判、淮北監掣同知，見道光乙未至庚子《大清搢紳全書》。後晉知府。著有《淮北票鹽志略》十四卷。

《洗冤集錄》自刊行以來，一直被歷代刑法官吏奉爲金圭玉臬，成爲處理死傷案件之主要法典和依據，後世亦多有注解集證者。是書由時任淮北同知的童濂據王又槐增輯、阮其新補注之《補注洗冤錄集證》東粵刊本重新增删校刊而成。書眉上以朱色套印王又槐增輯者，藍色套印阮其新補注者，正文中並有朱色套印圈點。

童濂序云："凡從事於讞獄者，皆奉是錄爲競競。唯係通行官書，坊間鮮有善本。近得武林王君又槐之《集證》、會稽阮司馬其新之《補注》，而元和張太守錫蕃所句讀，丹黄者粲然明備，心目開朗。惜版存東粵，南中罕覯，江都鍾小亭閣讀意欲廣爲流通，遂詳加校訂，重付剞劂。濂因原書第五卷之彙纂補輯皆《集證》、《補注》中所有者，又附刊之《寶鑑編》及《石香秘錄》，雜以歌訣，詞多俚俗，無資考證，故一併删去。適在海州許石華國博案頭見閩中葉玉屏明府所著《作吏要言》一卷，雲間朱性齋總憲爲之闡解，並附管見十二則，其言簡明切實，易知易從，於吏治大有裨益，因即以此易彼附刊於《洗冤錄》後。"

有扉頁，刊"補註洗冤錄集證。作吏要言附"。每卷目錄後及卷末均有"内閣侍讀銜中書舍人江都鍾淮小亭甫校刊"一行。《檢骨圖格》一卷後有"上元王鼎淳栞"六字。《作吏要言》一卷後有"國子監典簿前平陰縣知縣許喬林石華校刊"一行及"上元王鼎淳栞"六字。

《續修四庫全書總目提要（稿本）》未收。《中國古籍善本書目》未收。據查中國國家圖書館、遼寧省圖書館等有藏。

鈐印有"周氏伯子"、"錫璋號紫緣"、"已酉生"、"會稽山陰人"、"濂溪公後裔"、"子元"、"錫璋"諸印。周錫璋，浙江山陰人，清光緒十年曾爲廣東台山縣縣令。

1139　明嘉靖刻本農書

T8036/1138

《農書》三十六卷，元王禎撰。明嘉靖九年（1530）山東布政使司刻本。存四册。半頁十一行二十二字，四周單邊，白口，無魚尾。框高23.9釐米，寬15.4釐米。題"東魯王禎撰"。有圖。

此本存農器圖譜之部分。凡涉及卷數處，皆被剜改。

南京圖書館、浙江圖書館、臺北"國家圖書館"，及美國國會圖書館、日本内閣文庫有全帙入藏。

鈐印有"鐵道人"、"鐵齋"、"畫禪盦"。日人印也。

1140　明崇禎刻本農政全書　　T8037/2993

《農政全書》六十卷,明徐光啓撰。明崇禎十二年(1639)陳子龍平露堂刻本。二十册。半頁九行二十字,四周單邊,白口,單魚尾,書口下刻"平露堂"。框高 20.4 釐米,寬 13.9 釐米。題"特進光禄大夫太子太保禮部尚書兼文淵閣大學士贈少保謚文定上海徐光啓纂輯;欽差總理糧儲提督軍務兼巡撫應天等處地方都察院右僉都御史東陽張國維鑒定;直隸松江府知府穀城方岳貢同鑒"。前有崇禎十二年張國維序,張溥序,方岳貢序;陳子龍撰《凡例》二十三則。

此書分農本、田制、農事、水利、農器、樹藝、蠶桑、蠶桑廣類、種植、牧養、製造、荒政等十二目,對前人之農書及有關農業文獻進行系統之摘編,并加有不少評語。光啓本人在農業及水利方面之研究成果并譯述也分别編入各卷之中。

該書之整理工作,由陳子龍主持。陳子龍《陳忠裕全集》中《年譜》云:"崇禎十二年己卯,讀書南園,編《農政全書》。"《凡例》第二十三則云:"文定所集,雜採衆家,兼出獨見,有得即書,非有條貫,故有略而未詳者,有重複而未及删定者。初中丞公屬子龍以潤飾也,自愧不敏,則以友人謝茂才廷禎、張茂才密,皆博雅多識,使任旁搜覆校之役,而子龍總其大端,遂燦然成書矣。大約删者十之三,增者十之二。其評點俱仍舊觀,恐有深意,不敢臆易也。"

張溥序云:"《農政全書》,公經綸之一種,張大中丞與方郡伯兩公,篤念民生,屬陳卧子進士編次廣傳。刻竟,予得卒讀,益歎吾師命指深遠,周天際地也。"

此本有扉頁,刊"農政全書。雲間徐文定公纂輯。平露堂藏板"。按,平露堂爲陳子龍堂名,陳氏之文集名《平露堂文集》。平露堂又刻有《皇明經世文編》五〇四卷補遺四卷,明崇禎刻本。

《四庫全書總目》入子部農家類。《中國古籍善本書目》著録。上海圖書館、南京圖書館等二十七館、臺北"國家圖書館"(作明末張國維等刻本),及美國國會圖書館、日本内閣文庫(三部)、尊經閣文庫亦有入藏。

鈐印有"司農府記"、"午改"。

1141　明萬曆刻百家名書本新刻田家五行　　T8037/5413

《新刻田家五行》二卷拾遺一卷,明婁元禮撰。明萬曆胡氏文會堂刻《百家名書》本。一册。半頁十行二十字,左右雙邊,白口,雙魚尾。框高 19.3 釐米,寬 13.3 釐米。題"田舍子婁元禮鶴天述;全庵子胡文焕德甫校"。

上卷述正月至十二月農事,又天文、地理類;下卷草木、鳥獸、鱗魚、三旬、六甲、氣候、涓吉、祥瑞類。

此爲胡文焕刻《百家名書》零種。

1142　明末刻本新刻針醫參補馬經大全　　T8175/7277(1-4)

《新刻針醫參補馬經大全》四卷,題馬師問輯。明末書林寶善堂刻本。四册。半頁十行二十六字,四周單邊,白口,無魚尾。框高 20.8 釐米,寬 12.1 釐米。題"書林寶善堂梓行"。

馬師問者,傳爲黃帝時明牧之聖師,生而聰敏,長而靈通,能相馬牛之形神,診馬牛之脈息,察五臟之虛實,嘗侍於黃帝之側。

此書分春夏秋冬四集。《春集》論相馬、察色、按脈等,凡三十四條;《夏集》論馬疾;《秋集》爲評講八論、東溪四十七論,及論馬八十四條;《冬集》爲喂養、治疾之各種方劑等,凡四十五條。

其《明堂歌》云:當馬匹飲喂失時,處理不當,"即疴瘵萌生,匪醫而弗克。近世庸醫,流巧言而令色,不審其根源,不察其色脈,妄施針與烙,瘡痘難分說"。"切採撼師皇論,彙輯諸賢策,有同而有異,詠成歌與訣,針烙不妄施,疾病無差錯。療治良劑,馬牛無夭,扎功巧作準繩,傳之爲法,則濟物衛生功,可付坊間刻。"

此爲坊間所刻,有圖,甚粗劣。扉頁刻"馬經大全。寶善堂梓",并繪四馬圖,分以奔、立、卧、飲爲之。《夏集》題"國師馬師問編輯;書林寶善堂梓行"。馬牛乃富國利民之物,開荒種地,驅馳鎮邊,或爲交通工具,代力行走,皆有仗於茲。故此類皆爲農家實用通俗之書。

《四庫全書總目》未收。《中國古籍善本書目》及王毓瑚《中國農學書錄》皆未著錄。查鄭振鐸《西諦書目》有《新刻針醫參補馬經大全》四卷,題馬師問輯,日本刻本,四冊,有圖。日本內閣文庫有《新刻參補針醫馬經大全》四卷(闕卷一),明刻本。

鈐印有"柳外園藏書印"。

1143　明末刻本新刻京陵原板參補針醫牛經大全　T8175/7277(5)

《新刻京陵原板參補針醫牛經大全》二卷。明末書林寶善堂刻本。一冊。半頁十一行二十八字,四周單邊,白口,無魚尾。框高20.8釐米,寬11.8釐米。題"書林寶善堂梓行"。

此書不著輯者,爲相牛、察病、療方之專集。其輯刊原旨,可見《牧牛論》:"從古聖帝明王裕民之道,莫先於耕,國家以農事爲重,則富有天下宜也。而耕之開疆啓土,又資牛力以代民之勞也,則力田者不可不重,又不可不知牧養饑飽之方。苟牧養失度,則多致傷損暴病卒,生不知因時醫療,卻信巫師詐言鬼祟,書符壓禳,牛病無裨補半毫,徒傷損頭疋,可爲嘆息。念身生長田間,備諳飯牛之理,乃於諸家牛經內芟煩撮要,耕牛致痛異同、方藥喜忌皆備載焉,以便牛醫採擇。"

此爲坊刻,農家實用之書,文字也通俗,如療方中《牛肚脹》條云:"肚脹多因是草傷,天氣炎炎水似湯,冷熱不和因中結,口中流涎吐舌長。醫人須要察其症,熱用涼醫陰用陽,藥有名方大戟散,一服灌之便可康。"(附大戟散方)

扉頁刻"牛經大全。寶善堂梓",并繪有二牛圖。卷下題"新刻京陵原板參補針醫牛經指南",有圖,然甚粗劣。寶善堂,萬曆時即有,曾刻有《大明一統文武諸司衙門官制》五卷,爲明萬曆十四年(1586)寶善堂刻本,書藏日本內閣文庫。

《四庫全書總目》未收。《中國古籍善本書目》及王毓瑚《中國農學書錄》皆未著錄。

鈐印有"柳外園藏書印"。

1144　明刻本東垣十書　T7903/5445

《東垣十書》十六卷。明刻本。六冊。半頁十行二十字,四周雙邊,白口,單魚尾。框高19.7釐米,寬13釐米。前有王肯堂序。

東垣者,爲李杲。杲,字明之,晚號東垣老人,金元間河北真定縣(古稱東垣)人。嘗以納貲得官,監濟源稅。生於金世宗大定二十年,金亡時年五十五,入元十七年乃終。初杲母嬰疾,爲衆醫雜治而死,迄莫知爲何症,杲自傷不知醫理,遂捐千金從易州張元素學,盡得其法,而名乃出於元素上,卓爲醫家大宗。《元史》入《方技傳》。

此書輯録宋、金、元醫家名著若干種,爲《脈訣》一卷(題紫虛崔真人撰;新安吳勉學校)、《醫學發明》一卷(題新安吳勉學校)、《湯液本草》三卷(題海藏王好古類集;新安吳中珩校正。前有王好古序)、《內外傷辨》三卷(題東垣李杲撰;新安吳勉學校。前有李杲序)、《醫壘元戎》一卷(題新安吳中珩校)、《海藏癍論萃英》一卷(題新安吳勉學校)、《東垣先生此事難知集》二卷(題新安吳勉學校。前有荆南一人、王好古序)、《外科精義》二卷(題醫學博士選充御藥院外科太醫齊德之纂集;明新安後學吳勉學校正)、《活法機要》一卷(題新安吳中珩楚白校正)、《醫經溯洄集》一卷(題魏博王履著;新安吳勉學校)。

《四庫全書總目》入子部醫家類存目,《總目》云:"不著編輯者名氏,其中《辨惑論》三卷、《脾胃論》三卷、《蘭室秘藏》三卷,實李杲之書。《崔真人脉訣》一卷,稱杲批評。其餘六書,惟《湯液本草》三卷、《此事難知》二卷,爲王好古所撰,其學猶出於東垣,至朱震亨《局方發揮》一卷、《格致餘論》一卷、王履《醫經溯洄集》一卷、齊德之《外科精義》二卷,皆與李氏之學淵源各別,概名爲東垣之書,殊無所取,蓋書肆刊本,取盈卷帙,不計其名實乖舛耳。"

王肯堂序云:"夫東垣以高世卓識,一掃醫學之弊,直探往聖開物之心,魯齋先生稱爲醫之王道者。《十書》獨羽《內經》,並菽粟以行於世,總之淵源於《內經》。語曰醫不三世,不服其藥,有如此之淵源,猶之揖秦越人和緩諸醫而致之席也。"

此書版本較雜,今所知者,有明刻本(十行十七字,四周雙邊,黑口)、明嘉靖八年遼藩朱寵瀼梅南書屋刻本(十一行二十字,左右雙邊,白口)、明嘉靖十七年詹氏進賢書堂刻本(不計行格,四周雙邊,白口)、明萬曆十一年周曰校刻本(十三行二十六字,四周雙邊,白口)、明書林楊懋卿刻本(九行二十字,四周單邊,白口)、明書林德馨堂刻本(行款同前本)。此明刻本,中國醫學科學院、齊齊哈爾市圖書館等四館亦有入藏,行款同此本,然著録子目多出《局方發揮》一卷、《脾胃論》三卷、《格致餘論》一卷、《蘭室秘藏》三卷四種。此哈佛本則多出《醫學發明》一卷、《活法機要》一卷兩種。又美國國會圖書館也有此書,但不知同板否。

1145 明萬曆刻清修補印本古今醫統正脈全書

T7903/7621

《古今醫統正脈全書》二百六卷,明王肯堂編。明萬曆二十九年(1601)吳勉學刻清修補印本。六十二册。半頁十行二十字,四周單邊,白口,單魚尾。框高 22.6 釐米,寬 15 釐米。前有萬曆二十九年吳勉學序。

此書輯録歷代醫家名著四十四種,此本存《重廣補注黃帝内經素問》二十四卷遺篇一卷(唐王冰注;宋林億等校正;孫兆改誤)、《黃帝素問靈樞經》十二卷、《鍼灸甲乙經》十二卷(晉皇甫謐撰)、《華先生中藏經》八卷(漢華陀撰)、《脉經》十卷(晉王叔和撰)、《難經本義》二卷(元滑壽撰)、《注解傷寒論》十卷(漢張機撰;金成無已注)、《傷寒明理論》四卷(金成無已撰)、《新編金匱要略方論》三卷(漢張機撰)、《增注類證活人書》二十二卷(宋朱肱撰)、《素問玄機原病式》一卷(金劉完素撰)、《傷寒標方心法類萃》二卷(金劉完素撰)、《黃帝素問宣明論方》十五卷(金劉完素撰)、《劉河間傷寒醫鑒》一卷(元馬宗素撰)、《素問病機氣宜保命集》三卷(金劉完素撰)、《劉河間傷寒直格論方》三卷(金劉完素撰;元葛雍編)、《河間傷寒心要》一卷(金鎦洪編)、《張子和心鏡別集》一卷(金常德編)、《脉訣》一卷(宋崔嘉彥撰)、《局方發揮》一卷(元朱震亨撰)、《脾胃論》三卷(金李杲撰)、《格致餘論》一卷(元朱震亨撰)、《蘭室秘藏》三卷(金李杲撰)、《内外傷辨》三卷(金李杲撰)、《東垣先生此事難知集》二卷(元王好古撰)、《湯液本草》三卷(元王好古撰)、《醫經溯洄集》一卷(元王履撰)、《外科精義》二卷(元齊德之撰)、《醫壘元戎》一卷(元王好古撰)、《海藏癍論萃英》一卷(元王好古撰)、《丹溪先生心法》五卷附錄一卷(元朱震亨撰)、《新刻校定脉訣指掌病式圖說》一卷(金李杲撰)、《丹谿先生金匱鉤玄》三卷(元朱震亨撰)、《醫學發明》一卷(元朱震亨撰)、《活法機要》一卷(元朱震亨撰)、《秘傳證治要訣》十二卷(明戴元禮撰)、《證治要訣類方》四卷(明戴元禮撰)、《儒門事親》十五卷(金張從正撰)、《傷寒瑣言》一卷(明陶華撰)、《傷寒家秘的本》一卷(明陶華撰)、《殺車槌法》一卷(明陶華撰)、《傷寒一提金》一卷(明陶華撰)、《傷寒證脉藥截江網》一卷(明陶華撰)、《傷寒明理續論》一卷(明陶華撰)，佚《張子和心鏡別集》並《傷寒瑣言》、《傷寒明理續論》等七種。

吴勉學序云："不佞勉學，聞見寡昧，而於醫學獨加意焉。竊謂醫有統有脈，得其正脈而後可以接醫家之統。醫之正脈，始於神農黄帝，而諸賢直溯正脈，以紹其統於不衰，猶之禪家仙派千萬世，相續而不絕，未可令其闕略不全，使觀者無所考見也。因詮次成編，名曰《醫統正脈》而刻之。"

此本有扉頁，刊"古今醫統正脈全書。金壇王宇泰先生彙輯。本衙藏板"。又第34冊有扉頁，刊"東垣十書。金壇王宇泰訂正。敦化堂藏板。脈訣、局方發揮、脾胃論、格致餘論、蘭室秘藏、辯惑論、此事難知、湯液本草、溯洄集、外科精義、醫壘元戎、癍論萃英"。《脈訣》前有王肯堂《東垣十書》總序，可證此書又拼入《東垣十書》之板片并重印。

《四庫全書總目》未收。《中國古籍善本書目》著錄明萬曆二十九年吴勉學刻本。浙江圖書館、甘肅省圖書館等六館、臺北"故宮博物院"，及日本内閣文庫亦有入藏。

1146　明萬曆刻清初修板印本證治準繩

T7903/1129

《證治準繩》四十四卷，明王肯堂撰。明萬曆三十年(1602)至三十六年(1608)王肯堂刻清初修板印本。八十冊。半頁九行十八字或十行二十字或十行二十一字，左右雙邊或四周單邊，白口，單魚尾。框高20.2釐米，寬13.7釐米。題"金壇王肯堂輯"。前有萬曆三十年王肯堂自序。

王肯堂，字宇泰，號損庵，自號念西居士。江蘇金壇人。萬曆十七年進士。選庶吉士，授翰林院檢討，因博學多聞，聲著館閣。萬曆二十年，倭寇犯朝鮮，肯堂上疏，請假御史銜，練兵海上，不見納，故引疾辭官。家居十四年，究心醫道，日以著述自娛。萬曆丙午，吏部侍郎楊時喬力薦之，補南京行人司副，以福建參政致仕。萬曆癸丑卒，年六十五。

此書取名準繩，乃作者爲不知醫不能脈者，因證檢書，而得治法故也。計《證治準繩》八卷、《女科證治準繩》五卷、《幼科證治準繩》九卷、《瘍醫準繩》六卷、《傷寒證治準繩》八卷、《雜病證治類方》八卷。其書採摭繁富，而參驗脈證，辨別異同，條理分明，具有端委，故博而不雜，詳而有要，於寒溫攻補，無所偏主。

王氏自序云："定省之餘，頗多暇日，乃復取岐黄家言而肆力焉。二親篤老善病，即醫非素習，固將學之，而況乎輕車熟路也。於是聞見日益廣，而藝日益精，鄉曲有抱沉痾醫技告窮者，叩閽求方，亡弗立應，未嘗敢萌厭心，所全活者稍稍衆矣。而又念所濟僅止一方，孰若著爲書，傳之天下萬世耶！偶嘉善高生隱從余遊，因遂採取古今方論，参以鄙見，而命高生次第錄之，遂先成雜病論與方各八巨袠。高生請名,余命之曰《證治準繩》……家貧無貲,假貸爲之不能就其半,會侍御周鶴陽公,以按藨行縣至金壇,聞而助成之,遂行於世。"

此本卷一第一頁書口下刻"武進陳時泰書"。扉頁刊"準繩六種。王宇泰先生鑒定。重脩證治準繩。虞衙藏板"。

《四庫全書總目》入子部醫家類。《中國古籍善本書目》著錄。上海圖書館、南京圖書館等七館,及美國國會圖書館、普林斯頓大學葛思德東方圖書館、日本內閣文庫、京都大學人文科學研究所亦有入藏。

1147　明萬曆刻崇禎重修本醫學六要　　　　　　　　　　T7903/1318

《醫學六要》十九卷,明張三錫撰。明萬曆刻崇禎十七年(1644)張維藩等重修本。二十八冊。半頁九行十八字,四周單邊,白口,單魚尾,書口下刻字數。框高 21.5 釐米,寬 13.2 釐米。有圖。前有萬曆三十七年(1609)王肯堂序,崇禎十七年張維藩、維翰序。

張三錫,字叔承,號嗣泉。原籍盱江,後徙居南京。世業醫,承家學,苦心鑽研三十年,王肯堂稱之爲醫聖。

是編成於萬曆十三年,以醫學大端有六,分別論列,爲《經絡考》一卷《四診法》一卷《病機部》二卷《運氣略》一卷《本草選》六卷《治法彙》八卷。張三錫六要說云:"夫醫上自炎黃秦漢,下迄唐宋金元,其書汗牛充棟,不爲不多。第純駁不同,繁則嫌其泛雜,簡又失之缺略,且義例乖違,篇章紕繆,遵行不易,披會亦難。錫家世業醫,致志三十餘年,僅得古人治病大法有八,曰陰、曰陽、曰表、曰裏、曰寒、曰熱、曰虛、曰實,而氣血痰火盡該於中。醫學大旨有六,曰診法、曰經絡、曰病機、曰藥性、曰治法、曰運氣。蓋診法不明,安知病情,故首刻四診法。經絡不分,安知病根?病機不察,安知傳變?故次經絡考,次病機部。藥性不熟,何以處方?綱目雖備,切要惟緊,故次本草選。治病無法,何以取效?且不知天地陰陽五行生化之源,何以明經?故次治法彙,次運氣略。匪敢妄附己見,實博採群書,各萃其要焉。"

張維藩等序云:"先大父……遊神杏圃,繫留都醫林望者垂三十年,而今奄棄三世,藩等恨不能親承提命。所可幸者,潛窺羲黃蘊奧,勒成一帙,其名曰《醫學六要》,凡我同志,靡不朝吟而夕誦焉。惜乎𡒘天變之火,其版燼其半,至今抱遺恨焉。賴有朱君號敬橋者,出所藏書,付之剞劂氏,補殘缺,訂訛謬,而依然復行矣。是集也,於先人遺編,用是闡明而紹繹之,而亦可補於後學之指南云。"

此本有扉頁,刊"醫學準繩六要。王肯堂、張嗣泉兩先生秘授。經絡考、四診法、病機部、運氣略、本草選、治法彙。聚錦堂梓"。

《四庫全書總目》入子部醫家類存目。《中國古籍善本書目》著錄。南京圖書館、中國科學院圖書館等五館,及日本內閣文庫亦有入藏。

鈐印有"曾在李畊香處"、"蕉雨亭"。

1148　清康熙刻後印本張氏醫書七種　　　　　　　　　　T7903/1316

《張氏醫書七種》,清張璐等撰。清康熙刻後印本。三十六冊。半頁九行二十字,四周單邊,白口,無魚尾。框高 18.6 釐米,寬 12.1 釐米。

張璐,字路玉,號石頑老人,江蘇長洲人。生於萬曆四十五年,少穎悟,博貫儒業。明季亂中,隱於洞庭山十餘年,專心醫藥之書。所著醫書多種,在世時已陸續刊刻行世。其子登、倬亦通醫術。後人彙印張氏父子著作爲《張氏醫書七種》。《明史》卷五〇二有傳。

《張氏醫通》十六卷,清張璐撰。前有康熙四十八年朱彝尊序,康熙三十二年張汝瑚序,康熙三十四年張璐序,康熙三十八年張大受序;康熙四十四年張以柔進《醫通》疏;《凡例》六則;《石頑老人醫門十戒》;參閱姓字,引用書目。是書取歷代名家方論,彙次成編。卷一至一二分中風、諸傷、寒熱、諸氣、諸嘔逆、諸血、諸痛、痿痹、諸風、神志、大小府、七竅、瘡瘍、雜、婦人、嬰兒等門。卷一三以下爲各門醫方。

《本經逢原》四卷,清張璐撰。題"長洲石頑張璐路玉父纂述;男登誕先、倬飛疇參訂"。前有康熙三十四年張璐小引。是書以神農本經爲主,而加以發明,兼及諸家治法。分水、火、土、金、石、鹵石、山草、芳草、隰草、毒草、蔓草、水草、石草、苔草、穀、菜、果、水果、味、香木、喬木、灌木、寓木、苞木、藏器、蟲、龍蛇、魚、介、禽、獸、人各部。

《石頑老人診宗三昧》一卷,清張璐撰,清張倬等輯。題"男登誕先、倬飛疇、以柔安世編次;門人鄒岐恒友較訂"。前有康熙二十八年郭琇序。是書專明脈理,列宗旨、醫學、色脈、脈位、脈象等目。

《傷寒纘論》二卷,清張璐撰。題"長洲張璐路玉銓次;男登誕先、倬飛疇參訂;同邑李瑾懷茲較正"。前有康熙四年胡周鼐序,康熙六年張璐序。是書取張機《傷寒論》重分其例,採諸家注爲之發明,並參己見。

《傷寒緒論》二卷,清張璐撰。題"長洲張璐路玉纂述;男登誕先、倬飛疇參訂;門人施關錫元倩較"。前有李瑾序。搜羅前人之論,以補《傷寒論》之未備。

《傷寒舌鑒》一卷,清張登撰。題"長洲張登誕先彙纂;同邑邵之鵬三山較"。前有張倬跋(此跋有"由是取仲景原文,銓次作注,採先哲格言補輯成章,勒成《纘》、《緒》二論……命倬整理付梓"之語,故此跋當爲《傷寒纘論》、《傷寒緒論》而作,應附《傷寒緒論》之末),康熙七年張登序。取觀舌心法,參以己所親歷,共百二十圖。

《傷寒兼證析義》一卷,清張倬撰。題"長洲張倬飛疇著;門人□□鼎禹九、蘇繼瞻尊其較"。論各證兼傷寒者,如《中風兼傷寒論》、《虛勞兼傷寒論》、《瀉利兼傷寒論》、《胎産兼傷寒論》等。

《張氏醫通》張璐自序云:"己亥賦歸故園,篋中輯得方書一通,因名《醫歸》,大都吻合準繩,其間彙集往古傳習諸篇,多有不能暢發其義者,次第以近代名言易之。草創甫成,同人速予授梓。自揣多所未愜,難以示人,僅以傷寒纘、緒二論先行問世,頗蒙宇内領之。"《張氏醫通》初名《醫歸》,初創於隱居洞庭之時,稿凡十易。唯成書甚早而迄未刊刻,中間遺失目科、痘疹兩冊。至康熙三十四年七十九歲時始命子張倬、張以柔補足兩科,並易名爲《醫通》,刊刻行世。

《傷寒纘論》前有扉頁,刻"《傷寒大成》。吳門張路玉先生手述。金閶書業堂梓行。一刻《傷寒纘論》,一刻《傷寒緒論》,附刻《傷寒舌鑒》、《傷寒兼證析義》。《醫歸》嗣出。"知《傷寒纘論》以下四種刻行時間較先,其時《醫歸》之名尚未改易,故有"《醫歸》嗣出"之語。

康熙四十四年聖駕南巡,璐子以柔將其著作進獻,進疏云:"臣故父臣張璐自幼讀書,旁通醫術,年逾八十,纂述成書。所有《醫通》一十六卷,《本經逢原》四卷,《診宗三昧》一卷,《纘論》、《緒論》四卷,俱經刊板行世。"其時諸書皆已刻板梓行。此本當以舊板彙印,增入進疏、朱彝尊序等。

《四庫全書總目》子部醫家類存目著錄有《張氏醫通》、《傷寒鑽論》、《傷寒緒論》、《本經逢原》及《診宗三昧》。《中國叢書綜錄》著錄此書,有清康熙中寶翰樓刻本,中醫科學院圖書館、華東師大圖書館、遼寧省圖書館等藏;清乾隆嘉慶間金閶書業堂刻本,中國科學院圖書館等藏。此書又有日本文化元年刻本等。

《傷寒緒論》序末有光緒二十年綏芬恩裕手書跋語,全書眉端間有評語,亦出其手。

1149　清乾隆刻本六醴齋醫書　　T7903/0810

《六醴齋醫書》十種,清程永培輯。清乾隆程氏刻本。二十冊。半頁八行十九字,左右雙邊,白口,無魚尾。書口下刻"於然室"或"修敬堂"或"心導樓"。框高15釐米,寬10.3釐米。

子目:

《褚氏遺書》一卷,南齊褚澄撰

《葛仙翁肘後備急方》八卷,晉葛洪撰

《元和紀用經》一卷,唐王冰撰

《蘇沈內翰良方》十卷,宋蘇軾、沈括撰

《十藥神書》一卷,元葛乾孫撰

《加減靈秘十八方》一卷,明胡嗣廉輯

《韓氏醫通》二卷,明韓悉撰

《痘疹傳心錄》十九卷,明朱惠明撰

《折肱漫錄》七卷,明黃承昊撰

《慎柔五書》五卷,明釋住想撰

程永培,字心栽,號瘦樵,江蘇吳縣人。著有《咽喉經驗秘傳》。

此書《元和紀用經》末有程永培跋;《蘇沈內翰良方》末有程永培跋;《十藥神書》末有程永培跋;《韓氏醫通》末有乾隆四十二年程永培跋;《痘疹傳心錄》前有程永培序,末有乾隆五十一年程永培跋;《折肱漫錄》末有乾隆五十九年程永培跋;《慎柔五書》前有乾隆五十一年王陳梁跋。跋中或言及刻書事。從程氏諸跋題署及鐫刻木記,知其室名有"於然山房"、"綠參差樓"、"紫藤花下讀書軒"等,此本當其自刻。

各書前或有扉頁,刻"修敬堂"或"修敬堂藏板"。

《中國叢書綜錄》、《全國中醫圖書聯合目錄》著錄,多家圖書館有藏。此書又有光緒間刻本及民國間石印本。

1150　明嘉靖影宋刻本重廣補注黃帝內經素問　　T7910/4802

《重廣補注黃帝內經素問》二十四卷,唐王冰注,宋林億等校正,孫兆改誤。明嘉靖二十九年(1550)顧從德影宋刻本。十冊。半頁十行二十字,左右雙邊,白口,單魚尾,書口下有刻工。框高21.7釐米,寬15釐米。題"啓玄子次注;林億、孫奇、高保衡等奉勅校正;孫兆重改誤"。前有林億序,寶應元年(762)王冰序。末有嘉靖二十九年顧從德後序。

王冰,號啓玄子,唐代醫家。寶應年間,曾任太僕令,精於醫術、養生。

顧從德後序云:"家大人未供奉內藥院時,見從德少喜醫方術,爲語曰:'世無長桑君指授,不得飲上池水,盡見人五藏,必從黄帝之脈書,五色診候,始知逆順陰陽,按奇絡活人,不然者雖聖儒無所從精也。'今世所傳《内經素問》,即黄帝之脈書,廣衍於秦越人,陽慶、淳于意諸長老,其文遂似漢人語,而旨意所從來遠矣。客歲,以試事北上,問視之暇,遂以宋刻善本見授,曰:'廣其傳,非細事也,汝圖之。'……是書也,家大人仰副今上仁壽天下之意甚切,亟欲廣其佳本,公暇校讎,至忘寢食,予小子敢遂翻刻,以見承訓之私云。"此顧氏翻刻宋本,書中凡遇宋諸廟諱,皆闕末筆,爲影宋刻之絶佳者。

刻工有王大、王文、王仁、王迪、王与、王椿、丁保、周才、周賜、周琳、林明、林宗、林仁、林茂、黄与、黄運、朱保、江壽、付益、李昱、詹才、鄭友、薛惇、程保、鄭保、鄭俊、陳山、陳安、陳從、陳富、陳英、陳德、張詢。

《四庫全書總目》入子部醫家類。《中國古籍善本書目》著録。中國國家圖書館、上海圖書館等四十館,臺北"國家圖書館"(六部),及日本內閣文庫亦有入藏。

鈐印有"萬玉樓"、"抱經樓"。

1151　明萬曆刻本鍥王氏秘傳圖注八十一難經評林捷徑統宗

T7903/7042.1(9-10)

《鍥王氏秘傳圖注八十一難經評林捷徑統宗》六卷,明王文潔撰。明萬曆二十七年(1599)書林劉朝琯安正堂刻本。二册。半頁九行二十一字,上白口,下黑口,雙魚尾,四周雙邊。上欄刻注。框高19.4釐米,寬12.2釐米。題"春秋齊渤海扁鵲秦越人著撰;撫東無爲子冰鑑王文潔圖注;書林安正堂雙松劉朝琯繡梓"。前有萬曆二十七年魏時亨序。

王文潔,字冰鑑,號無爲子,江西撫東人。推崇古人方脉,尤泥於太素脉。

《難經》一書,相傳爲秦越人所著,但《史記·扁鵲傳》、《漢書·藝文志》均無記載。此書設有八十一難,以設難答疑形式解答并發揮《内經》理論,内容包括人體生理、解剖、病理、診斷、病證、治療諸方面。以條文順序言之,一至二十二難論脉學,二十三至二十九難論經絡,三十至四十七難爲論臟腑,四十八至六十一難論疾病,六十二至六十八難論腧穴,六十九至八十一難論針法。《難經》一書注家頗多,此爲王文潔注本,每難之後均有圖解,亦間可闡發經文之藴義。

魏時亨序云:"醫道以内經爲統,而古今名賢皆有著作,然未有若扁鵲《難經》一書,發明《素問》、《靈樞》之旨,使人身三焦、營衛、關格、經絡同流大虛之理昭然於八十一難之中,至秦越人嘗注以釋之,當與六經注疏并傳可也。中季以來,脉理湮微,傳注舛錯,其攻習醫業者,多不本於儒術,或得其言而不得其所以言。在扁鵲,固欲因經以設難;在越人,尤欲釋難以明經;在今人,不免泥經以觀難,又不免緣難以漓經,經漓而道愈背矣,夫豈作者意哉! 余檢校方書,每用憮然。東友冰鑑王氏,究心醫業,察前晰後,擊蕊廓蒙於八十一難,又發其變通之用於圖評之間,無乃亦遇神人,飲以上池之水,盡見五臟癥結,特以診脉爲名而託跡於是舉耶? 書梓於書林安正堂,劉雙松君命序於余,余喜其書之可傳,非惟能發扁鵲未發之秘,其於黄帝妙義亦深有補矣。"

末刻童子手執荷蓋蓮花牌記,有"萬曆己亥歲孟冬劉氏安正堂舍梓"。

《四庫全書總目》未收。《中國古籍善本書目》著録。上海圖書館、中國醫學科學院亦有入藏。

鈐印有"柳外園藏書印"。

1152　明天啓自刻本類經　　　　　　　　　　T7924/1383

《類經》三十二卷,明張介賓類注;《圖翼》十一卷《附翼》四卷,明張介賓撰。明天啓四年(1624)自刻本。二十四册。半頁八行十八字,四周單邊,白口,單魚尾。框高21.4釐米,寬13.6釐米。題"會稽通一子景岳張介賓類注"。前有天啓四年葉秉敬序,天啓四年張介賓自序(佚半頁)。《類經圖翼》前有張介賓自序。

張介賓,字會卿,號景岳。山陰人。素喜端静,年十三隨父至京師,從名醫金英學,盡得其傳。年四十從戎幕府,居數年無所就,乃歸鄉里,肆力於醫,遍讀名醫之書,醫道日進,聲名日彰。其於醫,效法李東垣、薛立齋。其臨證,必沉思病源,雖單方重劑,莫不應於霍然。介賓博學多識,凡韜略、相術、星緯、堪輿、律吕皆通,而於醫道最精。

此書乃繼《太素》之後,對《内經》分類詳注之作,注釋詳盡,多有發明。其從易理、五運六氣、臟腑陰陽氣血之理論闡發經文蕴義,啓迪後人,深爲後世所推崇。全書分攝生、陰陽、臟象、脉色、經絡、標本、氣味、論治、疾病、針刺、運氣、會通十二類,綱目清晰,條理分明,較《内經》更有系統。

《圖翼》卷一至二爲運氣,於五運六氣之理論,采用圖解及文字説明之;卷三至一一爲針灸,於臟腑、骨度部位、十二經起止、經穴諸證、針灸治法有系統論述,又繪有圖解,編有歌訣,使人易懂易記。《附翼》卷一《醫易》,論述《易經》與中醫學理論之關聯;卷二《律原》,述古代音律理論與醫學之關係;卷三《求正錄》,載介賓之醫論;卷四《附針灸諸賦》,續集前代名家之針灸歌賦。

張介賓自序云:"余究心是書,嘗爲摘要,將以自資而繼繹之久,久則言言金石,字字璣珠,竟不知孰可摘而孰可遺,因奮然起念,冀有以發隱就明,轉難爲易,盡啓其秘,而公之於人,務俾後學了然,見便得趣,由堂入室,具悉本原,斯不致誤己誤人,咸臻至善。於是乎求其法,則唯有盡易舊制,顛倒一番,從類分門,然後附意闡發,庶晰其蕴,然懼擅動聖經,猶未敢散也。粤稽往古,則周有扁鵲之摘難,晉有玄晏先生之類分,唐有王太僕之補削,元有滑櫻寧之撮鈔,鑒此四君子而後意决。且此非十二經之比,蓋彼無須類,而此欲醒瞶指迷,則不容不類以求便也。由是徧索兩經,先求《難》、《易》,反復更秋,稍得其緒,然後合兩爲一,命曰《類經》。類之者,以《靈樞》啓《素問》之微,《素問》發《靈樞》之秘,相爲表里,通其義也。"

葉秉敬序云:"景岳,名介賓,字會卿,爲會稽之杰士。幼禀明慧,自六經以及諸子百家,無不考鏡,而從其尊人壽峯公之教,得觀《内經》,遂確然深信,以爲天地人之理盡備於此,此即所爲伏羲之《易》也。於是出而治世之病,一以《内經》爲主,小試則小效,大試則大效,無所不試,則無所不效。""猶恐《内經》資其自用而不能與天下共用,遂乃著而爲《類經》,一曰攝生、二曰陰陽、三曰藏象、四曰脉色、五曰經絡、六曰標本、七曰氣味、八曰論治、九曰疾病、十曰鍼刺、十一曰運氣、十二曰會通,共三十二卷,犁爲三百九十條,更益以《圖翼》十一卷、《附翼》四卷。觀其運氣諸圖注,則天道可悉諸掌;觀其經絡諸布置,則藏象可洞其垣;觀其治法之玄機,則見之諸條詳按。凡其辨疑發隱,補缺正訛,别精氣,析神明,分真假,知先後,察氣數初中之妙;審陰陽闔闢之機,原始要終,因常知變,靡不殫精極微,秋毫無漏。此書一出,當使《靈素》與羲《易》並行,其有功於軒岐大矣。""余自江右參藩歸家十餘年,而景岳亦自長安歸家,特從會稽過轂水見余於崢嶸山下,曰《類經》成矣。余得而讀之,一讀一踴躍,再讀再踴躍,即請付之梓……余獲此編,大喜大快,冀速其傳,遂爲序之而贊其刻之。"

此本有圖,甚精。卷一第一頁書口下刻"會稽謝應魁鐫"。《類經圖翼》卷一第一頁書口下刻"汝光"。

《四庫全書總目》入子部醫家類。《中國古籍善本書目》著録。上海圖書館、南京圖書館等二十二館,臺北"國家圖書館"、東海大學圖書館,及日本内閣文庫(三部)亦有入藏。

鈐印有"小野□家藏書"。

1153 明萬曆刻本重修政和經史證類備用本草　　　　　　　　T7970/0692B

《重修政和經史證類備用本草》三十卷目録一卷,宋唐慎微撰,寇宗奭衍義。明萬曆九年(1581)金陵唐對溪富春堂刻本。二十二册。半頁十一行二十一字,左右雙邊,白口,單魚尾,書口下刻"富春堂梓"。框高19.8釐米,寬14.1釐米。卷三題"成都唐慎微續證類;中衛大夫康州防禦使句當龍德宮總轄修建明堂所醫藥提舉入内醫官編類聖濟經提舉大醫學臣曹孝忠奉敕校勘"。前有成化四年(1468)商輅序,政和六年(1116)曹孝忠序,己酉麻革序。末有嘉祐二年(1057)補注本草奏勅,嘉祐五年進圖經本草奏勅;政和六年證類本草校勘官敘;證類本草所出經史方書二百四十七家。

唐慎微,字審元。成都華陽人。貌寢陋,舉措語言樸訥而中極明敏。其治病百不失一,於人不以貴賤,有召必往,寒暑雨雪不避。

此書原名《經史證類備急本草》,宋大觀三年,經醫官艾晟等重修後,作爲官定本刊行,遂改名爲《經史證類大觀本草》。政和六年,又經醫官曹孝忠重加校訂,復改爲《政和新修證類備用本草》。宋淳祐九年,平陽張存惠將寇宗奭《本草衍義》隨文散入書中,作爲增訂,遂成今名。是書廣收博引,内容豐富,除系統集録上自《神農本草經》,下迄唐宋各家醫藥名著外,還收輯經史傳記、佛書道藏中有關藥物學資料,選輯書目達二百四十七種,爲研究六朝、唐、宋亡佚方書之重要文獻。其圖繪較精緻,集宋以前藥物學之大成,在李時珍《本草綱目》刊行前,一直作爲研究本草學之範本。目録末刊"嘉祐補注本草藥品一千一百一十八種,證類本草新增藥品六百二十八種,總一千七百四十六種"。

此爲殘本,存卷三至三〇。

此本有扉頁,刊"全補圖經證治大觀本草。原傑山東原板。校正重刻。萬曆辛巳春金陵唐氏對溪梓"。序後有雙龍大龜牌記,刊"重修本艸之記。此書世行久矣,諸家因革不同,今取證類本尤善者爲槀模,增以寇氏衍義,別本中方論多者悉爲補入。又有本經別録,先附分條之類,其數舊多差悮,今亦攷正。凡藥有異名者,取其俗稱注之目録各條下,俾讀者易識,如蚤休云紫河車,假蘇云荆芥之類是也。圖像失真者,據所嘗見,皆更寫之,如竹分淡苦菫三種,食鹽著古今二法之類是也。字畫謬誤,殊關利害,如升斗疽疸,上下千十未末之類,無慮千數,或證以別本,質以諸書,悉爲釐正。疑者闕之,敬俟來哲,仍廣其脊行,以便綴緝,庶歷久不壞。其間致力極意,諸所營制,難以具載,不敢一毫苟簡,與舊本頗異,故目之曰重修。天下名賢士夫,以舊鑒新自知矣。泰和甲子下己酉冬日南至晦明軒謹記。富春堂刊"。

是書今存最早版本爲蒙古定宗四年(1249)張存惠晦明軒刻本(中國國家圖書館有全帙),明代又有成化四年原傑、雷復等刻本,嘉靖二年陳鳳梧刻本,嘉靖十六年楚府崇本書院刻本,嘉靖三十一年周珫、李遷刻本,隆慶三年刻本,隆慶六年施篤臣、曹科刻本,萬曆五年蜀府刻本,萬曆六年歸仁齋刻本，萬曆十五年内府刻本，天啓五年曹爾楨、樊時英等刻本。此本爲翻明成化四年原傑、雷復等刻本。

《四庫全書總目》入子部醫家類。《中國古籍善本書目》未著録此本。

1154 明萬曆刻本食物本草 T7972/8523

《食物本草》七卷，元李杲輯；《日用本草》三卷，元吳瑞輯，明錢允治校注。明萬曆四十八年（1620）世慶堂刻本。五册。半頁九行二十字，四周單邊，白口，單魚尾。框高20.2釐米，寬12.4釐米。題"元東垣李杲編輯；明吳郡錢允治校訂"。《日用本草》題"元海寧吳瑞編輯；明吳郡錢允治校注"。前有萬曆四十八年錢允治序，谷中虛序。

李杲，見《東垣十書》。

吳瑞，字瑞卿，又字元卿。浙江海寧人。精醫，曾任海寧縣醫學教授。

是書卷一《水類》、《穀類》，卷二《菜類》，卷三《果類》，卷四《禽類》，卷五《獸類》，卷六《魚蟲類》，卷七《味類》、《附録五味忌宜食物相反及諸解毒節制法》。《日用本草》爲本書之第八至一〇卷，分別爲《米穀類》、《瓜菜類》、《果品類》、《飛禽類》、《走獸類》、《鱗甲類》、《五味類》。

錢允治序云："不佞不習醫，而頗識亥豕魯魚，僭加評注，每條前後細書駁正，補其缺失，雖得罪先正弗顧也。嗟乎！人性南北異禀，食物南北異種，一或犯之，立見棘喉潰腹，縱飲食以傷生，可不慎之哉！故周禮有食醫，良有以也。太末翁氏，好刻奇編，初獲此書，訛繆特甚，乃請校不佞。"

此本有扉頁，刊"鐫王宇泰合訂東垣食物本草。斯集迺内府秘書，本坊近覓真本，復懇翰林王宇泰先生，嚴加參訂校讎，犁正魯魚亥豕，以便士庶知飲食調養之法門，□却病延年之秘訣。識者辨之。世慶堂梓行"。

《四庫全書總目》未收。《中國古籍善本書目》著録。北京大學圖書館、上海中醫藥大學圖書館等五館，臺北"國家圖書館"亦有入藏。

鈐印有"至誠房印"、"護法"。

1155 明刻巾箱本食物本草 T7972/8254

《食物本草》三卷。明夷白堂刻巾箱本。三册。半頁六行十四字，四周單邊，白口，無魚尾。框高11.3釐米，寬6.6釐米。題"夷白堂主人校刊"。前有谷中虛序。

卷上《水類》、《穀類》、《菜類》，卷中《果類》、《禽類》，卷下《獸類》、《魚類》、《味類》。

名《食物本草》之明刻本，計有六種，一爲七卷本（題金李杲輯），明萬曆四十八年刻，藏北京大學圖書館、上海中醫藥大學圖書館等館；一爲二十二卷本（題金李杲輯，明李時珍訂），明天啓刻清初修補印本，藏中國國家圖書館、臺北"國家圖書館"等館；一爲十卷本（題金李杲撰，明錢允治校訂），明萬曆四十八年吳郡錢允治校刻，藏臺北"國家圖書館"；一爲四卷本（明盧和撰），明隆慶五年一樂堂后泉書舍刻，藏廣東中山圖書館；一爲二卷本，明隆慶四年谷中虛刻，藏中國醫科大學圖書館；一即爲此夷白堂刻巾箱本。

查日人丹波元胤編《中國醫籍考》卷一五食治，著録有"夷白堂主人《食物本草》，三卷，存"。《醫籍考》又録"盧氏和《食物本草》，二卷，存。汪氏穎《食物本草》，二卷，未見。李時珍曰：《食物本草》，正德時九江知府江陵汪穎撰。東陽盧和字廉夫，嘗取本草之繫於食品者，次編此書。穎得其稿，釐爲二卷，分爲水、穀、菜、果、禽、獸、魚、味八類云"。盧和，字廉夫，浙江東陽人，又著有《丹溪纂要》二卷。

此本所分八類，與盧和本之八類相同。館藏七卷本，其分類及内容也與此本同，但在《味類》後，多出附録《五味忌宜食物相反及諸解毒節制法》。據云，盧和本與明薛己《本草約言》卷三至四《食物本草》内容全同，余未及相核。薛己亦正德間人，與盧和同時，爲御醫，擢南京院判，嘉靖間進院使。《食物本草》的真正作者必二者其一。

夷白堂，爲萬曆間杭城書肆，其主人即楊爾曾，字聖魯，自號雉衡山人，又號夷白主人。夷白堂又刻有《海内奇觀》、《圖繪宗彝》、《高氏三宴詩集》、《香山九老詩》等。

《四庫全書總目》未收。《中國古籍善本書目》未著録。日本内閣文庫有江户時代寫本，題"清夷白堂主人校，江户寫"。

1156　明末刻清印本食物本草　　　　　T7972/4469.4

《食物本草》二十二卷首一卷，題元李杲輯，明李時珍訂。明末南城翁少麓刻清印本。十二册。半頁九行二十字，四周單邊，白口，單魚尾。框高 21.6 釐米，寬 13.4 釐米。題"元東垣李杲編輯；明瀕湖李時珍參訂"。前有谷中虚序，天啓元年(1621)錢允治序，李時珍序；《凡例》十一則。有圖。

此書首一卷《食物論》，明李時珍撰；《濟饑急救方》，唐孫思邈撰；《辟穀救饑簡易方》，晉劉景先撰；《煮豆法》，宋黄庭堅撰；又《救荒野譜》，明王西樓輯六十種，明姚可成補輯六十種，共一百二十種，分草類、木類。卷一至四《水部》，卷五《穀部》，卷六至七《菜部》，卷八至九《果部》，卷一〇《鱗部》，卷一一《介部》，卷一二《禽部》，卷一三至一四《獸部》，卷一五至一六《味部》，卷一七至一九《草部》，卷二〇《木部》，卷二一《火部》、《金部》、《玉石部》、《土部》，卷二二《攝生諸要》、《治蠱論方》。全書以頤生日用之要，别類分門，詳詮細考，於凡載籍之所傳、見聞之所及，以及庖司客座之所手經口授者，罔不兼收該採，計得其目者，凡二千餘條。

錢允治序云："《食物本草》者，東垣氏所作，而東璧氏之所輯也。東垣爲元名醫，其書已集從前所有，而廣後來所無矣。洒東璧爲我明名醫巨擘，生平積苦纂述，具在《本草綱目》一書，其胤子公諸天下，獻之明廷，業已見其學術之大全矣。乃於編摩餘暇，取凡日用飲食、品物性味，其可增删於東垣氏原編者，無不留意，蒐羅既富，採訪更精，顏其書猶是《食物本草》也。而披卷瀏覽，燦若一新，條列部類，種種詳析，大非昔日舊觀。部分水、穀、菜、果、鱗介、蛇蟲、禽獸、味、草、木、火、金、玉石、土，共部一十有六。類分水五、穀七、菜五、果六、鱗二、介二、蛇蟲二、禽四、獸四、味四、草八、木五、火一、金一、玉石一、土一，共類五十有八。次附救荒野譜、治蠱論方。書凡二十二卷有奇，不獨飲食所需，一品一物，無不條悉，即其間種産質性、生尅忌宜，以及五味所和，四時所調，百病所療之説，亦皆審悉胲陳。大哉，是編也，洵有關乎民生日用者哉！""不佞雖不習醫，竊用憫焉。因肆力窮探，僣加評注，每類各種，細心駁正，補其闕失，刊其繁紊，至得罪先正，弗顧也。"

《四部總録醫藥編·補遺》云："《醫籍考》卷十六行引松平士龍《本草正譌》曰，李時珍《食物本草》所載，與《綱目》不同。書中記崇禎丙子十一月食觀音粉，考時珍子建元進《本草綱目》在萬曆二十四年，則崇禎中事，非時珍所知，是蓋明季姚可成者編輯，托名於時珍耳。按此説是也。卷中每類後有總論，或題姚可成曰，或不著姓氏，是其明證。又卷首載《救荒野譜》一卷，共一百二十種，蓋因於王磐《野菜譜》者六十種，可成增補六十種，則可成亦留心此道者矣。考觀音粉條，在卷二十一有吾吴云云，則因可成爲吴縣人。卷端有天啓元年錢允治序，稱僭加評注，細心駁正。一似是書爲允治所作者，蓋以可成與允治生同時同里，又先可成卒，故可成託之。又有谷中虚序、李時珍序，皆顯係僞託。"此言甚確。

姚可成，號嵩萊野人，吴縣人。

此本有扉頁，刊"鐫救荒食物本草綱目。内附急救蠱毒良方。是集洒濟世鴻書，厚生急務，實李瀕湖先生參補東垣舊輯也。搜羅品物，數倍前編，擷攬見聞，詮詳後喆。録形象以别真贋，著出産以明優劣，精圖繪以救兇荒，盡烹調以備製度，立類分門，題綱注目，誠有俾日用，無忝編摩。鑒者宜從飲食之恒，知尊性命之正云。南城翁少麓梓行"。扉頁藍印，内鈐"南城發兑"、"霏玉樓較正無訛"。翁少麓爲書林中人，曾刻有《名世文宗》三十卷、《古香岑評點草堂詩餘》四卷、《漢魏六朝二十二名家集》一百二十九卷、《卜筮全書》十四卷、《篇海類編》二十卷、《新鐫王永啓先生評選古今文致》十卷、《新鐫增補評林音注國朝捷録》四卷等。

《四庫全書總目》未收。《中國古籍善本書目》著録。中國國家圖書館、安徽省圖書館、南京中醫藥大學圖書館、臺北"國家圖書館"，及美國國會圖書館亦有入藏。日本内閣文庫有明崇禎十一年序刻本。

1157　明崇禎刻本圖像本草蒙筌　T7971/7940

《圖像本草蒙筌》十二卷首一卷總論一卷，明陳嘉謨撰，劉孔敦增補。明崇禎元年(1628)金陵周如泉萬卷樓刻本。八册。半頁十二行二十六字，四周單邊，白口，單魚尾。框高 21.7 釐米，寬 13.8 釐米。題"新安陳嘉謨廷采父纂輯；門生歙邑葉棐、鮑倚，婿胡一貫、姪晨校訂；潭陽後學劉孔敦若樸增補"。前有嘉靖四十四年(1565)許國序，崇禎元年劉孔敦序，嘉靖四十四年陳嘉謨自序。歷代名醫圖姓氏後有成化十二年(1476)熊宗立識語。

陳嘉謨，字廷采，號月明。安徽祁門縣人。究心丹溪之書，精通醫藥。

此爲藥物學專著，爲嘉謨在《大觀本草》、王綸《本草集要》、汪石山《本草會編》三書基礎上，"本《會編》之例、廣《集要》之遺，約《大觀》之繁"，取長補短，會通折衷，并附以己意編輯而成。卷首載有歷代名醫圖及藥物總論。卷一至一二分述諸藥，將所收藥物分爲草、木、穀、菜、果、石、獸、禽、蟲魚及人部，計十類，共載藥物七百四十二種。每種藥物皆分氣味升降、有毒無毒、歸經、産地優劣、采集時間、藏留、治療之宜、應驗諸方等項論述之，後并附有按語及藥圖，頗便初學者辨藥、用藥、製藥之需。

陳嘉謨自序云："《本草》舊多有刻，如《大觀》，則意重寡要；如《集要》，則詞簡不該。至於吾邑汪石山續集《會編》，喜其詳略相因，工極精密矣。惜又雜採諸家，而訖無的取之論，均未足以語完書也。予時僑居郡城，適從游者日益進思，欲釐正是書，以引來學，而求免三者之弊。乃取諸舊本，會通而折衷之，先之氣味升降，有毒無毒；次之産地優劣，採早採遲；又次之諸經所行，七情所具，其製度，其藏留，與夫治療之宜，及諸各賢方書應驗者，靡不殫述。間亦旁掇舊文，竊附臆見，以擴未盡之旨，且慮其繁而不整也，爲之砌輯章句，排偶聲律，重者刪，略者補，胭者取，乖者遺，内附同種堪治者，并硃書；外續異名相類者，加圈别。首尾該貫，纖悉著明，其義增前，其文減舊，俾讀者易記，無齟齬之患；考者易尋，免瑣屑之勞。初學由此，日漸造夫精微，亦庶乎行遠升高一助也。是書也,創自嘉靖己未,凡五易稿,七閱歲而始成,題其篇曰《本草蒙筌》,以授諸弟子,僉曰,先生嘉惠後學之心盛矣。"

劉孔敦序云:"余質成鈍椎,長耽典籍,賦性羸弱,時讀《神農本經》,究軒岐家言以自衛,每閱先生方書,豁然有得,若千古對談,一燈相契,恨不與之同時也。因見《蒙筌》一書,行世已久,板籍蒙壞,中間不無舛謬。余不忍其湮沒,乃闕者補之,斷者續之,詳增精繕,付之欹劂,庶幾不負余私淑之深心矣。"

此本染色充舊。有扉頁,刊"重刻增補圖像本草蒙筌。萬卷樓周如泉刊行。土產藥性炮製俱全"。按,萬卷樓為金陵名肆,主人周曰校,刻書甚多,今存者幾近三十種,其中醫書達十種左右。如泉,或曰校子姪輩。

《四庫全書總目》未收。《中國古籍善本書目》著錄。中國國家圖書館、上海圖書館、甘肅省圖書館,及美國國會圖書館、日本內閣文庫亦有入藏。按,嘉謨此書存世又有《撮要便覽本草蒙筌》十二卷(明劉氏本誠書堂刻本)、《本草蒙筌》十二卷(明萬曆元年周氏仁壽堂刻本)、《本草發明蒙筌》十二卷總論一卷(明末刻本)、《本草蒙筌》七卷總論一卷(明崇禎元年釋在喆刻本)。

1158 清順治刻本本草綱目

T7970/4461G

《本草綱目》五十二卷圖二卷,明李時珍撰。清順治十四年(1657)張朝璘刻本。三十六冊。半頁九行二十字,小字雙行同,四周單邊,白口,單魚尾。有圖。框高23.4釐米,寬15釐米。題"勅封文林郎四川蓬溪縣知縣蘄州李時珍編輯"。前有順治十四年張朝璘序,順治十五年(1658)李明睿序,順治十五年熊文舉序,順治十五年李元鼎序;黎元寬序;萬曆三十一年(1603)夏良心序,萬曆三十一年張鼎思序,萬曆十八年(1590)王世貞序;萬曆二十四年(1596)李建元《進本草綱目疏》;《凡例》十二則。

李時珍,字東璧,號瀕湖山人,湖北蘄州人。世醫出身,自幼習儒,而獨好醫書,遂承家學,以醫為業。曾官楚王府奉祠正。敕封文林郎、四川蓬溪縣知縣。著有《瀕湖脈學》、《奇經八脈考》等。《明史》卷二九九有傳。

此書分水、火、土、金石、草、穀、菜、果、木、服器、蟲、鱗、介、禽、獸、人諸部,每部下若干類,每類下若干種,共十六部六十類一千八百九十二種。《凡例》稱:"《神農本草》三卷三百六十種,分上、中下三品,梁陶弘景增藥一倍,隨品附入。唐宋重修各有增附,或並或退,品目雖存,舊額溷混,義意俱失。今通例一十六部為綱,六十類為目。各以類從,三品書名俱注各藥之下。"李氏鑒於歷代本草著作訛誤不少,遂積三十年之功,集八百餘家古代醫藥諸書,經過實地調查與實踐,寫成此書。所收藥物較前代醫書增入三百七十六種,每藥標正名為綱,附釋名為目,次以集解、辨疑、正誤、氣味、主治、附方等,所收醫方過萬,附圖一千餘幅,為我國古代醫藥學集大成之作。

是書始刻於明萬曆二十一年,金陵胡承龍為付梓。書甫刻成,而時珍已逝。其子李建元進《疏》云:"臣故父李時珍,原任楚府奉祠,奉敕進封文林郎、四川蓬溪知縣,生平篤學,刻意纂修,曾著《本草》一部。甫及刻成,忽值數盡。撰有遺表,令臣代獻。"金陵本今傳世甚稀,《中國古籍善本書目》著錄,僅中醫科學院、上海圖書館兩家藏。明萬曆三十一年,江西按察司按察使張鼎思於任中主持刊刻此書,稱作"江西本"。此後明清兩代,《本草綱目》歷經刊刻,版本眾多。

此本為順治間撫江使張朝璘所刻。張氏《重刊本草綱目序》云:"其編茸為綱目者,自明萬曆初年楚黃李東璧集諸家為大成,一刊於金陵胡氏,一刊於豫章藩司……惜乎兵燹屢經,藩司藏板遂成灰燼。"所謂豫章藩司刻本，即萬曆三十一年張鼎思刻本，其書板入清已不存。張氏上任之後，"閱志乘簡編，而理版籍之殘缺，求《綱目》一書，僅存其名矣。""海內青囊肘後，不少概見。醫不識方，藥不諳性，任意妄投，猶方鑿而圓枘。是《綱目》之鋟梓，更有不容後於諸經籍者。公餘簡原本而特加訂正，壽之梨棗。"

《四庫全書總目》子部醫家類著錄。《全國中醫圖書聯合目錄》著錄此本，中國國家圖書館、首都圖書館等十數家圖書館有藏。《中國古籍善本書目》著錄明萬曆二十一年胡承龍刻本、明萬曆三十一年張鼎思刻本、明萬曆三十四年楊道會刻本、明崇禎十三年錢蔚起刻本，不收此本。

1159　明崇禎刻本本草原始　　　　　　　　　T7971/4450

《本草原始》十二卷，明李中立撰。明崇禎永懷堂刻本。五冊。半頁九行二十四字，四周單邊，白口，單魚尾，書口下刻"永懷堂"。框高19.6釐米，寬11.5釐米。題"雍丘李中立正宇甫纂輯；鹿城葛鼐端調甫校訂"。前有崇禎十一年(1638)葛鼐序。

李中立，字士強，號正宇。上海縣人。萬曆二十三年進士。官大理寺評事。中立兼通醫術，兄中梓、子延昰皆為名醫。

此書卷一至三《草部》，卷四《木部》，卷五《穀部》，卷六《菜部》，卷七《菓部》，卷八《石部》，卷九《獸部》，卷一〇《禽部》，卷一一《蟲魚部》，卷一二《人部》。各藥分主治、修治、氣味等，又多附以圖。

查日人丹波元胤《中國醫籍考》載馬應龍序，云："宰杞時，得李中立氏，年幼而姿敏，多才藝，其醫雖不敢即謂與古人方駕，而偏至之能有足取焉。所著有《本草原始》。夫本草者，醫之肯綮也，之生而致死，之死而致生，所係在呼吸間，可弗慎乎？李君覈其名實，考其性味，辨其形容，定其施治，運新意於法度之中，標奇趣於尋常之外，皆手自書而手自圖之，抑勤且工矣。"

永懷堂，為葛鼐堂名。鼐，字端調，吳縣人。崇禎舉人。永懷堂又刻有《十三經古注》二百九十一卷、《弦雪居重訂遵生八箋》十九卷、《戰國策考正》十卷。

此本目錄為日人抄配。有圖。

《四庫全書總目》未收。《中國古籍善本書目》著錄。北京中醫科學院亦有入藏。此書又有萬曆刻本。

1160　明天啓刻本神農本草經疏　　　　　　　　T7970/2240

《神農本草經疏》三十卷，明繆希雍撰。明天啓五年(1625)毛晉綠君亭刻本。十六冊。半頁八行十八字，四周單邊，白口，無魚尾，書口下刻"綠君亭"。框高20.6釐米，寬13.2釐米。題"東吳繆希雍仲淳甫著；同邑門人李枝參訂"。前有天啓五年繆希雍序，自序；天啓五年顧澄先撰《凡例》十二則并跋。

繆希雍，字仲醇，號慕台。江蘇常熟人，遷居金壇縣。其人電目戟髯如劍客，好談古今國家成敗，與東林諸賢相友善。弱冠時家道中落，又屢患疾病，故致力於醫藥之學。後以術濟人，多奇效，名振於時。天啓間，王紹徽作《點將錄》，以東林黨諸人分配《水滸》一百零八將，稱希雍為神醫安道全。又有《炮炙大全》、《先醒齋筆記》等。

此書集錄藥物一千四百餘種，以《證類本草》為藍本，目錄編次均襲用之。卷一、二為續序例，分上下兩部分。上載原本藥性氣味生成指歸、藥性主治參互指歸、藥性簡誤指歸、論七方本義、論十劑本義、五臟苦欲補瀉論、治法提綱、藥性差別論等醫論三十餘則；下分陰陽表里虛實、五臟六腑虛實、六淫、雜證、婦人、小兒、外科七門。卷三至三〇，按《證類本草》分爲玉石部、草部、木部、人部、獸部、禽部、蟲魚部、果部、米穀部、菜部十類。繆氏此書頗能發揮經旨，系統論述中藥之藥性理論，并結合實際，提出用藥原則及具體藥物，是研究藥物學理論的重要著作。

繆希雍自序云：“予因據經以疏義，緣義以致用，參互以盡其長，簡誤以防其失，而復詳列病忌藥忌，以別其微；條析諸藥，應病分門，以究其用；刊定七方十劑，以定其法；闡發五藏苦欲補瀉，以暢其神。著論三十餘首，以通古今之變，始悉一經之趣，命之曰《神農本草經疏》。”

顧澄先跋云：“先生殫一生精力，發千古神聖之奧，以利萬世。門人李季虬氏，幾經參録，悉以付新安吳康虞氏，刻之金陵，未竟而遺焉，流傳於知交者。西吳朱氏集而刻之，不及其半，然且序次弗倫，考覈未審也。先生以醫爲司命，一字有訛，遺禍無極，遂命澄先檢其存稿若干卷，按部選類，彙得全帙，細復檢閲，以爲定本，凡續序例二卷，藥四百九十味。”

《四庫全書總目》對此書評價不高，云：“繆仲淳以醫名於近世，而其爲《經疏》，議論甚多紕繆。前輩云，《經疏》出而《本草》亡，非過論也。是則已甚之詞矣。”又浦士貞《讀本草快編》亦云：“文字條達，然卓識者少，故不見重於世。”是書傳世頗多，刻此書者毛晉，爲希雍之外孫，明末著名藏書家、出版家。

《四庫全書總目》入子部醫家類。《中國古籍善本書目》著録。上海圖書館、南京圖書館等三十七館，臺北“國家圖書館”、香港大學馮平山圖書館，及美國國會圖書館、日本内閣文庫（兩部）亦有入藏。

1161　明萬曆刻本太醫院補遺本草歌訣雷公炮製　　T7971/8904

《太醫院補遺本草歌訣雷公炮製》八卷，明余應奎撰；附《藥性詩歌便覽》。明萬曆十五年（1587）金陵書林周曰校刻本。六册。半頁十一行二十字，四周單邊，白口，單魚尾。上欄刻《藥性詩歌便覽》，十五行七字。框高21釐米，寬13.9釐米。題“上饒瀘東余應奎補遺；書林對峰周曰校重刊”。無序跋。

余應奎，江西上饒人。又有《醫學源流肯綮大成》。

雷公者，南朝劉宋時雷斆也，於藥物炮製極有研究。

是書卷一《金石部》，卷二至四《草部》，卷五《木部》，卷六《人部》、《獸部》、《禽部》，卷七《蟲魚部》，卷八《果部》、《米穀部》、《菜部》。總計一千零七十種，每味皆有詳釋，并附“雷公云”。上欄即爲每味藥之詩，通俗易記。

此本有扉頁，刊“藥性歌訣雷公炮製大全。萬曆丁亥歲周對峰刊行”。

《四庫全書總目》未收。《中國古籍善本書目》未著録此本，僅有明書林陳喬刻本，北京大學圖書館藏，存六卷。又日本内閣文庫有明萬曆三十四年陳氏積善堂刻本。

鈐印有“□府文庫圖書”、“拂”。

1162　明末刻本脈經　　T7930/1122

《脈經》十卷《人元脈影歸指圖説》二卷，晉王叔和撰。明末金閶龔紹山刻本。三册。半頁九行十八字，四周單邊，白口，單魚尾。框高19.8釐米，寬13.2釐米。題“晉太醫令王叔和編輯;明晉安袁表類校;鹿城沈際飛重訂;雲林龔居中鑒定"。前有沈際飛序,王叔和舊序;熙寧元年(1068)林億等上劄子;紹聖三年(1096)刻《脈經》牒文;宋廣西漕司陳孔碩重刻《脈經》序;泰定四年(1327)刻《脈經》移文;柳贇舊序,謝縉翁舊序;萬曆三年(1575)徐中行校《脈經》手札;《脈經》後序(佚尾頁,疑萬曆三年袁表撰)。

沈際飛,河北鹿縣人。

此本有扉頁,刊"脉經。晉太醫令王叔和著。金閶龔紹山重梓"。

《四庫全書總目》入子部醫家類。《中國古籍善本書目》著錄明末沈際飛刻本,北京大學圖書館、上海中醫藥大學圖書館等六館入藏。

1163　明萬曆刻本鍥王氏秘傳叔和圖注釋義脈訣評林捷徑統宗

T7903/7042.1(1-5)

《鍥王氏秘傳叔和圖注釋義脈訣評林捷徑統宗》八卷,晉王叔和撰,明王文潔釋評。明萬曆二十七年(1599)書林劉朝琯安正堂刻本。四冊。半頁九行二十一字,四周雙邊,上白口,下黑口,雙魚尾。上欄刻注。框高19.4釐米,寬12.2釐米。題"西晉國醫王叔和著撰;撫東後學冰鑑王文潔釋評;閩建書林雙松劉朝琯鋟梓"。前有萬曆二十七年魏時亨序。

王叔和,高平人,爲太醫令。性沉静,通經史,窮研方脈,洞識修養之道。晉亂,僑寓襄陽。王氏精研脈學,以爲"脈理精微,其體難辨",如若錯辨脈象,"則危殆立至",故其論述脈法、細辨脈象,聲色證候,治法宜忌,皆爲後世所法。

魏時亨序云:"西晉叔和王氏,推本《素》、《難》之義,發明獨得之蘊,作爲《脈訣》,凡男婦小兒、五臟六腑、死生吉凶之法,昭析咸備。歷代醫家,多爲注解,求其講論博而考索詳,折衷群言,一歸於正,類標七表八裏九道諸脈,分別陰陽五行、主客虛實,括之於浮沉遲數,驗之於風寒濕暑,并古方之合於脉者,悉附於後。仍節注一圖,以發未盡之意,使人一覽即知其源,未有若此書之明且盡者,實我友冰鑑王文潔編摩之功也,其信好於古,而裨益於後者豈淺鮮哉?"

此本有扉頁,刊"合併脉訣難經太素評林"。刻有十三名醫圖,爲伏羲皇帝、神農炎帝、軒轅黃帝、天師岐伯、太乙雷公、神聖王扁鵲、醫聖張仲景、國醫王叔和、皇甫仕安、抱朴子葛洪、良醫華佗生、真人孫思邈、藥王俞慈藏。圖上刻"安正堂梓"。卷末刻有二人背負荷蓋蓮花牌記,并"萬曆己亥孟冬書林安正堂梓"。

《四庫全書總目》未著錄。《中國古籍善本書目》著錄。中國醫學科學院,及日本内閣文庫亦有入藏。

鈐印有"柳外園藏書印"。

1164　明萬曆刻本鍥太上天寶太素張神仙脈訣玄微綱領宗統

T7903/7042.1(6-8)

《鍥太上天寶太素張神仙脈訣玄微綱領宗統》七卷,明劉伯祥注。明萬曆二十七年(1599)劉雙松安正堂刻本。四冊。半頁九行二十一字,四周雙邊,上白口,下黑口,雙魚尾。上欄刻注。框高19.8釐米,寬12.2釐米。題"青城山神仙張太素著述;閩汀州醫列伯祥注解;撫東邑冰鑑王文潔編校;□□堂繡梓"。前有萬曆二十七年魏時亨序。

劉伯祥,福建汀州人。

張太素,號青城山人,生平里居未詳。

此書載有診脈法及婦人病診法等,然主旨在於以脈象判定壽夭、智愚、官運、財運等,頗爲荒誕。

魏時亨序云:"有青城山神仙張名太素者,會悟叔和脈理之微,貫通岐黃盧扁之秘,一診視之間,不特可以知人之虛實寒熱,疾病安危,而人之貴賤貧富、死生禍福,莫不於是決焉。人因其言之驗,異其術之神,即其人之名,傳其世之廣,所以稱之當時,曰太素脈所訣也。聞之後世,亦曰太素脈所訣也。而太素之説,起於此耳,愈傳愈遠,愈異愈奇,人遂以太初太素之義,神其説以重之,是徒知太素之名,而不知太素之實矣。反而思之,青城張仙之以太素爲名,而因以太素名脈訣者,非張仙之自炫其名也,由人之慕張仙之術之異而顧以其名名之,使不失其真也,豈料後之人因名而反失其名,考實而莫訊其實耶。友人冰鑑,留心於是,亦悼太素之脈名,雖傳而實不符也,乃以張仙《脈訣》,詳求搜正,彙爲卷帙,與扁鵲《難經》、叔和《脈賦》等書並類以行。"

卷末有荷蓋蓮花牌記,刻"萬曆己亥歲孟秋安正堂劉雙松梓"。牌記下刻蛟龍出海圖。

《四庫全書總目》未收。《中國古籍善本書目》著錄。北京大學圖書館、中國醫學科學院亦有入藏。

鈐印有"柳外園藏書印"。

1165　明嘉靖自刻本新刊方脈主意　　T7930/2313(3-4)

《新刊方脈主意》二卷,明吳球撰。明嘉靖四年(1525)自刻本。二册。半頁十行二十一字,四周雙邊,黑口,雙魚尾。框高18.9釐米,寬11.9釐米。題"麗水後學茭山吳球撰;處州府知府西蜀張元電校證"。前有嘉靖四年吳球序。

此書存卷二。序置於《新刊京本脈訣疏義》前。

吳球序云:"予一日晚静坐玩《内經》,見儒之四書六經、諸子百家皆有主意,爲作文之切要,醫家方脈亦豈無主意,爲治病之良規?然愚之膚見,大凡治病又先識症之真,立一主意,然後用藥,庶無差失。如某病診得某脈,合用某方,爲之主意,苟意之所主,少有所失,而療治之方未免有所差謬,療治之方少有差謬,而欲死者生,夭者壽,未之有也。愚故集平生經驗方脈,編輯歌括,與夫四氣七情、三因七診、五邪六鬱、七表八裏、十劑七方類成册,名曰《方脈主意》。或者曰:'子猶有《辯疑録》,人皆愛之,今復有此,可以法當時,傳後世,豈少補哉?'遂出壽諸梓,與先《諸症辯疑録》及《用藥纂要》、《脈訣辯義》并行焉,庶幾爲初學之一助云。"

《四庫全書總目》未收。《中國古籍善本書目》未著錄。

金鑲玉裝。

1166　明嘉靖刻本新刊京本脈訣疏義　　T7930/2313(1-2)

《新刊京本脈訣疏義》一卷,明吳球撰。明嘉靖處州府推官接武刻本。二册。半頁十行二十一字,四周雙邊,黑口,雙魚尾。框高18.2釐米,寬11.8釐米。題"栝蒼後學茭山吳球句解;處州府推官静齋接武校正刊行"。

吳球,字茭山。浙江麗水人。博學慕古,輕財重義,早年游心經術,於醫學尤得其精藴。

《四庫全書總目》未收。《中國古籍善本書目》未著錄。
金鑲玉裝。

1167　清康熙刻本傷寒論後條辨　T7932/2100

《傷寒論後條辨》十五卷,清程應旄撰。清康熙刻本。八册。半頁九行二十字,左右雙邊,白口,單魚尾。眉端鐫批。書口下刻"式好堂"。框高 18.8 釐米,寬 12.3 釐米。題"新安程應旄郊倩條注;門人王式鈺仲堅校"。前有胡文學序,康熙十年(1672)李壯序;康熙十年王式鈺跋;《傷寒論原本編次》、《傷寒論條辨編次》、《傷寒論尚論篇編次》、《王叔和傷寒序例貶僞》、《辨傷寒論》五篇。

程應旄,字郊倩,安徽休寧人。髫年以冠軍補博士弟子員,著述甚富,而尤精於醫。有《醫徑句測》。事見《(民國)安徽通志稿・藝文考》子部該書提要。

此書列禮、樂、射、御、書、數六集。禮集即卷前之《辨傷寒論》、《王叔和傷寒序例貶僞》等内容。樂集包括卷一至三,爲《辯脈法》、《平脈法》、《辨痙溼暍脈證篇》;射集包括卷四至五,爲《辯太陽病脈證篇》一、二;御集包括卷六至八,爲《辯太陽病脈證篇》三、《辨陽明病脈證篇》;書集包括卷九至一二,爲《辨少陽病脈證篇》、《辨太陰病脈證篇》、《辨少陰病脈證篇》、《辨厥陰病脈證篇》;數集包括卷一三至一五,爲《辨霍亂病脈證篇》、《辨陰陽易病》、《辨差後勞復病》、《辨不可發汗病脈證》、《辨可發汗病脈證》、《辨發汗後病脈證》、《辨不可吐病脈證》、《辨可吐病脈證》、《辨不可下病脈證》、《辨可下病脈證》、《仲景一百一十三方》。

是書繼明方有執《傷寒論條辨》而作,故以"後"字别之。李壯序稱此書"揭仲景之本旨,闢叔和之僞例,即從《傷寒論》論字上辨起,其要歸括於四言,曰:仲景非是教人依吾論去醫傷寒,乃是教人依吾論去辯傷寒;非單教人從傷寒上去辯,乃教人合雜病上去辯也。"

此本有扉頁,刻"傷寒論後條辨直解。附編方有執條辨目次、王叔和本論目次、喻嘉言尚論目次。新安程郊倩先生著。此書另具靈心慧眼,爲仲景闢破鴻濛,誠《傷寒論》第一部注。余輩購貲珍梓,俾琅函枕秘,普作金繩,壽人壽世,切施與焉。奇文共欣,翻刻必究。同人謹識。式好堂藏板。"

《續修四庫全書總目提要(稿本)》著錄,云此書"專攻王叔和,其肆行詆毁,視方、喻爲更甚"。

《中國古籍善本書目》不收。《續修四庫全書》影印山東圖書館藏清康熙十年式好堂刻本,其本爲半頁十行,版心無"式好堂"字樣,眉批有欄,與此本不同。又有康熙九年程應旄自序一篇,爲此本所缺。此外,日本《内閣文庫漢籍分類目錄》亦著錄康熙十年序式好堂刊本,不詳與此本同版否。

1168　明萬曆刻古今醫統正脈全書本儒門事親　T7976/1321

《儒門事親》十五卷,金張從正撰。明萬曆二十九年(1601)吴勉學刻《古今醫統正脈全書》本。四册。半頁十行二十字,四周雙邊,白口,單魚尾。框高 20 釐米,寬 13.2 釐米。題"戴人張子和著;新安吴勉學校"。前有嘉靖二十年(1541)邵輔序;嘉靖十九年(1540)聞忠跋。

張從正,字子和,號戴人。睢州考城人。曾寓居宛丘、鄆城等地,精於醫,貫通《素》、《難》之學,推重名醫劉完素。後召補太醫,不久辭去,與常德、麻九疇諸名醫相往還,日游隱水之上,講論醫理,爲金元四大名醫之一。其事蹟具《金史·方技傳》。

"儒門事親"者,以爲惟儒者能明其理,而事親者當知醫也。其書自七方十劑繩墨訂,迄於補論,凡二十九篇,合三卷;自風暑濕火燥寒,迄於瘡疱癮疹,凡一百篇,合二卷;十形三療四卷;雜記九門一卷;治法雜論一卷;三法八門一卷;劉河間三消論扁鵲華佗察聲色定死生訣要一卷;世傳神效諸方一卷,而以太醫先生辭世詩附於後。名目頗傷煩碎,而編次尚有條理。前三卷,傳爲張氏之手稿,其餘各卷多係其弟子據張氏所述記補。

此爲《古今醫統正脈全書》零種。《四庫全書總目》入子部醫家類。

鈐印有"東里園藏書印"。

1169　明嘉靖刻本新刊仁齋直指附遺方論　　T7976/4243

《新刊仁齋直指附遺方論》二十六卷《小兒附遺方論》五卷《醫脉真經》二卷《傷寒類書活人總括》七卷,宋楊士瀛撰,明朱崇正補遺。明嘉靖新安歙西虬川黃鏌刻本。八册。半頁十四行二十四字,四周單邊,白口,單魚尾。框高19釐米,寬12.7釐米。題"三山名醫仁齋楊士瀛登父編撰;新安後學惠齋朱崇正宗儒附遺"。前有景定五年(1264)楊士瀛。《小兒附遺方論》前有景定元年(1260)楊士瀛序。《醫脉真經》前有景定三年(1262)楊士瀛序。

楊士瀛,字登父,號仁齋。福州人。精於醫學。

朱崇正,字宗儒,號虛齋。徽州人。

是書卷一《總論》(附雜論),卷二《證治提綱》(附證治賦),卷三《風》(附胃風、傷風、破傷風)、《寒》、《暑》(附暑風、注夏)、《濕》(附瘟疫、運氣證治),卷四《風緩》(附委證)、《歷節風》(附痹證)、《脚氣》,卷五《諸氣》(附梅核氣、積聚、癥瘕),卷六《心氣》、《脾胃》(附腹痛、脇痛、內傷、傷寒、調理脾胃),卷七《痰涎》、《水飲》、《嘔吐》(附膈噎、痞滿、嘈雜、吞酸、六鬱),卷八《咳嗽》(附肺痿、肺癰)、《喘嗽》、《聲音》,卷九《虛勞》、《虛汗》、《勞瘵》,卷一〇《漏濁》、《夢泄》,卷一一《眩運》、《驚悸》(附健忘),卷一二《痎瘧》,卷一三《吐瀉》、《霍亂》、《泄瀉》,卷一四《瀉痢》、《脫肛》,卷一五《積熱》(附風熱火證)、《痼冷》、《秘澀》,卷一六《五疸》、《諸淋》,卷一七《消渴》、《脹滿》、《虛腫》,卷一八《身體》、《腰》、《腎氣》、《木腎》,卷一九《腎臟風瘡》、《頭風》(附頭痛、眉眶痛),卷二〇《眼目》,卷二一《耳》、《鼻》、《唇舌》、《咽喉》、《齒》,卷二二《癰疽》、《乳癰》、《癌》、《瘰》、《瘭》、《丁瘡》、《瘰癧》、《癭瘤》,卷二三《腸癰》、《腸風》、《諸痔》、《便毒》(附疳瘡、妬精瘡),卷二四《癮疹風》、《丹毒》(附天疱瘡)、《癩風》、《瘋風》(附汗瘢)、《諸瘡》(附楊梅瘡)、《疥癬》,卷二五《諸蟲》、《蠱毒》、《挑生毒》、《諸毒》(附折傷),卷二六《婦人》(附子嗣)、《血氣》(附諸血)、《拾遺》(附雜方)、《小兒》。該書對五臟陰陽虛實、營衛氣血、脉病順逆等逐一加以論述,剖析病源,極爲詳細。所搜之方,多爲歷代諸家有效之方和家傳之方,採撮既富,選擇亦精,對病識症,因症得藥。其每條之後,題曰附遺者,則爲朱崇正所續加。

《小兒附遺方論》卷一《初生》、《變蒸》、《驚》,卷二《慢驚》、《中風》,卷三《疳》、《積》、《熱》,卷四《傷寒》、《痰嗽》、《脾胃》、《丹毒》、《雜證》,卷五《瘡疹》。

《醫脉真經》卷一《察脉總括》、《脉訣》、《七表脉》、《八裏脉》、《九道脉》、附《雜證脉》,卷二附《藥象門》。

《傷寒類書活人總括》卷一《活人證治賦》,卷二《傷寒總括》,卷三《傷寒證治》,卷四至七不列大題。

此本目錄頁第二行刊"新安歙西虬川黃鏸刊行"。

《四庫全書總目》入子部醫家類。《中國古籍善本書目》著錄元景定元年至五年環溪書院刻本、明嘉靖二十九年朱崇正刻本、明書林熊咸初刻本、明刻本,而不及此本。

1170　明書林楊氏刻本丹溪心法附餘　T7976/0208

《丹溪心法附餘》二十四卷首一卷,明方廣撰。明書林楊氏刻本。十册。半頁十一行二十四字,四周單邊,上白口,下黑口,單魚尾。框高19.8釐米,寬12.1釐米。卷首題"休寧東山古庵方廣約之類集"。前有嘉靖十五年(1536)賈詠序,嘉靖十五年方廣序;立善本旨;《凡例》八則。

方廣,字約之,號古庵。新安人。早年習儒,因母病被誤醫而卒,乃取朱震亨《丹溪心法》讀之,悟"醫不可不學",遂博覽前賢醫籍,於丹溪之書尤致力焉。

此書乃方廣在程充所訂朱震亨《丹溪心法》基礎上加工删補而成。首一卷爲《丹溪本草衍義補遺》、《丹溪十二經見證》、《丹溪論》、《河間風熱溫燥寒論》、《診家樞要》、《十二經脉歌》,卷一至二《外感門》,卷三《內傷門》,卷四《風門》,卷五《寒門》,卷六《暑門》,卷七《溫門》,卷八《溫熱門》,卷九《痰門》,卷一〇《痰熱門》,卷一一《火門》,卷一二《風熱門》,卷一三《燥門》,卷一四《鬱門》,卷一五《寒鬱門》,卷一六《火鬱門》,卷一七《濕鬱門》,卷一八《積門》,卷一九《虛損門》,卷二〇至二一《婦人門》,卷二二至二三《小兒門》,卷二四《雜治門》。

賈詠序曰:"予以多病,懇乞賜休林下,暇日檢方,亦竊疑之。於是遠延方君過穎,因出所次《丹溪心法附餘》,凡二十四卷,相與訂之。夫方君名廣,字約之,古庵其號,新安儒醫也,嘗遊河洛,旅寓陳留,野亭劉公亦雅重之,恒以藥活人。乃謂是書超邁群識,尤切日用,雖經楊楚玉輩再纂,而不能備集脉訣之詳;程用光氏翻刻,而不能盡芟附錄之誤。於是重加檃括,訛者正之,僞者去之,且萃諸君子方論於下,精切簡要,不畔古經,銓次成帙,間亦竊附己意以發明之。""方君沉潛古典有年矣,惟是書之成,幾易星霜,而於藥脉證治分演詳明,論著切當。有識之士謂,真有補於丹溪,不惑乎後學矣,功亦偉哉!"

方廣序云:《丹溪心法》"其術至精,故其爲言至切,實保命之良規,濟人之妙訣也。惜乎是書詳於法,而猶略於方;袖珍等書,則又詳於方,而略於法,皆不便檢閱。時祥符鄭尚宜、張汝孝輩,亦達於醫者也,以予言爲然。予於是乃將《心法》去訛留正,群方删繁就簡,合爲一書,凡五年餘始脱稿,不敢他有所名,名之曰《丹溪心法附餘》。其間病目分之以門,藥方聚之以類,每證之下,先具心法,後附群方,俾法不離乎方,方不離乎法。又取丹溪《本草衍義補遺》及崔真人《脉訣舉要》、王節齋《明醫雜著》附載於中,而於醫之藥性、脉理、病機、治法、經絡、運氣,六者粗備。其正誤補闕,以俟後之君子,然初學之士與養生之家或有取焉。"

卷二一四末刊"武陽中憲大夫吳國倫精校,書林楊氏梓行"。疑此本即明書林四知館楊君臨刻本,遼寧省圖書館、山東省圖書館、天津中醫藥大學第一附屬醫院圖書館,及美國國會圖書館入藏。

《四庫全書總目》入子部醫家類存目。《中國古籍善本書目》著錄明嘉靖十五年姚文清、陳講刻本,明嘉靖刻本,明隆慶六年施篤臣刻本,明萬曆二十八年沈九疇刻本,明崇禎八年彭塪刻本,明葉觀刻本,明金陵書林唐鯉耀刻本,明書林四知館楊君臨刻本,又明刻本兩種。日本內閣文庫有明嘉靖十五年序刻本及明刻本,尊經閣文庫有明萬曆刻本。

鈐印有"修齊堂圖書記"。

1171　明書林楊氏刻修補印本丹溪心法附餘　　T7976/0208B

《丹溪心法附餘》二十四卷首一卷,明方廣撰。明書林楊氏刻修補印本。十五冊。半頁十一行二十四字,四周單邊,白口,單魚尾。框高 19.8 釐米,寬 12.1 釐米。

此本缺首一卷,並序、《立善本旨》、《凡例》。書口下黑口均剜去,內且多補板。

1172　明萬曆刻本京本校正大字醫學正傳　　T7909/2354

《京本校正大字醫學正傳》八卷,明虞摶撰。明萬曆書林安正堂劉元初刻本。八冊。半頁十三行二十四字,四周雙邊,白口,單魚尾。框高 20.2 釐米,寬 14 釐米。題"花溪恒德老人虞摶天民編集;姪孫虞守愚惟明校正;潭城書林元初劉希信繡梓"。前有萬曆五年(1577)虞摶序。

虞摶,字天民,晚號恒德老人。浙江義烏縣花溪人。其祖、父皆工醫術,摶幼年習儒,博覽群書,能詩善文。因母病研習家學,肆力於《內經》、《難經》、《傷寒》諸醫典,尤推重朱震亨之説,力學多年,懸壺於世,治病應手奏效,名震於時。

是書成於正德乙亥,以證分門,每門先論症,次脉法,次方治,皆採輯列代名醫之語。其傷寒一宗張仲景,内傷一宗李東垣,小兒科多本於錢仲陽,其餘諸病,悉以《丹溪要語》及所著諸方,并次以劉守真、張機、李杲三家之方,選其精粹者列之,以備參考。所作醫學或問五十條,申明前人未盡之義,使後學知所適從,而不蹈偏門以殺人。其名正傳者,蓋亦端本澄源之厚意。

虞摶序云:"愚承祖父之學,私淑丹溪之遺風,其於《素》、《難》,靡不苦志鑽研,然義理玄微,若坐豐蔀,迨閱歷四紀,於兹始知蹊徑。今年七旬有八矣,桑榆景迫,精力日衰,每憾世醫多蹈偏門,而民命之夭於醫者不少矣。是以不揣荒拙,鋭意編集,以成全書,一皆根據乎《素》、《難》,從橫乎諸説,傍通己意而不鑿以孟浪之空言,總不離乎正學範圍之中,非敢自以爲是,而附會以誤人也。"

此本有扉頁,刊"全補丹溪先生醫學正傳。書林安正堂劉元初重梓"。又鈐紅色木記"內附雷公炮製本草藥性賦丹溪切要心法附全",并"太史氏"印。序後刊"金陵三山書舍松亭吳江重梓",又有荷蓋蓮座牌記,刊"重校一字無訛",及"學古聖之仁術,活人有憾;傳先賢之奇方,滌病無嗟"。卷二題"金陵三山街書肆松亭吳江繡梓",卷三題"金陵原板書林劉元初繡梓",卷四至七題"潭城書林元初劉希信繡梓",卷末有荷蓋蓮座牌記,刊"書林劉元初梓"。

《四庫全書總目》入子部醫家類存目。《中國古籍善本書目》著録,中醫科學院、中華醫學會上海分會圖書館入藏,作明萬曆五年金陵三山書舍松亭吳江刻本。臺北"國家圖書館"有日本元和八年村上平樂寺刻本。日本内閣文庫有明劉氏安正堂刻本。按,此書又有《新編醫學正傳》八卷,明嘉靖刻本(中國醫學科學院、杭州市圖書館藏),明萬曆六年邊有猷刻本(浙江圖書館、中國科學院上海分院圖書館、中國醫科大學圖書館藏)。

鈐印有"玉印利文"、"利文"。

1173　明隆慶刻本古今醫統大全　　T7903/2955

《古今醫統大全》一百卷,明徐春甫輯。明隆慶間朱希忠等刻本。四十册。半頁十行二十六字，四周單邊，白口，單魚尾。框高19.8釐米，寬13.2釐米。卷二題"都察院掌院事左都御史前刑部尚書葛捐俸梓；新安徐春甫編集；太倉支秉中校正"。前有湯世隆序，許國序，趙志皋序，嘉靖三十五年(1556)徐春甫序，隆慶四年(1570)王家屏序，沈一貫序，余孟麟序；助梓縉紳諸公氏號；《凡例》十八則。

徐春甫，字汝元。祁門人。其少喜攻醫術，爲汪宦門人，於醫書無所不窺。居京邸，求醫者甚衆，即貴顯者不能旦夕致。授太醫院官。

此書上自太昊炎黃，迄於明代，本原醫經藥品禁方，諸名家論著，旁及經史國典諸雜家言，凡二百七十餘家，二百八十餘部，區別類從，巨纖畢舉，并博考遠稽，隨論折衷，亦爲集醫家之大成。其卷一爲《歷世聖賢名醫姓氏》、《採摭諸書目錄》。目錄後有《古今醫統卷集字號詩》，分福集（富貴榮華客、清閒自在仙）、壽集（鵬程九萬里、鶴算八千年）、康集（玉質成飛步、朱顏永駐延）、寧集（平安無量劫，靜默有真玄）。

徐春甫自序云："春甫家世業儒，恒讀《素問》諸書，頗探索其醫之顧隱，然而義理微茫，精滲錯別，甲可乙否，莫知適從，所以憚浩繁者撮拾殘言，謂之捷徑，致使本源根荄無所稽考，其不淆聖經而戕民生者幾希。予不自慚愚陋，以平素按《內經》治驗，諸子折衷，及搜求歷世聖賢之旨，合群書而不遺，析諸方而不紊，舍非取是，類聚條分，共厘百卷，目曰《古今醫統》。蓋授上古之法，以迨歷世之良，而兼總於今日，統集異同，井然區別，彙成編帙，燦乎可觀，庶幾厭繁者有所歸，趨簡者無少失，一開卷而醫之法制權衡，始終本末，如視諸掌，其於養生不無小補。"

趙志皋序又云："新安徐君春甫者，余聞之且久，其人少通儒學，博綜群籍，性高邁爽愷，言論亹亹不倦，有古逸士風。晚精軒岐家書，日夕揣摩其理，即一診一視一方一藥，必窮其要領而後乃用且治。今居藥京師里中，凡幾何年，活人已莫可計，戶外履常滿，即人不持錢來，病而有疑且難，衆人莫可誰何，又有亟且殆，醫師過而却走，君以次應之，鮮有誤……君嘗謂，病所憑者醫也，醫可恃者方者也。今之書不爲不侈且盛，然多支離蔓延，淵源莫究，或執用己私而失於商略，寶陳言者燕石十襲，誇世傳者敝帚千金。披書於席，不啻聚訟挾藝乎市，鮮克奏功，是則何以見往聖贊化成能康濟元元之道？於是盡取其書，自炎帝以還，訖於我明，凡大聖名賢，哲流高技，玄編異帙，奧言隱論，一一爲之綱分目析，考異同之說，袪乖戾之見，參之實識，驗乎經效，未經厥理者，則衍之以會其通；隱僻不斷者，則伸之以見其旨，使議論有源，治療有法，勒成一書，號曰《醫統》。一開卷而其道燦然大明，譬之行者手挽指南之車，即失路於遐荒僻壤，蓋有不必謀之道旁，而無有乎倒行逆施之患也。"

其《凡例》第一則云："是書之編目曰《古今醫統》，撰取歷代醫源，肇自義皇，流於斯世，翰衍相承，其來尚矣。凡聖賢立法製方，足爲天下後世準繩者，今悉考其事蹟，例於卷首，俾後學得以溯流窮源云。"

此書之刻，爲太師兼太子太師成國公朱希忠等人助梓，助梓人姓名俱見《助梓縉紳諸公氏號》。趙志皋序云："書凡百卷，梓之者太師成國朱公，公博古好善，以眷寫訛舛，則不無誤人，此則公梓之之意。"

《四庫全書總目》未收。《中國古籍善本書目》著錄。四川省圖書館有明刻本，日本內閣文庫有明萬曆刻本，不知與此同板否。臺北"國家圖書館"有明隆慶四年葛守禮等刻本（兩部），實即此本。此書又有明陳長卿刻本，行款也同此本，天津圖書館、浙江圖書館等六館有藏。

子 部

1174　明嘉靖刻本醫學綱目　　　　　　　　　　T7980/4443

《醫學綱目》四十卷,明樓英撰。明嘉靖四十四年(1565)曹灼刻本。二十六册。半頁十三行二十二字,左右雙邊,白口,單魚尾,書眉上刻批。框高 18.4 釐米,寬 14.2 釐米。前有嘉靖四十四年曹灼序,樓英自序;《序例》六則。

樓英,一名公爽,字全善。蕭山人。夙出儒家,長於易,洞陰陽消息之宜,知元室將亂,不求仕進。平居尋繹《内經》及諸方藥,妙究其藴,醫大有名。又與金華戴思恭原禮友善。戴得名醫朱丹溪之傳,英與講論,忻合無間,名益著聞。洪武中,臨淮丞孟恪薦之,太祖召見,以老賜歸。洪武二十二年卒,年七十。又有《仙岩文集》、《内經運氣類注》等。《(民國)蕭山縣志稿》卷二一有傳。

是書分十一部,以陰陽臟腑爲綱,分論内、外、婦、兒等各科證治。各部又按病分門,每門列舉不同之病證、方藥及治法。凡治法皆以正門爲主,枝門爲輔。凡門分上下者,其上皆《内經》之原治,其下爲後賢之續法。其書總結繼承明以前各家學説,指導臨床辨證施治,對後世影響頗大。

曹灼序云:"友人邵君偉元,授予以《醫學綱目》四十卷,曰:'是書出於蕭山樓全善先生所輯,簡而知要,繁而有條,悉本於《靈》、《素》,亦猶律之條例,比附不出於《禮經》也。公以禮律佐時,獨不能以是書濟癃疢耶?'予笑而受之。惜抄本相傳,魚豕盈帙,前此欲刻者數家而難於校正,往往中止,今亦無蹈是乎? 因與偉元暨劉君化卿分帙校讎,矢志弗措。有不合者,晝繹夜思,若將通之,凡再逾寒暑而後就梓。訛者正,缺者補,秩然可觀,回視舊本,若草莽矣。此書二百年來幾晦而復明,幾廢而復舉,寧不有定數存乎? 書大要本之陰陽以定其準,參之運氣以稽其變,察之色脈以明其診,酌之虛實以立其法,考之同異以正其訛,是故時至有早晚,則民病有徵應矣;氣位有正變,則勝復有微甚矣;血氣有虛實,則調治有逆從矣;氣味有厚薄,則約方有輕重矣;營衛有宣壅,則補瀉有疾留矣。其説一正於《靈》、《素》、《甲乙》,而參之以仲景、東垣諸君子之緒論。病必有門,門必揭其綱;治必有法,法必詳其目。巨細不遺,詳略通貫,參互衆説,而折衷之於經。能由此者,謹道如法,萬舉萬全;不由此者,實實虛虛,夭人長命。故覽其書,如大都列肆之中,丹砂玉札,馬渤牛溲,何所不有,而其取裁劑量,則固存乎人焉耳。"

《四庫全書總目》未收。《中國古籍善本書目》著録。上海圖書館、南京圖書館等十七館,臺北"國家圖書館"(四部,其一爲原藏北平館者),及美國國會圖書館亦有入藏。日本内閣文庫有明世德堂刻本及明刻本。又吉林省圖書館等四館有明刻本,爲十二行二十六字。

1175　明閩刻本鼎刻京板太醫院校正增補青囊醫方捷徑　　T7976/1136

《鼎刻京板太醫院校正增補青囊醫方捷徑》二卷。明閩芝城書林黄燦宇餘慶堂刻本。一册。半頁十行十八字,左右雙邊,白口,無魚尾。上欄刻診脉至捷歌、玉函經注解、旁解叔和脉訣摘要等,十一行八字。框高 20.5 釐米,寬 11.7 釐米。題"太醫院羅必煒校正;閩秋林黄燦宇刊行"。無序跋。

是書卷上列傷寒、藴熱、風類、濕類、瘧類、痢類、咳嗽類、霍亂類、水腫類、宿食類、婦人類、小兒類各醫方,卷下爲藥性賦、諸品藥性賦、引經藥報使歌等。

953

此本有扉頁，刊"刻太醫院增補醫方捷徑。書林餘慶堂黃燦宇梓"。上方并有圖。末有牌記，刊"南閩芝城潭陽秋林黃燦宇梓"。按，黃燦宇又刻有《鼎刻京板太醫院校正分類青囊藥性賦》三卷。

《四庫全書總目》未收。《中國古籍善本書目》未著錄此本，僅有明刻本，爲中國國家圖書館、中醫科學院藏。又日本內閣文庫所藏也作明刻本，題"王宗顯撰"。按，宗顯有《醫方捷徑》二卷，上卷爲《藥性》、《功用》，下卷爲《方劑》。此本不列作者姓名，內容也有所不同。

1176 明萬曆刻本赤水玄珠　　　　　　　　　　　T7910/1914.41

《赤水玄珠》三十卷《醫案》五卷《醫旨緒餘》二卷，明孫一奎撰。明萬曆二十四年（1596）孫泰來、孫朋來刻清印本。六十四冊。半頁九行十九字，四周單邊，白口，無魚尾。框高19.4釐米，寬12.5釐米。前有羅浮道人序，徐顯卿序，萬曆二十四年祝世祿序，汪道昆序，沈演序，臧懋循序；《凡例》十則。目錄後有孫一奎小像，並徐顯卿、汪文璧像讚。《醫案》題"明新安生生子孫一奎文垣甫輯；門人余煌、子泰來、朋來仝閱梓"。《緒餘》題"明新安休寧生生子東宿孫一奎著□；子泰來、朋來仝□□"。前有孫燁序。

孫一奎，字文垣，號東宿，又號生生子，安徽休寧人。爲汪石山再傳弟子，以醫術精湛游公卿間，忘分下交，爭爲延致。

是書分門七十，每門又各條分縷析，大旨專以明證爲主。卷一《風門》、《瘟疫門》、《火熱門》，卷二《暑門》、《濕門》、《燥門》、《寒門》，卷三《頭痛門》、《面門》、《目門》、《鼻門》、《耳門》、《口門》、《咽喉門》，卷四《腹痛門》、《脇痛門》、《心痛門》、《嘔吐噦門》、《腰痛門》，卷五《水腫門》、《脹滿門》、《痞門》，卷六《吐酸門》、《痰飲門》、《怔忡驚悸門》，卷七《咳嗽門》、《喘門》、《哮門》，卷八《瘧門》、《泄痢門》，卷九《氣門》、《血門》，卷一〇《虛怯虛損勞瘵門》，卷一一《鬱門》、《痿門》、《腳氣門》、《白濁門》、《夢遺門》、《汗門》、《消癉門》，卷一二《痹門》，卷一三《傷飲傷食門》、《積聚門》，卷一四《癲狂癇門》、《顫振門》、《瘈瘲門》、《痙門》、《不得臥多臥門》、《煩躁門》、《健忘門》，卷一五《秘結門》、《大小便不通門》、《關格門》、《癃閉門》、《脫肛門》、《前陰諸疾》、《疝門》，卷一六《霍亂門》、《中惡門》、《欬逆門》、《意氣門》、《下氣門》、《嘈雜門》、《眩暈門》、《瘖門》、《疸門》、《厥》，卷一七至一九《傷寒門》，卷二〇至二四《婦人門》，卷二五至二六《小兒門》，卷二七至二八《痘疹門》，卷二九至三〇《外科門》。

羅浮道人序云："今生之所纂者，率皆闡幽發微，會妙之中而得其解。昔黃帝求道，多方索之不得，而象罔得之於赤水，若生所注，信有本矣，名之曰《赤水玄珠》，不亦宜乎？"

祝世祿序云：一奎"善名理而精岐黃，及握符宰休寧，時有陰陽之患，孫生診之，果能洞標本之緩急，投劑輒效，試與上下靈秘而論議之，隨叩輒應，如建瓴水使人解頤，余固奇之矣。已出所著《醫旨》示余，鑿鑿乎，發前人所未發，補前書所未盡，益大奇之。生曰：此緒餘也，有全集三十卷，未授欹劂，因得卒業。其發凡定例，析類分門，按病訂方，詳哉乎其言之也，此書行，而後世之疾其有瘳乎？書未有名，會方士挾仙術遊里中，生就問名，仙稱純陽子命曰《赤水玄珠》"。

《四庫全書總目》入子部醫家類，將《赤水玄珠》及《醫旨緒餘》分開著錄。

羅浮道人序之第一頁書口下刻"歙邑黃鼎刻"。日本有明曆三年（1657）刻本。

《中國古籍善本書目》著錄明萬曆二十四年孫泰來、孫朋來刻本，山東省圖書館、北京大學圖書館等六館入藏。臺北"國家圖書館"有兩部。日本內閣文庫也有入藏。

1177　明刻本醫林類證集要　　　　　　　　　　　　T7967/1111

《醫林類證集要》十卷,明王璽撰。明刻本。六册。半頁十二行二十四字,四周雙邊,黑口,雙魚尾。框高20.5釐米,寬13.9釐米。卷四題"孤竹王璽集"。

王璽,字玉齋。河北盧龍縣人。原任太原左衛指揮同知。成化初,擢都指揮僉事,守御黃河。十三年擢都督僉事,充總兵官,鎮守甘肅。十七年進署都督同知。二十年移鎮大同。在邊二十餘年,為番人所憚。璽習韜略,諳文事,亦通醫學。嘗念邊地無醫藥,乃作此書,并擇邊人子弟聰穎者教授之。弘治元年卒。

此書殘存卷四至六。

《四庫全書總目》未收。《中國古籍善本書目》著録明成化十八年春德堂刻本(北京大學圖書館、南京圖書館、臺北"國家圖書館"藏)、明正德十年胡韶刻本(南京圖書館、山東省圖書館等六館藏)。此二種行款皆同哈佛本,哈佛殘本卷四第十三至十六頁、卷五第十七、十八頁板皆斷裂,記此以備相核。

鈐印有"木林氏"。

1178　清乾隆刻本鴻文堂詳校醫宗必讀　　　　　　　　　　T7931/4454

《鴻文堂詳校醫宗必讀》十卷,明李中梓撰。清乾隆四十四年(1779)刻後印本。六册。半頁十二行二十四字,四周單邊,白口,單魚尾。框高20.8釐米,寬14釐米。題"雲間李中梓士材父著;新安吴肇廣約生父參;姪孫李廷芳蘅伯父訂"。前有明崇禎十年(1637)李中梓序;鴻文主人跋;《凡例》八則。

李中梓,字士材,上海人。其父尚衮為萬曆進士。中梓為諸生,有文名,因善病而自究醫理,輯張、劉、李、朱四大家所著書,補偏救弊,薈其精華。其醫多神效,然素自矜貴,非富貴家不能致。年七十餘,作偈端坐而逝。著有《删補頤生微論》、《内經知要》、《病機沙篆》、《本草通玄》、《診家正眼》等。《(嘉慶)上海縣志》卷一五有傳。

是書卷一包括《讀内經論》、《讀四大家論》、《古今元氣不同論》、《富貴貧賤治病不同論》、《腎為先天本脾為後天本論》、《水火陰陽論》、《不失人情論》、《疑似之證須辨論》、《用藥須知内經之法論》、《藥性合四時論》、《辨治大法論》、《苦欲補瀉論》、《行方智圓心小膽大論》、《仰人圖》、《伏人圖》、《改正内景臟腑圖説》;卷二為《四言脈訣》、《脈法心參》、《色診》;卷三至四為《本草》;卷五《傷寒》;卷六至一〇分論各症。

李中梓自序云:"余究心三十餘年,始知合變,而及門者苦於卓也。曩所著《微論》諸書,未盡元旨,用是不揣鄙陋,纂述是編,顏曰《必讀》,為二三子指南。會友人吴約生,偕其弟君如,見而俞之曰:裒益得中,化裁盡變,明通者讀之而無遺珠之恨,初機者讀之而無望洋之嘆,其可秘之帳中乎?遂捐貨以付之剞劂。"

鴻文主人跋云:"士材李先生著有《醫宗必讀》一書,為初學階梯,校讎當尤嚴者也。第相傳日久,以訛傳訛,錯誤百出,竟有重刻數行者,有少刻數行者,或兩方并為一方,或一方分為二方。如是種種,不可殫述,心甚惻然。壬辰春始獲原刻全部,板雖不嘉,而訛錯則鮮。余不憚煩,以此校對,重而新之,不敢言盡美也,然視他本則微有長云。"

此書初由吳約生等捐貲付梓，其後多有刻本。據《中國醫籍通考》著録，有明崇禎十年刊本、明金閶王漢沖梓潤古堂發兌本、清康熙四十九年刻本、清乾隆五十五年刻本、乾隆五十八年刻本及道光、咸豐等多個刻本。另日本亦曾刊刻是書，據"日本所藏中文古籍數據庫"，有貞享四年刻本及正德三年刻本。然此本未見於諸家著録。鴻文主人跋稱"壬辰"，既云"相傳日久"，當排除順治九年(壬辰)，則鴻文堂校刻此書之"壬辰"或爲康熙五十一年，或爲乾隆三十七年，此本則又據鴻文堂本重刻者。

此本有扉頁，刻"鴻文堂詳校醫宗必讀。雲間李士材輯。乾隆四十四年重鐫"。

1179　明天啓刻本訂補明醫指掌　　　T7909/2550

《訂補明醫指掌》十卷，明皇甫中撰，王肯堂等訂補，邵達參校。明天啓金閶傳萬堂刻本。八册。半頁九行二十字，四周單邊，白口，單魚尾。框高20.2釐米，寬12.8釐米。題"仁和雲洲皇甫中撰注；金壇宇泰王肯堂訂補；長洲念山邵從皋參校"。前有天啓二年(1622)許士柔序；《凡例》九則。

皇甫中，字雲洲。浙江仁和人。世爲儒醫，至皇甫中尤顯。又有《傷寒指掌》十四卷。

《明醫指掌》乃皇甫中效元吳恕《傷寒指掌圖》而作，其爲賦爲歌爲論，俱因病尋源，辭明而義顯，一證述一歌，務盡其旨，皆便初學者記誦。其爲歌括，少止四句，多至數十句，根據病情，無拘長短。此本爲邵達訂補，乃達取《指掌》，以其略舉其概，未詳其義而訂補之，如論有所未發，則參平日所自得，而曲盡其根源；或方有所未載，則補先哲經驗，以默襄其診法。

邵達，字行甫，又字從皋，號純山，世稱"仁山先生"。江蘇長洲人。名醫邵念山之子。自幼體弱，不能終舉子業，乃從父命研讀岐黃書，越數年，稍悟醫理，醫術大進，臨證有手到病除之功。

許士柔序云："往者，雲洲皇甫翁以三世良醫，具普利心，發大願，力著爲《明醫指掌》。若歌若賦若賤，而繫以胗視，贅以形方，展卷便於吟呻，辨症按其標本指掌云者，即吾夫子示斯之説，所謂道在目前，凝眸即是，轉盼則非，難言之矣。雖然隱而顯，至理賅焉，善哉！行甫邵君之訂補是書也，酌異同之詞，明詳略之故，人生五行，運爲六氣，六氣還歸六脉，陰陽剛柔，高下燥濕，行甫悉定於手腕之際，而無念不靈，無境不徹。即兹盈尺之書，凡人道之生機，天道之化機畢在是矣……行甫獨以新編見寄，快題數語，付之劂氏。"

此本有扉頁，刊"明醫指掌。王宇泰先生增補。金閶傳萬堂梓"。

《四庫全書總目》未收。《中國古籍善本書目》著録。陝西省圖書館、河南省圖書館等四館，及日本内閣文庫亦有入藏。此書存世又有明嘉靖三十五年自刻本及明萬曆七年書林劉氏安正堂刻本，書名作《明醫指掌圖》，《前集》五卷《後集》五卷。

1180　清刻本景岳全書　　　T7903/1383

《景岳全書》六十四卷，明張介賓撰。清刻本。三十二册。半頁九行二十四字，左右雙邊，單魚尾，白口。框高20.5釐米，寬13.8釐米。題"會稽張介賓會卿著；會稽魯超謙庵訂"。前有魯超序。

張介賓，字會卿，號景岳、通一子，浙江紹興人。壯歲游燕冀間，喜談兵論劍，從戎幕出入塞北。在京師時,從金夢石學醫。晚歲息心功名,專攻軒岐之學,深通醫理,醫術精湛,謁病者輻輳其門,沿邊大帥,皆遣金幣致之。又著有《類經》三十二卷。黃宗羲《南雷文定前集》卷一〇有傳。

是書分入集、道集、須集等二十四集,六十四卷。卷一至三爲《傳忠錄》;卷四至六爲《脈神章》;卷七、卷八爲《傷寒典》;卷九至三七爲《雜證謨》;卷三八、卷三九爲《婦人規》;卷四〇、卷四一爲《小兒則》;卷四二至四五爲《痘疹詮》;卷四六、卷四七爲《外科鈐》;卷四八、卷四九爲《本草正》;卷五〇爲《新方八略》;卷五一爲《新方八陣》;卷五二至六〇爲《古方八陣》、《目錄》一卷,《補》、《和》、《攻》、《散》、《寒》、《熱》、《固》、《因八陣》各爲一卷;卷六一至六四《輯婦人》、《小兒》、《痘疹》、《外科方》各一卷。於中醫基礎理論及臨床各科証治均有深入闡述,宏論要理,自成家法。

是書撰成於崇禎間,稿傳介賓外孫林日蔚,康熙三十九年魯超捐資刊行。《四庫全書》本前林日蔚撰《景岳全書紀略》云:"是編成於晚年,力不能梓,授先君,先君復授日蔚。余何人,斯而能繼先人之遺志哉？歲庚辰,攜走粵東,告方伯魯公。公曰:'此濟世慈航也！天下之寶,當與天下共之。'捐俸付剞劂,閱數月工竣。"此本魯超序云:"是書膾炙海內已久,余以不得一見爲恨。適林汝輝侄倩攜之來粵,如獲拱璧。因謂兒輩曰:'兹編宏濟之仁,不在良相下,豈一身一家之所敢私哉？'特付剞劂,以公諸世,庶不没作者之苦心,而同於長桑禁方之授也。"

是書刊行後流傳甚廣。《全國中醫圖書聯合目錄》著錄是書版本凡五十餘種,云最早有明刻本,中國科學院圖書館、首都圖書館、黑龍江省圖書館、上海圖書館有藏,或誤。

是書有扉頁,題"張會卿先生著。景岳全書。本衙藏板"。"玄"字或避或不避帝諱。日式裝幀,外封皮爲日式皮紙,裝訂用紅色單綫。扉頁及其後頁有日人題識,云當爲初印本。又全錄乾隆三十三年重鐫本林日蔚所撰《全書紀略》,即《四庫》本所收者。頁眉有日人批注。

《四庫全書總目》著錄,《中國古籍善本書目》不收。

鈐印有"贊生館"、"大荼庵"、"稻葉氏架藏記"、"弍木文庫"、"朝鮮醫學研究圖書"、"三木"、"稻葉元熙用晦"。

1181　清初刻本醫門法律

T7931/6266

《醫門法律》六卷,清喻昌撰。清初葵錦堂刻本。十二册。半頁九行二十字,四周單邊,白口,單魚尾。框高20.1釐米,寬12.3釐米。題"西昌喻昌嘉言甫著"。前有順治十一年(1654)錢謙益序,順治十五年(1658)喻昌自序;陳彥超、朱履謙《讀尚書法律二書敬賦》。末有王允達跋、錢㑉跋。

喻昌,字嘉言,江西新建人。明崇禎中,以副榜貢生入都上書言事,尋徵召,不就,往來靖安間。順治中僑居常熟,以醫名,治療多奇中。有《傷寒尚論篇》、《寓意草》等。《清史稿》卷五〇二有傳。

卷一闡述望色之法、聞聲之法、辨息之法等,並申明内經法律、申明仲景律書,附申治傷寒不可犯六經之禁及先哲格言六十七條。卷二中寒門,卷三中風門,卷四三氣門及秋燥門,卷五瘧證門、痢證門、痰飲門、咳嗽門、關格門,卷六消渴門、虛勞門、水腫門、脹病、黄癉門、肺癰肺萎門,分論各症。

《四庫全書總目》子部醫家類著錄此書爲十二卷,分卷與此本不同。《總目》於是書評價頗高，云：："昌既著《尚論篇》，發明傷寒之理，又取風寒暑溼燥火六氣及諸雜證，分門別類，以成是編。每門先冠以論，次爲法，次爲律。法者治療之術、運用之機。律者明著醫之所以失，而判定其罪，如折獄然。蓋古來醫書，惟著病源治法，而多不及施治之失。即有辨明舛誤者，亦僅偶然附論，而不能條條備摘其咎。昌此書乃專爲庸醫誤人而作。其分別疑似，既深明毫釐千里之謬，使臨症者不敢輕嘗；其抉摘瑕疵，並使執不寒不熱不補不瀉之方，苟且依違，遷延致變者，皆無所遁其情狀，亦可謂思患預防，深得利人之術者矣。"

此本有扉頁，刻"醫門法律。豫章喻嘉言先生著。是集窮致物理，發明心地，法開廣大之門，律簡微細之懸，言言閫奧，字字竿頭，儼具藥王手眼，醫聖爐鞴。敬授之梓，以爲世範。葵錦堂主人識"。扉頁鈐"□松閣"印及"價紋壹兩貳錢不折"木記。

《中國古籍善本書目》不收。《北京大學圖書館藏古籍善本書目》著錄清順治刻葵錦堂修補後印本，或即此本。另日本《內閣文庫漢籍分類目錄》著錄有清順治十五年序刊本，不知是否與此本同。據《中國醫籍通考》著錄，此書清代有多個刻本及石印本，日本亦有翻刻本行世。

1182　清乾隆刻後印本經驗丹方彙編　　　　T7976/8524

《經驗丹方彙編》不分卷，清錢峻輯，清俞焕、周朗增補。清乾隆餘愛堂刻後印本。四冊。半頁十一行二十五字，左右雙邊，白口，單魚尾。書口下刻"餘愛堂"（偶數葉刻"裕麟堂"）。框高19釐米，寬13.5釐米。題"吳興錢峻青掄原編輯；婺源俞焕曉園、金谿周朗鶴仙仝增補；男俞明勿悔、姪俞時與偕較字"。前有乾隆十七年（1752）程兆侯序，乾隆十七年俞焕序，康熙四十六年（1707）錢峻自序，乾隆十七年周朗序；《凡例》十三則。

錢峻，字青掄，浙江吳興人。因患失血之症，遂已功名之念，矢志醫業，廣搜奇方，而成是書。事見本書錢氏自序。

錢峻原書刻成於康熙四十六年，其時錢氏舊疾復發已歷三載，病勢日增，命在須臾。自序云："將欲爲善後計，而藐茲孤兒，襁褓未離，嘗聞積德可以貽後，而善書中惟捨藥施方，最爲切要。"錢氏志欲將此書公世，因促梓人速竣其工，並委托親友代爲廣施勸布，以積德貽後。《凡例》中亦云："是書務期廣遠流通，四方君子發心印施多部，福有攸歸。若能翻刻，尤慰鄙懷。"

此書首爲《貿藥辨真假》、《諸症歌訣》、《單方摘要》，次爲《經驗單方》，分中風、預防中風、風氣痛、虛勞血症、腫脹、反胃噎膈等諸症。次爲《保嬰經驗方》、《保產良方》、《濟陰纂要方》，輯兒科、婦科良方。次爲《經驗單方補遺》，題"婺源俞焕文光、金谿周朗鶴仙仝增輯"，爲俞、周增補之內容。

程兆侯序云："吾友俞子文光，善士也，雅與余同心。嘗精合丸散丹粒及太乙靈膏，遍送□城，且又鐫刻《陰隲文》、《感應篇》、《崇本論》、《遏邪說》諸編，廣布而流傳之，由來已久。迄聞吳閶有所謂《丹方類編》，專人往購之。其舊板模糊不可識認，乃搜羅見聞，增刻行世。"

《經驗單方》、《濟陰纂要方》下皆題有"婺源俞焕文光甫重梓"。而版心所刻"餘愛堂"似爲程兆侯室名（程氏序末署"書於餘愛堂中"）。此本後印，扉頁所刻之"懷德堂"，當爲此書刷印發兌之書坊名號。

此本有扉頁，刻"經驗丹方彙編。吳興錢青掄原輯，婺源俞曉園增補。懷德堂梓行"。並鈐"江南狀元境內懷德堂周氏書坊發兌"木記。

《全國中醫圖書聯合目錄》著錄，中國國家圖書館等數家館藏。

子　部

鈐印有"雲林院藏書"、"芝川文庫圖書之印"。

1183　清雍正刻本思濟堂方書　　　　　　　　T7976/1852

《思濟堂方書》五卷,清賈邦秀撰。清雍正刻本。五冊。半頁九行二十字,四周雙邊,白口,單魚尾。眉端有批。框高 21.2 釐米,寬 16.8 釐米。題"宛平賈邦秀升安氏校著;遼海姜國璜信侯氏全訂"。前有雍正十年(1732)馬丙序,雍正十年賈邦秀序,雍正十年姜國璜序,賈邦秀又序。末有賈邦秀跋。

賈邦秀,字升安,北京宛平人。自幼習儒,及長業醫,花甲後撰成此書。事見本書前後序跋。

此書分爲木、火、土、金、水五卷。卷一中風、傷寒、中暑、中溼、燥證;卷二火證、時疫、氣證、血證、精證、神證、痰證、飲證、食證、鬱證、蟲證;卷三婦科,包括經病、癥瘕、九痛、帶下、惡阻、子氣、子癇風、胎漏、臨產諸病、產後諸病;卷四幼科,包括急驚風、慢驚風、疳積、吐瀉、腹痛、發熱、痘疹,附孕婦痘瘡、癥疹;卷五外科雜治。每類前述辨治方藥大略,並各類醫方,總二百餘方。

賈氏自序云:"予因留意方書,困勉多年,今始少有所得,故集累驗之方,講明用藥之理,不敢自秘,以公天下,普濟群生,是予之願也。因彙成一帙,名曰《思濟堂方書》,分其外感、內傷、男婦、大小、痘疹、瘡瘍、雜治等證,列於其後,以便好生者觀覽焉。""《思濟》一書,原爲立方而設。非書不能以載方,非方不能以療病。欲療疾病,非論證的確、講明藥理,不能盡方之妙,亦不能以愈諸疾……然而上古先賢立方者百十餘家,存方者百千萬億,後之學者焉能詳記哉? 不過明其理而已矣。如理有不明,雖千萬効方,以之治病,如鎖鑰不投,豈能盡効哉? ……故今去繁就簡,凡稀有之藥,未驗之方,不敢錄載,謹選其應驗通達之方二百有餘。雖不能盡愈諸病,凡六淫七情、氣血精神等病,亦不出其範圍之急用也。"

此本有扉頁,刻"思濟堂方書。宛平賈升安先生著。琉璃廠東門內火神廟對過文盛齋新刊。珍泰齋賈宅藏板"。並小字刻:"此書迺予五十餘年耑心醫理,博覽群書,敷軒岐之至理,集聖哲之大成,言簡而理約,道明而貫通,則立方用藥,自有効驗。無儕同志,熟玩是書,則德業可進,道藝可傳,即此濟世,即此養生。爾蕫諸君,宜以此帙置之案頭,公餘繙閱,不惟行道用之有益,即不行道,少有不調,免爲庸醫所誤。勉之秘之,古人所謂藏諸金匱者,正此鄭重之意。慎勿視之爲泛文也。"

此書傳世頗稀,據《全國中醫圖書聯合目錄》著錄,僅中國國家圖書館有藏。

1184　清乾隆刻本御纂醫宗金鑑　　　　　　　　T7910/7388

《御纂醫宗金鑑》九十卷首一卷,清吳謙等纂。清乾隆內府刻本。九十一冊。半頁九行十九字,四周雙邊,白口,單魚尾。框高 23.5 釐米,寬 15.5 釐米。有圖。前有乾隆四年(1739)錢斗保奏疏,乾隆四年鄂爾泰奏疏,乾隆五年(1740)弘晝奏疏,乾隆七年(1742)弘晝進書表;諸臣職名;《凡例》十三則。

吳謙,字六吉,安徽歙縣人。官太醫院判,供奉內廷,屢被恩賚。事見《清史稿》卷五〇二。

乾隆四年吳謙等奉旨纂修書,乾隆七年告成,參與諸臣以弘晝、鄂爾泰總理,包括經理提調官錢斗保等六人,總修官吳謙、劉裕鐸二人,纂修官李毓清等十四人,効力副纂修官俞士烜等十二人，校閲官沈恒寀等十人，收掌官崔生偉等二人，謄録官、效力謄録官、武英殿監造官若干人。

據錢斗保奏疏，知此書編纂之初，曾請將大内所有醫書發出，又請"命下京省除書坊現行醫書外，有舊醫書無板者，新醫書未刻者，並家藏秘書及世傳經驗良方，著地方官婉諭購買，或借抄録，或本人願自獻者，集送太醫院"，擬編爲二書，"其小而約者以便初學誦讀，其大而博者以便學成參考"。又據《清史稿·吴謙傳》："既而徵書之令中止，議專編一書，期速成，命謙及同官劉裕鐸爲總修官。"

《凡例》云："醫書自《靈》、《素》而後，惟漢張機《傷寒論》、《金匱要略》二書，實一脈相成。但義理淵深，方法微奥，領會不易，且多譌錯。舊注隨文附會，難以傳信。"據《吴謙傳》，知吴謙舊曾删定二書，書成八九，"及是，請就謙未成之書，更加增减。於二書譌錯者，悉爲訂正，逐條注釋，復集諸家舊注實足闡發微義者，以資參考，爲全書之首，標示正軌。次删補名醫方論，次四診要訣，次諸病心法要訣，次正骨心法要旨。"故此書雖出衆手編輯，而訂正《傷寒》、《金匱》，本於吴謙自撰。

是書搜羅上古至清代醫書精華，分門别類加以論述，方論多歸納爲歌訣，且附有大量插圖，便於記誦領會。卷一至一七爲《訂正傷寒論注》，卷一八至二五爲《訂正金匱要略注》，卷二六至三三爲《删補名醫方論》，卷三四爲《四診要訣》，卷三五爲《運氣要訣》，卷三六至三八爲《傷寒心法要訣》，卷三九至四三爲《雜病心法要訣》，卷四四至四九爲《婦科心法要訣》，卷五〇至五五爲《幼科心法要訣》，卷五六至六〇爲《痘疹心法要訣》，卷六一至七六爲《外科心法要訣》，卷七七至七八爲《眼科心法要訣》，卷七九至八六爲《刺灸心法要訣》，卷八七至九〇爲《正骨心法要旨》。

《四庫全書總目》子部醫書類著録。《清代内府刻書目録解題》、《清代内府刻書圖録》著録。《中國古籍善本書目》不收。《中國科學院圖書館藏中文古籍善本書目》著録，另北京大學圖書館、上海圖書館等亦有收藏。後又多有翻刻本行世。

館藏又一部，殘存卷三二至四七、卷七三至九〇，二十册。

1185　明刻本太醫院校注婦人良方大全

T7955/7926

《太醫院校注婦人良方大全》二十四卷，宋陳自明撰，明薛己注。明金陵書林富春堂刻本。十二册。半頁十一行二十二字，四周雙邊，白口，單魚尾，書口下刻"富春堂原板"。框高19.8釐米，寬14釐米。題"江右臨川陳自明良甫編；太醫院使立齋薛己校注；金陵書林對溪唐富春梓"。前有沈謐序，嘉靖二十七年(1548)王庭序；《凡例》八則；《用藥宜禁》十二則。

陳自明，字良甫。江西臨川人。自幼好學，好讀家藏醫書，及長，醫道大行，官至建康府明道書院醫學教授。潛心於婦產科，頗有建樹。晚年復致力於外科，採摭群言，參以《内經》諸醫典，自成體系。

薛己，字新甫，號立齋。江蘇吴縣人。邑名醫薛鎧之子。己幼承庭訓習醫，兼通内、外、婦、兒諸科，馳譽於時。正德間，任南京太醫院御醫。嘉靖間，入北京太醫院。嘉靖九年以奉政大夫南京太醫院院使致仕歸鄉。其於醫書，上自《内經》，下至金元四大家之論，無不研究。又久仕於兩京太醫院，故所閲珍秘醫籍甚多。推重名醫李杲之説，以脾胃爲根本，又能兼融各家。一生著述宏富，有《薛氏醫案》、《本草約言》等。

此書爲陳自明勤求岐黃之古訓,博采歷代前賢有關婦產科之名論,更參以本人之臨證經驗及家傳三世驗方,整理編纂而成,內容廣博,基本反映宋代以前婦產科主要成就。編次井然,論理詳而條目清晰,內容繁而不雜,簡而有要。其卷一《調經門》,卷二至八《衆疾門》,卷九《求嗣門》,卷一〇《胎教門》,卷一一《候胎門》,卷一二至一五《姙娠門》,卷一六《坐月門》,卷一七《虛難門》,卷一八至二三《產後門》,卷二四《瘡瘍門》。此書爲中醫婦產科名著,對後世影響頗深,明代王肯堂《女科準繩》,清代武之望《濟陰綱目》皆取材於此。

王庭序云:"《婦人良方》一書,宋嘉熙中陳自明良甫所著。良甫精於醫,嘗爲建康府明道書院醫諭,所論述甚多。是書凡二十二卷,流布海內至於今,專門名家多誦習之。吾鄉立齋薛先生以是書歲久,承襲訛謬,且未有注釋,恐讀者不達其旨,乃重加校正,附以己意,爲之注釋。又取熊鰲峰補遺一卷,增入各卷,而以喉舌蜃唇等一十四症爲補遺一卷,共二十四卷,使業是醫者開卷了然,用方治病,如射之中的,無復訛謬之患。蓋先生平日究心往牒,思極玄妙,觸處皆通,故違衆獨立,超然遠到。自掌院南畿,入侍禁闥,迄今家居垂四十年,著書無慮千卷。是書專論婦人一科,委曲詳盡,無復餘蘊,其有功於世,不爲小矣。秀水沈君石山見而悅之,捐金付梓。"

此本金鑲玉裝。有扉頁,刊"鍥太醫院校註婦人良方大全。周譽吾刊行"。按,此刻乃南京唐氏富春堂據明嘉靖二十七年沈謐刻本重刻,板後轉至周氏。

《四庫全書總目》入子部醫家類。《中國古籍善本書目》著錄。中國科學院圖書館亦有入藏。按,陳氏此著,今存最早之本爲《新編婦人大全良方》二十四卷《辨識修製藥物法度》一卷,爲元勤有書堂刻本,藏中國國家圖書館。次爲《新編婦人良方補遺大全》二十四卷首一卷,爲明熊宗立補遺,明天順八年熊氏種德堂刻本,藏重慶市圖書館。三爲《新刊婦人良方補遺大全》二十四卷,也熊宗立補遺,明正德四年陳氏存德書堂刻本,藏中國國家圖書館。四爲《婦人良方》二十四卷,薛己注,明嘉靖二十七年沈謐刻本,藏北京首都圖書館等三館。和此本同書名者,有明建邑書林余彰德刻本,藏大連市圖書館;明陳長卿刻本,藏中國中醫科學院等三館。另有《三刻太醫院補注婦人良方大全》二十四卷,也薛己注,有明楊軫飛四知館刻本,浙江圖書館藏;明書林余氏書瑞堂刻本,重慶市圖書館藏。

1186　明崇禎刻本妙一齋醫學正印種子編

T7999/7754

《妙一齋醫學正印種子編》二卷,明岳甫嘉撰。明崇禎九年(1636)繡谷三樂齋刻本。四冊。半頁八行二十字,四周雙邊,白口,單魚尾。框高22.4釐米,寬14.8釐米。題"明蘭陵心翼岳甫嘉仲仁父著;男衡山岳虞巒舜牧氏訂"。前有趙志孟序,崇禎八年(1635)岳甫嘉序。《男科》前有自序。《女科》前有自序。末有崇禎九年岳虞巒跋。

岳甫嘉,字仲仁,號心翼,又號妙一齋主人。江蘇武進人。幼習舉業,屢試輒列前茅。早年致力於醫學,參脈考證數十年,投藥則奇中,四方求治者戶履常滿。治病不分貧富,雖寒微之家,延之則往。崇禎元年,再應鄉試,復不中,遂一意攻醫,全活頗衆。崇禎四年,子虞巒中進士,甫嘉不以子貴自矜,臨證如初。及其子官江西按察使,乃隨之任所,以著述自娛。

岳甫嘉序云:"《種子編》,乃予《醫學正印》編之一也,合女人調經、固胎護產,爲上下卷,藏之笥中久矣。曩在金陵時,侍御趙公勸予授之梓,予見巒兒飲冰茹蘗,未便購梓,及隨任禹杭半載,見兒懸魚之署,垂橐更甚,是編幾付之塵蠹,無復公世想。適觸杭城中,有標榜通衢,鬻打胎絕產之方爲業者,其術之不仁一至是。兒雖禁示頗嚴,未必無一二潛鬻,以圖射利者。天下往往有求嗣而艱育者,乃懷姙而反欲墮之,不幾拂天地好生之德乎？予於是出是編,命兒曰,寧減我輩衙齋之膳,亟授之梓,以告杭人,并以告天下之爲杭人者,庶不至習爲殘忍刻薄之業。緣是而減口腹之奉,可以惜福；習保身之法,可以延年；得廣嗣之意,可俾天下男無不父,女無不母,爲當今聖天子,成一多福多壽多男世界,予與爾之心,不更愜乎？戀唯唯,旋付剞劂。"

虞戀跋云："家大人所著《醫學正印》一書,不下百卷,日因戀孿甚,未及授梓。今幸尸祿於杭,願借慈雲嶺上一株以資削簡,先出《種子》一卷,爲杭民廣嗣,餘亦漸次公世。"按,虞戀爲甫嘉子,字舜牧。崇禎四年進士。明末官至江西按察使。明亡,變服爲僧。其任杭州知府時爲崇禎八年,此本當爲其在杭時刊印。

此本有扉頁,刊"種子全編。岳心翼先生纂著。男科凡二卷女科凡三卷。繡谷三樂齋梓"。按,是書男科、女科各一卷,科内并無再分卷。

《四庫全書總目》未收。《中國古籍善本書目》著錄。上海圖書館、中國中醫科學院等六館,及日本内閣文庫、美國普林斯頓大學葛思德東方圖書館亦有入藏。

鈐印有"月城"、"金漢盍印"。

1187　明正德刻本類證陳氏小兒痘疹方論　　　T7939/7905.2

《類證陳氏小兒痘疹方論》二卷,明熊宗立撰。明正德三年(1508)存德堂刻本。一册。半頁十三行二十七字,四周雙邊,黑口,雙魚尾。框高 20.2 釐米,寬 12.4 釐米。題"太醫陳文中著述；鼇峯熊宗立類證"。前有陳文中舊序。

陳文中,字文秀。宋代宿州符離縣人,初居金地,逃歸南宋,寓居漣水十五年,精通醫道,明大小方脉,於小兒痘疹尤造其妙,漣水自守將至達官富民之家,皆重其術,凡群醫縮手之症,延之多愈。至於閭閻細民,凡以急病求醫者,亦不嫌其貧,匍匐往救,全活者不知枚舉。後遷居杭州,醫名益盛,曾任和安郎太醫局判,兼翰林良醫。

是書内容,曰論痘疹致病之由,曰論治法,曰類集經效名方、水痘方論、類證續附經驗良方。所載俱極簡明。類證多載各段之後。

陳文中序云："嘗謂小兒病證雖多,而瘡疹最爲重病何？則瘡疹之病,疑似之間難辯,投以他藥不惟無益,抑又害之,況小兒所苦,非若大人能言受病之狀,乃知畏惡之由,爲又(父)母口惟之予病,急於得藥,醫者失察,用藥差舛,鮮有不致橫夭者。文中每思攻此,惻然於心,因取家藏已驗驗方,集爲一卷,名之曰《小兒痘疹方論》,刻梓流布,以廣古人活幼之意。"

熊宗立爲明代福建坊賈,刻書甚多,有種德堂。此爲存德堂所刻,序後有牌記,刊"正德戊辰菊月存德堂刊"。存德堂又刻有熊宗立《類證注釋錢氏小兒方訣》十卷。

《四庫全書總目》未收。《中國古籍善本書目》未著錄。

1188　明正德刻本陳氏小兒病源方論　　　T7965/7905

《陳氏小兒病源方論》四卷,宋陳文中撰。明正德三年(1508)書林陳氏存德堂刻本。一册。半頁十三行二十七字,四周雙邊,黑口,雙魚尾。框高 20.5 釐米,寬 12.4 釐米。題"太醫陳文中述"。前有寶祐二年(1254)鄭全序。

此書卷一《養子真訣》、《小兒變蒸候》,卷二《形證門》、《面部形圖》,卷三《驚風門》、《方藥》,

卷四《驚風引證》、《痘瘡引證》。

目錄頁第二行刊"書林陳氏存德堂新刊"。序後有牌記,刊"正德戊辰仲秋月存德堂新刊"。卷二題"太醫陳文中著述;鰲峯熊宗立類正",但書中並無宗立類正之語。

《四庫全書總目》未收。《中國古籍善本書目》未著錄。按,陳氏存德堂又刻有《類證陳氏小兒痘疹方論》二卷、《類證注釋錢氏小兒方訣》十卷,皆在正德三年。

1189　明萬曆刻本幼幼新書　　　　　　　　　　T7965/7970

《幼幼新書》四十卷《拾遺方》一卷,宋劉昉撰,明陳履端輯。明萬曆十四年(1586)陳履端刻本。二十三冊。半頁九行二十字,四周單邊,白口,單魚尾,書口下間有刻工。框高20.2釐米,寬12.5釐米。卷一題"後學古吳陳履端于始輯;錫山華承美以彰校"。前有王世貞序,劉鳳序,萬曆十四年張應文序,紹興二十年(1150)李庚序,萬曆十四年陳履端自序。末有紹興二十年石才孺後序,紹興二十年樓璹跋,余然後序;《凡例》十九則。

劉昉,字方明,後更名旦。潮陽人。宣和六年進士。紹興九年以禮部員外郎兼實錄院檢討官,出知虔州,十三年八月知潭州。其鎮撫之暇,每患小兒疾苦,不惟世無良醫,且無全書,乃取前賢論及世傳之方,命幹辦公事王曆、鄉貢進士王湜彙編成此書,凡四十卷。紹興二十年秋,已刻成三十八卷,而昉卧病不起,由繼任樓璹督成全書,併末二卷爲一卷,復纂歷代所述求子方論爲一卷,冠於篇首,閱月而刻成。

書分四十門,爲求端撰本、方書敘例、病源形色、形初保育、初生有病、禀受諸病、蒸忤魃啼、驚潮狂因、驚風急慢、驚癇喑病、痢論候法、胎風中風、傷寒變動、咳嗽諸病、寒熱瘧瘴、斑疹麻豆、諸熱痰涎、熱蒸肝膽、寒痛逆羸、癥癖積聚、五疳辨治、無辜疳劇、諸疳異證、諸疳餘證、吐噦霍亂、泄瀉羸腫、滯痢赤白、諸血淋痔、三蟲癭疝、水飲鬼疰、眼目耳鼻、口唇喉齒、一切丹毒癰疽瘰癧、瘡瘍疥癬、頭瘡凍痹、鯁刺蟲毒、論藥諸方。每門又各分子目。此本闕卷四至六。

其《凡例》十九則,分原初、古序、參考、正訛、存疑、刪繁、理亂、去複、就便、削章、削句、削字、定方、削方、酌方、補遺、方書、品方、服法。然觀其《凡例》,知陳履端刪削移易,已非原本之舊。

王世貞序云:"宋故有《幼幼新書》,長沙劉帥託善爲方者王曆、王湜萃諸方而詮次之,而李庚爲之序者也。凡三百餘年,而書散佚不備。吾郡之精於醫者陳履端氏,奉其父之遺意,求之二十餘年而始得其全,念其傳之弗廣也,訂其誤,刪其複,而手書之,以授梓人。"

陳履端自序云:"端世幼科,傳自白下先子枳田,痛嬰兒居多抱期頤而夭襁褓,宏修前學,靳靳若不逮搆得一二。端髫時捧讀心慕,更求無獲,而錢氏故本,轉歸雲間顧研山氏,端因黃清甫河水爲介紹,懷資偕某懇之,與某各藏其半,顧本合南北宋板,復缺三卷有奇。端神祈廣詢,一恒徐永錫氏有質本抄得其全,玉庵楊大潤氏欲抄而索之,某竟秘以烈焰辭。閱歲,徐本歸古歙程大綱氏,復往抄之,始獲覩全帙,深慰天幸,且筆且讀,領其要略……欲以書傳布而廣濟之,載易寒暑,刪繁理亂,裁初本十之三,稿凡四易,卷四十,總五百四十七門,便簡閱也。傾貲採梓,數字償值,手錄授工,首事兩月,食木者六之一,同志如某者,雜以力助完卷。"

此本有刻工章右之、章樊之、劉文卿、張在周、袁宏、顧端甫。

《四庫全書總目》未收。《中國古籍善本書目》著錄。中國國家圖書館、上海圖書館等五館,臺北"國家圖書館"(原藏北平館者),及日本內閣文庫、尊經閣文庫亦有入藏。

1190　明嘉靖刻本嬰童百問　　　　　　　　T7965/2626

《嬰童百問》十卷，明魯伯嗣撰。明嘉靖刻本。八冊。半頁十行二十四字，左右雙邊，白口，單魚尾。框高 21 釐米，寬 13.5 釐米。題"魯伯嗣學"。前有嘉靖二十一年(1542)嚴嵩序；嘉靖十八年(1539)許讚進《嬰童百問疏》。

魯伯嗣，生平里居未詳。

此書以問答形式論述小兒疾病診治，書凡十卷，每卷十問，總計一百問，故名。該書從病因、病理、證候、治療、方藥諸方面，詳細論述百餘種兒科病證，附方八百四十首，內容豐富，切合實用。

嚴嵩序云："《嬰童百問》十卷，今柱國少保太宰許公疏進於朝，制下禮部爰加校正，鋟諸梓以傳云……歷漢晉唐宋，嚅嚅呋餘，著爲方論，如《金匱鉤玄》，如《蘭室秘藏》，如《靈苑秘錄》，簡帙繁浩，無慮數十百家。獨念嬰兒脉證，《內經》不載其說，僅自中古巫妨氏著《顱顖經》，以占壽夭，歷世相授。醫訣斯興，則又散漫難考，檢閱彌艱，或有證無論，孰究病根？或有論無方，奚從質據？矧夫嬰兒腸胃嬌脆，胎氣稟受時令，寒暑燥濕不齊，病不能言，疑似莫辨，醫之診治，豈不倍見其難哉？許公自爲翰林編修，時得此書，既以識其考據，議論精密周詳，有足以補岐黃之所未發，翊爕調之所未至，蓋注心於是久矣……特賜布諸天下，斯世斯民，獲覩是書之全，活其嬰幼，俾免夭閼，豈非幸哉！"

許讚進書疏云："臣係河南靈寶縣人，正德二年臣爲翰林院編修之時，收得醫書二本，名曰《嬰童百問》，相傳爲在昔名人著述。乃以嬰童各證，設爲百問，每問必究其受證之原，每證必詳其治療之方，觀形審勢，因病投藥，極爲詳備，誠保嬰幼之全書也。此書原刻於陝西藍田縣，□□□(紙殘去)見伏□□至仁如天，老老幼幼，舉一世而生成之。此書若行，未必不爲幼科醫藥之助。臣謹將原本裝潢進呈，伏望皇上勅付所司，再加詳校，刻爲善本，或以廣醫家之見聞，或以備內府之參用，傳衍流行，則皇上仁慈，所被者無窮，而效之所及者廣矣。"後刊"卿進方書，朕覽，已着禮部校正刊行。欽此"。

《四庫全書總目》未收。《中國古籍善本書目》著錄明嘉靖二十三年陳與音刻本(中國國家圖書館、上海圖書館等四館藏)、明楊麗泉四知館刻本(南京圖書館入藏)、明刻本(十行二十四字，黑口，左右雙邊，四川省圖書館藏)、明刻本(九行二十字，白口，四周單邊，上海圖書館、青海省圖書館等九館藏)，但不及此本。又日本內閣文庫有明嘉靖序刻本及明嘉靖二十一年陳氏積善堂刻本，不知與此本同否。

鈐印有"延古堂李氏珍藏"、"積學齋徐乃昌藏書"、"南陵徐乃昌審定善本"、"乃昌校讀"、"積餘秘笈識者寶之"，又有"虞山錢曾遵王藏書"、"顧印嗣立"。

1191　明崇禎刻本保嬰全書　　　　　　　　T7965/4481

《保嬰全書》二十卷，明薛鎧撰。明崇禎十年(1637)沈猶龍閩中刻本。四冊。半頁八行十七字，四周單邊，白口，單魚尾，書口下有刻工。框高 19 釐米，寬 13.4 釐米。題"贈太醫院院使薛鎧編集；前太醫院院使男薛己治驗"。前有萬曆十一年(1583)王緝序、崇禎十年沈猶龍序。

薛鎧，字良武。吳縣人。郡諸生，精通醫理，診病以五行生克爲本，不拘泥成方。弘治間，以明醫徵爲太醫院醫士,屢著奇驗,後因其子薛已之功,贈院使。

此書卷一論臍風、虎口三關脈色診法、小兒護養法及五臟所主證候等;卷二至一〇,論兒科外感和内傷雜病;卷一一至一六,論小兒外科諸疾;卷一七至二〇,論痘疹諸證。共載病證二百餘種,實爲兒科之全書。其書每種疾病之後,均附驗案,論病條目清晰,辨證詳盡,施治得當。

沈猶龍序云:"嘉隆間,吾吴薛君鎧,世以小兒醫聞天下,而前大中丞趙公爲梓其《保嬰全書》,藏於閩署。余涖閩,得是書,珍爲弘璧,顧問世何以不傳,則歲久而板且毁,蓋殘闕者什之三矣。余惜之,手自較讎,重梓如其舊,曰毋使爲廣陵散也。"猶龍,字雲升,松江人。萬曆四十四年進士,歷官福建巡撫,後總督兩廣。福王召理部事,不就,乞葬親歸。清兵至,猶龍募壯士守城,城陷,出走,中矢死。

此本存卷一至一六。又此書有刻工,爲江添禄、王成、蔡郎、陳必、余中、鄭姤、余山、吴可、余伯元、余伯成、余伯、吴慶、劉富、劉三、鄭五、九程、余忠、劉松、江四、張存、熊堅。

《四庫全書總目》入子部醫家類存目,書名爲《保嬰撮要》。《中國古籍善本書目》著録,有明萬曆三十年刻本(上海中醫藥大學圖書館藏)、明萬曆刻本(北京市文物局藏),此本則不見著録。臺北"國家圖書館"藏此本兩部。又薛鎧此書先題《保嬰撮要》二十卷,有明嘉靖三十四年林戀舉刻本(中國國家圖書館藏),又中國國家圖書館、天津圖書館藏明刻本,上海圖書館等三館藏明刻本。日本内閣文庫藏有《保嬰全書》(兩部),作明萬曆十二年跋刻本。

1192　明刻本袁氏痘疹叢書　　T7939/4368

《袁氏痘疹叢書》五卷,明袁顥撰,袁祥增修。明刻本。一册。半頁十一行二十八字,四周雙邊,白口,單魚尾。框高21.6釐米,寬12.4釐米。題"明吴菊泉袁顥孟常甫創稿;子怡杏袁祥文瑞甫增脩;孫蒇坡袁仁良貴甫删正;曾孫兩山袁衷和卿甫、星槎袁裳垂卿甫、了凡袁黄坤儀甫同述;玄孫小山袁錫壽邦正甫訂;袁天啓若思甫校"。前有袁黄序。

袁顥,浙江嘉善人,遷居吴興。博學而工醫,以醫爲業。

卷一《論五運六氣》等,卷二《論經絡》,卷三《問熱》,卷四《痘軸論》,卷五《九不識圖》及各種療方。

袁黄序云:"余祖世受宋恩,戒子孫不得仕元,入國朝,以法峻刑重,猶逡巡未敢出。故曾祖菊泉先生生當永樂時,資稟穎異,學問淵深,而自托於醫。吾祖怡杏,吾父蒇坡,皆英敏博洽而不習舉子業。吾父始教吾兄弟爲時文應試,而余遂登丙戌進士。入仕以來,遇縉紳諸公,嘗慨治痘無奇方而嬰兒横天,予思菊泉翁因徐氏故業,創《痘疹全書》,怡杏重爲增輯,而蒇坡復從而删訂之,是皆出其緒餘,以廣濟人之術,而其著論闡幽,繪圖立法,真能發前賢所未發,而開千古之迷,遂命工綉梓以傳。"

《四庫全書總目》未收。《中國古籍善本書目》著録明書林雙峰堂刻本,中國國家圖書館、上海圖書館等四館藏,行款同此本。中國國家圖書館又有《袁氏痘疹全書》三卷,爲明刻本。日本内閣文庫有藏明刻,或同此本。

1193　明萬曆刻本鐫鄭先生痘經會成保嬰慈録諸方　　T7939/8245

《鐫鄭先生痘經會成保嬰慈録諸方》九卷首一卷,明鄭大忠撰。明萬曆二十七年(1599)刻本。二册。半頁九行十八字,四周單邊,白口,單魚尾。書口題"痘經會成"。框高20.3釐米,寬13.7釐米。前有潘應龍序,萬曆二十七年陳一定序,萬曆二十七年孫春芳序;萬曆二十七年余天洪撰《正吾鄭先生傳》;許鳴謙撰贊并引;萬曆二十七年鄭大忠自序。末有萬曆二十七年楊嫌跋。

鄭大忠,字英翰。福建閩侯人。業儒不第,慕朱丹溪,以名儒攻醫,乃究心於痘科,臨證十人九愈。

此書卷首爲《痘疹折衷總論》、《痘疹宗旨要論》、《痘賦》、《疹賦》;卷一至四《原痘篇》、《五臟篇》、《部位篇》、《氣血篇》、《表裏篇》、《三陰三陽篇》、《標本篇》、《脾胃篇》、《斑疹丹篇》、《出疹論》、《女人出痘》、《孕婦出痘》、《水痘麻痘異痘篇》、《原痘迎機篇》,并出痘之圖説、形圖、治法、不治之歌訣;卷五《用藥調養法》;卷六《湯藥類》;卷七《散藥類》;卷八《飲藥類》;卷九《合用藥性》(附君臣奇偶論)。

陳一定序云:"正吾鄭君,少治舉子業,屢試弗售。偶苦家兒痘患,遂博覽青囊諸書,根究宗旨,直探玄微,久而豁然,有得神若授之,爰是集群書之大成,間會以己之精意,著爲《痘經》一書,名曰《痘經會成》,綱提臚列,彙爲九卷,各家必從其術業之精,各論必擇其旨要之語。痘以門分,而詮次其必是之説;治以類聚,而纂撮其必效之方。痘見而必指其源,症見而必防其變,源必沿其所乘,變必窮其所極。從違正反之功,制助抑提之理,疏息調減之候,可一覽而足也。故吾榕親朋里閈,有干請者,隨試輒効,如持左券。然設是書一傳,即素不知醫者,時一展卷,辨症治方,犁然畢具,藥無不驗之劑,兒無橫夭之虞,豈特一家一邑之寶,將一郡四方共寶之矣。古稱良相良醫同功,信乎?若秘而不梓,非所以廣愛也,以是姑從人望,付之剞劂。"

《四庫全書總目》未收。《中國古籍善本書目》著録《鐫鄭正吾先生痘經會成》十卷,明崇禎五年葉高標刻本,藏中國科學院圖書館。日本內閣文庫藏有《新鐫鄭先生痘經會成保嬰慈録》九卷首一卷,作明萬曆二十七年序刻本,或與此本同。

1194　明萬曆刻本痘疹大全八種

T7939/0048

《痘疹大全八種》□□卷,明吳勉學編。明萬曆刻本。二册。半頁十行二十字,四周雙邊,白口,單魚尾。框高19.8釐米,寬13.1釐米。

此本僅存四種,爲《閩人氏伯圖先生痘疹論》二卷、《陳氏小兒痘疹方論》一卷、《蔡氏小兒痘疹方論》一卷、《陳蔡二先生合併痘疹方》一卷。

是書其時共刻多少種,今已不可得知。中國醫學科學院、中國中醫科學院殘存八種二十一卷,南京圖書館存七種十一卷。另四種爲《類證注釋錢氏小兒方訣》十卷、《痘疹寶鑑》二卷、《博愛心鑑》二卷、《博集稀痘方論》二卷。

1195　明刻本養生集覽五種

T7912/8227

《養生集覽五種》七卷。明刻本。五册。半頁十行二十一字不等,四周雙邊、四周單邊不等,白口,單魚尾。框高18.4釐米,寬12.8釐米。

此書書名取自第二册封面籤條所題。五種爲《玄門脉訣內照圖》一卷(書口上方題華陀內照)、《修真秘要》一卷(前有正德八年王蔡序)、《錦身機要》三卷(附《大道修真捷要選仙指源篇》,題毘陵混沌子撰,毘陵魯志剛注。前有魯志剛序)、《保生心鑑》一卷附《活人心法》(前有正德元年鐵峯居士序)、《養生導引法》一卷。

此書甚罕見,《中國古籍善本書目》著録南京圖書館有《修真秘要》一卷《保生心鑑》一卷《養生導引法》一卷,題明正德八年王蔡刻本,不確。

此書有圖,不精,爲坊刻。金鑲玉裝。

1196 明萬曆刻格致叢書本新刻保生心鑑   T7912/8274

《新刻保生心鑑》一卷附《活人心法》。明萬曆胡氏文會堂刻《格致叢書》本。一册。半頁十行二十字,左右雙邊,白口,雙魚尾。框高19.2釐米,寬13.3釐米。題"明錢唐胡文焕德甫校正"。前有正德元年(1506)鐵峰居士序。

鐵峰居士序云:"弘治乙丑秋,適見聖賢保修通鑑,前序古今學道之失,後書道術療病之功,深嘉契愛而欲傳之。值客歸,促留少頃,得私謄其概,一或受疾,輒取試之,多有驗焉,因嘗嘆是術雖非太乙陰康手書,誠保生至法也。惜乎簡而未詳,微而不著,迺用參諸月令,搜古醫經,反覆研究,正訛補畧,併採活人心八法,命善圖者繕形摹寫,計總三十二圖,纂爲一帙,目之曰《保生心鑑》,俾有生者知所以保養真元,不令輕耗;保生者知所以煉修形體,先須定志,小可却病,而大可駐年也。"

是書所收爲修真要訣、引用諸家書目、五運六氣樞要之圖、六十年紀運圖、四時氣候之圖、交六氣時日圖、五天氣圖、主氣圖、客氣圖、臟腑配經絡圖、經絡配四時圖、養真總論、二十四氣導引圖像、坐功、療病、附録活人心八法圖像。此爲胡文焕刻《格致叢書》零種。

鈐印有"古香草堂"、"真宏經"、"字仲常"、"新免古香舊藏大正己未歸于下鄉向陽"。

1197 明萬曆刻百家名書本新刻養生導引法   T7912/8274

《新刻養生導引法》一卷。明萬曆胡氏文會堂刻《百家名書》本。一册。半頁十行二十字,左右雙邊,白口,雙魚尾。框高19.8釐米,寬13.3釐米。題"明錢唐胡文焕德父校正"。

此爲胡文焕刻《百家名書》零種。

1198 清康熙刻本壽世青編   T7912/4129

《壽世青編》二卷,清尤乘輯。清康熙刻本。二册。半頁九行二十二字,四周單邊,黑口,單魚尾。框高18.7釐米,寬12.4釐米。題"古平江尤乘生洲手纂"。前有鄒登嵋序,鄭敷教序,吕愍貞序,李樸序。

尤乘,字生洲,江蘇吴縣人。學醫於李中梓,曾任職太醫院。著有《食治秘方》、《喉科秘書》等,並曾增補李中梓著作。

此書論養生,上卷《勿藥須知》、《療心法言》;下卷《服藥須知》、《食鑑本草》、《食治方》。作者在《勿藥須知》目録下説明其旨云:"大藏經曰:救災解難,不如防之爲易。療疾治病,不如避之爲吉。今人見左,不務防之,而務救之;不務避之,而務藥之。"强調"心病心醫,治以心藥"。《療心法言》輯録林鑒堂安心詩、養五臟説、齋説、食忌説、食飲以宜、居室安處論、居處宜忌説、卧祝、睡訣、孫真人衛生歌、真西山衛生歌、養生銘、養神氣銘、謹疾箴、内養下手法、導引約法、四時攝生、十二時無病法、六字訣、用功時候並戒說、静功次序、念六字口訣歌、六字主病歌、四季卻病六字訣、調息法、小週天、清心說、修攝餘言等内容,皆未病攝養之法。

下卷内容則以病後調治爲主。《服藥須知》論述服藥、煎藥諸法,包括論水、論火、論煎器、論司煎人、服法、服藥忌及用藥凡例、炮製諸藥法等。《食鑑本草》述五味、粟、菜、果、獸、禽、魚等各類飲食並病後調理法。《食治方》列風、寒、暑、溼、燥、火、調理脾胃、氣、血、痰、陰虛、陽虛、諸虛各門食療之方。

目錄後有"康熙己卯年重訂新梓"一行,當康熙三十八年。

尤乘曾輯刻李中梓著作《診家正眼》、《本草通玄》、《病機沙篆》,成《士材三書》,並附《壽世青編》於其後。《續修四庫全書》第1030册即據上海圖書館藏清刻《士材三書》本影印。據《中國醫籍通考》著錄,此書又有清宏道堂刻本、清咸豐四年刻本、清光宣間刻本等。中國國家圖書館藏有清康熙三十八年刻本,或即此本。

1199　清刻本飲食須知　　　　　　　　T8281/2955

《飲食須知》不分卷,清朱本中撰。清刻本。一册。半頁八行二十字,四周雙邊,白口,單魚尾。框高17.8釐米,寬11釐米。題"閭山張聖詰重訂"。前有《凡例》四則。

朱本中,字泰來,號寧陽子,安徽歙縣人。生平不詳。著有《四種須知》。

此書分水火、穀類、菜類、獸類、禽類、果類、魚類、味類,每物述其性味、宜忌。《凡例》云:"飲食藉以養生,而不知物性有相反相忌,叢然雜進,輕則五内不和,重則立興禍患。是飲食亦未嘗不害生也。歷觀諸家本草疏注各物,皆損益相半,令人莫可適從。兹專選其反忌,彙成一編,俾尊生者日用飲食中,便於檢點。""物性與藥性反忌,爲患更烈。蓋服餌願冀卻病長生,而不明禁忌,適足以助虐速死。選其相犯者,隨注物性本條下。日餌此藥,當忌斯物。開卷了然,同登壽域,未必無小補云爾。"

《四庫全書總目》子部譜錄類存目有《飲食須知》八卷,云:"元賈銘撰。銘海寧人,自號華山老人。元時嘗官萬戶,入明已百歲。太祖召見,問其平日頤養之法。對云:要在慎飲食。因以此書進覽,賜譔禮部而回。至百有六歲乃卒。書中所載,自水火以及蔬果諸物,各疏其反忌,皆從諸家本草中摘叙成書。自序謂物性有相反相忌,本草疏注各物,皆損益相半,令人莫可適從,兹專選其反忌,彙成一編。然別無出於本草之外者,不足取也。"

此書内容與題賈銘撰之《飲食須知》同,賈銘本自序語句與此本《凡例》第一則文字全同,唯賈本分八卷,此本不分卷。

此書爲朱氏《四種須知》之一種。《四種須知》又名《貽善堂須知》,包括《急救須知》、《格物須知》、《修養須知》及此書。《中國叢書綜錄》著錄,有康熙二十八年還讀齋刻本,中醫科學院圖書館、上海圖書館有藏。

1200　明萬曆刻古今醫統正脈全書本蘭室秘藏　　T7976/4464

《蘭室秘藏》三卷,元李杲撰。明萬曆二十九年(1601)吴勉學刻《古今醫統正脈全書》本。三册。半頁十行二十字,四周雙邊,白口,單魚尾。框高20.4釐米,寬13釐米。題"東垣老人李杲撰;明新安吳勉學校"。無序跋。

是書卷上《飲食勞倦門》、《中滿腹脹門》、《心腹痞門》、《胃脘痛門》、《消渴門》、《眼耳鼻門》,卷中《頭痛門》、《口齒咽喉門》、《嘔吐門》、《衄血吐血門》、《腰痛門》、《婦人門》,卷下《大便結燥門》、《小便淋閉門》、《痔漏門》、《陰痿陰汗門》、《瀉痢門》、《瘡瘍門》、《雜病門》、《自汗門》、《小兒門》。其題蘭室秘藏者,蓋取《黃帝素問》藏諸靈蘭之室語。

此爲《古今醫統正脈全書》零種。《四庫全書總目》入子部醫家類。

1201　明刻本分野　　T3033/8600

《分野》不分卷,明闕名撰。明刻本。二册。半頁十行二十四字,四周單邊,白口,單魚尾,書口下記刻工及字數。框高23.9釐米,寬14.2釐米。無序跋。

分野,古占星術,將十二星辰之位置,與地上州、國的位置相對應,以天象變異測算吉凶。就天文説,稱分星,就地上説,稱分野。《周禮·春官·保章氏》:"封域皆有分星。"《國語·周》下:"歲之所在,則我有周之分野也。"

此本分星宿度數、分野目録、子宮(女虛危齊分野)、丑宮(斗牛吳越分野)、寅宮(尾箕燕分野)、卯宮(氐房心宋分野)、辰宮(角亢鄭分野)、己宮(翼軫楚分野)、午宮(柳星張周分野)、未宮(井鬼秦分野)、申宮(觜參晉分野)、酉宮(胃昴畢趙分野)、戌宮(奎婁魯分野)、亥宮(室壁衞分野)。

此本疑從某書抽出。書眉上有闕名書"會纂指南訣"等。

刻工有石奇方、石春芳、趙洪德、李鸞等。金鑲玉裝。

鈐印有"蕉雨軒"。

1202　清康熙刻本新製靈臺儀象志　　T7140/4292

《新製靈臺儀象志》十六卷,比利時南懷仁撰。清康熙刻本。八册。半頁九行十八字,左右雙邊,白口,單魚尾。框高19.8釐米,寬13.9釐米。題"治理曆法極西南懷仁著;右監副劉藴德筆受;春官正孫有本、秋官正徐瑚詳受"。前有康熙十三年(1674)南懷仁序;康熙十三年南懷仁題稿。

南懷仁,字勳卿,一字敦伯,比利時人,天主教教士。順治十六年來中國,官欽天監監正,加工部侍郎。康熙二十六年卒,諡勤敏。《熙朝定案》云:"爾南懷仁遠來海表,久掌星官,學擅觀天,克驗四時之序;識通治曆,能符七政之占。非惟推步無差,抑且藝能兼備。鑄爲軍器,較舊式而呈奇;用以火攻,佐中堅而制勝。恪恭不怠,奉職惟勤,術數咸精,造思獨敏。方疏榮於蒼佩,乃奄息於黃壚。念夙夜之成勞,良深軫悼;稽儀文於舊典,特示褒崇。"又有《坤輿圖説》、《坤輿外紀》。《疇人傳》卷四五、《清史稿》卷二七二、《中國天主教史人物傳》有傳。

此書以欽天監中舊制儀器有差,疏請改造,並呈式樣,敕部照其所指造成。乃繪圖立説,撰次成編。首論推測七政之行,諸星相離遠近之數,並詳製器法度輕重堅固之理,逐節申明,演爲解説,精麤兼舉,細大不捐,而復圖之,以互相引喻,總以期乎理精法密,歷久常新。蓋欲使學者由器而徵象,由象而考數,由數而悟理。卷一新製六儀、黃道經緯全儀、赤道經緯全儀、地平經儀、象限儀、紀限儀、天體儀、窺表、地平儀之用法、象限儀之用法、紀限儀之用法、赤道儀之用法、黃道儀之用法;卷二諸儀之用條目、地平經緯儀之用、紀限儀之用、赤道經緯儀之用、黃道經緯儀之用、天體儀之用、新儀之適於用、新儀體鉅極分秒之明晰、新儀分法之細微、新儀堅固之理、新儀輕重比例之法、新儀之重心向地之中心、新儀座架之法、製儀之器與法、新儀運用莫便於滑車、新儀用輪相連以便運動、新儀用螺旋轉以便起動;卷三新儀安置之法並摘指南針之誤、大地之方向并方向之所以然、辯指南針之偏於東西而不合於南北之正向、真正南北向之線、黃赤二儀安定之法、地平經緯儀並天體儀安定之法、測地半徑之法、測地面上高庫遠近表、地面及水面上測經緯度法、大小圈度相應表、測地經緯及方向表、地面上度分變爲里數表;卷四驗氣說、測氣寒熱之分、測氣燥濕之分、諸曜出入地平蒙氣廣度差表、氣水等差表、論飛霞之無合於曆、測中域雲之高度、測空際異色及虹霓珥暈諸象、測水法、垂線球儀;卷五天體儀恒星出入表、時刻之分及赤道地平分相應表、赤道變時表、太陽及諸曜出入地平廣度表;卷六地平儀表(北極出地二十二度至三十度);卷七地平儀表(北極出地三十二度至三十九度五十五分);卷八黃赤二儀互相推測度分表(自降婁宮至娵訾宮);卷九黃赤二儀互相推測度分表(自未宮至申宮);卷一〇黃道經緯儀表(自降婁宮至鶉尾宮);卷一一黃道經緯儀表(自壽星宮至娵訾宮);卷一二赤道經緯儀表(自初度至一百七十九度);卷一三赤道經緯儀表(自一百八十度至三百五十九度)、諸名星赤道經緯度加減表;卷一四增定附各曜之小星黃道經緯度表、增定附各曜之小星赤道經緯度表、黃道度天漢表、赤道度天漢表;卷一五諸儀象圖(自一圖至五十八圖);卷一六諸儀象圖(自五十九圖至一百一十七圖)。

南懷仁題稿云:"曆有理、有數、有象、有器,蓋曆非明夫理則舛,而理非數則無以顯其微,數非象則無以通其變,象非器則無以得其精。則今之諸儀是器也,而理與數與象咸寓焉。故諸儀有作之法,有用之法,有安定與夫一切運動堅固之法,凡此非見諸發揮,精粗具舉,則是惟臣知之而人不知,豈所以公諸天下而垂永久之意乎?以故融貫舊聞,抒以心得,覃精研慮,縷析條分,而且推類旁通,繪圖比切,有說有表,次爲一十六卷,名曰《新製靈臺儀象志》。要使肄業之官生服習心喻,不致扞格而難操,傳之後世,亦得憑是而有所考究焉。"

此本佚去卷一五、卷一六圖兩卷。按,館藏又有日本抄本一部,內有圖二卷。

《四部總錄天文編》著錄。《中國古籍善本書目》著錄,浙江圖書館、湖南圖書館等七館也有入藏,均缺圖。日本內閣文庫兩部、日本京都大學人文科學研究所一部,亦無圖。

鈐印有"百歲堂"。

1203 清雍正刻本御製律曆淵源

T7102/2733

《御製律曆淵源》一百卷,清允祿、允祉纂修。清雍正二年(1724)內府刻本。八十四冊。半頁九行二十字,四周雙邊,白口,單魚尾。框高 21 釐米,寬 13.9 釐米。前有雍正元年(1723)胤禎御製序;雍正二年奉旨開載纂修編校諸臣職名。

允祿,康熙帝第十六子,康熙末授內務府總管。雍正元年,奉旨過繼爲莊親王博果鐸後嗣。歷官正藍旗漢軍、鑲白旗滿洲、正黃旗滿洲都統,兼理工部事務。乾隆元年遷總理事務大臣。四年,以與允䄉子弘晳往來詭秘革職。七年,管理樂部。又充算法館總裁、玉牒館總裁。

允祉,康熙帝第三子,康熙三十五年,從帝征噶爾丹,率鑲紅旗大營參戰,以功封誠郡王。四十七年,揭發允禔用巫術魘太子,允礽得以復立,受封誠親王。精於曆法、數學,受康熙帝命編輯《古今圖書集成》等書。雍正帝繼位後，以其與允礽關係密切，命守護景陵。六年，以向屬下索賄罪，降為誠郡王。八年，以怡親王允祥喪無戚容，削職禁錮，死於囚所。

此書内容，有《御製曆象考成上編》十六卷《下編》十卷《表》十六卷、《御製律呂正義上編》二卷《下編》二卷《續編》一卷、《御製數理精蘊上編》五卷《下編》四十卷《表》八卷。按，此書實為楊文言所纂。楊文言即道聲，武進人，精算法，始入《明史》館修曆志，旋由陳夢雷引進誠府編書。聖祖嘗譽三阿哥算法甚精，即得楊之力。此書告成，道聲即歿（參見《古今圖書集成》附錄雍正上諭）。

御製序云：「我皇考聖祖仁皇帝，生知好學，天縱多能，萬幾之暇，留心律曆算法，積數十年，博考繁賾，搜抉奧微，參伍錯綜，一以貫之。爰指授莊親王等率同詞臣，於大內蒙養齋編纂，每日進呈，親加改正，彙輯成書，總一百卷，名為《律曆淵源》，凡為三部，區其編次。一曰《曆象考成》，其編有二，上編曰揆天察紀，論本體之象，以明理也；下編曰明時正度，密致用之術，列立成之表，以著法也。一曰《律呂正義》，其編有三，上編曰正律審音，所以定尺考度，求律本也；下編曰和聲定樂，所以因律製器，審八音也。續編曰協均度曲，所以窮五聲二變，相和相應之源也。一曰《數理精蘊》，其編有二，上編曰立綱明體，所以解周髀、探河洛、闡幾何、明比例；下編曰分條致用，以線面體括九章，極於借衰、割圜求體、變化於比例、規比例數、借根方諸法，蓋表數備矣。洪惟我國家聲靈遠屆，文軌大同，自極西歐羅巴諸國專精世業，各獻其技於閭閻之下，典籍圖表燦然畢具，我皇考兼綜而裁定之，故凡古法之歲久失傳，擇焉而不精，與西洋之侏僬詰屈語焉而不詳者，咸皆條理分明，本末昭晰，其精當詳悉，雖專門名家莫能窺萬一。所謂惟聖者能之，豈不信歟？夫理與數合，符而不離，得其數則理不外焉。此圖書所以開易範之先也，以線體例絲管之別，以弧角求經緯之度，若此類者，皆數法之精，而律曆之要斯在。故三書相為表裏，齊七政，正五音，而必通乎九章之義所由，試之而不忒，用之而有效也。書成，纂修諸臣請序而傳之。」

《四部總錄天文編》著錄。《中國古籍善本書目》著錄，南京圖書館、遼寧省圖書館、復旦大學圖書館等六館有藏。又日本京都大學人文科學研究所也有入藏。

1204　稿本乾坤正切　　　　T7120/4340

《乾坤正切》八卷，清袁士龍撰。稿本。八冊。有圖。半頁十一行二十八字，四周單邊，白口，雙魚尾。書口上有"聽秋堂藏書"。框高24釐米，寬16.3釐米。前有康熙二十四年（1685）顧岱序，馮遵京序，馮武京、李成輅同序，周雯序；蘇輪小引。

袁士龍，一名士鵬，字惠子，號覺庵，浙江仁和人。深沉靜穆，殫其精思，潛心曆數，積十有數年。受星學於黃宏憲。又有《測量全義新書》。《疇人傳》卷四〇有傳。

此書分上、下兩集，集各四卷。上集卷一經天要略、說解（七十三條）、圖象（三十四幅）；卷二日月全徑、月入闇虛、月行九道、朔策大小、時度相準、晝夜同異、晨夕視差、月見遲疾、積餘置閏、中氣不移、四年閏日、紀宿疾法、歲差一定、最高行度、七政天周、順逆異行、軌道不變、伏見定限、測法疏密、緯行視差、視食各異、恒星等測、無紫炁說、天漢出沒、慧孛星測、諸儀圖象、黃赤距度、五星率法；卷三諸天轉運、推日躔例、原日躔例理、推月離例、原月離例理、推土木二星例、原土木二星例理、推火星例、原火星例、推金水二星例、原金水二星例理；卷四推合朔弦望例、原合朔弦望例理、推交食例、原交食例理、日月大小距地比例、實徑各里數、測食各處地面不等、周徑測法方圓容積、開方測法、求勾股弦法、測量高遠、附各省極高度數、附各省節氣加減。下集卷一參訂六則、太陽過宮圖、黃赤正政球度數上下東西相應圖説、七政序次圖説、列宿距限、星盤取用圖式、切度冬至夏至、切度小寒小暑、切度大寒大暑；卷二切度立春立秋、切度雨水處暑、切度驚蟄白露；卷三切度春分秋分、切度清明寒露、切度穀雨霜降；卷四切度立夏立冬、切度小滿小雪、切度芒種大雪。

顧岱序云："今朝廷崇尚實學，表彰經史，而治歷明時，首主敬天，故司監諸臣，殫心畢力，法制精詳，馮相保章之職，罔勿恪共乃事，誠重之也。比者四方術士，各逞私説，泥古非今，或拘成轍而測驗差訛，或標竊名目而義藴莫解，間有一二能探索者，而學有偏全，於其中所以然之故，究不克暢達其旨，以曉天下迷惑，而敬授之大義，終未能昭灼於人心也。西陵袁惠子，質性深沉，揣摩新法，專精十五年而得其精義，喟然嘆曰，曆法之密，一至此乎？夫曆者，律也，如紀律之森嚴也，故切線必以正，因彙成一書，命之曰《乾坤正切》。卷分上下二集，集中詳列圖説，發明七政大小輪周之義，晰疑辨惑，曲喻旁通，又闡揚用例之理，以及合朔交食、開方勾股、測量按時、切弧界度，以資種種取用。蓋理明則表正，數精則影端也。袁子將以是書公之天下，出而示予。予固喜其書之大有裨益於天下後世，而更深企袁子之淳誠篤摯，爲能默契其理，庶不負上天生我之意。"

周雯序云："兹《乾坤正切》一書，吾友袁惠子闡微晰幽而成之者也。惠子沉潛不露，其於諸子百家之書靡所不窺，然雕蟲之技，天不以之限惠子也，而獨以天學授惠子焉。故嘗晝夜不忘乎仰觀，晦暝不忘乎對越，歲月遞遷，寒暑互易，而所學者業已入室而據其奧矣。因成是書若干卷，旨精而顯，義藴而該，理與數無不兼焉。夫而後觀象於天者，可以曉然其無疑。"

楷書甚精。"玄"字不避帝諱。圖多繪另紙，並黏貼於文中，也有少數繪於段落内。字里行間有紅筆圈點，文字中小有挖補。此本應爲謄清稿本，似未刊刻。

《四部總録天文編》未收。

鈐印有"蕉雨亭"、"建承"、"硯池"。

1205　清康熙刻本萬年書

T7190.8/4850

《萬年書》十二卷。清康熙武英殿刻朱墨套印本。四册。半頁九行二十字，四周雙邊，白口，單魚尾。框高 21.1 釐米，寬 13.9 釐米。無序跋。

是書無作者，當爲欽天監纂輯。分春夏秋冬四册，每册三卷。卷一立成、條例正月。卷二至一二，每月一卷。立成分年神立成、月吉神立成、月兇神立成。條例首云："萬年書宜忌條例與《通書》同，第用事小異，又止注不宜出行、移徙、針刺、動土、栽種、乘船、渡水數事耳。每月前所列者爲月事公規，每日下所列者前爲御書用事，次爲民書用事，末爲不宜用事。"條例計六十四則。每日之記，以吉兇禁忌爲主，蓋爲用事擇日趨吉避兇之用。

"玄"字避帝諱。套印爲朱墨兩色。凡吉神均爲朱色，如天恩、母倉、時陽、生氣、兵吉、益後、青龍、月德、月恩、四相、驛馬、普護、天喜、天醫、福生、司命、兵寶、聖心等。凡兇神皆爲墨色，如重日、河魁、劫煞、死神、天吏、大煞、朱雀、天賊、歸忌、復日、天牢、月煞、兵禁、咸池、天罡等。

《中國古籍善本書目》未收。《四部總録天文編》、《清代内府刻書目録解題》著録。《中國科學院圖書館藏中文古籍善本書目》著録"清刻朱墨套印本"。

1206　清乾隆刻套印本選擇天鏡　　　　　　　　T7187/2105

《選擇天鏡》三卷，清任端書輯。清乾隆任廷鑑刻套印本。三册。半頁十二行二十二字，左右雙邊，白口，無魚尾。框高21.9釐米，寬15.8釐米。目錄頁題"瀨江任端書念齋輯；新建熊鎮遠乾初訂；廬陵歐陽慶文達甫校"。前有乾隆十三年(1748)任端書自序。

任端書，字念齋，號南屏山人，江蘇溧陽人。尚書蘭枝子。乾隆二年進士。官編修，以憂歸，不復出，優游林下二十餘年。又有《南屏集》。

選擇，揀取吉利時日之語。天鏡者，喻監察天下之權力。《南齊書·高帝紀上》："披金繩而握天鏡，開玉匣而總地維。"南朝陳徐陵《皇太子臨辟雍頌》序："握天鏡而授河圖，執玉衡而運乾象。"上卷年圖、月神，中卷年圖、月神，下卷日圖、時神、約旨。

任端書序云："歲丁卯，予爲先宗伯公求葬地，深懼時師之謬，常力究地理諸書，復研求乎選擇之要。憶前時，於奇門六壬頗探其旨，至是益加精計焉。會江右熊君來過予，相與搜訂，辨論其是非，晨則徒步登山，暮則科頭歸舍，濡毫索紙，緝而成書，凡得三卷，名之曰《天鏡》，使夫年月日時，與諸神煞之吉覽焉而悉曉，其猶仰首而睹，昭昭之在上，引鑑而分眉目之列也。於是刻而行之，庶幾予得因是以竟先公窀穸之吉，而世之營宅卜葬以及嫁娶興造諸有事者，亦舉可觀焉而得其詳，以審所趨避而獲福焉。然則予兩人之殫心竭思於是者，殆不爲無益矣哉。"

此爲紫墨套印本。卷下末刻"姪廷鑑象含校刊"。

《中國古籍善本書目》、《四部總錄天文編》未著錄。《中國科學院圖書館藏中文古籍善本書目》、《北京大學圖書館藏古籍善本書目》著錄。

1207　清乾隆刻本大清乾隆四十三年歲次戊戌時憲書　　T7190.8/6350(1778)

《大清乾隆四十三年歲次戊戌時憲書》一卷。清乾隆刻本。一册。半頁九行小字不計，四周單邊，黑口，雙魚尾。框高21.1釐米，寬12釐米。

"時憲"者，謂以天爲法建立法制。《書·說命中》："惟天聰明，惟聖時憲。"孔傳："憲，法也。言聖王法天以立教。"後稱當時之教令爲時憲。時憲書，原作時憲曆，爲曆法名，制定於明末，清建都北京後，知新法曆之優，命湯若望等人襲用新法曆之成數，改名爲時憲曆，於順治二年頒行，後因避高宗弘曆諱，改稱"時憲書"。"時憲"爲睿親王所言"宜名時憲，以稱朝廷憲天乂民至意"。《清史稿·時憲志一》："今節氣之日時刻分與太陽出入晝夜時刻，俱照道里遠近推算，請刊入《時憲書》。"

時憲書每年由欽天監頒行，而在年前有定期呈次年曆樣，并於十一月初一日頒曆於百官。其進呈御用者，有上位曆、七政曆、月令曆。又上吉日十二紙，每月粘一紙於宮門。御賜諸王有中曆，各布政司則皆禮部頒欽天監印造曆，遍及民間。無欽天監印者，爲僞造，律處斬。時憲書在民間流傳甚廣，《紅樓夢》六十二回有："酒面要一句古文、一句舊詩、一句骨牌名、一句曲牌名，還要一句《時憲書》上有的話，共總成一句話。"

清代時憲書，自順治至宣統，共二百七十餘年，國內所存除乾隆朝不全外，其他朝代皆全。此本佚去首頁。

《中國古籍善本書目》著錄，爲清乾隆刻套印本，藏中國國家圖書館。

1208　清乾隆刻本大清乾隆四十七年歲次壬寅時憲書　T7190.8/6350(1782)

《大清乾隆四十七年歲次壬寅時憲書》一卷。清乾隆刻本。一册。半頁九行字數不計,四周單邊,黑口,雙魚尾。框高 22.7 釐米,寬 13.4 釐米。

此本正文前存"凶星詳註",佚去"吉星詳註"。有"都城順天府節氣時刻"、"年神方位之圖"。

《中國古籍善本書目》著錄,中國國家博物館也有入藏。

1209　清乾隆刻本大清乾隆四十九年歲次甲辰時憲書　T7190.8/6350(1784)

《大清乾隆四十九年歲次甲辰時憲書》一卷。清乾隆刻本。一册。半頁九行字數不計,四周單邊(間有上下雙邊),黑口,雙魚尾。框高 22.4 釐米,寬 13.8 釐米。

此本前有"吉星詳註"、"凶星詳註"。又有"都城順天府節氣時刻"、"年神方位之圖"。

《中國古籍善本書目》未著錄。

鈐有"欽天監時憲書之印"(滿漢文)。

1210　清乾隆刻套印本大清乾隆五十二年歲次丁未時憲書
T7190.8/6350(1787)

《大清乾隆五十二年歲次丁未時憲書》一卷。清乾隆刻朱墨套印本。一册。半頁九行字數不計,四周雙邊,黑口,雙魚尾。書眉上刻注,行下間刻六爻、六壬、諸神煞。框高 22.3 釐米,寬 13.8 釐米。

此本佚去首頁。前有"年神方位之圖"、"丁未歲各省節氣時刻"、"本朝忌辰"、"萬年書鑑"。卷末有欽天監編纂人名,依次爲:兼管欽天監事務多羅質郡王、監正兼公中佐領加一級紀錄八次革職留任喜常、監正加四品職銜食俸加一級紀錄三次高慎思、監副加二級紀錄四次莫爾根、監副加一級紀錄九次劉宗澍、左監副加三級安國寧、右監副加一級索德超、五官正加一級紀錄二次伯啓、五官正加二級紀錄四次清海、五官正加一級紀錄六次寶善、五官正加三級紀錄六次明泰、春官正加二級紀錄四次何廷瑛、夏官正加三級紀錄三次何廷瓚、中官正加一級紀錄四次李天垣、秋官正加六級金廣義、冬官正(無名)、主簿加一級紀錄五次佟臨、主簿加二級紀錄六次何廷琛、五官司書加一級紀錄四次徐文達。

注及行下所刻六爻、六壬、諸神煞等均爲朱色。

《中國古籍善本書目》著錄,故宫博物院圖書館也有入藏。

1211　清乾隆刻套印本大清乾隆五十五年歲次庚戌時憲書
T7190.8/6350(1790)

《大清乾隆五十五年歲次庚戌時憲書》一卷。清乾隆刻朱墨套印本。一册。半頁九行字數不計,四周雙邊,黑口,雙魚尾。書眉上刻注,行下間刻六爻、六壬、諸神煞。框高 22.1 釐米,寬 13.8 釐米。

前有"本朝忌辰"、"諸神聖誕"、"吉星詳注"、"凶星詳注"、"都城順天府節氣時刻"、"年神方位之圖"。

子 部

注及行下所刻六爻、六壬、諸神煞等均爲朱色。此本有原封面(紅色),書籤刻"謹遵欽定選擇時憲書大清乾隆五十五年"。

《中國古籍善本書目》著録,中國國家圖書館所藏爲清乾隆刻本。

1212 清乾隆刻本大清乾隆五十八年歲次癸丑時憲書　　T7190.8/6350(1793)

《大清乾隆五十八年歲次癸丑時憲書》一卷。清乾隆刻本。一册。半頁九行字數不計,四周雙邊,黑口,雙魚尾。框高 21 釐米,寬 13.5 釐米。

前有"萬年書鑑"、"本朝、國家、忌辰、禁忌、作樂、宴會、嫁娶、上任"、"諸神聖誕日期"(以上俱朱印)、"都城順天府節氣時刻"、"年神方位之圖"。

此本有原封面(紅色),刻"謹遵欽定選擇時憲書大清乾隆五十五年"(非書籤),又刻"欽天監欽遵御製數理精藴印造時憲書頒行天下"。

《中國古籍善本書目》未著録。

1213 清嘉慶刻套印本大清嘉慶二十五年歲次庚辰時憲書
T7190.8/6350(1820)

《大清嘉慶二十五年歲次庚辰時憲書》一卷。清嘉慶刻朱墨套印本。一册。半頁九行字數不計,四周雙邊,黑口,雙魚尾。框高 20.5 釐米,寬 13.8 釐米。

前有"都城順天府節氣時刻"、"年神方位之圖"。卷末有欽天監編纂人名,依次爲:管理欽天監事務多羅貝勒奕紹、監正加三級紀録七次降一級留任額爾登布、監正加三級紀録二次降二級留任福文高、監副紀録九次德新、監副加一級紀録九次司鴻英、左監副加三級紀録三次降二級留任李拱辰、右監副加三級紀録二次降二級留任高守謙、五官正加一級紀録八次成會、五官正紀録六次奎寧、五官正加五級紀録七次雅明阿、五官正加三級紀録十三次恒德、春官正加五級紀録五次王嵩齡、夏官正加一級紀録六次何元瀛、中官正加四級紀録八次陳恕、秋官正加八級紀録五次賈德輔、冬官正紀録一次邢縈成、主簿加一級紀録五次常興、主簿加一級紀録七次方德裕、五官司書加一級紀録八次何元滋。

此本有原封面,書籤刻"大清嘉慶二十五年時憲書"。套印之朱色極淡,多處無法辨識。

《中國古籍善本書目》著録,中國人民大學圖書館、北京天文館入藏。

鈐有"欽天監時憲書之印"。

1214 清道光刻套印本大清道光八年歲次戊子時憲書　　T7190.8/6350(1828)

《大清道光八年歲次戊子時憲書》一卷。清道光刻套印本。一册。半頁九行字數不計,四周雙邊,黑口,雙魚尾。框高 20 釐米,寬 13.6 釐米。

前有"謹選諸用吉星詳注"、"謹選諸用凶星詳注"、"忌辰日期"、"諸神聖誕日期"、"逐月忌□(疑"刮"字)鍋日期"、"都城順天府節氣時刻"、"年神方位之圖"。卷末有欽天監編纂人名,依次爲:管理欽天監事務户部左侍郎宗室敬徵、監正紀録九次海興阿、監正紀録十二次司鴻英、左監副紀録十次德廣、左監副隨帶加一級紀録八次姚延之、右監副紀録十三次阿克敦、右監副隨

975

帶加一級紀錄十次張泰和、五官正加一級紀錄八次保慶、五官正紀錄八次忠林、五官正加五級紀錄十四次恒德、五官正紀錄九次富永泰、春官正隨帶加一級紀錄七次徐國定、夏官正紀錄九次高錦、中官正紀錄十次方德裕、秋官正加十級紀錄六次賈德輔、冬官正紀錄一次方履亨、主簿紀錄八次長升、主簿隨帶加一級紀錄九次周餘慶、五官司隨帶加一級紀錄四次徐燧。

此本有原封面，書籤刻"謹遵欽定選擇詳註便覽吉用憲書大清道光八年"。套印之色極淡。有刻工陳文鑣，在第一頁書口下。

《中國古籍善本書目》著錄，中國人民大學圖書館、北京天文館入藏。

鈐有"欽天監時憲書之印"。

1215　清道光刻套印本大清道光十三年歲次癸巳時憲書　T7190.8/6350(1833)

《大清道光十三年歲次癸巳時憲書》一卷。清道光刻套印本。一冊。半頁九行字數不計，四周雙邊，黑口，雙魚尾。框高 19.4 釐米，寬 13.1 釐米。

前有"都城順天府節氣時刻"、"年神方位之圖"、"癸巳歲各省節氣時刻"。卷末有欽天監編纂人名，依次爲：管理欽天監事務戶部左侍郎宗室敬徵、監正紀錄九次忠林、監正加一級紀錄十二次司鴻英、左監副加一級紀錄十一次哲臣、左監副隨帶加一級紀錄十二次周餘慶、右監副紀錄七次福弼、右監副紀錄十一次金堂、五官正紀錄九次長升、五官正加二級紀錄八次保慶、五官正加一級紀錄九次富新、五官正紀錄九次德和布、春官正加一級隨帶加一級紀錄七次徐國定、夏官正紀錄十次陳啓運、中官正紀錄十次郭瑞圖、秋官正紀錄二次司廷棟、冬官正紀錄二次何良奎、主簿紀錄三次誠慶、主簿隨帶加一級紀錄十次郭士俊、五官司書加一級隨帶加一級紀錄四次徐燧。

此本有原封面，書籤印有"大清道光十三年時憲書"，並"欽天監謹遵御製數理精蘊印造時憲書頒行天下"。套印之色極淡，很難辨認文字。

《中國古籍善本書目》著錄，中國人民大學圖書館、北京天文館入藏。

鈐有"欽天監時憲書之印"。

1216　清道光刻套印本大清道光十四年歲次甲午時憲書　T7190.8/6350(1834)

《大清道光十四年歲次甲午時憲書》一卷。清道光刻套印本。一冊。半頁九行字數不計，四周雙邊，黑口，雙魚尾。框高 20.5 釐米，寬 13.6 釐米。

前有"都城順天府節氣時刻"、"年神方位之圖"、"甲午歲各省節氣時刻"。

此本有原封面，書籤印有"大清道光十四年時憲書"，並"欽天監謹遵御製數理精蘊印造時憲書頒行天下"。套印之色極淡，很難辨認文字。

《中國古籍善本書目》著錄，清華大學圖書館、中國人民大學圖書館、北京天文館入藏。

鈐有"欽天監時憲書之印"。

1217　清道光刻套印本大清道光十五年歲次乙未時憲書　T7190.8/6350(1835)

《大清道光十五年歲次乙未時憲書》一卷。清道光刻套印本。一冊。半頁九行字數不計，四周雙邊，黑口，雙魚尾。框高 13.2 釐米，寬 9 釐米。

子　部

前有"謹選諸用吉星詳注"、"謹選諸用凶星詳注"、"忌辰日期"、"遂日選時諏吉避凶"、"都城順天府節氣時刻"、"年神方位之圖"、"乙未歲各省節氣時刻"。卷末有欽天監編纂人名，依次爲：管理欽天監事務鑲黄旗漢軍都統户部左侍郎宗室敬徵、監正紀録九次忠林、監正隨帶加一級紀録十二次周餘慶、左監副加一級紀録十一次哲臣、左監副紀録四次何樹本、右監副紀録九次長升、右監副（原缺）、五官正加二級紀録八次保慶、五官正紀録六次伊星阿、五官正加一級紀録九次富新、五官正紀録四次來興、春官正加一級隨帶加一級紀録七次徐國定、夏官正隨帶加一級紀録五次徐熾、中官正紀録十次郭瑞圖、秋官正紀録二次司廷棟、冬官正紀録二次何良奎、主簿紀録三次誠慶、主簿隨帶加一級紀録十次郭士俊、五官司書紀録五次陳啓盛。

此爲巾箱本，有原封面，書籤印有"大清道光十五年時憲書"，並"欽天監謹遵御製數理精藴印造時憲書頒行天下"。套印之色較淡。

《中國古籍善本書目》著録，中國人民大學圖書館、北京天文館入藏。

鈐有"欽天監時憲書之印"。

1218　清道光刻套印本大清道光十九年歲次己亥時憲書　T7190.8/6350(1839)

《大清道光十九年歲次己亥時憲書》一卷。清道光刻朱墨套印本。一册。半頁九行字數不計，四周雙邊，黑口，雙魚尾。框高19.5釐米，寬13.4釐米。

前有"萬年書鑑"、"都城順天府節氣時刻"、"年神方位之圖"、"己亥歲各省太陽出入晝夜時刻"、"己亥歲各省節氣時刻"。卷末有欽天監編纂人名，依次爲：管理欽天監事務工部尚書鑲黄旗漢軍都統宗室敬徵、監正加一級紀録九次忠林、監正加一級隨帶加一級紀録十二次周餘慶、左監副紀録七次巴哈納、左監副加一級紀録五次何樹本、右監副紀録六次誠慶、右監副加一級紀録九次陳啓豐、五官正紀録五次音登額、五官正紀録三次祥泰、五官正加四級紀録九次富新（後頁佚去）。

《中國古籍善本書目》著録，中國人民大學圖書館、北京天文館也有入藏。又有"清道光刻本"，故宫博物院圖書館入藏。

鈐有"欽天監時憲書之印"。

1219　清道光刻套印本大清道光二十年歲次庚子時憲書　T7190.8/6350(1840)

《大清道光二十年歲次庚子時憲書》一卷。清道光刻朱墨套印本。一册。半頁九行字數不計，四周雙邊，黑口，雙魚尾。框高19.3釐米，寬12.3釐米。

前有"忌辰日期"、"諸神聖誕"、"吉星詳註"、"凶星詳註"、"都城順天府節氣時刻"、"年神方位之圖"、"乙未歲各省節氣時刻"。卷末有欽天監編纂人名，依次爲：管理欽天監事務工部尚書鑲紅旗蒲洲都統宗室敬徵、監正加一級紀録九次忠林、監正加一級隨帶加一級紀録十二次周餘慶、左監副紀録六次誠慶、左監副加一級紀録五次何樹本、右監副紀録五次音登額、右監副加一級紀録九次陳啓豐、五官正紀録三次祥泰、五官正紀録三次舒志、五官正加四級紀録九次富新、五官正加一級紀録四次來興、春官正加二級隨帶加一級紀録七次徐國定、夏官正加一級隨帶加一級紀録五次徐熾、中官正加一級紀録十次郭瑞圖、秋官正紀録二次閻信芳、冬官正隨帶加一級紀錄八次高煜、主簿紀錄二次武英、主簿隨帶加一級紀錄七次顧秉信、五官司書加一級紀錄五次陳啓盛。

此本有原封面,書籤印有"大清道光二十年時憲書",並"欽天監謹遵御製數理精蘊印造時憲書頒行天下"。

《中國古籍善本書目》著錄,中國人民大學圖書館、北京天文館入藏。

1220 清道光刻套印本大清道光二十四年歲次甲辰時憲書
T7190.8/6350(1844)

《大清道光二十四年歲次甲辰時憲書》一卷。清道光刻朱墨套印本。一冊。半頁九行字數不計,四周雙邊,黑口,雙魚尾。框高18.6釐米,寬12.5釐米。

前有"忌辰日期"、"諸神聖誕日期"、"謹選諸用吉星詳註"、"謹選諸忌凶星詳註"、"都城順天府節氣時刻"、"年神方位之圖"、"乙未歲各省節氣時刻"。卷末有欽天監編纂人名,依次爲:管理欽天監事務協辦大學士户部尚書宗室敬徵、監正紀錄三次祥泰、監正加一級隨帶加一級紀錄十二次周餘慶、左監副紀錄五次寶通、左監副隨帶加一級紀錄八次高煜、右監副紀錄三次景澤、右監副紀錄六次陳啓盛、五官正紀錄五次舒忠、五官正(原缺)、五官正加四級紀錄九次富新、五官正紀錄十三次策臣、春官正紀錄二次杜熙英、夏官正加一級隨帶加一級紀錄五次徐熾、中官正紀錄一次司晉、秋官正加一級紀錄一次閻信芳、冬官正紀錄七次董岳南、主簿紀錄二次武英、主簿加一級紀錄三次杜熙齡、五官司書王維翰。

此本有原封面,紅色,書籤印有"大清道光二十四年時憲書",並"欽天監謹遵御製數理精蘊印造時憲書頒行天下"。

《中國古籍善本書目》著錄,中國人民大學圖書館入藏。

1221 清道光刻套印本大清道光二十五年歲次乙巳時憲書
T7190.8/6350(1845)

《大清道光二十五年歲次乙巳時憲書》一卷。清道光刻朱墨套印本。一冊。半頁九行字數不計,左右雙邊,黑口,雙魚尾。框高18.1釐米,寬12.4釐米。

前有"忌辰日期"、"諸神聖誕日期"、"謹選諸用吉星詳註"、"謹選諸忌凶星詳註"、"都城順天府節氣時刻"、"年神方位之圖"。卷末有欽天監編纂人名,依次爲:管理欽天監事務協辦大學士户部尚書宗室敬徵、監正紀錄三次祥泰、監正加一級隨帶加一級紀錄十二次周餘慶、左監副紀錄三次景澤、左監副隨帶加一級紀錄八次高煜、右監副紀錄五次舒忠、右監副紀錄六次陳啓盛、五官正紀錄二次武英、五官正紀錄一次祥安、五官正加五級紀錄九次富新、五官正紀錄三次貴廉、春官正紀錄二次杜熙英、夏官正紀錄四次杜熙齡、中官正紀錄一次司晉、秋官正加一級紀錄二次閻信芳、冬官正紀錄七次董岳南、主簿王恒、主簿紀錄六次許和育、五官司書王維翰。

此本有原封面,紅色,書籤印有"大清道光二十五年時憲書",並"欽天監欽遵御製數理精蘊印造時憲書頒行天下"。

《中國古籍善本書目》著錄,中國人民大學圖書館、北京天文館入藏。

1222　清道光刻套印本大清道光二十七年歲次丁未時憲書
T7190.8/6350(1847)

　　《大清道光二十七年歲次丁未時憲書》一卷。清道光刻朱墨套印本。一册。半頁九行字數不計,四周雙邊,黑口,雙魚尾。框高 19.2 釐米,寬 13.2 釐米。

　　前有"都城順天府節氣時刻"、"年神方位之圖"、"本朝忌辰"、"萬年書鑑"。卷末有欽天監編纂人名,依次爲:(前半頁佚去)五官正紀録四次忠福、春官正加二級紀録二次杜熙英、夏官正加三級紀録四次杜熙齡、中官正加二級紀録一次司晉、秋官正紀録七次計和育、冬官正加一級紀録七次董岳南、主簿加一級玉恒、主簿紀録六次金世榮、五官司書紀録二次童世榮。

　　此本有原封面,紅色,書籤印有"大清道光二十七年時憲書",並"欽天監欽遵御製數理精藴印造時憲書頒行天下"。

　　《中國古籍善本書目》著録,中國人民大學圖書館、北京天文館入藏。

　　(按,計和育、玉桓,原本即如此,照録。《大清道光二十五年歲次乙巳時憲書》中作許和育、王恒。)

1223　清道光刻套印本大清道光二十八年歲次戊申時憲書
T7190.8/6350(1848)

　　《大清道光二十八年歲次戊申時憲書》一卷。清道光刻朱墨套印本。一册。半頁九行字數不計,四周雙邊,黑口,雙魚尾。框高 11.9 釐米,寬 9.2 釐米。

　　前有"天德方位"、"忌辰日期"、"諸神聖誕"、"風暴日期"、"吉星"、"凶星"、"都城順天府節氣時刻"、"年神方位之圖"、"戊申歲各省節氣時刻"。卷末有欽天監編纂人名,依次爲:管理欽天監事務多羅定郡王、監正加一級紀録三次景澤、監正加二級隨帶加一級紀録十二次周餘慶、左監副紀録一次玉桓、左監副加一級紀録六次陳啓盛、右監副紀録一次安惠、右監副紀録五次閻信芳、五官正加一級紀録一次景昌、五官正加一級紀録一次祥安、五官正加一級紀録三次□□、五官正紀録四次□□、春官正加二級紀録二次杜熙英、夏官正加三級紀録四次杜熙齡、中官正加二級紀録一次司晉、秋官正紀録七次許和育、冬官正紀録三次方彭齡、主簿紀録一次慶昌、主簿紀録六次金世榮、五官司書紀録二次童世榮。

　　此爲巾箱本,有原封面二張,外一張爲絲織品,貼有書籤,上刻"大清道光二十八年時憲書"。内一張土黄色紙,印有"大清道光二十八年時憲書",並"欽天監欽遵御製數理精藴印造時憲書頒行天下",又鈐有"欽天監時憲書之印"滿漢文印。書之左下角殘去。

　　《中國古籍善本書目》著録,中國人民大學圖書館、北京天文館入藏。

　　鈐有"欽天監時憲書之印"滿漢文印(另一方)。

1224　清咸豐刻套印本大清咸豐九年歲次己未時憲書　T7190.8/6350(1859)

　　《大清咸豐九年歲次己未時憲書》一卷。清咸豐刻朱墨套印本。一册。半頁九行字數不計,四周單邊,黑口,雙魚尾。框高 19.5 釐米,寬 13 釐米。

前有"都城順天府節氣時刻"、"年神方位之圖"、"己未歲各省節氣時刻"。卷末有欽天監編纂人名,依次爲:管理欽天監事務和碩鄭親王、監正隨帶加一級紀錄六次寶格、監正紀錄十次閻信芳、左監副隨帶加一級紀錄四次成祿、左監副紀錄七次趙化鵬、右監副紀錄五次音德訥、右監副紀錄七次司智、五官正紀錄四次奎文、五官正紀錄四次毓秀、五官正加三級紀錄四次貴廉、五官正紀錄五次忠連、春官正紀錄四次杜熙杰、夏官正紀錄五次古祥鳳、中官正加三級隨帶加二級紀錄四次司晉、秋官正加一級隨帶加一級紀錄二次童世榮、冬官正加一級紀錄七次陳希齡、主簿隨帶加一級紀錄四次承宣、主簿紀錄四次杜春融、五官司書紀錄三次陳希誠。

此本有原封面,黃色花紋紙,印有"大清咸豐九年硃批時憲書",並"欽天監欽遵御製數理精蘊印造時憲書頒行天下"。

《中國古籍善本書目》著錄,中國人民大學圖書館、北京天文館、故宫博物院圖書館入藏。

1225　清咸豐刻本大清咸豐十年歲次庚申七政經緯躔度書

T7190.8/6350(1860)

《大清咸豐十年歲次庚申七政經緯躔度書》一卷,清顧祖金、賈步緯撰。清咸豐刻本。一册。半頁五行字數不計,四周雙邊,白口,單魚尾。書口下刻"學梅書屋"。框高20.7釐米,寬13.7釐米。前有咸豐八年(1858)賈榮懷序。

賈榮懷序云:"余姪步緯,幼耽歷學,有殊悟。余素不解此,惟見近時所稱精此術者每與步緯討論,莫不折服,是以知其邃於此。嘗謂七政一書頒自監中,惟省垣可購,若鄉僻之處,猝難置備,造葬一切,無所折衷。緣與其友金圃學博欽遵《御製歷象考成》,緝爲《七政經緯細行》一書,金圃將梓而行之,則是難購之書,俾得家置一集,其有益於時俗者豈淺鮮哉!余適請假旋里,喜見是書之成,足爲時用,因敘其緣起如此。至書之條理精審若何,則自有方家辨之。"

卷末附"庚申歲七政行最高卑并四餘躔度"。尾之末行刻"南匯顧祖金、賈步緯學筭"。

《中國古籍善本書目》未著錄。

1226　清同治刻套印本大清同治九年歲次庚午時憲書

T7190.8/6350(1870)

《大清同治九年歲次庚午時憲書》一卷。清同治刻套印本。一册。半頁五行字數不計,四周雙邊,黑口,雙魚尾。框高19釐米,寬13.4釐米。

前有"都城順天府節氣時刻"、"萬壽聖節及國家忌辰"、"謹按通書選擇吉凶星宿詳注"、"天德方位"、"諸神聖誕日期"、"年神方位之圖"、"庚午歲各省太陽出入晝夜時刻"。卷末有欽天監編纂人名,依次爲:管理欽天監事務宗人府宗令和碩惇親王、監正兼公中佐領加五級隨帶加一級紀錄七次音德訥、監正加六級紀錄十次閻信芳、左監副(缺名)、左監副加二級紀錄九次古祥鳳、右監副加一級隨帶加一級紀錄九次英樸、右監副加二級紀錄十次周鴻賓、五官正加二級隨帶加一級紀錄六次玉祿、五官正加一級紀錄三次紅帶子敦禮、五官正加九級紀錄五次貴廉、五官正加五級紀錄六次忠連、春官正加二級紀錄九次杜春融、夏官正加四級紀錄六次杜春芳、中官正加三級隨帶加一級紀錄九次朱恒泰、五品銜秋官正加一級紀錄五次杜熙棟、冬官正加十級紀錄八次陳希齡、主簿加二級隨帶加一級紀錄五次恩明、主簿加一級紀錄九次賈津、五官司書加五級紀錄四次陳希謙。

此本有原封面,黃色。印有"大清同治九年時憲書",並"欽天監欽遵御製數理精蘊印造時憲書頒行天下"。紅綾裝訂。

《中國古籍善本書目》著錄,中國人民大學圖書館、北京天文館、故宮博物院圖書館也有入藏。

鈐有"欽天監時憲書之印"(滿漢文)。

1227　清光緒刻套印本大清光緒九年歲次癸未時憲書　T7190.8/6350(1883)

《大清光緒九年歲次癸未時憲書》一卷。清光緒刻套印本。一册。半頁五行字數不計,四周雙邊,黑口,雙魚尾。框高20釐米,寬13.7釐米。

前有"國家忌辰"、"都城順天府節氣時刻"、"年神方位之圖"、"癸未歲各省節氣時刻"。卷末有欽天監編纂人名,依次爲:管理欽天監事務宗人府宗令和碩惇親王、監正加二級隨帶加一級紀錄十次恩明、監正加一級紀錄十六次周鴻賓、左監副加一級紀錄六次聯奎、花翎三品頂帶左監副紀錄二十五次陳希齡、右監副紀錄七次恩禄、右監副紀錄十二次李璋、五品頂戴五官正加一級紀錄六次瑞恒、五官正加一級紀錄九次春綿、五官正加八級紀錄七次忠連、五官正紀錄五次達三、春官正加四級紀錄十次杜春融、夏官正加一級紀錄十二次司以培、花翎五品銜中官正加三級隨帶加一級紀錄十一次井衛垣、五品銜秋官正加三級紀錄六次杜熙棟、冬官正紀錄十二次王青照、主簿紀錄五次景泰、主簿隨帶加一級紀錄十六次陳希吕、五官司書紀錄十一次徐森。

《中國古籍善本書目》著錄,北京天文館、故宮博物院圖書館也有入藏。

鈐有"欽天監時憲書之印"(滿漢文)。

1228　清宣統刻本大清宣統二年歲次庚戌七政經緯宿度時憲書
T7190.8/6350(1910)

《大清宣統二年歲次庚戌七政經緯宿度時憲書》一卷。清宣統刻本。一册。半頁五行字數不計,四周雙邊,黑口,雙魚尾。框高21.5釐米,寬16釐米。

《中國古籍善本書目》未著錄。

鈐有"欽天監時憲書之印"(滿漢文)。

1229　清宣統刻本大清宣統三年歲次辛亥七政經緯宿度時憲書
T7190.8/6350(1911)

《大清宣統三年歲次辛亥七政經緯宿度時憲書》一卷。清宣統刻本。一册。半頁五行字數不計,四周雙邊,黑口,雙魚尾。框高22.1釐米,寬16.2釐米。

《中國古籍善本書目》著錄有《大清宣統三年歲次辛亥七政經緯纏度時憲書》一卷,藏故宮博物院圖書館,未知與此本同否。

鈐有"欽天監時憲書之印"(滿漢文)。

1230　稿本高弧日景表細草　　　　　　　　T7140/4482

《高弧日景表細草》不分卷,清李鈁撰。稿本。二册。半頁八行二十二字。序之第一行下題"臨津李鈁珍同撰"。前有光緒四年(1878)李鈁序。

李鈁,字珍同,江蘇臨津人。

李鈁序云:"仰測之術,古疏今密,如近代名家梅勿庵、戴東原、薛儀甫、焦里堂、汪衡齋、齊梅麓、江雲樵諸家所著之書,皆未有高弧細草。後讀張丹村《翠微山房數學十五種》,内有《金華晷景細草》、《高弧細草》、《揣籥録》諸書,而逐時逐刻細分,並列求高弧之法,其精密簡妙,超越前人,惜其未列三十八度細草。而《揣籥録》中雖有三十八度高弧、横直日景二表,亦未有刻分,並不分七十二候與地平經度,蓋苦其繁也。余不揣固陋,學其求高弧法,倣金華日景表式,而多高弧地平經緯度分,按本地里差地體渾圓,周九萬里,是横黍尺。若縱黍尺,則七萬二千里。按周天三百六十五度,每度當地上二百五十里。如縱黍尺,則二百里。北行二百五十里,則極高一度,南行二百五十里,則極低一度。每度六十分,每一分當地上四里六分之一。今遵《儀象考成》里差定緯,南皮北極出地三十八度○七分,本村興龍澱在南邑東南,則北極出地三十八度,偏京師東二十六分,衍成《三十八度細草》一卷,以備驗時之用,並補張丹村先生之所未備云。"

此本有扉頁,爲程霖書"高弧日景表細草。光緒戊寅珍同撰。民國甲戌雨蒼署"。"雨蒼"下鈐"程霖"印。"戊寅",爲光緒四年;"甲戌",爲1934年。扉頁爲重加。又李鈁序後鈐有"珍同"、"李鈁"印。

鈐印有"鶴壽千歲以極其游"。

1231　明天啓刻本揚子太玄經　　　　　　　T1150/4843

《揚子太玄經》十卷,漢揚雄撰,明趙如源輯注;《説玄》一卷,宋司馬光撰。明天啓六年(1626)武林趙世楷讀書坊刻本。四册。半頁九行十八字,四周單邊,白口,無魚尾,書眉上刻評。框高 19.2 釐米,寬 13.8 釐米。題"錢塘趙如源潛之甫閱;同社王道焜昭平甫、朱欽明堯心甫校"。前有元豐五年(1082)司馬光序,天啓六年張元徵序;《太玄圖》;趙世楷撰《凡例》五則。

《太玄經》,宋本今僅存一卷,藏上海圖書館。明代刻本,多爲晉范望解贊,有明嘉靖孫沐萬玉堂刻本、明嘉靖三年郝梁刻本、明玉鏡堂刻本、明末刻本、明萬曆霓野堂刻本、明萬曆樂元聲刻本(明吕胤昌、樂元聲輯)、明末刻本(明黄道周、王偉輯)等。此本爲趙如源輯注,傳世頗多。據張元徵序:"余友趙潛之、王昭平、朱堯心氏,既精嗜古,尤沉酣是書,行并《法言》,手自讎校付梓。"

其《凡例》云:"《太玄》注,向稱晉范氏本、宋司馬氏本爲善,但范簡而司馬繁。我明葉氏本亦多重複。兹刻互證諸家,句櫛字比,精晰詳備,以此爲定。""史稱揚子好奇,故其經中用字甚多奇僻,兹於章内疑難注之句下,其切韻句字另刻載篇首,以便覽者。""是書舊無批點全本,惟見之諸子選中,皆諸儒評定。廣搜博採,彙集成帙,會心者讀之了然,若夫圈點,寧靳如金玉,以便着眼。"

按,讀書坊乃武林坊肆,曾刻有《韓非子》、《春秋繁露》、《晏子春秋》等。查《明代版刻綜録》第八卷,載讀書坊爲杭州書林段景亭所設,并刻有《昭代經濟言》、《怡雲閣浣紗記》、《古今詩話》、《五經纂注》等。題段景亭者，或有所據。此本趙世楷《凡例》又云："本坊向刻《韓非子》、《董子繁露》，流傳海内，已爲名家鑑賞。續刻《揚子太玄》、《晏子春秋》二書，隨有數子，彙爲九種，皆足羽翼經術，有裨舉子業者，與他刻詭僻迥别。"

扉頁刊"太玄經。合諸名家批點揚子。讀書坊藏板"。

《四庫全書總目》入子部術數類。《中國古籍善本書目》著録。上海圖書館（兩部）、南京圖書館（兩部）等二十三館，臺北"國家圖書館"（三部），及美國普林斯頓大學葛思德東方圖書館、日本東京大學東洋文化研究所亦有入藏。

鈐印有"梁井文庫圖書記"、"静觀亭圖書"。

館藏有複本兩部，一部爲四册；另一部爲一册，殘存卷一至七，鈐印有"荻村之印"、"金野氏圖書章"、"金氏子起"、"金野英之藏章"。

1232　清乾隆刻本揚子太玄别訓　　　　　　　　　　T1150/4020.7

《揚子太玄别訓》四卷，清劉斯組撰。清乾隆刻本。四册。半頁九行二十字，左右雙邊，白口，單魚尾。框高 19.5 釐米，寬 12.8 釐米。題"西昌劉斯組斗田氏著；男元佶記州、元侑敬三、壻賈仁緒媲庭、王文浚衛川、張潢開平仝較字"。卷前原有乾隆十年（1745）劉斯組序、《揚雄傳》、司馬光舊序、卷首一卷，此本佚去。

劉斯組，字斗田，江西新建人。雍正二年舉人，授分宜教諭。時廣東奏擇江西教職中賢能者府置一員課士，斯組檄考第一，分屬肇慶，兼主端溪書院。後歷知廣東西寧、河南杞縣，有善政。生平潛心經術，尤深於易，著有《周易撥易堂解》二十卷，又《皇極緒言》二十卷。《清史列傳》卷六十八有傳。

揚雄《太玄》爲模仿《周易》之作，文辭艱澀，歷代頗有注本。宋司馬光總前人之注釋，撰爲《集注》。劉氏以司馬光《集注》多非玄旨，遂爲此書。全書以韻語形式，爲《太玄》作訓解，意在發明《太玄》之旨。據《四庫全書存目叢書》影印此本劉斯組序云："始余年少，習舉業，博時譽，涉獵經史子集，掇其英華，以資績采。於揚子他文載《昭明文選》中，愛爲誦述。獨《太玄》開卷欲卧，閣而置之，特未用以覆瓿。晚捧檄嶺右，鐸肇令瀧，並未攜其本以行。比潛心《易解》，將以探賾索隱，廣類陳義，方思旁而及之。徧詢粵中同學不可得。是歲正月舟次羊城，從舊憲王公籤架請而録之。時封篆無公事，得朝夕於舟中卒業。初猶茫然，若觀海水之莫測其涯際也。徐乃從《説玄》按其數，察其度，考其圖，而詳其條理義蕴，小有得於言意間。久之，漸覺《集注》之牽強攏掇，多非玄旨，乃不揣固陋，僭爲《别訓》。"

"玄"、"弘"字避帝諱。

《四庫全書總目》子部術數類存目著録，云："是編解釋揚雄《太玄》，各以韻語發揮其義，意欲以奧崛配雄。然原書詞意艱深，所以待注。注又僻澀，使人不解，是亦何取於注乎？"

《中國古籍善本書目》不收。《四庫全書存目叢書》據華東師範大學圖書館藏本影印，作清乾隆三十四年刻本。此本卷前劉斯組序署"乾隆乙丑歲孟冬月甲寅日西昌劉斯組書於西瀧官舍"，未見其他年款。按，乾隆三十四年爲己丑年，序署乾隆乙丑爲乾隆十年。《四庫全書存目叢書》著録爲乾隆三十四年，或誤"乙丑"爲"己丑"耶？《清華大學圖書館藏善本書目》著録，作清乾隆十年刻本，當即此本。

1233　明天順刻本天原發微

T1740/2110

《天原發微》五卷圖一卷《篇目名義》一卷,宋鮑雲龍撰,明鮑寧辨正;《問答節要》一卷,明鮑寧輯。明天順五年(1461)歙西鮑氏耕讀堂刻本。十册。半頁十一行二十二字,四周雙邊,黑口,四魚尾。框高19.3釐米,寬13釐米。題"魯齋鮑雲龍景翔編著;虛谷方回萬里校正;謐齋鮑寧庭謐辨正"。前有元貞二年(1296)方回序,至元二十七年(1290)鮑雲龍序,至元二十八年(1291)方回序。目録後有《辨正凡例》十二則。

鮑雲龍,字景翔。歙縣人。景定中鄉貢進士。入元不仕。精於易學,無書不觀。

是書多陰陽造化、性命鬼神之理,皆祖述往聖先賢格言,以秦漢以來言天者,或拘於數術,或淪於空虛,致天人之故,鬱而不明,因取《易》中諸大節目,博考詳究。先列諸儒之説於前,而以己見辨論其下。卷一《太極》、《動静》、《静動》、《辨方》、《玄渾》,卷二《分二》、《衍五》、《觀象》、《太陽》、《太陰》,卷三《少陽》、《少陰》、《天樞》、《歲會》、《司氣》,卷四《卦氣》、《盈縮》、《象數》、《先後》、《左右》,卷五《二中》、《陽復》、《數原》、《鬼神》、《變化》。

辨正,乃明初其族人鮑寧本趙汸之説,附入辨正前後百餘條,剖析異同,多所推闡。

鮑雲龍自序云:"不揆陋庸妄纘,輯先儒要語成二十五篇。上合天數,以理爲經,以氣爲緯,自太極而下,判爲天地。燦爲日月星辰,分爲四時五行,隱於河洛之精微,散於大易之象數。古今往來,人物聚散,屈伸相禪,消息盈虚之爲千萬變,不過曰通於晝夜。而知其説皆祖濂洛以來及儒先緒餘,鎔鑄其語言意脉以爲之辭,非敢角而馳也。雖蠡測管窺,未易精博,掇其大者書之,使世之言天者,知太極本不離於陰陽,陰陽亦不離於太極,物物賦受之中,莫匪造化流行之妙。"

此本應有天順五年鮑寧序,又總目後應有"天順辛巳歙西鮑氏耕讀書堂"牌記,然已爲書賈割去,蓋欲以充元槧耳。美國國會圖書館所藏同此,亦割去鮑寧序及牌記。

金鑲玉裝。

《四庫全書總目》入子部術數類。《中國古籍善本書目》著録。中國國家圖書館、上海圖書館等九館,臺北"國家圖書館"(四部,其一爲原藏北平館者),及美國國會圖書館、日本内閣文庫亦有入藏。

按,是書又有元刻本,今藏臺北"國家圖書館"(存卷三至四,原藏北平館者)。又有明嘉靖二十九年秦藩刻本,爲翻天順本(十一行二十二字,左右雙邊,白口)。

1234　明公文紙抄本觀象玩占

T1742/4437A

《觀象玩占》五十卷,題唐李淳風撰。明公文紙抄本。有朱筆校。十册。半頁十行三十字,無框格。

李淳風,陜西雍縣人。自幼博涉群書,尤明天文、曆算、陰陽之學。貞觀初,授將仕郎、直太史局。十五年,除太常博士,尋轉太史丞。官至太史令,年六十九卒。曾預修《晉書》及《五代史》,其天文、律曆、五行志皆淳風所作。每占候吉凶,合若符契。著有《典章文物志》、《乙巳占》等。《舊唐書》卷七九、《新唐書》卷二〇四有傳。

《四庫全書總目》子部術數類存目著録,云:"舊本題唐李淳風撰。凡日月、五緯、經星、雲漢、彗孛、客流、雜氣以及山川、陸澤、城郭、宮室、營壘、戰陣皆著於占。而陰晴、風雨、雹露、霜霧咸附録焉。於日月之交會，五星之退留，今所預爲推步、歲有常經者，亦往往斷以占候。即日月所不至，五星所不經者，亦虛陳其象，殊不足憑。"指爲後人僞託之作。

是書明清皆以抄本流傳，今存刻本僅知有原北平圖書館藏明初刻黑口本殘本，存卷十一至十五，其本抗戰時運美，今藏臺北"故宫博物院"。《中國古籍善本書目》著録明抄本多部，臺灣及日本各藏家亦有數種明抄本見於著録。《四庫全書存目叢書》據清華大學圖書館藏明抄本影印。以館藏此本與影印本相較，兩本文字頗有異同。

此本首四册以公文紙抄，紙背公文内容爲某縣所判各類案件，如"一起爲富豪吞謀基屋騙價陷貧苦事"、"一起爲刁惡抗罵本管官員事"、"一起爲謀惡凶黨打死人命事"等，並判決如"稍有力納工價犯人壹名"、"減等杖七十"、"無力的決犯人壹名"、"贖罪稻一十四石"等，下各有名氏。公文文字極細小，筆劃纖若髮絲，惜紙經裁截，内容稍不完整。公文所出時、地亦不詳。明代公文紙抄本，甚爲稀見，館藏另一部，爲明黑格抄本《明文記類》，其用紙爲明代嘉靖九年、十年浙江海鹽縣官府公文紙，字體亦極細小，與此可稱雙璧。

鈐印有"荃孫"、"雲輪閣"，知此本爲清末學者繆荃孫舊藏。檢《藝風藏書記》卷二，有《觀象玩占》五十卷，云"棉紙，舊抄本，有朱筆校改"，當即館藏此本。

1235 明抄本觀象玩占 T1742/4437

《觀象玩占》五十卷，題唐李淳風撰。明藍格抄本。十册。半頁九行二十字，四周雙邊，白口，白魚尾。框高 22.3 釐米，寬 14.1 釐米。

每册前皆有目録。第二册目録下書"許明元"，第四册目録下書"方大學"，第九册目録下書"天文生成應翔寫"。

是書歷代傳刻頗稀，明清以來皆以抄本流傳。館藏此書明抄本計有三部，此其一。是本各册書衣貼籤書云"祝昇氏藏本"，卷前有墨筆題"觀象玩占五十卷，舊本題唐李淳風撰，明朝人許明元寫"。按，是書各册目録下題寫人名者三，其一"天文生成應翔寫"。所謂"天文生"，《漢語大辭典》云即古代觀測天象、推算時日之官吏，唐代司天台有天文生六十人，明清屬欽天監；舊亦指占卜吉凶、選擇日子、勘察風水之人。此"天文生"當屬前者。他册之許明元、方大學亦當爲天文生一類。此本以鎸印之藍格紙精抄，雖出自數人之手，而字體風格一致，抄寫一絲不苟，疑爲明代欽天監所抄。

1236 明抄本觀象玩占 TNC1742/4437

《觀象玩占》五十卷附《太乙玉鑑風雨全書》一卷，題唐李淳風撰。明藍格抄本。十二册。半頁十行二十三字，四周雙邊，單魚尾。有彩繪圖。前有李淳風序。

此書刻本絶少，明清以來以抄本流傳，各抄本間卷次、條目、文字等各有差異。《千頃堂書目》卷一三著録《觀象玩占》十卷，云："不知撰人。一本四十九卷。或云劉基輯。"今存此書多爲五十卷本，唯四川省圖書館藏有明清虛館抄四十八卷本，附拾遺一卷；臺北"國家圖書館"藏有明抄十卷本及舊抄四十八卷本；日本京都大學人文科學研究所藏有明吳士安汭穆齋抄四十九卷本。館藏此書明抄本三部，皆五十卷本。以此本與館藏另兩部明抄本及《四庫全書存目叢書》影印之清華大學圖書館藏明抄本相較,其卷前李淳風序爲他本所無,所附《太乙玉鑑風雨全書》一卷亦他本所無。

李淳風序署"大唐朝議大夫行太史令上卿都尉",云:"遂從軒轅以後歷代戰國之書皆徧覽之,由是搜掇以録成五十篇,名曰《觀象玩占》。凡夫日月星辰、風雲氣霧、霜雪雷電、雨露虹蜺、水火人民、宮室城屋、飛禽走獸、草木蟲魚、器物妖異,罔不盡識,各成篇部,以便檢閱者。"此書僞託李淳風之作,此序亦僞託。

此本乾隆間曾進呈四庫館,《浙江採集遺書總録》庚集有"觀象玩占十二册,寫本",云:"第一册爲《太乙玉鑑風雨賦》,有圖;第二册爲《步天歌》;以下十册共五十卷爲《觀象玩占》。凡天地、日月、五緯、二十八宿及衆星風雲雷雨等之占驗,每引史事以證。按第一册前有李淳風序云録成五十篇,名曰《觀象玩占》,但此書中所引有唐文宗、肅宗之事,必非淳風所作。"此本第一册題《太乙玉鑑風雨全書》,有彩繪圖;第二册無題名,內容爲《步天歌》;卷前有李淳風序,又鈐"翰林院印"滿漢文印,當即《浙江採集遺書總録》著録之本。

鈐印有"董印其昌"、"吳城"、"敦復"、"翰林院印"。則此本曾經明代書畫大家董其昌收藏,後歸吳城。吳城,字敦復,號甌亭,浙江錢塘人,吳焯長子,雅好聚書。其弟吳玉墀乾隆間曾將大量藏書進呈四庫館,《四庫全書總目》子部術數類存目著録《觀象玩占》五十卷,即云爲浙江吳玉墀家藏本。然《四庫進呈書目》之《浙江省第四次吳玉墀家呈送書目》著録《觀象玩占》爲十二卷二本,並非《四庫全書總目》著録之五十卷本,未知何故。

1237 清抄本天文祥異集　　　　　　　　　　T1742/4922

《天文祥異集》三卷,明蘇上傑撰。清抄本。四册。半頁十行二十一字,無框格。有圖。題"括蒼蘇上傑國英集"。前有正德十年(1515)叔溫序,闕名序。

蘇上傑,據書中所題,知其字國英,浙江麗水人。生平無考。

各卷前有目録,每卷各分若干目。卷上包括乾象變異、天文雜占、太陽、太陰、月五星凌犯、五星總占、歲星、熒惑、填星、太白、辰星、孛彗客流飛奔、流星、客星、妖星、瑞星、北斗、五星守斗、輔弼守斗、三辰變異。卷中包括萬金測玄賦、風角參驗、觀風歌、虹霓、占雲訣、情狀、陰謀、發日、行次、猛將氣、勝軍氣、敗軍氣、城壘氣、伏兵器氣、暴兵氣、交戰氣候、四夷氣、遠近氣、地理、妖祥、鳥情、獸徵、蛇蟲、草木、分野、十二度次數、州郡纏次、十二分野、五音姓氏。卷下包括太微宮、紫微宮、天市垣、東方七宿、北方七宿、西方七宿、南方七宿、天漢起没、經星數。

卷前兩序,一署"大明正德十年乙亥仲春之吉括蒼叔溫識",一無題署,皆泛論天文之語。"玄"、"曆"字皆不避諱。

未見諸家書目著録。

1238 清初刻本管窺輯要　　　　　　　　　　T1742/4822B

《管窺輯要》八十卷,清黃鼎輯。清初刻本。二十六册。半頁九行十九字,四周單邊,白口,單魚尾。有圖。框高20.2釐米,寬13.6釐米。卷一闕,卷二至四及卷前序跋、目録等皆抄配。卷二題"六安黃鼎玉耳父纂定;男九命簡臣、九思視先、九成、桐城方兆及子詒同閱"。前有抄配之順治十年(1653)范文程序,順治十年方拱乾序,順治九年(1652)黃鼎序;《纂例》十則;順治十二年(1655)黄九錫跋;集用書目。

黃鼎,字玉耳,安徽六安人。弱冠補諸生,崇禎間從軍,以功署麻城縣事,尋擢總兵。清師南下,鼎歸降,仍以總兵駐防皖江。順治三年領兵討平李時嘉等。以同列所忌罷歸,總督馬國柱題留軍前,參決機務。順治七年助國柱進剿張福寰。《(同治)六安州志》卷二七有傳。

是書輯錄古今天文占候之文,分類編排。如第二卷分占例、盖天圖說、渾天圖說、朱氏畫方圖說、天體、渾天、渾儀、天文論八目;第三卷分月與日會度數、歲差、論中晷差、論黃道赤道差、論黃赤內外差、論白與黃赤道差六目等。其引用圖籍列於集用書目,共一百五十餘種,包括諸經、正史、雜史、諸子、類書及大量天文占候類圖籍。《纂例》云:"是集搜自行世之典,字字悉本正史,如見於稗野及小說中,槩置不錄。"

據黃氏自序,此書之輯,始自其早年,至順治間黃氏隨次馬國柱軍前,始增輯付梓。黃序云:"幸際僕射公(自注:馬係關東人,諱國柱,字擎宇)總督江南,民安盜息,一時景星慶雲之稱,翕然作焉。余得備員執策,沐其休暇,因出舊所裒輯之編,重加考定,補其未備,齊其未一,彙爲八十卷,名曰《管窺輯要》,取寸管料廣、辭尚體要之義。授諸梓氏,以終夙心。"

《四庫全書總目》子部術數類存目著錄,名《天文大成管窺輯要》,云其"以古今天文占候分門編錄,大學士范文程序之。大旨主災祥而不主推步,繁稱博引,多參以迂怪荒唐之說"。

《中國古籍善本書目》不收。諸家書目如《北京大學圖書館藏古籍善本書目》著錄清順治刻本;《中國人民大學圖書館古籍善本書目》著錄清順治十二年刻本;《中國科學院圖書館藏中文古籍善本書目》著錄清順治九年刻本;《內閣文庫漢籍分類目錄》著錄清順治十年序刊本;《普林斯頓大學葛思德東方圖書館中文舊籍書目》著錄清順治十年刊本等。諸家著錄蓋皆據序跋而定,因各藏本序跋存佚不同而有差異,未知是否與本書相同。

此書非止一刻,館藏另一部《管窺輯要》,首尾完整,附《天文步天歌》一卷,有扉頁,刻"天文大成全志輯要。內附步天星歌訣全圖。粵東拱星堂家藏發兌"。其刻板與此本相似,但筆劃間稍有不同,插圖偶有趨簡粗糙之處,當爲此本之後的翻刻本。《四庫全書存目叢書》影印之中國國家圖書館藏本,著錄爲清順治九年黃氏家刻本,實與館藏之翻刻本爲相同版本,其非黃氏初刻可知。

1239 清康熙刻本天玉經注　　　　T1747/4284.1

《天玉經注》七卷,清黃越撰。清康熙六十年(1721)刻本。二冊。存內傳上、中、下三卷。半頁六行二十字,四周單邊,白口,無魚尾。眉欄鐫批。框高22釐米,寬9.5釐米。題"上元黃越際飛注"。前有康熙六十年黃越序;《讀天玉經綱領》。

黃越,字際飛,號退思,晚號退谷,江蘇上元人。康熙四十八年進士,官翰林院庶吉士,授翰林院檢討。逾年告歸,潛心宋五子書,而以餘力評選制舉文,盛行於時。有《退谷文集》十五卷、《詩集》七卷行世。《清朝先正事略》卷四〇有傳,《退谷文集》卷末附其行述。

是書爲注解《天玉經》之作。《天玉經》舊題唐楊筠松撰,《四庫全書總目》著錄《天玉經》內傳三卷外編一卷,云:"考鄭樵《通志·藝文略》、陳振孫《書錄解題》,楊曾二家書無《天玉經》之名。相傳楊氏師弟秘之,不行於世。至宋吳克誠遇真人,始授以此經。其子景鸞乃發明其義。然則是書亦至宋始出,其爲筠松所撰與否,更在影響之間矣。特其流傳稍遠,辭旨亦頗有義意,故言理氣者至今宗之,其真偽可置勿論也。"

《四庫全書》所錄《天玉經》爲天谷散人注本。此書爲黄越所注,卷端題"天玉經",版心及序題"天玉經注"。上卷正文前有識語述此書之旨云:"玉生於地,而曰天玉,取天雨玉之義,珍之也。天光下臨,地德上載,地之龍穴砂水,上應天星。此經所言皆天星,而地理所應,必有如此,乃與地之條理吻合者,故曰天玉也。其源發於晉郭景純之《青囊》,而此經爲之顯其微、闡其幽。自是以後,天星水法、蠭起蜩出,無不與此經相背而馳者,所謂天下諸書對不同也,此愚《天玉經》之所以不能已於注也。"

黄氏自序云:"唐人楊筠松精於地理,稱郭景純後一人。所著《撼龍經》、《疑龍經》、《黄囊經》、《倒杖》皆行於世,而世本絶不及其《天玉經》。或疑其偽作。予讀而珍之,推爲水法之大全……苦其書無善本,非倒亂失次,即荒唐間雜。梧岡劉先生授我以手抄本子善矣,獨其注多不善。間官無事,老亦息心,思欲揭其本指,還之筠松,因爲另注,更取經中肯綮,爲五十四説,以附於後。"此序亦見於黄氏《退谷文集》卷六。

此本有扉頁,刻"天玉經。太史黄際飛注。康熙辛丑鐫"。扉頁殘破,原有藏板者,今僅存"光"字,原鈐印亦殘。

《四庫全書總目》、《續修四庫全書總目提要(稿本)》未著録。《中國古籍善本書目》不收。《清史稿藝文志及補編》子部術數類著録黄越撰《天玉經注》七卷、《天玉經説》七卷。《北京大學圖書館古籍善本書目》著録清康熙刻本《天玉經注》七卷《經説》七卷《穴法分受》三卷。《普林斯頓大學葛思德東方圖書館中文舊籍書目》著録清康熙六十年同德堂刻本《天玉經説》七卷。《西諦書目》著録清康熙六十年光裕堂刻本《天玉經説》存二卷。《天玉經説》當即黄氏自序所云"五十四説",館藏此本亦闕。按,《四庫全書存目叢書》影印黄氏《退谷文集》著録爲雍正五年光裕堂刻本,《西諦書目》著録之《天玉經説》亦爲光裕堂刻本,疑本館殘闕之藏板者亦爲"光裕堂"。

鈐印有"南海讀經堂藏書"、"簡汗青"、"汗青"。

1240 清抄本過度天盤神數   T1746/1321

《過度天盤神數》不分卷,清抄本。四册。正文半頁十二行,分上下兩欄,各七字,紅格。

是書以鐫印紅格紙抄。上下兩欄外,眉端標注干支及天盤數。文內無題名、著者、卷數,書籤爲鐫印,題"過度天盤神數",另籤手寫册數及各册內容。第一册"軫斗畢角",第二册"昴氐婁尾",第三册"翼心室危",第四册"二十八宿各字批清"、"天干地支各字批清"。

1241 清順治刻本大易通變   T1740/2314.2

《大易通變》六卷,明喬中和撰。清順治間喬鉢刻本。一册。半頁十二行二十四字,四周單邊,白口,單魚尾。版心上刻"躋新堂"。框高19.9釐米,寬13.3釐米。題"西漢小黄令天水焦贛著;明太原倅內丘喬中和補;四明參軍男鉢較梓;菫山後學聞性道點正"。前有順治六年(1649)張奇逢序,唐王俞序;喬鉢撰《大易通變凡例》四則;《占儀》。

喬中和,字還一,直隸內丘人。生有慧性,讀書能參入己見。官至山西太原府通判,後歸里,杜門三十餘年,殫力於陰陽術數之學,建學堂於西郭外,名西郭草堂,著書立説,聚徒講學。順治間卒,崇祀鄉賢。著有《説易》、《説疇》、《葩經旁意》等,後人合印爲《西郭草堂合刊》。事見《畿輔人物考》卷一及《西郭草堂合刊》所附《崇祀鄉賢録》。

此書在焦氏《易林》基礎上刪補而成。《易林》十六卷，漢焦延壽撰，其書以一卦變六十四，六十四卦之變共四千九十六，各繫以詞，皆四言韻語。此書刪焦詞之重復者，而以己意補綴其闕，於補訂各條下皆標明"補"或"訂"。

喬鉢撰《凡例》云："卦從爻變，詞從義起，卦不同則義異，義不同則詞殊。此卦有四千九十六，詞亦如之，然複者幾於三之一。或一詞而居數卦之下，更居數十卦之下者有之。詞與卦邈同河漢，占者將何憑乎？……家君子竭三十載之心精寢食於易，於著《説易》之餘，取焦《易》細考之，標其重者，列卦於壁，按卦參詞，按詞索卦，詞與卦合，歸其詞於卦下，而以己意補其空者，凡千首有奇。寒暑數遷而書始成。即未必有當焦氏之旨，而於卦義則無讓焉。初欲存原複之詞，而以補詞附其後，家君子曰：是猶夫遵訛之見也，且示人疑，疑何卜？迺竟刪之，惟於己詞下加一'補'字。謂爲焦氏之書也可，謂爲喬氏之書也可。""焦氏之文奇而奥，不可解者固多，而亥豕魯魚，訛亦不少。九原之下，焦氏得無憾乎？家君子一以卦之義改而正之，或易一二字，或易一二句，以成完璧，下加'訂'字以別。"

張奇逢序云："還一喬子博綜精覈，耽玩是書，洞徹玄詣，爲正亥豕之訛，刪疊架之語，曰訂；仍出己藴，抽秘掞華，參增數百十條，曰補。讀者沐其騷雅，快其爽捷，忘其非延壽先生語矣。書成，而嗣君文衣壽之梓，乞序於余。"

喬中和著述頗富，多由其子鉢校刻付梓。清光緒五年，八世孫忠貞搜羅舊板，合印爲《西郭草堂合刊》，計收入《元音譜》一卷，《圖書衍》五卷，《古大學》一卷，《葩經旁意》一卷，《説疇》一卷，《説易》十二卷，《大易通變》六卷，《大九數》一卷，《餘卷括抄》四卷，附《陰符經注》、《崇祀鄉賢録》。《西郭草堂合刊》傳世頗稀，《中國叢書綜録》僅著録中國科學院圖書館、北京大學圖書館兩家館藏，皆作清光緒五年刻本。《四庫全書存目叢書》影印《大易通變》底本即中國科學院圖書館藏本，作清光緒五年刻《西郭草堂合刊》本。以之與館藏此本相較，其本雖刷印較晚，但與館藏此本確爲相同版本。唯《西郭草堂合刊》本前有清順治十年王師夔序，末有吳琯跋，此本闕佚。

按，《西郭草堂合刊》本館亦有收藏，前有光緒五年邑人田爾硯序，並"順德府内邱躋新堂藏板"刊記。田爾硯序云："其八世孫忠貞者商於余，欲合刊之，以公諸世，且託余爲之序。余曰：擇其成卷者而合刊刷之，亦遠勝於湮没不彰也。於是廣爲搜羅，擇其成帙者，得十種焉。因其殘缺，諱言全集，遂名之曰西郭草堂集。"諸家著録爲清光緒五年刻本，所據即此序。但田序所言含混，究竟是搜羅舊板合印成集，抑或搜羅諸書重新付刻，序中並未言明。今觀《西郭草堂合刊》各書，其版刻行款字體皆各不相同。如《元韻譜》爲九行十八字，《葩經旁意》爲九行十九字，版心均僅刻書名頁數；《圖書衍》、《古大學》、《説易》、《大九數》、《説疇》皆九行二十字，版心上刻"躋新堂集"，下刻書名；《大易通變》爲十二行二十四字，版心刻"躋新堂"；《餘稿括抄》爲九行十七字，版心僅刻頁數。諸書序跋最早在萬曆年間，晚至順治。各書卷端所題多有"男鉢梓""男鉢刊"等字樣。諸書字體亦各不相同，顯非同時所刻，應當是喬氏於萬曆至順治間陸續刊刻之書板。故《西郭草堂合刊》當爲光緒五年集舊板合印，而非重新刻板。

今喬氏諸書單行本，如中國科學院圖書館所藏《説易》(《中國科學院圖書館藏中文古籍善本書目》著録，爲明崇禎十年喬鉢刻《躋新堂集》本，《四庫全書存目叢書》據之影印)，臺北"國家圖書館"所藏《葩經旁意》(《"國家圖書館"善本書志初稿》著録爲明萬曆四十一年垣曲刊本)，通過書影比對，可知其與光緒五年合印之《西郭草堂合刊》本均爲相同書板。另外，《中國古籍善本書目·叢部》自著叢書類著録喬氏《躋新堂集》七種附一種(包括《説易》、《大九數》、《圖書衍》、《洪范説疇》、《葩經旁意》、《元韻譜》、《古大學注》及附喬鉢撰《越吟》四卷),爲明崇禎刻本,中國國家圖書館、北京大學圖書館等數家館藏,皆不全;《北京圖書館古籍善本書目》著録《喬中和集》五種(包括《圖書衍》、《古大學注》、《洪范説疇》、《元韻譜》、《葩經旁意》),爲清初刻本。諸家所藏或亦爲同一套書板所印。又《四庫全書總目》之《説易》提要云,其本"版心又標躋新堂集,疑即從文集中析出單行",館臣所見亦當爲喬鉢刊刻之本。

此本有扉頁,刻"大易通變。舊名焦氏易林。内丘喬還一先生補訂。躋新堂藏板"。

《千頃堂書目》著録此書四卷。《四庫全書總目》子部術數類存目著録,《四庫全書存目叢書》據中國科學院圖書館藏光緒五年合印本影印。《中國古籍善本書目》未收。僅見《東北地區古籍綫裝書聯合目録》經部易類著録,東北師範大學圖書館藏殘本。

1242　明抄本運氣占　T1742/3382

《運氣占》不分卷,明抄彩繪本。四册。上圖下文,半頁十一行十二字,四周雙邊,白口,雙魚尾,紅格。

未題書名、撰者,今書名依函套所題。

是書每半頁一圖,以彩色手繪天地、雲雨、日月等各種占驗之象,各有名目,如"伏兵氣占"七幅、"暴兵氣占"十八幅、"戰陣氣占"十二幅、"圖謀氣占"八幅、"軍營氣占"二幅、"軍營雜氣占"八幅、"吉凶氣占"十五幅、"濛霧占"八幅,其他如"天色忽變占"、"天裂占"、"地震總占"、"地陷占"、"地震洪水占"、"地鳴有聲"、"天裂見人占"、"天鳴占"、"天雨草占"、"天雨石占"、"地生毛占"、"地成泉占"、"天陰晦占"、"地坼裂占"、"山鳴占"、"天鼓占"、"地燃占"、"天火占"、"天雨土霾占"、"山崩水湧占"、"天雨羽占"、"天雨毛占"、"天雨金鐵占"、"非時而雷占"、"天晝降霜占"、"含王字占"、"揚光耀占"、"二彗占"、"外有重光占"、"黄氣潤於日上占"、"青雲澤於西北占"、"若黄雲守日占"、"如龍鳳抱日占"、"雲全無而光暗占"、"雲盡赤而光暗占"、"星月晝見占"、"日月並出占"、"地震驚牛馬占"、"地震於宗廟占"、"非時降雪占"等各一幅。每幅畫下皆配文字,引古書中相關之天象占驗句,如"非時而雷占"文:"朱文公曰:不時而雷也,賊臣將起。《宋志》曰:雷發非其時,大臣專政,女后擅權。《晉書》曰:非時而雷,爲君失政,賊臣將起。"所引多出正史及朱文公曰,又有引《開元占》、《古今占》、《爾雅》、《春秋感精符》、京房曰等。

此本曾經前人重裝,或有錯簡。如"濛霧占"共八幅,其中一幅置於"伏兵氣占"之前,與其他七幅相隔甚遠。"地震驚牛馬占"等與"地震總占"亦相離。蓋因全書無卷數、頁數,又遭殘破,重裝後已非原次。

1243　清乾隆刻本安居金鏡　T1747/7242

《安居金鏡》八卷,清周南輯。清乾隆四十五年(1780)周氏壽南堂刻本。六册。半頁十行十九字,左右雙邊,白口,單魚尾。框高16.6釐米,寬12.7釐米。題"周南梅堂甫、吕臨蔚若甫全輯;吴永年巽嶼甫鑒定;王惟諫司直甫參閲;薛儁理齋甫、陸煌檀甫甫全較"。前有乾隆四十五年周南序,乾隆九年(1744)仙根序。

子 部

周南,字梅堂,浙江錢塘人。生平不詳。

周氏序云:"余集《安居金鏡》一書,爲居家趨避之要,明如指掌,朗若列眉。有志斯道者,咸可覽卷而得。第術家之書不一,珍毒雜陳,吉凶互異,不審夫理之所在,而遽冒昧妄行。其先未嘗不自欺,而其後卒因以欺世……余素性不善讀書,而苟有所得,雅欲公之同好。是編亦不過易卦陰陽之盛衰,五行氣化之生剋,據理直書,無他謬巧,後並附論圖象取用之故,令人曉然。"

周序末鐫"周南之印"、"仙根",則乾隆九年仙根序,當亦周南所爲。各卷卷端輯者名氏不一,如卷二署"周南梅堂甫、陸煌檀甫甫全輯",卷四署"周南梅堂甫、胡作棟青圃甫全輯"等。

此本有扉頁,刻"安居金鏡。錢塘周梅堂手輯,仁和王司直參閱。壽南堂藏板"。鈐"仙根周氏圖書"及"每部紋銀實價四兩"。周南序署"錢唐周南梅堂氏書於壽南堂中",壽南堂爲周南堂號,則此書爲自刻本。

《四庫全書總目》、《續修四庫全書總目提要(稿本)》未著錄。《中國古籍善本書目》著錄,中國國家圖書館、中山圖書館收藏。《續修四庫全書》據中山圖書館藏本影印。

1244　明萬曆刻本新鍥纂集諸家全書大成斷易天機　T1740/2614

《新鍥纂集諸家全書大成斷易天機》六卷,明徐紹錦校正。明萬曆二十五年(1597)書林鄭氏雲齋刻本。二册。有圖。半頁十行二十四字,四周單邊,白口,雙魚尾。框高 20.5 釐米,寬 12.1 釐米。

是本存卷三至四。

《四庫全書總目》未收。《中國古籍善本書目》著錄。上海圖書館、北京首都圖書館有全帙。

1245　明崇禎刻本卜筮全書　T1740/4177

《卜筮全書》十四卷,明姚際隆刪補。明崇禎翁少麓刻本。三册。半頁九行二十字,四周單邊,白口,單魚尾。框高 20.6 釐米,寬 12.9 釐米。題"吳門逸叟姚際隆刪補;長邑諸生王友校正"。前有崇禎三年(1630)顧宗孟序;《凡例》八則。

姚際隆,吳人,號吳門逸叟。

此爲占卜之書。卷一《啓蒙節要》,卷二《卦爻呈象》,卷三《通玄妙論》,卷四至五《闡奥歌章》,卷六至七《天玄賦》,卷八至一三《黃金策》附《闡幽精要》,卷一四《神殺歌例》。

顧氏序云:"我姚君百愚之纂修《卜筮全書》,大要以京房《易論》爲主,以青囊諸書輔之。精漸矣,而極其明顯;玄奥矣,而極其簡易。深心研究之下,直令宇宙生心,造化在手。其爲斯世斯人計,詳且密矣,非考古證今,緣此測彼,因往知來者。"

是本有扉頁,刊"卜筮全書。闡易齋刪補。是書舊本煩瀆無緒,深爲學者之病。今本坊敦禮百愚先生,刪其俚謬,益以珠璣,自啓蒙而達玄奥,頗得升堂入室之階梯。海內名家,諒能剖決。南城翁少麓梓行"。按,翁少麓爲書林坊賈,刻書又有《名世文宗》、《漢魏六朝二十二名家集》、《新鐫增補評林音注國朝捷錄》四卷等。

《四庫全書總目》未收。《中國古籍善本書目》著錄。浙江圖書館、中國科學院圖書館，及日本內閣文庫亦有入藏。

1246　明崇禎刻本三訂曆法玉堂通書捷覽　　T1743/1935

《三訂曆法玉堂通書捷覽》十卷首一卷，元宋魯珍通書，何士泰曆法。明崇禎十六年(1643)余應灝三台館刻本。八冊。有圖。半頁十五行三十字，左右雙邊，白口，無魚尾。框高20.4釐米，寬11.8釐米。首一卷題"臨江宋魯珍輝山通書；金谿何士泰景祥曆法；建邑熊兆起渭較正；書坊余應灝元素訂梓"。前有崇禎十六年余應灝序。

通書者，曆書也。古時以星曆名家者，世不乏人，其中以宋魯珍通書、何士泰曆法集先賢之奧，指會諸家之秘訣，神殺有據，最爲著名。余應灝，應爲余象斗之子姪輩。據自序云："余欲此鐫，十有餘歲，漫無真旨。復追之傳世尅擇之書，乃宋、何二人之陳本也。至再搜尋，品而閱之，大相矛盾，學者覽之，寧不病於新而惜於古也。余不敢以裨世道之術溺於無傳，是以就正梁心聯，遵循古本正趣，博採諸家利驗者，恢成一帙，顏之曰《玉堂通書》。"

是書載曆數、太陽、太陰、行躔、定流年、月候、節氣、測時、雜占，各有條類，乃爲初學者所習。首一卷凡四十五條，卷一四十五條，卷二六十六條，卷三五十五條，卷四四十一條，卷五三十三條，卷六九十條，卷七三十八條，卷八十條，卷九七十條，卷一〇一百十三條。

又卷一〇題"三訂曆法玉堂通書奇門"，作者項題"蜀國師武侯諸葛亮原著；唐國師正官李淳風、正官袁天綱全參；明國師伯溫劉基重編；粵東莞正街梁心聯較正；三台館元素余應灝訂梓"。

是本有扉頁，刊"三訂曆法玉堂通書。梁心聯先生增定。一參發微通書、一參斗首通書、一參時用通書、一參河洛圖數、一參曆法理氣、一參奇門遁甲"。

《四庫全書總目》、《中國古籍善本書目》均未著錄。

1247　明正德刻本莧元遁甲句解煙波釣叟歌　　T1744/4886

《莧元遁甲句解煙波釣叟歌》一卷，題宋趙普撰，明羅通遁法，池紀解編。明正德刻本。二冊。半頁十行，大字十四字，小字二十四字，四周雙邊、左右雙邊、四周單邊不等，黑口，雙魚尾。框高17.1釐米，寬11.4釐米。題"大宋侍郎同中書門下平章事趙普譔歌；協贊軍務兼都察院右都御史羅通遁法；聽軍門取用陰陽官章貢後學池紀解編"。

此本有扉頁，刊"註解遁甲釣叟歌。池先生家傳。布陣藏兵推六甲而知禍福，出行謀事論人□□□吉凶"。末有牌記，刊"大明中天乾坤□□"。

歌末有"弘治乙卯解至丁巳年春月，重解至正德戊辰年春，方□解，類編成冊。章貢後學池本理書"。

《四庫全書總目》未收。《中國古籍善本書目》著錄《合刻奇門五總龜》四卷《煙波釣叟歌》一卷(明唐錦池刻本，藏山西省太谷縣圖書館)、《重刻莧元奇門遁甲句解煙波釣叟歌》一卷(明刻本，藏浙江圖書館)。臺北"國家圖書館"有《莧元遁甲句解煙波釣叟歌》不分卷(明刻本)。此本則不見別館著錄。

鈐印有"渡邊家山淵書倉印"，日人印也。

子 部

1248　清順治刻本葫頭集　　T5236.08/8223

《葫頭集》三卷,清鄭止源輯。清順治十八年(1661)刻本。四册。半頁八行二十字,四周單邊,白口,單魚尾。高 19.8 釐米,寬 12.5 釐米。前有鍾離雲房序、陳希夷序、回道人序、周顛子序。末有鏡源跋、曹匡衡跋、順治十八年莫彬跋、孫元亨跋、張筠標跋;順治十八年《止源贅言》。

鄭止源,關中人。無考。據孫元亨跋,鄭爲"河西人,少年負笈至京,今且厭棄塵凡,時有引鳳凌雲之志。"

是書輯乩仙降壇詩文乩語,卷一收吕仙詩,古近體長短句,以至散曲;卷二收列仙詩,自鏐成、赤松、張良、嚴光,至白玉蟾、張三豐、菩提達摩;卷三收道魔問答、傳道語録、東嶽廟碑記等。《續修四庫全書總目提要(稿本)》云:"惟從來乩筆詩文,多散見諸家劄記、隨筆書中,如此裒成專集,且出於一壇者殆鮮,故彌足珍也。"

《止源贅言》云:"余以蒙昧無知,未明至道,但見帝君千萬語言,每每以忠孝爲體,以道理爲用,闡教本之中庸,見性出乎異説。詩而寓道,道而合禪,不作一家之言,而盡三聖之用,真亘古之宏文,而當人之秘寶也。遂精心勤力,搜集成書,付梓行世,以公帝君之婆心,以開生人之正路。然成仙成佛,本非異人;爲聖爲賢,在乎人異。吾儕同此靈明,豈可以塵几自甘,而以聖賢自遜乎?倘能打破疑城,力持慧劍,擊道理之楫,駕忠孝之航,直破慾海之浪,而登蓬萊之巔,回視葫頭,亦爲贅疣,不幾哂余多事哉。"

鏡源跋云:"始夏,關中鄭子不忍以亘古奇文湮没不彰,欲彙梓行世,大抵向來被人持去四方,無從搜集者不知凡幾,政如黄鶴一去不可復追。至於批判吉兇,隨事問答,亦概未録入。兹則不過因時唱詠,書箋題畫,蓋存什一於千百之中已耳。以吟風嘯月之詞,吐黄芽白雪之奧,長歌短韻,悉寓至理,世子獲讀此編,所謂飲沆瀣者膏粱成穢,服雲霞者綺穀生塵。因文起悟,忘言索真,其在斯乎?其在斯乎?"

曹匡衡跋云:"居延鄭子止源者,有心人也,承其道而功其業,敬其事以顯其書。庚子、辛丑之間,彙集其文,將欲與天下有生者,共躋斯聖神大道之中,共解此太極玄黄之味,始仰副帝君好生萬一之情耳。更承仁命,遴選剞劂,名其編曰《葫頭集》。蓋葫頭名集者,葫蘆,無極之真形也,道德之橐籥邪?陰陽之玄牝邪?若謂天地一大葫蘆邪,則天地之大,不出葫蘆之外;萬物之有,不外葫蘆之中。今而逞以爲文章變幻者,人也;以爲潘氏辟異者,物也;以爲身外研方者,鬼也;以爲突破葫頭返而照之者,葫蘆。豈葫蘆也耶?洋洋乎,神龍之變化,皆不可得而窺之矣云也。"

卷二第四十八頁佚去。

《四庫全書總目》、《續修四庫全書》未收。《中國古籍善本書目》未著録。《清華大學圖書館藏善本書目》著録,入子部術數類。

鈐印有"鑒源敬施"、"止源敬集"。

1249　清刻本三才發秘　　T1742/7914

《三才發秘》九卷,清陳雯撰。清康熙三十六年(1697)刻本。十册。半頁十行二十一字,左右雙邊,白口,單魚尾。有圖。框高 19.8 釐米,寬 13.3 釐米。題"新安陳雯畊山氏著;睦州陳晉錫次侯氏參；富春陳宗泗道源氏、吳興溫琮佩黃氏閲；畊山氏男昌賢天霞編"。前有康熙三十四年(1695)陳晉錫序，康熙三十四年朱文顯序，詹嗣祿序，吉良序，康熙三十六年陳雯自序。

陳雯，字畊山，安徽歙縣人，居嚴陵。生平不詳。

是書分天、地、人三部，其中天部二卷，分別爲原理、選擇；地部三卷，分別爲理氣、形法、陽宅；人部四卷，分別爲禄命、五星、河洛、皇極。每卷下又有細目。

據陳氏自序云，是書原名《理氣元機》，"共計十有六卷，而天部有八焉。然卷多字繁，盡欲付梓，力綿未及，今擇其要，先付剞劂，公於海内。而天部之第三卷《七政算法》、四卷《管窺占驗》、五卷《五行占驗》、六卷《太乙直指》、七卷《六壬考正》、八卷《奇門洩秘》，尚俟之異日。"知其原作共十六卷，數卷未刻。陳氏自序後鈐有"陳雯之印"、"畊山"兩印。

此本有扉頁，刻"三才發秘。新安陳畊山氏著。天部：天機發秘，選擇正宗，占驗數術嗣刻；地部：理氣元機，形法採真，陽宅秘訣；人部：禄命歸真，五星洩秘，河洛考正，皇極數理，未來曆數。德星堂寶翰樓藏板"。扉頁鈐印"沈氏山樓藏書記"。

《四庫全書總目》、《續修四庫全書總目提要(稿本)》未著録。《中國古籍善本書目》子部類書類著録，北京大學圖書館、上海圖書館兩家館藏。《普林斯頓大學葛思德東方圖書館中文舊籍書目》子部術數類亦著録是本。另日本《内閣文庫漢籍分類目録》子部術數類著録有清刊本八卷。

1250　清乾隆刻本卜筮正宗　　　　T1740/1122

《卜筮正宗》十四卷，清王維德輯。清乾隆五十二年(1787)刻本。六冊。半頁九行二十字，左右雙邊，白口，單魚尾。框高18.5釐米，寬12.5釐米。題"古吴洞庭西山王維德洪緒輯；壬午舉人弟需遵時、吳庠鍾英子燦參訂；門人蔡鑑升明、謝朝柱巨材、任用淵潛庵、男其龍雲客、其章琢軒同較"。前有康熙四十八年(1709)張景崧序。

王維德，字洪緒，自號林屋山人，江蘇吳縣人。曾祖字若谷，精瘍醫，維德傳其學。又兼通陰陽家言。著有《外科全生集》、《永寧通書》。《清史稿》卷五〇二有傳。

是書卷一《卜筮格言》、《啓蒙節要》，《啓蒙節要》下又列六十花甲納音歌、十天干所屬、十二地支所屬、天干地支八卦方位圖等條目；卷二卦爻呈象並飛伏神卦身定例；卷三爲十八論及闢增删卜易之謬等條目；卷四至一二《黃金策》，注明"劉誠意撰，王洪緒注"，爲王氏對劉基《黃金策》之注解；卷一三至一四爲《十八問答》，設問答十八條，每條附占驗若干卦。

張景崧序云："近代如《黃金策》諸篇，始有以窮夫陰陽之闡奥，造化之機緘。但其間詮解未諦，宗之占驗者未能無訛，以致有傳書而古人之精意不必與之盡傳。苟有好學深思，神明其故者，不難自爲其書以與之發微闡幽也。林屋王山人垂簾於吳郡治之東偏，與余居密邇，有疑輒往叩焉，奇驗不爽，如燭照數計。遠近咸頌之爲神，而山人辭其名不受，曰：吾有所受之也。新安楊廣含先生吾師之所授占驗一冊，爲坊刻群書所未及，比年以來，增益芟薙，編成卷帙，付之梨棗。"此書初刻在康熙間，今中國國家圖書館、東京大學東洋文化研究所即藏有康熙刻本。此本當據康熙本重刻者。

此本有扉頁，刻"卜筮正宗全書。林屋山人王洪緒輯。乾隆丁未重鐫。金閶緑蔭堂藏板"。

《續修四庫全書總目提要(稿本)》未著録。《中國古籍善本書目》不收。《東北地區古籍綫裝書聯合目録》著録遼寧省圖書館藏清乾隆五十二年金閶講德齋刻本，或即此本，唯藏板者不同。此書除康熙、乾隆刻本外,道光、光緒間亦多有翻刻。

1251　明刻本神相全編　　　　　　　　　　　T1745/7954

　　《神相全編》十二卷首一卷,題宋陳搏撰,明袁忠徹訂正。明刻本。十册。半頁九行二十字,四周單邊,白口,單魚尾。框高21.1釐米,寬13.5釐米。題"宋希夷陳搏秘傳;明柳莊袁忠徹訂正"。前有倪岳序。

　　陳搏,字圖南,自號扶搖子,宋太祖賜號希夷先生。傳陳搏在華山師承麻衣道人學習相術。袁忠徹,爲明初相術大師袁珙之子,字公達,一字静思,鄞縣人,官尚寶司少卿。精通相術。《明史》本傳説他"幼傳父術,從父謁燕王,王宴北平諸文武,使忠徹相之"。

　　是書爲明清兩代流行之相書。首一卷爲《相説》、《十觀》、《五法》、《論形俗》、《論氣色》。《古今圖書集成・博物彙編・藝術典・相術部》收入此書,蓋因其書採録了較多的相術著作。按,相人術乃觀察人之形相以測斷性格、福壽之方術。據《左傳》、《吴越春秋》記載,早在春秋時代,相術即很流行。

　　相人術觀察内容,包括頭面、手掌、體形、動静、聲音等,而以相面爲重點。

　　倪序云:"近世所傳相人之書,皆宗麻衣遺者,然人出己見,各有不同。至於即五行之象,以定一身之形,因已往之蹟,以爲方來之驗則同,要之其説固有可取者,不必盡出麻衣也。同守淮楊東充鮑君栗之,政事之暇,留意其書,首著麻衣之説,復會諸説之宗麻衣者,類輯成編,將以授之專其術……則是書,學者不可以不知也,不可以盡非也,不可以深泥也。"

　　是本有扉頁,刊"神相全編。袁柳莊先生秘傳。致和堂藏板"。

　　《四庫全書總目》未收。《中國古籍善本書目》著録。浙江圖書館、安徽省圖書館、臺北"國家圖書館",及日本内閣文庫、静嘉堂文庫、尊經閣文庫亦有入藏,唯不知同板否。

1252　明萬曆刻本新刊京本風鑑相法人相編　　　T1745/0903

　　《新刊京本風鑑相法人相編》六卷首一卷。明萬曆三十年(1602)劉氏明德堂刻本。三册。半頁十一行十四字至十六字不等,四周單邊、四周雙邊不等,黑口,單魚尾、雙魚尾不等。框高18釐米,寬11.1釐米。題"劉氏明德堂刊梓"。前有萬曆三十年回陽子序。

　　是書不著撰者。二節版,上方刻圖或相人口訣要義等。卷首爲六格觀形、金鎖賦、銀匙歌、玉掌記、相掌善惡、論足、論足紋。又刊風鑑相法,乃刊相人像獸名類,各名斷訣,凡五十形象,如龍、麟、獅、虎、象形等。卷一《唐先生入眼切要歌》、《十三部位總圖歌》、《十二宫》、《十二宫秘談》、《人身通論》、《相嬰兒法》;卷二題《新刊麻衣相人相編》,列各等人相;卷三題《新刻百家相法人相編》,爲人倫大統賦,題禮部尚書張行簡撰;卷四題《新刊風鑑相法總括人相編》,爲相骨、肉、頭、面、面上紋理、額、眉、耳、目、印堂、山根、鼻、人中、口、唇、齒、食;卷五題《麻衣道者秋潭月相法人相編》,爲論女人、婦女相法、秋潭月説婦人歌、女人九善解、九惡相、鬼谷先生相婦人歌;卷六題《新刊麻衣風鑑人相編相法大全》,爲鴛神賦、何知歌、陳搏先生袖里經、正色歌、正聲歌、無子歌等。

　　此類相書,乃民間坊刻之本,編者以當時流傳之《麻衣相法》、《神相全編》、《相法人倫大統賦》等書,輯出有關内容彙集而成。由首及足,由形及神,由老至少,無所不相。相書之出現,爲人類社會歷史與自然發展之現象，然民俗學研究者甚少。

回陽子序云："相法一書，近相人之法，當宗麻衣之道而希夷默授擁爐之教，後得諸家實授相訣之賦，亦知貴賤貧窮孤矢，始知氣色善惡神清，所傳者多見差訛紊焉。今明德堂求到京本陳摶出身麻衣傳度，詳考本文諸家訣畧，順而通者教之，文拘而舛者改之，刻全備失，俾成集解一帙。"

是本有牌記，刊"新輯麻衣相人編法風鑑大全明德堂梓"。又"新編神異賦麻衣相集纂人相編歌賦妙訣"。末頁上方之圖，爲一童子手執"明德堂新刊發梓行"牌記。

金鑲玉裝。

《四庫全書總目》及《中國古籍善本書目》均未著錄。

鈐印有"近藤"、"鈴木定堅"、"字紫團"。

1253　明萬曆刻百家名書本新刻麻衣相神異賦　　T1745/0903.2

《新刻麻衣相神異賦》一卷圖一卷附錄一卷。明萬曆胡文煥文會堂刻《百家名書》本。三册。半頁十行二十字，左右雙邊，白口，雙魚尾。框高 19 釐米，寬 13.2 釐米。題"錢唐胡文煥德甫校"。前有胡文煥序。

胡文煥序云："麻衣相一書，善本者甚少，予索三五種參訂之，亦三五易手而始善。前復增之以圖，後復增之以附，庶俾一覽之間，不必再假他索而無遺憾矣，不亦可爲全書乎？故無論業此者籍之，即吾儒輩置一册於案頭，可以自鑒，可以鑒人，寧讓希夷也哉？"

鈐印有"鄭宏經"（朱文）、"鄭宏經"（白文）、"字仲常"、"仲常"、"古香草堂"、"新免古香舊藏大正己未歸于下鄉向陽"。

1254　明萬曆刻百家名書本新刻相字心法　　T1745/0903.2

《新刻相字心法》一卷。明萬曆胡文煥文會堂刻《百家名書》本。一册。半頁十行二十字，左右雙邊，白口，雙魚尾。框高 19.5 釐米，寬 13.3 釐米。題"錢唐胡文煥德甫校"。

此亦爲占驗術之一種，又稱"測字"。隋時稱爲"破字"，宋代始稱"相字"。其法由人任舉一字，然後將字形拆離，隨機附會，以占斷吉凶。宋何薳《春渚紀聞》"謝石拆字"："謝石……以相字言人禍福。求相者，但隨意書一字，即就其字離析而言，無不奇中。"

按字有濃淡肥瘦、長短闊狹、反覆順逆、曲直高低、小大軟硬、開闔清濁、虛實凹凸、平正斜側、圓滿直牽、明白輕快、穩重挑趲、勾挽破碎、枯槁尖削、倒亂鵲突、狐露交加、肥滿尖瘦、剛健精神、艷冶氣勢、衰弱小巧、軟滿老硬、骨稜草率、開闔之分，各有一體，是書即以字相，收有辯字式、口訣、字畫指迷、應變精要、玄黃歌、探玄賦、六神筆法、筆法犯煞、五行體格、花押賦、古人相字等。

測字作爲一種社會文化現象，必須在一定的物質和精神條件下，才會出現，漢字的演變成熟、漢字形體結構的特點以及古人的文字崇拜和萬物有靈之鬼神觀、讖緯迷信、占夢巫術等諸多因素，皆爲測字術之內涵。從整體而言，測字在一定程度上反映了古代人類文化走向和心態，從而形成了獨特的怪誕迷離的理論體系和紛紜繁蕪的解析模式。

《中國古籍善本書目》叢部《百家名書》收有此本，作胡文煥輯。

1255　清初刻本三命通會　　T1746/4274

《三命通會》十二卷，明萬民英撰。清初刻雍正十三年(1735)修補本。十二冊。半頁十行二十字，左右雙邊，白口，單魚尾。題"育吾山人著"。框高21.5釐米，寬13.8釐米。前有清雍正十三年(1735)蔣國祥序，王謙序。

關於是書作者，《四庫全書總目》云："卷首但題曰育吾山人。《明史·藝文志》有萬民育《三命會通》十二卷，與此本卷數相合。惟以'通會'作'會通'，爲稍異。考世所傳《星學大成》一書，爲萬民英所撰。英字育吾，與此本所題合，當亦出民英之手。《藝文志》蓋誤以'民英'爲'民育'，又'通會'二字傳寫互倒耳。"

據《明清進士題名碑錄索引》，萬民英爲嘉靖二十九年進士，籍大寧都司茂山衛，鄉貫湖廣江夏。《星學大成》卷前萬民英自序署易水人。今檢《(乾隆)易州志》，卷一五有其傳，云萬民英字汝豪，號育吾，授南直隸武進知縣，遷河南道御史，巡皇城山海諸關，擢山東僉事，改福建興泉兵備。以復崇武功，晉參議。尋以復興化，晉俸一級。後致政歸里，居三十載，著有《星學大成》、《相字心學》及是書。

是本爲長蘆都轉鹽運使司運使管鹽法道事蔣國祥據舊板補刻者。蔣氏《補刻三命通會敘》云："予幼隨先君宦游兩浙，與二三博洽士剖晰玄微，略知毛髮。後予守郡齊安，聞津門有《三命通會》一書最善。時宮保田公巡視長蘆，遂寓書購之，不可得。今予來司轉運，旁搜遍訪，知雕板尚藏滄州李氏家，顧已殘失百十篇……遂求其遺帙校正，付剞劂補全之。"

《四庫全書總目》評論此書云："自明以來談星命者，皆以此本爲總彙，幾於家有其書。中間所載仕宦八字，往往及明季之人，蓋後來坊刻所攙入，已非其舊。然其闡發子平之遺法，於官印財祿食傷之名義，用神之輕重，諸神煞所係之吉凶，皆能採撮群言，得其精要，故爲術家所恒用，要有未可遽廢者。"

是書有明萬曆刻本，《中國古籍善本書目》著錄，中國國家圖書館等四家館藏。又有清內府抄本，故宮博物院圖書館收藏。此本《中國古籍善本書目》不收。日本《內閣文庫漢籍分類目錄》著錄之清雍正十三年序刊本、《東北地區古籍綫裝書聯合目錄》著錄之明萬曆刻清雍正十三年蔣國祥補刻本，當即此本。另臺灣大學圖書館、普林斯頓大學葛思德東方圖書館亦有收藏。

1256　清雍正刻本洪範九疇數　　T1740/4931

《洪範九疇數》三卷，宋蔡沈撰，明熊宗立解。清雍正元年(1723)張文炳刻本。三冊。半頁九行二十字，四周雙邊，白口，無魚尾。框高19.6釐米，寬14.3釐米。內篇題"九峰先生蔡沈撰；鼇峰熊宗立解；古絳張文炳參；男浩、湧同校"。前有雍正元年張文炳序。

蔡沈，字仲默，號九峰先生，福建建陽人。少從朱熹游。年三十而屏舉子業，隱居九峰，潛心著述。熹晚年欲著書傳，未及爲，遂以屬沈。洪範之數，學者久失其傳，沈父元定獨心得之，亦未及論著。沈受父師之託，沉潛於書者數十年。有《書集傳》等行世。《宋史》卷四三四有傳。

熊宗立，字道宗，號道軒，又號勿聽，福建建陽人。生於永樂七年，生而嗜學，好陰陽醫卜之術。著有《小學集解》、《通書大全》、《難經》等。其種德堂嘗編刻多種醫書傳世。事見《福建古代刻書》所引《潭陽熊氏宗譜》。

《洪範》爲《尚書》之一篇,相傳謂箕子爲武王所陳治國御民之法,即所謂九疇。宋代治《洪範》之學者盛,蔡氏以象數説解《洪範》,名《洪範皇極内外篇》,參周易六十四卦,更衍疇數八十一章,六千五百六十一變,開後世演《範》之一派。明熊宗立爲之説解,成《洪範九疇數解》。此本目録題"洪範九疇數",分三帙。第一帙包括"九峰先生自序"、"天台謝氏序説"、"朱子河圖洛書圖説"、"朱子皇極辨"、"範數筮儀"、"明筮歌"、"九疇吉凶之圖"、"洛書範數"、"箕子洪範九疇之圖"、"皇極居次五圖"、"九疇虚五用十之圖"、"九疇合八疇數之圖"、"九疇本洛書數圖"、"九疇相乘得數圖"、"九九圓數循環之圖"、"範數之圖"、"洪範經"、"洪範疇解"、"序疇傳"。第二帙爲"洪範内篇"上、中、下。第三帙爲"洪範外篇"。

張文炳序云:"九峰蔡氏生於理學昌明之會,踵周、程、張、朱之武,毅然起而力任之,始有洪範九疇之數⋯⋯顧其書自宋迄今,鮮克有信而奉之者。即有好學深思、心知其意之士,亦不過手録一通,藏之篋中,姑俟來者。又其甚則傳寫舛錯,魯魚亥豕,不及訂正。是以自宋迄今又數百年,而其書無完本,其傳不概見於學士文人之稱述⋯⋯久擬登梓,限於力綿,去春量移泗州,州被水淹,民困已極,不得已請於上憲,設櫃四鄉,節民財力。顧予則風塵鞅掌,席不暇煖,欲如向日之時手一編,竟不可得。獨計是書之理明辭達,足以上配羲皇,下惠來學,不可以不廣其傳,於是亟登諸梓而弁其簡端如此。"

張文炳,字明德,山西絳州人。雍正間任泗州知州,《(乾隆)泗州志》卷九《名宦志》有傳。此本當即刻於泗州任中。

《四庫全書總目》子部術數類著録蔡沈《洪範皇極内篇》五卷。子部術數類存目又著録熊宗立《洪範九疇數解》三卷,云:"初蔡沈作《洪範九疇數》,未竟而卒。今載於性理大全及《永樂大典》中者皆非完本⋯⋯宗立訓釋其書,復因沈之法而廣之。""所注推闡易義,曲相比附,百方牽合,使之成理,亦頗能自申其説。惟不注孰爲沈之原文,孰爲宗立之續補,體例龐雜,茫無端緒。"

《中國古籍善本書目》不收。《中國人民大學圖書館古籍善本書目》、日本《内閣文庫漢籍分類目録》子部術數類著録。《四庫全書存目叢書》據北京大學圖書館藏舊抄本影印之《洪範九疇數解》八卷首一卷,與此本内容、分卷頗有差異。

鈐印有"長白敷槎氏堇齋昌齡圖書印"。

1257　清雍正刻本洪範彙成

T1740/4931.7

《洪範彙成》二卷附二卷,宋蔡沈撰,清劉召材補。清雍正六年(1728)信斯堂刻本。四册。半頁九行二十四字,四周雙邊,白口,單魚尾。書口下刻"信斯堂"。框高22.8釐米,寬15.1釐米。題"宋儒蔡沈九峰氏撰;後學劉召材説木氏補"。前有雍正五年(1727)張鳴鈞序,雍正六年陳永年序,雍正六年陳鵬九序,雍正五年沈情序,雍正六年卜瑗序,雍正十二年(1734)喻從龍序,雍正五年孫公璵序,雍正六年謝上仁序,雍正五年吕世鼎序,雍正十二年安全義序,雍正四年(1726)劉召材自序;《定卷説》;鑒定、參閱、同志、較字諸姓氏。末有雍正六年高鶴年跋,雍正六年高鵬年跋,雍正六年李淳跋,雍正六年李繼唐跋,雍正六年常建極跋,雍正六年陳玉跋,雍正六年林淑世跋,雍正六年朱光國跋,雍正六年王仕雲跋,雍正六年孫廷銘跋,雍正六年宋鑑跋,雍正十二年關遜跋,雍正六年景柏跋,雍正六年劉芳久跋,雍正六年劉成材跋。

蔡沈,見清雍正刻本《洪範九疇數》。

劉召材,字説木,浙江山陰人。生平事蹟不詳。據本書各序跋,知其爲晚明理學名儒劉宗周族孫,曾隨父宦游古歙,後僑寓山東東原數十年,工醫術。

是書正文以蔡氏所撰疇體八十一章、六千五百六十一變,分爲上、下兩卷,以劉氏所續釋辭、數辭各八十一章,積辭、數辭各七百二十九章,分附於疇體之下。附卷上爲原序、河洛各圖説、劉氏所續圖説等,包括:河圖、洛書、剛柔摩盪圖、原聖人則河圖圖説、原聖人則洛書圖説、河圖洛書表裏圖、文王八卦方位、伏羲六十四卦大橫圖、洪範八十一疇大橫圖、六十四卦天圓地方圖、八十一疇天圓地方圖、則圖變書衍疇圖説、則書成疇配卦圖説、純疇統八十一疇圖、六十四卦推月令時氣圖、八十一疇推月令時氣圖、九九積數圖、總推吉凶圖、撰蓍説、錢代蓍、天台無楸謝氏洪範原序、九峰蔡子自序、洪範疇歌、總疇名次;附卷下爲蔡氏洪範皇極内篇上、中、下三篇及劉氏續撰之敘疇傳、洪範皇極外篇、雜疇傳、太極通。各條下皆注明出處,自撰者注明"續撰"、"續述"、"續衍"、"續推"等。

劉氏自序説明其續補之旨,云:"嘗思易有卦,範有疇。卦有卦體,以象斷之,以象象之;而疇有疇體,即當以釋明之,以數數之。故續釋八十一章,如易之有象傳;續數八十一章,如易之有大象。更思易有卦爻,有爻辭,有象傳,範亦未備。夫卦有爻,疇當有積;爻有六,積當有九。爻者對待交變之義也,積者流行迭運之義也。故每疇推積以九,成七百二十九積,續以積辭、數辭,如易之有三百八十四爻,有爻辭,有象傳也。以九積迭運,復推以九,即疇疇有八十一變,總得六千五百六十一數之大成矣。復於河洛各圖之後,續衍數圖,蓋以明配易互相變合者也。此余所以遵蔡子撰範配易之意耳。"

是書蓋刻於雍正六年,而付印在雍正十二年以後矣。陳鵬九序云:"今劉子成是書,歷有年所,一旦以同志之助,勉付剞劂。"高鶴年跋云:"今春,余有窗稿之刻,劉子乘梓人之便,購木而刊布之。"關遜跋云:"余薄宦東原,官舍與劉子説木比户,時相往來,知爲蕺山先生之文孫,道學淵源,潛心河洛,大有乃祖風。殫三十年工苦,踵成蔡子遺緒,著爲《洪範彙成》一書。有吳興張侍御弁首梓成。斯可以承先賢、啓後學矣。奈劉子嗇於財,悠悠七載,尚未印行於世。"蓋劉氏艱於貨財,以同志之助始刻成書,又數年後始克印行。此本雍正十二年諸序跋與其他序跋字體皆不同,皆後刻增入者。姓氏所列"同志",當即助刻之人。當時印行數量恐亦不多,故今存者稀。

此本有扉頁,刻"洪範彙成。宋儒蔡九峰先生撰。山陰劉召材説木氏續補。吳興張雙南、姑蘇李君實兩先生鑒定。雍正戊申年鎸。信斯堂藏板"。"玄"字避帝諱。

《四庫全書總目》、《續修四庫全書總目提要(稿本)》、《販書偶記》及《續編》等皆未著録。《中國古籍善本書目》未收。僅見《北京大學圖書館藏古籍善本書目》著録。

1258 明萬曆刻百家名書本新刻玉洞金書 T1741/1385

《新刻玉洞金書》一卷。明萬曆胡文焕文會堂刻《百家名書》本。一册。半頁十行二十字,左右雙邊,白口,雙魚尾。框高19.5釐米,寬13.2釐米。題"錢唐胡文焕德甫校"。前有泰定元年(1324)云瀷子序。

此爲占卜之書。序後有《玉洞金書靈課圖》。

1259　明天啓刻本佐玄直指圖解　　T1743/7241

《佐玄直指圖解》十卷首一卷,題明劉基撰;附《上官出行》一卷《出行求財》一卷。明天啓七年(1627)汪元標問奇齋刻本。二册。半頁九行二十字,四周單邊,白口,單魚尾,書口上刻"問奇齋"。框高21.9釐米,寬14釐米。題"明國師伯温劉基著;後學承景汪元標訂;孟隆江之棟輯"。前有天啓七年汪元標序。目錄後有洪武壬午(1402)劉基賦,即首一卷。末有天啓七年江之棟跋。

劉基,字伯温。青田人。元末進士。官高安丞,有廉直聲,後棄官歸。明太祖定括蒼,聘至金陵,陳時務十八策。佐太祖滅陳友諒,執張士誠,降方國珍,北伐中原,遂成帝業。授太史令,累遷御史中丞,封誠意伯,以弘文館學士致仕。性剛嫉惡,與物多忤,爲胡惟庸所構,憂憤卒。正德中追謚文成。

其書以相地爲主,於山運卦位、星宫弔替之説略具。八卷以下,詳選擇之要。末附二種,出行吉兇,間採《六壬遁甲》、《游魯奇儀》之説,視術家游談不根者,尚爲簡當。

江之棟跋云:"年來獲睹劉文成《佐玄直指》,尤覺集諸賢之大成,蚤夜研思,演圖纂注,其於陰陽變合之妙,時運勝復之秘,頗領其趣。乃敢稍出其説,與明公商訂,而古法玄奧,政索解人不得也。經曰,相山之法勢爲難,形次之,方又次之。是集遍考遺編,不敢參一臆見,期於邠文成之旨,併以竟夫景純方位之説云爾……亟付剞劂,以前民用其嘉惠世道之意深矣。"

汪元標序云:"癸亥冬,得請歸省,侍養之暇,一意探奇。而江山人孟隆,始挾種種奇書以進,《佐玄直指》其一也。余閲之,頓還舊觀。賦爲經,以發天人之奥;圖解十卷爲傳,直闡賦中所未悉。即山人初僅存六卷以觀,余最後遍搜散帙,閲三歲,始克全……而孟隆能苦心讎輯,出夜光於海底,可不謂公之忠臣哉？亟命剞劂,公之同好,不敢坐視此書之湮没無傳也。"

劉基賦後之紀年,作"洪武壬午"。按,洪武共三十一年,"壬午"爲建文四年(1402),劉基卒於洪武八年(1375)。此賦當爲後人所撰,托基之名也。

《四庫全書總目》入子部術數類存目。《中國古籍善本書目》未著録。日本内閣文庫亦有入藏。又《選擇叢書》、《陰陽五要奇書》收有《佐玄直指圖解》,然爲九卷首一卷。

1260　明萬曆刻格致叢書本發微曆眼通書大全　　T1743/4259

《發微曆眼通書大全》九種十二卷。明胡文焕編。明萬曆胡文焕文會堂刻《格致叢書》本。五册。半頁十行二十字,左右雙邊,白口,雙魚尾。框高19.7釐米,寬13.4釐米。前有胡泰《發微通書序》。

是書計《新刻趨避檢》三卷(題錢唐胡泰文亨甫選輯;孫文焕重修)、《新刻附曆合覽》二卷(題明錢唐胡文焕德父校纂)、《新刻連珠曆》一卷(題明錢唐胡文焕德父校正)、《新刻金符經》一卷(題明錢唐胡文焕德父校正)、《新刻郭璞先生神會曆》一卷(題明錢唐胡文焕德父校正)、《新刻法師選擇紀》一卷(題明錢唐胡文焕德父校正)、《新刻大明曆》一卷(題明錢唐胡文焕德父校正)、《新刻拜命曆》一卷(題明錢唐胡文焕德父校)、《新刻許真君玉匣記》一卷(題明錢唐胡文焕德父校正)。此實爲胡文焕刻《格致叢書》之零種。《格致叢書》收書一百九十八種、六百零四卷,然仍非全本,此書中《金符經》、《神會曆》、《選擇紀》、《玉匣記》四種,不見大陸所藏《格致叢書》著録(《中國叢書綜録》著録之《格致叢書》中有《金符經》,但《中國古籍善本書目》叢部《格致叢書》中却不見著録)。

此本有扉頁,刊"發微曆眼通書大全。欽天監纂定。附曆合覽、連珠曆、金符經、神會曆、選擇記、大明曆、拜命曆、玉匣記。沈定宇梓"。此題"沈定宇梓",非也,當爲沈氏得胡文焕《格致叢書》書板而重印,另刻扉頁,以充另一書。沈定宇必坊賈無疑。

鈐印有"知止堂"、"松儔竹伴"。

1261　明萬曆刻本新刻星平總會命海全編　T1746/4412

《新刻星平總會命海全編》十卷首一卷,明薛承愛撰,夏青山編集。明萬曆三十九年(1611)文林積善堂陳奇泉刻本。六册。半頁十五行三十一字,四周單邊,白口,單魚尾。框高21.8釐米,寬12.4釐米。題"北京欽天監監正薛承愛遺稿;八閩上郡武夷夏青山編集;潭邑書林積善堂陳奇泉梓行"。前有萬曆三十九年夏青山序。

夏青山序云:"昔者聖人觀天文,察時變,以知日月星辰躔度之不同。察人文,以知人事,故修人事以化成天下,四方攸定。庖羲畫八卦,黄帝作指南車,大撓作甲子,唐虞曆象,爰命司天,首創授時,璣衡以齊七政,然以知聖人造化民物之大。我聖天子欽天授時之政,因天星躔度屢變不同,而一歲一頒,以啓世道……删其繁,訂其訛,或已有所見而古人未發,或書舊有所解而今則非是。本堂以禮請託武夷夏青山子,細查考究諸家命書,重增秘旨,太陰晨昏,起命掌金,身命卦氣,啓諭瞽者。記誦通玄秘訣,骨髓真經,逐年臺曆,開明注釋,集成全書,共一十一卷,號曰《星平總會命海全編》,溥示天下,次以厥傳,啓助我聖天子,欽天授時之教,使天下知命之士觀之,遇富貴貧賤,則曰命也,不可苟免行也。壽夭窮通五行,無裨於性命,以闡四方。斯術參詳造化,道徹精微,窮神達化,使天下人盡知。予先修璇璣有年,人咸宗仰,坊間溷詐昧名,翻刻者有彼無此,謊弄客商,有誤斯術者多矣。此書之刻,重增妙契無言之秘,則是刻也,豈小補哉?四方買書君子,請認書林積善堂陳氏奇泉圖書爲記。時皇明萬曆歲次辛亥冬之月穀旦謹題。巡按福建監察御使陸爺發刊。八閩上郡武夷夏青山子謹識。"

首一卷爲《三才開闢五行始著定論》、《十二宫星名局》、《十二月將定局》、《論諸吉神起例》、《八殺宫定局圖》、《諸煞星起例》、《袁天罡小兒關煞類例》。

是本卷二書名刻《新刻欽天監正星平總會全編》,題"武夷青山夏从仁彙編;書林奇泉陳孫賢繡梓"。卷一〇末頁刻"是書考正三元、過去、未來,流年七政,四餘星曜。移宫時刻無差,宫度毫忽無訛。歲節秘旨,太陽躔度,太陰合朔,躔離明晦,果老諸星,起用玄微,問答真機,以利斯術,種種應驗,用是無悟矣。時維萬曆歲次辛亥,陳氏奇泉敦請武夷夏青山删其繁雜,擇其精要,正其尺度,划其限宫,啓術妙用,詳理燭然。謹白"。并有荷蓋蓮座牌記,刊"龍飛萬曆三十九年秋月文林積善堂陳奇泉梓行"。

是本有扉頁,刊"星平總會命海全編。積善堂陳奇泉梓行"。上又刻命理之語,并鈐"陳奇泉記"印。按,陳奇泉名孫賢,建陽坊賈,又刻有《重刊官版地理天機會元》三十五卷。

《四庫全書總目》、《中國古籍善本書目》均未著録。

鈐印有"江都薄氏鑒藏書畫記"。

1262　明萬曆刻本地理參贊玄機僊婆集　　T1747/1367

《地理參贊玄機僊婆集》十二卷,明張鳴鳳輯,張希堯參補。明萬曆崇正堂刻本。十二册。半頁十一行二十二字,四周單邊,白口,單魚尾,書口下刻"崇正堂"。框高20.1釐米,寬12.7釐米。題"浮梁龍墩山人張鳴鳳編集;餘姚奚覺道人呂元、虎林惺庵主人杜詩評選;豫章達所居士萬國隆校正;男仁夫張希堯參補"。前有萬曆十五年(1587)呂本序,萬曆十五年馮夢禎序,虞淳熙序,萬國隆序。末有萬曆十五年張尚友後序。

張鳴鳳,字儀舜,號龍墩,江西浮梁人。昔受學於金達,剖研理學,善堪輿。

是書卷一至二《龍部》,卷三至四《穴部》,卷五《砂部》,卷六《水部》,卷七《羅經部》,卷八《作法卦例部》,卷九《雜録部》,卷一〇《古圖部》,卷一一《秘訣部》,卷一二《定局部》。

呂本序云:"金君之藴,張子盡得之,恐將來失其傳,如謝昌者之誤人,遂將世之堪輿書,删其舛錯背理之言,集其發明聖賢八卦五行之精微者,彙爲一書,馮太史名之曰《僊婆集》。"萬國隆序云:"自我龍墩張君,余江右至人也。昔受學於星橋金太史,剖研理學,天地造化,會於一元,復遇李半僊於南昌,而公之術,業與理學俱長。以故蹤跡所經,吉無遺壤,堪輿一家,可稱玄解矣。郎君仁夫,不欲私其傳,因偕諸門人,請其平日所指示者,録而成集。其真龍有格,其怪穴有圖,其葬法依形義,雖頗倣於古人,而其性靈所攄,直足以探天之根,究地之軸,而與造化俱。張君龍矣,仁夫諸君子,追塵步影,功窺造化,噫,嗟哉!亦龍龍矣。"

《四庫全書總目》未收。《中國古籍善本書目》著録,然無此本。清華大學圖書館、中國人民大學圖書館、中山大學圖書館所藏爲十三卷本,明萬曆書林熊體忠刻本。又日本内閣文庫有明刻清印本,也爲十三卷。此確爲十二卷。

鈐印有"近齋"。

1263　明萬曆刻本雙劍閣集地理人天眼目　　T1747/4414

《雙劍閣集地理人天眼目》八卷,明李迪撰,李琨、李瑜參補。明萬曆三十一年(1603)李氏刻本。五册。半頁十行二十四字,四周單邊,白口,單魚尾。框高20釐米,寬12.2釐米。題"豐城賓湖李迪萬一父編述;伯子和石李琨邦礪、仲子少湖李瑜邦全參補;天都外史程懋易無過父校閲"。前有陸樹聲序,萬曆三十一年程懋易序;李琨跋,余夢鳳跋。

李迪,字萬一,江西豐城人。

雙劍閣者,蓋李迪常過鯉湖,夜夢神人示以雙劍闢龍門,後李迪父子所居之閣即以雙劍名。人天眼目者,謂視諸品最上一層。是書卷一《論地道》、《五星》、《九星》等(又有别集一卷,爲《劍閣卮言》),卷二《論龍》,卷三至四《論穴》,卷五《論砂》,卷六《論水》,卷七《論天機妙用》等,卷八《論水龍體》。

程懋易序云:"豐城賓湖李先生,古貌古心,獨知獨覺,挾堪輿不傳之秘,游閩廣吳越之鄉,一時明公鉅卿,願爲執鞭。沈太史君典謂:地理者,不可無救貧之術,尤不可無救貧之心,備斯二者,其惟李賓湖乎?言足徵矣。不佞辛巳會先生鵝湖,相視莫逆,遂傾肝膽,開闔延納,歷十六年。出則擔簦躡蹻,入則心摹手畫,既不佞兄弟卜郝村,結林以葬父母。試之胥吉,於是出其秘典,蒐輯群書,列爲圖式,四神咸備,體用兼全。書垂成,而先生化鶴去。有子邦礪、邦全,以儒行世業,所謂父不得而傳之子者。二子得之,若駕輕車驅馳故轍,毋論羊腸鳥道,奔逸絕塵。其爲不佞改葬王父母,與其圖鍾秀者,目力心思,無所不竭進於技矣。復取遺書相與,朝夕一閣,參互考訂,補其缺畧,而書告成。"

李琨跋又云:"先大人業術有年,頗有自得之趣,於是撮諸家之要,爲一家之言。論四神,獨重其龍;談作用,必先其體,陰陽五行,九九六六,靡不直指彼岸。余小子無知,間有所述,以繼其志,而新安程參軍三台公、儀部鳳台公、太學玄洲公館穀余父子二十餘年,大加鑒賞,付之剞劂。"

《四庫全書總目》未收。《中國古籍善本書目》著録,南京圖書館亦有入藏。

1264　明崇禎刻本刻仰止子參定正傳地理統一全書　　T1747/8923

《刻仰止子參定正傳地理統一全書》十二卷首一卷,明余象斗輯。明崇禎元年(1628)余應虬、余應科刻本。十六冊。半頁十一行二十八字,四周單邊,白口,單魚尾。框高22.4釐米,寬13.4釐米。首一卷題"三台山人仰止余象斗編著"。前有崇禎元年汪元標序,崇禎元年祁彪佳序,天啓七年(1627)胡明佐序,崇禎元年錢繼登序,天啓七年釋大艤序,崇禎元年朱守鍵序,余象斗自序;《凡例》十九則。又首一卷題"嘉善錢繼登龍門父、趙田袁儼若思父參閱;同安胡明佐良甫父、武水朱廷旦爾兼父較訂;西一余象斗仰止父著述;書林侄應虬猶龍父、樵川男應科君翰父繡梓"。

余象斗,字仰止,號三台館山人。福建建寧府建陽縣人,以書肆名家。

是書名《參定正傳地理統一全書》,據象斗自序,參者,有前賢之未發,隨參附己意,爲之繼述意。定者,蓋衆説之紛淆,特斷以是非,定之從違也。正傳者,道術之授受,不餂以邪僞,要之至當也。統一者,理氣星卦,總根於地,而下濟上行,還之於天地。全書者,居要只在於片言,而支離無取於充棟也。

象斗研堪輿有年,曾云得其真訣要領,可會羣淆而折其衷,言之切而辨之詳,蓋以前賢之正,闢後世之邪。序後有前賢著書目録,計二十三家、二十九集,作者立意爲"恐仁人孝子被庸術所惑,援引僞書所愚",故有此作。

首一卷爲余象斗撰。以積德求地爲本,總論二十九條,實爲提綱挈領之説,直究指歸;卷一《山海篇》,論天下山海星垣帝都,中龍所結帝都垣局、南龍所結帝都垣局等;卷二題"宋國師金精廖禹克道著述;閩書林仰止余象斗文台刪補",爲《五星全説》,乃參補廖氏五星傳變、架葬水法、辨正純陰純陽及囊經;卷三題"南唐救貧楊筠松著述;三台山人余象斗增補",爲《九星全説》,乃參補楊氏九星全集,又附楊氏生平,并所著黃囊經、一粒粟、疑龍經、撼龍經、倒杖法、接木歌、楊曾問答,以便後學識五星、九星之全旨;卷四《喝形名》,題"宋國師廖禹喝形;宋地仙張子微增圖;閩山人余象斗參定"。此卷教人識山川形表,以習地者觸類旁通,而無按圖索駿之執,以達胸中了了,何龍不識,何地不曉。卷五題"三台山人仰止余象斗著述;侄真如余應良、猶龍余應虬全較",此卷立四科四靈四勢四金統説,論龍峽穴砂水等,外附騎龍斬關圖説并崩洪圖辨,皆出於余象斗己見,泄盡天地玄妙;卷六題"三台山人仰止余象斗著述;男仲穆余思雅、君翰余應科全閱;侄孫含靈余有光、爾錫余昌祚全較",此卷也出象斗己見,云立煉針、用羅經、出行訣、開塋、穿壙、壘堆、注氣、玉尺、二十四山斷、何知經、陽宅論、放水等法;卷七題"唐應天卜則巍著述;明後學余象斗補注",此卷參補《雪心賦》,附入黑囊經、尋龍經、至寶經、博山篇;卷八題

"宋洞玄張子微著述；明仰止余象斗删正"，此卷録《玉髓經》，余氏爲之詳注詳評，去後人之蛇足，以便後學者知其玄妙，識其邪正；卷九題"牧堂蔡神禹著述；新安謝子期原注；書林余象斗删正"，是卷收蔡氏發微論、穴情賦、郭公葬書、錦囊經，余氏予以注釋改正；卷一〇題"唐處州曾文遒著；明書林余象斗較"，此卷集尋龍記、立錐賦、太華經、巧拙賦、金函賦、三寶經，因有詐僞冒名之處，余氏爲之查正，各標於首，以便學者識其詐僞；卷一一題"三台山人仰止余象斗參定"，是卷録管氏指蒙、管虢詩括、葬經説、捉脈賦、胎腹經、狐首經、風水口義、入式歌、地理小卷、五星葬法、堪輿管見、四神口訣、寸金賦、心經語録、騎龍穴法論、達僧問答、水法、天機金篆類辰論、陰契陽符、披肝露胆、天星篇、海角經、青囊經、玉尺經、形氣論，俱有批斷；卷一二題"三台山人仰止余象斗著述；建邑門人漢叔劉光繼較補"，此卷彙集天下古今名墓圖式，凡百餘墳。

汪元標序云："余生仰止，心知其非，慨然欲挽之無從也。博綜古籍，擇其崇論龍穴砂水者，標爲正宗，餘偏重星卦，則斥爲旁門，而附見於後。其意欲使習地術者，縣江漢而探岷嶓，知原本之有在，而不隨波靡耳，即矯枉不無過甚，其折衷千古，發蒙振瞶之苦心甚懇也，且訂譌較舛，有功前哲。"胡明佐序又云："余子仰止，夙獲異傳，博極群書，彙舊編而核其真贋；出新裁以定其是編，令人一披閲，而昭然若發矇，且冠以正心之疑二十有九語，悉透宗解。"

按，是書卷一末有"書坊孔聖廟圖式"并象斗識語，除去堪輿之説，内有涉及余氏刻書史料，它處不經見，故録於下，以供研明代福建刻書者參考："閩建陽縣西，離城八十里地，名崇化，今之書坊是也……原書坊開創之始，止傅、柳、阮三姓。傅住今之後巷，柳住今之羅家巷，阮住今之阮墩巷，散而居焉，俱以耕布爲務。至宋朝，我祖公余諱同祖者，係新安縣人，爲宋奉議大夫廣西安撫使，致政卜居於此。其時止同侄芝孫、舅氏范得偕來，初居於蒲萄枡下今之街頭。彼時止五六姓八九十家而已，亦皆散而居。芝孫公善堪輿，閑遊半載，知此地異日必爲文獻之所，教民於來龍落頭總領，立一孔聖廟，甚得其所。又教人以梓書爲業，春秋祀之，人皆依其教。時天下未有刻布，惟我書坊雕梓頗見其利。其家饒者則以梓書讀書，其家貧者則以刻板刷書，坊人樂業，千人之中，無一遊手遊食者，皆風水之應，而蒙我芝孫公德也，自此書坊人煙湊集而民居廣矣。宋朱夫子文公，卜隱考亭，來書坊，見山川美麗，鬱草茂林，重建孔聖廟，立同文書院，校刻五經四書集注，諸史百家，大行於世，京浙江右等處遂翻刻矣。"又卷一二末有"書林余氏祖地"、"余仰止葬父母地"等。

《四庫全書總目》未收。《中國古籍善本書目》著録。上海圖書館及日本内閣文庫亦有入藏。

鈐印有"真州吳氏有福讀書堂藏書"。

1265　清抄本斷易秘訣

T1740/2620

《斷易秘訣》一卷，清抄本。一册。半頁九行二十五字，無框格。行間眉端有朱墨筆校字、批語。

卷端未題書名、撰者，書衣有墨筆題"斷易秘訣抄本；慶記字畫舖"。今書名依書衣所題。

全書分爲天文（附占水漲）、家宅（附宅新入占、占分宅、占修造遷移、推月龍法、推黄道法、推黑道法、禳法）、墳墓、婚姻、胎産（附推胎法）、容貌、農桑、選舉、仕宦（附上官擇日）、謁見、覓館、求財、買賣、出行、行人、遺失、逃亡、捕盜、詞訟、疾病、奴婢、六畜、射覆占、雜占諸目。各目下論諸事占卜之法，如天文舉占雨、占雨期、占晴、看晴期、占風、占暴雨等；詞訟舉占罪輕重、占訟何日決、占訟因何事、占繫獄出獄、占解救、占恩赦等，大抵民間占卜之用。

"玄"字避帝諱。

未見諸家書目著錄。

1266　清抄本大六壬管輅神書　　　　　　　　　　　T1741/4028

《大六壬管輅神書》一卷，清抄本。一册。半頁十二行二十七字，無框格。

全書分干支總論、占式法、論空亡、論破神、論沖、論丁神、論爭訟、論災病章、論盜賊章、論墳墓章、論六甲章、論人品章、論貴人、論子宮人類、論丑宮人類、論寅宮人類、論卯宮人類、論辰宮人類、論巳宮人類、論午宮人類、論未宮人類、論申宮人類、論酉宮人類、論戌宮人類、論亥宮人類諸目。

卷前貼籤題："大六壬管輅神書抄本全一册，昭和十二年五月八日蘇州護龍街七零七號文學山房書店購買，福建廈門市鼓浪嶼洋墓口街 A187 號酒井市太郎。"

1267　清彩繪本神兵旗式　　　　　　　　　　　　　T1748/370

《神兵旗式》一卷，清彩繪本。一册。半頁一圖，配以文字，無框格。

是書彩繪各式旗幟，包括五方形旗、五方轉光旗、金木水火土、五方高照、二十八宿號帶、主將號旗、二十八宿形旗、六丁神旗、六甲神旗等，繪製精工。各式旗幟配以簡短文字，説明其尺寸、圖案、顏色、功用。如二十八宿形旗首幅文云："此後二十八宿形旗，凡出軍立方向八門，使兵由之而出則用。又凡遇出兵之日所輪勝宿，即以此旗領軍。桿長一丈六尺，頂用纓絡，雉尾邊幅之色俱同，各照方向，方可六尺。"

無題名，今依本館舊題。六丁神旗文云"六丁、六甲旗十二面"，今六丁旗六面，六甲旗僅五面，當有殘闕。

1268　清乾隆刻本山法全書　　　　　　　　　　　T1747/4284

《山法全書》二卷，清葉泰輯，清高其倬批注。附《山水忠肝集摘要》一卷，清乾隆六年(1741)高書勳刻本。二册。清高效墀跋。半頁九行二十一字，左右雙邊，白口，單魚尾。行間、眉端鐫批。框高 18.7 釐米，寬 13.4 釐米。題"古婺葉泰九升氏輯；海昌黃塏秋峒氏參；鐵嶺高其倬章之批注"。前有高其倬《三世墓圖記》；乾隆六年高書勳識語。

葉泰，字九升，婺源人。高其倬，見《味和堂詩集》。

葉泰輯《山法全書》原爲十九卷，其書集前人堪輿之説，而以己意評注之，並間附己作。《四庫全書總目》子部術數類存目著錄，《四庫全書存目叢書》據湖南圖書館藏清康熙刻本影印。其卷一爲《撼龍經》，卷二爲《疑龍經》、《辨龍歌並圖説》。此高其倬批注本《山法全書》，即取原本之卷一、卷二，於行間、眉端加入批語，由其倬子書勳付刻行世。卷一、卷二分別題"種筠書屋較訂撼龍經"、"種筠書屋較訂疑龍經"；次行題"山法全書卷之一"、"山法全書卷之二"。扉頁、版心皆題"山法全書"。卷二末附《消納水法外向順逆八局之圖》、《山水忠肝集摘要》。

其倬精勘輿之學，嘗奉旨出關，相視列祖山陵。此本卷一眉端首段批語可見高氏批注之旨,云:"讀書非易事,注書尤不可輕言。毫釐之差,謬以千里。古人之精旨由我而晦,後人之心目由我而矇,安可不慎。葉九升之注撼龍,是求明反晦者也。然近世地學讀《疑龍》、《撼龍》者極少,求解者更少,葉氏尚是求解者,惜其鹵莽耳。"

高書勳識語云:"先大司農文良公生平謹於著述,敭歷中外四十餘年,公政之暇,手不去卷帙,而點墨無濫加。於青囊諸書之研精殫思,尤出純孝之性,不獲自已。故注有《疑龍》、《撼龍》二經,摘《山水忠肝集》、《救貧水法圖》……自留都歸,繪三世墓圖,各爲之記,以存家乘,式我後昆。書勳等既校刊《疑龍》、《撼龍》經注,悉仿蘇批《孟子》式,不敢移易其處,《忠肝集摘要》、《水法圖》並附存。謹冠《三世墓圖記》於簡首,以志公忠孝之誠,垂教子孫,非形家技術比也。"

書末有乾隆五十年高效墀跋,云:"家文良公十七舉孝廉,十九成進士,翱翔詞館者二十年,敭歷中外者又二十年。足跡滿天下,德政亦滿天下。豐功懋績,文經武緯,彰彰史册,不必具述。而其忠孝廉讓、慈惠和平,由於性成,天下至今莫不仰之,若泰山北斗。所著有《味和堂詩集》行於世。是編特以先人之故,十載勤求,因取古人之書,而正其是非,實公之緒餘也。而不意爲當世所寶。吾宗族子孫讀此,以公忠孝好學之心爲心,乃爲得之。使不慕公之存心行事、居官蒞政,徒以是編爲形者之精奧而專務焉,非特不知公之爲人,且爲公之罪人也。"跋署"乾隆乙巳季夏曾姪孫效墀百拜謹識",並鈐"臣效墀印"、"念沈"、"春船"印,知此本爲其倬曾姪孫高效墀所藏。

《中國古籍善本書目》不收。《國立臺灣大學普通本綫裝書目》著録之乾隆六年味和堂校刊本,當即此本。另《東北地區古籍綫裝書聯合目録》著録有清刻本,遼寧省圖書館藏。日本《國立國會圖書館漢籍目録》亦著録清刻本。

1269　清康熙刻本選擇叢書集要　　T1743/3134

《選擇叢書集要》五種二十八卷,明江之棟輯。清康熙三十九年(1700)豐南吳氏尚白齋刻本。十册。半頁十行二十二字,四周單邊,白口,無魚尾。書口上刻"尚白齋藏板"。框高20.7釐米,寬14.1釐米。前有明崇禎五年(1632)吳孔嘉序;江之棟撰《凡例》八則。末有江之棟跋,康熙三十九年陳鼎跋。

江之棟,字孟隆,號又玄仙客、芙蓉主人,自署"蚺城",又署"古婺",即今江西婺源人。

是書又名《五要奇書》,見扉頁所題及陳鼎跋。江氏集郭璞《元經》等五種成此書,子目如下:

《元經》十卷,題"晉郭璞景純著;門人趙載注;明後學江之棟孟隆父輯;汪元標承景父校;吳公遂季常父閲"。前有趙載序。

《尅擇璇璣經集注》一卷,題"晉趙載著;明新安汪元標承景父校;吳公遂季常父輯;江之棟孟隆父訂"。前有趙載《璇璣大理歌》。

《陽明按索》五卷,題"明陳復心老人編著;孫陳漢卿補注;後學汪元標承景父閲;吳公遂季常父訂;江之棟孟隆父校"。前有元至大元年復心老人序,洪武八年陳漢卿序。

《佐玄直指圖解》九卷首一卷,題"明國師劉基伯温著;後學江之棟孟隆輯;汪元標承景訂;吳公遂季常閲"。前有汪元標序。

《陰陽寶海三元玉鏡奇書》三卷,卷端小字注云"一名三白樞機妙用,一名九星鈎玄"。題"元沙門幕講禪師集;明又玄仙客江之棟孟隆父輯;和丘居士汪元標承景父校;尚白主人吳公遂季常父訂"。前有李日華序,沙門法心序。

江之棟跋云:"予生而僄寒,無當世用,獨於俯察之學醉心焉。每讀郭氏《元經》並《璇璣》、《寶海》諸書,覺前人示我以趨吉避凶之意,反覆闡發,不一而足。年來獲睹劉文成《佐玄直指》,尤覺集諸賢之大成。蚤夜研思,演圖纂注,其於陰陽變合之妙,時運勝復之秘,頗領其趣,乃敢稍出其說與明公商訂。"

是書明崇禎五年由吳公遂尚白齋付梓。康熙三十九年,吳氏孫爾襄與子之駭又據崇禎本重刻,即此本。陳鼎跋云:"前朝洪武初,諸賢相繼而出,所著之書一本於規矩準繩。及夫隆萬之間,荒謬同於今日,新安豐溪吳季常先生閔其道之敝壞,乃延名師江孟隆輩,採集前賢真秘凡五種,梓而行之,以救其衰,顏曰《五要奇書》。及夫鼎革之後,板遂湮沒,迄今五十餘年。天下學者求之不獲,遂以訛傳訛,而敗壞不可勝言矣。今其孫贊公諱爾襄者,懼先德之遺,乃命令子漢若諱之駭重授之梓,以公天下,其功鉅矣。"

此本有扉頁,刻"五要奇書。一集郭氏元經,二集趙氏璇璣經,三集陽明按索圖;四集佐玄直指圖解,五集三白寶海鈎玄。康熙三十九年庚辰重鐫。古歙豐南吳氏藏板。"並鈐有"尚白堂"、"天章雲漢"、"翻刻必究"朱印。"玄"字避帝諱。

江之棟跋首頁版心下鐫"黃正如刻"。

明崇禎五年尚白齋刻本今存,《中國古籍善本書目》著錄,上海圖書館、山東大學圖書館藏。此本《中國古籍善本書目》不收。《中國人民大學圖書館古籍善本書目》、《東京大學東洋文化研究所漢籍分類目錄》著錄。

鈐印有"名山秘閣之藏"、"慈谿畔餘堂"、"馮氏辨齋藏書"、"秀幹堂包氏漢塘"。

1270 清嘉慶刻本新春吉慶大全   T7190.8/7494(1811)

《新春吉慶大全》一卷。清嘉慶十六年(1811)廣賢堂刻本。一冊。有圖。行款字數不計,四周雙邊,黑口,雙魚尾。框高 16.9 釐米,寬 10.1 釐米。

此為通書之一種,計有春牛圖、辛未流年事款、辛未年百歲圖、立命立局、太陽行度及各星行度、各星立命、本朝忌辰、逐月吉日、諸神聖誕日期、四季皇帝、洗頭吉凶日、裁衣二十八宿、六甲胎神逐月所古定局、鬼谷先師趨吉避凶日、耳鳴法、公符、小松符、大符、參訂日腳。

此本有紅色扉頁,刻"新春吉慶大全。諸家斗首細訂居家便用。大清嘉慶十六年。省城廣賢堂正百篇大字"。

《中國古籍善本書目》未著錄。

1271 清道光刻本清道光乙巳年通書   T7190.8/7494(1845)

《清道光乙巳年通書》一卷。清道光蘇家丹桂堂刻本。一冊。有圖。行款字數不計,四周雙邊、四周單邊不等,白口,單魚尾。書口中間有"攀桂堂",書口下間有"丹桂堂梓"。框高16.2釐米,寬 10.4 釐米。

通書者,曆書也。計有春牛圖、乙巳流年事款、乙巳年百歲圖、各宮立命、太陽行度及各星行度(以上均朱印)、四季皇帝並詩曰、每月潮水長退日期、小兒出胎定時歌、洗頭吉凶日、裁衣二十八宿、鬼谷先師趨吉避凶日、司命竈君真經、周堂(嫁娶、移床、柩葬)、修齋還願吉日、六十花甲子、耳鳴法、書頭五星、宿圖、花力、小關殺、畬符、大符、神旦(國家忌辰等)、日章、大字通書。

前有蘇丹桂堂啟事,云:"蘇家爲記。本堂所造土俗日腳通書,乃是遵依憲書、協紀及諸家斗首,推算七政四餘一十二宮立命流年月,將每月吉凶神煞俱係細查參訂注明,以便諸公觀覽。本堂歷傳六代,行世多年,不佞留心研究,頗得西洋之法,正爲造福有準,是以遠近馳名,叨蒙四方諸公垂鑒。近來各鎮城市有射利之徒,假冒本堂招牌發售甚多,有暗本堂名色,是以預爲剖明,凡海宇諸君光顧者,務祈留心,細察真假,庶不致誤耳。如假包換。省城九曜坊蘇丹桂堂謹白。如有假冒招牌者,男災女禍。"啟事爲行書朱印。又春牛圖上有"省城丹桂堂蘇家字號爲記"。

《中國古籍善本書目》未著錄。

1272　清咸豐刻本清咸豐癸丑年通書　　　　　T7190.8/7494(1853)

《清咸豐癸丑年通書》一卷。清咸豐三年(1853)蘇家丹桂堂刻本。一冊。有圖。行款字數不計,四周單邊,白口,單魚尾。書口中間有"攀桂堂",書口下間有"丹桂堂"。框高15.5釐米,寬10.3釐米。

此本計有春牛圖、癸丑流年事款、癸丑年百歲圖、立命小限、各宮立命、太陽行度及各星行度(以上均朱印)、四季皇帝並詩曰、每月潮水長退日期、符咒、六甲胎神逐月所占定局、洗頭吉凶日、裁衣二十八宿、周堂(嫁娶、移床、柩葬)、鬼谷先師趨吉避凶日、日腳忌用、天罡時、天下圖、楊公忌、孔子問答、土地廿八宿杯圖、銅壺晝夜百刻圖式、銅壺滴漏晝夜百刻之圖、日長日短圖、五岳圖、耳鳴法、宿圖、書頭五星、仙方、司命竈君真經、解夢吉凶書、六十花甲子、食物本草備考便覽(題青蘿隱士何克諫著;省城丹桂堂藏板)、花力、小關殺、廣州名勝古跡圖(海珠夜月、大通煙雨、白雲晚望、蒲澗濂泉、景泰僧歸、石門返照、金山古寺、波羅浴日)、二十四孝圖並詩、畬符、大符、神旦(國家忌辰等)、橫推、大字通書。

封面爲圖,紅色,繪一官手執"一本萬利",並有"丹桂堂大字七政。咸豐三年。貴客光顧請認蘇家攀桂堂爲記"。首頁爲蘇丹桂堂啟事,文字與上《清道光乙巳年通書》蘇丹桂堂啟示全同。又春牛圖上有"省城丹桂堂蘇家字號爲記"。

《中國古籍善本書目》未著錄。

1273　清咸豐刻本清咸豐甲寅年通書　　　　　T7190.8/7494(1854)

《清咸豐甲寅年通書》一卷。清咸豐四年(1854)丹桂堂刻本。一冊。有圖。行款字數不計,四周單邊,白口,單魚尾。書口中間有"丹桂堂",書口下間有"丹桂堂"、"丹桂堂真本"。框高17.3釐米,寬10.9釐米。

此本計有春牛圖、甲寅流年事款、甲寅年百歲圖、立命小限、各宮立命、太陽行度及各星行度(以上均朱印)、晝夜自鳴鐘交點期、每月潮水長退日期、四季皇帝並詩曰、洗頭吉凶日、裁衣二十八宿、符咒、六甲胎神逐月所占定局、鬼谷先師趨吉避凶日、日腳忌用、廣州名勝古跡圖(海珠夜月、大通煙雨、白雲晚望、蒲澗濂泉、景泰僧歸、石門返照、金山古寺、波羅浴日)、眼跳法、天罡時、日長日短圖、天下各省府州縣各山海閣全圖式、六十花甲子、花力、宿圖、居家雜忌、土地廿八宿杯圖、楊公忌日、司命竈君真經、二十四孝圖並詩、解夢吉兇書、新刻魯班先師遺下蓋屋解法除怪旺丁旺財秘訣、看男女值年星辰屬命圖、孔子問答、神仙秘傳種子方法、傳授戲法藥方、小關殺、簡易出痘良方、神旦(國家忌辰等)、脊書、大符、橫推、大字通書。

封面爲圖,紅色,繪一官手執"一本萬利",並有"丹柱堂七政大全。咸豐四年通書。本堂在粵東省城第七舖開張。貴客光顧請認丹柱堂招牌爲記"。首頁爲丹柱堂啓事,云:"本堂所造土俗日脚通書,乃是遵依時憲、協紀及諸家斗首,推算七政四餘一十二宮立命流年月,將每月吉兇神煞俱係細查參訂註明,以便高明青昧。本堂招牌,行世多年,不佞留心研究,頗得西洋之法,誠爲造福有準,是以遠近傳名,叨蒙四方諸公垂鑒。近來各鎮城市有射利之徒,假冒本堂招牌販售尤多,有暗本堂名色,故特預爲剖明,凡海宇諸君光顧,務祈留心,細察真偽,庶不免魚目混珠矣。如假包換。丹柱堂謹識。如有復別招牌,本堂定必追究。"啓事爲行書朱印。又春牛圖上有"省城丹柱堂字號爲記"。按,此確作丹柱堂。

《中國古籍善本書目》未著錄。

1274 清光緒刻本清光緒丙戌年通書 T7190.8/7494(1886)

《清光緒丙戌年通書》一卷。清光緒十二年(1886)蘇家丹桂堂刻本。一冊。有圖。行款字數不計,四周單邊,白口,單魚尾。書口中間有"攀丹桂堂",書口下間有"丹桂堂"、"丹桂堂真本"、"丹桂堂梓"。框高15.8釐米,寬10釐米。

此本計有春牛圖、丙戌流年事款、丙戌年百歲圖、立命小限、各宮立命、太陽行度及各星行度(以上均朱色)、四季皇帝並詩曰、每月潮水長退日期、小兒出胎定時歌、洗頭吉凶日、裁衣二十八宿、鬼谷先師趨吉避凶日、日脚忌用、解夢吉兇書、萬應良方(題南海靈悟徹輯)、神效戒煙良方、六十花甲子、眼跳法、宿圖(朱色)、楊公忌日、花關、看男女值年星辰屬命圖、入學吉日、廣州名勝古跡圖(海珠夜月、大通煙雨、白雲晚望、蒲澗濂泉、景泰僧歸、石門返照、金山古寺、波羅浴日)、選擇每日吉凶時辰要用(朱墨套印)、小脊像、大符、橫推、參訂三篇大字通書。

封面書籤刻"丹桂堂蘇板大字通書"。次封面頁爲圖,紅色,繪官紳仕子二人,上刻"丹桂堂",圖中刻"光緒十二年。請認蘇家字號爲記"。首頁爲丹桂堂啓事,云:"蘇家爲記。本堂所刻土俗日脚通書,乃是遵依憲書、協紀及諸家斗首,推算七政四餘一十二宮立命流年月,將每月吉兇神煞俱係細查參訂註明,以便諸公觀覽。本堂世傳,歷代行世多年,不佞留心研究,頗得西洋之法,正爲造福有準,是以遠近馳名,叨蒙四方諸公垂鑒。近來城市各鎮有射利之徒,假冒本堂招牌甚多,有假冒暗本堂名色,是以預爲剖明,凡海宇諸公光顧者,務祈留心,細察真假,庶不致誤耳。如假包換。省城九曜坊蘇丹桂堂謹識。"啓事爲行書朱印。又春牛圖上有"省城丹桂堂蘇家字號爲記"。

《中國古籍善本書目》未著錄。

1275 清康熙刻本筮吉肘後經 T1743/2941

《筮吉肘後經》二卷,明朱權撰。清康熙間青雲譜刻本。四冊。半頁八行十八字,四周雙邊,黑口,無魚尾。版心刻"青雲譜刊"。框高20釐米,寬13.8釐米。題"涵虛臞仙編;繼述後

1009

嗣傑英伯重訂"。前有朱權自序，朱傑序。末有康熙二十一年(1682)朱道朗跋。

朱權，朱元璋子，封寧王。號臞仙、涵虛子。見《天運紹統》。

是書卷上爲《天運星煞值日圖》、《天運星煞值時旁圖》；卷下爲《擇日斷例》、《擇時斷例》。其中《擇日斷例》列蒞政類、玄門類、祀典類、冠婚類、胎養類、學業類、宫室類、器用類、出行類、舟楫類、種植類、貨財類、飲膳類、醫藥類、征獵類、喪葬類、蠶絲六畜類。

朱氏自序署"涵虛子臞仙題於静觀亭"，云："余於是博採歷代諸家陰陽之書，其日神星煞，盡收於圖内，不用起例，一覽可知，甚爲便利。其百忌之日神星煞皆不書，以爲不擇之日故也。凡切於人事之所當用者，皆入於斷例，使其知有如此之所忌，有如此之所宜，當擇其可否而用之。雖世無純吉之日，當以吉星生旺爲用，雖有所忌，亦無害矣。"

是書明代有數刻，題名各有不同。據《中國古籍善本書目》著録，有《臞仙肘後神樞》二卷，明成化八年餘慶書堂刻本及明刻本，皆藏中國國家圖書館；又有《臞仙肘後經》二卷，明嘉靖三十九年晉府寶賢堂刻本及明刻本，前者藏徐州市圖書館，後者中國國家圖書館、北京大學圖書館等數家館藏；又有《筮吉肘後經》二卷，明刻本，北京大學圖書館藏。另《内閣文庫漢籍分類目録》著録《新鐫肘後經》，未云卷數，爲萬曆二十四年序刊本。《四庫全書存目叢書》據中國國家圖書館所藏明刻本《臞仙肘後經》影印，有潘景鄭先生跋，云："是書藏家鮮有著録，行格每半葉自十一至十三行，疏密不等，版匡寬闊，版心上下粗黑口，審是明初槧本，當爲寧藩初刻之帙。提要及他家著録，更易題目，疑經後人舛亂矣。"

按，《千頃堂書目》著録"寧獻王權《肘後神樞》二卷"，當即此書。《四庫全書總目》子部術數類存目著録《肘後神樞大全》三卷，云："所著《肘後神樞》二卷，見《明史·藝文志》。又高儒《百川書志》亦云《臞仙肘後神樞》二卷，九章七十七條。今是編所載，皆推算諸星煞吉凶，以爲趨避。上卷爲《值日圖》，中卷爲《值時旁圖》，下卷爲《值日時斷例》。卷帙篇章，與明史《志》及高儒《書志》俱不相合。圖説亦皆疏陋。疑已爲後人增益，非原本矣。"四庫館臣所見爲浙江范懋柱家天一閣藏本，分卷雖與今本不同，而所述内容相合，唯上卷之《值時旁圖》分出爲中卷而已。此三卷本見於《天一閣進呈書目》，今存書目(駱兆平《新編天一閣書目》)已無其本。

此本爲清康熙間朱權後裔朱傑重訂付梓。朱傑序署"繼述後嗣林泉散人傑拜題"，云："去歲歸里，祭奠先人墳墓，登青雲譜，晤良月道長，相與論定陰陽，不勝消長升沉之易，往來變化之繁，唯相視莫逆云爾。從經篋中見臞仙《筮吉肘後經》，真如游子頓獲家藏，讀未終篇而心地灑然，脱離天隔地隔，照耀太陰太陽……遂爾重訂是經，以公同好。"朱道朗跋云："歷傳歲久，編卷殘落，自天啓丁卯八世孫謪謀垗字嵩岑重集家藏遺書，復梓《肘後經》、《遐齡志》、《神隱志》、《道德》、《陰符》、《素書》等注疏共六種。迄今人事滄桑，是書又不復見於世久矣……今康熙壬戌之秋，家英伯復梓是書，朗踴躍敬爲之跋。南極後嗣道朗題於雲譜。"朱傑於青雲譜道長朱道朗處獲見是書，因重訂付梓，板藏於青雲譜中。

青雲譜位於江西南昌市南郊，爲净明派道觀。朱道朗爲青雲譜開山道士，字良月，號破雲樵者、涵虛玄裔，亦朱權後裔。舊説朱道朗即八大山人，葉葉有《讀朱道朗跋臞仙〈筮吉肘後經〉後——再論八大山人非朱道朗》一文(原載《大陸雜志》第六十五卷第五期，收入《八大山人全集》第五册，江西美術出版社2002年版)，即據本書朱道朗跋文，論八大山人非朱道朗。據葉氏所述，其所據者當即此本，唯未云其藏於何處。

卷上、下末尾題下皆刻"青雲譜藏板"。

《販書偶記》卷一〇著録。又有同治五年知足老人重刊本，中國國家圖書館、遼寧省圖書館等有藏。

1276　明崇禎刻本夢林玄解　　T1749/2244

《夢林玄解》三十四卷首一卷，題宋邵雍纂輯，明陳士元增删，何棟如重輯。明崇禎刻本。十六册。半頁十行二十二字，四周單邊，白口，單魚尾。框高22.8釐米，寬14釐米。題"晉稚川葛洪原本；宋康節邵雍纂輯；明養吾陳士元增删"。前有崇禎九年(1636)何棟如序，景祐三年(1036)孫奭序，嘉靖四十三年(1564)陳士元序，萬曆十三年(1585)張鳳翼序。末有萬曆三十六年李登夢徵小引；《凡例》六則；《稚川葛仙翁傳略》。

陳士元，字心叔，號養吾道人。應城人。嘉靖二十三年進士。知灤州，有能聲。旋棄官去，遍游五嶽，所至輒爲記述。及歸，杜門著書，垂四十年。《(光緒)應城志》卷一○有傳。

何棟如，字子極。無錫人。萬曆二十六年進士。居官守正，爲稅監陳奉所害，下獄削籍歸。天啓間，累官太僕少卿，充軍前贊畫，志鋭而才疏。後因坐贓戍滁州，崇禎初復官致仕。

此爲釋夢之書，共四集，首一卷至卷二六爲《夢占》，卷二七至二八爲《夢禳》，卷二九爲《夢原》，卷三○至三四爲《夢徵》。莊子稱至人無夢，至人無欲，然世人私欲無窮，故感而成夢，百怪千狀，世所未有。中寓吉凶之兆，古人依夢所歷，以解吉凶，謂之占夢。書題"夢林"者，乃彙夢如林也。據《凡例》，是書出自宋景祐間，名《圓夢秘策》，原爲晉葛洪本，繼輯於嘉靖朝，名《夢書玄解》，爲宋邵雍本。崇禎丙子冬，何棟如乃集前代之大成，發千古之秘藏而彙集之。夢占，比類而編，以便簡研；夢禳，則參以易課，佐推準也；夢原，條列名言，用明理也；夢徵，稽人次代，以取信也。

何棟如序云："余家三世，四受國恩，藏書略具。邇自歸田，惟簡所貯書籍披覽消日，從蠹餘雜集中偶得一編，取而視之，則夢書也。繙閱過半，詫之曰，世亦有是書耶？何宇内寥寥，不多見也耶？而余先人獨得而藏之。余今者偶得而發之，豈神秘欲泄，故藉手於余耶？簡端有宋學士孫奭序，以爲原書八卷，内圖注一卷，得之蘭谿道士者也。次則進士陳養吾引述，此書實晉仙翁葛稚川真本，宋邵堯夫先生所輯，而陳公則購羅裒集而成其大觀者也。然原本僅有占耳，占僅八卷，亦略而不備者耳。竊意書遭秦炬而後，學海難林，莫盛今日，而是書闕焉，亦大恨事。遂出之，與紫水氏詳參肆覽，復得唐雍氏所載《禳解編》，及張孝廉伯起所輯《類考》二書，合併録成，仍名《玄解》，而冠以夢林，卷分三十有四，類列百五十有奇，集别四函，一夢占、一夢禳、一夢原、一夢徵。"

卷三○至三四爲《夢徵》，乃李登增廣張鳳翼《夢占類考》。李登小引云："凡帝王卿相、士庶賢愚、男女老幼之夢，所夢若天地日月、雷雨風雲、人物鬼神、用器事爲、山川草木、辭札姓名之類，稽之經史讖記，筆載彰明，廣羅肆考，採其尤可信驗者，悉彙而輯焉，俾人覽之，觸類而通，稽古而信，是亦占夢家之龜鑑也⋯⋯此一編也，伯起張氏，感夢病瘳，編爲類考，其採録博，其敘述精，其用心良苦，而余復爲之補缺軼，訂舛訛，彙成全帙，顔之曰徵，以視前編，蓋不翅倍之矣。"

《四庫全書總目》入子部術數類存目。《中國古籍善本書目》著録。中國國家圖書館、上海圖書館等六館，臺北"國家圖書館"(三部，其一原藏北平館者)，及日本内閣文庫、尊經閣文庫亦有入藏。

鈐印有"鐵齋外史"、"八十五叟"、"鐵老齋"、"富岡百鍊"、"子祥"。

1277　清彩繪本推背圖　　　　　　　　　　　　　　T1749/7223

《推背圖》一卷，清彩繪本。册頁，存三十八頁，無框格。

此書相傳爲唐李淳風、袁天罡合作，每圖附詩一首，預言歷代興亡變亂事，至六十圖，袁推李背止之，故名。南宋岳珂《桯史》即有關於是書的記載，云"圖傳已數百年，民間多有藏本"，宋初詔禁讖書，太祖命取舊本自已驗之外，皆紊其次而雜書之，"於是傳者憒其先後，莫知其孰譌，間有存者，不復驗，亦棄弗藏矣"。知是書相沿已久，而自宋已爲禁書。《宋史·藝文志》亦著録《推背圖》一卷，未著撰人。

是書因長時期以抄本流傳，各本之間圖數、次序、圖畫及詩句文字多有差異。臺北"國家圖書館"、臺北"中央研究院"史語所傅斯年圖書館、美國加州大學柏克萊分校、荷蘭萊頓大學漢學研究院圖書館等皆藏有彩繪本（參見吴榮子《荷蘭萊頓大學漢學研究院圖書館所藏〈推背圖〉三種》，臺北《"國家圖書館"館刊》2003年第4期）。

此本前後無題署，圖繪精致，色彩艷麗。有後人所書頁碼，至六十一圖止。今存者三十八圖。第一圖繪一人推另一人背，詩云："茫茫天數此中求，成敗興亡不自由。推背試從圖裏看，天家氣運一時周。"此詩在他本中一般列爲最末一首，文字亦有異。如萊頓大學所藏三本皆置於末，一本詩云："茫茫天數此中求，世代興亡盡觀留。萬萬千千説不休，只因推背去來由。"一本詩云："茫茫天數此中求，多少興亡不自由。萬萬千千説不盡，只在推背去來休。"一本詩云："茫茫天數此中求，世代興亡難盡由。萬萬千千説不盡，只因推背去來休。"又如此本第二幅繪一人雙手舉物，詩云："自從盤古得希夷，虎鬥龍争事可悲。萬代興亡誰是主，且將武后定玄微。"此詩他本一般置於首幅，萊頓大學藏本一云："自從盤古得希夷，虎戰龍争百事悲。萬代興亡難盡計，且以武后定玄微。"一云："自從盤古得希夷，虎門（鬥）龍争事可悲。萬代興亡難盡計，且從武后定玄微。"另一本則無此詩。此皆各本在傳抄流傳過程中產生之差異。

"玄"字避帝諱。

1278　清彩繪本推背圖　　　　　　　　　　　　　　T1749/4316.4

《推背圖》一卷，清彩繪本。一册。無框格。

此本前有《推輩（背）圖序》，内容實爲"大夢誰先覺"、"誰人江上稱詩得"、"三皇五帝夏商周"三詩。正文一圖一詩，圖並有説明。如第一首圖説云"一男在上，雙手托日月"。詩云："自從盤古得希夷，龍争虎鬥事可悲。萬代興止難盡計，且就武后空玄微。"詩句與館藏另本及萊頓大學藏三本皆有差異。存圖六十幅，詩六十一首，容有殘缺。二人推背之圖並"茫茫天數此中求"詩不見於此本，或亦殘失。

鈐印有"崛越文庫"。

1279　清初刻本關帝靈籤　　　　　　　　　　　　　T1741/7018

《關帝靈籤》一卷，清初刻本。一册。半頁五行或四行，大小字不等，四周單邊，白口，無魚尾。框高20.3釐米,寬12.2釐米。

是書由第一籤"漢高祖入關"始,至第一百籤"唐明王禱告天"止。每籤注明此籤吉凶,計有大吉、上上、上吉、中吉、中平、中下、下下數種,並每籤籤題。如第一籤注云"大吉",籤題爲"漢高祖入關"。每籤下列詩云、聖意、東坡解、碧仙注、解曰、注釋、占驗諸目。"詩云"爲七言四句籤詩,爲本籤之綱;"聖意"爲三言八句韻語,爲此籤之解。如第一籤詩云:"巍巍獨步向雲間,玉殿仙官第一班。富貴榮華天付汝,福如東海壽如山。""聖意"云:"功名遂,福祿全。訟得理,病即痊。桑麻熟,婚姻圓。孕生子,行人遠。"以下"東坡解"、"碧仙注"亦以韻語形式對此籤所卜各事進行說解。如第一籤"東坡解"云:"雲間獨步,拔萃超群。名登甲第,談笑功勳。終身光顯,皆天所相。祿厚壽高,意稱謀望。""碧仙注"云:"月裏攀丹桂,成名步玉幾,求謀皆稱意,萬事足無疑。""解曰"、"注釋"、"占驗"則爲此籤之語詞釋義及靈驗實例。卷前有《錢代籤圖》。

關帝信仰在中國盛行已久,抽籤問卜亦爲民間信奉之一途,至今海內外關廟仍盛行關帝神籤。《關帝靈籤》之籤詩、聖意等內容,起源頗早。據胡小偉《燮理陰陽——關帝靈籤祖本考源及研究》(《中國文化史研究·關公信仰系列》第五卷,科華圖書出版公司2005年版)之研究,《關帝靈籤》祖本可追溯至明正統《道藏》之《護國嘉濟江東王靈籤》,其內容包括籤詩、解曰、聖意三目,與後世傳本內容大體相同。碧仙注、注釋、占驗等目則後人陸續增入。胡氏曾收集河南、福建、臺灣等地關廟靈籤文本,與正統《道藏》本、光緒刻本相較,發現諸本頗有差異,各本解說亦大不相同。

此本爲今存較早的《關帝靈籤》版本,與胡氏所集各本及《關帝文獻匯編》影印本相較,文字上亦頗有異同。以《關帝文獻匯編》影印光緒刻本爲例,兩本籤題不同,此本第一籤名"漢高祖入關",光緒本作"十八學士登瀛洲";兩本籤詩、聖意、東坡解、碧仙注、解曰各目內容差異不大,有個別文字異同;此本"注釋"一目,光緒本作"釋義",兩本內容不同;兩本"占驗"內容亦完全不同。蓋後人根據籤詩、聖意,各加說解、占驗,故內容有所不同。

此本前後無序跋,不詳何人所編。但"占驗"所舉諸事,多明萬曆間事。如第二十九籤"占驗"云"余萬曆乙亥秋往南京",第十六籤"占驗"云"余萬曆己卯在南監將考科舉"之類,則編者或爲萬曆間人。

此本有扉頁,刻"關帝靈籤。注解占驗合刻。姑蘇鈕氏藏板"。"玄"、"曆"皆未避諱。

未見諸家著錄。

1280　清康熙刻本字觸　　　　　　　　　　　T9155/7201.3

《字觸》六卷,清周亮工撰。清康熙吳門種書堂刻本。四冊。半頁九行十八字,四周單邊,細黑口,白魚尾。框高17.5釐米,寬12.8釐米。題"櫟下老人輯;青溪蘿隱較"。前有康熙六年(1667)方文序,康熙六年徐芳序;順治四年(1647)周亮工撰《凡例》六則。卷末有黎士弘跋,順治六年(1649)周嬰跋。

周亮工,字元亮,一字減齋,又字櫟園,人稱櫟下先生。河南祥符(今開封)人。崇禎十三年進士,授山東濰縣知縣、浙江道御史,改兩淮鹽法道,陞海防兵備道,擢福建按察使,遷本省左右布政使,陞都察院左副都御史,晉總督錢法戶部右侍郎,出爲山東青州道,遷江南督糧道。後被劾下獄。生於萬曆四十年,卒於康熙十一年,年六十一。又有《因樹屋書影》、《字觸》、《閩小紀》、《尺牘新鈔》、《印人傳》、《同書》、《結鄰集》等。

此書分六部,每部一卷。卷一《庋部》,卷二《外部》,卷三《晰部》,卷四《幾部》,卷五《諧部》,卷六《説部》。録歷代文獻中有關離合字形,演説精微之語。周氏弟子黎士弘跋稱:"櫟下先生無書不讀,間亦好析字家言。"方文序亦云:"櫟園先生通才博學,無所不能,間嘗取謝石之法,爲人斷疑,往往奇中。因攟摭古今字説之有據者,萃爲一編;曰《字觸》。"

《續修四庫全書總目提要(稿本)》著録是書,云:"原夫隱語之始,濫觴於巫卜,荀卿《賦篇》已識其法,問於先王,占於五泰,曼卿射覆,先稱受易,離合之發,明於圖讖,載在古籍,昭然若揭。降及後世,方技家有以字形言人禍福者,如唐末崔無斁、宋人謝石、明人張乘槎等。此隱語與巫卜,誠互爲表裏,息息相通者矣。亮工此書,於幾部載機祥之例,凡七十餘事,搜括群籍,包羅衆理,爲拆字之楷範,亦字謎之總匯。然則《字觸》一書,猶存隱語之本來面目。"

此本有扉頁,刻"字觸。周櫟園先生輯。吴門種書堂鐫"。

《中國古籍善本書目》子部術數類著録此書清康熙六年周氏賴古堂刻本,中國國家圖書館、清華大學圖書館等六家館藏。《中國科學院圖書館藏中文古籍善本書目》著録有清康熙刻吴門種書堂印本,當即此本。《四庫未收書輯刊》有影印本。

鈐印有"少伯"、"青木晉曾藏之"、"鄭鋒之印"、"藏若"。

1281　清乾隆刻本畫禪室隨筆　T6135/414

《畫禪室隨筆》四卷,明董其昌撰。清乾隆三十三年(1768)戲鴻堂刻本。四册。半頁八行十八字,左右雙邊,白口,雙魚尾。框高 16.2 釐米,寬 10.8 釐米。題"華亭董其昌思白著;五世孫紹敏若容重校"。前有乾隆三十三年董邦達序。

董其昌,見《容臺文集》。

卷一《論用筆》、《評法書》、《跋自書》、《評古帖》;卷二《畫訣》、《畫源》、《題自畫》、《評舊畫》;卷三《紀事》、《紀游》、《評詩》、《評文》;卷四《雜言上》、《雜言下》、《楚中隨筆》、《禪説》。

董邦達序云:"家文敏公爲有明一代文苑宗師,所著《畫禪室》一編,畢闡書畫三昧,後人側聞緒論,不啻登山之屐而渡海之航已。顧是編雖經流播海内,而見者絶少,今五世孫若容得諸坊間,奉爲拱璧,亟謀剞劂,屬序於余。余惟文敏公名重前朝,迨我聖祖仁皇帝賜額加恩,至優極渥,迄今片紙寸幖,無論識與不識,皆知什襲珍藏。至於衣鉢真傳,當不出是編中。"

此爲家刻本,寫刻甚精。是書又有清初刻本、清康熙十七年汪汝禄刻本、清大魁堂刻本,康熙本書名作《董文敏公畫禪室隨筆》。

此本有扉頁,刻"畫禪室隨筆。董文敏公著。乾隆三十三年重鐫。戲鴻堂藏板"。目録頁後刻有"戲鴻堂印"。董邦達序後有"雲間金文達刻"。

《四庫全書總目》入子部雜家類。《中國古籍善本書目》著録,此乾隆本不收。

鈐印有"拙叟"。

1282　清乾隆刻本清河書畫舫　T6137/131

《清河書畫舫》十二卷《鑒古百一詩》一卷,明張丑撰。清乾隆二十八年(1763)吴長元池北草堂刻本。十二册。半頁九行二十二字,左右雙邊,黑口,無魚尾。框高 13.6 釐米,寬 9.3 釐米。題"吴郡張丑青父造"。前有乾隆二十八年嚴誠序;吴長元撰《例略》九則;萬曆三十四年張丑引。

　　張丑,原名謙德,字叔益,後改今名,字青父,號米庵,江蘇崑山人。生平雅慕米芾。又有《法書名畫見聞表》、《真蹟日錄》。

　　是書成於萬曆三十四年,其以書畫舫爲名,即取之黃庭堅詩"滄江靜夜虹貫月,定是米家書畫船"句。其卷數以鶯嘴啄花紅溜燕尾點波緑皺十二字分爲十二卷,所載自三國鍾繇始,迄於明代仇英,著録八十六家,附見五十四家,爲帖四十九,爲圖一百十五。首真蹟,次前人緒論。

　　丑家四世收藏,於前代卷軸所見特廣。其書用張彥遠《法書要録》例,於題識印記所載亦詳,有所疑似,亦多辨証有據,又全載著人題跋及諸評論,皆有意致可觀。故百餘年來,收藏之家多資以辨驗真僞,惟是所取書畫題跋,不盡出於手蹟,多從諸家文集録入,且亦有未見其物,但據傳聞編入者。《鑒古百一詩》,計一百零一首(米庵詩二十首、銘心小集八十一首),以類相從,附於集後,皆言書畫碑帖,非必皆其自藏,亦非必目見之品,僅據歷代相傳劇蹟隨筆題詠。

　　彭元瑞《知聖道齋讀書跋》云:"其書綱目錯雜,時代顛倒,人己之説不辨,全不知著書體例,視《珊瑚網》、《書畫彙考》遜甚。"

　　張丑引云:"丑受性庸陋,生平絶無琴研銅玉窑器等項之癖,第於書畫卷軸,粗能上闚前賢心畫之秘,每至契合處,恍然神游,金題玉躞間,願終身作老蠹魚而不害。只今聞見浸多,懼久忘佚,稍爲區分,隨筆箋記,造《清河書畫舫傳》傳諸雅士,不令海嶽庵書畫史獨行也。"

　　《例略》云:"是書向無刊本,傳鈔既久,訛以滋訛。今於援引諸書,悉取元書細加讎勘,間遇插架所無,闕疑以俟,不敢臆改。至真蹟有顯然脱誤者,博求善本是正。或諸本互異脱略相同者,從朱氏《珊瑚木難》、《鐵網珊瑚》、汪氏《珊瑚網》、郁氏《書畫題跋記》、《續題跋記》、高氏《江村銷夏録》、姚氏《好古堂書畫記》互相勘定,必求至當而後已。""開雕於壬午四月,蕆事於癸未五月,與予朝夕商榷,正訛補闕不遺餘力者,友人鮑子以文之功居多。附書於此,以志相與有成之意。"

　　此本有扉頁,刻"清河書畫舫。張米菴先生著。池北草堂開彫"。鶯字號末下刻"乾隆壬午四月上浣六日仁和吳長元麗煌氏校於池北草堂"。皺字號末下刻"乾隆癸未四月上浣七日吳長元校於池北草堂"。

　　《四庫全書總目》入子部藝術類。《中國古籍善本書目》不收。《清華大學圖書館藏善本書目》、《中國科學院圖書館藏中文古籍善本書目》著録。

1283　清抄本汪氏珊瑚網法書題跋　T6138/3111

　　《汪氏珊瑚網法書題跋》二十四卷,明汪砢玉輯。清抄本。六册。半頁十行二十字,無格。前有崇禎十六年(1643)年汪砢玉序。

　　汪砢玉,字玉水,安徽徽州人。寄籍嘉興,崇禎中官山東鹽運使判官。留心著述,其父與項元汴交好,築凝霞閣以貯書畫,收藏之富,甲於一時。有《古今鎈略》。

　　是書大體仿《珊瑚木難》,皆評論碑帖及名家墨蹟語,以題跋居前,論説居後,凡前人款識及收蓄私印俱有所録,而於墨蹟則悉載其原文。較《清河書畫舫》所收爲博,亦較清整。卷一至一八,俱法書真蹟,名爲題跋;卷一九至二〇爲碑帖(原題石刻墨蹟);卷二一爲叢帖(原題成部大帖);卷二二爲書憑;卷二三爲書旨;卷二四爲書品。所載法書,並不盡其自藏,凡有目睹耳聞,皆據以著録,所收甚弘,爲後來賞鑒家所不可廢。

汪砢玉序云：“余也自幼趨庭，見先荊翁所藏書畫，心竊儀之。壯而於交知間得掌錄名蹟，以至老積有廿餘帙矣，雖海人鐵網取珊瑚亦不過是。此皆前賢遺墨，多未經壽梓，奚啻龍藏珍秘，第未詮次，間有重複，茲因莊盆罷鼓，聊爾剖抄寄情。凡名畫法書，自晉唐以來準時酌取，有不薄今人愛古人，爲各自成部。而所書真蹟詩文後，則石刻繼焉。復搜載記收藏家爲書憑，附以往哲名言爲書旨、書品，真如米老願作蠧書魚入金題玉躞間，游而不害。”

余紹宋《書畫書錄解題》云：“至書憑畫據，搜集諸家所藏書畫目，前無所承，實爲創格，尤可爲參考之資。惜所收未廣，且乏考證耳。其後李調元作諸家藏書畫簿，大體即襲此兩卷而成。此書既行，李書可廢。若所輯書旨、書品、畫繼、畫法，半屬僞籍，且雜亂無次，殊不足存。”

是書清代未曾刊刻，均以抄本傳世。此本佚去名畫題跋二十四卷。“玄”字不避帝諱。1916年張鈞衡刻《適園叢書》第八集中收入。

《四庫全書總目》入子部藝術類。《中國古籍善本書目》著錄，中國國家圖書館、上海圖書館有清初抄本，又南京圖書館、復旦大學圖書館等也有入藏，皆爲全帙。

1284　清抄本墨緣彙觀　　　　　T6137/3441

《墨緣彙觀》六卷，清安岐輯。清抄本。四冊。半頁九行二十一字，藍格，四周雙邊，白口，單魚尾。框高20.7釐米，寬13.7釐米。前有松泉老人序。

安岐，字儀周，號麓村，又號松泉老人，天津人，一云朝鮮人，顏所居曰沽水草堂。爲博雅好古之士，學問弘通，極精鑒賞，收藏之富，甲於海內。其所見之廣，鑒別之精，實所罕覯。楊鍾羲《雪橋詩話續編》卷五云，安麓村善古詩，鑒賞古蹟，不爽毫髮，頗爲當代推重。符曾嘗館於其家，法書名畫，相對品評，日爲撫玩不置。自麓村沒，所寶盡矣。

是書計《法書》二卷，上卷首載鍾繇薦季直表、陸機平復帖等，北宋人書凡百數十通；下卷南宋人書六十餘通，元則趙孟頫一家已十七種，其餘名家四十餘通。明人書審擇甚嚴，錄至董其昌止，凡四十餘通；又續錄一卷，始晉謝安八月五日帖，至董其昌行楷千文，凡五十五種。《名畫》二卷，上卷始顧愷之女史箴圖、展子虔游春圖等，至明宣宗、王紱等，均至精至妙之蹟；下卷爲畫冊，所錄俱極精審；又續錄一卷，始顧愷之書洛神賦並圖卷，至陸治種菊圖，凡一百二十一種，多烜赫有名作品。書中於宋以前書畫多有考證，頗爲精當；書畫題識鈐印，擇要摘記，亦尚得體。

此書又有光緒元年伍氏粵雅堂叢書本、宣統元年刻本、1914年北京翰文齋排印本。

《續修四庫全書總目提要（稿本）》著錄。《中國古籍善本書目》著錄，山西省文物局有清西古畫樓抄本，清華大學圖書館、湖南師範大學圖書館、中醫科學院圖書館也有清抄本，皆作四卷。

鈐印有“穀日生”、“笏園”、“祖恩私印”、“養重”、“第二十洞天主人”。

1285　明萬曆刻本墨池編　　　　　T6129/2970

《墨池編》六卷，宋朱長文輯。明萬曆八年（1580）虞德燁等刻本。六冊。半頁十行二十二字，四周雙邊，白口，單魚尾。框高20.2釐米，寬13.7釐米。序佚。

朱長文，字伯原，號樂圃。吳縣人。未冠舉進士。築室樂圃坊，著書不仕，吳人化其賢，名動京師。元祐中召爲太常博士,遷秘書省正字,元符初卒。又有《吳郡圖經續記》、《樂圃餘稿》等。

此書論字學、筆法、雜議、品藻、贊述、寶藏、碑刻、器用,皆引古人成書而編類之,蒐集甚博,前代遺文往往藉此考見,間附己說,亦極典核。後來《書苑菁華》諸編,雖遞有增益,終不能出其範圍。此本碑刻門末載宋碑九十二通、元碑四十四通、明碑一百十九通,皆明代重刊時所增,蓋明人竄改原本,往往如是。《四庫全書》所收之本則删去,以還其舊。

是書明刻有二,一爲二十卷本又續編三卷,隆慶二年李崮永和堂刻本(中國國家圖書館、山東省圖書館等四館入藏);一即此本。此本似據隆慶本重編刻。隆慶本有薛晨序,云:"書藏吳中三百年,無刻以傳者。是書自宋以來,行世之本以此爲最先矣。""專論字學,至爲詳博,成一家言,留心翰墨者一覽爲快。世無刻本,轉相手錄,未免脫誤,又文頗繁複,環洲李公,治郡多暇,擅著作,精工書法,乃謀余刻此,校正删潤,以補伯原之不逮。"李公者,即李崮。

此本目錄後有《重刻墨池編姓氏》,題"明直隸巡按兼提督學校蘄水會川李時成重訂;直隸巡按兼提督學校晉江毓臺陳用賓、直隸巡按督理鹽法文安蒲汀姜璧、直隸巡按督理漕務遵化歷山茹宗舜、浙江承宣布政司參政海防道荊州春所龔大器、山東承宣布政司參政漕儲道沔陽五嶽陳文燭同訂;直隸揚州府知府義烏紹東虞德燁重刊;江都縣知縣慈谿獅峯秦應聰同刊;本府儒學訓導繁昌邢德璉校正;縣學生員陸君弼、蘇子文同校"。又有牌記,刊"萬曆庚辰夏孟梓於維揚瓊花觀深仁祠"。

此本當爲虞德燁任職揚州時所刻。德燁,字光卿,號紹東,浙江義烏人,隆慶五年進士,由行人選兵科給事中,屢遷揚州知府,陞廣西副使,以憂歸。

《四庫全書總目》入子部藝術類。《中國古籍善本書目》著錄。上海圖書館、天津圖書館等十一館亦有入藏。臺北"國家圖書館"、美國普林斯頓大學葛思德東方圖書館(存卷一至五)也有,但作"明萬曆八年李時成等揚州刻本";日本尊經閣文庫、靜嘉堂文庫作"明萬曆八年刻本",內閣文庫作"明刻本",皆不確。

鈐印有"鐵道人"、"柯印樹馨"、"思白氏"、"放情丘壑"、"畫禪盦"(朱文)、"畫禪盦"(白文)。

1286　清雍正刻本墨池編

T6129/2970B

《墨池編》二十卷,宋朱長文撰。《印典》八卷,清朱象賢輯。清雍正十一年(1733)就閒堂刻本。八册。半頁十一行二十一字,左右雙邊,綫黑口,雙魚尾。框高16.7釐米,寬11.1釐米。題"吳郡朱長文伯原纂次"。前有雍正十一年王澍序,宋治平三年(1066)朱長文自序。《印典》題"清溪朱象賢編"。前有朱象賢序,鈕讓序并詩;(《印典》)《例言》六則。

朱象賢,號清溪子。嘗編有《回文類聚》四卷《續編》十卷。

卷一《字學》;卷二至三《筆法》;卷四至五《雜議》;卷六至一〇《品藻》;卷一一至一三《贊述》;卷一四至一六《寶藏》;卷一七至一八《碑刻》;卷一九至二〇《器用》。每卷末或篇末時有評論,俱極精到。《印典》八卷附於後。

《印典》,卷一《原始》、《制度上》;卷二《制度下》;卷三《賫予》、《流傳》;卷四《故事》;卷五《綜紀》、《集說》、《雜錄》;卷六《評論》、《鐫製》;卷七《器用》;卷八《詩文》。

朱長文自序云:"始予年十歲時,家君嘗教以顏忠烈書,日常臨一紙,夜則內諸庭,吾親亦頗悅之。後益長,則學爲大經,慕前人著文辭,至於少隙,亦以書爲事。顧存心不專,而未得良師口傳指授，故卒不至於成。既冠，屬疾坐臥床簀間，書多則勌，由是筆跡愈拙，然其心亦弗忘焉。間因閱古人言書論訣，或叢猥，或離析，或謬誤，竊病其難省，乃刊定裒寫，以義相別，又以所著附成二十通目，曰《墨池編》以藏於家。"

王澍序云："樞密樂圃朱公，宋之名儒而善書者也，蒐羅歷代著作，考覈折衷，纂次《墨池編》一書，上窮造字之義，下闡書法之奧，贅以文房器用，計廿卷，實書家之鴻寶。惜乎原板無存，俗刻謬偽，世唯轉相傳寫，以爲枕中之秘。海虞毛氏《津逮秘書》列於目錄，是種缺而未刊，諒無善本故也。公之裔孫元秀先生諱之勘，卓行孝思，吳人莫不奉爲矜式，乃以家藏正本重付剞劂，字版精雅，較讎確當，誠非尋常書籍所可同日而語。編後令孫輩又將清溪子《印典》八卷鐫板以附，既得講求書法，並可探討筆硯章印之精微，游藝君子，可無餘憾。"

朱象賢序云："古人銘物紀事，往往託之金石，是以鼎匜碑碣之屬，博古家皆視同景星卿雲而寶愛之。若官私印章與鼎匜碑碣，同出古人之手，好篆刻者偶或留心一二，其餘俱置不講，何歟？予家貧識陋，不能一見湯盤孔鼎，而秦漢印章猶有流傳，得窺其妙，故每涉獵群書，采錄類聚，編成八卷，名曰《印典》。好古君子，欲知古印淵源，不外乎此矣。"

此本字體楷書，有扉頁，刻"墨池編。家藏正本。就閒堂雕板"；"印典。家藏正本。就閒堂雕板"。"玄"、"慎"字避帝諱。

《四庫全書總目》入子部藝術類，六卷。《中國古籍善本書目》未收，中國人民大學圖書館（作清康熙雍正間刻本）、清華大學圖書館等館也有入藏。北京大學圖書館有清雍正寶硯山房刻本，作《墨池編》二十卷《印典》八卷，宋朱長文撰。日本內閣文庫藏兩部，又日本京都大學人文科學研究所、日本東京大學東洋文化研究所均有康熙五十三年裔孫之勘就閒堂刻本。日本藏本未詳與此雍正本有何不同，或俟之將來。

1287　明萬曆刻格致叢書本新刻古今碑帖考　　T2100/2963

《新刻古今碑帖考》一卷，宋朱長文撰。明萬曆胡氏文會堂刻《格致叢書》本。一冊。半頁十行二十字，四周單邊，白口，雙魚尾。框高19.4釐米，寬13.1釐米。題"朱晨長文編輯；胡文煥德父纂校"。前有佚名序；胡文煥古今碑帖考述。

此書原載《墨池編》中，胡文煥爲之輯出，刻入《格致叢書》。

鈐印有"宛戶昌藏書記"、"東壁圖書"。

1288　明武林傳時刻本翰林要訣　　T6129/7928

《翰林要訣》一卷，元陳繹曾撰。明武林傳時刻本。一冊。半頁九行二十字，左右雙邊，白口，單魚尾，書口上方刻"附錄"，中刻"翰林要訣"，下間有單字刻工。框高20.3釐米，寬13.7釐米。題"吳興陳繹曾述；武林傳時校梓"。

陳繹曾，字伯敷。處州人。舉進士。口吃而精敏異常，諸經注疏，多能成誦，文辭汪洋浩博，與陳旅齊名。又善真草篆書，官至國子助教。

此書論書法之執筆、變化、法書及字之結構等。

按，此實爲明萬曆胡氏文會堂刻《格致叢書》之零種。然查《格致叢書》，此書名前又有"新刻"兩字，此則無。

1289　明崇禎刻清順治重修本書史會要

T6090/7232

《書史會要》九卷補遺一卷,明陶宗儀撰;《續編》一卷,明朱謀垔撰。明崇禎三年(1630)朱氏刻清順治十六年(1659)朱統鈦重修本。五册。半頁十行二十字,左右雙邊,上黑口,下白口,單魚尾。框高19.3釐米,寬13.3釐米。題"南村處士陶宗儀九成著;厭原山人朱謀垔隱之較"。前有崇禎三年朱謀垔序;崇禎元年(1628)胡繼謙撰《隱之先生懿行紀略》;順治十六年朱統鈦序;孫作撰《南村先生傳》。末有朱寶符跋(按,寶符跋乃爲《畫史會要》,非《書史會要》)。

陶宗儀,字九成,號南村。浙江黄岩人。元末舉進士不第,明洪武中曾任教官。勤於記述典章制度。後買地結廬,居以老。晚益閉門著書,有《説郛》一百卷、《南村輟耕録》三十卷等。

朱謀垔,字隱之,號八桂,又號厭原山人。寧獻王七世孫,詰封奉國將軍。喜搜古今名蹟,鈎勒成《寒玉館帖》。

是編載古來能書人,上起三皇,下至元代,凡八卷。卷九爲書法。續編乃補明代之書家。

朱謀垔序云:"余不佞,喜集名人墨蹟,歲乙卯,雙鈎以授鐵史,十有三年始竣事,題曰《寒玉館帖》。吾鄉熊仲舒先生見而賞之,因出是編相視,余欣然攜歸,反覆潛玩,爲之存疑補闕,梓以公諸同好。然九成所纂,自羲皇以迄元季,纖悉無遺,可謂博矣。余生當盛明,厠身藝苑,覩我朝名賢,不媿古人者實多,苦無留意若先生者敘而傳之。乃不辭鄙拙,肆意搜採,續貂於後,然僻處一隅,見聞未廣,他日得遍訪於天下,當再訂也。"

朱統鈦序云:"不肖侍側有年,舞勺時即食餼宫牆,蹶於棘闈者五,乙於賢書者再。乙酉謬膺廷試,而世界滄桑矣,流離瑣尾,與夫憂患驚疑,莫可名狀,雖家計蕩然,而先君子苦心四十載者,不肖輩不敢以敝屣視之也,維時與家伯子載版籍,而相與播遷終始焉。丙戌六遭兵火,幾同灰燼。丁亥斗米千錢,不肖糊口武林嵯署,返棹時,簡閲諸書,已殘去十之六七矣,未竟者原稿并無可覓,不肖輩撫零星而痛哭之,意謂將來必盡歸樵蘇。庚寅,督學使延昌樊公祖相招,聞而惋惜,慨然捐貲五十金,命不肖邁求遺本,補輯故物,而散之四方、藏之經笥者,又安能立致乎?袁李敞庵王公祖、臨李玄澗施公祖、觀察卉圃李公祖,後先各捐俸以成其美。戊戌冬,而《書畫史》、《鐘鼎文》始克就緒。"

此本卷二、三、六至九、補遺、續編又加題"男朱統鈦發若重較",卷四加題"男朱統鐸通一重較",卷五加題"男朱國元體善重較"。

《四庫全書總目》入子部藝術類。《中國古籍善本書目》著録明崇禎二年朱氏寒玉館刻清初朱統鈦重修本。上海圖書館、浙江圖書館等六館,及美國國會圖書館亦有入藏。故宫博物院有明崇禎二年朱氏寒玉館刻本。臺北"國家圖書館"作明崇禎二年豫章朱氏寒玉館刻本,日本東京大學東洋文化研究所作明崇禎三年豫章朱氏寒玉館刻本。此本無"寒玉館"字樣。

鈐印有"我静常樂"、"甬上林集虛記"、"雨山草堂"、"黑道人"、"高翔"、"高翔印"、"瑀庵"、"黔南楊氏飲雪軒珍藏"、"門對柳塘"、"臣泰亨印"。

1290　明萬曆刻本古今法書苑

T6090/1142

《古今法書苑》七十六卷,明王世貞輯。明萬曆刻本。存十五册。半頁十行二十字,左右雙邊,白口,單魚尾。框高20.5釐米,寬14.3釐米。題"吴郡王世貞元美甫編;雲間王乾昌伯元甫校"。末有王世貞跋。存卷一九至七六。

是書在《墨池編》、《書苑菁華》基礎上，博取古今論書之說暨法書真蹟、金石文字，分爲十三類，計源一卷、體二卷、法五卷、品五卷、評二卷、擬二卷、評擬一卷、文一卷、詩一卷、傳十一卷、墨蹟十三卷、金十卷、石二十二卷。末一卷爲世貞自作跋語，已見於《弇州山人四部稿》中。

該書以"法書苑"名編，採及金石多達三十卷，幾佔全書之半，頗有濫收之嫌。然其蒐集既多，刊板亦善，其間遺文正字，可訂補他書之不足，如書中錄《宣和書譜》後序，今本《書譜》悉未載其文，遂使書之原委不明，考訂撰人，紛紛聚訟，閱此即可冰釋。可見此書雖有蕪雜之過，但所收可爲參證、旁證、互證。

王世貞跋云："不佞累成是集，而爲之次其簡編，曰源、曰體、曰法、曰品、曰評、曰擬、曰文、曰詩、曰傳、曰蹟、曰金、曰石，既悉分解，仍加增葺，卷凡七十有六，而古今書法之淵藪盡於此。"世貞生時，此書未經鋟梓，歿後，雲間王乾昌於其友宋賓之處得諸副本，始爲校刻，其子逢年印行之。

《四庫全書總目》未收。《中國古籍善本書目》著錄。上海圖書館、中山圖書館等五館，及日本内閣文庫亦有入藏。

鈐印有"尹鎮祐"、"鎮祐"、"南九萬"。

1291　明刻本鐫古今名筆便學臨池真蹟　T6160/7346

《鐫古今名筆便學臨池真蹟》不分卷。明翰墨林刻本。三册。目錄頁半頁八行十九字，四周單邊，白口，無魚尾。框高21.6釐米，寬12.7釐米。無序跋。

是書三册，第一册收梁高帝、唐太宗、三國鍾繇，晉山濤、衛夫人、王羲之、王獻之，唐歐陽詢、褚遂良、虞世南、柳公權，宋米芾、蘇軾，元趙孟頫，明文徵明、陳繼儒、沈度、董其昌、徐賁、張瑞圖、王淑民，附俞汝忠仿王羲之《聖教》體，郭況傚王羲之、趙孟頫二家行書，台仲仿歐陽詢《九成宫》，穆四維仿米元章《天馬賦》。第二册收宋榻十帖、瞑雨山房上下(蘇軾、米芾、黃庭堅、蔡襄四帖)、趙孟頫書《赤壁賦》。第三册收鍾繇四表、舊榻蘭亭真蹟(附蘭亭圖)、舊榻聖教真蹟。

書法爲中國獨特之藝術，有着悠久的歷史。明代諸多皇帝喜愛書法，神宗尤稱篤好。黃佐《翰林記》云："國初令能書之士，專隸中書科，授中書舍人。永樂二年，始詔吏部簡士之能書者，儲翰林，給廩禄，使進其能，用諸内閣，辨文書。"

在古代書法中，晉人重韻，唐人尚法，宋人尚意，元人尚態，而明人書法，大多標舉魏晉風格，於前代惟重趙孟頫一人，蓋趙書清真俊逸也。此書所謂"古今名筆"，可見目錄頁附注"以上諸帖俱係古今推重翰墨，及近日海內膾炙名筆彙爲一編"。

此本當爲明末坊間所刻，也推進書法臨池之範本也。然於書中並可窺見明人普遍重視書法之審美價值，且多取法於晉唐人與趙孟頫之書，故尤不廢風韻媚趣。第一册末收當代書家僅七人，文徵明爲"吳中三子"之一，董其昌、張瑞圖爲"晚明四家"中人，三人皆爲大家。陳繼儒與董齊名，書法蘇、米，刻有《晚香堂帖》。沈度爲成祖所賞，凡金版玉册，用之朝廷，藏秘府，頒屬國，必命之書，書法婉麗飄逸，雍容矩度。徐賁爲明初長洲人，累官河南布政，工詩善畫，小楷法鍾兼虞，秀整端慎，草書出入旭、素，無不淋漓快健。王淑民則不知其人。明代書家甚多，然由此也可推見編選者選擇當代書家之標準。

明代中期，書法之鑒賞較爲普遍，而鐫刻法帖也開始流行，如華夏刻《真賞齋法帖》、文徵明刻《停雲館帖》、邢侗刻《來禽館帖》、董其昌刻《戲鴻堂法帖》等,然石刻拓本給人最直接的視覺印象乃爲强烈的黑白對比。此爲刻本,在當時來説,可臨池,可卧游。此本所附蘭亭圖計九頁,鎸刻頗精。

此本有扉頁,然佚去部分,僅存"鎸硃批古今名筆臨池真蹟。刻墨字□□□□"。另頁刻有翰墨林主人識語,云:"此帖擇古墨刻并近日名筆剪裁成篇,搆良工刻以黑字,凡十餘種,彙爲一編,以便置案頭,時常把玩。且字蹟較墨刻絲毫不差,而更□□易臨,其中有點畫不全,亦悉依原刻,不敢增以至失真。翰墨林主人識。"

《四庫全書總目》未收。《中國古籍善本書目》未著録。

鈐印有"時習館藏書之印記"。又有"熊本書舖,上通二丁目,川口星又次郎"。

1292 清抄本大瓢偶筆   T9155/4238

《大瓢偶筆》八卷,清楊賓撰。清抄本。四册。清章綬銜跋。半頁十行二十字,無框格。前有康熙四十七年(1708)楊賓自序。

楊賓,字可師,號耕夫,别號大瓢,又號小鐵,浙江山陰人。生於順治七年。父越坐累戍寧古塔,卒於戍所,賓謀返葬,時皆稱孝子。善屬文,少能書,工八法,塞外人稱"楊夫子"。年近九十乃卒。著有《塞外詩》、《鐵函齋書跋》、《家庭紀述》、《金石源流書要》、《柳邊紀略》等。事見道光二十七年粤東糧道署刻本《大瓢偶筆》卷前"楊大瓢傳"。

是書爲作者平日偶書之金石事,彙而成編。自序云:"嘗聞歐陽率更好書古事,永叔好書今事,黄山谷好書禪伯句,秦少游好書山鬼句,東坡與高宗好書佛經,今世則大抵書古人詩。余獨不然,往往書金石事……余之書金石者,猶之書古事、書今事、書佛經與僧鬼詩也,取諸宫中而用之者,偶然耳。積之既久,子姪輩録而存之,得若干卷,名之曰偶筆,而書於其端。"其内容雜論碑帖,直書所見,並無次第,且長期僅以抄本流傳。至道光二十七年始有粤東糧道署刻本。

館藏粤東糧道署刻本《大瓢偶筆》,扉頁刻"道光丁未秋粤東糧道署校梓",版心刻"筠石山房"。卷前有鐵嶺楊霈序,云:"余復得其《大瓢偶筆》與《鐵函齋書跋》兩抄本於高要趙子鶴明府,屬余君竹巖、楊君楨庵校而梓之。是書專論金石,兼詳指訣,隨手綴録,不無舛複,要其指證覈辨,非深於書法者不能。"楊霈據所得抄本重加編次,大體依時代編彙,計爲論夏商周秦漢三國六朝碑帖、論晉二王帖、論唐人碑帖、論唐名家碑帖、論宋人書、論宋四家、論金元人書、論明人書、論國朝人書、論各帖、論學書、論筆法、論筆墨、論畫、偶筆識餘諸目。抄本原爲八卷,刊本仍彙爲八卷,有的條目下還加入按語。

此本則爲未經重編之抄本,與楊霈所據之抄本當源出一系。共分八卷,諸條排列無次序,如卷一論"瘞鶴銘"者六條,皆相隔甚遠。此本卷末有咸豐五年章綬銜跋。眉端有墨筆批語,行間有校字,審其筆蹟,當皆出章氏手筆。章跋云:"大瓢先生工書,在康熙時最有名。此書當是其門人拾録成帙,雖有先生自序,要非定本也。故體例揉雜,語多複衍。暇時當爲排比時代前後,删其複衍,每則綜爲一篇,不致彼此迭見,並取《函鐵庵題跋》附後以見。先生於書法講求甚精,其大旨總歸於用指不動,只求筆法,不取間架之説以媚俗,開來繼往,厥功宏焉。書成還當付諸剞劂氏以廣其傳云。"

章綬銜,字紫伯,一字子檗,號瓜臚外史,浙江歸安人,工書,精鑒别,家藏書畫甚富,著有《磨兜堅室書畫録》、《磨兜堅室詩抄》。按咸豐五年時,楊霈粤東糧道署刻本《大瓢偶筆》已刊行數年,或其流佈未廣,章氏未見,故有將此抄本重加編次、謀付剞劂之意。此本眉端批語,即指出每條內容之所屬,一碑數見者皆一一標出,以爲編次整理之用。如卷一論"瘞鶴銘"者六條,逐一標出"一見"、"再見"等;又有某條復出、某條當連綴於某卷某條之下、某條詳第幾卷中可删等;有的條目上批有"論書"、"論書家"、"論刻石"、"論書法"、"論宋四家"、"論碑"、"國朝人書"、"書價"等。卷一前並有題識云:"是書體例當以峋嶁碑居首,周石鼓繼之,次秦漢三國魏晉六朝,又次唐宋元明,而以前人論書終之,以便觀覽。"

《四庫全書總目》、《續修四庫全書總目提要(稿本)》未收。《中國古籍善本書目》子部藝術類著録三部清抄本,其中一部藏浙江省圖書館,兩部藏北京大學圖書館。

鈐印有"章綬銜章"、"苕上章紫伯長物"、"歸安章綬銜字紫伯印"、"不使孽錢"、"瓜鑪外史"、"紫伯"、"章綬銜印"、"章紫伯所藏"、"綬銜"、"荃孫"、"雲輪閣"、"笛江"。

1293 清乾隆刻本分隸偶存　　　　　　　　　T6098/4221

《分隸偶存》二卷。清萬經撰。清乾隆三十四年(1769)辨志堂刻本。一册。半頁十一行二十一字,左右雙邊,黑口,雙魚尾。框高 18.4 釐米,寬 12.4 釐米。題"甬東萬經授一編輯;孫縣前較"。前有乾隆三十七年(1772)胡德琳序,乾隆三十六年(1771)陸燿序,乾隆三十四年施養浩序。末有乾隆九年(1744)梁文泓跋,乾隆三十四年萬福跋。

萬經,字授一,號九沙,斯大子,浙江寧波人。康熙四十二年進士,選庶吉士,散館授編修。五十年,充山西鄉試副考官。五十三年,提督貴州學政。及還,以派修通州城工罄其家,素工分隸,經乃賣所作字,得錢給朝夕。晚增補斯大《禮記集解》數萬言等。乾隆初,舉博學鴻詞科,不就。晚歲精研分隸,時人珍若拱璧。年八十二,家遭大火,遺書悉焚,經終日涕洟,自以爲負罪先人,踰年卒。《清史稿》列傳第二百六十八、《書林藻鑒》有傳。

此書爲經取古來論隸學及作隸人姓氏彙爲一編,附以已説及漢唐碑刻題識語數十則。上卷首作書法,次作分隸書法,次論分隸,次論漢唐分隸同異,次漢魏碑考。下卷爲古今分隸人名氏,始於程邈,終於明末馬如玉。自鄺露以前皆引據諸書,惟如玉不著載何書,則經所自增。

《四庫全書總目》云:"集録金石之書,梁元帝所輯不可見,歐趙以下,罕有論及分隸筆法者。經所録頗詳晰有門徑,所列漢魏諸碑,雖止有二十一種,而考證剖抉,比諸家務多者亦較精核。至云唐以後隸與八分,各分爲二,隸即今楷書,八分即古隸書,以八分爲隸,趙明誠已譏之。國朝顧炎武《金石文字記》並漢碑,無不名八分,以楷爲正書,正恐仍蹈歐陽之失,其説亦明白可據也。"

胡德琳序云:"《分隸偶存》一書,凡分隸之源流,碑版之存逸,用筆之工拙,諸家之短長,無不臚列而存之。蓋取《書斷》、《書譜》、《隸釋》金石諸家合而爲一,雖曰《偶存》,實集其大成也。"

陸燿序云:"甬東九沙萬先生胚胎家學,於讀書考古而外,復覃精於分隸之書,余童年即嘗奉其零縑斷楮爲家藏珍秘,及來守濟南,乃得與先生文孫幽初共事一方。一日,出先生所輯《分隸偶存》見示,公餘披讀再三,信先生之精於斯藝,能薈萃成書,以嘉惠後學,無異中郎、太傅之用心。而幽初復能闡揚其事,壽諸棗梨,以公同好,抑亦何愧王、徐之子孫乎?"

梁文泓跋云:"(經)遂於經,所輯辨志堂書薄海內,家家有之。書學非其甚屑意者,若隸書,又書學中一節耳,而世人特寶貴之。求書者往往趾踵相接,絹素堆積几案,閱數十年以爲常。既從事久,凡目之所及,心之所得,舉而筆之,雖未嘗有意勒成一書,而沾匄學者亦已多多矣。曾屬余是正,未幾家燼於火,與先代所傳及他著一時俱盡。是編其門徒程君雪汀所存別本也,訛字頗多,將鏤版,舉以似余。余不克,訂書數語歸之。"

是編成於雍正九年,時經年七十有三。乾隆五年,家罹祝融之厄,所藏漢唐碑帖及生平著述殆盡。後經子福從程清標處得是編存稿,並請邑人焦迪曾校訂,再由姪縣前壽梓此本有扉頁,刻"分隸偶存。乾隆己丑仲秋。辨志堂藏板"。萬氏有《辨志堂五經》。陸燿序後似有牌記,疑鏟去。是書 1936 年張壽鏞刻入《四明叢書》第四集。又光緒中盛福輯《吉林探源書舫叢書》二集也收入此書。

《四庫全書總目》入史部目錄類。《中國古籍善本書目》著錄,中國國家圖書館、南京圖書館、湖北省圖書館入藏。另日本京都大學人文科學研究所也有入藏。

1294　清乾隆刻本蔣氏游藝秘錄　　　　T6073/4422

《蔣氏游藝秘錄》二卷。清蔣衡、蔣驥、蔣和撰。清乾隆五十九年(1794)刻本。四册。半頁九行十八字至十九字不等,左右雙邊,白口,單魚尾。書口下刻卷數。框高 20.4 釐米,寬 13.4 釐米。前有乾隆五十九年趙琳序。末有乾隆五十八年(1793)潘浚跋。

蔣衡,原名振生,字拙存,號湘帆,晚號江南拙老人、涵潭老布衣,江蘇金壇人。貢生,試輒不利。書師楊賓,復博涉晉唐以來各家名蹟,積學既久,名噪大江南北。書宗歐柳,善擘窠書,小楷冠絶一時,手寫《十三經》。性好游,足蹟半天下,所至賦詩作書,歌嘯不能自已。曾爲年羹堯幕。乾隆八年卒,年七十二。卒後,孫蔣和進呈其手書《十三經》,奉敕刻列辟雍。有《拙存堂集》。《清史列傳》卷七一、《國朝耆獻類徵初編》卷四三三有傳。

蔣驥,字赤霄,號勉齋,衡子。工寫照,能傳衡家學。

蔣和,字仲和,號最峰、醉峰,衡孫。初充三通館校録,議敍得候補主簿,以修《四庫全書》賜舉人,善人物及寫照,花卉得白陽遺意,又善墨竹,擅行楷篆隸,隸書蒼古渾厚,力追秦漢。有《説文集解》、《寫竹簡明法》等。

卷上《書法論》、《雜論》(蔣衡撰),《續書法論》(蔣驥撰),《九宮新式》(蔣驥撰),《讀畫紀聞》(蔣驥撰),《傳神秘要》(蔣驥撰);卷下《説文字原表》、《表説》(蔣和撰),《漢碑隸體舉要》(蔣和輯),《學書雜論》(蔣和輯),《學畫雜論》(蔣和輯)。

趙琳序云:"奕世而享盛名者,於書惟二王,於畫惟二米,此以見風雅留貽,甚於綿延福澤,求其後先輝映,蓋戛戛乎難之矣。良常蔣醉峰孝廉,爲拙老人湘帆公孫、赤霄公子,二公代擅淹博,亦既精摹金石,紗涉丹鉛,孝廉以冥悟夙解之姿,耳濡目染,故其篆隸真草,無不上追秦漢,下步晉唐,且仿宋元以來諸家筆意,爲山水花鳥之屬,備臻神似。甚至寸牋乍出,片玉同矜,以視子敬、元暉,相去果何如耶? 先是拙老人有手録《十三經》,爲當道疏致闕下,詔刻石列於學官,即徵孝廉以董其役。歲癸丑夏五,余轉輸都門,訪孝廉於邸舍,既握手歡若平生,因出《蔣氏游藝秘録》,類皆祖父遺著,而附以己撰,彙爲一編。余披誦數過,見其於書法畫理,提要鉤元,匠心獨出,洵爲後學津梁。顧惟《傳神》一則纂入《四庫》,而此外猶稿藏行篋,不免窺全豹於一斑,斯亦藝林之憾也。爰亟任付梓,以公海内。"

潘浚跋云:"《蔣氏游藝秘録》二卷,凡九則,上卷五則,湘帆前輩暨赤霄先生所著,下卷四則,醉峰孝廉著也。癸丑夏,趙夢倩明府以公入都,得交醉峰於書畫舫,問奇載酒,朝夕過從,投合之緣,有如針芥。噫! 非醉峰涉學之博,夢倩好古之殷,詎相契若此哉? 既而醉峰出《秘録》以示,曰:'吾家三世傳述也。'夢倩披函索解,慾亟付梓,是蔣氏於夢倩不可謂無緣矣。余僑居江南,醉峰客冀北,神交已舊。夢倩復道予主其幕,爲嗜古之士,兼攻六書,乃不遠數千里,以什襲者屬夢倩致校讎而手錄焉,余必以不敏謝,則瞽然未悉蔣氏之苦心也奚可哉。夫書畫藝耳,而義寓焉,法雖殊,理則一。昔文與可以書法作畫,黄魯直以畫法作書,古今論者不一,要不過法中求精,法外取勝耳矣。《秘錄》萃古人之精液,而醞釀出之枕中鴻寶,胥於筆墨間宣露無遺,反覆提撕,不啻捉人臂腕而助其運掉,則是刻之有裨藝林也豈淺鮮哉,而予竊自媿蒼蠅之附矣,因書其緣起於簡末云。"

此本以行書、楷書、隸書刊刻,極精,皆潘浚所書。潘號秋水道人,浙江吳興人。有扉頁,刻"蔣氏游藝秘錄。乾隆甲寅春鑴。趙琳題"。《傳神秘要》前有乾隆七年程嗣之序。《説文字原表》前有乾隆五十一年蔣和序。《漢碑隸體舉要》前有乾隆五十八年蔣和序。《學書雜論》末有乾隆五十九年蔣和跋。

《續修四庫全書總目提要(稿本)》未著錄。《中國古籍善本書目》著錄,作清蔣衡、蔣和撰,上海圖書館、南京圖書館等八館也有入藏。

1295 清嘉慶刻本飛白錄

T6188/7128

《飛白錄》二卷,清陸紹曾、張燕昌輯。清嘉慶九年(1804)海鹽黃氏擘荔軒刻本。二冊。半頁九行十九字,四周雙邊,黑口,雙魚尾。書口下刻"擘荔軒"。框高20.5釐米,寬13.4釐米。題"吳趨陸紹曾、海鹽張燕昌同輯;同里黃錫蕃參訂"。前有嘉慶九年劉星高序。

陸紹曾,字貫夫,號白齋,江蘇吳縣人。嘗得白玉蟾像,懸之齋中,因號白齋。工篆隸書,尤善蠅頭細書,晚年好飛白。精於賞鑒,平生所見書畫碑帖,皆爲抄錄成編,曰《續鐵網珊瑚》,并作小楷書,其精勤於翰墨如此。家計中落,往往攜所作書畫入市,得資可供數日餐,則椔户不復出,資罄復入市。又有《不惑編》、《游杭書畫錄》、《刻碑姓名錄》等。《書人輯略》卷七有傳。

張燕昌,字芑堂,號文漁、金粟山人,浙江海鹽人。幼從朱笠亭琰,資穎敏,讀書日記千言,過目輒成誦。長而蜚聲黌序,品學粹然。乾隆四十二年優貢生,舉孝廉方正。性好金石,自周彝漢鼎禹碣宣鼓,以及近代高人韻士之遺刻,殫心搜羅,不遺餘力,嗜古甚深,善八分、行楷書,翛然越俗,別有意趣。又工飛白,飄逸有神,古致磊落。寫蘭得陳古白意,也善山水人物,篆刻爲丁龍泓高弟。又有《續鴛鴦湖櫂歌》、《金石契》、《石鼓文釋存》等。《書林藻鑒》、《清畫家詩史》、《續印人傳》有傳。

飛白書始於後漢之蔡邕,爲漢字書體之一種,筆畫露白,似枯筆所寫。靈帝熹平時,詔邕作聖皇篇成,詣鴻都門,時方修飾,見役人以堊帚成字,甚悦,歸而作飛白書,厥後代有其人,見於前人著錄者甚多,然未有彙爲專書以資考證者。此書蒐輯頗詳,自漢迄清,凡古今人之工飛白書者大致盡於是。爲漢二、魏一、吳三、晉九、宋一、齊四、梁五、隋一、唐十七、宋三十五、金一、元二、明九、清十二人,共一百零二人。所引之書,皆注所出。陸紹曾、張燕昌所附按語,各署其名,體例也善,間有考訂,亦不苟作。

劉星高序云:"海鹽黃椒升先生,究心博雅,與其同里張文漁先生、吳趨陸白齋先生並以飛白擅名。慮好古者不能盡法師承,爰廣爲蒐輯,自中郎至今若干人,序其世次,若譜系焉。上而帝王,下而卿相以及草莽之士,凡見於鑑史及各家詩文集錄者,悉以登記,闕者仍之,或加以按而各署其名。蓋古今之入能、入妙、入神者,皆載是書,標其名曰《飛白錄》,務紀實也。今而後同志之士得是編而展玩之,併神壹志,以求其工,將握管而飛,則亦如風之遇雲,波之遇風,且并知自古及今,其爲雲也凡幾,其爲波也凡幾,無不可悉而數也。"

此本流傳不廣。有扉頁,刻"飛白錄。嘉慶九年鎸。擘荔軒藏板"。卷上及卷下後均有牌記,刻"嘉慶甲子年海鹽黃氏校刊於三山官舍之擘荔軒"。後附張燕昌《論飛帛》一篇。

《續修四庫全書總目提要(稿本)》未著錄。《中國古籍善本書目》著錄,中國國家圖書館、南京圖書館、湖北省圖書館三館入藏。

鈐印有"秒爽樓"、"文波珍藏"、"肅庭秘笈之印"、"積學齋徐乃昌藏書"、"南陵徐乃昌校勘經籍記"、"積餘秘笈識者寶之"。

1296　清康熙刻本字學津梁　　T6129/2442

《字學津梁》不分卷,清傅起儒輯。《百家姓類音正聲》一卷,清胡滇輯。清康熙二十六年(1687)刻本。四册。半頁十行二十三字,四周雙邊,白口,無魚尾。框高21.6釐米,寬14.8釐米。題"錢唐傅起儒汝爲輯"。《百家姓類音正聲》題"虎林胡滇龍川輯;錢唐傅起儒汝爲訂"。前有康熙二十六年傅起儒序;王大成應制詩序。《百家姓類音正聲》前有康熙二十三年(1684)胡滇序,傅起儒序;傅起儒撰《凡例》十三則;參閱姓氏。

傅起儒,字汝爲,浙江杭州人。殫精嗜學,所爲文與詩亦雅,而善晉魏唐宋書,大要以"二王"爲嫡派,時出己意,以寓變化妙用。

是書專務啓發後學,便於應制,先取歷代論書之作,詔以源流。次列篆隸楷草歌訣,詔以遵循。再次草書歷代應制詩,詔以學習。計六義、古文(張懷瓘書斷十則:大篆、籀文、小篆、八分、隸書、章草、行書、飛白、草書、永字八法)、蕭何蔡邕筆法、衛夫人筆陣圖、王羲之書論、王羲之筆勢論、唐太宗指意、歐陽詢三十六書法、虞世南筆髓論(原古、辨應、契妙)、顏真卿傳張旭十二意筆法、李陽冰筆法、書訣、黃庭堅書記、米芾論書、姜堯章書法、梁武帝書評、韋續書評、切韻、篆法歌行、篆書歌訣、隸法歌行、隸書歌訣、楷法歌行、楷書歌訣、草法歌行、草書歌訣、草書歷朝應制詩(五言律詩、七言律詩、五言絕句、七言絕句)。最末《百家姓類音正聲》,則爲審音正讀。

傅起儒序云:"余研求筆墨亦已有年,始而臨摹各帖,僅得其形,猶未知其妙也。遲之,又久仰而企俯□□,若有自得之趣,浩浩落落於其中,乃知昔賢創爲字法,錯綜變化,靡不合宜。其所傳者神也,非形也。在昔庖丁解牛,迎刃而披卻導窾;泰豆御車,得心應手於銜轡之間。方之字學大抵然矣。因於課讀之暇,遍採輯歷代名人論記,芟繁就簡,取其確不可易者勒爲一書。又不揣鄙陋,將篆隸真草書成四體歌訣,使學者展卷披閱,一目了然,亦可云約而有歸矣。且至約之中,諸法畢備,誠能究其精義,始則得其形,既則得其神,不獨滿紙煙雲,筆花璀璨,即上朔蒼頡,由秦而漢而晉,百世以下囊括無遺,要不踰於是也。""余更以字學源流登諸梨棗,俾海内文墨之士,人人可自爲鍾王,用以光昭盛治,實亦藝林之一助云。"

傅起儒序《百家姓類音正聲》云:"龍川胡先生爲余内叔,生平重氣節,工文章,遐邇之士莫不尊禮之至,其書法直有遠駕古人者。余嘗以字學請正,頗爲先生許可,及與余辨别聲韻,亦復聞所未聞。因出《類音正聲》一書,詳晰其義,不勝爲之驚喜,遂於篇内列爲一卷,俾海内文人因一字而推衆字,自無彼此蒙混之患。則播之詩歌,平仄自調;宣之律吕,宫商自正。即古所云依永和聲之道不外是也。由是發爲語言文字,或清或濁,或高或下,無不得其性情之正,其爲功豈淺鮮哉!因述其梓之之意如此。"

《凡例》云:"歷代名論,盈笥積案,備極雅觀,然精義固多,而倫僻者不少。是刻輯其確不可易者,折衷以歸於當務,使人人咸可式從。其間條分縷析,各以類別,一目瞭然,便於參究。""篆隸真草四體,行世者俱係石碑千字文。余書歌訣,亦欲勒石,恐刻費浩繁,購者艱於價重,省便成書,更易翻閱,亦尚古者所樂得也。""四種歌訣,余經年始得書就,緣坊人急請行世,勉登梨棗。然木刻最難精工,或者少失本意。嗣有歷代法帖臨本,另覓名手鐫成一書,以正大方。""是書為字學源流,字字皆當從古,然沿訛已久,恐難識認。故篆書音釋以及真書之外,多從俗焉。""歌訣先賢皆因字生文,學者誠一涉獵,即一點一畫,俱有著落。每字分辨,即不必逐一記取,而下筆自無差失矣,豈非文人一大快事。"

此書不多見,《書畫書錄解題》列入書部未見書中。

此本有扉頁,刻"增訂字學津梁。錢唐傅汝為輯書。一歷代名論、一草書歷朝應制詩、一四體歌訣、一百家姓類音正聲"。

《續修四庫全書總目提要(稿本)》著錄。《中國古籍善本書目》未著錄。日本《內閣文庫漢籍分類目錄》著錄清康熙二十六年序刻本,未寫卷數。

鈐印有"菊泉"(方)、"菊泉"(圓)、"河合氏圖書之記"。

1297　清康熙刻本歷朝聖賢篆書百體千文

T5161/7276.3

《歷朝聖賢篆書百體千文》一卷,清孫枝秀集篆。附《千字文注》一卷,清汪嘯尹撰。清康熙刻本。二冊。有圖。半頁四行字數不計,四周雙邊,白口,無魚尾。框高24.5釐米,寬17釐米。題"茂苑尤晦庵先生鑒定;梁敕員外散騎侍郎周興嗣次韻;西湖後學孫枝秀鳳居考古集篆;濂溪後裔武林周霖雨孚氏參訂"。前有康熙二十四年(1685)尤侗序,康熙十八年(1679)徐乾學序,康熙二十一年(1682)徐南復序;孫枝秀自述;曹楫跋;《歷朝聖賢篆書百體目》;《未刻篆書目》。後有《名公先生贈言》。《千字文注》,半頁十行二十八字,四周雙邊,白口,無魚尾,無欄線,行間刻圈點。題"汪嘯尹先生纂輯;武林孫呂吉謙益氏參注;仁和蔡汪琮潤章父較正;同學袁士宗公望氏考訂"。

孫枝秀,字鳳居,浙江杭州人。

此書集篆書百種,以千字文書之,每兩句書一體,每一體凡八字,多為作者自創。百種書為太極、龜書、河圖、古文、八卦文、鳥跡文、洛書、籀文、九疇文、鐘鼎文、蝌蚪文、鸞鳳書、穗書、商鐘文、龍書、芝蕋文、垂雲篆、寶鼎文、墳書、芝英篆、上方大篆、衡持篆、麟書、刻符篆、虹霓篆、雕蟲篆、根梗篆、大風章、小篆、金釵文、轉宿篆、方填書、方直篆、石鼓文、倒薤篆、薇垂篆、說文、垂露篆、水紋篆、蕤華篆、天祿文、中正篆、童首篆、華蕚篆、荻篆、貂尾篆、覆載文、懸鍼篆、剪刀篆、大篆、鳥篆、規矩文、奇字篆、佐書、孔方文、纓絡篆、楷字、鼠尾文、上方小篆、古尚書、八角垂芒篆、古錢文、魚書、遺字、填篆、鳳尾書、虎爪篆、方勝文、花草書、金縢篆、寶帶篆、碧落篆、蟲書、鶴書、杉枝文、殳篆、雁字、鵠頭書、偃波篆、太極篆、蚊腳篆、漢草篆、禹碑文、藕絲文、剛錯文、精緼文、鼎小篆、竹書、南山文、梅花篆、秦璽文、垂露文、玉霄文、斜疊篆、托蓮文、龍爪篆、三台篆、八寶文、飛白篆、繆書、摹印紅文、香煙篆、麥實文、靈芝篆、蕙篆、木簡文、槲葉文、行草篆、釵股篆、迴鸞篆、正疊篆、鐵線文、柏子文、急就章、金鉤篆、流金文、金剪書、陰陽文、柳葉篆、古鳥跡、星斗篆、金錯刀、雲篆、象形文、鳥書、罘罳篆、玉筋文、清濁篆、開元文、九疊篆。

《未刻篆書目》載列"古書考有,體法未見"者凡二十種:八龍雲篆(出《雲笈七籤》)、仙人形書(高辛作,或云李斯改)、氣候書(司馬相如作)、傳言書(出六國時)、署書(漢蕭何作)、鬼書(宋元嘉作)、魁斗書(宋王融《古今雜體》,有六十種)、天目書(出《法苑珠林》)、球珠文(出王暗《文志》)、瑞芝文(出《墨藪》)、流香文(出《墨藪》)、蓮葉書(出《書斷》)、十二時書(史籒作,蓋像神形)、雙鉤書(出《漢書》)、一筆書(張芝作)、萬歲藤(七國時作)、飛霞章(出《墨藪》)、如意文(出《古今雜體》)、禿筆書(出羊欣《筆陣圖》)、復書(史籒作)。

《名公先生贈言》載俞陳琛、顧豹文、葉芳藹、嚴曾榮、滕越、雷崖浣思、吳綺、張潮、趙三烈、吳彥芳、高簡、曹林、金大成、顧年、馮遵京、周岱雲、王廷樞等撰詩詞。

圖爲《龍馬負圖神龜獻書》,題"鳳居寫"。

自述云:"古人有畫癖有書癖,津津不休,沒齒而後已。予自謂近之於凡縹緗黃卷,手不停披,宋元諸名人畫跡,愛之仿之,若倪迂,若米顛,若大癡山人,所願學步趨而不敢懈者也。尤好篆籒書法,庖羲創畫以來,倉頡制形,而後易文蟲體,廣搜博覽,稽古辨今,彙成《百體千文》一帙。懼其湮沒,壽之梨棗,惟與二三同調自娛,不求爲世所知,又何曾念及爲天子、王公賞乎。天子聞,王公見,是爲書之幸也,予敢惜抒辭紀一時之勝!己巳春,聖駕南巡至吳,燈彩輝煌於里巷,杏花天再續元宵,龍舟轟掣於城闈,芳草節預賒端午。維時從行者三百餘騎,若將若相,名臣碩輔,咸在其中,軍民相親,上下不隔。於是集城東耆老進萬壽之宴,籩盛孔具,肴核必陳,長跪頂奉。天子藹龍顏,和玉音,親受福州紅桔一,白粲盈掬,意祈民瘼福而充食也。復制宸藻以美之,琳琅可詠。是日歸,而明旦索公見予書,遣員咨訪,道達誠意,願一把臂焉。索公者,國丈索大人,時之宰輔也。從員偕往,延入內署,忘其勢而待之以隆禮,備問篆體,縱談殊愜,撫予曰:佇進九重,蒲輪可待也。予謝不敏,揖而出,復購予手繪普門品像一卷,奉貯宮中。予樂進之,因語家人:予齒及耄矣,雅尚自高,遯世無聞,不謂以老而得天子慰焉,不謂以書而得王公敬焉。畢生勤苦而有是書,天子知我名矣,雖駑鈍無能,不敢媲四皓見重於漢高,而予是書獲陳之秘閣,與名賢巨卿之著述並存不朽,其爲寵榮之至矣。予之癖,殆不枉矣。家人曰唯,酌酒爲慶,爰抽毫以志之。"

徐乾學序云:"武林孫君鳳居,博古嗜奇,藏弄金石篆刻,亡慮數十百家。獨出己意,將周興嗣千字文以百家書法書之,依緣意想,窮巧極變,光彩陸離,真奇書也。余素不知書,亦不知其書之盡合古人與否,世必有好奇之士能識之者。"

徐南復序又云:"武林孫鳳居先生,再世子雲也。遊寓吳門,酷嗜古學,篋藏金石篆刻不下數百餘種,朝夕把玩。往哲有言,古文奇字,不必盡識,列之几案間,如商彝周鼎,白珩蒼玉,自有一種奇古氣象。諒哉斯言。先生能默領其趣,矻無倦志,可謂勤且專矣。閱之既久,忽悟龍圖龜文,乃天地之心訣,是謂至瑞至寶,不秘惜而畀之聖人。羲皇則河圖而畫卦,神禹因洛書而敘疇,開後世文字之祖已久。先生書九疇文與八卦文并列,以補千古之缺,尤屬創獲,圖書二文弁首,斯得其淵原矣。更取梁散騎侍郎周興嗣千字文,博搜古今奇字,每二句書一體,每一體凡八字,總曰《百體千文》,獨抒匠心,繕寫授梓。"

曹楫跋云:"按史梁武帝命殷鐵石教習諸王子學書,隨筆書寫千字,散辭無序。時周興嗣爲散騎侍郎,帝曰:知卿敏才,纂集次韻,章句成文,以使觀閱。興嗣一夕編就,鬚髮皆白,進呈御覽,讚賞稱善,寵錫益隆焉。"

《續修四庫全書總目提要(稿本)》、《四部總錄藝術編》、《中國古籍善本書目》未著錄。《香港中文大學圖書館古籍善本書錄》著錄。《中國古籍善本書目(徵求意見稿)》有《百體千字文》二卷,清孫鳳居撰,清康熙二十一年刻本,僅華東師範大學圖書館藏,疑或此書。

鈐印有"來清賞於紫宸"、"香浸圖書盈榻茗澆花月半窗"。

館藏有複本一部，爲得板重印本，無《千字文注》。一冊。有扉頁，刻"百體千文。攜雪軒重刻"。圖一幅，爲孫枝秀繪《龍馬負圖神龜獻書》。鈐印有"鵝群"。

1298　清乾隆刻本漢溪書法通解　　T6129/5038

《漢溪書法通解》八卷，清戈守智撰，清陸聲鐘編。清乾隆間霽雲閣刻本。六冊。半頁九行二十一字，四周單邊，白口，單魚尾。書口上端刻"漢溪書法通解；霽雲閣珍藏"。框高16.4釐米，寬10.7釐米。題"漢溪清戈守智達夫纂著；恬浦陸培南香全參；受業陸聲鐘大乾編次"。前有乾隆十五年(1750)金志章序，厲鶚序，梁啓心序，梁詩正序，戈守智自序。

戈守智，字達夫，號漢溪，浙江平湖人。諸生。素擅臨池，少師歐陽率更，晚乃出入諸家，於顏平原稱嫡嗣。其《書法通解》，金陵書肆珍之，與《江村銷夏錄》埒。游屐所歷，碑版聯額，勾請無虛日。

此書採錄古人論書之語，分述古、執筆、運筆、結字、訣法、譜序六門。纂次頗詳，於用筆結體草行真楷法無不備，不獨援據精該，抑且引申詳盡。卷一《述古篇》、《名人論書》；卷二《執筆圖》、《執筆論》；卷三《智永永字八法》、《顏真卿八法頌》、《柳宗元八法頌》、《陳思八法詳説》、《八法頌》、卷四《八法化勢》；卷五《歐陽詢結字法》；卷六《梁武帝觀鍾繇書法十二意》、《智果心成頌》、《顏真卿述張旭筆法十二意》、《古今傳授筆法十三訣》、《張懷瓘論用筆十法》、《陳繹曾爲學綱目》、《董內直書訣》；卷七《王羲之傳子敬筆勢論》、《虞世南筆髓論》；卷八《孫過庭書譜》、《姜夔續書譜》。《書畫書錄解題》云："卷二以下，雖所錄皆襲舊文，而時加注釋，其他家所論有足供參考者亦附及之，頗見細密，惜其所錄，半屬僞書也。"

金志章序云："當湖戈君漢溪，文披霧散，藝浙川流，蠻龍虎之粹章，輯鳥蟲之蟲冊。閒綜秘詣，次爲八卷，放之赤斧素堯，未瞻全翰，已驚異彩。學者從事心畫，得是編而指掌，可稽位之藝林，應與晉宋諸公更分一席矣。"

梁啓心序云："當湖戈子淹通經史百氏，其詩文自卓然名家，分其餘晷，以游藝金石之蹟，既幾於古矣。因取前賢論書要旨，分爲八卷而講解之，名曰《書法通解》，奧而明，約而盡，書學之津梁，藝林之標準，此其選也，學者寶是書而盡心焉。"

此本字體楷書。卷八末刻"平湖縣東張松年鐫"。按，是書又有咸豐元年修竹齋刻本。

《四庫全書總目》入子部藝術類存目。《四庫全書存目叢書》子部第73冊收入，底本爲清華大學圖書館藏。《中國古籍善本書目》未收。中國科學院圖書館(兩部)、北京大學圖書館、清華大學圖書館(三部)、日本東京大學東洋文化研究所等館也有入藏。日本內閣文庫有清刻本。

1299　明萬曆刻本草韻辨體　　T6129.4/0201

《草韻辨體》五卷，明郭諶輯。明萬曆十二年(1584)刻本。五冊。半頁七行十二字，四周雙邊，白口，單魚尾(魚尾在書口之最上)。框高23.3釐米，寬16釐米。前有萬曆十二年御製序。末有萬曆十二年御製跋。序後有《歷代名書姓氏》。

御製序云："朕夙懷好古，雅嗜工書，每於萬微之暇，繙閲法書，心摹手追，以自娛悦。間得先朝中書官郭諶所輯《草韻辨體》，自漢迄元，諸體略備，韻以字繫，字以類從，旁箋主名，用便披覽。爰命善書者重加摹寫，付之鐫刻。"

御製跋又云:"《草韻辨體》一書,朕既命模刻禁中,時加披覽,大都字以韻分,體隨人別,凡結構異同,折旋向背,各昉其意而爲之。如圖史繪形,隨物肖象,略存神采,尚有典刑,誠墨林之遺軌,草聖之模楷也。秦漢事繁,書檄章奏,多用隸草,以從簡易。今海内同文,外史書名所掌,非《洪武正韻》弗遵,要以應變從宜,臨文急救,草書之用,於治官察民,均有裨焉。總之不離古法者近是,藉令師心匠意,架構弗遵,則無爲貴法矣。朕輯此編,豈直爲游藝之資,儻亦治察之一助乎!"

此本有《歷代名書姓氏》,凡錄書家計漢七人、魏四人、吴二人、晉三十二人、前趙二人、後魏二人、宋四人、南齊一人、北齊二人、梁七人、陳五人、隋四人、唐二十八人、五代一人、宋八人、金八人、元八人。

《四庫全書總目》未收。《中國古籍善本書目》著録明萬曆刻本及明崇禎七年潞藩刻本,都附有《草訣百韻歌》一卷《後韻草訣歌》一卷《草訣續韻歌》一卷,行款同此本(萬曆本,北京大學圖書館、故宮博物院入藏;崇禎本,安徽省圖書館入藏)。此本似應與前本同板。臺北"國家圖書館"有六卷本,爲清抄本(據明萬曆十二年刻本影抄),作者作元代,誤。

鈐印有"有守之印"。

1300　明崇禎刻本草韻辨體

T6129.4/0201B

《草韻辨體》五卷,明郭諶輯。明崇禎六年(1633)閔齊伋刻本。六册。半頁六行,四周雙邊,白口,無魚尾。框高 21.1 釐米,寬 13.9 釐米。前有萬曆十二年(1584)御製序。末有萬曆十二年御製跋,又崇禎六年閔夢得跋。

閔夢得跋云:"季弟齊伋三訂六經,即竣事,於是恭摹神宗皇帝御製二篇及《草韻辨體》,並六經以流通……頃於燕市購得善本,時用展翫,多所發矇。每見夫矜莊之意多,而超縱之神斂,其諸呈覽御前,不敢騁其筆思歟。抑辨體之書,架法爲重,而出入變化,固在搦管者自得之也。予季筆性既凡,臨池無素,是役也,也能依樣云爾。"

此本書末刊"崇禎癸酉夏草莽丞閔齊伋摹"一行。金鑲玉裝。

《四庫全書總目》未收。《中國古籍善本書目》著録明崇禎六年閔齊伋刻套印本,中國國家圖書館、上海圖書館等七館入藏。此本非套印。

鈐印有"正誼書屋珍藏圖書"、"恭親王章"。

1301　清初刻本草聖彙辯

T6129.4/2930

《草聖彙辯》不分卷,清朱宗文編。清初白芬、蕭起元刻本。四册。半頁四行字數不等,四周單邊,白口,無魚尾。框高 21.6 釐米,寬 14.2 釐米。題"關東蕭起元復初父點定;古鄞白芬猗若父彙編;都人張能鱗玉甲父選考;東吴朱宗文迦陵氏摹辯"。前有順治九年(1652)陳爌序,白芬序;《凡例》八則。

朱宗文,字迦陵,浙江海鹽人。順治九年舉人。官餘杭教諭。

此書取通俗所用草訣百韻歌,逐句辨明其失。如第一頁《訣云有點方爲水》,乃取諸名家字體,凡從水旁之字,悉數摹錄,以證明水旁不盡有點。法書名家自歷代帝王始,至明止,計七十三人。爲漢章帝、晉元帝、宋明帝、齊高帝、梁武帝、唐太宗、宋徽宗。漢張芝、杜度、崔瑗。魏鍾繇。吳皇象。晉張晉、桓温、王敦、王導、王羲之、王獻之、王徽之、王凝之、王廙、王洽、王珉、王珣、王操之、王恬、王曇、王坦之、郗愔、阮研、謝安、謝萬、謝璠伯、王循、稽康、張翼、索靖、蕭確、沈嘉、杜預、劉瓌、劉穆之、紀瞻、陸雲、卞壺、庾元亮。宋孔琳、羊欣。唐褚遂良、歐陽詢、虞世南、顔真卿、柳公權、李邕、徐嶠之、薄紹之、李懷琳、懷素、智永、孫過庭。宋米芾、蘇軾。元鮮于樞、鮮于必仁、趙孟頫。明宋濂、宋克、祝允明、董其昌、張瑞圖、王寵、蘇志乾、朱學古。

每字之下，注以各家名號。末別以草法百韻，爲朱學古書。此書於草法變形遞嬗之蹟，亦有可資以爲參究。

此本爲朱宗文編，白芬、蕭起元所刻。依據見陳爌序及《凡例》。

陳爌序云："歲當戊子，僕以史館謬典浙闈，一時所得士百七人，皆學問淵博，品骨嶙峋。僕與論文之餘，譚及臨池，咸推朱子迦陵。迦陵，名家子，年十三習草書，能取諸家之同異考核之，或一字而備數形，苦志臨摹，垂十五年，輯成散帙約百葉匣之。值申酉大亂，浙賢士大夫家皆不得免焉，獨敭尋至此，軍人駭然大怪，見有蛟龍護其上，遽棄其帙，可知頡造書而鬼夜哭，非誣也。雖然書成帙，奚遇變而蛟龍護矣，不勒於石，夫終保無亂耶、散耶，僕鄉猗若白子分守秀州，素重迦陵，爲刻斯帖，及其半，白子陞去。中丞蕭君復初聞而悦之，更刻其半，俾若龍劍之合焉。嗟夫！撫浙者蕭君也，而又能留此一段雅致，可不謂賢與。"

《凡例》云："近來書家絶無大草，縱有狂書，先思通俗，所以行草淆雜如篆章者，鐘鼎溷以小篆，徒爲識者所笑。是用十五年之鈎摹，方始成帙，乃知十年作一賦，信非易易也。""是編於兵火之餘，百凡靡孑，惟兹逐字零星，棄之篋底，若有鬼神呵護，幸無遺失。欲付剞劂，貧無以資，丙戌之春，藉漪若白老師一見，嘆爲從來未有，捐俸助工，始得告成，俾後學指南，實吾師爲宗匠也。""已丑在邸，遺編殘簡，市肆頗多，遍搜各坊，凡未見者厚價購求。又賴玉甲張老師潛心嗜古，凡坊間所有，得借詳考，是於既經刊就者，不惜厚價重刻，賞鑑家當自識之。""每字草有數法，一法必經數人，法變則留，法同則去。如晉與漢同者，存漢不存晉；唐與宋同者，去宋而存唐，法必從古之意。"

中國人民大學圖書館有此書，作清順治三年刻乾隆四十二年重修本，扉頁鑴"乾隆丁酉重修。武原尚德堂藏板"。清華大學圖書館也有入藏，作清初問業堂刻本。此二館作者皆作"清白芬彙編、朱宗文摹辯"。又有日本文政三年(嘉慶二十五年)江戶文會堂刊本。

《四庫全書總目》、《續修四庫全書總目提要(稿本)》未收。《中國古籍善本書目》未著錄。

1302　清抄本二王法帖釋文

T6138.5/1134

《二王法帖釋文》二卷，清闕名輯。清抄本。一册。半頁八行二十字，無格。

是編取晉王羲之、王獻之書散於各帖者，彙而合之。

王羲之書：知問帖、闊別帖、採菊帖、諸賢帖、官奴帖、雪晴帖、服食帖、又一帖、十七帖、裹鮓帖、邛竹杖帖、又一帖、擇藥帖、月末帖、安和帖、賑民帖、奉橘帖、豹奴帖、敬問帖、飛白帖、又二帖、丹陽帖、大常帖、熱日更甚帖、朱處仁帖、鹽井帖、胡桃帖、龍保帖、黃甘帖、六日帖、胡母從妹帖、鯉魚帖、五日帖、石脾帖、司州帖、愛鵝帖、蘄茶帖、菠酒帖、虞義興帖、嘗新帖、麥秋帖、筆精帖、袁生帖、還鎮帖、來居帖、得見帖、七日帖、敬和帖、隔日不面帖、近日帖、破羌帖、成都城池帖、噉麵帖、大熱帖、晚可帖、清晏帖、山川諸奇帖、講堂帖、都邑帖、九日帖、七十帖、兒女帖、諸從帖、宰相安和帖、昨見君歡帖、譙周帖、餞行帖、蔡家賓至帖、極寒帖、玉潤帖、積雪凝寒帖、來禽帖、東旋帖、清和帖、道意帖、荀侯帖、時事帖、平康帖、參朝帖、謝生帖、轉差帖、知念帖、知遠帖、言敘帖、薦虞安吉帖、屏風帖、何如帖、若耶帖、諸侯帖、安善帖、宅圖帖、中郎女帖。

王獻之書：耆舊傳帖、助汝帖、鵝群帖、鄱陽帖、地黃湯帖、鴨頭丸帖、東陽帖、乞假帖、餘杭帖、永嘉帖、集聚帖、消息帖、鐵石帖、敬祖帖、散懷帖、元度帖、慶至帖、散騎帖、敬情帖、平安帖、違遠帖、廿九帖、阮新婦帖、又一帖、珍重帖、服黃耆帖、冠軍帖、服油帖、復面帖、領軍帖、尊體何如帖、使君帖、敦奴帖、日寒帖、轉勝帖、范新婦帖、南中佳音帖、礜石帖、想彼悉佳帖、使還帖。

此本甚舊，"玄"字避帝諱。

1303　明刻本歷代帝王法帖釋文考異　T6138/2334

《歷代帝王法帖釋文考異》十卷，明顧從義撰。明刻本。二冊。半頁九行十九字，四周單邊，白口，單魚尾，書口下間刻"香雪齋藏板"。框高21.8釐米，寬14釐米。題"吳之芳茂倩編次；金星耀廣暉參訂"。無序跋。

顧從義，字汝和，上海人。善書能詩。嘉靖中，詔選善書者入直，授中書舍人，直文華殿。隆慶初，以預修國史成，擢大理寺評事。

此所謂"歷代帝王法帖"者，即爲《淳化閣帖》（或稱《閣帖》），爲十卷。自漢章帝至唐高宗，自古昔名臣至二王、顏、柳諸家，共存書家一百零三人，作品約四百二十篇。曾被後世譽爲法帖之冠，相傳"法帖"之名始此。昔《蘭亭》有考，《絳帖》有評，獨《閣帖》寥寥。始有米芾以所見創爲區別，又有黃長睿因之，更據史書考其紕繆，所見益精，而字畫淆訛未暇是正。故從義蒐集諸家所刻《閣帖》，辨其同異，釋其訛誤，毫髮必審，細意校勘，并依帖本原次，雖其板本皴裂，字畫剝食之處，亦必載之。是編勒成，從義手自繕寫，以授梓人，全書摹刻精工，據孫星衍《平津館鑒藏書籍記》，此書初印本流傳甚少。

《四庫全書總目》云："《閣帖》自米芾、黃長睿而後，踵而考訂者寥寥無幾，從義始參彙群說，輯成一編，評書者每以爲據，然於考證頗疎，又不得善本校勘，故搜羅雖廣，精審未臻。""是書原不過白茅之藉，特行世既久，其用心勤至，亦頗有可取者，故仍錄而存之，以不沒其薈萃之功焉。"

是書最早有顧氏自刻本，題"武陵顧從義編并書；太原王常校"。中國國家圖書館、上海圖書館等七館入藏。此本乃據自刻本重刻，卷一第一頁書名下刻"從武陵顧氏本"。從字體、紙張看，此本刊刻時間應在萬曆間。又此本佚去王穉登序。另有明崇禎刻本，爲八行十六字，四周單邊，白口，藏天津南開大學圖書館。

《四庫全書總目》著錄，入史部目錄類。《中國古籍善本書目》著錄，北京大學圖書館、安徽省徽州地區博物館亦有入藏。

鈐印有"吳之芸印"、"尚綱氏"、"涇上吳慶桐家藏"、"種樹抄書館"。按，是書爲吳之芳編次，吳之芸當爲之芳弟兄輩。又香雪齋或爲吳氏書齋，疑此本即吳氏所重刻。

1304　清康熙刻本淳化閣帖釋文　T6165/3274

《淳化閣帖釋文》十卷，清朱家標撰。清康熙朱氏緷錦堂刻本。二冊。半頁九行二十字，四周雙邊，白口，單魚尾。書口下刻"緷錦堂"。框高19.5釐米，寬13.2釐米。題"龍潭朱家標清田校定;男燨若星、姪焜電裏仝鈔"。前有康熙二十二年(1683)何亮功序,康熙二十二年馬世濟序,康熙二十二年朱家標自序;《譜系》;《譜系圖説》;朱家標撰《凡例》十則。

朱家標,字清田,龍潭人。素工草聖,好讀快書,搜奇採逸。

淳化閣帖乃彙刻叢帖,簡稱《閣帖》,爲法帖之祖。淳化三年,宋太宗出秘閣所藏歷代法書,命侍書學士王著編次,摹刻於棗木板上,拓賜大臣。王著采擇未精,夾雜部分僞蹟,或將作者誤標,但古人法書,賴此以傳。此本即爲朱氏作《閣帖》釋文。

卷一漢章帝書、晉武帝書、西晉宣帝書、東晉元帝書、東晉明帝書、東晉康帝書、東晉哀帝書、東晉簡文帝書、東晉文孝王書、東晉武帝書、宋明帝書、齊高帝書、梁武帝書、梁高帝書、梁簡文帝書、唐太宗書、唐高宗書、陳長沙王陳叔懷書、陳永陽王陳伯智書。

卷二漢張芝書、後漢崔子玉書、魏鍾繇書、吴青州刺史皇象書、晉丞相張華書、晉丞相桓温書、晉丞相王導書、晉丞相王敦書、晉中書令王洽書、晉司徒王珉書、晉司徒王珣書、晉侍中王廙書、晉太宰高平郗鑒書、晉侍中郗愔書、晉中書郎郗超書、晉尚書令衛瓘書、晉黄門郎衛恒書、晉太傅陳郡謝安書、晉散騎常侍謝萬書。

卷三晉太尉庾元亮書、晉車騎將軍庾翼書、晉太守沈嘉長書、晉侍中杜預書、晉王循書、晉劉超書、晉散騎常侍謝璠伯書、晉黄門郎王徽之書、晉謝莊書、晉侍中司馬攸書、晉劉瓌書、晉王坦之書、晉王涣之書、晉王操之書、晉王凝之書、晉征西司馬索靖書、晉侍中劉穆之書、晉尚書王劭書、晉車騎將軍紀瞻書、晉司徒王廞汐書、晉太守張翼書、晉陸雲書、晉海凌恭侯王遂書、晉中書令王恬書、晉太守山濤書、晉侍中卞壺書、晉謝發書、宋特進士王曇書、宋中散大夫羊欣書、宋太常卿孔琳書、晉侍中王僧虔書。

卷四梁尚書王筠書、梁特進沈約書、梁交州刺史阮研書、梁征南將軍蕭確書、梁蕭思話書、梁蕭子雲書、陳朝陳逵書、唐中書令褚遂良書、唐秘書少監虞世南書、唐率更令歐陽詢書、唐諫議大夫柳公權書、唐李邕書、唐諫議大夫褚廷誨書、唐尚書郎薛稷書、唐洺州刺史徐嶠之書、唐東宮長史陸柬之書、唐薄紹之書。

卷五蒼頡書、夏禹書、魯司寇仲尼書、史籀書、秦丞相李斯書、秦程邈書、宋儋書、衛夫人書、古法帖、隋朝法帖、隋帝書、隋僧知果書、何氏書、蔡琰書、古法帖、僧懷素書、張旭書、古法帖。

卷六至八王羲之書。

卷九至一〇王獻之書。

朱家標自序云:"昔泉郡庠舊有淳化帖,乃宋太宗搜訪古人之墨蹟,分爲十卷,於淳化中命侍書王箸用棗木板摹勒於秘閣,各卷尾有篆書題云:'淳化三年壬辰歲十一月十六日奉聖旨摹勒於上。'有銀錠紋,用澄心堂紙、李廷珪墨拓打,手摹不污,親王大臣各賜一本,珍若和璧隨珠。後歷代日久,不特原板稀有,而釋文亦闕焉,讀者難解,而鑒賞者更莫辨也。余學書十稔,熟知法帖之源……今余據古法帖釋文殫心校訂,以付剞劂,雖曰道之小技,亦足見古人用心之所至,而俾後世傳習者便於考校,庶幾毋所差訛,逮見法帖之巔末耳。"

《凡例》云:"古來法帖支派既繁,傳僞日甚,惟《淳化閣帖》猶爲近古,則釋文安可闕焉?故不憚窮搜考訂,以付剞劂。""淳化帖釋文,在初學者既可以備考稽,而博雅者益足以供典核,況歷代箋剞甚夥,選存勒石,永以爲訓者,尤宜詳釋以行世也。""宋後摹刻之《淳化閣帖》,體雖近肥,頗得古意,雖不見古蹟,而去古未遠,所謂叔敖之衣冠。善書者得心應手,存乎其人可也。"

此本有扉頁,"淳化閣帖釋文",係手寫。"玄"字不避帝諱。

《續修四庫全書總目提要(稿本)》、《中國古籍善本書目》未收。

鈐印有"振鋆私印"、"赤山張氏圖書"、"穉潛"。

1305　清乾隆刻本淳化秘閣法帖考正　　　　　　　　　　　T6165/3274.5B

《淳化秘閣法帖考正》十卷附二卷,清王澍撰。《淳化閣帖釋文》二卷,清沈宗騫校定。清乾隆刻本。十六册。半頁九行十八字,左右雙邊,白口,無魚尾。框高 21.3 釐米,寬 13.9 釐米。題"王箬林先生著;吳興沈宗騫芥舟臨帖;雪川陳焯映之較畫"。前有乾隆三十九年(1774)沈宗騫跋;欽定重刻淳化閣帖;王澍閣帖考正序;米芾法帖題跋原題;米芾本傳;黃伯思法帖刊誤原序;黃伯思本傳;王著本傳;王玠法帖刊誤原跋。

王澍,見《禹貢譜》。

沈宗騫,見《芥舟學畫編》。

《四庫全書總目》云:宋元祐中米芾作法帖題跋,以辨別真偽,然芾精於賞鑒,特據其筆蹟以意斷之而已,雖錙銖不爽,究未能確指其所以然也。大觀中,黃伯思作法帖刊誤,始援據史籍,訂其舛互,徵實有據,昭昭然白黑分矣。明嘉靖中,上海顧從義更細勘其字畫曲折,清何焯更撝姜夔《絳帖平》,增注其上,而徐葆光又雜採諸書附益之,於是《閣帖》之得失異同漸以明備。澍作是編,復研究諸說,衡其當否,兼米、黃、顧三家之意而用之,以史傳正訛誤,以筆蹟辨依託,而行款標目以及釋文之類,亦一一考核,仍依法帖原目分爲十卷,又別爲《古今法帖考》一卷,溯閣帖之緣起及諸帖之沿流,而作者又自以所得筆法一卷並附其後。

沈宗騫跋云:"乾隆戊子春,生員臣沈宗騫以吏部員外郎王澍所考正《淳化閣帖》似爲有合,惜其不能概見於世,乃爲依其原次,臨摹帖文,而綴其考正於每帖之下,已授梓人,將公諸同好。今伏見《欽定閣帖》十卷,排次考覈,較之王澍考正倍加詳密切確,御識跋語又多所辨證,發數百年來如米、黃、劉、顧諸人所未及者,今則殆無剩義矣。恨王澍本已付梓,無由增改,乃以其中音釋之□□、考訂之尤確者,並御製逐卷跋語,更錄一編,以冠卷首。俾留心字畫者,得識聖主游情藝苑所發明釐定,皆有據依原本,而王澍考正之纂,亦未大遠於宸鑒,則其有裨於宇内操觚之士者豈淺鮮哉。"

此本爲沈宗騫手書付刻者,楷法甚精。前臨帖文低一字,小字即考正。宗騫工書法,鏤版不差毫釐,洵爲精本。附二卷題"王箬林先生著;吳興沈宗騫芥舟書版;溴溪温一貞又元校字";《釋文》題"吳興沈宗騫芬舟較定;輯里温本謙自牧校刊"。

王澍是書又有雍正詩鼎齋刻本,館藏亦有一部,但爲後印,故未收。又《後知不足齋叢書》第八函收有王澍此書。《四部叢刊》三編史部所收爲影壽縣孫氏小墨妙亭藏本。

《四庫全書總目》入史部目錄類,無《釋文》二卷。《中國古籍善本書目》著錄清乾隆三十三年冰壺閣刻本,中國國家圖書館、遼寧省圖書館、湖北省圖書館等六館入藏。美國普林斯頓大學葛思德東方圖書館也有入藏。

1306　清抄本天際烏雲帖考　　　　　　　　　　　T6138/8202

《天際烏雲帖考》不分卷,清翁方綱輯。清末抄本。一册。清吳恒跋。半頁八行二十字,無格。

翁方綱，見《復初齋文集》。

《天際烏雲帖》爲宋蘇軾書。是編錄各家題跋、翁氏自跋並考證、收藏世系表以及考定摹本，雖點畫之微，辨訂亦精。

吳恒跋云："嵩陽帖并題跋二册，道光間藏吾杭孫侍御家。侍御，休寧人，爲徽之巨商，僑居杭城，在京師與覃溪學士友善。學士歿後，孫贈五千金，故蘇齋金石書畫半歸侍御。咸豐初，余獲見宋拓《公方碑》、《雪浪帖》及學士手錄詩古文集百廿本。最奇者，侍御嗜山舟侍講書，藏其楹帖千百餘聯之多。今《公方》、《雪浪》爲沈均初所得，詩古文集藏丁松生八千卷樓，《嵩陽帖》歸錢伯聲矣，題跋二册已失去，然三君皆吾友也，故猶得寓目焉。"吳恒，字仲英，浙江杭州人。光緒初任松海防同知，書宗北魏，不落窠臼，秀勁之致，得之自然。

是編又有民國風雨樓刻本及《美術叢書》本。

封面鈐"吳頤"、"黃犢山民"、"仲英"。

1307　明崇禎刻津逮祕書本歷代名畫記　　　　　T6100/1303

《歷代名畫記》十卷，唐張彥遠撰。明崇禎毛氏汲古閣刻《津逮祕書》本。四册。半頁八行十九字，左右雙邊，白口，無魚尾，書口下刻"汲古閣"。框高 18.8 釐米，寬 12.9 釐米。題"唐河東張彥遠愛賓撰；明東吳毛晉子晉訂"。末有毛晉識語。

張彥遠，字愛賓。博學工文辭，乾符中官至大理寺卿。家藏法書名畫甚多。

此書述所見聞，極爲賅備，卷一敘畫之源流、興廢、自古畫人姓名、畫之六法、畫山水樹石；卷二論傳授南北時代、顧陸張吳用筆、畫體工用搨寫、名價品第、鑒藏閱玩；卷三敘自古跋尾押尾、自古公私印記、裝背褾軸、兩京外州寺觀畫壁、古之秘畫珍圖；卷四至一○述歷代能畫人名，自軒轅至唐會昌，凡三百七十二人。書中徵引繁富，佚文舊事，往往而存。

《四庫全書總目》入子部藝術類。《中國古籍善本書目》不收叢書零種中無名人批校題跋本，故未收此本，但著錄有明刻單行本，爲十一行二十字，南京圖書館等五館入藏。

1308　元至正刻本圖繪寶鑑　　　　　T6100/1400C

《圖繪寶鑑》五卷補遺一卷，元夏文彥撰。元至正二十六年(1366)刻本。存三册。半頁十一行二十字，左右雙邊，黑口，雙魚尾。框高 17.7 釐米，寬 10.9 釐米。題"吳興夏文彥士良纂"。前有楊維禎序，至正二十五年夏文彥序。

夏文彥，字士良，號南渚。吳興人。居松江。

首卷爲畫論，餘爲畫史。書中錄歷代畫家，自遠古至元至元中，共一千五百餘人，搜集資料頗爲廣博。

夏文彥自序云："僕性鄙僻，六藝之外，他無所好，獨賞嗜畫。遇所適，輒終日諦玩，殆忘寢食。然猶病其不博，稍取歷代畫史，考論其世，與夫得失優劣之差，以廣未至。而卷帙浩繁，不能徧舉，欲輯爲一書，未暇也。自卜居泗上，人事稀闊，間以《宣和畫譜》附之他書，益以南渡、遼、金、國朝人品，刊其叢脞，補其闕畧，彙而成編，分爲五卷，名曰《圖繪寶鑑》。顧所摭雖詳，而尚慮遺者不少，益其未備，竭其精誠，俾千載之下，莫逃乎賞鑒，豈無博雅君子與我同志者歟？"

據陶宗儀《輟耕錄》云，文彥家世藏名跡，罕有比者，朝夕玩索，心領神會，加以游於畫藝，悟入厥趣,是故賞鑒品藻,百不失一。

此本補遺末刊有"至正丙午新刊"一行。又卷四第十七、二十五頁,卷五第一至二、六至七頁配清抄本。缺去卷一至二。

《四庫全書總目》入子部藝術類。《中國古籍善本書目》著錄。中國國家圖書館、上海圖書館等五館,及日本靜嘉堂文庫亦有入藏。

鈐印有"張氏珍藏"。

1309 明崇禎刻津逮祕書本圖繪寶鑑 T6100/1400

《圖繪寶鑑》六卷補遺一卷,元夏文彥撰,明韓昂續。明崇禎毛氏汲古閣刻《津逮祕書》本。六冊。半頁八行十九字,左右雙邊,白口,無魚尾,書口下刻"汲古閣"。框高18.9釐米,寬12.9釐米。題"吳興夏文彥士良纂;海虞毛晉子晉訂"。前有至正二十五年(1365)夏文彥序,滕霄續編序。末有正德十四年(1519)韓昂識語。

夏文彥,字士良,號南渚,浙江吳興人。居松江。好古嗜學,尤篤愛繪事,家藏翰墨名蹟甚富,朝夕玩索。嘗棄俗求仙,道術精進。

韓昂,字玉泉,號孟顒。官欽天監副。續卷成於正德十四年,其識語云:"遂以平日所聞所見,及家藏之圖,撿拾以應,復謀諸社友錦衣王春泉,益以知見者統書之,皆馳聲於士林者,不敢妄分優劣以爲取舍,恐礙於世。"韓氏所續者,皆有明一朝,以卷六概之。題"玉泉韓昂孟顒續纂;海虞毛晉子晉訂"。

此本在《津逮祕書》第七集內。

1310 清刻本圖繪寶鑑 T6100/1400D

《圖繪寶鑑》七卷《補遺》一卷,元夏文彥撰,清毛大倫增補。清借綠草堂刻本。六冊。半頁九行二十字,左右雙邊,白口,單魚尾。書口下刻"借綠草堂"。框高20.8釐米,寬13.8釐米。題"吳興夏文彥士良纂;賓山吳麒子仁録;後學武林藍瑛田叔、山陰馮仙湜沚鑑、蕭山張振嶽崧尚、錢塘謝彬文侯、檇李顧銘仲書、仁和□□□□重訂"。前有楊維禎序,至正二十五年(1365)夏文彥序。

是編前五卷及卷八《補遺》皆夏文彥纂,卷六爲毛大倫增補,記有明一代畫家,始於宣廟,終於張鵬,凡一百八十六人。卷七爲清代,記清代畫家,凡四百六十三人,半屬明季遺民而雜廁於清人之間,凌亂無紀。題"錢塘藍瑛田叔、武林謝彬文侯纂輯",然傳中卻有藍、謝之傳,且稱許甚至。藍,康熙三年時壽八十餘;謝,康熙十九年仍在世。

此本有扉頁,刻"圖繪寶鑑。借綠草堂梓"。"玄"字避帝諱。近藤秀實、何慶先編著的《〈圖繪寶鑑〉校勘與研究》可參考。又鄭炳純有〈《圖繪寶鑑》及其續書〉一文(載《文獻》第22輯),云借綠草堂爲馮仙湜旅居北京時堂號,是本先刷印於北京者有開化紙本,頗少見,今所見者多爲杭州所印。

《四庫全書總目》入子部藝術類。《中國古籍善本書目》不收。《中國科學院圖書館藏中文古籍善本書目》有清借綠草堂刻補修本(作清馮仙湜續增)。《中國人民大學圖書館古籍善本書目》作清康熙借綠草堂刻本。

館藏有複本一部，四冊。有扉頁。

1311　明萬曆刻清康熙補板印本劉雪湖梅譜　T6177/7242

《劉雪湖梅譜》二卷，明劉世儒撰，王思任輯。明萬曆二十三年(1595)王思任刻清康熙二十年(1681)墨妙山房補板印本。四冊。半頁十一行二十字，四周雙邊，白口，單魚尾。框高23.6釐米，寬15.9釐米。題"山陰王思任季重甫編輯"。前有王思任序；雪湖小像。末有萬曆六年(1578)徐時行跋，萬曆二十三年徐之仁跋，周路跋，康熙二十年盛振英跋。

劉世儒，字繼相，號雪湖。山陰人。少時見王冕畫梅而悅之，至廢寢忘食。學成，遂負笈買履，走名山幽谷，徧訪梅花之奇，盡得其情態。王思任曾謂其行年九十，畫梅八十年。

此本據目錄頁，卷上贊、序、評林、五言古詩、七言古詩、五言律詩、七言律詩，卷下五言排律、七言排律、五言絕句、七言絕句、附書、梅訣、梅花式、雪湖詩。

世儒《梅譜》成書後，即付於梓，嘉靖間應有首刻本。據卷上所收唐汝楫、倪嵩、季本、雲棟、沈襄諸序，可知隆慶三年有再刻本，至萬曆三年又有一刻。徐時行跋云："時行不揣鄙陋，謬者正之，遺者補之，分列上下二冊，而風煙雪月以析，亥豕以辨，美哉，藝林中之翹楚也，然後付之梓人，爲之重鐫焉。"此應爲第四刻。

王思任序云："著《梅譜》，凡再四刻，俱爲好事者攜去。性既孤高，而家貧不能再刻，無以應問奇者。予偶還里中，訪雪湖山房，則鶴鬢鮐背，兩瞳子如碧照而神甚，王方高卧梅軒之下，猶在杜機冥契間也。出舊稿示予，予爲刻之於姑孰宦邸。其詩卷稍爲次第，餘悉仍之，以昭厥志。"

盛振英跋云："王季重先生爲之重刻《梅譜》一卷，傳行於世。而先生嗣孫諱應龍，字明吾，別號問心道人，能踵起勁筆，繼美芳名，惜道人之後，竟少傳焉。先生屬余家舊戚偶檢其譜，半多殘闕，不勝亡書三篋之嘆，因倣摹舊本付梓補刻。"

此本有扉頁，刊"劉雪湖梅譜。會稽鍾式林訂。墨妙山房藏板"。又此書缺像讚、評林、贈言二卷。

《四庫全書總目》未收。《中國古籍善本書目》著錄。中國國家圖書館、上海圖書館等二十二館，及美國國會圖書館、普林斯頓大學葛思德東方圖書館亦有入藏。

館藏有複本一部，二冊。卷下第三十一、三十二頁佚。

1312　明萬曆刻本圖繪宗彝　T6130/4218

《圖繪宗彝》八卷，明楊爾曾輯。明萬曆三十五年(1607)武林楊氏夷白堂刻本。二冊。半頁十行二十四字，四周單邊，白口，無魚尾。框高22.9釐米，寬14.7釐米。題"武林楊爾曾字聖魯輯"。前有萬曆三十五年楊爾曾自序。

楊爾曾，字聖魯，號雉濤山人。錢唐人。生於萬曆間，生平事蹟無考。此譜外，又著有《新鐫東西晉演義》十二卷五十回、《新鐫批評出相韓湘子》三十回。

卷一《人物山水》，卷二《翎毛花卉》，卷三《梅花》，卷四《竹葉枝幹》，卷五《蘭花》，卷六《蟲鳥魚》等，卷七《繪畫源流及畫訓》、《畫題》等，卷八《用筆》、《畫訣》等。書中論畫之作，皆係採錄宋元以來前賢著述而成，並無創見新論。至其中人物、翎毛、梅花、竹蘭等，大抵根據周履靖所編之《天形道貌》、《淇園肖影》、《羅浮幻質》、《九畹遺容》、《春谷嚶翔》五種畫譜,稍事增減,粗爲潤色。

此本之圖刊刻極精,頗生動,爲新安蔡汝佐繪,黄德寵鐫。蔡汝佐,字元勛,號冲寰。新安人。善畫人物、山水、花卉、梅蘭竹、鳥獸、鱗介等,尤工詩意畫,亦能刻木版畫。扉頁刊"圖繪宗彝。武林楊衙夷白堂精刻不許番(翻)刊",上鈐"奇賞"。

《四庫全書總目》未收。《中國古籍善本書目》著録。上海圖書館、南京圖書館等四館,及日本内閣文庫、東京大學東洋文化研究所亦有入藏。據日本長澤規矩也輯《明清插圖本圖録》卷首解説,此書於日本元禄時代(1688—1703)曾重刻。

按,楊氏夷白堂又刻有《海内奇觀》十卷、《高氏三宴詩集》三卷、《香山九老詩》一卷。

1313　明崇禎刻清初重修本畫史會要　　T6100/2901

《畫史會要》五卷,明朱謀垔撰。明崇禎朱氏刻清初朱統鈃重修本。十册。半頁十行二十字,左右雙邊,上黑口,下白口。框高 19.1 釐米,寬 13 釐米。題"厭原山人朱謀垔隱之撰;男朱統鈃發若重較"。前有崇禎四年(1631)朱謀垔序。末有崇禎四年朱寶符跋(見《書史會要》後)。

朱謀垔,見《書史會要》。

謀垔先有續刻陶宗儀《書史會要》之舉,此則採上古迄明能畫人姓名事蹟,輯爲一編,始三皇五帝,終明釋道婦女,成於崇禎四年。卷五爲畫法。是書全用宗儀之體例,故書名亦復相因。然編次無法,至以明太祖、宣宗列諸外國之後,殊爲乖舛。其書雖採摭未富,疏漏頗多,然宋、金、元、明諸畫家姓名不顯者,頗賴以考見始末,故《佩文齋書畫譜》畫家傳中,多引以爲據,亦談丹青者所不可遽廢也。

朱謀垔序云:"余唯唯久之,乃取謝、張、朱、劉衆氏之書,而旁搜於經史雜家,採其要言,依陶氏篇法,爰自包犧,以逮我明,上而帝王,以及縉紳、韋布、道釋、女流,各爲小傳。或如封膜之類,則正其譌誤,後録諸家文賦之可誦者。若夫雜論,則以六法爲綱而條例之,其卷仍書史之數。書成,出以視客,客曰:'吾閲王氏《畫苑》,厭其太繁,繁則學習者莫得其徑。閲夏士良《寶鑑》,又苦其太簡,簡則考鏡者難厭其心。今子斟酌二家,芟所不急,而足其所未備,子之功亦勤矣,可以傳矣。'"

此本金鑲玉裝。卷四第三十二至七十二頁配清抄。

《四庫全書總目》入子部藝術類。《中國古籍善本書目》著録。中國國家圖書館、上海圖書館等六館,及美國國會圖書館亦有入藏。按,此書稿本今藏上海圖書館。

鈐印有"南陵徐氏"、"積學齋"、"積學齋徐乃昌藏書"。

1314　清康熙刻本無聲詩史　　T6107/842

《無聲詩史》七卷,清姜紹書撰。清康熙五十九年(1720)李光暎觀妙齋刻本。四册。半頁八行十七字,左右雙邊,黑口,單魚尾。框高 13.7 釐米,寬 9.5 釐米。目録頁題"曲阿姜紹書二酉輯"。前有姜紹書序。末有康熙五十九年李光暎跋。

姜紹書,字二酉,號晏如居士,江蘇丹陽人。明末曾任南京工部郎。善畫著色。又有《韻石齋筆談》。

是編蒐輯前明畫家，自洪武以至崇禎二百七十餘載，凡有關繪事者，聞見所及，錄之成帙。其云"無聲詩史"者，蓋本《東坡志林》：觀摩詰之畫，畫中有詩，及黃山谷詩"淡養寫出無聲詩"，猶曰畫史云爾。前四卷爲《正編》，收二百一人；卷五爲《女史》，凡二十二人；卷六至七爲附錄，爲真蹟不存，或品格未高、偶然點染不以畫名者。大凡四百餘家，《鄭堂讀書記》云："敍述似不爲不備，惜其限於聞見，頗多遺漏，而紀載尚有失之濫者，不能無遺憾焉。"《四庫全書總目》也云"其書敍次無法"。又《書畫書錄解題》云："惟其蒐輯頗爲勤至，評論亦頗通達。案輯錄明代畫人姓氏者，先乎是書有朱謀垔之《畫史會要》，今取以校勘，姜氏似尚未見其書，故無因襲雷同之處，固可以並存也。"

姜紹書序云："畫苑自史皇迄於勝國，俱有傳記可考，獨有明六法，寥寥無述焉。余性喜畫，而尤喜究畫家源委，尚論之餘，寢食都廢。繇洪武以至崇禎二百八十餘載，凡有關繪事者，聞見所及，錄之奚囊，積而成帙，題曰《無聲詩史》。夫雅頌爲無形之畫，丹青爲不語之詩，盤礴推敲，同一樞軸。至於毫端靈韻，尤在生知，學步效顰，寧堪垂遠，觀者當玄賞於驪黃文外也。"

李光暎跋云："姜二酉先生所著《無聲詩史》，余得之郡城項氏，項氏於風雅一道，世爲鑒賞家所宗。是編出其家，固知足珍也。而寫刻不佳，又多訛字、脫落字，心齋金先生索視，爲之校正歸余。余姐夫王典在亦愛是編，爲手鈔之，余不欲其自私也，乞以付諸梓，是編乃尤足珍矣。是編於勝國畫家似不爲不備，而吾鄉李給諫繼泉先生芳，嘉靖壬戌乙丑進士，爲文待詔莫逆交，畫亦相伯仲。同時褚叔銘先生勛，畫與李同派同工，嘗贋李公作，人莫能辨。二家皆不入是編，則是限於聞見，諸所遺漏，即此可知。嗣當搜輯，以補其缺，更博綜本朝名家爲今集焉。所望於聞見之廣者助余成之。"

此爲寫刻本。有扉頁，刻"觀妙齋重刻無聲詩史"。目錄頁後刻"嘉興夏舜臣鐫"。"玄"字避帝諱。

《四庫全書總目》入子部藝術類存目。《中國古籍善本書目》著錄，只收名人題跋本，中國國家圖書館（鄭振鐸跋）、天津圖書館（葉德輝跋）有藏。又《述古叢鈔》、《翠琅玕館叢書》俱收入。

鈐印有"敷闇行笈之書"。

1315　清康熙刻本繪事備考

T6100/1187C.2

《繪事備考》八卷，清王毓賢撰。清康熙三十年（1691）金閶大雅五雅堂刻本。十六冊。半頁八行十八字，四周雙邊，白口，單魚尾。框高 19.1 釐米，寬 13.1 釐米。題"三韓王毓賢星聚父纂定"。前有康熙三十年王毓賢序。

王毓賢，字星聚，鑲紅旗漢軍。官至湖廣按察使。勤於吏治，案無留牘，以吏才見。公餘之暇，耽情圖畫，落筆蒼雅不凡。《清代畫史增編》卷一七有傳。

此書爲毓賢康熙三十年官按察使時所作，採輯古今繪事，多所考正。卷一總論，撮錄諸家畫法。卷二至八則取古來畫家姓名事蹟，以時代分序。爲卷二軒轅、周、齊、秦、西漢、東漢、後漢、魏、吳、晉、宋、南齊、梁、陳、北齊、後周、隋；卷三唐；卷四五代；卷五北宋；卷六南宋；卷七遼、金、元；卷八明。惟北宋家數繁多，析爲三子卷，故總目雖爲八卷，實爲十卷。又其例每人各立小傳，而以諸書所載傳世名蹟附於其人之後。《四庫全書總目》云："大抵以張彥遠《歷代名畫記》、夏文彥《圖繪寶鑑》爲藍本，增廣其所未備，蒐輯頗爲詳贍。"又云："是書仿張夏二家舊例，因時類敍，一覽可知。又芟汰繁冗，易於尋討，雖多用舊文，固不以遞相祖述爲病矣。"然此書雖采錄舊文,但絕少訂補,出處有記有不記,亦不一律。王毓賢序云:"歲在庚午,承乏楚臬,懍然思所以仰承聖天子刑期無刑之意,而督撫兩臺又旰夕提命,事事有所矜式,蓋及期而庶幾政通人和焉。爰於聽讞之暇,折衷諸書,刪其繁複,訂其謬誤,補其漏脫,而諸畫之流傳可考者,俱附載姓名爵里之後。若世所艷傳,而《畫苑》諸書顧無所考見者寧闕,以俟後之君子,亦存疑存信之意也。"然其書未盡此能事,當爲誇飾之詞。

此本有扉頁,刻"繪事備考。三韓王星聚先生纂定。金閶大雅、五雅堂梓行"。並鈐"本齋藏板翻刻千里必究"印,又鈐圓形麒麟及祥瑞圖印。

《四庫全書總目》入子部藝術類。《八旗藝文編目》著錄。《中國古籍善本書目》著錄,上海圖書館、南京圖書館、北京大學圖書館等六館入藏。日本京都大學人文科學研究所也有入藏。

鈐印有"應和珍藏"、"浙江圖書館之鈐記"。

館藏有複本一部,十二冊。有扉頁。但扉頁爲重刻,字體較前本爲小,前本"三韓",複本作"三韓"。前本圖印較複本爲大,祥瑞圖案也略不同。鈐印有"節堂藏書"。

1316　清乾隆刻本國朝畫徵錄

T6108/1303

《國朝畫徵錄》三卷《續錄》二卷,清張庚撰。清乾隆蔣泰、湯之昱刻本。三冊。半頁十行二十一字,四周單邊,黑口,單魚尾。框高 18.7 釐米,寬 12.5 釐米。題"秀水張庚浦山著;睢州蔣泰無妄、湯之昱南溪同校梓"。前有乾隆四年(1739)蔣泰序,雍正十三年(1735)張庚序;又附乾隆四年張庚跋;侯肩復題詞。《續錄》題"秀水張庚浦山著;析津胡振組韭溪校"。

張庚,原名燾,字溥三,後號浦三,字公之干,號瓜田逸史、白苧村桑、彌伽居士,浙江秀水人。幼孤,家酷貧,太夫人以金鍼撫以成立。雍正十三年應鴻博詔。山水出入董、巨、黃公望,善白描,工細人物、花卉。卒年七十六。

此書錄清代畫家,徵其蹟而可信者著於篇。創始於康熙六十一年,脫稿於雍正十三年。"凡畫之爲余寓目者,幀障之外,及片紙尺縑,其宗派何出,造詣何至,皆可一一推識。"卷上始八大山人、王時敏、王撰、止陳舒、朱綱、沈治;卷中始王翬、惲壽平,止陸痴、嚴怪、朱承錫;卷下始王原祁、沈宗敬,止閨秀習忍、妓女倩扶、吳媛、豐質。《續錄》卷上始黃宗炎、黃向堅,止帥念祖、張若靄;卷下始張雍敬、方士庶,止閨秀汪亮、鮑詩。

蔣泰序云:是書"其論宗法淵源,造詣深淺,皆確然有據,而評隲不肯輕下一字。非深於是者能乎? 至若因人以及畫,或因畫以及人,另具奧旨微意有遺音矣,蓋深有得於史也。"

張庚跋云:"是錄創始於康熙後壬寅,脫稿於雍正乙卯。十餘年間,凡三上京師,一遊豫章,一遊山左,再泛江漢,三至中州,江南則經者數矣。載稿於行笥,凡遇圖畫之可觀者,輒考其人而錄之。無妄蔣君一見以爲善,即欲爲余開雕。余自愧所見者窄,未敢也。戊午之夏,復來睢陽,湯子見之,亦以爲當急梓,情甚踴躍,遂與無妄共成焉。""壬寅",爲康熙六十一年;"乙卯",爲雍正十三年。刻此書者蔣泰,字宗仁,號無妄,睢州人。博學,工詩古文,負氣節,慎交游,遇意合即比諸金石。湯之昱,字南溪,號實齋,湯斌孫,能詩,好畫山水,出入董源、黃公望兩家,筆極秀穎。

此本有扉頁,刻"國朝畫徵錄"。按,此書有翻刻本,框高 18.2 釐米,寬 12.4 釐米。又有清末萃文書局刻本(江都朱氏藏版)。日本有寬政十年刻本。

《四庫全書總目》、《續修四庫全書總目提要(稿本)》均未收錄。《中國古籍善本書目》不收。

1317　清乾隆刻本芥舟學畫編

T6130/3133

《芥舟學畫編》四卷，清沈宗騫撰。清乾隆四十六年(1781)沈氏冰壺閣刻本。四冊。半頁八行十八字，四周單邊，白口，無魚尾。書口下刻"冰壺閣"。框高16.7釐米，寬10.6釐米。題"吳興沈宗騫熙遠父述"。前有乾隆四十六年沈宗騫自序。

沈宗騫，字熙遠，號芥舟，浙江吳興人。諸生。研求畫理，歷三十年，山水人物傳神，無不精妙，小楷章草，皆具古法。《國朝書人輯略》卷六、《清畫家詩史》戊下有傳。

是編爲宗騫自抒心得之作。卷一《山水》(宗派、用筆、用墨、布置、窮源、作法、平貼、神韻)；卷二《山水》(避俗、存質、仿古、自運、會意、立格、取勢、醖釀)；卷三《傳神》(傳神總論、取神、約形、用筆、用墨、傅色、斷決、分別、相勢、活法)；卷四《人物瑣論》、《筆墨繢素瑣論》、《設色瑣論》。其每篇數段，持論詳明平允，時有新義發明，當爲於此道深造有得者不能道也。

沈宗騫自序云："用是不揣固陋，舉凡不合古人之法者，雖衆所共悅，必痛加繩削；有合於古人之法者，雖衆所共棄，必暢爲引伸，分一別目，述爲四卷。"

此爲楷書，自成一體，乾隆間刻書甚多，然以此種字體刊刻者極罕見。冰壺閣者，乃宗騫讀書處，此亦爲家刻本。卷四末頁刻"潯溪熊錦文鐫"。

沈宗騫自序、卷三第一頁、卷四第三十一頁及三十二頁係抄配。序下鈐有"容庚"小印。抄配之頁當據原本描寫，書寫極工，非高手不辦，或爲容庚所爲。

《中國古籍善本書目》著録，上海圖書館、北京大學圖書館、復旦大學圖書館等三館有藏。

1318　清抄本繪林伐山

T6108/2422

《繪林伐山》三卷，題清離垢軒撰。清抄本。一冊。半頁八行十六字。題"離垢軒集録"。前有乾隆四十五年(1780)蓬心老樵序。

離垢軒，即蓬心老樵，履歷不詳。

是書集吳越以前善繪事者小傳，計卷一黃帝時一人、周五人、秦二人、漢八人、後漢八人、魏四人、吳二人、蜀漢三人、晉二十六人、後涼一人、宋三十四人、南齊二十八人、梁十八人、陳四人、魏五人、北齊九人、周三人、隋二十三人；卷二唐四百零一人；卷三梁十五人、後唐十四人、晉三人、周三人、吳一人、南唐三十四人、前蜀十四人、後蜀二十八人、吳越二十九人。

蓬心老樵序云："余少好繪事，佔俾之餘，拈弄筆墨，時爲師長所訶。及長，奔走四方，知交歙洽，以此聯合者不少。通邑大都，每遇古人真跡，輒手摹而心追之，苟有所得，樂而忘倦。強仕之年，備員薇省，又得竊窺内府所藏真蹟，臨仿者有年。既而秋滿外遷，閑官冷署，寂寞江干，借書畫以自娛。遂集古今畫史，彙成一冊，名曰《繪林伐山》，得古人墨妙，以便考訂。同集者，表弟朱竹溪鼎、甥蔣耐庵之均也。"

此抄甚舊，當在乾隆間。

《續修四庫全書總目提要(稿本)》、《四部總録藝術編》、《中國古籍善本書目》未著録。

鈐印有"河島藏書"。

1319　明萬曆天啓間刻本黃氏畫譜　　T6177/4873

《黃氏畫譜》八種八卷，明黃鳳池輯。明萬曆天啓間集雅齋清繪齋刻本。八册。半頁四周單邊，白口，無魚尾。框高 26.9 釐米，寬 18.1 釐米。

黃鳳池，徽州人。

此畫譜爲《新鐫五言唐詩畫譜》一卷(王迪吉序)、《新鐫六言唐詩畫譜》一卷(程涓序)、《新鐫七言唐詩畫譜》一卷(林之盛序)、《唐解元倣古今畫譜》一卷(唐寅序)、《新鐫草木花詩譜》一卷(天啓元年汪躍鯉序)、《新鐫木本花鳥譜》一卷(天啓元年吴翰臣序)、《新鐫梅竹蘭菊四譜》一卷(萬曆四十八年陳繼儒序)、《張白雲選名公扇譜》一卷(陳繼儒序)。

是書各家題名不一，有作"唐詩畫譜"者，有作"集雅齋畫譜"者。八種中《唐六如古今畫譜》、《張白雲選名公扇譜》，原爲清繪齋刻本。清繪齋主人金氏，杭州人。兩書板片後歸黃鳳池，並黃氏集雅齋自刻六種而爲《黃氏畫譜》八種。據周蕪先生云，此譜有兩種明刻本，刻工刊署劉次泉者，大抵爲原刻本。此本無刻工劉次泉。

《唐解元倣古今畫譜》非唐寅畫，實爲宋旭、陳裏、曹義等人所繪，書賈僞托唐寅，實爲射利。《張白雲選名公扇譜》應爲張白雲所摹輯，白雲名張成龍，字白雲，河南大梁人。《畫髓元詮》稱其"臨摹古畫，好諸家山水，久而彌化，細密精工，筆力高古。又善作白描人物"。此本即張氏摹孫克弘等人扇圖四十八幅。陳繼儒序稱此扇譜爲武林金氏所刻，并推爲"洗去鉛筆，獨存本質"。

《新鐫梅竹蘭菊四譜》，爲孫繼先(漢凌)摹圖。而唐詩五言、六言、七言畫譜皆爲蔡冲寰所繪。《新鐫唐詩七言畫譜》林之盛序云："新安鳳池黃生，夙抱集雅之志，乃詩選唐律，以爲吟哦之資；字求名筆，以爲臨池之助。畫則獨任冲寰蔡生，博集諸家之巧妙，以佐繪士之馳騁。"陳繼儒序又云："兹鳳池黃君，旁搜博採四譜，彙成一集……黃君蓋嘗爲《唐詩畫譜》三集，海内爭什襲珍之。"蔡冲寰，字元勛，號汝佐，新安人。又繪有《圖繪宗彝》及陳繼儒批評明師儉堂六種傳奇之插圖。

《新鐫木本花鳥譜》、《新鐫草木花詩譜》，據汪躍鯉序云："黃君按景作圖，品滙二册，選入丹青，以流布天下，俾好事君子披圖清玩之，庶可爲藝林中之一助耳。"又吴翰臣序稱："鳳池黃君，少游虎林，縱覽名山，得覘三吴風致，瞥見樹木叢胜，花鳥奇輝，種種色色，恍視人目，中心艷慕之最，繪圖久矣……迫秋風冷落，顔色易凋，能令長春而不改乎？由是采訪百家，旁搜諸品，按圖索驥，草、木二種滙以成帙。而飛翔動植，花鳥翎毛，枝幹遒勁，鋪敘點綴，描繪工致，縱横筆陣，巧奪天工，歷千古而不逾，經四時而不改，展卷視之，儼若在目。"

《新鐫五言唐詩畫譜》有扉頁，鈐有"每部實價紋銀五錢"。按，哈佛大學塞克勒美術館(Harvard Sackler Museum)藏有《新鐫五言唐詩畫譜》及《新鐫梅竹蘭菊四譜》，二書之扉頁都鈐有"每部定價紋銀五錢"，據此可知《黃氏畫譜》八種在坊間是可以拆零售賣的。

《四庫全書總目》有《唐詩畫譜》五卷，入子部藝術類存目。《中國古籍善本書目》著錄。天津圖書館、北京大學圖書館等四館，臺北"國家圖書館"，及日本内閣文庫(兩部)、東京大學東洋文化研究所亦有入藏。日本寬永七年(1630)有翻刻本，日本静嘉堂文庫入藏，書名作《八集畫譜》。

日本慶安三年(1710)，中川茂兵衛嘗取此八種畫譜翻刻印行。此外又有日本安政五年(1918)文永堂書肆重摹并縮刻中川茂兵衛之翻刻本，而成腐蝕銅版印本。

鈐印有"恬閣藏"、"梅花室印"、"楳逸圖書"。

館藏有複本一部,八冊。金鑲玉裝。刷印較前本爲晚。

1320　清康熙刻套印本芥子園畫傳　　　T6130/1179D

《芥子園畫傳》五卷,清王槩輯。清康熙十八年(1679)芥子園甥館刻彩色套印本。五冊。半頁九行二十字,四周單邊,白口,單魚尾。框高21.9釐米,寬14.2釐米。前有康熙十八年李漁序。末有陳扶摇跋。

王槩,初名匄,一作改,亦名丐,字東郭,一字安節,浙江秀水人,久居江寧。著弟。兄弟皆篤行嗜古,旁及詩畫,擅名於時。山水學龔賢,善作大幅及松石等,雄快以取勢,蒼健或過之而沖和不足。人物、花卉、翎毛之屬,動筆輒有味外之味。刻印直追秦漢,兼刻竹。

卷一《青在堂畫學淺説》;卷二樹法十九式、葉法三十五式、夾葉及著色鉤籐法三十二式、諸家枯樹法九式、諸家葉樹法五式、諸家雜樹法二十三式、諸家松柏法十式、諸家柳樹法五式、蕉桐花竹兼葭法十七式;卷三石法十一式、皴法十四式、山法十二式、諸家巒頭法二十七式、坡陘磯田石壁法十一式、流泉瀑布石梁法十二式、水雲法四式;卷四點景人物六十二式、中號點景人物三十二式、極小點景人物十九式、極寫意人物七式、點景鳥獸二十六式、牆屋法二十八式、門逕法十六式、城郭橋梁法三十一式、寺院樓塔法九式、界畫臺閣法十二式、舟檝法二十一式、器具法二十六式;卷五摹做諸家方册式十幅、摹做諸家宮紈式十幅、摹做諸家摺扇式十幅、摹做諸家橫長各式十幅。

此書爲李漁婿沈因伯屬王槩就李流芳原本增輯編次而成,由淺入深,實爲學畫山水者入門捷徑。李漁序云:"向居金陵芥子園時,已囑王子安節增輯編次久矣,迄今三易寒暑,始獲竣事。予急把玩,不禁擊節,有觀止之嘆。計此圖原帙凡四十三頁,若爲分枝,若爲點葉,若爲巒頭,若爲水口,與夫坡石橋道、宮室舟車,瑣細要法,無不畢具。安節於讀書之暇,分類彷摹,補其不逮,廣爲百三十三頁。更爲上窮歷代,近輯名流,彙諸家所長,得全圖四十頁,爲初學宗式。其間用墨先後,渲染濃淡,配合遠近諸法,莫不較若列眉,依其法以成畫,則向之全貯目中者,今可出之腕下矣。有是不可磨滅之奇書而不以公世,豈非天地間一大缺陷事哉!急命付梓,俾世之愛真山水者,皆有畫山水之樂,不必居畫師之名而已得虎頭之實。"

陳扶摇跋云:"是集出自前賢秘本,兼之鹿柴先生苦心,始於丁巳春,成於己未冬,歷四十餘月而方告竣。其中議論確當,臨摹詳晰,固畫學之金針。至若鎸刻神巧,渲染精工,誠藝林之寶玩也。賞鑒者幸無泛涉輕置焉。""丁巳",爲康熙十六年,"己未",爲康熙十八年。此本有扉頁,刻"芥子園畫傳。繡水王安節摹古。李笠翁先生論定。本衙藏板"。扉頁右下角鈐"蘇州文光堂書坊發兑"。卷二、卷三間有套印,卷五爲彩色套印。李漁序後刻"湖上笠翁氏李漁之印"、"白髮少禿塲"二印。此本"甥館刻"據《中國古籍善本書目》著録。

《四庫全書總目》、《續修四庫全書》、《續修四庫全書總目提要(稿本)》未收。《中國古籍善本書目》著録,中國國家圖書館、上海圖書館、清華大學圖書館等六館也有入藏。

日人裝訂,紙有襯托。

1321　清刻彩色套印本芥子園畫傳　　　T6130/1179

《芥子園畫傳》五卷,清王槩輯。清刻彩色套印本。五册。日本闕名跋。半頁九行二十字,

子　部

四周單邊,白口,單魚尾。框高 21.3 釐米,寬 14.1 釐米。前有康熙十八年(1679)李漁序。末有陳扶搖跋。

此本有扉頁,刻"芥子園畫傳。繡水王安節摹古。李笠翁先生論定。本衙藏板"。卷二、卷三間有套印。卷五爲彩色套印。按,此本李漁序後無鈐印,館藏複本有"李漁之印"、"湖上笠翁氏"二印。另一部鈐"吳印口語"、"從默"。

鈐印有"岡田真之藏書"。

館藏有複本兩部,各五册。一無扉頁,鈐印有"臣王晉之"、"孟樵"、"即此是學"。另一部有扉頁,無鈐印,後印本。

1322　清康熙刻套印本芥子園畫傳二集　　T6130/1179D

《芥子園畫傳二集》八卷,清王槩、王蓍、王臬輯。清康熙四十年(1701)芥子園甥館刻彩色套印本。八册。半頁九行二十字,四周單邊,白口,單魚尾。框高 22.2 釐米,寬 14.1 釐米。前有康熙四十年王槩序;沈心友撰《例言》十則。

是編爲蘭竹梅菊四譜。譜前俱有畫法歌訣起手式,由淺入深,頗便初學練習。

《青在堂蘭譜》二卷,卷上爲畫蘭淺説、畫蘭起手撇葉式十六則、雙勾葉式三則、撇葉倒垂式、寫心式七則、點心式、雙勾花式十一則、寫蕙花式二則;卷下爲蘭譜十六式,並有康熙四十年王蓍識語、王臬跋。

《青在堂竹譜》二卷,卷上畫竹淺説十三則、畫竹起手發竿點節式九則、發竿式五則、生枝式六則、發竿生枝式四則、布仰葉式八則、布偃葉式六則、布葉式三則、結頂式三則、垂梢式一則、橫梢式一則、出梢式二則、安根式三則;卷下爲竹譜二十四式,並有康熙二十一年諸昇序,康熙四十年王蓍識語。

《青在堂梅譜》二卷,卷上畫梅淺説二十一則、畫梅起手畫梗式七則、畫梗生枝式六則、枝梗留花式二則、老幹生枝留花式二則、畫根式一則、畫花式七則、畫千葉花式四則、花鬚蕊蒂式六則、畫花生枝點芽式九則、花萼生枝點芽式三則、全幹生枝添花式二則、全樹式,又沈心友跋;卷下爲梅譜二十式,並有康熙四十年王蓍識語、王質跋。

《青在堂菊譜》二卷,卷上畫菊淺説十二則、畫菊起手平頂長瓣花五則、高頂攢瓣花六則、攢頂尖瓣花五則、抱心尖瓣花四則、層頂亞瓣花五則、攢心細瓣花五則、點墨葉式十二則、鉤勒葉式十四則、花頭生枝點葉鉤筋式四則、鉤勒花頭枝葉式十一則;卷下爲菊譜二十式,並有康熙四十年王蓍識語。

《例言》云:"辛巳春初,鳩工於秣陵僧舍,至秋菊開殘,嶺梅初放,歷四時而後成書,真心同板鏤,印得心傳,不辭艱苦,識者鑒之。""先是畫傳初集,乃老友王子安節定正摹古,是集仍託安節昆仲爲之,篤念世好,亦欣然首肯。時值其仲弟宓草楚歸,共襄是事。計蘭竹梅菊二百二十餘葉,宓草删其可删者半,增其不可不增者亦半,至草木花卉中附飛鳥昆蟲二百三十餘葉,宓草倣摹增入者十之七。每册未成,鉤勒影摹各色,上之棗梨,則其季弟司直綜理之;每册將成,折衷於安節品隲編定。""是集所載曰蘭、曰竹、曰梅、曰菊、曰草本花卉、曰木本花卉、曰昆蟲、曰飛鳥,凡八種,分爲前後二編,册分上下。上册首詳畫法源流,使人知所始。次詳畫法歌訣,使人知所宗。次詳起手各式,使人知握管從事。下册遍倣古今名畫全幅,使人知所師承。慧心人一見而解行,看閨閣揮毫,童蒙善畫,是亦文明之世,黼黻太平之小補焉。""王諸五先生不憚任勞,

1043

遍輯宇内文人書畫幾二十年,友不惜重費,遍搆古人真本,充笥盈篋,以備鑒定。每一卷成,凡臨摹未臻盡美及精而益求其精,退落書畫及題寫詩詞,撿束盈箱,有如碎金斷璧,一一珍藏,以志著書之攻苦云。"

有扉頁,刻"畫傳二集蘭譜。繡水王安節、宓草、司直摹古。宇内諸名家合訂。芥子園甥館珍藏"。右下角鈐有"芥子園珍藏"印。《例言》後刻"康熙辛巳桂月芥子園甥館鐫藏"。《竹譜》末刻"康熙辛巳清和月芥子園甥館鐫藏",《菊譜》末刻"康熙辛巳蒲月芥子園甥館鐫藏",下皆鈐"芥子園"、"李氏珍藏"兩小印。

《中國古籍善本書目》著録,中國國家圖書館、上海圖書館等四館也有入藏。

1323　清康熙刻套印本芥子園畫傳三集　　T6130/1179D

《芥子園畫傳三集》四卷,清王槩、王蓍、王臬輯。清康熙四十年(1701)芥子園甥館刻彩色套印本。四册。半頁九行二十字,四周單邊,白口,單魚尾。框高 22.1 釐米,寬 14.7 釐米。前有康熙四十年王澤弘序。

是編爲花卉草蟲翎毛之譜。譜前俱有畫法歌訣起手式,由淺入深,頗便初學練習。

《青在堂花卉草蟲譜》二卷,卷上畫花卉淺説七則、畫草蟲淺説七則、草本四瓣五瓣花頭起手式五則、五瓣六瓣長蔕花頭式五則、缺亞多瓣大花頭式四則、尖圓大瓣蓮花式四則、各種異形花頭式八則、草本各花尖葉起手式四則、團葉式三則、岐葉式三則、長葉式三則、亞葉式三則、圓葉式四則、草本各花梗起手式九則、根下點綴苔草式十三則、點綴草蟲式二十七則;卷下爲草蟲花卉譜四十式,並有康熙四十年王蓍識語。

《青在堂花卉翎毛譜》二卷,卷上畫花卉淺説十一則、畫翎毛淺説六則、木本五瓣花頭起手式四則、六瓣八九瓣花頭式四則、多瓣花頭式四則、刺花藤花式四則、牡丹大花頭式三則、木本各花尖葉長葉起手式五則、耐寒厚葉式四則、刺花毛葉三則、牡丹岐葉式四則、木本各花梗起手式九則、點綴翎毛起手式十二則、踏枝式五則、飛立式五則、並聚式四則、水禽式四則、細鉤翅毛起手式七則、翻身飛斗二式二則、浴波式二則;卷下爲翎毛花果譜四十式,又設色諸法,並有康熙四十年王蓍識語。

經摺裝。有扉頁,刻"草蟲花卉譜。繡水王安節、宓草、司直摹古。畫傳三集。上册畫法歌訣起手式、下册古今諸名人圖畫。芥子園甥館鐫藏"。另又刻:"衆花分爲二譜,先草本,次木本,草蟲翎毛,各以類從。草蟲已見於前編,則翎毛宜載於是帙,條分縷晰,交相發明。至譜中鉤勒著色,武林王諸二先生詳訂於前,檇李三王先生增輯於後,雖屬五美交併,亦復後來居上。此集創始於壬戌,告成於辛巳,歷二十年方得梓傳宇内。集中區别源流,裁纂古法,爲訣爲式,則仲氏宓草一人爲之,不惜金針度後人,其功深矣。芥子園甥館識。""前編蘭竹梅菊四種,皆屬書本裝釘,以兩頁合而成圖,耐於翻閱,未免交縫處與筆墨有間斷。兹花卉二譜,頁粘成册,不獨圖中蟲鳥無損全形,抑且案上展披同乎册頁。其中摹倣渲染,傳之梨棗,不失精微,非大費苦心,何能臻此。至畫中題詠,盡採古人,如有未合,始裁新句。即題詠中諸體字法,遍乞名流,鏤印諸工,必謀善手。此册公之賞玩,自不宜作刻本觀,更不宜僅作畫譜觀也。芥子園甥館識。"

《中國古籍善本書目》著録,中國國家圖書館、上海圖書館等四館也有入藏。

1324　清乾隆刻套印本芥子園畫傳二集三集　　T6130/1179BC.2

《芥子園畫傳二集》八卷《三集》四卷,清王槩、王蓍、王臬輯。清乾隆四十七年(1782)金閶文淵堂刻彩色套印本。八冊。半頁九行二十字,四周單邊,白口,單魚尾。框高 21.7 釐米,寬 14 釐米。前有康熙四十年(1701)王槩序;《例言》十則。《三集》前有康熙四十年王澤弘序。

此《二集》有扉頁,刻"芥子園畫傳二集。繡水王安節、宓草、司直摹古。宇内諸名家合訂。金閶文淵堂鐫藏"。另又刻:"人物山水載在初集,畫家所擅各有專長,梅竹蘭菊四種,亦復宜備一格。兹因畫傳二集歲久模糊,神韻盡掩,本堂購求初印原譜,不惜工本,重付棗梨,庶不失芥子園考輯初心,亦以留諸名人圖畫遺蹟,絢丹青於毫素,綴歌訣於簡端,豈惟暗度金針,是宜珍如玉檢。文淵主人識。"《例言》後刻有"乾隆壬寅仲春月金閶書業堂重鐫珍藏"一行。《菊譜》後亦刻有"乾隆壬寅仲春月金閶書業堂重鐫珍藏"。

《三集》又有扉頁,刻"芥子園畫傳三集。繡水王安節、宓草、司直摹古。宇内諸名家合訂。金閶文淵堂鐫藏"。另又刻:"前編既經鐫刊,以公同好,案頭展玩,諸體漸備。惟草蟲翎毛,另彙一編,爰又續刊。是集詳加考究,鐫印皆由名手鉤勒,無損全神,奪花卉之芳妍,窮羽毛之變態,徐熙雅致,猶在人間;崔白真傳,應留宇内。雖屬刻本,自饒生機,併前兩集共成完璧云爾。文淵主人識。"總目後亦刻有"乾隆壬寅仲春月金閶書業堂重鐫珍藏"。

此當爲乾隆四十七年據康熙四十年芥子園甥館刻彩色套印本重刻。

館藏有《二集》複本一部,佚去《竹譜》,三冊,無扉頁。

1325　清康熙刻本御製耕織圖　　T8035/4414

《御製耕織圖》一卷,清焦秉貞繪。清康熙三十五年(1696)內府刻本。一冊。框高 24.3 釐米,寬 24.1 釐米。前有康熙三十五年御製序。

焦秉貞,山東濟寧人。康熙中,官欽天監五官正。工畫人物樓觀,通測算,參用西洋畫法,注重大小比例、遠近明暗。遠視之,人畜、花木、屋宇皆植立而形圓。其畫得康熙帝喜愛,命繪《耕織圖》四十六幅,鐫版印賜臣工。自秉貞創法,畫院多相沿襲。《清史稿》卷五○四有傳。

《耕織圖》爲宋樓璹始作。《直齋書錄解題》卷十著錄《耕織圖》一卷,云:"於潛令鄞樓璹壽玉撰。攻媿參政之伯父也。"攻媿參政即樓鑰,其《攻媿集》卷七十六有《跋揚州伯父耕織圖》,云:"伯父時爲臨安於潛令,篤意民事,慨念農夫蠶婦之作苦,究訪始末,爲耕、織二圖。耕自浸種以至入倉,凡二十一事;織自浴蠶以至剪帛,凡二十四事。事爲一圖,系以五言詩一章,章八句。"康熙中,焦秉貞奉命據樓氏原本重新繪製《耕織圖》,所繪爲耕、織各二十三幅,康熙帝於每幅題詩一首,即此本。

御製序云:"古人有言:衣帛當思織女之寒,食粟當念農夫之苦。朕惓惓於此,至深且切也。爰繪耕織圖各二十三幅,朕於每幅製詩一章,以吟詠其勤苦,而書之於圖。自始事迄終事,農人胼手胝足之勞,蠶女繭絲機杼之瘁,咸備極其情狀。復命鏤板流傳,用以示子孫臣庶,俾知粒食維艱,授衣匪易。"

此本耕圖包括浸種、耕、耙耨、耖、碌碡、布秧、初秧、淤蔭、拔秧、插秧、一耘、二耘、三耘、灌溉、收刈、登場、持穗、舂碓、籭、簸揚、礱、入倉、祭神。織圖包括浴蠶、二眠、三眠、大起、捉績、分箔、採桑、上簇、炙箔、下簇、擇繭、窖繭、練絲、蠶蛾、祀謝、緯、經、染色、絡絲、織、攀華、剪帛、成衣。每幅圖眉上皆有康熙題詩一首。

耕圖末幅"祭神"、織圖末幅"成衣"各有小字題"欽天監五官臣焦秉貞畫,鴻臚寺序班臣朱圭鐫"。朱圭字上如,江蘇吳縣人,亦善繪事。雕刻書畫,精細工緻,無出其右,選入養心殿供事,以效力得官,授鴻臚寺序班(見《清代畫史增編》卷五)。

康熙序前鈐"佩文齋"印,末鈐"康熙宸翰"、"稽古右文之章"。

《中國古籍善本書目》子部藝術類著錄,中國國家圖書館、上海圖書館、上海博物館、天一閣四家館藏。另臺北"故宮博物院"等亦有收藏。今存此本中,又有以墨印版本施以彩繪者。雍正、乾隆間此圖續有刊刻,並加入雍正、乾隆題詩。有清一代,此圖頗為風行,多有刊刻,日本亦有翻刻本。

1326　清咸豐刻本寫竹簡明法

T6130/4426

《寫竹簡明法》二卷,清蔣和撰。清咸豐六年(1856)葉志詵兩廣督署刻本。一冊。全頁十六行十七字,四周單邊,白口,無魚尾。全頁框高 18.7 釐米,寬 27 釐米。題"錫山蔣和輯"。前有蔣和自序並記。末有咸豐六年葉志詵跋。

蔣和,見《蔣氏游藝秘錄》。

和年逾四十始寄情於竹,復廣搜名賢真蹟,推究理法,似有會通,方集為譜,以啟示後來。卷上發竿四式、點節竹枝附竹胎解籜、布葉五十一式、大段二十五式、小段十式、結頂十式、垂梢二十式、旁梢二十式、梅道人五葉排梢十一式;卷下晴竹三十式、破個十五式、雜體十二式、草體十九式、風雨二十式、舊譜十八式、梅道人雜法二十六式、鉤勒十七章、前人名論十二則附寫竹忌、自著《寫竹雜記》二十一則。《寫竹雜記》專言寫竹方法,多注重筆法布置,為心得之見。

蔣和自序云:"茲為譜十有七章,名曰簡明法。乾以易知,坤以簡能,易簡而天下之理得矣,況區區楮墨耶?吾祖書法論曰:'言者,心之聲也。'書亦然。董文敏曰:'善書者不必善畫,善畫者必得善書。'寫竹訣云:'幹如篆,節如隸,枝如草,葉如楷。學者讀書立品,潛心向道,由規矩繩墨達其旨趣,盡其變化,妙悟神解,無所不通,皆存乎其人耳。'憶己亥,余刻《書法正宗》,今年近知非,復刻斯譜,書畫一理,寫竹尤明。特仰承天鑒,藉以流傳,實深漸愧凡。觀余譜者,勿徒羨所遇之隆,而早自勉勵,亦游藝之一助云爾。"

蔣和記云:"寫竹名家林立,而畫法不傳。是譜專以法為主,善用法者,無法非實,無法非空,實處習,空處悟,所謂一而二、二而一也。曾見梅道人《竹譜》,凡十餘卷,皆舒寫己意,不歸成法。竊疑名家至成功之後,盡棄古法,專求化境,使後人可望不可即,名之曰畫而非譜,名之曰譜而無法,雖有好者,無逕可尋,以至望洋向若而嘆耳。余因輯前人翰墨之有法者,自梅道人、夏仲昭、柯敬仲諸人以至國初名手,一一採集,分門別類,加以注解,使用筆有著落,逐章有意義,反覆講論,以資初學。至用墨渲染,又當求之古人真跡,非木刻所能傳也。識者諒之。"

是書最早有乾隆五十七年刻本,葉志詵得之後再重刻於兩廣督署。葉志詵跋云:"嘉慶丙辰春正月隨侍都門時,得此本於琉璃廠火神廟書攤,晨夕展玩,始得寫竹門徑,藏之六十年,欲再覓一冊,無有也。詢之錫山人,亦無知者,大抵印行甚少,板片存否亦未可知。今就養粵東,因覓工重刻,以廣其傳。時咸豐六年歲在丙辰春正月,漢陽葉志詵識於兩廣督署福祿壽綿長之居。"跋後鈐有"葉志詵"、"東卿記"、"福祿壽綿長之居"印。

此本楷書,刊刻極精。有扉頁,刻"蔣最峰寫竹簡明法。咸豐六年歲在丙辰正月朔吉兩廣督署開雕"。序後刻"漢陽葉氏摹刻本"。是本雖咸豐間刻本,但流傳稀少,民國間有正書局有石印本。1984年文物出版社有印本,字體爲宋體,改蔣序爲王世襄手書,並抽去葉跋。

《續修四庫全書總目提要(稿本)》未收。《中國古籍善本書目》未著錄。

1327　清康熙刻本佩文齋書畫譜　　T6080/1978B

《佩文齋書畫譜》一百卷。清孫岳頒等纂輯。清康熙四十七年(1708)内府刻本。六十四册。半頁十一行二十一字,左右雙邊,白口,單魚尾。框高16.7釐米,寬11釐米。前有康熙四十七年御製序;《凡例》八則;纂輯諸臣職名;纂輯書籍一千八百四十四種。

孫岳頒,字雲韶,號樹峰,江蘇蘇州人。康熙二十一年進士,官至禮部侍郎。善書法,受知於聖祖,每有御製碑版,必命書之。康熙四十七年卒。有《昭代尺牘小傳》。

是書分門列目,徵事考言,所引書衆多,每條之下各注所出,使一字一句必有所徵,而前後條貫,無所重複。《四庫全書總目》云:"裒合衆說,各別姓名,而鎔貫翦裁,如出一手。非惟尋源竟委,殫藝事之精微,即引據詳賅,義例精密,抑亦考證之資糧,著作之軌範也。"卷一至一○《論書》(書體、書法、書學、書品);卷一一至一八《論畫》(畫體、畫法、畫學、畫品);卷一九至二○《歷代帝王書》(黄帝至明);卷二一《歷代帝王畫》;卷二二至四四《書家傳》(五帝時至明);卷四五至五八《畫家傳》(五帝時至明);卷五九至六六《歷代無名氏書》(金、石);卷六七《御製書畫跋》;卷六八至六九《歷代帝王畫跋》;卷七○至八○《歷代名人書跋》;卷八一至八七《歷代名人畫跋》;卷八八至八九《書辨證》;卷九○《畫辨證》;卷九一至一○○《歷代鑒藏》(書、畫)。

御製序云:"朕萬幾燕閒,披覽典册,間臨書家名蹟。每觀前代紀錄書畫諸書,種類錯互,漫無統紀,遂即佩文齋所有者編葺之,使各以類相從,爲一百卷,凡書畫之源流,古今工於此者之姓氏,以至聞人之題跋,歷代之鑒藏,悉備考而慎其擇,亦可謂詳且盡矣。昔唐太宗好書,親序王羲之傳,自以爲心摹手追,而當時内府之圖籍,亦號最盛,迄於今日,流傳者日遠日少,晉唐已爲隆古,而況前此者乎?然溯流者必窮其源,習今日之書而不推本於篆隸,亦猶齊末之觀也。故上自蒼頡史皇,下暨近代皆列焉。朕於書畫偶有題跋,檢出數十則以爲一卷,從諸臣之請也。要之尚稽曩昔,用以攄適性情,泳陶清暇,附於古聖人游藝之意,並爲世之嗜古者樹毫楮之標準,弘考索之旨趣,則牙籤萬卷之中,是編亦可以永傳也。"

《凡例》云:"凡經史子集、稗官野乘、山經地志、釋典道藏,靡不蒐采,以類相從,爲一百卷。書畫同譜,洵稱鉅觀。""自造書制畫以後,書有五十六種,畫有十三科,所謂體也。其體既分,則有八法、六法以际學者。學有工拙,斯品有高下,故首輯論書論畫十八卷。其中先明源流以爲體,次備規矩以爲法,述指要以爲學,列次第以爲品。若諸書文有疵纇語涉繁複者,略爲删節,以期簡當。""前人所錄書畫家傳,間有差誤,頗多漏略。故必考索群籍,取其可徵信者,兼收博采,十增四五。始五帝而迄元明,共得四十卷,先列歷代帝王,餘以時世相次。其有書蹟畫幅偶傳姓字,無書可據者概不載入。""書畫流傳,久而失實,故石鼓傳疑,蘭亭聚訟,魯恭之像難稽,梁元之圖莫考。若無辨證,何以信從?乃輯書畫《辨證》三卷,衆說紛紜,究歸定論,覽者心目瞭然,足祛千載之惑。""纂輯書籍,於内府收藏外,廣事搜羅,引用者共一千八百四十四種。每條之下,注以書名,其間有訛字可疑,無善本校正者,姑仍其舊。"

此内府寫刻本,初印。楷書精極。黄紙。"玄"字避帝諱。此書似有後印本,日本《内閣文庫漢籍分類目録》有"清静永堂刻本"兩部；《京都大學人文科學研究所漢籍分類目録》有"康熙四十八年静永堂御賜原板刊本"；美國《普林斯頓大學葛思德東方圖書館中文舊籍書目》有"清康熙間内府刊雍正間静永堂印本"。

《四庫全書總目》入子部藝術類。《中國古籍善本書目（徵求意見稿）》著録，中國國家圖書館、南京圖書館等十八館也有入藏。

鈐印有"渭陽姜氏悅德堂藏書記"、"寶南真㽔水氏書畫章"。

1328　清刻套印本天下有山堂畫藝　T6178/3131

《天下有山堂畫藝》二卷，清汪之元撰。清樵石山房刻套印本。一册。半頁八行十八字，四周雙邊，白口，無魚尾。框高23釐米，寬17.2釐米。題"白嶽汪之元體齋父述；及門方外普華樸安、梅谿姪鈞雲奏父仝較"。前有雍正二年（1724）圖理琛序。

汪之元，字體齋，自署白嶽人，廣東潮安人，流寓廣州。工翰墨，善詩歌，也善畫蘭竹，博聞卓識，又工刻印，曾爲圖理琛延爲塾師。又有《印藝》。

汪氏自丱角時即喜繪事，於墨蘭竹曾苦心研討，欲盡得古人遺意。是編凡兩種，一爲《墨竹譜》，一爲《墨蘭譜》，附蕙石苔草畫法。《墨竹譜》前有墨竹指三十二則，詳論寫竹之法，頗爲精到。譜分寫竿法（一二三竿）、寫竿法（五竿）、老嫩竿竹胎法、點節法、寫枝法、風晴雨枝、俯昂枝、寫葉起手法、重葉法、布葉法、葉下出枝、雙單結頂、雙單出稍、晴竹寫葉法、風竹式、晴竹式、雨竹式、雪竹式。《墨蘭譜》前有墨蘭指，附蕙石苔草二十八則，論寫蘭之法亦甚詳明。譜首爲同學先輩姓氏，蘭葉起手法、四筆交互葉、兩叢葉、三叢葉、枝頭花法、兩叢式、風蘭式、懸崖式、折葉式、蕙葉法、花箭法、三箭交答花蕊法、添插葉法、兩叢式、兼竹式、露根式、折葉式、寫石輪廓起手法、寫石法、寫石透漏法、倣古石式、山瀑水口式、點苔法、靈芝式、寫草法，足爲初學蘭竹之資。

圖理琛云："（汪氏）純一不雜，博文約禮，條貫循循，且得□其詩古文詞，觀其書畫，固□非世俗所謂才人名士者。其□灑蘭竹，則風流瀟灑，韻致飄揚，直追宋元文與可、吳仲圭，翩然脫去俗氣，自成一家，若李仲賓、趙松雪，恐未能有過後人也。"

此本有扉頁，刻"天下有山堂墨竹蘭石譜。白嶽汪體齋述。四明樵石山房藏板"。

《四庫全書總目》、《中國古籍善本書目》著録，中國國家圖書館、南京圖書館入藏。美國普林斯頓大學葛思德東方圖書館也有入藏。

館藏有複本一部，二册，無扉頁。

1329　明萬曆刻鈐印本印雋　T6416/3903

《印雋》四卷，明梁袠篆刻并輯。明萬曆三十八年（1610）刻鈐印本。四册。四周單邊，白口，無魚尾。框高20.3釐米，寬13.4釐米。題"廣陵梁袠千秋篆；新安汪道會仲嘉校"。前有萬曆三十八年李維楨序，祝世禄序，萬曆三十八年俞安期序。

梁袠，字千秋。揚州人，家南京。刻印以何震爲宗，惟拘守何氏之法，不能如其弟年之運以己意。然其流傳之作，世人亦多爭寶之。

是譜所録，多爲摹刻何震之印作，凡四百三十九鈕，爲萬曆年間頗爲流行之印譜。

子　部

李維楨序云:"長卿没,而名益著,東南後進法之者數十百人,人人自以爲得何氏心印,而識者獨謂梁千秋高第弟子。云千秋之於長卿,步趨模擬,研精極思,不啻三日冢中之卧,而更會蕞其所流布人間者,名之曰《印雋》。自世有《印統》《印譜》兩家,搜輯秦漢以下八代,章璽私印無不畢具,顧其法不盡傳。長卿會八代之法得心應手,而千秋受長卿之法,以手副心,其不及八代者,則荀卿法後王之説也。"

刻工有"新都黄一森刻"。

《四庫全書總目》未收。《中國古籍善本書目》著録。天津圖書館、浙江圖書館等五館亦有入藏。

1330　明天啓刻鈐印本印史　T6416/2233

《印史》五卷,明何通撰。明天啓刻鈐印本。六册。四周單邊,白口,單魚尾。框高 23.8 釐米,寬 12.9 釐米。題"古吴何通不違甫著"。前有天啓元年(1621)蘇宣序,陳居一序,王亮序,萬曆四十八年(1620)陳元素序,沈承序。末有通隱居士後序,天啓三年陳本後序。

何通,字不違,亦作不韋。江蘇太倉人,或曰松江人。原爲王錫爵家世僕,性喜篆刻,宗蘇宣,致力於漢印,能得其神韻。

是譜成於萬曆末年,取歷代人名各刻一印,而略附小傳於下,計秦十九人、西漢二百二十一人、東漢二百六人、蜀十八人、吴七人、魏二十八人、晉八十一人、宋七人、齊二人、梁九人、北魏六人、周二人、隋十三人、唐一百七十八人、五代十　人、宋一百二十人、元十四人。

《四庫全書總目》入子部藝術類存目。《中國古籍善本書目》著録。中國國家圖書館、上海圖書館等十三館,及日本内閣文庫亦有入藏。

館藏有複本一部,六册。

1331　明崇禎刻鈐印本學山堂印譜　T6416/1338

《學山堂印譜》八卷附《學山記》一卷《學山紀游》一卷《學山題咏》一卷,明張灝輯。明崇禎刻鈐印本。十册。四周單邊,白口,單魚尾。框高 25.6 釐米,寬 13.9 釐米。題"明古吴白於山人張灝夷令氏鑒藏;壻葛鼎玆調參考"。有崇禎六年(1633)董其昌序,陳繼儒序,王在晉序,崇禎四年(1631)顧錫疇序,崇禎五年(1632)陳仁錫序,許士柔序,崇禎四年楊汝成序,李明睿序,馬世奇序,鍾惺序,崇禎五年劉士序,崇禎二年(1629)許國榮序,崇禎六年歸繼登序,陳萬言序,葛鼎序;舒曰敬、張壽、方應祥、徐日六、項鼎鉉題詞;吴震元、周鈿跋;張灝自序并載白;歸昌世識語。

張灝,一名素,又名休,字號甚多,有夷令、古民、康侯、長公、白於山人、扣石山主人、夷山樵叟、學山長等。江蘇太倉人。張輔之子,少從胄子入監,見時事甚棘,無意仕進,遂隱於故里,築學山園以娱親,縱情詩酒,四方名人畢集。性喜集印,又喜篆刻,藏印多出名人手。

此譜與周亮工《賴古堂印譜》、汪啓淑《飛鴻堂印譜》並稱"三堂印譜",影響甚巨。

學山堂在海寧古刹之西。此譜乃灝請當時篆刻名家歸文休、王修之、王開度、何長卿、蘇爾宣等數十人所刻,又附何通印(灝云:"此吾州王文肅公家世僕,技頗不惡,故亦録之。")。

張灝載白云:"余幽棲褊性,闔户城曲已廿餘年,焚香展卷,時得古聖法言、騷人名句,有感

1049

於衷，輒書几案。遇鐵筆名手，隨倩勒石，其未善者，趣刻趣銷，有所弗惜，蓋借抒夙抱，初不欲爲譜也。積有年載，遂無慮二千餘枚，因彙成帙，然不過爲一家書耳，故題曰《學山印譜》，以見異於《集古印譜》也。通人哲士，亦但作《學山印譜》觀，勿作《集古印譜》觀。斯得之矣，如集古者，則海內比比而是，不足鼓動性靈，助人揚遏，其於古人几杖箴銘殆有間矣。"

《學山記》爲李繼貞撰。《學山紀游》爲馬世奇撰。《學山題咏》爲黃汝良等撰。

《四庫全書總目》未收。《中國古籍善本書目》著録。南京圖書館、浙江圖書館等四館有全帙。臺北"國家圖書館"有殘本（存卷一、三、四、八）。按，是書又有五卷又首一卷本（明崇禎刻鈐印本）。

鈐印有"醉古所藏"。

1332　清初鈐印本印存初集　T6417/4210

《印存初集》四卷，明胡正言篆刻。清順治四年（1647）胡氏十竹齋鈐印本。四册。四周單邊，白口，欄外刻"印存初集"，下有"十竹齋"。高19.5釐米，寬13.6釐米。題"海陽胡正言曰從氏篆；男其樸、毅全次"。前有順治四年周亮工序，陳丹衷序，王相業序，杜濬序，韓詩序，錢應金序。末有吳奇跋，順治四年彭源跋。

半頁一至六印，每印下俱有釋文。卷一三十九方，卷二一百八十六方，卷三二百六十六方，卷四九十一方。共五百八十二方。

錢應金序云："海陽胡曰從先生，精心博古，胸蟠篆籀，一點一畫，俱原本《説文字原》，用刀復蒼茂古雅，儼然復見正始，能参用文何之意，而直追秦漢之遺。其爲人蕭淡静深，穆然大雅，即然諾不苟，直以古人自命。胸中高曠，故筆下無凡近之氣，真堪與承旨、待詔並傳。蓋承旨、待詔人品卓絶所不必言，而俱工於書畫，以山水筆墨之趣行於篆籀金石之中，故能與《岣嶁》争古、碧落讓青。先生善隸書，傍及翎毛竹石蘭卉，靡不博極其致，而以篆學爲崇門，無怪乎譜之博雅而精工也。且所居白門，爲四方賢豪星聚之地，所交皆名公鉅卿，博聞廣見，復有以發其珠聯璧合之彩。遊白門者，不得先生一篆，則心恥以爲欠事。生平所鐫極多，兹特見其一斑，彙爲初集，嗣將次第枚舉二三集，正未有艾也。"

吳奇跋云："曰從明時出入薇省，簪裾清華，今且高卧一小樓上，左籀右斯，摩娑永日。而膝前兼有才子致果，賦騷長嘯，可以忘世，可以忘老，余愧若矣。余一日同於皇過飲，披其所鍥箋譜，奇傾山海，事溢酉陽，霞漰苔痕，筆筆巧絶，厥維倕哉！矧曰從恬淡抑損似聞道者。"

胡氏又有《印存玄覽》四卷，爲順治十七年胡氏蒂古堂刻本。《印譜知見傳本書目》著録《胡氏篆草印存》不分卷，殘本，存鈐印二册（臺北"國家圖書館"有"存一卷一册"本）。

《中國古籍善本書目》著録，中國國家圖書館、浙江圖書館、南京圖書館等九館也有入藏。臺北"國家圖書館"藏兩部。《葉氏印譜存目》作"《印藪印存初集》四卷"。

1333　清初鈐印本秋閒戲鐵　T6413/6429

《秋閒戲鐵》八卷續一卷，清嚴乘輯，清羅公權續輯。清初鈐印本。七册。緑框。高20釐米，寬13.3釐米。題"閩漳嚴乘佛宣摹"。每卷一序，卷一陳常夏序，卷二張居昌序，卷三羅耿辰序，卷四唐朝彝序，卷五李襄猷序，卷六李基益序。續一卷羅應鶴序。

嚴乘,字佛宣,福建閩中人。

是本爲嚴乘擇秦漢迄明人之佳者,篆其姓字與相對。殘存卷一至六,續一卷作卷九,題"雲間羅公權續彙"。卷一爲秦及西漢姓名印,卷二爲東漢姓名印,卷三爲後漢南北朝姓名印,卷四爲唐五季姓名印,卷五爲宋元姓名印,卷六爲明姓名印。按,《印譜知見傳本書目》作八卷,"閩中嚴乘佛宣刻印"。

此本有扉頁,刻"秋閒戲鐵"。

《中國古籍善本書目》未收。《葉氏印譜存目》卷下著錄。日本內閣文庫有兩部,作十卷,明刻本。

鈐印有"岡田真之藏書"、"愚盦"。

1334　清康熙鈐印本立雪齋印譜　T6417/2148

《立雪齋印譜》四卷,清程大年篆並輯。清康熙呂顯標鈐印本。四册。四周雙邊,欄外刻"立雪齋印譜"。題"長洲程大年受尼氏摹"。高15.8釐米,寬13釐米。前有尤侗序,康熙四十一年(1702)鄭鉽序,金天昭序。第四册前有呂顯標跋。

程大年,字受尼,江蘇長洲人。家城東石子里,老屋數楹,不蓄長物,好藏古彝鼎、秦漢碑刻。工篆書,又於肆上得漢銅玉印數十,晨夕摹仿,盡得其用意。性硜硜木強,隱几枯坐,或數月不出,不妄交一人,以故人無知之者。

此譜分元亨利貞四集。元集爲倣古官印,一百二十六方;亨集爲倣古私印,一百五十八方;利集爲自製白文印,一百五十八方;貞集爲自製朱文印,一百四十二方。共五百八十四方。每印之下皆有釋文,并注明印質,如銅印塗金龜鈕、銅印避邪鈕、銅印駝鈕、象牙印魚鈕、白玉印瓦鈕、壽山印、凍石印、蜜蠟印、水晶印、綠寶石印螭鈕等。

金天昭序云:"程子受尼,以博雅之才,精雕龍之藝,摩挲斷璞,把玩殘章,不憚傾心假借,殫力臨摹,凡閱數年,而彙爲印譜若干卷。展對之下,使人慨然有懷古之意焉,寧不足與嶰爲之磬、汾陰之鼎同稱寶玩也哉!"

呂顯標跋云:"庚辰歲,吾師授經於南濠顧氏,標獲從遊焉。讀書之暇,好論許慎、徐鉉之學,手摹漢官私印甚夥。每一印成,標即藏弆之。今年夏,發篋檢視,得數百矣,乃請於吾師,集成四卷,雕版行世……標不敏,不敢追步前賢,更得吾師講解,由篆刻而通六書之理,由六書而知經史之同異,庶幾稍見先民矩矱乎。刻是籍竣,識數語於卷末,以見宗仰吾師之意如此。"

此本有扉頁,刻"印譜。長洲程受尼摹。立雪齋珍藏"。每卷之末刻"長洲邵幾深研氏書"。"玄"字避帝諱。

《中國古籍善本書目》未著錄。《葉氏印譜存目》、《印譜知見傳本書目》著錄。

1335　清乾隆鈐印本珍珠船印譜　T6413/8116

《珍珠船印譜》四卷《二集》二卷,清金一疇輯。清乾隆四年(1739)鈐印本。存三册。高20.7釐米,寬14.2釐米。題"柚田金一疇月波輯;茶畦徐師照城玉、存齋陸學恂昌言、綠村張曾毅貽孫、碧山程德基裕昆、內姪黃廷璋玉岑、婿戴廷槐音南重訂於悠哉室"。《二集》題"柚田金一疇月波輯;首亭陳謂同埜、半墅唐材志霄、笛漁張曾疇敘倫、東方黃朔頒侯、內姪張泰升履上、男際堃萬資重訂於紅雨閣"。前有雍正八年(1730)朱厚章序,雍正八年金一疇自序。《二集》前有乾隆四年王漢榮序,乾隆四年徐掄元序。

金一疇,字月波,號柚田散人,又號知因子、失馬塞翁,浙江人。

初集僅存第一冊,收漢銅印、何雪漁、程彥明、徐白榆、蘇嘯民、徐秋田、祝兼山、許實夫、薛穆生、歸文休、徐上甫、葉德榮、王元陽、徐磊潤、鄭葰村、林鶴田、徐茶畦、許東山、俞翬三、朱文旂、吳稼人、錢循周、黃梅谷、陳桐野、陳古齋、月波樓主人、月蟾、無名氏、徐白榆印述附。《二集》收沈從先、錢適之、張休孺、汪買生、黃上元、王晉卿、楊漢卿、李眉州等(初集已載姓氏不錄)。

金一疇自序云:"余賦性剛介,與世寡諧,年近三十無所成,亦無所嗜,惟篆籀一道,稍留意焉。憶十餘歲時,便識篆文,雖懶於奏刀,頗能別其邪正。遂遍覓舊人手跡,遇四方名流博通奇字者,無不延致草堂,相與考訂討論,去偽存真。積十餘年,自漢迄今之印,得二千有奇。""今年秋,友人索觀所得,因隨取數方,錯綜印之,不覺成帙,諸弟輩遂付諸梓。"

此本始鈐於雍正八年,乾隆四年又有二集之輯。初集及二集首頁第一行均刻有"乾隆己巳菊月"。"己巳",為乾隆四年,當為鈐印時。有扉頁,刻"珍珠船印譜。月波樓藏";"珍珠船印譜。二集。月波樓藏"。均鈐有"珍珠船"印。刻工為鍾仁山、張峻書。

《中國古籍善本書目》著錄清雍正八年鈐印本,四卷,藏吉林省圖書館、西泠印社。《印譜知見傳本書目》著錄,亦四卷。

鈐印有"越雪"、"臣無祖每無以至今日"。

1336　清乾隆鈐印本超然樓印賞　　T6413/4247

《超然樓印賞》八卷,清陳鍊篆刻,清盛宜梧選。清乾隆二十七年(1762)盛氏鈐印本。四冊。高9.8釐米,寬6.7釐米。題"華亭盛宜梧嶧山選;陳鍊在專摹"。前有乾隆二十七年沈慰祖序,乾隆二十七年曹鑒咸序,乾隆二十七年盛宜梧序。末有乾隆二十八年(1763)陳鍊跋;《例言》六則。

陳鍊,字在專,號西庵,福建同安人,流寓江蘇華亭。好古力學,能詩。風雅之外,兼究心六書,書法懷素。學刻印,悟杜少陵"書貴瘦硬通神"之語,有所得。已而得朱簡譜,師之,且窮搜博采,篆法刀法遂直追於古而不拘一格。生於雍正八年。又著有《印說》、《印言》、《秋水園印譜》等。

鍊善鐵筆,是譜章法刀法俱臻妙境,而古秀之氣時顯。卷一至二摹秦漢六朝人印,名曰古印;卷三為摹唐宋元人印;卷四至五摹明人印;卷六至七為自製印;卷八集印學名言。各卷印文皆有注。其所摹唐宋元明人印,半從名人字畫真蹟上選入。自製諸印,俱雜選古人成語句讀鐫之,至篆文本之古印碑帖居多,故與《說文正譌》等書或有不合處。

其所集印言,計五十三則,首論時代,次論印質,再論篆文,終論篆刻,如"情"、"興"、"古"、"堅"、"雄"、"清"、"從"、"活"、"轉"、"淨"、"嬌"、"鬆"、"整"、"稱"、"豐"、"莊"、"呆"、"單"、"促"、"荀"等論,雖屬一得之見,然於講習之家亦應有小補。其云"古"者:"古有古貌、古意、古體。貌不可強,意則存乎其人,體可勉而成也。貌之古者,如老人之黃耆、古器之青綠也。在印則或有沙石磨盪之痕,或為水火變壞之狀是矣,意在篆與刀之間者也。刀筆峻峭曰高古,氣味瀟灑曰清古,絕少俗筆曰古雅,絕少常態曰古怪。此不但纖利之手,絕不可到,即質樸者亦終於頹拙而已。若古體,祇須熟覽古篆,多看舊物。"又云"嬌"者:"嬌對蒼老而言也,乃筆老者,如千年古木,粧點蕭竦;嬌嫩者,落筆纖媚,運刀清淺。素則如西子淡粧,艷則如楊妃醉舞。"

此譜乃在盛宜梧家所製。宜梧,號秋廬,才情清麗,彈琴賦詩,寄情法書名繪,而金石之章尤所深嗜。盛陳相善,且盛家多藏書,備歷代諸名家印譜,據盛序云:"(鍊)鐵筆之妙,殆欲爭衡古人,間與上下。其議論獲益良多,因出所選古印相質,西庵亟賞之,不惜數月之勤,爲余摹鐫凡若干方,西庵亦出其自製得意手筆凡若干方,排次八卷,彙爲一集,鐫板印之,以備好事家案頭篋中清玩。"曹鑒咸序亦有:"暇日出其籍,暨所蓄法書名畫,以及彝鼎古器款識,相與討論得失,因採取古印之可法可傳者摹鐫入石,上自秦漢,下逮元明,益以西庵自製,裒成一函,釐爲八卷,題曰《超然樓印賞》。縮仿袖本,公諸同好,壬午冬刊竣。"超然樓,爲盛氏所有,當有離世脫俗、燕處超然之意也。

此本有扉頁,刻"超然樓印賞。雲間陳在專鐫。半園藏板"。"半園"者,當亦爲盛氏之家園。

鍊之《秋水園印譜》流播藝林,然此譜則流傳不多,《中國古籍善本書目》亦不載其書。《印譜知見傳本書目》、《葉氏印譜存目》著錄。

鈐印有"山岡氏所藏記",日人印也。

1337 清乾隆鈐印本松雪堂印萃   T6417/0237

《松雪堂印萃》四卷,清郭啓翼篆刻。清乾隆五十年(1785)刻鈐印本。四册。高20.7釐米,寬12.2釐米。藍格。題"濰水郭啓翼恬庵氏篆"。前有乾隆四十九年(1784)楊峒序,乾隆五十年李策序,乾隆四十八年(1783)竇作相序,乾隆四十八年徐雲龍序,乾隆四十二年(1777)郭啓翼自序。

郭啓翼,字鳳舉,號蓮溪,一號恬庵,山東濰縣人。少負異才,耽誦讀,尤留心篆籀之學。乾隆二十七年舉北榜,出宰江右,有折獄才,稱循良吏,後解組林下。

郭啓翼自序云:"余少有印癖,嘗披覽古書畫名印及秦漢以來所傳印譜,苦心追摹,每恨不工,始知篆鐫之澂妙,以跡求尤必以意會也。因舉歷年所集成一册,願同好者明以教我。"

此本有扉頁,刻"松雪堂印萃。芸亭"。"弘"字避帝諱。

《中國古籍善本書目》著錄,四川省圖書館、湖北省圖書館、北京師範大學圖書館等八館也有入藏。《印譜知見傳本書目》、《葉氏印譜存目》著錄。

1338 清乾隆鈐印本梅里古印譜   T6413/8545

《梅里古印譜》二卷,清錢栽輯。清乾隆六十年(1795)梅花里鈐印本。四册。高14.8釐米,寬9.8釐米。書口下刻"梅花里"。藍格。題"魏塘錢栽集"。前有乾隆五十七年(1792)金德興序,乾隆六十年錢栽序。

錢栽,字秉芝,浙江嘉善人。

卷上印四十八方,卷下印四十五方。何震之套章計三十三方。文彭篆"陋室銘"在卷下。全書印之釋文爲手書。

金德輿序云:"匪我主人,篤學嗜古,家藏古史圖牒,旁及吾邱氏之藝,下筆輒有法度,蓋醞釀於六書中者深矣。庚戌秋,得雪漁套章五合,數之計三十三印,心摹手追,益肆力於古。壬子夏,復得古名刻數十方,合而成譜,鏤金錯采,粲衍陸離,雖建業甘氏晹之《印正》、廣陵梁氏袠之《印雋》、鹽官顧氏端之《印屑》不足多也。主人他日藝成,爲六書八體之功臣,當更有進於此者。"

錢栻自序云:"鐵筆由來舊矣,邇惟三橋、雪漁尤世所珍。庚戌歲,余於武林高氏得雪漁套章,至壬子,又得古印數十,集而成譜,內三橋所篆不過數方,搜羅久之。乙卯春,始獲向古軒真藏陋室銘,爲三橋手製,惜散失四印,與雪漁套章殘缺二印相類,可見完璧之難,然已深足寶貴。爰合成一集,以爲鐵筆之準也。""庚戌",爲乾隆五十五年。"壬子",爲乾隆五十七年。"乙卯",爲乾隆六十年。

《中國古籍善本書目》、《印譜知見傳本書目》未著錄。

1339 清乾隆鈐印本古今印萃

T6413/7438

《古今印萃》四卷,清奕洪輯,清奕國楷補。清乾隆卷石山房鈐印本。四册。書口下有"卷石山房鑒藏"。高14.7釐米,寬9.1釐米。每卷前皆有序,卷一乾隆四十年(1775)姚晉錫序,乾隆四十年葛涵序;卷二吳貢金序,乾隆四十年沈宗騫序;卷三胡開昌序,乾隆四十年戴樹滋序;卷四乾隆四十一年(1776)陳昌圖序,乾隆四十年奕洪自序。末有乾隆四十一年奕國楷跋;《例言》五則。

奕洪,字學濤,號根一,浙江檇李人。性嗜印章,精於鑒別。

是譜專取古人雋語,以便臨摹賞玩,官銜名號皆不採入。又石質居八,晶銅象齒間登一二。其印排列不以時代爲先後,而以刀法爲區別。

陳昌圖序云:"根一寂居山房,誦詩鼓琴,左圖右史,博涉群藝,必造其精蘊,不肯苟同世俗。近又鍾愛印章,搜羅前代古筆及今之佳作,遂成卷帙,朝夕賞識,目見史籀,誠快事也……今根一印萃之作亦可以流傳於不朽矣。"

奕洪自序云:"余性素嬾,寂居茅齋,所以消永日者,皆不急之務,鐵筆其一也。歲庚寅至壬辰,曾刻印譜四種,尚未饜。年來搜得古今印章數百方,告成斯譜,可以寄閒情,可以媚幽獨,名曰《古今印萃》,非敢謂古今印章已萃於是,亦以冀將來集美於無窮耳。"

奕國楷跋云:"家大人酷嗜印章,搜羅有年,并舊所遺,約計千方。又得名鐫銅晶象齒二百方,愛甚藏諸笥篋,每當觀玩,欲印一譜,以供同好,蹉跎未果。乙未夏日,閒窗無事,撿印斯譜,刪去大半,衹存蒼勁諸種,不滿四册。遂命楷臨摹舊譜,補其不足。"

此本有扉頁,刻"古今印萃。卷石山房鑒藏"。刻工爲王慶餘。

《中國古籍善本書目》未收。《印譜知見傳本書目》著錄,作"王慶餘摹印,秀水奕洪集印"。

1340 清乾隆鈐印本趙凡夫先生印譜

T6416/4839

《趙凡夫先生印譜》十二卷,明趙宧光篆刻,清章宗閎輯。清乾隆沖規草堂鈐印本。十二册。高20.6釐米,寬13.5釐米。書口下刻"沖規草堂"。題"古吳章宗閎又損氏藏"。前有乾隆十年(1745)吳翀序,雍正十三年(1735)姓雲序;《凡例》八則。

趙宧光,字凡夫,一字水臣,號廣平,江蘇太倉人。國學生,卜居寒山,著書數十種,專精字學,能刻印。卒年六十七。又有《刻符經》《劫草篆》。

每頁橫列二排,或四印或六印。共官印一百九十四方、上平聲私印三百四十三方、下平聲私印五百七十一方、上聲私印四百二十方、去聲私印一百八十四方、入聲私印一百四十五方、複姓私印八十三方、未識私印六十方、未識古篆私印一百十二方、子孫日利白方明上二十三方、單字十九方、象形九方。排列順序均見《凡例》,云以秦漢璽冠之首,王璽君印次之,官印又次之,蠻夷印付於官印之末。私印依沈約韻四聲之次第。複姓類於四聲之末。每姓首列玉印、次寶石瑪瑙、次金銀銅、次子母印、次兩面印、次六面印。

吳翀序云:"明高士趙凡夫先生,工草篆,李斯程邈後一人。其摹古印章直逼古人,鑑賞家撿拾一二,把玩不能釋手。表弟章範良所藏獨富,蓋其先世又損公與先生交最善,因得其手摹秦漢印章二千有奇,珍爲世傳寶,顧流傳已遠,失次已多,日久將有散漫之患,不重可惜歟!爰爲校讎而編次,首秦尚方璽,即始皇九字璽也。次荊王之璽之類,次官印,次私印……會萃而譜之,其文其製,標注於下,展閱間,秦漢典型粲然在目矣。嘗覽王厚之印譜、趙孟頫《印史》,寥寥無幾,每以爲恨,茲庶快睹其大全也。"

《中國古籍善本書目》未著錄。《印譜知見傳本書目》著錄,不分卷,收三部,一爲十二册,二爲六册、三爲八册。又《葉氏印譜存目》作十二卷。《印譜考》作六册,未分卷。

鈐印有"壺樂窗藏書記"。

1341 清乾隆鈐印本醉愛居印賞

T6418/1120

《醉愛居印賞》一卷,清王睿章篆刻。清乾隆鈐印本。二册。四周雙邊,白口,欄外有"印賞"。高22.2釐米,寬13.3釐米。前有乾隆十一年(1746)王祖眘序;《例言》六則。末有乾隆二十一年(1756)盛百二後序。

王睿章,字貞六,一字曾麓,號雪岑、嬾翁,又號雪岑老人,江蘇松江人。家貧,藉鐵筆給饘粥。與莫秉清、張智錫鼎峙。工花鳥及蟲魚寫生,能入妙品。卒年九十八。又有《印言》《花影集印賞》。

此譜每頁五印,每頁印後俱以印文爲標題,作七言一首詠之。如"筆尖橫掃五千人",詩云:"一紙書傳乞解嚴,指揮雄略倚珠鈐。五千鐵甲殘雲捲,始信豪興勝劍尖。"印共一百方。

盛百二後序云:"王中翰雪蕉先生,向予父執也。壬申之夏,予始至雲間一望顏色,時先生年將花甲,而精彩見於眉宇之間。予固疑先生所以陶淑性情者,必有異於世俗之所爲。閱五年再謁焉,童顏豐頰,耳聰目明,更勝前日。因得讀所著《醉愛居印賞》,其文則衷諸許重叔,而一正俗書轉寫之非。其句則取諸《花影集》,而一掃諸家摹倣之陋。旋又出其《印賞西廂百詠》,每句之後,系以七言斷句以當標題,朱白燦然,可歌可詠,非色之色,乃爲真色;無聲之聲,乃爲正聲,實兼三者而一以貫之。"

《例言》云:"考校篆文,鐫刻刀法,具載於《花影集印賞》,茲不復贅列。""是編辭句從原本《西廂》選擇,與他刻批本字句有無互異,閱者祇以原本曲文印證可也。""是編隨選隨鐫,祇就石之大小、篆文之章法配定施印,不能照曲文前後,閱者鑒之。""每幅以五方爲率,每句後各系七言絕一首以代標題。拈弄子墨,游戲閒吟,蕪陋之詞,知不免貽譏大雅。"

此本有扉頁,刻"醉愛居印賞",並鈐"究尚八體于高豕"。

《中國古籍善本書目》未收。《葉氏印譜存目》及《印譜知見傳本書目》著録，《印譜知見傳本書目》作二卷，附《西廂百詠》一卷，乾隆五年鈐印四册本、紫芸閣景印三册本。

鈐印有"穆埅之印"、"臣穆埅印"、"静齋"、"静齋"（細朱文）、"静齋"（小）、"浙江盧氏寶鳳樓藏書印"。又有"渡邊千春遺愛書"，日人印也。

1342　清乾隆刻鈐印本飛鴻堂印譜　　T6418/3133

《飛鴻堂印譜初集》八卷《二集》八卷《三集》八卷《四集》八卷《五集》八卷，清汪啓淑輯。清乾隆刻鈐印本。四十册。四周雙邊，白口，單魚尾。高23.2釐米，寬14釐米。題"古歙汪啓淑秀峰氏鑒藏"。《初集》卷一至二前有凌如焕序、汪啓淑撰《凡例》十五則、金農題詞、吕起鳳繪秀峰先生二十一歲小像並沈德潛像贊，末有乾隆十一年（1746）鮑鉁跋；卷三至四前有李果序，末有乾隆十年（1745）閻沛年跋；卷五至六前有乾隆十二年（1747）孫陳典序，末有徐賦跋；卷七至八前有乾隆十一年張湄序，末有乾隆十四年（1749）汪樹琪跋。《二集》卷一至二前有乾隆十三年（1748）周宣猷序、王蓍序，末有徐鍵跋；卷三至四前有乾隆十五年（1750）毛詠序、乾隆二十年（1755）傅王露題詩，末有趙大鯨跋；卷五至六前有顧于觀序、施謙題詩，末有汪沆跋；卷七至八前有孫彥序、乾隆二十九年（1764）倪承寬題詩，末有乾隆十五年（1750）張弘殿跋。《三集》卷一至二前有乾隆十四年沈德潛序、林組題詩，末有乾隆十七年（1752）丁敬跋；卷三至四前有乾隆十三年厲鶚序、劉暐澤題詩，末有乾隆十八年（1753）葉長楊跋；卷五至六前有乾隆十四年周宣武序、吳城題詩，末有乾隆十八年江永跋；卷七至八前有陸鈞序、王曾祥題詩，末有乾隆二十二年（1757）徐曰璉跋。《四集》卷一至二前有乾隆十四年金農序、吳晨題詞，末有乾隆十八年舒瞻跋；卷三至四前有乾隆十四年江權序、盛曉心題詞，末有彭元瑋跋；卷五至六前有乾隆二十一年（1756）梁詩正序、吳山秀題詞，末有乾隆二十二年葛淳跋；卷七至八前有乾隆二十年（1755）胡滻序、王又曾題詞，末有乾隆三十年（1765）莊有恭跋。《五集》卷一至二前有齊召南序，末有乾隆四十一年（1776）年張霱跋；卷三至四前有乾隆十八年周怡序、乾隆十四年萬方極序，末有王騰蛟跋；卷五至六前有乾隆十四年方棨如序，末有乾隆十八年吳蒙跋；卷七至八前有乾隆十八年薛雪序，末有乾隆二十三年（1758）周震蘭跋。

汪啓淑，字慎儀，號秀峰，又號訒庵，安徽歙縣人。僑寓杭州。好學嗜古，性豪邁，姿瀟灑，雖席豐履厚，而能洗滌塵襟，不與世俗伍，一時名宿咸折節樂與之交。官兵部郎中。家有開萬樓，藏書數千種，尤酷嗜印章，搜羅自周秦迄元明印至數萬鈕。嘗於巨珠上刻作篆文，以補諸品所未備。卒年七十二。

此譜彙集汪氏所藏當代名家刻印，每頁一至四印，印下有釋文並篆印者。

鮑鉁跋云："《飛鴻堂印譜》一書，丹文燦爛，銀鉤的皪，且多及幾千餘顆，其文則上直典謨，下至歌謠，旁及二氏，百家無乎不有。非學富五車、胸藏二酉，奚能錦摘萬家，如花如火，以娛目以賞心哉？若汪君者，可謂真知而篤好矣。"

《凡例》云："篆書文體紛紜，即大小二篆亦不可混淆，若差之毫釐，即失之千里。雖鐫刻精工，而篆文舛錯，汲古者所竊笑也。是編纖微不苟，稍介疑似，輒即訂正。""譜中摘取辭句，皆本經史諸子百家，以及詩文詞曲、格言成語並釋道藏等書。除名號軒齋外，無隻字杜撰，其援引書名，別爲目録一卷。""是譜纂言撮要，意在玩物者可以適情，遊藝者亦堪暢志，故多取美辭，少存私印，要不與一時售技者雷同也。""古來印譜以宣和爲濫觴，然僅止八卷，其他雖有好古而集成編者，不過五七卷，各體每多未備，不無闕漏。是譜共五集，每集四冊，每冊二卷，合計四十足卷，匪敢誇多鬭靡炫耀，前賢欲使求木者不窮於鄧林，采珠者如遊於南海。""是譜俱係國朝現在名手，差喜並時，虛心商榷，方始奏刀。間有山川遠隔，或從其後嗣購得，雖未識面，相去歲時匪遥，故採附一二。""茲編共計四十卷，頗爲汗漫，蓋博採諸家，故各體俱備，其詭異不經者，已概删削，間有纖巧新奇所不去者，亦存其一種耳。淑僻居下里，見聞未廣，博雅君子惠賜教言，是所深幸。""每方之下，箋署刻印人名，隨手率書，不拘字號，其爵里事實，則各爲小傳另在一冊。""印譜非特爲文房賞玩之品，六書元本，於小學大有裨益，緣是不惜貲費，咸用硃砂，泥潔越楮，頂煙墨文，錦函以裝潢之，非與射利者所可同日語也，具眼諒能識之。"

此本《初集》至《五集》俱有扉頁，刻"飛鴻堂印譜。金壽門、丁敬身兩先生校定。本衙鑒藏"。"弘"字避帝諱。《葉氏印譜存目》有二十四卷本，共三集，有按云："此譜有無款、有款二種，無款本爲三集或四集，有款本爲五集。所載陳在蕈、丁敬身、周子芳等，往往有異同。此本爲無款本，紙料印色俱鮮明，若滕王閣序，細篆鉤畫，婉轉了了，頗爲善本。"《印譜知見傳本書目》著録有五集四十卷，爲乾隆鈐印二十冊本、景印二十冊本。景印本即石印本，本館也有入藏，序前鈐有"凌石山房複製"印。

按，汪氏輯有《飛鴻堂印餘》十二卷，稿本今藏重慶市圖書館。又輯有《錦囊印林》四卷(乾隆十九年汪氏香雪亭鈐印本)、《秋室印粹》四卷(乾隆二十一年鈐印本)、《秋室印剩》八卷(乾隆刻鈐印本)、《退齋印類》十卷(乾隆三十二年刻鈐印本)、《袖珍印賞》四卷(乾隆三十六年刻鈐印本)、《静樂居印娱》四卷(乾隆四十三年刻鈐印本)、《悔堂印外》八卷(乾隆五十三年刻鈐印本)、《安拙窩印寄》八卷(乾隆五十四年刻鈐印本)等。

《中國古籍善本書目》著録，北京師範大學圖書館、東北師範大學圖書館、西泠印社有全帙。臺北"國家圖書館"存《初集》至《四集》，計三十二卷十六冊。

鈐印有"巴陵方氏碧琳琅館藏書之印"、"巴陵方氏碧琳琅館珍藏秘篇"、"方印功惠"、"柳橋"、"方家書庫"。

1343 清乾隆鈐印本抱經樓日課編

T6417/2119

《抱經樓日課編》四卷，清盧登焯篆並輯。清乾隆鈐印本。四冊。四周雙邊，書口下刻"抱經樓藏板"。題"鄞盧登焯晉昌"。高21.6釐米，寬13.7釐米。前有乾隆四十六年(1781)鄭虎文序，乾隆四十五年(1780)孫鯤化序，乾隆四十三年(1778)倪象占序，乾隆四十四年(1779)盧鎬序。末有盧登焯跋。

盧登焯，字震滄，一作晉昌，號書船，一作東溟，浙江鄞縣人。國子生。禿筆焦墨，山水筆意蒼厚，兼工小楷、鐵筆。家多藏書，喜考訂金石。又有《鏡竹軒集》。

日課者，每日功課也。登焯師從倪象占，倪嘗約舉時令，計日授篆，以課登焯，久之乃成此編。編分元、亨、利、貞四部，元部正月至三月(九十九方)，亨部四月至六月(九十七方)，利部七月至九月(九十七方)，貞部十月至十二月(一百零七方)。每頁一印至六印不等，共四百方。每印俱有釋文及出處。

倪象占序云："甬上盧生登焯從予游，登焯少能擘窠書，暇晷嘗叩書法原委兼及篆刻，命試效之，則鋒神韶秀，多自棄分，亦復心嗜不倦……登焯既嗜之，輒欲自刻一集，固謀所以新之者。乃爲撮舉時令牽連法，則授篆以課之，日既積遂有此編。"

末爲盧登焯《日課編印譜刻竣有作》，云："庭前有佳樹，花葉何離離。暗長日就繁，春風來吹之。感此清陰下，理業皆良時。慚此責課餘，有懷嘗坐馳。茫茫千古事，一一寸心疑。昔賢不我見，來復誰與期。整衣長者旁，殷殷前致詞。致詞有請益，命學仍策疲。芳晨啟簡册，鐙夕裁風詩。雅好舉偏隅，兼叩揚子奇。緬惟天雨粟，鳥跡無由窺。下及古文家，不遠籀與斯。詳哉許叔重，究說存推移。沿此六書源，寧以小學嗤。曠如堂奧列，皎若雲霧披。萬事代謝中，洵足同追維。緒餘及篆刻，亦有古法遺。薈萃得連珠，云惟佳日宜。一日復一日，三百凡當期。識字既如彼，惜陰還在茲。搆思愜天趣，方矩圓則規。錯石遂奏刀，漫假崑山姿。成章良不易，手亦忘生胝。玩物喪志譏，撫卷夫何辭。"

《中國古籍善本書目》著録，中國國家圖書館、上海圖書館、上海博物館、杭州西泠印社也有入藏。又《葉氏印譜存目》、《印譜知見傳本書目》著録。

鈐印有"邱氏珍藏"、"春步心賞"、"石經堂圖書記"、"竹内氏圖書記"。

1344 清乾隆鈐印本松筠桐蔭館印譜

T6413/4844

《松筠桐蔭館印譜》三卷附《百歲紀年》一卷，清郭偉勣、郭啟翼、郭見龍輯。清乾隆鈐印本。八册。高17.8釐米，寬11.2釐米。題"濰邑郭偉勣芸亭氏、姪啟翼蓮溪、男見龍德普輯"。前有乾隆四十二年(1777)臧夢元序，乾隆四十五年(1780)李觀瀾序，乾隆十五年(1750)陳之楓序，乾隆四十三年(1778)尹可傳序，乾隆四十二年郭偉勣自序。

郭偉勣，一作偉績，字熙虞，號芸亭，山東濰縣人。乾隆五十五年欽賜翰林。工篆隸，嗜印章。好讀書，喜交游，居鄉多善行，見貧而好學者，即代爲延師教育之。年近古稀，日手一編不輟。晚年留意醫學，不吝重資，備丹餌以濟人，所全活無算，鄉諡文恪。著有《印章初學須知》。

松筠桐蔭館爲郭氏書屋，鄭燮所題。卷一至二皆偉勣自製及家藏舊印，計三百二十九方；卷三名人舊印、玉水晶等印，計二百九十一方；《百歲紀年》收印三百零一方。

郭偉勣自序云："余自幼數過渠邱，謁卯君、伸公、亶安三先生，觀其全譜，因求其操刀之法。先生樂引後學，一一指示無倦色，而亶安先生尤余之姻伯也，所見益多，而聆教愈深。迄今四十年來，凡遇讀書之暇，即與子姪輩縱觀古譜，捉刀學鎸，日積月累，共得若干方，彙爲一册，以就正同道。而銅印玉印以及名人舊印，並附於後。"

此本有扉頁，刻"松筠桐蔭館集印。板橋書"。

《中國古籍善本書目》著録，湖南省博物館亦有入藏。又《葉氏印譜存目》卷上、《印譜知見傳本書目》著録(又有六卷鈐印本)。

1345 清嘉慶鈐印本雲峰書屋集印譜

T6417/4882

《雲峰書屋集印譜》八卷，清趙錫綬篆刻，清鏡塘輯。清嘉慶九年(1804)鈐印本。八册。四周單邊、左右雙邊不等，欄外刻"雲峰書屋集印譜"。高19釐米，寬10.8釐米。題"順天雍陽趙錫綬竹亭甫篆；清遠鏡塘氏手輯；清泰霽嵐氏參訂"。前有玉麟序，戴聯奎序，嘉慶十一年(1806)李鐏序，嘉慶十年(1805)楊雲煜序，嘉慶十一年景曾和序，嘉慶十一年楊履仁序，朱滋年序，嘉慶十一年陶譽序。

趙錫綬，字紫廷，號竹亭，順天雍陽人。家本世冑，少即穎異，凡諸子百家，無不通曉，有經濟

子　部

之才。曾主滁陽漕政，退食餘暇，藉金石以怡情，而於篆尤精妙入神。又有《停雲垂露館印譜》。

此印譜每卷一冊，每頁一至六印，每印下俱有釋文，所勒文詞多古聖訓典及前賢記傳，即單詞片語，亦必有關於名教。卷一爲自用印七十九方；卷二至三法古篆文一百零二方，末有趙錫綬自序；卷四文昌帝君寶訓七十七方；卷五醉翁亭記六十七方、居官要覽二十方、三多九如十四方、三蕉遺韻九方、西湖拾景十方，末有嘉慶十一年趙錫綬自序；卷六印章集錦二百二十八方，末有嘉慶十一年趙錫綬自序；卷七三多九如二十六方、一百二十壽圖二十方、陽明先生讀書拾捌則十八方；卷八關聖帝君謨訓一百五十六方，末有嘉慶十一年趙錫綬自序。共八百二十六方。

玉麟序云："雍陽趙君竹亭，博學多能，精通六書，情耽篆籀。服官之暇，秦刀漢篆，與古爲徒。玉箸金錯，懸鍼垂露，鵠頭虎爪，諸書正刀、側刀、藏刀、埋刀諸法，摹之古初，會之掌下，指事象形，曲盡其妙。凡得其一方片石者，不曰陽冰復出，則曰松雪再生，珍重什襲，藏弆爲榮。"

趙錫綬自序云："余髫年寡學，壯歲奔馳，一藝無成。性惟嗜古，爛銅破玉，時事摩挲，昌化青田，閑從雕鏤，泊濫竽於一命，猶痂癖之依然。案牘餘閒，不忘鐵筆，星霜屢易，積石遂多。或作鳳翥鸞翔，摹傳舊篆；或作韭花薤葉，規倣前人；或案頭見良友之章，心藏心寫；或馬上悟天然之景，念茲在茲。雖揮郢客之斤，未免效顰多拙，而刻宋人之葉，謬矜花樣翻新，但期不背於古人，或可免嗤於大雅。災諸梨棗，不敢辭覆瓿之譏，質之高明，尚望得知新之助。倘一言以惠教，即不啻百朋之是錫云爾。"

此本每冊皆有扉頁，刻："雲峰書屋集印譜。嘉慶甲子歲鐫。德潤堂珍藏。漢人私印，多用撥蠟鑄成，其後象犀瑪瑙，以逮青田花乳諸石俱入磨礱。余雅有此癖，銅章石篆，搜羅甚備，暇日覽玩，輒戲爲規倣，聊以自適。日月逾邁，鐫刻遂多，因忘其拙，付之梨棗，其於篆法，未識有當於萬一否也。"鈐有"趙印錫綬"、"竹亭"、"石田曲辰"、"德潤堂珍藏"（大）。封面有書籤，刻"雲峰書屋集印譜"，並鈐有"雲峰書屋"、"泉石珍賞"、"常州□氏珍藏金石圖書"。

《中國古籍善本書目》未收，《印譜知見傳本書目》著錄。

鈐印有"木梨文庫"、"木梨藏書"、"常州□氏珍藏金石圖書"、"德潤堂珍藏"（小）。

1346　清嘉慶鈐印本汲古堂印譜

T6417/1134

《汲古堂印譜》十二卷，清王潤翰輯。清嘉慶鈐印本。六冊。黑格。四周花邊，題"晉古臨汾王潤翰輯"。高22.7釐米，寬15.1釐米。前有嘉慶二十二年(1817)楊應階序，嘉慶二十二年常溶序，嘉慶二十二年王潤翰自序；孫守臨、高朝五、段艾錫題詞。

王潤翰，字濟之，號雨舟，山西臨汾人。

每頁一至五印不等，不同印質以銅、玉、石、牙、竹注於印下，其中一方注明"自鐫"。計卷一晶印一方、石印一方、銅印八十八方；卷二銅印七十六方；卷三銅印八十四方；卷四銅印三十方、玉印二十九方、晶印九方、竹印十二方；卷五竹印十二方、牙印三十方、石印二十七方；卷六石印五十八方；卷七石印四十二方；卷八石印五十四方；卷九石印五十六方；卷一〇石印五十五方；卷一一銅印七方、晶印十三方、石印二十五方；卷一二石印三十八方。共七百四十七方。

楊應階序云："《汲古堂印譜》者，山西太平縣義門王雨舟觀察之所著也。觀察業紹青箱，書勤白練，資富能訓，立身揚名，何藝不問。耽學好古，溯倉史之遺法；閉戶自精，追文何之妙思。得心以運跡，求履憲佳章，入長吉之囊，腋集裘珍，今日識王家之癖，乃彙古今名印，附以自篆各

1059

章,輯爲斯譜。"

王潤翰自序云:"僕性好印章,暇日輒事鐫篆,苦無師受,因購古章及遠近名印爲則,積有年矣。所恨僻處山陬,艱於訪求,藏印寥寥。姑鏊次之,爲譜一帙,附以自鐫各印,仿汪訒庵《集古印存》例,每印下注明銅玉石牙竹,不釋篆文,以同好者自能解之也。他年收藏漸夥,當以次增之。"

扉頁刻"汲古堂印譜"。有圖,爲陳佐繪。

《中國古籍善本書目》不收。《葉氏印譜存目》未著録。《印譜知見傳本書目》著録,十卷,作"嘉慶鈐四册本、五册本"。又《販書偶記續編》著録十卷本,皆爲不足之本。

鈐印有"邱憲"、"春步"。

1347　清道光鈐印本對山印稿　　　　T6417/4294

《對山印稿》八卷,清楊燮篆刻,清楊令旭、楊令暐注釋,清楊森輯。清道光九年(1829)嗜鈔書齋鈐印本。八册。四周鉤型邊,欄外刻"對山印稿",下有"嗜鈔書齋"。高18.8釐米,寬12.2釐米。題"成都楊燮鐫;男令旭、令暐注釋;弟森編輯"。前有道光二年(1822)戴三錫序,道光七年(1827)顏伯燾序,道光三年(1823)楊國楨序,道光四年(1824)葉樹東序,道光六年(1826)曾察遠序,道光九年張澍序。末有陳家樓題詞,嚴學淦題詞;道光九年楊振綱跋,道光六年楊森跋。

楊燮,字對山,四川成都人。爲人簡默恬雅,嗜古成癖,上自蒼牙,下逮吾衍,討而論之,得其源流。

此印譜爲其弟森所輯,每卷一册,每頁一至二印,每印下俱有釋文。卷一子朱子宋六先生像贊(六十四方);卷二子朱子調息箴(八方)、壽壽初階(帝王、宣文三十一方);卷三壽壽初階(昭武、處士、神仙五十方);卷四壽壽初階(聚老、食飲、大言五十方);卷五至六古器款識(一百零六方);卷七至八壽言(一百二十六方)。共四百三十五方。

曾察遠序云:"余姐丈楊對山先生博學工文,髫年入泮,既壯,領鄉薦,文名藉甚,而久困禮闈,以大挑銓銅梁廣文,未履任而卒。有詩稿六卷,存家塾。先生學尚淵博,詩文而外尤好金石篆刻。篆法以小篆爲宗,更博稽峋嶁石鼓之文,參考玉籙蕊書之字,以及楊克一《圖書譜》、王厚之《復齋印譜》、姜夔《集古印譜》、趙子昂《印史》,靡不旁搜博覽,得其菁華,運以己意,生平所刻印章,極博雅之觀矣。兹其同懷弟曉山懼手蹟散佚,謀付剞劂,適符余志,蓋此雖先生之緒餘,亦可以窺先生之一斑矣。"

楊森跋云:"先對山兄童子時即嗜鐵筆,誦讀暇,輒握拳石,執寸鐵,倣古金石録,寒暑不少釋。洎禮部試,往來吴楚燕秦間,從鳥璽魚璜、岣碑籀鼓之餘,聞見愈廣,搜羅愈富,分類摹鐫,大小得二千餘枚,有搨本藏於家,曰《對山印稿》。其曰稿者,待訂正也。久恐散佚,爰先輯其大者,增刻注釋,編爲八册,仍名曰《印稿》,循其志也。嗟乎! 先生生平,溺苦於學,自理窟經源,下逮詩古文詞,無不悉心研究。當其貢成均、登鄉薦,年少氣盛,若不徒以區區者表見於世,詎公車七上,僅得學博,何其數之奇而遇之窮也。"

此本有扉頁(在壽言後),刻"對山先生印譜。上雲陳家樓題。石藏成都楊氏之遺厚堂"。

據目録,此譜又有秦漢瓦當文、春字小印,飲中八仙歌、池上篇、愛蓮説、春夜宴桃李園序、陋室銘、别致初集,分别爲第九册、第十册,注明"俱小印嗣出"。

《中國古籍善本書目》不收,《印譜知見傳本書目》著錄"道光鈐印八冊本",當即此書。

鈐印有"戎馬歸來再讀書"、"官印澤貴"、"桂軒"、"青城官氏藏書"、"翠柏山房"。

1348 清道光鈐印本試篆存稿   T6417/4832

《試篆存稿》八卷,清黃鵷篆刻。清道光二十七年(1847)鈐印本。八冊。四周雙邊,欄外刻"試篆存稿"。高12.3釐米,寬8.5釐米。題"古閩黃鵷朗村氏篆"。前有道光二十八年(1848)林則徐序,道光二十八年楊以增序,道光二十五年(1845)黃鵷自序。

黃鵷,字朗村,福建人。工於摹印,以說文鐘鼎秦漢碑碣爲法,不尚時趣。

此印譜每卷一冊,每頁一至三印,每印下俱有釋文並印材,如磁、玉、銅、鐵、鋼、金、銀、牙、磁、晶、犀角、琥珀、瑪瑙、珊瑚、翡翠、青田石、藍田石、孔雀石、昌化石、莆田石、大理石、綠松石、桃花石、壽山石、毛塚石、靈崖石、寶花石、花乳石、蠟石、礬石、黃楊木、花梨木、鐵梨木、檳榔木、橄欖木、烏木、桐木、梨木、降香、梅根、竹根、陳泥、駝骨、煤精、檀香等數十種。卷一九十四方,卷二九十四方,卷三九十二方,卷四九十方,卷五九十一方,卷六九十一方,卷七九十二方,卷八九十三方。共七百三十七方。

林則徐序云:"老友黃餘亭,嗜古鐘鼎文字,覃心篆刻,著有《印約》一編,於篆法刀法所辨析者甚勤。令嗣朗村,復能世其家學,若元暉之於阿章。予前後治河,賢喬梓皆與同事,至今齋頭小印成於朗村者爲多焉。予自塞外歸來,餘亭既邈若山河,朗村亦奉諱旋里,枌榆南望,正切懷思。迨丁未冬,朗村郵書寄滇,以所著《試篆印存》屬序。迺知弓裘之寄,所懃懃於是者,至今猶弗輟焉。余於六書之學無所窺,何敢以序自任。第閱朗村自敘之文,既嘉其能讀父書,且於先澤所貽,復能編集散亡,以保守於弗墜。至於校量物性,窮究印材,於凡可以奏刀者,無不歷試而求其合,是尤廣前志所未逮者。九京可作,吾知其首肯而心慰也。雕蟲篆刻,或非古人所重,而舉是義以相質,庶幾附於大雅之林矣。"時林則徐在滇黔節使任上。

黃鵷自序云:"余少遵過庭之訓爲鐫篆,迄今三十餘年矣。前此所存雖多,殊未敢自信也,迨於任城得先君子自鐫若干石,又於孔海帆處得其輯存先君子所著《印約》,復於刀法、篆法、章法、筆法合而尋味揣摩,漸覺日有所進,頓異曩昔矣。壬辰,刊《延古堂印譜》,意在尊先人之手澤,恐致湮失爾,輒附以拙筆者,藉以見木本水源未墜厥緒也。癸巳,又有續刻,不意同人競賞,取觀者甚衆。次年官山東,相識無不指索,板留河南,無以應之,復有《求是齋印稿》之刻,不過聊以塞責耳。顧前後印譜所載及爲同人鐫篆者,計不下數千方,皆石也。於石之品類、石之質性、石之美醜,差信咸有所得矣。竊念璽始於秦,印始於漢初,石則盛行於明中之葉,由秦以迄明初,官私之印,胥銅玉也,其攻治之法不傳,古人不可作,惟取舊印而想像之。銅多鑄,玉多洗,其鏨鑿而成者亦不少,於此可悟刀法焉。近世所論軟玉軟銅軟晶磁牙角之說,率多夸誕,或不免以奇術欺人,豈運會有殊,物性各別,古法未可施諸今之物耶?戊子歲,與勞子惠交,聞其善鐫銅玉堅剛之物,固請受教。子惠忼爽士,推誠相與,以其知能悉語余而不秘,而余向私意所擬議者,亦十合二三,於是始能鐫銅玉印矣。既而思之,銅可爲,凡五金之屬皆可爲也;玉可爲,凡瑙珀青精之類似無不可爲也。其水晶竹木牙角磁印已有先我爲之者,鐫法亦秘而不宣。余既備置諸品,復推而廣之,以及硯石煤精與白檀紫降諸香,至木之類最繁,世只取用黃楊,其堅緻若紫檀花梨梅根等亦取而爲之,一一先就所聞諸法治之,不驗則旁求靜思,取舊印研尋之,必鐫成而後已。既成之後,方敢肆力而求工焉,日復一日,此志未容少懈，閱數年，甫將各種咸備，試爲鐫篆成章。余始懼半途而廢，無可稱述，故惟日孳孳講求策勵，今乃有志竟成。鵷之始願，誠不及此，第師心自用，究不識悉能得當否？不辭譾陋，復存是稿，庶可就有道而正矣。"

此本有扉頁，刻"試篆印存。道光丁未年。求是齋藏"。

《中國古籍善本書目》不收，《印譜知見傳本書目》、《葉氏印譜存目》、《印譜考》皆未著錄。

1349　清道光鈐印本問經堂印譜　　　　　　　　　　T6413/2142

《問經堂印譜初集》四卷《二集》四卷《三集》四卷，清包桂生藏並輯。清道光二十九年(1849)鈐印本。六冊。題"丹徒包桂生子丹氏鑒藏"。高17.4釐米，寬11釐米。書口邊印有"問經堂印譜初集"，前有道光三十年(1850)楊榮序，咸豐元年(1851)趙楷序。

包桂生，字子丹，江蘇丹徒人。

是集每頁一至四印不等，並有釋文。《初集》三百一十方，《二集》二百九十六方，《三集》三百十九方。

楊榮序云："包生子丹好金石文字，收藏極富。頃見其所纂《問經堂印譜》，深歎鑒賞之精。子丹爲體純孝廉子，先後從予游。"

此本有扉頁，刻"問經堂印譜。道光己酉午夏付雕"。

《葉氏印譜存目》卷上著錄，作"丹徒包桂生子丹篆"，四卷。又《印譜知見傳本書目》作"丹徒包桂生子丹集印"，八卷，八冊。

1350　清道光鈐印本雨樓印譜　　　　　　　　　　T6417/4114

《雨樓印譜》不分卷，清范雨樓篆。清道光溯古山房鈐印本。四冊。四周有連環圖案花邊，欄外刻"雨樓印譜"，下有"溯古山房"。高17釐米，寬11.2釐米。前有道光三十年(1850)阿字僧序。

范雨樓，四川劍南人。

每頁二至三印。第一冊五十方，第二冊四十四方，第三冊五十二方，第四冊六十方。共二百零六方。

阿字僧序云："劍南范君雨樓，從事江觀察於粵，與予偕寄省垣。予雖知其素善真草，兼嫻音律，並未見其偶操鐵筆，適朋輩有攜時人印譜相示者，遂別有會心，因買石摹之。未匝月，竟盈此帙。予喜其準繩於漢而又未嘗拘拘求合也，蓋真所謂神而明之、化而裁之者。然則此帙也，目爲倣漢可，不目爲倣漢亦可，殆如詩字，自成一家也。"

此本有扉頁，刻"雨樓印譜。道光庚戌仲秋。仲峒題"。

《葉氏印譜存目》、《印譜知見傳本書目》、《印譜考》未著錄。

1351　清道光鈐印本孫氏養正樓印存　　　　　　　　　　T6417/1187

《孫氏養正樓印存》六卷，清孟介臣篆，清孫阜昌藏並輯。清道光鈐印本。六冊。四周雙邊，書口下刻"養正樓"。題"太谷白石傻子孫阜昌近居氏鑑藏；祁縣小愚山人孟介臣石夫氏鐫篆"。高21.1釐米,寬14.4釐米。前有道光二十一年(1841)石皓序,道光十九年(1839)孟兆麟序,道光十九年孫阜昌自序。末有蘇捷卿跋;道光十九年孟介臣後序。

孟介臣,字石夫,山西祁縣人。好古博學,工篆隸,尤嗜印章,以漢印爲宗。每拾古人一句半朱,玩之不忍釋手。偶得其法,心摹手追,寢食俱忘。與高光星善,爲契友,以道義交。有《孟氏印商》、《印草》、《月令七十二候》諸譜。

此本之由來,乃爲孫阜昌請孟介臣寫泥金篆文福祿壽印章屏,集經史百家成語爲之,爲孫母太宜人壽,"寫既竣,近居先生欲刻石爲譜,以公諸世。"書分福祿壽全圖百福二卷、百祿二卷、百壽二卷,每頁一印,計百福九十方、百祿九十方、百壽九十方。共二百七十方。

孫阜昌自序云:"余性愛理學而不解,偶有所悟,輒忘寢食。好博古而不精,遇有所得,心竊賞焉。閑則鋤花種竹於奇峰怪石之畔,焚香煮茗於鐘鼎彝卣之間,於古圖畫書籍尤酷嗜之。每覽古人款識印記,心愛之而不省其法。祁孟石夫者,余石交心,爲人博學好古,工篆隸,明堪輿,而尤工於鑴章。甲午歲,僑居余養正樓,每見其運刀刻印捷如風雨,余不覺拍案叫奇……適余將與家慈太宜人慶七秩壽,欲作泥金印章屏,與石夫商之。石夫曰:刻之不若寫之者佳。於是用硃砂箋,以泥金寫之,閱三月而章成,凡賞鑑家無不稱奇焉。斯屏之印,所摹之刀法、章法、字法、筆法,無不備極精巧。至其鐘鼎彝卣之式,悉本《西清古鑑》並《古玉譜》。余以石夫數月之心□(疑'而'字)盡在於斯,因買白石,邀石夫依畫章一一刻之,以存是譜,爲後學津梁。""甲午",爲道光十四年。

孟介臣後序云:"甲午三月,游於太谷,僑居吾友近居孫阜昌先生之養正樓。每劇談於奇花異草珍木怪石之間,一日,偶論篆刻之道,先生輒嘆古印之佳……余於斯道三十餘年,竊謂鑴印之法,不難於刻,而難於篆必也,素學篆籀,胸有成法,則得心應手,自成雅章,不然俗矣。然則秦漢之法,豈可易言哉。先生唯唯。一日,謂余曰:僕欲爲福祿壽印章屏,與家太宜人作七秩頌,不知泥金可能印否? 余曰:金泥非紫泥可比,印之□色不易脫,不若寫之爲妙。先生曰:寫之可如刻否? 余曰:以刀則刻,以筆則寫,用刀如運筆,用筆如運刀,刀筆一也。於是取《易》、《詩》、《禮》、子史百家福祿壽之成語,用硃砂緝箋,以金泥寫之,三閱月而成章。先生以余數月之精力畢殫於斯,乃買白石命余如式刻之,以成斯譜,誠一快事也。"

扉頁刻"孫氏福祿壽印存。養正樓珍藏"。

《中國古籍善本書目》不收。《葉氏印譜存目》未著錄。《印譜知見傳本書目》著錄道光二十一年孫阜昌鈐印六冊本。

1352 清同治鈐印本秋水軒印存

T6417/3136

《秋水軒印存》四卷,清江湄篆。清同治鈐印本。四冊。四周雙邊,黑口,欄外刻"秋水軒印存"。高13釐米,寬9.3釐米。題"嘉定江湄伊人"。前有同治十年(1871)黃宗起序,同治十年江湄自序;汪人驥、張汝紛題詞。

江湄,字伊人,號鶴祖山農,江蘇嘉定人。工詩善書,尤擅篆刻。性恬退,不苟慕榮利。

每頁一至兩方。卷一四十三方,卷二六十方,卷三六十二方,卷四六十方。共二百二十五方。

江湄自序云:"既壯,學業不成,兩無所得,熊魚取舍,姑擇其性之近者而日孜孜焉。爲之數年,猶如盲人之摘埴,冥行不辨阡陌。乃蒐討秦漢繆篆,秘而模之,以窮其奧。後世專家如子昂、子行、三橋、雪漁輩類,購得其印之傳於世者,匯而参之,以証其合。復旁搜《飛鴻》之四集、《澄懷》之千章,吾鄉張氏芝瓢、杜氏参雲之所作,優而遊之,以博其趣,顧未有如種榆仙館之食古能化、杼軸一新,爲嗜好所尤篤者。於是矩矱先民,出入古法,心摹而手追之,冀得一當也。庚申遭亂,賃廡申江,篋中四百餘石既盡失之,塵鞅倥偬,時一錐畫,而石又纍纍積矣。暇輒鈐諸簡牘,名曰《印存》。"

此本有扉頁,刻"秋水軒印存。錢慶曾題"。

《中國古籍善本書目》、《葉氏印譜存目》、《印譜知見傳本書目》、《印譜考》未著錄。

1353　清鈐印本百舉齋印譜　　T6417/2261

《百舉齋印譜》八卷,清何昆玉篆。清鈐印本。八册。四周單邊,欄外刻"百舉齋印譜"。高17.3釐米,寬11.5釐米。無序跋。

何昆玉,見《吉金齋古銅印譜》。

此譜集何氏鐫印,每頁一印,並邊款於下。卷八有何爲陳澧製印十四方。

卷一五十方,前鐫印文云:"論仿周秦小璽五十事,以秦九字小璽爲冠,以其璽字從玉之始也。自秦始皇以後,臣下皆稱印矣。此寅卷千秋小鉢及姓名姓字等印,皆古者尊卑共之。秦以前之私璽也,其間有大小與原印不符者,是師其意,仿其法,隨意刻之,以表心畫,非敢與古人争衡也。有可識者,隨其文釋之,有未識者,不敢妄猜,闕之以俟識者釋之,以匡余之不逮焉。"

卷二六十方,前鐫印文云:"論仿周秦漢魏三十六體,此辰卷十八體六十事,以趙飛燕印爲冠,尊漢製也。各體亦從説文所變,與仿古三十體爲古鉢式者字體各異,印與鉢時代不同,傳變不一,欲講印學淵源者,於此問津不遠矣。"又刻"三公山碑二、吴紀功碑十一、篆隸合法白文九、朱文二、細白文六、細朱文一、省文三、反文四、合文二、重文四、顛倒文二。"

卷三五十方,前鐫印文云:"周秦漢魏十八體五十印。古文三、六國幣文二、秦漢瓦當文三、漢晉專文二、象形文二、石鼓文變體三、秦詔版兼漢鐙銘四、漢印變體三。"

卷四四十九方,前鐫印文云:"論仿周秦漢魏官私印款式百體,取吾子行《三十五舉》之義,名曰《百舉齋印譜》。壬申癸酉之歲,爲濰縣陳壽卿京卿搜羅古銅印二千餘事,合其舊藏共八千有奇,議拓印譜二十部,每部六十卷,名曰《簠齋印舉》,亦此義也。惜其屢加編訂,未得定本,予費千金,越兩載,終不得攜片紙而歸。近年,都中有以一部售至百金者,吴清帥得其三部,即予手拓之未定稿也。今仿其意,揣摹其式,以成此譜,是亦從吃虧處得來。謹志之以諗來者。""漢魏官私印款式百體五十印。官印二、要形印二、附官唯印一、道家印二、商賈印三、吉語兼姓名印一、龍虎邊印二、四神章二、兼形印二、假借兼形印一、兩面印三、三面印一、四面印一、五面印一、六面印一、子母印一、子母孫印一、三連珠印一、要形連珠印二、方圓尖三角印二、四象印一、橫連珠印一、四角印一、曲角印一、亞形印一、鉤印二、圓印一、長累闌印一、方累闌印二、扁連珠印一、朱文累闌印一、佩觿印二、斗檢封一、古蠟封二、泥封一。"

卷五五十方,前鐫印文云:"論仿漢朱白文印款式五十體,合上卷官私印,共成百體。仿吾子行《三十五舉》每舉一式之義,名曰《百舉齋印譜》。論刀法,要有氣韻,氣韻藏於刀鋒。用刀如用筆,横沖直撞,盤旋俯仰,一點一畫,皆有金石碑版之意,而無劍拔弩張之態。波折出於天機,活潑流動出於自然,虛實相生,神完氣足,乃成佳印,奴書之譏可免矣。""漢魏款式百體五十印。六字闌文印一、九字闌文印一、二十字闌文印一、扁兩面印一、長三字闌文印一、四字半朱

子　部

半白文印八、二字半朱半白文印二、三字闌文圓印一、三字長印三、三字朱白文方印七、三字橫長印一、三字橫方印一、三字朱闌方印二、橫六字方印一、四字朱白相兼印十五、四字朱文方印三、八字六白二朱方印一。"

卷六五十方,前鐫印文云:"論急就章法,漢人軍中急於授爵,刻銅官印,槌鑿法,隨其形勢,不論疏密歪斜,或斷或續,或輕如蟬翼,或重若崩雲。用刀如用筆,皆一筆而成,天真爛漫,皆得自然之趣,誠印中之神品,令人不可捉摹。米南宮曰:書可臨,畫可摹,而印不可偽者,此之謂也。"

卷七五十方,前鐫印文云:"論銅鑄銅鑿印五十事,如彭光、爭光、泠逢、涷忠、徐朝等印,疏者自疏,密者自密,字體在篆隸之間,似圓非圓,似方非方,妙在不方不圓,筆力雄渾,小字中有尋丈之勢。銅鑿印如曾登琅邪手拓秦刻等印,縝密中自然神流韻閑。此皆漢印之正宗,堂堂之陣,正正之旗,誠漢印之逸品。可爲知者言,不足爲外人道也。"

卷八五十方,前鐫印文云:"論小篆朱文法,始自趙松雪,故曰元朱文。法宗説文,如寫小篆,爲模印之變體,起筆如釵頭屈玉,鼎足垂金。李斯作小篆,凡口皆圓,上下兩筆相合。李陽冰作'口',方上圓下,撓而無折,皆瘦勁通神,不失二李規模,乃爲合法,豈徒工整哉!"

《中國古籍善本書目》、《葉氏印譜存目》、《印譜知見傳本書目》未著錄。

1354　清光緒鈐印本行素堂集古印存　　T6413/2909

《行素堂集古印存》二卷,清朱記榮藏並輯。清光緒鈐印本。二册。高 13.6 釐米,寬 9.4 釐米。書口邊印有"行素堂集古印存",書口下刻"古蕉書屋"。前有光緒九年(1883)顧翰序。

朱記榮,字懋之,號槐廬,居白堤孫溪,又稱孫溪逸士,江蘇吳縣人。性喜書籍,插架甚富,也精鑒別。有《行素堂目睹書録》,又刻《國朝未刊遺書志略》、《槐廬叢書》、《校經山房叢書》、《經學叢書》、《金石叢書》等。

是集每頁二至四印不等。卷一九十二方,卷二七十七方,共一百六十九方。此二卷,或爲殘本。

顧翰序云:"乾隆初,新安汪氏秀峰檢笥中鄉賢名印、前哲名刻,成《退齋印類》一書,以金銀寶石晶玉名刻、凍石牙角瓷器名印、竹木雜石釐爲十卷,審別精詳,取才宏富,真藝林鉅觀也。自遭粵匪之亂,石既散失,無復印行。懋之朱君,留心典籍,廣爲搜羅,偶得是譜殘石,增以名人舊製,時手精刻,彙成《行素堂印存》四卷,俾見是譜者,而《退齋印類》已可窺見一班矣。"

此本有扉頁,刻"集古印存。光緒癸未年仲秋之吉元和朱記榮寫於行素草堂孫谿槐廬"。並鈐有"槐卿"、"朱印記榮"。又封面題籤下有"孫溪逸士署",並鈐"槐卿"、"記榮"小印。

《印譜知見傳本書目》著録,爲八卷,清朱記榮槐廬集印,光緒古樵書屋鈐印,八册。又有《槐廬集古印譜》,光緒鈐印,二册。

鈐印有"孫溪逸士過眼"、"松堂藏書"、"松堂印"。

1355　清鈐印本壽鼎齋印存　　T6417/0274

《壽鼎齋印存》一卷,清齊學裘篆刻。清鈐印本。一册。黑格。四周雙邊,書口中印"壽鼎齋印存"。高 18.8 釐米,寬 10.5 釐米。無序跋。

齊學裘,字子冶,號竹谿,又號蕉窗。江西婺源人。

此本計二百四十八方印。

有扉頁,刻"壽鼎齋印存"。

《中國古籍善本書目》、《印譜知見傳本書目》、《葉氏印譜存目》皆未著錄。

鈐印有"味松廬珍藏"。

1356 民國鈐印本御璽譜　　　　　　　　　　　　T6418/1110

《御璽譜》一卷,清金梁輯。民國鈐印本。一冊。日本文哉工藤壯跋。

金梁,字息侯,號小肅,浙江杭州人。光緒三十年進士。歷任京師大學堂提調、內城警廳知事、民政部參議、奉天旗務處總辦、奉天新民府知府、奉天清丈局副局長、奉天政務廳廳長、洮昌道尹、蒙古副都統等職。民國時任清史館校對。1931年九一八事變後,任奉天地方維持會委員、偽滿奉天博物館館長、奉天通志館總纂、奉天四庫全書館(文溯閣)坐辦。1962年去世,年八十四。又編著有《清宮史略》、《四朝佚聞》、《清帝后外傳外紀》、《滿洲秘檔》等。

此譜集清宮部分御璽,每頁一至五印,每印下俱用篆文注明印材等文字,如"五福五代堂古稀天子寶",下書"碧玉雙龍琱琢精美"。共計二十八方,爲"廣運之寶"、"順治御筆"、"康熙宸翰"、"淵鑑齋"、"體元主人御賞"、"雍正宸翰"、"五福五代堂古稀天子寶"、"八徵耄念之寶"、"乾隆御賞"、"活潑"、"乾隆"、"乾隆御筆"、"八徵耄念之寶"(另一方)、"太上皇帝之寶"、"五福五代堂"、"乾隆御賞"、"十寶老人"、"諸秀宮御覽"、"乾隆年仿澄心堂紙"、"周甲延禧之寶"、"道光宸翰"、"道光御筆"、"咸豐宸翰"、"孝恭宣惠温肅定裕慈純欽穆贊天承聖仁皇后之寶"、"體和殿鑑賞"、"皇帝御書"、"天祿石渠典籍之府承明金馬著作之庭"。

文哉工藤壯跋云:"前清之遺臣金梁,蒐集押捺歷世之御璽二十有八顆,製若干部而售於世矣。書肆文求堂主人,索來其三四而示予。開卷閱之,用粗朱與篏篆而亂捺,梁亦自加書識焉,頗爲散漫。聞說金梁亦居復辟派之一人,而爲之恬然不自怪,亡國之事物,一啻止於此耶? 嗚呼! 以廿五金而與四百餘州相替焉,何夫廉且慘爲善憐,不禁行淚也矣。大正丙寅六月於雙鳳軒。""丙寅",爲大正十五年,也即昭和元年(1926)。

封面書籤"御璽譜"三字爲金梁所書。並鈐"金梁"小印。扉頁亦爲金梁所書,"御璽譜。各鉢今並藏清心閣。金梁。"並鈐"金梁之印"、"清心閣"。

1357 清光緒鈐印本福盦藏印六集　　　　　　　　T6413/1143

《福盦藏印六集》六卷,清王禔輯。清光緒鈐印本。二十四冊。高14.1釐米,寬8.8釐米。書口邊刻"福盦藏印初集"。前有光緒三十二年(1906)曹榕序。

王禔,初名壽祺,字維季,號福厂,又號屈瓠,別署羅刹江民,齋名麋研齋,七十後自號持默老人,浙江杭州人。承家學,喜蓄印,自稱印傭。工書,鐘鼎、楷、隸,無所不能。又精刻印,得浙派神髓。光緒三十年,與葉銘、丁仁、吳隱共創設西泠印社於西湖孤山。民初至北京,任印鑄局技正。1930年至上海,鬻書、治印以自給。1949年後爲上海中國畫院畫師。1960年卒,年八十一。著有《說文部屬拾異》、《麋研齋作篆通假》、《麋研齋印存》等。

此本皆禔所藏印,計分初集、二集、三集、四集、五集、六集,集各一卷。收清代名家丁敬、奚岡、張燕昌、黃易、蔣仁、陳曼生、吳熙載、陳彭壽、趙之琛、趙懿、趙之謙、徐三庚、錢松、江尊、陳祖望、屠倬、陳豫鍾、曹世模、孫三錫、鄧傳密等。

曹楞序云："雕鐫篆刻之篇,詎曰小道,壯夫不爲。偉茲徒黨,斯文實賴。獨是人往風微,載更兵劫,凡目眹手胝之所製,比玉焚戟折之同湮。我友福盦,盡然傷之,起爲蒐羅,重加甄討。就泠攤而拂拭,折角無妨;出高門之捻賣,兼金不惜。積十年之久,得三百餘方,上溯雍乾,下逮咸同,自龍泓山人以及西谷之流,都凡數十家。碎玉壺之冰,滿目瑩潔;燦瑤臺之蕊,萬朵玲瓏。福盦既同夏候以藏匱,復仿段頲而爲簿,調朱割楮,鈐爲印譜,研墨椎氊,揭其款識。如圖匡廬之山,各存真面;怳儴浮提之汁,頓成異文。蠅頭蟻脚,姿趣環生,玉葉金花,色香俱古。信精靈之所託,非璣羽之徒拾,於以傳作者,餉同嗜,至可寶也。福盦承其家學,挺厥雅資。於越書聖,羲獻繼美。漢代疇人,蒼衡儷巧。以其餘技,刻畫金石,固已眼規皇古,力挽六鈞,驅使籒斯,效靈腕底,夢寐龍頭,吞篆胸中。君子之度式,金玉不諱剗刓;真人之文演,龍鳳盡通變化。"

此本有扉頁,刻"福盦藏印初集",篆文,每頁二字。

《中國古籍善本書目》未著錄。《葉氏印譜存目》卷上著錄,云:"仁和王壽祺維季集印。嘉興張鳴珂、曹楞、朱作棨序。"此本無張、朱序。

1358　稿本麋研齋印存　　　　　　　　　　T6413/1143.2

《麋研齋印存》不分卷,王禔篆並輯。民國宣和印社鈐印本。二十冊。高15.6釐米,寬8.7釐米。書口邊刻"麋研齋印存"。前有1936年王禔序。

王禔,見清光緒鈐印本《福盦藏印》。

此本多爲禔所篆,且集清代名家之作,印、款各分拓一頁。名家有顧苓、許容、文士英、張曙、陳鴻壽、高塏、趙之琛、楊澥、吴熙載、錢松、嚴坤、丁柱、陳雷、徐三庚、金鑒、吴昌碩、胡钁、徐星洲、鍾以敬、吴隱、葉舟、童大年、趙叔孺、吴涵、高時顯、丁仁、馬衡、樓邨、陳淡如、壽石工、唐源鄴、王雲、余應元、馮康侯、方儼、陳巨來、葉豐(潞淵)、孔雲白諸人。

第十三冊後半至二十冊止,皆爲禔所篆,並以紀年印、姓名別號齋室印、閑章編次。第一印爲"丙辰",1916年作;最後一印爲"重游泮水",1932年作。

王禔序云："余年十二,即解愛好印章,見汪丁兩氏印譜,輒心儀焉。時方尚科舉業,先大夫懼其荒落,每訶責之。而性近嗜深,未能恝置,陸續搜集,得鄉先哲及皖派之鄧吴趙諸家舊作如干方,彙爲《福厰藏印》十六卷,摩挲展對,曠然神怡。辛亥之變,所藏散失,牽蘿補屋,蓋非偶然。自後散之四方,墨耕自給,行囊所貯舊青田石尚有存者,結習未忘,仍復留意蒐討。頻年舊京作客,又得如干方,棋布星羅,珍儲篋衍,雖小道,有可觀焉。其間名人手蹟,可式楷模,亦有朋好石交,憑中契闊,明知有好都累,輒復樂此不疲。間得佳石,余亦乘興奏刀,日月居積,所獲益夥。頃來旅食滬濱,方子節盦爲之手拓成書,顏曰《麋研齋印存》,瞻舊文於片石,享敝帚以千金,聊可自娛,謂之《印存》焉爾。雖然一藝之微,竭平生精力且如此,使進而圖有用之學,則艱巨所得,相視又何如耶?"

此本有扉頁,題"麋研齋印存。趙叔孺署"。

1359　稿本麋研齋印稿　　　　　　　　　　T6413/1143.1

《麋研齋印稿》不分卷,清王禔篆並輯。稿本。四冊。高15.9釐米,寬9.9釐米。

王禔，見光緒鈐印本《福盦藏印》。

此本多禔所篆，又收有唐醉石、馬衡、陳巨來、胡钁、馮康侯、樓邨、方岩、葉潞淵等人爲王氏所刻印，又有金鑑印。禔擅長細朱文，創作甚富，茂密穩練。第一册七十三方、第二册七十六方、第三册七十三方、第四册七十四方。共二百九十五方。册中有1905年、1908年、1909年、1914年所刻。

按，王氏印稿又有《福庵印稿》一百零一册，共有鈐印一〇四一八方，爲1920至1945年所篆自存稿，20世紀七十年代末，由上海博物館保存。另一部稿本七十八册，1954年由王氏捐獻上海圖書館。

此本有扉頁，題"麋研齋印稿。乙酉仲秋高廷肅題"。"廷肅"，即高式熊。"乙酉"，爲1945年。

1360　明萬曆刻本新刊正文對音捷要琴譜真傳　　T6771/4251

《新刊正文對音捷要琴譜真傳》六卷，明楊表正撰。明萬曆元年(1573)金陵三山街書肆唐富春刻本。六册。半頁十行二十四字，四周單邊，白口，單魚尾。框高20.8釐米，寬13.7釐米。題"閩延平貢川西峯山人楊表正撰；金陵三山街書肆對溪唐富春梓"。前有萬曆元年劉御序，萬曆元年楊表正序。

楊表正，字西峯。延平人。其自贊云："性本愚朴，以德存心。不求聞達，交游義深。慕古思今，散逸山林。詩酒陶閑，風月知音。蕩蕩胸襟，寵辱無侵。一生事業，幾曲瑶琴。"

卷一爲《通紀》，題"荆國後裔見溪王一德校録"。餘各卷收聖賢名録、琴學須知、彈琴雜説、琴面諸稱、琴背諸稱、琴有七要、五音論、七絃論、指法捷要、指下五功、指下十善、指有五能、琴有九不祥、琴有五病、琴有十疵、琴有五謬、琴有五不彈、琴有十四宜彈、琴有十四不宜彈、彈琴啓蒙、彈琴統説、彈琴指法、左右二手諱號、十三徽論、左手便要、右手便要、上琴要法、定絃要法、二手統名、左右手勢、調絃入弄、泛音調弄、五徽調弄。

劉御序云："萬曆改元，公寓金陵，時古閩永安貢川楊君，隱居巫峽之陽，别號西峯先生，瀟灑風月，寄跡江湖，歌詠怡情，而琴學拔萃……愚從學授數曲，一日暇，西峯將古今遺譜考正音文，分爲名類，備細注明指法，一字不苟。且新修幾篇，至簡至易，乃得意中之得意者，鍥梓用傳方廣，神有志共之。"

楊表正自序云："僕性疎懶，隱居泉石，不關名利，詩禮藝學，雖是粗通，惟絲桐之妙，苦志究心三十餘載，方得樂隨道化，趣從樂生。但遇二氣明朗，月白風清，焚香静鼓，勿知孰爲琴，孰爲我也。不遇知音，襟懷未遂，故携琴劍循遊雲中，會渴高明，同倡斯道……愚鹵旦夕，索諸聖流源，曲操秘譜，稍撰古意，對正音文，理明指要，撮聚成類，名曰《楊氏正文對音捷要琴譜》，梓行海内，以待後學觀覽。"

《四庫全書總目》收有表正《琴譜大全》十卷，《總目》云："搜採視他本頗廣，初刊於萬曆元年，此本又其後增以新曲校正重刊者也。"《中國古籍善本書目》著録。中國國家圖書館、上海圖書館等十三館，臺北"國家圖書館"，及美國國會圖書館、日本東京大學東洋文化研究所（缺卷一）亦有入藏。按，是書又有《重修正文對音捷要真傳琴譜大全》十卷，爲萬曆十三年富春堂刻本，中國國家圖書館、上海圖書館等九館入藏。

鈐印有"子孫永寶"、"樂歲堂圖書記"、"平户藩藏書"。

1361　明萬曆刻清順治修補印本松絃館琴譜　　T6771/6434

　　《松絃館琴譜》二卷,明嚴澂撰。明萬曆刻清順治十三年(1656)嚴炳修補印本。四冊。半頁六行,四周單邊,白口,無魚尾。框高21.4釐米,寬13.4釐米。題"琴川道澂甫嚴澂集;君厚甫沈汝愚校;孟辰甫趙應良編"。前有薛志學序,嚴澂序。末有清順治十三年嚴炳跋。

　　嚴澂,字道澂,號天池山樵。常熟人。大學士嚴訥次子,以蔭仕至邵武府知府。

　　是書所録之曲二十有八,皆無文。

　　薛志學序云:"余友嚴道澂,脱屣二千石,振衣千仞,絶不聞户外囂音。自翰墨外,輒取古琴,焚香一弄,迥然自得。不佞固非知音人也,間嘗坐聽,不覺競心頓銷,洋洋乎,道澂之和平襲人乃爾。一日,道澂著爲《琴譜》,出以示余,安排指畫,搜剔精審,按韻考聲,抑揚徽吕,靡不中節,爲此道訂訛,良自苦心。庶幾古雅再復,一時騷人韻士争爲指南。"

　　嚴炳跋云:"先祖中憲公琴品,天下推爲第一。此譜乃一生精神所繫,集燕閩吴越諸名手,再四考訂,刻成於萬曆末年,板藏本家,盛行海内。自遭兵燹,板闕其半,遠近走索,茫無以應,知音者歎松絃妙譜今作廣陵散矣。噫!當吾世而使先緒泯没,大雅淪胥,此真後死者之罪也。因簡家藏原稿,手録所缺,捐貨付梓,訂成全書。内惟神化引首段,從趙孟辰先生京本僭爲補入,其餘悉照原刻,不敢有一筆增損也。較正魯魚,晉公弟與圻兒皆與有力焉。"

　　此本金鑲玉裝。

　　《四庫全書總目》入子部藝術類。《中國古籍善本書目》著録明萬曆刻本,上海圖書館、南京圖書館等十一館入藏。臺北"國家圖書館"所藏作萬曆四十二年刻本。美國國會圖書館所藏亦作明萬曆刻本。日本静嘉堂文庫有清刻本。

　　鈐印有"娜嬛妙境"、"麞見亭讀一過"。

1362　明嘉靖刻本玄玄碁經　　T6870/4610

　　《玄玄碁經》二卷附一卷,宋晏天章、嚴德甫輯。明嘉靖七年(1528)汪德敬刻本。存二册。半頁十三行二十四字,四周雙邊,黑口,雙魚尾。框高21.9釐米,寬15.5釐米。前有嘉靖七年羅佐序,至正七年(1347)虞集序。

　　晏天章,字文可。廬陵人。嚴德甫,廬陵人。

　　玄玄者,玄之又玄也。弈乃雅勢,其理深玄。枰列縱横,馳騁寬比天地;子分黑白,運籌細及精微。其正文前卷爲棋局變化圖,後卷爲棋勢一百五十種(缺三勢),附録爲爛柯經勢二十五種。後卷及附録皆佚。此本卷前首列馬融《圍碁賦》、班固《奕旨》、皮日休《原奕》、柳宗元《序棋》,次爲張擬《棋經》十三篇(棋局、得勝篇、權輿篇、合戰篇、虚實篇、自知篇、審局篇、度情篇、斜正篇、洞微篇、名數篇、品格篇、雜說篇)、劉仲甫《棋法》四篇(布置、侵凌、用戰、取舍)、《圍棋十訣》、《圍棋三十二字釋義》,附鎮神頭考據。

　　虞集序云:"今年秋,客有自廬陵來者,爲言宋故丞相元獻公之諸孫晏天章,與其鄉人嚴德甫俱以善奕稱。對奕之暇,各出其家藏與凡耳目之所法,心手之所得,新聞異見,奇謀最畫,可以安危而決勝負者,輒圖以識之,分其局勢,既紀之以名目之殊,又敘之以法度之妙,要其爲譜訣至詳且備,真棋經之大成,刻梓以傳,命曰《玄玄集》。蓋其學之通玄,可以擬諸老子衆妙之門,楊雄大易之準,且其爲數出没變化,深不可測,往往皆神仙豪傑玩幻巧歷之所爲,故其妙悟傳之者鮮。惟漢之班固、馬融,蓋善賦其事;唐之張説、李泌,善論其理,他之所以不及也。近代以來,棋經之説雖多,棋經之妙亦少,今晏、嚴二君子乃能會諸家之要,成一代書。"

羅佐序云:"故其圓神方知之妙,往往隨形賦勢,愈出愈奇,曾不可律束,而工拙亦各有師。所存大旨,不逃《爛柯》一經,而《玄玄集》者,又擴其所未發。兩譜舊各有板,歲久漫滅,傳布洊稀,碁家頗憾。吾歙姻友汪君德敬,杖以閥閲世家,龐壂資質,縱觀湖海,善詩碁,游薦紳間,畜鈔善本,將合而梓之。"按,汪德敬或即汪曙,自號坐隱先生,著有《奕隅通會》。《奕人傳》(黄俊編撰)卷十二云,汪曙嘗取《玄玄碁經》重刻之。

是書今所傳者,多爲萬曆間刻本,十二行十八字,因前有元至正虞集序,也有人目之爲元刻本。余嘗見山東、四川、雲南等圖書館所藏,皆作元刻,誤也。又上海棋社所藏,曾視爲極難得之傳世最早刻本,實亦萬曆刻本。是書清代未有翻刻。此嘉靖刻本雖殘存上卷,但或爲傳世孤帙。

《四庫全書總目》入子部藝術類,爲一卷本,輯自《永樂大典》。《中國古籍善本書目》未著錄此本,另有明刻本,上海圖書館、天津圖書館等十六館有藏。

鈐印有"黄梅花屋所藏"。

1363　清康熙刻本圍碁近譜　　　　　　　　　T6870/8144

《圍碁近譜》四卷,清金楘志輯。清康熙五十五年(1716)刻本。二册。四周單邊,無魚尾。框高21.6釐米,寬17.3釐米。前有金楘志撰《鄭谷耕傳》;康熙五十五年金楘志序。

金楘志,自號奕民,浙江嘉興人。又輯有周懶予《奕譜》。

譜載清初諸名手宿將對壘鏖戰實況,或可窺見諸多棋手風格及流派。《初集》對子二十六局、受子十四局;《二集》對子八局、受子十二局;《三集》對子二十局;《四集》對子二十局。《初集》首局即爲周東侯對黄月天,次爲黄月天對周東侯,再爲姚文侯對夔子恒、凌元焕對黄月天、吴來儀對夔子恒等。此書前題"梅會里周鄭二家傳譜",蓋周爲周勳,鄭爲鄭潛宜。周字東侯,安徽六安人,著棋如急峽回瀾,奇變萬狀,人稱"龍士(黄霞,字龍士)如龍、東侯如虎"。鄭字谷耕,浙江嘉興梅會里人,有古人風,性嗜奕,卒年二十八。

金楘志序云:"楘志與伯兄恒夫於舞勺之歲即好圍碁,迄今五十餘年,老至而耽奕仍如少時,亦可謂癖於此者矣。余兄弟嘗事遠遊,歲丙申,伯兄館於皖江,余獨里居,無所事事,每過李甥組江齋頭談奕。少陵有句云:且將碁度日,其余之謂與。組江多逸興,奕其一也。時方炎夏,出所藏近譜百許局,相與朝夕研悦,藉以避暑,際河朔十日之飲,較更清勝矣。組江屬余擇尤妙者十之四付剞劂氏,以公同好,大抵黄君月天、徐君星友爲邇來國手領袖,四十局中,二君約居其半,刻成行世,會心人自能領略其妙,當不俟余之多言也。"

此本有扉頁,首册刻"梅會里周鄭二家傳譜",又刻"圍碁近譜",另三册每卷亦有扉頁,增出"二集"、"三集"、"四集"字樣。

《中國古籍善本書目》著錄,北京大學圖書館入藏。日本内閣文庫也有入藏。

1364　清道光刻本玉荷隱語群珠集　　　　　　T5791/5839

《玉荷隱語》二卷,清費源撰。《群珠集》二卷,清費源輯。清道光十一年(1831)刻巾箱本。

四册。有圖。行字不等,左右雙邊,白口,單魚尾。框高 10 釐米,寬 6.6 釐米。題"苕南費源星田氏撰"。前有乾隆四十五年(1780)孫祺序,乾隆四十五年費源自序;《凡例》八則。

費源,字星田,浙江苕南人。布衣。

此爲謎書。謎者,隱語也。明郎瑛《七修續稿》云:"謎者何?隱語也。隱微之語乎?曰:否。隱僻之語乎?曰:非也。何以謂之隱語?曰:所包者廣,所藏者深。惟其廣而無窮,是以深而難知也。"細讀謎書,可愉悦身心,啓迪思維,開闊眼界。

《玉荷隱語》目次爲:易經、尚書、詩經、禮記、春秋、四書、左傳、莊子、國策、史記、唐文、正蒙、淮南子、武經、古人名、美人名、詞調名、曲調名、西廂、牡丹亭、地名、藥名、鳥名、一字、俗語。凡謎一百五首。

《群珠集》目次爲:易經、尚書、詩經、禮記、春秋、四書、周禮、左傳、韓文、莊子、詩序、古人名、美人名、詞調名、曲調名、西廂、地名、官名、藥名、鳥名、一字、果名。凡謎二百首。

孫祺序云:"今之所謂謎語,即古之隱語也。自魏代以來,化而爲謎,人皆知其始於黃絹幼婦,而不知莊姬龍尾之對臧孫羊裘之辭已爲之濫觴矣。至鮑照集則有井字謎,永樂初,錢唐楊景言以善謎名,後成祖召入以備顧問,謎之由來尚矣。余甥費子星田,隱居續學,雅好庾詞,每遇元夕張燈,輒出新製,以資探賞。歲月既久,佳搆遂多,暇則錄成小帙,顏以《玉荷隱語》,復取諸同人所作,擇其言尤雅者,名之曰《群珠集》,彙爲四卷,攜以示余。余惟古來謎語流傳,其見於史傳、世説、語林及稗官小説家言者,不可勝紀,大約獨造者寔繁,用古者蓋寡。其故何也?剪裁惟我易爲工,而自然妙會難爲巧,必所擬之不殊,乃暗合乎曩篇士衡論文云爾,謎亦何獨不然哉!今觀費子之爲謎也,採故實於前代,妙通變於寸心,離之則了不相關,合之則確不可易,即語助餘聲,亦各有歸宿。"

《凡例》云:"以成句猜成句,若一字近贅,便成白璧微瑕。集中所載,雖虛字亦不虛設。""經傳篇章,各有區別,謎語中或合數句猜一句,或以一句一字猜數句,勉強附麗,略如習《春秋》者之合題,是集均從舍旃。""謎中引用,間涉隱僻,有謂宜注明出處者,余以世多博雅君子,不欲以區區貽笑大方,故不復注釋。""余成是書,聊以自娛,因同好者謬謂典雅清新,可供案頭賞玩,輒付剞劂,淺陋之譏,知所不免,惟大雅君子諒之。"

此本當爲家刻,有扉頁,刻"玉荷隱語。群珠集附。辛卯新鎸。聽月樓藏板"。每謎一圖,頗别開生面。"辛卯",有乾隆三十六年、道光十一年、光緒十七年。此本作道光十一年,乃根據紙張、字體及風貌,絕不到乾隆,但應早於光緒。

《續修四庫全書總目提要(稿本)》著錄《玉荷隱語》四卷,《群珠集》四卷,卷數當誤。《中國古籍善本書目》不收。北京大學圖書館有此書,作《玉荷隱語》二卷,《群珠集》一卷,卷數誤。版本作清乾隆四十五年聽月樓刻本,當依據序年,然序中并未言及刻書事。又日本《内閣文庫漢籍分類目録》有明治九年(1876)刻本,日本他館也有作明治九年京都北村四郎兵衛據乾隆四十五年重刻本者(乾隆四十五年者,實即此本也)。另有作清光緒十七年刻本者。按,乾隆四十五年、光緒十七年者,實皆同此本。

鈐印有"桂窗"。

1365　明萬曆刻巾箱本文房十二友　　T6290/0341

《文房十二友》十六卷。明萬曆三十年(1602)玉峰萬卷樓刻巾箱本。二十册。半頁六行十五字,四周單邊,白口,無魚尾。框高10.8釐米,寬6釐米。

此書集有關草木、花木、茶、弈、酒、鶴魚、紙筆、雜錄等小品,彙爲一書。多於明代叢書中錄出,如《牡丹榮辱志》,見於《百川學海》;《種魚》見於《夷門廣牘》。卷一草木辨、花木條例、王百谷花木類編、袁石公戲題瓶花齋,卷二花木譜、花榮辱史、盆史、瓶史,卷三諸花譜,卷四觀鶴、種魚、酒譜、水譜,卷五香譜、書齋清事、居齋必用等,卷六茶經、茶傳,卷七茶譜、茶賦、煎賦,卷八茶歌、茶具,卷九經譜外傳,卷一〇茶居士傳、十六湯,卷一一棋譜,卷一二棋勢,卷一三釋紙、釋墨、釋筆、釋硯,卷一四毛穎傳、羅文傳、紙賦、墨賦、筆賦、硯賦,卷一五管城侯制等,卷一六褚錄。然卷中內容有的較目錄爲多。

卷十二勢譜末有"集覽奕書,多繁亂錯落,不惟反增人厭。茲特請海內名家遍罔經譜中採其勢與經合簡切巧妙者錄之,命工鐫木,三復考訂,用是袖珍,聊以備遊覽云。萬曆壬寅孟秋吉旦,玉峯萬卷樓"。

《四庫全書總目》未收。

鈐印有"陸氏家藏"、"豐寧陸記"、"春步世賞"、"岡田真之藏書"。

1366　明萬曆刻百家名書本新刻文房清事　　T6291/0335

《新刻文房清事》一卷。明萬曆胡氏文會堂刻《百家名書》本。與《新刻山家清事》合冊。半頁十行二十字,左右雙邊,白口,雙魚尾。框高20釐米,寬13.2釐米。題"錢唐胡文焕德甫校"。

此本論硯、收筆、造墨、造箋、煮漿、造印色、洗圖書、調硃法、收藏書畫等。

鈐印有"多福文庫"。

1367　明萬曆刻百家名書本新刻山家清事　　T6291/0335

《新刻山家清事》一卷,宋林洪撰。明萬曆胡氏文會堂刻《百家名書》本。與《新刻文房清事》合冊。半頁十行二十字,左右雙邊,白口,雙魚尾。框高19.6釐米,寬13.2釐米。題"可山人林洪龍發著;全庵子胡文焕德父校"。

此本收相鶴訣、種竹法、酒具、插花法、梅花紙帳、詩筒、金丹正論、食豚自戒、種梅養鶴圖記、江湖詩戒、山林交盟等。

1368　清乾隆刻本隨園食單　　T8281/4324

《隨園食單》不分卷,清袁枚撰。清乾隆五十七年(1792)小倉山房刻本。二冊。半頁十一行二十一字,左右雙邊,白口,單魚尾。框高19釐米,寬14.1釐米。前有自序。

袁枚,字子才,號隨園,浙江錢塘人。幼有異稟,乾隆四年成進士,選庶吉士。改知縣江南,歷溧水、江浦、江寧等縣。後引疾家居。再起發陝西,丁父憂歸,牒請養母,絕意仕宦。卜築江寧小倉山,號隨園,優游其中者五十年,盡其才以爲文辭歌詩。嘉慶二年卒,年八十二。著述甚富,有《小倉山房集》、《隨園詩話》等。《清史稿》卷四八五、《國朝耆獻類徵初編》卷二三四有傳。

此書分須知單、戒單、海鮮單、江鮮單、特牲單、羽族單、水族有鱗單、水族無鱗單、雜素菜單、小菜單、點心單、飯粥單、茶酒單。其中須知單、戒單系統論述烹飪技術,其他各單列菜肴、面點等南北食譜三百多個。

此本有扉頁,刻"隨園食單。乾隆壬子鎸。小倉山房藏板"。小倉山房爲袁氏室名。

此爲《隨園三十種》之一種,《續修四庫全書總目提要(稿本)》著錄。

鈐印有"木堂圖書"。

1369　清雍正刻本原本茶經

T6876/7112

《原本茶經》三卷,唐陸羽撰。《續茶經》三卷《附錄》一卷,清陸廷燦輯。清雍正十三年(1735)陸氏壽椿堂刻本。四册。有圖。半頁十行二十字,左右雙邊,單魚尾。框高18釐米,寬12.7釐米。題"唐竟陵陸羽鴻漸撰"。前有雍正十三年黄叔琳序;宋陳師道舊序;《唐書·陸羽傳》。《續茶經》題"嘉定陸廷燦幔亭輯"。有《凡例》四則。

陸羽,字鴻漸,一名疾,字季疵,湖北竟陵人。不知所生,或言有僧得諸水濱。既長,以易自筮,得蹇之漸,曰鴻漸於陸,其羽可用爲儀,乃以陸爲氏,名而字之。上元初,隱居苕溪,自稱"桑苧翁",又號"竟陵子"。久之,詔拜太子文學,徙太常寺太祝,不就。杜門著書,或獨行野中,誦詩擊木,慟哭而歸。嗜茶,鬻茶者祀爲茶神。貞元末卒。

陸廷燦,字扶昭,號幔亭,江蘇嘉定人。官崇安知縣。又有《南村隨筆》、《藝菊志》。

此爲中國第一部關於茶之專著,述茶之性狀、品質、産地、采製、烹飲方法及用具等。卷上述茶之源、茶之具、茶之造;卷中述茶之器;卷下述茶之煮、茶之飲、茶之事、茶之出、茶之略、茶之圖。《續茶經》爲廷燦官崇安時,以茶事見聞補羽述之不足。《附錄》爲茶法。

黄叔琳序云:"君素嗜茶,令崇安時,武夷隸其縣境,仙山貢品,甲於寓内。君官廉政,暇間及茶事,於採摘蒸焙試湯候火之法,益得其精,是書之成,良有自已。予考茶之名,不見於經,昔人以茶薺之荼當之,漢魏以下,茶茗浸興,高人勝流,資茗椀爲譚助,然或比之水厄,斥爲酪奴者亦不少矣。自君家桑苧翁始,抉摘精微,著爲《茶經》,遠近傾慕,異時天隨。子亦深嗜之,好事者每爲遞泉致茗,清風高致,約略相方,而君又爲編綴缺遺,發揚芳藴,使千年賸簡曠焉若新,微獨桑苧有靈,歎爲知己。"

《凡例》云:"《茶經》著自唐桑苧翁,迄今千有餘載,不獨製作各殊,而烹飲迥異,即出産之處亦多不同。余性嗜茶,承乏崇安,適係武夷産茶之地,值制府滿公鄭重進獻,究悉源流,每以茶事下詢,查閱諸書,於武夷之外,每多見聞,因思採集,爲《續茶經》之舉。曩以簿書鞅掌,有志未逮及,蒙量移奉文赴部,以多病家居,翻閱舊稿,不忍委棄,爰爲序次第。恐學術久荒,見聞疏漏,爲識者所鄙,謹質之高明,幸有以教之。""《茶經》之後,有《茶記》及《茶譜》、《茶録》、《茶論》、《茶疏》、《茶解》等書,不可枚舉,而其書亦多湮没無傳。兹特採所見各書,依《茶經》之例,分之源、之具、之造、之器、之煮、之飲、之事、之出、之略,至其圖無傳,不敢臆補,以茶具茶器圖足之。""《茶經》所載,皆初唐以前之書,今自唐宋元明以至本朝,凡有緒論,皆行採録,有其書在前而《茶經》未録者,亦行補入。"

《中國古籍善本書目》著録,中國國家圖書館、上海圖書館、南京圖書館等七館亦有入藏。日本内閣文庫也有入藏。

1370　明萬曆刻茶書本茶經

T6876/6218

《茶經》三卷,唐陸羽撰;《茶具圖贊》一卷,明茅一相撰;《茶譜》一卷,明顧元慶輯;《茶集》二卷,明喻政輯。明萬曆四十一年(1613)刻《茶書》本。存二册。半頁九行十八字,左右雙邊,白口,單魚尾,書口下間有刻工。框高20.5釐米,寬14.1釐米。

刻工有江、志、光、安、正、劉、宇、張忠、張照。

此爲《茶書》之零種。《茶書》計二十七種三十三卷,《中國古籍善本書目》著録。南京圖書館、湖南圖書館藏有全帙。

本館又存《茶集》二卷,二册。

1371　明萬曆刻本方氏墨譜　　T6295/0212

《方氏墨譜》六卷,明方于魯撰。明萬曆方氏美蔭堂刻本。八册。半頁字數不等,四周單邊,白口,單魚尾,書口下刻"美蔭堂集"。框高24.7釐米,寬14.9釐米。前有萬曆十一年(1583)汪道昆序,李維楨序,萬曆十七年(1589)王穉登序;莫廷韓雜言八則;俞策墨歌;錢允治索墨譜歌;萬曆十二年(1584)朱多炡墨譜歌;汪道會墨賦;來相如、朱多炡離合詩;王世貞墨贊;王敬美、汪伯玉墨評;徐桂、徐棷墨譜行;萬曆十五年(1587)袁福徵墨譜按;汪道貫墨書,萬曆十六年(1588)泰茅氏遺建元書;萬曆十六年潘之恒水母泉記;王世貞墨譜文;萬曆十五年汪道貫墨譜文;汪道昆墨表。末有萬曆十六年方于後序。

方于魯,初名大澈,以字行,後改字建元。歙人。初學爲詩,汪道昆招入豐干社,獎飾甚至,後得程君房墨法,乃改而製墨,名重萬曆間,與君房相軋。方本爲程家製墨工人,與程不洽,乃自設墨肆,出品甚得文人墨客歡迎。

卷一《國寶》,卷二《國華》,卷三《博古》,卷四《博物》,卷五《法寶》,卷六《鴻寶》。各卷所繪僅墨之形製,上自符璽圭璧,下至雜佩,凡三百八十五式,摹繪精細,各繫題贊,亦備列真草隸篆之文,頗爲工巧,然其意在炫耀以求名,與程君房《程氏墨苑》爭勝於刻鏤間。此譜凡歷五載而成。

李維楨序云:"今之工於墨者,則無如于魯氏矣。于魯,故名大澈,晚乃以字行,更字建元。其爲墨象凡五,曰規、曰矩、曰珽、曰圭、曰雜。珮象所取義六,曰國寶、曰國華、曰博古、曰博物、曰太莫、曰太玄。求之象與義,而不能強而如之者五,曰瑶草、曰大國香、曰大紫重玄、曰非烟、曰九玄三極。不脛而走四方,不招而市如嘻處,布衣之位而重於萬乘。"

清查繼佐《罪惟録》有"程君房"條,云:"程君房,初名大約……萬曆中得方術,能自煉黄白,以製墨聞,諸不及也。羅小華者,初雄案頭,坐是失色,蓋爲程工作者方于魯也。久之,于魯竊其術,異居而自爲名。君房忌之,益工所製,貴者賤售之,賤者故爲貴,不與人,使人疑不與人者之不知更何如也。識其故者,題云葬人。于是易大約爲君房,以辱于魯,謂'房'字樣,'方'居'戸'下,而吾君之也。于魯數年苦貧,不能爭價。君房玄元靈氣爲最上,妙品上本過之,而賞不加。次青麟髓,次寥天一、次九玄二(三)極。"

此本初印。圖極精。卷一目録後有"守言刻"。

《四庫全書總目》入子部譜録類存目。《中國古籍善本書目》著録。中國國家圖書館、上海圖書館等五十二館,臺北"國家圖書館"(四部),及美國國會圖書館、普林斯頓大學葛思德東方圖書館、日本静嘉堂文庫(兩部)、京都大學人文科學研究所亦有入藏。

鈐印有"李氏藏書"。

1372　清康熙刻本曹氏墨林　　　　　　　　　T6295/5617

《曹氏墨林》二卷,清曹聖臣輯。清康熙二十七年(1688)自刻本。四册。半頁六行,四周單邊,白口,無魚尾。高23.8釐米,寬14.4釐米。前有劉楷序,仇兆鰲序,孫勷序,康熙二十七年曹聖臣自序。末有高層雲跋,趙執信跋,康熙二十九年(1690)耿世際跋。

曹聖臣,原名孺昌,字昌言,一字蓋庵,號素功,安徽歙縣人。系出譙國世裔,生負異徵,及長,攻舉子業,過目成誦,人嘖嘖稱之。其後以明經貢於鄉,授藩幕,因循資格,未獲即登仕籍,故家居數十年,讀書談嘯,與諸名流交,間亦靜坐小窗,教養子弟。雅擅多才,於古文詞、丹青翰藻,靡所不精。工於製墨,聲重燕臺,都人無不知之。康熙帝臨幸江寧,進呈所製墨,帝賜"紫玉光"三字,後充貢選。聖臣生於萬曆四十三年,卒於康熙二十八年。

昔人謂古墨與黄金同價,年愈遠而聲價愈重,好事者雖斷圭折璧争購得之。賞鑒家遇舊拓碑版之精者,必辨别墨色,以徵年代之遠近。至於名人字蹟,也以墨色爲定衡。故所謂"黑玉烏金",尤爲近世所珍。古墨之著名者,有南唐李廷珪父子墨,明有方于魯、程君房等墨,清代諸名家不勝指數,而以曹素功爲著。此編爲清康熙間文人爲曹氏製墨投贈詩文華章,由素功裒輯成帙。《四庫全書總目》云:"(曹氏製墨)不似方、程諸家,以誇多鬥巧爲事,而大抵適於實用,故士大夫頗重之。"

曹氏製墨有名品十八種,爲紫玉光、天琛、蒼龍珠、天瑞、豹囊叢賞、青麟髓、千秋光、筆花、岱雲、寥天一、薇露浣、非煙、香玉五珏、文露、紫英、漱金、大國香、藍煙。又有喻糜墨、第一墨、瑞慶墨、大士像贊、依園圖、富貴圖、天台十景、西湖十景、霍甘園、新安名勝、列宿圖、瀟湘八景、九畹芬芳、竹燕圖、手卷、妙品、萬年紅等十八種。總計三十六種。

卷一《藝粟齋墨品贊》,計徐乾學、陳廷敬、孔毓圻、翁叔元、彭定求、高士奇、曹貞吉、陸肯堂、阮爾詢、查嗣韓、馮雲驌、耿世際、曹禾、曹廣等題。又孔毓圻、陳廷敬、蔣弘道、徐誥武、周弘、徐乾學、趙廷珪、丁廷楗、彭定求、翁叔元、馮雲驌、錢三錫、張士甄、宋犖、汪灝、李應廌、李懋、李天馥、馮廷櫆、王鳴、高士奇、孔毓埏、馬教思、王承祐、米漢雯、朱彝尊、蔡升元、吴涵、金德嘉、孫岳頒、許汝霖、周金然、胡作梅、江蘩、陸肯堂、黄夢麟、劉偉、查嗣韓、張豫章、王緒祖、張登舉、曹貞吉、謝璽、邢謙、靳治荆、陸鳴時、顧宸、胡宗鼎、汪晉澂、洪琮、王仕雲、吴苑、阮爾詢、曹禾、曹廣、丁克懋、蘇應秋、宋嗣京、汪鐏、凌一飛、王紳等序、引、歌、記、銘。

卷二爲墨贊、墨歌、墨引、墨銘等,計王鳴、高士奇、孔毓埏、馬教思、王承祐、米漢雯、朱彝尊、蔡升元、吴涵、金德嘉、孫岳頒、許汝霖、周金然、胡作梅、江蘩、陸肯堂、黄夢麟、劉偉、查嗣韓、張豫章、王緒祖(二首)、又王緒祖、張登舉、曹貞吉、謝璽(二首)、邢謙、靳治荆(二首)、陸鳴時、顧宸、胡宗鼎、汪晉澂、洪琮、王仕雲、吴苑、阮爾詢(二首)、曹禾、鑑倫、曹廣(二首)、丁克懋、蘇應秋、宋嗣京、汪鐏、凌一飛、王紳、高層雲、趙執信。

曹聖臣自序云:"余垂髫癖嗜客卿,嘗欲聚天下之名煙,襲而藏之,以供把玩。凡得一丸半笏,不敢輕置以負所好。惟時程氏以墨名,天下珍之久矣。余與程氏世好,故程墨余得肆藏焉。然恐拘於一見,不足以上溯古人,因取秦漢而下以墨名者,不下數十家,第未一靚以慰飢渴,徒博空名,以爲口實,良足悲矣。嗟乎,物往名存,又焉知非古人之幸耶?""會熙朝定鼎,首重右文。余方刻意芸窗,副作人之雅化,一二嗜好,謝去不事。迨歲纏乙未,始受知於李衡文,越五年,以明經貢於鄉,又七年,授藩幕。考選有定期,不得即入仕版。家居多暇,復尋舊好,用是選煙、修藥、計杼、和膠，直欲追蹤古人而垂示來玆者也。""今年春，銓部截留，余詣燕臺謁選，得晤當代鉅公，索我麋隃，而寵以翰藻歌賦序跋詞引記贊以及墨銘若干首，輯成一袟。或才如屈、宋，或書擬歐、顏，披對之下，如身置玉山，燦然琳瑯之奪目也。臣不敏，從諸大賢後，得此彪炳之書，敬登梨棗，以示同志，俾後之君子有所取則焉。"

高層雲跋云："新安曹子素功，深得隃麋三昧，選材取法，咀英吐華，無美不具，臨池一試，覺程、方諸君皆可廢，蓋廷珪後一人也。世之識者，宜共寶之。"

此編文詞之藻麗，書法之高古，皆出於其時名公之手，於墨及曹氏之研究，皆有參考價值。扉頁刻"墨林初集。本齋製墨，承諸名家藻鑒，錫以瑤章，珠璣錯落，集成墨林。以投贈先後爲次，不及序尊，幸祈原宥。藝粟齋曹素功氏謹白。"鈐有"藝粟齋"印。按，《十六家墨説》內有"徽歙藝粟齋墨品"，列有墨名及價錢，後附按語。

《四庫全書總目》入子部譜錄類存目。《四庫全書存目叢書》子部第79冊收入，底本爲中國國家圖書館所藏。《中國古籍善本書目》著錄，中國國家圖書館、上海圖書館、復旦大學圖書館也有入藏。

鈐印有"素心盦"、"皎亭改藏"（原作"改"字）、"雪柯齋"、"雪柯"。

1373　明崇禎刻本龍乘　　　　　　　　　　　　T6631/4243

《龍乘》十六卷，明胡世安輯。明崇禎十一年(1638)胡氏刻本。四冊。半頁九行二十一字，左右雙邊，白口，無魚尾。框高19.3釐米，寬12.9釐米。題"蜀仙井胡世安處静甫輯"。前有天啓四年(1624)胡世安序，崇禎十一年胡世安再序。

胡世安，字處静，別號菊潭。四川井研人。少有異才，稱神童，事親篤孝。崇禎元年進士，選庶常，分校春闈及典試兩浙。擢翰林學士，遷禮部侍郎，晉尚書。凡祀典、慶賀、朝儀、山川祭告、文武大臣謚蔭卹典、科場事例歷律諸書，多出其手。十五年晉大學士，論思啓沃，攄誠竭忠，以積勞成疾乞休，居山西汾陽三年，卒。有《易史》、《寒友編》等集行世。《(嘉慶)井研縣志》卷八有傳。

《禮記·少儀》云："觀君子之服劍、乘馬，弗賈。"世安稱劍爲匪龍，馬爲厩龍，乘者史書也，故此書乃爲劍馬史。

卷一至六爲《劍史》，卷二前有《匪龍小引》。分總論、詩萃、匪龍錄（分名考、類詁、儀飾、物產、鑄工、精鑒、工舞、技俠、儷句、彙喻、形似。又附陶弘景《古今刀劍錄》)、匪龍典籍一至三、匪龍風謠一至二。卷七至一六爲《馬史》，卷七前有《厩龍小引》。分厩龍錄（類詁、儀飾、雜釋、天文、物產、角馬、精鑒、儷句、彙喻、形似。附《伯樂相馬經》)、厩龍典籍一至三、厩龍風謠一至三。

此書之輯，成於天啓四年，《匪龍小引》有云："余散掇遺編，彙合成帙，姑以祛長夜之勘魔，斷塵嬰之邪蔓而已，尚未暇擇其人而與共説也。"

胡世安自序云："余志《龍乘》，別其名，列其事，真贗妍媸，於是乎在齒牙。餘論各以其類附識之，以見望氣而求，臨坂而泣。"再序又云："《龍乘》之輯，豈余脊脊筆墨哉？篋藏十餘年所，偶爾簡視，友人旁從臾曰：'馳馬試劍，此一時也，無用之用，亶其然乎？烏知昔之鞁鞍，非今所詡詡耶？'仍當作黑甜觀也。爰以壽梨。"

《四庫全書總目》未收。臺北"國家圖書館"及日本內閣文庫亦有入藏。

1374　明崇禎刻本香乘

T8580/7245

《香乘》二十八卷，明周嘉冑輯。明崇禎十四年(1641)自刻本。十二册。半頁九行十七字，四周單邊，白口，無魚尾。框高 18.1 釐米，寬 12.9 釐米。題"明淮海周嘉冑江左纂輯"。前有崇禎十四年周嘉冑序。

周嘉冑，字江左。揚州人。

有關香譜之書，著録最早者當推漢鄭玄撰《漢宮香方鄭注》一卷(見清王仁俊輯《玉函山房輯佚書補編》)。宋代有洪芻《香譜》二卷、范成大《桂海香志》一卷、葉廷珪《名香譜》一卷、陳敬《香譜》四卷。明代又有朱權《焚香七要》一卷、項元汴《香録》一卷、徐熥翃《香譜》四卷、屠隆《香箋》一卷、吳從先《香本紀》一卷、毛晉《香國》二卷。此書乃集香之大成者，在談香事諸書中最爲詳備。

是書卷一至五《香品》，卷六《佛藏諸香》，卷七《宮掖諸香》，卷八《香異》，卷九至一○《香事分類》，卷一一至一二《香事別録》，卷一三《香緒録》，卷一四至一七《法和衆妙香》，卷一八《凝合花香》，卷一九《熏佩之香》、《塗傅之香》，卷二○《香屬》，卷二一《印香方》，卷二二《印香圖》，卷二三《晦齋香譜》，卷二四《墨娥小録香譜》，卷二五《獵香新譜》，卷二六《香爐類》，卷二七《香詩彙》，卷二八《香文彙》。凡有關香之名品、故實以及修合、賞鑒諸法，旁徵博引，各具始末。又編次亦有條理，談香事者，莫有過此書。初纂於萬曆戊午，止十三卷，李維楨爲之序。後自病其疏略，續輯此編，以崇禎辛巳刻成。

周嘉冑序曰："少時嘗爲此書，鳩集一十三卷，時欲命梓，殊歉挂漏，乃復窮搜遍輯，積有年月，通得二十八卷。嗣後，次第獲覩洪、顏、沈、葉四氏《香譜》，每譜卷帙寥寥，似未賅博，然又皆脩合香方過半。且四氏所纂，互相重複，至如幽蘭、木蘭等賦，於譜無關，經余所採，通不多則。而辯論精審，葉氏居優，其修合諸方，實有資焉。復得晦齋《香譜》一卷、《墨娥小録香譜》一卷，并全録之。計余所纂，頗亦浩繁，尚冀海底珊瑚，不辭探討，而異跡無窮，年力有盡，乃授剞劂，布諸藝林，卅載精勤，庶幾不負。更欲纂《睡旨》一書，以副初志。李先生所爲序，正在一十三卷之時，今先生下世二十年，惜不得余全書而爲之快讀。"

《四庫全書總目》入子部譜録類。《中國古籍善本書目》著録。中國國家圖書館、上海圖書館等十四館、臺北"國家圖書館"(三部，其一原藏北平館者)亦有入藏。按，此書又有明崇禎十四年自刻清康熙元年周亮節重修本。日本内閣文庫、静嘉堂文庫有清刻本。是書《筆記小説大觀》第七輯收入。

1375　明萬曆刻本華夷花木鳥獸珍玩考

T9299/9843

《華夷花木鳥獸珍玩考》十二卷，明慎懋官撰。明萬曆刻本。十册。清劉喜海跋。半頁十行二十字，左右雙邊，白口，單魚尾，書口下間有刻工。框高 19.5 釐米，寬 13.5 釐米。題"吳興郡山人慎懋官選集"。前有萬曆九年(1581)李時英序，萬曆九年慎懋官自序。

慎懋官，字汝學，湖州人。

是書凡《花木考》六卷、《鳥獸考》一卷、《珍玩考》一卷、《續考》二卷。《四庫全書總目》云："或剽取舊説，或參以己語，或標出典，或不標出典，真僞雜糅，餖飣無緒。"

李時英序云："吳興慎汝學氏，自髫年博極群書，侍其尊甫山泉先生宦遊，聞見益閎肆。三餘暇日,著《花木鳥獸珍玩考》八卷、《續考》三卷、《雜考》一卷,凡六合之內,由庭階而遠屆海隅,悉呈於几席間。"

慎懋官自序云:"而黃山、九華、齊雲五嶽之勝,無不徧歷而夢游,道遇雲貴兩廣之友,殊域貢獻之夷,凡我江浙不見之物、耳目不聞之事,悉摘葉以記,是雖未及徧中國,盡蠻貊,而各方花鳥珍玩俱在我胸中矣。歸而面父,歷道各方之物。父因謂曰:'大孝在乎揚名,子不能矣。尚其萃成多識之編,以卒葩經之業,聊以成其邇事之道乎?'即日,承命挾策衡陽,述其見聞,復參書史,以免掛一漏萬之譏,其間異物,雖涉不經而亦錄者……夜則燃燈,刪繁去冗,第花木、鳥獸、珍玩三類,其書浸淫而可觀。書成而父歿,難忘桑梓之思,因以質諸友人。友曰可以刻矣。此書起於萬曆元年,易稿有五,迄今九年而後成。"

劉喜海跋云:"是書剽竊古籍既多,不著出典,且多未曾改削。《提要》所稱謨案云云,職是故也。《格致鏡原》原援引此書頗多,姑存以備參考。道光戊申夏日,得此本於吳山書肆,爲知不足齋故物,有渌飲鮑以文藏書記。燕庭。"

卷四第十頁佚。又卷九《續考》第二十二頁有"萬曆十三年,慎懋官書於玉京洞中",或係此本完成於九年,至十三年後始刊刻。

《四庫全書總目》入子部雜家類存目,然作十卷,或《四庫》館臣所見爲殘本。《中國古籍善本書目》著錄。上海圖書館、臺北"國家圖書館"(三部,其一爲原藏北平館者),及美國國會圖書館、日本內閣文庫(兩部)亦有入藏。

鈐印有"秦舜舉印"、"衆父甫"、"鸑鳳王孫"、"東漢傳經之家"、"僣孺堂印"、"盧文弨印"、"鮑以文藏書記"、"燕庭藏書"、"劉喜海印"、"秉月軒"。

1376 明天啓刻本花史左編

T8156/1166

《花史左編》二十四卷,明王路撰。明天啓刻本。十二冊。半頁八行二十字,左右雙邊,白口,單魚尾。框高21.1釐米,寬12.9釐米。題"檇李仲遵王路纂修"。前有李日華題詩;萬曆四十六年(1618)王路自序。

王路,字仲遵,嘉興人。

是書成於萬曆二十五年。路生負花癖,故入山經營草堂,翦榛搜石,得隙地,令童子種花栽竹,因簡諸藝植方及所藏之書,拈其涉花木者,排纘爲文,成二十四卷:卷一《花之品》(花正品、花小品、附蘭花品、牡丹品),卷二《花之寄》,卷三《花之名》,卷四《花之辯》(附百菊集譜、芍藥譜),卷五《花之候》,卷六《花之瑞》,卷七《花之妖》,卷八《花之宜》(附瓶史、孫真人種菊花法),卷九《花之情》,卷一〇《花之味》,卷一一《花之榮》,卷一二《花之辱》,卷一三《花之忌》(附花祟),卷一四《花之運》,卷一五《花之夢》(附夢花),卷一六《花之事》,卷一七《花之人》,卷一八《花之證》,卷一九《花之妬》,卷二〇《花之兀》(附花屯難),卷二一《花之藥》(附白花、苦藥子),卷二二《花之毒》(附瓶花),卷二三《花之似》,卷二四《花之變》。其所分門類目品,以及屬辭,俱不脫當時纖佻之習,大都本丘璿《牡丹榮辱志》而擴充之,其叢雜舛訛處頗多。

《四庫全書總目》著録之本爲二十七卷本,入子部譜録類存目。《總目》云:"此書皆載花之品目故實,分類編輯,屬辭隸事多涉佻纖,不出明季小品之習。《浙江通志》載王路《花史》二十四卷,有天啓元年李日華序。今此本二十七卷,無日華序,而前有陳繼儒序與路所作小引,皆稱二十四卷。"按,本館藏本,前有李日華題詩,五言,題爲《讀〈花史〉有作,似仲遵契丈》。二十七卷本較此本多出《花之友》、《花之器》，爲後人所補入，而刊書者併爲一目耳。復按，二十七卷本路小引有云，此書爲左編，別有右編，爲花之辭翰，約一十二卷。然此本路序則無此等文字。右編，蓋有其名而未成其書。

《中國古籍善本書目》著録二十四卷本有兩種，一作明萬曆刻本(附《花塵》一卷，題百花主人輯)，一作明天啓刻本。兩本行款俱八行二十字，左右雙邊，白口。前者藏中國國家圖書館、南京農學院中國農業遺產研究室。後者藏北京大學圖書館、華南農學院圖書館。此本或與後者同板。臺北"國家圖書館"藏兩部，一作明原刻本(原藏北平館者)，一作明霏玉樓刻本。日本尊經閣文庫藏本作明萬曆版。美國國會圖書館藏本作明崇禎刻本，有陳繼儒序，見王重民《中國善本書提要》。

1377　明萬曆刻山居雜志本筍譜　T8144/2832

《筍譜》一卷，宋釋贊寧撰。明萬曆汪氏刻《山居雜志》本。一冊。半頁九行二十字，左右雙邊，白口，單魚尾，書口下間有刻工。框高19.9釐米，寬13.4釐米。題"吳僧贊寧著；明新安汪士賢校"。

贊寧，俗姓高，浙江德清人。出家於杭州祥符寺，受具足戒後博涉三藏，尤精南山律，談論之間，辭辯宏放，挫他論鋒，時人以"律虎"稱之。復旁通儒道二家典籍，文辭頗善，聲譽日高，備受當世王侯名士仰敬。吳越錢弘俶欽慕其德，任之爲兩浙僧統，復賜以"明義宗文大師"之號。其後，宋太宗亦禮遇有加，賜以"通慧大師"之號，并先後任以翰林史館編修、左街講經首座、西京教事、右街僧録等職。咸平四年入寂，世壽八十三。

此爲談筍專書，分名、出、食、事、説，詳述筍之生長，各種筍名、特徵、食法，並各家關於筍之論説、詩、賦等。

刻工有仇、俊。

此爲汪士賢刻《山居雜志》之零種。

1378　明刻本德善齋菊譜詩　T8156/2949

《德善齋菊譜詩》不分卷，明朱有燉撰。明刻本。二冊。半頁六行十字，四周雙邊，白口，無魚尾。框高19.4釐米，寬16釐米。前有天順二年(1458)朱有燉序。末有嚴性善後序。

朱有燉，明宗室，定王第八子，封鎮平王，嗜學工詩，作《道統論》數萬言。又採歷代公族賢者，自夏五子迄元太子真金百餘人，作《賢王傳》若干卷。《明史》卷一一六有傳。

菊爲中國傳統名花，《禮記·月令篇》有"季秋之月，鞠有黃花"之說。菊之品種逾萬，中國有三千餘種。賞菊、藝菊之專著自宋代劉蒙《菊譜》、范大成《范村菊譜》始，迄至清代，有三十餘種。歷代詠菊者甚多，明楊循吉有《菊花百詠》一卷，依菊花種類，各案其名，繫以七言絕句，分作十一類。此本有圖甚精。

此書以菊之黃(四十一品)、白(二十品)、紅(三十品)、紫(九品)四色逐種品之，每種一圖，如於黃色中金孔雀一種題曰："深黃赤心千葉。金毛翠羽忽飛來，化作秋花燦爛開，南服容儀依舊在，臨風動處似琶琶。"菊譜詩後附有種植澆灌之法，分栽菊、插菊、接菊、菊補遺。另後序之後有清人抄《種菊法》，題"臥雲山房補遺"，爲正月至十二月之藝菊注意事項。

朱有燉序云："菊之可愛者，於草木消歇之時，風霜搖落之際，能挺然獨秀，花葉芬芳，燦爛如錦，宜殯宜藥。上古神農氏載於《本草》，聖人修《禮》著於《月令》。至於楚之忠臣殯其落英，晉之逸士愛其晚節，其遭遇，聖賢之論述，見稱於後世者昭昭矣。及夫李唐詩人尤重之，若天隨之賦，又長篇短什，皆形容其美。逮乎有宋大儒，以之類隱逸下，而蘇黃諸公，吟賞若出一口，花何幸歟！愛之既衆，名色亦多，彭城劉蒙爲之作譜，繼而吳門史正志、石湖范至能皆有品述。考其三家之記，品其香色，載其花之次第，雖頗詳盡，然互有同異，與今之名品又大牴牾，豈古今之異稱耶？抑花有遇有不遇，故不同於後世耶？或南北風土之不齊，或栽種之法而有異，安得收取四方之種，植於一圃之中，吾爲題品之，以爲一定之論，豈不爲菊譜之一快也。今取中州菊譜及予圃中所植者六十餘品，與古之名色之異於今者，共一百品，每品圖其形色，并繫小詩一首，輯爲一編，目曰《德善齋菊譜》。"

嚴性善後序云："昔陶靖節獨愛菊，見諸吟詠，後之高行君子亦多愛者，品題其香色，傳於世多且久矣。周藩鎮平王殿下，尤篤愛之，取中州所有品色，并圃中見有花名僅百種，圖其形樣，每色作詩一首，其用心實勤矣。敬惟賢王殿下，忠孝之心，出乎天性，琴書筆硯，日以自娛，其餘世俗之事，一不經心，玉葉金枝日侍左右，談書論道之餘，臨池揮毫，對花覓句，其樂陶陶，共享太平之福，何其高哉！四時花木，園圃之中亦多有之，若夫春之牡丹、夏之蓮、冬之梅，亦各有人愛，愛之各有所適，然其花色不過二三種，雖牡丹有數色，亦無如菊之各色如是之多至於百品者，且又傲霜晚節出乎群芳遠甚，宜乎賢王殿下愛之特厚。天順二年重陽宴賞之明日，出示菊詩，臣性善伏讀再三，竊謂花皆實跡，詩皆俊逸，又興趣幽長，各着其題，視前諸君子之作，可齊驅并駕。"

按，此本用紙爲皮紙，并以更厚皮紙拓裱一層，疑或爲日本所刻，志此以待驗證。

《四庫全書總目》未收。《中國古籍善本書目》未著錄。日本內閣文庫有《菊譜百詠圖》二卷附一卷，題明朱有燉撰，德善齋編，日本貞享三年(1686)刻本。

日人裝幀。鈐印有"佐名文庫"、"富好號記"。

1379　清乾隆刻本墨子

T1084/6531

《墨子》十六卷，清畢沅校注。清乾隆四十九年(1784)畢氏靈巖山館刻本。四冊。半頁十一行二十二字，小字雙行同，四周單邊，黑口，雙魚尾。各卷末刻"靈巖山館刊"。框高19.8釐米，寬14.6釐米。題"兵部侍郎兼都察院右副都御史巡撫陝西西安等處地方贊理軍務兼理糧餉欽賜一品頂帶畢沅校注"。前有乾隆四十八年(1783)孫星衍序，《墨子篇目考》。

畢沅，見《關中金石記》。

《墨子》不爲歷代統治者提倡，故研治者稀。是書爲首部《墨子》全書校注之作。畢氏參考同時期學者盧文弨、孫星衍等人校訂成果，以《道藏》本爲底本，校以明刻本，博引傳注、類書中文字，校其訛誤，並作簡要注釋。

《墨子篇目考》錄《漢書·藝文志》以下歷代書目著錄之《墨子》篇目異同。卷一五末附《墨子佚文》二十一條，爲畢沅自《太平御覽》、《文選注》等類書、傳注中輯出者。卷一六爲《墨子目》，畢氏識云："按舊本皆無目。《隋書·經籍志》云：《墨子》十五卷目一卷。馬總《意林》云：《墨子》十六卷。則是古本有目也。"

孫星衍序云："備城門諸篇，具古兵家言，惜其脫誤難讀。而弇山先生於此書，悉能引據傳注類書,匡正其失。又其古字古言,通以聲音訓故之原,谿然解釋,是當與高誘注《呂氏春秋》、司馬彪注《莊子》、許君注《淮南子》、張湛注《列子》並傳於世。其視楊倞、盧辯空疏淺略,則偶然過之。時則有仁和盧學士抱經、大興翁洗馬覃谿及星衍三人者,不謀同時共爲其學,皆折衷於先生。"

此本有扉頁,刻"乾隆甲辰閏三月開琱。墨子十五卷目弌卷。篇目考附。靈巖山館藏版"。

《續修四庫全書總目提要(稿本)》著錄,云:"《墨子》一書,較《管子》尤爲難讀。經上經下,意恉艱深。備城門諸篇,蓋爲古代兵書,文句詰詘,不易解識。樂臺注既不可尋,而先儒偏於孟子斥墨之成見,漠不留意。故輾轉錯誤,不可句讀。斷非一二人之力所能校理就緒也。今行墨書,自以孫詒讓《閒詁》爲佳,若論其創始之功,不得不推是書矣。"

《經訓堂叢書》所收即此本。《中國古籍善本書目》子部雜家類著錄數部,皆爲校本。《中國科學院圖書館中文古籍善本書目》、《北京大學圖書館藏古籍善本書目》等著錄。《墨子大全》(北京圖書館出版社 2003 年版)有影印本。原本有畢沅自序,館藏此本闕。

鈐印有"青宮太保"、"箴言書院藏書"。

1380　明天啓刻本鶡冠子

T1093/7126

《鶡冠子》三卷,宋陸佃注,明王宇、汪明際、朱養純等評。明天啓五年(1625)朱氏花齋刻本。二册。半頁九行二十字,四周單邊,白口,單魚尾,書口下刊"花齋藏板",書眉上刻評。框高 20.8 釐米,寬 13.5 釐米。題"宋陸佃解;明閩中王宇永啓評;嘉定汪明際無際、西湖朱養純元一參評;朱養和元冲訂"。前有韓愈題辭;陸佃序,天啓四年(1624)王宇序,天啓五年朱大輝序;天啓五年張堯翼辨;朱養純評;朱養和撰《凡例》五則。

鶡冠子,相傳戰國時楚人,姓名不詳,隱居深山,用鶡羽爲冠,因以爲號。《漢書·藝文志》著錄《鶡冠子》一篇。今本《鶡冠子》爲三卷十九篇,宋陸佃所注,或爲後人依托。全書以道德爲本旨,兼雜刑名陰陽之説。

是書集朱養純、朱養和、王宇、汪明際、沈鼎新、穆文熙、王宗沐、李攀龍、陳仁錫、張濂等二十餘家所評。《凡例》云:"刻本多魯魚帝虎之病,體舛形訛,入眼如刺。此本讎勘精工,稿數換寫,梨數換鑴,楮潔墨良,與《繁露》一書俱稱佳本,誠西山之鴻秘,芸閣之龍文也。"

《四庫全書總目》入子部雜家類。《中國古籍善本書目》著錄。中國國家圖書館、上海圖書館等三十五館,臺北"國家圖書館",及日本京都大學人文科學研究所、東京大學東洋文化研究所亦有入藏。

按,花齋又刻有《管子》、《春秋繁露》、《陸子新語》、《公孫龍子》、《黃帝陰符經注》等,時間均在天啓五年。

1381　明萬曆刻套印本呂氏春秋

T1126/7134

《呂氏春秋》二十六卷,宋陸游評,明凌稚隆批。明萬曆四十八年(1620)凌毓枬刻朱墨套印本。八册。半頁九行十八字,四周單邊,白口,無魚尾,書眉上刻評注。框高 19.6 釐米,寬 14 釐米。題"宋鏡湖遺老陸游評;明天目逸史凌稚隆批"。前有方孝孺序,萬曆十七年(1589)凌稚隆序,王世貞序,高誘舊序。

卷二〇末刊"吳興凌毓枬殿卿父校"一行。

《四庫全書總目》入子部雜家類。《中國古籍善本書目》著錄。中國國家圖書館、上海圖書館等三十三館，臺北"國家圖書館"（三部）亦有入藏。

1382　明刻套印本淮南鴻烈解　　　　　　　　　　　　　　T1140/4245

《淮南鴻烈解》二十一卷，漢劉安撰，明茅坤等評。明刻朱墨套印本。十冊。半頁九行二十字，四周單邊，白口，無魚尾，書眉上刻評。框高20.8釐米，寬14釐米。前有王宗沐序。

鴻烈者，據漢高誘敘："然其大較歸之於道，號曰鴻烈。鴻，大也。烈，明也。以爲大明道之言也。"

是書除茅坤評外，又有張榜（賓王）評，並以"張賓王曰"別之，錄於書眉或正文後。

王宗沐序云："即時瞑目批根之輩錯出，不雅馴而里缶箏脾，使聽者豔爲希聲，不忍棄去。則句櫛之，字纙之，從其腠理，批却導窾，歸於正途，則詳釋贅行，固博士之符券也。鹿門從子一桂，故嗜書，業已訂《淮南鴻烈解》行海內，而鹿門子猶病其亦舃，載取批評續之。句若櫛，字若纙，不啻設左右翼而導之前茅也。安鴻烈其說，固曲學者源，毋能爲吾儒重，而自有鹿門子之評，則馬班氏外，未必非亞旅云。"

《四庫全書總目》作"淮南子"，入子部雜家類。《中國古籍善本書目》著錄。中國國家圖書館、上海圖書館等三十九館，臺北"國家圖書館"（作明烏程閔氏刻朱墨套印本，不確），及美國國會圖書館亦有入藏。

1383　明末刻本淮南鴻烈解　　　　　　　　　　　　　　　T1140/1394

《淮南鴻烈解》二十一卷，漢劉安撰，高誘注，明茅坤等評。明末張弌如刻本。三冊。半頁九行二十字，四周單邊，白口，單魚尾，書眉上刻評。框高20.9釐米，寬13.9釐米。前有張存心序，高誘舊序，顧起元序，王宗沐序；張弌如撰《凡例》五則。

是書爲張弌如集茅坤、袁宏道、張榜三家評。其《凡例》云："茫茫百家，誰司函蓋？總總諸子，孰任網羅？惟茲鴻烈，大冶洪爐，供人恣取，勿訝其多。故刻《鴻烈解》。""鹿門具眼，石公近禪，賓王崛起，智鏡現焉。嘈嘈衆響，無取煩言，質諸三子，要歸於玄。故存三子評。"

張存心序云："余弟次回，以嗜讀之餘，廣集評議，傳之同志，余嘉其有禆於世也，爲弁其說而推極其義云。"

張弌如，字次回，武林人。

《中國古籍善本書目》著錄。上海圖書館、南京圖書館等十四館，臺北"國家圖書館"（作明崇禎間姚江張氏刻本）亦有入藏。

鈐印有"爗然私印"、"夜雨亭藏書"、"蔡璧予印"。

1384　清乾隆刻本淮南子　　　　　　　　　　　　　　　　T1140/0202C

《淮南子》二十一卷，漢劉安撰，漢高誘注。清乾隆五十三年（1788）莊逵吉刻本。八冊。半頁十一行二十一字，四周單邊，黑口，無魚尾。框高18釐米，寬13.4釐米。題"武進莊逵吉校刊；漢涿郡高誘注"。前有高誘序，乾隆五十三年莊逵吉序。

劉安,江蘇沛縣人。漢高祖劉邦之孫,淮南厲王劉長之子。文帝十六年(前164)襲封淮南王。爲人好讀書鼓琴,善爲文辭。招賓客方術之士數千人,著書立説。後因被告謀反而自殺。《漢書》卷四四有傳。

是書即劉安集諸門客編撰,又稱《淮南鴻烈》。高誘序云:"鴻,大也。烈,明也。以爲大明道之言也。"《漢書·藝文志》雜家著録《淮南》内二十一篇,外三十三篇。内篇論道,外篇雜説。今傳者僅内篇二十一篇。漢代有許慎、高誘兩家注。許注已佚,清人有輯本;高注流傳至今,明代有多種刻本。此莊逵吉本,爲清代較爲通行之本。

莊氏序云:"歲甲辰,逵吉讀《道藏》於南山之説經臺,覽《淮南》内篇之注,病其爲後人所删改。質之錢别駕坫,别駕曰:道書中亦非全本,然較之流俗所行者多十之五六。爰擷其篋笥,以示逵吉。逵吉因是校其同異,正其訛舛,樂得而刻之……别駕校訂是書,既精且博。逵吉亦抒一得之愚,爲之疏通旁證。舉以示歙程文學敦、陽湖孫編修星衍,皆以爲宜付削刀。時侍家君咸寧官舍,謹刊而布之。略考淮南作書之始末,及高、許注書之端緒,刺於序目之後。蓋即别駕所校道書中本也。"

莊逵吉,字伯鴻,江蘇武進人。嘉慶間署咸陽、大荔,補藍田,調咸寧,擢潼關同知。莊氏校語在高誘注後,皆冠以"逵吉按"。

此本有扉頁,刻"淮南子二十一卷。乾隆戊申三月校刊於咸寧官署"。

《續修四庫全書總目提要(稿本)》著録此本,云:"檢覈全書,多與藏本不合,故顧廣圻謂錢坫實未見《道藏》本,所見校《道藏》本,故其稱説,全無一是。王念孫則謂武進莊氏所刊藏本,實非其舊。其藏本是而各本非者,多改從各本。其藏本與各本同誤者,一槩不能釐正。更有未曉文義而輒行删改,及妄生異説者。念孫所言,最能洞見其癥結矣。"

《中國古籍善本書目》著録二十餘部,皆諸家校本,分藏南京圖書館、上海圖書館、國家圖書館、杭州大學圖書館等。其他各館亦多有收藏。

鈐印有"昌平王氏北堂藏書"。

1385　明天啓刻合諸名家批點諸子全書本白虎通德論　T1156/1166

《白虎通德論》四卷,漢班固撰。明天啓六年(1626)郎璧金堂策檻刻《合諸名家批點諸子全書》本。二册。半頁九行二十字,四周單邊,白口,無魚尾,書眉上間刻注,書口下刊"堂策檻"。框高20.3釐米,寬13釐米。題"漢扶風班固孟堅纂集;明武林郎璧金公府訂定"。前有張楷序,嚴度序,王世貞序,郎璧金序。

郎璧金序云:"當事者猶恐《白虎通》弢晦,亟於鎸刻,况文明之世,何可不借其意,開今人之蒙瞶。且撰集所載,又非恢詭譎怪、高論鄙俗者相類,其言經制典禮,皆實學可據,與制義尤親,足爲摻觚者空踈之藥石。"

《四庫全書總目》作"白虎通義",入子部雜家類。《中國古籍善本書目》著録《合諸名家批點諸子全書》,上海圖書館入藏。臺北"國家圖書館"及日本内閣文庫也有此零本。

1386　明天啓刻本風俗通義　T9133/0312

《風俗通義》十卷,漢應劭撰。明天啓六年(1626)武林郎璧金堂策檻刻本。一册。半頁九行二十字，四周單邊，白口，無魚尾，書眉上刻注，書口上方刻"風俗通"，書口下刻"堂策檻"。框高 20.9 釐米，寬 13.1 釐米。題"漢南頓應劭仲瑗著；明仁和郎壁金公府閲"。前有大德十一年(1307)李杲舊序，應劭序，天啓六年郎壁金序。

應劭，字仲遠。汝南人。嘗舉孝廉。中平六年，拜泰山太守，事蹟具《後漢書》本傳。

是書因事立論，辨物類，釋時俗，考論典禮類《白虎通義》，糾正時俗又頗類《論衡》，雖不主一家，而自有見地。應劭自序云："謂之《風俗通義》，言通於流俗之過謬，而事該之於義理也。"郎壁金序云："漢季應劭，爲一時名儒，受學鄭玄，位不大顯，乃昉古義作《風俗通》。"原本三十卷，每卷爲一篇，分子目一百三十四。今本多已散佚。此本卷一《皇霸》，卷二《正失》，卷三《愆禮》，卷四《過譽》，卷五《十反》，卷六《聲音》，卷七《窮通》，卷八《祀典》，卷九《怪神》，卷一〇《山澤》。

目錄頁佚第七頁。扉頁刊"風俗通。堂策檻訂定"。

《四庫全書總目》入子部雜家類。《中國古籍善本書目》著録。中國國家圖書館、天津圖書館等九館，及日本內閣文庫亦有入藏。

按，郎氏刻書，最著者爲《郎氏五雅》四十一卷，時亦在天啓六年。

館藏有複本一部，二冊。

1387　明刻秘書九種本天祿閣外史　　　T9133/4833

《天祿閣外史》八卷，漢黄憲撰，明刻《秘書九種》本。四册。半頁九行二十五字，四周單邊，白口，無魚尾，眉端刻評。框高 21 釐米，寬 11.8 釐米。題"漢汝南黄憲撰；明竟陵鍾惺評"。前有嘉靖二年(1523)王鏊序。

《四庫全書總目》入子部雜家類。《中國古籍善本書目》著録《秘書九種》，北京師範大學圖書館有全帙，新疆大學圖書館有殘本。

鈐印有"□齋曾閲"、"俯仰人間今古"、"黄方漣印"、"脂粉簡篇"。

1388　明萬曆刻子彙本劉子　　　T1189/7251

《劉子》二卷，北齊劉晝撰。明萬曆四年(1576)至五年(1577)南京國子監刻《子彙》本。二冊。半頁十行二十一字，四周雙邊，綫黑口，雙魚尾，書口上刻"萬曆四年刊"或"萬曆五年刊"，書口下有刻工。框高 21.6 釐米，寬 14.3 釐米。題"劉晝孔昭撰"。前有萬曆五年序。

其書泛論治國修身之要，雜以九流之説，無甚高奇，然引物連類，有可繹思者，故《子彙》予以彙刻。

刻工有裴龍、付汝光、付機、晏四、晏學、劉受、鄧漢、鄧秦、黄里、易兹、易玄、戴谷、郭叨、劉卞、蔣寅、朱欽、吴科、楊亮、劉壽、黄幹、易文、楊玄、易正文、吴廷、黄明、胡存。

《四庫全書總目》入子部雜家類。余嘉錫《四庫提要辨證》卷一四於是書作者論證甚詳。《中國古籍善本書目》著録《子彙》，中國國家圖書館、北京大學圖書館等十四館入藏。

1389　明萬曆刻本夢溪筆談全編　　　T9150/3156

《夢溪筆談全編》二十六卷，宋沈括撰，明萬曆三十年(1602)沈儆炌刻本。八册。半頁十行二十字,四周雙邊,白口,單魚尾。框高19.9釐米,寬13.5釐米。題"沈括存中述"。前有萬曆三十年沈儆炌序,大德九年(1305)陳仁子序;乾道二年(1166)湯脩年跋。

沈括,字存中。錢塘人。嘉祐進士。神宗時累官太子中允,熙寧間提舉司天監。嘗出使遼國,止契丹奪地之意圖,還拜翰林學士。後知延州。元豐間,以徐禧失陷永樂城,連累坐貶。晚年居潤州。博學善文,於天文、方志、律曆、音樂、醫藥、卜算,無所不通。又有《長興集》、《蘇沈良方》。

"夢溪"為括晚歲所居地。祝穆《方輿勝覽》曰:"沈存中宅在潤州朱方門外。存中嘗夢至一處,小山花如覆錦,喬木覆其上,夢中樂之。後守宣城,有道人無外者,為言京口山川之勝,郡人有地求售,以錢三十萬得之。元祐初,道過京口,登所買地,即夢中所遊處,遂築室焉,名曰夢溪。"

是書凡分十七門,曰故事,曰辨證,曰樂律,曰象數,曰人事,曰官政,曰權智,曰藝文,曰書畫,曰技藝,曰器用,曰神奇,曰異事,曰謬誤,曰譏謔,曰雜志,曰藥議,共二十六卷。

沈儆炌序云:"吾宗存中公,所著《筆談》,上稽朝典,下逮方言,神怪人理,鳥獸草木,搜奇抉秘,羅列星分。渢渢乎,博而綜,該而典,核而不詭,精實而可考鏡,蓋《筆談》出,而諸譚者爇矣……因有感於張、雷二公神識洽聞,千載無兩,如存中者,□亦庶幾,遂出所藏善本,授門人孫生昌裔校之,以付剞劂,蓋孫生素稱博雅,能辨亥豕云。"

《四庫全書總目》入子部雜家類。《中國古籍善本書目》著錄。上海圖書館、南京圖書館,及日本內閣文庫亦有入藏。

鈐印有"臣海寰印"、"鏡宇"、"檪園"、"文章千古事忠孝一生心"。

1390　明刻套印本東坡先生志林　　T9150/4954

《東坡先生志林》五卷,宋蘇軾撰,明刻朱墨套印本。五冊。半頁八行十八字,四周單邊,白口,無魚尾,眉端上刻評。框高20釐米,寬13.9釐米。題"瑯琊焦竑弱侯評"。前有沈緒蕃序;《士林總論》數則。

此為軾隨筆所記零星瑣事,後人輯錄而成,內容包括紀游志異、議物論人,旁及幽冥夢幻、道果仙緣等。

《士林總論》採陳繼儒、茅坤、謝枋得等諸家語。

《四庫全書總目》入子部雜家類。《中國古籍善本書目》著錄。中國國家圖書館、遼寧省圖書館等十一館,臺北"國家圖書館"亦有入藏。

鈐印有"檀鑑遠印"、"仲思珍藏之印"、"恨古人不見我"、"一卷冰雪文"、"方外社"、"第九洞萸曾到"。

1391　明末刻津逮祕書本避暑錄話　　T9150/4942

《避暑錄話》二卷,宋葉夢得撰,明末毛氏汲古閣刻《津逮祕書》本。六冊。半頁八行十九字,左右雙邊,白口,無魚尾。書口下有"汲古閣"。框高18.8釐米,寬12.7釐米。題"宋葉少蘊著;明毛晉訂"。後有毛晉識語。

葉夢得,字少蘊,號石林。吳縣人。紹聖進士。累遷翰林學士。高宗時,嘗駐蹕揚州,紹興初爲江東安撫大使。後上章請老，拜崇信軍節度使，致仕卒。又有《石林燕語》、《石林詩話》、《石林居士建康集》、《石林春秋傳》、《石林詞》等。

《四庫全書總目》云："晁公武《讀書志》載此書作十五卷，與此本卷數多寡懸殊，疑今所行者非完帙。然《文獻通考》已作二卷。毛晉《津逮祕書》跋云：'得宋刻，迥異坊本，亦作二卷，則宋代亦即此本。'考諸書所引《避暑錄話》，亦具見此本之中，無一條之佚脱，知《讀書志》爲傳寫之謬矣。"

《四庫全書總目》入子部雜家類。《中國古籍善本書目》著錄有名人批校之本。

1392　明末刻津逮祕書本卻掃編　T9150/2904

《卻掃編》三卷，宋徐度撰，明末毛氏汲古閣刻《津逮祕書》本。三册。半頁八行十九字，左右雙邊，白口，無魚尾。書口下有"汲古閣"。框高19.1釐米，寬13釐米。題"宋睢陽徐度敦立撰；明古虞毛晉子晉訂"。後有毛晉識語。

徐度，字敦立。睢陽人。宋南渡後，官至吏部侍郎。據《四庫全書總目》："蓋其父處仁，靖康中嘗知政事，故家遺俗，俱有傳聞。"

《四庫全書總目》又云："此編所紀，皆國家典章，前賢逸事，深有裨於史學。陸游《渭南集》有是書跋曰：'此書之作，敦立猶少年，故大抵無紹興以後事。'蓋其書成於高宗初年也。王明清《揮塵後錄》載明清訪度於霅川，度與考定創置右府，與揆路議政，分合因革，筆於是書……此書上卷載葉夢得所記俚語一條，中卷載王鼎嘲謔一條，下卷載翟異詼諧一條，爲例不純，自穢其書，是亦嗜博之一證矣。然大致纂述舊聞，足資掌故，與《揮塵》諸錄、《石林燕語》可以鼎立，而文簡於王，事核於葉，則似較二家爲勝焉。"

《四庫全書總目》入子部雜家類。《中國古籍善本書目》僅收名人批校之本。

鈐印有"儼九之章"、"公暇觀書之記"。

1393　明崇禎刻本容齋隨筆　T9150/3838C

《容齋隨筆》十六卷《續筆》十六卷《三筆》十六卷《四筆》十六卷《五筆》十卷，宋洪邁撰，明崇禎三年(1630)馬元調刻本。十二册。半頁九行十八字，左右雙邊，白口，無魚尾。框高19.5釐米，寬13.9釐米。前有謝三賓序，何異序，弘治十一年(1498)李瀚舊序；崇禎三年馬元調《重刻紀事》。

洪邁，字景盧，號容齋，又號野處。鄱陽人。洪皓幼子。紹興十五年進士。紹興末，假翰林學士使金，持書用敵國禮，金令其在表中改稱陪臣，邁不從，被金拘於使館。後放還。又知贛州、婺州，特遷敷文閣待制。邁博覽經史百家及醫卜星算之書，尤熟悉宋代掌故。孝宗時，以端明殿學士致仕，卒諡文敏。《宋史》卷三七三有傳。

是書爲讀書札記，考辨經典，釐訂典故，旁及宋代朝章官制、經史百家，辨證考據，頗多創見。李瀚序於是書述之甚詳，謂："文敏公洪景盧，博洽通儒，爲宋學士，出鎮淛東，歸自越府，謝絕外事，聚天下之書而徧閱之。搜悉異聞，考覈經史，捃拾典故，值言之最者必札之，遇事之奇之必摘之。雖詩詞文翰、曆識卜醫，鈎纂不遺，從而評之，參訂品藻，論議雌黄，或加以辨證，或繫以讚繇。天下事爲，寓以正理，殆將畢載，積廿餘年，率皆成書，名曰《隨筆》，謙言順筆錄之云爾。加以《續筆》、《三筆》、《四筆》,絕於《五筆》,莫非隨之之意。總若干萬言,比所作《夷堅志》、《支志》、《盤洲集》,踔有正趣,可勸可戒,可喜可愕,可以廣見聞,可以證訛謬,可以袪疑貳,其於世教,未嘗無所裨補。"

謝三賓序云:"是書向無佳刻,得者復不能全。馬異甫博學好古,彙而梓之,兼精心慧識,長於較讎,魯魚亥豕,考核再四。人亦有言,訛如落葉,掃而愈有,異甫茲刻,吾知免夫,其有功載籍,豈淺鮮耶?"又馬元調《紀事》云:"每逢同儕,必勸令讀是書,而傳本甚少,慨然欲重梓,以公同好。去年春,明府勾章謝公,刻子柔先生等集,工匠稿不應手,屢欲散去。元調實董較勘,始謀翻刻,以寓覉縻,而所蓄本,未免舛訛。適丘子成先生家鬻舊書,得向不全本,考其序,乃弘治中沁水侍御李公瀚所刻。又從友人沈子誨借得殘落數卷,會之良合。然舛訛較所蓄本尤多,參伍是正,為改定千餘字,仍闕其疑,明府公遂為之序,復紀其重刻之故,以告我後人。"

《四庫全書總目》入子部雜家類。《中國古籍善本書目》著錄。上海圖書館、浙江圖書館等四十二館,臺北"國家圖書館",及美國國會圖書館、日本內閣文庫、靜嘉堂文庫、東京大學東洋文化研究所亦有入藏。按,是書明代所刻印者,又有弘治八年華燧會通館銅活字印本、明弘治十一年李瀚刻本、明刻本三種。

闕名硃筆圈點。

鈐印有"武道專門學校圖書印"、"賴古堂印"。

1394 清乾隆刻本賓退錄 T9150/4872

《賓退錄》十卷,宋趙與旹撰。清乾隆十七年(1752)存恕堂刻本。四冊。半頁十行十八字,左右雙邊,黑口,單魚尾。框高17.2釐米,寬12.5釐米。題"大梁趙與旹"。前有趙與旹識語;末有趙與旹跋。

趙與旹,字行之,又字德行,宋宗室,寓江西臨江。理宗寶慶二年進士,官麗水丞。紹定四年卒,年五十七。事見《彝齋文編》卷四《從伯故麗水丞趙公墓銘》。

卷前識語云:"余里居待次,賓客日相過,平生聞見所及,喜為客誦之。意之所至,賓退或筆於牘。閱日滋久,不覺盈軸。欲棄不忍,因稍稍傅益,析為十卷,而題以賓退錄云。"是書考證經史,辨析典故,頗多精核,《四庫全書總目》謂其"可為《夢溪筆談》及《容齋隨筆》之續"。

此本有扉頁,刻"賓退錄。乾隆壬申新鐫。字畫悉照宋本。存恕堂藏板"。鈐"存恕堂"、"不薄今人愛古人"印。

此書今存宋臨安睦親坊陳宅經籍鋪刻本,藏中國國家圖書館。《藏園群書題記》有《校宋本賓退錄跋》,云:"是書行世者有《學海類編》本、乾隆存如(當作恕,下同)堂仿宋本、對雨樓新刊本。後二本皆翻宋刻。然存如本不空格,行數不免參差,字句亦有奪誤。"此本與陳宅書籍鋪本雖皆十行十八字,但宋本語涉朝廷空格,此本不空,因此行字面貌與陳宅書籍鋪本不同。齊治平《賓退錄》校點整理本(上海古籍出版社1983年版)前言中說:"從字體及異文來看,知其與書棚本決非一本。"此本扉頁云"字畫悉照宋本",或其別有所據。

《中國古籍善本書目》著錄此本多部,皆經名家校勘,包括陳鱣、周星詒、李文田、王國維、傅增湘等校本。上海古籍出版社點校整理本亦以此本為底本。

1395　明末刻津逮祕書本老學庵筆記

T9150/7134

《老學庵筆記》十卷,宋陸游撰,明末毛氏汲古閣刻《津逮祕書》本。五册。半頁八行十八字,左右雙邊,白口,單魚尾。書口下有"汲古閣"。框高18.8釐米,寬13.4釐米。題"宋陸游務觀"。後有毛晉識語。

"老學庵"爲陸游齋名,取師曠"老而學如秉燭夜行"之意。是書所記,多軼文舊典及當代史實、典章制度。

《四庫全書總目》云:"《宋史·藝文志》雜史類中載陸游《老學庵筆記》一卷,陳振孫《書錄解題》作十卷,與此本合,《宋史》蓋傳刻之誤……振孫稱其生識前輩,年及耄期,所記見聞,殊有可觀。《文獻通考》列之小說家中,今檢所記,如楊戩爲蝦蟆精、錢遜叔落水神救之類,近怪異者,僅一兩條。鮮于廣題逸居集、曾純甫對蕭鷓巴之類,雜諧戲者,亦不過七八事,其餘則軼聞舊典,往往足備考證。"

《四庫全書總目》入子部雜家類。《中國古籍善本書目》僅收名人批校之本。

鈐印有"楓樹屋圖書記"。

1396　明末刻津逮祕書本輟耕録

T9153/7232

《輟耕録》三十卷,明陶宗儀撰。明末毛氏汲古閣刻《津逮祕書》本。八册。半頁十行二十一字,左右雙邊,白口,無魚尾。框高19.9釐米,寬12.7釐米。題"南村陶宗儀"。前有至正二十六年(1366)孫作序。後有毛晉識語。

陶宗儀,字九成。黄巖人。博學問,工詩文。嘗舉進士不第。明洪武年聘爲教官。常躬親稼穡,暇則休於樹蔭,凡有所得,便記之於葉,貯於盎,十年竟積盎以十數。一日發而録之,得三十卷,即是書也。又有《國風尊經》、《南村詩集》、《滄浪櫂歌》、《説郛》、《書史會要》、《古刻叢鈔》等。

《四庫全書總目》云:"郎瑛《七修類稿》謂宗儀多録舊書,如《廣客談通本録》之類,皆攘爲己作。今其未見傳本,無由證瑛說之確否,但就此書而論,則於有元一代法令制度,及至正末東南兵亂之事,紀録頗詳。所考訂書畫文藝,亦多足備考證。惟多雜俚俗戲謔之語、閭里鄙穢之事,頗乖著作之體。葉盛《水東日記》深病其所載猥褻,良非苛論。然其首尾賅貫,要爲能留心於掌故,故朱彝尊《静志居詩話》謂宗儀練習舊章,元代朝野舊事,實借此書以存。而許其有裨史學,則雖瑜不掩瑕,固亦論古者所不廢矣。"

是書有扉頁,題"輟畊録。南村陶宗儀訂。廣文堂□"。當爲此書毛氏板片轉入廣文堂後重新刷印之本。

《四庫全書總目》入子部小説家類。《中國古籍善本書目》僅收名人批校本。臺北"國家圖書館"亦有收藏。

1397　清乾隆刻本草木子

T9153/4914

《草木子》四卷,明葉子奇撰。清乾隆二十七年(1762)蘇遇龍刻本。四册。半頁十行二十二字,四周雙邊,白口,單魚尾。框高19.7釐米,寬13.9釐米。題"明初劍川葉子奇世傑父著"。前有乾隆二十七年齊召南序,乾隆二十七年蘇遇龍序,正德十一年(1516)黃袞序;朱彝尊撰本傳;洪武十一年(1378)葉子奇自序。

葉子奇,字世傑,號靜齋,浙江龍泉人。少好學,博物洽聞。用薦授巴陵主簿。洪武十一年春,有司祭城隍神,群吏竊飲豬腦酒,縣學生發其事。子奇適至,以株連就逮。獄中用瓦磨墨,有得輒書。釋事家居,續成之,號《草木子》。又有《太玄本旨》、《詩宗選玉》、《本草節要》等。《曝書亭集》卷六三、《明分省人物考》卷五六有傳。

是書分八篇,卷一《管窺篇》、《觀物篇》,卷二《原道篇》、《鈎元篇》,卷三《克謹篇》、《雜制篇》,卷四《談藪篇》、《雜俎篇》。朱彝尊所作傳稱此書"稽上下之儀,星纏之軌,律歷推步之驗,陰陽五行生尅之運,海嶽浸瀆戎貊希有之物,神鬼伸屈之理,土石之變,魚龍之怪,旁及釋老之書,而歸於六籍,兼記時事失得,兵荒菑異。曰草木子者,以草計時,以木計歲,以自況其生也。"

蘇氏《重梓草木子敘》云:"世傑葉先生著述甚富,《草木子》四卷,裔孫方伯名溥者,明正德年鏤板行世,黃鐵橋之序尚矣。庚辰冬,遇龍宰龍泉,既訪無嫡嗣,其《太元本旨》、《本草節要》等書亦不存久之。始得《草木子》殘編,非朱太史竹垞表之,世烏知有葉子哉?"明正德間葉氏裔孫葉溥將本書鏤板行世,其後明代又有多種刻本。清乾隆二十七年,龍泉知縣蘇遇龍又爲校正付梓,即此本。

《四庫全書總目》子部雜家類著錄。《中國古籍善本書目》著錄此書明代版本多種,計明正德十一年葉溥刻本、明嘉靖八年廖直顯刻本、明嘉靖二十二年王宏刻本、明萬曆楊瑞刻括蒼二子本、明萬曆三十四年林有麟刻本、明天啟郎奎金堂策檻刻本等,此外亦著錄此本,爲華東師範大學圖書館藏,有清吳騫跋。北京大學圖書館、清華大學圖書館等亦有收藏。

1398　明嘉靖刻本震澤長語　　　　　　　　　　　　T2732.7/1152

《震澤長語》二卷,明王鏊撰。明嘉靖刻本。一冊。半頁十一行二十字,左右雙邊,白口,單魚尾。框高16.1釐米,寬13.7釐米。前有王鏊序。

王鏊,字濟之。吳縣人。成化乙未進士,官至戶部尚書,文淵閣大學士。諡文恪。

是書乃鏊退休歸里,隨時筆錄記之,分經傳、國猷、官制、食貨、象緯、文章、音律、音韻、字學、姓氏、雜論、仙釋、夢兆十三類。鏊序云:"余久居山林,不能嘿嘿,閱載籍有得則錄之,觀物理有得則錄之,有關治體則錄之,有神聞見則錄之,久而成帙,名曰《震澤長語》云。"

鏊生當明之盛時,頗崇實學,書中所記頗有根據。所記正德中籍沒劉瑾貨財及嘉靖初籍沒朱寧貨財事甚詳,錄如下:劉瑾"金二十四萬錠、又五萬七千八百兩,元寶五百萬錠,銀八百萬、又一百五十八萬三千六百兩,寶石二斗,金甲二,金鈎三千,玉帶四千一百六十二束,獅蠻帶二束,金銀湯盌五百,蟒衣四百七十襲,牙牌二匱,穿宮牌五百,金牌三,袞袍四,八爪金龍盔甲三千,玉琴一,玉寶印一顆。以上金共一千二百五萬七千八百兩,銀共二萬五千九百五十八萬三千六百兩"。朱寧"金七十扛共十萬五千兩,銀二千四百九十扛共四百九十八萬兩,碎金銀四箱,碎銀十匱,金銀湯盌四百,金首飾五百十一箱,珍珠二匱,金銀臺盞四百二十付,玉帶二千五百束,金縫環四箱,珍珠眉葉纓絡七箱,烏木盆二,花盆二,沉香盆二,金仙鶴二對,織金蟒衣五百箱,羅鈿屏風五十,大理石屏風三十三座,圍屏五十三扛,蘇木七十扛,胡椒三千五十石,香椒三十扛,段疋三千五百八十扛,綾絹布三百二十扛,錫器磁器三百扛,佛像一百三十匱、又三十扛,祖母綠一尊,銅鐵獅子四百車,銅盆五百,古銅爐八百三十,古畫四十扛,白玉琴一,金船二,白玉琵琶一,銅器五十扛,巧石八十扛"。

《四庫全書總目》入子部雜史類。《中國古籍善本書目》著錄明刻本。南京圖書館、浙江圖書館等六館,臺北"國家圖書館"(原北平館藏本)亦有入藏。按,此書又有明萬曆刻本(九行二十字)及明末刻本(八行十八字)。

1399　明嘉靖刻本楊子巵言　　　　　　　　　　　T9153/4298

《楊子巵言》六卷,明楊慎撰,明嘉靖四十三年(1564)劉大昌刻本。存一冊。半頁十行二十字,四周單邊,白口,無魚尾。框高20.8釐米,寬14.2釐米。

楊慎,字用修。新都人。舉正德六年殿試第一,授翰林修撰。世宗時,謫戍雲南永昌。明世記誦之博、著作之富,推慎爲第一。詩文外,雜著至一百餘種。

是書存一卷,卷次不詳。書口所刻之字盡剜去。疑此殘本爲明嘉靖四十三年劉大昌刻本,蓋因此殘本行款等皆同劉大昌本。

《四庫全書總目》未收。《中國古籍善本書目》著錄。中國國家圖書館、南京圖書館等四館,臺北"國家圖書館"均有收藏。

鈐印有"莫棠之章"、"善本"。又有"子晉汲古",僞。

1400　明嘉靖刻本蓬窗日錄　　　　　　　　　　　T9153/7983

《蓬窗日錄》八卷,明陳全之撰。明嘉靖四十四年(1565)山西祁縣知縣岳木刻本。八册。半頁十一行二十一字,四周雙邊,白口,雙魚尾。框高21.2釐米,寬14.7釐米。前有嘉靖四十四年朱繪序,陳全之自序。

陳全之,字粹仲。閩縣人。嘉靖二十三年進士。嘗爲山西參政。所著又有《輟耰述》四卷。

陳全之序云:"余自庚子觀光上國,晨途夕舟,風江雨湖,歷覩時事,遍窺陳迹,凡得見聞,雅喜抄錄。或搜之遺編斷簡,或採之往行前言,上至聖神帝王吟咏,下至閭閻閻里碎言,近而衽席晤談,遠而裔戎限界,歲積月盛,篇盈帙滿,不覺瑣屑,涉乎繁蕪。辛亥官南宫,删其稿;庚申轉蘆滄,重訂之。釐爲八卷,曰寰宇,曰世務,曰事紀,曰詩談,題曰《蓬窗日錄》。錄之云者,曰漫述之而已,不能與也,自資考閱,略比稗史。既而憮然曰,此糟粕耳,於心身果何益?噫,吾過矣哉!參藩晉陽,攜以自隨,甲子夏五,巡歷三關,至寧武,出此以證邊徼,若有符合。吳君節推見而讀之,乙丑仲春來告,云祁尹岳木已鋟於梓。"岳木,陝西長安縣人,舉人,嘉靖四十一年始爲祁縣知縣,至四十四年止,陞主事。

卷二爲抄配。刻工爲申。

《四庫全書總目》入子部雜家類存目。《總目》云:"世務一門多可採;寰宇一門頗參興記陳言;詩談事紀,則更傷猥雜矣。"

《中國古籍善本書目》著錄。四川大學圖書館、臺北"國家圖書館"亦有入藏。又是書另有萬曆十八年陳邦范刻本,中國科學院圖書館、故宮博物院入藏。

子 部

1401　明萬曆刻本千一録　　T5422/0215

《千一録》二十六卷,明方弘静撰。明萬曆刻本。十二册。半頁十行二十字,四周單邊,白口,單魚尾。框高 18.5 釐米,寬 12.9 釐米。題"新安方弘静著"。前有萬曆三十五年(1607)謝陞序,萬曆三十九年(1611)汪元功序,萬曆三十五年方弘静史詮序,萬曆十三年(1585)自序,萬曆二十六年(1598)自序;方弘静跋。

方弘静,字定之,歙縣巖鎮人。嘉靖二十九年進士。嚴嵩爲政,雅慕其才,使客啖以鼎甲,弘静笑謝之。凡三竹權要,歸田四年,起補南京漕郎,轉濟南副使,視學粤西,尋轉江南布政使。嚴嵩父子以怗寵敗,使者治其獄,有所波濫。弘静白之,既持節入浙,又因蜚語歸。三省爲上書訟冤,詔起補耶陽,遷南少司農。年九十有五。學者稱"采山先生"。諭祭賜葬,贈南京工部尚書。《(乾隆)歙縣志》卷一一有傳。

卷一至四《經解》,卷五至八《子評》,卷九至一二《詩釋》,卷一三至二二《客談》,卷二三至二六《家訓》。

萬曆二十六年自序云:"《千一録》,録經解也,而子附焉。子有輔經者,有畔經者,於是乎有評矣,評子所以明經也……是録也,集於郟臺齋中,今十有四年矣。帙之爲卷二十有六,其續也,則各從其卷焉。余少也,嗜於辭,既冠,而疾登第,而無能優於仕也,學則荒焉……"

自跋云:"右録二十六卷,中多隨筆,未能易稿也,更閲之,可删可論者非一矣,自後精力亦足以發否邪? 古之人所以惜時也。"

萬曆十三年自序第一頁書口下有"吴應芝刊"。

《四庫全書總目》未收。《中國古籍善本書目》著録。中國國家圖書館、上海圖書館等七館,臺北"國家圖書館"亦有入藏。

1402　明刻本林子會編　　T5419/4936

《林子會編》一百二十一卷附三卷。明林兆恩撰。明刻本。二十二册。半頁九行十七字,四周雙邊,白口,單魚尾,書口下間有刻工。框高 19.5 釐米,寬 13.7 釐米。

林兆恩,字懋勛,號龍江,又號子谷子,又稱"三教先生"。莆田人。博學工文,能以艮背之法治病。生平立説,欲合三教爲一。

此書極雜。兹列細目如下:《倡道大旨》一卷,題"門人游萬僑校正;王應濂命梓",前有萬曆三十四年林兆珂序、蔣奕芳序。《原宗圖説》一卷,題"門人游萬僑校輯"。《三教經畧》一卷,題"門人游萬僑校梓",末有林兆恩跋。《説夏》一卷(上中下三篇),題"門人游萬僑編梓"。《心鏡指迷》一卷,題"門人王興重閲;林得泰命梓",前有林兆恩序,末有董大霖跋、林常春跋、陳道清跋。《常明教》一卷,題"門人游萬僑校",前有嘉靖四十年劉璋跋。《本體教》一卷(上中下三篇),題"門人游萬僑校",末有劉獻策跋。《絲銀喻》一卷,題"門人王興重閲;袁希朱校正;林得泰命梓",末有萬曆五年林廷潤跋。《七竅答問》一卷,末有黄九思跋。《何思何慮解》一卷。《性命答語》一卷,題"門人林得泰命梓",末有陳一夔跋。《心身性命圖》一卷,題"門人林得泰命梓"。《心聖圖説》一卷,題"門人林得泰命梓"。《三教無遮大會》一卷,題"門人袁希朱校正"。《心聖教言》一卷,題"門人游萬僑校正;王應濂、林用霦命梓",末有劉獻策跋。《欲仁篇》一卷。

《心聖直指》一卷，前有萬曆二十七年游萬僑序，末有林兆恩自跋、劉經邦跋、萬曆六年黃九思跋、萬曆六年李舒馨跋。《心本虛篇》一卷，題"門人袁希朱校正；林得泰命梓"，前有林兆恩自序。《心本虛直指》一卷，題"門人游萬僑校正"。《無生分摘便覽》一卷，前有萬曆十六年林兆恩自序。《無生篇》二卷，題"門人袁希朱校正；林得泰命梓"，末有朱有開、汪九經、趙學泮合跋。《先衍》一卷，題"門人王興重閱；陳標、袁希朱仝校；游天騏命梓"，前有萬曆二十七年游萬僑序，末有林廷潤跋。《元神實義》一卷，題"門人余廷俊重梓"，前有林兆恩自序，末有林兆恩自跋。《夢中人》一卷，末有萬曆十一年李學仕跋。《佛菩薩義》一卷，題"門人王興重閱；林安命梓"。《真我昌言》一卷，題"門人游萬僑校"。《頌章》一卷（性靈頌、心大頌、道一頌），題"門人林安重梓"，林廷潤跋。《權實》一卷，題"門人游天騏校梓"。《寓言》一卷，題"門人游天騏命梓"。《破迷》一卷，題"門人張德敷校梓"。《持齊辯惑》一卷，末題"門人鄭紹卿重梓"。《念經辯惑》一卷，末題"鄭紹傅重梓"。《醒心詩》一卷（絕句八十一首），題"門人王興重閱；陳韶鳳命梓"。《醒心詩摘注》一卷（絕句三十六章），題"門人陳韶鳳重梓"，末有嘉靖三十九年黃陽跋、嘉靖四十一年黃鳴陽跋。《聯句》一卷，末有張洪都跋。《林子四書標摘正義》六卷，題"門人王興、陳標重閱；游萬仞、鄭紹卿校正；游昌祖命梓"，末有劉獻策跋、林廷珪跋。《林子四書標摘正義續》六卷，題"門人袁希朱、蔣奕芳重閱；盧鑄聖、周之夔校正；黃夢奎命梓"，前有林兆恩自序。《道德經釋略》六卷，題"門人王興重閱；陳標校正；游天騏命梓"，前有萬曆十六年林兆恩自序，末有陳標跋、陳大道跋。《心經釋略》一卷，題"門人王興重閱；袁希朱校正；游天騏命梓"，前有林兆恩自序，末有林兆恩自跋。《心經概論》一卷，題"門人游萬僑校正"，末有林兆恩自跋。《常清靜經釋略》一卷，題"門人謝肇申校梓"，前有林兆恩自序。《金剛經統論》四卷，題"門人王興重閱；孫昌祚命梓"，前有林兆恩自序，末有林兆恩自跋。《三教會編要畧》九卷，題"門人王興、陳標重閱；游萬僑、袁希朱校正；游昌祖命梓"，前有林兆恩自序、又嘉靖四十二年自序、李壽序，末有嘉靖四十二年林兆誥跋。《舊稿》三卷，題"門人王興校；張德敷校梓"，末有林兆居序。《續稿》七卷，題"門人王興重閱；游昌祖命梓"。《豫章答語》一卷，題"門人袁希朱訂正；游天騏命梓"。《豫章續語》一卷，題"門人游萬僑訂正；劉大沆命梓"。《分摘宗孔心要》二卷，題"門人游天騏命梓"。《分摘玄宗大道》二卷。《分摘性空宗旨》二卷。《九序摘言》一卷，題"門人鄭夢舉重梓"。《疏天文稿》一卷，題"門人李章命梓"。《林子》一卷，題"門人王興校"，末有嘉靖三十三年黃大本後序，又刊"萬曆己亥仲秋望日，門人詹國宰梓"。《夏語常原教》一卷，題"門人王興、陳鳴時重梓"。《明經堂》一卷。《立本》一卷，題"門人袁希朱校正；游天胤命梓"。《儒經》一卷，題"門人游萬僑校梓"，末有林兆恩跋。《詩文浪談》一卷。《歌學解》一卷，題"門人游萬僑校"。《信難篇》一卷，末有林鳴陽跋。《存省規條》一卷，題"門人李章命梓"，前有林兆恩自序，末有自跋。《崇禮堂》一卷，末有林雲同跋。《著代禮祭圖說》一卷，題"門人李章命梓"，末有黃懋顏跋。《酌古文武禮射圖說》一卷。《井田》一卷，題"門人李章命梓"。《六美條答》一卷，末有黃鯉跋。《導河迂談》一卷。《三綱卦》一卷，黃大本跋。《見性篇》一卷，題"門人林榮命梓"，前有陳標序。《教外別傳》一卷，題"門人林榮命梓"，末有萬曆十六年李淇跋。《性命仁丹》一卷，末題"門人張思滄重梓"。《須識真心》一卷，題"門人游萬僑校梓"。《常道篇》一卷，題"門人游萬僑校正；王應濂命梓"。《林子三教教統中一經》三卷，前有萬曆二十八年陳標序。《林子夏》三卷，題"門人王興、陳韶鳳重梓"，前有陳大道序、陳韶鳳序。《徹心聖要言》一卷，題"門人王興校閱；林汝璞命梓"。《寤言錄》三卷，題"上陽子無山卓晚春、子谷子龍江林兆恩仝著"，前有林兆恩自序，末有嘉靖三十年林兆居跋。後又附

《玄歌》一卷、《玄譚》一卷、《三一教主説彌勒尊佛寶經》一卷。

此本刻工有李六、魏四、楊元、江甫等。

《四庫全書總目》有《林全子集》四十卷,入子部雜家類存目。《中國古籍善本書目》有一百十七卷本,行款同此本。中國國家圖書館、南京大學圖書館入藏。臺北"國家圖書館"所藏作《林子三教正宗統論》一百零七卷,爲原藏北平館者,即王重民《中國善本書提要》著錄者,然王作一百零八卷。以王氏著錄與此本核對,兩本細目卷數各有差。王書卷數誤者,如《三教會編要略》九卷誤爲六卷;《道德經釋略》六卷誤爲四卷;《寤言錄》三卷誤爲二卷;《舊稿》三卷誤爲一卷;《續稿》七卷誤爲一卷。又《金剛經統論》誤爲《金剛經概論》;《分摘玄宗大道》誤爲《分摘宗玄大道》。又日本內閣文庫也有入藏,但不著錄卷數。

1403　明萬曆刻本穀山筆麈　　T9153/1492

《穀山筆麈》十八卷,明于慎行撰,明萬曆四十一年(1613)于緯刻本。四册。半頁九行十八字,四周單邊,白口,單魚尾。框高 18.5 釐米,寬 13.7 釐米。題"明東阿穀山于慎行著;門人福唐郭應寵編次;男于緯校梓"。前有馮琦序。目錄後有萬曆四十一年郭應寵識語。

于慎行,字可遠,更字無垢。東阿人。隆慶二年進士,官至禮部尚書。慎行明習典制,累疏請早建東宮,致帝怒,遂乞休。後廷推閣臣,詔加太子少保,兼東閣大學士,入參職務,以疾歸。卒諡文定。有《穀城山館詩文集》。

此編乃慎行退居穀城山時所著,凡三十五類,記明代萬曆前之典章、人物、兵刑、財賦、禮樂、釋道、邊塞諸事,爲考溯源流,時或兼及前明諸朝史實,其中關於嘉靖、隆慶、萬曆朝廷內閣之排擠傾軋、官場之腐敗、士大夫之寡廉鮮恥以及社會經濟文化諸狀況之記載,多出慎行親歷或目睹耳聞。

馮琦序云:"客歲,余赴召,約先生晤別於岱。夜語良洽,因手《筆麈》稿以示余。余受而北征,軺焉舟焉,而稿俱焉。展之,則朝家之典章,人物之權衡,經籍子史、禮樂兵刑,以至財賦陬塞之區,耳目覩聞之概,纖悉具備。而又綜二氏之異同,考四裔之源委,運折衝於寸管,總經緯於毫端,信經國之大業,寧尾尾詹詹,資清暇之談柄已乎。"

郭應寵序云:"師文定于公,有《穀城全集》及《讀史漫錄》行世,小子寵間嘗少效編次之役矣。第恨史錄坊刻,謬付傭書,罔識校讎,猶仍魚魯,意甚嗛焉。茲歲,公車報罷,適公子中翰君緯奉使東還,與之昕夕聯舟,因復出師所爲《筆麈》手稿視寵,潛然卒業,慨慕彌深,大都錯綜今昔,揮霍見聞。無論國故典章,覯若懸象,即間雜齊諧,亦屬勸百,此其意指所嚮,則略與《史錄》同。而牆籬載筆,有觸輒書,標置未遑,良亦有待也。寵竊賡緣緒言,紬繹條貫,敬釐爲卷者十有八,爲類者三十有五。"

是書有扉頁,題"穀山于文定公筆麈。本衙藏板"。

《四庫全書總目》入子部雜家類存目。《中國古籍善本書目》著錄。上海圖書館、山東省圖書館等二十館,臺北"國家圖書館"及美國普林斯頓大學葛思德東方圖書館、日本內閣文庫、尊經閣文庫、東京大學東洋文化研究所亦有入藏。按,除此萬曆本外,又有明天啓五年于緯刻本及天啓沈域刻本二種,行款均八行十八字,四周單邊,白口。

館藏有複本一部。八册。鈐印有"願讀人間未見書"、"孫華卿印"、"作德□逸日休"。

1404　明萬曆刻本新刻藝圃球瑯集注　　T9153/4425

《新刻藝圃球瑯集注》四卷,明蔣以忠、蔣以化撰,林大桂集注。明萬曆五年(1577)陳氏積善堂刻本。四册。半頁九行二十字,四周雙邊,白口,單魚尾。框高17.5釐米,寬11釐米。題"明進士常熟貞庵蔣以忠著稿;同年鄉薦弟養庵蔣以化仝稿;常邑庠生弟達庵蔣以行校正;長樂邑庠生經庵林大桂集注"。前有隆慶四年(1570)陳省序,萬曆五年陳鴻漸等十二人合序。末有蔣以忠跋。

蔣以忠,字伯孝。常熟人。隆慶二年進士,官至廣平府知府,居官以廉潔著稱。負文名。又有《清權山人集》。

球瑯者,據陳省序:"夫球瑯曷名哉？天球鳴而萬籟寂,球瑯振而群音希。故班馬賈董,矯然英聲,龍翔鳳舉,代榮艷焉。"

是書目録頁,分仁、義、禮、智四卷,共八十七篇,與《四庫全書總目》所言有異,又《總目》題作《藝圃琳瑯》,或係别一刻本。《四庫全書總目》云:"此書因何景明《大復論》門目太狹,推而廣之,自從化至殖業,凡八十二篇。以忠爲長樂令時,嘗刊行之,諸生林大桂爲之集注。及守廣平時,復令訓導何錦删訂前注,而屬永平令張可久重刻。所刻皆類集古人成語,而以己意聯絡之,詞多排偶,大旨與類書相似,但稍變其體例耳。"

陳鴻漸等序云:"隆慶庚午始自吾樂梓焉,乃邑侯蔣貞翁業也。門分彙集,搜索博而考核真,誠稽古之要途,試會之捷徑也。侯藏修日,藉此掇巍科大行時,頒此利多士,仁至廣矣。但哀百書而纂之,詞語約而實跡幽,其出諸經史之時習者,後學小生或諳其一二,其在遐僻子家,雖頒白宿儒,十不識五。譬諸大庭廣會,冕弁百集,非不蔚然可觀。然或姓字不通,籍里不問,則所見者面目而已。侯德大而意未安也。邇林子大桂,年窺妙齡,學通古訓,矜斯文之可傳也,尤憐初學之外望,始爲《球瑯》注焉。其纂諸經者,則曰出自某經也;纂諸史者,則曰出自某史也;纂諸子家者,則曰出自某子某家也。實跡明而觀覽便,譬諸姓字既通,藉里既問,則冕者知其爲某人,弁者知其爲某士矣,豈徒面目之見云乎哉。侯之意,得是注而始安;侯之德,因是注而益大,可梓而行矣。"

蔣以忠跋后有"陳氏積善堂"一行。

《四庫全書總目》入子部雜家類存目。《中國古籍善本書目》著録《新刻藝圃球瑯集注》四卷,明萬曆十五年張可久刻本,十行二十字,中國國家圖書館、上海圖書館等四館入藏;《新刻删補注釋藝圃球瑯集》四卷,明萬曆刻本,十行二十字,無錫市圖書館入藏;《藝圃球瑯》二卷,明吳航書林李氏善慶堂刻本,十行二十字,北京大學圖書館入藏。

鈐印有"荒陵文庫"、"性宣藏書"、"□過居士"、"琴月菴圖書"、"祝姓秘玩"、"琴月菴主人珍賞"。

1405　明萬曆刻清印本見聞雜紀　　T5422/4429

《見聞雜紀》九卷續二卷,明李樂撰。明萬曆刻清印本。十六册。半頁十行十八字,四周單邊,白口,單魚尾,書口下刻字數。框高17.2釐米,寬12.4釐米。題"吳興李樂彦和述著;朱國禎文寧校正"。前有萬曆二十六年(1598)須之彦序;夏燬撰《臨川李先生傳》。

李樂,字彥和,號臨川。歸安人。隆慶二年進士。居桐鄉之青鎮。知新淦縣,擢禮科給事中,改吏科。忤張居正,出爲福建僉事,歷江西、廣西參議,所至潔己愛民而懲墨吏。告病歸,累起尚寶卿,不赴。年八十七卒,祀鄉賢。《(光緒)烏程縣志》卷一五有傳。

須之彥序云:"先生直詞正色,誠心實行。終其身,無不可與人言,而人卒莫干以私。通籍逾四十年,曾不及洛陽負郭之半,可想見其大都矣。間及時事與風俗惡薄,則感慨淋灕,至爲墮淚,蓋其素所蓄積固然,故其刪定《見聞雜紀》,非裨益身心及關係世教者不錄。善善惡惡,凜於斧鉞,直令讀者有瞿然勃然之思。"

《臨川李先生傳》爲後人所刻,"玄"字避康熙諱。有扉頁,刊"見聞雜紀"。

《四庫全書總目》入子部小說家類存目,然爲四卷,殆不全之本。《中國古籍善本書目》著錄。中國國家圖書館、上海圖書館等十四館,及日本內閣文庫亦有入藏。

1406　明崇禎刻清順治重修本梅花草堂集　　T5424/1342

《梅花草堂集》十四卷,明張大復撰。明崇禎三年(1630)刻清順治十三年(1656)張安淳重修本。六冊。半頁九行二十字,左右雙邊,白口,單魚尾。框高20.6釐米,寬13.6釐米。題"吳郡張大復著"。前有陳繼儒序,許伯衡序;錢繼章啓。

張大復,字元長,崑山人。

是編爲大復《梅花草堂集》中之一種。據《江南通志·文苑傳》,乃其喪明以後追憶而作。所記皆同社酬答之語,間及鄉里瑣事。總共九百二十三則。

許伯衡序云:"表兄元長先生,有集凡若干卷,今所梓《筆談》十四卷,其前茅也。事無分巨細,人不問親疏,多借以發其詼諧、感慨之氣,往往有關世風經濟語,蓋先生少有儁才,有志於用世……或一日,先生孫安淳來謁予,乞贊一言,以弁其首……至庚午而刻始成。"

錢繼章啓云:"張元長先生,一代宗工,所著古文辭皆千秋必傳之業。晚年成《筆談》一書,尤清真儁永,如大蘇海外之文,讀之恐其易盡。嗣孫庭貽寶而藏之。兵燹之後,藏書之家,十失八九,而梅花草堂諸集,巋然獨存,獨《筆談》刊板散失約七十餘紙,庭貽欲爲補鋟以成全書,而力未辦也……"

此本佚去順治十二年張安淳跋。

《四庫全書總要》入子部雜家類存目,又有《二談》六卷。《中國古籍善本書目》著錄。上海圖書館、南京圖書館等十七館,臺北"國家圖書館"(兩部,其一爲原藏北平館者)及日本內閣文庫亦有入藏。

1407　明萬曆刻本鴻苞集　　T5422/7671

《鴻苞集》四十八卷,明屠隆撰。明萬曆三十八年(1610)茅元儀刻本。四十六冊。半頁九行十九字,四周單邊,白口,單魚尾。框高20.7釐米,寬14.3釐米。題"明東海屠隆緯真著;西吳茅元儀公選訂;松陵李嘉言孔彰校"。前有萬曆三十八年(1610)黃汝亨序;張應文撰《鴻苞居士傳》。

屠隆,字長卿,又字緯真,號赤水、鴻苞居士。鄞縣人。曾學詩於同邑沈明臣。萬曆五年進士,任潁上及青浦知縣,後遷禮部主事。罷官回鄉後,賣文爲生。又有《由拳集》、《白榆集》、傳奇《綵毫記》等。《明史》附《徐渭傳》後。

此集爲屠隆晚年所著。《四庫全書總目》云:"其言放誕而駁雜,又併所爲雜文案牘同編入之，體例尤爲餖飣。大旨駜於二氏之學，引而加於儒者之上，謂周公、孔子，大而化之謂聖；老子、釋迦，聖不可知之謂神。儒者言道之當然，佛氏言道之所以然，蓋李贄之流亞也。"

黃汝亨序云："長卿少負不羈，以文章自豪。釋褐成進士，爲青浦令。時與馮開之、沈君典、丁右武諸公相頏頑青雲，睥睨當世。入爲儀曹郎，仍以豪罷歸，志業不遂，而益注其才情於著作之林，幾與弇州、新都董爭流競爽。晚乃棲心於禪、玄二氏，又欲綜三教之旨於一毫端……此編即稱博雅功臣，而謂爲長卿易簡理得之書不可也。公選茅氏，爲吾友水部薦卿之子，博文嗜奇，爰付剞劂，屬予序之，以資同好者流覽。"

《四庫全書總目》入子部雜家類存目。《中國古籍善本書目》著錄。上海圖書館、南京圖書館等二十館，臺北"國家圖書館"，及日本内閣文庫亦有入藏。

1408　明刻本菜根譚

T1681/3806

《菜根譚前集》一卷《後集》一卷，明洪應明撰。明刻本。一册。半頁八行十八字，四周雙邊，白口，單魚尾。框高 19.3 釐米，寬 12.9 釐米。題"還初道人洪自誠著；覺迷居士汪乾初校"。前有于孔兼序。

洪應明，字自誠，號還初道人。

此書以"菜根"爲名，蓋取自宋儒汪革"咬得菜根斷，則百事可做"。書凡二卷，《前集》二百二十五則，《後集》一百三十五則，共三百六十則，爲語錄體之書。其在儒家思想基礎上穿插老莊與禪學之説，描述仕宦、保身、待人處世之道及辭官閑居之樂。書中屢以儒家及禪宗之語彙融入詩文，顯現出對禪境之透徹體悟。又此書融攝儒釋道三教思想，與當時民間信仰三教合一之潮流相符合，故於民間及知識階層中廣爲流傳。

于孔兼序云："適有友人洪自誠者，持《菜根譚》示予，且丐予序。予始訑訑然睨之耳，既而徹几上陳編，屏胸中襍慮手讀之，則其譚性命直入玄微，道人情曲盡岩險。俯仰天地，見胸次之夷猶；塵芥功名，知識趣之高遠；筆底陶鑄，無非緑樹青山；口吻化工，盡是鳶飛魚躍，此其自得何如！固未能深信，而據所擒詞，悉砭世醒人之喫緊，非入耳出口之浮華也。譚以菜根名，固自清苦歷練中來，亦自栽培灌溉裡得。其顛頓風波，備嘗險阻可想矣。"

《四庫全書總目》未收。《中國古籍善本書目》著錄。中國國家圖書館(兩部)、上海圖書館，及日本内閣文庫、尊經閣文庫亦有入藏。

館藏有複本一部，一册，較此本初印，附於《遵生八牋》後。

1409　明刻本五雜組

T9299/0433

《五雜組》十六卷，明謝肇淛撰。明刻本。十六册。半頁九行十八字，左右雙邊，白口，單魚尾。框高 19.1 釐米，寬 12.8 釐米。題"陳留謝肇淛著"。前有李維楨序。

謝肇淛，字在杭。福建長樂人。博學能詩文，萬曆二十年進士。除湖州推官，累遷工部郎中。視河張秋，作《北河紀略》，具載河流原委及歷代治河利病。終廣西右布政，有善政。又有《小草齋稿》、《滇略》等。

是書分天、地、人、物、事五部，記讀書及見聞所得。

李維楨序云："而水部謝在杭，著書取名之何以稱五？其説分部曰天、曰地、曰人、曰物、曰事,則説之類也。何以稱雜？雜,《易》有雜卦,物相雜故曰文,雜物撰德,辨是與非,則説之旨也。天數五,地數五,河圖洛書五,爲中數。宇宙至大,陰陽相摩,品物流形,變化無方,要不出五者。五行雜而成時,五色雜而成章,五聲雜而成樂,五味雜而成食。"

《禁書總目》、《違礙書目》、《清代禁書知見録》著録。《清代禁燬書目·補遺一》:"查《五雜組》,謝在杭撰,皆分類劄記之文,中有指斥之語,應請銷燬。"

卷一第一頁第一行下刊"吴航寶樹堂藏板"。

《中國古籍善本書目》著録。中國國家圖書館、南京圖書館等九館,臺北"國家圖書館",及日本内閣文庫亦有入藏。按,是書又有明萬曆四十四年潘膺祉如韋館刻本,上海圖書館、南京圖書館、臺北"國家圖書館"等十八館入藏。

鈐印有"貞蔡潘氏珍藏"。

1410　明萬曆刻本偶記　　　　T9153/8941

《偶記》四卷,明佘翹撰。明萬曆刻本。四册。半頁九行十八字,四周單邊,白口,無魚尾、單魚尾不一。框高 19.6 釐米,寬 12.7 釐米。題"池陽佘翹聿雲著"。前有萬曆三十四年(1606)焦竑序,萬曆三十四年佘翹自序。

佘翹,字聿雲。池陽人。

是書爲佘翹讀書隨録之集。卷一爲禪代、嗣立、禮賢、用人、刑賞、諫説、兵戰、君臣、父子、夫婦、兄弟、朋友、師弟;卷二爲德行、方正、雅量、清修、政事、孝誼、義俠、德化、神宇、志願、文學、智術、武勇、捷悟、名譽、棲逸、審已、籌敵、用間、報仇、賢媛;卷三爲出處、辭受、恩怨、奢儉、評品、比擬、嫌疑、任誕、嚴憚、悖陋、反覆、諂佞、殘忍、惑溺、疑懼、調謔、賄敗、潰亂、妖冶、妬娟;卷四爲禍福、感應、讖兆、禎孽、神怪、數定、容止、音聲、飲食、術藝、釋宗、仙跡、物類、古蹟、塋兆。

焦竑序云:"佘君聿雲,標準時英,漸涵庭訓。閎才迭起,家聲播於三輔;達人間峙,門懷冠於九華。蓬山芸觀之書,玄扈紫宮之記,魯壁斷簡、汲冢遺書,靡不日覽萬言、胸藏二酉矣。以故雕章摛藻,人推傅毅之才;探往知末,衆遜馬融之博。乃能抽諸腹笥,手自牒書,攬擩千載,必提其要,區分群品,以類而從。"

佘翹自序云:"余志存緝柳,性嗜燃藜,上遡虞周,下迄勝國,彌載數千百餘,爲史二十有一。以至夷堅、祅志、齊諧、怪籙中所紀……隨爲録以幗䊸,謬加鈇鉞,既久成帙,稍别類倫。然而篋笥之藏,未窮羽陵搜擷之勤,有慚玄晏,冀成一種之説,能免萬漏之譏乎？"

《四庫全書總目》未收。《中國古籍善本書目》著録。上海辭書出版社圖書館、暨南大學圖書館收藏,然不知與此同板否。

鈐印有"真州吴氏有福讀書堂藏書"、"桐軒主人藏書印"、"曉峰鑑藏"。

1411　明萬曆刻本續問奇類林　　　　T9299/0234

《續問奇類林》三十卷,明郭良翰撰。明萬曆刻本。六册。半頁九行二十字,四周單邊,白口,無魚尾。框高 21.3 釐米,寬 13.7 釐米。題"莆中郭良翰道憲纂輯;繁陽黄吉士叔相訂正;清漳丘戀煒以鄂、同邑俞誨忠伯、清漳周起元仲先全訂"。前有萬曆三十八年(1610)黄吉士序。

郭良翰,字道憲。莆田人。萬曆中以蔭官太僕寺寺丞。

是編分《宫集》、《商集》、《角集》、《徵集》、《羽集》五集。再分爲君德、宫闈、儲貳、憂時、諫諍、遇合、方正、操修、器量、材品、恬退、廉介、儉約、文學、忠義、機謀、孝友、賑施、交誼、達觀、報應、好生、博物、闈範、禮法、貽訓、辨奸佞、戒嗜好、陰陽方輿、譜族姓氏,計三十類。

黄吉士序云:"世之爲類書者,實繁有徒,如道憲之所爲類者,其取物也弘,其辨别也審,其編摩也無問寒暑晝夜,蓋嘗嬉笑而類,怒罵而類,嘁吁而類,即謂一生精神命脉,盡在是書。"

《四庫全書總目》未收。《中國古籍善本書目》著録。中國國家圖書館、福建省圖書館等八館亦有入藏。按,良翰有《問奇類林》三十五卷,福建省圖書館等五館藏。

卷三〇之末二頁抄配。

1412　明萬曆刻本雪庵清史　　　　　T9153/2925

《雪庵清史》五卷,明樂純撰。明萬曆四十二年(1614)刻本。五册。半頁八行十八字,四周單邊,白口,無魚尾。框高 21.5 釐米,寬 13.1 釐米。題"古閩天湖樂純思白父著;陟瞻余應虬猶龍父訂"。前有劉祖顔序,萬曆四十二年余應虬序,樂純自序。

樂純,字白禾,號雪庵,又號天湖子。沙縣人。廩生。工書畫,善詩文,通經史。又有《紅雨樓集》。

是書計五卷,卷一《清景》,卷二《清供》,卷三《清課》,卷四《清醒》,卷五《清福》。

余應虬序云:"吾友天湖氏,以名家子負奇問世,不爲世羈,高寄蕭條,遊神物外。病中以賤筆爲藥劑,遊戲三昧,而情之所之,境之所會,或虛言,或實言,或正言,或偏言,或濃言,或淡言,或盡言,或不盡之盡;或解言,或不解之解,隨方運斤,不可思議。要以成其景、供、課、醒、福,不失清之本色而止,庶幾千古之士得清之神哉?"

此本有扉頁,題"刻陳眉公評點雪菴清史。清景、清供、清課、清醒、清福。重貲構木擇工精梓"。又鈐木記"彙書至《秘笈》、《稗海》,稱極備矣,第中□缺清醒一段話頭,令讀者不無遺珠之嘆。眉公先生因徧覽群書,偶獲清史,贊不置口,云此《秘笈》、《稗海》之□遺也。遂加評點,亟付殺青,廣布當□,□稱全璧。幸同志者鑒諸。陟瞻識"。

《四庫全書總目》入子部雜家存目。《中國古籍善本書目》著録。上海圖書館、北京大學圖書館等五館,臺北"國家圖書館",及日本内閣文庫亦有入藏。是書又有明書林李少泉刻本。

金鑲玉裝。

鈐印有"陳晉三書畫印"、"糊塗"。

1413　明萬曆内府刻本御製重輯明心寶鑑　　　　　T1681/6338

《御製重輯明心寶鑑》二卷。明萬曆十三年(1585)内府刻本。二册。半頁八行二十字,四周雙邊,黑口,雙魚尾。框高 23.9 釐米,寬 15.4 釐米。前有萬曆御製序。

是書卷上十篇,爲繼善、天理、順命、孝行、正己、安分、存心、戒性、勸學、訓子。卷下十篇,爲省心、立教、治政、治家、安義、遵禮、存信、言語、交友、婦行。輯先儒格言、勸善之語。

御製序云："朕嘗莊誦我二祖教民榜文，及爲善陰騭等書，大都因俗示訓，言取易曉。其所采輯，雖稗官野史有益勸戒者，靡所或遺，當時豈乏鴻筆之臣潤色帝製哉。而文不蘄艱，義不蘄僻，正欲民熟於口耳而心易入也。洒若兩漢詔書律令下者，見謂爾雅温厚，而小吏淺聞，不能究宣，至爲特設文學掌故，此豈所以詔蚩蚩之氓哉。朕暇覽《明心寶鑑》一書，大抵蒐掇群籍，分類纂言，其間雅俗駢陳，質文錯出，雖不足羽翼謨訓，而賢聖格言，往往而在，其於誡世訓俗，不爲無補。第其中譌謬猥雜甚多，爰命儒臣，稍加刪訂，間有增損，仍令所司刻而廣之，因筆數語於首，且其命名之意，朕滋有取。夫以鑑照形則妍媸辨，以古照心則淑慝明，豈獨是書也哉。"

御製序後刊"萬曆十三年十月吉日重刊"一行。此書書名據目錄頁。

《四庫全書總目》未收。《中國古籍善本書目》未著錄此本，而有《重刊明心寶鑑》二卷（明嘉靖三十二年曹玄刻本）、《新刻音釋明心寶鑑正文》二卷（明末刻本），皆藏中國國家圖書館。

1414 明萬曆刻本新鍥提頭音釋官板大字明心寶鑑正文   T1681/6338B

《新鍥提頭音釋官板大字明心寶鑑正文》二卷，明范立本輯。明萬曆二十九年（1601）書林鄭繼華刻本。二册。半頁九行二十字，四周單邊，白口，雙魚尾。框高19.5釐米，寬12.2釐米。題"武林從道范立本謹集；書林繼華鄭氏梓行"。

此本末有荷蓋蓮座牌記，刊"萬曆辛丑仲夏月書林鄭繼華刊行"。

《四庫全書總目》未收。《中國古籍善本書目》未著錄。

鈐印有"慈照院"、"梅熟軒"。日人印也。

1415 清康熙刻後印本容安齋穌譚   T9153/2626

《容安齋穌譚》十卷，明白胤昌撰。清康熙元年（1662）白胤謙、王同春刻後印本。十二册。半頁十行二十二字，四周單邊，白口，單魚尾，無格。行間眉端鐫評。框高20.5釐米，寬12.5釐米。題"陽城白胤昌季文著；弟胤謙子益訂；子象顯沇仲校；友王同春世如評"。前有康熙元年王同春序，白胤謙序，順治二年（1645）白胤昌序；《白胤昌傳》。

白胤昌，字季文，山西陽城人。幼沉静，博極群書。泰昌元年恩貢，後罷舉子業，肆力古文，無意仕進。結容安齋以居，以著作爲事。尤精於醫，活人甚衆。卒年七十五。著有《容安齋文集》、《蓼廡叢編》、《醫砥》、《醫約》、《醫源》、《醫彙》等。事見本書卷前《白胤昌傳》。

是書卷一《譚理》，卷二《譚習》，卷三《譚型》，卷四《譚戒》，卷五《譚核》，卷六《譚異》，卷七《譚生》，卷八《譚醫》，卷九《譚物》，卷一〇《譚詩》。雜記事實，兼以議論。作者精通醫術，《譚醫》一卷，多出自其行醫心得。行間眉端爲王同春評語。

自序云："余生萬曆甲申，泊順治甲申，周一甲子。忽遘非常之變，白首阽危，刻期泉夜，已委置此七尺軀，不復作生活計矣。今春徼天幸難解，自西村土窖中得返歸茅舍，從容研北，實魂夢所不望及。偃息之暇，輒效小説家漫筆數語，命曰《穌譚》。余何能譚？聊以幸吾之獲穌耳。"是爲此書命名之意。

白氏生於明萬曆十二年，卒於清順治十五年。此書之刻，在其卒後。王同春序云："視學江南之命,子益出一編相囑,曰:是伯兄之遺筆也,盍爲授梓?予受而卒業。刻露森秀,殆恍然如見先生焉。計其微言莊語,可以開迪身心;辨博考核,可以資益聞見。即其游戲詼諧,亦足箴砭末俗;旁通醫藥,亦足推廣施濟。"子益即胤昌從弟胤謙。此本後印,卷前《白胤昌傳》字體有異,其"胤"字缺末筆,避雍正帝諱,當爲雍正以後所增刻者。

此本有扉頁,刻"容安齋酥譚。白長洲先生著。本齋藏板"。

《四庫全書總目》、《續修四庫全書總目提要(稿本)》未收。《中國古籍善本書目》著錄,中國國家圖書館、清華大學等館藏。

鈐印有"蘭溪"、"魏印汝棣"、"鐵屋"。

1416 清康熙刻本雲谷臥餘   T9155/1311

《雲谷臥餘》二十卷,清張習孔撰。清順治十八年(1661)自刻本。六冊。半頁八行十九字,四周單邊,白口,單魚尾。框高 19.3 釐米,寬 12.2 釐米。題"古歙張習孔著"。前有黃澍序,順治十八年張習孔自序。

張習孔,見《大易辨志》。

是書雜論史事詩文,每條各有標目。《四庫全書總目》著錄,云"其書喜議論而不甚考證,多以私臆斷古人,又果於自信,如杜甫之詩,皆爲改定。左丘明之傳,亦爲刪削。此自有詩文以來無人敢爲之事也。"館臣所舉改定杜詩者,在卷三"改古人字句"條,其他亦多論詩之語,如論北征南山詩優劣、杜甫江亭詩、子厚蘭亭詩、退之送文暢詩等,皆勇於議論。

張氏自序云:"年來息疴山中,林棲澗飲,弗狎於今之所謂人事者,日惟栩栩作華胥游。推枕之餘,獨與古人相對,意有所至,輒作數行。文不求銜,事不涉隱,聊用婆娑,非問世也。語非一時,不復省錄,久多廢失。暇日檢篋中存者,稍編集爲如干卷,偶爲友人所見,從臾授梓。嘗觀洪景盧五筆,因其先後,無復詮次,予集大率仿是。但篇帙無幾,遠遜洪作。然考一筆成以十八年,二筆十三年,予雖學識不敢望景盧,而好古則近之。使蒲柳未零,或更有賣菜之益也。"

《四庫全書總目》著錄此書又有續八卷,《四庫全書存目叢書》據中國科學院圖書館藏本影印者,亦有續八卷,今此本缺。此本與影印之中國科學院圖書館藏本爲相同版本,唯刷印時間有異。影印本卷前有周亮工序,爲此本所缺。而此本之張習孔自序,又爲影印本所缺。另影印本各卷目錄散在各卷前,此本則總置於全書之前。

《中國古籍善本書目》子部雜家類著錄,中國國家圖書館、中國科學院圖書館、復旦大學圖書館、南京圖書館四家藏。另北京大學圖書館亦有收藏。

鈐印有"雪廬藏書"、"蘸石山房"、"石蘭齋"、"伯碞居士"、"張孱之印"、"張孱字佩公"、"修桐軒"。

1417 清康熙刻本分甘餘話   T5461/2156

《分甘餘話》四卷,清王士禛撰。清康熙程哲七略書堂刻本。二冊。半頁十行十九字,左右雙邊,白口,單魚尾。框高 17.8 釐米,寬 13 釐米。題"漁洋老人漫筆"。前有康熙四十八年(1709)王士禛序。末有程哲跋(闕末頁)。

此爲士禛康熙四十八年罷刑部尚書家居時隨筆所記，瑣事爲多，蓋年逾七十，借以消閑遣日也。書名題"分甘"者，乃取晉王羲之與謝萬書中語："頃東遊還，修植桑果，今盛敷榮，率諸子，抱弱孫，游觀其間，有一味之甘，割而分之，以娛目前。"

士禛序云："僕生逢聖世，仕宦五十載，叨冒尚書，年逾七袠。邇來作息田間又六載矣。雖耳聾目眊，猶不廢書，有所聞見，輒復掌錄，題曰《分甘餘話》，庶使子孫輩知老人晚年所樂在此爾，不敢謂如袁伯業老而好學也。"

書中所記金石、書畫、人物、詩文多有參考價值，茲錄二則如下："近無錫秦氏摹宋刻小本《九經》，剞劂最精，點畫不苟，聞其版已爲大力者負之而趨。余曾見宋刻於倪檢討雁園㠭許，與秦刻方幅正同，然青出於藍而青於藍矣。"王槩，即《芥子園畫傳》作者，此云："王槩，字安節，金陵人，方盉山文之女夫也。工詩畫。常見其題山水小幅一絶云：湖干路僻無車馬，葭荻蒼蒼冷到天。長日接䍦慵不著，草堂閑對鷺鷥眠。"

此本爲程哲所刻，程哲跋云："吾師新城王先生，所授《分甘餘話》四卷，哲同季弟鳴謹編校刊行之。"按，哲字聖跂，歙人，王士禛門人，喜藏書，嘗求齋額"七略"於士禛。又善鑒別古今圖書尊彝之屬，所蓄甚富，築樓三楹居之，爲風雅好事者。

有扉頁，刊"分甘餘話。漁洋先生著。七略書堂校刊"。又鈐有"七略書堂"。

《四庫全書總目》入子部雜家類。《中國古籍善本書目》著錄，南京圖書館、華南師範大學圖書館也有入藏。

鈐印有"雨山艸堂"。

1418 清初刻本聽潮居存業 T9155/7933

《聽潮居存業》十卷，清原良撰。清初刻本。六册。存卷一至六。半頁九行二十字，四周單邊，白口，無魚尾。框高 21.5 釐米，寬 12.5 釐米。題"江右鼇邑原良鳴喜甫著"。前有詹爾選序；《義例》七則。

原良，字鳴喜，號耕溟，江西樂安人。少攻制舉業，已而篤志聖賢之學，研精覃思。崇禎間寇亂，協助邑令築城守禦，民賴保全。由貢訓寧都，諄諄以敦行爲首務，士風翕然丕變。年八十餘，猶孜孜好學。著有《吏隱草》、《步薖草》、《吏隱外紀》、《顧諟堂詩稿》等。卒祀鄉賢。《(同治)樂安縣志》卷八有傳。

此書十編，每編各以四字標目。卷一明宗正學，談論名理前徽，循學正宗，闡發經義；卷二身世要則，所論皆興居接應之世故，附讀書九則、作文七則；卷三史會大綱，統而觀世，論歷代興衰之運；卷四友古特評，多題評歷史人物；卷五群古對觀，採史傳中兩人或三四人事蹟相類或相反者合爲一條加以評論；卷六左國補議，議《左傳》、《國語》、《國策》；卷七讀餘志略，隨所披玩，間有札記，或摘闡語句，或括論全篇，或加評論辯駁；卷八玄圃餘珍，採掇舊事，略加評斷，亦史論之旁支；卷九韻林隨筆，皆論詩語；卷一〇山野瘖言，爲原氏歷年所作經世策論之文。

關於此書撰作之旨，原氏《義例》有云："平夙興居，或静思有所得，或動作有所感，或讀經書有所窺，或覽性鑑雜傳有所會，或詠古人詩有所喜，觸今時事有所憂，非大關係，大裨補者，不以志而留。今採其義類相近，分爲卷帙。""編中議論品題，有循故墨者，有翻窠臼者。有前人未及而獨抉出者，有前人及而未悉，因暢演之者。有疑團久結，或博採或苦思而忽得者。有前後散紀不屬，因衷合而參論之者。有不知諱忌，本不平之胸抒溈者。總求無詭於正道爾已。"

《四庫全書總目》子部雜家類存目著錄,《四庫全書存目叢書》子部第114冊據清華大學圖書館藏此本影印。清華大學圖書館藏本卷前多出楊文彩序,及東山書林卓觀主人識語,此本無。

《中國古籍善本書目》著錄,僅清華大學圖書館、上海圖書館兩家館藏。

鈐印有"時范三印"。

1419　清乾隆刻同治印本讀書雜述　　T9155/4481

《讀書雜述》十卷,清李鎧撰。清乾隆二十六年(1761)李景賢刻同治三年(1864)印本。四冊。半頁十行二十一字,四周雙邊,黑口,單魚尾。框高18.8釐米,寬12.8釐米。題"山陽李鎧惺庵著"。前有康熙三十八年(1699)汪灝序,任棟序;王士禛撰《李閣學傳》。末有同治三年丁晏跋。

李鎧,字公凱,別號惺庵,江蘇山陽人。順治十八年進士,補蓋平縣令。康熙十八年,應博學鴻詞試,授翰林院編修,充纂明史官。三十一年,陞講讀學士,旋陞少詹、太常寺卿等。康熙四十三年,特授內閣學士,兼禮部侍郎,其年十月,以病乞歸。御書恪素堂額,錫賚有加。康熙四十六年卒,享年七十。著有《史斷》。事見本書卷前王士禛《李閣學傳》,《清史稿》卷四八一亦有傳。

是書列讀書、實學、貞遇、言行、處世、知人、家訓、官箴、讀經、讀史十目,各爲一卷,大抵皆持身勵世之言。

《中國古籍善本書目》著錄清康熙三十八年恪素堂刻本,上海辭書出版社、遼寧省圖書館、陝西省博物館三家館藏。《續修四庫全書》第1135冊影印本底本與此本同版,著錄爲清康熙四十年恪素堂刻本。影印本卷末有姪孫李景賢跋,爲此本所無,跋云:"憶先大夫易簀時,視景賢泣而言曰:爾祖閣學公,自諸生歷卿貳,於書無不觀,尤究心濂洛關閩諸書。上窺孔孟思曾心傳,博涉四部七略,衷於聖賢,實諸踐履,務期可以自治治人……一生著作皆省身經世得力實語。彪西范前輩編《國朝理學備考》,千里走書索入編,以卷陬僅刊什之二三。吾嘗欲謀垂不朽,而今賚志以歿,真遺恨也,小子識之。景賢抆淚曰:敢不卒事。迄今宦粵西十載,距先大夫歿廿六年矣,日惴惴懼不卒先志。前年奉檄道經歷里門,始裒集全書,諸體悉備,而《讀書雜識》一帙,尤有功世道……惜年久傳觀,遺編散失,論斷五經全史,止存其半。然並此而不緝之世,景賢罪縈重矣。爰於霜江風帆,耳目暇豫,校繹三閱月,綱領部次,炯炯可識。依文測義,釐爲十卷。惟恨先大夫不及見書之成。景賢捧書授剞劂氏,所以流涕覆面不禁也。辛巳秋七月上澣姪孫景賢敬跋龍州官署。"

此序末署"辛巳",未標帝號,此"康熙四十年恪素堂刻本"之所據。按,此辛巳當爲乾隆二十六年辛巳,而非康熙四十年辛巳。此書爲李鎧讀書涉世有所得而札記之,迄無刻本,景賢父子矢志刊刻,終由李景賢搜羅遺編,釐爲十卷,刻於龍州官署,其時景賢之父亦已去世二十六年矣,景賢序中言其事甚詳。而任棟序中有云:"鼉旃胚胎前光,行大用矣。寶公遺書逾拱璧。篷窗寒江,據几剪燭,釐《讀書雜述》爲十卷,將以付梓。""公歿已數十載,鼉旃一朝發遺書,詔後人而傳千載。"李鎧卒於康熙四十六年,此本之刻,在其卒後數十載,則其非康熙四十年明矣。至《中國古籍善本書目》著錄之康熙三十八年刻本,疑亦即此乾隆二十六年本。

此本書板同治間爲吳仲宣所得,重加刷印,並增刻丁晏跋一通。丁跋云:"今所傳者有《讀書雜述》行世,平易純實,皆居家涉世日用切近之言。惜傳本甚稀。漕帥吳仲宣先生購得原刻,廣爲印行,並將板本存麗正書院,於以表章前賢,嘉惠後進,洵盛事也。"

此本有扉頁,刻"讀書雜述。山陽李惺菴先生述。怡素堂藏板"。目録下有姪孫景賢、曾孫傳曾等校訂及參訂者名。

《續修四庫全書總目提要(稿本)》著録。

1420　清康熙刻本蓉槎蠡説　　　　　　　　　　T9155/2156

《蓉槎蠡説》十二卷,清程哲撰。清康熙五十年(1711)程氏七略書堂刻本。四册。半頁十一行二十一字,左右雙邊,白口,單魚尾。框高17.6釐米,寬12.6釐米。題"歙程哲聖跂"。前有清康熙五十年王士禛序。

程哲,字聖跂,别字蓉槎,安徽歙縣人。幼穎悟嗜學,師事王士禛。博考深思,經史百家,靡不究覽,收蓄書籍金石文字甚富。官潮州同知。七略書堂爲其室名,刻有《羅鄂州小集》、《林茂之詩選》、《帶經堂全集》等書。《(道光)歙縣志》卷八有傳。

此書雜記見聞及讀書所得。王士禛序云:"聖跂此編,抱博辨之才,具論斷之識,則古昔稱先王要之以毋雷同,毋剿説,間亦出曼倩之諧語,效彦輔之清言,但期曲達己意,以求合乎義理之歸而後止。雖於朝章國故弗遑殫悉,殆所居之地使然。至於前言往行,大可供畜德之助,細亦可佐多識之功。"而《四庫全書總目》則稱:"其書雜掇瑣聞,不甚考證,大抵皆才士聰明語耳。"

此本有扉頁,刻"蓉槎蠡説。七略書堂藏板"。並鈐"七略書堂"印。"玄"字避帝諱。

《四庫全書總目》子部雜家類存目著録。《中國古籍善本書目》著録中國國家圖書館等十七家館藏。《四庫全書存目叢書》子部115册即據中國科學院圖書館藏此本影印。

鈐印有"桂林胡氏書巢圖書"、"濰郭申堂架藏"、"尺五樓吕氏聚書印"、"尺五樓"。

1421　清康熙刻本蠹書　　　　　　　　　　T1344/2331

《蠹書》二卷《續篇》一卷《附録》一卷,清吴之琰撰。清康熙刻後印本。一册。半頁十行十九字,左右雙邊,黑口,雙魚尾。框高17.8釐米,寬13釐米。題"隴西吴之琰乾玉"。前有康熙六十一年(1722)陳鵬年序,宋和序,王承烈序。末有康熙六十一年瞻淇跋,應棻跋,周道敏跋;陳儀識語,李之嶧識語;鄭相如題詩及識語。

吴之琰,字乾玉,號赤谷子,甘肅隴西人。歷任寶應、秀水、婺源等縣知縣。事見《(乾隆)隴西縣志》卷七。

本書上篇列疏心、三才、貴人、心日、無我、體道、道冒、鑑喻、心運、大還、道母、仁本、動静、神化、智水、吉凶、無方、釋德、釋牝、釋符諸條;下篇列心紀、用學、寶喻、獨喻、貴質、道氣、習移、知務、生成、定命、建極、道權、從化、帝制、識微、順健、寫危、生榮、軍猷、釋孟諸條;續篇列精精、招摇、學貫、管窺、用誠、知辱、詩樂、史談、死金、變化、政學、書事、審病、用法、畏民、丐道、知人、禪問、感應、聖醫諸條。正、續篇總六十條。附録節録孫勷、唐建中、鞏建豐、蔡曰逢、朱宸、王懋竑、成準、陸篆、王篴興、康甲科等同學友人對《蠹書》之評論,並節録赤谷子自序、節録與宋介三書、節録上長沙公書。

吴氏自序僅見於附録之節録,云:"蓋赤谷子觀物有年,而知世儒支離無本之非道也……爰著蠹書,義取自得。其純乎道與? 我不敢知。其雜乎道與? 我亦不自知。然赤谷子心血注於蠹矣。或曰蠹書學老子，或曰嗣周子。"

諸人序中於書名各有解説，陳鵬年序云："其以蠹名書者何也？或曰，蠹之生也，胎於物而即腐乎物，與物爲形質者。赤谷子之於道，趨焉如躡其影，合焉莫尋其跡，入之深而化焉者也，是以謂之蠹也。"宋和序云："隴西赤谷子著《蠹書》，而蠹書者實不腐於理之書，而反言蠹也。嘗觀漢以下文章多文新而理晦，宋以下文章多文舊而理腐。譬月晦則猶明，物腐則不生，而不生豈理也哉。《蠹書》凡四十餘章，其旨近經，其文近道德陰符，其理出入程朱。"

吳氏此書當成於寶應縣任中。據陳鵬年序云："隴西赤谷子作宰安宜，居官有惠政。簿書之暇，以著述爲己任。"安宜爲寶應舊稱，檢《(道光)寶應縣志》卷一〇《秩官表》，吳之琨於康熙六十至六十一年任寶應縣令。

扉頁題"諸名公論定。蠹書"。陳鵬年序末刻"江右陳榮芳刊"。

《四庫全書總目》、《續修四庫全書總目提要(稿本)》皆未著録。《中國古籍善本書目》不收。《販書偶記續編》卷一一雜家類雜説之屬著録康熙六十一年精刊本，國家圖書館藏有康熙六十一年刻本，或即此本。《東北地區古籍綫裝書聯合目録》著録遼寧省圖書館藏有清乾隆刻本。

1422　清乾隆刻本柚堂筆談

T9155/5111

《柚堂筆談》四卷，清盛百二撰。清乾隆三十四年(1769)潘蓮庚刻本。二册。半頁十行二十字，左右雙邊，白口，單魚尾。框高19.5釐米，寬13.6釐米。題"秀水盛百二秦川"。前有乾隆三十四年潘蓮庚序。末附《感應篇跋》、《陰騭文跋》、《周禮句解序》；朱坤撰《盛母馮太孺人家傳》。

盛百二，見清乾隆刻本《尚書釋天》。

盛氏少讀書穎悟，不屑章句之學，而於天文、律吕、經史、古文，皆研精妙悟。此爲其讀書札記，雜考經史，有得輒書，偶及雜事。"柚堂"爲盛氏室名。盛氏後又有《柚堂續筆談》三卷，收入《檇李遺書》中。《續修四庫全書總目提要(稿本)》著録，云："《筆談》傳爲中年以前作，多商榷書史文義，以四部爲後先。雖有引證，究未脱結習，説亦未能盡安。《續筆談》則晚年手訂定稿，雖名爲續，頗有矯改舊説未洽者。"

此本爲盛氏表弟潘蓮庚刻梓者。潘序云："柚堂先生無他嗜好，更不屑屑於章句，隨意涉獵經史，輒有妙悟，不與世人同。所著《尚書釋天》若干卷，論者謂當與胡東樵《禹貢錐指》並傳。其他纂述，如《周禮句解》、《古文徵》、《唐詩式》，卷帙甚富。筮仕般陽，政簡刑清，一以寧静爲理。剖劂之工，仍未遑也。蓮亟請先以《筆談》四卷公世。雖大鼎之一臠，然已足饜飫後生矣。先曾大父太史公序《日知録》云：有通儒之學，有俗儒之學。若先生之學，固有不謂之通儒而不得者。"

此本有扉頁，刻"柚堂筆談"。

《中國古籍善本書目》子部雜家類著録，北京大學圖書館、清華大學圖書館等六家館藏。《續修四庫全書》第1154册據山東省圖書館藏本影印。此本後又與盛氏《皆山樓吟稿》、《柚堂文存》等合印爲《柚堂全集》。

1423　明萬曆刻本緯略

T9150/0221

《緯略》十二卷，宋高似孫撰，明萬曆間沈士龍刻本。六册。半頁九行十八字，左右雙邊，白口,單魚尾,書口下間刻字數。框高19.5釐米,寬13.8釐米。題"宋會稽高似孫輯;明繡水沈士龍校"。後有萬曆三十四年(1606)曹學佺序;沈士龍跋(皆係抄配)。

高似孫,字續古,號疎寮。會稽人。宋淳熙進士。歷官校書郎。又有《疎寮小集》、《剡錄》、《子略》、《蟹略》、《騷略》、《硯箋》、《文苑英華鈔》、《文選句圖》。

曹學佺序云:"雜錄諸書,宋時為盛。有會稽高續古似孫所著曰《經史子略》,已行之世;曰《緯略》,未有刻本。以緯言者,似欲待其續有所得,彙之而成篇也,或以補乎經史子之所未備也。"

沈士龍跋云:"往余從胡元瑞得高氏《緯略》,將謀梓而不勝魚虎也,遂不果謀。丙午春,友人姚叔祥得善本於曹能始戶曹,視胡本最為佳勝,及能始敘來,云是弱侯先生校本,更知讎對之勤,非復一腕也。顧讀之尚有疑礙,因覓得同郡項穉玉家藏本,則益女史條四十三字,水麝條五字,漢官條三字。又得江陰李貫之本,則益屬車條五十七字,璜條四字。而胡本亦增五夜條十字。其他偏旁舛誤,則三本互為參定,復百許字。信夫他山為玉攻也。"

《四庫全書總目》云:"陳振孫《書錄解題》論其讀書以隱僻為博,其作文以怪澀為奇。然考證之學,正不嫌其博。而是編所引,亦皆四庫所著錄,非馮贄之流詭詞炫俗者比,固不得以隱僻譏也。明沈士龍跋,又稱其愍騷、招隱、八風、圍棋、氍毹、禍牙之類,全錄《藝文》、《初學》、《北堂》、《御覽》諸書,無所增輯。知宋世編集,不復具存。摘用類書,誇示宏肆,是誠在所不免。周嬰《卮林》譏其誤引《金樓子》,以劉休元《水仙賦》為唐劉子元,疎舛亦不能無。然其言篤實,無所贗託,終出楊慎《丹鉛》諸錄之上,亦考古者所必資矣。"

《四庫全書總目》入子部雜家類。《中國古籍善本書目》著錄。西安市文物管理委員會、大連市圖書館、復旦大學圖書館三館,及日本內閣文庫亦有入藏。

鈐印有"莫友芝圖書印"、"莫彝孫印"、"莫繩孫字仲武"、"柳蓉春經眼印"。

1424　明萬曆刻本古今考

T9150/2118

《古今考》三十八卷,宋魏了翁撰,元方回續。明萬曆十二年(1584)王圻刻本。十六冊。半頁十一行二十四字,四周雙邊,白口,無魚尾。框高22.1釐米,寬13.5釐米。題"鶴山魏了翁華父撰;紫陽方回萬里續;上海後學王圻校刊"。前有方回序。後有萬曆十二年(1584)王圻跋。

魏了翁,字華父,蒲江人。宋慶元進士,官至工部侍郎。嘗築室白鶴山下,開門授徒,士爭從之,故人稱"鶴山先生"。後至靖州,築鶴山書院,學者雲集。嘗上書,帝將引以共政,而忌者合謀擯之。又以端明殿學士同僉樞秘院事督視京湖軍馬,未幾,除知紹興府、浙東安撫使。卒諡文靖,贈太師。又有《九經要義》、《鶴山集》、《經外雜鈔》、《師友雅言》等。

方回,字萬里,號虛谷。歙人。宋景定間進士,知嚴州。劾賈似道,又迎降於元,為建德路總管。晚年倡講道學。有《桐江集》、《瀛奎律髓》、《文選顏鮑謝詩評》等。

王圻跋云:"茲所刻《古今考》者,宋魏鶴山氏所述,而紫陽方氏續成之。其學主於抖離經制,極研理道,即文詞工拙弗計也。諸所考據,非遷、固二史之抵牾,則《三禮》傳注之駢駁,大自郊廟儀章,細及魚蟲名義,刊訛訂謬,旁引曲證,靡厭繁複,慨然有復古之思。至辨《尚書》、《周禮》之真贗,揭王制、月令之非聖,經類多發前賢所未發。二先生遊思竹素,良亦勤且苦矣,較叔季剽摹為工、涉獵為能者,惡足與度長絜大哉?顧其書自婺傳吳,自泰定以及今日,越兩朝三百禩,竟莫有為廣其傳者,則此書不偶時好,因可概見,乃予固授之梓。"

《四庫全書總目》云："了翁以古制多不可考，兩漢諸儒惟據叔孫通所定某物猶今之某物，孔、賈諸疏，則又謂去漢久遠，雖漢制亦不可考，乃即《漢書》本紀所載，隨文辨證，作《古今考》。前有自序一則。然其書未成，僅得二十條，又有錄無書者四條。咸淳丁卯，回得手稿於了翁之子，乃推衍其意，續成是編，並載了翁原書，而各附論於條下，以鶴山先生曰、紫陽方氏曰別之。其無書四條，回亦補其劉媼夢與神遇一條，併發例於下，曰：鶴山原書有此題而文闕。今回以意補之，加紫陽方氏曰五字。後皆回所撰，不再書此五字，或引古於前，則復書之云云。案回之所續，亦以《漢書》本文標目，而於歷代制度，推類以盡……見聞尚屬賅洽，所考多有可取者。"

《四庫全書總目》入子部雜家類，《中國古籍善本書目》著錄。中國國家圖書館、上海圖書館等八館，臺北"國家圖書館"亦有入藏。

鈐印有"汪士鐘字春霆號朖園書畫印"、"張月霄印"、"愛日精廬藏書"、"汪振勳印"、"楳泉"。

1425　明嘉靖刻本丹鉛總錄　　　　T9299/4298

《丹鉛總錄》二十七卷，明楊慎撰。明嘉靖三十三年(1554)梁佐刻本。六冊。半頁十一行二十四字，四周雙邊，白口，單魚尾。框高21.9釐米，寬16釐米。題"博南山人升庵楊慎用修著集；滇南心泉梁佐應台校刊"。前有嘉靖二十一年(1542)楊慎自序，嘉靖三十三年梁佐序。末有嘉靖三十三年趙文同後序。

是編分天文類、地理類、時序類、花木類、鳥獸類、宮室類、冠服類、珍寶類、音律類、物用類、人事類、人品類、史籍類、訂訛類、字學類、官爵類、博物類、禮樂類、封名類、飲食類、干支類、數目類、怪異類、身體類、詩話類、璅語類，計二十六類。丹鉛者，丹砂、鉛粉也，古人多用來校勘文字，後人稱考訂爲丹鉛。

楊慎序云："束髮以來，手所抄集，帙成踰百，卷計越千。其有意見，偶所發明，聊擇其菁華百分以爲丹鉛四錄，享敝帚以千金，緘燕石以十襲。"

梁佐序云："暇日著《丹鉛餘錄》、《摘錄》，流有刻本，藝苑珍之，惜其不多見。戊申秋，佐自司馬部奉使歸省，度金碧之關，摳衣於高嶢圃中，先生以佐受教有年，且慨後晤之難，迺盡出《丹鉛三錄》、《四錄》、《別錄》、《附錄》、《閏錄》諸稿授之佐。噫！先生是錄豈輕授哉，亦豈易見哉。授之於佐，固有深意……蓋先生所發者，皆世之聰明所未發者也，其所考者，皆世之學力所可考者也。發其所未發，則見之者爭快；考其所可考，則從之者不疑。是錄其可以無傳乎？佐乃刪同校異，析之以類，合而名之曰《總錄》，捐俸以梓。時上杭尹趙子一重，夙慕先生之學，率師生有識者督刻而成之，廣其傳於海內。"

《四庫全書總目》入子部雜家類。《中國古籍善本書目》著錄。中國國家圖書館、上海圖書館等四十一館，臺北"國家圖書館"(八部，其一爲原北平館所藏)，及美國國會圖書館、普林斯頓大學葛思德東方圖書館、日本內閣文庫、京都大學人文科學研究所亦有入藏。

是書之明刻，除此本外，又有明刻本(行款同此本)；明隆慶凌雲翼、黃思近刻本；明萬曆刻本。按，此本又有藍印本，南京圖書館、吉林省圖書館等八館，臺北"國家圖書館"及日本內閣文庫亦有入藏。

鈐印有"金音之印"、"□伯"、"禮培私印"、"禮培"、"掃塵齋積書記"。

1426　明萬曆刻本秫林伐山　　　　　　　　　　T9153/4293

《秫林伐山》二十卷,明楊慎撰。明萬曆刻本。八册。半頁九行十九字,四周雙邊,白口,無魚尾。框高 20.4 釐米,寬 14.9 釐米。題"西蜀楊慎著;西晉孫居相、中州李雲鵠全校"。前有萬曆三十五年(1607)李雲鵠序。

據李雲鵠序,是書"薈撮墳典,以及仙經佛偈,齊諧唐韻,凡天地之紀,人物之變,與夫夭喬走飛,法書彝尊,茶寮酒醬之屬,盡從單詞片字中扢冥搜玄,折疑掊豫"。

《四庫全書總目》未收。《中國古籍善本書目》著録。此書明代所刻,今所知者計有六種,一爲嘉靖三十五年王詢刻本,二爲隆慶六年凌雲翼刻本,三爲萬曆元年邵夢麟刻本(以上三種均九行二十二字),四爲萬曆三年許嶽刻本(九行二十一字),五爲萬曆三十四年楊芳刻本,六爲萬曆三十五年孫居相刻本(以上兩種爲九行十九字)。此本則無孫居相所刻之依據。日本內閣文庫所藏,有萬曆三十四年序。

1427　明萬曆刻本重刻來瞿唐先生日録　　　　　　T9153/4982

《重刻來瞿唐先生日録》十二卷,明來知德撰,明萬曆三十九年(1611)張惟任刻本。十二册。半頁九行二十字,四周單邊,白口,單魚尾。框高 21.1 釐米,寬 14.4 釐米。前有黃汝亨序,萬曆三十九年張惟任序,萬曆十三年(1585)張子功序。

來知德,字矣鮮。梁山人。嘉靖時舉於鄉,歸養不出。甚有學問,尤邃於《易》。萬曆間薦授翰林待詔,不赴。又有《周易集注》、《省覺録》、《省事録》、《理學辨疑》等。

是書計十二卷,《內篇》七卷,《外篇》五卷。《內篇》七卷計十五種,一曰弄圓篇,二曰河圖洛書論,三曰格物諸圖,四曰大學古本,五曰入聖功夫字義,六曰省覺録,七曰孔子謹言功夫,八曰省事録,九曰九喜榻記,十曰四箴,十一曰諭俗俚語,十二曰革喪葬夷俗,十三曰理學辨疑,十四曰心學晦明解,十五曰讀易悟言。《外篇》爲所作詩文,一曰釜山稿,二曰悟山稿,三曰游峨眉稿,四曰快活庵稿,五曰八關稿,六曰游吳稿,七曰重游白帝稿,八曰求溪稿,九曰買月亭稿,十曰鐵鳳稿,十一曰游華山稿,十二曰游太和山稿,十三曰續求溪稿。

黃汝亨序云:"《日録》一書,又先生歲時所歷閱,身心所磨鍊,非若俗儒文字之解,與氣魄擔荷之能也。先生抱才故不凡,自爲孝廉,入京師,得薛敬軒先生語録,有所開悟,以壹力問學。"

張惟任序云:"先生塵視富貴,沉心學道,於求溪山中三十餘年,居顏子之陋巷,坐堯夫之安樂,其才故豪斂而爲學,學故博悟而爲性。性者,命於天,而與天遊者也。說天莫辨乎《易》,故先生所爲'弄圓圖'、'太極圖'……先生初舉孝廉,即卻百金餽遺,於兩尊人生而孝養,歿而廬墓,冰蘗之操,終身一轍。行藏之際,有同水雲,此豈冒處士之虛聲,揚文人之浮采可同年語哉!予故併刻此録,與《易注》偕行,俾覽先生書者,知下學上達,爲日新實境,不致抱隙駒逝水之嘆也。"

按,《內篇·讀易悟言》原闕,另以《易注》別刻單行。又《九喜榻記》、《四箴》、《諭俗俚語》、《革喪葬夷俗》四種俱不見載。

《四庫全書總目》入子部雜家類存目。《總目》云:"知德自嘉靖壬子舉於鄉,後因公車不第,退居空山,自求解悟,既無師友之切劘,又無典籍之考證,冥心孤想,時有所見,遂堅執所得,自以爲然,不知天下之數可以坐推。故所注《周易》,雖穿鑿而成理,至於天下之事物,非實有所見,則茫乎無據。"日本内閣文庫亦有入藏。

1428　明刻本謨觴隨筆　　　　　　　　　　　　　　T9153/7207

《謨觴隨筆》二卷,明周詩雅撰。明刻本。八册。清淦道人跋。半頁九行二十字,四周雙邊,白口,無魚尾。框高 20.9 釐米,寬 14.3 釐米。題"延陵周詩雅輯"。前有周詩雅自序。

周詩雅,字廷吹。江蘇武進人。萬曆四十七年進士。知直隸廣平縣,尋調寶坻。擢户部員外郎,旋遷湖廣參議,後移貴州提學道參議。乞歸,母喪三年不入內。搆一亭曰退谷,兄弟唱和其中。又著有《静文堂稿》、《南北史鈔》。《(光緒)武進陽湖縣志》卷二一《人物宦績》有傳。

謨觴,石室名。《記事珠》云,嵩高山下有石室,名謨觴,內有仙書無數。是書爲作者讀書隨筆所録,如"摘香閨麗事"(計三十則)、"摘青樓艷事"(計三十則)等,又摘録袁宏道《瓶史》及《觴政》,體例並不嚴謹。分静可一刻、馭蔗二刻,頁數各自起訖。

淦道人跋云:"道光丙午,僑居杭州吴山青衣洞天,與桐城蘇徵君厚子商榷古今,兼討謦光撥鐙之法,伯平高先生亦時陟山巓,相與籍學論文甚歡,至今邈不可追矣。此卷系在見滄亭右書肆所得耳。淦道人珮記。"

《四庫全書總目》、《續修四庫全書》未收。《續修四庫全書總目提要(稿本)》、《中國古籍善本書目》未著録。

鈐印有"木樨香館范氏藏書"、"明經堂"、"還讀我書"、"自娱而已"、"壽康齋"。

1429　明萬曆刻本圭竇存知　　　　　　　　　　　　T9153/7921

《圭竇存知》六十卷,明陳叔子撰。明萬曆間陳氏應宿堂刻本。六册。半頁十行二十字,左右雙邊,白口,單魚尾。書口下有刻工。框高 19.9 釐米,寬 13.1 釐米。題"楚郴興寧陳叔子元旦譔;男庠生瑞玉輯、瑞圭録"。前有明萬曆三十九年(1611)高登龍序,萬曆四十年(1612)陳叔子自敍。末有萬曆四十一年王廷璣跋。

陳叔子,字元旦。楚郴人。曾令贛榆。

圭竇,牆上鑿門,上鋭下方,形狀像圭。指窮人住房之門户。

是書以六德六行爲紀綱,計孝集、友集、睦集、姻集、任集、恤集、智集、仁集、聖集、義集、中集、和集。據陳叔子自序:"不佞自髫年爲諸生時,每覽聖賢群籍,潛心酷好,至忘寒暑。嘗慕程朱之正,左馬之奇,乃不量力,輒有擔當紹休之志。心有開處,握管而書;時有見聞,隨筆而紀。若曰前人存此詔我,我肯棄其所知而不以之詔後人耶? 其責似有不容辭者。故於圭竇之下,雖不能不呻吟佔畢遵令甲以舉業爲正功,而以其餘力役志於博極之林……荷蒙兩院薦揚,得超資格擢令贛榆,簿書鞅掌,未遑刪訂。及轉官岷藩,給假旋郴,幸有暇日,始翻笥中舊草,付之剞劂。其前五卷,舊另爲一書,名曰《叔子支談》,今取弁首卷,不復識別;次則以所得經書子史之玄諦;又次以昭代憲章之緒餘;又次以目擊見聞之時事;又次以批評詩文之佳話,與夫群籍事物之考證,異書經驗之奇方。雖間有一二戲謔奇異之談,皆名公經世之語,自我而聞,不欲自我而失,故并收録而傳之。"

子 部

此本有扉頁，刊"應宿堂刊。楚郴興寧陳叔子纂圭寶存知。古義門陳氏家藏板"。刻工有萬、所、木、武。

《四庫全書總目》未收。《中國古籍善本書目》未著録。

1430　明萬曆刻本古今原始　　　　　　　　　　　　T9299/4884

《古今原始》十四卷，明趙釴撰。明萬曆刻本。五册。半頁九行十八字，左右雙邊，白口，單魚尾，書口下有刻工。框高 18.9 釐米，寬 13 釐米。題"桐城趙釴鼎卿著"。前有嘉靖四十一年（1562）況叔祺序，嘉靖四十二年（1563）張翀序，嘉靖四十一年趙釴序。末有萬曆二十七年（1599）方學漸後序。

趙釴，字子舉，一字鼎卿。桐城人。嘉靖二十三年進士。授刑部主事，聽讞明允，擢禮科給事中，轉吏科左給事中，巡視京營，累遷太僕寺少卿，又遷僉都御史，巡撫貴州。《（康熙）安慶府桐城縣志》卷四有傳。

此編皆考究事始，提綱列目，而採摭繁蕪，漫無别擇，又多不注所出。故《四庫全書總目》評價不高。

況叔祺序云："中丞柱野趙公，博雅精擇，游心太始，閎於著述，要歸大道，爲海内文儒之宗。嘗悲末學溺於靡麗爲工而忘其初，又疾夫作法者類藉口慕古而罔所辨也。作原始，原始者，推始作也。一事自爲一始，上自天皇，下至當代；大自六經，微至百家，窮蒐博采，宇宙内事，無論鉅細，必載厥始，附以己説，匪徒以資探索，亦從古得失之林所以自鏡也。"

此本有刻工，爲張時中、柯倖、范祥、劉貴高、柴文、王州、周正洪、柴文學、彭計一、姚文選、彭應宗、任章、路崇敬、李應舉、柳全、郝文學、言繼祖。

《四庫全書總目》入子部雜家類存目。《中國古籍善本書目》著録。中國藝術研究院亦有入藏。按，是書最早爲明嘉靖四十一年自刻本，中國國家圖書館、南京圖書館等七館，臺北"國家圖書館"均有入藏。又天津圖書館有明邵廉刻本。

1431　明萬曆刻本疑耀　　　　　　　　　　　　T9153/4448

《疑耀》七卷，明張萱撰。明萬曆間刻本。四册。半頁八行十六字，四周單邊，白口，單魚尾。框高 19.9 釐米，寬 13 釐米。原題"温陵李贄閎甫著；嶺南張萱孟奇訂"。前有萬曆三十六年（1608）王穉登序。

《四庫全書總目》云："案贄恃才妄誕，敢以邪説誣民，所作《藏書》，至謂毋以孔夫子之是非是非我。其他著作，無一非狂悖之詞。而是編考證故實，循循有法，雖間倡儒佛歸一之説，其言謹而不肆。至云儒不必援佛，佛不必援儒。又云經典出六朝人潤色，非其本真，且與贄論相反，斷乎不出其手……蓋以萬曆中，贄名最盛，託贄以行。"《中國古籍善本書目》作明張萱撰。按，張萱，字孟奇，號九岳，別號西園。博羅人。萬曆舉人，官至平越知府。博學，通曉經史，工書能畫，有《彙雅》。此書作者從《中國古籍善本書目》。

《四庫全書總目》入子部雜家類。《中國古籍善本書目》著録。中國國家圖書館、上海圖書館等十二館，臺北"國家圖書館"，及日本静嘉堂文庫亦有入藏。

鈐印有"家在元沙之上"、"大雷經鋤堂藏書"。

1109

1432　明刻本青藤山人路史

T9153/2932

《青藤山人路史》二卷，明徐渭撰，明刻本。一册。半頁九行二十字，四周單邊，白口，無魚尾。框高20.6釐米，寬13釐米。

徐渭，字文長，號青藤山人。浙江山陰人。諸生。渭以才俊名一時，詩文書畫皆工。客總督胡宗憲幕，助其擒徐海、誘王直。胡宗憲下獄，渭懼而自戕，不死，遂殺其妻。繫獄，久之得免。有《筆元要旨》、《徐文長集》等。

《四庫全書總目》云："是編蓋其雜記之册……今考其書，瑣事多據《事文類聚》，訓詁多據《洪武正韻》，故事多據《十七史詳節》，頗爲弇陋。"

《四庫全書總目》入子部雜家類存目。《中國古籍善本書目》未收。據《北京圖書館古籍善本書目》，國圖藏此書，行款與是本同。臺北"國家圖書館"及日本尊經閣文庫、內閣文庫、静嘉堂文庫亦有入藏。

鈐印有"玄倫"、"賢谿"、"古道照顏樓珍藏"。

1433　明崇禎刻本徐氏筆精

T9153/2992

《徐氏筆精》八卷，明徐𤊹撰。明崇禎五年(1632)邵捷春刻本。四册。半頁九行十八字，左右雙邊，白口，單魚尾。框高19.5釐米，寬14釐米。題"晉安徐𤊹興公譔輯；同里邵捷春肇復訂定；溫陵黃居中明立編次"。前有崇禎四年(1631)黃居中序，崇禎五年邵捷春序。

徐𤊹，字惟起，更字興公。晉安人。博聞多識，積書萬卷。工詩文，善草隸。萬曆中與曹學佺狎主閩中詩壇，以布衣終。又有《紅雨樓集》、《榕陰新檢》、《閩南庚雅》。

是書卷一爲《易通經臆》；卷二爲《詩原》、《詩詁》、《詩訂》、《詩砭》；卷三爲《詩評》(魏、唐、宋、元)；卷四爲《詩評》(明)；卷五爲《詩評》(方外、宮閨、妓女、外夷、詩搜遺)；卷六爲《詩話》、《詞品》、《文訂》、《字正解》、《事物解》；卷七爲《文事》(藏書、書學、畫、碑版)、《文人》、《人物考》、《名人生卒葬地》、《人倫盛事》；卷八爲《人倫盛事》、《雅事》(俳諧附)、《天象地輿》、《國憲》、《核疑》、《博聞》、《占驗》、《醫學》、《靈異》、《珍玩》、《花卉果木》、《鳥獸蟲魚》。其曰筆精，乃謂文章之精妙。古以有韻者爲文，無韻者爲筆。南朝梁江淹《江文通集·別賦》云："雖淵、雲之墨妙，嚴、樂之筆精……詎能摹暫離之狀，寫永訣之情者乎。"(淵，王襃，字子淵；雲，揚雄，字子雲；嚴，嚴安；樂，徐樂。皆漢時人。)

黃居中序云："興公，筦伯氏，惟和狎主三山社，筆耕心織，盡抽二酉之藏；竹夕花時，足當四面之敵，而書淫至老不衰。異聞必識，秘簡必搜，即破產典衣不悋。當其意所賞會或胸有獨照，往往劄記掌錄，紛紛綸綸，積久成帙。因友人鄧道協函寄留都，余得授而卒業焉……亟授道協，以公同好。道協倏捐賓客，而邵觀察肇復授之梓。"

又邵捷春序云："予友徐興公，所著《筆精》，殫列奕奧，剖析同異，多擴前哲所未發，允爲後進指南。丁卯歲，友人鄧道協參軍，事於陪京，篋笥以行，爲溫陵黃明立先生所編定。俾之剞劂，纔繕寫，而道協已溘朝露矣，遂不克竟云。予浪跡金陵，獲從明立遊，談及其事，亟搜舊稿，得之梓人。恐其日久湮滅也，捐金以成之。"按，捷春字肇復，福州人。萬曆己未進士。累遷稽勳郎中；崇禎二年出爲四川右參政，分守川南。遷浙江按察使。福王時，官贈兵部左侍郎。

《四庫全書總目》入子部雜家類。《總目》云："是書踳駁之處,乃復不少……特其採摭既富,可資考證者頗多,亦不可盡廢,衡其品第,蓋張萱《疑耀》之流亞也。"《中國古籍善本書目》著錄。上海圖書館、浙江圖書館等十館,臺北"國家圖書館",及日本內閣文庫、靜嘉堂文庫亦有入藏。

鈐印有"德"。

1434　清康熙刻本藝林彙考　　　　　　　　　　　　　　T9301/3124

《藝林彙考》四十卷,清沈自南撰。清康熙刻本。六冊。存三十九卷。半頁十行二十字,左右雙邊,白口,白魚尾。框高20.3釐米,寬13釐米。題"吳江沈自南留侯輯"。前有順治十八年(1661)錢謙益序,康熙二年(1663)程邑序;沈自南撰《藝林考證彙言引》。

沈自南,字留侯,江蘇吳江人。少孤,刻苦力學,崇禎九年舉於鄉。順治間中進士,告歸,閉戶著述十餘年,始謁選授山東蓬萊知縣。清介自矢,以恩撫民,而不能事上官,被劾去。無何卒,年五十五。又有《歷代紀事異考》、《樂府箋題》。《(乾隆)吳江縣志》卷三二有傳。

是書共五篇,包括棟宇、服飾、飲食、稱號、植物,此本缺《植物篇》一卷。其中《棟宇篇》十卷,包括宮殿、府署、亭臺、門屏、廟室、寺觀、宅舍、廡序、梁櫨、溝塗十類。《服飾篇》十卷包括冠幘、簪髻、裝飾、袍衫、佩帶、裩袴、履舄、繒帛八類。《飲食篇》七卷,包括饔膳、羹豉、粉饎、魚膾、酒醴、茶茗六類。《稱號篇》十二卷,包括宮掖、宗黨、戚屬、尊長、朋從、卒伍、編戶、僕妾、巫優、諢名、道釋十一類。每類前皆有序或題詞。

此書徵引群書之有辨正者,彙輯成書。所引諸書包括《容齋隨筆》、《丹鉛錄》、《夢溪筆談》、《演繁露》、《能改齋漫錄》、《石林燕語》等,多宋以來考辨筆記一類。徵引廣博,皆注明出處。沈氏《藝林考證彙言引》云:"在昔作家若麟州、夢溪、漁隱、野客之條貫,今茲哲匠則儼山、升庵、弇州、元瑞之淹通,其他名世鉅儒數難更僕,至於稗官雜說,多足汗牛。若辯柝精詳,累章可錄,或發明疑似,片語足資,第其旨散,殊惜未經條貫,爰收散帙,彙輯成篇,輒柝諸家,分從類列,存爲典故,庶幾端臨、漁仲之功臣。核其罔誣,寔堪成式、子年之惡石。第有事乎蒐羅,未敢參以評隲。"

錢謙益序云:"松陵沈子留侯,珪璋特達,博達今古,端居多暇,弋獵群流,撰次一書,名曰《藝林彙考》。網羅典故,苞括瑣碎,州次部居,鉤玄提要。榛楛勿翦,則集翠於陸璣;蕭艾必襄,則取裁於郭璞。韙矣哉,經籍之禁御,文章之圃田也。"

《四庫全書總目》子部雜家類著錄此書,作二十四卷。然《影印文淵閣四庫全書》本書"提要"則作四十卷,正文亦四十卷。其本無錢氏、程氏二序,而有乾隆十六年陳鑑《題記》。《題記》云:"此書凡二十四篇,卷帙甚多,當時所刻止此,然切於人事者略備矣。"《(乾隆)吳江縣志》卷三二《沈自南傳》云其"著有《藝林彙考》幾二百卷","其《藝林彙考》,錢謙益為之序,嘗先刻三十八卷行世,餘藁藏其家。"可知是書原本二十四篇近二百卷,卷帙宏富,而刊刻行世者僅五篇四十卷而已(《吳江縣志》所云"三十八卷"者,或有差誤)。

《四庫全書總目》評價此書云:"其所徵引,率博瞻有根柢。故陳鑑《題記》又述汪份之言曰:《彙考》所載諸書,皆取有辨正者,閱之足以益智祛疑。又所採必載書名,令習其書者一望而知,欲觀原文者亦可按籍以求。其體例皆非近世類書所能及,所論頗得其實。故特錄之雜考類中,不與他類書並列焉。"

《中國古籍善本書目》著錄,北京大學圖書館、南開大學圖書館、南京圖書館、復旦大學圖書館四家館藏。臺北"國家圖書館"亦藏此書,僅存《稱號篇》十二卷,1971年臺灣學生書局《雜著秘笈叢刊》影印出版,與館藏此本爲相同版本。另《内閣文庫漢籍分類目録》子部類書類、《東洋文庫所藏漢籍分類目録》子部類書類亦著録。

鈐印有"李氏珍藏"、"叔龍"。

1435　清康熙刻後印本古今釋疑　　　　　　　　　　T9155/0257

《古今釋疑》十八卷,清方中履撰。清康熙間汗青閣刻後印本。八册。半頁八行二十字,小字雙行同,左右雙邊,細黑口,白魚尾。書口下刻"汗青閣"。框高19.7釐米,寬12.5釐米。題"合山方中履素北學"。前有康熙十七年(1678)楊霖序,吳雲序;楊嗣漢跋;戴移孝序,康熙十八年(1679)馬教思序,黃虞稷序,潘江序,橫溪逢月後序,康熙十九年(1680)方中德序,康熙十八年方中通序;康熙十八年方中發後序;康熙十八年方中履自序;《凡例》五則;方中履《寄謝竹庵先生爲刻古今釋疑五十有二韻》。

方中履,字素伯,又字素北,安徽桐城人。父方以智,以《博雅》、《物理小識》名於世。中履幼有俊才,隨父於方外,備嘗險阻,時人擬蘇過之於子瞻。晚築稻花齋以居,殫力著述。有《汗青閣集》、《理學正訓》、《學道編》等。事見《清史稿》卷五〇〇《方以智傳》及《國朝耆獻類徵初編》卷四七三。

是書雜考經史禮制等内容,其編排大體以類相從,卷一至三《論經史》,卷四至九《論禮制》,卷一〇《論氏族姓名》,卷一一《論樂律》,卷一二至一三《論天文曆法》,卷一四《論地理》,卷一五《論醫藥》,卷一六至一七《論小學》,卷一八《論算術》。《凡例》云:"故以所聞於父師者,自經史禮樂、天地人身,及律曆音韻書數,有承訛踵謬,數千年不決者,輒通考而求證之,隨筆所至,久而成帙,謂之《古今釋疑》。""故此書必載先儒舊説,何人駁之,今或駁其所駁,或斷論孰是,期於發明疑案。"

方氏始集是書,甫弱冠之時。其自序云:"當是時,讀書開卷,遇經史禮樂制度諸説,紛挐患之,置之不可,遂酷嗜考核,志氣甚鋭。而家世藏書,雖經兵火,尚數萬卷,足以供漁獵……既輟簡不數年,蹉跎三十,去而學道,此書棄敝簏,今十有六載矣。"康熙間姑孰郡守楊霖爲捐俸付梓。書板存方氏汗青閣,後陸續有修補刷印,本館藏此書兩部即不同時期後印本。

《四庫全書存目叢書》據中國科學院圖書館藏本影印。以此本與影印本相較,知此本經修板,刷印較晚。影印本卷前多出康熙二十一年張英序一篇,另方中發後序、橫溪逢月後序、楊嗣漢跋在全書之末。影印本各卷前分别有目録,題"安成楊霖竹庵訂正;吳雲舫翁參閱",此本撤去各卷目録頁。影印本目録末有從子正璨、正瑞等校者五人,此本卷末改列"男方正瑗抄録;婿張廷瓘較對"及孫、曾孫、元孫若干人補校之名。

《四庫全書總目》子部雜家類存目著録,云:"中履名父之子,學有淵源,故持論皆不弇陋。然鎔鑄舊説以成文,皆不標其所出,其體例乃如策略,不及其父《通雅》之精核也。"

《中國古籍善本書目(徵求意見稿)》著録,北京大學圖書館等多家館藏。

鈐印有"隔江埜寺聞鐘"、"隨處讀書"、"吟賞煙霞"、"須眉無負"、"培軒"等。

館藏又有複本一部,刷印時間較前本更晚,有張英序。又有江皋序,爲前本及影印本所無,序云:"予老而歸田,焚棄筆硯,猶思得天下奇書讀之。從公子求得一編,眊眼燈前,三復不忍釋。"署"庚寅春月年家同學弟磊翁江皋頓首書","庚寅"爲康熙四十九年,此序當修板時增入者。另目録末題名又增入元孫、來孫若干人。

此本有扉頁,刻"古今釋疑。楊竹庵先生鑑定。桐城方素北先生著。汗青閣藏板"。

1436　清康熙刻本居易録　　　　　　　　　　　　　　　　T9155/1141.2

《居易録》三十四卷,清王士禛撰。清康熙刻後印本。八册。半頁十行二十字,左右雙邊,黑口,單魚尾。框高 17 釐米,寬 12.9 釐米。題"濟南王士禛著"。前有王士禛序,末有王士禛識語。

王士禛,見清康熙刻本《國朝謚法考》。

王氏序云:"予自束髮,好讀史傳,旁及説部。聞有古本爲類書家所不及收者,必展轉借録,老而不衰。二十年來官京師,每從士大夫間有所聞見,私輒掌記,芟其繁複,尚得二十六卷,目曰《池北偶談》。南海之役,哀道路見聞,别爲《皇華紀聞》四卷。康熙己巳冬杪重入京師,時冬不雪,其明年春夏不雨,米價踴貴。天子憂勞,爲罷元正朝賀,遣大臣分賑畿南北,命大司農禱雨泰山。余備員卿貳,時惴惴有尸素之懼。在公之暇,結習未忘,有所見聞,時復筆記歲月,既積得數百條,釐爲三十四卷。憶顧況語長安米貴,居大不易,因取以名其書。"是書之作,始自康熙二十八年,至康熙四十年書成。

《四庫全書總目》子部雜家類著録是書,云:"中多論詩之語,標舉名儁,自其所長。其記所見諸古書,考據源流,論斷得失,亦最爲詳悉,其他辯證之處,可取者尤多。"

此本後印,卷端所題"禛"字剜去末筆,避雍正帝諱。

《中國古籍善本書目》不收。《王漁洋遺書》收入此本,北京大學圖書館、中國人民大學圖書館等多家館藏。

1437　清乾隆刻本西圃叢辨　　　　　　　　　　　　　　　　T9155/6473

《西圃叢辨》三十二卷,清田同之撰。清乾隆十九年(1754)李世垣刻本。八册。半頁十行十九字,左右雙邊,黑口,單魚尾。框高 15.4 釐米,寬 12.7 釐米。題"安德田同之小山薑纂輯"。前有乾隆四年(1739)趙城序,程盛修序,乾隆十九年李世垣序,乾隆七年(1742)田同之序。

田同之,字在田,一字彦威,號硯思,一號西圃,亦稱小山薑,山東德州人。康熙五十九年舉人,爲國子監學録。性恬淡,官京師三載,孤潔株守。及遭外艱歸里,遂絶意仕進。事見《皇清書史》卷一一、《國朝耆獻類徵初編》卷一四三。

此書雜採諸家説部,並附己説,分類排比。計卷一山川,卷二至四人物,卷五至一四經史子集雜著碑帖石刻法書,卷一五至一六詩詞字句,卷一七至一八文字音義,卷一九至二〇輿地城關宫室樓亭堂館橋梁寺觀,卷二一至二二古跡成語,卷二三至二五正朔郊禘鼎璽錢號刑名貞義臆説妄論等,卷二六稱謂名號,卷二七日月歲序干支仙佛藝術,卷二八至二九草木鳥獸蟲魚,卷三〇姓名,卷三一文物器製,卷三二飲食冠飾閒雜語事。各條皆有小標題,採自他書者皆於條末注明出處。

田氏自序説明此書撰作之旨:"人不師古之蹤跡,猶蒙被而卧,甞聞諸昔人矣。顧亦有窮年博極,而履常襲故,疑誤相沿,遂至終身不識太行山三字者。以云師古,寧不泚顙。故每於披覽之下，遇昔人之訂訛辨偽者，則摘録之。其疑而難據，未見成説者，則自行考訂而互證之。摘録者即注明出處，而未經注明，即自行考證者。大抵山川之誤指，事蹟之訛傳，議論之荒唐，著述之假借，時地之乖違，物類之淆溷，與夫字音差謬，注釋牽強，稱謂舛錯，以及傳奇小説之移易顛倒，久爲人之所信從者，隨手纂組，計西圃六寒暑，得《叢辨》三十有二卷。"

此書成後十餘年，迄未付刻。至乾隆十九年，始由時任陝西興安直隸州知州的李世垣捐俸刊行。李序云："捧讀之下，愛之重之，而又惜西圃以清白家傳，無復餘力，徒使有用之書，淹没於寂寞之鄉，共學謂何，能淡焉漠焉而已乎？因捐薄俸，代爲刊行，庶不負西圃之苦心，亦以見有用之書，不等於可有可無之具云爾。"

此本有扉頁，刻"西圃叢辨"。

《四庫全書總目》子部雜家類存目著録。《中國古籍善本書目》著録，北京大學圖書館、清華大學圖書館等六家館藏。《四庫全書存目叢書》子部第101册以清華大學圖書館藏本影印。此本又收入《德州田氏叢書》中。

1438　清康熙刻後印本訂訛雜録

T9155/4262

《訂訛雜録》十卷，清胡鳴玉撰。清康熙五十八年(1719)刻乾隆、嘉慶遞修本。四册。半頁十行二十字，四周單邊，黑口，單魚尾。框高18.3釐米，寬12.4釐米。題"青浦胡鳴玉廷佩氏述；同里查如塤彦和氏校"。前有乾隆二十三年(1758)沈德潛序，嘉慶二十二年(1817)胡師曾等識語。

胡鳴玉，字廷佩，又作亭培，號吟鷗，江蘇青浦人。恩貢生，博學多聞，工詩賦。雍正十二年，詔舉博學鴻詞，巡撫高其倬、學政張廷璐薦之，乾隆元年召試，以疾報罷。既歸，弟子日進，領袖騷壇者三十年。生平精於讎校，凡有以詩文集就正者，必瘁慮覃思爲正其訛。又有《三傳傾液》、《二國搴芳》、《耕餘偶輯》等，未及刊行。《(光緒)青浦縣志》卷一九有傳。

是書考訂聲音文字之訛，大抵採集諸家説部而參以己説，《四庫全書總目》子部雜家類著録，稱其"但引古書，互相參證，不欲多生新意，自見所長。所以言皆有據，所得反較諸家爲多"。

沈德潛序云："青浦胡子亭培，予老友也。舊有《訂訛雜録》一刻，風行藝苑。繼以遠游版缺，刷印久停，而四方好古之士多向請觀。兹乃聊爲補綴印行。君以予素咨賞其書也，屬一言以弁諸簡端，並深以未遑增入近年所訂若干條爲歉。"據沈氏序中所言，此刻乃以舊刻書板補綴而成。按《中國古籍善本書目》著録此書，有清康熙五十八年刻本，上海圖書館及南充師範學院圖書館藏；又有乾隆二十三年刻本，清畢裕曾批注並跋，大連市圖書館藏。諸家目録多將乾隆二十三年刻本作爲單獨版本著録，唯《中國人民大學圖書館古籍善本書目》著録爲清康熙五十八年刻乾隆二十三年戢篆書屋重修本。從沈序來看，乾隆二十三年本當即康熙五十八年本的修補後印本。

此本則在乾隆二十三年重修本基礎上，於嘉慶二十二年又加修板刷印而成。胡鳴玉孫胡師曾識語云："先祖吟鷗公自丙辰召試鴻博，後家居手輯《訂訛雜録》一編，風行藝苑，已歷年所。近因工料昂貴，印刷久停，版藏陋室，漸行剥蝕……余遂立意補刻，商諸胞姪暨兒輩，共湊修資，亦皆踴躍樂從。緣就舊本，缺者補之，以冀垂久遠，不泯先澤云耳。"除補刻缺損板片外，卷前又增刻朱印《四庫全書總目》該書提要。

此本有扉頁，刻"訂訛雜録。沈歸愚先生鑑定。戢篆書屋重鐫"。並鈐"蔡益□記"、"家住

子　部

青浦大西門□杵内"、"承印裝訂古今書籍,摹搨揭裱名人法帖"木記。

1439　清乾隆刻本棻堂節録　T9155/2962

《棻堂節録》二十卷,清徐時作輯。清乾隆間徐氏崇本堂刻本。五册。半頁十行二十字,四周雙邊,白口,單魚尾。框高 16 釐米,寬 12.8 釐米。題"灉江徐時作輯"。前有乾隆三十六年(1771)王鳴盛序,乾隆三十年(1765)徐時作自序。

徐時作,字鄰侯,號筠亭,福建建寧人。雍正五年進士,歷知成安、邢臺、清苑諸縣,後知開州,又調滄州。在滄州一年,以母年高歸養,時方年四十九。爲政以人心風俗爲本,所至士民咸安之。歸養家居三十餘年,日孳孳爲善,享年八十一。所著有《崇本山堂詩文集》、《閒居偶録》、《嘯月亭筆記》等。《國朝耆獻類徵初編》卷二二九有傳。

是書爲作者晚年讀書所得,所録多子史雜記,參以己見品評,並及時事見聞。徐氏自序云:"日游於翰苑藝林之中,悦目賞心,或録長篇,或節小段,間參管見,略爲評品。事無論古今,文無論奇正,凡怪誕之辭,荒唐之説,亦有所取焉者,實欲括俗士之見聞,開陋儒之心胸,以破其迂腐之見,游於闊大之途也。要之正倫理,端心術,厚風俗之旨,未嘗不存乎其中。"

王鳴盛序云:"建寧徐先生以名進士爲循卓吏,既歸田,益肆力稽古紀事纂言,老而彌篤。寄所刻《棻堂節録》二十卷見示,蓋先生讀書之堂曰詠棻堂,因以名其書云。予嘗論筆記一體,自唐宋以來,大抵記載時事者居多,而史家每採取焉。本朝王新城、宋西陂、周櫟園輩,則所述多閒適語,罕及當世之務。蓋以承平清晏,無事可述,而朝章國典之大,則儒臣奉命開局,編纂無虚日,又不假私家之記耳。懷抱鉛槧者,類皆不當事任,則又莫得而詳焉,以故著録者尠歟。先生早游京國,歷宦畿輔,固非下里儒生所敢望,其聞於朝者既足以備掌故矣,性又博達通敏,嗜學不倦,工餘退食,每以墳籍自娱。考證經史,辨訂舛譌,往往如是。"

《續修四庫全書總目提要(稿本)》著録是書,針對王鳴盛序中所云,稱"是書所述,多閒適語,罕及當世之務,僅卷首録世祖章皇帝表忠録序及其他詩文多首,大都頌讚朝廷,無關掌故。至考證經史、辨訂舛譌之文字,尤爲少見。蓋通篇雜取先賢之嘉言懿行,意在用昭勸誡,頗見輯録之旨。惟以小説雜記之書,往往與正史並列,殊昧體例,而蒐輯之富,至十五萬言,亦足以廣聞見也。"

此本有扉頁,刻"棻堂節録。崇本堂藏板"。徐時作有《崇本山堂詩文集》,崇本堂當即徐氏室名。徐氏傳云其歸鄉家居後,除讀書撰作外,又"鐫刻前賢遺書及朋友故舊遺集亦凡十餘種,垂没顧子孫不及其私,惟命讀書積德、無墜家聲及護惜所刻書籍而已",知其曾刻多種書籍,此亦其自刻之本。

《中國古籍善本書目》不收。《北京大學圖書館藏古籍善本書目》、《中國科學院圖書館藏中文古籍善本書目》著録。《四庫未收書輯刊》有影印本。

1440　明萬曆刻本世説新語補　T9141/7280.2

《世説新語補》二十卷附釋名一卷,南朝宋劉義慶撰、梁劉孝標注,明何良俊增補,王世貞删定,王世懋批釋,張文柱校注。明萬曆十三年(1585)刻本。五册。半頁九行十八字,左右雙邊,白口,單魚尾。書眉刻評。框高 18.9 釐米,寬 12.8 釐米。題"宋劉義慶撰;梁劉孝標注;宋劉辰翁批；明何良俊增補；王世貞刪定；王世懋批釋；張文柱校注"。前有嘉靖三十五年(1556)王世貞序，萬曆八年(1580)王世懋序；萬曆十三年王世懋識語；劉應登舊序，嘉靖十四年(1535)袁褧舊序；文徵明舊跋，陸師道舊跋。末有萬曆十三年王泰亨跋；《凡例》十則。

何良俊，字元朗。松江人。與弟良傅皆負俊才，少篤學，二十年不下樓。藏書四萬卷，涉獵殆遍，以歲貢授翰林院孔目。有《何氏語林》、《四友齋叢說》、《何翰林集》。

王世懋跋云："家兄元美，嘗並《何氏語林》，刪其無當，合爲一編。久乃散落，友人張仲立得而嗜之，次第脩注，而更爲訂何氏之乖迕，與益其注之未備。鉛槧經年，殺青滿室，會予將之閩中，手以相示，且請序作者之意。予豫章後，重校善本，不吝授之，蓋臨川孝標，功緒略當，元朗羽翼，意亦勤矣。"

王泰亨跋云："余往歲負瀣沖滅性之譏，嘔血數升，神氣都損。嘗得此編，時置案頭以當枕《發》。友人張仲立、秦汝約數相慰存，見而賞焉，將分校刻之。余病弗果，於是校注之任專之仲立，讐對則汝約預有勞焉。"

是書有扉頁，刊"王鳳洲先生刪定世說新語補。西爽堂藏板"。

《四庫全書總目》入子部小說家類存目。《總目》云："良俊《語林》三十卷，於漢晉之事，全採《世說新語》，而摭他書以附益之。本非補《世說新語》，亦無《世說補》之名。凌濛初刊劉義慶書，始取《語林》所載，削去與義慶書重見者，別立此名，托之世貞，蓋明世作僞之習。"《中國古籍善本書目》著錄。中國國家圖書館、上海圖書館、天津圖書館等三十一館，臺北"國家圖書館"，及美國國會圖書館、普林斯頓大學葛思德東方圖書館、日本內閣文庫、東京大學東洋文化研究所、京都大學人文科學研究所亦有收藏。

鈐印有"邵□昌印"、"北平邵氏"。

1441　明末刻津逮祕書本唐國史補　　T9146/4475

《唐國史補》三卷，唐李肇撰，明末毛氏汲古閣刻《津逮祕書》本。三冊。半頁八行十八字，左右雙邊，白口，無魚尾。書口下有"汲古閣"。框高18.7釐米，寬13.6釐米。題"唐李肇撰"。前有李肇序。

李肇序云："《公羊傳》曰，所見異辭，所聞異辭，未有不因見聞而備故實者。晉劉餗集《小說》，涉南北朝至開元，著爲傳記。予自開元至長慶，撰《國史補》，慮史氏或闕則補之，意續傳記而有不爲，言報應、敘鬼神、徵夢卜、近帷箔，悉去之。紀事實、探物理、辨疑惑、示勸戒、採風俗、助談笑，則書之。仍分爲三卷。"

《四庫全書總目》云："《唐國史補》三卷，唐李肇撰。肇有《翰林志》，已著錄。此書其官尚書左司郎中時所作也。書中皆載開元至長慶間事，續劉餗《小說》而作。上卷、中卷各一百三條，下卷一百二條。每條以五字標題。"

《四庫全書總目》入子部小說家類。《中國古籍善本書目》僅收此叢書零種之名家批校本。

鈐印有"拜魁紀公齋藏閱書"、"雲輪閣"、"荃孫"。

1442　明末刻津逮祕書本河南邵氏聞見錄　　T9150/1226B

《河南邵氏聞見錄前錄》二十卷，宋邵伯溫撰；《河南邵氏聞見錄後錄》三十卷，宋邵博撰。

明末毛氏汲古閣刻《津逮祕書》本。五册。半頁八行十九字，左右雙邊，白口，無魚尾。框高 18.7 釐米，寬 12.8 釐米。書口下有"汲古閣"。《前錄》題"宋邵伯溫著；明毛晉訂"；《後錄》題"宋邵博著；明毛晉訂"。《前錄》有紹興二年（1132）邵伯溫自序，邵博序。《後錄》有邵博序。

邵伯溫，字子文。其先范陽人，後徙共城，晚遷河南。伯溫以薦授大名助教，調潞州長子縣尉。紹聖初，章惇爲相，欲引用伯溫，伯溫力避之。徽宗即位，伯溫嘗上書，爲小人所忌。紹興中卒。有《易辨惑》、《皇極系述》、《皇極經世序》、《觀物内外篇解》等。

邵博，字公濟，伯溫次子。

是書專記北宋故事。邵博序云："先君平居如齋，淡然無甚好，唯喜著書。此書獨晚出，雖客寓疾病中，筆削不置，其心可悲矣。先君既不幸，上得其平生之言，有制褒揚甚備。博不肖，終無以顯先君之令德，類次其遺書，既成於絕編斷簡之中，得《聞見錄》，爲次第二十卷，并傳於代。蓋自紹聖以來，大臣用私意亂天下，至有所懼也，又取小夫佞人爲史官以文之，而史法始壞矣。上不直之，下詔學士更修以出之。"

《四庫全書總目》云："是書成於紹興二年，前十六卷記太祖以來故事，而於王安石新法始末及一時同異之論，載之尤詳……周必大跋《吕獻可墓志》謂是書頗多荒唐，凡所書人及其歲月鮮不差誤，殆好惡已甚之詞，不盡然也。十七卷多記雜事，其洛陽、永樂諸條，皆寓麥秀黍離之感。十八卷至二十卷，皆記邵子之言行。"又云：《後錄》"蓋續其父書，故曰《後錄》。其中論復、孟后諸條，亦有與《前錄》重出者。然伯溫所記，多朝廷大政，可神史傳。是書兼及經義、史論、詩話，又參以神怪俳諧，較《前錄》頗爲瑣雜。又伯溫書盛推二程，博乃排程氏而宗蘇軾。"

《適園藏書志》卷九第十五頁於此本云："此汲古本，義門據元人抄本校，補脱文兩大段，書名無'河南'，亦無'前'字。"

《四庫全書總目》入子部小説家類。《中國古籍善本書目》僅收是書名家批校題跋之本。

鈐印有"櫻山文庫"、"小山氏藏書"、"孝經樓"。皆日人印。

1443　明嘉靖刻本震澤紀聞　　　　　　　　　　T2732.7/1151(1)

《震澤紀聞》二卷，明王鏊撰。明嘉靖刻本。一册。半頁十行二十字，左右雙邊，白口，單魚尾。框高 18.1 釐米，寬 14 釐米。題"王鏊濟之"。前有嘉靖三十年（1551）魏良貴序。

王鏊，字濟之。吳縣人。成化十一年進士。授編修，弘治時歷侍講學士，充講官。正德初累進户部尚書、文淵閣大學士，後以志不得力而求去。博學有識鑒，文章爾雅，議論明暢，卒諡文恪。事蹟見《明史》本傳。

此書專記一朝事實，體實近小説，並有譏其不實者。魏良貴序云："公起家編修，仕至大學士，專領史職者四十餘年。率善道而能守官，嘗預修憲、孝二廟實錄，書法精覈，時稱良史。此編者，乃其監修之暇，述所見聞，以備筆削。蓋自洪永，迄於弘德，凡忠賢之遺行、奸佞之隱情，靡不畢載，而列聖聖政之大者，亦多附見。其文直，其事核，而是非不繆於古人，其於正史不爲無補。"

《四庫全書總目》未收。《中國古籍善本書目》著錄。中國國家圖書館、南京圖書館等七館，臺北"國家圖書館"亦有入藏。

按，是書又有明刻本，行款同此本，然爲四周單邊。此本之前有明正德刻一卷本，藏上海圖書館,爲孤帙。另明末王禹聲撰有續一卷,與《紀聞》同刻,爲明末刻本。又萬曆三十六年王永熙刻有《震澤先生別集四種》六卷,收有長語、紀聞、並續紀聞一卷、郢事紀略一卷。

1444　明嘉靖刻本何氏語林　　　　　　　　　　T9153/2232

《何氏語林》三十卷,明何良俊撰并注。明嘉靖二十九年(1550)何氏清森閣刻本。十四册。半頁十行二十字,左右雙邊,白口,雙魚尾。書口下有刻工。框高20.6釐米,寬14.7釐米。題"華亭何良俊元朗撰并注"。前有萬曆二十九年文徵明序。

是編因晉裴啓《語林》之名,其義例門目,則全以劉義慶《世說新語》爲藍本,而雜採宋齊以後事蹟續之,併義慶原書,計三十八篇,二千七百八十六條。每條之下,仿劉孝標例,自爲之注。其簡汰頗爲精審,其採掇舊文,翦裁鎔鑄,具有簡澹雋雅之致。

文徵明序云:"《何氏語林》三十卷,吾友何元朗氏之所編類,倣劉氏《世説》而作也。初劉義慶氏採擷漢、晉以來理言遺事,論次爲書,標表揚搉,奕奕勝玄。自兹以還,稗官小說,無慮百數。而此書特爲雋永,精深奇麗,莫或繼之。元朗雅好其書,研尋讀繹,積有歲年,搜覽篇籍,思企芳躅。昉自兩漢,迄於胡元,下上千餘年,正史所列,傳記所存,奇蹤勝跡,漁獵靡遺。凡二千七百餘事,總十餘萬言,類列義例一惟劉氏之舊。凡劉所已見,則不復出。品目臚分,維三十有八,而原情執要,實維語言爲宗。單詞隻句,往往令人意消,思致簡遠,足深唱嘆。誠亦至理攸寓、文學行義之淵也。"

是書刻工有陸宗華、章意、馬相、張仲、楊仁、楊淳、姚、后、顧、春、沈、承、何、朱、國、湯、陸、崔、恩、丞、儀、厚、瑞。卷六末有牌記,題"嘉靖庚戌冬柘湖何氏清森閣雕梓"。又文徵明序首頁、卷二第二十三頁、卷三十一第十頁均爲抄配。

《四庫全書總目》入子部小說家類。《中國古籍善本書目》著録。中國國家圖書館、首都圖書館、上海圖書館等四十一館,臺北"國家圖書館",及美國國會圖書館、普林斯頓大學葛思德東方圖書館、日本尊經閣文庫亦有入藏。

1445　明萬曆刻本群談採餘　　　　　　　　　　T9153/2127

《群談採餘》十卷,明倪綰撰。明萬曆二十年(1592)倪思益刻本。十册。半頁九行二十一字,四周雙邊,白口,單魚尾,書口下間有刻工。框高19.5釐米,寬12釐米。題"閩晉安倪縉維綏甫纂輯;增城縣知縣林繼衡、香山縣知縣鄧思啓仝校"。前有陳奎序,林承芳序。後有萬曆二十年倪思益跋。

倪綰,字維綏,號白窗,福建晉安人。

是書採輯歷代說部書及詩話等,又自記見聞。所記所載,以宋元明三代爲多。計分天文、地理、時令、花木、禽鳥、諸獸、昆蟲、衣服、飲食、宫室、器用、文史、雜記、忠義、正直、廉介、識見、德量、矜急、推恩、明斷、科第、幼聰、敏捷、前定、神仙、僧梵、請逸、譏議、際遇、退隱、陰隲、交情、知人、傷感、詩禍、家政、貞烈、賢淑、儉足、貪侈、怪異、孝道、兄弟、婚娶、教子、壽樂、養生、慾正、相命、吉兆、風懷、色迷、淫穢、悍妒、譎詐、諂媚、節逆、術數、禍讖、疑解、考證、辨惑、戲謔六十四類。

陳奎序云:"余友白窗君,少穎異,博極群書,每與明儕講學論道,種種千言,根極要領。至談時事、計成敗、策始終,若燭照數計而龜卜然。予退嘗心服其能,而知其適於世用也。在讐校廿餘年,每試輒冠……凡昔人前言往行,善可爲法,惡可爲戒。及天時、人事、草木、禽魚、災祥、寒暑之變,悉討論而備錄之,名曰《羣談採餘》。曰羣談者,乃前人所嘗言也;曰採餘者,推其未盡之意而發之也。錄成屬序於余,余取而讀之,見其確而有據,雜而不繁,足以備鑒戒而垂法程,長智慮而開蒙惑,可以傳矣。"又林承芳序云:"白窗君遠志卓識,嗜學慕古,於理無所不究,於書無所不窺,摭拾蒐羅,久而成帙,門分眇別,題曰《羣談採餘》。"

倪思益跋云:"家大人性最嗜學,然患有喘疾,每發輒經旬或踰月。中歲即謝諸生,寄傲泉石,蕭然自適,未常逆於物也。於書無所不窺,無論名家,即稗官野史、技術方言,咸究心焉。有當意者,隨手紀之,久而成帙,名曰《羣談採餘》。己丑冬,不肖思益,奉以入粵,雲鄉既遠,兢兢然,深以隕越爲懼。莊誦之次,多所異聞,顧卷帙繁多,姑先摘其半鍥之,以公同好,餘尚有待也。"

是書刻工有崇敬、李文、繼逵、王貴、文英、李吾、黄正、李光。又陳奎序、倪思益跋及卷一花木、禽鳥、諸獸、昆蟲,卷一〇考證、辨惑、戲謔均爲後人抄配。

《四庫全書總目》未收。《中國古籍善本書目》著錄。廣西壯族自治區桂林圖書館、中國科學院圖書館、華東師範大學圖書館三館,臺北"國家圖書館",及美國普林斯頓大學葛思德東方圖書館、日本內閣文庫亦有入藏。

鈐印有"櫻山文庫"。

館藏有複本一部,十册。題"晉安倪綰維綏甫纂輯;孫范重訂"。卷一前二頁爲補板,著者項爲後人重加。又此本卷一花木、卷三忠義、正直爲抄配。

鈐印有"國相府印"、"周□國明倫館圖書印"、"辛未改"、"戊辰改"、"丙寅改"。

1446　明天啓刻本湧幢小品　　T9153/2963

《湧幢小品》三十二卷,明朱國禎撰。明天啓二年(1622)刻本。十二册。半頁九行二十字,左右雙邊,白口,單魚尾。框高20.7釐米,寬14.4釐米。題"湖上朱國禎輯"。前有朱國禎自序;萬曆四十七年(1619)湧幢說;天啓二年朱國禎跋。

是書爲國禎之雜記見聞,間有考證,體裁仿宋洪邁《容齋隨筆》。國禎曾構木爲亭,爲讀書寫作之所,亭有六角如石幢,可隨意舒卷,擇地安設,彷彿地中湧出,故取以爲書名。

據國禎跋,此書起自萬曆三十七年之春,至天啓元年冬止,"積可三十餘册,凡經《稗海》諸書所載行於世者,都不敢錄。然耄而忘,隨汰隨忘,又不可勝計,要以見意澹宕自喜而已。生平原無文,又絕無著作,間舉筆並其稿失去以爲常,即此亦時有散佚,而存者尚多。會赴召,檢出節爲三十二卷,付之梓。"

此本有扉頁,題"湧幢小品"。刻工有伏、均、埋、夫。

《四庫全書總目》入子部雜家類存目。《總目》云:"是書雜記見聞,亦間有考證,其是非不甚失真。在明季說部之中,猶爲質實。而貪多務得,使蕪穢汩没其菁英,轉有沙中金屑之憾。"《中國古籍善本書目》著錄明天啓二年清美堂刻本。中國國家圖書館、上海圖書館等五十三館,臺北"國家圖書館",及美國國會圖書館、普林斯頓大學葛思德東方圖書館、日本內閣文庫、靜嘉堂文庫、京都大學人文科學研究所亦有入藏。

鈐印有"淡明居士"。

1447　明刻清重修本新增格古要論

T6003/5666

《新增格古要論》十三卷，明曹昭撰，王佐增補。明黃正位刻清淑躬堂重修本。六冊。半頁十行二十字，四周單邊，白口，單魚尾。框高19.1釐米，寬12釐米。題"雲間曹昭明仲著；雲間舒敏志學編校；吉水王佐功載校增；新都黃正位、黃叔重校"。前有舒敏序；《凡例》九則。

曹昭，字明仲。松江人。曹氏原書成於洪武二十年，凡十三門，曰古銅器、古畫、古墨跡、古碑法帖、古琴、古硯、珍奇、金鐵、古窰器、古漆器、錦綺、異木、異石。每門又各分子目，多者三四十條，少者五六條。其於古今名玩器具真偽優劣之解，皆能剖析纖微，又諳悉典故，一切源流本末，無不釐然，故其書頗爲賞鑒家所重。

王佐增補本多參以《事林廣記》、《硯譜》、《書史會要》、《圖繪寶鑑》等，又增其家藏古碑法帖及所見聞者，名賢題跋考究，亦各以類增之。凡續增者皆注明後增；新增者注明新增，或只注增字。此書卷一《古琴論》，卷二至三《古墨跡論》，卷四《金石遺文》，卷五《古畫論》，卷六《珍寶論》，卷七《古硯譜》，卷八《古漆器論》，卷九《文房論》，卷一〇《誥勅題跋》，卷一一至一三《雜考》。

《凡例》云："是編自景泰七年丙子夏四月中旬，得李、孫二公舊本，至其秋七月，考校增完，又至天順三年己卯夏四月上旬，欲命工鋟梓，點校始完。"

舒敏序云："雲間曹明仲，世爲吳下簪纓舊族，博雅好古，凡世之一事一物，莫不究其理、明其原，而是非真偽不能逃其鑑，由其見之廣、識之精而講之素也。因讀書之暇，閱世之玉石之難辨、紅紫之亂朱，遂著爲《格古要論》，以辨釋器物，使玉石金珠、琴書圖畫、古器異材，莫不明其出處，表其指歸，而真偽之分了然在目，凡詐僞苦窳之器，不能眩惑求售，可謂有益於世矣。予竊觀而愛之，頗爲增校，訂其次第，敘其篇端，亦可謂格物致知之一助也。"

此本金鑲玉裝。有扉頁，刊"增訂格古要論。雲間曹明仲著訂、吉水王功載增輯。淑躬堂藏板"。卷一第一頁書口下有"吳應芝梓"。

《四庫全書總目》僅有《格古要論》三卷，入子部雜家類，未收此增訂本。《中國古籍善本書目》著錄。中國國家圖書館、上海圖書館等二十一館亦有入藏。另又著錄明黃正位刻本，南京圖書館、北京大學圖書館等十四館入藏。臺北"國家圖書館"有明萬曆間新都黃正位等校刻本三部。日本內閣文庫也有明刻清印本。按，是書最早有明天順六年徐氏善得書堂刻本，又有明黃珙刻本、明鄭樸刻本。美國普林斯頓大學葛思德東方圖書館所藏，或與此本同。

鈐印有"中衛之印"、"中馬卿"。

館藏有複本一部，四冊。

1448　清乾隆刻本墨娥小錄

T6006/2321

《墨娥小錄》十三卷。清乾隆三十二年(1767)學圃山農刻巾箱本。四冊。半頁六行十三字，四周單邊，白口，單魚尾。框高9.3釐米，寬6.2釐米。題"學圃山農校刊"。前有乾隆三十一年(1766)學圃山農識語；隆慶二年(1568)吳繼序。

此書以"墨娥"爲名，或因唐馮贄《雲仙雜記》"鳳窠群女"中載，姑臧太守張憲使家伎號墨娥代書札事。卷一《文府清事》，卷二《博古緖餘》，卷三《藝術提要》，卷四《曆法天元》，卷五《種植花史》，卷六《養禽宜忌》，卷七《香譜》，卷八《牙牌譜》，卷九《飲膳修製》，卷一〇《湯茗品勝》，卷一一《醫法捷徑》,卷一二《悟真篇》,卷一三《丹房燒煉》(附方)。

吳繼序云:"余暇日撿篋藏書,偶及是集,名《墨娥小録》,自文藝、種植、服食、治生,以致諸凡怡玩,一切不廢,如元凱武庫,隨取具足。不知輯於何人,並無脱稿行世,晦且湮者亦既久矣。值容有訪,余出共閲之,以爲民生日用,所需甚悉,《居家必用》及《多能鄙事》、《使民圖纂》類諸未備者聿皆載之,按簡應事,則愚可明、拙可巧,雜而廣之,亦覺世之一道也。余謂懷片言而市填典之門,執小技而於才器之録,寧無嗤於大方耶?容以采民風者可以飭治,納蒭蕘者可以博用。""余因訂誤舛,益其缺略,命工鏤以成帙,晦久而明,湮久而顯,夫亦理數之相成者歟。"

學圃山農識語云:"《墨娥小録》一帙,明隆慶間吳君文煥之重刊也,然原編姓氏不知何時人也。第是編雖非舉業所重,而案頭翻閲,不煩較正《群芳清玩》、《多能鄙事》、《欣賞編》諸刻,而《墨娥》爲最也。閲是編者,深有意味,且文府、博古、服食、治法、悟真,無不備載,是書殊有裨益於世。壬午秋,余得而録之,以爲傳玩。聞是編貴重莫得,余曷敢湮没,故易袖珍,勉登梨棗,而公於世也已。"學圃山農,不知何人。

此本有扉頁,刻"墨娥小録。乾隆丁亥新鐫。杏香堂珍玩"。

《續修四庫全書總目提要(稿本)》著録。《中國古籍善本書目》著録有明隆慶五年吳繼聚好堂刻本十四卷、明抄本十四卷(存卷一至五),藏中國國家圖書館。日本《内閣文庫漢籍分類目録》有日本江户寫本(乾隆四十六年刻本)。

1449　明萬曆刻本雅尚齋遵生八牋

T7912/0233

《雅尚齋遵生八牋》十九卷,明高濂撰。明萬曆十九年(1591)雅尚齋刻本。十册。半頁九行十八字,四周單邊,白口,無魚尾。框高19釐米,寬12.9釐米。題"古杭高濂深甫氏編次"。前有萬曆十九年屠隆序,李時英序,高濂自序。

高濂,字深甫,號瑞南道人、湖上桃花漁。錢塘人。曾任鴻臚寺官,萬曆時居杭州,曾作傳奇《玉簪記》、《節孝記》,有詩文集《雅尚齋詩草》、《芳芷樓詞》等。

此書以閑適消遣之事分爲八類,故曰八箋。所録皆養身格言、服氣導引之術、賞鑒清玩之事。書中考論古器,彙集單方,均有參考價值。卷一至二《清修妙論牋》,皆養身格言;卷三至六《四時調攝牋》,皆按時修養之訣;卷七至八《起居安樂牋》,皆寶物器用,可資頤養者;卷九至一〇《延年却病牋》,皆服氣導引諸術;卷一一至一三《飲饌服食牋》,皆食品名目,附以服餌諸物;卷一四至一六《燕閒清賞牋》,皆論賞鑒清玩之事,附以種花卉法;卷一七至一八《靈秘丹藥牋》,皆經驗方藥;卷一九《塵外遐舉牋》,則歷代隱逸一百人事蹟。末增附明洪應明撰《菜根譚前集》一卷《後集》一卷。

高濂自序云:"故余八牋之作,無問窮通,貴在自得,所重知足,以生自尊。博採三門妙論,律尊生之清修;備集四時怡養,規尊生之調攝;起居宜慎,節以安樂之條;却病有方,導以延年之術。虞燕閒之溺邪,僻敘清賞,端其身心;防飲饌之困膏,腴脩服食,苦其口腹。永年以丹藥爲寶,得靈秘者乃神,故集奇方於二藏;隱德以塵外爲尊,惟遐舉者稱最,乃録師表於百人。八者,出入玄筌,探索隱秘,且每事證古,似非妄作。大都始則規以嘉言,繼則享以安逸,終則成以善行。吾人明哲保身、息心養性之道,孰過於此。"

此本有扉頁,刊"尊生八牋。重刊增補。清修妙論牋、四時調攝牋、起居安樂牋、延年却病牋、飲饌服食牋、燕閑清賞牋、靈秘丹藥牋、塵外遐舉牋。增附菜根清譚牋。古杭高濂深甫氏編次。雅尚齋識"。

《四庫全書總目》入子部雜家類。《中國古籍善本書目》著錄,有明萬曆十九年自刻本(九行十八字,黑口,四周單邊,有刻工。中國國家圖書館、上海圖書館、臺北"國家圖書館"等十九館有藏),明萬曆建邑書林種德堂熊沖宇刻本(九行十八字,四周單邊,白口。中國人民大學圖書館、江蘇吳縣圖書館、臺北"國家圖書館"有藏)。此本增附菜根譚,和他本不同。又卷一第二十四頁、三十六頁斷板。志此,待與他本相覈。

1450 明末刻本雅尚齋遵生八牋 T7912/0233B

《雅尚齋遵生八牋》十九卷,明高濂撰。明末刻本。八冊。九行二十字,左右雙邊,白口,單魚尾。框高19.3釐米,寬13.6釐米。目錄頁題"古杭高濂深甫氏編次"。前有萬曆十九年(1591)高濂序。

此本有扉頁,刊"尚雅齋重訂尊生八箋"。鈐有"五車一板"、"何衙藏板,翻刻究治"。

此明末刻本,不見《中國古籍善本書目》著錄。

鈐印有"浪華藏"。

1451 明萬曆刻本燕閒四適 T6003/1916

《燕閒四適》二十卷,明孫丕顯輯。明萬曆刻本。存四冊。半頁十行二十字,四周單邊,白口,無魚尾。框高21.9釐米,寬14.2釐米。題"七閩孫丕顯編輯;王基校正"。前有萬曆三十九年(1611)劉朝箴序。有圖,甚精。

孫丕顯,字啓周,自稱閩人,未詳其邑里。又著有《文苑彙雋》二十四卷,輯有《陳眉公先生訂正書譜》四卷《孔氏畫語》八卷。

四適者,琴棋書畫也。此書存卷一至四《琴部》,卷九至一〇《書部》,卷一三至二〇《畫部》。計存十四卷,佚去六卷。乃1960年代初,自日本三處得之,故其裝訂式樣等皆有不同。

《四庫全書總目》未收。《中國古籍善本書目》著錄,上海圖書館入藏。據上海圖書館編《館藏精選》中書影之簡介云:"甚爲難得,今僅此孤本傳世。"按,此書日本內閣文庫藏有三部,非孤本也。《中國版刻圖錄》收有此書"調鸚鵡"版畫一幅。

鈐印有"好古堂圖書記"、"少府圖書"、"其親書樓之印"、"鳴海平氏清玩"、"披泐"。

1452 明萬曆刻本金罍子 T1319/7925

《金罍子》四十四卷,明陳絳撰,陳昱輯。明萬曆三十四年(1606)陳昱刻本。十冊。半頁九行二十字,四周單邊,白口,單魚尾。框高20.6釐米,寬13.6釐米。題"明上虞陳絳用揚甫著;會稽陶望齡周望甫閱;同邑車任遠遠之甫校;男陳昱輯"。前有萬曆三十四年陶望齡序,萬曆三十四年徐待聘序,舒曰敬序;車任遠撰《金罍子傳》;《凡例》六則;陳昱跋。末有車任遠後序;陳昱、陳昱撰《行署》。

陳絳,字用揚,上虞人。居金罍山麓,因自號金罍子。嘉靖二十三年進士。幼而岐嶷不凡,稍長,讀書過目輒成誦。授樂平令,出守彰德,任江西參政。一歲三遷,至左布政使,擢光祿寺卿,未幾,轉應天府尹。絳雅好古人書,蒞官每丙夜不休,出入必簡册與俱,手不釋卷。以故不惟文詞欲友古人而尚之,即一言動輒以古人爲法。萬曆十五年卒,年七十五。

此書大抵倣其鄉人王充《論衡》,博引古事而加論斷考證,然迂僻者居多。書名原題《山堂隨鈔》,陶望齡爲删汰之,改題今名,蓋以其自號云。書分三篇,上篇考訂訛謬,自古今治亂,是非得失,以及禮儀,撮其事之博大、義之宏深者而揚挖之,凡二十卷;中篇比事述詞,拾遺糾舛,並加考訂,而儀禮尤詳,第議論視上爲稍略,凡十二卷;下篇究古以原其始,考禮以証其實,譚異而歸於正,多識而蓋其詳,内入薆言,凡十二卷。

陶望齡序云:"《金罍子》者,其書類所謂説家,其博而精,辨而正,酣經邑史,聯絡曲折,而出之粹然,過《潛夫》《論衡》也遠甚。其命名曰《山堂隨鈔》,予懼名之近於説,而不知者與街談巷語之書概而少之,故更之曰《金罍子》。金罍子者,其號也。"

陳昱跋云:"先君雅言,學士大夫平居無事,宜繹其腹笥,以勒一家言,即不爲後世名,庶足托其胸臆。雖仰屋若稿,含毫欲腐,亦良快已哉!故此書自筮仕扺遂初,時時涉筆不置。然每有新得,輒復劄記,以故稿數易,而業卒未竟。晚病風痺,尚日几一編,矻矻窮年,中若猶有未自慊然者矣。曩昱從傍,時請副墨,間亦流布寓内,然未廣也已。長兄簿泰興,稍梓一二,以嘗嗜古者,於是翕然矜爲十襲之珍,第獲覘鈔本者,惜其未備爾。昱苦家貧,逡巡久之而有不忍其終閟,爰請正於陶太史,辱名曰《金罍子》,以先君嘗讀書金罍山中且以寓號,而子之云者,若古先儒之立言已也……梓始於萬曆丙午正月二十八日,訖成於八月望日。"

下篇卷一二末刊"塏葛熒,姪孫陳志裕、陳志邃,孫塏陶崇義、陶光啓同校;甥陶履中,孫陳志凌、陳志宸、陳志寰同輯"。此書有後印本,陳昱題銜多改爲陳產。

此本有清碩生評並圈點。刻工爲謝應科。

《四庫全書總目》入子部雜家類存目。北京大學圖書館、臺北"國家圖書館"(三部),及美國普林斯頓大學葛思德東方圖書館、日本内閣文庫、尊經閣文庫亦有入藏。

鈐印有"學質私印"。

1453 明刻清康熙乾隆修補印本六研齋筆記   T9115/4464(1-12)

《六研齋筆記》四卷《二筆》四卷《三筆》四卷,明李日華撰。明天啓至崇禎間刻清康熙、乾隆間修補印本。十二册。半頁八行十九字,四周單邊,白口,無魚尾。框高20.5釐米,寬12.8釐米。題"古秀竹嬾李日華著"。前有乾隆三十三年(1768)曹秉鈞序,譚貞默序。

李日華,字君實,號竹嬾,浙江嘉興人。萬曆二十年進士,除九江推官,謫汝州判官,遷西華知縣。官至太僕少卿。善書畫,著有《竹嬾畫勝》等。事見《明史》卷二八八及《明詩紀事》卷七。

此爲明天啓至崇禎間所刻《李竹嬾先生説部》之零種。《中國古籍善本書目》著録《李竹嬾先生説部》,共八種二十五卷,有明天啓至崇禎原刻本,又有清康熙李瑛重修本。至乾隆間,書板繼有損壞,漫漶過半,同里後學曹秉鈞與李氏後人同加校讎,於乾隆三十三年修板印行。本館另藏《李竹嬾先生説部》全本兩部,一爲原刻,一爲乾隆修補印本。

此書所記多書畫,《四庫全書總目》子部雜家類著録,云"每一真蹟,必備録其題詠跋語、年月姓名,尤足資考證"。

鈐印有"載文"、"楊鍈之印"。

1454　清乾隆刻本香墅漫鈔　　T9155/8614B

《香墅漫鈔》四卷《續》四卷《又續》四卷，清曾廷枚輯。清乾隆五十二年(1787)至六十年(1795)南城曾氏家塾刻本。八冊。半頁十行二十字，左右雙邊，細黑口，單魚尾。框高16.8釐米，寬12釐米。題"南城曾廷枚輯"。前有乾隆五十九年(1794)蔣宗海序，乾隆六十年王謨序；乾隆五十二年自序；《例言》。《香墅漫鈔續》前有乾隆五十九年自序。《香墅漫鈔又續》前有乾隆六十年自序。

曾廷枚，字升三，一字修吉，號香墅，江西南城人。雍正十二年生，幼喪父，稍長即知自立，事母撫弟，以孝友聞。補廩生。於學無所不窺，尤長於小學。嘗歷主江右諸書院，諸生以得及門爲幸。擅書法，書體遒媚，郡中題榜多出其手。嘉慶二十一年卒，年八十三。有《音義辨同》、《字源徵古》、《事物類聞》、《瓣香山房編年》等。《國朝耆獻類徵初編》卷四二一有傳。

關於此書撰作之旨，蔣宗海序云："其爲是書也，蓋深憫夫小學之不講，聲音點畫之不明，俗師授受之不足爲典要也。其書分經史子集四部，計八百九十八條，旁引曲證，考據精確，有極尋常淺近中之相沿不覺者，一經指示，讀者無不相悅以解。"《例言》亦云："是編四卷，意主援證紕誤，通曉音義，絕非泛填故實書也。"其字畫音義，疏通辯證，一以《說文》爲宗。

《香墅漫鈔》，經史子集各爲一卷，刻成於乾隆五十二年，其撰作則始於二十年前。自序云："廷枚少孤，未承庭訓，母氏教以波磔使識字。及就外傅，與弟櫺互相切劘，日取先君子遺書朝夕肄業者有年，頗悟入。及長，兄弟各糊口四方，課讀餘閒，將宿所寢饋於其間者，薈萃先傳成說，旁採時賢新義，獵其菁華，訂其訛舛，紙墨遂多。詞無詮次，藏之行篋……因悉取廿年前所札記而未遑編劃者，今乃出諸鼠蝕，總次第爲一書，區爲經、史、子、集四類，爲四卷，名曰《香墅漫鈔》，庶幾古小學之遺焉。南城曾廷枚梓諸家塾而幟厥緣起於端。自用膽寫，付長兒煌校刊。"各卷末皆刻"男煌校刊"。

《香墅漫鈔續》，亦分經、史、子、集四卷。始作於乾隆五十五年，乾隆五十九年刻成。自序云："歲庚戌，館於芝山之陽，課書餘閒，復取陳跡而訂之，落葉難掃，誠有如昔人所云也。流連三載，紙墨遂多，彙得五百零一條……夏初歸自邗上，始擬付梓，藉以就正有道，或庶幾焉。乾隆五十有九年歲在甲寅重九日刻成。"每卷末刻"姪燠賓谷參訂"及"男煌景園"等校字諸子名。

《香墅漫鈔又續》，所論皆經書及小學諸書，作於乾隆五十八年，乾隆六十年刻成。自序云："始余輯《香墅漫鈔》，首尾廿餘年，《漫鈔續》三年，而《漫鈔又續》之成不過半載……癸丑秋，余姪賓谷招至維揚運廨，坐而獲逸，遂其宿心。甫六閱月，袖草稿以歸。今春繕付梓人。"

按，曾氏長於書法，此書皆其手寫上板。自序云"自用膽寫，付長兒煌校刊"，又王謨序云"香墅尤精楷法，兼工篆隸，凡所剞劂，必親自摩校"者是。

此本有扉頁，刻"香墅漫鈔。乾隆丁未。南城曾氏家塾本"。

館藏又有複本一部，缺《香墅漫鈔又續》四卷，六冊。前有乾隆五十九年蔣宗海序，嘉慶二年錢大昕序，嘉慶七年法式善序，嘉慶七年吳鼒序，嘉慶十一年彭兆蓀序，嘉慶二年曾燠序，乾隆五十二年自序，王文治、李廷輝等題辭、題辭補編，《例言》。其嘉慶間諸序及題辭皆前本所無，當爲嘉慶間增刻者。

《續修四庫全書總目提要(稿本)》著錄此書，云："書中考論，多確切精賅，雖仍是漢學經生之習，然當時士風如此，不足爲詬，其淵博固非常人能及。信夫盛名之下無虛士也。"

《中國古籍善本書目》不收。《販書偶記》子部雜家類著録"乾隆丁未(五十二年)至嘉慶庚申(五年)南城曾氏家塾精刊"本,《北京大學圖書館藏古籍善本書目》著録爲清乾隆嘉慶間曾氏家塾刻本,《東北地區古籍綫裝書聯合目録》著録遼寧省圖書館藏清乾隆五十二年至六十年南城曾氏家塾刻嘉慶印本,皆嘉慶間印本。另中國國家圖書館亦有收藏。

1455　清乾隆刻本小窗幽紀　　　　　　　　　　　　　　　　T9153/7922.9

《小窗幽紀》十二卷,題明陳繼儒輯。清乾隆三十五年(1770)崔維東刻本。四册。半頁九行二十二字,左右雙邊,白口,單魚尾。框高18.8釐米,寬12.2釐米。目録下題"雲間陳繼儒眉公手輯;古溪王紹曾西巖論定"。前有乾隆三十五年陳本敬序。

陳繼儒,見清康熙刻《重刻讀書鏡》。

是書集名言雋語,每卷一目,計集醒、集情、集峭、集靈、集素、集景、集韻、集奇、集綺、集豪、集法、集倩共十二目,每目前有小引。陳本敬序云:"眉公先生負一代盛名,立志高尚,著述等身。曾集《小窗幽紀》以自娱,洩天地之秘籍,擷經史之精華,語帶煙霞,韻諧金石。醒世持世,一字不落言筌。揮麈風生,直奪清談之席;解頤語妙,常發斑管之花。所謂端莊雜流漓,爾雅兼温文,有美斯臻,無奇不備。夫豈卮言無當,徒以資覆瓿之用乎!許昌崔維東博學好古,欲付剞劂,以公同好,問序於余。"

按,是書内容,與明許紹珩《醉古樓劍掃》全同。《醉古樓劍掃》今存明天啓四年刻套印本,清華大學圖書館等有藏,另原北平圖書館藏(現藏臺北"故宫博物院")的一批善本書中亦有此本。其書卷前有明天啓四年任大冶等序及許紹珩自序、參閱姓氏、《凡例》八則、採用書目。末有朱泓、屠嘉慶、顧廷栻識語。全書亦爲十二卷,每卷一目,唯目録題作"醒部"、"情部"、"峭部"等等,正文文字偶有差異而已。

《續修四庫全書總目提要(稿本)》著録《醉古堂劍掃》十二卷,云:"紹珩字湘客,江蘇松陵人。其祖先有天隨先生者,號劍古堂,紹珩其裔孫也。生平好讀書,才氣縱横。天啓間與友人何其孝落魄京邸,遂放浪名勝,以遣其鬱抑之情。時東林齊浙之争日甚,紹珩既不得志,因博採《史記》、《漢書》、《世説》等書,擇其清言,以爲是編。"

天啓刻本《醉古樓劍掃》卷前陳國琉序云:"湘客報素心,具隻眼,有我用我法、夷然不可一世意。居恒酣嗜圖史,進退古今,其所貯書,不啻充棟。披覽所及,得快心語,輒銘之座右。久之成帙,署之曰《劍掃》。"其《凡例》亦云:"予居恒手録成帙,復與石臣董客窗時篝火校讎,間有删改,主以獨見,參之衆裁。""從來選清言者,俱間雜不倫,今以意趣相合者,擬議分類,類各有引,引各導欵,細繹自明。"所列採用書目共五十種,其中除前代子史雜著外,又多取同代著作,如《小窗五紀》,包括陳繼儒《岩棲幽事》、《眉公秘籍》等。參閱姓氏列多人,首即陳繼儒。

《小窗幽紀》作爲晚明清言小品的代表作,頗爲時人所重,今整理出版者甚多,而《醉古樓劍掃》則少爲人所及。關於《小窗幽紀》與《醉古樓劍掃》的關係,清風注譯《小窗幽紀》(中州古籍出版社2005年版)前言中曾加以考證,指出《小窗幽紀》是假托陳繼儒之名的僞書,其真正的作者當爲許紹珩。從上述兩本的比勘來看,這個結論是可信的。

此本有扉頁,刻"小窗幽紀。眉公陳先生輯。問心齋藏板"。

《中國古籍善本書目》不收。中國國家圖書館有藏。

1456 清順治刻本玉劍尊聞

T9155/3924

《玉劍尊聞》十卷,清梁維樞撰。清順治間梁氏賜麟堂刻本。五册。半頁八行二十字,四周單邊,白口,無魚尾。框高18.6釐米,寬13.3釐米。題"常山梁維樞撰;男清遠清傳校"。前有錢棻序,順治十二年(1655)吴偉業序。

梁維樞,字慎可,河北正定人。明萬曆間舉人,官内閣中書,遷戶部主事,以黨論削籍。清興,起爲工部郎,擢武德兵備道,境内肅然。乞養歸,卒祀鄉賢。著有《姓譜日牋》、《内閣小識》、《見君子閣日牋》等。事見《大清畿輔先哲傳》卷一。

《四庫全書總目》子部小説家存目著録是書。《四庫全書存目叢書》據中國人民大學圖書館藏清順治賜麟堂刻本影印,與此本同版,而刷印時間較早。影印本卷前有順治十四年錢謙益序,順治十一年梁維樞自序,此本無。

是書仿《世説新語》之目,分德行、言語、文學等三十四類,記所聞見,又自爲注語。梁維樞自序云:"適因中堂黨論,削籍家居,乃益涉獵。竊見自元以來數百年間雅言韻事,幾同星鳳。凡有聞見,略類《世説新語》者,分部書之簡素,未敢參一意。隨所聞見即書,亦未得序時代之先後、名位之崇卑。壬午起復原官,漸經患難,此書遂置高閣。今年兩兒慮其日久散失,少爲删益,刻之都門,非樞敢如昔人所云寡學好名也。"據此則是書之作,在崇禎十五年(壬午)以前削籍家居期間。順治十一年始由梁氏二子清遠、清傳加以校定,刊刻行世。

吴偉業序云:"梁公之祖貞敏公爲名太宰、大司馬,致政里居者二十年。自公爲兒童時,習聞先朝掌故。長而與趙夢白先生游,先生一代偉人,其緒言遺論,可指數而述也。既而子弟位卿貳,備法從。出入兩朝,百餘年來中外之軼事,皆耳聞目給,若坐其人而與之言,無不可以取信。"貞敏公即梁夢龍,嘉靖進士,官兵部尚書,加太子太保,爲維樞祖父。趙夢白即趙南星,萬曆進士,官至吏部尚書,爲明末東林黨重要人物,維樞曾從其學。子清遠、猶子清標亦皆官至高位。家世貴盛,聞見廣博,所録有明一代士林遺聞逸事,足資徵文考獻之用。

《四庫全書總目》子部小説家類存目著録。《中國古籍善本書目》子部雜家類著録,中國國家圖書館、首都圖書館、北京大學圖書館等十五家館藏。臺北"中央研究院"史語所傅斯年圖書館、日本東洋文庫亦有收藏。《四庫全書存目叢書》子部第244册據中國人民大學圖書館藏本影印。1986年上海古籍出版社《瓜蒂庵藏明清掌故叢刊》中有《玉劍尊聞》,即據謝國楨瓜蒂庵藏此本影印,其扉頁有"賜麟堂藏板"字樣,書末有謝國楨跋。

1457 清康熙刻本寄園寄所寄

T9155/4844

《寄園寄所寄》十二卷,清趙吉士撰。清康熙三十五年(1696)刻本。二十册。半頁十一行二十一字,左右雙邊,白口,單魚尾。框高18.7釐米,寬13.6釐米。題"漸岸趙吉士恒夫輯;受業馮雲驤懿生、錢晉錫再亭全男道歡、孫繼抃校訂"。前有趙士麟序,汪灝序;康熙三十五年撰《凡例》十四則。

趙吉士,見清康熙刻修補印本《牧愛堂編》。

是編採掇諸家説部,並附以己所聞見者,分類編次爲十二門,每門下又列細目,前有小序。卷一《囊底寄》,録智數事,下列經濟、智術、警敏、技巧四目;卷二《鏡中寄》,記忠孝故事,列忠、孝、悌、義、正氣、廉介、寬厚、見色不亂諸目；卷三《倚杖寄》，錄山川名勝，列嶽瀆、名勝、大好山水三目；卷四《撚須寄》，爲論詩語，列詩原、詩話、乩詩；卷五《滅燭寄》，錄鬼怪事，列鬼、怪、異、人妖、虎、雷、墳七目；卷六《焚麈寄》，錄箴言、科名之足令人鼓舞興發者，列座箴、勝國遺聞、科名、壽考、神童、閨中異人、譚屑七目；卷七《獺祭寄》，雜記故實，使知事務根源，列天時、人物、人事、物理、書籍、器用、禽獸、類聚數考八目；卷八《豕渡寄》，考訂謬誤，不致引典訛誤，列物類誤、習語誤、稱謂誤；卷九《裂眥寄》，記明末寇事，列流寇瑣聞、殉寇諸賢、群寇、普吾沙、四鎮附見；卷一〇《驅睡寄》，錄仙卜醫藥等可爲談助者，列狂士、勇俠、定數、報施、方抄、仙、二氏；卷一一《泛葉寄》，錄故鄉事，列新安理學、故老雜紀、黔兵始末三目；卷一二《插菊寄》，皆諧謔事，列笑柄、笑談兩目。

《凡例》云："予自少至壯，凡見聞新異，輒筆之於冊。積之既久，分類成帙，用作座側之玩。因京園以寄其所寄，故以寄名園。嗣因竹垞太史採十餘條入《日下舊聞》，知不能久藏筍篋，遂爾付梓。"

汪灝序云："主人性嗜古，多異聞，仕隱京師宣武門之西偏，顏其園曰寄。其隨手編輯則曰寄所寄也。主人酒酣耳熱，談舊事，娓娓不少息。漏四下，輒索燈檢陳帙。紫滄作客，居寄園，從主人，得與校對烏焉亥豕之末。計是書寄凡十有二，目凡五十有九，附見者三，蒐採古今書籍約一千七百三十餘條，自注九十有七，從抄撮付梓人凡四百有二十日，主人之用心良亦苦矣。"

《四庫全書總目》子部雜家類存目著錄。《中國古籍善本書目》不收。《中國科學院圖書館藏中文古籍善本書目》、《北京大學圖書館藏古籍善本書目》、《中國人民大學圖書館古籍善本書目》等著錄。《四庫全書存目叢書》子部155冊據中國科學院圖書館藏本影印，前有康熙三十四年汪光被序，爲此本所闕。

1458 清乾隆刻本巢林筆談

T9155/0895

《巢林筆談》六卷，清龔煒撰。清乾隆三十年（1765）刻本。六冊。半頁十行十九字，左右雙邊，白口，單魚尾。框高17.9釐米，寬13.1釐米。題"崑山龔煒巢林著"。前有乾隆三十年龔煒自序。

龔煒，字仲輝，號巢林，江蘇崑山人。少負雋才，應童試得而復失，隸籍成均，屢試又不售。乃棄舉子業，專意爲古文辭。有《蓼懷閣集》等。《（道光）崑新兩縣志》卷二七有傳。

是書雜記見聞、風俗及讀書心得，大體以時間爲序。紀事自康熙末年至乾隆二十幾年，書刻成於乾隆三十年。此後，又續有所得，成《續編》二卷，刻成於乾隆三十四年。《續編》自序云："乙酉予以《筆談》六卷付梓，四十餘年來視履所及，暨胸中所欲吐，稍稍見於此矣。"

此本有扉頁，刻"巢林筆談。乾隆乙酉新鐫。蓼懷閣藏板"。蓼懷閣爲龔氏室名。

《續修四庫全書總目提要（稿本）》著錄，云："其書片言賸義，罔不網羅。間或詮釋經文，評騭史事，語多中肯，而尤留心吳中文獻。"

《中國古籍善本書目》不收。《北京大學圖書館藏古籍善本書目》子部雜家類著錄。《續修四庫全書》第1177冊據湖北省圖書館藏本影印。另此書有中華書局標點整理本（1981年版）。

鈐印有"海寧陳鱣觀"、"得此書費辛苦後之人其鑒我"、"仲魚圖像"（肖像印）、"此靜坐齋珍藏"、"海昌吳氏月竹山房藏書記"、"丹徒鄒氏家藏書畫印"。

1459　清刻巾箱本古今秘苑

T8246/4682

《古今秘苑》十五卷《續錄》十三卷,清墨磨主人編。清刻巾箱本。四册。半頁七行十四字,左右雙邊,細黑口,單魚尾。框高10.2釐米,寬7釐米。前有《小引》。

《小引》云:"《古今秘苑》一書,集古今試效之成法,凡書畫、服食、玩好、禽獸、蟲魚、種植、藥餌及一切游戲之事,罔不備焉。要皆人所當知,而不必人人共知,亦或人不必知而不妨資之以廣其知者。卷計十五,條計二百三十有二。搜奇索隱,夫豈徒哉。猶史傳之有外紀別録云爾。"未署年款姓名。

此書集各類生活小竅門。有關飲食者如魚肉耐久法、頃刻糟魚法、藏橙橘法等。有關種植者如肥土法、移樹法、催花法、種葡萄秘法等。有關醫藥者如治毒訣歌、救急方、不染時症法等。有關書畫者如畫山水人物設色法、起字法、絹布上寫字法等。其他如"釘書十約"述書籍裝訂之法;"造硃砂箋"、"造金箋"等述各類箋紙製法;"裝銅器青緑"述銅器作舊之法等。

此本有扉頁,刻"古今秘苑。墨磨主人編。十二桐樓藏板"。

《中國古籍善本書目》不收。中國國家圖書館、中國科學院圖書館等有收藏。此書又有三十二卷本,《販書偶記續編》子部雜家類著録。

1460　清光緒刻本意林

T1060/7223B

《意林》五卷《補遺》一卷,唐馬總輯。清光緒三年(1877)崇文書局刻本。《補遺》一卷,抄本。二册。馬叙倫校。半頁十二行二十四字,四周雙邊,黑口,雙魚尾。框高19.3釐米,寬14.2釐米。題"唐馬總撰"。《補遺》題"昭文張海鵬增訂"。前有《四庫全書提要》;唐貞元二年(786)戴叔倫序,貞元三年(787)柳伯存序。末有清嘉慶五年(1800)陶貴鑑跋,嘉慶九年(1804)張海鵬跋。

馬總,字會元,陝西扶風人。貞元中,辟滑州姚南仲幕府。元和中,爲安南都護、淮西節度使。官至户部尚書,卒贈右僕射。《舊唐書》卷一五七、《新唐書》卷一六三有傳。

是書據梁庾仲容《子鈔》增損而成,鈔録先秦至晉諸子著述一百餘家。所採諸子,今多不傳,賴此書得以窺其面貌。即今有傳本者,亦多文字異同,可爲校勘之資。

是書版本,《四庫全書總目》云:"《唐志》著録作一卷,叔倫序云三軸,伯存序又云六卷。今世所行有二本,一爲范氏天一閣寫本,多所佚脱,是以御題詩有太元以下竟亡之句。此本爲江蘇巡撫所續進,乃明嘉靖己丑廖自顯所刻,較范氏本少戴、柳二序,而首尾特完整。然考《子鈔》原目,凡一百七家,此本止七十一家。洪氏載總所引書,尚有《蔣子》、《譙子》、《鍾子》、張儼《默記》、裴氏《新書》、袁準《正書》、《袁子正論》、《蘇子》、張顯《析言》、《于子》、《顧子》、《諸葛子》、《陳子要言》、《苻子》諸書,此本不載。又《通考》稱今本《相鶴經》自《意林》鈔出,而《永樂大典》有《風俗通》姓氏篇,題曰出馬總《意林》,此本亦並無之。合計卷帙,當已失其半,並非總之原本矣。"

《意林》今存版本,據《中國古籍善本書目》所録,有數種明刻本,皆五卷。《説郛》所録爲六卷,但其所録頗簡略。清乾隆間有武英殿聚珍版本,亦五卷。由於此書傳本多有殘缺訛誤,清代學者陸續有校勘補輯者,如乾隆時周廣業輯逸文一卷,嘉慶時李遇孫據宋全本補卷二缺文兩家並卷六四十一家。此本據嘉慶間張海鵬本翻刻者，《補遺》卷端小字注云"說郛本録出"。《補遺》後有鈔補一卷，題"意林"卷六，小字云"照宋刻全本補"。

張海鵬跋云："是書久無刊刻之家，流傳者絶少，傳而簡編脱佚者復多，故全璧罕覯。今幸際右文之朝，蒐採巖穴，是編得入秘府，而佔畢者猶未得徧窺也。吾邑楊舍人静岩從日下得館閣諸公校定底本，別録一册，攜歸見示。以余方雪鈔露校，嗜刻古書，屬付梓以廣其傳。"

《中國古籍善本書目》著録數種清代學者之《意林》校本，計嚴可均、黄以周、許增、劉履、吴卓信、陳霖、陶濬宣、譚獻數人。本館此本爲馬敘倫校本，有馬氏過録周廣業、汪遠孫、李遇孫、譚獻等校跋。全書行間卷端，朱墨燦然。校語所提及之參校版本，包括廖本、道藏本、聚珍本、閔本、貴筑楊氏本、周校本、李據宋本校、嚴校、汪校、譚獻校等，並引據《太平御覽》、《漢書》、《文選注》、《永樂大典》等爲參證。

馬敘倫，字彝初，又作夷初，號石翁、寒香，晚號石屋老人，浙江杭州人。曾任北大教授，歷任北洋政府、國民政府教育部次長，並任中華人民共和國第一任教育部長、民盟中央委員會副主席、全國政協副主席等職。擅書法，工詩詞，著有《老子校詁》、《列子僞書考》、《説文解字研究法》等。

此本目録後有馬敘倫過録未署名跋云："海昌周廣業勤圃校定天一閣《意林》五卷，已闕其第三卷，其第二、第五卷亦不全。嘉興李遇孫金灡取聚珍本補之，又假汪選樓照宋本補校，並補録《意林》第六卷及第二卷有目無文者兩條。仁和汪遠孫小米有過校本，今藏許增邁孫家。因借得，録武昌局本上，並附第六卷於後。其校語之不係以姓及宋本者，定海黄以周元同所重校也。"

卷末過録嘉慶八年王宗炎跋云："《意林》世無傳本。聚珍版本止五卷。惟《説郛》載有六卷。嘉慶癸亥借觀於芸臺撫部，因鈔補以存其崖略。錢塘汪生家禧爲校一過。宗炎記。"

過録嘉慶二十一年李遇孫跋云："嘉慶辛未三月假汪選樓照宋本卷二補二家，本有目無文。卷六全補，共四十一家，内有目無文十三家。勤圃先生所採逸文略見於此。惟袁準《正書》'太歲在西'一條，此轉失去，大都宋本亦不全矣。此從選樓鈔得成完璧，實爲可寶，惜周先生未見也。嘉慶丙子四月。"

過録光緒四年楊調元跋云："今夏從錢鐵江大令假録海寧蔣氏所刻《涉聞梓舊》中《意林逸文》一卷，中有大令及張盟孫茂才校語，並録存之。聞蔣氏書兵後板已毀矣，購之頗艱，因刻此書以還《意林》舊觀。光緒四年七月貴筑楊調元識。"

過録光緒十三年譚獻跋云："光緒丁亥九月十一日，假餘杭褚氏所藏晚聞居士本汪選樓校，遂寫入卷中，當爲《意林》第六卷傳鈔之始。仁和譚獻識。"

按，校跋中所涉諸人：周廣業，字勤圃，號耕厓，浙江海寧人，乾隆舉人。王宗炎，字以除，浙江蕭山人，乾隆進士，有《晚聞居士遺集》。汪家禧，字漢郊，號選樓，浙江仁和人，受知於阮元，爲詁經精舍講席。李遇孫，字伯慶，號金灡，浙江嘉興人，嘉慶優貢，耽金石之學。汪遠孫，字久也，號小米，浙江錢塘人，嘉慶舉人，官内閣中書。楊調元，字孝羹，貴州貴筑人，工篆書，精小學。許增，字邁孫，浙江仁和人，喜校訂書籍，輯有《榆園叢刻》。譚獻，字仲修，浙江仁和人，同治舉人，工於詞，有《復堂類集》。

扉頁背面刻"光緒三年三月湖北崇文書局開雕"。

《四庫全書總目》入子部雜家類雜纂。《中國古籍善本書目》著録兩部光緒三年崇文書局刻本，均有鈔本補一卷，一爲清陳霖、陶濬宣校本，一爲清陳霖、譚獻校、張元濟跋本，均藏上海圖書館。

鈐印有"馬敘倫印"、"天馬山房藏書印"。

1461　明永樂内府刻本大明仁孝皇后勸善書　　T1681/2402

《大明仁孝皇后勸善書》二十卷,明仁孝皇后徐氏撰。明永樂五年(1407)内府刻本。九册。半頁十四行二十八字,四周雙邊,黑口,雙魚尾。框高 31 釐米,寬 18.6 釐米。末有永樂五年朱高熾後序,永樂五年朱高煦後序,永樂五年朱高燧後序;永樂五年丘福、胡廣等上啓。

仁孝皇后徐氏,見明嘉靖刻本《大明仁孝皇后内訓》。

是書輯儒、釋、道三教足以勸善懲惡者,取其言爲"嘉言",採其事爲"感應",略倣《法苑珠林》之例而編纂之。遺文佚事,間有資於考證。《明史》云:后"嘗採《女憲》、《女誡》作《内訓》二十篇,又類編古人嘉言善行,作《勸善書》,頒行天下。"

丘福等上啓云:"《勸善書》,述聖賢之嘉言,裒載記之事實,取其善可爲法,惡可爲戒,貫幽顯而徹上下,施之於日用常行者,至要且切。使人讀之者,儼乎神明在上而知敬也,珠玉在傍而知好也,陷阱在前而知避也。如鑑之照而無所隱也,數之計而無所遺也。善人君子之所爲而企及之,不善小人之所爲而遠惡之。如此,則天下後世仰之,而歸於至善,而無有不善,使人人皆君子,而不爲小人,則是書非特有功於今日,實有功於萬世。"

是書應有二刻,一爲永樂三年内府刻小字本,臺北"國家圖書館"藏有四部(三部爲原北平館所藏),一爲此刻。朱高熾等序皆云,母后編録,以爲訓戒,以嘉惠天下,鏤版印成,已嘗頒布,所存尚多。又云,有欲爲善者,汝廣以是書與之,故謹以是書廣布流傳。

此本存卷三至二○。

《四庫全書總目》入子部雜家類存目(《永樂大典》本)。《中國古籍善本書目》著録。上海圖書館、南京圖書館等九館,臺北"國家圖書館"(四部)亦有入藏。

鈐印有"厚載之記"、"出經堂印"、"華頂文庫"。

1462　明萬曆刻本閱古隨筆　　T9153/2207

《閱古隨筆》二卷,明穆文熙撰,明萬曆九年(1581)劉懷恕刻本。二册。半頁九行十八字,四周雙邊,白口,單魚尾。眉欄有評。框高 24.1 釐米,寬 13.6 釐米。題"東明穆文熙輯;長洲縣知縣劉懷恕梓"。前有萬曆九年劉懷恕序。後有萬曆九年傅光宅跋。

穆文熙,字敬甫。東明人。嘉靖四十一年進士。有才名。曾官吏部考功司員外、廣東按察司副使。又有《逍遥園集》、《七雄策纂》等。《(康熙)東明縣志》卷六有傳。

是編雜採諸子之文而又不著録其所出,惟卷首總列所採書目,體例殊謬,所録亦皆習見。

劉懷恕序云:"穆君所輯《史略》,懷恕業爲梓之,稍稍賞於詞林矣。兹又得君所輯《閱古隨筆》二袠,將並梓焉。穆君辭之曰,《隨筆》者,乃余之披覽百氏,取其詞可爲法,意可爲訓,隨手紀録,積久成袠者也……公又有批點《左傳分紀》、《明詩七言律》,有功詞壇,其益滋大,懷恕亦屢乞梓之。"懷恕,直隸東明人,明萬曆五年進士。

《四庫全書總目》入子部雜家類存目。《中國古籍善本書目》未著録。日本静嘉堂文庫有此書,著録作"刊本"。尊經閣文庫有此本,又有《閱古隨筆評林》二卷、《三續閱古隨筆評林》二卷。

鈐印有"春城清玩"。

1463　明萬曆刻本稗史彙編　　　　　　　　　　　　　　T9299/114.2

《稗史彙編》一百七十五卷,明王圻輯。明萬曆刻本。六十四册。半頁十行二十字,左右雙邊,白口,單魚尾,書口下有刻工及字數。框高 20.6 釐米,寬 13.6 釐米。題"海右閒民王圻纂集"。前有萬曆三十六年(1608)周孔教序,萬曆三十五年(1607)蔡增譽序,張九德序,萬曆三十六年毛一鷺序,熊劍化序(附刻陸應陽跋),萬曆三十五年王圻自序。末有李廷對跋。

王圻,字元翰,上海人。嘉靖四十四年進士。擢御史,忤時相,謫邛州判官,歷官陝西布政參議。乞養歸,築室淞江之濱,種梅萬樹,目曰梅花源,惟以著書爲事。年踰耄耋,猶篝燈帳中,丙夜不輟。又有《續文獻通考》、《東吳水利考》、《謚法通考》、《三才圖會》等。

是書搜採説部,分類編次,曰天文門、時令門、地理門、人物門、倫敍門、伎術門、方外門、身體門、國憲門、職官門、仕進門、人事門、文史門、詩話門、宫室門、飲食門、衣服門、祠祭門、器用門、珍寶門、音樂門、花木門、禽獸門、鱗介門、徵兆門、禍福門、災祥門、志異門。所載引用書目,凡八百八種,而輾轉稗販,虚列其名者居多。

周孔教序云:"上海王公元翰,雅意著述,嘗續《文獻通考》,出入古今,爲藝苑隋和。殺青甫畢,又汎濫諸家小説,簸揚淘汰,哀其可傳者,分門析目,彙爲成書,凡可百卷。上徵天道,下詁人情,深入名理,淺逮諧謔,雌黄而爲月旦,因果而爲禍福,雖事不關諸經國體,亦遜於編年,不離稗官之筏。而其義使遠者可繹,近者可指,善者可興,敗者可鑒,幾與金匱石室之藏同備大觀。"

王圻自序云:"元儒仇遠,博採群書,著爲《稗史》。而陶九成氏又從而增益之,作爲《説郛》。二先生用心良亦苦矣。然覽者猶病其繁蕪穢雜,故迄今三百餘年,互相抄録,未有能付梓以傳示四方。余嘗讀而好之,至惓惓不能釋手。然猶懼其終於湮没也,遂即明農之暇,重加讎校,凡繁蕪之厭人耳目,詭異之蕩人心志者,悉皆芟去勿録。若我朝諸君子所著小史諸書,有足闡發經傳,總領風教者,雖片言隻語,兼收並蓄,總之爲綱二十有八,列之爲目三百有二十,而命之曰《稗史彙編》。是集也,分門析類,令人易於檢閲,而記事之次,一以世代先後爲序,俾將來作者得隨時隨事而附入,此又命名之意也。"

刻工有雲間周有光、張少、沃、王、朱等。

《四庫全書總目》入子部雜家類存目。《中國古籍善本書目》著録。上海圖書館、南京圖書館等七館,臺北"國家圖書館"(四部,其一爲原藏北平館者),及日本尊經閣文庫亦有入藏。又内閣文庫所藏不知同此本否。

鈐印有"蕉林書屋"、"蒼巖子梁清標玉立氏印章"、"蒼巖子"、"蕉林居士"、"蕉林收藏"。梁清標,字玉立,一字蒼巖,號棠村,又號蕉林,河北正定人。崇禎十六年進士,康熙二十三年擢保和殿大學士,二十七年入相,富藏書,精鑒賞。

1464　明隆慶刻本百家類纂　　　　　　　　　　　　　　T1060/3135

《百家類纂》四十卷,明沈津輯。明隆慶元年(1567)含山縣儒學刻本。三十八册。半頁十一行二十二字，左右雙邊，白口，單魚尾。框高19.1釐米，寬13.3釐米。題"明浙東慈谿後學沈津纂輯"。前有隆慶元年張時徹序，隆慶元年張思忠序；《凡例》七則；隆慶元年沈津識語。末有隆慶元年楊希淳及王之稷後序；又王作霖、胡來藩後跋。

沈津，字問之，號玉壺，浙江慈谿人。嘉靖三十一年舉人。嘉靖中官安徽含山縣教諭。隆慶元年陞任徽州府黟縣知縣，四年爲都御史海瑞參問而去。

是書所録，上自周秦諸子，下建於明，計分八類，爲儒家、道家、法家、名家、墨家、縱橫家、雜家、兵家。其所謂百家者，乃總諸子之群書也。類者，以類而相從也；纂者，鈎其玄而去其疵也。其所選各書，乃據當時通行之本，悉爲詮綜，攬襭英華，寸善必録。其編例，乃倣漢、隋、唐、宋各代藝文經籍志，而參之於《通考》、《群書考索》等書，並以世次爲先後。每家之首，則有總題，爲敘原本之詳；又每一子之首，又有題辭，爲詳其始末。

沈津識語云："經史集，各有成書，學士所共睹，獨子書散逸不全，咸以爲恨。津幼而失怙，蓋顓然蒙也，先君子膝而授之經，頗了大義。比長，稍習藝文，暇則偷取百家書讀之，若有契會者。先君子偶見之，恚曰，兒祇取六經、《語》、《孟》讀之足矣，獨奈何汎覽《莊》、《老》、《淮南》諸書，以亂心目乎？已，迺徐誨之，曰學非博之難，而約爲貴也。諸家書誠各有理，要在讀之者，擇精抉微，總之不詭於聖人，固六經之翼也。不然者，弊竭精神，猶爲徒博，豈善讀諸子者乎？津受命而退，則益盡取百家書讀之，積有歲年，抄録成帙，蓋藏之篋笥以備忘，匪以斗奇也。一日，與舍士從遊諸彥閱之，則遞相眩矚，進而請曰，富哉！快乎！此足以備子書之缺矣，願付之梓，以與四方同志者共焉。余辭不可者再，則相與捐己資而刻之學齋，非余志也。訖工凡六閱月，爲卷者凡四十，爲册者凡三十有八。"

是本末刻"含山縣儒學訓導侍教生蕭一祥、杜世榮檢閱；門生俞堪、姜國詔等十二人校正；黃桓、魏文邦等三十六人校刊"。第二十一卷第二十一頁佚。

《四庫全書總目》入子部雜家類存目。《中國古籍善本書目》著録。上海圖書館、浙江圖書館等十一館、臺北"國家圖書館"（三部），及美國普林斯頓大學葛思德東方圖書館、日本內閣文庫、靜嘉堂文庫亦有入藏。按，此書又有朝鮮肅宗十八年(1692)閔昌道刻本，臺北"國家圖書館"入藏（二部），上海圖書館也有一部，作"朝鮮刻本"。

鈐印有"張炳之印"、"張"、"務本堂"、"靈武張氏伯衡"。

1465　明萬曆刻本琅琊代醉編

T9153/1326

《琅琊代醉編》四十卷，明張鼎思輯，明萬曆二十五年(1597)陳性學刻本。十二册。半頁十行二十一字，四周雙邊，白口，單魚尾。框高21.2釐米，寬14釐米。題"姑蘇張鼎思睿父父輯；暨陽陳性學所養夫校"。前有萬曆二十五年陳性學序，後有萬曆二十五年張鼎思跋。

張鼎思，字睿甫，長洲人。萬曆五年進士。選入翰林，改授吏科給事中，歷兵科都給事中。江南水災，疏請蠲賑。補吏科都給事中，時當大計，條上五事，命著爲令，累擢江西按察使。《(道光)蘇州府志》卷八三有傳。

是書乃鼎思自給事中謫滁州驛丞時，雜抄諸史百家之言臚次成書。琅琊者，滁陽州鎮也。代醉者，指歐陽修在滁州時，有醉翁亭，鼎思適宦其地，以著書代飲酒也。

陳性學序云："余年友惠副張公睿父，靈穎姑蘇之秀，奮羽南宮，讀書中秘，尋爲諫垣長。謂謂讜言，風生丹陛，已而忤執政落職，稍遷留都冏丞。丞故閑秩，署在滁陽，琅琊其州鎮也。茂林蓊蘙,叢石蟠踞,紆迴而南,亭曰醉翁,蓋歐陽永叔謫官時觴詠於此,芳標在焉。公牧政之暇,慕其風,想其人,每從僚長躡屐探奇,盤礴於澄潭峭壁之上,恍乎吏隱矣。乃消暑陶情,則嘗對几青山,取賦頌、圖經、傳記、小史百家言寓之目,而獲我心者,悉引毫囊括之,旷分臚列,凡四十卷,命曰《琅琊代醉編》,倣醉翁意也。嘻,主人之意顧安在醉而欲代之耶?抑爲是以代可當一醉耶?」

張鼎思跋云:「丙申歲入閩中,同年觀察使陳所養氏偶見,遂命錯之剞劂。余辭弗克,則爲書其意而歸之。是編也,初名《曼衍》,淺鮮未稱也,乃更爲《代醉編》焉。」《四庫全書總目》卷一二六《琅琊曼衍》條云:「《琅琊曼衍》四卷,明張鼎思撰……是編皆考證之文,然皆鈔撮前人之語。」此四十卷,疑《總目》佚去「十」字,而成四卷。

《四庫全書總目》入子部雜家類存目。《中國古籍善本書目》著錄。中國國家圖書館、首都圖書館等十九館,臺北「國家圖書館」,及日本靜嘉堂文庫、東京大學東洋文化研究所、內閣文庫、尊經閣文庫亦有入藏。

是書有硃筆闕名圈點。

鈐印有「菊所」、「木氏元□之印」。

1466 明萬曆刻本警語類抄　　　　　　　　　T9153/2133

《警語類抄》八卷,明程達輯,明萬曆四十六年(1618)汪元標刻本。四冊。半頁十行二十字,四周單邊,白口,單魚尾。框高22釐米,寬13.7釐米。題「清江順甫程達輯;屬吏新安汪元標校」。前有黃國鼎序,郭惟賢序,吳之鵬序,萬曆二十五年(1597)程達自序,萬曆四十六年周洪謨後序,汪元標後序;《凡例》十二則。

程達,字順甫。清江人。萬曆五年進士。授崑山令,調仁和,擢御史,巡按廣東。首疏中官張鯨不法事,外戚鄭氏冒領度支錢二萬緡,達復上疏論列,直聲震中外。以忤出守泉州,陞兵備副使,尋秉臬憲,歷浙江、貴州布政使,加太僕卿致仕。《(康熙)江西通志》卷七四有傳。

是書卷一爲心類、理類、欲類、視類、聽類、言類、動類、畏類;卷二爲學類、息類、量類、識類、容類、名類、命類、溺類;卷三爲家類、倫類、忍類、勤類、儉類、福類、年類、足類;卷四爲仕類、遇類、忠類、清類、仁類、正類、規類、逸類;卷五爲過類、嗜類、樂類、巧類、施類、報類、悔類、誕類、譎類;卷六爲文類、詩類、書類、兵類、俠類、藝類、術類;卷七爲仙類、釋類、神類、怪類、陳類、紕類;卷八爲居類、食類、服類、器類、象類、形類。取先哲格言善行,分類編次,然割裂冗雜,殊無倫次。

據《凡例》:「是編選次從經史諸子書及諸名家文集、野乘小說,摘奇咀華,以備韋弦。」又云:「是編首理學,故載諸儒要語獨詳,至於僊釋及天地、鳥獸、草木之名,皆吾儒所當博識,故凡一切爲世所關鍵者悉錄。」

程達自序云:「余髫時從先嚴遊婺州,見齋中几上百家諸說總總,私竊艷之,然畏先嚴,未敢時時窺也。後南北奔馳,即懷之篋中,漫然無次。年來灌園稍暇,檢閱舊業,撥輯遺書,撮其膏髓,錄之壁間,以備弦韋,久且成帙,不敢私附一見,以淴作者。而刪繁裁藻,援古証今,或可爲觸目警心之助,故敢付之剞劂氏。」據此序,是書在萬曆二十五年即有初刻本(南京大學圖書館、南京市博物館、臺北「國家圖書館」、日本內閣文庫入藏)。

汪元標序云:「下吏元標昕夕飲冰,自惟乏牖民孔易之術,茲捧先生鴻篇,用以謹廩五內,爲親民一助焉。"

刻工爲寧。卷五第一頁，卷八第四十至五十頁抄配。

《四庫全書總目》入子部雜家類存目。《中國古籍善本書目》著錄。北京大學圖書館收藏。

鈐印有"木堂秘板"、"犬養氏圖書"。

1467　明萬曆刻本遯世編　　　　　　　　　　　　T2261.6/8515

《遯世編》十四卷，明錢一本撰。明萬曆刻本。八冊。半頁九行二十字，四周單邊，白口，單魚尾，書口下刻字數。框高22.8釐米，寬14.7釐米。品目題"蘭陵錢一本國端甫品定；陽羨吳亮采于甫論贊"。前有夏樹芳序。

錢一本，字國端。武進人。萬曆十一年進士。除廬陵知縣，徵授御史，出按廣西。上"論相"、"建儲"二疏，時廷臣相繼爭國本，惟一本言最戇直，神宗銜之，因斥爲民。一本罷歸，潛心六經、濂洛諸書，尤精於《易》，與顧憲成輩分主東林講席，學者稱"啓新先生"。又有《像象管見》等。

遯世，避世也。《禮・中庸》："遯世不見，知而不悔，唯聖者能之。"是編紀古來隱逸之士，自唐虞至元，分神隱（獨抱龍德、確乎不拔、遯世無悶，如巢許之類）、真隱（沉冥遵晦、挫廉逃名、不知姓氏，如壤父之類）、儒隱（歸依聖真、樂天知命、不求聞達，如顏曾之類）、節隱（識微去亂、恥事二姓、堅節不屈，如夷齊之類）、俠隱（排難解紛、超然遠舉、不膺爵賞，如魯連之類）、哲隱（名遂身退、知止知足、恬靜自保，如張良之類）、達隱（遺世放情、警然自適、不受羈紲，如展禽之類）、高隱（清介自守、高尚其志、不屑污濁，如善卷之類）、別隱（慕好緇黃、屏絕塵緣、游於方外，如李耳之類）九類，共六百十人。然蕪雜殊甚，疏漏尤多。

《四庫全書總目》入子部雜家類存目。《總目》云："一本研心經學，所著《易解》，能自成一家之言，不應此書獨乖剌如是。蓋一本以建言罷歸，姑借此以抒忘情仕宦之志，考據則非其所留意也。"《中國古籍善本書目》著錄。南京圖書館、湖北省圖書館，及日本內閣文庫亦有入藏。

1468　明萬曆刻本焦氏類林　　　　　　　　　　　　T9153/2303

《焦氏類林》八卷，明焦竑輯。明萬曆十五年(1587)王元貞刻本。八冊。半頁十行二十字，左右雙邊，白口，單魚尾。框高22釐米，寬13.1釐米。題"建業焦竑弱侯輯；王元貞孟起校"。前有萬曆十五年姚汝循序，李登序，王元貞序。《目錄》後有萬曆十三年(1585)焦竑識語。

姚汝循序云："吾友焦弱侯氏，具絕世資，於書無所不讀，乃先得我心。搜覽之餘，自羲軒以及勝國，凡今之可以企踵《新語》者，皆筆出之。積久而多，取《新語》篇目稍爲增損更正，類以入焉。既成，題曰《類林》。"

焦竑自序云："庚辰讀書，有感葛稚川語，遇會心處，輒以片紙記之。甫二歲，計偕北上，因罷去殘稿，委於篋笥，塵埃漫滅，不復省觀久矣。李君士龍見之，謂其可以資文字之引用，備遺忘之萬一也。乃手自整理，取《世說》篇目括之，其不盡者，括以他目。譬之溝中之斷文以青黃，則士龍之爲也。"

王元貞序云："弱侯真有道之士乎哉。余不佞，踵李士龍之剞劂而益鋟之，以廣其傳云。"

李登序後有"金陵徐智督刊"。

金鑲玉裝。

《四庫全書總目》入子部雜家類存目。《中國古籍善本書目》著錄。中國國家圖書館、上海圖書館等三十館,臺北"國家圖書館",及美國國會圖書館、普林斯頓大學葛思德東方圖書館、日本京都大學人文科學研究所、東京大學東洋文化研究所亦有入藏。

1469　明天啓刻本閒署日抄　　　　　　　　　　　　T9153/8294

《閒署日抄》二十二卷,明舒榮都輯。明天啓二年(1622)刻本。四十四册。半頁十行二十字,左右雙邊,白口,單魚尾。框高21.2釐米,寬13.9釐米。題"古黟舒榮都曰俞甫抄輯;銅梁李長德仲延甫、鄢陵鄭二陽敦次甫、福唐林正亨宗謙甫、新昌張元弼曰忠甫全閱"。前有李維楨序,天啓二年舒榮都自序。

舒榮都,字曰俞。黟縣人。萬曆三十五年進士。爲御史。正直敢言,嘗上疏論政事。魏忠賢專政,榮都又列疏劾之。及楊漣、左光斗被害,榮都自盡。

是書分德行、言語、政事、文學四類。

李維楨序云:"黟舒公官內史,徵拜御史,裏行以待真除,先後十有四年。自公退食,博覽群書,上下古今,取其可法戒者筆記之,離爲德行、言語、政事、文學四類,凡二十有二卷。"

舒榮都自序云:"予自丁未通籍,六載中舍,八載候命裏行,強半閒居。性迂疎,不能傍逐風塵,閉門探策,小當意,輒令家僮抄焉,爲日既久,遂得若干卷。按星沙,適林、李、鄭、張四君並會,出示之,翕然請付剞劂,且以較讎自任。顧諸卷隨閱隨抄,散漫無次,而迫於瓜期,欲竟其事,不能條分縷析,亦此書之小草也。"

此本缺卷一第三十九頁、卷四第八十九頁、卷五第六十五頁、卷九第三十、九十頁、卷一八第一百十一頁、卷一九第四十六頁。

《四庫全書總目》未收。《中國古籍善本書目》著錄。上海圖書館、福建師範大學圖書館、臺北"國家圖書館"亦有入藏。

鈐印有"海豐吳重熹印"。

1470　明天啓刻本最樂編　　　　　　　　　　　　T1667/0223

《最樂編》五卷,明高道淳輯。明天啓間計元勛刻崇禎印本。五册。半頁八行十八字,四周單邊,白口,無魚尾。框高19.5釐米,寬13.3釐米。題"魏塘廓園魏大中孔時正;鴛湖門人高道淳采荻輯"。前有天啓五年(1625)魏大中序,崇禎元年(1628)陳繼儒序,李日華序,曹勳序,計元勛序,天啓五年高道淳序,崇禎元年高道素序;《凡例》十則。

高道淳,號東床子,檇李人。少工舉業,爲魏大中弟子,曾任南京光禄寺丞。

是書取"最樂"爲名,乃"爲善最樂"之意。類爲克治、言行、廣量、謹慮、惇親、擇交、勤學、勉任、治家、應事、除賊、積德、愛物、樂天、攝生、立命、報應,計十七類。輯先正之格言懿行及善惡報應,凡可爲勸懲者即爲録之。又釋道訓誡及俚語謔言,可足愓省者亦予收録。

計元勛序云:"旁搜博覽,凡切於省身克己,以至濟人利物者,片語若拱璧也,輒手録加編次焉……余嘉其意,亟命梓以公同志者。"

高道淳自序云:"每思求誨於仁人君子,愧非素絲之質,不堪附近朱藍,兼以村居僻陋,仰止徒懷,惟是竊聞善言善行,即手録以當韋絃。偶於小春日,攜筇杖,陟東西兩洞庭,見山齋所題,皆古人警訓,晨夕咏繹,不覺性靈勃發,疇昔妄想,怳然若失。嗣後,披閱群籍,採録盈笥,藥窗之下,總覈區分,因以最樂名編。"

卷五末刊"檇李胡繼虞舜卿書,錢士景泰徵鐫"。

《四庫全書總目》未收。《中國古籍善本書目》著録。中國國家圖書館(作明天啓三年計元勛刻本),臺北"國家圖書館"(作明天啓四年刻崇禎元年印本),及日本内閣文庫(作明崇禎元年序刻本)亦有入藏。

鈐印有"敦東堂沈氏珍藏之圖書"。

1471 清抄本湘煙録   TNC9153/7410

《湘煙録》十六卷,明閔元京、凌義渠輯。清抄本。四册。半頁九行十九字,無框格。書眉上有按語。題"烏程閔元京子京、凌義渠駿甫仝輯"。前有天啓二年(1622)董斯張序;董斯張撰《乙丑春日讀子京世兄所輯湘煙戲爲作歌呈教定》一首;閔元京撰《湘煙引》;只園居士跋,天啓六年(1626)沈梲跋;天啓二年王德元《湘煙》十則、又題。

閔元京,字子京,浙江烏程人。義渠之舅。

凌義渠,字駿甫,浙江烏程人。天啓五年進士,官至大理寺卿,崇禎甲申殉國,清世祖賜謚忠介。事蹟見《明史》本傳。

只園居士跋云:"子京與駿甫遇異書輒讀,讀輒各手録以織,一日,出以相印,留其同者,訂其殊者,紙不盈三百,玄言妙意,況味不窮,故肇錫嘉名,唯'湘煙'兩字足以當之。"

《四庫全書總目》云:"所分咫聞、清檢、蘭訊、鼎書、奩史、談咽、金荃補、革志、銘目、偏記十門,標名詭異,大致欲仿段成式《酉陽雜俎》,其雜採新事,各注所出之書,則欲仿馮贄《雲仙雜記》,意在標舉幽異,而不免於剽竊類書。"

金鑲玉裝。

《四庫全書總目》入子部雜家類存目。《中國古籍善本書目》著録明天啓刻本,中國國家圖書館、上海圖書館等十六館收藏。

鈐印有"芷農秘玩"、"潤州戴植字培之鑒藏書畫章"、"翰墨軒書畫記"、"戴植秘玩"。

1472 明萬曆刻本堯山堂外紀   T2258/4129

《堯山堂外紀》一百卷,明蔣一葵撰。明萬曆刻本。十八册。半頁八行十九字,四周單邊,白口,無魚尾。框高23.5釐米,寬13.7釐米。題"晉陵蔣一葵仲舒甫編"。前有萬曆三十四年(1606)龔三益序,萬曆三十三年(1605)張大光序,萬曆三十四年吳奕序,萬曆二十六年(1598)蔣一葵自序。

蔣一葵,字仲舒,號石原居士,常州人。

堯山堂,蔣氏讀書堂名。是書取紀傳中所載軼聞瑣事,擇其事蹟稍僻者,輯成一編。自上古至明代,俱以人名標目,內容類於軼史,然選録不甚謹嚴。

張大光序云:"蔣仲舒孝廉者,雅以著書爲業,窮搜博覽,即門牆柱壁皆施筆研,不以貧窶廢也。凡繙閱諸書,遇賞心者,輒片紙録之,歲月寖淫,而《外紀》成,好奇之士往往私相傳寫,付之殺青,亦竟莫知爲誰也。今其書具在,大者詞事俱絕,細者談言微中,作者苦心,見者快意,是安能禁其弗傳?"

蔣一葵自序云:"年十五,即挾一經餬口四方,交道日廣,見聞日益博,而童時之癖滋甚。間嘗謂前代騷人墨士,負有當世重名,其所著撰,琳琳琅琅,膾炙人口。顧稍涉俳諧,見謂無關世教,輒爲高頭巾先生唾棄,往往湮滅不傳,尚論者無從窺豹一班,深可惋惜。夫蟲唫鳥鳴,總屬天籟,矧出自錦腸繡腹者乎?爰命童子以奚囊隨會,解頤處則以片楮錄之。載有正集不錄,錄散見於稗官野史不經人見也者。歲久,彙次成帙,命曰《堯山堂外紀》。堯山堂,余讀書堂名,曰堯山,志先君之思也……戊戌南還,過白下,見市中有粥(鬻)是書者,驚汗浹背,亟追其故,則書賈從奚童購得副墨,以授剞劂,猶是甲午前事云,業既流布不能禁,更不行徒傷雅道,且悖孝思,因摭其顛末。"

是本卷七三至八三佚。

《四庫全書總目》入子部雜家類存目。《中國古籍善本書目》著錄。中國國家圖書館、上海圖書館等十四館,臺北"國家圖書館"、臺灣大學圖書館,及美國國會圖書館、日本內閣文庫亦有入藏。

1473　明崇禎刻本昨非庵日纂　T9153/8211

《昨非庵日纂》二十卷《二集》二十卷《三集》二十卷,明鄭瑄撰。明崇禎刻本。十八冊。半頁八行十八字,四周單邊,白口,單魚尾。框高 20.2 釐米,寬 13.6 釐米。前有顧錫疇序,徐石麒序,喻思恂序,許豸序,鄭瑄自序;鄭瑄撰《凡例》五則。《二集》題"閩中昨非居士鄭瑄漢奉甫輯"。前有崇禎八年(1635)何如寵序,馬鳴起序,顧錫疇序,陳繼儒序,崇禎八年侯峒曾序,崇禎十三年(1640)余煌序。《三集》題"閩中昨非居士鄭瑄漢奉甫輯"。前有崇禎十六年(1643)錢謙益序,徐汧序,祁彪佳序,崇禎十六年瞿式耜序,金蘭序,崇禎十六年李模序,崇禎十五年(1642)余煌序,夏允彝序,王應華序,陳子龍序。

鄭瑄,字漢奉,號昨非居士。侯官人。崇禎四年進士。由戶部郎知嘉興府,政務簡靜,興革順民。濬城河築官塘,民尤賴之,郡人祀之,以配前五賢守,稱六賢祠。累官應天巡撫。唐王時,入爲大理卿,擢工部尚書。《(道光)福建通志》卷一九七有傳。

《昨非庵日纂》計二十卷,曰宦澤,曰冰操,曰種德,曰敦本,曰詒謀,曰坦游,曰頤真,曰靜觀,曰惜福,曰汪度,曰廣慈,曰口德,曰內省,曰守雌,曰解紛,曰悔過,曰方便,曰徑地,曰韜穎,曰冥果。《二集》及《三集》各二十卷,類目與首卷同。據《凡例》云:"茲編事不炫奇僻,語不求綺奧,取其有關世教、倫常、修德、釋回,足當迷津一筏者,即習聞習覩,不妨錄存。"

鄭瑄自序云:"視事南庚,凡酷燄嚴凍,無刻不奔走簸曬之場,睛幾枯而腕幾脫,而吾鼎自愛,一書一琴而外,廚煙屢絕。每當蕭然岑寂之時,輒欣欣自幸曰,此政吾輩做工夫時節也。橫搜典籍,旁逮稗野,以至名公之訓誡,時賢之著述,其中懿行嘉言,芳規覆轍,睹記不一,反而自鏡,皆已事之韋弦。因採其得失攸關者,編爲二十有十類,曰《昨非庵日纂》。"

顧錫疇序又云:"鄭子視事南庚,籲扒概量,日不暇給,能於此中,便以千秋百世之人心爲己任,其識量可謂遠矣。二十類具在,扶頹俗,醒凡心,以此起教化而正人心。庚庚乎,易知而易行也。詩書禮樂,求其所驗;中正仁義,取其可表,蓋無若斯所載之爲明矣。"

《三集》爲日人鵬北抄配。末有"辛巳五月一日起筆,六月卅日全寫畢。鵬北志"。

扉頁題"昨非菴二集。鄭漢奉先生纂。三十卷同前。本衙藏板"。鈐有"樹德堂印"。

《四庫全書總目》入子部雜家類存目。《總目》云："此書皆記古人格言懿行，區爲二十類，每類各爲小引，然議論佻淺，徵引亦多雜糅。冥果一類，皆出小說家言，尤不可爲典要。"

《中國古籍善本書目》著録。中國國家圖書館、南京圖書館等九館，臺北"國家圖書館"，及美國普林斯頓大學葛思德東方圖書館(無三集)、日本内閣文庫(無二、三集)、尊經閣文庫、東京大學東洋文化研究所亦有入藏。

鈐印有"久松氏藏書"、"何求"、"鵬北菴記"、"花半開面微醉"。

本館另有《昨非庵日纂》一部，與是書不同板。

1474 明末刻本昨非庵日纂　　　　　　　　　　　T9153/8211B

《昨非庵日纂》二十卷《二集》二十卷《三集》二十卷，明鄭瑄撰。明末刻本。存《昨非庵日纂》二十卷，三册。半頁八行十八字，四周單邊，白口，單魚尾。框高 20 釐米，寬 13.5 釐米。前有顧錫疇序，鄭瑄自序，許豸序；鄭瑄撰《凡例》五則。

此本有扉頁，題"昨非菴日纂。鄭漢奉先生選輯。本衙藏板。宦澤、冰操、種德、敦水、詒謀、坦游、頤真、静觀、惜福、汪度、廣慈、口德、内省、守雌、解紛、悔過、方便、徑地、韜穎、冥果。凡二十卷"。

是書與館藏另一部《昨非庵日纂》不同板。

鈐印有"鈴木重義"。

1475 明末刻套印本諸子綱目類編　　　　　　　　　T1010.3/4411

《諸子綱目類編》八卷附《昭代子快》一卷，明李元珍輯。明末聚奎樓刻朱墨套印本。八册。半頁八行十九字，四周單邊，白口，無魚尾，書眉上刻評。框高 20.5 釐米，寬 13.8 釐米。題"繡谷李元珍光垣父輯；江左陶原烺乃冰父訂"。前有李一鰲序，李元珍序；《例言》九則。

李元珍，豫章人，號光垣，家有半雲閣。

是書卷一《君德類》(法天、子民、端範；虛衷、用材、精敏、勇斷、節儉、誠信、鑒戒)，卷二《臣紀類》(輔弼、公忠、承宣、銓衡、諫諍、廉介、達權、異同、諛言、墨吏)，卷三《士習類》(經濟、涵養、氣節、言行、聲氣、知遇、隱逸、技藝、縱橫、驕僞)，卷四《世運類》(王道、伯術、教化、法令、倫常、禮樂、時勢、治亂、是非、淳澆)，卷五《治化類》(武功、民本、政刑、智謀、理財、人和、將兵、賞罰、弭變、喪祭)，卷六《學術類》(原道、存心、師範、學業、經史、威儀、評品、名實、毀譽、異端)，卷七《天道類》(造化、物理、性情、鬼神、敬修、養生、禎祥、禍福、術數、災異)，卷八《人事類》(歌咏、感慨、服食、工商、山川、宫室、草木、禽獸、器玩、遊宴)。《昭代子快》附後。此書乃選取一百六十家子書之文，分類纂輯，并附各家評釋之語，然改易諸書原名，悉以某子稱之。《凡例》有云："美而秀取，奇而奥取，辨而博取，流而逸取，敘而法取，喻而透取，駢而麗取。"

李一鰲序云："適豫章友李生，攜諸子綱目來，時未及展卷也。得諸子綱目四字，遂不覺喜甚，曰今而後諸子其得統矣。夫有綱以統其煩，目以統其變，上下千百年，縱橫數萬里，羅於李君，統於是書。析觀其書，則美洵可市，言之如引鋸然。其爲舉業神，豈淺鮮哉？"

《昭代子快》，題"繡谷李元珍光垣父輯；侄文豹子班父、文彩子素父訂"。前有陶原烺序。

陶序云:"夫英雄,須自開生面,各成其家之謂。子各得其情之謂快,子模快者也,快發子者也,子快人,人復快子,總昭代一大快事。"

是本有扉頁,刊"諸子綱目類編,合選百六十種子書,輯諸名家評釋。選子百六十種,材取鄧林,品節千八百條,富資石室。綱分其類,目列其詳,好古者不苦汗牛,舞象者可同藜火。博而約,古而奇,藝苑宗工,舉業鴻寶。恭惟昭代文人蔚起,深奇玄悟,逼真九子。因未及遍搜,先取其痛快語,醒人心目者附梓,因名曰《子快》。嗣有全集綱目行世。聚奎樓藏板"。

《四庫全書總目》未收。《中國古籍善本書目》著錄。天津圖書館、中國科學院圖書館等六館,臺北"國家圖書館"(三部),及美國普林斯頓大學葛思德東方圖書館、日本尊經閣文庫亦有入藏。

鈐印有"木山文庫",日人印也。

1476　清康熙刻後印本清異錄表異錄　　T9130/7942

《清異錄》二卷,宋陶穀撰。《表異錄》二十卷,明王志堅撰。清康熙間陳世修漱六閣刻最宜草堂印本。二册。半頁十一行二十一字,左右雙邊,黑口,雙魚尾。框高16.3釐米,寬11.1釐米。《清異錄》題"宋陶穀撰",前有陳世修識語。《表異錄》題"珠塢山農王志堅輯",前有康熙四十七年(1708)陳世修識語,明崇禎十三年(1640)王志慶原序。

陶穀,字秀實,陝西新平人。本姓唐,避晉高祖諱改。仕後晉、後漢、後周,累官兵部、吏部侍郎。入宋爲禮部尚書、翰林承旨。乾德二年,判吏部銓兼知貢舉,再爲南郊禮儀使,法物制度,多其所定。累加刑部、户部尚書,開寶三年卒,年六十八。《宋史》卷二六九有傳。

王志堅,字弱生,又字淑士,江蘇崑山人。萬曆三十八年進士,授南京兵部主事,遷員外郎、郎中。遷貴州提學僉事,不赴,乞侍養歸。崇禎四年以僉事督湖廣學政,禮部推爲學政第一。六年卒於官。有《讀史商語》、《四六法海》、《古文瀆編》等。《明史》卷二八八有傳。

《四庫全書總目》子部小說家類著錄《清異錄》,云:"是書皆採摭唐及五代新穎之語,分三十七門,各爲標題,而注事實緣起於其下……所記諸事,如出一手,大抵即穀所造,亦《雲仙散錄》之流,而獨不僞造書名。故後人頗引爲詞藻之用。"其書列天文、地理、君道、官志等三十七門,各門由一二事至數十事不等。

《表異錄》亦分門採摭前人著作,分天文、地理、人物、宫室、器用、音樂、軍旅、植物、動物、人事、國制、職官、刑法、錢幣、藝文、仙趣、佛乘、棲逸、技術、通用共二十部,每部又各分細目。王志慶序云:"蓋其披閱之間,或字或句,偶有深奥,輒筆錄之。一時寄興,非欲成書也。"《續修四庫全書總目提要(稿本)》著錄。

此爲康熙間海鹽陳世修刻本,陳氏兩識語皆言及刻書事,署"古鹽官陳世修勉之氏追涼漱六閣下漫識"。此本後印,"崇禎"之"禎"剜改爲"正"字,乃避雍正帝諱,或爲雍正間印本。另《表異錄》卷端首行題名"表異錄"三字似亦挖改。光緒元年陳氏庸閒齋又據此本重刻,名《陳刻二種》。

此本有扉頁,刻"清異錄。最宜草堂藏"。"表異錄。最宜草堂藏"。並鈐"最宜草堂"、"喜讀古人書"二印。

《清華大學圖書館藏善本書目》、《中國人民大學圖書館古籍善本書目》、《東北地區古籍綫裝書聯合目錄》等著錄。

1477　清康熙刻本重刊八行圖説　　　　　　　　　　　T1681/3118

《重刊八行圖説》不分卷,明沈鯉撰。清康熙三十六年(1697)任懋謙翕和堂刻本。四册。半頁九行十七字,四周雙邊,白口,單魚尾。框高 20.9 釐米,寬 14.4 釐米。前有萬曆十九年(1591)于慎行序,萬曆二十年(1592)吕坤序,康熙三十六年任懋謙序;《袁了凡先生訓子弟語》;《龍江先生垂涕衷言》。

沈鯉,字仲化,號龍江,河南商丘人。十九舉於鄉,嘉靖四十四年中進士,改庶吉士,授翰林院檢討,累晉侍讀學士、吏部左侍郎,拜禮部尚書、太子太保。後致位還里,闢自適園,與二三故人修文雅社。崇尚儉質,立社倉,設義塾,鰥寡廢疾無告之人尤極周卹而使之必得其所。年八十餘而卒,贈太師,謚文端。

八行者,孝、弟、忠、信、禮、義、廉、恥也。是書分八目,每目各舉先賢五事。如孝類録大舜順親、閔損留母、伯俞泣杖、龐氏汲水、盧氏救孤五事;弟類録李充逐妻、楊津侍食、王覺護兄、庾袞冒疾、司馬存問五事;忠類録蘇武出使、朱雲攀檻、李善全孤、天祥守節、昂發死難五事等。每事一圖,正文下加以白話解説。全書以圖配文,語言通俗曉易,便於子弟婦孺誦讀。

任懋謙序云:"兹欲爲幼學者勵其觀摩,乃取前宗伯沈龍江先生所輯八行圖説,重爲刊布。是編分列孝、弟、忠、信、禮、義、廉、恥,而每條各舉古人可法可傳之事以實之,亦猶小學明倫敬身意也。而人爲之圖,事爲之説,則又易爲通曉,誠於童子耳提面命,而仍本諸孝經、小學諸書以遡其源,將作聖之功,即可期諸蒙養,而果決其行,涵育其德者,端不外此矣……余因是特爲校訂重梓,而敢以荒陋數語附諸簡端。"

此本有扉頁,刻"重刊八行圖説。宗伯沈龍江先生原輯。翕和堂藏板"。並鈐"研露堂"朱印。按,任懋謙序署"後學官山任懋謙汝和氏題於翕和堂",翕和堂爲任氏堂號。"玄"字避帝諱。

《四庫全書總目》、《續修四庫全書總目提要(稿本)》皆未著録。《中國古籍善本書目》未收。僅見《内閣文庫漢籍分類目録》子部雜家類著録。

鈐印有"阿波國文庫"。

1478　清康熙刻本重刻讀書鏡重刻昨非庵日纂　　　T9153/8180

《重刻讀書鏡》十卷,明陳繼儒撰。《重刻昨非庵日纂》十八卷,明鄭瑄撰。清康熙十二年(1673)黃蔚半息軒刻本。六册。半頁九行十八字,四周單邊,白口,無魚尾,無格。眉端鐫評。框高 19.6 釐米,寬 14 釐米。《重刻讀書鏡》題"雲間陳繼儒著;檇李包衡評"。前有尹源進《合刻讀書鏡昨非庵日纂序》,祁文友序,康熙十二年黃蔚《合刻讀書鏡昨非庵日纂序》,明沈德先序,沈師昌序。《重刻昨非庵日纂》前有明顧錫疇序,鄭瑄自序。

陳繼儒,字仲醇,號眉公,華亭人。幼穎異,能文章。長爲諸生,與董其昌齊名。年甫二十九,取儒衣冠焚棄之,隱居崑山。後築室東佘山,杜門著述。屢奉詔徵用,皆以疾辭。卒年八十二。有《陳眉公先生全集》、《晚山堂小品》等。《明史》卷二九八有傳。

鄭瑄,字漢奉,福建侯官人。崇禎四年進士,官至應天巡撫。事見《福建通志》卷三六。

《讀書鏡》雜論史事,《四庫全書總目》列於史部史評類,云其"或一人遞舉數事,或一事歷舉數人,而以己意折衷其間,欲使學者得以古證今,通達世事,故以鏡爲名"。

《昨非庵日纂》記古人格言懿行,以類相從,每類前有小引。鄭瑄自序云:"橫搜典籍,旁逮稗野,以至名公之訓誡,時賢之著述,其中懿行嘉言,芳規覆轍,睹記不一,反而自鏡,皆已事之韋弦,因採其得失攸關者,編爲二有十類,曰《昨非庵日纂》。"

《四庫全書總目》著錄《昨非庵日纂》二十卷,亦云"區爲二十類"。今此本作十八卷十八類,當出自黄蔚删訂。尹源進序云:"雲間陳眉公有《讀書鏡》一書,閩中鄭漢奉有《昨非庵日纂》,所錄皆近世賢士大夫嘉言善行,黄子端四見而悦之,爲删訂其重複,合刻於廣州。"黄蔚序亦云:"一日我王於軍戎暇豫,詢及從前之善者若而人,惡者若而人,謂報應彰彰,人胡不醒。予酒以此二書進,王覽而嘆曰:是有關於世道人心,亟授之梓人,以公天下可乎?予曰唯。於是去其複,删其繁,訂其字畫之訛舛,並付剞劂。"末署"白門黄蔚題於半息軒"。

《昨非庵日纂》又有《二集》及《三集》。《中國古籍善本書目》著錄明崇禎刻本《昨非庵日纂》二十卷,並《二集》二十卷《三集》二十卷,中國國家圖書館、北京大學圖書館等藏。《四庫全書存目叢書》據中國科學院圖書館藏本影印。其初集二十卷,每卷一類,計宦澤、冰操、種德、敦本、詒謀、坦游、頤真、靜觀、惜福、汪度、廣慈、口德、内省、守雌、解紛、悔過、方便、徑地、韜穎、冥果共二十類。今此本删去"頤真"、"守雌"二目,爲十八卷十八類,各類中條目亦有删節。

此本有扉頁,刻"鏡非合刻。陳眉公、鄭漢奉兩先生纂。半息軒藏板"。

鈐印有"東漢傳經之家"。

1479　清刻本迪吉録

T1867/0890

《迪吉録》八卷,明顔茂猷輯。清刻本。八册。半頁十行二十字,左右雙邊,白口,單魚尾。行間眉端鎸評語。框高19.5釐米,寬13.8釐米。前有顔茂猷序。

顔茂猷,字光衷,號宗璧居士,福建平和人。明崇禎七年以五經欽取進士,爲禮部主事。平生著述甚富,《千頃堂書目》著錄此書及《天道管窺》、《天皇河圖》;《(康熙)平和縣志》著錄其《經史類纂》、《四書宗説》、《五經宗説》;《四庫全書總目》又著錄其《六經纂要》;本書明刻本卷前顧錫疇序云其著有《祖訓廣義》、《道統元集》等。事見《(康熙)平和縣志》卷八及《復社姓氏傳略》卷七。

是書列一、心、普、度、兆、世、太、平八集,每集類輯諸書因果之事。如一集列奏疏全活之報、熒惑主心之報、定策調和倫理之報、二心社稷交搆倫理之報、權貴薦賢之報、妒賢嫉能之報、同寅和衷之報、代異争功之報、考試賄賂之報。每報下列數事,每事末加評論。善惡具載,勸戒畢彰,使人知趨吉避凶,離惡向善。

此本有扉頁,刻"迪吉録。顔光衷先生纂。本衙藏板"。

《四庫全書總目》子部雜家類存目著錄。《中國古籍善本書目》著錄有明刻本及明崇禎刻本。《四庫全書存目叢書》子部第150册據中國人民大學圖書館藏明末刻本影印,其本卷前有顧錫疇序及卷首一卷,爲此本所無。兩本眉端評語亦多有差異。

1480　清康熙刻本倘湖樵書

T9153/4923

《倘湖樵書》十二卷,明來集之撰。清康熙間倘湖小築刻本。二十四册。半頁九行二十字,四周雙邊,白口,單魚尾。書口下刻"倘湖小築"。框高17.9釐米,寬13.6釐米。題"蕭山來集之元成父纂輯"。前有康熙二十二年(1683)毛奇齡序,康熙二十一年(1682)來集之自序。

來集之,字元成,號倘湖,浙江蕭山人。崇禎十三年進士,除安慶推官,遷兵部主事。博學嗜古,善屬文,著有《易圖親見》、《讀易隅通》、《春秋志在》等。事見《明詩紀事》卷二一、《(康熙)蕭山縣志》卷一八。

是書分兩編,卷一至六爲《初編》,卷七至一二爲《二編》。每卷若干標目,雜採前代諸說,如卷一即列"論經"、"誦聖經之益"、"士大夫居鄉"等目,每目下或雜引古書而論之,或先立論而以古書證之。《四庫全書總目》謂其"徵據繁富,頗有考證之處。而細大不捐,蕪雜特甚,亦多有迂僻可笑者"。

《四庫全書總目》子部雜家類存目除著録此書外,又著録有來集之撰《博學彙書》十二卷,稱:"凡讀書所得,隨筆記録,不分門目,惟以類相從,鱗次櫛比,俾可互證。"今《四庫全書存目叢書》將《倘湖樵書》與《博學彙書》皆加影印,前者底本爲浙江圖書館藏清乾隆來廷楣倘湖小築重刻本,後者底本爲首都圖書館藏康熙二十二年倘湖小築刻本。來廷楣爲來集之玄孫,其《倘湖樵書》即據此本重刻者,目録題下有"元孫廷楣重鐫"字樣。重刻本於次序文字稍有變動,如卷一"雁臣鳩婦"條,此本列在倒數第四條,重刻本移至倒數第十一條;"睡方"一條,重刻本無;末條"世降",重刻本作"世風",等等。

此本與康熙二十二年倘湖小築刻本《博學彙書》相較,則兩書内容完全相同,而且兩書用的還是同一套書板,斷板等特徵均一致,卷前毛奇齡序、來集之自序亦同。從版刻情況看,《博學彙書》應刷印在前,而《倘湖樵書》改版在後。《博學彙書》各卷卷端作"博學彙書初(二)編卷之幾",此本改作"倘湖樵書初(二)編卷之幾"。《博學彙書》卷端題下作"蕭山毛奇齡大可氏論定;來集之元成父纂輯",此本改刻爲"蕭山來集之元成父纂輯",其改刻之蹟於卷十一最爲顯明。《博學彙書》版心作"彙書初(二)編",此本則全部巧妙地改"彙"爲"樵",成了"樵書初(二)編"。此外,《博學彙書》行間刻有圈點,此本全部剗去。如此,同一套書板,即變身爲二書。四庫館臣未察,將它們作爲兩部不同的書收入存目。

《中國古籍善本書目》著録稿本《倘湖樵書》不分卷,浙江圖書館藏。又著録清康熙二十一年倘湖小築刻本《倘湖樵書》初編六卷《二編》六卷,首都圖書館、北京大學圖書館等八家館藏,當即此本。《續修四庫全書》據上海圖書館藏此本影印。

鈐印有"史少麐字潛夫"。

1481　清順治刻本同書

T9155/7201

《同書》四卷,清周亮工輯。清順治六年(1649)周氏樓林刻本。四册。半頁八行十六字,四周單邊,白口,無魚尾。框高16.6釐米,寬11.7釐米。題"浚儀櫟老周亮工輯"。前有順治六年陸彦龍序,順治六年周嬰序。

周亮工,見清康熙刻本《字觸》。

此書分元、亨、利、貞四卷,輯録歷史人物掌故遺聞,以事彙集。如卷一"金蓮燭送歸院",録令狐綯、史浩、王珪、蘇軾四人事。"藝術"録郭憲、欒巴、成武丁三人事。又有拔幟、想當然耳、出言不當舉琴撞之、吞珠紿吏、名下定無虛事、此中何所有、看竹不問主人、異僧絮穴、被甲上馬以示可用、殺孝婦大旱、杯中蛇影等目,每目數事。所引諸書多正史、筆記等。

周嬰序云:"元亮使君作牧揚都,仔肩自任,經營閩海,鞅掌不辭。而批卻導窾,神無滯用,剷繁截劇,意有餘閑,討惇史於目公,訂秭官於執法,窮瑣綴於鞍馬,擷碎録於戎軒……見表知裏之幾神,原始要終之穎異,故能觸類尋其一轍,引端得其三隅。比事以就班,據文以列義……積而成帙,名爲《同書》。"

周亮工所作《閩小紀》、《讀畫録》、《印人傳》、《書影》及此書,本皆收入《四庫全書》中。《浙江採進遺書總録》有《同書》四冊刊本,稱其"雜舉古人之事言,相提並論,皆有創獲,非儷青妃白者爲也"。《四庫全書簡明目録》亦著録有《同書》四卷。乾隆五十二年,清廷因發現《四庫全書》收入書中有違礙字句,重新檢查收入之書,遂將李清、周亮工等的著作共十一種從《四庫全書》中撤毀,這十一種書的提要亦從《四庫全書總目》中删除,其中就包括《同書》。後人據清宫舊藏輯出這些撤毁提要數種,周氏《閩小紀》等提要皆存(見《四庫全書總目》末附《四庫撤燬書提要》),唯闕《同書》提要。

此本有扉頁,刻"同書。周櫟園先生輯。樓林藏板"。並鈐"奇書無價"印。

《中國古籍善本書目》子部雜家類著録,中國國家圖書館、北京大學圖書館等十一家館藏。當年《四庫全書》所撤出之本今仍存二卷,藏故宫博物院圖書館。

鈐印有"包明葆"、"大川"。

1482　清康熙刻本警心録　　　　　　　　　　T9155/4483

《警心録》上編十卷下編十二卷,清李毓之撰。清康熙刻本。八冊。半頁九行二十二字,左右雙邊,黑口,單魚尾。框高 18.7 釐米,寬 13.6 釐米。上編前有康熙四十四年(1705)董玘序,康熙三年(1664)李毓之自序,康熙四十二年(1703)李斯義序;《凡例》八則。下編前有康熙二十三年(1684)高珩序、唐夢賚序,康熙二十四年(1685)韓沖序,康熙十三年(1674)李毓之自序,康熙三十八年(1699)李斯義序;《凡例》九則。

李毓之,字哲生,又作喆生,山東長山人。性方正,寡言笑。爲諸生,數以文藝壓其儕偶,數奇不遇。教諸子甚嚴。康熙十六年卒,年五十六。以子斯義貴,累贈通議大夫、大理寺卿。《(嘉慶)長山縣志》卷一○有傳。

是書上、下兩編,上編十卷,計經傳、諸史、格言、忠直、陰賊、仁將、暴兵、祥刑、酷刑、仁厚、慘忍、賑飢、拯溺、還遺、代償、謀殺、誣殺、劫殺、負心、公門、力役諸目。下編十二卷,計經傳、諸史、格言、放生、殺生、獸類、禽類、鱗類、介類、蟲類諸目。皆録經史子集、稗官野史諸書中有關仁與不仁、善惡報應之事。

是書上編成書於康熙三年。李毓之自序云:"年來侍吾父於翠飛巖,偕二三良友互相磨礪,每讀書至聖門論仁,未嘗不往復流連……凡經史子集以及稗官野史,其有關仁不仁之事者,各採掇之,以類分編,共得十卷,名曰《警心録》。"書成後迄未刻梓。李毓之子李斯義上編序云:"此編成稿在癸卯、甲辰之際,正先大人從容率諸兒讀書時也。至甲寅所輯《疴餘警心録》,傷吾父病未幾,賫志以殁,故急付之梓,而此編遲至癸未始出以公世。""癸未"即康熙四十二年。

下編即斯義序中所言《疴餘警心録》,成書於康熙十三年。時李毓之大病初愈,故名。下編李毓之自序云:"因有悟於仁人君子放生殺戒之訓,良有以也。甲寅夏,氣稍壯,檢閱群書,用消永日,凡見事類中善惡昭然、報應不爽者,隨手抄録,積久成帙,稍加詮次,顔曰《疴餘警心録》。"康熙二十九年庚午,李斯義曾將《疴餘警心録》單獨付梓印行。其後,斯義又將其父平日所輯合於諸類者增入,編爲今本,作爲《警心録》之下編。下編李斯義序云:"丁巳先大人捐館,藏此書不忍讀。甲子求三先生序，庚午校原稿付之梓。丙子春，復檢先大人平日集錄經書子史諸册，手澤如新，擇其合於諸類者增入，分十二卷，又於每段略抒臆見。"

此本有扉頁，刻"警心錄。長山李哲生先生輯。上編人類。湛恩堂藏板"。下編扉頁同，僅"上編人類"改作"下編物類"。

此本傳世頗稀，《四庫全書總目》、《續修四庫全書總目提要（稿本）》、《清史稿藝文志及補編》、《清史稿藝文志補遺》、《販書偶記》及《續編》等皆未著錄。《中國古籍善本書目》未收。僅知北京大學圖書館藏一部。

1483　清同治活字本聖諭廣訓　T4661.81/1131D

《聖諭廣訓》一卷，清聖祖玄燁撰。清同治九年（1870）上海美華書館活字印本。一册。半頁十行二十三字，四周雙邊，白口，單魚尾。框高18.4釐米，寬11.8釐米。前有雍正二年（1724）世宗御製序。末有蔣攸銛跋。

順治九年，世祖福臨頒發"六諭"："孝敬父母，恭敬長上，和睦鄉里，教訓子孫，各安生理，無作非爲。"聖祖玄燁於此闡發爲《聖諭十六條》，曰："敦孝弟以重人倫，篤宗族以昭雍睦，和鄉黨以息爭訟，重農桑以足衣食，尚節儉以惜財用，隆學校以端士習，黜異端以崇正學，講法律以儆愚頑，明禮讓以厚風俗，務本業以定民心，訓子孫以禁非爲，息誣告以全善良，誡匿逃以免株連，完錢糧以省催科，聯保甲以弭盜賊，解讎忿以重身命。"世宗胤禛又續爲推繹，闡發義理，引申發揮，是爲《廣訓》。其體裁類家訓，語言通俗。《四庫全書總目》稱其"詞約義宏，括爲十有六語不爲少，演爲一萬餘言不爲多"。

世宗御製序云："聖祖仁皇帝久道化成，德洋恩普，仁育萬物，義正萬民。六十年來，宵衣旰食，祗期薄海內外興仁講讓，革薄從忠，共成親遜之風，永享昇平之治。故特頒上諭十六條，曉諭八旗及直省兵民人等，自綱常名教之際，以至於耕桑作息之間，本末精粗，公私鉅細，凡民情之所習，皆睿慮之所周視。""朕續承大統，臨御兆人，以聖祖之心爲心，以聖祖之政爲政，夙夜黽勉，率由舊章，惟恐小民遵信，奉行久而或怠，用申誥誡，以示提撕。謹將上諭十六條尋繹其義，推衍其文，共得萬言，名曰《聖諭廣訓》。旁徵遠引，注復周詳，意取顯明，語多直樸，無非奉先志以啓後人，使群黎百姓家喻而户曉也。"

蔣攸銛跋云："昔聖祖仁皇帝，憫斯民之囿於無知，特著上諭十六條頒示天下，固已隱括乎古聖人道德齊禮之要旨，世宗憲皇帝復推闡詳明，御製《聖諭廣訓》萬言，自綱常名教、忠孝節義之大，以及耕桑作息、日用飲食之微，莫不剴切周詳，諄諄訓誡，大哉王言，實爲萬世教民之極則定例。月之朔望，守土官僚會集軍民敬謹宣講，遵行已久，曩見前任陝西鹽運分司臣王又樸所刊《講解聖訓》一本，明白曉暢，洵於顓愚易爲領略，爰命刊刷，俾各郡縣守令以及分防之丞倅等官，於朔望督率本處教官儒士，即以土音俗語敬謹講解，務令了然共知領會。"

此書最早有雍正二年內府刻本，之後各省州縣多有翻刻，故所傳甚多。如光緒三年松竹齋刻本、光緒十四年山西撫署刻本、光緒二十八年袁世凱重刻本、光緒三十二年北京華北瞽目書院排印本、光緒三十四年學部圖書局石印本、宣統二年貴州石印本等，此外又有滿文刻本及蒙文刻本。又據《聖諭像解》（清康熙刻本）梁延年序云，每逢朔望，州府官員親詣學宮，齊集紳衿耆庶，先令聽講上諭，使其交相勸誡；次講聖經賢傳，令其問難質疑，又將安撫都院頒發宣明上諭十六箴，逐一講解，刊刻成書，分發各里，轉相傳説，實心力行，娓娓不倦。

扉頁刻"聖諭廣訓。同治九年三月。上海美華書館活字板"。按,美華書館時在上海小東門外,是美國基督教會在華開設的出版印刷機構,主要排印出版美國及中國書籍,故名"美華"。此本雖爲同治九年印本,時間較晚,但傳至今日,已不多見。

《四庫全書總目》入子部儒家類。

1484　清康熙刻本庸行編　　　　　　　　　　　　　　T1657/5058

《庸行編》八卷,清史典原輯,清牟允中參補。清康熙三十年(1691)尚朝柱等澹寧堂刻本。四册。半頁九行二十一字,四周單邊,白口,單魚尾。書口下刻"澹寧堂"。框高20.3釐米,寬13.6釐米。題"廣陵史典摺臣父原輯;析津牟允中叔庸父參補;閬山尚朝柱擎一父校梓"。前有康熙三十一年(1692)張玉書序,康熙三十一年王掞序,康熙三十年葛震序,康熙三十年牟允中自序。

史典,字摺臣,江蘇揚州人。有《願體集》、《願體醫話良方》。

牟允中,字叔庸,自號夢硯齋主人,天津衛人。據本書牟氏自序所云"余年四十,鹿鹿無成",其生當在順治九年前後。

是書分門編類先哲近賢之格言,計三十三類,每類數十則。卷一達觀類、德量類、檢身類、省過類、安命類、言語類;卷二操守類、敬畏類、讀書類、立教類;卷三孝行類、忠順類、刑於類;卷四和睦類、慎交類、正家類、詒謀類;卷五勤儉類、惜福類、積德類、利濟類;卷六體恤類、思義類、醫藥類、産育類;卷七攝生類、婚姻類、喪祭類、風水類;卷八治化類、勸誡類、對越類、警醒類。

史典舊輯名《願體集》,牟允中又加增廣編次而成是書。牟氏自序云:"《庸行編》者,因維陽史摺臣氏《願體》一書推而廣之者也。丁卯秋,余內兄擎一之弟化村氏南游歸,以此書見示。余讀之,見其搜拾往哲名言,參以身所閱歷語,爲世勸懲。因嘆曰:此勸善書也。有類種説,然智愚易知易能,可以家絃户誦,扶掖人心,可以羽翼經史,而不違乎道也。擎一曰:盍刻之以公諸人。余曰善。及一再閱,率皆隨手袠集,聯綴續增……爲之條分縷析,且推而廣之焉。繁者芟,略者補,取原刻十四,參以經史子集十六,凡人世之大綱大倫,微情細故,可勸可懲者,語以類從,無論短長,皆會而粹之,編爲八卷,三十三類,名曰《庸行》。"

是本之刻梓者,爲牟氏內兄尚朝柱,朝柱逝,其弟化村續成之。故此本卷三以下皆題"上黨尚詮源化村父梓"。葛震序云:"《庸行編》初名《願體集》,擷集始於維揚史摺臣,參補廣於析津牟叔庸,而矢志繡梓者,則上黨尚擎一也。擎一未竟即世,乃弟化村克終厥志,詳加校定,選工鐫刻,閲歲書成,顏之曰《庸行編》,屬余序之。"牟允中自序亦云:"誦讀之餘,凡見可以益人裨世者,以類録入,付諸剞劂。蛍鄲貽譏,都所不計,逾年而刻竣。"葛序、牟序皆作於康熙三十年,其時書蓋已刻成。

《四庫全書總目》子部雜家類存目著録,題作《庸行篇》,云:"大都取其明白顯易,可以訓俗化愚。其立教類有允中自著讀書之法,兼論及於時文,並引八股講論數條,蓋以訓其家塾子弟者也。"

《中國古籍善本書目》不收。《中國人民大學圖書館古籍善本書目》著録,其本有封面,鐫"澹寧堂藏板",並原鈐"澹寧堂印"。又著録另一部,爲後印本,封面鐫"京都文錦堂藏板",知此本書板後轉歸京都文錦堂。另北京大學圖書館、日本內閣文庫等亦有收藏。《四庫全書存目叢書》子部第157册據遼寧省圖書館藏本影印。

1485　清康熙刻本聖諭像解

T4661.81/3918

《聖諭像解》二十卷,清梁延年輯。清康熙二十年(1681)梁氏承宣堂刻本。十冊。有圖。半頁十行二十一字,四周單邊,白口,無魚尾,書口下刻"承宣堂"。框高24.2釐米,寬15.4釐米。題"江南太平府繁昌縣知縣加一級臣梁延年編輯"。前有聖諭十六條;康熙二十年龔佳育序,康熙二十年梁延年序;梁延年撰《凡例》八則。

梁延年,字九如。康熙年間曾任繁昌知縣,餘不詳。

此書以聖祖聖諭十六條徵引實事,且摹繪曩賢事蹟,期於宣布聖化,俾目不知書者觀感興起,翻而動其爲善之心,以爲百姓啓瞶開聾之資。前五卷爲敦孝弟,以重人倫,每事以四字爲標題。內卷一《敦孝》,計二十四事;卷二《敦弟》,計十四事;卷三《重君臣之倫》,計十四事;卷四《重夫婦之倫》,計十四事;卷五《重朋友之倫》,計十四事;卷六《篤宗族以昭雍睦》,計十二事;卷七《和鄉黨以息爭訟》,計十二事;卷八《重農桑以足衣食》,計十二事;卷九《尚節儉以惜財用》,計十二事;卷一〇《隆學校以端士習》,計十二事;卷一一《黜異端以崇正學》,計十二事;卷一二《講法律以儆愚頑》,計十二事;卷一三《明禮讓以厚風俗》,計十二事;卷一四《務本業以定明志》,計十二事;卷一五《訓子弟以禁非爲》,計十二事;卷一六《息誣告以全良善》,計十二事;卷一七《誡窩逃以免株連》,計十二事;卷一八《完錢糧以省催科》,計十二事;卷一九《聯保甲以彌盜賊》,計十二事;卷二〇《解讎忿以重身命》,計十二事。

梁延年序云:"延年待罪繁昌,方以不克闡揚上諭爲懼,顧蒞任未幾,蒙前安撫部院靳頒發上諭十六箴一書,延年伏而讀之,周情孔思,燦然具在,獨念鑄辭典雅,小民未必周知,爰僭加注釋,急梓以行,俾合邑家傳户誦焉。日漸月摩,積有年載,凡在編氓,亦稍稍知向方矣。""延年自揣涼薄,無以仰承風旨,既而思之,曩者箋注之布,士民知書者能習之矣,若夫山童野豎,目不識丁,與婦人女子,或未之悉也。於是倣《養正圖解》及《人鏡陽秋》諸集,輯爲《聖諭像解》一書,摹繪古人事蹟於上諭之下,并將原文附載其後,嘉言懿行,各以類從,且粗爲解説,使易通曉。編彙既成,付之剞劂,凡六閱月而告竣,隨散之各里,冀披覽者庶幾觸目警心,可以感發興起。"

《凡例》云:"兹集惟求典型粗備,且意在拙速,不欲巧遲,點染之工,略存彷彿。""援引古人,或止取一節,或備全傳,事以類附,故不嫌簡;行以文著,故不厭煩。總祈易俗移風,非徒尋章摘句。"

此本有扉頁,刻"聖諭像解。承宣堂梓",並鈐有"本衙藏版"。承宣堂,爲梁氏所有。有圖,甚精。

按,光緒十三年,湖南寶善堂有重刻本,日本東京大學東洋文化研究所入藏。據成林《〈聖諭像解〉及其版本小考》,他所見到的寶善堂本有牌記:"咸豐丙辰廣州味經書坊重鐫,光緒丁亥湖南寶善堂重鐫。板存南陽街陳聚德刻刷店。杭連紙每部壹千壹百文,官堆紙每部捌百文。"光緒二十八年,兵部侍郎兼都察院右副都御史江蘇巡撫恩壽,以此書摹寫古人事蹟尚爲詳細,並將經史事實分載於後,嘉言懿行各以類從,並粗爲解説,使婦孺易於通曉,較之唐李襲譽《忠孝圖》、宋朱熹《小學外篇》尤爲顯淺,易於感人,又惜此書湮没弗彰,流傳未廣,故石印三千部,廣爲分布各省,並由各省督撫飭發各府州縣之中小學堂,俾肄業士子學習,以崇教化。

《中國古籍善本書目》著錄,中國國家圖書館、北京大學圖書館、福建省圖書館等十四館入藏。又日本《內閣文庫漢籍分類目錄》也有著錄。《續修四庫全書總目提要(稿本)》著錄,但爲光緒間石印本。

1486　清雍正刻本霏屑集

T9155/2947

《霏屑集》八卷,清朱載颺撰。清雍正刻本。二册。半頁九行二十字,左右雙邊,白口,單魚尾。框高15釐米,寬10釐米。題"長洲朱載颺瑚山鈔"。前有雍正三年(1725)陳璋序;《例言》十則。

朱載颺,字瑚山,江蘇長洲人。生平事蹟不詳。

此爲作者就誦覽聞見,抄纂成帙者,內容涉及天地、時令、人事、詩文、逸事等,隨得而識,每條皆有標題,而未分類列目。作者自云是集"事無品類,編無定限","隨得隨識,無先後次第,一任錯綜變換,冀展卷者耳目更新,不生厭倦"。然相類條目仍多集中排列,如卷一"天青"至"待伴"數條,包括海日、日出、月華、日月二星、五斗、四時風、三種雨、雷電等,皆有關天文者;"迎春"至"花信風"諸條,包括元旦、上元、放偷日、女兒節、團圓節、登高、重九、冬至等,皆有關節令風俗者;"地形"以下至卷末,包括治水、海外五嶽、洞庭湖、太湖、瀟湘水、三江口、烏蠻潭、佛面泉、罵泉、省直俗號等,皆有關地理者。

陳璋序云:"古人著書立説,經經緯史,成一家言,於以傳後而行遠,信矣。亦有採掇稗官野史,及俗諺里謠,或引舊聞,或參近事,雖錯雜以成文,固新奇而奪目,此朱子瑚山之有是集也。一名一物,是處留心。所見所聞,隨時著筆。正如采玉天西,岡非瑜瑾。余覽而善之,謂是編出而秘諸枕中,以爲談助,奚必論衡,因名之曰《霏屑集》,請以質世之博雅者。"

此本有扉頁,刻"霏屑集。墨山莊藏板"。"玄"、"真"字避帝諱。

《四庫全書總目》、《續修四庫全書總目提要(稿本)》皆未著録。《中國古籍善本書目》不收。《販書偶記》子部雜家類著録此本。日本《內閣文庫漢籍分類目録》子部雜家類著録,另中國國家圖書館、上海圖書館亦有收藏。《北京大學圖書館藏古籍善本書目》著録有日本抄本,置於子部天文算法類。

鈐印有"芑詒"、"心翼"。

1487　清雍正刻本閑家編

T1682/1142

《閑家編》八卷,清王士俊撰。清雍正十二年(1734)王氏刻本。十二册。半頁九行二十字,四周雙邊,白口,單魚尾。框高19.2釐米,寬12.7釐米。題"黔南王士俊犀川氏輯;男秉寧、秉鈞、秉清校字"。前有雍正十二年王士俊序。

王士俊,字灼三,又字犀川,貴州平越人。康熙六十年進士,改庶吉士。雍正元年除許州知州,四年授肇高廉羅道,六年授廣東布政使,十年擢河東總督,兼河南巡撫。乾隆元年署四川巡撫,二年坐事飭令回籍,二十一年卒。《清史稿》卷二九四有傳。

本書分家訓、家禮、家政、家壼四目,據《凡例》云:"家訓者,言也。家禮者,儀也。家政者,諸事也。家壼者,婦人之教及古賢婦人之式也。"四目前各有序,下又各列若干細目,細目前又有小序。其中"家訓"下列正言、切言、警言、箴言、惻言、愧言;"家禮"下列婚儀、喪儀、祭儀、幼儀、雜儀、常儀、養儀、疾儀;"家政"下列諸產、諸人、諸務、諸防、女教、婦教、母教;"家壼"下列女式、婦氏、母式。

是書之編輯刻梓，在王氏河東總督任上。所謂"閑家"，取諸《周易》"家人"初九爻辭"閑有家，悔亡"。王氏自序云："方余輯書之日，荷天子寵命，總督河東，恭念聖人修身齊家，萬方從欲以治，即家人象辭所謂父父子子、兄兄弟弟、夫夫婦婦而家道正，正家而天下定矣……小臣恭膺節鉞，專制兩疆，方且教羣吏教百姓，而家之子孫先不克教焉，其何以對揚皇麻歟？爰為徧擷舊聞，旁參臆見，鉤貫聯綴，分部就班，踰四月功竟，鏤板以壽之。"

是書內容多雜引舊書，皆列其姓氏出處，如"正言"錄范氏竹溪十五條、賀氏陽亨二條、范氏竹溪又十七條、陳氏幾亭一條、馮氏少墟二條、賀氏陽亨又二條、呂氏新吾七條等。亦有參以己見者。《凡例》云："古人多係述而不作，余著《閑家編》，傳舊聞者什居六七，亦此意也。古人之言，不敢剽竊，或記姓名於各條之首，或著成書於小序之中，或互相牽引不止一人者，則總志於卷尾，曰通纂。其各參己見者，亦附明焉。"

此本有扉頁，刻"閑家編。黔南王犀川氏手輯。養拙堂藏板"。

《四庫全書總目》子部雜家類存目著錄，云："大抵習見之詞。其家壺之名，又頗嫌杜撰，於古無稽也。"

《中國古籍善本書目》不收。《清華大學圖書館藏善本書目》、《"國立臺灣大學"普通本綫裝書目》著錄。《四庫全書存目叢書》據浙江圖書館藏本影印。

1488　清雍正刻本言行彙纂　　　T1668/1138

《言行彙纂》十卷，清王之銞撰。清雍正十二年(1734)王氏槐蔭堂刻本。十冊。半頁九行二十字，左右雙邊，白口，單魚尾。框高19.2釐米，寬13.4釐米。前有雍正十二年王之錡序；《瑣言》八則。

王之銞，字左仗，又字朗川，學者稱"朗川先生"，湖南湘陰人。弱冠補諸生，後屢試不第，遂絕意進取。中年遍遊豫粵燕魯，謁孔林，拜伏羲墓，返棹洞庭，留心著述。輯有《三閭志》、《閨訓要纂》等。晚年採朱子及元明儒先論說，仿《近思錄》，分門別類，編《入德津梁》一書，以詔學者。稿甫成而卒。《國朝耆獻類徵初編》卷四〇七有傳。

是書採錄古人嘉言懿行，分門別類，編為四十門。每門之中，先集古人之言，次載古人之行。計卷一孝順、忠敬、友愛；卷二刑於、交誼、敦睦、正家；卷三詒謀、師傅、學問；卷四存省、敬畏、勤儉、生計；卷五文章、政事、德言、仁恕；卷六清廉、雅量、撝謙、悔過、才識、氣節；卷七馭下、和鄰、觀人、涉世；卷八施濟、廣慈、積德、喪祭、風水；卷九頤養、適意、達觀、景物；卷一〇理數、果報、勸誡。

卷前《瑣言》八則即本書凡例，云："易曰：君子以多識前言往行，以畜其德。是編以言行彙纂名者，義取諸此也。""是編所纂，上自唐虞，下及昭代。或引據經史，或截取諸子百家；或公卿大夫之紀載，或先賢諸儒之格言；或為詩句詞章，或屬方言雜說；或匹夫行善，道合經權，或巾幗幽芳，徽流彤管。無不比類兼收。總期觸目警心，以往昔之成規，為後人之式法。間或一類之中，有名言所未備者，偶補輯以暢其旨。一則之內，有文意稍晦澀者，偶斟酌以達其辭。要皆求明乎事理之當然，以蘄合於古人之前言往行，並非敢自創臆說，而博著作之虛名也。"

王之錡序云："余於辛卯之冬謁選北上，先兄手授是書，曰：茲編雖皆纂述舊聞，然丹鉛搜購，余半生心血幾耗於此。今吾弟一行作吏，數十年昆季師友各天一涯，不能時相切劘。尚於簿書鞅掌之暇，披茲編而閱之，庶幾身心家國之間其寡過矣乎。""辛卯"當為康熙五十年，其時書已編成。

二十餘年後,之鈇已卒,之錡與楊藥山、管翔皋等相與訂訛補闕,商確考證,爰授之梓。

此本有扉頁,刻"言行彙纂。羅湘王朗川編輯。槐蔭堂藏板"。《瑣言》末署"槐蔭堂之鈇左仗氏識",槐蔭堂蓋王氏堂號。

《瑣言》下題"羅湘王之鈇朗川甫編輯;男邦翊輔三、姪邦直中敬較梓;甥周尊望渭元參補;武陵楊藥山增訂;海寧管翔皋刪正"。

《四庫全書總目》子部雜家類存目著錄,云:"皆雜採古人嘉言懿行,以己意潤飾之,皆不著所出,亦不盡原文所有。蓋通俗勸善之書,爲下里愚民而設者。故語多鄙俚,且多參以禍福之説云。"

《中國古籍善本書目》未收。諸家書目鮮見著錄,僅見《江蘇省立國學圖書館現存書目》子部儒家類著錄有雍正刻本,當即此本。《四庫全書存目叢書》、《續修四庫全書》均未收入。清陳宏謀曾採本書詒謀、喪葬、風水各門若干條入《訓俗遺規》。

鈐印有"麐見亭讀一過"、"嫏嬛妙境"。

1489　清乾隆刻本權衡一書　　　T9155/114

《權衡一書》四十一卷,清王植輯。清乾隆間王氏崇德堂刻本。二十四册。半頁十行二十一字,四周單邊,白口,單魚尾,無格。框高 18.8 釐米,寬 12.2 釐米。題"深澤王植輯錄"。前有乾隆元年(1736)王植《書意》;《凡例》十則。

王植,字懷三,號戇思,直隸深澤人。康熙六十年進士,授廣東和平縣知縣,調陽江,擢羅定州知州。居官廉直,有政聲。後以老病乞休,卒年八十六。性勤敏,經史百家靡不研究,而以宋五子爲宗。著有《正蒙初義》、《濂關三書》、《四書參注》、《韻學》、《讀史綱要》等。《清史列傳》卷六七、《國朝耆獻類徵初編》卷二二九有傳。

是書雜採諸書之言,而間斷以己意。分爲求仁、主敬、稽古、訂訛、論世、經國、審權、正學、崇識、啓悟、修辭、審變、致果、弘謨、敉亂、量入、篤棐、飭治、貞守、明義、砥廉、用諫、慎獄、敦厚、裕量、治家、篤親、慎交、肅神、應天、辨妄、任官、足民、恤荒、因地、詰戎、制勝、擇術、樹型、成教共四十目,每目下又有細目,共二百四十九。每一大目爲一卷,唯"制勝"一目分爲二卷,故總爲四十一卷。

王植《書意》云:"余嘗檢笥中所有,擇其有關事理之實足資識守而裨身心者,托始於獲麟之經,而旁通乎古今之故,以爲權衡之一書焉。視仲任所謂銓輕重之言、立真僞之平,老泉所謂於此爲銖、於此爲石者,以今較昔,誠未知其何如,而矻矻孜孜,求什一於千百,余之用力亦少勤矣。"《凡例》云:"髫齡授書,即喜紀錄。每得前賢懿事,樂爲座右良箴。久而所收漸多,遂復其奇難棄,非欲與博物家鬭珍積也。一二愚見附入者,亦云疑義與質,寧有奇文可欣。凡在同人,必能諒我。"

此本有扉頁,刻"權衡一書。崇德堂藏板",及小字"本堂書目:濂關三書、正蒙初義、韻學、四書參注、皇極經世解、崇德堂藁"。

此本又有作"崇雅堂藏板"者。《四庫全書存目叢書》影印武漢大學圖書館藏此書即著錄爲清乾隆元年崇雅堂刻本;《販書偶記續編》亦著錄爲乾隆間崇雅堂刻本。按,崇德堂、崇雅堂皆爲王氏室名,見《清人室名別稱字號索引》。王植集名《崇德堂稿》,又名《崇雅堂稿》,《清華大學圖書館藏善本書目》即著錄有王植《崇德堂稿》和《崇雅堂稿》。此本不同印本扉頁有"崇德堂"、

"崇雅堂"之別,故諸家著録或作崇雅堂刻本,或作崇德堂刻本,實皆爲王氏自刻本。

《四庫全書總目》子部雜家類存目著録。《中國古籍善本書目》不收。中國國家圖書館、北京大學圖書館等有藏。

1490 清乾隆刻本習是編

T1681/7751

《習是編》二卷,清屈成霖撰。清乾隆十三年(1748)刻本。四册。半頁九行二十一字,左右雙邊,黑口,單魚尾。框高18.2釐米,寬13.4釐米。題"古虞肖巖子屈成霖傅野編輯;男曾發魯傳參訂;曉發曙光較閲"。前有陳祖范序,乾隆十三年王峻序;《例言》四則。

屈成霖,字起商,又字傅野,號肖巖子,江蘇常熟人。乾隆元年進士,知盧龍縣。五年,遷景州知州,有惠政。十一年,謝病歸。家居二十年,唯以老莊書自隨。三十一年卒,年八十四。又有《經史參同》。《國朝耆獻類徵初編》卷一三二有傳。

是書爲屈氏謝病家居後所編,書分上、下兩卷。上卷《居家要覽》,列孝順、友愛、睦族、刑於、詒謀、馭下、家範、檢身、應世、治生、利濟、達觀、静攝、喪祭十四目;下卷《居官要覽》,列忠愛、廉直、勤慎、虚公、循良、明允、救災、興革、應變、行師、完節、恬退十二目。每目先述嘉言,次紀善行。有述其説而即著其人者,有未考其人而第存其説者,亦有昔人言論所未及,而附以己意者。皆切近平實、資於日用,意在楷模子弟,比諸家訓。

王峻序云:"近世士大夫亦每輯先儒格言家訓及史書中善事,彙成卷帙,然或言龐而事雜,或流入佛氏因果報應之説,採録不精,意雖善,書不足傳也。今讀吾友傅野屈君所著《習是編》,而嘆其美備焉。其書分居家、居官二大綱,居家之目自'孝順'至'喪祭'凡十有四,居官之目自'忠愛'至'恬退'凡十有二,舉人生内外出處、窮達常變之境,麗括不遺。每類先嘉言,次善行,事不重復,理歸至是。誠時時觀覽,人無論賢愚,皆可以是倣而是則,警心而寡過。名曰習是,信乎其可習矣。君以名進士歷宰巖邑,牧大州,既才猷茂著,上下交孚,乃淡於宦情,年未老而決然告歸,杜門課子,爲德於鄉,孜孜不息。惟其於居家居官之道,非苟知之,亦允蹈之,故擇之精而語之詳如此。"

此本有扉頁,刻"習是編。豫簪堂藏板"。

《續修四庫全書總目提要(稿本)》著録,云:"是編雖無高深之理論,然皆切於日常人倫之間,有勸而無懲,粹然儒者之言,而不雜入佛氏因果報應之説,是其所長。理要似宗朱子小學,而展其規模。至於居家之'静攝'、'喪祭'二門内引入地師選墓之説、道家攝生之法,殊與體例不合。"

《中國古籍善本書目》不收。《販書偶記》子部儒家類著録。《内閣文庫漢籍分類目録》子部雜家類著録。《東北地區古籍綫裝書聯合目録》子部儒家類著録遼寧省圖書館藏。是書又有咸豐、同治、光緒間刻本。

1491 清乾隆刻本新增願體集

T1681/4420

《新增願體集》四卷,清李仲麟輯。清乾隆三十年(1765)刻本。四册。半頁八行十九字,四周雙邊,白口,單魚尾。框高19.9釐米,寬12.9釐米。題"富春李仲麟建章氏重輯"。前有乾隆二十九年(1764)李仲麟序。

李仲麟,字建章,浙江富陽人。生平事蹟不詳。

卷一總論、父子、兄弟、夫婦、朋友、親族、立心、立身、學問、品行、治家、閨門、居家、田宅；卷二訓後、行藏、聽言、慎言、居處、處世、積善、世情、禮節、節儉、待人、製作、訟事、火燭、飲食；卷三觀人、處事、錢財、人情、保養、嫖賭、事業、經管、錢糧、戒殺、報施、惜字、防患、輕生、占風、敬神、祭祀、喪葬、蕉窗十則；卷四戒淫邪、慎正色、隨時戒淫、隨人戒淫、謹臨事、看聖賢書、報應、毀淫書、蚤嫁娶、交游謹慎、語中積德、無子嗣、損功名、折年壽、壞門風、子孫衆多、功名顯達、福壽綿遠、家道興隆、唐王中書勸孝文、雜録附覽。

清史典輯有《願體集》，收録先賢格言，便於誦讀，故後世多有增補修訂者。如《內閣文庫漢籍分類目録》子部雜家類著録之《增補願體廣類集》四卷，史典等編，蔣岳補。館藏《庸行編》八卷，史典原輯，牟允中參補，雖未以"願體"爲名，亦據《願體集》參補者。此書據李仲麟自序所云，亦本《願體集》增補重輯而成。以之與館藏《庸行編》八卷相較，兩書類目、文字各不相同。蓋諸家修訂增删，皆已改換面目。李氏此書，後亦有修訂重編之本，如《東北地區古籍綫裝書聯合目録》著録於錕增校《增訂願體集》四卷首一卷；中國國家圖書館藏黃輝輯《秋圃叢鈔》收録《節録願體集》一卷等。

李仲麟序云："余讀《願體集》一書，多係先正格言，大而綱常倫理，小而事物細微，立身行己，訓俗型方，其於誠正修齊之旨，實相表裹。文義雖淺鮮，而閲者卻一目了然。節其閒冗，集而成編，授之剞劂，以公諸世。"

此本有扉頁，刻"新增願體廣類集。乾隆乙酉年鐫。富春李仲麟重輯。本衙藏板"。

《四庫全書總目》、《續修四庫全書總目提要(稿本)》皆未著録。《中國古籍善本書目》未收。《江蘇省立國學圖書館圖書總目》著録。

鈐印有"佐伯文庫"。

1492　清乾隆刻本經史待問三略

T9160/0415

《經史待問三略》不分卷，清辛子成撰。清乾隆三十八年(1773)刻本。四册。半頁九行二十五字，四周單邊，白口，單魚尾。框高 18.9 釐米，寬 10.9 釐米。題"山陰辛子成美三甫編次"。前有《凡例》四則。

辛子成，字美三，浙江山陰人。生平不詳。

是書取前代經史典籍中相關內容，及前人評議，並加按語，以備科場之用。"三略"包括《經史識略》、《經濟要略》及《經史紀數略》。其中《經史識略》十三篇，計歷代徵書考(上、下)、十三經敘例、六經緒論、經解、訓詁、韻學、六書、二十一史敘録、通鑑綱目、三通、文體、詩學。《經濟要略》録《文獻通考序》及附策三道，包括錢幣、市糴、學校、選舉、職官、水利。《經史紀數略》則取宫定山《紀數略》中有關策問者纂訂爲十二篇，計經學、史學、禮樂、官制、選舉、文學、文體、書法、春秋名族、農政、兵制、刑法。

《凡例》云："右文之代，典籍肇修，館局徵文，日新月盛。比者決科發策，經史文學之問，五居其三。蓋經世之驗，在明試之餘，而誦習之功，即徵於射覆之下也。三數科來，風會又一變矣。是編一以典籍文章爲重，以補向來策部之闕略。""援引書籍，有删節而無增改，仍注原書出處，使人知所徵考。前人評議，則仍其名氏，低格附於其後。鄙意有所發明，又低一格，加一按字以别之，示不敢勦襲也。"

此本有扉頁，刻"經史待問三略。乾隆癸巳仲冬。經史識略附策。經濟要略附策。經史紀數略。一本堂藏板"。並鈐"甲午增校定本實價紋銀壹錢不折不扣"長形朱記。"甲午",當爲乾隆三十九年。

《續修四庫全書總目提要(稿本)》、《販書偶記》及《續編》、《清史稿藝文志及補編》、《清史稿藝文志拾遺》等皆未收,亦不見諸家館藏書目著録,可知此書傳世頗稀。

1493　清乾隆刻本坤德寶鑑　　　　　　　　　　　　　　　T1682/1371

《坤德寶鑑》十八卷,清張時治撰。清乾隆四十二年(1777)通修堂刻本。九册。半頁九行二十字,四周雙邊,白口,單魚尾。書口下刻"通修堂"。框高19.8釐米,寬13.8釐米。前有乾隆四十二年張景運序,乾隆四十二年張時治自序。

張時治,號履平,别號蟬眠道人,直隸南皮人。博學能詩,精韻學,善繪事,凡花卉蟲鳥,無不酷肖,尤精蘭竹,又著有《分韻字彙》。《(光緒)南皮縣志》卷一一《人物志》之"藝術"類有傳。

按,是書未題撰者名氏,自序署"蟬眠道人編輯於别墅之觀稼樓",又張景運序云"吾宗履平公者,雅負才思,殊多逸興",故《東北地區古籍綫裝書聯合目録》著録作"題蟬眠道人輯",《普林斯頓大學葛思德東方圖書館中文舊籍書目》著録作"清張履平撰"。檢《清人室名别稱字號索引》,"蟬眠道人"即張時治。但《清人室名别稱字號索引》稱張氏爲南平人,誤。本書自序後鈐有"蟬眠氏"、"南皮人"兩印記,知張氏爲南皮人。

是書卷一至二列女道、婦道、母道、夫妻之道、姊妹之道、妯娌之道等目,每目下舉先代閨范諸賢嘉言善行數事;卷三列善報、惡報、速報、現報諸目,每目下列歷代女子善惡因果報應故事。皆每事附一圖。

卷四以下爲婦女各類生活日用之法。卷四爲養蠶、紡織、染作、洗練、閨閣事宜、香譜諸事,下列細目若干。如"紡織"下列軋花、彈花、措布績、紡綾、拐綾、漿綾、絡綾、牽機、鑲杼等法;"染作"下列煎槐花、煎蘇木、做布法、染土色布、染小紅、染棗褐等法;"閨閣事宜"列各類脂粉及染髮、治粉刺黑斑、治髮少、令面生光、皮膚細白等條目。卷五至八爲肉食、素食、從食、蔬食、諸豉類、麵粥、茶食、果食、酒麴、醬醋、茶湯、漿水諸目,每目下亦各列食譜,詳述各類飲食製作之法。卷八至九皆圖,描繪各類女紅款式花樣,以便照式製作。包括男帽、童花帽、對子荷包胯袋香帕、水茄荷包、腰子荷包、牙簽筒、檳榔荷包、扇絡針插粉鋪、瓶口、紙袋、枕頂、童鞋花、童綿鞋雲、童雲鞋朝鞋、男鞋、冠髻、婦巾、童花箍、箍式、花領、花眉、大袖、小袖、裙光、褲腿、鞋花、鞋雲、靴雲、查雲鞋式等,各類圖案描摹細緻,花樣繁多,琳琅滿目。

張氏自序云:"余農圃暇,檢閱古之所以爲女子訓者,雖不少概見,然深而難悉者有之,隱而難明者有之,無所别白者有之,淡而無味者有之。使閨人無所嗜好,轉致視爲畏難,又安望其輸心誦習也哉!余病之,乃擬閨范中諸賢之嘉言善行,並神道設教之因果,摘取一二,以及布帛蔬粟、脂粉繡式,悉圖其像,析注其法,彙成一集,分爲九册,用作香閣清供。"

此本有扉頁,刻"坤德寶鑑。乾隆丁酉。通修堂藏板"。

《四庫全書總目》、《續修四庫全書總目提要(稿本)》、《清史稿藝文志補遺》、《販書偶記》及《續編》等皆未著録。《中國古籍善本書目》未收。《東北地區古籍綫裝書聯合目録》子部類書類著録大連圖書館藏是本。另《普林斯頓大學葛思德東方圖書館中文舊籍書目》子部儒家類著録《坤德寶鑑》七卷七册,"清張履平撰。清康熙間通修堂刊本"。按,此書作者自序在乾隆四十二年,不應有康熙間刊本;自序又云"分爲九册",葛思德藏本僅七卷七册,或爲殘闕之本。

1494　清乾隆刻本述記

T1035/2120

《述記》不分卷,清任兆麟輯。清乾隆五十三年(1788)任氏忠敏家塾刻本。六册。半頁九行十七字,左右雙邊,白口,單魚尾。書口下刻"忠敏家塾"。框高17.7釐米,寬12.8釐米。題"任兆麟述"。前有乾隆五十三年王鳴盛序,乾隆五十二年(1787)褚寅亮序;乾隆五十二年《發例》五則;鑒閱參訂姓氏;家塾校勘名氏。

任兆麟,字文田,一字心齋,號林屋山人,江蘇震澤人。諸生。嘉慶元年舉孝廉方正。承家學,博聞敦行,又從長洲褚寅亮、彭兆升游,自經傳子史、音韻古籀及詩古文皆穎悟解脱,心契其妙,爲王鳴盛、錢大昕所重。曾蒐羅文獻,纂《虎阜志》。又有《夏小正注》四卷、《有竹居集》十三卷等。《清史列傳》卷六八有傳。

是書節録三代兩漢之書計三十四種,總目分爲上下兩册,上册之上録《夏小正》、《鬻子》、《逸周書》、《周公謚法》、《武王踐阼記》、《弟子職》、《管子》、《老子》、《晏子春秋》、《家語》;上册之下録《曾子》、《書序》、《詩序》、《孫子》、《司馬法》、《周易乾鑿度》;下册之上録《尸子》、《荀卿子》、《莊子》、《楚辭》、《小爾雅》、《尚書大傳》、《大戴禮記》;下册之下録《樂記》、《賈子新書》、《春秋繁露》、《韓詩外傳》、《新序》、《説苑》、《列女傳》、《法言》、《白虎通德論》、《説文》、《漢紀》。間加小字注語,蓋家塾課習授生徒之作。

王鳴盛序云:"漢人説經所據以爲佐證者,皆晚周先秦之書、孔門七十子之微言。而漢人所自爲訓故傳記及石渠、白虎之議奏,或爲秘府所藏,或爲博士所習,又皆班班具在。唐宋以下,去古漸遠,古書亡佚者多,學者罕見……惟是古書之廑存者,窮鄉下邑,購訪爲難。苟得節鈔之本,以引其端,俾後生染指知味,然後漸進於博雅,不亦善乎?任生文田篤志窮經,嚅嚌古學有年,爰摘取三代兩漢之書幾十種,釐爲上下册,目曰《述記》,以嘉惠藝林。"

《發例》云:"昔韓子有言,非三代兩漢之書不敢觀。兹竊取其義,上溯夏商,下迄漢代,其多足資學人之考鏡、文家之采拾者,凡得書三十餘種。""曩者校閱各書,舉有全本。是編爲中資鈔録,不得不就簡約。""胡五峰謂學欲博不欲雜,學欲約不欲陋。是編雖爲兔園小牘,必取其理正辭醇,羽翼經傳者録之。一切雜學害道之言,槩不敢擅入。""是編原爲家塾誦習之本,外間傳出,遂爲友人慫恿鋟梓。"

此本有扉頁,刻"述記。盧抱經王西莊兩先生鑑。震澤任文田纂。映雪草堂藏板"。目録下題"遂古堂正本。震澤任兆麟文田述;門人尤興讓雨峰、姪昌運香杜、琛丹崖、宗延繼威、璋秉之、男昌誥承萊編"。

《續修四庫全書總目提要(稿本)》著録清嘉慶六年刻本。

《中國古籍善本書目》不收。《中國科學院圖書館藏中文古籍善本書目》子部雜家類著録此本。另中國國家圖書館、北京大學圖書館、日本京都大學人文科學研究所、臺北"國家圖書館"等亦有收藏。《四庫未收書輯刊》第九輯第15册影印。

鈐印有"嘯碧"。

1495　清康熙刻本閒情偶寄

T5439/4433.7C

《閒情偶寄》十六卷,清李漁撰。清康熙翼聖堂刻本。八册。半頁九行二十字,四周單邊,白口,無魚尾,書眉上有評。框高18.4釐米,寬12.4釐米。題"湖上笠翁李漁著;壻沈心友因伯、男將舒陶長全訂"。前有康熙十年(1671)余懷序;《凡例》七則。

是書爲李漁一生藝術經驗之總結,分八部十六卷,爲《詞曲部》、《演習部》、《聲容部》、《居室部》、《器玩部》、《飲饌部》、《種植部》、《頤養部》。論及戲曲創作和導演、服飾妝扮、園林建築、器具古玩、飲食烹調、種樹蒔花、醫療養生等方面,蘊含豐富的美學思想。

余懷序云:"今李子《偶寄》之書,事在耳目之內,思出風雲之表,前人所欲發而未竟發者,李子盡發之;今人所欲言而不能言者,李子盡言之。其言近,其旨遠,其取情多而用物閎,潫潫乎!纏纏乎!汰者讀之曠,僿者讀之通,悲者讀之愉,拙者讀之巧,愁者讀之忻且舞,病者讀之霍然興。此非李子《偶寄》之書,而天下雅人韻士、家弦戶誦之書也。"

有扉頁,刊"閒情偶寄。笠翁秘書第一種。先生之書充塞宇宙,人謂奇矣絕矣,莫能加矣。先生自視蔑如也,謂生平奇絕處僅有,但不在從前剞劂中,倘出枕中所秘者公世,或能真見笠翁乎!因授是編,梓爲後勁。翼聖堂主人識"。

《四庫全書總目》未收。《北京圖書館古籍善本書目》著錄。

館藏有複本一部,十册。無扉頁。鈐印有"凌友伯家藏圖書"、"樂天知命守□安常"。

1496 明刻七種爭奇本風月爭奇蔬果爭奇

T5429/1240.4

《風月爭奇》三卷《蔬果爭奇》三卷,明鄧志謨輯。明春語堂刻《七種爭奇》本。存六册。半頁六行二十字,四周雙邊,白口,無魚尾。

鄧志謨,見《新刻一扎三奇》。

《風月爭奇》三卷,高20.8釐米,寬12釐米。題"百拙生鄧志謨重編"。前有張大佐序。有圖三幅。

《蔬果爭奇》三卷,高20.9釐米,寬11.5釐米。題"竹溪風月主人新編"。前有天啓四年(1624)醉中浪叟序。有圖三幅。

《中國古籍善本書目》著錄。中國國家圖書館有全帙,細目爲《花鳥爭奇》三卷、《風月爭奇》三卷、《山水爭奇》三卷、《梅雪爭奇》三卷、《童婉爭奇》三卷、《蔬果爭奇》三卷、《茶酒爭奇》二卷。美國國會圖書館存四種,爲花鳥、童婉、風月、蔬果。

鈐印有"江都薄氏鑒藏書畫記"、"雙紅臺"。

1497 明末刻本綠牕女史

T4176/2934

《綠牕女史》十四卷,明秦淮寓客編。明末刻本。十二册。半頁九行二十字,左右雙邊,白口,單魚尾。框高18.6釐米,寬13.6釐米。前有秦淮寓客序。

綠牕者,女子居室也。是書分十部,爲《閨閣部》(懿範、女紅、才品、容儀)、《宮闈部》上下(寵遇、遣放、蠱惑、怨恨)、《緣偶部》上下(才艷、慕戀、幽期、尤悔)、《冥感部》上下(神魂、夢寐、重生、幽合)、《妖艷部》(狐粉、猿裝、鬼靈、幻妄)、《節俠部》(義烈、節烈、義俠、劍俠)、《神仙部》(星娥、仙姬、神媼)、《妾婢部》(逸格、俊事、徂異、名呼)、《青樓部》上下(才名、志節、平康、品藻)、《著撰部》(詔令、表疏、牋奏、上書、啓牘、序傳、贊頌、誄祭、襍錄、辭詠)。

秦淮寓客序云:"百歲光陰,忍辜年少;五都佳麗,莫比江南。芙蓉楊柳之堤,翠羽明珠之

子　部

隊,能使風熏自醉,日憺忘歸。恒娱樂於白晝,少寄情於緑牕,惜沈冥而不返,負窈窕之妙材。豈若静女文心,麗人芳韻,畫眉未了,先弄青螺,買笑何心,只貽彤管。於是鴉黄蟬緑,懶劾新妝,錦瑟瑶笙,自傳雅什。珊瑚研匣,奉綺席以周旋;翡翠筆牀,隨香車而出入。或相思得句,薄命傷情;或錦上傳心,葉中寫怨。題班姬之紈扇,揮薛氏之花牋,奪謝家之香囊,書王郎之白練。莫不嫣婉多情,風流漫興。彩毫與紅燭争花,緑酒共青煙斗色。斯固妝樓之佳事,抑亦縹素之逸編也。聊寄莞爾,毋或譏焉。"

此本有圖十六幅,撫刻甚精。有扉頁,刊"緑窓女史。選工繡像。心遠堂藏板"。并有"杭城官巷口南首讀書坊鍾畏侯發行"木記。

據黄裳《前塵夢影新録》云,此書明刻有二本,卷數不同。其所藏者僅存首册,有精圖四頁。其又見傅惜華所藏,圖較多,編次亦異。

《四庫全書總目》未收。臺北"國家圖書館"(卷六佚)及美國國會圖書館、日本内閣文庫亦有入藏。《中國古籍善本書目》著録,在叢部彙編叢書内,首都圖書館、北京大學圖書館、中國科學院圖書館有全帙。上海圖書館爲殘本,作"明末心遠堂刻本"。

1498　明刻本山海經　　　　　　　　　　　　　　　　　　　　　T5741/0213F

《山海經》十八卷,晉郭璞傳,明蔣應鎬繪。明刻本。四册。半頁九行二十字,四周單邊,白口,單魚尾。框高 20.7 釐米,寬 13.6 釐米。題"晉記室參軍郭璞傳"。前有楊慎序,郭璞序。

卷一八末刻"廣陵蔣應鎬武臨父繪圖"、"晉陵李文孝希禹鎸"。此本有圖七十四幅。日人裝幀,當自日本購得者。

美國國會圖書館藏本有扉頁,刊彤雲子告白,云:"《山海經》紀自禹、益,昔無圖相,本堂鳩工繕鎸,圖篆精良,海内具眼者辯焉。"楊慎序,乃爲其《山海經補注》所作,《升庵文集》卷二有載。此本楊序當爲後人刻此書時納入。又《升庵遺集》卷二五有《跋山海經》,曰:"六經之外,如《文選》、《山海經》,食品之山珍海錯也。徒食谷而卻奇品,亦村疃之富農,苟訛者或以嬴特老羝目之矣……觀《山海經》,如食海味,必在飫醉之後,枵腹則吐之不納也。"由此可見慎頗看重此書。

《山海經》的版本,除去確準出版年及出版者外,題"明刻本"者,約有六種,此本外,又有九行十八字本(藏中國國家圖書館,清毛扆校並跋。黑口,四周雙邊);九行二十字本(藏河北大學圖書館。白口,左右雙邊);十行二十字本(藏天津圖書館、四川省圖書館、安徽省圖書館等八館。白口,左右雙邊);十一行二十字本(藏湖北省圖書館。白口,四周單邊);十二行二十字本(藏中國國家圖書館、上海圖書館。白口,左右雙邊)。此外又有明末刻本(宋劉辰翁評、明閻光表訂,九行二十字,白口,四周單邊,藏遼寧省圖書館、湖北省圖書館)。

《中國古籍善本書目》著録。首都圖書館、北京師範大學圖書館等七館,及美國國會圖書館、日本内閣文庫亦有入藏。

1499　明刻本山海經釋義　　　　　　　　　　　　　　　　　　　　T5741/0213B

《山海經釋義》十八卷圖一卷,明王崇慶撰。明大業堂刻本。五册。半頁九行十九字,四周單邊,白口,單魚尾,書口下間有"大業堂"。框高 22.2 釐米,寬 14 釐米。題"晉河東郭璞景純父著傳；明澶淵王崇慶德徵父釋義；董漢儒學舒父校訂"。前有郭璞序，蔣一葵序，王崇慶序，董漢儒序；劉秀上書表。有圖，凡七十五。又有萬曆四十七年(1619)趙維垣跋。

王崇慶，字德徵。河南開州人。正德三年進士。官至南京吏、禮二部尚書。

王崇慶自序云："甚哉，先王之道不明於後世也，異言出而教衰，邪音奏而雅亡。甚哉，先王之道不明於後世也。今夫經，常也，道之體也。一日而缺常，是缺道也。是故聖人履常，所以神化也；君子信道，所以昭訓也；先王守一不二，所以正人也。《山海經》何爲者與？是故以之治世，則頗而不平；以之序倫，則幻而鮮實；以之垂永，則雜而寡要，惡在其爲經也。顧世既久，傳者寖廣。大荒而後，又甚焉。仁者見之，則曰言無往而不可察也。是何怪其混六籍而并行至於今也！雖然，晉之郭璞，吾將奇其人而偉其博也。然而弗信理而信物，不語常而語怪也。此吾釋義之所由作也。"

《四庫全書總目》云："是書全載郭璞注，崇慶間有論說，詞皆膚淺，其圖亦書肆俗工所臆作，不爲典據。"然近人賀次君《〈山海經〉之版本及關於〈山海經〉之著述》則云："崇慶此書，詞皆膚淺，剽掇舊文，罕所心得。其著作之意在明道而闢邪，故視《山海經》爲治世敘倫之書，慎矣。又對於郭璞注多所菲薄……《山海經》爲禹、益所作，千百年承之無異說，自劉秀以至畢沅，俱信而不疑。崇慶有此發現，隱然指爲秦漢間人所作，甚可欽重。特以其文筆淺陋，無人知之。"清代畢沅校正《山海經》、郝懿行《山海經箋疏》搜證最備，然未言及此本。

《四庫全書總目》入子部小說家類存目。《中國古籍善本書目》著錄。清華大學圖書館、中國國家博物館等七館、臺北"國家圖書館"(兩部)入藏，作"明萬曆大業堂刻本"。按，是書存世有明嘉靖刻本(十行二十字，四周雙邊，白口)，又有明萬曆二十五年蔣一葵堯山堂刻本(九行十九字，四周單邊，白口)，又有明刻本(十行二十字，左右雙邊，白口)。蔣一葵序云："嘉靖丁酉刻於河汾，歲久漫泐，會今萬曆丁酉，董誼翁座師權稅吳關，間出舊編，命訂魯亥，重付剞劂。"

此本有扉頁，刊"山海經廣註。太史汪舟次先生鑒定。圖繪全像。康熙己巳新鐫。玉堂重梓"。按，康熙己巳爲二十八年。此《山海經廣注》乃清吳任臣撰。後人(或書賈)以扉頁移此本之前，然與此本無關。又此本鈐印俱挖去。日人裝幀。

館藏有複本一部，六册。

1500　清乾隆刻本山海經廣注

T5741/0213E

《山海經廣注》十八卷《圖》五卷《雜述》一卷，清吳任臣撰。清乾隆五十一年(1786)刻本。八册。有圖。半頁九行二十二字，左右雙邊，白口，無魚尾。框高19.5釐米，寬12.8釐米。題"仁和吳任臣注"。前有康熙六年(1667)柴紹炳序，康熙五年(1666)吳任臣序；吳任臣撰《讀山海經語》十三則。

吳任臣，見清乾隆刻本《十國春秋》。

是書因郭璞《山海經注》而補之，故曰廣注。於名物訓詁、山川道里，皆有所訂正，雖嗜奇愛博，引據稍繁，如堂庭山之黃金、青邱山之鴛鴦，雖販婦傭奴，皆識其物，而旁徵典籍，未免贅疣。其廣注十八卷，卷一《南山經》，卷二《西山經》，卷三《北山經》，卷四《東山經》，卷五《中山經》，卷六《海外南經》，卷七《海外西經》，卷八《海外北經》，卷九《海外東經》，卷一〇《海内南經》，卷一一《海内西經》，卷一二《海内北經》，卷一三《海内東經》，卷一四《大荒東經》，卷一五《大荒南經》，卷一六《大荒西經》，卷一七《大荒北經》，卷一八《海内經》。

《山海經圖》五卷,卷一《靈祇》,卷二《異域》,卷三《獸族》,卷四《羽禽》,卷五《鱗介》。

是書亦載郭注,其自注則書"任臣案"。然其每考一事,必博徵群籍,論泛而不决,勞而無功。清畢沅曾斥之云:"任臣則濫引《路史》、六朝唐宋人詩文,以及《三才圖會》、《駢雅》、《字彙》等書,以證經文。《路史》錯繆,既不足取,詞章所稱,又豈經證?至於《三才圖會》、《駢雅》等書,近世才人託俗本經文撰述成帙,字跡訛謬,百無一得。任臣所注,多在於斯,經之尼也,故無取。"

柴紹炳序云:"《山海經》初見漢志,劉歆校定為一十八篇,云是伯益所撰。其後尤袤指為先秦之書,至晉郭璞為之傳,凡二十二篇,每卷有讚。梁張僧繇又為畫圖,宋咸平中校理舒雅重繪為十卷。其書雖流傳迄今,中多疏略未備。同郡吴志伊任臣極泝源流,為雜述一卷,又於郭注外蒐而討之,為廣注十八卷。又取舒繪本次第增訂,為圖象五卷,都為一部。""故志伊殫精是書,使山川方域、草木禽魚,靡不考鏡同異,條貫表里,網羅群籍,要諸明備,庶幾好事鼓吹來學津梁,正復張舒並駕,景純可作,亦何多讓焉。"

吴任臣序云:"居恒讀《山海經》,每怪注多缺略,因泝厥源流,撮其梗概,為雜述一卷。遍羅載籍,仍冠以郭注,為廣注十八卷。又取舒雅繪本,次第先後,增其不備,為圖象五卷。"

《四庫全書總目》云:"卷首冠雜述一篇,亦涉冗蔓,然掎摭宏富,多足為考證之資。所列逸文三十四條,自楊慎《丹鉛録》以下十八條皆明代之書,所見實無别本,其為稗販誤記,無可致疑。至應劭《漢書注》以下十四條,則或古本有異,亦頗足以廣見聞也。"

此本有扉頁,刻"增補繪像山海經廣註。仁和吴志伊注。乾隆五十一年夏鐫。金閶書業堂藏板"。"玄"、"弘"字避帝諱。

《四庫全書總目》入子部小説家類。《中國古籍善本書目》不收。北京大學圖書館有清康熙刻本兩部。湖南圖書館、清華大學圖書館有此本,皆作"清乾隆五十一年金閶書業堂刻本"。

館藏有複本一部,六册,後印本。鈐有"堀越文庫"、"松蔭圖書"。

1501 明萬曆刻本新刻出像增補搜神記　　T5743/1438

《新刻出像增補搜神記》六卷,明萬曆金陵唐氏富春堂刻本。六册。半頁十一行二十字,四周單邊,白口,單魚尾。框高 19.3 釐米,寬 12.5 釐米。題"金陵三山對溪唐富春校梓"。前有羅懋登序。

《搜神記》為古代志怪小説之代表作,在中國文學史上佔有重要地位。是書内容廣泛,非全為志怪之作,其中留有民間故事、傳説及諸種禁忌之資料,可供研究民俗學者所取資。日本鹽谷温《中國文學概論》於此書云:"情節古雅,文字簡潔,實六朝小説中白眉,中多參以佛説,或講慈悲,或談輪廻。"

此為增補《搜神記》之書。卷一始載儒氏源流、釋氏源流、道教源流,自玉皇上帝而下,止雷神、電神;卷二始玄天上帝、北極驅邪院左判官,止律吕神、劉師;卷三始觀世音、天王,止新羅山神、射木山神;卷四始蔣莊武帝、常州武烈帝,止華山之神、聶家香火;卷五始廣平吕神翁、黄陵神,止竹王、槃瓠;卷六始天妃、蠶女,止開路神、翁仲二神。

羅懋登序云:"萬曆紀元之癸巳,來止陪京,為披閲書記,得《搜神記》於三山富春堂。讀之,見其列以卷,别以類,且繪以像,質之不肖前日所周覽者而一噱,蓋不襲於舊,能得於意,發於未明,增於所未備,卓哉,神也。"

干寶原本《搜神記》，佚於宋代，然唐宋舊籍中，尚多稱引。此書金鑲玉裝，有扉頁，"刻出像增補搜神記大全。金陵大盛堂梓"。扉頁爲抄配。此本有圖，唯不精。

《四庫全書總目》未收此增補本。《中國古籍善本書目》著録。中國國家圖書館（兩部）、北京大學圖書館（作"明萬曆金陵書林唐富春刻大盛堂印本"）及日本内閣文庫亦有入藏。

1502　明末刻津逮秘書本稽神録　　　　　　　　　　T5745/2983

《稽神録》六卷拾遺一卷，宋徐鉉撰。明末毛氏汲古閣刻《津逮秘書》本。一册。半頁八行十九字，左右雙邊，白口，無魚尾，書口下刻"汲古閣"。框高18.9釐米，寬12.8釐米。題"宋東海徐鉉著；明海虞毛晉訂"。

此爲《津逮秘書》零種，在第十一集内。

鈐印有"清亭閣主"、"敬時書畫"。

1503　明刻本豔異編　　　　　　　　　　　　　　　T5747/1142

《豔異編》十二卷。明刻本。十二册。半頁九行二十字，左右雙邊，白口，單魚尾。框高19.1釐米，寬13.7釐米。前有退息庵居士序。有圖八幅，甚精。

是書輯唐人體傳奇文字，卷一星部、神部、龍神部；卷二仙真部、女仙部；卷三宫掖部（上）；卷四宫掖部（下）；卷五戚里部、寵倖部、幽期部（上）；卷六幽期部（下）、徂異部、夢遊部；卷七冥感部、離魂記、再生部；卷八義俠部、劍俠部（上）、劍俠部（下）、英雄別傳；卷九伎女部、名姬傳、義妓部；卷一〇集異記、博異志、旌異記、集異志；卷一一幻術部、幻戲記、幻異記、妖怪部；卷一二鬼部。

《豔異編》有五十七卷、五十三卷、四十五卷之分，後又有《新鐫玉茗堂批選王弇州先生豔異編》四十卷續編十九卷、《玉茗堂摘評王弇州先生豔異編》十二卷等，多題明王世貞撰。

此本有扉頁，刊"安雅堂重較古豔異編"。

《四庫全書總目》未收。《中國古籍善本書目》著録。中國國家圖書館亦有入藏。

鈐印有"西莊文庫"、"桂窗"。

1504　明萬曆刻本仙佛奇蹤　　　　　　　　　　　T5747/3806

《仙佛奇蹤》八卷，明洪應明輯。明萬曆象网生太和館刻本。五册。半頁八行十八字，四周單邊，白口，單魚尾。框高20.9釐米，寬13.6釐米。題"還初道人自誠甫次"。前有袁黄序（消摇墟），馮夢禎序（寂光境），萬曆三十年（1602）洪應明自序（長生詮），萬曆三十年洪應明序（無生訣）。

洪應明，字自誠，號還初道人。

是書爲《消摇墟》三卷、《寂光境》三卷、《長生詮》一卷、《無生訣》一卷。《四庫全書總目》著録之本爲四卷，入子部小説家存目。《總目》云："考釋道自古分門，其著録之書，亦各分部。此編兼採二氏，不可偏屬，以多荒怪之談，姑附之小説家焉。"是編成於萬曆三十年。《消摇墟》始老子、東王公，至馬丹陽、張三豐止，計六十三人。《寂光境》三卷，西竺佛祖始釋迦牟尼佛，至般若多羅尊者,計十九人;中華祖師始菩提達摩尊者,至船子和尚,計四十二人。《長生詮》,始清淨經、陰符經,至玄牝歌、修真口訣止,計七十則。《無生訣》,始釋迦牟尼佛、摩訶迦葉尊者,至天宮徽師、慧林受師,計一百十二人。列仙列佛,皆有繪像。

袁黃序云:"夫人生墮落世網,彼蠅爭蟻逐董無論已,即古稱長心逸節,亦往往鍛羽羈足,若轅駒檻鳥,然夫誰能蟬蛻鳳舉而消摇物外也者。緬惟羽客仙翁,吸雲英,飡石髓,駕紫鳳以翩翩,馭青牛而遊遨。一條藜杖,泛雲水之三千;半片衲衣,訪洞天之十二。蒙莊氏所稱消摇遊者,意在斯乎?予性寡諧,謝絕一切世氛,獨紫芝白石有夙癖焉。洪生自誠氏,新都弟子也,一日攜《仙紀》一編,徵言於予。予披閲之,青霞紫氣,暎發左右,宛若遊海上而揖群真,令人飄然欲仙,真欲界丹丘塵世蓬島也。"

民國二十年,武進董康以《仙佛奇蹤》排印,爲八卷之本。1989年,王秋桂、李豐楙主編之《中國民間信仰資料彙編》予以收入,並以《道藏》本增補。此萬曆本,當爲傳世最早之本。

此本有扉頁,刊"僊佛奇縱。娑羅園證。象网生奉梓於太和館"。按,館藏有另一部,袁黃序後有"黃鋑鎸"。兩本相核,不同板。

《中國古籍善本書目》著録。上海圖書館、甘肅省圖書館等五館亦有入藏,作明萬曆刻本,疑五館所藏或也有不同之板。又臺北"國家圖書館"藏有明刻本。日本內閣文庫所藏同哈佛本。

鈐印有"芥田書寮圖書之記"。

1505 明萬曆刻本仙佛奇蹤   T1938.7/3806

《仙佛奇蹤》八卷,明洪應明輯,明萬曆刻本。四册。半頁八行十八字,四周單邊,白口,單魚尾。框高20.9釐米,寬13.6釐米。題"還初道人自誠甫次"。前有袁黃序(消摇墟),萬曆三十年(1602)洪應明自序(長生詮),萬曆三十年洪應明序(無生訣)。

是本缺寂光境之部分。袁黃序後刊"黃鋑鎸"。

此本和前本不同板。

鈐印有"杏花春雨"。

1506 清乾隆刻本見聞録   T9100/3092(91—92)

《見聞録》四卷,清徐岳撰。清乾隆十七年(1752)大德堂刻本。四册。半頁八行二十字,左右雙邊,白口,單魚尾。框高18.3釐米,寬12.3釐米。題"嘉善徐岳季方氏著"。前有張希良序。

徐岳,字季方,浙江嘉善人。

卷一計三十四則,卷二計二十九則,卷三計二十八則,卷四計三十二則。

張希良序云:"徐子季方,稟豪上之姿,具淹博之才,不求聞達,孤筇芒履,遍游海內。溯江渡河,東探海岱,西浮沅湘,南窮閩粵,北盡幽燕,宜其以所聞所見之事筆之於書,皆非世所恆聞恆見者也。夫人之有耳目,不第謂其聽風聲而視日月也。習見而人之識低,習聞而人之量隘,譬之語龍鳳,則人以爲常談,一旦驟遇之,必且以爲奇蛇怪鳥而驚異之,不知馴擾者直視之如螾蜓,如伏雌。徐子是編,皆所不常有而必有者,不啻如龍鳳,然讀之者,當不如奇蛇怪鳥而驚異之乎!"

此本有扉頁,刻"説部精華廣見聞録。嘉善徐季芳先生著。乾隆十七年新鐫。大德堂梓行"。《中國古籍善本書目》著録,僅收有名人批校題跋者。又有清吴郡寶翰樓刻本,藏蘇州市圖書館。

1507　明萬曆刻本小窗自紀　T9153/2322

《小窗自紀》四卷《清紀》不分卷《艷紀》不分卷《別紀》四卷《清紀附》不分卷,明吴從先撰。明萬曆刻本。二十八册。半頁八行十八字,四周單邊,白口,無魚尾。《自紀》框高21.6釐米,寬13.1釐米。題"延陵吴從先著;福朐張榜選;雲間陳繼儒訂;武林沈明龍、平湖俞恩燁、武林何偉然校"。前有吴逺序,俞恩燁序。俞序後有"白下吴天祥刻"。書口有"目"、"禊"、"紀"等字。《清紀》框高21.4釐米,寬13.3釐米。題"延陵吴從先寧野評輯;西湖何偉然仙郎校閲"、"延陵吴從先寧野評輯;蚺城汪宇燦羽六校閲"等。前有萬曆四十一年(1613)王宇序,吴逺序,吴從先序,闕名序。扉頁題"吴寧野小窗清紀。霞漪閣藏板"。書口有"語"、"享"等字。《艷紀》框高21.9釐米,寬13.2釐米。題"延陵吴從先批選;冶城孫起都參定;白沙王道新、武林何偉然校閲"、"延陵吴從先批選;福朐張榜參定;平湖俞恩燁、江寧孫石校閲"等。前有萬曆四十三年(1615)朱謀㙔序,萬曆四十二年(1614)吴從先自序。扉頁題"吴寧野小窗艷紀。霞漪閣藏板"。書口上有"目"、"賦"、"文"、"序"、"詞"等。《別紀》框高21.9釐米,寬13.1釐米。題"延陵吴從先評選,華亭施沛校"、"延陵吴從先評選,武林金維城訂"等。前有萬曆四十三年張壽朋序,萬曆四十二年吴從先自序。《清紀附》半頁八行十八字,四周單邊,白口,無魚尾。框高21釐米,寬13.8釐米。題"新都吴從先寧野父著;冶城孫起都子京父評"。前有萬曆四十一年孫起都序。

吴從先,字寧野,延陵人。嘗受業於馮夢禎。

《自紀》卷一至二爲雜著,卷三爲賦、歌、詩、表、頌、讚、箴、銘、文、論,卷四爲序、傳、紀記、啓、書。皆俳諧雜説,及游戲詩賦,詞多儇薄。《別紀》兼涉志怪,據吴從先自序:"《別紀》者,《清》、《艷》外之剩物也。"《清紀》摹倣《世説》,分清語、清事、清韻、清學四門。爲吴從先讀《水經注》、《山海經》、《博物志》等百餘種書"隨閲隨録"之結集。《艷紀》編録,踳駁殊甚,分爲賦部、騷部、歌辭部、文序部、論部、表策部、檄移部、碑墓志部、記志部、頌贊部、銘箴部、書啓部。

吴逺序《清紀》云:"予侄寧野所以有《小窗清紀》之集也,寧野爲人,慷慨澹漠,好讀書,多著述,世以文稱之。重視一諾,輕揮千金,世以俠名之,而不善視生産,不屑爭便迻,不解作深機,世又以癡目之。"

《四庫全書總目》入子部小説家類存目。《中國古籍善本書目》著録,北京大學圖書館、上海圖書館、華東師範大學圖書館、南開大學圖書館等館,及日本内閣文庫亦有入藏。臺北"國家圖書館"所藏,與此本卷數有異。又《清紀附》,《四庫全書總目》及《中國古籍善本書目》皆未著録。

鈐印有"瑞之"。

館藏有《艷紀》複本一部,十二册。

1508　明刻本梨雲館廣清紀　T9153/2322(9—12)

《梨雲館廣清紀》四卷,明吴從先、王緣督撰。明刻本。四册。半頁八行十八字,四周單邊,白口,無魚尾。框高21.1釐米,寬13.2釐米。題"古歙吳從先寧野、江都王緣督經倩纂;西湖何偉然仙郎、宣城郭化肩吾參閱"。前有何偉然序,吳從先序,闕名序。

是書分爲清語、清韻、清事。

是書有扉頁,題"廣清紀。吳寧野王經倩同纂。梨雲館藏板"。鈐"書帶草堂藏印"。

《四庫全書總目》未收。《中國古籍善本書目》著錄。上海圖書館等四館,及日本內閣文庫亦有入藏。

1509　明末刻清補板印本山中一夕話　　T5792/4448

《山中一夕話上集》七卷《下集》七卷,明李贄編。明末梅墅石渠閣刻清補板印本。六冊。半頁八行十八字,四周雙邊,白口,單魚尾。框高19.5釐米,寬12.7釐米。題"卓吾先生編次;笑笑先生增訂;哈哈道士較閱"。前有三台山人序。

三台山人序云:"春光明媚,偶遊句曲,遇笑笑先生於茅山之陽,班荊道及,因出一編,蓋本李卓吾先生所輯《開卷一笑》。删其陳腐,補其清新,凡宇宙間可喜可笑之事,齊諧游戲之文,無不備載,顏曰《山中一夕話》。予見之,不禁鵲喜。竊思人生世間,與之莊言危論,則聽者寥寥;與之謔浪詼諧,則歡聲滿座,是笑徵話之聖,而話實笑之君也。先生名書,其謂是歟?嗟乎,世之論卓吾者,每謂《藏書》不藏,《焚書》不焚,徒災梨棗,詎意《藏書》、《焚書》之外,復有如許妙輯。"

此本上集卷二首頁次行"卓吾"後之字均被剜去。卷三題"卓吾先生編次;一衲道人屠隆參閱"。卷五僅題"卓吾先生編次",餘皆剜去。下集七卷均未有卷首標題。卷一題"卓吾先生編次"。卷三題"一衲道人屠隆參閱"。卷五不見編校者。卷六同卷一。上集卷六二十一頁、二十二頁,卷七十五至十八頁及三台山人序均爲清代補板。

是書有扉頁,題"開卷一笑。屠赤水先生參閱。梅墅石渠閣梓行"。

《四庫全書總目》未收。《中國古籍善本書目》有此書七卷本,爲明刻本,藏吉林省圖書館、安徽省圖書館、清華大學圖書館。又有上下集十二卷本,亦明刻本,藏北京中央民族大學圖書館。兩本行款皆與此本同。臺北"國家圖書館"所藏同此本,然不知有清代補板否。日本內閣文庫有明刻清修本。

鈐印有"法孫秘笈"、"桂窗"、"愛竹"、"西莊文庫"。

館藏有複本一部,五冊。闕上集卷四、卷五。鈐印有"大野文庫"。

1510　清抄本槐西雜志　　T5748/2162.3

《槐西雜志》一卷《如是我聞》一卷,清紀昀撰。《排悶錄》不分卷,清孫洙輯。清抄本。四冊。半頁九行二十一字,無框格。題"觀奕道人筆記"。前有乾隆五十七年(1792)觀奕道人(紀昀)序。《如是我聞》題"觀奕道人筆記"。前有紀昀序。末有乾隆五十七年顧鑾跋。《排悶錄》題"蘅塘退士孫洙輯"。前有乾隆三十五年(1770)孫洙序。

紀昀,字曉嵐,又字春帆,直隸獻縣人。乾隆十九年進士。改庶吉士,散館授編修,再遷左春坊左庶子。京察,授貴州都勻府知府。高宗以昀學問優,加四品銜,留庶子。尋擢翰林院侍讀學士。前兩淮鹽運使盧見曾得罪,昀爲姻家,漏言奪職,戍烏魯木齊。釋還,上幸熱河,迎鑾密雲,復授編修。又爲《四庫全書》館總纂,擢侍讀,遷翰林院侍讀學士,充直閣事,兵部侍郎、左都御史,再遷禮部尚書,復爲左都御史。嘉慶元年,移兵部尚書,復移左都御史,協辦大學士,加太子少保。諡文達。《清史稿》卷三二〇、《國朝耆獻類徵初編》卷三一有傳。

孫洙,字臨西,一字芩西,號蘅塘退士,祖籍安徽休寧。清康熙五十年生於無錫。早年入京師國子監。乾隆九年中舉,十一年任江蘇上元縣學教諭,十六年中進士。后任順天府大成、直隸盧龍、山東鄒平知縣及江寧府學教授。洙好詩詞,輯《唐詩三百首》,廣爲流傳。乾隆四十三年卒於無錫,年六十七歲。又有《蘅塘漫稿》、《異聞錄》等。

昀久在內閣,鴻文巨製,稱一代手筆。且喜詼諧,嬉笑怒罵皆成文章。此書兩種,詞意忠厚,體例謹嚴,而大旨悉歸勸懲。《雜志》一冊,計五十八則;《我聞》一冊,計八十三則。查《閱微草堂筆記》,卷七至一〇爲《我聞》,計二百五十六則;卷一一至一四爲《雜志》,計二百八十五則。

《排悶錄》計《孝行》十則、《忠義》二十九則、《貞烈》十九則、《友愛》九則、《高誼》十九則、《琦行》十五則、《明斷》五則、《義俠》十四則、《玩世》四則、《仙緣》十五則、《靈異》十四則、《翰墨》三十五則。爲洙錄自《聊齋志異》、《曠園雜志》、《堅瓠集》、《觚賸》、《見聞錄》、《因樹屋書影》諸書。

觀奕道人序《雜志》云:"余再掌烏臺,每有法司會讞事,故寓直西苑之日,多借得袁氏壻數楹,榜曰槐西老屋,公餘退食,輒憩息其間。距城數十里,自僚屬白事外,賓客疏稀,晝長多暇,宴坐而已。舊有《灤陽銷夏錄》、《如是我聞》二書,爲書肆所竊刻,緣是友朋聚集,多以異聞相告,因置一冊於是地,遇輪直則憶而雜書之,非輪直之日則已,其不能盡情則亦已。歲月駸尋,不覺又得四卷,孫樹馨錄爲一帙,題曰《槐西雜志》,其體例則猶之前二書耳。自今以往,或竟嬾而輟筆歟,則以爲《揮塵》之三錄可也;或老不能閑,又有所綴歟,則以爲《夷堅》之丙志亦可也。"

觀奕道人序《我聞》云:"襄撰《灤陽消夏錄》,屬草未定,遽爲書肆所竊刊,非所願也。然博雅君子,或不以爲紕繆,且有以新事續告者,因補綴舊聞,又成四卷,歐陽公曰:物嘗聚於所好。豈不信哉? 緣是知一有偏嗜,必有浸淫而不自已者,天下事往往如斯,亦可以深長思也。"

顧鑒跋云:"吾夫子多識畜德,其書滿家,前此姑就見聞所及,著《灤陽銷夏錄》一編,譬諸清夜晨鐘,發人深省已。既家有其書矣,茲復續著《如是我聞》四卷,郵寄章江。憑几莊誦,見夫奇怪不經之事,悉舉而歸諸行,著習察之,常爲因爲果,俾知戒懼,即慎獨之義也;共識平情,即絜矩之道也。其言近,其旨遠,牖民孔易,而其所以扶世立教者,不即於是乎在哉。"

孫洙序云:"余少壯時,風塵奔走垂三十年,今老矣,寂處江干,悒鬱無與語,閒有酬接,復多敗人意。惟案頭舊書散軼之餘,尚存數百種,時一繙閱,每遇愜心處,輒低徊不忍釋手,隨筆錄之,以豁塵襟,以滌凡慮,積久成帙,因類次之,題曰排悶錄。"

《聽松廬文鈔》云:"稗官小說、搜神志怪、談狐說鬼之書,則無人不樂觀之,故文達即於此寓勸戒之意。託之於小說,而其書易行;出之以諧談,而其言易入。然則《閱微草堂筆記》數種,其覺夢之清鐘、迷津之寶筏乎?"

此抄本字體楷書,似嘉道間摘抄。"禎"字避帝諱。

1511 清乾隆刻本西青散記   T9155/5014

《西青散記》四卷,清史震林撰。清乾隆刻本。四冊。半頁九行二十字,四周單邊,白口,單魚尾。框高 17.7 釐米,寬 12.8 釐米。題"悟岡史震林公度"。前有吳震生序二篇,曹學詩序,乾隆二年(1737)史震林自序。末有吳震生跋。

史震林，字公度，號梧岡，江蘇金壇人。乾隆二年進士。授淮安府學教授。家故貧，而事親盡孝。其成進士後，授廣東高要縣知縣，以母老改就教授。正士習，黜浮華，以淑身勵行爲諸生勸。淮安故瀕河，戊辰，河決，斃人口無算，傾囊以葬。辭官後，寓意林泉，娛心翰墨，詩詞字畫，無不超妙，人稱爲"四絕"。年八十八無疾終。又有《西青散記》、《游仙詩草》。《(民國)金壇縣志》卷九之四有傳。

此書大抵以時間爲序，雜記自雍正元年至乾隆元年間作者交游、游歷見聞以及扶乩請仙、神仙夢幻之談，中間穿插大量作者個人及友朋詩詞。其中記才女雙卿及其詩詞，尤爲後人所艷稱者。

吳震生跋將此書比之唐陸龜蒙《笠澤叢書》，有"後千年而吾友《西青散記》出，世以散仙散聖目之，雖遭時極盛特異，而好潔同，興懷略同。耿耿宵夢，悠悠遠趣，神超碧落，仰接應難。《叢書》既傳，則《散記》亦傳必矣……余亦丹黄不去手者，刻《西青散記》既成帙，置於案"之語。

《續修四庫全書總目提要(稿本)》著錄，所據爲乾隆間瓜渚草堂原刻本。《中國古籍善本書目》不收。西北師範大學圖書館藏有此書，有扉頁，刻"三餘堂鐫"字樣，觀其首頁書影，與館藏此本實爲相同版本。《中國科學院圖書館藏中文古籍善本書目》著錄有"清三餘堂刻本"，當亦即此本。復旦大學圖書館藏此書兩部，一部版心下刻"瓜渚草堂"，序文頁版心下鐫"珍珠房"，跋文頁版心下鐫"傍茅居"，當即瓜渚草堂原刻本；另一部扉頁右上刻"三餘堂鐫"，左下刻"海陽汪氏藏版"，云爲原板後印本，剜去版心下"瓜渚草堂"等字樣(見CALIS聯合目錄網上檢索系統相關條目)。則所謂"三餘堂本"實即瓜渚草堂刻本的後印本。館藏此本扉頁已失，或亦三餘堂後印本。

此書嘉慶間又有重訂本，釐爲八卷，《申報館叢書》所收即八卷本。

1512　清乾隆刻本諧鐸　　　　　　　　　　　　　T5748/3147

《諧鐸》十二卷，清沈起鳳撰。清乾隆五十七年(1792)刻本。六册。半頁九行二十字，左右雙邊，黑口，無魚尾。框高12.9釐米，寬9.3釐米。題"吳門沈起鳳桐威氏著"。前有乾隆五十六年(1791)韓藻序，乾隆五十六年殷傑序，王昶序，錢榮序。末有黄桂芳跋，乾隆五十七年馬惠跋。

沈起鳳，字桐威，號薲漁，又號紅心詞客，江蘇吳縣人。乾隆三十三年舉人，後屢試不第。妻張氏早卒，起鳳抑鬱，遂寄情於詞曲，所作劇目不下三四十種，風行大江南北。曾與吳翌鳳、陳學海等九人結社水村詩社。乾隆四十五年、四十九年，高宗兩次南巡，揚州鹽政與蘇、杭織造所備迎鑾供奉大戲，皆出起鳳手。嘗客居惕莊全公尚衣署中，奉旨參與查勘詞曲，閱傳奇作品七百餘種。五十七年，任祁門教諭。嘉慶四年，調全椒教諭，六年解職。又有《紅心詞》、《諧鐸》等。

卷一八則，卷二八則，卷三十則，卷四十則，卷五十則，卷六十二則，卷七十則，卷八十則，卷九十則，卷一〇十則，卷一一十二則，卷一二十二則。

錢榮序云："漢儒經學，不尚卮詞，自子雲解嘲，孟堅賓戲，漸開謔浪。魏晉而下，文蕪道雜，語林笑林，世說俗說，家各成書。何法盛等奉敕修史，多所採錄，識者譏之。蓋史貴鐸而不諧，而說部書則諧而不鐸也。予與薲漁大兄共筆硯者垂二十年，知其湛深經術，偶以餘緒溢爲外編，而標其名曰《諧鐸》，殆得史氏勸懲之旨，而不屑自儕於魏晉雜書者。"

此本有扉頁，刻"諧鐸。乾隆壬子仲冬新鐫。本衙藏板"。

《續修四庫全書總目提要(稿本)》未收。《中國古籍善本書目》不收，各家善本書目也不著錄，或置於普通書中。惟日本《內閣文庫漢籍分類目錄》收入。

鈐印有"綠荷堂"。

1513　清乾隆刻本新訂解人頤廣集　　　　T5792/8524

《新訂解人頤廣集》八卷，清錢德蒼輯。清乾隆二十六年(1761)金閶寶仁堂刻本。二冊。半頁十行二十五字，四周單邊，白口，單魚尾。框高17.4釐米，寬10.6釐米。題"吳門錢德蒼沛思氏重訂"。目錄頁題"雲谿胡澹庵定本；吳門錢慎齋重增訂"。前有乾隆二十六年錢德蒼序。

錢德蒼，字沛思，江蘇長洲人。履歷不詳。

解頤，開顏歡笑，《漢書》卷八一《匡衡傳》："無說詩，匡鼎來；匡說詩，解人頤。"宋周密《齊東野語》六"解頤"："匡說詩，解人頤，蓋言其善於講誦，能使人喜而至於解頤也。至今俗諺以人喜過甚者，云兜不上下頰，即其意也。"是書為笑話總集，卷一《懿行集》、《嘉言集》；卷二《達觀集》；卷三《陶情集》、《曠懷集》、《遣興集》、《寄感集》、《縈思集》；卷四《博趣集》、《滌煩集》；卷五《消悶集》(詩謎)、《寓意集》、《達識集》、《高致集》；卷六《敦倫集》、《驚奇集》、《樹德集》(清廉類、儉約類、勤儉類、仁厚類、謙和類)、《博雅集》(譏諷類、詼諧類)；卷七《超群集》(淡雅風流、敏捷穎悟)、《寄懷集》、《辟蠹集》；卷八《讜言集》、《麗情集》、《游戲集》。

錢德蒼序云："坊本向有《解人頤》初集、二集，搜索古今，撫拾卮辭，最膾炙人口。誦其歌詠，深可感發人心，浣滌塵臆；觀其詼諧，真堪撫掌捧腹，悅性怡情。胡子澹庵病其癜疣重複，玉石渾收已，從而刪繁就簡，都為一集，名之曰新。今予不揣愚陋，復為去陳集新，又從而廣益之，仍於本分而外不雜毫末，竊為如溽暑遇風，迷津得渡，鮮不快然解頤者也，因重付之梓。吾知有識者必解頤也，吾閱之亦自解其頤也。"

此本有扉頁，刻"新訂解人頤廣集。乾隆廿六年鐫。金閶寶仁堂梓行"。

《續修四庫全書總目提要(稿本)》未著錄。《中國古籍善本書目》不收。日本《內閣文庫漢籍分類目錄》著錄。1985年臺北天一出版社出版《明清善本小說叢刊初編》第六輯《諧謔篇》收入，同哈佛本。

鈐印有"佐名文庫"。

1514　清乾隆刻本新鐫笑林廣記　　　　T5792/3208

《新鐫笑林廣記》十二卷，題游戲主人纂輯。清乾隆二十六年(1761)寶仁堂刻本。四冊。半頁十行二十五字，四周單邊，白口，單魚尾。框高17.8釐米，寬10.6釐米。題"游戲主人纂輯；粲然居士參訂"。前有掀髯叟序。

游戲主人，履歷不詳。

是書為笑話總集，卷一《古艷部》，卷二《腐流部》，卷三《術業部》，卷四《形體部》，卷五《殊稟部》，卷六《閨風部》，卷七《世諱部》，卷八《僧道部》，卷九《貪吝部》，卷一〇《貧窶部》，卷一一《譏刺部》，卷一二《謬誤部》。

掀髯叟序云:"主人秉異賦,倜儻英奇,不屑作小儒犟讐態。弱冠即有志四方,足跡遍海内,故其聞見日益廣,而諳練日益深。夫何穎秀研穿,經荒裘敝而白衣蒼狗,笑眼誰青,則又往往襲曼倩之詼諧,學莊周之隱語,清言傾四座,非徒貌晉人之風味,實深有激乎其中而聊借玩世。此《笑林廣記》之所以不辭俚鄙,用輯成書,亦足見其一斑矣。書爲同人欣賞,久請付梓,而主人終以游戲所成,惟恐受嗤俗目,不敢問世。昨因坊請甚虔,迺掀髯大噱曰:'知我罪我,吾亦聽之,斯世已矣。'"

此本有扉頁,刻"新鐫笑林廣記。乾隆二十六年仲夏。古艷、腐流、術業、形體、殊稟、閨風、世諱、僧道、貪吝、貧窶、譏刺、謬誤。寶仁堂重梓"。

《續修四庫全書總目提要(稿本)》未著録。《中國古籍善本書目》不收。日本《内閣文庫漢籍分類目録》有乾隆四十六年刻本三部。1985年臺北天一出版社出版《明清善本小説叢刊初編》第六輯《諧謔篇》收入,當另一清刻本,刊刻當在哈佛本後。1999年北京大衆文藝出版社出版《中國禁毁小説百部》第79册收入,作"清程世爵輯;舊馮夢龍撰",北京首都圖書館藏清刻本。又1993年,《光明日報》出版社出版《笑林廣記》,爲傅財校點,據傅財序云,所用底本爲乾隆四十六年刻本,爲清代刻本中"最佳,内容齊全,刻工精巧,殘誤甚少"之本,未詳此説據何而言。又云此書"最早見於宋代的刻本",實爲無稽之説。

鈐印有"堀氏"。

1515　明萬曆刻本新鐫全像一見賞心編　　　　T5747/3631

《新鐫全像一見賞心編》十四卷,明洛源子編集。明萬曆書林萃慶堂刻本。十二册。半頁十一行二十四字,四周單邊,白口,無魚尾。框高20.3釐米,寬11.9釐米。題"鳩茲洛源子編集;書林萃慶堂繡梓"。前有序(末頁佚)。有圖,甚精。

是書卷一至三《幽情類》,卷四《名姝類》、《奇逢類》、《重逢類》,卷五《夢游類》、《僊境類》,卷六《僊女類》,卷七《仙郎類》、《星精類》,卷八《花精類》、《神女類》,卷九《玩適類》、《寵幸類》,卷一〇《宜緣類》,卷一一《魂交類》、《豪俠類》、《賢節類》、《淫冶類》,卷一二《幻化類》、《靈異類》,卷一三《妖魔類》,卷一四《雜傳類》。

《四庫全書總目》未收。《北京圖書館古籍善本書目》有《新鐫批點出像一見賞心編》,明世德堂刻本,存一册二卷,爲卷二四至二五。當與此本不同。又日本内閣文庫所藏同哈佛本。

鈐印有"納户藏東"、"東壁圖書",日人印也。

1516　明陳懷軒存仁堂印本鼎刻江湖歷覽杜騙新書　　　　T5748/1308

《鼎刻江湖歷覽杜騙新書》四卷,明張應俞撰。明陳懷軒存仁堂得板重印本。四册。半頁九行二十字,四周單邊,白口,單魚尾,框高20.4釐米,寬11.8釐米。題"浙江夔衷張應俞著;書林□□□□□梓"。有圖,皆在每卷之前。序佚。

張應俞,字夔衷,浙江人。

所謂"江湖歷覽",意爲作者在江湖闖蕩,目睹耳聞各種騙局之記録。"杜"者,杜絶也。作者在歷數每例騙局後皆有按語,告誡世人"水族多妖,一點犀光照破;心靈有覺,百般騙局難侵"。當今世界,新奇騙術遠比幾百年前更爲狡詐、詭秘,反觀書中所述,雖爲明代之事,然於今日亦不無借鑒。

書分脫剝騙、丟包騙、換銀騙、詐哄騙、偽交騙、牙行騙、引賭騙、露財騙、謀財騙、盜劫騙、強搶騙、在船騙、詩詞騙、假銀騙、衙役騙、婚娶騙、奸情騙、婦人騙、拐帶騙、買學騙、僧道騙、煉丹騙、法術騙、引嫖騙。計二十四類，八十二則。每例後皆有按語，且文字通俗，當為坊間刻印而專售市井百姓之用。

此本有扉頁，刊"杜騙新書。脫剝騙、丟包騙、換銀騙、詐哄騙、偽交騙、牙行騙、引賭騙、露財騙、謀財騙、盜劫騙、強搶騙、在船騙、詩詞騙、假銀騙、衙役騙、婚娶騙、姦情騙、婦人騙、拐帶騙、貪緣騙、僧道騙、煉丹騙、法術騙。存仁堂陳懷軒梓"。

明代以來，專寫騙局一類之書不多見，清代末年吳沃堯(趼人)有《瞎騙奇聞》一書，計八回，然為社會小說，旨在寫迷信之害。又有華亭雷君曜編《繪圖騙術奇談》，三十年代也有名許慕義者，輯有《古今騙術大觀》。

清代此書似未翻刻。本館有日本翻刻本，扉頁題"杜騙新書。作者浙江夔衷張應俞。皇都書林五車樓梓"。前有"明和庚寅春三月初吉書於東武萱洲積翠樓。南宮岳為公父撰。收十七則"。末有"文政元年戊寅初冬求版"。為八行二十字，漢字旁有假名，一冊。按，明和庚寅為清乾隆三十五年，文政元年當清嘉慶二十三年。此當為日本文政元年據明和本再翻刻本，僅收十七則。

日人又有此書譯解詳注本，為《杜騙新書譯解》二卷，扉頁刻"大清浙江張應俞著。日本河原英吉譯解"、"明治十二年五月東京二書房發兌"。明治十二年為清光緒五年，而河原卻將張應俞從明人演變成清人了。是本又有岸印國華序，首句即為"前車之覆，後車之戒，是蓋刻此書者之微意也，讀者請莫作與他小說一樣看也"。

此書流傳不廣，故近年來大陸、臺灣均有影印本出版。如北京中華書局《古本小說叢刊》第三十五輯(影印之底本乃為本館藏本)、臺灣天一出版社《明清善本小說叢刊初編》第三輯(底本與館藏本同板)。但天一本前序亦佚。1992年，孟昭連曾據日本東洋文庫藏日本皇都書林五車樓翻刻本校點，并由天津百花文藝出版社出版，此翻刻本前有萬曆四十五年三嶺山人熊振驥序。熊序不見於影印本，故錄如下：

"嘗聞叔季多弊竇，兵捍東而賊乘西；救挽有良方，般巧攻而墨善守。故維世者不憂江河之下注而砥柱既倒之狂瀾；立言者不嫌蒭蕘之兼收而取鑒已傾之覆轍。他石可借攻玉，盤水有資燭眉。是以藥石非能養生，而可代膏粱以攻疾；傀儡何資御侮，而可代干戚以解圍。蓋善用則不騶手之藥可為將而克敵；纖施則刻棘猴之巧何有補於隙罅。世途任爾風波，利涉唯憑寶筏。今之時，去古既遠；俗之壞，作偽日滋。巧乘拙，智欺愚，人含舌鋒腹劍之險；此挾詐，彼懷猜，世無披心吐膽之交。出鬼入神，變幻九天風雨；胸矛意盾，包藏幾部甲兵。黑地布機關，毒蜮射含沙之影；白日現魑魅，狡兔神脫網之踪。倏陰倏陽，若滅若沒，或反稱鹿馬之狀，或謬托狐虎之威，或詐系肘後之璽，或智脫囊里之錐。相軋相傾，人人斗機鋒之捷；以變以詐，在在起酣戰之場。瞿塘之方，未為險巇；太行比此，還是坦途。智過孫武之選鋒，不止輸一而贏二；巧甚狙公之賦茅，何異暮四而朝三。非燃桓子之犀，莫燭牛渚之怪；即懸秦王之鑒，難照溟海之心。世風於茲極矣，君子睹之惕焉。莒潭張子，忧世哲人，悼虞夏之久逝，觸晚近而興思。身涉畏途，如歷九折之阪；目擊偽俗，擬破百憂之城。乃搜剔見聞，漁獵遠近，民情世故之備書，發匿伏如指諸掌上；奸心盜行之畢述，鉤深隱若瞭在目中。彼翳膜層生，只一金針點破；任伎倆百出，抵以法力澄清。如大禹鑄九鼎之型，而物怪人妖之有備；如神農察百藥之性，而溫涼甘苦之悉諳。

昔西周伯羅衰世而忧危,實系《易卦》、《彖辭》之旨;若韓公子感縱橫而發憤,乃陳《説林》、《説難》之篇,皆不得已而後言,豈無所激而陳詞。故孟子欲絶鄉愿,其要唯在反經;歐公思辟佛氏,其用歸於正本,維世之苦心雖殊,立言之大綱則一。是集之作,非云小補,揭季世之偽芽,清其萌蘖;發奸人之膽魄,密爲關防。使居家長者,執此以啓兒孫,不落巨奸之股掌。即壯游年少,守此以防奸宄,豈入老棍之牢籠。任他機變千般巧,不越溪囊一卷書,故名曰'江湖奇聞',志末世之弊竇也;曰《杜騙新書》,示救世之良策也。其禆世也甚大,其流後也必遠。邇爲數語,聊敘其概。"

按,此本卷一第一頁第三行刻"書林□□□□□梓",□內文字被鏟版。據日本東洋文庫藏傳抄本,該處有"書林漢冲張懷耿梓"。以此推論,此書最早爲明萬曆書林張懷耿刻本,後陳懷軒存仁堂得其板,鏟去"漢冲張懷耿"五字。故此書版本應爲陳懷軒存仁堂得板重印本。陳懷軒又刻有《四書頂門針》不分卷、《新鐫國朝名公神斷□詳情公案》□卷、《眉公陳先生編輯諸書備採萬卷搜奇全書》三十七卷、《新刻艾先生天祿閣彙編採精便覽萬寶全書》三十七卷、《新刻搜羅五車合併萬卷全書》三十四卷等。

《四庫全書總目》未收。《中國古籍善本書目》著録,大連市圖書館及日本尊經閣文庫、内閣文庫、東京大學東洋文化研究所亦有入藏。

1517　明刻重印本新刻音釋旁訓評林寅義三國志史傳　　T5754/2527.1

《新刻音釋旁訓評林寅義三國志史傳》二十卷,明羅本撰。明建邑刻王泗源得板重印本。八册。半頁十四行三十二字,四周單邊,白口,單魚尾。框高21.8釐米,寬11.6釐米。題"建邑梓"。

羅本,字貫中,號湖海散人,浙江錢塘人。一云山西山原人,或云越人。生元末,蓋元明間人。賈仲明《録鬼簿續編》稱其"與人寡合。樂府、隱語,極爲清新。與余爲忘年交,遭時多故,各天一方。至正甲辰復會,別來又六十餘年,竟不知其所終。"

此本卷一書名所題"寅"字,當爲"演"字。卷二至四、卷一〇至一四、卷一六、卷一九至二〇題"新鍥官板全像音釋旁訓演義三國志傳"。卷五題"新刻傍訓三國志傳"。卷六及卷九題"新鍥全像演義旁訓三國志傳"。卷七題"新鍥全像演義旁訓志傳"。卷八題"新鍥全像旁訓三國演義志傳"。卷一五題"新鍥官板全像旁訓演義三國志傳"。卷一七題"新鍥官板音釋旁訓演義三國志傳"。卷一八題"新鍥官板音釋旁訓全像演義三國志傳"。可見書賈刻書,屢易名色,極不一致。

是書爲上圖下文,每半頁一圖,每圖上又有六字或七字一句之標目。圖甚粗劣。文中多簡筆字,若"报"、"礼"、"万"、"国"、"无"、"数"、"随"、"观"、"尝"、"孝"等。

又是書正文前爲"三國志姓氏"。又三足鼎一,上刻"鼎足三分"。又桃園三結義圖一幅。卷二〇末有"晋朝一統圖"。正文首爲"按晋平陽侯陳壽史傳"。每卷分若干段,每段有一題署。兹録如下:

卷一,祭天地桃園結義、劉玄德斬寇立功、安喜縣張飛鞭督郵、何進謀殺十常侍、董卓議立陳留王、吕有(布)刺殺丁建陽、廢漢帝董卓弄權、曹操謀殺董卓不就私奔、曹操起兵殺董卓、虎牢關三戰吕布、董卓火燒長樂宮、袁紹孫堅奪玉璽。

卷二,趙子龍盤河大戰、司徒王允説貂蟬、鳳儀亭吕布戲貂蟬、王允定計誅董卓、李傕郭汜寇長安、曹操興兵報父仇、劉玄德北海解圍、陶謙三讓徐州、曹操定陶破呂布。

卷三，李傕郭汜亂長安、楊奉董承雙救駕、遷鑾輿曹操秉政、呂布月夜奪徐州、孫策大戰太史慈、孫策大戰嚴白虎、呂布轅門射戟、曹操興兵擊張綉、袁術分兵七路下徐州、曹操會兵攻袁術、決勝負賈詡談兵、夏侯惇拔矢啖睛。

卷四，呂布敗走下邳城、白門樓斬呂布、曹操許田射鹿、董承密受衣席(帶)詔、論英雄青梅煮酒會、關雲長襲車冑、曹操興兵拒袁紹、關張擒劉岱王忠、禰衡裸衣罵曹操、曹操三勘吉平、曹操勒死董貴妃、劉玄德走冀州。

卷五，張遼義取關雲長、雲長策馬刺顏良、雲長延津誅文丑、關雲長掛印封金、關雲長獨行千里、關雲長五關斬將、關雲長擂鼓斬蔡陽、劉玄德古城聚義、孫策怒斬於神仙、孫權領衆據江東、曹操官渡戰袁紹、曹操烏巢燒糧草。

卷六，曹操蒼亭破袁紹、劉玄德走荊州、袁譚袁尚爭冀州、曹操決水掩冀州、曹操引兵度壺關、郭嘉遺計定遼東、劉玄德赴襄陽會、劉玄德曜(躍)馬眺(跳)檀溪、劉玄德遇司馬德操、劉備新野遇徐庶、徐庶定計取樊城、徐庶走薦諸葛亮。

卷七，劉玄德三顧諸葛亮、州平路遇玄德、劉玄德風雪謁孔明、玄德見諸葛亮、玄德遇黃承彥、玄德三顧矛(茅)廬先知三分天下、孫權跨江破黃祖、諸葛遺計與劉表、諸葛亮傳(博)望燒屯、獻荊州王燦説劉琮、諸葛亮火燒新野、劉玄德走江陵、長板坡趙雲救主、張飛渭水斷橋。

卷八，劉玄德走江夏、諸葛亮舌戰群儒、諸葛亮激孫權、諸葛亮説周瑜、周瑜定計破曹操、周瑜三江戰曹操、群英會周瑜智蔣幹、諸葛亮計伏周瑜、黃蓋獻計破曹操、闞澤密獻詐降書、曹孟德橫槊賦詩、曹操三江調水軍。

卷九，七星壇諸葛祭風、周公瑾赤壁鏖兵、曹操敗走華容道、關雲長義釋曹操、周瑜南郡戰曹仁、諸葛亮一氣周瑜、諸葛亮傍掠四郡、趙雲智取桂陽城、黃忠魏延獻長沙、孫權合肥大戰、周瑜定計取荊州、劉玄德智娶孫夫人。

卷一〇，錦囊趙雲救主、諸葛亮兩氣周瑜、曹操大宴銅雀臺、孔明三氣周瑜、諸葛亮哭周瑜、耒陽縣張飛薦龐統、馬超興兵取潼關、馬超渭橋大戰、許褚大戰馬超、馬超步戰五將、張松返難楊修、龐統獻策取西川。

卷一一，趙子龍截江救幼主、曹操興兵下江南、劉玄德斬楊懷高沛、黃忠魏延大争功、落鳳坡亂箭射龐統、張飛義釋嚴顏、孔明定計捉張任、楊阜借兵破馬超、葭萌關張飛戰馬超、玄德平定益州、雲長單刀赴會、曹操杖殺伏后。

卷一二，曹操漢中破張魯、張遼大戰逍遙津、甘寧百騎劫曹大寨、魏王宮左慈擲盃、耿紀韋晃討曹操、瓦口張飛戰張郃、黃忠嚴顏雙建功、黃忠鹹斬夏侯淵、趙子龍漢水大戰、劉玄德取漢中、曹操殺主簿楊修。

卷一三，劉玄德進位漢中王、關雲長威震華夏、龐德抬舁櫬戰關公、關雲長水渰七軍、關雲長刮骨療病、呂蒙智取荊州、關雲長大戰徐晃、關雲長走麥城、關公玉泉山顯聖、劉玄德哭關雲長、曹操殺神醫華佗、魏太子曹丕秉政。

卷一四，曹子建七步成詩、漢中王怒殺劉封、廢獻帝曹丕簒位、漢中王成都即帝位、范疆張達刺張飛、劉先主興兵伐吳、吳大夫趙咨説曹丕、關興斬將救張苞、劉先主虎(猇)亭大戰、陸遜定計破蜀兵、劉先主夜走白帝城、八陣圖石伏陸遜。

卷一五，白帝城先主托孤、曹丕五路下西川、難張溫秦宓論天、魏王泛龍舟伐吳、孔明興兵征孟獲、孔明一擒孟獲、孔明二擒孟獲、孔明三擒孟獲、孔明四擒孟獲、孔明五擒孟獲、孔明六擒孟獲、孔明七擒孟獲。

卷一六，孔明秋夜祭瀘水、孔明上出師表、趙子龍大破魏兵、孔明智取三郡、諸葛亮智伏姜維、孔明祁山破曹真、孔明大破鐵車兵、司馬懿智擒孟達、司馬之(懿)智取街亭、孔明智退司馬之(懿)、孔明揮淚斬馬謖、陸遜石亭破曹休。

卷一七，孔明再上出師表、孔明二出祁山、孔明遺計斬王雙、孔明三出祁山、孔明智服司馬懿、司馬懿兵寇漢中、孔明四出祁山、孔明祁山布八陣圖、孔明五出祁山、木門道萬弩射張郃、孔明六出祁山、孔明運木牛流馬。

卷一八，孔明火燒木寨柵、孔明秋夜祭北斗、孔明秋風五丈原、死諸葛走生仲達、武侯遺計斬魏延、魏拆長安承露盤、司馬懿大破公孫淵、司馬懿謀殺曹爽、司馬懿父子秉政、姜維大戰牛頭山、戰徐塘吳魏交兵、孫峻謀殺諸葛恪。

卷一九，姜維計困司馬昭、司馬師廢主立新君、文央單騎退雄兵、姜維洮西破魏兵、鄧艾叚谷破姜維、司馬昭破諸葛誕、忠義士于詮守節、姜維長城戰鄧艾、孫琳廢主立孫休、司馬昭南都試(弒)曹髦、姜維棄車大戰。

卷二〇，姜維大戰洮陽、姜維避禍屯田、鄧艾鍾會取漢中、姜維大戰劍門關、鄧艾鑿出領(山嶺)襲川、諸葛瞻大戰鄧艾、蜀後主輿櫬出降、鍾會鄧艾大爭功、姜維一計害三賢、司馬炎復奪受禪、羊祐(祜)病中薦杜預、王璿(濬)智取石頭城。

卷一三第一頁次行題"古臨沖懷朱鼎臣輯"。卷一四第一行次行題"羊城沖懷朱鼎臣編輯"。朱鼎臣事蹟不詳。《鼎鍥全像唐三藏西游傳》(明萬曆刻本)，題"羊城沖懷朱鼎臣編輯，書林蓮台劉永茂繡梓"。孫楷第據《大明春》，考定鼎臣爲萬曆間人。此本刻於建邑，當爲福建坊間所刻。

《中國古籍善本書目》未著錄。英國倫敦博物院圖書館藏本與此同板。劉修業曾見倫敦本，云："爲王泗源就朱鼎臣舊版補刻而成。朱本尚易得，則此本無多大價值可言。"(見《古典小説戲曲叢考》)倫敦藏本，卷前有玉屏山人小引，此本則佚去。柳存仁《倫敦所見中國小説書目提要》著錄此書較詳細，云封面書題有"原本三國志傳"六字，右上方刻"李卓吾先生批點"，左下方有"敬堂王泗源刊行"。此本無扉頁。劉修業又云"是書原版爲扁體字，補版爲軟體字"。柳存仁也云"我們但看這本子如卷一，第三、第四頁；卷二，第十四頁；卷三，第五至九頁、十三至十四頁、二十至二十二頁……以至其它各卷，都可以找出許多補版字體不同的地方"。然細察全書，此書確有補板，如卷一六第二十九頁，所謂扁體字、軟體字説，則很難定論，因全書字體幾乎一律，略扁。柳云補板之頁，非是。又柳著錄是書之題署漏去二條，并有誤字多處。

此本或爲王泗源得板重印本，所謂"敬堂王泗源刊行"，非其所刻，原板當爲建邑某書坊所雕，故各卷次行有"建邑梓"，("建邑"和"梓"之間空去七字之間隔)或僅餘"書林"兩字。空去之字當被剷去。

按，本館另藏有清嘉慶七年所刻《新刻按鑑演義三國英雄志傳》二十卷，每卷題署和此本基本相同。又倫敦博物院圖書館藏《新刻按鑑全像批評三國志傳》(明萬曆二十年書林余氏雙峰堂刻本)，雖僅存卷一九至二〇兩卷，但題署和此本僅有數字之別。此三本疑爲同一系統，又此本卷四末頁末行刻"新刻京本按鑑"(下面之字被剷去)。此本無暇細翻、細想、細考，留此以待方家證之。

鈐印有"高陽齊氏百舍齋存書之印"、"齊林玉世世子孫永寶用"、"齊氏所藏戲曲小説印"、"如山過目"。又有"石井藏書"、"龍溪書屋"。

1518　明末刻本新鐫全像通俗演義隋煬帝艷史　　T5759/0568

《新鐫全像通俗演義隋煬帝艷史》八卷四十回，題齊東野人撰。明末刻本。十二冊。半頁九行二十字，四周單邊，白口，單魚尾。框高20.3釐米，寬13.4釐米。題"齊東野人編演；不經先生批評"。前有委蛇居士題辭；《凡例》七則。有圖二十幅，不精。

《凡例》云："今《艷史》一書，雖云小說，然引用故實，悉遵正史，並不巧借一事，妄設一語，以滋世人之惑，故有源有委，可徵可據，不獨膾炙一時，允足傳信千古。""隋朝事蹟甚多，今單錄煬帝奇艷之事，故始於煬帝生，而終於煬帝死，其餘文帝國政，一概不載。""煬帝為千古風流天子，其一舉一動，無非娛耳悅目，為人艷羨之事，故名其篇曰《艷史》。"

委蛇居士題辭云："余友東方裔也，素饒俠烈，復富才藝，託姓借字，搆《艷史》一編，蓋即隋氏煬帝事而詳譜之云。其間描寫情態，布置景物，不能無靡麗怊淫，蕩心佚志之處。而要知極張阿摩之侈政，以暗傷隋氏之絕，暗傷隋祀之絕，還以彰明世人之鑒見，樂不可極，用不可縱，富不可盈，父子兄弟之倫，尤不可滅裂。如斯也，則固非野史誆經之捏造訛傳，亦豈情案春詞之長慾導淫乎？有關世俗，大神風教，余竟不揣，亟謀剞劂，願有目者共賞焉。"

金鑲玉裝。

《四庫全書總目》不收。《中國古籍善本書目》著錄。江西省圖書館、湖南省圖書館等六館，及日本內閣文庫、東京大學東洋文化研究所亦有入藏。

1519　明崇禎刻本新鐫全像通俗演義隋煬帝艷史　　T5759/0568.1

《新鐫全像通俗演義隋煬帝艷史》八卷四十回，題齊東野人撰。明崇禎人瑞堂刻本。存一冊。半頁九行二十字，四周單邊，白口。前有笑癡子序，崇禎四年（1631）野史主人序；崇禎四年委蛇居士題辭；《凡例》十二則；隋艷史爵里姓氏。有圖四十幅，較精。

此本僅存首冊，為序及圖等。

有扉頁，刊"艷史。繡像批評。人瑞堂梓"。

《四庫全書總目》不收。《中國古籍善本書目》著錄，上海圖書館、天津圖書館等十五館亦有入藏。日本內閣文庫所藏，疑同此本。

1520　明崇禎刻本第五才子書施耐庵水滸傳　　T5752.03/8181

《第五才子書施耐庵水滸傳》七十五卷七十回，元施耐庵撰；清金人瑞刪評。明崇禎貫華堂刻本。二十四冊。半頁八行十九字，左右雙邊，白口，單魚尾，書口下刻"貫華堂"。框高19.7釐米，寬13.4釐米。

金人瑞，約生於明萬曆三十七年，卒於清順治十八年。對《水滸傳》推崇備至，且以之與《莊子》、《離騷》、《史記》、《杜詩》並列，曰五才子書。因稱施耐庵為第五才子。

卷一為三序，第三序後署"皇帝崇禎十四年二月十五日"；卷二為聖嘆外書（宋史綱、宋史目）；卷三為讀第五才子書法；卷四錄施耐庵序；卷五為楔子。

此貫華堂本《水滸》之結構、情節等，與它本多異。但其所本者，似為全本。其將百二十回

子　部

之引首及百回之前半併爲"楔子"，將第七十一回之"梁山泊英雄排座次"，改爲"梁山泊英雄驚噩夢"，結以盧俊義一夢。又其内容改動亦多，與芥子園本《水滸》等不同處，多達五千條以上。其中有爲文學技巧而改者，亦有因人物意像而改者。金氏腰斬《水滸》，改變了原作者之本意，研究者對此之争論頗多，劉半農則認爲"他的删改，也許可以説還没有達到理想的程度，他的圈點和批語，也許還有些地方過於酸溜溜。但他畢竟是個才子。就全體而論，他對於《水滸》只是有功，不是有罪，他的《水滸》總比其餘一切的《水滸》都好。"（中華書局1934年影印貫華堂本《水滸》序）

此本有扉頁，刊"第五才子。□□□本水滸傳。本府藏板、翻刻必究"。卷一第一至三頁抄配。

《四庫全書總目》不收。《中國古籍善本書目》著録，上海圖書館、天津圖書館等十三館，及日本東京大學東洋文化研究所亦有入藏。又日本尊經閣文庫有明崇禎刻本，不知與此同否。

1521　明末刻本忠義水滸全書

T5752/8181E

《忠義水滸全書》一百二十回，元施耐庵撰，明羅本纂修，明李贄評；《宣和遺事》一卷。明末郁郁堂刻清修本。三十二册。有圖。半頁十行二十二字，四周單邊，白口，無魚尾。書眉上刻評。框高20.9釐米，寬13.8釐米。前有楊定見小引；《發凡》十則；《引首》（題"新鐫李氏藏本忠義水滸全書"）。

按，原刻本書口下有"郁郁堂"三字，此本多剜去。有圖一百二十幅。

此本有扉頁，刻"水滸四傳全書。卓吾評閲。繡像藏本。本衙藏板"。臺北天一出版社《明清善本小説叢刊初編》第十七輯《水滸傳》專輯收有明末郁郁堂刻本。

《中國古籍善本書目》著録，天津圖書館、遼寧省圖書館等七館也有入藏。

1522　清初刻本新列國志

T5759/3240

《新列國志》一百八回，明馮夢龍撰。清初刻本。三十九册。半頁十行二十二字，左右雙邊，白口，單魚尾。書眉上刻評。框高20.5釐米，寬13.6釐米。前有可觀道人序，棗栢居士序；《凡例》七則；引首。

馮夢龍，字猶龍，又字子猶，號龍子猶、墨憨齋主人、顧曲散人、詞奴等，江蘇長洲人。少年時即有才情，博學多識，爲人曠達，治學不拘一格，行動亦每每不受名教束縛。屢考科舉不中，久困諸生間，落魄奔走，曾以坐館教書爲生。崇禎三年，取得貢生資格，任丹徒縣訓導，七年升福建壽寧知縣，十一年秩滿離任，歸隱鄉里。爲著名通俗文學家、戲曲家。

此書乃據余邵魚撰《列國志傳》增補改寫而成。敘東周列國歷史，始周宣王荒淫失政、平王東遷，止七國争雄、秦王統一天下。歷時五百餘年，其間人物衆多，頭緒紛繁，但敘來眉目清楚，詳略得宜。此本最早有明崇禎間金閶葉敬池刻本，有圖，其書又有扉頁，左欄小字識語云："正史之外厥有演義，以供俗覽，然亦非庸筆能辦。羅貫中小説高手，故《三國志》與《水滸傳》並稱二絶，《列國》、《兩漢》僅當具臣。墨憨齋向纂《新平妖傳》及《明言》、《通言》、《恒言》諸刻，膾炙人口，今復訂補二書，本坊懇請先鐫《列國》，次當及《兩漢》，與凡刻迥别，識者辨之。金閶葉敬池梓行"。據此可知，此書成書在《醒世恒言》之後，而葉刻《恒言》在天啓七年。

可觀道人序云："墨憨氏重加輯演,爲一百八回,始乎東遷,迄於秦帝。東遷者,列國所以始;秦帝者,列國所以終。本諸《左》、《史》,旁及諸書,考核甚詳,搜羅極富。雖敷演不無增添,形容不無潤色,而大要不敢盡違其實。凡國家之廢興存亡,行事之是非成毀,人品之好醜貞淫,一一臚列,如指諸掌。是故鑒於襃姒、驪姬,而知嬖不可以篡嫡;鑒於子頹、陽生,而知庶不可以奸長;鑒於無極、宰嚭,而知佞不可以參贊;鑒於囊瓦、郭開,而知貪夫之不可與共國;鑒於楚平、屠岸賈、魏顆、豫讓,而知德怨之必反;鑒於秦野人、楚唐狡、晉里鳧須,而知襟量之不可以隘;鑒於二姜、崔、慶,而知淫風之足以亡身而覆國;鑒於王僚、熊比,而知非據之不可幸處;鑒於商鞅、武安君,而知慘刻好殺之還以自中;鑒於晉厲、楚靈、欒黶、智伯,而知驕盈之無不覆;鑒於秦武王、南宮萬、養叔、慶忌,而知勇藝之無全恃;鑒於燭武、甘羅,而知老幼之未可量;鑒於越勾踐、燕昭、孟明、蘇季子,而知困衡之玉汝於成;鑒於宋閔公、蕭同叔子,而知凡戲之無益;鑒於里克、茅焦,而知死生之不關於趨避。至於西門豹、尹鐸之吏治,鄭莊、先軫、二孫、二起、田單、信陵君、尉繚子之將略,孔父、仇牧、荀息、王蠋、肥義、屈原之忠義,專諸、要離、聶政、夷門侯生之勇俠,介子推、魯仲連之高尚;管夷吾、公孫僑之博洽,共姜、叔姬、杞梁妻、昭王夫人之志節,往蹟種種,開卷瞭然,披而覽之,能令村夫俗子與縉紳學問相參。若引爲法誡,其利益亦與六經諸史相垺。寧惟區區稗官野史,資人口吻而已哉!墨憨氏補輯《新平妖傳》,奇奇怪怪,邈若河漢,海內驚爲異書。茲編更有功於學者,浸假兩漢以下以次成編,與《三國志》彙成一家言,稱歷代之全書,爲雅俗之巨覽,即與《二十一史》並列鄴架,亦復何愧。"

《凡例》云："茲編以《左國》、《史記》爲主,參以《孔子家語》、《公羊》、《穀梁》、《晉乘》、《楚檮杌》、《管子》、《晏子》、《韓非子》、《孫武子》、《燕丹子》、《越絶書》、《吳越春秋》、《呂氏春秋》、《韓詩外傳》、劉向《説苑》、賈太傅《新書》等書,凡列國大故,一一備載,令始終成敗,頭緒井如,聯絡成章,觀者無憾。"

目錄後有《春秋戰國輿地總圖》、《皇明輿地圖》。據《中國古籍善本書目》,是書又有明末刻本,藏中國國家圖書館、天津圖書館等五館。又有明末刻贈言堂印本,藏陝西師範大學圖書館。《續修四庫全書總目提要(稿本)》著録。《中國古籍善本書目》著録,上海圖書館、南京圖書館、遼寧省圖書館等七館也有入藏。

1523 清初刻本鐫李卓吾批點殘唐五代史演義傳

T5755/6175.1B

《鐫李卓吾批點殘唐五代史演義傳》八卷六十回,明羅本撰;明李贄評。清初刻本。四册。有圖。半頁九行二十字,四周單邊,白口,單魚尾。框高20.5釐米,寬12.8釐米。題"貫中羅本編輯;卓吾李贄批評"。前有周之標序;總目。

此書作者署羅本,當是僞托。

是書依據史傳,間以虛構,以編年形式,起黃巢起義,終於陳橋兵變。據《中國古代小説總目》(白話卷),此書前七卷將近五十回寫梁代、唐代,著重寫黃巢、李克用、李存孝,渲染存孝之勇及被殺之冤。第八卷敘晉、漢、周三代。情節前後不成比例,後部草草而成。

周之標序云："茲集也,五代附殘唐後者也。五代紛更不堪論,殘唐殘壞不忍論。伸信、越而詘瑜、亮,是使全忠、敬塘輩得藉口也;嚴莽、操而寬檜、倫,是又使令孜、敬瑄輩得藉口也。然則置五代而余又憑何論以論之?巨寇縱横,權璫蔽惑之際,獨能輔政總戎,大展經略,刺血流涕,感動一時,雖收功於李克用,而首唱(倡)大義望隆蕃漢者,鄭畋一人而已。惜爲田令孜、陳敬瑄等所忌,以公保罷政。嗟乎!彼殺侯昌業,殺孟昭圖,殺常濬,不能容一賢拾遺補闕,能容賢相臣耶?此又余所爲採正史以論野史者也。"

圖十二幅,每圖之後有贊。按,日本天理大學圖書館有明刊本,亦八卷六十回,行款及版心所題等均同此本,但有圖三十一幅。此本有補板,如卷七第三十一頁。李贄評在每回之後,作"卓吾子評"。"玄"、"弘"字不避帝諱。

《續修四庫全書總目提要(稿本)》未收。《中國古籍善本書目》著録,上海圖書館、天津圖書館等十一館也有入藏。又首都圖書館、中國戲曲研究院圖書館等五館有明末刻本,行款同此本,疑爲一本。日本《内閣文庫漢籍分類目録》有《鐫玉茗堂批點殘唐五代史演義傳》二卷六十回,清三讓堂刻本。1983 年,北京寶文堂書店有校點本。

鈐印有"藥師寺",日人印也。

1524　清初刻本新鐫全像武穆精忠傳　　　　　T5762.9/2344.1

《新鐫全像武穆精忠傳》八卷,明佚名撰。清初刻本。八册。有圖。半頁十行二十一字,左右雙邊,白口,單魚尾。框高 19.7 釐米,寬 12.8 釐米。前有李春芳序。

卷一"斡離不舉兵南寇　李綱措置禦金人","宋欽宗倡義講和　許翰請用種師道","師中大戰殺熊領　金粘罕邀求誓書","宋徽欽北狩沙漠　宋康王泥馬渡江","岳鵬舉辭家應募　宋高宗金陵即位";卷二"李綱奏陳開國計　李綱力劾張邦昌","岳飛與澤談兵法　岳飛計畫河北策","李綱諫車駕南行　宗澤約張所出兵","宗澤定計破兀朮　粘没喝京西大戰","劉豫激怒斬關勝　宗澤大捷兀朮兵";卷三"高宗車駕走杭州　苗傅作亂立新君","張浚傳檄討苗傅　韓世忠大破苗翊","洪皓持節使金國　胡寅前後陳七策","岳飛破虜釋王權　兀朮大戰龍王廟","韓世忠鎮江鏖兵　岳統制楚州解圍";卷四"劉子羽議守四川　宋高宗議建東宫","兀朮兵寇和尚原　安雄大戰箭笞嶺","劉豫建都汴梁城　岳飛用計破曹成","劉子羽分兵拒敵　吳璘大戰仙人關","張浚被劾謫嶺南　宋高御駕親征";卷五"韓世忠鏖戰大儀　岳飛兩戰破李成","議防邊李綱獻策　詔岳飛征討湖寇","岳飛定計破楊么　牛皋大戰洞庭湖","劉豫興兵寇合肥　楊沂中藕塘大捷","鎮汝軍岳飛立功　岳鵬舉上表陳情";卷六"岳飛奏請立皇儲　金熙宗廢謫劉豫","議求和王倫使金　世輔計擒撒離喝","李世輔義釋王樞　胡世將議敵金兵","王烏禄大驅南寇　宋劉錡順昌鏖兵","張琦大戰青貂嶺　小商橋射死再興";卷七"岳飛兵距黄龍府　秦檜怒貶張九成","劉大尉疊橋破虜　楊沂中戰敗豪州","秦檜定計削兵權　吳璘設立疊陣法","岳飛上表辭官爵　岳飛訪道月長老","周三畏鞫勘岳飛　下岳飛大理寺獄";卷八"秦檜矯詔殺岳飛　何鑄復使如金國","和議成洪皓歸朝　陰司中岳飛顯靈","秦檜遇風魔行者　弑熙宗顔亮弄權","東陽寺施全死議　棲霞嶺詔立墳祠","效顰集東窗事犯　冥司中報應秦檜"。

此本有扉頁,刻"宋精忠傳。李卓吾評。繡像傳奇。天德堂藏板"。並鈐有"天德堂藏版"。封面有原籤,刊"天德堂繡像宋精忠傳"。有圖,尚精,每半頁二幅,計六十四幅。每圖皆有七字句目。"玄"字不避帝諱。此八卷本又有李贄評本,明末萃錦堂刻本,藏大連市圖書館;有清初刻映秀堂印本,河南省圖書館、大連市圖書館、北京大學圖書館入藏;有清康熙刻本,藏臺北"國家圖書館"。另七卷本有明于萃玉删訂,題"岳武穆盡忠報國傳",明末友益齋刻本,中國國家圖書館、上海圖書館入藏。六卷六十八回本,爲明鄒元標編訂,題"岳武穆精忠傳",清刻本,中國國家圖書館藏;又有清乾隆四十一年文光堂刻本,浙江圖書館、中國社會科學院文學研究所入藏。

《續修四庫全書總目提要(稿本)》未收。《中國古籍善本書目》著錄,有明末天德堂刻本及清初天德堂刻本二種,前者藏上海圖書館、南京圖書館等五館,後者藏中國國家圖書館、北京市文物局。上海古籍出版社《古本小說集成》第三輯有此書,底本爲北京大學藏嘯花齋本。

鈐印有"高陽齊氏百舍齋存書之印"、"齊氏所藏戲曲小說印"、"齊林玉世世子孫永寶用"。

1525　清刻本新鐫秘本續英烈傳　T5759/3848

《新鐫秘本續英烈傳》二十回,題空谷老人撰。清刻本。六册。半頁八行二十字,四周單邊,白口,無魚尾。框高19.3釐米,寬11.3釐米。目錄頁題"空谷老人編次"。前有空谷老人序;《凡例》七則。

空谷老人,簡歷不詳。

此書敍明初建文、永樂"靖難之變",多民間傳說。明燕王有志圖皇位,招兵買馬,以待時機。太祖駕崩,建文帝登位,防察燕王舉動。燕王以靖難爲名,與朝廷軍隊交戰,攻入京城。建文帝祝髮爲僧,至神樂觀出家。燕王登基,改元永樂。至正統年間,建文帝至京師,被迎入大內,建庵以居。

《凡例》云:"小言家多褻戲言以悅耳目,此係傳書,意在傳信,故不敢妄增一語,以亂是非。""建文仁君、永樂英主,俱各有本末,各有是非,千秋自定。此惟據實詳書,以備觀覽,絶不以管蠡之私妄加褒貶。""體從小言者,欲通俗廣傳也。""名續英烈者,欲繼正英烈而傳也。"

此書版本較多,有五卷三十四回本、不分卷二十回本、四卷二十四回本。

五卷三十四回本,有清六宜堂刻本,九行二十一字,扉頁刻"繡像永樂定鼎全志。六宜堂梓"。藏法國巴黎國家圖書館。有中華書局《古本小說叢刊》本。

勵園書室刻本,九行二十一字,扉頁刻"續英烈傳。秦淮墨客編輯。玉茗堂批點。勵園書室梓"。藏北京大學圖書館、大連圖書館。有上海古籍出版社《古本小說集成》本。

其他則有本衙藏板本、集古齋刻本、經國堂刻本、會文堂刻本,均九行二十一字。

不分卷二十回本,除館藏此本外,又有觀成堂刻本,八行二十字,藏日本東洋文庫;道光雙桂堂刻本,八行二十字,藏上海復旦大學圖書館。

四卷二十四回本,有光緒二十年成文信記刻本,十一行二十四字,藏日本東京大學東洋文化研究所。

此本似未有著錄。有扉頁,刻"續英烈傳。批評繡像秘本。本衙藏版"。

《續修四庫全書總目提要(稿本)》著錄,爲三十四回坊刊大字本。《中國古籍善本書目》著錄《續英烈傳》五卷三十四回,清刻本,中國社會科學院文學研究所收藏。

鈐印有"古心"、"李印寅應"、"延礽書房"。

1526　明刻本新刻全像三寶太監西洋記通俗演義　T5759/1347

《新刻全像三寶太監西洋記通俗演義》二十卷一百回,明羅懋登撰。明三山道人刻本。二十册。半頁十二行二十五字,四周雙邊、四周單邊不等,白口,單魚尾。框高21.7釐米,寬13.7釐米。題"二南里人編次;三山道人繡梓"。前有萬曆二十五年(1597)羅懋登序。有圖。

羅懋登，字登之，萬曆間人。曾有《香山記》傳奇，又注釋《投筆記》，爲《西廂記》、《拜月亭》、《琵琶記》作過音釋。清黄文暘《曲海總目提要》以羅爲陝西人，然而此書中所用俗語，如"不作興"、"小娃娃"之類，應爲今南京一帶通行語言。

是書敍寫明初鄭和、王景弘等人下西洋通使三十餘國事，幷穿插不少神魔故事及奇事異聞。清俞樾《春在堂隨筆》云："其書視太公封神、玄奘取經，尤爲荒誕，而筆意恣肆，則似過之……書雖淺陋，而歷年數百，便有備考證者，未可草草讀過也。"全書構思奇特，情節曲折，是繼《西游記》之後，較有特色之長篇神魔小説。

《四庫全書總目》未收。《中國古籍善本書目》著録，中國國家圖書館、首都圖書館等三館有全帙。臺北"國家圖書館"（兩部）也有入藏。按，是書清初步月樓又有重修本，中國國家圖書館、上海圖書館等十館入藏。日本内閣文庫有明萬曆二十五年序後印本。

1527　清初刻本剿闖小説

T5759/2790

《剿闖小説》十回，題西吳懶道人撰。清初刻本。四册。有圖。齊如山跋。半頁九行二十六字，四周單邊，白口，無魚尾。書口上方刻"忠孝傳"。框高21釐米，寬11.1釐米。題"西吳懶道人口授"。無序跋。

懶道人無考。此本應有無競氏序，但佚去，序云："余結夏半月泉精舍，遇懶道人從吳下來，口述此事甚詳，因及西平剿賊一事，娓娓可聽，大快人意，命童子援筆録之。可怒可喜，具在編中，用以激發忠義，懲創叛逆，其於天理人心，大有關係，非泛嘗因果平話比。"因書中大量抄録《國變録》、《泣鼎傳》等，不像據口述編訂。以書中對明朝選士"重科目、循資格"之強烈抨擊推測，作者或是科場失意之人。

此爲清初人撰時事小説，敍李自成農民戰爭始末，刻畫明王朝即將覆滅時士人之心態，鞭撻逆子貳臣，表彰忠臣義士，痛陳覆亡原因。全書雖以時間爲序，起李岩民變聚衆，止於弘光封爵吳三桂，但無完整故事情節。又因聯綴各不相屬之當時佚聞傳説，在文體風格上接近野史雜録，只是以通俗小説之形式寫成。

第一回"李公子民變聚衆　闖踏天兵盛稱王"，第二回"北京城文武偷安　承天門闖賊射劍"，第三回"僞相藉地點朝官　忠臣損軀殉聖主"，第四回"衆逆臣甘受僞官　宋矮子私談朝政"，第五回"迫金錢賊將施威　求富貴降臣勸進"，第六回"吳總鎮舉義勾東虜　李逆闖大敗走關西"，第七回"蘆溝橋樵夫嘆岐路　金壇縣秀子鬧黌宫"，第八回"肇中興南都正位　感時事草莽上書"，第九回"愚百姓怕死迎僞官　舊閣部用計復德州"，第十回"黎巡撫協力勦僞黨　吳平西孤忠受上爵"。

齊如山跋云："此書雖名《剿闖小説》，然寫闖事並不多，且不聯貫，而於盡節、降賊諸臣，皆著意書之。是蓋借李自成爲引線，欲後人知當時幾個忠臣及背逆之名姓耳。因明末報國乏人，乃歸罪於八股取士之不當，借喻志奇、賈飛等人口中數數言之。在明朝，極重科舉時代，有此思想，可謂獨具隻眼。其於清朝亦未謾罵，不過加一虜字而已，遂被乾隆禁售，是足見清朝文字獄之苛酷，因被禁止，遂不多覯。只《禁書目》中有之，其他書目未見著録，國內收藏家亦未聞有此。據孫君子書《中國通俗小説書目》云，日本内閣文庫藏有一部，則此卷或爲國內孤本矣。惜亦微殘，且序文目録均已失去，附圖亦殘缺太甚，無從知其正文共缺若干。惟按《新世弘勳》一書，完全由此脱胎而成，不過前後稍加首尾，以彼末尾情節衡之，則此書所缺亦不過一半頁耳。

雖非完璧,亦足珍矣。民國三十又三年十二月朔。高陽齊如山識,時七年餘未出門矣。"

謝國楨《增訂晚明史籍考》云:"是書記甲申年李自成進入北京之事,演爲小說,分爲十回,每回有圖,清乾隆間入《禁書總目》。記事蕪雜,章奏檄文,率行登入,非小說體。然當時案牘文移,亦賴之以傳,明季所演時事小說,率多類是。惟書目有奴酋字樣,且稱吳三桂之忠,知此書蓋作於清兵初入關時也。"

金鑲玉裝。楷書。文旁附刻句讀。圖三頁六幅(全者僅二幅)。此爲禁書,《禁書總目》著錄。此本與日本内閣本不同,内閣本爲八行二十二字,版心題"剿闖小説",有西吳九十翁無競氏序。孫楷第《日本東京所見中國小說書目》述之甚詳。

《續修四庫全書總目提要(稿本)》著録,乃爲日本内閣文庫藏本,作《新編剿闖小説》十回,明刻本。《中國古籍善本書目》著録,吉林省社會科學院圖書館入藏。臺北"國家圖書館"也有收藏。中國國家圖書館有《新編剿闖孤忠小説》十卷,清初刻本。此外也有題《剿闖小史》二卷十回(清抄本,南開大學圖書館)、《新編剿闖小説》五卷(清抄本,傅以禮跋,中國國家圖書館)者。中華書局《古本小説叢刊》第三十八輯收有《新編剿闖小説》。

鈐印有"高陽齊氏百舍齋存書之印"、"齊氏所藏戲曲小説印"、"齊林玉世世子孫永寶用"、"如山讀過"。

1528　清刻本新世鴻勳

T5762.9/3410

《新世鴻勳》四卷,清題蓬蒿子編。清姑蘇稼史軒刻本。四册。齊如山跋。半頁十行二十四字,四周單邊,白口,單魚尾。框高 17.7 釐米,寬 10.6 釐米。目録頁題"蓬蒿子編"。無序跋。

蓬蒿子,無考。

此書以《剿闖小説》爲藍本,述李自成、李岩、宋獻策等義軍起事,直至失敗結局,清帝入主中原故事,以史事參雜其中,多小説家語。

卷一第一回"閻羅王冥司勘獄　玉清帝金闕臨朝",第二回"滕六花飛怪露形　蚩尤旗見天垂象",第三回"梅三島藥按君臣　李十戈禍延夫婦",第四回"柳巡撫勤王赴敵　李自成試技誇人",第五回"李自成糾兇謀叛　李公子發粟賑飢",第六回"李公子附闖圖王　宋孩兒投身獻秘";卷二第七回"左良玉大戰中州　張獻忠慘屠西楚",第八回"自成計占西安府　督師兵掠東光縣",第九回"馮師孔榆林殉節　朱之馮宣府捐軀",第十回"崇禎皇洩露玄機　張真人祈禳妖孽",第十一回"盡貞忠君臣並烈　殉社稷帝后同崩";卷三第十二回"逆惡逞焰亂都城　忠烈捐生殉聖主",第十三回"諸縉紳酷罹非刑　衆裙釵奇遭慘辱",第十四回"賊黨向逆闖陳言　公主夢先皇殺賊",第十五回"紫微垣諸神見帝　清虛殿二宿還宮",第十六回"諸神將冥中攝魄　李自成夢里驚魂";卷四第十七回"吳將軍請兵雪憤　李自成遣將招降",第十八回"吳將軍長驅南下　李自成大敗西奔",第十九回"貝千兵忠陳確論　方直指計斬僞官",第二十回"汪按臺連鬥叛賊　洛撫院固守淮城",第二十一回"牛金星計殺李岩　吳將軍力擒闖賊",第二十二回"大清主登庸治世　張真人建醮酬天"。

齊如山跋云:"此書完全脱胎於《剿闖小説》,蓋恐原書犯禁,故將其中之'虜'字删去,又在前後加了兩段恭維清朝的文字,到乾隆朝,原書與此終皆被禁。按,此中並無違禁字樣,或因兩書確是一物,禁彼則不好意思不禁此耳。雖亦被禁,但終係被原書連累,禁亦不嚴,書肆偷行刊印者,亦未遭官家干涉。清初印本,尚有存者,如慶雲樓、載道堂等刊本是也。嘉慶以後印者,亦復不少,後改名《新史奇觀》,印者尤多。稼史軒本,亦清初出板,共有兩種,一爲足本,即此;一爲節本,均不多見。據《中國通俗小説書目》,載《日本舶載書目》曾經著録,國内尚無存者。余最初收得節本,後又得此,乃特爲鑲襯而裝潢之。民國三十三年冬齊如山識,時年六十有八。"

此本有扉頁,刻"定鼎奇聞。新世鴻勳。大明崇禎傳。姑蘇稼史軒梓"。金鑲玉裝。

《中國古籍善本書目》著録清順治慶雲樓刻本,藏大連市圖書館(全帙)、北京大學圖書館(殘本);清初載道堂刻本,上海圖書館、大連市圖書館藏。此書又有其他版本,如嘉慶八年索古堂刻本,改題《新史奇觀演義全傳》,藏天津圖書館;道光二十九年刻本,改題《順治過江全傳》,藏南京圖書館;同治三年刻本,改題《新史奇觀全傳》,藏南京圖書館。此外還有道光十六年文淵堂刻本,改題《新史奇觀全傳》。又有福文堂刻本,改題《大明傳定鼎奇文》,藏英國皇家亞洲學會。此姑蘇稼史軒本,魯迅故居圖書館也有收藏。

鈐印有"齊林玉世世子孫永寶用"、"齊氏所藏戲曲小説印"、"高陽齊氏百舍齋存書之印"、"如山讀過"。

1529　清刻本醒夢駢言　　T5748/4608

《醒夢駢言》十二回,清菊畦主人輯。清刻本。十二册。有圖。民國齊如山跋。半頁十行二十二字,四周單邊,白口,單魚尾。框高 19 釐米,寬 11.2 釐米。目録頁題"菊畦主八(人)偶輯"。前有閒情老人序。

作者無考。

此爲清人小説,每回演一故事,内容均取材於《聊齋志異》。以白話敷演《聊齋》者,此爲第一部。今據鑄雪齋抄本《聊齋志異》,可知此刻本第一回"假必正紅絲夙繫空門　偽妙常白首永隨學士"乃抄本卷一一"陳雲棲"篇;第二回"遭世亂咫尺拋鴛侣　成家慶天涯聚雁行"乃抄本卷二"張誠"篇;第三回"獃秀才志誠求耦　俏佳人感激許身"乃卷二"阿寶"篇;第四回"妬婦巧償苦厄　淑姬大享榮華"乃卷一一"大男"篇;第五回"逞兇焰欺凌柔懦　釀和氣感化頑殘"乃卷一一"曾友于"篇;第六回"違父命孽由己作　代姐嫁福自天來"乃卷四"姐妹易嫁"篇;第七回"遇賢媳虺蛇難犯　遭悍婦狼狽堪憐"乃卷一○"珊瑚"篇;第八回"施鬼域隨地生波　仗神靈轉災爲福"乃卷一○"仇大娘"篇;第九回"倩明媒但求一美　央冥判竟得雙姝"乃卷三"連城"篇;第十回"從左道一時失足　納忠言立刻回頭"乃卷三"小二"篇;第十一回"聯新句山盟海誓　詠舊詞璧合珠還"乃卷三"庚娘"篇;第十二回"埋白石神人施小技　得黃金豪士振家聲"乃卷三"宫夢弼"篇。

閒情老人序云:"菊畦子蓋迫欲爲若人驅睡魔也,因集逸事如干卷,顔曰《醒夢駢言》以救之,是是書命名之意也。吁,是書也深言之作,如是解淺言之,殆亦欲善睡者愛讀而忘寢乎?"

齊如山跋云:"此書共爲十二段,全爲蒲留仙繙爲文言《聊齋》,所改之文固極精神,而此白話亦頗不弱。《中國通俗小説書目》未能斷定作者爲清人抑或明人,以余揣度,當係明人無疑。其每段均有一帽,乃係三言二拍之體裁,蓋明季短篇小説流風使然也,且每段末尾皆有子孫幾人、科名如何等情節,此亦因明朝極重科名,故作者樂於書之。《聊齋》文中則大半將此刪去。至其刊板中有若干頁字係方體,亦能表現明板氣味,惟圖畫太草率耳。甲申初伏,齊如山識,時年六十有八。""此段跋語很有錯誤。民國四十年春,如山又識。"

金鑲玉裝。有圖十二幀,圖甚劣,上有題詩。此類圖畫,當清代嘉慶或嘉慶以後所繪。《中國通俗小説書目》著録有稼史軒刻大字本,原藏孔德圖書館,今藏北京首都圖書館。

《中國古籍善本書目》未著録。

鈐印有"齊林玉世世子孫永寶用"、"如山讀過"、"高陽齊氏百舍齋存書之印"、"齊氏所藏戲曲小説印"。

1530　清康熙刻本呂祖全傳　　　　　　　　　　　T5762.9/6624

《呂祖全傳》一卷,清汪象旭撰。清康熙汪氏蜩寄刻本。二册。有圖。齊如山跋。半頁九行二十四字,四周雙邊,白口,單魚尾。書口下刻"蜩寄"。框高18.6釐米,寬10.7釐米。題"唐弘仁普濟孚佑帝君純陽呂仙撰;奉道弟子憺漪子汪象旭重訂原名淇字右子;同道何應春、費欽、鍾山、吳道隆、鄭汝承、查宗起同校"。前有上清玉虛得道真人白玉蟾序;康熙元年(1662)汪象旭小引;王處一、林逋等贊;汪象旭撰《校辨俚説》三則;附載目録。

汪象旭,原名淇,字右子,號憺漪子,又號殘夢道人,西陵人。又有《濟陰綱目箋釋》、《保生碎事》、《尺牘新語》等。

是書爲宣揚道教之小説,所題呂祖撰,當是僞托。書述呂洞賓出生、求道、度世、成仙事。

汪象旭小引云:"予童年多病,以寡兄弟,二人絕愛憐之,自誦讀外,不許嬉遊。迨弱冠後,逐朋儕,恣淫佚,或示以保精嗇神之道者,亦未之信也。或患沉疴,巫醫俱謝卻。予昏昏時,乃夢至一山崖,見純陽子以棕扇拂予首曰:爲汝續頸,仍囑以數語。余頓醒,病即霍然。每欲皈依祖師,以謝再生之德,而世故紛綸,因循悠忽。又以力攻舉子業,思得一當,以遂顯揚之志,故雖信奉已久,而未能峕也。繼遭世變亂,一廛兩徙,皆爲兵據,困無復之。唯有課督兒輩,冀其共成予志,逢時坎坷,屢未得售。庚子冬,始克襄兩先人大事,遂決意奉玄,用酬夙願。辛丑夏,即於書舍供奉祖師,又皈依善長孫師,誓無退悔。終日唯簡道藏,閱丹經,以娛餘年爲終老計。一日,於故簏得祖師鸞筆,所著本傳,文詞近俗,披閱間忽若有得,遂謀廣之,以爲好道者證。並録祖師普度古今諸事,附於其後,暨余平日聽睹所及,即筆記之,彙爲覺玄碎事,合刻成集。將以砭世俗淫穢之説,啓高明信持之志,使知古今有其理實有其事,有其人實有其應,以自勉者推之,以勉斯世云爾。"

齊如山跋云:"此係原刊初印本,實不多見,惜已殘缺。余收此則專爲書前幾頁圖畫,這種技術,自以明朝爲最精,到清朝已大見退化。而此畫工、刻工,尚均能工細如此,殊屬難得,因付鑲襯而保存之。民國三十三年冬,齊如山識於表背胡同之百舍齋,時年六十有八,正避難家居,七年餘未出門矣。"

金鑲玉裝。此本有扉頁,朱藍套色,刻:"呂純陽祖師全傳。西陵憺漪子重訂。修仙度世小説。艷説浮詞,啓邪導惡,匪特上犯王章,抑且陰貽仙遣。兹得呂祖鸞筆,手著全傳,義雖通俗,意本渡人,短詠長歌,每寓修真妙訣,搜奇説夢,俱屬覺世良方。盥手宣揚,不亞列仙,源流□記,虔心信奉,豈減太上感應之篇,不但有異乎稗編,真是迥超□瞽説,庶見者聞者,共樂流傳,在道在家,爭爲寶玩云爾。□□□王□□□□讀□□。"圖九幅,甚精,第一圖爲呂祖像,第六圖右邊有"念翊寫",當爲繪工。又"玄"字不避帝諱。

《續修四庫全書總目提要(稿本)》、《中國古籍善本書目》未著録。中華書局《古本小説叢刊》第三十八輯收有此書,底本即爲館藏此本。上海古籍出版社《古本小説集成》第21册也有

《吕祖全傳》,底本爲北京大學圖書館藏咸豐九年實賢堂刻本。

鈐印有"如山讀過"、"高陽齊氏百舍齋存書之印"、"齊氏所藏戲曲小説印"、"齊林玉世世子孫永寶用"。

1531　清刻本新刻鴛鴦　　　　　　　　　　　　　　T5763.9/2913.2

《新刻鴛鴦》四卷十二回,清題煙水散人撰。清刻本。二册。齊如山跋。半頁十行二十四字,白口,單魚尾,書口上方刻"鴛鴦"。框高 16.8 釐米,寬 10 釐米。目録頁題"樵李煙水散人編次"。無序跋。

煙水散人者,疑即清徐震。

此書即《鴛鴦媒》,一名《鴛鴦配》,乃才子佳人故事。述宋理宗時,龍圖閣學士崔信兩女玉英、玉瑞,與書生申雲、荀文互爲愛慕,並以家藏珍寶紫玉鴛鴦二枚相贈,私訂終身,經過一番磨難,最終得成佳偶。

卷一第一回"開賢館二俊下帷　小戲謔一言成隙",第二回"玩聯詞滿座嘆賞　點龍睛靈畫騰空",第三回"入書齋窺詩題和　赴池畔遞柬傳情";卷二第四回"憐才雙贈玉鴛鴦　恨奸獨自草奏章",第五回"奸臣蠹國害忠良　獸友設計竊羅帕",第六回"鳳娘妓館贈金釵　申雲酒樓逢俠客";卷三第七回"襄陽城火龍援難　阮家莊太公留賓",第八回"投香刹錯認荀文　聞美艷計劫玉英",第九回"绿林寨中逢故友　龍虎榜上兩同登";卷四第十回"代回書令使通誠　征巨寇延醫進鴆",第十一回"看靈畫路逢玉英　逞俠氣智劫仲宣",第十二回"上奏疏下詔褒封　隱桐廬霞觴祝壽"。

齊如山跋云:"此書國内外小説書目等皆未見著録,亦不著撰人,只題'樵李煙水散人編次',書面題'天花藏主人訂',則著者當在清初。刊板係出自平常書坊,然行闊字稀,較後來坊刻之擠密者不同,且'玄'字末筆有缺有不缺,似爲康熙間所刻。若雍乾以後,避諱之令已嚴,雖坊間草刻本,恐亦不敢如是之隨便矣。如山。"

日本《内閣文庫漢籍分類目録》著録,書名作《鴛鴦配》,版本作"清刊"。《中國通俗小説書目》卷四《明清小説部乙》著録,云日本内閣文庫有"舊刻本",書名作《鴛鴦配》,不同於本館藏本。清光緒間,上海書局有石印本,書名改題《繡像第三奇書玉鴛鴦》。

金鑲玉裝。有扉頁,刻"鴛鴦媒。靝花藏主人訂。瀟灑文章"。目録頁題"新刻鴛鴦"。按,此書據字體及紙張,似應刊刻在嘉慶、道光間。

鈐印有"齊林玉世世子孫永寶用"、"高陽齊氏百舍齋存書之印"、"如山過目"。

1532　清刻本墨憨齋新編繡像醒名花　　　　　　　　T5759/3240.1

《墨憨齋新編繡像醒名花》十六回,題明馮夢龍撰。清刻本。八册。有圖。齊如山跋。半頁八行二十字,四周單邊,白口,無魚尾。框高 19.3 釐米,寬 11.2 釐米。前有墨憨主人序。

此書述才子湛國瑛與佳人梅杏娘婚戀傳奇。"醒名花"爲杏娘別號。第一回"吉士懷春題紫燕　侍姬游戲學紅娘",第二回"范道人遺囊顯道術　梅杏娘平地玷水清",第三回"高知縣憐才假索詠　陶總兵念舊寔親囗",第四回"雙流縣贈金逊難　范安屯借寇棲蹤",第五回"奔父命巧遇攢戟嶺　避仇人身羈不染庵",第六回"慈航渡慣作陷人坑　連理枝陰謀劫妹計",第七回

"假扮盜自投法網　真仗義暫寄嬌娥",第八回"持大節立功鯨浪　設奇謀顯智蓮壇",第九回"陶參府遣使求賢　賈大王折沖衛國",第十回"陶藥侯重荷天恩　范雲侶復申仙語",第十一回"修法事俾女歸姑　慶壽筵親翁得婦",第十二回"武僞將棄暗投明　范真人將機就計",第十三回"衆魔軍孤山覆没　諸義俠麟閣留名",第十四回"草奏章報恩留直　傳好信倚玉連枝",第十五回"証錯箋花燭話前因　脱空門情郎完舊約",第十六回"悟天緣樽前成八詠　迷富貴醒後卻三公"。

第一回第三頁末行有"如今且演説一段佳人才子的新奇故事,這事在明末年間……"當爲清人語氣。書題"墨憨齋新編","墨憨齋"爲明馮夢龍别號,此當爲後人托名之作。

墨憨主人序云:"予嘗讀《楚騷》曰:衆人皆醉我獨醒。能以醒自命,□今古上下,屈子一人而已。或怪乎舉世夢夢,日顛倒於宇宙間也。所以六經醒之而馳於腐,以諸史醒之而汨於文,以雅詠醒之而益浮沉於五聲四韻中,猶欲其醒而啜之醴,求爲爽然,烏可得乎?惟是俚其言以適於俗,淺其説以諧於聽,或冀人之一醒以進於道,則野乘稗官實濟經史所不及醒,而策之使醒者也。迨後新書聚咻,末流於淫,'醒之'之説,日失其旨。今《醒名花》一編,殆庶幾哉!觀翌王之有意投箋,無心罹禍,則强求者醒;觀藥侯之篤厚忠誠,功高不伐,則忌刻者醒;觀富春之骨肉傷殘,身攖慘戮,則險惡者醒;觀高公王公范翁之保全患難,不負然諾,則悠悠行洛者醒;觀侯賈之應命策勳,長彪之抗師殞首,則去順效逆者醒。然皆不得以醒稱,獨以醒歸之杏娘,何與?蓋杏娘實有所爲醒者在,而非第矜其麗也,如守貞不字,可以醒淫;詩挑不移,可以醒亂。兄賊害而死必悽然,可以醒毒;箋互錯而終必自白,可以醒迷;履豐功大禄而忽諷偕隱,知機引退,可以醒貪。則《醒名花》之號,不得不歸之杏娘,杏娘亦可與屈子同醒矣。雖然杏娘之醒,惜其艶;陶湛諸公之醒,惜其偏,屈子而後,求所謂獨醒者,伊誰人乎?嘻!難其人矣,幸有是編。"

齊如山跋云:"醒名花者,梅杏娘之別號也。書雖以之命名,梅杏娘事蹟卻不多。而剿匪交戰等等情節,乃佔若許部分,且將五個尼姑一起接入衙門,納爲姬妾,可謂小説中之僅見者。日本秋水園主人《小説字彙》曾引此書。此爲墨憨齋原刊本,圖畫頗精,惜中間失去數頁。國内未聞有別本,無法鈔補。聞滿鐵圖書館藏有坊刊本一部,恐亦不足以校補此本也。幸失去者皆爲各該回之末頁,情節若何,尚可以意得之。民國三十三年冬,齊如山識。"

金鑲玉裝。楷書。文旁附刻句讀。圖四幅。此本有扉頁,刻"醒名花。墨憨齋主人新編。本選豫章之付玉□,荆山之璞,物因地貴,□以人傳,故若士評花,咸珍的本,温陵唤夢,共愛藏書,綴貴紙於墨憨,俟賞音於琴調。"又書中夾一小條,上書:"墨憨齋精刻醒名花,八册,明馮夢龍作。陸佰元。文美堂書店。"此本當爲齊氏得之於文美堂。

《中國古籍善本書目》著録,大連市圖書館入藏,然佚去序文及目録。

鈐印有"植卿"、"宜青堂藏"、"高陽齊氏百舍齋存書之印"、"齊氏所藏戲曲小説印"、"齊林玉世世子孫永寶用"、"如山讀過"。

1533　清刻本雙奇夢傳

T5760/2442

《雙奇夢傳》四卷二十回,清佚名撰。清談惜軒刻本。四册。齊如山跋。半頁九行十七字,左右雙邊,白口,單魚尾。框高12.4釐米,寬9.2釐米。

此書一名《金雲翹傳》,或名《雙合歡》,敍明嘉靖間王翠翹説服大盜徐海接受官府招安事。《明史》卷二〇五《胡宗憲傳》載有翠翹説海歸降事。又戴士琳《李翠翹傳》(《明文海》)亦敍此事。書凡四卷,每卷四回。第一回"無情陌路弔淡仙　有緣劈空遇金童",第二回"翠翹夢題斷腸詩　金童遙定同心結",第三回"兩意堅藍橋有路　通宵樂白璧無瑕",第四回"孝女賣身留宗祀　姻緣斷猶思妹續",第五回"甘心受猛棄生死　拾不得哭斷肝腸",第六回"捨身行孝費周旋　消屈得金不勞力",第七回"情深含羞告父母　忍恥失身賦狂且",第八回"王孝女甘心白刃　馬秀媽計賺紅顏",第九回"惜多才認作賊子　坑薄命借俠圖財",第十回"破落戶反面無情　老娼根煙花教訓",第十一回"哭皇天平康寄恨　醉風流金屋謀嬌",第十二回"衛華陽智伏馬娼　束生員喜聯王美",第十三回"別心苦何忍分離　醋意深全不說破",第十四回"宦鷹犬移花接木　王美人百折千磨",第十五回"活地獄忍氣吞聲　假慈悲寫經了願",第十六回"觀音閣冒險相親　文殊庵陶情題詠",第十七回"盂蘭會突遇魔頭遭墮落　煙花寨重施風月遇英雄",第十八回"王夫人劍誅無義　徐明山金贈有恩",第十九回"假招安明山殞命　真斷腸翠翹消劫",第二十回"金千里苦哀哀招生魂　王翠翹喜孜孜完宿願"。

齊如山跋云:"此書不見著錄,亦不著撰人,其中情節雖風波很大,曲折很多,但多是情理中的事情,惟徐明山一段,似稍嫌突兀耳。書面題談惜軒梓行,似係私家所刻,因'談惜'二字,不類尋常書坊名也。'玄'字又不缺筆,或出版在康熙以前耶? 如山。"

金鑲玉裝。此本有扉頁,刻"雙奇夢全傳。談惜軒梓行"。

《續修四庫全書總目提要(稿本)》、《中國古籍善本書目》均未著錄。

鈐印有"如山過目"、"高陽齊氏百舍齋存書之印"、"齊氏所藏戲曲小說印"、"齊林玉世世子孫永寶用"。

1534　清初刻本新鐫批評繡像玉嬌梨小傳　　　T5760/4324

《新鐫批評繡像玉嬌梨小傳》二十回,清題荑秋散人撰。清初刻本。六冊。齊如山跋。半頁九行二十四字,四周單邊,白口,單魚尾。框高19釐米,寬11.1釐米。題"荑秋散人編次"。前有素政堂主人序。

荑秋散人,疑張勻,字宣衡,號鵲山,浙江嘉興人。諸生,撰有《平山冷燕》等。

此書又名《雙美奇緣》,敘明正統間才女白紅玉即無嬌、盧夢梨與秀才蘇友白事。第一回"小才女代父題詩",第二回"老御史為兒謀婦",第三回"白太常難途托嬌女",第四回"吳翰林花下遇才郎",第五回"窮秀才辭婚富貴女",第六回"醜郎君強作詞賦人",第七回"暗更名才子遺珠",第八回"俏窺郎侍兒識貨",第九回"百花亭撇李尋桃",第十回"一片石送鴻迎燕",第十一回"有騰那背地求人",第十二回"沒奈何當場出醜",第十三回"蘇秀才窮途賣賦",第十四回"盧小姐後園贈金",第十五回"秋試春闈雙得意",第十六回"花姨月姐兩談心",第十七回"勢位逼倉卒去官",第十八回"山水遊偶然得婿",第十九回"錯中錯各不遂心",第二十回"錦上錦大家如願"。

齊如山跋云:"余舊存聚錦堂、聚盛堂兩種刊本《玉嬌梨》,後乃收得一部,書面已失,不知何處出版,但行款與此盡同。偶與聚錦、聚盛兩種互較,知聚錦為節本,字句間減去不少,聚盛則訛字太多,於以知該本為可珍貴。但字有很規矩的,有很不規矩的,頗不一致,疑為翻刻本,然未敢斷也。最後收得此本,與前本對校,始知彼確係由此翻刻而成。據孫君子書云:日本內閣文庫藏有一本,題'重訂批評繡像玉嬌梨小傳',且疑為康熙刻本,是較此為晚出。此本'玄'字皆未缺筆,當係刻於康熙以前,且題為'新鐫批評繡像玉嬌梨小傳',則此或係初鐫,彼為重訂。惜亦失去書面并缺末頁,何處出版亦不可考。又序後題'素政堂主人',按《畫圖緣小傳》序後題云'天花藏主人題於素政堂'云云，則此乃天花藏主人之堂名也。民國三十三年十二月二十九日，如山識，時年六十又八。"

按，日本內閣文庫藏本有《緣起》一篇，云："《玉嬌梨》與《金瓶梅》，相傳並出弇州門客筆，而弇州集大成者也。《金瓶梅》最先成，故行於世。《玉嬌梨》久而始就，遂因循沉閣，是以耳名者多，親見者少。客有述其祖曾從弇州遊，實得其詳，云：《玉嬌梨》有二本，一曰續本，是繼《金瓶梅》而作者，男為沈六員外，女為黎氏，其邪淫狂亂，刻畫市井之穢百倍《瓶梅》。蓋有意醜詆故相，痛罵佞人，故一時肆筆，不覺已甚。弇州怪其過情，不忍付梓，然遞相傳寫者有之。一曰秘本，是懲續本之過，而作者男為蘇白，女為紅玉、為無嬌、為夢梨，細摹文人才女之好色真心，鍾情妙境，蓋欲形村愚之無恥，而反刺之者也。弇州深喜其蘊藉風流，足空千古，急欲繡行，惜其成獨後，弇州遲暮不及矣，故不但世未見其書，并'秘本'之名亦無識之者。獨客祖受而什襲至今，近緣兵火岌岌乎灰燼之餘，客懼不敢再秘，因得購而壽木。續本何不並梓，曰畏其淫甚，得罪名教，且非弇州意，故不敢耳。今秘本告竣，因述其始末如此。"

金鑲玉裝。卷一第一頁"玄"字不避帝諱。此書清代版本甚多，其重要者為日本內閣文庫藏清康熙寫刻本，每回一圖，有圖二十幅並圖案畫二十幅，除素政堂主人序外，又有《緣起》一篇。

《續修四庫全書總目提要(稿本)》、《中國古籍善本書目》著錄，大連市圖書館也有入藏。春風文藝出版社《明末清初小說選刊》所收《玉嬌梨》，即為大連館藏本。又上海古籍出版社《古本小說集成》、臺北天一出版社《明清善本小說叢刊》所收，均據日本內閣文庫藏本影印。

鈐印有"齊如山"、"高陽齊氏百舍齋存書之印"、"齊氏所藏戲曲小說印"、"齊林玉世世子孫永寶用"。

1535 清刻本新編繡像簇新小說麟兒報　　T5762.9/0740

《新編繡像簇新小說麟兒報》十六回，清佚名撰。清寶文堂刻本。四冊。齊如山跋。半頁十行二十四字，四周單邊，白口，無魚尾。框高17.7釐米，寬10.9釐米。無序跋。

此書闡揚果報，一名《葛仙翁全傳》，敍明代磨豆腐鄉民廉小村夫婦樂善好施，感動葛仙翁，葛指引廉擇吉地葬親，天以佳兒賜之。小說結尾處云："皆因廉小村行此善心，報他生出廉清，故名之曰《麟兒報》。"第一回"廉老兒念風雪冷濟饑人　葛神仙乘天災巧指言地"，第二回"陰功獲報老蚌生珠　明眼識人野蒹倚玉"，第三回"六歲兒嬉戲動春卿　八座官絲蘿攀野老"，第四回"小書生移眉眼戲老師　蠢丈母變心腸逐嬌婿"，第五回"世情母勸嬌兒改節　貞心女勵良婿讀書"，第六回"美遇毛延敵娥而著鬼　驥逢伯樂展駿足以驚"，第七回"幸小姐避金夫倉惶歧路　毛御史憐玉人接引同舟"，第八回"忽捷音行聘禮沒興一齊來　驚失女悔更盟有禍成雙至"，第九回"小解元才高察出集標名　俏媒婆事急充做新人嫁"，第十回"宦家爺喜聯才美借喝酹詩擇偶　窮途女怕露行藏設被窩計辭婚"，第十一回"幸小姐借溫存巧弄機關　廉解元因謾罵暗遭哄騙"，第十二回"冷眼惑衣冠不識舊時人　熱心得情弊立救當場禍"，第十三回"幸小姐喬性做病　廉狀元救賜完婚"，第十四回"你為我走我因你走同行不是伴　他把誰呼誰將他喚事急且相隨"，第十五回"苦在心頭莫奈何庭前講禮　喜從天降有商量閨內調情"，第十六回"奇男子被巧瞞誤上小巫山　美佳人分說破明結大花燭"。

齊如山跋云："《麟兒報》小說，咸豐以後印者頗多，余有數種，以前印者則絕少。此本尤不易得，惜序文圖畫目錄盡行失去，無從知其何時出版，但以字體測之，當在康熙以前。孫子書云:大連滿鐵圖書館藏有一部,題爲《新編繡像小説麟兒報》云云,與此正同,但不知是否同版耳。余又有嘉慶戊申集古居出版一部,名曰《葛仙翁》,實即此書。如山。"

金鑲玉裝。此本有扉頁,刻"麟兒報。新刻。寶文堂梓行"。日本寶曆四年(1754)《舶載書目》著録有《新編繡像批評小説麟兒報》,題"天花藏秘本"。據《中國古代小説總目》(白話卷),此書現存最早版本爲清康熙聖德堂刻本,九行二十四字,藏英國倫敦大學亞非研究學院。

《續修四庫全書總目提要(稿本)》、《中國古籍善本書目》著録,均爲大連市圖書館藏本,八行二十字,圖八頁,并有康熙十一年天花藏主人序,與哈佛本不同。

鈐印有"如山讀過"、"高陽齊氏百舍齋存書之印"、"齊氏所藏戲曲小説印"、"齊林玉世世子孫永寶用"。

1536　清刻本新鎸批評繡像人間樂　T5762.9/144

《新鎸批評繡像人間樂》十八回,清題天花藏主人撰。清刻本。八册。齊如山跋。半頁八行二十字,四周單邊,白口,單魚尾。框高 18.6 釐米,寬 11 釐米。前有錫山老叟序。

此書敍明代松江府人士居行簡之女宜男、來冢宰之女來小姐與嘉興才子許繡虎婚姻愛情故事,蓋因許生得二女,享盡人間之樂。第一回"小積德老蚌生珠　大聰明嬌娃吐秀",第二回"成蘊藉喬裝畢肖動公卿　勢利官爲女言婚巧令色",第三回"拂意盡成敵國　陳情憐准還鄉",第四回"底里難窺真色相　泛常誰識假頭巾",第五回"憨公子爲妹婚尋人強逼　美秀才苦推辭受盡骯髒",第六回"避風波鴻飛天壤　兩無意割肚牽腸",第七回"無可奈何彩筆題詩懷遇友　爲他心死機關再弄待將來",第八回"驀地暗期雲破月來花弄影　突然見此春深雷震始知名",第九回"滅跡潛蹤小燕往來搬斗　無知不識老人牽引天緣",第十回"白茫茫水溢藍橋　昏鄧鄧魚沉雁杳",第十一回"至誠心登堂晉謁　暗有意且寓陳蕃",第十二回"簾控金鉤天女素妝微現影　閑齋寂静書生憔悴染濡毫",第十三回"覿面驚奇疑是疑非魂欲死　花箋寫意半真半假舌生蓮",第十四回"説法藏身有妹願偕婚好　冤家對面憨呆鳴鼓興詞",第十五回"花下贈金勸勉成名歸急早　潛身逸去春風得意馬蹄香",第十六回"居少卿央媒納聘牽羊擔酒　來天官暗處扶持掇上青雲",第十七回"許探花嫌有嫌奏陳葬娶　居公子美娶美花燭成親",第十八回"一箭雙雕俱遂意　滿門共慶樂人間"。

齊如山跋云:"吾國舊小説的情節大多數都是才子佳人被壞人陷害,幾至家敗人亡之後始得團圓,方顯通體結構有起伏,有波折。意思是苦盡甘來,苦的越甚,甘味越足。此書來應聘雖有擺弄許、居二人之意,但只略一興心便即過去,且結果許、居、來三家均成姻好。吴越一家雖無掀天駭浪的情節,卻也不顯平庸。以余觀之,算差強人意。前時只見過上海石印本,然亦不易得。頃收得此本,十八回,不分卷,書面有'天花藏主人著'及'本衙藏版'字樣,當係原刊本,雖經二百餘年,尚頗完整,至足珍矣。民國甲申十月朔,齊如山識,時年六十有八,正避難時也。"

金鑲玉裝。字體作楷書。此本目録頁題"新鎸批評繡像錦傳芳人間樂"。有扉頁,刻"人間樂。新鎸小傳。天花藏主人著。本衙藏板"。

《續修四庫全書總目提要(稿本)》著録光緒十九年上海石印本。《中國古籍善本書目》未著録。《中國通俗小説書目》有清初刻本,全名作"新鎸批評繡像錦傳芳人間樂",八行二十六字。大連市圖書館有寶綸堂刻本,十行二十四字,當與哈佛此本不同。上海古籍出版社《古本小説集成》第三輯收有此書，所用底本即爲哈佛燕京本。臺北天一出版社《明清善本小説叢刊初編》第八輯所收爲清刻本。

鈐印有"如山讀過"、"高陽齊氏百舍齋存書之印"、"齊氏所藏戲曲小説印"、"齊林玉世世子孫永寶用"。

1537　清刻本晚翠堂批點玉樓春　　T5762.9/2138

《晚翠堂批點玉樓春》二十四回，清題白雲道人撰。清刻本。六册。齊如山跋。半頁十行二十四字，四周單邊，白口，單魚尾。框高17.8釐米，寬10.7釐米。題"龍丘白雲道人編輯；潁水無緣居士點評"。目錄頁所題亦同。

白雲道人，無考。

此書敘唐代宗年間，邵卞嘉之子十洲中解元後，爲人陷害，得相士李虛齋之助，避走他鄉。十六年後，又入京會試，得中二甲一名，升千户侯事。"玉樓春"者，乃十洲妻玉娘、翠樓、春暉三人之名各取一字爲之。清劉廷璣《在園雜志》卷二："若《玉樓春》、《宫花報》稍近淫佚。"第一回"小孟嘗詩酒訂盟　大奸雄眈眈中禍"，第二回"玉口神奇術成名　痴秀才窮途哭遇"，第三回"遭緑林雪中逢俠　訪大盗計就擒"，第四回"蕩春情清宵熾火　窘黄堂暮夜遺金"，第五回"奇道人半杯熄焰　藍面鬼一網摧賢"，第六回"全友誼太守棄官　避奸鋒英雄遇舊"，第七回"邵解元改幗潛蹤　俏尼姑私心覓偶"，第八回"入桃源奇逢雙美　温翠被先破春光"，第九回"賞雪筵題詩索醉　偷香窩假夢尋真"，第十回"暗相思兩人酬和　明説破各自痴迷"，第十一回"説風情互諧得趣　理絲桐迭奏談玄"，第十二回"掩關房喜生貴子　遭毒棒氣死憨郎"，第十三回"高大尹妙計憐才　痴公子弄巧成拙"，第十四回"霍孝女途舟跨風　老忠臣白日歸天"，第十五回"獅吼時炎涼歷盡　鹿鳴日棣韡聯芳"，第十六回"訪親闈誤落花宫　入火坑狂淫禪院"，第十七回"老封君觀詩憶子　小公子得意還鄉"，第十八回"祁道尊攬穿欲海　舊解元再步蟾宫"，第十九回"冰山泮父子同堂　彩絲牽夫妻重會"，第二十回"風流種愛友嗣官　美秀童棄身救主"，第二十一回"真爲主曲意調情　僞踐盟薦賢自代"，第二十二回"探花郎露尾藏頭　勢利婆改弦易轍"，第二十三回"美奇逢骨肉團圓　立異績浮囚奏捷"，第二十四回"棄功名物外逍遥喜團圓人間行樂"。

齊如山跋云："孫君子書《中國通俗小説書目》云，大連滿鐵圖書館藏有焕文堂刊四卷二十四回本、馬隅卿藏有嘯花齋刊十二回本。此則二酉局刊二十四回本，不分卷，并題晚翠堂評點。三種不知孰優孰劣？如山。"按，"二酉局"當爲二酉居。

金鑲玉裝。字體作楷書。有扉頁，刻"玉樓春。晚翠堂批評。圖像。二酉居藏板"。館藏又有清咸豐十年刻本《玉樓春》，四卷二十四回，有圖。扉頁刻"繡像玉樓春。白雲道人輯。咸豐庚申年鐫。醉月樓藏板"。

《續修四庫全書總目提要(稿本)》、《中國古籍善本書目》未著錄。據《中國通俗小説書目》，北京大學圖書館有《覺世姻緣玉樓春》十二回，清嘯花軒刻本。又首都圖書館有清焕文堂刻二十四回本，有扉頁，刻"玉樓春。晚翠堂批評。焕文堂梓行"。首都館又有清恒謙堂刻本，亦二十四回，十行二十四字。上海古籍出版社《古本小説集成》第三輯有此書，所用底本爲北大藏嘯花齋本。

鈐印有"如山過目"、"高陽齊氏百舍齋存書之印"、"齊氏所藏戲曲小説印"、"齊林玉世世子孫永寶用"。

1538　清刻本新鐫批評繡像巧聯珠小說　　T5762.9/9134

　　《新鐫批評繡像巧聯珠小說》十五回,清題煙霞逸士撰。清雍正可語堂刻本。五册。齊如山跋。半頁八行二十字,左右雙邊,白口,單魚尾。書眉上刻批注。框高 17.6 釐米,寬 11.1 釐米。題"煙霞逸士編次"。目錄頁題"新鐫繡像巧聯珠;五彩堂編次"。前有雍正元年(1723)西湖雲水道人序。

　　煙霞逸士,疑劉璋。璋,字于堂,號介符,別號煙霞散人、樵雲山人,山西太原人。約生於康熙六年,三十五年中舉人。雍正元年任深澤縣令,四年後解職。《(同治)深澤縣志·名宦》有傳。又有《鳳凰池》、《飛花艷想》、《斬鬼傳》等。

　　是書述明正德間蘇州才子聞相如與芳芸、茜芸婚戀故事。第一回"聞秀才結社題詩　方按院游山訪婿",第二回"議婚姻年姪執柯　圖錢財陪堂定計",第三回"富家兒當場出醜　窮秀才暗地遭殃",第四回"為守風江中遇友　因步月邦上被偷",第五回"困窮途幸逢良友　羈旅店喜遇知音",第六回"胡茜芸閨閣私盟　聞相如秋闈奇捷",第七回"冒姓名假圖婚媾　辨是非再議朱陳",第八回"假粧點奸里藏奸　好姻緣錯中不錯",第九回"受無辜舅甥同罪　因患難姑表連姻",第十回"游楚館偶吟絶調　寄吳門共受虛驚",第十一回"扮新郎明諧花燭　點淑女暗易梅香",第十二回"愛詞賦特擢英才　用權宜又更姓氏",第十三回"聽讒言公庭參岳丈　走捷徑私室説椒房",第十四回"占枝頭侍兒喬醋　連并蒂兩美同因",第十五回"擇東床珠還合浦　開玳閣璧重連城"。

　　雲水道人序云:"煙霞散人,博涉史傳,偶於披覽之餘,擷逸蒐奇,敷以菁藻,命曰《巧聯珠》。其事不出乎閨房兒女,而世洛險巘,人事艱楚,大略備此。予取而讀之,躍然曰:此非所謂發乎情、止乎禮義者與,亟授之梓。"

　　齊如山跋云:"日本寶曆甲戌《舶載書目》曾經著録,然極少見。此為可語堂刊本,十五回,不分卷。'玄'字皆不缺筆,定刻於康熙以前,尤為難得。惜第九回殘破數頁,無法校補。聞日本内閣文庫藏有坊刻本一部,恐亦不足較補此本也。民國三十三年十二月五日,如山識,時年六十有八。天寒手僵,破筆舊紙,書此數十字,已費數十分鐘的功夫,然仍字不成字,行不成行。"按,日本《内閣文庫漢籍分類目録》未著録。

　　此本有扉頁,刻"巧聯珠。續三才子書。可語堂梓"。封面裝幀似日人所為。此書又有清載道堂刻本,藏中國國家圖書館。

　　《續修四庫全書總目提要(稿本)》、《中國古籍善本書目》未著録。中華書局《古本小説叢刊》第三十九輯、上海古籍出版社《古本小説集成》第三輯第 98 册所收,均為本館藏本。

　　鈐印有"齊如山"、"高陽齊氏百舍齋存書之印"、"齊氏所藏戲曲小説印"、"齊林玉世世子孫永寶用"。

1539　清康熙刻本新説生花夢奇傳　　T5765/2440

　　《新説生花夢奇傳》四卷十二回,清題娥川主人撰。清康熙刻本。六册。齊如山跋。半頁八行二十字,左右雙邊、四周單邊不等,白口,無魚尾。書口下刻"元集"、"亨集"、"利集"、"貞集"。框高 19 釐米,寬 11.2 釐米。題"古吳娥川主人編次;青門逸史點評"。前有康熙十二年

(1673)青門逸史石倉氏序。

娥川主人，無考。又有《世無匹》、《炎涼岸》。

此爲才子佳人小説，敍康熙年才士康夢庚與貢氏及馮氏姻緣故事。書以元亨利貞分爲四集，每卷三回。第一回"貢副使寬恩禦變　康公子大義誅兇"，第二回"老書生臨江符異夢　小秀才旅店得奇聞"，第三回"安排巧計淫尼借巧遇以興災　硬扭姦情烈婦爲姦夫而殉節"，第四回"太守爲憐才公堂鞠鬼　梟臺因選婿雪舫驚詩"，第五回"女婿忒多心欲兼才美　丈人翻作色故拒良緣"，第六回"真閨秀賺殺假春容　假小姐嚇走真才子"，第七回"神君里怒斬白蛇精　王屋山大破黄衣寨"，第八回"東園賡雅調自許同心　南國有佳人再諧連理"，第九回"白公堤青天遭霹靂　毘陵道黑夜走佳人"，第十回"虎頭寨一女子屈服衆英雄　豹尾關兩袿裳權成雙伉儷"，第十一回"非奸細計賺白衣軍　是夫妻誤認緑林婦"，第十二回"解重圍偷兒報恩兼成偉績　脱獶㺄佳人換相並受榮封"。

青門逸史石倉氏序云："《生花夢》，何爲而作也？曰：予友娥川主人，所以慨遇也，所以寄諷也，所以涵泳性情，發抒志氣，牢騷激昂，淋漓痛快，言其所不能言，發其所不易發也。主人名家子，富詞翰，青年磊落，既乏江皋之遇，空懷贈珮之緣，未逢伯樂之知，徒抱鹽車之感。而以其幽愫播之新聲，紅牙碧管，固已傳爲勝事矣。迨浪跡四方，風塵顛蹶，益無所遇。惟無遇也，顧不得不有所托以自諷矣……此《生花夢》之所由作也。"

齊如山跋云："此書不見著録，亦不著撰人，只題'古吴娥川主人編次'。按主人爲康熙間人，所編小説頗有幾種，如《世無匹》、《炎涼岸》皆是。凡主人所編，皆有古吴青門逸史評點。本書前有青門逸史序，並題'本衙藏板'，且有'二集嗣出'字樣，通體寫刻皆工，當係原刊本。惟不知所謂二集者，是否即《世無匹》、《炎涼岸》，抑尚有他種耳。民國三十三年冬，齊如山書於表背胡同之百舍齋。"

此本極難得。金鑲玉裝。字里行間有圈點。此本有扉頁，刻"生花夢。□□□編次。□中今古。二集嗣出。本衙藏板"。所謂"二集嗣出"者，當指《世無匹》。目録頁佚去半頁。第一回第四頁有云："待我如今説件最切近的新聞，把來當個引喻，這節事不出前朝往代，卻在康熙九年庚戌之歲。"而此書作序時爲癸丑，應爲康熙十二年。

《續修四庫全書總目提要（稿本）》、《中國古籍善本書目》未著録。上海古籍出版社《古本小説集成》第三輯第100冊、中華書局《古本小説叢刊》第一輯第2冊所收，即爲哈佛此本。

鈐印有"如山過目"、"高陽齊氏百舍齋存書之印"、"齊氏所藏戲曲小説印"、"齊林玉世世子孫永寶用"。

1540　清刻本世無匹

T5765/2440.2

《世無匹》十六回，清題娥川主人撰。清刻本。四冊。齊如山跋。半頁十行二十六字，四周單邊，白口，單魚尾。框高17.8釐米，寬10.1釐米。序佚去。

娥川主人，無考。又有《世無匹》、《炎涼岸》。

此書敍明初南雄人干白虹扶危救貧循回報應事。第一回及第九回回目佚去。第二回"多情憐白面干白虹潦倒醉鄉　賤價買黃金金守溪浮沉利海"，第三回"花燭下氣倒丈人峰　風雪途誤識奸雄面"，第四回"患難臨頭陳與權雪中遇俠　冤家路狹劉天相桿下亡身"，第五回"救饑溺暗里贈多金　爲朋友熱心得奇禍"，第六回"三司設計救自難豪傑遭刑　萬金薦友入風雪奸雄得路",第七回"謀客貨計賺井中人　露官銀屈遭盆下獄",第八回"桃花馬陌上聘佳人　玉洞軒墟頭醉才子",第十回"逃災難舉目無親　救無辜挺身代辟",第十一回"鬧公堂村夫殉義　佔田產恩歸離家",第十二回"兩頭脫空負心人忒煞欺心　一計收羅長舌婦偏生饒舌",第十三回"設奸謀假成真舅甥弄活鬼　賣虛情真還假擒縱算深機",第十四回"授居停一女報德　投山左萬里尋親",第十五回"臨清驛氣煞癩頭官　大同府喜遇知心友",第十六回"恩怨分明賢太守掛冠歸去　賢奸報復小翰林衣錦還鄉"。

齊如山跋云:"家竺山兄偶於冷攤得此,惜無書面及目錄,而本文頭二頁亦失去,不知何人所著。細觀内容,覺筆墨結構大似《生花夢》,及撿《中國通俗小説書目》,果亦爲娥川主人編次,自矜老眼不花。至何處出版,尚不得知,或係平常坊刊本,但書手刻工均不算劣。子書云:大連滿鐵圖書館、日本倉石武四郎氏各存一部,未知較此如何? 此書雖稍殘缺,但除頭二頁外,皆係各該回之末頁,所失無多,文字情節尚能以意得之。首二頁,亦係總冒之一段,於本文亦無大傷。因付托襯而保存之,或已爲國内孤本矣。甲申冬,如山識,時年六十又八。"

此本極難得。書有缺頁,爲第一回第一頁及第二頁之前半,第四回第十頁之後半,第八回第九頁,第九回第一頁及第二頁之前半,第十四回第十頁後半,第十六回第十二頁。是書又有四卷(風花雪月)十六回本,作"新刻世無匹奇傳",清金閶黄金屋刻本,八行二十字,書名旁鐫"生花夢二集",藏大連市圖書館。又日本東京大學東洋文化研究所藏有"本衙藏板"本。按,譚正璧、譚尋《古本稀見小説匯考》著録有十行二十六字本,清初嘯花軒刻本。此本行款與譚本同。

《續修四庫全書總目提要(稿本)》未收。《中國古籍善本書目》著録,大連市圖書館藏本。上海古籍出版社《古本小説集成》第三輯第100册、中華書局《古本小説叢刊》第一輯第2册所收,即爲哈佛此本。

鈐印有"如山讀過","高陽齊氏百舍齋存書之印"、"齊氏所藏戲曲小説印"、"齊林玉世世子孫永寶用"。

1541　清初刻本新採奇聞小説全編萬斛泉　T5762.9/4220

《新採奇聞小説全編萬斛泉》十二回,清題左臣編,蠧庵評。清初刻本。八册。有圖。佚名、齊如山跋。半頁八行十八字,四周單邊,白口,無魚尾。書口上刻"萬斛泉",下刻"花案奇聞",書眉上刻評。框高17.9釐米,寬10.6釐米。題"虎丘花案逸史;岐山左臣編次;江表蠧庵參評"。又目錄頁題"岐山左臣編次;蠧庵居士批評"。前有江表蠧庵序。

左臣,無考。

是書一名《女開科傳》,又名《花案奇聞》、《花陣奇》。敘蘇州秀才余夢白、梁文昭、張眉三人,相約訪求名姝才女,得遇名妓倚妝、文娟、弱芳。三妓結社聯吟,余等爲使其佳製流傳,捐資千金,大會蘇州城妓女三十餘人,效雁塔題名、曲江開宴盛事,開女科考試。後點倚妝爲狀元、文娟爲榜眼、弱芳爲探花。因惡棍中傷,以謀反罪訴之察院。余等避走他鄉,倚妝等亦風流雲散。後余等三人皆中進士授官,又分別娶倚妝等人,才子佳人終成百年之好。

第一回"新傾蓋風流出陣",第二回"誤尋芳花煞勾嬌",第三回"女生員棘闈鬭對策",第四回"喬御史瓊宴辭魂",第五回"駕薰風背地興波",第六回"飽齋僧當堂獨桌",第七回"母夜叉訴逢馬扁",第八回"老驛丞命攮流妖",第九回"挈相思月舫偷泛",第十回"憑好夢鬼窟全生",第十一回"陞題名喜聯待詔",第十二回"三合卺各湊奇緣"。

雄得路",第七回"謀客貨計賺井中人　露官銀屈遭盆下獄",第八回"桃花馬陌上聘佳人　玉洞軒墟頭醉才子",第十回"逃災難舉目無親　救無辜挺身代辟",第十一回"鬧公堂村夫殉義　佔田產恩歸離家",第十二回"兩頭脫空負心人忒煞欺心　一計收羅長舌婦偏生饒舌",第十三回"設奸謀假成真舅甥弄活鬼　賣虛情真還假擒縱算深機",第十四回"授居停一女報德　投山左萬里尋親",第十五回"臨清驛氣煞癩頭官　大同府喜遇知心友",第十六回"恩怨分明賢太守掛冠歸去　賢奸報復小翰林衣錦還鄉"。

齊如山跋云:"家竺山兄偶於冷攤得此,惜無書面及目錄,而本文頭二頁亦失去,不知何人所著。細觀內容,覺筆墨結構大似《生花夢》,及撿《中國通俗小說書目》,果亦為娥川主人編次,自矜老眼不花。至何處出版,尚不得知,或係平常坊刊本,但書手刻工均不算劣。子書云:大連滿鐵圖書館、日本倉石武四郎氏各存一部,未知較此如何? 此書雖稍殘缺,但除頭二頁外,皆係各該回之末頁,所失無多,文字情節尚能以意得之。首二頁,亦係總冒之一段,於本文亦無大傷。因付托襯而保存之,或已為國內孤本矣。甲申冬,如山識,時年六十又八。"

此本極難得。書有缺頁,為第一回第一頁及第二頁之前半,第四回第十頁之後半,第八回第九頁,第九回第一頁及第二頁之前半,第十四回第十頁後半,第十六回第十二頁。是書又有四卷(風花雪月)十六回本,作"新刻世無匹奇傳",清金閶黃金屋刻本,八行二十字,書名旁鐫"生花夢二集",藏大連市圖書館。又日本東京大學東洋文化研究所藏有"本衙藏板"本。按,譚正璧、譚尋《古本稀見小說匯考》著錄有十行二十六字本,清初嘯花軒刻本。此本行款與譚本同。

《續修四庫全書總目提要(稿本)》未收。《中國古籍善本書目》著錄,大連市圖書館藏本。上海古籍出版社《古本小說集成》第三輯第 100 冊、中華書局《古本小說叢刊》第一輯第 2 冊所收,即為哈佛此本。

鈐印有"如山讀過","高陽齊氏百舍齋存書之印"、"齊氏所藏戲曲小說印"、"齊林玉世世子孫永寶用"。

1541　清初刻本新採奇聞小說全編萬斛泉　　T5762.9/4220

《新採奇聞小說全編萬斛泉》十二回,清題左臣編,蠹庵評。清初刻本。八冊。有圖。佚名、齊如山跋。半頁八行十八字,四周單邊,白口,無魚尾。書口上刻"萬斛泉",下刻"花案奇聞",書眉上刻評。框高 17.9 釐米,寬 10.6 釐米。題"虎丘花案逸史;岐山左臣編次;江表蠹庵參評"。又目錄頁題"岐山左臣編次;蠹庵居士批評"。前有江表蠹庵序。

左臣,無考。

是書一名《女開科傳》,又名《花案奇聞》、《花陣奇》。敘蘇州秀才余夢白、梁文昭、張眉三人,相約訪求名姝才女,得遇名妓倚妝、文娟、弱芳。三妓結社聯吟,余等為使其佳製流傳,捐資千金,大會蘇州城妓女三十餘人,效雁塔題名、曲江開宴盛事,開女科考試。後點倚妝為狀元、文娟為榜眼、弱芳為探花。因惡棍中傷,以謀反罪訴之察院。余等避走他鄉,倚妝等亦風流雲散。後余等三人皆中進士授官,又分別娶倚妝等人,才子佳人終成百年之好。

第一回"新傾蓋風流出陣",第二回"誤尋芳花煞勾嬌",第三回"女生員棘闈闈對策",第四回"喬御史瓊宴辭魂",第五回"駕薰風背地興波",第六回"飽齋僧當堂獨桌",第七回"母夜叉訴逢馬扁",第八回"老驛丞命攆流妖",第九回"挈相思月舠偷泛",第十回"憑好夢鬼窟全生",第十一回"陞題名喜聯待詔",第十二回"三合巹各湊奇緣"。

齊如山跋云："此書宗旨似借題發揮,各種社會幾盡被譏諷,故每回起首皆有論文,且議論多而實事少,在小說中可謂別闢蹊徑。中間五、六兩回,雖回次缺少,而文字卻聯貫,當是書成後,有所避忌而删去者。書極難得。此本圖字刊刻皆甚精工,洵堪寶貴。中間缺少兩頁,無法鈔補。《中國通俗小說書目》云,滿鐵圖書館藏有一部,係名山聚刻本,插圖六頁,記繪工、刻工曰,古越馬雲生寫、黄順吉刻。正文半頁八行行十八字,板心下題花案奇聞,岐山左臣編次,首有江表蠹庵引云云。以上情形與此本盡同,但彼名《女開科》,此《萬斛泉》,又題爲'虎邱花案逸史'及'江左蠹庵參訂'等等字樣,皆爲彼本所無。彼本内容如何,余未見。以余揣之,倘内容果同,則或係彼翻刻此本,因此本繪畫、刻工,皆極精緻自然,絕無摹刻痕跡也。民國三十三年十二月三十一日,齊如山識,時年六十有八,避難家居未出門者七載有餘,獨坐無聊,偶書此遣悶意,明年一年中,定有人來解放我了。"

佚名跋書於另紙,云："《萬斛泉逸史》,考係唐寅託名此作,概在弱冠前後所出,可謂一部煙味的自述。再有回首論文憤世譏刺之文,未免過深,故五、六兩則,想在書成後削去,但較《女開科》雖回著遙對,然文殊異,故亦未全耳。書得於晉太,這可謂蒐集的慰品,然日本寶曆甲戌《舶載目》著録,實即此本。書記於後,亦爲志幸。"按,此跋文字不通,字也久佳。吴曉鈴《哈佛大學所藏高陽齊氏百舍齋善本小説跋尾》,誤爲齊如山跋,云:"跋文系另紙夾葉,文字有錯簡及難通處,疑是齊氏草稿,尚未遑潤色膳正者。"

金鑲玉裝。第二回至十二回卷端題"萬斛泉"。此本有圖十二幅,六幅爲正文之内容,餘爲山石、清供、梅鳥等。第十一圖左下有"黄順吉刻",第十二圖右上有"古越馬雲生寫"。按,黄順吉曾刻過《續金瓶梅》(順治十七年刻本)及《賽花鈴》(康熙二年刻本),因此,此本之刻當在清初。

《續修四庫全書總目提要(稿本)》、《中國古籍善本書目》著録有《女開科》十二回,作清名山聚刻本,藏大連市圖書館。日本東京慶應義塾大學圖書館藏本同大連本。大連本有扉頁,刻"岐山左臣編次。女開科傳。内附花案奇聞。名山聚鐫"。上海古籍出版社《古本小説集成》第58册内收有大連本,取《集成》本與哈佛本對看,兩本的是一版。大連本卷一之卷端剜去"新採奇聞小説全編萬斛泉"及卷二至十二回卷端"萬斛泉",又書口上端"萬斛泉"三字也剜去,每卷之卷端改題"女開科"。"名山聚"爲坊肆名,當爲得板重印,並添加"名山聚鐫"字樣。

鈐印有"如山過目"、"高陽齊氏百舍齋存書之印"、"齊氏所藏戲曲小説印"、"齊林玉世世子孫永寶用"。

1542 清刻本新鎸繡像小説夢花想

T5762.9/4440

《新鎸繡像小説夢花想》十八回,清題樵雲山人撰。清刻本。四册。齊如山跋。半頁九行二十字,四周單邊,白口,單魚尾。框高17.5釐米,寬10.6釐米。題"樵雲山人編次"。無序跋。

樵雲山人,又有《鍾馗平鬼傳》。

是書一名《鴛鴦影》,又名《幻中春》。述明嘉靖間山陰秀才柳友梅與雪瑞雲、梅如玉婚姻愛情故事。第一回"衆英才花下談心",第二回"柳秀士舟中題句",第三回"兩閨英湖上遇才郎",第四回"梅兵憲難途托嬌女",第五回"棲雲庵步月訪佳士",第六回"合歡亭入夢逢巫女",第七回"假張良暗計圖連理",第八回"慧文君識眼辨真才",第九回"重結鴛鴦雙得意",第十回"拆開梅雪兩分離",第十一回"古寺還金逢妙麗",第十二回"西湖玩月續春遊",第十三回"連及第馳名翰院",第十四回"爲辭婚鍾禍邊庭",第十五回"擲金錢喜卜歸期",第十六回"點宮秀暗添離恨",第十七回"雪連馨辭朝省母",第十八回"柳友梅衣錦還鄉"。

齊如山跋云:"此書未見著錄,亦不著撰人,題'樵雲山人編次',板式似清初所刊。第六回'入夢'一段,稍涉穢褻,亦係明末清初人小說之恆情。自乾隆禁止淫褻小說後,此種情形已不易見到,且'玄'字皆不缺筆,則出版當在康熙以前矣。余尚有《鴛鴦影》一書,乃道光壬午出版,亦即此書。惟字句間頗有出入,彼多此少,但此似較簡練。如第一回,彼云:楊氏訓子之嚴,無異孟母斷機;友梅讀書之勤,亦不啻歐陽畫荻。此則云:楊氏無異孟母斷機,友梅不啻歐陽畫荻。又彼云:門栽幾樹垂楊,宛似當年陶令宅;徑植百竿翠竹,依然昔日辟疆園。月到梅花,吟不盡林逋佳句;杯浮綠葉,飲不盡李白瓊漿。此則云:門栽垂柳,宛似陶令宅;徑植翠竹,依然辟疆園。至月到梅花四句則全無。這種情形,似當年尚有原刊本,彼係原鈔,此則略爲刪節者也。甲申冬日,高陽齊如山偶識。"

金鑲玉裝。第一回第八頁"玄"字不避帝諱。據紙張及字體,此本刊刻時間似在嘉慶以後。

《續修四庫全書總目提要(稿本)》未收。《中國古籍善本書目》著錄,有《飛花豔想》,清刻本,藏大連市圖書館。中華書局《古本小說叢刊》第十六輯收有《飛花豔想》,底本爲日本京都大學圖書館所藏。上海古籍出版社《古本小說集成》第184冊也收《飛花豔想》,底本爲上海圖書館所藏。京都本與上圖本爲同版。

鈐印有"如山過目"、"高陽齊氏百舍齋存書之印"、"齊氏所藏戲曲小說印"、"齊林玉世世子孫永寶用"。

1543　清刻本五鳳吟

T5762.9/6638.1

《五鳳吟》四卷二十回,清題嚖嚖道人撰。清鳳吟樓刻本。四冊。齊如山跋。半頁十一行二十六字,四周單邊,白口,單魚尾。框高18.3釐米,寬9.9釐米。題"雲間嚖嚖道人編著;古越蘇潭道人鑒定"。目錄頁書名作"鳳吟樓新刻續六才子書"。無序跋。

嚖嚖道人,無考。

是書四卷,每卷五回。述明嘉靖年間定海縣秀才祝棋生與鄒雪娥、素梅、輕煙、絳玉、琬如五女遭際與悲歡離合,最後團圓成婚故事,文字多有猥褻。第一回"鬧喜會義士感恩",第二回"題佛贊梅姑沾惠",第三回"作春夢驚散鸞儔",第四回"活遭瘟請嘗稀味",第五回"愛情郎使人挑撼",第六回"招刺客外戚吞刀",第七回"遭貪酷屈打成招",第八回"逢義盜行劫酬恩",第九回"致我死反因不死",第十回"該他錢倒引得錢",第十一回"害妹子權門遇嫂",第十二回"想佳人當面失迎",第十三回"玉姐燒香卜舊事",第十四回"婉娘散悶典新詩",第十五回"鄒雪娥急中遇急",第十六回"張按院權內行權",第十七回"拜慈母輕煙訴苦",第十八回"除莽兒素梅致情",第十九回"勦梟寇二士爭雄",第二十回"酬鳳釵五鳳齊鳴"。按,目錄頁回目文字皆七字一句,然文中第三回至第六回回目爲十一字一句,第十一回至第十二回回目則爲十二字一句,文字繁簡不同。如第六回爲"他人招刺客怎將外戚吞刀",第十二回爲"廟祝想佳人卻又當面失親近"。

齊如山跋云:"一夫多妻,乃舊小說之慣例。此書女子主僕五人,共只兩家,後皆各離散,似頗難於聚攏。其中素梅一人之行動,雖稍覺牽強,其他四人,一隨舅,一隨姑,一隨夫之友,一被賣爲妾,等等情節,頗見組織之工。刊本則寫工頗饒嫵媚之致,惜刻工稍差耳。聞大連滿鐵圖書館藏有一部,未知較此如何？國人尚未聞有藏者。甲申冬,如山。"

金鑲玉裝。此本有扉頁,刻"五鳳吟"。此爲禁書,同治七年江蘇巡撫丁日昌續查禁淫詞小說書目中有之,列第七種。此書版本甚多,大連市圖書館藏清刻本,題"草閒堂新編繡像五鳳吟",二十回本,無卷數,有圖六幅,前圖後贊,半頁九行二十字;中國國家圖書館、上海圖書館藏清稼史軒刻本,半頁十行二十六字,扉頁刻"稼史軒藏板";北京大學圖書館藏清刻本,題"新刻續六才子書";上海復旦大學圖書館有同治十年醉月樓刻本;清末民初又有改良社石印本《繡像素梅姐全傳》四卷二十回,扉頁刻"繡像素梅姐。艷情小説。改良社石印",有圖四幅。此外日本内閣文庫有清刻本兩部。日本寶曆四年《舶載書目》著錄二十四回本。

《續修四庫全書總目提要(稿本)》未收。《中國古籍善本書目》著錄兩種,一爲《草閒堂新編繡像五鳳吟》二十回,大連市圖書館藏。一爲《五鳳吟》四卷二十回,清稼史軒刻本,上海圖書館藏。上海古籍出版社《古本小説集成》第四輯第44册收入,底本爲日本淺草文庫所藏,與此本同版。臺北天一出版社《明清善本小説叢刊初編》第十輯所收也與此本同版。《大連圖書館藏孤稀本明清小説叢刊》第48册收有《草閒堂新編五鳳吟》。

鈐印有"如山過目"、"高陽齊氏百舍齋存書之印"、"齊氏所藏戲曲小説印"、"齊林玉世世子孫永寶用"。

1544 清刻本草閒堂新編小史警痴鐘　　T5762.9/6638

《草閒堂新編小史警痴鐘》四卷十六回,清題嗤嗤道人撰。清草閒堂刻本。四册。齊如山跋。半頁九行二十四字,四周單邊,白口,無魚尾。框高17.9釐米,寬9.9釐米。題"溧水嗤嗤道人編著;廣陵琢月山人校閱"。目錄頁題"雲陽嗤嗤道人編著;廣陵琢月山人校閱"。無序跋。

嗤嗤道人,無考。又有《五鳳吟》、《催曉夢》。

是書四卷,每卷四回,每卷爲一故事,並有七字一句之總綱。卷一總綱"骨肉欺心宜無始",第一回"伴光頭禿奴受累",第二回"遇媒根虔婆吃虧",第三回"陪嫁童妾思佳麗",第四回"代筆子到手成名"。卷二總綱"陌路施恩反有終",第五回"負俠氣拔刀還救",第六回"發婆心驅鬼卻妻",第七回"爲拿賊反因脱賊",第八回"因有情倒認無情"。卷三總綱"杭逆子泥刀遺臭",第九回"一碗飯千磨百折",第十回"兩聲雷九死一生",第十一回"活太歲驚心破膽",第十二回"泥周倉怒氣填胸"。卷四總綱"海烈婦米椁流芳",第十三回"賢德婦失歲得糠",第十四回"奸謀鬼賠錢折貼",第十五回"哄上船從今一着",第十六回"明歸神亙古千秋"。

齊如山跋云:"此書情節頗爲特別,第三段以親生子手弒其母已在情理之外,而一二段陪嫁之小童後竟與小姐成爲夫婦,小偷兒居然作官,雖屬石堅節奮志讀書,雲里手努力行善所致,但終是其他小説所不經見。其結構則與《三言二拍》相近。據孫君子書云,作者當在清初。誠然,因彼時頗風行這種體裁也。聞有萬卷樓刊本,未見。以理測之,或在彼前,因彼只標明'草閒堂新編',而此乃草閒堂所梓,則或係原板也。且字體頗圓潤嫵媚,惜刻工稍差,印時微晚,然亦堪寶貴矣。民國三十三年十二月下浣,高陽齊如山識於表(裱)背胡同之百舍齋。"

金鑲玉裝。此本有扉頁,刻"警痴鐘。雲陽嗤嗤道人著。艸閒堂梓"。按,北京大學圖書館藏有清萬卷樓刻本,爲馬廉不登大雅文庫舊藏,扉頁刻"警痴鐘。戊午重訂新編。萬卷樓梓行"。"戊午重訂"四字,似爲後人所加。

《續修四庫全書總目提要(稿本)》、《中國古籍善本書目》未著錄。中華書局《古本小説叢刊》第十一輯收有此書,底本即爲館藏此本。上海古籍出版社《古本小説集成》第三輯第17册也收《警寤鐘》,底本爲北京大學圖書館所藏。臺北天一出版社《明清善本小説叢刊初編》第一輯所收爲另一清刻本,有望古主人序。

鈐印有"如山過目"、"高陽齊氏百舍齋存書之印"、"齊氏所藏戲曲小説印"、"齊林玉世世子孫永寶用"。

1545　清嘉慶刻本婆羅岸　　　　　　　　　　T5763.6/3628

《婆羅岸》二十回,清佚名撰。清嘉慶九年(1804)刻本。十册。半頁八行十九字,四周單邊,白口,無魚尾。框高12.1釐米,寬8.7釐米。前有嘉慶九年圓覺道人序。

此爲世情小説,詮釋善惡之念,書名冠以"婆羅",當爲釋家之語,意欲導引人們相信輪迴之説,脱離苦海,嚮往極樂世界。第二十回末:"又詩二首詠這智玄和尚道:前世蒙蒙不可思,爲蛇爲狗有誰知? 一生造下姦淫孽,數世償來那得辭? 轉到男身卻女身,羞將一世枉爲人。生成一副堅修骨,到底靈蛇練法成。"

第一回"白花蛇幻形入人世　司空女心動引情魔",第二回"窈窕娘問疾惹邪緣　淫妬婦燃酸償宿債",第三回"獲靈符吳氏妾爲妻　遭雷擊馮家蛇變狗",第四回"誤配藥夫人幸脱災　巧誨淫後生終殞命",第五回"吳小住分娩釋前因　馬蘭姐歸寧訂私約",第六回"重敍舊大鬧閨房中　枉留情初設偷香計",第七回"説公事平分百兩金　議私情再設偷香計",第八回"惡風流輕抛枉法錢　熱因果三設偷香計",第九回"遭晦辱壯體攖羸疾　受虛驚貞婦出藏金",第十回"查陰司合家登鬼録　陷良民一命喪監門",第十一回"暗偷情枕上權消渴　明接客筵前暫了緣",第十二回"獲異藥公子乍試方　破新瓜女兒初進喜",第十三回"驚奇遇蘭姐欲妻身　遭惡客英兒將出閣",第十四回"得嬌妻暢偕鸞鳳侣　進雙美大興温柔鄉",第十五回"通消息惹恨花容損　計葬埋轉眼燕巢空",第十六回"晤親人口敍别離情　履佛地魂消因果事",第十七回"小英兒病里見前身　狂和尚街前説往事",第十八回"周鳳官哭妻腸欲斷　袁佛子生孫喜未闌",第十九回"不茹葷孩子饒佛性　計捨初衷大拂初心",第二十回"憶兒身蠢妻偏繫懷　歸佛門靈蛇終證果"。

圓覺道人序云:"無極洞之蛇,修之數百年,喪之在一日。一失足而前功盡棄,何異祖宗積德百年,敗諸不肖子之一蹶耶? 其爲犬爲妓,相尋不已。茫茫宇宙,誰則爲身後一回首思者,物猶如此,人何以堪。詩三百篇,兩言以括之,曰善者可以感發人之善心,惡者可以懲創人之逸志。《婆羅岸》之作也,亦此物此志云爾。"此本甚難得,研明清小説者多未見到此本,《中國通俗小説總目提要》據孫楷第《中國通俗小説書目》,云:"未見。"有扉頁,刻"婆羅岸全傳。嘉慶九年新鎸。合興堂藏板"。第十五回第十一頁後佚去數頁。此書又有道光間慎修堂刻本。

《續修四庫全書總目提要(稿本)》、《中國古籍善本書目》未著録。上海古籍出版社《古本小説集成》第三輯第128册、中華書局《古本小説叢刊》第三十六輯第5册所收,皆以館藏此本爲底本。

鈐印有"齊如山"、"高陽齊氏百舍齋存書之印"、"齊氏所藏戲曲小説印"、"齊林玉世世子孫永寶用"。

1546　清刻本新刻三妙傳　　　　　　　　　　T5759/2347.1

《新刻三妙傳》六卷,題養純子撰。清刻本。二册。齊如山跋。半頁八行二十一字,四周單邊，白口，單魚尾。框高16.2釐米，寬10.1釐米。無序跋。

此書一名《花神三妙傳》，又名《白錦瓊奇會遇》。述元代有趙錦娘、李瓊姐、陳奇姐三表姐妹皆能詩，錢生景雲並得之。

卷一"錢錦瓊奇會遇　錢生錦娘歡偶"，卷二"飲讌賞月流連　錢生瓊姐佳期"，卷三"錢生奇姐情合　四美連床夜雨"，卷四"慶節上壽會飲　涼亭水閣風流"，卷五"玉碗卜締姻婕　錦娘割股救親"，卷六"奇姐臨難死節　碧梧雙鳳和鳴"。

齊如山跋云："此書丁日昌同治七年《禁書目》著錄，頗不易見，偶於書肆得之，題曰養純子編集。據孫君子書云，疑即明人《三妙傳》，演白景雲事。此則確名景雲，但係錢姓，稍有不同，未知是一是二。其結構則不甚佳，疑有改竄。所謂'三妙'者，趙錦娘、李瓊姐、陳奇姐也。結果奇姐先死，雖足表其孝貞，然與三妙二字稍覺不完。雖有原配曾徽音補數，亦似不倫。甲申冬。如山識。"

孫楷第《中國通俗小説書目》著錄，列於猥褻作品之列，云："三妙傳六卷。存。竹軒刊本。半頁八行，行二十一字。清無名氏撰。題養純子編集。演錢景雲、趙錦娘、李瓊姐、陳奇姐事。本明人《三妙傳》小説。丁日昌《禁書目》著錄。"

譚正璧、譚尋《古本稀見小説匯考》有《風流十傳》，凡八卷八篇，明萬曆刻本，爲日本長澤規矩也藏書，内收入《三妙傳》。《中國古代小説總目提要》云："本書節本十三節，又見《國色天香》、《花陣綺言》、《萬錦情林》、《燕居筆記》諸書。"

金鑲玉裝。有扉頁，刻"三妙傳。養純子編集。竹軒藏板"。

《續修四庫全書總目提要(稿本)》未收。

鈐印有"高陽齊氏百舍齋存書之印"、"齊氏所藏戲曲小説印"、"齊林玉世世子孫永寶用"、"齊如山"。

1547　清刻本蝴蝶媒

T5760/4738

《蝴蝶媒》四卷十六回，清題南岳道人編。清刻本。四册。齊如山跋。半頁十行二十八字，四周單邊，白口，單魚尾。框高18.3釐米，寬10.3釐米。題"南岳道人編；青谿醉客評"。無序跋。

南岳道人，無考。

此書四卷，每卷四回，敍隋代江南秀才蔣青岩因蝴蝶爲媒，連娶四女爲妻，宣揚一夫多妻事。第一回"靈隱寺禪僧貽寶偈　苧蘿山蝴蝶作冰人"，第二回"華柔玉今題親考試　蔣青岩出傢擬嬌嬈"，第三回"認姑娘中堂敍舊　因表姪東院留賓"，第四回"樓下潛身聽私語　燈前遣悶譜琵琶"，第五回"假女婿成真女婿　惡姻緣變好姻緣"，第六回"小姐防嫌託心腹　韓香縫綻換詩詞"，第七回"拂權臣竟遭枉禍　囑佳婿同上長安"，第八回"李半仙燈下説因由　蔣青岩客中遇神騙"，第九回"贈寒衣義女偷情　看花燈佳人密約"，第十回"蔣青堅辭坦腹　袁太守強贅乘龍"，第十一回"柳碧煙掃雪吟詩　蔣青岩挑燈説誓"，第十二回"李半仙把酒談朝政　楊越公扶病受佳人"，第十三回"三才子同登鼎甲　衆佳人共賞荷花"，第十四回"泥金報三捷臨門　縉春樓雙珠入手"，第十五回"華小姐催赴揚州約　袁太守重贅狀元郎"，第十六回"六美共歸金馬客　三賢同隱苧蘿山"。

齊如山跋云："此書刊本頗多，積經堂刊本十行二十八字，四友堂刊本十二行二十八字。此亦十行二十八字,題本堂藏板,'玄'字皆不缺筆,則出版當在順治間。又有一本,行款與此皆同,惟字體不及此規矩,或是由此翻刻而成。甲申十二月三十日,如山識。"

金鑲玉裝。書內夾一紙條,寫:"胡蝶媒。五十元。文友。"當爲齊如山購自北京文友堂。此書清代版本甚多,南京圖書館有清炎惜軒刻本;北京大學圖書館、天津師範大學圖書館有清四友堂刻本;日本寶曆四年(1754)《舶載書目》著錄有清華文堂刻本;譚正璧曾有清嘯花軒刻本。館藏又有一清刻本,四册,行款同此本,但刊刻似較此本晚,有扉頁,刻"蚨蝶媒。本堂梓"。另有清光緒二十一年上海書局石印巾箱本,四册,扉頁印"繪圖巧姻緣"。

《續修四庫全書總目提要(稿本)》、《中國古籍善本書目》未收。

鈐印有"如山過目"、"高陽齊氏百舍齋存書之印"、"齊氏所藏戲曲小説印"、"齊林玉世世子孫永寶用"。

1548　清刻本新鐫桃花影　　　　　　　　　　　　　　T5762.9/2913.4

《新鐫桃花影》四卷十二回,清煙水散人撰。清畹香齋刻本。四册。齊如山跋。半頁十行二十五字,四周單邊,白口,單魚尾。框高16.6釐米,寬10.2釐米。題"煙水散人編次"。

煙水散人,無考,或謂徐震。

此本又名《牡丹奇緣》,爲猥褻之作,述明成化松江府才子魏瑢與一妻五妾之事,魏後得半痴僧點化,與六夫人棄家修道成仙。此本四卷,每卷三回。第一回"小書生鑿壁窺雲雨",第二回"老佳人帶月效鸞鳳",第三回"傳詞寄翰兩情深",第四回"滅燭邀歡雙意足",第五回"風流陣戰酣禪翁",第六回"後庭花强捉醉魚",第七回"看黄花夜雨談心",第八回"寄情書熱腸解難",第九回"訪禪扉一夕喜逢雙美",第十回"諧花燭舊人仍做新人",第十一回"十間舫五美綢繆",第十二回"半痴僧一詩點化"。

齊如山跋云:"此書丁日昌《禁書目》著錄,《駐春園小史》序中亦曾引之。因經被禁書,極難得,清光緒間上海書局有石印本,改題《牡丹奇緣》。日本《舶載書目》載有畹香齋梓本,然只有其名,未見其書。家竺山兄,一日偶在順内大街閒步,無意中於冷攤上得此,急付裝潢,並識如右。民國三十三年十二月三十一日,齊如山識,時年六十有八,正避難家居時也。"

金鑲玉裝。此本有扉頁,刻"桃花影。煙水散人編。畹香齋梓"。此爲禁書,同治七年江蘇巡撫丁日昌查禁淫詞小説,其《應禁書目》内載有此書。又清余治《得一録》卷十一之一有《計毁淫書目單》,其第三種即爲此書。

《續修四庫全書總目提要(稿本)》、《中國古籍善本書目》未著錄。臺灣大英百科股份有限公司出版《思無邪滙寶》(明清豔情小説叢書)第18册收有《新鐫批評繡像桃花影快史》。

鈐印有"齊如山"、"高陽齊氏百舍齋存書之印"、"齊氏所藏戲曲小説印"、"齊林玉世世子孫永寶用"。

1549　清刻本新刻章臺柳　　　　　　　　　　　　　　T5759/0440

《新刻章臺柳》四卷十六回,清佚名撰。清醉月樓刻本。二册。齊如山跋。半頁九行二十四字,四周單邊,白口,單魚尾。框高16.8釐米,寬9.5釐米。無序跋。

此本述唐代才子韓翃與柳姬事。韓至京城應試,寓李王孫府。李有愛姬柳氏,築章臺使居,稱章臺柳。韓與柳愛慕,贈以玉合。李知時世將有變,以柳妻韓,並贈以家資,已乃入山訪道。韓後官員外郎,安史亂起,韓從軍平叛,柳入庵爲尼。亂平,有沙吒利大將軍奪柳入府,柳堅拒。有淄青將軍許俊,計奪柳氏以歸韓。

唐許堯佐有傳奇小說《柳氏傳》,孟棨《本事詩》載有其事。徐朔方曾以小說與傳奇《玉合記》相較,以爲小說第二、四回柳氏及侯希逸之自述,爲《玉合記》第三出、第八出之上場白。第三回《誦子令》見《玉合》第六出,同出下場詩四句也見於小說第三回。小說正文常襲諸傳奇原文,刪去曲詞,保留賓白而略加連綴。參見徐《小說考信編》。

每卷四回。第一回"李俠士豪情贈騎　唐明皇御幸春遊",第二回"章臺愁鎖懷春女　曲院欣逢悄意郎",第三回"佛殿中欣傳玉合　幽閨里巧露機關",第四回"侯節度新蒙敕授　輕蛾婢細問糧由",第五回"韓氏子明園配柳　李家郎棄産尋仙",第六回"沙番歸順祿山逆　才子登榮柳氏歡",第七回"斬逆使侯公拒諫　方登員外參謀",第八回"張果仙倡言指教　法靈寺祝贊平安",第九回"韓參軍東會青州　唐陛下西遷蜀地",第十回"因避亂柳娘祝髮　憐嬌眷長老收徒",第十一回"華山上逢婢談舊　幕府中寄詩遣奴",第十二回"奚奴問息逢尼院　光弼功成奏凱歌",第十三回"入虎穴柳姬底節　訪雲臺故友談心",第十四回"沙王府主婢歡遇　通政門合囊互投",第十五回"許虞侯計歸完璧　沙將軍疏還紫騮",第十六回"尚書郎議奏丹陛　方外人同蒙敕封"。

齊如山跋云:"此書不見著錄,亦不著撰人,與孫君《小說書目》甲部中之失記《章臺柳》性質似大不同。其結構頗特別,如第二回,柳姬道:奴家柳氏,長安人也,從小養育在李生家。他交遊任俠,聲色自娛。奴家年方二八。第四回,主帥坐於虎皮椅上,説下官姓侯,名希夷,營州人也。身長七尺,學敵萬人,以及共推我爲節度云云,自言自語,宛然代言體,與雜劇、傳奇無異。這種體裁,在小說中尚屬僅見,疑係明朝人所爲。因章回小說肇自明代,至清初體裁已定,無敢或改,恐清朝人無此膽量,輒爾夾雜代言體也。然余於此夙無研究,容以質之子書諸君。如山。"

金鑲玉裝。有扉頁,刻"章臺柳。新編。醉月樓梓"。

《續修四庫全書總目提要(稿本)》未收。此本由中華書局據范寧藏本影印入《古本小說叢刊》,上海古籍出版社則據哈佛本影印入《古本小說集成》。

鈐印有"高陽齊氏百舍齋存書之印"、"齊氏所藏戲曲小說印"、"齊林玉世世子孫永寶用"、"齊如山"。

1550　清刻本新編兩肉緣　　T5764.5/1420

《新編兩肉緣》四卷十二回,清佚名撰。清刻本。一册。齊如山跋。半頁八行二十字,四周單邊,白口,單魚尾。框高14釐米,寬9.5釐米。無序跋。

此爲淫穢小說,敘因果報應故事。第十二回末云:"善惡到頭終有報,只争來早與來遲。"《中國古代小說總目》(白話卷)有陳慶浩撰此書條目,甚詳。

此本四卷,每卷三回。第一回"皮抓摘貪財留夜宿",第二回"小寡婦洞房花燭夜",第三回"新婦夫雨情合歡娛",第四回"小蘭香初破小桃紅",第五回"賊吳才暗偷紅睡鞋",第六回"卞鴻首行船戲新娘",第七回"馮有能求簽得佳音",第八回"李瑞娘計誆小寶玉",第九回"當家主私通小全香",第十回"蘭香姐侯逢書呆子",第十一回"寄香囊夫婦重團圓",第十二回"二色鬼刀下俱廢命"。

齊如山跋云:"此書不見著録,或因猥褻曾被禁耶?而各禁書目亦皆未載,想係當年出版太少,罕有流傳也。偶於冷攤上得此,板雖不佳,當以少見爲貴,因囑鑲襯而保存之。甲申冬,如山偶識,時年六十有八。"

金鑲玉裝。此本甚難得,研明清小説者多未見到此本,《中國通俗小説總目提要》云:"未見。"第十五頁、三十九頁之背面佚去。

《續修四庫全書總目提要(稿本)》、《中國古籍善本書目》未著録。

鈐印有"如山過目"、"齊氏所藏戲曲小説印"、"齊林玉世世子孫永寶用"。

1551　清刻本新刻群佳樂　　　　　　　　　　　　　T5765/0183

《新刻群佳樂》六卷十二回,清題主善道人撰。清刻本。四册。半頁八行二十字,四周單邊,白口,單魚尾。框高 15 釐米,寬 9.5 釐米。目録頁題"主善道人編次"。前有佚名序。

主善道人,無考。

此爲淫穢小説,内容相當於《肉蒲團》之第十三回至二十回,其前爲《新刻艷芳配》。

此本六卷,每卷二回。第一回"鐵扉道人許婚配　自賣身體入洞房",第二回"玉香女思夫悔恨　思春情偷去聽風",第三回"因受孕與奴奔走　三姐妹談笑淫情",第四回"説笑談烘動淫興　小環女被人姦淫",第五回"瑞珠半夜求饒命　瑞玉同床一宵歡",第六回"佳人看册動忿怒　花晨識破巧機關",第七回"抬畫箱立别恩愛　浪婦人重提舊情",第八回"做勝會佳人同聚　行酒令摹倣春官",第九回"揭酒牌後庭取樂　玉香姐青樓失身",第十回"顧仙外傳授妙理　玉香姐羞忿自盡",第十一回"小如意實言對答　禾央生悔心向善",第十二回"衆僧人各陳罪過　因向善坐化成佛"。

佚名序云:"古今小説工作,皆欲維持風化而正人心也。故三代而上,人心向善;三代而下,人心近悲。予爲是□欲使觀猛驚醒,而不爲小人行險之事也夫。"

此本不多見,研明清小説者多未見到此本。《中國通俗小説總目提要》不載。《續修四庫全書總目提要(稿本)》、《中國古籍善本書目》未著録。

鈐印有"如山過目"、"高陽齊氏百舍齋存書之印"、"齊氏所藏戲曲小説印"、"齊林玉世世子孫永寶用"。

1552　清刻本新刻艷芳配　　　　　　　　　　　　　T5765/2410

《新刻艷芳配》六卷十二回,清佚名撰。清刻本。一册。半頁八行二十字,四周單邊,白口,單魚尾。框高 14.4 釐米,寬 9.4 釐米。

此本與《新刻群佳樂》爲同一書之兩個部分。内容相當於《肉蒲團》之第七回至十二回。以第一回正文"且上部書説的未央生把前面的詩後面的字"看,之前應有另一本,内容或即《肉蒲團》之第一回至六回。

此本六卷,每卷二回。第一回"破斧焚舟除隱恨　卧薪嘗膽復姦仇",第二回"肆歡娱誤遇奇術　改陽物十分快心",第三回"同盟義讓通宵樂　姐妹平分一夜歡",第四回"真好事半路遭磨　活春宫連日相會",第五回"得便宜因人滿己　遭塗毒爲己驕人",第六回"落風塵醜婦初現領賞賜轉身還家",第七回"盗淫樂鄰舍有耳　害本夫巧使手段",第八回"艷芳女初誣俊美　怕走風去送情人",第九回"艷芳私約成婚事　權老實賣妻消災",第十回"央生鑿壁認故友　香雲夜邅風流賬",第十一回"未央生夜戰三次　説閒話初現佳人",第十二回"權老實心恨報仇　小如意初試風波"。

金鑲玉裝。目録頁抄配。第十二回末刻"下接群佳樂"。此亦爲齊如山藏書,但無鈐印。
《續修四庫全書總目提要(稿本)》、《中國古籍善本書目》未著録。

1553　清刻本新編春燈迷史　T5765/5935

《新編春燈迷史》十回,清題青陽野人撰。清刻本。四册。齊如山跋。半頁八行二十四字,四周單邊,白口,單魚尾。框高17.8釐米,寬10.5釐米。題"青陽野人編演"。無序。

青陽野人,無考。

此爲淫穢小説,書敘唐代杭州書生金華與韓嬌娘、蘭兒、俊娥故事。第一回"浪才子元宵玩月　俏嬌娘十五觀燈",第二回"看鰲山暗約佳期　越粉牆偷弄風情",第三回"小丫環聽風染病　金原子夢液交歡",第四回"張大漢驚散鴛鴦譜　潘俊娥巧湊鳳凰群",第五回"書房里三人盟誓明月下彼此秉心",第六回"金華調春藥彩戰　二女被柔碎花心",第七回"原子誤逢行騙　蘭兒坐房被奸",第八回"兩女子身懷有孕　仙冰人夢里傳婚",第九回"兩家願許琴瑟好　金郎獨占雙妻身",第十回"洞房里重整恩愛　牙床上再弄風情"。

齊如山跋云:"此書丁日昌《禁書目》著録,實不多見。前得一部,殘存九回,板心只有'迷史'二字,而無'春燈'字樣。然金華與韓嬌娘二人,確因觀燈始得相遇,疑即此書。後乃得此,與前書同板,幸書面尚存半頁,恰有'春燈'二字,雖稍殘缺,亦足珍貴,因囑鑲襯而保存之。甲申冬,如山識。"

金鑲玉裝。此爲禁書,清余治《得一録》卷一一之一有"計毁淫書目單",第二十一種即爲此書;另見道光二十四年浙江巡撫查禁淫書之《禁毁書目》(第六種)、同治七年江蘇巡撫丁日昌查禁淫詞小説之《應禁書目》(第六種)。此本有扉頁,刻"春燈迷史。醒世良言"。第一回第一頁有佚名書"看此書別嫌麻煩,字雖不真,呼之可也,千萬別剥肉虎子爲要"。"玄"字不避帝諱。此本之刻似在嘉慶或嘉慶以後藏本。

《續修四庫全書總目提要(稿本)》、《中國古籍善本書目》未著録。《中國通俗小説書目》著録有坊刻本。臺北天一出版社《明清善本小説叢刊》第十八輯所收爲抄本,底本爲荷蘭萊頓大學漢學院圖書館。

鈐印有"如山過目"、"高陽齊氏百舍齋存書之印"、"齊氏所藏戲曲小説印"、"齊林玉世世子孫永寶用"。

1554　清刻本杏花天　T5765/1038B

《杏花天》四卷十四回,清題天放道人撰。清刻本。四册。半頁十行二十五字,四周單邊,白口,單魚尾。框高18釐米,寬10.8釐米。目録頁題"古棠天放道人編次;曲水白雲山人批評"。

天放道人,無考。古棠,位於江蘇六合縣。

此爲淫穢小説,又名《紅杏傳》、《閨房野談録》,敘隋代維揚封悦生與十三女風流故事。《中國古代小説總目》(白話卷)有陳慶浩撰此書條目甚詳。

此本四卷,卷一至二每卷四回,卷三至四每卷三回。第一回"藍岳母花燭納婿　傅員卿懼內潛踪",第二回"封悦生遇師求方　萬衲子秘授房術",第三回"浪蕩子天涯海角　俏佳人蘭房寂寞",第四回"悦生浪狎雪妙娘　愛月私奔有情種",第五回"悦生旅邸夢三美　玉鶯自家擇鸞儔",第六回"封悦生祝壽見姑　藍珍娘題詩憶夫",第七回"風流子計就連環　俏佳人暗赴藍橋",第八回"探姑母潛室交歡　兩閨女密窺相思",第九回"封悦生觀舟遇友　賽孟嘗開宴求方",第十回"龍陽君楚南戕命　老孀姑大夢黄梁",第十一回"繡閣設盟聯坦腹　花營錦帳遇生狂",第十二回"群花齊屬收花王　議叛徵立世充王",第十三回"悦生舟狎戴一枝　坐列嬌娃十二釵",第十四回"夢師兄禁戒浪狎　止宣淫獲福綿昌"。

金鑲玉裝。此本有扉頁,刻"杏花天。天放道人編次。本衙藏版"。此即研小説者所稱之"本衙藏版"本,曾見於日本寶曆甲戌(1754)《舶載書目》。又爲禁書,清余治《得一録》卷一一之一有"計毀淫書目單",第十一種即爲《杏花天》;另見道光二十四年浙江巡撫查禁淫書之《禁燬書目》、同治七年江蘇巡撫丁日昌查禁淫詞小説之《應禁書目》。

此書又有清嘯花軒刻本,藏日本千葉掬香家;清拂雲閣刻本,本館也有入藏。此外又有坊刻本多種,如清末石印本(有圖)。

《續修四庫全書總目提要(稿本)》、《中國古籍善本書目》未著録。臺北"中央研究院"史語所傅斯年圖書館、荷蘭萊頓大學漢學院圖書館也有入藏。

鈐印有"高陽齊氏百舍齋存書之印"、"齊氏所藏戲曲小説印"、"齊林玉世世子孫永寶用"。

1555　清拂雲閣刻本杏花天　　　　　　　　　　　　　T5765/1038C

《杏花天》六卷十四回,清題天放道人撰。清拂雲閣刻本。四册。半頁九行二十四字,四周單邊,白口,單魚尾。框高 16.7 釐米,寬 10 釐米。

此本六卷,卷一爲第一至第二回,卷二爲第三至第五回,卷三爲第六至第七回,卷四爲第八至第九回,卷五爲第十至第十二回,卷六爲第十三至第十四回。第一回"藍岳母花燭納婿　傅員卿懼內潛踪",第二回"封悦生遇師求方　萬衲子秘授房術",第三回"浪蕩子天涯海角　俏佳人蘭房寂寞",第四回"悦生浪狎雪妙娘　愛月私奔有情種",第五回"悦生旅邸夢三美　玉鶯自家擇鸞儔",第六回"封悦生祝壽見姑　藍珍娘題詩憶夫",第七回"風流子計就連環　俏佳人暗赴藍橋",第八回"探姑母潛室交歡　兩閨女密窺相思",第九回"封悦生觀舟遇友　賽孟嘗開宴求方",第十回"龍陽君楚南戕命　老孀姑大夢黄梁",第十一回"繡閣設盟聯坦腹　花營錦帳遇生狂",第十二回"群花齊屬收花王　議叛徵立世充王",第十三回"悦生舟狎戴一枝　坐列嬌娃十二釵",第十四回"夢師兄禁戒浪狎　止宣淫獲福綿昌"。

金鑲玉裝。此本有扉頁,刻"杏花天。煙霞叟評。拂雲閣梓"。此本和"本衙藏板"本有不同,據《中國古代小説總目》(白話卷)陳慶浩撰條目云,拂雲閣本相對於"本衙藏板"而言是簡本,"本衙"本約七萬字,"拂雲"本則不足四萬字。"本衙"本每回正文前有詩詞,"拂雲"本則第一回有詞開頭,其他各回前均無詩詞。

《續修四庫全書總目提要(稿本)》、《中國古籍善本書目》未著録。

鈐印有"如山過目"、"高陽齊氏百舍齋存書之印"、"齊氏所藏戲曲小説印"、"齊林玉世世子孫永寶用"。

1556　清抄本新抄濃情秘史　　　　　　　　　T5765/3935

《新抄濃情秘史》二卷十一回，清佚名撰。清抄本。二册。半頁八行二十字，無框格。佚名序。

此爲淫穢小説，故事梗概乃抄録自《杏花天》之後半部，人物姓名及地點有所改變。《中國古代小説總目》（白話卷）有陳慶浩撰此書條目，甚詳。書計二卷，卷上第一回至第六回，卷下第七回至第十一回。第一回"胡瑞英潛室交歡　兩閨女密採消息"，第二回"洛陽橋主樸遊玩　馮樂聲他鄉遇友"，第三回"張廷芳湖中喪命　馮樂聲寺内念經"，第四回"馮樂聲邀客演戲　俏佳人簾内觀情"，第五回"老嬭母夢染黃泉　馮樂聲料理喪事"，第六回"繡閣設盟聯坦腹　花營錦帳遇生狎"，第七回"群花齊屬收花主　田家求助胡瑞英"，第八回"馮樂聲僱車回家　張玉月邀妹來投"，第九回"遷居打造合歡床　登舟取擾高秀峰"，第十回"樂聲舟狎李桂枝　坐列嬌娃十二名"，第十一回"夢師兄禁戒浪狎　止宣淫獲福富貴"。

佚名序云："常觀淫詞諸書，多描寫淫情，不歸於正史，觀之者易入於邪思。惟《濃情秘史》一書，情詞雅敬，趣味彌長，令人觀之不厭，亦且終歸勸善改過，大有益於身心性命也。"

《續修四庫全書總目提要（稿本）》、《中國古籍善本書目》未著録。北京大學圖書館有清抄本。

鈐印有"如山過目"、"高陽齊氏百舍齋存書之印"、"齊氏所藏戲曲小説印"、"齊林玉世世子孫永寶用"。

1557　清康熙刻本新刻鍾伯敬先生批評封神演義　　　T5757/0421D

《新刻鍾伯敬先生批評封神演義》一百回，明陸西星撰，明鍾惺評。清康熙四雪草堂刻後印本。二十册。有圖。半頁十行二十二字，四周單邊，白口，單魚尾。框高20釐米，寬13.4釐米。前有康熙三十四年（1695）褚人穫序，周之標原序。

陸西星，字長庚，號方壺外史，江蘇興化人。生而穎異，有逸才，束髮受書，輒悟性與天道之旨。爲諸生，名最噪，九試棘闈不遇，遂棄儒服。冠黃冠，爲方外之游，數遇異人授真訣，乃纂述仙釋書數十種。識宏博，於書無所不窺，嫻於文辭，兼工書畫。《（康熙）興化縣志》卷一〇《文學》有傳。又胡適曾考西星約生於正德十五年，卒於萬曆二十九年。

此書成書約在隆慶、萬曆間，以神話方式演述武王伐紂之歷史。魯迅《中國小説史略》云："似志在於演史，而侈談神怪，什九虛造，實不過假商周之争，自寫幻想，較《水滸》固失之架空，方《西游》又遜其雄肆，故迄今未有以鼎足視之者也。"

此本無卷數，有扉頁，刻"封神演義。鍾伯敬先生原本。四雪草堂訂証。本衙藏板"。每回一圖，計一百幅。第九頁B圖下有"蔚漢馬良御鎸"，第四十三頁A圖下有"康熙甲戌年壬申月蔚漢馬良御鎸"。

據《中國古代小説總目》（白話卷）此條目，除明天啟間金閶載陽舒文淵刻本外，清康熙刻本有數刻，一爲"康熙三十四年清籟閣藏版四雪草堂訂証二十卷一百回"本，有扉頁，刻"封神演義。鍾伯敬先生原本。四雪草堂訂証。清籟閣藏板"。有康熙三十四年褚人穫序、周之標原序。藏中國國家圖書館、法國巴黎國家圖書館、日本早稻田大學圖書館。二爲"本衙藏板四雪草堂刊本不分卷一百回"本,也即此本,大連圖書館亦藏一部。三爲"四雪草堂訂証本十九卷一百回"本,有扉頁,刻"封神演義。鍾伯敬先生原本。四雪草堂訂証"。行款爲十一行二十四字,圖同哈佛本,亦一百幅,第四十三頁 A 圖下有"荺漢馬良御鎸",無"康熙甲戌年壬申月"字樣。藏中國國家圖書館、北京大學圖書館、天津師範大學圖書館、遼寧省圖書館、荷蘭萊頓大學漢學院圖書館、日本東洋文庫,又大英博物館及皇家亞洲學會圖書館各藏一部。

是書清代版本頗多,石昌渝曾有研究,詳見《中國古代小説總目》(白話卷)。

《續修四庫全書總目提要(稿本)》未收。《中國古籍善本書目》著録,天津師範大學圖書館、遼寧省圖書館等四館也有入藏,未詳是否盡同哈佛本。

1558　清康熙刻本新刻鍾伯敬先生批評封神演義　5757/0421A

《新刻鍾伯敬先生批評封神演義》十卷一百回,明陸西星撰,明鍾惺評。清康熙金陵德聚堂刻本。二十册。有圖。半頁十四行二十五字,四周單邊,白口,單魚尾。框高 19.8 釐米,寬 12.2 釐米。前有康熙三十四年(1695)褚人穫序。

此本每卷十回,計一百回。第一回"紂王女媧宫進香",第二回"冀州侯蘇護反商",第三回"姬昌解圍進妲己",第四回"恩州驛狐狸死妲己",第五回"雲中子進劍除妖",第六回"紂王無道造炮烙",第七回"費仲計廢姜太后",第八回"方弼方相反朝歌",第九回"商容見紂王死節",第十回"姬昌燕山收雷震",第十一回"羑里城囚西伯侯",第十二回"乾元山哪吒下世",第十三回"太乙真人伏石磯",第十四回"哪吒現蓮花化身",第十五回"崑崙山子牙下山",第十六回"子牙火燒琵琶精",第十七回"蘇妲己置造蠆盆",第十八回"子牙出關隱磻溪",第十九回"伯邑考進貢贖罪",第二十回"散宜生私通費尤",第二十一回"文王誇官逃五關",第二十二回"西伯侯文王吐子",第二十三回"文王夜夢飛熊兆",第二十四回"渭水文王聘子牙",第二十五回"蘇妲己請妖赴宴",第二十六回"妲己設計害比干",第二十七回"聞仲回兵陳十策",第二十八回"文王領兵伐崇侯",第二十九回"文王托孤立武王",第三十回"周紀激反武成王",第三十一回"聞太師驅兵追襲",第三十二回"潼關黄天化下山",第三十三回"黄飛虎泗水大戰",第三十四回"飛虎歸周見子牙",第三十五回"晁田兵探西岐事",第三十六回"張桂芳奉詔徵西",第三十七回"姜子牙一上崑崙",第三十八回"四聖西岐會子牙",第三十九回"姜子牙冰凍岐山",第四十回"四天王遇丙靈宫",第四十一回"聞太師兵伐西岐",第四十二回"黄花山收鄧辛張陶",第四十三回"聞太師西岐大戰",第四十四回"子牙魂遊崑崙山",第四十五回"燃燈議破十絶陣",第四十六回"廣成子破金光陣",第四十七回"公明輔佐聞太師",第四十八回"陸壓獻計射公明",第四十九回"武王失陷紅沙陣",第五十回"三姑計布黄河陣",第五十一回"子牙劫營破聞仲",第五十二回"絶龍嶺聞仲歸天",第五十三回"鄧九公奉敕西征",第五十四回"土行孫立功顯耀",第五十五回"土行孫歸伏西岐",第五十六回"子牙設計收九公",第五十七回"冀州蘇護伐西岐",第五十八回"子牙西岐逢吕岳",第五十九回"殷洪下山收四將",第六十回"馬元下山助殷洪",第六十一回"太極圖殷洪絶命",第六十二回"張山李錦伐西岐",第六十三回"申公豹激反殷郊",第六十四回"羅宣火焚西岐城",第六十五回"殷郊岐山受鎛鋤",第六十六回"洪錦西岐城大戰",第六十七回"姜子牙金臺拜將",第六十八回"首陽山夷齊阻兵",第六十九回"孔宣兵阻金雞嶺",第七十回"準提道人收孔宣",第七十一回"姜子牙三路分兵",第七十二回"廣成子三謁碧遊宮",第七十三回"青龍關飛虎折兵",第七十四回"哼哈二將顯神通",第七十五回"土行孫盜騎陷身",第七十六回"鄭倫捉將取氾水",第七十七回"老子一炁化三清",第七十八回"三教會破誅仙陣",第七十九回"穿雲關四將被擒",第八十回"楊任大破瘟瘟陣",第八十一回"子牙潼關遇瘟神",第八十二回"三教大會萬仙陣",第八十三回"三大師收獅象吼",第八十四回"子牙兵取臨潼關",第八十五回"鄧芮二侯歸周主",第八十六回"澠池縣五岳歸天",第八十七回"土行孫夫妻陣亡",第八十八回"武王白魚躍龍舟",第八十九回"紂王敲骨剖孕婦",第九十回"子牙捉神荼玉壘",第九十一回"子牙火燒烏文畫",第九十二回"楊戩哪吒收七聖",第九十三回"金吒智取游魂關",第九十四回"文喚怒斬殷破敗",第九十五回"子牙暴紂王十罪",第九十六回"三妖怪夜劫周營",第九十七回"摘星樓紂王自焚",第九十八回"周武王鹿臺散財",第九十九回"姜子牙歸國封神",第一百回"周天子分封列國"。

金鑲玉裝。此本有扉頁,刻"封神演義。全像商周傳。金陵德聚堂梓"。鈐"德聚堂"印。此本有圖,粗糙簡率,每半頁一圖,圖之兩側各有四字一句之標題,如卷一第一回第一頁圖爲"混沌初分"、"盤古氏出";卷二第十一回第一頁圖爲"比于(干)展開"、"姬昌奏本"。圖共1582幅。

《續修四庫全書總目提要(稿本)》未收。《中國古籍善本書目》著錄,北京大學圖書館也有入藏。

鈐印有"高陽齊氏百舍齋存書之印"、"齊氏所藏戲曲小説印"、"齊林玉世世子孫永寶用"、"齊如山"。

1559　清嘉慶刻本飛武全傳　T5763.6/2236

《飛武全傳》四卷三十二回,清鄒必顯撰。清嘉慶二十三年(1818)一笑軒刻本。四册。有圖。半頁九行二十二字,四周單邊,白口,單魚尾。框高12.4釐米,寬8.7釐米。前有嘉慶二十二年(1817)一笑翁序。

鄒必顯,江蘇興化人,僑居揚州。李斗《揚州畫舫録》云,必顯"性温敦,寡言笑,偶一雅謔,舉座絶倒"。

是書爲神怪小説,又名《飛跎全傳》。四卷,每卷八回。述飛跎子石不透學藝成,奉師命救助中原獵君,威震中原,名揚四海。焦循《易餘籥録》卷一八云:"凡人以虚語欺人者,謂之跳跎子,其巧甚虛甚者,則爲飛跎。"

第一回"猛古兒朝王進寶　石不透出世跳跎",第二回"跳跎子請酒錢公子　莊相兒會混世蟲兒",第三回"硬欄亭宴富家郎　七輳班做活把戲",第四回"混過去説懸天奧妙　知古今代跎子過溪",第五回"小家子會鬼奶奶　鑽山上遇猛一冲",第六回"鮑發户勒馬造橋　秧窩子耕田指路",第七回"流光棍慣打老虎　賈斯文紙上拿橋",第八回"圓和尚管代石信　跳跎子最怕脱空",第九回"老湖划子過苦海　逼上梁山陷火坑",第十回"佛眼神仙機關掛號　元天上帝奧廟收徒",第十一回"授武藝吞丹生兩翅　傳遁法煉眼用神砂",第十二回"應天星投軍考箭　打擂台收馬演刀",第十三回"繞花鎗何能久戰　辣斧子自己關門",第十四回"大排場飛跎得勝　葫蘆套苗蠻麈兵",第十五回"飛跎子托散雲旦　南無僧誤中神砂",第十六回"立奇功飛過海擒王　施巧計打圍場擺陣",第十七回"哈元帥重陷是非窩　飛跎子一進簸箕陣",第十八回"非非想假裝飛跎子　石不閑相會石個個",第十九回"假跎子貪功被獲　乖寶貝救駕成功",第二十回"賽小夥單用引魂旛　飛跎子二進簸箕陣",第二十一回"拉破網情急撞金鐘　摙雙翅計窮行屁遁",第二十二回"石個個戰騷子馬　秋瓠子破孩兒兵",第二十三回"佛眼神仙救石個個兒　腔空祖師會懸天上帝",第二十四回"富家郎暗助廣東財　飛跎子三進簸箕陣",第二十五回"倒扒氣佛眼神仙助力　想發財刁里古怪被擒",第二十六回"懸天上帝顯神通　脱空祖師施法力",第二十七回"尤山翻海空門妙　揭地掀天道教宗",第二十八回"都亢囊菩薩硬解圍　快活似神仙軟和事",第二十九回"阮一張説兩國和好　秦與禮請三教歸宗",第三十回"盡盤將軍出饞勞示　飲啜山人獻哺餟詩",第三十一回"封諸官賜尊三教　欵各國宴待群臣",第三十二回"位重跎王名留後代　尊稱元寶榮耀當時"。

一笑翁序云："趣齋主人,負性英奇,寄情詩酒,往往乘醉放舟,與諸同人襲曼倩之詼諧,學莊周之隱語,一時聞者無不啞然失笑。此《飛跎全傳》之所以作也。書爲同人欣賞,久請付梓,而主人終以遊戲所成,惟恐受嗤俗目,不敢問世。昨因坊請甚殷,迺掀髯大噱曰:紅塵鹿鹿,觸緒增愁,所謂人世難逢開口笑,不獨余悼悼戚之,苟得是編而覽焉,非拍案以狂呼,即撫膺而叫絶。若徒謂靈心慧舌,變化神奇,亦壯夫之所不爲,豈有心世道之所亂容求媚者哉? 余故於主人之刻是傳,即書其所言如此。"按,一笑翁、趣齋主人,應爲鄒必顯。

《揚州畫舫録》卷一一虹橋録下記當時評話稱絶技者,有鄒必顯之《飛跎傳》。又卷九小秦淮録云:鄒必顯以揚州土語編輯成書,名之曰《揚州話》,又稱《飛跎子書》。此本有扉頁,刻"繡像飛跎全傳。嘉慶戊寅孟夏。一笑軒刊板"。圖八幅,每圖之後皆有五言詩一首。此書版本又有嘉慶維揚文盛堂刻本(大英博物院藏)、咸豐七年如皋義林堂刻本、同治十一年揚州醉經堂刻本、光緒二十一年上海書局石印本。

《續修四庫全書總目提要(稿本)》著録,作清嘉慶間坊刻本。《中國古籍善本書目》未著録。日本《内閣文庫漢籍分類目録》著録。上海古籍出版社《古本小説集成》第四輯第85册所收,及臺北天一出版社《明清善本小説叢刊》第四輯所收,或爲一笑軒本之翻刻本。

鈐印有"蘇贊禹"。又有"如山過目"、"高陽齊氏百舍齋存書之印"、"齊氏所藏戲曲小説印"、"齊林玉世世子孫永寶用"。

1560　明嘉靖刻本藝文類聚

T9296/7870

《藝文類聚》一百卷,唐歐陽詢輯。明嘉靖六年至七年(1527—1528)胡纘宗、陸采刻本。二十册。半頁十四行二十八字,左右雙邊,白口,單魚尾,書口下間有刻工。框高22.5釐米,寬15.3釐米。題"唐太子率更令弘文館學士歐陽詢撰"。前有胡纘宗序、歐陽詢舊序(抄配)。

此書乃歐陽詢等於武德五年奉勅編著,歷時三年成書。分四十六部,子目七百二十七條,以事類居前,詩文附後,在古代類書中體例最爲完密。所引古籍約一千四百三十一種,其中十分之九已亡佚,皆賴此書以存。

歐陽詢序云:"九流百氏,爲説不同。周流極源,頗難尋究。欲摘其菁華,採其指要,比類相從,俾覽者易爲功,作者資其用。"

胡纘宗序云:"吴郡陸君子玄,惜其舛剥,托之鋟梓,嗜學好文,於學者有補焉。"

是書除宋刻本(孤本,藏上海圖書館)外,明代所刻者還有明正德十年華堅蘭雪堂銅活字印本、嘉靖九年鄭氏宗文堂刻本、嘉靖二十八年平陽府刻本、萬曆十五年王元貞刻本、余氏尊古堂刻本、石渠山房刻本、尚古堂刻本、又明刻本兩種。

此本刻工有秀、宅、袁、齊、孜、亨、王、言、云、清。

《四庫全書總目》入子部類書類。《中國古籍善本書目》著錄。中國國家圖書館、上海圖書館等三十三館、臺北"國家圖書館"(八部，內兩部乃原藏北平館者)及美國國會圖書館、普林斯頓大學葛思德東方圖書館、日本內閣文庫、東京大學東洋文化研究所亦有入藏。

鈐印有"愚公玄覽"。

1561　明萬曆刻本藝文類聚　　T9296/7870A

《藝文類聚》一百卷，唐歐陽詢輯。明萬曆十五年(1587)王元貞刻本。十六冊。半頁十行二十字，左右雙邊，白口，單魚尾。框高20釐米，寬13.1釐米。題"唐太子率更令弘文館學士歐陽詢撰；明秣陵王元貞校"。前有歐陽詢舊序，胡纘宗序，湯聘尹序。

湯賓尹序云："王子孟起，嫺於文詞，閱覽博觀，篤信好古，銳情詳核，命匠精攻。庶乎游海不眩於迷津，觀天不淆於霾障，頓令石渠生色，何啻鄴架改觀。屈宋復生，亦當首肯；沈謝再出，必且神怡。□率更有大造於後學，而孟起又羽翼夫率更也，顧不偉哉！且天水胡公，以嘉靖丁亥而始事於蘇苑，今白下王氏，以萬曆丁亥而告成於秦淮，甲子一周，是書大顯。"

《四庫全書總目》入子部類書類。《中國古籍善本書目》著錄，上海圖書館、南京圖書館等三十二館，臺北"國家圖書館"，及美國國會圖書館、日本內閣文庫、靜嘉堂文庫、京都大學人文科學研究所亦有入藏。

1562　明嘉靖刻本初學記　　T9296/2971

《初學記》三十卷，唐徐堅等輯。明嘉靖十年(1531)安國桂坡館刻本。二十四冊。半頁九行十八字，左右雙邊，白口，單魚尾，書口上刻"安桂坡館"，書口下間有刻工。框高20.5釐米，寬15.6釐米。題"光祿大夫行右散騎常侍集賢院學士副知院事東海郡開國公徐堅等奉勅；錫山安國校刊"。前有紹興四年(1134)劉本序。

是書乃唐開元中由徐堅、韋述、佘欽、施敬本、張烜、李銳、孫季良等分門編撰而成。摘錄六經諸子百家之言，以類相從，分二十三部，三百十三子目。其體例先為敘事，次為事對，末為詩文。此書旨在為玄宗諸皇子作文時查檢事類，故名《初學記》，引書廣泛，多今已失傳之書。

明代所刻，除此本外，又有嘉靖十三年晉府虛益堂刻本、嘉靖二十三年瀋藩刻本、明楊鑨九洲書屋刻本、萬曆十五年徐守銘寧壽堂刻本、萬曆二十五年至二十六年陳大科刻本、明刻本，此外又有《新刊初學記》，明滎陽鄭氏刻本；三十二卷本，明萬曆三十四年沈宗培刻本。

此本刻工有章景華、顧俊、李鳳、何其、唐瓊、其友、何朝忠、吳秀、陸敖、范相等。

《四庫全書總目》入子部類書類。《中國古籍善本書目》著錄。中國國家圖書館、上海圖書館等四十一館，臺北"國家圖書館"(四部)，及美國國會圖書館、日本靜嘉堂文庫、京都大學人文科學研究所亦有入藏。

鈐印有"淮陰吳氏"、"階青竹君"。

1563　明刻本唐宋白孔六帖　　T9296/2611

《唐宋白孔六帖》一百卷目錄二卷，唐白居易、宋孔傳輯。明刻本。八十冊。半頁十行十八字,左右雙邊,白口,單魚尾,書口下有刻工。框高 19.2 釐米,寬 14.8 釐米。前有韓駒序。

白居易有《白氏六帖》三十卷,又名《白氏經史事類六帖》。宋孔傳續撰三十卷,稱《後六帖》。合兩書爲一編,約始於南宋末。通行本作一百卷,不知何人所分。《白帖》採擇各書中成語、典故,或摘句,或提要,分類編次,體例略同《北堂書鈔》。自宋代即通行有注無注兩本。晁公武稱注爲其曾祖所作。孔傳續作,全仿白帖,增補内容。

今存之白氏六帖,有《新雕白氏六帖事類添注出經》,爲宋刻本,然爲殘帙,臺北"國家圖書館"存卷一至二八,中國國家圖書館存卷一七至二〇。《孔氏六帖》之宋本亦爲殘本,宋乾道二年泉南郡庠刻本,存卷一一,藏中國國家圖書館。《白孔六帖》有宋刻本,臺北"國家圖書館"存四十二卷,上海圖書館存二卷。

此本刻工有袁、守中、宗、王、劉、惟器、世用、永之、何敖、大節、世臣、子静、啓明、何亨等。

《四庫全書總目》入子部類書類。《中國古籍善本目》著録。中國國家圖書館、上海圖書館等六十七館,臺北"國家圖書館"及美國國會圖書館、普林斯頓大學葛思德東方圖書館、日本内閣文庫、静嘉堂文庫、尊經閣文庫、京都大學人文科學研究所、東京大學東洋文化研究所亦有入藏。

鈐印有"松雪齋圖書印"(僞)、"趙氏子昂"(僞)、"柯逢時印"(大)、"柯逢時印"(小)、"學古齋"、"世業閉户先生"、"號東欽"、"茂苑香生蔣鳳藻秦漢十印齋秘藏圖書"。

1564　明嘉靖刻本事類賦　　T9297/2334

《事類賦》三十卷,宋吴淑撰并注。明嘉靖十一年(1532)崇正書院刻本。八册。半頁十二行二十字,左右雙邊,白口,單魚尾,有耳題,書口上端有"崇正書院",下有刻工。框高 19.5 釐米,寬 14.9 釐米。題"宋博士渤海吴淑撰注;皇明都事錫山華麟祥校刊"。前有紹興十六年(1146)邊惇德序;《進注事類賦狀》。末有嘉靖十一年(1532)華雲跋。

吴淑,字正儀。江蘇鎮江人。生於南唐保大五年,卒於宋咸平五年。初仕南唐,入宋官至職方員外郎。《宋史》本傳稱其"幼俊爽,屬文敏速"。曾參與《太平御覽》、《太平廣記》、《文苑英華》、《太宗實録》之編纂。又有文集十卷,《江淮異人録》三卷等。

是書分天、歲時、地、寶貨、樂、服用、什物、飲食、禽、獸、草、木、果、鱗介、蟲十五部,子目一百,每目一字,取一事物,爲賦一篇。但各賦均非出自胸臆所作詠物之賦,而是彙集與該事物有關之典故、辭藻,組織成文。文間有淑注,詳其本末及出處。

吴淑進書狀云:"伏以類書之作,相沿頗多。蓋無綱條,率難記誦,今綜而成賦,則焕焉可觀。然所徵既繁,必資箋注,仰聖謨之所及……並於逐句之下,以事解釋,隨所稱引,本於何書,庶令學者知其所自。又集類之體,要在易知,聊存解釋,不復備舉,必不可去,亦具存之。"

華雲跋云:"嘉靖壬辰冬十月,郡公内江趙鷺洲先生屬家君刻宋吴淑《事類賦》,藏郡齋,廣來學之既……吴氏此編,用心孔勤,當在虞氏兔園、李氏金鑰、皮氏家鈔之上。學者熟覽焉,等而上之,各足其才分,則文辭學術,不患不能倍蓰於昔人……是書凡十五部百篇。六月朔興工,十月竣事。余家有宋刻善本,竹林群彦暨兒初屏營校酬彌月,故鮮魚豕。"

此本乃據宋本重刻。卷三〇末有校刻之銜,"宋紹興丙寅右迪功郎特差監潭州南嶽廟邊惇德、左儒林郎紹興府觀察推官主管文字陳綬、右從政郎充浙東提舉茶鹽司幹辦公事李端民校勘"。"皇明嘉靖壬辰常州府無錫縣學生倪奉、施漸、浦錦、陸子明、苗子寔、秦採、俞寰、華復初、安如石重校"。

刻工有何瑞、何恩、何鳳、陸淮、潘祁、顧迁、章元、何表、潘祺、李清、章悦、唐瓊、顧銓、陸儒、陸宣、何球、李澤、何忠、何文、何子榮、章亨、何良、何鉦、何瑞、周永日、方敖、陸鋆、方瑞、周旭、章守中。寫工有王輝、周慈、陸臣。

《四庫全書總目》入子部類書類。《中國古籍善本書目》著録。中國國家圖書館、南京圖書館等八館,臺北"國家圖書館"(三部,其一爲原藏北平館者)及日本静嘉堂文庫亦有入藏。是書宋本有紹興十六年兩浙東路茶鹽司刻本,中國國家圖書館兩部。明代所刻又有以下數種:明嘉靖十三年白玶刻本;嘉靖十六年秦汴刻本;萬曆徐守銘寧壽堂刻本;葉氏作德堂刻本;蔡弼刻本;潘仕、潘傑刻本;又明刻本三種。

1565　明嘉靖刻本事類賦　　T9297/2334A

《事類賦》三十卷,宋吴淑撰並注。明嘉靖十三年(1534)白玶刻本。二十册。半頁十一行二十字,四周單邊,黑口,單魚尾。框高 20.4 釐米,寬 14.5 釐米。題"宋博士渤海吴淑撰注"。前有進狀。

卷三〇末有"宋紹興丙寅右迪功郎特差監潭州南嶽廟邊惇德、左儒林郎紹興府觀察推官主管文字陳綬、右從政郎充浙東提舉茶鹽司幹辦公事李端民校勘"。

按,此本序及後序俱佚去。查傅增湘《藏園群書經眼録》,此書"有嘉靖十三年甲午冬十二月朔嵩渚李濂序,稱開封太守南宫石巖白公刻諸郡齋云云。前紹興丙寅仲夏廿三日右迪功郎特差監潭州南嶽廟邊惇德序,次吴淑進書狀,卷末銜名三行。有嘉靖甲午祥符縣儒學署教諭事麻城陳同後序,稱紹興中鄭提舉鏤梓於東浙,而中州四方傳布未廣。甲午歲,余領教在汴,太守石巖白公命校閲,將捐俸鋟行,但録本間或脱略,請於大宗師頤庵吴公,得其善本質定,然後脱簡完輯云云。"賈人抽去序跋,有意充宋刻。

《中國古籍善本書目》著録,中國國家圖書館、上海圖書館等七館,臺北"國家圖書館"及日本内閣文庫亦有入藏。

鈐印有"果親王府圖書記"。

1566　明崇禎刻清康熙乾隆遞修本册府元龜　　T9297/1184

《册府元龜》一千卷《目録》十卷,宋王欽若等輯。明崇禎十五年(1642)黄國琦刻清康熙、乾隆遞修本。二百册。半頁十行二十字,四周單邊,白口,無魚尾。框高 18.9 釐米,寬 13.7 釐米。題"淮南李嗣京參閲;西極文翔鳳訂正;豫章黄國琦較釋"。前有崇禎十五年黄國琦序,文翔鳳序;清康熙十一年(1672)黄九錫跋;乾隆十九年(1754)丁序賢《重校册府元龜小引》;《册府元龜考據》;黄國琦序。

王欽若,字定國,江西新喻人。太宗淳化三年進士,爲亳州防禦推官。真宗咸平三年,擢翰林學士,參知政事。歷判杭州等地。仁宗天聖三年卒,謚文穆。《宋史》卷二八三有傳。

此書爲宋代四大書之一,始編於宋真宗景德二年,完成於大中祥符六年,由王欽若、楊億等編纂。全書分三十一部,一千一百零四門。每部有總序,每門有小序,各門下材料依時代先後排列。所採書籍大抵以正史爲主,間及經、子,而不採説部。

此書祥符年間編成後,即奉命刊板,史載真宗天禧、仁宗景祐間,曾賜予輔臣及御使臺。南宋時,福建、四川皆有刻本。今存宋刻本兩種,皆四川地區刻本,一題"新刊監本册府元龜",十三行二十四字,僅存八卷,藏中國國家圖書館;一題"册府元龜",十四行二十四字,今存五百多卷,分別藏於日本静嘉堂文庫、中國國家圖書館等處。

由於此書卷帙浩繁,刊刻不易,宋以後數百年間,迄無刊本,皆以抄本流傳。正如文翔鳳序所云:"宋彙書四大部……他皆宿已鐫行,惟《册府元龜》閱年六百,止一寫本互相抄傳,勢家購之,必損錢三二十萬,貧士竟生,至夢有不之逮者。"而傳抄之本,又多魚魯亥豕、參差脱落。明末文翔鳳與黄國琦等以抄本讎校,崇禎十五年由黄國琦刻梓。順治十七年,黄氏家遭回禄,書板有所損毁。黄國琦侄九錫等加以補綴修板,於康熙十一年重加印行。乾隆間,黄氏後人將書板出售,其中多有缺失蠹蝕。金陵承德堂書舍得此書板,由丁序賢等加校讎,於乾隆十九年補刻印行。此前後修補經過見黄九錫跋與丁序賢《重校册府元龜小引》。

丁序賢《小引》云:"今年夏,薄游金陵,於舊書肆中見殘缺數本,問所從來,則曰黄氏之子孫,自吴門負兹板以求售者,五年矣。時坊友王君勝鳴慨然曰,此黄氏先人苦志經營而始成此也。因其利不得專其名,盍以半價貨之,俾得復還其子孫。迨板歸坊後,失去者百數十篇,其中蠹蝕霉缺者不可勝計。予因爲校讎點定,失去者補刻之,殘缺者修增之,閲兩月而是書完好如初。"末署"寧都後學丁序賢人可書於金陵之承德堂書舍"。

此本有扉頁,刻"册府元龜。新昌黄石公先生鑑定。寧都丁人可、金谿王勝鳴重校。承德堂藏板"。鈐"承德堂藏板"方形印及"承德堂"圓形圖畫印。

《四庫全書總目》子部類書類著録。《中國古籍善本書目》著録明崇禎十五年黄國琦刻本及清康熙十一年黄九錫重修本,各有多家館藏,此乾隆印本未收。中華書局於1960年曾以黄刻初印本影印出版,1989年又將此書今存宋刻本共五百八十餘卷影印出版。

1567　明成化刻本事物紀原集類

T9297/0213

《事物紀原集類》十卷,宋高承輯。明成化八年(1472)平陽府通判李果刻本。十册。半頁十二行二十四字,四周雙邊,黑口,雙魚尾。框高19.7釐米,寬13.1釐米。題"鄉貢進士南昌閻敬校正;平陽府判成安李果批點"。前有明正統十二年(1447)閻敬序,成化八年李果序。

高承,開封人。

是書第一卷凡七部,共一百七十事。曰天地生植部、曰正朔曆數部、曰帝王后妃部、曰嬪御命婦部、曰朝廷注措部、曰治理政體部、曰利源調度部。第二卷凡五部,共一百九十事。曰公式姓諱部、曰禮祭郊祀部、曰崇奉襃册部、曰樂舞聲歌部、曰輿駕羽衛部。第三卷凡四部,一百六十七事。曰旗旐采章部、曰冠冕首飾部、曰衣裘帶服部、曰學校貢舉部。第四卷凡五部,一百六十七事。曰經籍藝文部、曰官爵封建部、曰勳階寄禄部、曰師保輔相部、曰法從清望部。第五卷凡六部,一百九十六事。曰三省綱轄部、曰持憲儲闈部、曰九寺卿少部、曰秘殿掌貳部、曰五監總率部、曰環衛中貴部。第六卷凡六部,一百七十六事。曰横行武列部、曰東西使班部、曰節鉞帥漕部、曰撫字長民部、曰京邑館閣部、曰會府棊司部。第七卷凡六部,一百八十二事。曰軍務職局部、曰州部方域部、曰真壇净社部、曰靈宇廟貌部、曰道釋科教部、曰伎術醫卜部。第八卷凡五部,一百七十二事。曰舟車帷幄部、曰什物器用部、曰歲時風俗部、曰宫室居處部、曰城市藩禦部。第九卷凡六部，一百八十二事。曰農業陶魚部、曰酒醴飲食部、曰吉凶典制部、曰恃奕嬉戲部、曰戎容兵械部、曰戰陣攻守部。第一〇卷凡五部，一百六十二事。曰軍伍名額部、曰律令刑罰部、曰布帛雜事部、曰草木花果部、曰蟲魚禽獸部。

李果序云："正統甲子歲，余忝試京闈，獲覩《事物紀原》一帙於書舍中，乃今祭酒江右頤庵胡先生之所傳，南平趙弼先生之所刪訂者也。余怩而易之以金以歸，不啻懷瑾握瑜……景泰改元，叨與鄉舉，亦於書坊得此全集，乃頤庵所傳之舊本，南昌貢士閻敬之所校正者也。觀其所載，自天地生植以至蟲魚禽獸幾二千事，蒐獵經史，考古驗今，分門析類。校之刪本，事倍而詳。然趙則固多刪正……遂質諸寅長，太守長垣胡公、二守扶風李公、通府開州程公，衆以爲可，受梓於余，刻木以廣其傳。"

《四庫全書總目》入子部類書類。《總目》云："此書名目頗爲冗碎。其所考論事始，亦間有未確，然其他類多排比詳贍，足資核證，在宋代類書中，固猶有體要。"《中國古籍善本書目》著錄。中國國家圖書館、上海圖書館、臺北"國家圖書館"等十八館皆有入藏。此書最早有宋刻本十卷，書名作《重修事物紀原集》，爲十三行二十一字，存四卷（六至九），藏中國國家圖書館。此本爲李果據閻敬本重刻。閻敬本爲正統十一年刻，十二行二十四字，中國國家圖書館、北京大學圖書館、臺北"國家圖書館"等五館入藏。明代又有弘治十八年魏氏仁實堂刻本，十二行二十四字，北京大學圖書館、南開大學圖書館等館入藏。此外又有明刻本兩種。又此書另有二十卷本，存明正統九年陳華刻本，九行二十字，存中國國家圖書館、上海圖書館；明刻本，十行二十六字黑口本，藏南京圖書館；明刻本，九行二十二字白口本，藏中國國家圖書館、重慶市圖書館等館；明胡文煥刻《格致叢書》本（然書名易作《新刻事物紀原》）。此李果刻本，美國普林斯頓大學葛思德東方圖書館、日本內閣文庫、靜嘉堂文庫亦有入藏。

1568　清抄本事物紀原集類　　　　　　T9297/0213C

《事物紀原集類》十卷，宋高承輯。清抄本。十二冊。半頁八行十八字，無框格。題"鄉貢進士閻敬校正"。前有正統十三年(1448)閻敬序。

高承，河南開封人。生平不詳。

此書專記事物之始，自博弈嬉戲之微，魚蟲飛走之類，無不考其所來。每卷若干部，每部若干事，皆於卷前標出。

此書有十卷本與二十卷本之別。《直齋書錄解題》著錄《事物紀原》二十卷，云："不著名氏。《中興書目》十卷，開封高承撰，元豐中人，凡二百七十事。今此書多十卷，且數百事，當是後人廣之耳。"《郡齋讀書志》趙希弁《附志》著錄有《事物紀原》十卷。今日本靜嘉堂文庫藏有一部宋刻本，爲二十卷本，其卷端書"重修事物紀原集"，十三行二十一字，白口，左右雙邊。目錄上末刻有牌記，云："此書係求到京本，將出處逐一比校，使無差謬，重新寫作大板雕開，並無一字誤落。嵒慶元丁巳之歲建安余氏刊。"（見《靜嘉堂文庫宋元版圖錄》）明代又有正統九年陳華刻本，亦二十卷本。宋刻十卷本今亦存殘本，藏中國國家圖書館，僅存卷六至九。其本卷端亦題"重修事物紀原集"，行款與靜嘉堂本同（見《北京圖書館古籍善本書目》）。明正統間閻敬校刻此書，爲十卷。其後又有成化八年李果刻本、弘治十八年魏氏仁實堂刻本等，皆十卷本。館藏此本卷前有閻敬序，卷端署"閻敬校正"，當據明正統間閻敬刻本傳抄者。

《中興書目》十卷本記事之數凡二百七十,《直齋書錄解題》著錄之本紀事超出此數,凡數百事,陳振孫云爲後人增廣者。而閻敬刻本紀事之數凡一千八百四十一,更超過《直齋》著錄之本。故《四庫全書總目》云"蓋後來又有所增益,非復宋本之舊"。

《四庫全書總目》子部類書類著錄。《中國古籍善本書目》著錄有宋刻本及明刻本多種。本館又藏明成化八年李果刻本。

鈐印有"莫友芝圖書印"、"莫繩孫字仲武"。《藏園訂補邵亭知見傳本書目》所云"正統本亦曰《事物紀原集類》,頃得抄本"者,當即指此本。

1569　明萬曆刻本海録碎事　　　　　　　　T9297/4911

《海録碎事》二十二卷,宋葉廷珪輯。明萬曆二十六年(1598)劉鳳刻本。二十四册。半頁十二行二十一字,左右雙邊,白口,單魚尾。框高20.8釐米,寬13.6釐米。題"宋泉州太守葉廷珪集著;明河南僉憲劉鳳校刻;孫鴻英、應、廣同校"。前有紹興十九年(1149)傅自得序,紹興十九年葉廷珪自序。

葉廷珪,字嗣忠,崇安人。政和五年進士,出知德興縣,紹興中爲太常寺丞,忤秦檜,以左朝議大夫出知泉州。

此書爲廷珪從借讀之書隨手摘抄,計分天部、地部、衣冠服用部、飲食器用部、聖賢人事部、帝王部、臣職部、鬼神道釋部、百工醫技部、商賈貨財部、音樂部、農田部、文學部、武部、政事禮儀部、鳥獸草木部,共十六部,五百八十四目。

葉廷珪自序云:"始予爲兒童時知嗜書,家本田舍,貧無書可讀。曾大父以差法押綱至京師,傾行橐市書數十部以歸,因得盡讀之。其後肄業郡學,升貢上庠,登名桂籍,牽絲入仕,蓋四十餘年,見書益多,未嘗一日手釋卷帙,食以飴口,怠以爲枕,雖老而不衰。每聞士大夫家有異書,無不借,借無不讀,讀無不終篇而後止。嘗恨無貲不能盡得寫,間作數十大册,擇其可用者手抄之,名曰《海録》。其文多成片段者,爲《海録雜事》;其細碎如竹頭木屑者,爲《海録碎事》;其未知故事所出者,爲《海録未見事》;其事物興造之原,爲《海録事始》;其詩人佳句曾經前輩所稱道者,爲《海録警句圖》;其有事蹟著見作詩之由,爲《海録本事詩》。獨碎事文字最多,初謂之一四録言,其自一字至四字有可取者皆録之,後改爲《碎事》。每讀文字,見可録者,信手録之,未嘗有倫次。閱歲既久,所編猥繁,檢閱非易,嘗以爲病。紹興十八年秋,得郡泉山,公餘無事,因取而類之,爲門百七十五,爲卷二十有二。"

此本爲劉鳳所刻。鳳,字子威,長洲人。嘉靖進士,官至河南按察僉事。

《四庫全書總目》入子部類書類。《中國古籍善本書目》著録。中國國家圖書館、上海圖書館等二十六館,臺北"國家圖書館"(兩部)及美國國會圖書館、日本尊經閣文庫、静嘉堂文庫、京都大學人文科學研究所亦有入藏。日本東京大學東洋文化研究所有明萬曆刻本。按,此書又有明卓顯卿刻本。

1570　明嘉靖刻本錦繡萬花谷　　　　　　　　T9297/8327

《錦繡萬花谷前集》四十卷《後集》四十卷《續集》四十卷《別集》三十卷。明嘉靖十五年(1536)秦汴繡石書堂刻本。四十册。半頁十二行二十一字,左右雙邊,白口,單魚尾,書口上刊

"繡石書堂"。框高18.7釐米,寬13釐米。前有淳熙十五年(1188)序。總目後有嘉靖十五年秦汴撰《考證》,并刊"姚江王平、墊賓楊詳、鈕泰同校;同邑秦鏊、陳鑾同謄;何其等刊"。

是書不著撰者姓氏,據序,知爲宋孝宗時人。原書爲前、後、續三集,分類隸事,所引古籍甚多,於宋代軼事逸詩蒐輯尤富。此秦汴刻本,增《別集》三十卷,乃由汴以己意增删而成。其書名"錦繡萬花谷",當出自《新唐書》卷七六《楊貴妃傳》:"每十月,帝幸華清宫,五宅車騎皆從,家別爲隊,隊一色,俄五家隊合,爛若萬花,川谷成錦繡。"

序云:"二三年間,抄益多,然而瑣碎而無統,又多除舍於人,不得以盡隨。故爲風雨蟲鼠之所蝕,或爲人之所廋,或爲醬瓿之所敗,不得成焉。又數年,抄不輟,如司馬子長、班范歐陽之書,抄已而四五矣。晚益困,無以自娱,復留意於科舉之外。凡古人文集、佛老異書,至於百家傳記、醫技稗官、齊諧小説、荒録怪志,聞必求,求必覽焉。久之,浩浩如也。乃署有叙,又附之以唐人及國家諸公之詩,自九華之歸編,粗成爲三集,每集析爲四十卷,古今之事物,天下之可聞可見者,粲乎其有條矣……先是烏江蕭恭父、河南胡恪聞其大概,爲余命名曰《錦繡萬花谷》,今從其名。"

秦汴《考證》云:"《萬花谷》一編,昉於宋人,而作者名氏不傳於世間。嘗觀《文獻通考》,止前集四十卷,并續集爲八十卷。考其自敘,則又有後集焉,而卷更倍之。近於坊間購得宋刻,與所敘同,獨續集一帙,與會通館刻迥異,諒散逸不存,一時編校者之誤也。余乃參互考訂,以去其重複,斟酌損益,以一其出處,白文黑質,以别其標題。閱一歲,而梓始成。嗚呼!兹編也,余固知其無補於道也,然而博聞洽識,亦與有賴矣。"

秦汴,字思宋,無錫人,又刻有《古今合璧事類備要前集》六十九卷《後集》八十一卷《續集》五十六卷《别集》九十四卷《外集》六十六卷。

《四庫全書總目》入子部類書類。《總目》云:"前集凡二百四十二類,後集凡三百二十六類,續集自一卷至十四卷,凡四十六類,自十五卷至四十卷,則皆類姓也。所録大抵瑣屑叢碎,參錯失倫,故頗爲陳振孫所譏……又每類後用《藝文類聚》例,附録詩篇,亦頗多逸章賸什,爲他本所不載,略其煩蕪,擷其精粹,未嘗不足爲考證之資也。"《中國古籍善本書目》著録。中國國家圖書館、上海圖書館等十館,臺北"國家圖書館"及日本內閣文庫、東京大學東洋文化研究所亦有入藏。按,是書有宋刻本,中國國家圖書館等館所藏,均爲殘帙。上海圖書館藏元刻本,僅存《别集》一卷。明代又有弘治五年華燧會通館銅活字印本,嘉靖十四年徽藩崇古書院刻本,及明刻本。

1571 明內府刻本新編古今事文類聚 T9297/3122

《新編古今事文類聚前集》六十卷《後集》五十卷《續集》二十八卷《別集》三十二卷,宋祝穆輯;《新集》三十六卷《外集》十五卷,元富大用輯。明內府刻本。存一百十五冊。半頁十行十八字,四周雙邊,黑口,雙魚尾。框高24.6釐米,寬17釐米。《前集》題"建安祝穆和父編"。前有淳祐六年(1246)祝穆自序。

祝穆,字和甫,初名丙,歙人。幼孤,與弟癸同從朱熹受業。性行温淳,刻意問學,以儒學昌其家。又有《方輿勝覽》。

是書《前集》分天道部、天時部、地理部、帝系部、人道部、仕進部、仙佛部、民業部、技藝部、樂生部、嬰疾部、神鬼部、喪事部。《後集》分人倫部、娼妓部、奴僕部、肖貌部、穀菜部、林木部、竹筍部、菓實部、花卉部、鱗蟲部、介蟲部、毛蟲部、羽蟲部、蟲豸部。《續集》爲居處部、香茶部、燕飲部、食物部、燈火部、朝服部、冠履部、衣衾部、樂器部、歌舞部、璽印部、珍寶部、器用部。《別集》爲儒學部、文章部、書法部、文房四友部、禮樂部、性行部、仕進部、人事部。《新集》爲三師部、三公部、省官部、省屬部、六曹部、樞密院部、御史臺部、諸院部、國史部、諸寺部、諸監部、殿司部、諸庫局部。《外集》分東宮官部、睦親府部、王府官部、節使部、統軍司部、都司使部、諸提舉部、路官部、縣官部。全書條列件繫，頗爲賅備。每類始以群書要語，次古今事實，次古今文集，蓋沿用《藝文類聚》、《初學記》之體，而略變其例。所載古人著作，必舉全文，故前賢遺佚之篇，間有藉以足徵者。在宋代類書中，固猶爲可資檢閱者。新集、外集爲元富大用所編，體例皆依祝穆，內容也有所增益。

祝穆自序云："穆至愚陋，且復善忘，凡觀古人嘉言粹行、大篇短章，始固拳拳服膺，久則惘然，不復可憶。未幾悔悟，隨即疏記，積以累年，遂成鉅帙，第叢穰猥雜，每以散無統紀病之。因考歐陽詢、徐堅所著類書，採摭事實及詩文，合而成編，頗有條理。暇日，倣其遺意，詮次舊稿，自羲農以至我宋，各循世代之次，紀事而必提其要，纂文而必拔其尤。編成，輒以《古今事文類聚》名之。"

《四庫全書總目》入子部類書類。《中國古籍善本書目》著錄。中國國家圖書館、上海圖書館等十二館及美國國會圖書館、日本內閣文庫亦有入藏。按，是書元代有泰定三年廬陵武溪書院刻本，又有元刻本。明代所刻，除此本外，又有明書林明實堂刻本、嘉靖四十年書林楊歸仁刻本、萬曆三十二年書林唐富春德壽堂刻本、萬曆三十五年書林劉雙松安正堂刻本，以及明刻本。

包背裝。缺去《前集》卷一至四。

鈐印有"慈谿畊餘樓"、"馮氏辨齋藏書"，當爲馮祖憲舊藏。

1572　明萬曆刻清印本新編古今事文類聚　　T9297/3122B

《新編古今事文類聚前集》六十卷《後集》五十卷《續集》二十八卷《別集》三十二卷，宋祝穆輯；《新集》三十六卷《外集》十五卷，元富大用輯；《遺集》十五卷，元祝淵輯。明萬曆三十二年(1604)書林唐富春德壽堂刻清印本。八十冊。半頁十一行二十四字，四周單邊，白口，單魚尾，書口下有"德壽堂梓"。框高21.1釐米，寬14.2釐米。題"建安祝穆和父編；金陵唐富春子和刊"。前有淳祐六年(1246)祝穆自序。

此本祝穆序後，又刊"時萬曆甲辰孟春之吉，金谿唐富春精校補遺重刻"。

《中國古籍善本書目》著錄。中國國家圖書館、南京圖書館等三十六館(不知有無清印本)，臺北"國家圖書館"(兩部)及美國普林斯頓大學葛思德東方圖書館、日本內閣文庫(爲清印本)、京都大學人文科學研究所、東京大學東洋文化研究所亦有入藏。

1573　明萬曆刻本宋四六叢珠彙選　　T5239.57/1165

《宋四六叢珠彙選》十卷，明王明嶅、黃金璽輯。明萬曆陳壁刻本。十冊。半頁十行二十一字，四周雙邊，白口，雙魚尾。框高20.1釐米，寬13.7釐米。前有王明嶅序。

王明嶅，字懋良，晉江人。萬曆七年舉人，官至寧波府通判。

宋代葉蕡輯有《四六叢珠》，凡一百卷，今所存皆明抄本。明嶅病其繁冗，因別爲選錄刊行。

計卷一《賀表》、卷二《謝表》、卷三至六《賀啓》、卷七《謝啓》、卷八《雜啓》、《婚啓》、卷九《青詞》、《釋疏》、《樂語》、卷一〇《時令》、《輿地》。皆仍葉氏之舊。然舊書所採，多錄全文。明嶅乃隨意刊削，僅存摘句，且不列標題、不著撰人名氏，一仿坊刻表聯活套之式，割裂破碎，遂致盡失其本來。

王明嶅自序云："有宋以來，理學漸明，諸名賢所作，大都以意勝，而不專工於辭；以實勝，而不專事於華。搆思寸心，摘辭尺素，頗有自然之趣，而非徒組織之工。故世之談四六者，歸美於宋有繇然也。宋季葉氏，採當代名家，彙集成編，名曰《四六叢珠》。凡青瑣之騰奏、尺牘之酢酬，賓嘉之成禮，禱賽之餘用，百僚之冗，萬緒之夥，莫不班班具載。而且稽其事實，考其來歷，分門數百，成帙累千，汗漫繁浩，難於披閱。而傳寫日久，不無亥豕魯魚之謬，郡守荆山陳公，政清刑理之暇，出是編以示小子明嶅，命與繁昌諭黃君金璽同校選之，去其支蔓而掇其雅醇，略其蕪穢而集其清英。雖分聯摘句，未免破碎，而歸彙編，凡頗有條理，若陶匏金竹，異器集之，總成雅音；榱桷節梲，異材聚之，可搆大廈。蓋一稟命於公者也。集成，凡十卷，公閱而可之，命曰《彙選》而付之剞劂氏，亦或可爲操觚含豪者之一助云耳。"

《四庫全書總目》入集部總集類存目。《中國古籍善本書目》著錄，中國國家圖書館、天津圖書館亦有入藏。

鈐印有"清獻世家"、"禮培私印"、"埤塵齋積書記"。

1574　明正德刻重修本群書考索　T9297/0446

《群書考索前集》六十六卷《後集》六十五卷《續集》五十六卷《別集》二十五卷，宋章如愚輯。明正德三年(1508)至十三年(1518)建陽劉洪慎獨書齋刻十六年(1521)重修本。六十四册。半頁十四行二十八字，四周雙邊，黑口，雙魚尾。框高20釐米，寬12.9釐米。題"山堂先生章俊卿編輯；建陽知縣區玉刊行；縣丞管韶校正；羅源知縣徐珪校正"。前有正德三年鄭京序(抄配)。

章如愚，字俊卿，婺州金華人。慶元中登進士。初授國子博士，改知貴州。開禧初被召，疏陳時政，忤韓侂胄罷歸。事蹟具《宋史·儒林傳》。

《前集》分六經、諸子諸經、諸子百家、韻學字學、諸史、聖翰、書目、文章、禮、樂律、曆數、天文、地理十三門。《後集》分官制、學制、貢舉、兵制、食貨、財用、刑法七門。《續集》分經籍、諸史、文章、翰墨、律曆、五行、禮樂、封建、官制、兵制、財用、諸路、君道、臣道、聖賢十五門。《別集》分圖書、經籍、諸史、文章、律曆、人臣、經藝、財用、兵制、四裔、邊防十一門。是書以考索爲名，言必有徵，事必有據，博採諸家，而折衷以己意，不但淹通掌故，亦頗以經世爲心。《四庫全書總目》云："然大致網羅繁富，考據亦多所心得，在宋人著述之中，較《通考》雖體例稍雜，而優於釋經；較《玉海》雖博贍不及，而詳於時政；較《黃氏日抄》，則條目獨明；較吕氏制度詳説，則源流爲備。"

鄭京序云：《山堂考索》一書，乃宋儒章公俊卿之所編集，板行於世，間被回禄，失傳久矣，文獻故家，或有存者，又秘之以爲己寶。乃者，吾閩僉憲院公賓巡歷抵建陽，手出是書以示邑宰區公玉，曰是書大而天文地理之幽賾，君道臣道之宏遠，經史禮樂之淵懿，以至兵刑、制置、財用盈縮、官制、邊防沿革，靡不深探本源，具載無遺。兹欲繡梓，以廣其傳，然功用浩大，亥豕謬訛，非得涉獵古今且裕於資本者莫堪是任，子於書林可得若人，以供是役否？區退而商諸義士劉君洪曰，非子莫克勝是任者。劉曰唯唯。區遂以劉應命……劉自領命以來，與諸儒碩校讎維謹，鳩工督責，兩越春秋，始克成書。"

是本目録後刊書牌，云"皇明正德戊寅慎獨書齋刊行"。又《別集》末卷書牌，刊"正德十六年十一月內蒙建寧府知府張、邵武府同知鄒同校正過山堂考索，計改差訛三千二十七字。書户劉洪改刊"。

《四庫全書總目》入子部類書類。《中國古籍善本書目》著録。中國國家圖書館、上海圖書館等十八館也有入藏。按，是書慎獨齋本，中國國家圖書館等三館有藏。臺北"國家圖書館"及美國普林斯頓大學葛思德東方圖書館（殘存前、後集）、日本内閣文庫、尊經閣文庫、東京大學東洋文化研究所所藏，不知同此重修本否。按，是書又有宋刻本傳於世，書名作《新刊山堂先生章宫講考索》，中國國家圖書館存《丙集》十卷；天津圖書館存《丁集》十卷《己集》十卷；上海圖書館存四卷。又元代所刻有延祐七年圓沙書院刻本，書名作《山堂先生羣書考索》，福建省圖書館、臺北"國家圖書館"有全帙。上海圖書館藏本有抄配。又中國國家圖書館、上海圖書館、河南省社會科學院有元延祐七年圓沙書院刻明修本。

鈐印有"四明盧氏抱經樓藏書"、"善本"、"丁福保四十後讀書記"、"曾藏丁福保家"、"丁福保字仲祜"、"丁福保讀書記"、"郝氏頤安"、"清都散吏"、"鳳耆"、"高唐郝氏藏本"、"郝裕紀印"。

1575　明嘉靖刻本古今合璧事類備要　T9297/0420

《古今合璧事類備要前集》六十九卷《後集》八十一卷《續集》五十六卷，宋謝維新輯；《別集》九十四卷《外集》六十六卷，宋虞載輯。明嘉靖三十一年(1552)至三十五年(1556)夏相刻本。六十四冊。半頁八行小字雙行二十四字，左右雙邊，白口，單魚尾，書口下間有刻工。框高19.7釐米，寬13.4釐米。題"三衢夏相重摹宋板校刻"。目録頁題"膠庠進士謝維新去咎編"。《別集》、《外集》題"建安虞載子厚編"。前有嘉靖三十五年顧可學序，寶祐五年(1257)謝維新序。

謝維新，字去咎，建安人。太學生。

是書成於寶祐丁巳，《前集》四十一門，爲天文、地理、歲時、氣候、占候、時令、節序、祥瑞、災異、帝屬、國戚、親屬、外親、閫儀、嗣續、師友、賓主、故舊、學校、科舉、仕進、儒業、字學、文房、釋教、道教、民事、倡優、寵姬、奴婢、技術、壽典、冠禮、婚禮、國哀、喪紀、吊禮、襄事、墓地、哀輓、鬼神。《後集》四十八門，爲君道、臣道、三公、三少、道揆、執政、樞屬、府屬、左右史、給舍、翰苑、經筵、諫官、臺官、尚侍、六部、九卿、三監、三學、史館、東宮官、大宗正、王府官、四轄、京局、曆官、環衛官、宦官、三衙、閤舍、殿學、閣學、閣職、宫觀、節相、雜押、階官、節使、國使、帥閫、監司、守臣、武臣、州官、幕官、曹官、縣官、監當。《續集》六門，爲氏族、姓名、家世、類姓、性行、事爲。《別集》六門，爲國都、居處、草木、花卉、鳥獸、蟲蟻。《外集》十六門，爲禮樂、刑法、獄訟、賦稅、征役、平糴、服飾、璽印、香茶、餽遺、飲膳、器用、珍寶、錦綺、布帛、錢楮。所引頗爲詳悉。每目前爲事類，後爲詩集，所收皆兼及宋代，其所採究宋以前書，多今日所不傳。宋代遺事佚詩，也往往見於此書，清代厲鶚作《宋詩紀事》，多所採用。又如宋代官制，至爲冗雜，《宋史》僅存其名，而當時詩文所稱，今多有不知爲何官者，惟此書《後集》，條列最明，尤可以資考證。

顧可學序云："《合璧事類》一書，舊多宋刻，而吾邑兩以活板行。是書也，燦然而穀輝，翩然而珠綴。自史籍稗志，以及坡、谷諸俳調之說，且偶編待列而罔遺焉。因命之曰《合璧事類》，蓋取諸日月如合璧云。率有味哉，太史氏之言也，故一時學士爭購競鬻，坊肆日以告匱，又督索不已,而州里之藏書者莫不苦之。今衢人夏相,業以書,居吳,將精加繕錄而重繡之梓。甫飭材鳩工,會以飛語繫諸公府,久而始能白其事。及釋,則貲且莫繼,於是力貸之鼎族,又自傾其田廬,越四三歲而局始罷,其用志亦良可憫矣。"

此本有寫工,爲吳應龍、江南雋。刻工爲夏文德、曹祐。目錄後刊"昨刊《古今備要》四集,盛行於世,但門目未備,再刊外集,補其未備,如州郡等門已見《方輿勝覽》,此不復載"。

《四庫全書總目》入子部類書類。《中國古籍善本書目》著錄。中國國家圖書館、上海圖書館等三十五館,臺北"國家圖書館"及美國國會圖書館、普林斯頓大學葛思德東方圖書館、日本內閣文庫、尊經閣文庫、東京大學東洋文化研究所亦有入藏。按,是書有宋刻本,中國國家圖書館、浙江圖書館、北京大學圖書館所藏皆不全之本。明代有兩種銅活字印本,一爲明弘治十一年華氏會通館銅活字本,一爲明安國安氏館銅活字本。此夏相本,萬曆三十七年秦氏有重修之本,吉林省圖書館、湖北省圖書館等六館有藏。

第57冊鈐"陳州府印"(滿漢文大方印)。

1576 明宣德刻本新箋決科古今源流至論

T9297/4972

《新箋決科古今源流至論前集》十卷《後集》十卷《續集》十卷,宋林駧撰;《別集》十卷,宋黃履翁撰。明宣德二年(1427)建陽書林劉克常刻本。二十冊。半頁十五行二十五字,四周雙邊,黑口,雙魚尾。框高18.3釐米,寬12.1釐米。前有嘉熙元年(1237)黃履翁序。《前集》目錄頁題"閩川林駧編"。

林駧,字德頌。寧德人。清修苦學,博極群書,九經注釋,暗記成誦,尤習當代典故。領嘉定中鄉薦。

是編於經史百家之異同,歷代制度之沿革,條列件繫,尚有體要。雖爲科舉而設,但有宋一代之朝章國典,分門別類,序述詳明,多有諸書不載者。

目錄後有牌記,刊"源流至論一書,議論精確,毫分縷析,場屋之士得而讀之,如射之中乎正鵠,甚有賴焉。然此書板行於世久矣,先因回祿之餘,遂爲缺典。本堂今求到邑校官孟聲董先生鏞抄本,欲便刊行,惟恐中間魯魚亥豕者多,更於好事處訪購到原本,端請名儒重加標點,參考無誤,仍分四集,敬壽諸梓,嘉與四方君子共之。幸鑒。□□疆圉協洽之歲仲夏,建陽書林劉克常敬識"。□□處乃爲買人毀去,以充元槧也。按,是書原著錄爲元大德十一年建陽書林刻本,後經李致忠考證並參考《北京圖書館善本書目》,認定爲元至正二十七年劉克常刻本(今《北京圖書館古籍善本書目》〔書目文獻出版社1987年版〕著錄此書兩部,仍誤作"元至正二十七年建陽書林劉克常刻本")。傅熹年則云:"此處牌子左行上二字燒去,原應爲成化二字,疆圉協洽爲丁未,當成化二十三年,則此書爲明成化二十三年建陽書林劉克常刻本。"亦誤。津又按,疆圉爲丁,協洽爲未,丁未元代有大德十一年、至正二十七年,明代有宣德二年、成化二十三年。傅增湘曾於北京廠肆見到一本,在牌記上也被書賈挖去一字,作"□德"(見《藏園群書經眼錄》)。故此當爲宣德時所刻。賈人毀去"宣德"二字以充元刻,此舉曾使不少人爲之眩惑。上海圖書館藏此本二帙,一被挖去牌記,另一牌記之前二字亦同此本也被挖去,蓋同樣之小技也。

王國維《傳書堂藏善本書志》著錄此書,作元刻本,行款同此本,但牌記上文字與此本小異,其牌記末刻"大德疆圉協洽之歲仲夏建陽書林朱士全敬識"。錄此,以待日後考證之。又莫友芝《郘亭宋元本經眼錄》云:有宋刻,楊氏海源閣目則云元雕,行款卷數皆復相同。海源閣本之牌記在"彊圉協洽之歲"上空二格,而鄧邦述群碧樓藏本,同海源閣本。但鄧本牌記上二字則書補"德祐"二字。

金鑲玉裝。

德祐僅二年(1275—1276),實無丁未。鄧本牌記下爲"書林朱士全"。海源閣本牌記下爲"書林劉克常"。當時建陽書林翻刻此書,或不止一家。鄧邦述認爲其所藏本爲宋刻。

《四庫全書總目》入子部類書類。《中國古籍善本書目》著録,中國國家圖書館、上海圖書館、湖南省圖書館皆有入藏。按,是書明代又有宣德二年建陽書林詹氏刻本,天津圖書館有全帙;明弘治二年梅隱書堂刻本,本館有殘帙,河南省圖書館入藏亦爲殘本;明嘉靖十六年白玶刻本,北京大學圖書館、復旦大學圖書館等八館入藏;明萬曆十八年書林鄭世魁宗文堂刻本,天津圖書館、南京圖書館等六館入藏。此外又有明刻本三種,行款雖均爲十二行二十二字,然在黑口上略有區別,有粗黑口、細黑口、一般黑口之別。日本内閣文庫有明宣德二年刻本,不知與此同否。

1577　明弘治刻本新箋決科古今源流至論　　T9297/4972B

《新箋決科古今源流至論前集》十卷《後集》十卷《續集》十卷,宋林駉撰;《別集》十卷,宋黄履翁撰。明弘治二年(1489)梅隱書堂刻本。存六册。半頁十二行二十二字,四周雙邊,黑口,雙魚尾。《別集》框高21.4釐米,寬15.7釐米。目録頁題"前進士三山黄履翁吉父編"。前有至正十三年(1353)黄履翁序。

羅振常云:"惟邵亭書目記宋嘉祐刻本,半頁十二行,行二十二字,行款與此本合。然此本形式全似元版,疑爲元翻宋刻,故行款相同耳。"臺北"故宫博物院"藏有此本,作元刻本,見《沈氏研易樓善本圖録》。故宫本《前集》目録末尾題前原有六行木記,惜已遭割去,未審所云,"今姑定爲元刻,以俟後考"。

此本白皮紙,僅存《別集》十卷。

《中國古籍善本書目》著録。河南省圖書館、日本京都大學人文科學研究所有全帙。

1578　明宣德刻本新箋決科古今源流至論　　TNC9297/4972

《新箋決科古今源流至論前集》十卷《後集》十卷《續集》十卷,宋林駉撰;《別集》十卷,宋黄履翁撰。明宣德二年(1427)建陽書林詹氏刻本。二十册。半頁十三行二十八字,四周雙邊,黑口,雙魚尾。框高19.8釐米,寬12.9釐米。目録頁題"閩川林駉編;開化徐珪校正"。前有嘉熙元年(1237)黄履翁序。

此本《前集》目録頁卷一○末割裂六行。《別集》卷一○末頁割裂四行,疑原有牌記,賈人所爲小技,蓋欲充元槧也,割裂處粘補甚工。

查天津圖書館有明宣德二年建陽書林詹氏刻本,行款同此本。兩本確爲一板。天津館藏本《前集》目録頁卷一○末之文字爲:"源流至論一書,議論精確,毫分縷析,塲屋之士得而讀之,如射之中乎正鵠,甚有賴焉。然此書版行於世久矣,先因回禄之餘,遂爲缺典。本堂今求到邑校官孟聲董先生鏞鈔本,欲便刊行,惟恐中間魯魚亥豕者多,更於好事處訪購到原本,端請名儒重加標點,參考無誤,仍分四集,敬壽諸梓,嘉與四方君子共之。幸鑒。宣德彊圉協洽之歲仲夏,建陽書林詹氏重新刊行。"日本内閣文庫有明宣德二年朱士全刻本。

金鑲玉裝。

鈐印有"王印專"、"范鍇"、"劉桐珍賞"、"无竟先生獨志堂物"、"咸豐庚申以後所藏"、"烏程蔣維基記"。

1579　明刻本新鍥正譌訓解標類書言故事大全　　T9297/4223A

《新鍥正譌訓解標類書言故事大全》十卷,宋胡繼宗輯,明李廷機釋。明余雲波刻本。四册。半頁十二行二十六字,四周單邊,白口,單魚尾。框高19.6釐米,寬12.4釐米。題"廬陵胡繼宗編集;温陵李廷機校釋"。前有天順八年(1464)陳玩直序。

陳玩直序云:"宋之季,廬陵胡繼宗先生,極博學之君子也。編集此書,號曰《書言故事》,靡類不載,靡物不備,靡事不周,靡書不引,所謂汗牛充棟者也。誠爲初學之便,得以廣其見聞,惜乎斷章取義,況歷年之久,而字訛闕然非。涉獵者對此書,如夜行之無燭,幾於廢墜,良可嘆哉!於是清江宋應祥先生間爲之釋文,京兆劉先生間標之爲題,余皆集之,徧加搜抉諸家之注,悉置之本句之下,使人就之則易見,讀之不難曉。至如音義、訓釋,考諸《玉篇》、《廣韻》而不謬,訂正其文,即據釋文及所引諸書而無疑。"

此本有扉頁,刊"新刻標類金鑰書言故事大全。古人事類,藏於二酉,學士家白首窮之未見豹斑,是猶欲窺金谷名園,不得金鑰而入,終爲門外漢耳。搜古窮今,博採廣茹,欲鏡古今得失之原,是書殆入門之金鑰也,遂以名篇。余雲波梓"。

《四庫全書總目》未收。《中國古籍善本書目》未著録。香港大學馮平山圖書館也有入藏,誤作"明天順刻本"。

1580　明萬曆刻本新刊訓解直音書言故事大全　　T9297/4223

《新刊訓解直音書言故事大全》六卷,宋胡繼宗輯。明萬曆三十四年(1606)唐氏世德堂刻本。八册。明汪宗師題識。半頁十二行二十六字,四周雙邊,白口,單魚尾。框高20.5釐米,寬14.4釐米。題"宋廬陵胡繼宗編集;安成陳玩直訓解;明金邑李寅訂正;繡谷唐杲校梓"。前有萬曆三十四年銀潢逸叟序。

是書爲童蒙讀本。銀潢逸叟序云:"宋之季,廬陵胡繼宗先生,卓哉博物君子也,其著述琳琅炳耀當世者毋論已,獨《書言故事》一編,上索風雲躔象之文,下窮堪輿流峙之理,中括人倫物理之變,靡類弗周,靡微弗徹,寔博學之完脩,士林之蔡鏡也。嗣後,清江宋應祥先生、安成陳玩直先生二君子爲之注釋全解,使玩之者易悟,讀之者易識,同志之士翕然宗之久矣。惜其版籍模滅,而字畫多魚豕之嫌,唐伯子於琴牘之暇,手是編而考訂之,較之舊刻,尤瞭然著且明矣。一日,剞氏告成,索余言爲之引。"

此本有扉頁,刊"重刻古本明解音釋書言故事。萬曆丙午年冬月世德堂貞予校"。卷六末有牌記,刊"萬曆丙午歲世德堂校梓"。

汪宗師題識云:"崇禎七年歲次甲戌十月,汪宗師南宫縣歲考買之,使皇錢柒十文,共是四本。"此本金鑲玉裝,當爲後人易爲八册。

《四庫全書總目》未收。《中國古籍善本書目》著録,清華大學圖書館亦有入藏。

1581　元刻元明遞修本玉海辭學指南小學紺珠　T9297/1100B

　　《玉海》二百卷《辭學指南》四卷《小學紺珠》十卷，宋王應麟撰。元至元六年(1340)慶元路儒學刻元明遞修本。存一百六十一冊。半頁十行十九字至二十一字不等。四周雙邊、左右雙邊不等。高寬不計。題"浚儀王應麟伯厚甫"。前有至元四年(1338)胡助序，李桓序，至元六年薛元德後序，至正十一年(1351)阿殷圖序，至正十一年王介序；至元三年(1337)王良知等撰《玉海指揮》；正德二年(1507)戴鏞識語；萬曆十七年(1589)趙用賢《玉海引》。

　　《玉海》與《太平御覽》、《太平廣記》、《册府元龜》稱宋代四大類書。蒐羅典故，囊括舊聞，凡天文地理以及臺閣宮室、服食器用等皆分門排纂，共二百四十餘類，二十一門。《四庫全書總目》云："宋自紹聖置宏詞科，大觀改詞學兼茂科，至紹興而定爲博學宏詞之名，重立試格，於是南宋一代，通儒碩學，多由是出，最號得人。而應麟尤爲博洽，其作此書，即爲詞科應用而設，故臚列條目，率鉅典鴻章，其採録故實，亦皆吉祥善事，與他類書體例迥殊。然所引自經史子集，百家傳記，無不賅具。而宋一代之掌故，率本諸實録、國史、日歷，尤多後來史志所未詳。其貫串奧博，唐宋諸大類書，未有能過之者。"

　　是書元代刻於慶元路，至明代，版毀頗多。此本正德元年、正德二年、嘉靖六年、嘉靖二十九年、嘉靖三十一年、嘉靖三十四年至三十六年、萬曆十一年至十二年、萬曆十六年至十七年皆由國子監補刊。補刊之頁，書口上方皆刻有年代，如"嘉靖庚戌年"、"萬曆癸未年補刊"。元代原刻之板所存甚少，凡元刻之頁書口上端多刻有字數，書口下多有刻工。刻工有胡珪、胡仲玉、胡克明、王德明、徐仲裕等。

　　戴鏞識語云："右《玉海》凡二百四卷，合五千板，歲久曼漶殘缺，觀者病焉。鏞董修群籍，次第及是，補遺易腐，新刻總四百三十五板，庶完其舊。將欲盡茸諸史，第無善本校讎而亦未暇及也。"鏞爲南京國子監監丞，太平人。

　　趙用賢引云："《玉海》一書，篇帙繁浩，獨南雍自國初時有刻本，歲久朽蝕者過半。正德、嘉靖中累有補緝，而校勘未備，譌舛爲多。萬曆乙酉，金華瀫陽趙先生始議大加修刻，未幾擢去，所屬梓者，僅四百餘葉。丁亥秋，用賢亦謬得承乏，乃通核其文之漫滅者，尚四千有奇，而缺者五十八葉。於是遍索白下及三吳藏書家，凡半歲所，幾得其全。今所缺特二三而已，遂復以戊子之春仲，更爲繕刻，越明年己丑夏，凡得四千四百通，前刻蓋幾五千葉，實居半矣。先是少司成余公參定得四之一，已而祥符玉陽張先生繼來，乃總任校閱之事，故逾年而此書焕然，幾還舊觀，斯已勤矣。若鳩工授梓，則諸生皆與有助，而字櫛句比，不厭三復，則助教林烉章、學正陳王道、典籍吳聘，執簡効勞先後爲最多云。"

　　正德元年補刊參與者有監生易韋經、朱賓。刻工有梁喬。

　　正德二年補刊參與者有監生盛儼。刻工有陳銳、胡顗、翁寵。

　　嘉靖六年補刊參與者有監生費懋稷。三十一年有監生胡元學。三十四年有監生王九思、徐垚、黃秉幹。三十五年有監生王鉦、涂驥、朱光德、徐元臣、洪閑、黎戴、王錫福、朱光治、田嘉言、謝九成、趙思中、汪藩齡、盛應魁、王堦、戴光先、程本良、趙祖綏、谷有恒等。嘉靖三十六年監生有許應元、金鼎和、吳中良、李淑閎、謝節、李愈芳、徐根、陳克中、曹敏學、高撫、諸仿、王夢弼、徐可達、沈繼祖、陸徑、陶齊正等。

　　萬曆十一年補刊的刻工有黃幹、黃翰、黃武、黃明、易鎰、易政、易同、易文、陳文、陳煥、鄧光、鄧漢、鄧欽、鄧千、鄧和、鄧秦、戴谷、戴舉、戴序、劉欽、劉漢、劉舉、劉繼隆、劉應科、付高、付機、付魁、付文憲、付汝立、付崇禮、付汝光、張棟、張希、張珍、楊由、楊欽、楊育、胡珥、胡承祖、吳科、吳廷、余堂、余海、宗寅、胡壽之、陶時賢、林玉時、段佑、葛舉、潘汝懷、洪改、顧閏、薛科、李登春、裴龍、潘七、梁用、童孌、羅廷相、葛其、鄭德源、王堂、柳學、趙玉等。

萬曆十二年補刊的刻工有劉見。十五年補刊的刻工有郭文、劉任、晏述、劉中、劉志、劉卞、郭才、楊玉、彭元、李珍、吳昇、周林、裴魁、繼恩、胡宗、胡榮、楊育、吳序、王應龍、黃里等。

萬曆十五年補刊參與者有監生盛世霖、方孌、江邦嘉、狄獻可、歐陽宗、狄臣明、羅斗、陳金徽、江滕蛟、李鼎臣、張鳳翔、賀本昌、朱衮、張杞芳、成友賢、華師甫、吳一寧、楊俊、吳家蘭、龔逢堯、蕭應乾、葉正昇、于良翰、黃汝極、朱益儁、楊元實、沈嘉言、劉芳聲、林喬英、王廷諭、金時中、劉傑、王佩玉、沈申錫、劉師康、吳大禮、陳君善、萬燧、汪逢陽、羅相、吳以聘、羅希任、孫一中、章堯中等。萬曆十六年補刊參與者有監生程光裕、程猷召、孫繼衡、黃之望、王士良、陳其能、羅應選、孫應貴、施可光、黃承琊、張應文、唐宗夔、秦延勳、吳瀨朋、佘洵、方萬崙、嚴槃、朱懋、吳允文、于光烈、許書顯、佘應科、傅祈、吳公亮、孫國綱、姚士瞻、金鳳翔等。十七年監生有王昕、雷行瑞、楊士元、饒與炅、倪渠等。

序之首行書有"中華民國十四年七月十七日送東海藏書樓"。

按，此本缺去卷一至五，又《小學紺珠》存卷四至一〇。

《四庫全書總目》入子部類書類。《中國古籍善本書目》著錄元刻（未遞修）本，中國國家圖書館、南京圖書館等四館有，但爲殘帙；臺北"國家圖書館"有全本。南京圖書館、浙江圖書館有元至正、明正德遞修本。中國國家圖書館、南京圖書館等十一館又有元刻、元明遞修本。上海圖書館、山東省圖書館等七館又有元刻元明清遞修本。美國普林斯頓大學葛思德東方圖書館有元刻明正嘉間遞修本。日本靜嘉堂文庫有清修本。尊經閣文庫有元刻明修本。東京大學東洋文化研究所、內閣文庫所藏同此本。

鈐印有"王廷揚印"、"伯子孚川"。

1582　清順治刻本玉海纂

T9297/1100.7

《玉海纂》二十二卷，明劉鴻訓撰。清順治四年（1647）劉孔中刻本。十六冊。半頁九行二十字，四周單邊，白口，單魚尾。框高21.1釐米，寬14.4釐米。題"浚儀王應麟伯厚甫輯；長山劉鴻訓青岳甫纂；弟鴻采松皋甫、男孔中藥生甫編次；吳州後學鄧漢儀孝威甫、陸舜玄升甫較閱"。前有順治四年龔鼎孳序，順治四年鄧漢儀序、陸舜序；元至元四年（1338）胡助舊序，李桓舊序；劉孔中撰《凡例》六則。卷末有順治四年劉孔中跋。

劉鴻訓，字默承，號青岳，山東長山人。萬曆四十一年進士，由庶吉士授編修。後因喪歸。天啟六年，起少詹事，忤魏忠賢，斥爲民。崇禎元年還朝，拜禮部尚書兼東閣大學士，加太子太保，進文淵閣。毅然主持斥魏忠賢黨，數被劾，終獲罪謫戍代州。七年，卒於戍所。《明史》卷二五一有傳。

此書節錄王應麟《玉海》，大抵十存其一二，加以圈點，以便誦覽。分類悉依原目，唯《詞學指南》爲有宋詞科而設，故未採入。

此書在劉鴻訓卒後，由其子劉孔中付梓。鄧漢儀序云："唯我長山劉青岳相國，學淵識邃，邁絕等倫。每思典册之高文，一抹時流之綺習。迺以太史氏讀禮山居，遂取《玉海》之書，用加纂定之力。雖極刪汰,彌見精良。顧尋拜宮詹,又尋直內閣,又旋奉旨去國,謫雁門,此書雖存,究未刊佈。中間饑饉兵火,屢歲纏連,園井為墟,篋笥僅在。觀察劉檠生夫子捧書彷徨,繼以涕泣,謂先人手澤,珍惜宜勤,且此二十年來風雨哀涼,凋零略盡,此書而猶在斷垣荒壁間,神物護持,允當不易。若不殺青行世,用繼前獻,其毋乃貽先人憾?廼以政事之暇,特親研几之勞,且命漢儀與同門陸舜較字序編,捐俸授梓,歷三時而業乃告成焉。"

此本有扉頁,刻"玉海纂。長山劉青嶽先生授。金閶王允明梓"。並鈐"奇書無價"朱印。按,劉孔中跋中有"淪落建業,薄宦吳州"之語,協助其編定此書的鄧漢儀、陸舜皆吳州人,則此本當為劉孔中官吳州時委託金閶書坊王允明所刻者。此本"玄"字、"弘"字皆不避諱。

《四庫全書總目》子部類書類存目著錄。《中國古籍善本書目》著錄,中國人民大學圖書館、首都師範大學圖書館等七家館藏。《四庫全書存目叢書》子部第171冊即據首都師範大學圖書館藏此本影印。

鈐印有"數間草堂藏書"、"盧文弨字紹弓"、"盧氏藏書"。

1583　明萬曆刻本新編簪纓必用翰苑新書　T9297/4405

《新編簪纓必用翰苑新書前集》十二卷《後集》七卷《續集》八卷《別集》二卷。明萬曆十九年(1591)金陵書肆唐廷仁、周曰校刻本。二十四冊。半頁十一行二十二字,左右雙邊,白口,單魚尾,書口下有"仁壽堂梓"。框高23.4釐米,寬14.8釐米。前有萬曆十九年陳文燭序。

是書《前集》分七十九門。所謂新編條目、表啓矜式、官制源流、歷代事實、皇朝事實、群書精語、前賢詩詞、四六警句,皆可於書中尋檢。

陳文燭序云:"《翰苑新書》,此宋人書也,原無梓本,分宜袁相公錄自秘閣。先方伯公掌職方時,曾命吏人抄寫一部,余少而愛之,首卷尚缺,觀覽惜之。華亭徐相公錄有全本,而武進徐給事中得之梓人周曰校,重價購焉,出以示余。余謂,此書不可不傳,而門人許秀才以忠工校讎之役。""茲編自三公、九列、百司、庶府,如事契、慶賀、頌德、薦舉諸類,靡不悉具。探逸典於酉陽,訪遺編於汲郡,積句為章,積章成篇。聲轉於吻,玲玲如振玉;辭靡於耳,纍纍如貫珠。綜述性靈,敷寫器象,鏤心鳥跡之中,織辭魚網之上。傾群言之瀝液,漱六藝之芳潤,收百氏之闕文,採千載之遺韻。謝朝華於已披,啓夕秀於未振,觀古今之須臾,撫四海於一瞬。昭昭乎,若日月之明也;離離乎,如星辰之繫也。"

此本有扉頁,刊"翰苑新書。萬曆辛卯冬月金陵周對峰刊"。總目後刊"金陵書肆龍泉唐廷仁、對峰周曰校鐫行"。

《四庫全書總目》入子部類書類,然卷數不同,作《前集》七十卷《後集》三十二卷《別集》十二卷《續集》四十二卷。《中國古籍善本書目》著錄。南京圖書館、浙江圖書館等六館,臺北"國家圖書館"(兩部全帙)及美國普林斯頓大學葛思德東方圖書館、日本內閣文庫、東京大學東洋文化研究所亦有入藏。

1584　明刻本新鍥簪纓必用增補秘笈新書　T9297/4405.2

《新鍥簪纓必用增補秘笈新書》十三卷《別集》三卷,宋謝枋得輯,明李廷機增補。明刻本。十四册。半頁十一行二十二字,四周雙邊,白口,單魚尾。框高21.8釐米,寬14.5釐米。題"宋先賢謝叠山公編次;明翰林李九我公增補"。前有萬曆三十六年(1608)吳道南序。

吳道南序爲後人托名。此序和《新編簪纓必用翰苑新書》陳文燭序相校,僅序首不同,内容則出一轍,當爲坊賈所爲也。

簪纓,古代官吏之冠飾,因以喻顯貴。

《四庫全書總目》入子部類書類存目。《中國古籍善本書目》著錄。上海圖書館等五館及美國普林斯頓大學葛思德東方圖書館、日本内閣文庫(三部)、尊經閣文庫亦有入藏。按,是書又有明萬曆刻本,行款俱同此本,作"宋先賢謝叠山公編次,明翰林吳曙谷公增補"。"曙谷"即吳道南。上海圖書館、河南省圖書館等十二館入藏。

1585 元至正刻本韻府群玉

T9305/7323B

《韻府群玉》二十卷,元陰時夫輯,陰中夫注。元至正二十八年(1368)東山秀岩書堂刻本。六册。半頁十行小字二十九,四周雙邊,黑口,雙魚尾。框高21.3釐米,寬12.9釐米。題"晚學陰時夫勁弦編輯;新吳陰中夫復春編注"。前有滕賓序,姚雲序;趙孟頫題詞;大德十一年(1307)陰竹野序,延祐元年(1314)陰中夫序,陰時夫自序;《凡例》九則(又增四則,計十三則);又該載事目。

陰時夫,名時遇,一作幼遇,字時夫,奉新人。登寶祐九經科,入元不仕。中夫爲時夫之兄,一説時夫之弟,名幼達。

是書收字八千八百二十,分韻一百零六部,爲分韻集錄典故詞藻之類書。類書之以韻隸事者,始於顏真卿之《韻海鏡源》,其書失傳。金元押韻之書,現存者以此爲最古,後來科舉考試詩賦押韻,即遵用爲標準。清代《佩文韻府》及通行之詩韻,皆以此書爲藍本。

滕賓序云:"吾友陰君昆仲,爲《韻府羣玉》,以事繫韻,以韻摘事,經史子傳,蒐獵靡遺,是又能以有窮之韻而寄無窮之事,亦大奇矣。"

陰竹野序云:"一日,登書樓,見季子棐几萬籤。問之,曰幸父兄與歲月暇,得恣獵群籍,遇欣然與意會處,筆之將繫於韻,摘其異而會諸同也……爰授以凡例,俾勉爲之,垂三十載告成。予方披閲,間有客過竹所,見而獎許之過情,請名曰《韻府羣玉》。"

此本闕卷九至一二、卷一五至一八。

是書元刻有元統二年梅溪書院刻本,又有元刻數種。明刻有明初刻本、明嘉靖三十一年荆聚刻本、明刻本。另有《新增説文韻府群玉》二十卷,版本也較雜,元代有元大德刻本、元至正十六年劉氏日新堂刻本;明代有明天順六年葉氏南山書堂刻本、明弘治六年劉氏日新書堂刻本、明弘治七年劉氏安正書堂刻本、明秀岩書堂刻本、明萬曆十八年王元貞刻本、明崇文堂刻本、明聚錦堂等刻本、明刻本(三種)等。

此本目錄後有牌記,刊"戊申春東山秀岩書堂刊"。按,"戊申"爲元順帝至正二十八年,亦即明太祖洪武元年。是年正月,朱元璋在應天府即皇帝位。八月,大都降明。此書刻在春天,可作元末,又可作明初,今定爲元末。

《四庫全書總目》入子部類書類。《中國古籍善本書目》未著錄。

鈐印有"釋"、"惠心"。

1586　明弘治刻本新增説文韻府群玉　T9305/7323

《新增説文韻府群玉》二十卷，元陰時夫輯，陰中夫注。明弘治七年(1494)劉氏安正書堂刻本。二十册。半頁十一行二十九字，四周雙邊，黑口，雙魚尾。框高21釐米，寬13.4釐米。題"晚學陰時夫勁弦編輯；新吴陰中夫復春編注"。前有滕賓序，至大三年(1310)姚雲序；趙孟頫題；大德十一年(1307)陰竹野序，延祐元年(1314)陰中夫序，陰時夫序。

《四庫全書總目》云："元代押韻之書，今皆不傳，傳者以此書爲最古。又今韻稱劉淵所併，而淵書亦不傳，世所通行之韻，亦即從此書録出，是韻府詩韻，皆以爲大輅之椎輪，將有其末，必舉其本，此書亦曷可竟斥歟。"

此爲劉氏安正書堂所刊，卷一末有牌記，刊"弘治甲寅孟冬安正書堂重刊"。卷二〇末有童子持荷蓋蓮花、上有祥雲、福字牌記，刊"弘治甲寅劉氏重刊"。又《凡例》後復有牌記，刊"是書元大德丁未瑞陽陰先生所編，板行久矣，至於皇明正統間梁氏安定堂重刊，於各字下續增許氏説文，雖加詳明，然中間未免差舛闕畧，觀者不能無憾。本堂三復加校，考至上聲七麌韻，内堵字韻起，至去聲十七霰字韻止，凡二千三百有奇，並闕説文，今悉增入，幸得其全，收書君子，但將原書對校，瞭然悉備，揔龜於斯，不煩考之他韻，敬梓以行，嘉與四方共之。弘治甲寅孟夏，劉氏安正書堂謹識"。

按，是書版本較複雜，現存最早有元元統二年梅溪書院刻本，又有元刻本；明代有明初刻本、明嘉靖三十一年荊聚刻本、明刻本。題"新增"者，元刻有元大德刻本、元至正十六年劉氏日新堂刻本、明天順六年葉氏南山書堂刻本、明弘治六年劉氏日新書堂刻本、明秀岩書堂刻本、明萬曆十八年王元貞刻本、明崇文堂刻本、明聚錦堂刻本，又明刻本數種。

《四庫全書總目》入子部類書類。《中國古籍善本書目》著録。中國國家圖書館、福建師範大學圖書館等五館及美國國會圖書館亦有入藏。

日人圈點並裝幀。

1587　明萬曆刻本新增説文韻府群玉　T9305/7323.1

《新增説文韻府群玉》二十卷，元陰時夫輯，陰中夫注。明萬曆十八年(1590)王元貞刻本。十册。半頁十一行二十二字，左右雙邊，白口，單魚尾。框高21.3釐米，寬13.6釐米。題"晚學陰時夫勁弦編輯；新吴陰中夫復春編注；秣陵王元貞孟起校正"。前有萬曆十八年陳文燭序，滕賓序，至大三年(1310)姚雲序；趙孟頫題；大德十一年(1307)陰竹野序，延祐元年(1314)陰中夫序，陰時夫序。

陳文燭序云："元人陰氏兄弟著《韻府羣玉》，京師舊有梓本，歲久板漶漫難讀，學士病焉。吾友王孟起，秣陵人也，家藏墳典，於書無所不窺，學富半豹，目無全牛。詩歌之暇，校而新之，洗魚魯金根之繆，音釋既明，剞劂尤精，藝林爭傳，幾於紙貴。""陰氏兄弟，博極羣書，含英咀華，以記事者必提其要，纂言者必鈎其玄，上規姚姒，中及盤誥，凡古人之懿行，圭璋特達，往哲之清言，追琢其章者，採而擇之。因字以繫韻，因韻以繫事，合之則圓璧月鏡，分之則琳星羅，可謂載司南之車，重五城之都矣。"

序後及《凡例》後刻有"金陵徐智督刻"。

《中國古籍善本書目》著録。浙江圖書館、安徽省圖書館等十二館及美國國會圖書館、日本內閣文庫亦有入藏。

鈐印有"大觀輝竺"、"遠湖圖書"。

1588 明重刻本新增説文韻府群玉 T9305/7323.12

《新增説文韻府群玉》二十卷,元陰時夫輯,陰中夫注。明據萬曆十八年(1590)王元貞刻本重刻本。二十册。半頁十一行二十二字,左右雙邊,白口,單魚尾。框高21.4釐米,寬13.8釐米。題"晚學陰時夫勁弦編輯;新吴陰中夫復春編注;秣陵王元貞孟起校正"。前有萬曆十八年陳文燭序,滕賓序,至大三年(1310)姚雲序;趙孟頫題;大德十一年(1307)陰竹野序,延祐元年(1314)陰中夫序,陰時夫序。

序及《凡例》後均刻有"金陵徐智督刻"。

卷一第一頁背面末行"梟徙東"三字,不在正中,而幾近右邊行綫。卷一第十頁中間斷板。

1589 明嘉靖刻本類聚古今韻府續編群玉 T9305/7323.2

《類聚古今韻府續編群玉》三十二卷,明包瑜輯。明嘉靖三年(1524)劉氏安正書堂刻本。八册。半頁十一行小字二十九字,四周雙邊,黑口,雙魚尾。框高20.9釐米,寬13釐米。題"晚學陰時夫勁弦編輯;新吴陰中夫復春編注"。無序跋。目録頁補抄。此續編爲明代包瑜所輯,卷一四、卷一七、卷二二題"青田包瑜重編"。

包瑜,字希賢。青田人。篤學力行,言動皆以聖賢爲法。景泰庚午舉人,官教諭,陞浮梁知縣。致政歸,淮王聞其賢,幣聘修書,進講便殿,輒稱先生。著有《通鑑事類》一百二十卷、《左傳事類》四十卷,王皆爲梓行。

《四庫全書總目》入子部類書類,然作四十卷。《總目》云:"其書補陰氏《韻府群玉》之遺,間附考證案語,與《韻府群玉》體例,小有不同。"

是本各卷書名所題甚亂。卷二至一〇、卷一二、卷一六、卷二一、卷二四、卷二六至二八題"類聚古今韻府續編";卷一一、卷一三至一四題"類聚古今韻府續編大全";卷一五題"新刊類聚古今韻府續編";卷一七、卷二〇、卷二三、卷二五題"新刊類聚古今故事韻府大全";卷二二題"類聚古今故事韻府續編";卷二九題"古今韻會海篇直音韻府群玉";卷三〇至三二題"增補韻會海篇直音韻府群玉"。

卷三二末有童子持荷蓋蓮花、上有祥雲、福字牌記,刊"嘉靖甲申劉氏重刊"。與館藏《新增説文韻府群玉》明弘治七年劉氏安正書堂刻本同。

《中國古籍善本書目》著録包瑜輯《類聚古今韻府續編》四十卷,明正德十二年書林劉宗器安正堂刻本;《新刊類聚古今故事韻府大全》四十卷,明嘉靖四年劉氏日新書堂刻本。兩種與此本卷數、版本、書名皆有不同。

鈐印有"石門主人"、"稻田福堂圖書"。

1590 元刻本新編事文類聚翰墨全書 T9298/7204B

《新編事文類聚翰墨全書庚集》二十四卷,元劉應李輯。元刻本。存一頁。半頁十四行二十四字,四周雙邊,黑口,雙魚尾。框高 15.3 釐米,寬 10.3 釐米。

此爲殘頁,存《庚集》卷二第二頁。

1591　明刻本新編事文類聚翰墨大全　T9298/7204

《新編事文類聚翰墨大全甲集》十二卷《乙集》九卷《丙集》五卷《丁集》五卷《戊集》五卷《己集》七卷《庚集》二十四卷《辛集》十卷《壬集》十二卷《癸集》十一卷《後甲集》八卷《後乙集》三卷《後丙集》六卷《後丁集》八卷《後戊集》九卷,元劉應李輯。明刻本。存五十册。半頁十二行二十六字,又有十四行二十八字,四周雙邊,黑口,雙魚尾。框高 20.3 釐米,寬 12.7 釐米。題"前鄉貢進士省軒劉應李希泌編"。前有大德十一年(1307)熊禾序。

劉應李,初名榮,字希泌,建陽人。咸淳進士,授建陽主簿。宋亡不仕,退與熊禾、胡廷芳講道於洪源山。建化龍書院於莒潭,聚徒講授。又有《易經精義》。《(嘉靖)建陽縣志》卷一二有傳。

是書仿祝穆《事文類聚》例,分二十五門,爲諸式門、活套門、冠禮門、婚禮門、慶誕門、慶壽門、喪禮門、祭禮門、官職門、儒學門、人品門、釋教門、道教門、天時門、地理門、人倫門、人事門、姓氏門、第宅門、器物門、衣服門、飲食門、花木門、鳥獸門、雜題門。《四庫全書總目》云:"採摭頗博而踳駁亦甚,下至對聯套語,皆紛紛闌入,尤爲穢瑣。"

熊禾序云:"書坊之書,徧行天下,凡平日交際應用之書,承以啓劄名,其亦文體之變乎?省軒劉君應李,爲此編命曰《翰墨大全》,凡儒者操翰行墨之文皆具,非但啓劄而已也。其所選之文,大略變俗歸雅,返澆從厚。去浮華,尚質實,多是先哲大家數,而時賢之作,亦在所不遺,斯亦可謂之大全矣……劉君力學善文,與余講學武夷洪源山中者十有二年,所造甚深,此特其游藝之末耳。"

此書有元刻本兩種,一爲十四行二十四字,二爲十二行二十二字。大陸所藏皆殘本,臺北"國家圖書館"有元大德三十一年刊巾箱本。明代所刻有明初刻本三種,一爲十四行二十四字,黑口,四周雙邊;二爲十四行二十四字,細黑口,左右雙邊,有耳題;三爲十二行二十四字,黑口,四周雙邊。另有明嘉靖三十六年楊氏歸仁齋刻本、明嘉靖三十六年楊氏歸仁齋刻萬曆三十九年安正堂重修本,并此明刻本。此本缺去《甲集》十二卷、《乙集》九卷。

《四庫全書總目》入子部類書類存目。《中國古籍善本書目》著録,北京大學圖書館、湖北省圖書館、大連市圖書館三館有明刻本,均爲殘帙,或與此本同板。又日本内閣文庫、東京大學東洋文化研究所所藏不知與此同否。

1592　明刻本新編事文類聚翰墨大全　T9298/7204C

《新編事文類聚翰墨大全甲集》十二卷《乙集》九卷《丙集》五卷《丁集》五卷《戊集》五卷《己集》七卷《庚集》二十四卷《辛集》十卷《壬集》十二卷《癸集》十一卷《後甲集》八卷《後乙集》三卷《後丙集》六卷《後丁集》八卷《後戊集》九卷,元劉應李輯。明刻本。存《後丙集》卷三至五。一册。半頁十四行二十八字,四周雙邊,黑口,雙魚尾。框高 20.2 釐米,寬 12.6 釐米。

劉應李,見明刻本《新編事文類聚翰墨大全》。

是書類分爲諸式、活套、冠禮、婚禮、慶誕等二十五門,今存有元、明刻本數種,《中國古籍善本書目》子部類書類著錄。元刻本及明初刻本皆題作"新編事文類聚翰墨全書"，《四庫全書存目叢書》及《續修四庫全書》據中國國家圖書館藏明初刻本影印。此本所存爲《後丙集》卷三至五"氏族門"，館藏另有全本。

1593　明刻本聯新事備詩學大成　　　　　　　T9298/4948

《聯新事備詩學大成》三十卷，元林楨輯。明刻黑口本。十册。半頁十三行二十五字，四周雙邊，黑口，雙魚尾。框高19.9釐米，寬12.6釐米。題"後學三山林楨編集"。前有皇慶元年(1312)毛直方序。

是書分天文、地理、時令、節序、宮室、花木、百菓、草木、五穀、蔬菜、君道、臣道、親屬、百官、儒學、僧道、人品、仕進、人事、雜伎、慶賀、吊慰、飲食、衣服、器用、音樂、圖畫、寶貝、飛禽、走獸、鱗介、昆蟲，計三十二門。

《四庫全書總目》未收。《中國古籍善本書目》著錄明正統九年劉氏翠巖精舍刻景泰三年重修本、明永樂六年博雅書堂刻本，行款均同此本，前者藏浙江圖書館，後者藏北京大學圖書館，不知與此本同板否。又日本內閣文庫有明初刻本及明刊經廠本。

金鑲玉裝。

鈐印有"陳氏太酉"、"嬾菴居士"。

1594　明嘉靖刻本新刊京本校正增廣聯新事備詩學大全　　T9298/4948.25

《新刊京本校正增廣聯新事備詩學大全》三十卷，元林楨輯。明嘉靖二十年(1541)建邑書林劉氏刻本。四册。半頁十三行二十五字，四周單邊，黑口，雙魚尾。框高18.3釐米，寬12.8釐米。題"後學三山林楨編集；後學莆田朱國珍校正；建邑書林劉氏重新刊"。無序跋。

此本卷三○末有牌記，刊"嘉靖辛丑孟春劉氏重新梓"。

《四庫全書總目》未收。《中國古籍善本書目》未著錄此本，僅有明嘉靖十三年葉氏翠軒刻本。臺北"國家圖書館"所藏同此本。

鈐印有"尾崎藏書之印"。

1595　明成化刻本詩學集成押韻淵海　　　　　T9298/6404

《詩學集成押韻淵海》二十卷，元嚴毅輯。明成化十年(1474)新安余氏重新刻本。十册。半頁十二行字數不等，四周雙邊，黑口，雙魚尾。框高19.1釐米，寬12.1釐米。題"建安後學嚴毅子仁編輯"。前有至元六年(1340)張復序；《凡例》四則。

嚴毅，字子仁，建安人。

是書體例與《韻府群玉》相近，而更爲簡略。據《凡例》云："書肆舊刊廬陵胡氏、建安丁氏所編《詩學活套》、《押韻大成》，詳略不同，醇疵相半，大抵以押韻詩句多者居前，詩句少者居後，韻母混淆，訓詁缺略，識者病之。今是編韻銓禮部，句選名賢，每韻之下，事聯偶對，詩料群分，非惟資初學之用，而詩人騷客亦得以觸而長、引而伸，不無小補。比視舊刊，霄壤懸隔，故名之曰《詩學集成押韻淵海》，蓋所以別其異同也。"

子　部

此本卷二〇末有牌記,刊"成化甲午新安余氏重新刊行"。

《四庫全書總目》入子部類書類存目。《中國古籍善本書目》未著錄此本,而有元至元六年蔡氏梅軒刻本及明初刻成化二十三年重修本。

鈐印有"説溪"。

1596　明嘉靖抄本永樂大典　　T9305/3245

《永樂大典》二萬二千八百七十七卷,明解縉等輯。明嘉靖內府抄本。存二册(卷七七五六至七七五七、卷八八四一至八八四三)。半頁八行三十一字,四周雙邊,上下書口爲朱色,三魚尾。框高34.2釐米,寬22.3釐米。包背裝。

卷七七五六至七七五七爲十九庚韻,全爲"形"字(最後一頁爲"例"字)。此本有《四庫》館臣書寫之謄錄單,由纂修官莊承籛簽出,可證乾隆編纂《四庫全書》時,曾提用者。謄錄單寫:"纂修官莊陝簽出第七千七百五十六、五十七、卷內采真集、韓淲澗泉日記、馬明叟實賓錄、王融新對、燕語考異、古今事通、江淮異人錄、燈下閑談、三境圖論、尚意譬喻論策、敬齋泛説、續後漢書、汪藻浮溪集、劉文貞公集、鄭氏譚綺、唐繪、姬知常雲山集、僧文珦集。共書拾玖種,計貳拾玖條。乾隆三十八年月日發寫謄錄。"又書後署有"重錄總校官侍郎臣高拱、學士臣胡正蒙、分校官編修臣呂旻、書寫儒士臣吳一鸞、圈點監生臣徐克和、臣歐陽卿"。"形"字卷內,將自古以來古籍中於"形"之哲學與物理,收羅殆盡。《灌畦暇語》、吳筠《步虛詞》、《江州志》、《南康志》、《燕語考異》、《玉融新對》、陳纂《葆光錄》、唐柳常侍《言旨》、《有官甌鑑》、宋薛季宣《浪語集》、《蕭了真集》、《李方叔文集》、《群書足用》、《江淮異人錄》、《內翰談苑》、《三境圖論》、《史樂書》、《經學明訓》、《唐繪》、《四書章圖》、姬知常《雲山集》、《僧文珦集》、《太玄寶典》等,恐是今已湮没之典籍。

此册爲美國哈佛大學哈佛燕京學社在北平購得,價爲三百銀元。原藏燕京大學圖書館,後始運美。1931年10月以前入藏本館。

卷八八四一爲二十尤韻,全爲"油"字;卷八八四二至八八四三爲"游"字。書後署有"重錄總校官侍郎臣高拱、學士臣胡正蒙、分校官編修臣王希烈、書寫儒士臣金書、圈點監生臣敖和、臣孫世良"。"油"字卷內,將中國古代各種油質及其制法過程,搜羅頗備。《保寧府考究圖經》、《頌古聯珠》、《小説蒙求》、《是齋售用》、《雲南志》、《四明志》、《李氏食經》、《餘干志》等書,今已不存。

"游"字卷內多爲游姓人名,所輯皆取材於正史方志,旁及詩文集中之碑傳與墓志銘,如張志道《碧霞洞天詩稿》、《兩漢蒙求》、《唐史補》、《姓氏遥華》、《武陽志》、《重慶郡志》、《順慶路志》、《順慶府考究圖經志》、《撫州府志》、《建昌府南豐縣志》、《新安志》、《瑞陽志》、《建安志》、《吳興續志》、《存古正字》、元吳澂《支言集》、明龔敦《鵝湖集》、宋吕祖儉《大愚叟集》、宋吕南公《灌園集》、《宋陳了齋集》、吕東萊《辨志錄》、趙庸齋《蓬萊館集》等,多爲佚書。

此册爲1956年得自歐洲。

此二册雙邊、欄線、書口、魚尾、書名及句讀均爲朱色,其餘則爲墨色。楷書,極工整。

《中國古籍善本書目》著錄,中國國家圖書館存二百四十六卷,上海圖書館、南京圖書館、四川大學圖書館三館存四卷二頁。大連市圖書館有明抄本,存二卷。又臺北"國家圖書館"存十五卷,臺北"中央研究院"史語所傅斯年圖書館存五卷。美國國會圖書館藏四十册,波士頓市圖書館存一册,哈佛大學賀騰珍本圖書館存一册。此外尚有一些藏於美國康奈爾大學、英國、法國、日本等處,詳見張忱石《永樂大典史話》。

1597 明刻本對類 T9299/3498B

《對類》二十卷。明刻本。二十册。半頁十二行,四周雙邊,黑口,雙魚尾。框高 22.7 釐米,寬 15.5 釐米。前有嘉靖二十一年(1542)適庵序(抄配)。

此編分天文門、地理門、節令門、花木門、鳥獸門、宫室門、器用門、人物門、人事門、身體門、衣服門、聲色門、珍寶門、飲饌門、文史門、數目門、干支門、卦名門、通用門、巧對門、連綿門、叠字門。目録前有習對發蒙格式、習對定式、習對歌,蓋村塾課蒙之本。

《四庫全書總目》入子部類書類存目。《中國古籍善本書目》著録明正統十二年司禮監刻本,又有明刻本四種,行款皆同此本。

鈐印有"鶴溪"、"長水胡氏敦仁堂圖書"。

1598 明弘治刻本群書集事淵海 T9299/1552

《群書集事淵海》四十七卷。明弘治十八年(1505)賈性刻本。四十册。半頁十二行二十四字,四周雙邊,黑口,雙魚尾。框高 19.5 釐米,寬 12.9 釐米。前有弘治十八年劉健序,弘治十八年李東陽序,弘治十八年謝遷序。

是書分十門,爲君門、后妃門、臣門、外戚門、人物門、人事門、性行門、宦者門、紀異門、夷狄門。目五百七十二。集《十七史》、《説苑》、《事文類聚》諸書事蹟,自春秋迄戰國,凡數千條,條下各注所出。《四庫全書總目》云:"皆陳因習見,又門目繁碎,配隸或多不當,引據亦多舛誤,殊無足採録。"

劉健序云:"内官監左少監賈公性,近於貨書家得書四十七卷,若《類聚》、《合璧》之比,題曰《群書集事淵海》,而不著纂述氏名。類以門分,事因類著,自往古君臣而下,外至夷狄,凡其行事之善惡,載之益詳且備,甚便觀覽。公愛而重之,因校正舛訛,重新諸梓……賈公,成化初爲内書館諸生,勤敏嗜學。余時奉命司教事,知其爲人,今復愛重是書,欲勉其善、戒其惡,以企及古人。他日之所就固不可量,兹又捐資壽梓,以嘉惠後人,俾同歸於善,其志尤偉,是皆可尚也。"

李東陽序云:"有《群書集事淵海》者,蓋國初人所輯,不著姓名,凡四十七卷。自君臣而下,至夷狄,爲門十,爲目五百七十二,爲事之條其多以數千計。大抵皆集諸書事略,自春秋戰國訖於元季,每條之下必注其所出,若可謂博而要矣。内官監左少監賈公性,在司禮,出納機密,雅尚文事,購而得之,圖欲捐貲鏤板,以便初學。病其字太小,募善書者録之,稍拓其式,質疑訂舛,程工計日,累數月而後畢,亦可謂勤矣。"

《四庫全書總目》入子部類書類存目。《中國古籍善本書目》著録,上海圖書館、南京圖書館等十三館,臺北"國家圖書館"(兩部,其一爲原藏北平館者)及美國普林斯頓大學葛思德東方圖書館、日本内閣文庫亦有入藏。按,中國國家圖書館所藏爲明弘治十八年賈性刻四友堂重修本。是書又有明正德八年慎獨齋刻本。

鈐印有"米子市立米子圖書館藏書印"。

1599　明萬曆刻本新刊唐荆川先生稗編　　　　　　　　　　T9299/0628

《新刊唐荆川先生稗編》一百二十卷目録三卷,明唐順之輯。明萬曆九年(1581)茅一相文霞閣刻本。四十八册。半頁十行二十字,四周雙邊,白口,單魚尾,書口下有刻工及字數。框高19.4釐米,寬13.7釐米。題"門生毘陵左烝考校"。前有萬曆九年茅坤序,唐順之自序,茅一相序;茅一相撰《凡例》十五則。

唐順之,字應德,武進人。嘉靖八年進士。以郎中視師浙江,屢破倭寇,擢右僉都御史,巡撫鳳陽,力疾渡焦山,至通州卒。於學無所不窺,爲古文汪洋紆折,當明之中葉,屹然爲一大宗。學者稱"荆川先生"。崇禎中追諡襄文。

順之是編,凡四易稿,十年而後成。初名《雜編》,後改爲《稗編》。據《凡例》云:"按《漢藝文志注》,細糠爲稗。古之王者,欲知閭閻風俗及街談巷語,一切細碎之事,故立稗官,時時使稱説之。稗官者,小官也。孔子曰,雖小道,必有可觀者焉。閭巷小智之所及,而亦使之綴而不忘,此即芻蕘狂夫之義也,而取以名編。""是編自歷代總論以下,凡二十五類,以至於六官,其間損益是非,大都本《二十一史》以爲之綱領,而折衷於唐宋諸賢之説。"《總目》云:"薈萃群言,區分類聚,其大旨欲使萬事萬物,畢貫通於一書,故鉅細兼陳,門目浩博。"

茅一相云:"《稗編》者何?毘陵唐先生應德所輯也。編稱稗者何?取莊生道在稊稗意也……著述不怠,爲《左編》以紀事,爲《右編》以紀言,爲《文編》以紀古之作者之至,而最後成兹編。當其書之未出,人爭購寫,洛陽紙驟貴;既梓,而家傳户誦,成一家言。獨兹編與《右編》尚湮滅無聞,使先生之旨,鬱而不宣,余甚戚焉……今先生之冢木拱矣,而兹編者,宛然出於塵網之中,而余得以手校其凡,而紕其訛謬,以終先生之志,亦大幸矣。是編也,爲卷一百有二十,始之以六經,而終之乎六官,其間諸子百家之説,靡不備具。"茅坤序云:"頃之,予姪一相,復得左所梓公《稗編》者,僅什之三,已而復得公所嘗三脱手稿者,而稍稍群諸兄弟及他友人合校,凡什之七,而終始之。"《凡例》云:"及左没而復廢,頗多殘缺之失。庚辰歲,余始得而讀之,朝不櫛沐,夜不寢褥者數匝月,乃竟殺青。"

此本刻工有烏程周雷、周邦明、金汝南、劉二等。

《四庫全書總目》入子部類書類。《中國古籍善本書目》著録,上海圖書館、南京圖書館等四十六館,臺北"國家圖書館"(四部)及美國國會圖書館、普林斯頓大學葛思德東方圖書館、日本内閣文庫(三部)、静嘉堂文庫、尊經閣文庫、東京大學東洋文化研究所亦有入藏。

鈐印有"張氏君松珍保"。

1600　明嘉靖刻本修辭指南　　　　　　　　　　T9299/3248

《修辭指南》二十卷,明浦南金輯。明嘉靖三十六年(1557)浦氏五樂堂刻張象賢重印本。十六册。半頁九行十八字,左右雙邊,白口,單魚尾,書口下有"五樂堂"。框高18.5釐米,寬12.7釐米。題"皇明國子監助教東海浦南金編次"。前有嘉靖三十六年劉麟序,張鼎思序。末有嘉靖三十六年浦南金後序;《凡例》五則。

浦南金,吳縣人。嘉靖元年舉人,官國子監助教。

是編取《爾雅》、《左腴》、《漢雋》、《書敘指南》四書,彙爲一編,分《天文部》(象緯類、歲時類、災祥類、祭禱類)、《地理部》(邑里類、山川類)、《人物部》(親戚類、君臣類、良賤類、婦人類、往昔類)、《宫室部》(宫殿類、堂室類、旅寓類)、《器用部》(器皿類、舟車類)、《音樂部》、《軍旅部》(兵戎類、戰陳類、盟要類)、《草木部》(蔬穀類、果木類)、《鳥獸部》(羽族類、毛群類、魚龍類)、《通用部》(發語類、雙字類)、《人事部》(賢否類、寵辱類、吉慶類、兇喪類、交際類、動静類)、《制令部》、《職守部》(設官類、共職類)、《刑法部》(法制類、刑獄類)、《貨寶部》、《文學部》、《身體部》(髮膚類、言語類)、《冠服部》、《酒食部》(食品類、酒漿類)、《藝術部》,計二部四十類三百二十六篇。然輾轉稗販,殊無可觀。

劉麟序云:"吴郡海濱浦先生,夙稟異資,晚窺大道,潭思博洽,蓋亦有年。以《爾雅》、《左腴》、《漢雋》、《書敘》四書者,其言皆經籍之粹而子史之英也。迺彙而爲一家,釐而爲二十部,使各以類相從,區别昈分,如指諸掌。上自王公貴人,下至輿臺僕圉;近自容貌語言,遠至宫室庾廥;大自天地日月,小至羽毛昆蟲,靡不該載。執古可以御今,循名可以責實,因此可以識彼,温故可以知新……乃以今年丁巳夏六月,命工刻於家塾,將與四方學者共之。"

此爲張象賢得板重印,據張鼎思序云:"今是書之板,偶爲余姪象賢得之,若獲十朋,珍藏愛玩,亦不靳廣布同志,將使浦君嘉惠之意,永永弗墮也。"

每卷末多有寫工及刻工。寫工有姑蘇吴曜。刻工有章衮、章慶、章權、章聰、周春、周瓚、夏文德。

《四庫全書總目》入子部類書類存目。《中國古籍善本書目》著録,中國國家圖書館、上海圖書館等二十八館,臺北"國家圖書館"(兩部)及美國普林斯頓大學葛思德東方圖書館、日本内閣文庫、尊經閣文庫(作明嘉靖本)亦有入藏,其中或有重印之本。

1601 明萬曆刻本左粹類纂 T9299/0121

《左粹類纂》十二卷,明施仁輯。明萬曆十一年(1583)任養心刻本。八册。半頁十行二十一字,四周雙邊,白口,單魚尾,眉端上刻評。框高19.7釐米,寬14.5釐米。題"吴會施仁編集;維揚孫應鰲批點;河東任養心校閲"。前有嘉靖八年(1529)黄省曾序,萬曆十一年姚士觀序,萬曆十一年任養心序,嘉靖四十二年(1563)孫應鰲序。末有蔣希孔後序(闕末頁);《凡例》十二則。附音釋。

施仁,字宏濟,長洲人。嘉靖七年舉人。

是書以《左傳》所紀之事,分十五門編載,變解經之書,爲類事之書。十五門爲:制命(十四條)、諫諍(九十條)、誡諭(八十八條)、辯説(八十六條)、議論(一百七條)、賦詩(十九條)、盟載(九條)、謡誦(十三條、隱語附二條)、謀略(七十六條)、政事(七十條)、薦舉(九條)、節義(三十六條)、辭讓(四十一條)、逆料(八十五條)、夢卜(四十三條)。

黄省曾序云:"予友施宏濟氏,博古敦行,潛心下帷,以春秋舉,乃析别二傳之文,自制命至於夢卜,定爲十有五目,以轄萃其言。凡若干卷,命曰《類纂》。於古隱而難通者,務酌諸家而曲暢其義,使學者不勞披觀,可以因類而求,沿文以討,若八音殊奏,聽之者易入而領也。其心可謂勤矣。"

任養心序云:"維揚淮海孫公,既昉施氏合二傳之粹者爲一,以破拘攣之見,又分類加評注焉,其於左氏也深矣。舊本刓漫,不可以句,予故手釐正之,而稍增定其義例之所未及者,以付之梓,爲可傳也。"養心,山西芮城人,萬曆二年進士。

子　部

《四庫全書總目》入子部類書類存目。《中國古籍善本書目》著錄。南京圖書館、湖北省圖書館等十館,臺北"國家圖書館"及美國國會圖書館、普林斯頓大學葛思德東方圖書館亦有入藏。按,是書又有明嘉靖安國弘仁堂刻本、明嘉靖間王有道等校刻本。

鈐印有"劉氏藏書"、"□城書庫之印"。

1602　明嘉靖刻本事物考　　　　　　　　　　　　　T9299/1111

《事物考》八卷,明王三聘輯。明嘉靖四十二年(1563)何起鳴刻本。八册。半頁十行二十字,四周單邊,白口,無魚尾。框高 18.6 釐米,寬 13.8 釐米。前有嘉靖四十二年趙忻序;王三聘識語。

王三聘,字伯衡,山東黃縣人。嘉靖十七年進士,二十二年由庶吉士授河南道御史,二十三年巡倉,二十四年巡按河南致仕。

是書依《事物紀原》增輯而成。卷一《天文》、《地理》、《時令》、《人事》、《婚禮》、《喪禮》;卷二《公式》、《文事》、《藝術》;卷三《國制》、《官典》、《國用》、《國瑞》、《珍寶》;卷四《鑾駕》、《爵祿》、《官職》;卷五《禮儀》、《樂器》、《學科》;卷六《武備》、《冠服》;卷七《宫室》、《器用》、《飲食》;卷八《名義》、《法律》、《道釋》。

王三聘識語云:"余生僻壤,困舉業,無他書讀。嘉靖戊戌,寓南棘,得《事物紀原》一編,喜該博,遂不置焉。詳繹之,多載宋制,亦間有怪者,雖逸名氏,逆宋人手爾,然世有損益,子不語怪,法可罢也。率由聖朝典章,而日有聞見,乃續錄之,貯書簏中,備徵事者,未敢云輯也。邑侯何公,仕優好雅,兼而收之,遂名曰《事物考》,凡八卷。"何公者,即何起鳴,號來山,嘉靖三十八年進士,四川內江人。

此本目錄後刻"貢生姪王樞、生員壻楊谷、監生姪王旂、舉人姪王櫃仝校正"。卷八末刻"謄寫吏于待聘、崔語、張椿"。

金鑲玉裝。

《四庫全書總目》未收。《中國古籍善本書目》著錄。中國國家圖書館、南京圖書館等六館及美國國會圖書館、普林斯頓大學葛思德東方圖書館亦有入藏。按,是書又有隆慶三年王嘉賓刻本及隆慶四年金陵三山書林周氏刻本兩種,行款均同此本。前者天津圖書館等三館入藏,後者北京大學圖書館等三館入藏。

1603　明嘉靖刻本三才通考　　　　　　　　　　　　　T9299/5933

《三才通考》三卷,明秦汴撰。明嘉靖二十一年(1542)刻本。一册。半頁十行十九字,左右雙邊,白口,無魚尾。框高 18.8 釐米,寬 13.7 釐米。題"錫山後學秦汴編次"。前有嘉靖二十一年秦汴序。末有戴君澤跋。

秦汴,字思宋,號次山,無錫人。富藏書。

是編分天文、地理、人事三卷。

秦汴序云:"余於贊樞之暇,間取我朝名公建白,及前代理學諸書,凡有關係者,手錄成書,釐爲三卷,題曰《三才通考》。是故以之而考乎天也,則風雨露雷、雲物電霓之類占書具之矣。而敬天勤民、順時倚政者,莫急於曆數,作天文考。以之而考乎地也,則風土民物、都邑城市之

1227

類與圖列之矣。而居重御輕、經國利民者，莫急於漕政邊防，作地理考。以之而考乎人也，則古今事變、禮樂名物，經史載之矣。而戎馬儲備、應機制勝者，莫急於時務，作人事考……上可以備士紳之顧問，下至舉業文用，亦庸或有小補云。借鋟諸梓，用公同志。"

卷下刻"無錫陳鑾寫，上元易林刊"。

《四庫全書總目》未收。《中國古籍善本書目》著錄，山東省圖書館及東北師範大學圖書館所藏皆爲殘帙。

1604　明萬曆刻本新刊增補古今名家詩學大成　　T9299/4440

《新刊增補古今名家詩學大成》二十四卷，明李攀龍輯。明萬曆六年(1578)余泗泉萃慶堂刻本。六册。半頁十一行，字數不等，四周單邊或左右雙邊，白口，單魚尾。框高21.6釐米，寬14.8釐米。題"濟南李攀龍于鱗甫編輯；武進唐順之應德甫校正"。前有萬曆六年胡汝嘉序，萬曆六年劉桂後序。

是書分天文門、時令門、地理門、宮室門、花木門、百菓門、蔬菜門、五穀門、百草門、百木門、竹木門、君道門、人倫門、百官門、文學門、僧道門、人品門、麗人門、仕進門、人事門、遊眺門、祖餞門、雜伎門、慶賀門、哀輓門、服飾門、飲食門、饋謝門、器用門、音樂門、圖畫門、寶貝門、飛禽門、走獸門、鱗介門、昆蟲門。計三十六類目。

胡汝嘉序云："濟南李于鱗者，詩家宗匠也，有感於是，迺因閩人楊月軒舊編更加考訂，擷芳選華，勒成一書。始於三才，終於萬物，經以人情，緯以事類，分別部居，用訓初學。其爲書也，裒載籍之精英，啓風雅之蘊奧。若窺玉府，而璠璵琬琰之錯陳也；若入武庫，而戈戟矛矟之森列也；若萃彩色於鹽繭，丹青蒼素之兼收，以備紅女之需也；若集良材於匠氏，而櫺櫨榱桷惟其鄧而用之也；若步虛凌漢，駐足帝庭，聞鈞天廣樂，皦如繹如，金聲玉振，而大成以集也。"

劉桂後序云："余觀滄溟先生是書，其蒐羅事類，上溯典墳，下逮子史，雖稗官野乘、九流伎藝之著述，靡有孑遺。而採掇舊什，始於黃初，終於元祐，擷曹劉李杜之菁華，漱陳秦虞陸之芳潤。其敘事也核，其屬對也切；其擇言也，精而贍；其立凡起例也，區分而縷析。然皆因其舊刻，多所增損，薙其蕪穢，正其譌舛，確乎可傳，可謂示人以詩學蹊徑，而授之以階梯矣……乃詢言於秋宇公而刻之，以貽同志云。"

此本有扉頁，刊"增補古今詩學韻府大成。萃慶堂余泗泉繡梓"。劉桂後序末刻小字"建業劉氏孝友堂校梓"一行。今版本項依扉頁著錄。

《四庫全書總目》有攀龍《詩學事類》二十四卷，入子部類書類存目，《總目》云："是編纂輯故事，分二十四門，觀其所載，大都簡陋……不應疏蕪至此，必託名也。"《中國古籍善本書目》著錄明萬曆六年劉氏孝友堂刻本，上海圖書館、浙江圖書館等七館入藏。

鈐印有"益子氏圖書記"、"東楨之印"、"照顔書屋"、"喬亭之印"。

1605　明萬曆刻本名物類考　　T9299/1974

《名物類考》四卷，明耿隨朝撰。明萬曆耿氏刻本。四册。半頁九行十八字，四周單邊，白口，單魚尾，書口下間有刻工。框高21.3釐米，寬13.1釐米。題"東郡耿隨朝著"。前有萬曆四十年(1612)張新詔序,萬曆三十八年(1610)成基命序,萬曆四十年朱焴序;胡權跋。

耿隨朝,字敬庵,河南滑縣人。性端方,不苟言笑。嘉靖二十六年進士,初授南户部主事,改工部主事,累官山西參政。罷歸,閉户著書,優游林泉幾四十年,年八十二終。《(乾隆)滑縣志》卷一二《文苑》有傳。

是編詮釋名物,分天文、地理、人物、職官、經籍、人事、身體、衣服、飲食、宫室、器用、珍寶、鳥獸、昆蟲、草木,凡十五門。《四庫全書總目》云:"蓋《爾雅》之支流,而往往闌入故實,已爲自亂其例,又皆不著出典……至於所引故實,動輒舛謬。"

成基命序云:"滑邑耿敬庵先生,故閎覽博物君子也。起家進士,歷官薇省,秉憲三晉,所至有經濟名,而性獨嗜古。每公餘休沐,輒鍵户攤書,以述作自命……其書起乾坤法象,迄木草昆蟲,其間若朝典家範,禮樂兵刑,經史騷賦之淵源,農工醫卜之繁劇,靡不蒐索攟證,而詞無蕪漫,卷不盈帙。"

是書爲耿氏刻本,胡權跋云:"余年友耿韞之爲先生猶子,請梓以傳。""先生歿,而四方之索遺書者日益至,嗣君手書而郵歸之,不勝書,亦不勝歸已。乃曰,業不能使是書爲耿氏書,何如梓之,便即梓。"

刻工有趙邦才、馮。

《四庫全書總目》入子部類書類存目。《中國古籍善本書目》著錄明萬曆三十九年耿如瑾刻本,中國國家圖書館、南京圖書館等十一館,臺北"國家圖書館"(作明萬曆三十九年東郡耿氏刻本)亦有入藏。

鈐印有"鄴堂"。另一印被挖去。

1606　明萬曆刻本彙苑詳注　　　　　　　　　　　　　T9299/1143

《彙苑詳注》三十六卷,題明王世貞輯。明萬曆刻本。四十册。半頁十行二十字,左右雙邊,白口,單魚尾。框高21.2釐米,寬13.8釐米。前有萬曆二十三年(1595)黄鳳翔序。

是書分天文部、歲時部、地理部、皇輿部、世系部、人物部、人倫部、人品部、技藝部、三教部、官職部、人事部、文史部、宫室部、珍寶部、器用部、布帛部、衣服部、身體部、飲食部、花部、草木部、果蔬部、飛禽部、走獸部、鱗介部、昆蟲部。《四庫全書總目》云:"首列引用書目,似乎浩博,其實就唐宋諸類書採掇而成。觀官職門中,所列皆用宋制,知爲剽剟《事文類聚》、《合璧事類》而成矣。疑亦託名世貞者也。"

黄鳳翔序云:"以予觀於《彙苑》一書,則上徹於漢津天根玄枅玉臺之遠,下逮乎忠父仁讓攟攟畫像之近,鉅色於莽蒼廣斥歸墟神漢之衆,微及乎鯤鮞麋糜縠雛孕胎之細……先之以六經,次之以史,又次之以諸子,又次之以百家,又次之以雜記,其隻事興端,其片物託緒,其疑像則剖拆也,其沉冥則揚挖也。"

是書或有題《彙書詳注》者,當是據此剜改之本。

《四庫全書總目》入子部類書類存目。《中國古籍善本書目》著錄,南京圖書館、浙江圖書館等十五館及美國普林斯頓大學葛思德東方圖書館(作萬曆間金閶世裕堂刻本)、日本内閣文庫、尊經閣文庫亦有入藏。

此本卷一六第五十六頁、六十四頁;卷二十八第五十七、五十八頁佚去。

鈐印有"慈谿畊餘樓"、"馮氏辨齋藏書"。

1607　明刻清印本新刻重校增補圓機活法詩學全書　　T9299/1142

《新刻重校增補圓機活法詩學全書》二十四卷《新刊校正增補圓機詩韻活法全書》十四卷。明刻清印本。八册。半頁十二行二十五字，四周雙邊，白口，單魚尾。框高21.8釐米，寬13.8釐米。題"太倉鳳洲王世貞校正；蕭灘後學楊淙參閱；句曲震青蔣先庚重訂"。《詩韻活法全書》題"弇州山人鳳洲王世貞增校；江東句曲震青蔣先庚重訂"。前有序，佚去末數行。

是編分天文門、時令門、地理門、城市門、橋道門、宮室門、寺觀門、君道門、臣道門、百官門、仕進門、人倫門、師友門、釋道門、人品門、麗人門、文學門、仕宦門、志氣門、人事門、遊眺門、慶吊門、祖餞門、謝惠門、珍寶門、服飾門、飲食門、器用門、音樂門、書畫門、百草門、百花門、百穀門、百果門、蔬菜門、樹木門、竹木門、飛禽門、走獸門、鱗介門、昆蟲門。

序云："予見王鳳洲先生考先代名賢之雅韻，讀明時英哲之正聲，略其豪放飄逸之句，溫厚和平之章，可法可則者，增入古本事實之下，品題聯句之中，題其名曰《圓機詩學活法全書》。而清江楊君淙校緝之功多與焉。譬土壤悉會泰山，涓流同歸大海；白玉良璧，舉萃珍於藍田；奇卉名花，咸託根於上苑。實可以爲詩家之鼻祖也。益軒唐君謙喜而梓之，有嘉惠來學之功。"

按，此非唐謙刻本。唐本北京大學圖書館有藏，題"繡谷益軒唐謙繡梓"，有牌記"萬曆玄黓執徐孟夏金陵益軒唐氏繡梓"。此本前序佚去後半數行，似爲書賈割去。查北大本有李衡序，此或亦爲李序。又此本有扉頁，刊"詩學圓機活法大成。鬱岡山房較訂。文盛堂藏板"。又鈐有木記，"江寧狀元境文盛堂發兌"。

《四庫全書總目》未收。《中國古籍善本書目》著錄，故宮博物院有明萬曆刻本。臺北《"國立中央圖書館"善本書目》著錄明唐謙刻本(原藏北平館者)，應與此本同，而非唐謙本。

1608　明刻本天中記　　T9299/7990

《天中記》六十卷，明陳耀文輯。明刻本。六十册。半頁十一行二十一字，左右雙邊，白口，單魚尾。框高19.3釐米，寬13.1釐米。題"郎陵陳耀文晦伯甫纂；男龍光校"。前有萬曆十七年(1589)陳文燭序。

陳耀文，字晦伯，號筆山，河南確山人。生而穎異，鄉里號爲神童。年十二補邑庠生，嘉靖二十九年進士，授中書舍人。博極群書，自經史外，墳典邱索，奇文奧字，以及星曆術數，五花八門，無不畢覽。陞工科給事中，慷慨時事，數上危言，忤時相意，謫官告歸。抵家杜門，日以著述爲事，年八十二卒。又有《分省人物考》、《經典稽疑》、《花草粹編》等。《(乾隆)確山縣志》卷三《人物》有傳。

此編乃類事之書，以所居近天中山，故題曰《天中記》。援引繁富，而皆能一一著所由來，體裁較他書爲善。《四庫全書總目》云："有明一代，稱博洽者推楊愼，後起而與之争者，則惟耀文。所學雖駁雜不純，而見聞終富，故所採自九流僻緯，以逮僻典遺文，蒐羅頗廣，實可爲多識之資。"

陳文燭序云："汝南有天中山，陳晦伯先生記類書而繫之，蓋著作藏名山之意云……兹編仰觀於天，俯觀於地，近取諸身，遠取諸物，事既星羅，文尤霞燦，叩之以小者則小鳴，叩之以大者則大鳴。張安世三篋，無容於辨，惠施五車，斯爲不虛矣。"

《四庫全書總目》入子部類書類。《中國古籍善本書目》著錄明萬曆刻本及明刻本兩種,行款皆同,前者天津圖書館、南京圖書館等九館入藏,後者上海圖書館、南京圖書館等三十九館入藏。此本不知與何館藏本同板。按,本館藏本卷一第一頁有斷板二處,自首行至第十一行皆斷裂。卷一之末增有張衡《周天大象賦》一篇。又按,是書最初刻本爲五十卷本,隆慶三年所刻,今藏遼寧省圖書館;次爲五十五卷本,隆慶間刻,上海圖書館入藏。臺北"國家圖書館"有萬曆三十七年刻本(四部)及明覆刻萬曆本。美國國會圖書館、日本內閣文庫、尊經閣文庫、京都大學人文科學研究所所藏不知與此本同板否。

1609　明萬曆刻重修本古今萬姓統譜　　　　　　　　　　T2257/3438

《古今萬姓統譜》一百四十卷《歷代帝王姓系統譜》六卷《氏族博考》十四卷,明凌迪知輯。明萬曆刻汲古閣重修本。四十冊。半頁九行二十字,四周單邊,白口,單魚尾,書口下刻字數並刻工。框高20.4釐米,寬13.4釐米。題"吳興凌迪知稚哲編;弟凌述知稚明校"。前有萬曆七年(1579)凌迪知序,萬曆七年王世貞序;《凡例》十六則;引用書目。《歷代帝王姓系統譜》前有萬曆七年凌迪知序;《凡例》三則。《氏族博考》前有吳京序(有缺頁)。

此編以古今姓氏分韻編次,略仿林寶《元和姓纂》,載明以前人物生平事蹟,每姓下先注郡望五音及所自出,而後依時代先後,分列人物,自古代至萬曆止,爲專輯人名之類書。後來通行之《尚友錄》即用其例。《四庫全書總目》云:"迪知此編,稱賅備焉。其中龐雜牴牾,均所不免,至於遼金元三史姓氏,音譯失真,舛謁尤甚,然蒐羅既廣,足備考訂,故世俗頗行用之,亦未可盡廢也。"

《凡例》云:"是編盡自上古,近迄昭代,凡系姓氏,罔不萃聚。以四聲韻爲綱,以東冬支微爲目,更考《韻玉》、《韻會》等書,凡韻字下注姓者,以次備載。庶幾海內古今之姓,悉具簡冊,而名賢碩士,一舉目無遺矣。""是編引用諸書甚繁,大署以姓氏等書爲宗,參用《一統志》、十三省《通志》、各郡縣志。至於經史子集等書,凡有一人一姓可錄者,悉採擇類編。"

又《歷代帝王姓系統譜》,則以本朝列聖爲綱,諸王爲目。

《氏族博考》之吳京序云:"凌大夫稚哲甫,早年解組,沉酣典籍。自六經諸子、天文地志、稗官小說,靡不咀嚼而鈎致之,已輯《姓譜》卷一百有五十而梓行矣,復考方冊所載之說彙爲一編而折衷之,題曰《氏族博考》。"然其大旨皆本之氏族略,無大發明。

此本有扉頁,刊"萬姓統譜、凌稚哲先生原本。汲古閣藏板"。

寫工爲長洲顧櫻、句吳高洪。刻工有長洲沈玄龍、徐文、王伯才、顧植、何道甫、張、羅、李。

《四庫全書總目》入子部類書類,但館臣未見《歷代帝王姓系統譜》。《中國古籍善本書目》著錄,南京圖書館等十二館有此本。按,萬曆本傳世較多,上海圖書館、南京圖書館等二十七館,臺北"國家圖書館"及美國國會圖書館、日本靜嘉堂文庫、內閣文庫、尊經閣文庫、東京大學東洋文化研究所皆有入藏。

1610　明萬曆刻本典籍便覽　　　　　　　　　　T9299/4133

《典籍便覽》八卷,明范泓輯,范淶補注。明萬曆三十一年(1603)范淶刻本。八冊。半頁十行,四周單邊,白口,單魚尾。框高22釐米,寬14釐米。題"新安隱士范泓本涵輯"。前有萬曆三十一年范涞序(抄配)。

范泓,字本涵,休寧人。手錄經史百家,又有《格言彙編》。《(康熙)休寧縣志》卷六《學林》有傳。

范涞,字原易,號晞陽,休寧人。萬曆二年進士,授南城知縣,行取爲南刑部主事,歷南户部郎中,出守南昌,累遷浙江按察使,轉右藩,再轉福建左藩。素持清節,不乏擔當,歷任中外,孤介寡合,翩翩自成一家。雅尚理學,有《休寧理學先賢傳》、《晞陽文集》等。《(康熙)休寧縣志》卷六《儒碩》、《本朝分省人物考》有傳。

是編分天象部、月令部、地勢部、經世部、德行部、言語部、政事部、文學部、人類部、物類部,計十類。每部又分子目。《四庫全書總目》云:"所採故實,不免蕪雜罣漏之譏。"

范涞序云:"家伯氏貞一先生,修身養性爲學,孝友是敦,一切世俗機智,屏黜無所用。獨嗜讀書,工鉛槧,或倦,則嗜飲,陶然自得,其於酒之趣、書之意味,渾化胸中,人莫窺其際……所遺諸集中有若類書者二種,其一爲《格言彙編》,皆大學要領,入德之筌蹄,居常精力盡在此書,曩所梓於四明海署者是也。其一爲《典籍便覽》,自成象成形,以至逸詞魯故,或有當於心,可爲性靈助者,隨興錄之,不必備,不必不備。歲久盈笥,迺次第其語,成八卷,凡三脱稿……稍暇,因檢此數卷,補其脱簡,并壽之剞劂,以示吾家子姓,使知博洽問學。"

此本目録後刊"新安貞一隱士范泓本涵父纂輯;弟晞陽居士涞原易父補注;伯子蘇惟仁、仲子櫟惟弼、從子枓惟魁、檞惟蕃、櫲惟守、從孫文鼇冠卿參訂;通家後學詹光陞孝父校讎;汪高科子德同校;汪高明子極、陳肇文憲先、程之章伯含、程之彦仲英、金應兆元符、程懋學行父閱梓"。

《四庫全書總目》入子部類書類存目。《中國古籍善本書目》著録。南京圖書館、浙江圖書館等十館,臺北"國家圖書館"(兩部),及日本內閣文庫(兩部)、尊經閣文庫、静嘉堂文庫亦有入藏。

1611　明萬曆刻崇禎重修本三才圖會　T9299/114

《三才圖會》一百六卷,明王圻撰。明萬曆三十七年(1609)刻崇禎王爾賓重修本。六十四册。半頁九行二十二字,四周單邊,白口,無魚尾。框高20.7釐米,寬13.4釐米。題"雲間元翰父王圻纂集;曾孫爾賓重較"。前有萬曆三十七年周孔教序。

是書實爲王圻與其子王思義輯。自時令後,題"雲間允明父王思義續集"。分天文、地理、人物、時令、宫室、器用、身體、衣服、人事、儀制、珍寶、文史、鳥獸、草木,計十四門。每一事物,寫其圖像,加以説明。采摭浩博,然間有冗雜虛構之病。此本佚去《打馬圖經》(第42册)。

周孔教序云:"雲間侍御王公,嗜學好古,沉酣仰屋之業。仲子思義,能讀父書,既數應鄉舉不利,遂謝去帖括,以著述世其家。嘗廣搜博采,輯所謂《三才圖會》,上自天文,下至地理,中及人物,精而禮樂經史,粗而宫室舟車,幻而神仙鬼怪,遠而卉服鳥章,重而珍奇玩好,細而飛潛動植,悉假虎頭之手,效神姦之象,卷帙盈百,號爲圖海。方今人事梨棗富可汗牛,而未有如此書之創見者也。"

《四庫全書總目》入子部類書類存目。《中國古籍善本書目》著録,上海圖書館、天津圖書館等六館及美國國會圖書館、日本內閣文庫亦有入藏。按,是書之原刻本題"男思義校正"。重修本則改爲"曾孫爾賓重較"。原刻本,中國國家圖書館、上海圖書館等十館,臺北"國家圖書館"及美國普林斯頓大學葛思德東方圖書館均有入藏。又按,日本静嘉堂文庫、尊經閣文庫、京都大學人文科學研究所所藏不知有無重修。

鈐印有"果親王府圖書記"。

1612　明萬曆刻本喻林　　　　　　　　　　　T9299/2914

《喻林》一百二十卷,明徐元太輯。明萬曆四十三年(1615)徐氏刻本。二十册。半頁十行二十字,四周單邊,白口,單魚尾,書口下間有寫工及刻工。框高21.1釐米,寬13.8釐米。題"宣城華陽徐元太汝賢父編輯;猶子徐胥慶無猜父校;徐衍慶伯蕃父閱"。前有郭子章序,萬曆四十三年徐元太自序。序後附採摭書目。

徐元太,字汝賢,安徽宣城人。嘉靖四十四年進士。任地方官政績卓異,擢吏部主事。嘗分校萬曆丁丑闈試,所拔皆名士。遷山東參政,改陝西按察使,後爲順天府尹、都察院右副都御史。又以功進兵部右侍郎,歷刑部左侍郎。轉户部,總督倉場,加正二品服俸,權知兵部左侍郎事,陞南京刑部尚書。乞歸,家居十餘年,卒。元太於書無所不讀,尤曉暢軍事,鎮蜀數載,勳略爲人所傳頌。又有《史鑑》、《吟易編》等。《(乾隆)宣城縣志》卷一五《人物》有傳。

是書採摭古人經史子集及佛道諸書四百餘種中之譬喻之詞,彙爲一編,分造化門、人事門、君道門、臣術門、德行門、文章門、學業門、政治門、性理門、物宜門十門,共五百八十餘子目,歷二十餘年而後成,用心頗勤。其引書用程大昌《演繁露》之例,皆於條下注明出處,與明人剽竊捃摭之習頗有不同。

郭子章序云:"往牒載喻言,自六經及子史百家夥矣,未有彙爲書者。彙喻爲林,自今少司馬中丞徐公始。子章事公蜀中三載,每談天下事,旁證逖引,驚聽回視,至所爲文,影寫雲物,比擬今曩,易象詩比,錯落纖綜,豈其所得於喻喻者深邪?書凡一百二十卷,起造化,至物宜,凡十門,詳具目中。侍御中州何公謂是書宜布四方,惠來學,校而刻之。"

徐元太自序云:"予至陋,且善忘,雖稔習篇章,久則惘然莫憶,故日隨疏記以識所聞。然尤嗜喻言,爲假譬之殊形異類,甚易竅穿壅遏,修詞者莫可舍旃耳。第唐而後,學士大夫、騷人墨客,咸嘖繁穢,乃斷六朝以上,自經史子集,以及道佛諸書四百餘種,凡語涉比辭者,無論聖賢與流略之粕華,目所嘗見,必手録焉。即非喻而可爲喻,猶筆存之……積成鉅帙,又病叢穢蔓雜,不便省觀,因加詮次成編,析分十門,列類五百八十有奇,總彙乙百二十卷……予病卧敬亭,間復翻閱,稍爲增删一二。猶子胥慶,雅有同嗜,取而訂其魯魚帝虎,因侈口兹輯,匪直騷壇之梗楠,抑亦藝苑之栴檀也,當與《御覽》等編争奇芳於鄧林,遂鐫之。"

此本寫工有楊應莅、陶仲禮、劉植、陶一鳳、陳文慶、王承饗、王子良、黄應元、王承譽、梅逢暘。刻工爲劉芳、劉朴、劉極、劉榮、汪旦、史模、史栖、陳學、陳孝、張言、潘湘、張梅、張梗、芮龍、劉仕啓、劉仕任、劉汝忠、劉汝恩、劉應祥、王邦玉、楊有臣、王國瑞、李應章、李思禹、李繼聖、畢應豪、顧文演、陳瑞芝、陶有元、曾應宗、張文亮、談文韜、潘以奉、潘省詞、潘省耕、談志達。

《四庫全書總目》入子部類書類。《中國古籍善本書目》著録,中國國家圖書館、上海圖書館等三十六館,臺北"國家圖書館"(五部)及美國國會圖書館、日本内閣文庫(三部)、尊經閣文庫、靜嘉堂文庫、東京大學東洋文化研究所、京都大學人文科學研究所亦有入藏。按,是書最早爲八十卷本,明萬曆十七年何氏刻本。

鈐印有"明善堂覽書畫記"、"吕海寰"、"鏡宇"、"玖聃"、"朱印樨之"、"永清朱樨之字淹頌號九丹玖聃一號琴客又號皋亭行四居仁和里叢碧簃所蓄經籍金石書畫印信"。

館藏有複本一部，二十四冊。

1613　明萬曆刻本類雋　　　　　　　　　T9299/8240

《類雋》三十卷，明鄭若庸撰。明萬曆六年(1578)汪珙刻本。二十四冊。半頁九行十八字，左右雙邊，白口，單魚尾，書口下間有刻工。框高 19.7 釐米，寬 13.4 釐米。題"勾吳虛舟鄭若庸纂輯；山東按察司副使古虞百樓鍾轂校閱；戶部陝西司主事西蜀少川王用楨、戶部福建司主事古粵礪山鍾昌、工部營繕司員外四明夢韓張大器同閱；臨清州知州古完呂珩校正；太學生汪珙校梓"。前有萬曆二年(1574)王世貞序，萬曆四年(1576)張大器序。末有萬曆六年汪珙跋；闕名後序(闕後半頁)。

鄭若庸，字虛舟，崑山人。少為諸生，以任俠不羈見斥。

若庸嘗客趙康王厚煜邸中，厚煜令其倣《初學記》、《藝文類聚》而成此書。凡分二十門，為天文類、時令類、地理類、天族類、人倫類、人品類、宮室類、藝術類、身體類、衣服類、飲食類、器用類、布帛類、珍寶類、樂器類、釋道類、花木類、菓實類、羽族類、毛族類。

王世貞序云："山人名康王，誠賢王也。然聞國學汪生，不靳浩費，鳩工登梓，以竟山人之志。"張大器序又云："汪生，清源義士，能捐所貲，遂經始焉。"

汪珙跋云："虛舟山人自趙至清源，往來縉紳及在郡者咸與之遊，予亦與從遊之末也，知其為康王纂《類雋》，既勤且久矣。書成，不及獻，而山人捐世，予甚悼之。時部道及郡侯蒞清源者，莫不欲山人是書之梓行於世而又慮其費之鉅也。一旦，兵道公祖鍾呼予於庭而命之曰，山人類書業既有成矣，子能梓之而竟山人之志乎？此亦司空張公、王公、司農王公、鍾公諸公意也，而州治父母呂亦屬意於予。予即承命，聚工而鐫之。計秩三十、葉千七百有奇，歲餘而成。此書一出，世爭覯焉，山人誠不朽矣。"

刻工有韓宜、沈都、王、裴、崔、真、臣、明等。

《四庫全書總目》入子部類書類存目。《中國古籍善本書目》著錄，北京大學圖書館、上海博物館等八館及日本內閣文庫、尊經閣文庫亦有入藏。然不知與此同板否。按，美國國會圖書館、普林斯頓大學葛思德東方圖書館所藏，於校閱者多出"臨清州知州西蜀李元齡重校；臨清州學訓導傅履禮同校"，當係後加入者。

1614　明萬曆刻本黔類　　　　　　　　　T9299/0210

《黔類》十八卷，明郭子章輯。明萬曆刻本。六冊。半頁十行二十字，左右雙邊，白口，單魚尾。框高 21.3 釐米，寬 13.9 釐米。題"泰和郭子章相奎甫輯；蜀門人周達德充閱；蜀門人程宇鹿時鳴校"。前有自序。

郭子章，字相奎，號青螺，又號蠙衣生，泰和人。隆慶五年進士。天才卓越，於書無所不讀，著述甚富。累官貴州巡撫，播酋楊應龍叛，子章大破之，以功進太子少保，至兵部尚書。

是書為子章巡撫貴州時所輯，故曰《黔類》，實隸事之書，非黔志也。凡分三十六門，為天部、時部、行部、地部、人部、倫部、情部、閨部、禮部、樂部、官部、治部、兵部、譽部、刺部、文部、讀部、身部、諺部、服部、食部、器部、寶部、室部、釋部、玄部、醫部、神部、夢部、藝部、荒部、夷部、草部、禽獸部、禽部、獸部、蟲部、魚部、化部。

自序云："予十年黔國,兵戈之餘,稍有隙日,取古今軼事、僻事類之,顧經書人所共讀者略,類書已載者略,名曰《黔類》。"

《四庫全書總目》入子部類書類存目。《總目》云:是書"皆耳目習見,殊罕異聞,且多引《玉海》、《太平御覽》,輾轉稗販,割裂失真,並迷其本書之出處。"《中國古籍善本書目》著錄,上海圖書館、浙江圖書館等四館亦有入藏。

卷一至三、序並目錄皆抄配,繕寫頗精。

鈐印有"徐聖秋讀書記"。

1615　明萬曆刻本圖書編　　T9299/0438

《圖書編》一百二十七卷,明章潢輯。明萬曆四十一年(1613)涂鏡源等刻本。一百二十册。半頁十行二十二字,四周單邊,白口,無魚尾。框高 22 釐米,寬 14.6 釐米。題"南昌後學章潢本清甫編"。前有萬曆四十一年萬尚烈序,章潢自序;《凡例》十一則;萬尚烈撰《章斗津先生行狀》;門人丘曰敬、萬尚烈、周誠學、章自省撰《章斗津先生年譜》;附採輯考證書目。

章潢,字本清,別號斗津,南昌人。篤志學古,主白鹿書院,執經從游者衆,以薦授順天府儒學訓導。及卒,鄉人私諡文德先生。又有《禮記劄言》、《周易象義》等。

是書取左圖右書之意,凡諸書有圖可考者,皆彙輯而爲之説。卷一至一五爲《經義》,卷一六至二八爲《象緯曆算》,卷二九至六七爲《地理》,卷六八至一二五爲《人道》,卷一二六爲《易象類編》,卷一二七爲《學詩多識》。

萬尚烈序云:"是編也,先生益人爲人之舟航與。編肇於嘉靖壬戌,成於萬曆丁丑,凡幾歷寒暑。每暑夜必張燈據案,筆不釋手,即蚊虻集肢體亦不覺,偶一舉手,掌血盡污。母陳見而憐之,直謂以舉子業發憤如是,嘗戒曰,進取有命,會合有時,何自苦爾爾。先生第應之,卒未嘗置……初,撫臺我山劉公始命刻,以郡有司計絀之縮未果。繼督學虞對朱公、郡伯晞陽范公力肩是刻,終以計絀異同,至議删輯。而先生以爲與其删,寧竢之。雖抄録流傳,所在而有,而未置諸木,其傳有限。至癸卯、甲辰之歲,總憲一齋溫公慨然付之燕市梓工,又旋即解去,則是編之難布亦大異矣。余與丁右成田部,偕北面先生,且先後竊庾,相與謀布是編,久不可得,久爲鬱然。近右成又以賫志泉下,則是編之不得刻布,罪何所分……鋟梓之費,大司馬涂鏡源、鄢陵令張心虞、新安門人汪汝鳳各捐貲有差,謹附記之。"

章潢序云:"究其所謂圖,不過畫工之末技;所謂書,不過文字之煩蕪,至於天地之文,莫知所寶。噫,務華絶根,豪傑且爾,況庸流乎？予因備採其切於身心、關於國家者,以類編之,題曰圖書編。"

據年譜,嘉靖四十一年,先生三十六歲,始輯《圖書編》。萬曆五年,先生五十一歲,夏,《論世編》成。萬曆十三年,先生五十九歲,冬,新城鄧潛谷、旰江守敬庵許公來,會聚於求德堂,鄧出《函史》,先生出《圖書編》相證。

此本卷一二七末有荷蓋蓮座牌記,刊"是役也,鄢陵令張雞山助貲拾兩,先生門人汪鳴陽助貲伍拾兩。張諱舜典,字心虞,陝西鳳翔人。汪諱汝鳳,字鳴瑞,徽州歙縣人。金陵孫□富刊督"。

《四庫全書總目》入子部類書類。《總目》云:"明人圖譜之學,惟此編與王圻《三才圖會》號爲巨帙。然圻書門目瑣屑,排纂冗雜,下至奕棋牙牌之類,無所不收,不及潢書之體要,其所繫諸説,亦皆捃掇殘剩,未晰源流。"《中國古籍善本書目》著録,上海圖書館、甘肅省圖書館等六館,臺北"國家圖書館"及日本京都大學人文科學研究所、東京大學東洋文化研究所亦有入藏。按,是書又有萬曆四十一年涂鏡源等刻天啓三年岳元聲印本,上海圖書館、天津圖書館、臺北"國家圖書館"等十三館亦有入藏。1971年,臺灣成文出版社曾據萬曆刻本影印。

鈐印有"弢齋藏書記"。

1616　明萬曆刻本經濟類編　　　　　　　　　　　T4681/3212

《經濟類編》一百卷,明馮琦輯。明萬曆三十二年(1604)周家棟等浙江虎林刻本。四十八册。半頁十行二十字,四周單邊,白口,無魚尾,書口下刊標題。框高21.7釐米,寬14.5釐米。題"明北海馮琦纂;楚黃門人周家棟、弟馮瑗、淮南門人吳光義校"。前有萬曆三十二年馮夢禎序,萬曆三十二年吳光義序;《凡例》七則;校刻姓氏。目録後有萬曆三十二年馮瑗跋。

馮琦,字用韞,一字琢庵,山東臨朐人。萬曆五年進士,累遷禮部尚書。涖政勤肅,力抑營競,學有根柢,數陳讜論,帝欲用爲相,未果而卒,謚文敏。《明史》有傳。

是書所編,自六經而外,無書不採,各類自爲終始,并倣唐代四家類書貫總。凡類二十,爲帝王、政治、儲宫、宫掖、臣、諫諍、銓衡、財賦、禮儀、樂、文學、武功、邊塞、刑法、工虞、天、地、人倫、人品、人事、道術、物、雜言。原爲琦手録之稿,琦没後,其弟瑗與門人周家棟、吳光儀稍爲排纂,且删其重複而刻之。是書採摭繁富,頗爲賅洽。史稱琦明習典故,學有根柢,此亦可見一斑。《四庫全書總目》云:"惟此書既非琦所手校,其間所録諸條,瑗等有所損而弗能益,故或詳或略,不盡均齊,又離析合併,未必一一得琦本意。故分隸亦間有參錯,然網羅繁富,大抵採自本書,究非明人類書,輾轉稗販者比。"

馮瑗跋於此書編輯顛末述之甚詳,跋云:"先兄琢庵先生,弱冠讀中秘書,輒厭薄菁藻,留志經濟,與同館于公下帷讀史。時瑗從先生問字,間窺帷中每有劄記,必刳截置笥篋,餘即棄去,及讀他書亦然。閲數年,笥篋漸滿,遂分類目,手自綴演,成數十編,散置几案間,若將更有論著,問其故,則曰是皆鉅政宏議,足裨經濟者。瑗方學治經生言,不及更問,旋晉宫坊,侍經幄,政府咨詢,四方質問,往往及之,迄無寧晷,又善病,編上塵積矣……乙未,瑗倔售南宫,則指是編語瑗曰,小子及此時竟成吾志矣。俄又領州楚晉,簿書牛馬之不給,遑問管石間事。會虎林鄭生之惠過北海,從先生問字。先生與抵掌千古及當世務甚愜,因出眎是編,欲廣陸文裕《同異録》之意,節採編中政最鉅、論最暢者稍爲論著,成一家言,并以録授生。生信宿去,亦困經生言,未有以報。而先生起家,自少宰拜大宗伯矣,會百官入計事青社,甫建業身任之,取所劄記者,稍稍見行事,其有不合,危坐極思,達旦不寐,一二鉅典次第舉而精已耗亡。時瑗自澤州入佐司農郎,侍先生牀第間,猶目是編相屬,俄疾革矣。瑗適有浙省監兑役,因護喪歸,襄事,抱遺編入虎林,及鄭生圖之。生曰,先生手澤依然,何忍便加點綴,即點綴已,何能起先生九原面質同異,是爲吾輩書,非先生遺書也。曷亟傳是編,人間當不乏同志代興者,則先生半生苦心不孤矣。瑗然之。相與整齊其緒,釐爲百卷,屬總類其上,以便編檢。間遇一事數見者,稍芟其複。副墨將半,以質侍御周公,公爲先生所舉士,趨取卒業,手定編次,捐四十萬錢,屬嘉禾曹理君遍告同舉諸君,而以剞劂役屬仁和吳令君及鄭生董焉。令君就鄭生所肄業南屏山開局鳩工,簿書稍暇,躬詣督校,凡六閲月,瑗及瓜當代,生以刻成編目來,幾十之八矣。千金之役,千指之役,亦千日之役,咄嗟而就。綴演之牘,登之殺青;塵莽之漬,焕之縹緗,先生不亡,是在諸君矣。"

姓氏後刊"大明萬曆三十二年校刻於浙虎林郡南屏山"。

《四庫全書總目》入子部類書類。《中國古籍善本書目》著録。中國國家圖書館、上海圖書館等四十一館,臺北"國家圖書館"(三部)及美國國會圖書館、日本靜嘉堂文庫、内閣文庫、尊經閣文庫、京都大學人文科學研究所、東京大學東洋文化研究所亦有入藏。

1617　明萬曆刻本古今名喻　　　　　　　　　　T9153/2324

《古今名喻》八卷,明吴仕期輯。明萬曆書坊吴志輔耕野堂刻本。八册。半頁十行二十字,四周雙邊,白口,單魚尾。書口下有"耕野堂"。框高18.2釐米,寬12.5釐米。題"宛陵野史文臺吴仕期德望甫編輯;開元會友少林沈懋學宗顔甫批閱;味玄梅鼎祚禹金甫全閱;觀復會友緑河蔡逢春應元甫校釋;名宇蔡逢時應期甫全校"。前有萬曆五年(1577)蔡逢時序。

吴仕期,字德望,文臺人。據蔡逢時序,吴仕期"性喜讀古,思尚深沉,無屑屑於卑論。每日讀書見大意,方爲識字人。故净几焚香,收視返照,然後展卷披閲,栖心往古"。

是書計八卷,"或以節語,或以全文,或託物而鑄意,或援古以證今,或闡幽而微顯,或假粗以示精。誦者熟此,可以發藻思於獨得;作者悟此,可以掇青紫於群英。"

第八卷末有荷蓋蓮花牌記,題"書坊少林吴志輔重刊"。

《四庫全書總目》未收。《中國古籍善本書目》著録,中國國家圖書館、上海圖書館等六館所藏爲明萬曆葉貴刻本。臺北"國家圖書館"藏本題"明萬曆元年宣城吴氏耕野堂刊本"。日本内閣文庫作明萬曆五年序刻本。尊經閣文庫亦有入藏。

鈐印有"兼葭堂藏書印"、"桂窗"、"西莊文庫"。

1618　稿本藻林　　　　　　　　　　T9299/2467B

《藻林》八卷,明王良樞撰。稿本。八册。半頁八行二十字,小字雙行同,四周單邊,白口,無魚尾。書口下刻"夢栢堂"。框高18.1釐米,寬12.9釐米。題"吴興王良樞編輯"。前有嘉靖二十四年(1545)宋鑑序。

王良樞,字慎卿,號庚陽山人,浙江吴興人。幼習舉子業,積三十年,屢試弗就。晚年曾任職廣州布政司理問。有《㲉音集》、《燕游》、《詩牌譜》等。

此書採擷古書藻麗之詞,分門別類,計卷一天文、地理;卷二時令、君道、臣職、家倫、交游、道德;卷三人物、賢才、人事、修潔;卷四身體、情性、飲食、衣飾、珍寶、文史;卷五宫室、器用;卷六政治(附理亂)、禮樂(附歌舞)、軍旅;卷七窮達、寄別(附客旅)、宴游、神鬼、仙釋;卷八鳥獸、花木、禍福(附災祥)、聲色、通用,凡三十三類。每類中又按詞藻出處排列,首標出處,次大字書詞藻,次小字釋義並原文。如卷一"天文"類所標出處,包括易經、書經、詩經、左傳、禮記、爾雅、莊子、列子、楚辭、漢雋、諸史、文選、初學、藝文、六朝、唐詩諸種,他類引用出處亦大略相類。

此本板框界格及版心"藻林卷"、"類"、"夢栢堂"字樣皆以刻板刷印,再以墨筆填入卷數、頁數及類名。正文墨筆工寫,而出處名如上列"易經"、"書經"、"詩經"等,則隨文以白文陰刻之小木戳鈐於該當之處。

此書不見於諸家著録。清鄭元慶《湖録經籍考》卷四著録王良樞《㲉音集》,云:"良樞自廣東布政司理問告歸,理舊所爲詩,凡六卷,名《㲉音集》。及哀《藻林》、《燕游》二集,並刻之。徐獻忠序。"似當時嘗刻是書。此本以特製稿紙書寫，一絲不苟，又鈐有王氏"庚陽山人"、"慎卿"之印，當即王氏稿本，或即預備付梓之用。又眉端偶有增入詞語，如卷一頁二十五(天文類)眉端書"豁落。斗也。七元洞豁落"。卷三頁十六(人物類)眉端書："鄴侯。唐李泌封鄴侯。韓文公詩云：鄴侯家多書，插架三萬軸。"觀其筆蹟，與正文爲同一人所書，或即王良樞手筆。

宋鑑序云："吾邑庚陽王子，以深沉雅澹之思，好奇博偉麗之書。曉窗夜燭，希心下帷之英，秋月春林，托跡揮毫之侶。精誦厭汗牛之繁，旁蒐恥祭獺之陋。校藝之暇，嘗取自經史以下諸書，擇其事借文告，語兼掌故，圓融密緻之體，峻潔遒勁之格，可以啓臨流賦詩之興，擅登高作賦之奇者，標其門戶，別其區畛，抽繹窮年，繕完脫稿，名曰《藻林》，凡若干卷焉。"

明萬曆間卓明卿有《卓氏藻林》一書，《四庫全書總目》子部類書類存目著錄，云："是編採擷類書，分門輯錄，頗有簡擇，而取材未富。談遷《棗林藝簣》謂是吳興王氏之本，明卿竊取之。考明卿嘗攘張之象《唐詩類苑》刊行，則是說似亦有據矣。"《卓氏藻林》一書，雖有談遷指其攘竊王氏之書，但因王氏《藻林》長期以來湮沒不顯，後人亦無由斷其真贗。今以館藏此稿本《藻林》與萬曆刻本《卓氏藻林》兩相比較，即知兩書內容完全雷同。稍有差異者，此本卷三"賢才"、"人事"兩類，卓氏本次序互易。此本卷七"仙釋"類，卓氏本析爲"仙類(附道家)"與"釋類"兩類。此本卷八"鳥獸"類，卓氏本析爲"鳥類"與"獸類"兩類。而《卓氏藻林》卓明卿自序，文字亦襲此本宋鑑序，唯稍加刪削及變換詞句而成。由此卓氏攘竊之行可大白於天下(參見眭駿《〈卓氏藻林〉辨偽》，載《古籍整理研究學刊》2005年第5期)。

值得注意的是，上述兩例此本眉批中增入的詞語，卓氏本中並未增入。卷七"人事"類，此本在末尾的"晏寂"條下空白處，增入"折閱。良賈不爲折閱。謂損其物價也"一條，卓氏本亦無。

鈐印有"庚陽山人"、"慎卿"、"錢儀吉印"、"愚齋圖書館藏"、"愚齋審定善本"、"愚齋鑑藏"、"武進盛氏所藏"。"愚齋"爲盛宣懷號。

1619　明萬曆刻本卓氏藻林

T9299/2467

《卓氏藻林》八卷，明卓明卿撰。明萬曆八年(1580)妙香室刻本。二十冊。半頁十行，字數不計，四周單邊，白口，無魚尾，書口下刻"妙香室雕"。框高19.7釐米，寬13.5釐米。題"武林卓明卿澂甫編輯；吳郡王世懋敬美校正"。無序。《凡例》六則。

卓明卿，字澂甫，錢塘人。萬曆中由國子監生官光祿寺署正。又有《卓光祿集》等。

是書所選，均音響明亮、詞華綺麗，可入詩賦者。然專爲初學雕繪之助，非源委有本之學。計分天文類、地理類、時令類、君道類、臣職類、家倫類、交游類、道德類、人物類、人事類、賢才類、修潔類、身體類、情性類、飲食類、衣飾類、珍寶類、文史類、宮室類、器用類、政治類、禮樂類、軍旅類、窮達類、寄別類、宴游類、神鬼類、仙類(附道家)、釋類、鳥類、獸類、魚類、蟲類、花木類、禍福類(附災祥)、聲色類、通用類，共三十七類。採擷類書，分門輯錄，頗有簡擇，然取材未富。

《四庫全書總目》云："談遷《棗林藝簣》謂是吳興王氏之本，明卿竊取之。考明卿嘗攘張之象《唐詩類苑》刊行，則是說似亦有據矣。"按，館藏有《藻林》一部，題"吳興王良樞編輯"，原題稿本，俟再考之。又按，支允堅《異林》云："仁和卓明卿前刻《藻林》，乃苕溪王貢士所編，原名《王氏藻林》，中多缺略，明卿裒益之，稱《卓氏藻林》。凌繕部亦有此本，爲卓先刻，其序乃宋子明孝

子　部

廉爲之,刻《子明集》,卓氏本削之矣。明卿之父諱賢,生平業賈,雄於貲,壽考顯厚,今塘栖尚蕃衍云。"

《四庫全書總目》入子部類書類存目。《中國古籍善本書目》著錄。中國國家圖書館、上海圖書館等二十三館,臺北"國家圖書館"(三部)亦有入藏。按,是書又有萬曆十一年書坊周曰校刻本、明刻本。

鈐印有"四明林氏大西山房藏書之印"、"柳雙橋藏"。

1620　明萬曆刻本新刻何氏類鎔　　　　　　　　　　　　　　　T9299/2216

《新刻何氏類鎔》三十五卷,明何三畏撰。明萬曆四十七年(1619)刻本。十册。半頁十行二十字,四周單邊,白口,單魚尾,書口下間有刻工。框高20.6釐米,寬13.8釐米。題"皇明雲間何三畏士抑父著"。前有胡繼升序,陶鴻儒序,萬曆四十七年孫應崑序,劉之待序,章允儒序,呂濬序,錢龍錫序,汪慶百序,陳繼儒序。末有駱駸曾後序;何如召撰《凡例》七則;删正名公姓氏。

是編取類書典故,以駢語聯絡成文,每類各爲一篇,以便記誦。計分天文、時令、地理、郡國、帝王、職官、倫常、行誼、氏族、禮儀、樂律、經史、文苑、翰墨、兵戎、政治、人事、身體、靈異、宫室、器用、藝術、冠服、珍寶、飲饌、花草、樹木、果木、禽鳥、獸畜、介蟲三十一類,共五百三十五則。其《凡例》云:"類鎔者,義取因事類聚,因類陶鎔,縷析條分,支流源合,一事各爲一類。"然不著出典,事無源委,不便後人引用。

胡繼升序云:是書"搜括典墳,攔攉象數,靡不抽其粹白,擷其菁華。雖事若棊布星羅,而按之則了然在目。真所謂有作必偉,有撰必奇,亦所謂世無一卷,吾有百篇,人無一字,吾有萬言者"。

劉之待序又云:"士抑何先生,風範勝流,雲間傑士……日誦萬言,默識三篋,自投簪越嶠,已解志於功名。遂枕石吴山,更結情於典籍,掌抄股寫,腹割奇搜,凡十年,積百餘卷,偉哉盛矣! 兹又取而鍛鍊其詞,融浹其事成三十五卷,名曰《類鎔》。"

刻工有孫士英、孫訥。

《四庫全書總目》入子部類書類存目。《中國古籍善本書目》著錄。上海圖書館、南京圖書館等十五館,臺北"國家圖書館"(兩部)及日本内閣文庫(三部)亦有入藏。

1621　明萬曆刻本類編苑詩秀句　　　　　　　　　　　　　　　T5237.07/3842

《類編苑詩秀句》十二卷,明顧起綸輯。明萬曆十三年(1585)刻本。六册。半頁九行十八字,左右雙邊,白口,單魚尾,書口上方刻類别,書口下間有刻工。框高18.7釐米,寬12.9釐米。題"明文林郎句吴顧起綸更生銓次"。前有萬曆十三年傅光宅序,萬曆十三年陳文燭序;萬曆十二年(1584)顧起綸引;又手簡三首;書編端八首;採用書目。

顧起綸,字更生,號元言,無錫人。顧起經弟。從父可學挈之京師,代爲祝釐應制之文,多稱帝意。以國子生累官鬱林州同知致仕。起綸豪於文酒,善書法,又有《赤城集》、《句漏集》等。

卷一《天文》、《時令》,卷二《山水》,卷三《應制》、《朝省》,卷四至六《樂府》,卷七《廟宇》、《宴

1239

集》(人事附)、卷八《隱逸》、《仙釋》(道觀、禪寺附)、卷九《酬和》、《寄贈》、卷一〇至一一《送別》、《寓懷》(懷古附)、《悲悼》(陵墓、故宅、夢挽附)、卷一二《行次》(驛舍附)、《軍旅》(諸將邊思附)、《雜詠》(絶句、無題、迴文附)。

顧起綸引云："余閉户之暇,就枕把帙,披閱伏玩,漫爲隨筆。特鈔句秀而可誦者,僅若干,是何寥寥也,因及晚唐諸家,間有幽韻逸響,亦所不廢。乃爲分類詮次,平生膾炙之句偶遺,並爲續之,纂成斯編,姚合之所謂射雕手盡在是矣。"

此本有刻工高伯玉、子成、何之淳、邵在、高才、何有成、何之瀚、吴順之、張本、范禮、夏邦彦、陳坤、劉廷意、沈玄易、錢國用、倪世雍、劉兊、趙應其、柯應春、章掖、張相。

《四庫全書總目》未收。《中國古籍善本書目》著録,北京大學圖書館、故宫博物院亦有入藏。按,是書又有明萬曆刻本,半頁七行十六字,中國國家圖書館、江蘇無錫市圖書館入藏。

鈐印有"晉江曾魯珍藏書籍印"。

1622 明萬曆刻本新纂事詞類奇

T9299/2994

《新纂事詞類奇》三十卷,明徐常吉輯。明萬曆二十一年(1593)周曰校萬卷樓刻本。三十二册。半頁十行二十字,四周單邊,白口,單魚尾,書口下刻字數。框高 21.4 釐米,寬 14.2 釐米。題"武進徐常吉士彰父輯;秣陵焦竑弱侯父訂;平原陸伯元幼辛父次;繡谷周曰校應賢父勒"。前有萬曆二十一年許國序,徐常吉自序;陸伯元撰《凡例》八則。

徐常吉,字士彰,武進人。萬曆十一年進士。弱冠能文,嘉靖甲子舉於鄉,授上海縣學教諭。中進士後,除中書舍人,遷南户科給事中,尋遷浙江按察司僉事,未抵任卒。常吉性好學,多蓄書籍,公餘手不輟卷。又有《四書原旨》、《詩經翼説》、《周易解》、《經史論辨》等。《(道光)武進陽湖合志》卷二四《人物志》有傳。

是書分天文類、時令類、地理類、天族類、人倫類、人物類、禮儀類、藝文類、技術類、資産類、釋道類、宫室類、器用類、飲食類、衣服類、布帛類、珍寶類、百穀類、花木類、果蓏類、飛鳥類、走獸類、鱗介類、蟲豸類,計二十四類。其序次先經後子史,以及仙釋之屬,分門輯事,依類選詞。其條下注釋,則陸伯元所作。《凡例》有云:"序次一經、二經翼、三緯、四緯翼、五子、六史、七埤史、八雜論、九雜記、十仙釋、十一幽怪、十二辭賦,咸以類從,條貫有次,庶一覽之餘,端委可鏡。"

徐常吉自序云："余生而顓蒙,無他好,獨嗜文典。年十五六,即手録經史,晨夕不輟,兀兀窮年,日無虚晷,宵則篝燈誦讀,或漏下四十刻不寢。然性好忘,過目輒不能記憶。嘗欲類叙一書,以爲備忘之資,時方事舉業,不能以隙駒餘暇爲掇拾計,遂中止。及爲博士,海上尚有背水之思,又無以探宛委之藏;及歲癸未,得通仕籍,在散局乃思竟前志。時京邸無書,假書於許座師及孫太史所,窮搜博討,手不停披,凡三更寒暑,纂爲一編,名之曰《事詞類奇》,蓋事不奇則無以廣聞見,詞不奇則無以資藻繢故。"

此本有扉頁,刊"事詞類奇。儆弦徐先生編輯。漪園焦先生訂正。癸巳歲萬卷樓刊"。

《四庫全書總目》入子部類書類存目。《中國古籍善本書目》著録。南京圖書館、山東省圖書館等九館,及美國普林斯頓大學葛思德東方圖書館(皆作明萬曆周曰校刻本)亦有入藏。臺北"國家圖書館"、日本内閣文庫有明刻本,不知同此本否。

子　部

1623　明萬曆刻本學海君道部　　T9299/8125

《學海君道部》二百四十卷目録八卷，明饒伸輯。明萬曆三十六年(1608)刻本。八十册。半頁十一行二十六字，四周單邊，白口，單魚尾。框高22釐米，寬14.8釐米。題"茅綢編"。前有萬曆三十六年饒伸序。

饒伸，字抑之，號三銘，江西進賢人，位之弟。萬曆十一年進士，授工部主事。時黄洪憲典順天試，首録閣臣王錫爵子衡，申時行壻李鴻亦預焉。禮部郎中高桂發其事，反奪俸，伸抗疏争之，下詔獄削籍。又起南工部主事，改南吏部。引疾歸。天啓初，起南光禄少卿，累官刑部左侍郎。魏忠賢亂政，告歸。《(同治)進賢縣志》卷一八有傳。

是編分世系類、創業類、中興類、繼統類、餘分類、干名類，計六類。

饒伸序云："愚幸早通籍，而多暇日，涉獵載籍，聞見異同。每苦翻閲之艱，嘗試采輯經史及諸子百家以至種種彙編，别類分門，合爲一書，名曰《學海》，手自抄録，以備遺忘。既成十之三四矣，再入南銓，以請質同署諸君子。諸君子咸謂是書其可備清署之閑覽也，共捐餘貲，以授梓人。"

《四庫全書總目》未收。《中國古籍善本書目》著録，南京圖書館、北京大學圖書館等四館有全帙，作明萬曆刻本。臺北"國家圖書館"存二百三十卷，作明茅綢撰，明刻本。日本内閣文庫(三部)亦有入藏。

鈐印有"順德李氏藏書"。

1624　明萬曆刻本新刻彭氏類編雜説　　T9299/4244

《新刻彭氏類編雜説》六卷，明彭好古輯。明萬曆十九年(1591)毛氏五德堂刻本。六册。半頁十行二十二字，四周單邊，白口，單魚尾。框高20釐米，寬12.1釐米。題"伯子伯箋甫彭好古編；季子季箋甫彭遵古閲；門人吴時集、吴勉學校"。前有萬曆十九年彭好古序。

彭好古，字熙陽，湖北麻城人。萬曆十四年進士，知歙縣，擢御史，歷僉事。剛直不撓，風格類古人。《(光緒)麻城縣志》卷一九有傳。

是編分天道類、地道類、君道類、臣道類、士道類、人道類、道學類、秋學類、經學類、史學類、吏部類、户部類、禮部類、兵部類、刑部類、工部類，計十六類，子目一百六十七。每則下皆列出處。此本有佚名批並墨筆圈點。

彭好古序云："余性耽子史，每讀經則倦，讀子史則終夜，驅口耳從之不少休。間質之今人士，今人士鮮不然者，固知雅音難調，艷音易入，其大較肰也。性耽成癖，雅不欲拂余好，則日以子史爲常業。業之既久，動盈篋笥而汗漫無紀，旋復散去，每私心懊悔焉。歲甲申，盡舉昔時舊見整刷之，得卷若干，而翻閲愈煩，錯雜愈甚，乃創爲門類，檃括諸節抄，諸節抄稍稍就緒，一舉手犂然辨也。"

此本有扉頁，刊"彭氏類編。五德堂。萬曆辛卯秋月金亭毛氏□□"。

《四庫全書總目》未收。《中國古籍善本書目》著録。河南省圖書館、四川大學圖書館、廣東省社會科學院圖書館、臺北"國家圖書館"亦有入藏。

1241

1625　明崇禎刻本增訂二三場群書備考　T9299/4348

《增訂二三場群書備考》四卷，明袁黃撰，袁儼注。明崇禎大觀堂刻本。八冊。半頁九行二十一字，四周單邊，白口，單魚尾。框高20.7釐米，寬13.6釐米。題"古吳袁黃坤儀甫著；袁儼若思甫注；西湖洪吉臣載之甫、龔五謨華茂甫閱；沈昌世伯文甫增；徐行敏幼魯甫訂"。前有崇禎十五年(1642)沈昌世序；《凡例》七則。

袁儼，字若思，號素水，袁黃子，浙江嘉善人。天啓五年進士。少承家學，博極群書，墳典邱索以及青囊姑布之術，無不研得其精。尤留心經濟，自爲諸生，即有名壇坫間。性坦直，與人交，謙和自下。初令高要，悉心籌畫，興革甚多。履任未幾，而介社之名已走四方，以勞瘁嘔血，卒於官。又有《抱膝齋漫筆》等。《(光緒)嘉善縣志》卷一九《宦業》有傳。

據《凡例》，"是編櫽括萬卷，芟削繁言，若思先生箋釋，援引明確。昔人謂《水經》、《世說》注，可另作一部著述，非小儒句櫛字解者比也。"

沈昌世序云："若了凡先生是書，誠爲擅美，條類固爾詳明，詞義又極總貫，不必窮經而諸經之大旨已該，無事裹覽而百家之精言咸備。義存乎精，文適於用，洵文人之綃縠，衣被無窮；舉業之山源，採漁蓋盡。"

此本有扉頁，刊"增訂二三場群書備考。袁了凡先生手定。闈務秘笈。大觀堂梓"。

《清代禁書知見錄》著錄。

《中國古籍善本書目》著錄，浙江圖書館、山東省圖書館等二十一館亦有入藏。按，是書又有明崇禎萬卷樓刻本、明崇禎澹思樓刻本、明崇禎致和堂刻本、明崇禎刻本。題"明崇禎刻本"者，大陸有三十六館，又美國國會圖書館藏。臺北"國家圖書館"有《增訂群書備考》四卷，明崇禎五年刻本(三部)，又日本東京大學東洋文化研究所、京都大學人文科學研究所所藏，不知與此本有何區別。

1626　明萬曆刻本詞林海錯　T9299/1444

《詞林海錯》十六卷，明夏樹芳輯。明萬曆刻本。十七冊。半頁七行十六字，四周單邊，白口，單魚尾，書口下有刻工及字數。框高18.9釐米，寬12釐米。題"江陰夏樹芳茂卿輯；華亭陳繼儒仲醇校"。前有董其昌序，萬曆四十五年(1617)陳繼儒序，萬曆四十六年(1618)焦竑序，馮時可序，鍾惺序，萬曆四十六年范允臨序，吳奕序，夏樹芳自序。

是書取古書中較生僻之典故，標出二字以爲目，不分類，當爲作文時查檢之用。"海錯"，出《書‧禹貢》："厥貢鹽絺，海物惟錯。"孔傳："錯雜非一種。"後因稱各種海味爲海錯。范允臨序云："海之爲言廣也，錯之爲言襍也。言奇珍異味錯錯，然襍陳於前也。"

董其昌序云："余友夏茂卿孝廉，隱居毗山，不屑仕進，事親之暇，業在雕蟲蠹魚之間。平生著書，更僕不數，至《詞林海錯》殺青既竟，而余覩茂卿之難窮也。蓋其所蒐採不必僻書奇字、委宛之所藏、蒼頡之所搆，惟古今文人之所承用者，或沿流而未遡其始，或傳訛而未正其讀，或互見而未歸於一，或後起而可化爲新，或探賾而索隱，或本隱以之顯，皆旁通曲暢，劃然折衷。"

馮與可序云："《詞林海錯》一書，茂卿所爲。握槧窮搜，閱十有數年而後成者也。生平所著述,傳之通邑大都,凡十餘種,獨是書最晚出,而膾炙人口者尤籍甚。"

此本有扉頁,刊"詞林海錯。陳眉公先生佘山手校"。

刻工有楊同春、姜思、姜明、范本、范玉、姜仲等。

《四庫全書總目》未收。《中國古籍善本書目》著錄。上海圖書館、南京圖書館等十三館,臺北"國家圖書館"及美國國會圖書館、普林斯頓大學葛思德東方圖書館、日本内閣文庫、東京大學東洋文化研究所亦有入藏。

1627　明天啓刻本奇姓通　　　　　　　　　　　　　　　　T2251/1444

《奇姓通》十四卷,明夏樹芳撰。明天啓四年(1624)夏氏宛委堂刻本。八册。半頁七行十六字,四周單邊,白口,單魚尾,書口下刻字數,間有單字刻工。框高18.4釐米,寬12釐米。題"江陰夏樹芳茂卿輯;華亭陳繼儒仲醇校"。前有薛敷政序,天啓四年朱之蕃序,周延儒序,天啓三年(1623)文震孟序,王命新序,吴亮序,張瑋序,陳翼飛序,李維楨序,夏樹芳自序。

夏樹芳,字茂卿,號冰蓮道人,江陰人。萬曆十三年舉人。先世素封,至其父以役廢產。樹芳少食貧,教授里中,念母老不欲少離,三上公車後不赴。隱居昆山東麓數十年,當道並薦於朝,請如陳獻章、吴與弼故事,樹芳若不聞也。年八十卒。又有《詞林海錯》、《女鏡》、《消暍集》等。《(道光)江陰縣志》卷一六《人物》有傳。

是編以楊慎所輯《希姓紀錄》未備,因復考之上古,下訖於明,取姓之不經見者分韻編次,複姓則另編於後。所搜者乃忠孝節義、潔行芳迹之奇人奇事,傳以姓之不習見者。他族部落奇姓繁夥,以正朔之外,不收入。所溯涉者,由少典伊耆,迄於當代。祖經史傳記,浸及百家。志其人,則舉其言與其事之可述而可喜者爲之,然引據未博,體例亦往往疏舛。

朱之蕃序云:"江陰茂卿夏公,性負書淫,志就著述,早謝公車之業,功專養志之餘,嘗勒成《皇明人物類編》五十餘卷,已足稱昭代之琬琰,百世之章程矣。乃復嗜奇不已,取姓之不經見者,並載其要言懿行,合爲十四卷,梓而傳之。業有諸名公遡得姓之淵源,示著姓之準的,以昭來兹之誦習,表作者之苦心。"夏樹芳自序又云:"余觀楊用修《希姓》一書,少所見,多所怪,以爲得未曾有,而上自黄虞,下訖昭代,尚復寥寥。暇日考之,如探星漢之躔紀,如溯河源而决其流,愈往而愈不可窮,遂彙一編,列若干卷。"

是本有扉頁,刊"奇姓通。宛委堂藏板"。並鈐有"中原布衣"。刻工有楊同春、馬、鄒、吴、何、周。

《四庫全書總目》入子部類書類存目。《中國古籍善本書目》著錄。中國國家圖書館、上海圖書館等八館,臺北"國家圖書館"(三部,其一原藏北平館者)及美國國會圖書館、日本内閣文庫、尊經閣文庫亦有入藏。

鈐印有"雨山學人過眼"。

按,是書又有民國二十二年陶社排印本,爲《江陰先哲遺書》之一。

1628　明萬曆刻本新鐫古今事物原始全書　　　　　　　　　T9299/2991

《新鐫古今事物原始全書》三十卷,明徐炬撰。明萬曆二十一年(1593)徐氏刻本。八册。半頁十行二十字,四周單邊,白口,無魚尾。框高19.7釐米,寬11.9釐米。題"明臨安徐炬明夫采輯；仁和張模仲明校正"。前有萬曆二十一年張瀚序。

是書分天文、時令、地理、君臣、禮制、氏族、貨幣、朝儀、車駕、學校、文史、宮室、音樂、衣服、釋道、技術、武備、飲食、器用、律令、閨飾、戲具、穀部、花部、草部、鳥部、獸部、魚部、蟲部、外夷，計三十類。乃倣《事物紀原》之體，稍附益之，而蕪雜太甚。

張瀚序云："臨安徐君明夫，博雅士，嘗輯是書，幾十稔而始成。凡若干卷，計若干萬言，其存而不論者，直六合外事耳。迺蓋壤所有，高卑所陳，時之所生，利之所宜，以至人官物曲，日用起居，即衆所覩記，而學士大夫有習而弗察者，悉本其權輿而臚列於篇。蓋上采六藝，旁及百家，下迨稗官野史、方輿雜志，罔不菌撮兼收，巨細畢舉。其搜羅也盡，綜覈也詳，該括也備……迺謀以付剞劂。"

此本有扉頁，刊"事物原始"。

《四庫全書總目》入子部類書類存目。《中國古籍善本書目》著錄。中國國家圖書館、上海圖書館等五館，臺北"國家圖書館"及日本內閣文庫亦有入藏。

鈐印有"息安長樂"、"養素吳藏"。

1629　明萬曆刻本新刻古今玄屑　　T9299/1132

《新刻古今玄屑》八卷，明王家佐選評。明萬曆二十三年（1595）金陵書坊周氏嘉賓堂刻本。五册。半頁九行二十字，四周單邊，白口，單魚尾，書眉上刻評。框高 21.8 釐米，寬 14.2 釐米。題"宛陵無欲王家佐選評；秣陵竹潭周宗孔、少岡龔堯惠全梓"。前有萬曆二十三年王家佐序。

是編分金、石、絲、竹、匏、土、革、木八集，內又分天地、君臣、父子、兄弟、夫婦、朋友、為學、求師、辨惑、處己、慎與、改過、崇謙、戒怒、寡欲、存誠、完神、養氣、論道、傳道、見道、明心、見性、習染、受命、見幾、識微、養生、達化、玩物、言語、行誼、文章、氣節、剛柔、正直、公私、義利、憂喜、禍福、毀譽、愛憎、辭受、廉潔、出處、窮達、遭遇、隱逸。

王家佐序云："癸巳之夏肆月，諸雁行爭為避暑，而予深棲一室若處子，然強卒業焉。間有當於心者，輒筆記之，以倣稚川故事，遂成今稿。是稿也，上逮三墳五典、八索九丘，以下逮左國呂管、淮韓老莊，佛經僊譚。先秦兩漢間諸書，靡不撮其要，鈎其玄，而唐宋，而本朝，時亦及之。蓋文有餘而道不足者，吾姑取其文；道有餘而文不足者，吾重取其道。譬之，色毋論青黃，期於適觀；味毋論苦甘，期於適口。稿成，有索以梓……遂一笑，而付之剞劂氏。"

此本有扉頁，刊"古今玄屑。乙未科狀元朱先生評選。金陵書坊嘉賓堂周氏梓"。

《四庫全書總目》未收。《中國古籍善本書目》著錄，陝西省圖書館、上海復旦大學圖書館等七館亦有入藏。日本內閣文庫、尊經閣文庫、東京大學東洋文化研究所所藏不知同此本否。

鈐印有"項芝房鑒賞印"、"項芝房所藏書籍"、"馮曀之印"、"開萬樓藏書印"。

1630　明萬曆刻重修本山堂肆考　　T9299/424

《山堂肆考》二百四十卷，明彭大翼撰。明萬曆二十三年（1595）刻萬曆四十七年（1619）重修本。六十册。半頁十一行二十二字，四周單邊，白口，單魚尾，書口下間刻字數。框高 19.7 釐米，寬 12.5 釐米。題"明古揚彭大翼雲舉父纂著；張幼學儀伯父編輯；四明馮任重夫父、秣陵焦竑弱侯父、同郡凌儒海樓父、同郡成友謙石生父、弟大翶雲健父較；外孫張映漢侯赤父重較"。

前有萬曆二十三年焦竑序,萬曆二十三年凌儒序,馮任序,萬曆二十五年(1597)王兆雲序,萬曆二十三年廖自伸序,成友謙序,萬曆二十三年彭大翼自序。彭大翱跋,彭取第跋,萬曆四十七年張幼學跋;《凡例》四則;参定姓氏;重訂姓氏。

彭大翼,字雲舉,號一鶴,揚州人。由歲選士授廣西梧州府通判,升任雲南霑益州刺史,後又升開化府知府,進階朝列大夫。告老還鄉,加給四品服色。壽九十一。(見《揚州呂四場彭氏家譜》)

是編分宮集(《天文》六卷、《時令》八卷、《地理》十七卷、《君道》六卷、《帝屬》四卷、《臣職》七卷)、商集(《臣職》三十一卷、《仕進》三卷、《科第》三卷、《學校》一卷、《政事》四卷、《親屬》六卷)、角集(《親屬》四卷、《人品》十二卷、《形貌》二卷、《性行》六卷、《文學》十二卷、《字學》一卷、《謚法》二卷、《人事》六卷、《誕育》二卷、《民業》一卷)、徵集(《釋教》三卷、《道教》一卷、《神祇》一卷、《仙教》一卷、《鬼怪》一卷、《典禮》七卷、《音樂》五卷、《技藝》六卷、《宮室》五卷、《器用》九卷、《珍寶》三卷、《幣帛》一卷、《衣服》三卷、《飲食》二卷)、羽集(《飲食》二卷、《百穀》一卷、《蔬菜》一卷、《花品》五卷、《草卉》二卷、《果品》五卷、《樹木》二卷、《羽蟲》六卷、《毛蟲》六卷、《鱗蟲》二卷、《甲蟲》一卷、《昆蟲》三卷、《補遺》十二卷)。計四十五門。所收雖多掇拾群籍,不盡採自本書,而網羅繁富,爲類書中較有條理者。

據《凡例》,是書成於萬曆二十三年冬,浸淫散佚,越二十餘年,至萬曆四十七年,由其孫壻張幼學尋繹舊聞,踵事增定,遂成完帙。

凌儒序云:"海門彭大夫,好古士也。幼負穎質,博覽自熹,幽討冥搜,不遺餘力。上窺結繩,下窮掌故……良工苦心,歷三十餘禩,北走燕冀,南越蒼梧,食以爲飴,怠以爲枕,未嘗一日廢卷。即浩然解組,杜門海上,凡耳之所聞,目之所見,口之所誦,心之所惟,無不類分而臚列之,集而成編,總之二百四十卷,名曰《山堂肆考》……是書自《十三經》、《二十一史》、三墳二酉、四部九流以及百家,悉囊括刃解,蓋覩日月而蔑衆星,陟昆侖而俯瀛海,舊籍之陋,足可一洗,當與之分路揚鑣,等上駟而並駕矣。"

《四庫全書總目》入子部類書類。《中國古籍善本書目》著録明萬曆二十三年金陵書林周顯刻萬曆四十七年重修本。上海圖書館、天津圖書館等四十六館,臺北"國家圖書館"(作明萬曆二十三年維揚彭氏刊四十七年修補本)亦有入藏。日本内閣文庫、尊經閣文庫、静嘉堂文庫、京都大學人文科學研究所所藏不知有無重修。美國普林斯頓大學葛思德東方圖書館有明萬曆二十三年刻本。

1631　明刻本新鐫翰林校正鰲頭合併古今名家詩學會海大成　T9299/2303

《新鐫翰林校正鰲頭合併古今名家詩學會海大成》三十卷首一卷。明書林余應虬刻本。十册。半頁十一行二節版,四周單邊,白口,單魚尾。框高21.8釐米,寬12.4釐米。題"翰林漪園焦竑校;京山本寧李維楨閱;書林陟瞻余應虬訂"。

是書分天文門、時令門、地理門、宮室門、花木門、百菓門、蔬菜門、五穀門、百木門、君道門、文學門、僧道門、人品門、仕進門、麗人門、人事門、游眺門、袒餞門、雜伎門、慶賀門、哀輓門、服餙門、飲食門、饋謝門、器用門、圖畫門、寶貝門、飛禽門、走獸門、鱗介門,計三十類。

首一卷爲《韻法橫圖》。

《四庫全書總目》未收。《中國古籍善本書目》著録,安徽省圖書館、北京大學圖書館、中國科學院圖書館亦有入藏。

鈐印有"岡田真之藏書"。

1632　明萬曆刻文林綺繡本文選錦字錄　T9299/3418

《文選錦字錄》二十一卷,明凌迪知輯。明萬曆凌氏桂芝館刻《文林綺繡》本。二十四冊。半頁八行十七字,左右雙邊,白口,單魚尾,書口下有寫工及刻工。框高 18.8 釐米,寬 12.5 釐米。題"吳興凌迪知稚哲輯;弟稚隆以棟校"。前有萬曆五年(1577)凌迪知序。

此爲《文林綺繡》之零本。《文林綺繡》,本館有收藏。

鈐印有"青箱堂藏書"。

1633　明萬曆刻本新刻蒐集群書紀載大千生鑑　T2257.7/7220

《新刻蒐集群書紀載大千生鑑》六卷,明劉維韶輯。明萬曆金陵王世茂車書樓、周時泰博古堂刻本。六冊。半頁十一行二十二字,四周單邊,白口,單魚尾。框高 21.2 釐米,寬 13.6 釐米。題"南司馬尚書職方員外郎涇上東山張應泰、車駕員外郎浙姚恕銘朱錦考正;宛陵庠生青藜閣四素劉維韶蒐集;豫章府庠雲龍齋星全劉汝淶參閱;金陵車書樓儒生養恬王世茂、南太學生博古堂敬竹周時泰梓行"。前有項聲國序。

劉維韶,無考。

"大千"者,大千世界之省稱。此爲類書之一種,乃於各種史書、筆記中輯錄名人自初生至高壽者,每條皆注明出處,以示根據,內容與後人所編《百歲敘譜》相似。卷一《始生考》、《一歲至九歲考》,卷二《十歲至十七歲考》,卷三《十八歲至四十五歲考》,卷四《四十六歲至七十歲考》,卷五《七十一歲至九千餘歲考》,卷六《續始生考》、《續一歲至續五百歲考》。

項聲國序云:"彙古今之異跡,自一壽以至十壽,由此而百千萬壽,芬芬理緒,若繭抽絲。顯傳者標其姓,功垂者著其名。考之古史,集之秘編,稽之墳典,廣搜於石渠天祿之遺也,則其留心於萬壽之全書,備稽查者之功,豈淺鮮哉!珍是集者,不啻厲市之奇璵、照乘之夜光也。付之剞劂,公之海宇,俾天下知是集即壽叢也,亦壽域也,何必覓於崑崙之渺遠乎?"

是本有扉頁,刊"古今萬壽全書。大千生鑑定。是集精較,一字無訛,翻刻者千里必究"。劉維韶又有《新刻大千生鑑聖賢年譜萬壽全書》六卷,明刻本,行款與此同。又故宮博物院藏《蒐集群書紀載萬年壽錄》六卷,亦維韶撰,明抄本。兩種內容不知與此同否。又按,王世茂曾選注有《書柬活套翰墨連環譜》十二卷,并刻有《雲箋一統》八卷、《中唐十二家詩》十二卷等六種。

周時泰,字敬竹,羊城人。曾刻有《新刊校正古本歷史大方通鑑》二十卷、《世說新語注》三卷等八種。

《四庫全書總目》未收。《中國古籍善本書目》著錄,中國國家圖書館、上海圖書館等六館亦有入藏。

鈐印有"木堂"、"犬養氏圖書"、"雲煙家藏書記子孫永保"。俱日人藏印。

1634　明萬曆刻重修本唐類函　T9299/8234

《唐類函》二百卷目錄二卷,明俞安期輯。明萬曆三十一年(1603)刻四十六年(1618)重修本。四十册。半頁十行二十字,四周單邊,上白口,下綫黑口,單魚尾。框高20.7釐米,寬14.1釐米。題"明東吳俞安期彙纂;明同郡徐顯卿校訂"。前有萬曆三十一年申時行序,萬曆三十一年沈思孝序,李維楨序,萬曆四十六年程開祜序;《凡例》二十二則。

俞安期,初名策,字公臨,更名後,改字羨長,吳江人。魁顏長身,才氣蓬涌。嘗以長律一百五十韻投王世貞,世貞爲之延譽,名由是起。

此書取唐人類書,删除重複,彙爲一函,計分四十三部,爲天部、歲時部、地部、帝王部、后妃部、儲宫部、帝戚部、設官部、封爵部、政術部、禮儀部、樂部、文學部、武功部、邊塞部、人部、釋部、道部、靈異部、方術部、巧藝部、京邑部、州郡部、居處部、產業部、火部、珍寶部、布帛部、儀飾部、服飾部、器物部、舟部、車部、食物部、五穀部、藥菜部、果部、草部、木部、鳥部、獸部、鱗介部、蟲豸部。《四庫全書總目》云:"每部皆列《藝文類聚》於前,而《初學記》、《北堂書鈔》、《六帖》次之。取材不濫,於諸類書中爲近古。"然"體例皆爲未善,且顛倒補綴,譌舛亦多"。

申時行序云:"余友俞羨長以布衣篤志好古,於書無所不窺,間乃取諸類書,繙閱校訂,合而爲一,凡二百卷。蕪穢複出者删之,譌舛者竄定之,闕遺之補之,大抵主之率更,而以永興等爲輔,名之曰《唐類函》,以其皆唐輯也。"

李維楨序云:"往余取《藝文類聚》、《初學記》,割裂而綴緝之,以便省覽。時《北堂書鈔》無所得,寫本《白孔六帖》財一部,不忍割。友人俞羨長見之曰,吾當函四爲一。余甚壯其志……羨長既別去,數書相聞,志不衰沮已。謀之茅孝若、吳允兆、章元禮、胡孝轅諸君,自四家外,益以《通典》、《歲華紀麗》二編,凡十年,而《類函》成。羨長真男子也。"

程開祜序云:"蓋俞君於是書也,合四家之不侔,略一門之共出,用此删彼,綴成千腋純裘。以有補無,琢就一規完璧。中郎之秘,可以緩而不窺;少陵之難,可以懲而不過。剞劂既成,流傳響應,遠聞近播,航海梯山,獲之不啻得珍珠之船,讀之真若結珊瑚之網,實類者之苦心,而詞林之洪用者也。兹俞君殺青既倦,有意息肩,不佞對白正勤,續斯末志。此分干禄之金,彼遂買山之願,互相推擴,豈限後先?即長安紙貴,予寧敢惜多貲;縱司馬才高,人自各臚善價。知者以爲此書之禪給,不知者以爲彼人之勷舊,惟祈博學君子,垂念深情云耳。"

《四庫全書總目》入子部類書類存目。《中國古籍善本書目》著録。遼寧省圖書館、甘肅省圖書館等二十一館及美國國會圖書館、日本内閣文庫、東京大學東洋文化研究所亦有入藏。按,是書之原刻本,大陸所存多達八十三館,臺北"國家圖書館"有五部,美國普林斯頓大學葛思德東方圖書館、日本京都大學人文科學研究所也有入藏。另又有明萬曆三十一年刻文盛堂重修本(大陸有三部)、明萬曆三十一年刻養正堂重修本(大陸有五部)、明萬曆三十一年刻德聚堂重修本(大陸有六部),皆爲得板重修再印之本。

鈐印有"劉鳴玉真賞印"、"墨君堂家藏書畫印"、"東越劉生天禄閣珍藏圖書印"、"鳴玉癖此"、"劉氏家珍"、"鎮心齋"、"裕六"、"雲衢珍賞"、"巢琴室珍賞印"、"鄭氏珍藏"、"珍藏"、"趙汝賢印"、"梅谿隱士鄭屏邦鑒賞章"。

1635　明萬曆刻本詩雋類函　　　　　　　　　　T9299/8234.4

《詩雋類函》一百五十卷,明俞安期輯,梅鼎祚增定。明萬曆三十七年(1609)俞氏刻本。三十册。半頁十行二十字,四周單邊,上白口,下綫黑口,單魚尾。框高19.9釐米,寬13.3釐米。題"東吳俞安期彙纂;宣城梅鼎祚增定;侯官曹學佺訂校"。前有萬曆三十七年焦竑序,萬曆三十七年顧起元序;《凡例》九則。

　　是書取皇古以迄唐代之詩,彙爲一編,自盛唐以前,删去者少,中晚以後,則多所刊削。凡分天部、歲時、地部、京都部、州郡部、邊塞、帝王部、帝戚部、設官部、政術、禮儀、樂部、文學、武部、人部、儒部、釋部、道部、產業部、方術部、巧藝部、居處、器用部、服飾部、珍寶部、布帛部、飲食部、五穀部、果部、木部、竹部、花部、草部、鳥部、獸部、鱗介部、蟲豸部。計三十七部,七百七十餘類。

　　顧起元序云:"詩之有類編也,毋盛於近代,以世以人,則有馮汝言之漢魏六朝《詩紀》、黃與俞之《初盛唐詩紀》。以詞則有高廷禮之《唐詩品彙》,以事則有張玄超之古詩、唐詩《類苑》。譬諸天廚御庖,三饗七菹,山膚海臘,無所不儲,無所不薦入其中者,將鼻不勝嗅,指不勝染,匕不勝捄,靡不充咽溢吻,濡首填胸,屬獸而返矣。余友俞君羨長之《類函》最後出,蓋自上古以迄晚唐之季,諸家之所集者,壹切羅而列之,以事爲綱,錯事與人,繩貫而櫛比焉。廣摭其體而小澄汰其篇章,使抽思遣言畢與題傅毋氾濫於域外,以開後世嘽緩澶漫之門,且其辭之不雅馴者間割而去之,登納菁英,滌盪蕪穢,蓋都衆集之所長,擇之而加精焉,故其名曰《詩雋》。"

　　其《凡例》云:"稱《詩雋類函》者,上自皇古,下逮唐季,取其詩之雋永有味,或辭之雋、意之雋、事之雋、句法之雋,可備作詩者之采擷,分門比類,彙爲一函,庶幾易於考索。""雲間張玄超有《古詩類苑》、《唐詩類苑》,莆中方伯文有《詩類彙選》。玄超之編,重在廣收;伯文之編,重在雅調;余之所取,重在材具。其後伯文之編付之宣城梅禹金,禹金以余有是編也,迺以雅調者併歸於余,實有增定之功云。"

　　此本有刻工,爲晉陵孟純禮。

　　《四庫全書總目》入子部類書類存目。《中國古籍善本書目》著錄。上海圖書館、天津圖書館等二十三館,日本内閣文庫也有入藏。

　　鈐印有"賀黃公藏書印"。

1636　明萬曆刻本啓雋類函

T5773/8234

　　《啓雋類函》一百二卷《職官考》五卷《目錄》九卷,明俞安期輯。明萬曆刻本。三十二册。半頁十行二十字,四周單邊,白口,單魚尾。框高19.2釐米,寬13.2釐米。《職官考》題"東吳俞安期羨長彙編;豫章李國祥休徵輯撰;侯官曹學佺能始訂定"。前有萬曆四十六年(1618)李維楨序,萬曆四十五年(1617)鄧漢序;《凡例》十一則。

　　是書首爲《職官考》五卷,次載牋、疏、表、啓,分古體二卷、近體一百卷。近體又分二十九部,爲諸王部、宰相部、宮僚部、翰林部、天官部、地官部、春官部、夏官部、秋官部、冬官部、内臺部、侍御部、通政部、給諫部、中書部、諸卿部、司成部、藩司部、臬司部、轉運部、郡僚部、州僚部、縣僚部、教職部、公侯部、戎僚部、婚姻部。目錄頁有募緣部,爲卷一百一至一百二,但未刻。古體題"東吳俞安期羨長彙編;高淳韓仲雍璧哉訂定"。近體題"東吳俞安期羨長彙編;上饒王嗣經曰常同輯;阜平朱常涮肇郡訂定"。

　　其《凡例》云:"啓雋者,彙海内所刻如詞制錄、秘笈新書、濡削選章以下數百十種,不可計數,悉一一輯之。選其辭雋事雋者,官有諸部,部有諸類,區分畛別,以類相從。一開閱目錄,犁然具在。其選法三乘並收,上者,辭雅情真,造語古朴,可爲法式,而不可襲其膏馥;次者,意達辭華,法其氣韻,擬其步驟,而不雷同其語意;下者,如渤澥之濱,滄溟之上,任人漁獵其中,取之不竭,采之罔窮,可資急需。即生平未嘗諳習此藝,一覽是書,使可採擇卒辦耳。""始列《職官考》,夫職官之名,古今各異,唐宋頓殊。竊取余友李休徵別駕所撰,屬之曹能始臬長,勘其遺誤,補其異同,令開卷者審歷代之相沿,明設官之分職,俾操筆者引用典實,馳騁才華,庶先得其根柢云。""先之古體,取東漢魏晉以下牋啟奏記,簡質古雅,文若散而語稍俳列於前卷。""次之近體,取唐宋以下至我明諸名手之啓,若表奏連珠爲近時所尙者,上自諸王宰相,下逮丞簿教職,以類彙從,俾易於攬拮。"

李維楨序云:"友人俞羨長,心爲玉林,詞爲錦肆,乃作《啓雋類函》。援蘇今古駢章偶句,攬采英華官位,必協其人景物,必因其時典語,所謂綺縠紛披,宮澂靡曼,唇吻適會,精靈搖蕩者乎?"

《四庫全書總目》入集部總集類存目。《中國古籍善本書目》著錄。上海圖書館、天津圖書館等十五館,臺灣大學圖書館(闕首二卷)及美國國會圖書館、日本內閣文庫(兩部)亦有入藏。按,此書又有一百五十卷本,明梅鼎祚增定,明萬曆三十七年自刻本,上海圖書館、天津圖書館等二十三館皆有入藏。

鈐印有"清河"、"綸文"、"朱爕臣藏書印"、"許焞收藏"、"个是醇夫手種田"。

1637　明萬曆刻本劉氏類山

T9299/7226

《劉氏類山》十卷,明劉胤昌撰。明萬曆三十三年(1605)劉氏江西刻本。八册。半頁八行十六字,四周單邊,白口,書口下有刻工並字數。框高20.1釐米,寬14.3釐米。題"桐城劉胤昌燕及甫編纂;友朱國琦漢卿甫、齊鼎名重客甫、弟胤芳未沬甫仝校"。前有萬曆三十六年(1608)周獻臣序,湯顯祖序,萬曆三十三年李希哲序,萬曆三十二年(1604)戴耆顯序,謝廷讚序,萬曆二十六年(1598)劉胤昌自序,萬曆三十三年劉胤昌再序。末有劉鴻儀跋。

劉胤昌,字燕及,號洧水,安慶人。生而穎異,讀書如素所熟悉者。爲文伸紙淋漓,萬言立就。萬曆二十八年舉於鄉,三十二年中進士。筮仕宜黃令,調繁臨川,又遷廣濟,治聲與臨川等。所著又有《澹然齋文集》、《學庸口義》、《皖編》等。

是編爲目七十,計象緯、方輿、時令、家倫、體姿、締交、器御、文具、兵仗、衣飾、音樂、珍寶、膳饈、酒茗、禽獸、蟲魚、草木、蔬果、本業、居處、陵墓、淹通、麗藻、甄藻、撰注、勤敏、遲敏、異識、夙慧、書法、棲逸、雋逸、豪爽、方正、風幹、周慎、長厚、雅量、清操、德政、澹素、惠德、世美、怪異、神鬼、仙術、僧釋、變復、夢占、臧獲、寵倖、冶艷、妒淫、豪侈、纖嗇、譎詆、鷙猛、苛察、癖嗜、任誕、簡傲、矜率、巧藝、方伎、術解、微著、紕漏、譏調、傷逝、刑赦。所載之事,至唐而止,較明代類書泛載近事者,差爲近古,然大抵轉相稗販,未見賅洽。

周獻臣序云:"劉燕及先生,博雅士也,夙挺異資,蚤稱博物,嗜學吹卯金之青藜,搜奇發淮南之鴻寶。下帷之次,氾覽古今,廣羅載籍,彙集一書,題曰《劉氏類山》。珍之巾笥,積有歲年,若中郎帳中《論衡》,深秘勿廣也。屬令臨川,攜來刻之齋中。"

劉胤昌自序云:"余素嗜書,家所營植及從友人處借本,諷誦畧遍。顧好學未逮,日知所亡,月復忘去,以此往來胸中,徒費披閱也。丙申之春,與漢卿僻處山中,既鮮應酬,復佳巖壑,旦夕揚搉往古,會心處輒摘取數字,隨筆記之,綴以姓名,稍類隱僻,略疏大旨,涉夏逾秋,遂累百葉。或當筵揮麈,或臨水登山,輒置懷裏,經心寓目時,各默舉所知,效古人隸事賭物爲戲……越二載,塵務蝟掌,未遑檢閱。今年偶啓篋笥,塵土漫滅,此槀宛然,隨復憶舉數事,什忘五六,緬惟良好,邈爾河漢。爰即舊本,益以新知,雜取諸類書篇目括之不盡者,得以臆置成若干卷。夫部什之書,分疆布宇,此自一夜郎耳,何以爭長,亦曰予所嗜在焉。"劉胤昌再序云:"余自戊戌手錄是書成,歲歲挾與出入,辛丑爲友人晏懋謙攜來豫章,越三載不歸。去冬,作令宜川,首晤懋謙滕王閣下,握手道故,因索得之,如家寶久逸復獲,喜可知已,宜僻簡,放衙吏靜,間取編定。社長齊重客、家弟未沬,翩翩博雅,屬之,附益成帙。而孝廉李既明,亟於成人之美,遍募胡侯,授以汗簡,踰月事竣,遂籍以傳。"

此本有扉頁,刊"劉氏類山。龍眠燕及先生編。深莊藏板"。刊工有楊思兆、徐元、胡志遠、單和、鄒道、鄒邦瑚、周卿、鄒仁、姜欽、熊烶、單星、曾華、一秀、鄒勝、高欽。其中熊烶、胡志遠皆南昌人。寫工有鄒道、穆文,亦南昌人。

《四庫全書總目》入子部類書類存目。《中國古籍善本書目》著錄。南京圖書館、安徽省圖書館等九館,臺北"國家圖書館"(作明萬曆三十三年宜川李希哲刻本)及美國國會圖書館、普林斯頓大學葛思德東方圖書館、日本内閣文庫、尊經閣文庫亦有入藏。

1638 明萬曆刻本文苑彙雋　　　　T9299/1916

《文苑彙雋》二十四卷,明孫丕顯輯。明萬曆三十六年(1608)刻本。十册。半頁十一行二十一字,四周單邊,白口,單魚尾,書眉上刻注。框高 21.8 釐米,寬 14.9 釐米。題"東海屠隆參定;南閩孫丕顯彙纂;劉朝箴校閱"。前有萬曆三十六年劉朝箴序;《凡例》六則;采用書目。

孫丕顯,字啓周,閩人。

是編以《唐類函》、《天中記》、《王氏彙苑》、《事文類聚》四書爲主,採輯經史子集圖書計一百二十八種,分門別類,計分天文部、歲時部、地理部、君道部、仕進部、官品部、人倫部、人品部、藝術部、釋道部、文學部、衣冠部、吉兇部、交游部、人事部、宫室部、器用部、樂器部、珍寶部、身體部、飲食部、五穀部、花卉部、樹木部、果蓏部、飛禽部、走獸部、鱗介部、蟲豸部。抄撮類書,體例殊爲猥雜。

劉朝箴序云:"余友啓周孫君,每有結撰,性僻猶矣。合綦組以來成文,列錦繡而爲質,煅意刻酷,煉字神奇。嘗語余曰,今人景仰瑯琊、新安諸公,而不知汎瀾藝海,含咀詞腴,據有根也,捷有徑也。因出《文苑彙雋》二十四卷示余,手而卒業……視前之《初學記》、《藝文類聚》,後之《天中記》、《唐類函》諸書,尤爲刪補,而讀稍易□者也……是書也,蓋余友手纂之,以傳其門弟子者也。實群言之奧意,而才思之神臯。余請亟付之剞劂氏。"

此本有扉頁,刊"文苑彙雋。屠赤水先生參定。文萃堂發行"。

《四庫全書總目》入子部類書類存目。《中國古籍善本書目》著錄。上海圖書館、南京圖書館等三十二館,臺北"國家圖書館"及美國國會圖書館、普林斯頓大學葛思德東方圖書館、日本内閣文庫、尊經閣文庫、東京大學東洋文化研究所亦有入藏。

1639 明萬曆刻本六朝餘韻　　　　T9299/1137

《六朝餘韻》八卷,明王良臣輯。明萬曆李之才等刻本。存四册。半頁十行二十一字,四周單邊,白口,無魚尾,書口下間有刻工。框高 21.7 釐米,寬 13.9 釐米。題"海虞王良臣忠亮父編纂;同邑姚宗儀鳳來父增定;男王運昌道符父參訂;門人李之才全之父校梓"。前有周維鯤序,萬曆四十二年(1614)柯仲炯序。

王良臣,字忠亮,常熟人。萬曆三十八年進士,授知建寧縣,又知浦城縣。與知府相忤,因改國子監助教,擢刑部郎,平反明允,出知梧州府,遷河南按察司副使。良臣天性簡淡,少時以風節自勵,終以剛忤俗,卒祀梧州名宦。《(康熙)常熟縣志》卷一八有傳。

此本殘存卷一至四。爲頌聖、聖壽、聖慶(立后、建儲、公主、分封)、聖禦、聖典(郊祀、明堂、辟廱、藉田、親蠶、營建)、聖政(授時、制禮、作樂、賦稅、崇賢、篩武、定律)。

柯仲炯序云:"先生自琴川入吴興,紹宋文通之文雅,以一代憲令任……慮士不練古嫺今,無以問學經濟,屬知解而就公車。則於公餘之暇,燃藜啓匱,纂五經、蒐諸子、採百家之林,述國朝訓典,會而分以門,類以聚,既綱舉目張,復珠聯璧合,命曰《六朝餘韻》……夫是集曰稽自天子儲貳、公孤百官,而下及庶民、天文地理、禮樂兵農,莫不博而致之,修而萃之,舉而施之,於問學經濟,何所不可已。"

卷二題"門人梅繼祖欽之父訂梓",卷三題"門人吳象先以涵生錄梓",卷四題"門人徐純仁、張錫祺全梓"。刻工有吳華。

《四庫全書總目》未收。《中國古籍善本書目》著錄,遼寧省圖書館有殘本,存卷一至二。臺北"國家圖書館"有全帙,作明萬曆末年刻本。

1640　明萬曆刻本分韻四言對偶啓蒙音律啓蒙　T5134/4322

《分韻四言對偶啓蒙》不分卷,明史垂教刪補;《音律啓蒙》五卷,明吳默泉撰。明萬曆三十四年(1606)周從龍六委齋刻本。二冊。半頁十行十八字,四周雙邊,白口,單魚尾。框高20釐米,寬14.9釐米。目錄頁題"宋西山真德秀舊編;明南海蒙賢補韻;黔西史垂教刪補;檇李周從龍校頂"。前有萬曆三十四年周從龍序。《音律啓蒙》框高19.5釐米,寬14.8釐米。題"檇李周從龍重雕"。前有萬曆三十三年(1605)周從龍刻啓蒙二書題詞。

周從龍序云:"粵地,螳蚌之區,請之搢紳先生,不能發其囓蠹之藏;繹之腹笥,又枵然而無以塞也。乃鹵莽完帙,不忍敝尋重鋟之梓,匪敢曰戛然成一家,聊足便蒙士之肄習。大都西山,綜彙爲博,聞者橐鑰,故紀物理者十七,予輩補緝,爲應世者嚆矢,間及人情者十三,與《音律》相輔而行。"從龍題詞又云:"吾鄉吳太宰默泉公,授《四聲音律》一書,長短叶韻;而宋真西山氏四五言對偶,法相符合,皆命之曰啓蒙,俾童而習之。熟此伎倆,庶無臨文窘窒之咎。予特合而梓之,與蒙士下八識田中種子,令收刈穫之利者,得蚤從事。"

此乃蒙學讀物。《四庫全書總目》未收。《中國古籍善本書目》未著錄。《對偶啓蒙》目錄後有"萬曆丙午孟春端州六委齋梓"一行,當爲周從龍刻於廣東端州(今高要縣)。從龍,檇李人,家有六委齋。

又《音律啓蒙》後刊有"史蕞蒙求、對偶啓蒙、音律啓蒙,共書壹百卅四篇,計字叁萬八千三百五十六個,每百工銀貳分算,共該銀七兩八錢五分八厘,用過梨板十一塊,每塊價銀一分六厘,共銀一錢七分六厘在內"。按,明代刻工工錢甚低,據資料嘉靖間每頁約五百字之刻酬在白銀一錢五分多,崇禎末年約三分銀子刻百字。此書之刻顯見其工更廉,此亦可窺見萬曆間廣東地區民間刻書工價之一斑。

鈐印有"犬養氏圖書"。

1641　明萬曆刻本劉氏鴻書

T9299/7223

《劉氏鴻書》一百八卷,明劉仲達輯。明萬曆刻本。四十二冊。半頁十行二十一字,四周單邊,白口,單魚尾,書口下刻類目。框高21.5釐米,寬14.2釐米。題"明宣城劉仲達纂輯;太史湯賓尹删正"。前有萬曆三十八年(1610)李維楨序,萬曆三十八年焦竑序,萬曆三十九年(1611)湯賓尹序,萬曆三十九年顧起元序;劉仲達識語;陶朗先跋;黄景星引;《凡例》七則。《凡例》後刻"萬曆歲辛亥春王正月赤劍齋識"。又有參校名家姓氏。

劉仲達,字九逵,宣城人。

是書分二十四類,爲天文、地理、歲時、世系、三教、五倫、人事、人品、官職、文史、身體、宮室、飲食、衣帛、珍寶、器用、音樂、方術、花木、鳥獸、鱗介、昆蟲、錄異、紀庬。又分子目二百六十有奇。《四庫總目》云:"事實詞章,相雜而載,每條皆注所出,較明人杜撰之書,稍有依據。然大抵轉引類書,不盡出於本文,則亦稗販之學也。"

李維楨序云:"宣城劉九逵,雖治博士業,不爲功令所限,游思竹素,無者訪購,有者丹鉛,凡二十餘年,以所銓次,集爲《鴻書》……蓋名物詞章、典故經濟,大略具矣。"焦竑序又云:"宛陵劉君仲達,少爲諸生,以詞學著聲。其所綜畜,以閎博自喜,念司馬子長,南游江淮,上會稽,闚九嶷,浮沅湘,北涉汶泗,過梁楚以歸,業乃大就;而張華之兼乘,惠子之五車,未易以挾也。乃法韓子提要鉤玄之言,而日采擇之。語不必古,而晚出畢收,曰吾以拓吾見而已;事不必奇,而有資必錄,曰吾以適吾用而已。自天文訖紀庬,爲目二十有四,總若干卷。"

湯賓尹序云:"劉氏《鴻書》,我九逵以獨力丹鉛,又成在壯諸生,刺經課業之歲。宣又僻處江左,藏書家甚儉,輶軒之使,朝士方言,無所從徧跡,不知九逵從何處搜索得之,此予所以尤服膺也。九逵工舉業,大有聲,行爲世用,遊覽漸廣,所述作宜不止此。"此本題湯氏"删正",然序中竟不提一語,當爲刻書者以仲達名不見重而借名於賓尹矣。

《禁書總目》、《違礙書目》著錄。《清代禁書知見錄》云:"此書内自天文至紀庬,凡分十五種目,每類又各分有子目,皆採掇諸書而成。其中世系部内敘述遼金二代甚乖謬,其他亦間有援引偏駁之處俱應抽燬外,至全書各類,尚無干礙,應請毋庸全燬。"

《四庫全書總目》入子部類書類存目。《中國古籍善本書目》著錄。中國國家圖書館、南京圖書館等十五館,及美國普林斯頓大學葛思德東方圖書館、日本内閣文庫(四部)、尊經閣文庫亦有入藏。臺北"國家圖書館"及美國國會圖書館所藏作明萬曆三十九年宣城劉氏樂志齋刻本,蓋因其扉頁刊"本衙樂志齋藏板"。又上海圖書館等十二館有明萬曆陳長卿刻本,扉頁刊"古吳陳長卿梓"。

1642　明萬曆刻清印本廣博物志

T9299/414

《廣博物志》五十卷,明董斯張輯。明萬曆高暉堂刻清印本。三十二冊。半頁九行十八字,四周單邊,白口,單魚尾,書口下有"高暉堂",又有刻工及字數。框高20.7釐米,寬14.6釐米。題"隴西董斯張纂;武陵楊鶴訂"。前有萬曆三十五年(1607)董斯張自序,韓敬序。

董斯張,字遐周,烏程人。國子生。少負儁才,泛覽百家,旁窮二氏。初學詩於趙廣業,及入閩,心折曹學佺。歸與吳允兆、王亦房賡唱。善病,藥盌不去口,喀喀嘔血,猶伏枕書,年未四十而卒。又有《吴興備志》、《静嘯齋詞》等。錢謙益《列朝詩集小傳》丁集下、朱彝尊《静志居詩話》卷一八皆有小傳。

是書分天道、時序、地形、斧戾、靈異、職官、人倫、高逸、方伎、閨壼、形體、藝苑、武功、聲樂、居處、珍寶、服飾、器用、食飲、草木、鳥獸、蟲魚。計二十二類,子目一百六十七。所載始於三墳,迄於隋代。詳略互見,未能首尾賅貫。其徵引諸書,皆標列原名,綴於每條之末,體例較善。

晉張華有《博物志》,然傳本真偽相淆,又甚簡略。南宋李石嘗續其書,雖旁摭新文,尚因仍舊目。斯張從而廣之,全改華之體例。韓敬序云:"遐周以曠世軼才,斂其邁往不屑之氣,窮年討究,手自鉛摘。棄堊白而集青鳳,焚椒林以建檀枝,真可洗宇宙之貧,發山海之鑰。簡而裁,奇而核,但恨茂先不見遐周耳。"

此本有扉頁,刊"廣博物志。吴興董遐周先生著。高暉堂藏板"。刻工有吴興蔣禮、孟魁。

《四庫全書總目》入子部類書類。《中國古籍善本書目》著錄。上海圖書館、天津圖書館等五十五館,臺北"國家圖書館"(兩部)及日本内閣文庫、静嘉堂文庫(作明刻本)亦有入藏,唯不知其中有無清代刷印之本。

鈐印有"静勝文庫"。

1643　明崇禎刻本廣博物志增删　　T9299/414.7

《廣博物志增删》二十卷,明董斯張輯,陳一彭增删。明崇禎十六年(1643)唾乙齋刻本。六册。半頁九行二十六字,四周單邊,白口,無魚尾。框高20.7釐米,寬11.6釐米。題"温陵蔣八公先生鑒定;隴西董斯張纂;閩漳陳一彭增删;男燿暐、燿暲、侄燿縉、社友鄭元鳳全訂鐫"。前有崇禎十六年陳一彭序,董斯張序。

是編乃據董斯張《廣博物志》增删而成。

此本有扉頁,刊"廣博物誌增删。温陵蔣八公先生鑒定。隴西董遐周先生纂。閩漳陳年卿增删。唾乙齋梓行"。並鈐有"本衙藏板"印,又鈐有"奎星圖"之圖印。

《四庫全書總目》未收。《中國古籍善本書目》著錄。湖北省圖書館、鎮江市圖書館、日本内閣文庫亦有入藏。

鈐印有"瑞雲閣文庫"。

1644　明萬曆刻本刻注釋藝林聚錦故事白眉　　T9299/1240.2A

《刻注釋藝林聚錦故事白眉》十卷,明鄧志謨輯。明萬曆二十七年(1599)書林余彰德萃慶堂刻本。存三册。半頁十行二十字,四周單邊,白口,單魚尾。書眉上刻注。框高20.7釐米,寬12.1釐米。題"百拙生鄧志謨集;真如子余泗泉校;萃慶堂余彰德梓"。前有王穉登序,萬曆二十七年車天挺序;列名公表語者姓氏。

鄧志謨,字景南,號竹溪散人,又作竹溪散生、竹溪風月主人,亦號百拙生,江西饒州府安仁縣(今余江縣)人,所著書多自署饒安人。嘗游閩,爲建陽余氏塾師。志謨事蹟不見於史書。志謨有《花鳥爭奇》、《童婉爭奇》、《風月爭奇》、《蔬果爭奇》、《山水爭奇》、《茶酒爭奇》、《梅雪爭奇》,又有靈怪小説《新鐫晉代許旌陽得道擒蛟鐵樹記》、《鍥唐代呂純陽得道飛劍記》、《鍥五代薩真人得道况棗記》等。

卷一《君道部》、《官品部》，卷二《人道部》，卷三《法教部》、《人品部》，卷四《交際部》，卷五《德器部》、《庸劣部》，卷六《文學部》、《人事部》，卷七《吉事部》、《凶事部》、《雜劇部》，卷八《仕進部》，卷九《天文部》、《地理部》、《歲時部》、《宮室部》、《花木部》，卷一〇《禽獸部》、《器用部》、《珍寶部》、《衣服部》、《身體部》、《飲食部》。

車天挺序云："鄧君豫章人瑞，五車二酉，博極無遺，不與副墨之子、洛誦之孫競相夸詡，此呂梁之丈夫、鑄鑢之梓慶也。其修心繕性也，屏其虛驕之氣，盤根錯節，恢恢乎遊刃之有餘，此紀渻之養雞、庖丁之解牛也。其攄爲詩也文也，橫心所出，橫□所言，綽有天趣，非若小儒之竊人口中珠也者，此丈人之承蜩、工倕之旋指也。暇日，嘗筆其聞聞見見者，彙爲一書，分門別類，網羅千古，包孕百家，而又採拾諸大家之登於翰墨、標於尺牘者，列於上以證之，若曰某名公、某名公所用者，其取於斯、其取於斯，間又附以己札，蓋欲觀者得其指歸。不然讀撑犁而不識者，天下豈少斯人哉？其用志蓋已瘁矣。余受而卒業，嘆曰：是書也，坊間其牛汗矣，然莫若是之最良也，故題曰《故事白眉》，蓋取於馬氏之五常云。"

是本存卷一至八。余彰德萃慶堂刻小類書甚多，類似者又有《鍥音注藝林晉故事白眉》十二卷、《鍥音注藝林唐故事白眉》十二卷，俱萬曆三十五年書林余彰德萃慶堂刻本。

《四庫全書總目》未收。《中國古籍善本書目》著錄，安徽省圖書館、福建省圖書館入藏。

1645　明刻本重刻增補故事白眉　　T9299/1240.2

《重刻增補故事白眉》十卷，明鄧志謨輯。明刻本。五冊。半頁十行二十二字，四周單邊，白口，單魚尾，書眉上刻名家相關書札、文錄。框高 20.8 釐米，寬 11.9 釐米。題"安仁鄧志謨鼎所補；書林余元熹長公訂"。前有魏邦達序。

鄧志謨，見明萬曆刻本《刻注釋藝林聚錦故事白眉》。

是編分君道部、官品部、人道部、法教部、人品部、麗人部、交際部、德器部、庸劣部、文學部、人事部、吉事部、凶事部、雜劇部、仕進部、天文部、地輿部、歲時部、宮室部、花木部、禽獸部、器用部、珍寶部、衣服部、身體部、飲食部。

按，三國蜀馬良兄弟五人，字皆有"常"字，又均有才名，馬良最著，鄉諺云"馬氏五常，白眉最良"。魏邦達序云："惟昔老友百拙生氏，材實豫章，族望鄧林，胸藏二酉，目破五車。著述富而博采多，森森武庫；聲名重而聞見廣，鬱鬱龍宮。嘗拈故事，最長白眉。爰加潤色，吉光翠羽，此道積薪，祇覺後來者上，吾輩濡墨，不遑繼往也。"

《四庫全書總目》未收。《中國古籍善本書目》未著錄。日本內閣文庫有藏。

1646　清乾隆刻本精選黃眉故事　　T9299/1240.3

《精選黃眉故事》十卷，明鄧志謨輯。清乾隆七年(1742)刻本。八冊。半頁十行二十字，四周單邊，白口，單魚尾。有眉欄。框高 20 釐米，寬 12.4 釐米。題"饒郡鄧百拙生彙編"。前有明萬曆四十四年(1616)董其昌序。

鄧志謨，見明萬曆刻本《刻注釋藝林聚錦故事白眉》。

是書採集諸書詞藻，分門別類，計卷一乾象類、坤輿類；卷二歲時類、帝統類、官品類；卷三人品類、倫道類、藝術類；卷四異教類、女子類、身體類；卷五美德類、劣性類、吉禮類、凶禮類；卷六人事類、仕進類;卷七居室類、器用類、衣服類;卷八文史類、寶貨類、飲饌類;卷九衆花類、衆木類、果實類、百草類;卷一〇翼禽類、蹄獸類、畜産類、水族類、昆蟲類。每類下又分小類,小類名刻於眉端,眉端又刻與正文內容相應之書啓札文。引用諸書皆列出處。

董其昌序云:"先是,百拙生有《白眉故事》一集,燁燁然爲世珍。余在玉堂時獲奉而誦之,不覺鼓掌擊節、兩腋風生矣。今春游白下,適書林衷資梨棗,呈是書請余序之……百拙之復編是集也,從諸經傳子史百氏中纂出,分門別類,曲盡古今事蹟,紀某事則標額曰出某書,考某書則點綴曰屬某事,援引根據,注釋詳明,且門類之中,先列故事,後列四六,以故事可資乎四六,而四六可印正乎故事也。聯珠合璧,映照千古,青衿子熟讀斯集也,且可爲衡鑑,且可爲菁藇,且可長見解,且可助棘闈。要必不藉是書爲嚆矢也,遂顏之曰《故事黃眉》。"

此本有扉頁,刻"黃眉故事。乾隆壬戌重鑴。鄧百拙先生彙編。天德堂藏板"。

此書明代有萬曆四十四年李少泉刻本、萬曆書林余氏萃慶堂刻本、芸香閣刻本、馬氏折桂堂刻本等,皆題作"精選故事黃眉"。《中國人民大學圖書館古籍善本書目》著錄清康熙三十七年刻本,題作"精選黃眉故事",行款與此本同。《中國古籍善本書目》不收此本。

1647　明萬曆刻本鍥旁注事類捷録

T9299/1240

《鍥旁注事類捷録》十五卷,明鄧志謨撰。明萬曆余彰德萃慶堂刻本。六册。半頁十行十八字,四周單邊,白口,單魚尾,書眉上刻評。框高20.2釐米,寬12釐米。題"饒安百拙生鄧志謨著;宗人濟寰士龍校;書林萃慶堂余彰德梓"。前有鄧士龍序,胡思賓序,萬曆三十一年(1603)鄧志謨自序。序後有引用書目。末有李之勳跋。

鄧志謨,見明萬曆刻本《刻注釋藝林聚錦故事白眉》。

是編分天文、地輿、君道、官品、人品、性情、女子、法教、歲時、宮室、倫道、身體、德器、人事、百花、百木、飛禽、走獸、昆蟲、水族、文具、武具、音樂、雜具、飲食、果實、珍寶、衣服、吉事、兇事。

此書所引用書目,計有經傳、諸子、正史、別史、圖注、志乘、傳記、詩話、別集、類書等共一百八十三種。

鄧士龍序云:"維余族季明甫,幼稱穎敏,長擅博物。綜今昔,已類胥臣;披圖牒,亦媲袁豹。丁年屈首,暫戢翼於雲程;壯歲雄心,益遊神於藝圃。間嘗抒酉陽之逸興,出武庫之餘珍,組織群書,裁成捷録,分門三十,摛詞數千。綴狐腋,舒鳳苞,文彩絢焉奪目;擷春華、攬夕秀,色澤爛矣凝眸。"

胡思賓序云:"雲錦鄧明甫君,與余岳夏君善,髫通魯誥,尼於數奇,後稍稍棄去。然其神姿高朗,襟懷拓落,驅逸思於方外,騁高情於天下,灑灑然風塵之中,頰仰委蛇甚適也。雅不喜華餙,矢口啥咏輒成。渠雖弗與舉子業而其胸中所得,自足揮霍一時。不佞每接其談論,爲之解頤,是誠夙德勝因,有針芥相投者耶?辛丑秋,叩其篋,有新詞一冊。蓋取古今事物,品其門類,敷其彩藻,以成篇章。大都盡冲文籍,窮紀載舉,凡色色陳布,無不供指麾而走筆下。批卻導窾,有庖丁之技;走線穿珠,奪天孫之巧。繁而能簡,約而能工,斯誠文人之慧業,博士之要詮哉!不佞以是益覩明甫胸中矣,因勉其授之梓。"

此本扉頁刊"事類捷録。萃慶堂。書史亦浩瀚矣,不索其要領而讀之,譬之理絲者無緒,夢焉亂也;又譬之涉遠者無指南,多岐途也。兹編窮古今天地民物而總之,名曰事類捷録。披卻導窾,有庖丁之技;走綫穿珠,奪天孫之巧。繁而能約,簡而能工,誠後學晬盤舉業捷徑也。買者幸具隻眼。余泗泉謹白"。此種小類書,乃爲未步入仕途之學子所需,萬曆間又有德聚堂刻本及名山聚刻本,行款同此本。

《四庫全書總目》未收。《中國古籍善本書目》著録,浙江圖書館、故宫博物院、上海華東師範大學圖書館及美國國會圖書館、普林斯頓大學葛思德東方圖書館、日本關西大學内藤文庫、東京大學東洋文化研究所亦有入藏。

1648　明末刻本增補注釋事類捷録　　　　　　　　　　T9299/1240B

《增補注釋事類捷録》十五卷,明鄧志謨撰。明末忠映堂刻本。四册。半頁九行十八字,小字雙行同,四周單邊,白口,無魚尾。框高10.7釐米,寬9.3釐米。題"饒安百拙生鄧志謨著;宗人濟寰士龍較;書林萃慶堂余長公梓"。前有明魏邦達序。

鄧志謨,見明萬曆刻本《刻注釋藝林聚錦故事白眉》。

是書分天文、地輿、君道、官品、人品、性情、女子、法教、歲時、宫室、倫道、身體、德器、人事、百花、百木、飛禽、走獸、昆蟲、水族、文具、武具、音樂、雜具、飲食、果食、珍寶、衣服、吉事、凶事諸目,每目下又各分小類。窮古今天地民物而總之,以爲士子科場備用之書。

此書明末有數刻。《中國古籍善本書目》著録明萬曆刻本三種,分别爲萬曆書林余彰德萃慶堂刻本、萬曆書林德聚堂刻本、萬曆名山聚刻本,皆題作"鍥旁注事類捷注"。本館藏有萬曆書林余彰德萃慶堂刻本,有鄧士龍序,胡思賓序,萬曆三十一年鄧志謨自序,引用書目等。卷端題"饒安百拙生鄧志謨著;宗人濟寰士龍較;書林萃慶堂余彰德梓",與此本卷端所題"余長公"稍有不同。其本眉端有欄,鎸注語,此本則將眉端注語皆刻入正文各句下,題名亦改作"增補注釋事類捷録"。

魏邦達序云:"予老友鄧景南氏《事類捷録》……是編孤行宇内,家傳户習,讀之瞭然,堪作記事珠。凡幾易梨棗,余長公又從而訂梓之,囑序。遥憶昔年文酒社,景南距予齒高二三表,迭製新聲樂府,命侍兒按板傳杯,酒後耳熱,景南躍起,揖予曰:君雖年少,君之才何啻勝曹丕十倍?予遜謝弗敢當。窗中舊雨,世上浮雲,迄今此老墓門木拱矣。撫今追昔,聚散亦何嘗,而風流得意之事,一過倐生悲涼。篝燈把筆,令人三嘆。"

據魏氏序,《事類捷録》此前已經過數次刊刻,余長公又從而訂梓之。余長公既署"書林萃慶堂",當即余彰德之後的萃慶堂書坊主人。此本扉頁題"忠映堂重梓",當即忠映堂據余長公本重梓者。

此本有扉頁,刻"增補事類捷録。鄧景南先生輯。忠映堂重梓"。鈐有圖畫印一枚及文字印兩枚,文字已難辨識。

此本似不多見,未見諸家著録。

鈐印有"含齋圖書"、"緑猗堂"、"雲甲神賓鹽氏圖書"。

1649　明刻本新刻一札三奇　　　　　　　　　　　　　T5771/1240

《新刻一札三奇》八卷,明鄧志謨輯。明萃慶堂刻本。三册。半頁八行二十二字,四周單邊,白口,單魚尾。框高20.5釐米,寬11.6釐米。題"雲錦百拙生鄧志謨編;社友淑孟甫毛士魁校"。前有"友人月培桂林標"序。有圖八幅。

鄧志謨,見明萬曆刻本《刻注釋藝林聚錦故事白眉》。

卷一仕進賀札、仕進請札、婚姻賀札、婚姻請札;卷二壽齡賀札、壽齡請札、誕育賀札、誕育請札;卷三時節餽札、時節請札、請召雜札;卷四又具雜札、衆器雜札、食品雜札、畜產雜札;卷五果品雜札、蔬菜雜札、花木雜札;卷六文史雜札、衣服雜札、幣帛雜札、宮室雜札、珍寶雜札;卷七薦引雜札、酬謝雜札、規誡雜札、勸勉雜札、邀約雜札;卷八寬解雜札、吊唁雜札、離別雜札。此云一札三奇,乃爲每札論一事,以三種形式表達己意,另附三種答函,後附以總釋,爲明末之"書信不求人"類也。

序云:"鄧君景南編著甚多,他亡庸論,惟讀此得愚一集,便知所爲翰墨之白眉。本館於旴之鄉,曰白玕門徒,請教以柬札。鄧君托以一事三課之,三而往,三而復,自謂之一札三可,謂可以開豁門弟子之心志云爾。鄧君自道意也。予索稿觀之,事事皆備,不俚不奧,不約不煩,因於可字字增數筆而爲奇,命之曰《一札三奇》……遂緘此稿付□之書坊,鄧君舊有聲於坊,殺青氏遂爭鍥之。"

此本有扉頁,刊"一札三奇。百拙生鄧志謨纂。萃慶堂梓行"。並鈐有"稽古齋"印。按,志謨所著書,多由福建書坊余泗泉萃慶堂刊行。余氏刻書,歷史悠久,上溯宋,盛於元,明代仍習其業,泗泉萃慶堂即其一支也。

《四庫全書總目》未收。《中國古籍善本書目》著録,中國國家圖書館有四卷本,作明刻本。北京大學圖書館有《新刻一啓三奇》八卷,作明爱慶堂刻本,書名及出版者僅二字不同,疑即此書。日本内閣文庫藏本疑與哈佛本同。

鈐印有"有水可漁"。

1650 明刻本新鐫歷代名賢事類通考　　　　T9299/7249

《新鐫歷代名賢事類通考》十卷,明劉葉輯。明種德堂刻本。四册。半頁十行二十字,四周雙邊,白口,雙魚尾。框高19.6釐米,寬12.6釐米。題"江饒芝華劉葉纂著;景陵伯敬鍾惺校閱;金陵季重王思任參正"。前有劉□序。

劉葉,字芝華,饒州人。

是書於古今事實,分類纂輯,凡七十七門,計開先門、擅美門、英特門、方毅門、嶷植門、澹恬門、端率門、長厚門、弘度門、振策門、介潔門、炳幾門、謀略門、達權門、彌變門、敦倫門、忠藎門、勁挺門、風望門、崇尚門、政迹門、循良門、治化門、感召門、道緒門、穎慧門、勤敏門、悔悟門、虚受門、謙異門、敬慎門、畏憚門、儉樸門、肩任門、酬德門、惇信門、品隽門、匡翊門、規儆門、貽祚門、紹繩門、癉遏門、防杜門、亨茂門、契洽門、知遇門、困阨門、蒙垢門、慨悼門、追懷門、高蹈門、淑媛門、賞重門、嗜好門、謔刺門、夸誕門、奢侈門、荒淫門、眩忽門、疵累門、舛戾門、迥懸門、肇釁門、賈覆門、謟諛門、奔競門、奸譎門、傾險門、頑悖門、負薄門、奇毓門、異狀門、技勝門、幻化門、異教門、梵覺門。

劉□序云:"芝華少研六籍,長益浩覽,趣之試,輒取高等,而風雲在其馭握。顧棲心玄邈,境弗濃於世味,日惟以詩文自娛。翩翩著記,璀粲牘篋,若《唐西録》,若《雲墅評》,若《近事紀》、《江饒賦》諸篇,業經鍥行,吾無論,惟即其邇來纂著所謂《事類通考》閱之,其撮藻萃華,品列古今,鼎臠力爲甚鉅。然擴攬其事,組織其詞,緣以發夫胸中蟠鬱之奇,其間亦將參半焉。"

此本有扉頁，刊"事類通考。鍾王二先生重訂。兹集古今分門析類，舉其大概，其間或一人具衆美，一事兼數長，可以通移引用者實多，又未可以專門泥也。閱之幸鑒之。種德主人識。種德堂梓"。

《四庫全書總目》入子部類書類存目。《總目》云："隸事而開以評論，或似劄記，或似語錄，或似對句，體例莫能名狀。"《中國古籍善本書目》著錄明刻本，南京圖書館藏，疑即此本。

鈐印有"出石城弘道館圖書記"、"弘道館文庫記"、"本山文庫"。

1651　明天啓刻本急覽類編

T9299/0133

《急覽類編》十卷，明施澤深撰。明天啓奎璧堂鄭思鳴刻本。十册。半頁九行二十字，四周單邊，白口，無魚尾。框高 21.5 釐米，寬 12.9 釐米。題"閩施澤深厚甫纂述；吳陳台鼎侯閱正"。前有施澤深序。

是書分甲子會紀類、世運類、國勢類、君類、皇明列聖類、帝王類、后道類、附婦道類、功臣類、忠臣類、臣類、宸翰類、玉牒類、君道類、政治類、爲民類、官職類、史官類、理財類、附積財類、兵政類、夷種類、臣道類、經常類、典禮類、聖經類、理學類、道術類、偽學類、著述類、考王類、理數類、氣化類、天文類、曆法類、輿圖類、建都類、附建都類、時令類、尊生類、習尚類、士行類、評人類、養重類、閑邪類、崇厚類、交道類、遇合類、知幾類、處困類、失實類、營建類、避忌類，共五十三類。

施澤深序云："閱月餘，余編其急者以類示之，名曰《急覽類編》。客覽竟，事理畢澈，心竅豁然，乃曰，愚不必窮年矻矻，瘦精竭神，而天地帝王，世道政治，與夫人倫風俗，輿圖邊貨，民情物彙，已了了於方寸。"

此本有扉頁，刊"刻施厚甫先生輯評急覽類編。奎璧堂鄭思鳴梓"。鄭思鳴，字元美，歙縣人，其刻書又題奎璧齋，刻有《新鐫樂府名時曲萬家錦》二卷、《養正圖解》二卷、《鼎鐫諸方家彙編皇明名公文雋》八卷等。

《四庫全書總目》未收。《中國古籍善本書目》未著錄。臺北"國家圖書館"所藏，乃原北平館藏本。

此本卷五第三十一頁、三十二頁佚去。

1652　明萬曆刻本臆見彙考

T9299/3467

《臆見彙考》五卷，明游日陞輯。明萬曆四十年(1612)傅宗孔刻本。六册。半頁九行十八字，四周單邊，白口，單魚尾。框高 20.3 釐米，寬 13.4 釐米。題"豐城後學鍾城居士游日陞于高父纂；同邑傅宗孔時甫、高安謝與棟吉甫仝校"。前有萬曆四十年傅宗皋序；萬曆三十六年(1608)游日陞引。末有萬曆四十年謝與棟跋。

游日陞，字于高，江西豐城人。

是書分天文、地理、經書文史、禮制樂律、攝性悟定、文房所御、封域所有、日用所須、紀畫、紀行、紀術、紀異、按數紀釋。乃曰陞"牆間壁隙，咸置筆墨，隨得輒錄，績而若干年，集錄若干卷……凡五卷十三類一百二十條，考古證今，備極倫物。書成，予伯兄時甫托於謝兄吉甫，字比句櫛,授諸梓人"(傅宗皋序)。

游曰陞引云:是書"搜閱陳編,間有稽考,上而天地陰陽、日月星辰、支釐氣朔、風雲雷雨、霧露雪霜、虹蜺氤氳,下而五嶽四瀆、山川媚險、要害邊關、夷方種落、漕海輸運、潮汐風水,中而經書文史、禮制樂律、攝性悟定、修真剖梵,以至文房所御、封域所有、日用所須、國家區畫事宜,古今超卓行術,及物品珍妙,與夫數目所可視記者,一一手錄成編,命曰《臆見彙考》,雖云窺豹之班,亦涉游藝之趣"。

謝與棟跋云:"《臆見彙考》,劍江于高游君所纂輯者,侍御傅君鋟以行世。"

《四庫全書總目》未收。《中國古籍善本書目》未著錄。日本內閣文庫有江戶時期寫本。

1653　明天啓刻本新鐫陳太史子史經濟言　　T9299/7912C.2

《新鐫陳太史子史經濟言》十二卷《經制考略》八卷,明陳子壯撰。明天啓刻本。四冊。半頁十行二十字,四周單邊,白口,無魚尾,眉端上刻評。框高21.4釐米,寬13.4釐米。題"南海陳子壯集生纂;鹽官陳鼎新仲因訂"。前有天啓五年(1625)陳子壯自序,陳鼎新序;陳子壯撰《凡例》四則;參閱姓氏;纂輯書目。《經制考略》框高20.9釐米,寬13.9釐米。題"編修秋濤陳子壯輯;鹽官渭璜陳鼎新正"。前有陳子壯自序。

陳子壯,字集生,號秋濤,南海人。萬曆四十七年進士,授編修,天啓末典浙江鄉試,忤魏忠賢削籍。崇禎初,起故官,累遷禮部右侍郎,以言事除名下獄。永明王由榔立於肇慶,授子壯東閣大學士,兼兵部尚書,領兵攻廣州,兵敗被執,不屈死,諡文忠。

是編分君心、君德、君道、勤政、聽諫、侈戒、戒獵、審幾、審治、法令、重農、藉田、臣道、任大臣、任官、史職、舉士、學校、養老、儲教、詩樂、禮讓、祀典、災異、治河、愛養、錢幣、國勢、邊防、邊儲、軍政、慎謀、任將、戰守、屯田、理財、征斂、慎刑、賞罰、權寵、宦寺、后妃、朋黨、抑奸、貨賂、封建、士才守、紀綱風俗、雜紀。據其《凡例》,"是集俱摘名賢石畫,關廟廊經術者,彙入纂,若夫騷人墨士,吟咏適志,非當世急務,俱不竄入。""是集止選歷代名賢格言,未及昭代。"

陳鼎新序云:"偶拾其藏本《經濟言》併《經制考略》,曰是大人所手授者。余卒讀,眉間栩栩,謂不宜久秘帳中,遂攜歸副墨而傳之。"

《經制考略》,分田賦、屯田、錢幣、户口、職役、鹽鐵、市糴、土貢、國用、漕運、賑恤、蠲貸、選舉、考課、學校、象緯、匈奴。

陳子壯自序云:"書生目不知古,一旦語及時制,其何所衷焉。間取歷代遺制可採者,供學者博覽,名曰《考略》。"

此本有明人圈點。《經制考略》卷一第一頁眉端有"崇禎十四年辛巳正月初八日讀起",朱筆。

《清代禁燬書目·補遺三》云:"此書殘缺不全,明陳子壯輯洪武及神宗朝諸臣章疏奏議,內有違礙處,應請抽禁。"

《中國古籍善本書目》著錄,浙江圖書館、北京大學圖書館、北京師範大學圖書館及美國普林斯頓大學葛思德東方圖書館、日本內閣文庫、尊經閣文庫亦有入藏,美國國會圖書館有《經濟言輯要》十二卷及《陳太史昭代經濟言》十四卷,與此不同。

鈐印有"方功惠藏書印"、"巴陵方氏傳經堂藏書印"。

館藏有複本一部,三冊,存《經濟言》十二卷。鈐印有"井口家藏"。

1654　明末刻本蒁林尋到源頭

T9299/8991

《蒁林尋到源頭》八卷,明余恒輯。明末刻本。四冊。半頁上下欄,上欄十五行五字,下欄九行二十一字,四周單邊,白口,單魚尾。框高20.9釐米,寬12.1釐米。題"潭陽聖久余恒彙輯"。前有萬曆四十七年(1619)朱永昌序。

余恒,無考。朱永昌序云:"余友寓金陵有年矣。客邸無聊,以攤書作知交。"余氏或爲建陽書林中人,後設肆金陵者。

此編分天文、地輿、時令、器用、宮室、衣服、文史、人品、人事、科甲、官品、異教、武事、鬼神、禮義、衆禽、衆獸、昆蟲、花卉、飲食、寶貨,計二十一類。上欄所刻爲名公柬札,選取王百穀、鄧志謨、魏合輝、劉毓吾、鄧蘭、陳仲華等人柬札。

朱永昌序云:"余友每嘆群書浩繁,漫無端緒,每開卷必隨手日記,自天地山川,以至昆蟲草木,各分部落,一事各爲一類,一類必載巓末……凡兩閱春葛而編次成。"

金鑲玉裝。

《四庫全書總目》未收。《中國古籍善本書目》著錄,中國國家圖書館所藏,作明余昌宗輯,明萬曆刻本(美國國會圖書館所藏同)。浙江圖書館所藏,作明余恒輯,明末書林余恒刻本,不知與此本同板否。臺北"國家圖書館"所藏,與此本同。

1655　明天啓刻本八編類纂

T9299/7928

《八編類纂》二百八十五卷《六經圖》一卷《地類圖》二卷,明陳仁錫輯。明天啓刻本。八十冊。半頁十行二十字,四周單邊,白口,單魚尾。框高20.7釐米,寬13.5釐米。前有天啓六年(1626)陳仁錫序,丘濬《大學衍義補》序,嘉靖三十八年(1559)宗臣《重刊大學衍義合補》序,吳用先《史纂左編》序,唐順之《荆川先生左編》序,焦竑《荆川先生右編》序,劉曰寧《右編》序,茅坤《荆川先生稗編》序,唐順之《稗編》自序,馮夢禎《經濟類編》序,章潢《圖書編》自序,萬曆三十二年(1604)汪國楠《經世實用編》序,萬曆三十一年(1603)馮應京《經世實用編》自序。目錄頁題"明翰林院編修;經筵日講官陳仁錫評纂"。

八編者,爲丘濬《大學衍義補》、唐順之《史纂左編》、《右編》、《稗編》、章潢《圖書編》、鄧元錫《函史編》、馮應京《實用編》、馮琦《經濟類編》。《六經圖》,爲《大易圖》、《尚書圖》、《毛詩圖》、《春秋圖》、《周禮圖》、《禮記圖》。是書計分三十六類,爲大易類、尚書類、毛詩類、春秋類、三禮類、樂類、吏曹類、户曹類、禮曹類、兵曹類、刑曹類、工曹類、天類、地類、人類、君類、后類、儲類、宗類、公主類、臣類、將類、學類、列婦類、戚類、鎮類、邊類、幸類、奸類、盜類、纂類、夷類、亂類、諸家(附道類)、文類、治類。

《禁書總目》、《清代禁書知見錄》著錄,《清代禁燬書目·補遺一》:"查《八編類纂》,係明陳仁錫輯,取邱濬《大學衍義補》等八書,分類編次,大抵剿襲陳言,取盈卷帙,殊無可取。其邊類中,語有干礙,所載遼金二代體例,大爲狂謬,應請抽燬。"

《中國古籍善本書目》著錄。上海圖書館、南京圖書館等二十九館,臺北"國家圖書館"(三部)及日本內閣文庫(三部)、尊經閣文庫、靜嘉堂文庫、東京大學東洋文化研究所亦有入藏。

鈐印有"曾藏汪閬源家"。

1656　明崇禎刻本潛確居類書　　　　　　　　　　　　　　　　T9299/7928.2

《潛確居類書》一百二十卷,明陳仁錫輯。明崇禎徐觀我刻本。四十册。半頁十行二十字,四周單邊,白口,單魚尾。框高21.2釐米,寬14.2釐米。題"史官陳仁錫明卿父纂輯"。前有陳仁錫序;《類書纂旨》二十二則;徵閱書目。

是書分玄象、歲時、區宇、人倫、方外、藝習、禀受、遭遇、交與、服御、飲啖、藝植、飛躍,計十三部,爲類一千四百有奇。其《纂旨》云:"迨今讀書中秘,齋宿承華,暇日更披,屢有衷易。""兹刻遠規羲昊,近逮皇明,廣購遐搜,隨手抄錄。""潭城儒士徐觀我氏,梓以公世,敦請較閱,精嚴繕寫。"

陳仁錫序云:"此書予十六歲時讀書瑶林之潛確居,嘉與博碩,捃拾成帙,而刻成於崇禎庚午六月渡江之辰,續訂於辛未九月册封之竣,又明年六月始偯功……近《唐類函》頗捃諸書,卷帙浩繁,不無重複,於是隨手抄記,益以它書,分曹標目,凡三易稿乃就。既讀書中秘,齋宿承華,與諸君子旁求閣本,暨燕趙藏書世家斟酌損益。"

《禁書總目》、《違礙書目》著錄。《清代禁書知見錄》云:"此書仿《藝文類聚》、《初學記》之體,分類隸事,凡十三部一千四百餘類。書成於崇禎初年,其第十四卷四夷門内,語極狂悖;第十一卷九邊門内,亦有違謬之處。此二卷必應全行抽出銷燬外,至其餘各門,均係抄撮群書故實,各自爲條,不相妨礙,應請毋庸全燬。"

《中國古籍善本書目》著錄。上海圖書館、南京圖書館等六十三館,臺北"國家圖書館"(四部)及美國普林斯頓大學葛思德東方圖書館(明崇禎刻本)、日本内閣文庫(明刻本,六部)、尊經閣文庫(明刻本)、静嘉堂文庫(明刻本)、東京大學東洋文化研究所、京都大學人文科學研究所所藏或與此同板。按,是書又有崇禎大觀堂刻本、崇禎十五年陳智錫繼志堂刻本、崇禎金閶映雪草堂刻本、崇禎尚義堂刻本、崇禎尚敬堂刻本、崇禎賜閒堂刻本、崇禎七松草廬刻本。以上除繼志堂刻本爲九行二十字外,餘皆爲十行二十字,同此本。

鈐印有"高唐郝氏"、"郝氏頤安"、"問月山房珍藏"、"耕業堂書畫印"、"安外閣"。

1657　明崇禎刻本博物典彙　　　　　　　　　　　　　　　　T9299/4837

《博物典彙》二十卷,明黄道周撰。明崇禎刻本。六册。半頁九行十九字,左右雙邊,白口,無魚尾。框高20釐米,寬13.2釐米。題"史官黄道周參玄氏纂"。前有崇禎八年(1635)蔣德璟序。

是編分天文、曆象、禮制、樂制、鍾律、朝廷禮、群禮、郊祀、宗廟、群祀、釋奠、物用、都邑、城闕、潮汐、王霸、文質、正朔、德運、災祥、敬畏、戒欲、孝睦、后妃、儲貳、戚畹、宦官、正治、馭臣、建官、宰執、侍從、臺諫、封建、藩省、郡縣、學校、選舉、銓選、考課、推舉、諡法、田制、水利、賦稅、土貢、户口、役法、理財、鹽法、茶法、雜榷、荒政、市糴、錢幣、漕運、河道、屯田、兵制、兵道、兵書、兵柄、將帥、馬政、教兵、陣法、刑制、遏盗、馭戎、九邊、四夷,共七十一類。

《清代禁燬書目》、《清代禁書知見錄》著錄。

《中國古籍善本書目》著錄,計有三刻。第一、二刻行款皆爲九行十九字,左右雙邊。此二刻,本館皆有。第三刻爲九行十九字,四周單邊。

此本卷一第一頁第七行並第十八行"驗"字作"騐"。此書流傳較多。

1658　明崇禎刻本博物典彙　T9299/4837C

《博物典彙》二十卷，明黄道周撰。明崇禎刻本。十册。半頁九行十九字，左右雙邊，白口，無魚尾。框高 20 釐米，寬 13.3 釐米。題"史官黄道周參玄氏纂"。前有崇禎八年(1635)蔣德璟序。

此本和前本不同板。卷一第一頁第七行並第十八行"驗"字作"騐"，而非前本作"騐"。日本内閣文庫、尊經閣文庫、東京大學東洋文化研究所、京都大學人文科學研究所所藏不知與此同板否。

1659　明末刻清康熙印本博物典彙　T9299/4837B

《博物典彙》十八卷，明黄道周撰。明末刻清康熙後印本。十二册。半頁九行十九字，左右雙邊，白口，無魚尾。框高 20.1 釐米，寬 13.1 釐米。題"觀堂重訂"。前有康熙二年(1663)盧元昌序。

黄道周，見《石齋先生經傳九種》。

卷一天文、曆象；卷二禮制、樂制、鍾律；卷三朝廷禮、群禮；卷四郊祀、宗廟、群祀、釋奠；卷五物用、都邑、城闕、潮汐；卷六王霸、文質、正朔、德運、災祥、敬畏、戒欲、孝睦；卷七后妃、儲貳、戚畹、宦官；卷八正治、馭臣；卷九建官、宰執、侍從；卷一〇臺諫、封建、藩省；卷一一郡縣、學校、選舉；卷一二銓選、考課、推舉、謚法；卷一三田制、水利、賦稅、土貢、户口、役法、理財；卷一四鹽法、茶法、雜榷、荒政、市糴、錢幣；卷一五漕運、河道、屯田；卷一六兵制、兵道、兵書、兵柄；卷一七將帥、馬政、教兵、陣法；卷一八刑制、遏盜。

是書明末有數刻，原本皆二十卷。館藏明崇禎刻本兩種，此本與其並非相同版本。卷一八"遏盜"以下"馭戎"一門、卷一九"九邊"、卷二〇"四夷"全部删除。蓋因其有涉清廷違礙，故入清刷印時盡數删去。另原本"本朝"、"國朝"者皆改刻作"明朝"。

盧元昌序云："今天子憫帖括之浮薄，悼實學之陵遲，慨然罷八比，而以時務方略詔天下博士弟子，家修而廷獻，蔚乎茂哉！西京對策不烈於此矣。吾知必有轅固仲舒其人出而應天子之求者……《典彙》一書，誠時務之粲糧，經術之淵藪也。余所爲童而習之者，舊本具在，亟懸國門，庶俾學者知所津梁，不至茫然如望洋。"

《清代禁燬書目》、《清代禁書知見録》著録。《中國古籍善本書目》著録有明崇禎刻本及明末刻本。《中國人民大學圖書館古籍善本書目》著録有明末刻清初大雅堂印本，爲十九卷本，所删内容較此本爲少。

1660　明崇禎刻本群書典彙　T9299/4837.1

《群書典彙》十四卷，明黄道周輯。明崇禎十六年(1643)余元熹敦古齋刻本。十四册。半頁九行二十四字，四周單邊，白口，無魚尾，書眉上刻評，書口下刻"敦古齋"。框高 19.7 釐米，寬 11.3 釐米。題"閩清漳黄道周石齋父評輯"。前有闕名序(佚去後半)，黄道周序，崇禎十六年余元熹序;余元熹撰凡例十五則。

是編分天地類、君道類、治道類、治法類、臣道類、職官類、品行類、典制類、政賦類、兵戎類、學術類、經史類、道德類、人道類、物理類。計十五類。據《凡例》,"其條分縷析,則復三百有餘,於猶之周官六官而統三百六十屬也,誠類書之極備者矣。"

《禁書總目》、《違礙書目》著録。《清代禁燬書目·補遺一》云:"查《群書典彙》,題黄道周評輯,核之道周所輯《博物典彙》,並不相合,且龐雜無次,當係書賈借名射利之本。其第九卷内,多有狂悖語句,應請銷燬。再此書原缺不全,恐尚有違礙之處,應行令各督撫將全本一併查銷。"

《中國古籍善本書目》著録明崇禎十六年敦古齋刻本,江西省圖書館、寧夏回族自治區圖書館等五館收藏。東京大學東洋文化研究所亦有入藏。日本尊經閣文庫有明崇禎刻本。

鈐印有"遠湖圖書"、"翠衣書巢"、"經詒堂記"、"河本儼印"、"子恭氏"、"備前河本氏藏書記"。

1661　明崇禎刻本庶物異名疏　T9299/7942

《庶物異名疏》三十卷,明陳懋仁撰。明崇禎刻本。六册。半頁九行十八字,四周單邊,白口,無魚尾。框高19.4釐米,寬12.7釐米。題"檇李陳懋仁無功著"。前有錢士升序,崇禎十年(1637)姚士粦序,錢千秋序,陳懋仁自序。

陳懋仁,字無功,號藕居士,嘉興人。官泉州府經歷。

是書彙輯物名之異者爲之箋疏。凡二千四百五十二名,分二十五部,爲天部、地部、人部、禮部、樂部、文部、武部、居處部、章服部、舟輿部、農器部、器用部、金石部、飲食部、布帛部、穀部、果部、蔬部、草部、木部、羽部、獸部、鱗介部、蟲豸部、鬼神部。多摭拾雜說,轉相稗販。

錢士升序云:"吾友陳無功,博物君子也,疏庶物異名,凡三十卷,旁蒐互討,類聚區分,自天地人物以及禮樂兵農、日用鬼神之事,無所不賅;自經史稗說、方輿圖志,以及蕊簡所載,貝葉所翻,介葛盧之所譯,無所不涉。焚膏繼晷,塗乙點定,凡六易寒暑,三易稿本而書始就,可謂取精多而用力勤矣……無功性資過人,心眼雙慧,洒復敏手足以副之,隨得隨記,愉糜不停研,栗尾不輟弄。行年七十,神明炯然,挑燈夜讀,猶能作蠅頭細書。"

此本有扉頁,刊"錢塞庵先生鑒定庶物異名疏。石經草堂藏"。

《四庫全書總目》入子部類書類存目。《中國古籍善本書目》著録。中國國家圖書館、南京圖書館等九館,臺北"國家圖書館"(三部,其一爲原藏北平館者)及美國國會圖書館、日本尊經閣文庫亦有入藏。

1662　明崇禎刻本新刻眉公陳先生編輯諸書備採萬卷搜奇全書　T9299/7922

《新刻眉公陳先生編輯諸書備採萬卷搜奇全書》三十七卷,題明陳繼儒輯。明崇禎元年(1628)書林陳懷軒存仁堂刻本。六册。半頁十行十六字,四周單邊,白口,無魚尾。框高21.7釐米,寬12釐米。題"華亭眉公陳繼儒編輯;書林懷軒陳恭敬梓行"。

卷一《天文門》,上層天文祥異、諸星度數、秋冬傳度、五辰北斗;下層太極圖說、兩儀兩曜、日蝕月蝕、玉衡圖說。卷二《地紀門》,上層天下路程、兩京歌賦、歷代國都、海島江河;下層地輿紀原、兩京各省、管轄州郡、户糧土産。卷三《人紀門》,上層歷代歌紀、歷代名臣、功臣名將、我朝會狀；下層開關事宜、歷朝君紀、帝王事實、甲子紀年。卷四《文翰門》，上層稱呼帖式、仕民便用、請召束式、餞送活套；下層萬金家書、回聘書札、祭文儀節、田產契式。卷五《體式門》，上層建屋祝文、攔門致語、撒帳詩歌、嫁娶請帖；下層分關書式、托媒書啓、過聘新式、祭江祝文。卷六《爵禄門》，上層文武服色、月俸禄米、官員陞黜、鞭春禮儀；下層皇明俸儀、文武品級、王府官品、土官品級。卷七《諸夷門》，上層鳥獸蟲序、贏蟲錄志、山海異物、神禽獸魚；下層諸夷像志、外夷雜説、諸夷風俗、外夷生產。卷八《律法門》，上層爲政須知、金科慎賦；下層五刑條例、招擬納贖。卷九《農桑門》，上層爲耕種要訣、農桑本務；下層人民耕穫、蠶桑指要。卷一〇《時令門》，上層歲時紀事、雜占天時；下層置閏之法、太陽出沒。卷一一《四譜門》，上層象棋譜式、點破局面、雙陸指明、硃窩骰譜；下層圍棋局勢、牙牌圖式、投壺圖格、箭勢妙訣。卷一二《酒令門》，上層名家詩句、解縉妙詩；下層新奇酒令、諸書巧令。卷一三《射學門》，上層射學指南、弓式箭式、步射總法、用力遣箭，附武學圖説、臨危解法、三人解勢、拳家各勢；下層《笑話門》，出頭被捉、妻妾爭風、嘲賣淡酒、雜笑罵人；《琴學門》，琴法須知、彈琴八法、五指名圖、五音操譜。卷一四《草法門》，上層草聖體格、諸家篆式；下層字學須知、中書字法。卷一五《種子門》，上層胎教捷法、催生妙方；下層十月胎形、生產寶論。卷一六《算法門》，上層算法源流、地錦指明；下層算盤定式、歸除歌法。卷一七《畫學門》，上層識畫訣法、寫真秘訣；下層寫梅撇竹、顏色菊譜。卷一八《勸諭門》，上層聖諭箴規、玄帝訓言；下層本分聽天、酒色財氣。卷一九《風月門》，上層春意妙方、洞房捷語、壯陽妙丹、延壽固精；下層房室情慾、娼門規範、子弟調情、火子笙啼。卷一九《附閨粧門》，上層洗面妙方、燻衣除風、透肌香丸、染色藥法（缺）。卷二〇《相法門》，上層金鎖銀匙、手部相歌；下層貴賤相法、男女相歌。卷二一《狀式門》，上層詞狀硃語、呈繳諸式；下層員串活套、姦情斗毆。卷二二《夢解門》，上層吉兇影響、冠帶奇物；下層天地水火、田園花菓。卷二三《玄教門》，上層醉舞神童、吞水化骨；下層真傳降箕、燒召將符。附《戲術門》，上層白雲歸洞、水上點燈、玉女傳情、畫猫辟鼠。卷二四《宅經門》，上層營造宅經、門路形圖；下層住宅辨論、相門經法。卷二五《醫學門》，上層七表脈歌、八里脈歌、四物湯經、秘傳痘疹；下層諸病脈歌、察辨生死、傷寒傳變、藥性妙賦。卷二六《養生門》，上層食鑑本草、茶鹽醋醬、脯禽獸魚、回生起死；下層衛生五事、養生雜訣、節慾養法、保命訣法。卷二七《算命門》，上層星斗度數、五行總斷；下層起八字法、千里馬賦。卷二八《數命門》，上層關煞圖説、起例掌訣；下層秤命訣法、八字數詩。卷二九《地理門》，上層山水本源、龍虎砂斷；下層塋葬撮要、分金點穴。卷三〇《通書門》，上層日月通吉、兇星藻鑑、諸煞妙算、淳風課訣；下層尅擇日時、嫁娶擇吉、入宅周圖、移居安葬。卷三一《卜筮門》，上層論爻斷訣、安應世法、火珠林訣、鬼谷響卜；下層八卦正象、風水總斷、占疾病訣、諸葛掌訣。卷三二《法病門》，上層鎮宅符法、六甲占病、三十靈符、十二占病；下層干支諸怪、屋宅第怪、百怪病書、鎮壓諸怪。卷三三《訓童門》，上層教子要語、童蒙必用、十二要錄、文房備用；下層訓蒙八規、事親要歌、蒙養旨規、勸學格言。卷三四《卜筶門》，上層玄女靈卦、百事占法；下層請神祝文、關王筶式。卷三五《對聯門》，上層客館巧聯、相畫巧聯、寺觀巧聯、亭閣巧聯；下層通用春聯、慶賀巧聯、科甲巧聯、諸家巧聯。卷三六《歌曲門》，上層五更歌調、清江引韻；下層時興歌調、新增歌詞。卷三七《雜覽門》，上層新增燈謎、四書古詩、古今人物、花菓骨牌；下層回文詩句、折字成詩、玉連環文、酒瓶酒鍾。

　　此小類書也，以一書而包羅萬象。大凡天文地理、陰陽五行、鳥獸蟲魚、醫藥衛生、卜筮算命、農桑耕種、馬騎步射，應有盡有，且多注重實用，迎合當時社會之需要。

　　此爲坊刻，有圖，極粗糙。題"陳繼儒編輯"，乃托陳之名，亦坊買射利之手段。卷三七後有荷蓋蓮座牌記，刊"崇禎戊辰歲仲冬存仁堂陳懷軒梓"。陳懷軒編有《新刻增補全像音釋古今列女傳》，明天啓建陽書林陳恭敬刻本。又刻有《鼎刻江湖歷覽杜騙新書》四卷。

《中國古籍善本書目》未著録。日本尊經閣文庫有明刻本。

1663　清乾隆刻本三多齋重訂注釋采眉故事　　　　T9299/7922.91

《三多齋重訂注釋采眉故事》十卷，明陳繼儒撰。清乾隆三十六年(1771)三多齋刻本。六册。半頁十一行二十字，四周單邊，白口，單魚尾。有眉欄。書口下刻"三多齋"。框高20釐米，寬13.1釐米。題"鍾山煙霞逸叟增訂"。前有李光理序。

陳繼儒，見清康熙刻本《重刻讀書鏡》。

是書分天文、地理、君道、官品、仕進、人道、德器、庸劣、交際、法教、流品、婦女、文學、人事、吉事、凶事、歲時、宫室、花木、禽獸、雜劇、珍寶、衣服、身體、飲食諸部，各部下又分若干細目。眉端附古事捷錄。

李光理序云："丁亥冬杪，予客金陵，宴集三多齋，賓主半酣，相與就席間物射覆以行酒，因論天地之大，古今之遠，事物之繁，任舉一名一物、數十數典而不忘其祖，非博極群書者弗能也……主人然予言，因出陳眉公《采眉故事》若干卷質於予，而索爲序。予初以爲約則約矣，或兔園常談耳。細加檢閱，其分門別類，雖片羽微斑，而持擇有方，剪裁合式，不獨一二僻典耳目斬新，即狃見習知，亦覺精神頓改。學者童而習之，任舉一名一物，莫不有典可數。儻更擴而充之，又安有金銀杖杜之譏，而宏覽博物之稱不逮於古也。雖曰采眉，即以是爲類書之要領可也。爰是正其舛訛，即次席間語爲序。"

此本有扉頁，刻"增訂采眉故事。乾隆三十六年鐫。廬江李舉條先生校正。三多齋梓行"。

北京大學圖書館、上海圖書館等藏有此本。

1664　明末刻本新刻陳明卿先生對類會海　　　　T9299/3498C

《新刻陳明卿先生對類會海》二十卷。明末刻本。一册。半頁十三行二十九字，四周單邊，白口，單魚尾。框高20.3釐米，寬11.6釐米。前有《凡例》。

此編分天文門、地理門、時令門、人物門、花木門、鳥獸門、宫室門、器用門、人事門、身體門、衣服門、飲食門、珍寶門、採邑門、文史門、卦名門、干支門、數目門、通用門、巧對門，計二十類。

《四庫全書總目》未收。《中國古籍善本書目》未著録。

1665　明崇禎刻本新刻石渠閣彙纂諸書法海　　　　T9299/1372

《新刻石渠閣彙纂諸書法海》三十四卷。明崇禎刻本。存四册。半頁上下兩欄，下欄十三行十九字，四周單邊，白口，無魚尾。框高21.2釐米，寬11.7釐米。序皆佚去。

存卷一至五，爲天文圖説、地輿統論、歷朝帝紀、諸夷品物、朝儀備覽。上欄爲天文祥異、歷代國都備考、兩京十三省路程、歷朝臣紀、山海異類、服制備覽。有圖。紀事至崇禎。

《四庫全書總目》未收。《中國古籍善本書目》著録，中國國家圖書館藏兩部，作明寶善堂刻本。

1666　明天啓刻本麗句集

T5209/0434

《麗句集》六卷,明許之吉輯。明天啓刻本。十二册。半頁九行十九字,四周單邊,白口,無魚尾。框高 20.5 釐米,寬 13.1 釐米。題"宜黃許之吉選;秣陵廖孔悦定;寧都謝于教閲"。前有天啓五年(1625)婁堅序,謝于教序,傅汝舟序,陳紹英序。

許之吉,宜黃人。博覽強記,好古文詞,有聲文壇。

天啓元年之吉在謝于教滁州署中,閉户讀書,以掇古人之精華,居一載别去,逾年而告書成。其書採前人儷偶之語,或一聯,或數十聯,分門編次。卷一爲天象、時序、山嶽、川瀆、都邑(附邊徼);卷二爲君德、宸幸、宫壺、儲皇、天潢、仕進(附政績)、兵戎;卷三隱居(附業術)、釋部、玄宗(附神祀)、家倫(附世族)、閨秀(附冶容);卷四爲德器、文翰、敘自、引古、知遇(附感恩)、不遇、述懷;卷五遊讌(附風景)、紀行(附敘别)、聲罪、傷逝、宫室、器具、火部、音樂;卷六綺禦、珍玩、食品、卉木一二、羽族、毛宗、潛蟄。

《四庫全書總目》入子部類書類存目。《中國古籍善本書目》著録。上海圖書館、天津圖書館等三十三館,臺北"國家圖書館"及美國普林斯頓大學葛思德東方圖書館、日本東京大學東洋文化研究所、内閣文庫亦有入藏。

鈐印有"雲盤"、"燭谿逸史"、"李濤"、"儀九"(小)、"儀九"(大)。

1667　明刻本五車韻瑞

T9305/3427

《五車韻瑞》一百六十卷,明凌稚隆輯。明金閶葉瑶池刻本。二十四册。半頁十行小字二十七字,左右雙邊,白口,單魚尾,書口下間有刻工。框高 22.1 釐米,寬 15.5 釐米。題"吴興後學凌稚隆以棟父編輯"。前有謝肇淛序。

是書據之陰時夫《韻府羣玉》增補而成,分經史子集雜五部,每部列出二、三、四字熟語,注明出處。清康熙時官修《佩文韻府》,即以是書及《韻府羣玉》爲底本增益而成。

《四庫全書總目》入子部類書類存目,《總目》云:"稚隆此書,名爲廣所未備,而舛謬彌滋,且往往杜撰增添,非本書所有。"

扉頁刻"五車韻瑞。吴興凌以棟先生彙輯。金閶葉瑶池梓行"。刻工有陶、仲元、禎、信、劉、貞公、伯等。

《中國古籍善本書目》著録。上海圖書館、浙江圖書館等四十四館,臺北"國家圖書館"亦有入藏。據著録,是書又有明致和堂刻本、明文盛堂刻本、明文茂堂刻本。查美國普林斯頓大學葛思德東方圖書館、日本内閣文庫、静嘉堂文庫、尊經閣文庫、東京大學東洋文化研究所也有是書,唯不知與此同板否。

鈐印有"宜子孫"、"廷霖之章"、"倚池叠一石齋"。

1668　明崇禎方氏家塾刻本廣韻藻

T5175/0214

《廣韻藻》六卷,明方夏撰。明崇禎十五年(1642)方氏家塾刻本。六册。半頁八行十八字,左右雙邊,白口,無魚尾。框高 18.9 釐米,寬 12.1 釐米。題"長洲後學方夏南明甫編輯;弟方來升岐甫較閱"。前有崇禎六年(1633)陳仁錫序,崇禎十五年朱袞序;崇禎十五年方來跋;方夏撰《凡例》五則。

方夏,字南明,號養春子,長洲人。諸生。

此集乃取楊慎所撰《韻藻》,刪其繁複,而廣其未備。方夏《凡例》云:"是集本太史楊升庵先生所纂,余幼時得之,以爲頗有益於初學雕繪之助,因於讀古之餘,遇語句芳鮮、字法古艷者,輒雜識之,久而成帙。爰取太史原本,稍刪其蕪複者,而以余所得廣焉。大抵原纂者十之二,續入者十之八,聊以便操觚者之津途云爾。"

方來跋云:"一日,適於友人齋頭覯升庵《韻藻》一帙,忻同本志,而所輯寥寂,遂假歸繕錄,緣以增廣。日月浸久,較前帙不啻數倍。余請屬梓,先生以爲此非淵源有本之學,聊以自便。余謂先生此書,實操觚家之津途,綴文者之儀羽,況原集既已行世,今安得獨秘,不以嘉惠斯人?遂鳩工刻之家塾,時值歲儉,幾一年始告竣。"由此跋可知,是書爲方來所刻。

《四庫全書總目》入子部類書類存目。《中國古籍善本書目》著錄。山東省圖書館、山東大學圖書館、中國科學院圖書館、臺北"國家圖書館"及美國國會圖書館、日本內閣文庫亦有入藏。

1669　明崇禎刻本諸子類纂

T9299/4122

《諸子類纂》四卷,明查繼佐撰。明崇禎刻本。四冊。半頁九行二十五字,四周單邊,白口,無魚尾。框高21.4釐米,寬12.3釐米。題"明查繼佐伊璜父彙編手纂"。前有崇禎十六年(1643)查繼佐自序;《凡例》五則;諸子總目。

查繼佐,字伊璜,一字敬修,號興齋,又號東江釣史,海寧人。生有異才,詩文詞曲皆作未經人道語。崇禎癸酉舉於鄉,授職方主事。後不復出,寄情詩酒。晚闢敬修堂於杭之鐵冶嶺,講學其中,弟子著錄甚眾,學者稱爲"敬修先生"。繼佐嘗於雪中遇乞人吳六奇,並贈資遣歸,後六奇從軍,官至提督。莊氏明史獄起,繼佐名列參校中,六奇力辨得免,又迎繼佐至粵,待以上客。《(道光)海寧州志》卷一一《文苑》有傳。

是編分天地、陰陽、五行、天文、地理、法天、時令、律曆、災祥、鬼神、卜筮、死生、物產、禮制、樂音、農桑、教化、財賦、珍寶、器用、君臣、君道、敬天、訓儲、納諫、聽謀、治民、臣道、王霸、攬權、法令、政治、昏亂、傷時、憂思、人情、任賢、官使、人品、防邪、刑賞、兵戎、御夷、經國、營建、射獵、學校、祭祀、飲食、朝巡、盟會、史學、藝術、經籍、節操、隱逸、學問、師友、聖道、文章、道德、性命、心神、精氣、玄化、養生、知識、制行、言語、事功、名實、接物、容儀、謹幾,計七十四類。

查繼佐自序云:"余用此法以翼經史,亦聚德行之類、言語之類、政事文學之類,合而爲類纂子書,其於濟世有功乎?或有罪乎?予未之知,聊鼓爝火之一焰云爾。"

《四庫全書總目》未收。《中國古籍善本書目》未著錄。日本內閣文庫有藏。

鈐印有"桂窗"、"美敞氏"。

1670　明刻本新鐫舉子六經纂要

T9299/0848

《新鐫舉子六經纂要》不分卷,明顏茂猷輯。明潭陽魏斌臣刻本。二冊。半頁十行二十字,四周單邊,白口,無魚尾,書眉上刻評。框高21.8釐米,寬12釐米。題"伯子顏茂猷纂輯;邦翱魏斌臣梓行"。前有翁鴻業序。

顏茂猷,字壯其,又字仰子,平和人。《福建通志》卷二一四《文苑傳》云:"字光衷,天啓甲子舉鄉試,崇禎甲戌知貢舉。禮部侍郎林釬言茂猷文兼五經,作《二十三義》,帝念其該洽,許送內簾,中副榜,詔特賜進士,以其名別爲一行,刻於試録第一名之前,五經中試者,自此接跡矣。"又有《迪吉録》、《經史彙纂》等。

是書分君臣、人倫、修治三門。《四庫全書總目》云:"割剥字句,無所發明。"

扉頁刊"六經纂要。顏壯其先生輯。潭陽魏斌臣梓"。又有"六經浩瀚莫測,且士各習一經,欲貫通者難矣。顏先生憂之,著《六經纂要》,各爲門類,使習者得此可以全經之博也。取之左右逢原,又何浩瀚之遺哉? 仁實堂主人識"。

《四庫全書總目》入子部類書類存目。《中國古籍善本書目》未著録。

鈐印有"桂窗"。

1671　明萬曆刻本新板全補天下便用文林玅錦萬寶全書　T9299/7224

《新板全補天下便用文林玅錦萬寶全書》三十八卷,明劉雙松輯。明萬曆四十年(1612)書林劉雙松安正堂刻本。九冊。半頁上下欄,下欄十四行十八字,四周雙邊,白口,單魚尾。框高19.9釐米,寬12.2釐米。前有萬曆四十年壬子行序。

是編分天文門、地輿門、人紀門、諸夷門、官品門、律法門、武備門、八譜門、琴學門、棋譜門、書法門、畫譜門、文翰門、啓劄門、伉儷門、喪祭門、體式門、詩對門、涓吉門、卜筮門、星命門、相法門、塋宅門、脩真門、養生門、醫學門、全嬰門、訓童門、算法門、農桑門、勸諭門、侑觴門、笑談門、風月門、玄教門、卜員門、法病門、雜覽門。計三十八類。佚去相法門、塋宅門、脩真門。

王子行序云:"斯集上下古今記載悉備,凡陰陽星數之奧,物理人事之機,交際之柬儀,壼闈之教戒,但有益於民生便用者,皆兼收而並採之。又且摘粹而拔尤,删繁而就簡,分別門類,井井可觀,一展玩之餘,誠有如錦繡之布於金谷,萬寶之興於名山,昭曜耳目,資益身心,其有利於天下也,豈淺淺哉? 殆與他帙之氾濫無紀,魍魎近譚者,大徑庭矣。"

此本有圖,每類一幅,頗精。扉頁刊"全補文林玅錦萬寶全書。兹書本堂原有編刻,已經大行。近因二刻板朦,不便命工繡梓,乃懇雙松劉君删舊補新,摘粹拔尤,海內識者,靡不稱羨。邇來嗜利棍徒,假票溷賣,翻刻不備,不惟觀者無益,且令用者有悞。於是三刻真本,中刻名真萬寶全書,票用雙松印記,買者查有姓號,方不悞認。謹白。書林安正堂劉雙松重梓"。末有荷蓋蓮座牌記,刊"《萬寶全書》,一冊,本堂已經編刻,大行天下。近因板朦,仍懇名家删繁補新,命工重梓,命閱是書,匪惟令觀者醒心,抑且大有神於便用耳。本堂因被棍徒翻刻删削,不便假票包封,真僞難明,於是中刻真萬寶全書,名字首用葫蘆書爲記,海內君子宜留心鑒焉。大明萬曆歲次壬子孟冬之吉,書林安正堂劉氏雙松謹識"。

《四庫全書總目》未收。《中國古籍善本書目》著録,中國國家圖書館有殘本,存十二卷(八至一四、二二至二六),明刻本。

又日本建仁寺兩足院也藏一部,日本平成十五年汲古書院影印,入《中國日用類書集成》,爲第十二至十四卷。

鈐印有"半澤文庫"、"東尾堂圖書印"。

子　部

1672　明崇禎刻本新鐫雅俗通用珠璣藪　　T9299/1348

《新鐫雅俗通用珠璣藪》八卷,題明西湖散人輯。明崇禎刻本。四册。半頁九行二十字,四周單邊,白口,無魚尾。框高 20.5 釐米,寬 13.2 釐米。題"西湖散人編集"。前有崇禎四年(1631)亦佳居士序。

是書卷一《天文》、《地理》、《時令》,卷二《人道》、《儒業》、《仕進》、《仕宦》,卷三《仕進》、《武官》,卷四《人道》、《身體》,卷五《人事》,卷六《人事》,卷七《神鬼》、《祭祀》、《疾病》、《縷言》、《雜錄》、《珍寶》、《數目》、《宮室》、《衣服》、《顏色》、《音樂》,卷八《器用》、《花木》、《飲食》、《禽獸》》。

亦佳居士序云:"徵事紀物之書,向有《天中記》、《唐類函》、《喻林》、《韻府群玉》諸集,窮山竭海,無奇不出。第羅網富如寶山置足,光怪四燭,令人目炫而不暇接;探索隱如夜光暗投,奇焰的爍,令人按劍而不之鑑,世頗病之。武林方君者,因痛爲删節,大不遺徑寸,小不遺銖粒,名之以《珠璣藪》。"據王重民《中國善本書提要》,王氏疑所謂方君、亦佳居士、西湖散人,並爲陸雲龍化名。因爲亦佳居士序後,刻"雨侯氏"一印,雨侯爲陸雲龍字。雲龍,錢塘人,校刻通俗書甚衆。又以是書全竊天啓間璩崑玉輯《古今類書纂要》,故不敢具真實姓名。

此本有扉頁,刊"珠璣藪。雅引閣藏板"。

《四庫全書總目》未收。《中國古籍善本書目》著録明崇禎程五玉刻本。上海圖書館、浙江圖書館等十館及美國國會圖書館、日本内閣文庫、尊經閣文庫、京都大學人文科學研究所亦有入藏。

鈐印有"真静軒"。

1673　明崇禎刻本古今類書纂要增删　　T9299/1321

《古今類書纂要增删》十二卷,明璩崑玉輯。明崇禎刻本。四册。半頁十行十六字小字雙行三十二字,四周單邊,白口,單魚尾。框高 21.7 釐米,寬 15.1 釐米。題"甄胄沈際飛天羽甫鑒定;龍丘璩崑玉朝聘甫集纂;葉文戀汝功甫閲較"。前有崇禎七年(1634)沈際飛序。

是書分天文部、地理部、時令部、人道部、士進部、軍旅部、人事部、文史部、服飾部、寶貨部、飲食部、花部、果部、鳥獸部等。

沈際飛序云:"龍丘璩君,躬任立言,奴隸今昔,薈筆塚研池之所弋,得《類纂》一書,實簡實備,天下以爲鄴架,以爲華棻,以爲墨莊,以爲書倉。版凡再易,字輒勞敝,人迄祖之。"

此本有扉頁,刊"類書纂要。天禄閣藏板"。

《四庫全書總目》未收。《中國古籍善本書目》著録。安徽省圖書館、清華大學圖書館等十二館(作明崇禎七年刻本)、臺北"國家圖書館"(作明崇禎七年天禄閣刻本)及美國國會圖書館、日本内閣文庫亦有入藏。

鈐印有"卧雲"、"竹窗"、"松齋"。

1674　明崇禎刻本古學彙纂　　T9299/7220

《古學彙纂》十卷,明周時雍輯。明崇禎十五年(1642)周氏愛日齋刻本。十二册。半頁九行二十六字,四周單邊,白口,無魚尾,書口下有"愛日齋"。框高 22.7 釐米,寬 11.8 釐米。題"師□□□□□□□、鹿城顧錫疇九疇父評定;同社同邑周大啓開美父、松陵李君翼翊之父參訂;長洲周時雍苣烝父手輯;男周詩雅宗父較正"。前有崇禎十五年錢謙益序,崇禎十五年顧錫疇序,王心一序,楊兆儀序,崇禎十五年鄭敷序,崇禎十五年劉城序,崇禎十四年(1641)章夢易序,袁良弼序,崇禎十五年周時雍自序;《凡例》十則;古學通用字;採用書目。

周時雍,字苣烝,長洲人。五歲入家塾,年舞勺,留心經術經濟之學,然潦倒八股場中幾二十載。

是編分君道、治典、臣道、儒術、民行、法象、稽古、博物,計八類。

其《凡例》云:"予少嗜古,留情著述,所見有得,輒十指爲勞。既而綜覈博識,上自墳典,下迄明文,廣蒐古今坊刻五百餘種,秘藏抄本一百有奇,殫精五載,手自輯錄,靡不賞其春華,擷其秋實,彙成一編,用以自娛,因賈人之請,出以問世,志弗私也。""兹集合古今以成編,徵材浩博,既袪襞積少文之病;獵典弘通,又除鑿新多謬之談。"

楊兆儀序云:"今苣烝周子,以山水間氣,發榮應運,踵前獻之絶業,領人群之紀綱,毅然以振起古學爲己任,遂開擴心胸,奮揚手筆。披天文,曜斗精,探墳典丘索之奧,窮經史紀載之奇,目不停覽,口不停吟,手不停錄,四易草木而書成,額曰《古學彙纂》⋯⋯蒐採宏富,揚扢精詳,既綱舉而目張,亦删繁而提要。攬其緒目,開帙昭融,觀其會通,罩思囊括,洵文苑之金科,允藝林之玉律,嘉惠後學,厥功豈在董子下哉!且披覽端末,匡君致治居首,而次及臣術儒學,而次及民物天地古今,先行後文,有倫有要,有典有則,然經濟之學,全書居半。"

《禁書總目》、《清代禁書知見錄》著錄。

《中國古籍善本書目》著錄。遼寧省圖書館、甘肅省圖書館等四館,臺北"國家圖書館"及美國普林斯頓大學葛思德東方圖書館亦有入藏。按,是書又有明崇禎刻本。

1675　明崇禎刻巾箱本新刻增補音易四書五經字考萬花谷　T9299/2919

《新刻增補音易四書五經字考萬花谷》二卷首一卷《合刻鑑紀通考萬花谷》六卷,明曹銘輯。明崇禎余開明刻巾箱本。一册。半頁十行二十字,四周單邊,白口,無魚尾。書口上方刻"萬花谷"。框高 10.8 釐米,寬 8.9 釐米。題"維揚屏西曹銘編集;潭陽三台余開明較梓"。目錄頁刻"新刻訂補直音雜字世事通考"。

首卷爲五經難字、古字類、疑字類、易聲類、字式類、切韻類。上卷爲天文、地理、時令、人物、身體、病症、人事、俗語、婚姻、喪祭、訟獄、士文、農桑、百工、商賈、婦道;下卷爲釋道、木料、宫室、船隻、雜貨、珍寶、銀色、首飾、衣冠、絲帛、顏色、靴鞋、五穀、蔬菜、菓品、葷食、素食、酒食、屠宰、農器、鐵器、軍器、樂器、玩器、酒器、磁器、瓦器、石器、磨器、木器、竹器、漆器、花類、木類、草類、藥類、禽類、獸類、馬類、鱗類、蟲類。《合刻鑑紀通考萬花谷》卷一《帝王總記》,卷二《省屬衙門》、《都會形勢》、《人物土産》、《諸夷國名》,卷三《天下路程》,卷四《文武職考》、《文武服色》、《公署類》、《狀元題名》,卷五《尅擇類》、《占課》、《數目》、《干支》、《月季》、《桐陵算法》、《諸類斷》、《馬前課》、《六壬課》,卷六《書啓活套》、《家書活套》、《禮物稱呼》、《交接問答》。

以《帝王總記》載至"今上皇帝(御諱由檢,崇禎元年戊辰,凡萬萬歲)",又"狀元考",載至"崇禎庚辰魏藻德",則是書之刻,當在崇禎十三年以後。又卷六題"潭陽三台館余開明較梓",

查三台館爲萬曆間建陽余象斗之肆,刻書甚多,今可見者約十餘種。此余開明,當爲象斗之子孫輩,其家所刻多爲通俗之書,所刻小説尤多。此題潭陽,當建陽之舊名。

明代萬曆至崇禎間,坊間所刻類書頗多,其中尤以福建地區爲最。此種小類書,當根據他種類書再爲編輯,濃縮而成,實爲民間之應用書。此又爲巾箱小册,攜之方便,頗受一般士民歡迎。此本扉頁刊"增補徽郡原板世事通考萬花谷。余開明較梓",則原本爲安徽所刻,此有增補也。今徽本原刻不見傳世,即此本也僅一帙而已。

《中國古籍善本書目》未著録。日本内閣文庫有曹銘、徐三省編《增補音釋世事通考雜字萬花谷》。

1676　明萬曆刻本鐫唐李瀚原本名蹟蒙求鐫明俞文彬續編名蹟蒙求

T5161/4432

《鐫唐李瀚原本名蹟蒙求》二卷,唐李瀚撰,明俞文彬校釋;《鐫明俞文彬續編名蹟蒙求》一卷,明俞煥章撰。明萬曆周從龍刻本。二册。半頁十行二十二字,四周雙邊,白口,單魚尾。框高19.7釐米,寬15釐米。題"明豐陽俞文彬校釋;檇李周從龍重雕"。前有周從龍《鐫名蹟蒙求二編題詞》。《續編》題"豐陽俞煥章廷授;檇李周從龍重雕"。後有萬曆三十二年(1604)六委齋(周從龍)跋。

此爲蒙學讀物,以李瀚《蒙求》韻目排列。

是書之刻,緣於從龍爲子挾笈讀書,以謀童而習之,而白首也能裨於用者之書,然搜括塾師傅本,均感俚瑣蕪漫。後得《小四書》中《史學提要》、《三注故事》中《蒙求》二種,以爲史家之筌蹄,並以之課兒,日誦《史要》八句,夕解《蒙求》一條。又得建本《蒙求》,刪潤釋注,手繕付梓,二十年後,板刻漫漶寡傳。其序云:"不日,意司理端州,與聞俞氏刻本,購之再三,始得寓目。""苞舉古今上下數千載間,人物媸惡,軌轍馨穢,犁然指諸掌矣。蓋此書屬詞比事,屬一句可以紬繹賢哲,可以纚指往蹟;比二語可以諧合對偶,可以諗知聲韻。一切學史、學律、學賦、學詩,棄簡此書,且括囊薈蕞,即耆儒多蓄發笈,不無遺佚,況蒙養腹笥,臨文豈患蹇膚哉?余特出諸塵土中,重授剞劂。"

《原本名蹟蒙求》存卷上。

《四庫全書總目》未收。《中國古籍善本書目》也未著録。

1677　明末刻本新刻增校切用正音鄉談雜字大全

T5788/2003

《新刻增校切用正音鄉談雜字大全》二卷。明末刻本。一册。半頁十行二十六字、二十七字不等,四周單邊,白口,單魚尾或無魚尾。框高20.7釐米,寬11.5釐米。

是書分二卷,上卷爲天文門、時令門、地理門、人物門、身體門、鳥獸門、魚蟲門、草木門;下卷爲宮室門、器用門、飲饌門、食物門、衣服門、布帛門、珍寶門、文史門、人事門、數月門、通用門。每字先以鄉字列前,正音於後。如丈人丈母,正音爲岳父岳母;八月十五,正音爲中秋;月不明,正音爲月朦朧。

《四庫全書總目》未收。《中國古籍善本書目》未著録。

鈐印有"□安圖書"。

1678　明刻本新刻全補評注文豹金璧故事　T9299/8222

《新刻全補評注文豹金璧故事》四卷。明刻本。二册。半頁十一行二十三字，四周單邊，白口，無魚尾，眉端上刻評。框高 20.5 釐米，寬 11.8 釐米。序佚去。

《四庫全書總目》未收。《中國古籍善本書目》未著錄。

鈐印有"詩政堂暴書"、"至誠堂"。

1679　清康熙刻本茹古略集　T9299/2131

《茹古略集》三十卷，明程良孺撰。清康熙六十年(1721)程大畢韻樓刻本。十册。半頁九行二十字，四周雙邊，白口，單魚尾。書口下刻"韻樓"。框高 20.6 釐米，寬 14.2 釐米。題"楚孝感程良孺穉脩父著"。前有清康熙五十九年(1720)李樹德序，明陳繼儒序，明方逢年序，明崇禎六年(1633)陳盟序，明傅淑訓序，明崇禎六年吳楨序，薛寀序；明崇禎四年(1631)程良孺自序；原校訂姓氏；清康熙六十年程大畢識語。

程良孺，字穉修，湖北孝感人。早喪父，弱冠名於庠，孝友著於鄉。長古文詞，受知督學董其昌。以恩選貢入成均，崇禎元年知行唐縣，後調河南涉縣，擢南光祿署正，遷户部主事，管鳳陽倉。崇禎八年正月以賊犯鳳陵解任回籍，家居十二年，寄跡晴川黃鶴間。崇禎十七年，起户部員外郎，卒於任。著有《讀書考定》、《韻樓詩集》等。《(光緒)孝感縣志》卷一四有傳。

是書列三百九十四類，自卷一天、日、月、雲始，至卷三十蟲、蛙、蠶等終，舉凡天地日月、鳥獸蟲魚、飲食衣履、庭園樓閣、宗族姓氏、人事風俗、官職仕履、釋道鬼神等等，無不搜羅類舉，採擷前人藻麗之辭，聯爲偶語。每句下以小字標明出處。

是書初刻於崇禎四年，爲程氏韻樓自刻本，《中國古籍善本書目》著録中國國家圖書館、北京大學圖書館等數家館藏。《四庫全書存目叢書》據中山圖書館藏崇禎刻本影印，其本版心鎸"韻樓藏板"，卷端題"楚人程良孺穉脩父著；男程正揆端伯父較；師董其昌玄宰父訂"。

此本則康熙六十年程氏後人程大畢所刻者。程大畢識語云："先大父農部公生平篤行好學，著有《讀書考定》、《茹古略》、《韻樓詩》諸集，啓、禎年間先後成帙，一時紙貴。明季兵燹之餘，城郭丘墟，原版悉作灰燼。先司空搜尋遺書數十年，始得《茹古略》全集，嘗示大畢兄弟輩曰：此集學問淹貫，胸中若無萬卷，不惟不能著，亦且不能讀，當再付梨棗，俾行於世。迨丙辰秋，先司空捐館，大畢兄弟跪受此集，藏之笥中。大畢浮沉宦海，彈指四十餘年矣。既不能讀祖父書，而先大父著作苦心，又不克表見於文治丕興之世。則後人失守之罪可勝言哉？今遵先司空遺命，謹依原本重鎸，以質諸海內之績學者。"

此本有扉頁，刻"茹古略"。"玄"字避帝諱。

《四庫全書總目》子部類書類存目著録。《中國古籍善本書目》著録明崇禎四年韻樓自刻本，不收此本。《中國科學院圖書館藏中文古籍善本書目》著録此本。

1680　明萬曆刻清康熙印本尚友錄　T2257/0277

《尚友錄》二十二卷，明廖用賢輯。明萬曆刻清康熙印本。十二册。半頁七行二十字，四周單邊,白口,無魚尾。書口下刻字數並間有刻工。框高21.3釐米,寬13.2釐米。題"閩綏安賓于廖用賢編纂"。前有天啟元年(1621)商周祚序,康熙五年(1666)陸求可序,萬曆四十五年(1617)廖用賢序;《凡例》十二則。

廖用賢,字賓于,號吸露齋居士,福建綏安人。諸生。與同里陳一言等結詩社,唱和無虛日,四方詞客至者,多主其家,去則贈以金。家漸落,不少惜。又有《吸露齋集》。

孟子《萬章下》云:"以友天下之善士為未足,又尚論古之人。頌其詩,讀其書,不知其人可乎?是以論其世也,是尚友也。"是書蒐采古人事實,彙編自周秦至南宋人小傳,仿照《萬姓統譜》例,以韻為綱,以姓為目,諸所紀載,詳略失宜,無所考證,蓋亦為應俗作也。

陸求可序云:"廖君賓于,昔樵川宿學也,嘗彙集古人事實,以韻為綱,以姓為目,一展卷而如見其家世焉,如見其生平焉,名曰《尚友錄》,行世久矣。余視學茲土,得其書而閱之,掩卷歎曰:為此書者,匪但尚友古人,其亦有資初學乎?夫以韻為綱,按韻而得其姓,則不至於泛;以姓為目,按姓而得其人,則不至於漏。不泛不漏,凡古人一言一行,無不歷歷目前,可無我不見古人之恨矣。或曰是書非尚為考姓問族,惟取有資於詩文者採之,今人贈答詩文,率皆拾取。古人姓字,餖飣湊合,全無義味。為此書者,得無開若輩一便門乎?余曰否否,善友古人者,不若是杜子美作詩,字字必有來歷,其雄渾之氣,自然高老,獨成大家,豈淺見寡聞者所可望其涯際耶?至於點鬼遺譏,祭魚致誚,雖日取古人之前言往行而識之,豈廖君尚友之志也哉!"

《凡例》云:"《尚友錄》一如《萬姓統譜》所編,分列各韻之下,其事實則《世說新語》、《初潭集》、《氏族大全》、《姓源珠璣》、《一統志》、《廣輿記》、《高士傳》、《聖門人物志》、《百將傳》、《列仙傳》,十收其九,間取《綱目》、《通鑑》、子史諸書,以補其遺。""是書原非尚為考姓問族而設,惟取有資於詩文者採之。標以尚友,志景仰也。故芳行懿軌,雖單詞片長必錄。至僉人穢跡,間或及之,然千百中僅僅一二耳。""不佞資穎最拙,因手錄是書,以佐遺忘,初非有意於傳也。邇以請正大方,謬謂有裨初學,故不揣遼豕,遂為木災。其刪繁補漏,則深有望於博雅之君子。"

此本有扉頁,刻"尚友錄。大中丞商公鑒定。漱潤堂藏板"。"玄"字不避帝諱。刻工有王、吳卿(在《凡例》第一頁後)、吳國卿(在廖序第三頁)。按,天啟元年商周祚序並無刻書記載,而廖用賢序中有"其鳩工助費,則郢中胡父母居多;至引緒發端,則若下蔡公祖為倡"。則此本或在萬曆四十五年刊刻,又因有康熙五年陸求可序,或可作明萬曆刻清康熙印本。又按,卷一第一頁第一行"尚"字、第三頁第一行"翁"字右上角皆有缺損,此兩處及它處斷板皆與北京師範大學圖書館所藏明天啟元年刻本相同,北師大本或佚去康熙五年陸求可序?

《四庫全書總目》入子部類書類存目,《四庫全書存目叢書》第218冊收入,底本為北京師範大學圖書館所藏。《中國古籍善本書目》著錄明天啟元年刻本,上海圖書館、南京圖書館、北京大學圖書館等十九館入藏,疑其中或有佚去康熙五年陸求可序者。又日本內閣文庫有三部。

1681 清康熙刻本十三經類語   T9299/6144

《十三經類語》十四卷,明羅萬藻輯,明魯重民注。《十三經序論選》一卷,明何兆聖輯。清康熙五十五年(1716)潘育龍刻本。八冊。半頁九行二十字,四周單邊,白口,單魚尾。框高23釐米,寬15.2釐米。題"豫章羅萬藻文止輯類;西湖魯重民孔式纂注"。前有羅萬藻序,康熙五十五年潘育龍序;明崇禎十三年(1640)魯重民撰《紀略》十則;《十三經書目》。

羅萬藻,字文止,江西臨川人。天啟七年舉於鄉。崇禎中行保舉法,祭酒倪元璐以萬藻應詔,辭不就。福王時爲上杭知縣。唐王立於閩,擢禮部主事。未幾卒。《明史》卷二八八有傳。

此書取十三經中語句,分類編排,釐爲君臣類、君德類、君道類、德範類、敬天類、法祖類、正位類等一百三十餘類,並加注語。

魯重民撰《紀略》云:"是集孺侄何子游江右歸,出以相示,云得之文止先生笥珍。予諦觀數過,約略似鼎湖施先生《五經類語》,而取事徵詞,簡核精當,俾閱者睹指識歸,殆又過之。嘆其嘉惠後學良深且厚,第惜中未加注,褰裳問渡,猶未免有望洋之嘆。因取注疏大全及諸集注,爲之句櫛字比,以期意明理達而止。稿凡三易,具有苦心。至集中去取,大凡條列如左,亦以予閱時之所會心,不敢不以告之同人也。"

《四庫全書總目》子部類書類存目著錄,指出此爲託名羅萬藻之作,其中云:"是書因坊本《五經類語》,更取十三經廣之,分一百三十四類。杭州魯民重(當爲重民,下同)又爲之注。按萬藻雖僅以時文名家,而所學具有原本。其時文幽渺湛深,純以意運,亦決不用此餖飣之功。況其時張溥與張采立復社,艾南英與章世純、陳際泰及萬藻立豫章社。會南英選刻時文,塗乙過當,爲衆所訛。乃取己及三人之文,亦分合作摘謬二例,塗乙其半,刊以示公。溥等因以離間其交。世純、際泰皆爲所動,而萬藻恬於名譽,獨不從溥。今此書之首乃有溥序,與當日情事尤爲乖剌。殆民重託稱萬藻,籍豫章社之名以行,又僞撰溥序,藉復社之名以取重。總之坊賈伎倆而已。"

按,上海圖書館等藏有明崇禎刻本《子史類語》,北京大學圖書館等藏有明崇禎十七年刻本《經史子集合纂類語》,與此書頗類,而皆署魯重民輯。此書《凡例》出自魯重民之手,於諸經語句選取之例一一條列,頗類作者口吻,而稱此爲其"閱時之所會心",恐爲掩飾之語。四庫館臣所指蓋得其實。

此書蓋初刻於明崇禎十三年。《中國古籍善本書目》著錄明崇禎十三年刻本,清華大學圖書館等三家館藏;又明崇禎金閶東觀閣、臣古齋刻本,僅甘肅省圖書館一家藏。此本則康熙五十五年潘育龍重刻者。潘氏序云:"適一友人持《十三經類語》一函見惠,啟視之,乃豫章羅文止先生所輯。條分縷晰,詮釋精當,爲卷一十有四,爲類百三有奇……於諸經之散布者統會之,廣博者截取之,則用力少而成功多,人人可致,亦人人可讀。有裨於窮經之定用,不存乎通經之虛名。猶得疑其割裂、議其掛漏乎?因重梓之,匪曰掠美,不過用廣其傳,以誨後學耳。"

此本有扉頁,刻"十三經類語。弘遠堂藏板"。"玄"字避帝諱。

《中國古籍善本書目》不收。《清華大學圖書館藏善本書目》、《東北地區古籍綫裝書聯合目錄》著錄。

1682　清康熙刻本卓吾增補素翁雜字全書

T9308/4448

《卓吾增補素翁雜字全書》一卷《家中書札》一卷《卓吾李先生校士民切要帖氏手鏡》一卷《李卓吾先生較士民切要閱約契式手鏡》一卷。清康熙八年(1669)書林千賦堂刻本。二冊。上下兩欄,下欄半頁十行,大小字相間不等,四周單邊,白口,無魚尾。框高22.4釐米,寬12.1釐米。卷首有《百家姓》、《小兒論》。

正文分上下兩欄,上欄爲"雜字",一字一圖,並加直音注釋。下欄爲"增補素翁指掌雜著全集",題"王百谷先生注釋;陳眉公先生選集"。列舉各類名物,並加簡要注解,所列類目包括魚蝦、食味、五谷食味、蔬菜、果子茶料、花草、竹木、五穀、蟲蛇、禽、獸、漁獵、船隻、冠冕衣服、金銀首飾靴鞋、系帛、綵色、女工、木器、竹器、磁器酒器、石器米器、樂器玩器、鐵器軍器、寶貝、農具、雜貨、宮室、百工技藝、商賈、番國、身體、病症、人事、訟獄、通用、俗語、數目、天文、地理、時令、人物、官名、文房四寶、喪祭、釋道諸門。

《家中書札》錄各類書信之例，如父外與子書、父寄子書、子外奉父書、子寄父書、兄外寄弟書、弟家奉兄書等，文間亦有簡要注釋。《卓吾李先生校士民切要帖氏手鏡》錄各類行帖之式，如請祖壽旦帖式、請族尊長生日、請飲春酒、請名望尊長陪客帖式、請兄送行帖式、請弟輦帖式、請侄孫帖式等等，名類繁多。其上欄刻服制。《李卓吾先生較士民切要関約契式手鏡》錄各類関約契文之寫法，如舉業學関、訓蒙學関、兄弟分関、同本合約、包造関約、地方禁約、田園禁約、墳山禁約、田禾禁約、買田契式、買屋契式、買山契式、錢糧收帖、買牛契式、買妾契、買養男女券、重娶婚書、船户河交、催腳夫契。此皆指導民間日用，可依樣撰寫者。

此本有扉頁，刻"卓吾增補素翁雜字全書。一增批柬帖式。一增関約文契。一集四言對相。一集百家姓文"。書末有牌記"書林千賦堂梓行"。

此本諸家書目多未著錄，唯據"日本所藏中文古籍數據庫"著錄，京都產業大學圖書館、東京大學附屬圖書館藏有此本。另《內閣文庫漢籍分類目錄》著錄有明王仰庭刊《增補素翁指掌雜字全集》，日本《國立國會圖書館漢籍目錄》著錄清康熙十年衛前林玉辰刊《增補素翁指掌雜著全集》一卷，其內容當與此本類似。

1683　清初刻本增廣幼學須知鰲頭雜字大全

T9308/2728

《增廣幼學須知鰲頭雜字大全》四卷。清初刻本。一冊。上下兩欄，下欄半頁十行，大小字相間不等，四周單邊，白口，單魚尾。框高21.5釐米，寬12釐米。

此書內容與《卓吾增補素翁雜字全書》類似，亦為幼學啓蒙及便民實用之小類書。分卷首、卷中、卷全、卷末四部分。

"卷首"包括天文輿地圖、小兒論、百家姓、歷代帝王總紀、算盤定式、貴賤貧富八字詩訣；上欄間雜有歷代國號歌、孔門弟子、歷代名賢、稱呼類等。

"卷中"上欄為雜字，一字一圖，並直音注音。下欄題"新增幼學須知鰲頭雜字大全"，列舉各類名物，其類目與《卓吾增補素翁雜字全書》大體相同。

"卷全"上欄為文公家禮親眷稱呼、文公家禮婚聘帖式、文公家禮喪祭儀式、木主式等；下欄題"新鐫幼學須知家禮大全"，下刻"文萃堂刊行"數字，內容包括世事請帖體式便覽、人品稱呼、果品稱呼、餚饌稱呼、書器稱呼、衣服稱呼、珍寶稱呼、花木稱呼、禽獸稱呼、時令稱呼、婚聘全啓、服制圖等。

"卷末"上欄題"增補雜字大全"，內容為各類契約文書之實例，包括兄弟分関、買田契、買屋契、買山契、買墳地、買妾契、買養男女契、同本合約、佃田批式、認佃批式、錢糧收批式、禁田禾、墳山禁約等。下欄題"新鐫幼學須知書札便覽"，內容亦為父寄子、兄寄弟、夫寄妻、妻寄夫等，與《卓吾增補素翁雜字全書》略有異同。

此本有扉頁，刻"增廣幼學須知鰲頭雜字大全。天文地輿圖、歷代國號歌、聖賢問答詩、歷代名賢考、歷代帝王總紀、音郡百家全姓、孔門弟子名號、指掌通用雜字、詳明算法、冠婚禮文、文公家禮、喪祭儀式、秤命總論、書柬帖式、稱呼套語、契狀関約。戊午孟冬文萃堂梓"。卷末有牌記"戊午歲孟冬新鐫，書林文萃堂梓行"。"戊午"，或即康熙十七年。

此書諸家書目多不見著錄，唯日本《東洋文庫所藏漢籍分類目錄》子部雜家類著錄清康熙十九年文萃堂刻本《增廣幼學須知鰲頭雜字大全》三卷首一卷，未知是否即此本，或稍後翻刻本。

鈐印有"芷蘭亭"。

1684　清抄本牧齋紅豆莊雜錄　　T9309/8508

《牧齋紅豆莊雜錄》三卷。清抄本。六冊。半頁八行十六字，左右雙邊，黑口，單魚尾，框格墨色刷印。框高15.4釐米，寬10.5釐米。

卷一爲天、日、月、星、雨、雪、霜、風、雲、霧、露、雷電、虹、冰、霽、春、夏、秋、冬；卷二爲元日、人日、立春、上元、社日、寒食、上巳、端午、七夕、中秋、重陽、冬至、除夜、雜日、山嶽（附石）、海、江、湖、泉、臨安、蘇州、潤州、湖州、常州、越州、台州、婺州、建康、宣州、饒州、壽州、廬州、江州、吉州、贛州、撫州、袁州、揚州、真州、泰州、淮安軍、高郵軍、無爲軍、安豐軍、和州、蘄州、光州、潭州、永州、鄂州、衡州、常德府、江陵府、邵州、成都、崇慶府、眉州、綿州、雅州、邛州、夔州、歸州、瀘州、昌州、岡州；卷三爲竹、笋、墨竹、柳、梅、臘梅、紅梅、牡丹、芍藥、海棠、桃、李、梨花、杏花、櫻桃、酴醾、石榴、蓮、桂、菊、芙蓉、水仙、橘、山礬、落花、帝王符瑞、聖製、聖翰、聖壽、皇后、太子、妃嬪、公主、宰相、樞府、尚書、侍郎、御史、諫官、給事中、翰苑、中書舍人、館閣、郎官、鄉監、史官、京尹、郡守、縣宰、縣尉、將帥、儒將。每類集古書中相關典故詞語，所引多前人詩文及筆記雜著等。

此書舊無刻本，僅以抄本流傳，各本於書名、卷數、著者皆有異。《清史稿藝文志補編》子部類書類著錄有《紅豆山莊雜錄》不分卷，錢謙益編；集部別集類又著錄有《紅豆村莊雜錄》二卷，柳是撰。《中國古籍善本書目》子部類書類著錄有《紅豆莊雜錄》抄本兩部及《紅豆村莊雜錄》抄本三部。《紅豆莊雜錄》不分卷，題清錢謙益輯，一爲清初抄本，有清丁丙跋，藏南京圖書館；一爲清汪氏桃花潭抄本，藏重慶市圖書館。《紅豆村莊雜錄》題清柳是輯，其中兩部皆乾隆抄本，一卷，有清魚元傅跋；一部爲清抄本，二卷，皆藏上海圖書館。另《北京大學圖書館藏古籍善本書目》著錄《牧齋紅豆莊雜錄》清抄本，不題卷數及著者。

據《柳如是事輯》（范景中、周書田編，中國美術學院出版社2002年版）引丁國鈞《荷香館瑣言》云："江南圖書館有精抄本《紅豆莊雜錄》一卷，共一百五十二葉，分二冊，署'虞山錢謙益牧齋氏纂'，分天文、地理、時令、人倫、人事、花木、器用、禽獸、蟲魚各子目，分摘故實，注明出處，洵《海錄碎事》之亞。有白文'明善堂所見書畫記'、朱文'安樂堂藏書'二印，知曾爲怡府所收藏者。此書於吾邑舊家曾見抄本，署'琴川柳如是纂'，有蒙叟小引，大略言與河東君避暑別墅，君刺取各書所成云云。當得其實。此署牧齋名，殆後人改題以炫售者，殊失本來面目。"

丁國鈞所見江南圖書館藏精抄本，當即《中國古籍善本書目》著錄之南京圖書館所藏清初抄本，此本又見於丁丙《善本書室藏書志》卷二〇，其本所分各子目與館藏此本似有不同。

按，柳是本姓楊，名愛，後改今名，字如是，早年爲名妓，後歸錢謙益爲側室。紅豆莊爲錢氏晚年與柳如是共居之處。《牧齋遺事》云："庚寅，絳雲樓災，錢攜柳居於紅豆村莊，其地有紅豆樹一株，故名。良辰勝景，錢偕柳必放舟於湖山佳處。"又云："芙蓉莊在吾邑小東門外，去縣治三十里，白茆顧氏別業也。錢宗伯爲憲富臺卿玉柱公之外孫，故其地後歸於宗伯。莊有紅豆樹,又名紅豆莊。"(見周法高《錢牧齋柳如是佚詩及柳如是有關資料》,三民書局1978年版)徐兆瑋有《芙蓉莊紅豆録》,專輯有關錢、柳紅豆莊遺文佚事。《紅豆莊雜録》或《紅豆村莊雜録》究係錢氏或柳氏之作,亦或託名之作,尚待詳考。

各卷卷端及尾題"牧齋紅豆莊雜録"中"牧齋"二字或剜掉,或以墨筆塗蓋,蓋乾隆間錢謙益著作遭禁毁,此亦涉違礙而剜去"牧齋"二字。唯墨筆塗蓋之處,隱約可見"牧齋"二字;卷前總目及卷二題名剜紙處,爲後人墨筆補入"牧齋"二字。"玄"字、"弘"字皆未避諱。

鈐印有"惟善"。

1685　清康熙刻本三才彙編　　T9301/0842

《三才彙編》六卷,清龔在升撰,清顧珵美增補。清康熙五年(1666)毛氏汲古閣刻本。四册。半頁九行二十四字,左右雙邊,白口,單魚尾。框高20.6釐米,寬13.4釐米。有圖。眉端鐫批。題"嘉善龔在升聞園纂輯;同學顧珵美輝六增著;學人毛褒華伯參訂;男龔銘皋淑如同校"。前有康熙五年龔在升序。

龔在升,字聞園,號惕庵,浙江嘉善人。清順治十六年進士,官蘇州府推官。後改湖廣通山令。事見《(光緒)重修嘉善縣志》卷一九。

本書分類編纂,爲科舉對策之用。每卷前有類目,如卷一聖學、君道、三垣圖、經星圖、象緯、五行、星變日食等;卷二官制、武職、勳封、品禄、詮選、考課等;卷三舉士、辟舉、賢良方正、孝廉、武舉、國學、郡邑學等;卷四田賦、役法、職役、户口、國用、鹽法、漕運、屯田等;卷五郊社、宗廟、明堂五帝、山川封禪、籍田、朝儀等;卷六兵制、教閲、任將、陣法、水師、火攻、馬政等。

龔在升序云:"弱冠而後,尚屈首諸生間,取歷代書史與諸家考志圖編之説,上自象緯,下及輿圖,中蒐人事,分題編輯,窮究二千餘載之始末,參諸當代之因革廢興。雖不敢云網置群秀,潤色鴻圖,而漁獵百家,規摹史漢,亦足爲弘覽之一助。卷帙未竟,困於簿書,每當簾捲雲開、鴉啼吏散時,檢點故篋,見手墨猶鮮,恒不忍置……同學顧子輝六以爲是書明乎古而不悖於今,通乎今而不泥於古。誠可爲留心時務者之輪轅楫筏,強余鋟成問世,於是重加詮次,補缺刪繁,圖則信而有徵,論惟典而必備,條分縷析,綱舉目張,事若列眉,言皆觀火。"

《四庫全書總目》子部類書類存目著録。《中國古籍善本書目》著録,中國科學院圖書館、上海圖書館等九家館藏。另《香港中文大學圖書館古籍善本書録》亦著録,云上海圖書館等藏本有扉頁,題"三才彙編。嘉興龔聞園先生纂輯。虞山汲古閣藏板",並有康熙五年葉方藹、徐元文序。此本闕二序,亦無扉頁。卷端所題參訂者毛褒,爲毛晉次子。

1686　清康熙刻後印本類書纂要　　T9301/7226

《類書纂要》四十卷,清周魯輯。清康熙刻後印本。三十二册。半頁十行二十字,左右雙邊,白口,單魚尾。框高21.2釐米,寬13.8釐米。前有康熙三年(1664)黄機序;《凡例》八則。

周魯,字南林,江蘇無錫人。

《四庫全書總目》子部類書類存目著録《類書纂要》三十三卷,《續修四庫全書》據遼寧省圖書館藏清康熙侯呆刻本影印,扉頁刻"姑蘇三槐堂藏版,翻刻者千里必究"。此本與影印本内容次序頗有差異。影印本類目依次爲天文、地理、歲時、地輿、統系、三教、年齒、人倫、人道、雜藝、百工、姓譜、姓譜補遺、列女、人事、文史、珍寶、布帛、衣服、身體、飲食、花草、樹木、果蔬、器用、樂音、祭器、宮室、飛禽、走獸、鱗介、昆蟲諸類。此本類目依次爲：卷一《天文》，卷二《歲時》，卷三至四《地理》，卷五至六《皇輿》，卷七《世系》，卷八《人物》，卷九《人倫》，卷一○《人品》，卷一一《技藝》，卷一二《三教》，卷一三至一五《官職》，卷一六至二○《人事》，卷二一至二二《文史》，卷二三《宮室》，卷二四《珍寶》，卷二五《器用》，卷二六《布帛》，卷二七《衣服》，卷二八《身體》，卷二九《飲食》，卷三○《花》，卷三一《草木》，卷三二《果蔬》，卷三三《飛禽》，卷三四《走獸》，卷三五《鱗介》，卷三六《昆蟲》，卷三七至四○《姓譜》、《姓譜補遺》。

此本卷一至三六卷端題名及版心題名"類書纂要"四字似皆經改刻，或原有他名。唯卷三七至四○《姓譜》、《姓譜補遺》之卷端、版心題名未經改刻，其字體、版式明顯與前三十六卷不同，爲十一行二十二字。前三十六卷卷端皆無作者署名，卷三七至四○卷端則題"武林次辰黃太史鑑定；無錫周魯南林輯；同邑侯杲仙蓓參"。卷前目錄之卷三七至四○目錄亦明顯爲後印增入者。

黃機序云："卯辰間予讀書西湖僧舍，時四方之從游者衆。錫山南林周子、仙蓓侯子問業獨勤。予覽其文章氣概，皆命世才。侯子果以子丑捷，而周子困於諸生幾二十年，鬱鬱不得志，因退而著書。夫周子固博學好古士也，專志撰述，寢處墳索，出入經史，搜奇討幽，無有遺缺。而仙蓓宰浙之宣平，以臥治之餘，日延南林相與闡玄微，正謬舛，或大書以題綱，或細書以悉目。分門別類，合璧連珠，彙成一書，曰《類書纂要》。"

此本有扉頁，刻"類書纂要。周南林手纂。無錫天和堂藏版，翻刻者千里必究"。

《中國古籍善本書目》不收。諸家著錄者多姑蘇三槐堂藏板之三十三卷本，上海圖書館藏有此本。

鈐印有"耀齋"、"吳珠之印"、"淮濱"。扉頁有墨筆書"梅川耀齋吳氏藏書"。

1687　清康熙刻本三才藻異

T9301/769

《三才藻異》三十三卷，清屠粹忠撰。清康熙二十八年(1689)栩園刻本。三十冊。半頁八行十九字，四周雙邊，白口，單魚尾。版心下刻"栩園"。框高19.3釐米，寬14.3釐米。題"古堇屠粹忠芝巖著；彭城李蟠儼李校"。前有張瑤芝序，余吉序；康熙二十八年屠粹忠自序；《凡例》七則。

屠粹忠，字純甫，號芝巖，浙江定海人。順治十五年進士，謁選得封邱知縣，遭河患，諸務畢舉。累官至兵部尚書。有《采芝堂詩》、《兩浙輶軒錄》。事見《國朝耆獻類徵初編》卷五一、《顏氏家藏尺牘》附姓氏考。

是書取故實可備題詠者，分類標題，總列爲象緯而人物名者、形勝而象緯名者、形勝而人名者、形勝而器物名者、形勝而植物名者、形勝而動物名者、物類而象緯名者、物類而形勝名者、境物而人體名者、人而奇行傳者、藝術而絕勝者、仙釋而異著者、隱逸而名傳者、人而別號傳者、事傳而無姓名者、列女而異傳者、閨秀而詩傳者、器物而人名者、器物而植物名者、器物而動物名者、植物而人名者、植物而器物名者、植物而動物名者、動物而人名者、動物而器物名者、動物而植物名者、境物而異名者、物類而色異者、境物而重名者、境物而數計者、物類而互名者、人物而變化者、物類補遺，共三十三類，各爲一卷。

此書編纂歷經二十餘年。屠氏自序云："是集也，始於今上御極之二年，終於甲子春仲，歷二十有四載而讎校始成……迨乙丑夏,余陳情歸養,諸友好事分校付梓,名曰《藻異》,實平平無奇耳。"屠氏自序署"康熙己巳孟夏屠粹忠芝巖題於栩栩園",版心所刻"栩園"即屠氏室名,此其自刻之本。

此書體式,於每類下列小題,其目盈萬,各括以四言二韻,並加以簡單注解。《凡例》云:"定格以十六字爲率,或箴或銘,或贊或頌,或歌或謠,不拘繩轍。注止一行,取簡飭也。""敘目皆取對偶,前後錯綜,即古人堯韭配舜華、七松處士對五柳先生意。""選題皆取別名,凡一類收者,餘不重錄。間有一二,不過截取以補不足。"

《四庫全書總目》子部類書類存目著錄,稱此書"蓋類書之支流,而蒙求之變體也。然裒積成文,繁蕪無當"。《中國古籍善本書目》著錄,北京大學圖書館、清華大學圖書館等七家館藏。日本《內閣文庫漢籍分類目錄》著錄清康熙刻本,或即此本。《四庫全書存目叢書》第 228—229 冊據清華大學圖書館藏本影印。

1688　清康熙刻本古事比

T9308/0252

《古事比》五十二卷,清方中德輯。清康熙四十五年(1706)書種齋刻本。十六冊。半頁九行二十一字,左右雙邊,白口,單魚尾。書口下刻"書種齋"。框高 21 釐米,寬 13.4 釐米。題"桐山方中德田伯輯著;邵陽學人王梓琴伯較"。前有康熙四十五年阮爾詢序,康熙二十一年(1682)黃虞稷序,康熙四十五年陳至言序,方中德自序;《凡例》十一則;所採書目。

方中德,字田伯,號依巖,安徽桐城人。方以智長子。以智搆難,時中德年十三,撾登聞鼓,訟父冤。父出亡,偕諸弟徒步追從。敦行孝友,隱居不仕,年八十猶讀書不輟。又有《遂上居集》、《尚論參觀》、《諸儒集要》、《讀史指掌》等。事見《明史稿》卷五〇〇、《明代千遺民詩詠》卷八及此本黃虞稷序。

此書採古事之相類者,排比成編,以事爲經,以人爲緯。所列"《古事比》所採除經史外"書目,有《通鑑總類》、《初學記》、《萬花谷》、《事文類聚》、《唐類函》、《合璧事類》等六十多種。據方中德自序,此書乃遵父命而爲之。漁獵史傳,有一言一端之符合者,輒登諸策,又參諸《淵海》、《同書》、《駢志》、《事偶》、《談薈》、《傭吹》等書,合平生所弋獲,類而比之。全書列二百七十餘門,所錄大抵以人事爲主。諸如象緯、輿地、草木、鳥獸各門,亦取其有涉人事者,非涉人事則概不濫攄。

《凡例》於此書採擇之旨有云:"是書專在比事,本與類書不同。乃搜討既久,散無統屬,苦於簡尋,不得不州次部居,分門列目,是亦一類書也。然類者惟取乎多,比則精求其合。類者具其厓略,比則曲折相通。類則止於本事,比則羅其一端,因有數端。類者不過倫品名物之備於策,比則經權常變、成敗得失、是非臧否,凡人情事故,無不條貫而析合之。此比與類之別也。故有一事也,曠世而吻合;一言也,異地而軌同。或一目而臚諸人之姓名,或一語而貫諸人之本末。間有一條或附見而及、或相反而存者,亦有一節連篇累牘、引伸不盡、摘其肯綮而列者。要必有所取,非徒雷同獺祭,以多侈觀也。"

此本爲方氏門人王梓捐俸鋟梓。《四庫全書存目叢書》子部第 233—234 冊據清華大學圖書館藏本影印,與此本爲相同版本,其本卷前有康熙四十五年江皋序、康熙四十五年王梓序及方中德《答閻百詩徵君書》,爲此本所無。王梓序云:"梓於丁巳歲識夫子於楚之竟陵,謬以國士見許,引諸門牆,因得側觀所著《尚論參觀》、詩古文集甚夥。時方輯是編,手出草創見示。中間晤語,未之卒業。越十年,復聚首華山之下,盤桓經歲,誨益愈深。嘗語梓曰:《事比》一書,吾先子志也。析薪鳴鶴,予不敢忘。子倜儻士也,慷慨兼風雅,屬當為我成之。梓敬受命,迄今未嘗去懷。當牧澴川時,與夫子尺一往復,將請是書壽之梨棗。會丁先太孺人憂,未果。迨補授武夷,乃得以是書凡若干卷,捐俸鋟板行世。"書口所刻"書種齋"則為方氏室名。

此本有扉頁,刻"古事比。桐城方田伯先生著。遂上居藏板"。

《四庫全書總目》子部類書類存目著錄。《中國古籍善本書目》著錄,上海圖書館、北京大學圖書館等十家館藏。另日本《內閣文庫漢籍分類目錄》著錄清康熙四十五年序刊(書種齋)本,《京都大學人文科學研究所漢籍分類目錄》著錄康熙四十五年關中門人王梓刊本,當即此本。此書1998年有黃山書社出版校點本。

1689　清康熙刻本淵鑑類函　　　　T9301/1341A

《淵鑑類函》四百五十卷目錄四卷,清張英、王士禛等輯。清康熙四十九年(1710)內府刻本。一百四十冊。半頁十行二十一字,四周雙邊,黑口,雙魚尾。框高17.2釐米,寬11釐米。前有康熙四十九年御製序;康熙四十年(1701)張英等進呈《類函》表;纂修諸臣名銜;《凡例》四則。

張英,見清康熙刻本《諸史提要》。

王士禛,見清康熙刻本《國朝諡法考》。

明俞安期編《唐類函》,取前人類書,刪其重復,分為四十三部。康熙以《唐類函》既缺宋以來書,而唐以前亦有脫漏,遂命儒臣以《唐類函》為藍本,博採元明以前文章事蹟,增其所無,詳其所略,薈為一編。分部及部下小類大體沿《唐類函》之舊,計天、歲時、地、帝王、后妃、儲宮、帝戚、設官、封爵、政術、禮儀、樂、文學、武功、邊塞、人、釋教、道、靈異、方術、巧藝、京邑、州郡、居處、產業、火、珍寶、布帛、儀飾、服飾、器物、舟、車、食物、五穀、藥、菜蔬、果、花、草、木、鳥、獸、鱗介、蟲豸,共四十五部。《唐類函》原有內容皆以白文"原"字標出,新增內容則標以"增"字。

《凡例》關於此書引用書目有詳細說明,云:"蒐採原本《唐類函》,所載《藝文類聚》、《初學記》、《北堂書抄》、《白帖》,旁及《通典》、《歲華紀麗》諸書,此皆初唐以前典故藝文。今自初唐以後,五代、宋、遼、金、元至明嘉靖年止,所採《太平御覽》、《事類合璧》、《玉海》、《孔帖》、《萬花谷》、《事文類聚》、《文苑英華》、《山堂考索》、《潛確類書》、《天中記》、《山堂肆考》、《紀纂淵海》、《問奇類林》、《王氏類苑》、《事詞類奇》、《翰苑新書》、《唐詩類苑》及二十一史、子集稗編,咸與蒐羅,悉遵前例編入。"

所列纂修諸臣銜名包括:總裁張英、王士禛等四人,分纂徐秉義、李錄予等四十六人,校勘官蔡升元、楊瑄等十五人,校錄官沈涵、潘宗洛等六十七人,收掌官吳科、王弘佐等四人。

《四庫全書總目》子部類書類著錄。《中國古籍善本書目》著錄,中國國家圖書館、上海圖書館等多家館藏。另臺北"故宮博物院"、臺灣大學圖書館、日本東洋文庫等皆有收藏。

鈐印有"黃嵩齡印"、"海嶠珍藏"、"福茲藏書"。

1690　清康熙刻本佩文韻府　　　　T5715/1315C

《佩文韻府》一百六卷,清張玉書、蔡升元等輯。清康熙五十一年(1712)至五十二年(1713)

子　部

内府刻本。《拾遺》一百六卷,清汪灝、何焯等輯。清康熙五十九年(1720)内府刻本。一百六十册。半頁十二行二十五字,四周雙邊,白口,單魚尾。框高16.7釐米,寬11.1釐米。前有康熙五十年(1711)玄燁序;康熙四十九年(1710)奉旨纂修監造官員職名姓氏。

張玉書,見清康熙刻本《康熙字典》。

蔡升元,字方麓,號徵元,浙江德清人。康熙二十一年進士。授修撰,充日講起居注官,遷右中允,擢少詹事,直南書房,充經筵講官、内閣學士。後爲左都御史、禮部尚書。六十年,乞假歸,次年卒於家,年七十一。《國朝耆獻類徵初編》卷五八有傳。

此書爲康熙帝特詔儒臣,蒐羅典籍,輯成是編。每字皆先標音訓,所隸之事,凡《韻府群玉》、《五車韻瑞》已採者謂之韻藻列於前,兩家所未采者,别標增字列於後,皆以兩字三字四字相從,而又各以經史子集爲次。其一語而諸書互見者,則先引最初之書,而其餘以次注於下,又别以事對摘句附於其末。原本不標卷第,但依韻鏨爲一百六卷。

玄燁序云:"嘗謂《韻府群玉》、《五車韻瑞》諸書,事繫於字,字統於韻,稽古者近而取之,約而能博,是書之作,誠不爲無所見也。然其爲書,簡而不詳,略而不備,且引據多誤,朕每致意焉,欲博稽衆籍,著爲全書。爰於康熙四十三年夏六月,朕與内直翰林諸臣親加考訂,證其訛舛,增其脱漏,或有某經某史所載某字某事未備者,朕復時時面諭,一一增録,漸次成帙。猶以故實或未極博,於十月復命閣部大臣更加蒐采以裒益之,既有原本增本,又有内增外增。將付剞劂矣,名曰《佩文韻府》,隨於十二月開局武英殿,集翰林諸臣合併詳勘,逐日進覽,旋授梓人,於五十年十月全書告成,共一百零六卷,一萬八千餘頁,囊括古今,網羅鉅細,韻學之盛,未有過於此書者也。"

此書由揚州詩局刊刻,所印一千零二十部,其中將樂紙二百十部,餘皆連史紙本。康熙五十二年九月初十日,李煦有折奏云:"竊臣煦與曹寅、孫文成奉旨在揚州刊刻御頒《佩文韻府》一書,今已工竣,謹將連四紙刷釘十部,將樂紙刷釘十部,共裝二十箱,恭進呈樣。再連四紙應刷釘若干部,將樂紙應刷釘若干部,理合奏請,伏乞批示遵行,解送進京。"硃批:"此書刻得好的極處,南方不必,只刷印一千部,其中將樂紙二百部即足矣。"館藏此本爲連史紙本。

然據乾隆三十九年五月十一日永瑆、王際華、英廉、金簡等請旨,欲將武英殿所存多餘圖書"請照通行書籍之例,慨予通行"。折中所云可知,當年刷印不止此數,似在一千一百部左右。折云:"伏查武英殿修書處刊印各種書籍,向例預備多部,以供内廷傳用陳設,其餘頒賞之外,有蒙聖恩准令通行者,俾願讀中秘之人,交納紙張工價請領,歷久遵行在案。查通行書籍,隨印隨發,存下者甚少。惟預備傳用陳設之書,緣初告成時,各宮殿應行陳設之處,俱經陳設,嗣後即有傳用,爲數無幾,現在存積甚多。又自康熙年來臣工陸續奏進之書,向例不在通行之列,如《佩文韻府》,現存一千九十餘部,此即外進之一種……充溢庫内,不特書籍繁多,日久存貯爲難,且安放多年,將來保無黴蠹。臣等公同商酌,請將前項書籍,無分外進内刊,凡數至一千部以上者,擬留二百部……臣等仰體我皇上嘉惠士林有加無已之至意,合無請照通行書籍之例,慨予通行,俾海内有志購書之人咸得善本,必皆踴躍鼓舞,益感我皇上右文惠士之恩於無既矣。"(見《清内府刻書檔案史料彙編》191頁)

《佩文韻府》之通行書價,可見乾隆三十九年六月二十六日折:"兹據英廉復稱,查得此項《佩文韻府》,向來用臺連紙刷印發售,每部價銀十一兩六錢二分九釐。今次所售因係庫存原板初刊,又係竹紙刷印,是以按照紙色工費,每部銀十二兩四錢六分,較臺連紙書每部增價銀八錢三分一釐……查舊日通行之書,亦有《佩文韻府》,但係臺連紙刷印,每部紙張、工價作銀九兩五錢四分八釐，外加耗餘銀二兩八分一釐，共銀十一兩六錢二分九釐，具係散本散篇，並不裝釘。現在所售庫存《佩文韻府》，因係初刊，字畫明白，又係竹紙刷印，較舊時發售者更爲精好，是以未敢照臺連紙舊價售變。公同酌核，遵照竹紙定舊例，每部作價十二兩四錢六分，亦係散本散篇，並不裝釘。此項《佩文韻府》，原有一千九十六部，奏明存庫二百部，應發售八百九十六部，已賣去四十四部，得價銀五百四十八兩二錢四分，尚餘八百五十二部，現在存庫……奴才查英廉、金簡所復情形，以《佩文韻府》一書，因係庫存初印，又係竹紙本，是以酌增價值，較之通行臺連紙刷印者已增價銀八錢三分，且係草釘散本，若加以裝釘做套，精緻者約需銀二十餘兩，其次亦需銀十餘兩，即每部不下二三十兩以上，較外間書肆所售裝成紙本，其價轉覺浮多。再，查此書共計八百九十六部，自本年五月奏准發售之日起，迄今僅售去四十四部，擬外間尚無貪圖賤價趨買情形，應否交英廉、金簡另議，加增價值，抑或仍照現定價值發行之處，請旨遵行。"（見《清内府刻書檔案史料彙編》194頁）

玄燁序後鈐有"體元主人"、"萬幾餘暇"兩印。此書有翻刻本，嶺南潘氏海山仙館本即是。潘本在卷一第一頁"韻"的後半頁有牌記，刻"嶺南潘氏海山仙館藏板"，又玄燁序後無鈐印，而代之以刻。

《四庫全書總目》入子部類書類，但已析爲四百四十卷。《中國古籍善本書目》著錄，中國國家圖書館、南京圖書館、浙江圖書館等十館也有入藏。

1691　清康熙刻本讀書紀數略　T9301/3642

《讀書紀數略》五十四卷，清宫夢仁輯。清康熙刻本。十册。半頁十一行二十一字，四周雙邊，黑口，單魚尾。框高15.9釐米，寬10.9釐米。題"原任巡撫福建都察院右副都御史臣宫夢仁欽奉俞旨刊刻"。前有康熙四十八年（1709）陳廷敬序；宫夢仁《奏進書摺》；康熙五十年（1711）王鴻緒序；康熙四十六年（1707）宫夢仁撰《凡例》十一則。

宫夢仁，字宗袞，號定山，江蘇泰州人。康熙八年以靜海祖籍舉順天，九年會試第一，十二年殿試，改庶吉士，授御史。出爲河南督糧道。丁憂服除，補湖北驛鹽道，晉山東提學副使，釐正文體，得士最盛。擢通政使司右參議，累遷右副都御史，福建巡撫。後罷歸。著有《文苑英華選》、《英華粹語》、《玉海選》等。卒年八十二。《(道光)泰州志》卷二三有傳。

關於"紀數"之名，《凡例》解釋爲"古聖人創制，前民名以命之，數以紀之之義也"。此書以王應麟《小學紺珠》、張九韶《群書拾唾》爲藍本，採集宋元明事附益之。所録經史子集居大半，而稗官野乘、卮言瑣説亦及之。凡諸書所載故實，有數可紀者，各以類相從。

是書分天、地、人、物四部，部下各分小類。其中天部設理氣、象緯、歲時、曆律四類。地部設廣輪、土田、都邑、城闕、邊鎮、屬域、山川、名勝、朝廟、宫室諸類。人部設統紀、考年、瑞異、稱號、世系、族望、才賢、輔佐、事蹟、法戒、美刺、好尚、辨名、倫品、形體、資學、經籍、藝術、治道、選課、爵秩、貢賦、食貨、軍政、禮制、樂制、刑律、釋氏、道家各類。物部設車旂、珍寶、禮器、樂器、文房、武備、雜具、冠服、飲食、鳥獸、草木各類。總五十四類，類各一卷。

康熙四十六年聖駕南巡，時宫夢仁方罷官里居，以此書進呈御覽，奉旨刊行。王鴻緒云："康熙丁亥春，車駕南幸，駐蹕維揚。宫定山先生以所編《讀書紀數略》五十四卷繕寫進呈行幄，皇上親加披閱，深用襃美，令鋟板行世。蓋以徵引博大，有裨後學故也……先生奉命付開雕氏，不逾年而剞劂成帙，令仲孫柄和恭賫數十部，上達御前，復荷嘉答。稽古之榮，於斯極矣。"據

《四庫全書總目》所云,此書書板亦一併繳進,存貯於内府中。

此本有扉頁,刻"欽奉俞旨刊刻。讀書紀數略"。

《四庫全書總目》子部類書類著錄。此書稿本今存,爲五十二卷,藏故宮博物院圖書館,此當爲宮夢仁最初繕寫進呈之本。此本《中國古籍善本書目》亦著錄,中國國家圖書館、北京大學圖書館等多家館藏。另《内閣文庫漢籍分類目錄》、《東京大學東洋文化研究所漢籍分類目錄》亦著錄。

1692　清康熙刻雍正印本格致鏡原　　　　　　　　　　　T9301/7910C.2

《格致鏡原》一百卷,清陳元龍輯。清康熙五十六年(1717)陳氏刻雍正十三年(1735)印本。三十二册。半頁十一行二十一字,左右雙邊,黑口,雙魚尾。框高16.8釐米,寬10.8釐米。前有雍正十三年陳元龍序;康熙五十六年撰《凡例》九則。

陳元龍,字廣陵,號乾齋,浙江海寧人。康熙二十四年進士,授編修,累擢廣西巡撫,在粵七年,吏畏民懷。所建陡河石隄及三十六陡門,盡復漢馬援、唐李渤故蹟。官至文淵閣大學士,兼禮部尚書,卒諡文簡。

是書所錄皆考訂博物之學,其中乾象類四卷、坤輿類六卷、身體類二卷、冠服類六卷、宫室類二卷、飲食類六卷、布帛類一卷、舟車類二卷、朝制類二卷、珍寶類五卷、文具類四卷、武備類二卷、禮器類二卷、樂器類三卷、耕織器物類一卷、日用器物類四卷、居處器物類二卷、香奩器物類二卷、燕賞器物類二卷、玩戲器物類二卷、穀類一卷、蔬類一卷、木類四卷、草類二卷、花類四卷、果類三卷、鳥類五卷、獸類八卷、水族類六卷、昆蟲類五卷,共三十類。每類下列若干細目。

《凡例》述此書撰作之旨云:"凡類書所以供翰墨、備考訂也。是書則專務考訂,以助格致之學。每紀一物,必究其原委,詳其名號,疏其體類,考其制作,以資實用。比事屬辭,非所取也。故於古來詩賦以及故事一概不錄,以别於他類書。間有關於物之别名與怪異者採百之一。"其所徵引以經史爲主,間採稗編叢書、俗説野乘,援引迄明爲止。每載一物,視其詳略,分别標首,如列總論、名類、稱號、紀異等,略者則不復分析。所引必標明出處,以爲徵信。

是書作於康熙四十四、四十五年陳元龍歸養期間,刻梓於撫粵期間,板藏於家十餘年始序以問世。《凡例》云:"乙酉、丙戌間余乞養旋里,循陔多暇,偶纂是書。"陳氏自序云:"康熙甲申歲陳情歸養,有旨就家中編纂《歷代賦彙》一書,自天文地理人事之繁賾,以迄草木昆蟲之細瑣,按部就班,犂然心目。因就古人所賦之物,推暨古人所未賦之物,一形一質,覈其出處,晰其名類,積爲百卷,題曰《格致鏡原》,藏其藁於家。又十年撫粵,梨直梓工頗廉,遂開雕。甫竣還朝,藏其板於家。又十餘年,蒙恩予告歸里,林泉多暇,取而覆閱之。雖未嘗無闕略,而所薈萃以資學者之考稽,較他書稍詳備矣……因序之以問世。"

此本有扉頁,刻"格物鏡原"。

《四庫全書總目》子部類書類著錄,其云:"皆博物之學,故曰格致。又每物必溯其本始,略如《事物紀原》,故曰鏡原也。其採擷極博,而編次具有條理。又以明人類書多不載原書之名,攘古自益,因各考訂所出,必繫以原書之名。雖所據間出近代之本,不能盡泝其源,而體例秩然,首尾貫串,無諸家叢冗猥雜之病,亦庶幾乎稱精核矣。"

《中國古籍善本書目》著錄,北京大學圖書館、清華大學圖書館等十幾家館藏。另日本《東洋文庫所藏漢籍分類目錄》、《東京大學東洋文化研究所漢籍分類目錄》、《京都大學人文科學研究所漢籍分類目錄》亦有著録。《增訂四庫簡目標注》稱此書有"江西、蘇州翻刻本",館藏另一部《格致鏡原》,行款版式皆與此本同,而非同版,其"弘"字避諱缺筆,當即據此本翻刻者。

鈐印有"金桃書屋藏"。

1693 清雍正刻本經濟類考約編

T4681/3848

《經濟類考約編》二卷,清顧九錫輯。清雍正八年(1730)積秀堂刻本。二册。半頁九行二十五字,左右雙邊,白口,單魚尾。框高19.1釐米,寬11.4釐米。題"廣陵顧九錫臨邛氏輯著;同學諸子參訂;西園書屋重校"。前有龔鼎孳序,康熙六年(1667)馬世傑序,康熙七年(1668)劉梁嵩序及顧九錫自序;《凡例》八則;同學參訂姓氏五十一人。

顧九錫,字臨邛,江蘇揚州人。龔鼎孳贊其詩文"吟詠性情,斟酌境地,位置王孟,出入韓歐,何其肆至而不窮也"。所著是書,見於《(雍正)揚州府志·藝文志》,然無傳記可考。

顧氏抄輯歷代有關經世濟民之序跋文字,彙爲一編,區爲四十八類,釐爲上卷二十二類:法象、曆數、形勝、帝系、聖學、儲貳、郊祀、宗廟、禮制、樂律、學校、封建、文廟、道統、心性、文章、經學、史學、謚號、氏譜、字學、要書考也;下卷二十六類:取士、建官、銓敘、考課、守令、諫職、幸職、將帥、田制、兵制、賦稅、財用、户口、徭役、屯田、水利、鹽法、錢幣、河漕、馬政、黃河、征榷、荒政、弭盜、刑罰、災祥考也。上卷諸類學問之事居多,下卷諸類經濟之事居多。尚有不能別爲一類者,附入各類後,於目錄中一一標明。每條下注明出處以備稽考。每條下有雙行小字者,俱係前人陳言,顧氏以爲有所發明者,引於此作注。每類後各有小略,爲顧氏綜覈考辨、讀書銘志之論。顧氏五易其稿,爲便於囊笈之攜,删削篇幅,只存大綱要旨,故名其書"約編"。

是書爲清代禁書,《清代禁書知見録》著録,只因内有"貳臣"龔鼎孳序而爲安徽巡撫閔鄂元奏繳,於乾隆四十六年奏准禁毁,亦可見清代禁書之苛酷。

龔鼎孳序云:"至所輯《類編》一書,則又該括古今,參以識解,取從來治亂得失,利弊源流,或興或罷,沿革有因;孰是孰非,損益異宜,皆貫通於經濟之要旨而歷歷不爽。以規摩成篇,轉述爲法,顧子固不獨含毫咀月露之華,揮翰標金荃之韻矣……備觀是書,坐而言率,起而可行,顧子他日亦何難出爲國家任天下事乎?"

馬世傑序云:"臨邛,固余世交也,稔知其爲廣陵名宿,言語妙天下,其灝聞習見,浹洽於典墳子史者,非特一朝夕已。一日出所輯《經濟類考》一編示余……上而象緯,下而輿圖,大而禮樂兵刑,細而泉刀鹽筴,每引一類,本末詳明,而每類又各爲一略,詞簡意該,無濫無漏,其神乎後學非淺矣。"

劉梁嵩序云:"是書自内聖外王之學,及於因革損益之理,遠採周秦,近逮宋元,以至勝國,無所不該,實無所不略,無所不貫,實無所不覈,由博返約,思過半焉。讀者先觀其纂輯之次第,知歷代之所以異同,後觀其論略之精嚴,知今日之所以可同而同,可異而異,則經濟之用,不出指掌而瞭然於胸上焉。"

自序云:"甲辰以來,功令維嚴,崇尚實學,有志制舉者靡不汲汲經史之求。第世無善本,從事實艱,余因畢歷群書,旁搜節取,凡再閱寒暑而有是集。敢曰上擬青箱之秘,自課課兒,亦云僅耳。丁未之夏,删定既竣,質諸同志,同志諸子群謂必當出而問世,不揣庸繆,妄付剞劂。其集中事實,端以夏商周漢、唐宋元明爲歸,至列國前後五代,非大利大弊、有關興廢者不載焉。其議論博採群言,參以愚意,彙爲小略,雖輯著鄙俚,未當精密,然每類之中,源流本末,燦然具觀,庶幾約而該、要而備者乎!"

有扉頁,刊"經濟類考約編。廣陵顧臨邛先生輯著。雍正八年新刊。積秀堂梓行"。《中國古籍版刻辭典》著録有明萬曆間金陵唐際雲之積秀堂,然此本"積秀堂"爲揚州書坊。《經濟類考約編》尚有清康熙七年三樂齋刻本,與此雍正刻本比較,可知兩者實爲同一雕版,所謂"雍正八年新刊",實板藏別家、坊賈自話而已。

《續修四庫全書總目提要(稿本)》未收。《中國古籍善本書目》未收。據查,北京大學圖書館、上海圖書館、中國科學院圖書館藏有同板。中國國家圖書館、清華大學圖書館、日本東京大學東洋文化研究所等亦有收藏。《四庫禁燬書叢刊補編》子部第34册收入,底本爲康熙刻本;《四庫未收書輯刊》第5輯第15册亦收入。此外尚有清光緒十五年上海鴻文書局石印本《經濟類考》、光緒間慶槐堂重校鉛印本《經濟類考》。

鈐"于印春霑"、"子雨"二印。

1694　清雍正活字印本欽定古今圖書集成　　T9301/3213

《欽定古今圖書集成》一萬卷目録四十卷,清蔣廷錫、陳夢雷等輯。清雍正六年(1728)内府銅活字印本。五千零二十册,五百零二函。有圖。半頁九行二十字,四周雙邊,白口,單魚尾。框高21.3釐米,寬13.9釐米。纂修銜名題"總修欽命奉宸苑卿督理淮宿海等關稅務兼佐領加一級紀録三十八次伊齡阿"、"纂修太倉州國學生吴霈"。前有雍正四年(1726)雍正帝御序;雍正三年(1725)蔣廷錫等撰表文;《凡例》四十七則。

蔣廷錫,見清道光活字印本《大清一統志》。

陳夢雷,字則震,又字省齋,號松鶴老人,福建閩縣人。康熙九年進士,爲庶吉士,授翰林院編修,因從逆罪入獄。三十七年,召還京師,入懋勤殿侍三王子允祉讀書,又爲允祉王府行走。《國朝耆獻類徵》卷一一六、《碑傳集》卷四四有傳。

是書計六彙編三十二典六千一百九部一萬卷。曆象彙編:乾象典二十一部一百卷、歲功典四十三部一百十六卷、曆法典六部一百四十卷、庶徵典五十部一百八十八卷。方輿彙編:坤輿典二十一部一百四十卷、職方典二百二十三部一千五百四十四卷、山川典四百一部三百二十卷、邊裔典五百四十二部一百四十卷。明倫彙編:皇極典三十一部三百卷、宮闈典十五部一百四十卷、官常典六十五部八百卷、家範典三十一部一百十六卷、交誼典三十七部一百二十卷、氏族典二千六百九十四部六百四十卷、人事典九十七部一百十二卷、閨媛典十七部三百七十六卷。博物彙編:藝術典四十三部八百二十四卷、神異典七十部三百二十卷、禽蟲典三十七部一百九十二卷、草木典七百部三百二十卷。理學彙編:經籍典六十六部五百卷、學行典九十六部三百卷、文學典四十九部二百六十卷、字學典二十四部一百六十卷。經濟彙編:選舉典二十九部一百三十六卷、銓衡典十二部一百二十卷、食貨典八十三部三百六十卷、禮儀典七十部三百四十八卷、樂律典四十六部一百三十六卷、戎政典三十部三百卷、祥刑典二十六部一百八十卷、考工典一百五十四部二百五十二卷。

陳夢雷《松鶴山房文集》卷二《進彙編啓》(致誠親王允祉)云:"謹於康熙四十年十月爲始,領銀雇人繕寫。蒙我王爺殿下頒發協一堂所藏鴻編,合之夢雷家經史子集約計一萬五千餘卷。至此四十五年四月内,書得告成,分爲彙編者六,爲志三十有二,爲部六千有零,凡在六合之内,鉅細畢舉。其在《十三經》、《二十一史》者,只字不遺;其在稗史子集者,十亦只删一二。以百篇爲一卷,可得三千六百餘卷,若以古人卷帙較之,可得萬餘卷。雷五載之内,目營手檢,無間晨夕,幸而綱舉目張,差有條理。"其稱"彙編"者,即此《集成》也。

裴芹有《古今圖書集成研究》(北京圖書館出版社 2001 年版),於此書編纂、價值、版本、流傳以及研究論著皆有敘述。

按,清《内務府奏請查武英殿修書處餘書請將監造司庫等官員議處折》(乾隆四十一年四月十八日)云:"又有不全《古今圖書集成》一部,内每典缺欠不一,共少六百八十二本。查此一書,於雍正六年刷印六十四部之後,並未重印。今已將各處陳設,並頒賞現存《古今圖書集成》數目,按册遂一詳查,與原印六十四部之數相符。是此一部,或係當時初印樣本,歷年久遠,遂至散佚不全。""又有成書十種……查明檔册既所不載,而通行各書現在亦俱不缺少,實爲餘書無疑。但其何以有此餘書,現在官員柏唐阿等俱稱實不知來由,臣等再三詳察,此項餘書,蓋係從前初辦通行書籍之時,該處官役人等就版私行刷印,或欲自用,或應親友所求,甚或希圖市賣以漁利,其情弊所必有,迨後查核漸嚴,不敢持出,日復一日,年久人更,遂至遺留在庫,恐不出此弊。"則此活字印本當時或不止印六十四部及樣書一部,但當時私印必不敢多,蓋部頭大,不易爲也。

此書有兩種紙張,一爲開化紙,一爲太史連紙。館藏此本爲太史連紙。查《故宫殿本書目現存目》著錄,内府文淵閣藏太史連紙一部,乾清宫藏開化紙一部(内缺一册),皇極殿藏開化紙、太史連紙各一部。此外如翰林院寶善亭及圓明園内之文源閣、熱河行宫之文津閣、遼寧故宫内之文溯閣和揚州文匯閣、鎮江文宗閣、杭州文瀾閣各一部。其餘官員和民間所獲賜頒者有張廷玉(兩部)、劉統勳之子、舒赫德、于敏中、劉墉以及鮑士恭、范懋柱、汪啟淑、馬裕等。據乾隆三十九年五月十五日,于敏中擬各省行宫陳設《集成》清單,天津柳墅行宫一部、山東泉林行宫一部、江寧棲霞行宫一部、揚州天寧寺行宫一部、鎮江金山行宫一部、蘇州靈岩行宫一部、杭州西湖行宫一部。

目今文宗、文匯、文源及各行宫所藏早已毀於戰火,私人藏者,二百年來也迭經喪亂,歷遭兵燹,存世無幾。除哈佛外,美國普林斯頓大學葛思德東方圖書館也有全帙,鈐有"寧邸珍藏圖書"朱文長方印,當爲原藏王府者。

《四庫全書總目》未收。《中國古籍善本書目》著錄清雍正六年内府銅活字印本,中國國家圖書館、中國科學院圖書館、甘肅省圖書館、徐州市圖書館有全帙。上海圖書館(缺十二册)、故宫博物院圖書館、遼寧省圖書館、寧波天一閣均爲不全之本。臺北"故宫博物院"藏兩部全帙、又一部殘帙(缺目錄一册,卷三至四)。除哈佛及普林斯頓本外,韓國奎章閣及英國大英博物院圖書館各藏一部。又聞法國巴黎國家圖書館及德國柏林圖書館各藏一部,如此,大約全帙有十二部而已。哥倫比亞大學東亞圖書館有《集成》一册,爲《皇極典》第二百四十九卷。日本内閣文庫所藏亦爲殘帙。

鈐印有"重華宫寶"、"八徵耄念之寶"、"五福五代堂古稀天子寶"。"重華宫"者,紫禁城内廷西路西六宫以北,原弘曆爲皇子時居第。可知此本曾藏宫内重華宫,不知何時流入民間,並於 1940 年前再轉入"哈佛燕京"。

1695 清康熙刻本類林新詠   T9301/4137

《類林新詠》三十六卷,清姚之駰撰。清康熙刻本。十二册。半頁十行二十字,小字雙行同，左右雙邊，白口，單魚尾。框高20.5釐米，寬13.9釐米。題"浙江杭州府錢塘縣儒學廩膳生員臣姚之駰"。前有康熙四十七年(1708)彭始搏序，康熙四十七年毛奇齡序；康熙四十六年(1707)姚之駰《進書表》。

姚之駰，字魯思，又作魯斯，浙江錢塘人。康熙六十年進士，改翰林院庶吉士，授編修。官至山西道監察御史。爲諸生時，值康熙四十六年聖祖南巡，以所著《類林新咏》進呈，蒙留乙覽。生平博雅好古，尤長於史學。又有《後漢書補逸》、《元明事類鈔》。《清史列傳》卷七〇、《清儒學案小傳》卷二一有傳。

是書凡二十二部，即天文、歲時、地理、人道、藝習、文學、武功、法象、音樂、珍貨、宮室、服御、器用、飲食、草竹、花木、材木、果木、禽鳥、走獸、鱗介、昆蟲。每部下各分小類，凡二百三十二類。皆以五字韻語出之，每句下加注釋，採擷豐富，各注出處。

毛奇齡序云："姚子魯思承其世父首源之學，與兄弟雅文、彥暉前後競爽，爭以著述鳴於時。其詩詞古文早示篇帙，爲鄉邦所稱。乃復以博通群籍間取事類門部，作六季體詩，五字一事，十字一韻。凡自經史子集雜文雜記而外，擷書多而載事博，抑且詞旨翩翩，氣揚而調振，一似展三唐排體而爲之注者。"

《續修四庫全書總目提要(稿本)》著錄，且云"其書除網羅宏富，可觀才博之外，別無可取。大抵恃才吟詠，了無宏旨寓乎其間，所以博名位希嘉賞而已。惟其體裁不甚多見，亦類書之可珍者焉"。

《中國古籍善本書目》著錄，北京大學圖書館、南開大學圖書館等九家館藏。另日本《國立國會圖書館漢籍目錄》、《東洋文庫所藏漢籍分類目錄》亦有著錄。

1696 清雍正刻本博雅備考   T9155/1301

《博雅備考》二十七卷，清張彥琦撰。清雍正四年(1726)刻本。二册。半頁九行二十一字，左右雙邊，白口，單魚尾。框高17.9釐米，寬12.8釐米。題"彭城張彥琦次韓氏纂述；門人杭文鳳海陽氏校；男志勤、志寧同閱"。前有雍正四年張彥琦自序。

張彥琦，字次韓，號逸園，江蘇銅山人。少習舉子業，自康熙二十年至五十三年，七赴科試而不第，遂絶意進取，以讀書著述爲樂。雍正元年，舉孝廉方正，以母老固辭。學者稱孝愨先生。有《逸園詩文集》。事見本書自序及《(道光)銅山縣志》卷一五。

是書列經學、史學、天文、地理、樂律、曆法、田賦、治河、户役法、官制、后妃、薦辟、學校、讀法、郊祀、農政、漕運、鹽法、錢法、刑罰、關市、兵制、弭盗、防邊、馬政、九邊形勢、冕服諸目，每目一卷。各目下間有附目，如"史學"下附班馬異同、東西晉南北五代、僭亂諸國、前五代、後五代、明史；"官制"下附歷代爵禄之制、銓選、考課；"讀法"下附鄉飲、宗廟、釋奠、歷代帝王從祀等。

張氏自序云："余少習舉子業，即留心於博古，諸子百家凡有關於經濟實學，亦時加探討。自辛酉迄於甲午，七赴科試，不得志於有司，棄去經生業，專以博古爲務。同輩及子弟以二三場爲請，因放廢餘閑，搜羅經史、通考等志，萃其精華，參以末議，俾有用於世，爲家塾中子弟之所揣摩，不致空疏鄙俚而已。"

《續修四庫全書總目提要(稿本)》著錄，稱："全書雖似類家，實皆考證古今學術源流，誠鉅製也。按此書所集，涵詠六經，上下古今，内而天人性命理學之微，外而邦國治亂興替之由，以及禮樂、政刑、兵賦、河漕、錢鹽諸大事，罔不尋原竟委，綱舉目張，自出機杼，各有依據，非排纂薈萃者可比。"其書卷前又有王材任序,此本闕。

《中國古籍善本書目》不收。《北京大學圖書館藏古籍善本書目》子部類書類著録清雍正四年刻本、《中國科學院圖書館藏中文古籍善本書目》著録清雍正刻裕昆堂印本,當即此本,另中國國家圖書館亦有收藏。《四庫未收書輯刊》有影印本。

1697　清乾隆刻本省軒考古類編　　　　　　　　　　　　　　　　T9301/292

《省軒考古類編》十二卷,清柴紹炳撰,清姚培謙評。清乾隆二十三年(1758)刻本。十二册。半頁十行二十一字,小字雙行同,左右雙邊,粗黑口,雙魚尾。框高18.1釐米,寬11.9釐米。題"仁和柴紹炳虎臣纂、華亭姚培謙平山評;長洲汪琬苕文、宣城施潤章尚白、石門呂留良晚村、寧都魏禧冰叔參;鐵嶺高纘勳希武、高越步青訂;侄謙南屏、男世堂胥山校"。前有雍正四年(1726)高越序,柴紹炳自序,雍正二年(1724)姚培謙序;雍正三年(1725)高纘勳撰《凡例》四則。

柴紹炳,字虎臣,號省軒,仁和人。少而穎異,善屬文。陳子龍時爲紹興司李,讀其《青鳳軒集》,嘆爲東南奇士,一時聲望翕然,爲西泠十子之首。既又以章句之習空疏寡效,更肆力於象緯、輿圖、律曆、禮制、農田、水利及戎兵賦役之事,靡不究心焉。甲申後居西湖之南屏,以理學經術指授生徒。雍正八年卒,年五十五。著述甚富,有《省軒文鈔》、《青鳳堂詩》、《柴氏古韻通》、《白石軒雜稿》等。事見《國朝耆獻類徵初編》卷三九五、《碑傳集》卷一二四及一二七。

姚培謙,見《春秋左傳杜注》。

是書本二十一史、《資治通鑑》、《通典》、《文獻通考》等書中有關於典章制度者,摘其指要,分類成編,以爲家塾課弟子之用。全書分三十三門,計天文、曆法、災祥、郊祀、宗廟、律吕、輿地、沿革、禮制、樂制、經學、史學、文體、性理、理學、學校、謚法、官制、貢舉、銓選、賦役、漕運、鹽法、錢法、荒政、兵制、屯田、馬政、弭盜、海防、刑制、治河、水利。

柴氏自序云:"余比在家塾課子弟輩肄業,有請爲要刪以便記誦者,爰取諸書,分類纂輯每事之沿革興除、異同得失,撮其大要,撰爲一篇,凡若干篇,都爲一集,使首尾成文,略可上口,開卷易了,成誦不忘。縱未能該洽古今,而粗識事體,亦足見識用之一斑也。自分淺陋,非通人所許,聊以取便童蒙,比於《小學紺珠》之類云耳。"

是書舊曾有刻本,名《通考纂要》。雍正間,姚培謙加以評注,由高越、高纘勳父子付梓,改爲今名。《凡例》云:"曩平湖陸學士義山與江君莘農曾刻以行世,未幾板毀於火。云間姚君平山博學好古,嘗取原本,更加評注。""先生是編成於崇禎季年,值寇氛,未遑問世,並未定有名目。原本流落人間,至國朝陸學士從都門書肆得之,而江君爰以授梓。因其採掇《通考》者什之六七,遂以《通考纂要》名書。不知上下千百年,所引用諸史甚多,且勝國末年,尤《通考》所未備。若以纂要名書,不無偏舉,因共請於家大人,易以今名。"此本則又據雍正高氏本重刻者。

此本有扉頁,刻"增訂考古類編。乾隆廿三年重鎸。華亭姚氏評註原本。敦化堂藏板"。

《四庫全書總目》子部類書類存目著録,《四庫全書存目叢書》影印,底本爲中國科學院圖書館藏清雍正四年澹成堂刻本。此本中國國家圖書館、北京大學圖書館等皆有收藏,《中國古籍善本書目》不收。

鈐印有"隴西世家"、"廣陵三益堂李氏家藏書畫印子孫保之"。

1698　清雍正刻本子史精華

T9301/2103

《子史精華》一百六十卷,清允禄、吳襄等撰。清雍正五年(1727)內府刻本。五十八冊。半頁八行二十四字,小字雙行同,四周雙邊,白口,單魚尾。框高18.4釐米,寬12釐米。前有雍正五年御製序;諸臣職名。

允禄,康熙第十六子。雍正元年,莊親王博果鐸薨而無子,以允禄繼祀爲後,襲莊親王爵位。精數學,通音律,曾與修《數理精藴》。乾隆元年,命總理事務,兼掌工部,食親王雙俸。後坐事奪爵。七年,命與三泰、張照管樂部。三十二年卒,年七十三,謚曰恪。《清史稿》卷二一九有傳。

吳襄,字七雲,號懸水,安徽青陽人。康熙五十二年進士,改庶吉士。雍正元年,召直南書房,遷侍講,提督順天學政,充日講起居注官。二年,遷侍講學士。三年轉侍讀學士,遷內閣學士。五年,充殿試讀卷官,先後充《明史》、《八旗通志》總裁。九年,授禮部右侍郎。十一年,充癸丑科會試知貢舉。雍正十三年卒於官,謚文簡。傳見《國朝耆獻類徵初編》卷七二。

是書主要採集史書及子部書中名言雋句,以類編排。全書分爲天、地、帝王、皇親、歲時、禮儀、設官、政術、文學、武功、邊塞、倫常、品行、人事、樂、釋道、靈異、方術、巧藝、形色、言語、婦女、動植、儀飾、服飾、居處、產業、食饌、珍寶、器物共三十部,每部下又分小類,每類下以大字標詞語,以小字注出原文,並加釋義。

此書康熙末年勅修,雍正五年刊行。雍正御製序云:"皇考聖祖仁皇帝……特命開書局於武英殿,召詞臣歷歲修纂,每成數卷,即上呈御覽,親加指示,前後所成,充溢冊府,而《子史精華》之纂爲最後。朕纘緒之初,尚未告竣。敬承先志,俾就厥功。綜觀大凡,其部三十,其目二百七十有九,自天文地理、帝德王功、禮樂兵刑之大,人倫日用之常,以及九邊之殊域、二氏之異教,方術技藝之巧,草木鳥獸之蕃,門分類別,條理具備,而採掇子史,芟蕪擷秀,甚有裨於學者……剞劂既畢,展閱全編,敬爲敘引,昭示久遠,用綴於篇端。"

諸臣職名所列包括:武英殿監修允禄、允禮,南書房校對張廷玉、蔣廷錫等十人,武英殿總裁吳士玉、張廷璐等五人,纂修吳襄、沈宗敬等二十九人,監造三保等三人。

《四庫全書總目》子部類書類著錄。《中國古籍善本書目》不收。《北京大學圖書館藏古籍善本書目》、《清華大學圖書館藏善本書目》等著錄,另遼寧省圖書館、上海圖書館、故宫博物院圖書館、京都大學人文科學研究所、香港大學馮平山圖書館等多家館有藏。

1699　清乾隆刻本增補萬寶全書

T9301/4385

《增補萬寶全書》三十卷,清毛煥文增輯。清乾隆金閶書業堂刻本。六冊。上下兩欄,上欄半頁十三行字數不等,下欄半頁十二行十七字,四周單邊,白口,無魚尾。有圖。框高19.3釐米,寬11.3釐米。前有乾隆十二年(1747)毛煥文序。

毛煥文,生平不詳。

是書分天文、地理、人紀、諸夷、文翰、農桑、清字、字體、算法、爵禄、時令、畫譜、博奕、茶經、酒令、夢解、勸諭、馬牛、通書、鐵筭、風鑑、數命、笑話、種子、宅經、堪輿、筮卜、對聯、醫學、袪病三十門,每門一卷,每卷中又分上、下層。如卷一"天文門",上層爲天文祥異、諸星度數、秋冬傳度、五辰北斗；下層爲太極圖說、日蝕月蝕、兩儀兩曜、玉衡圖說。卷二"地理門"，上層爲天下路程、京省歌賦、歷代國都、海島江河；下層爲地輿總記、天下各省、管轄州郡、戶糧土產等。

此書舊題明陳繼儒輯，此爲清毛煥文增補之本。以此本與本館所藏明崇禎刻本《新刻眉公陳先生編輯諸書備採萬卷搜奇全書》三十七卷相較，內容次序頗有差異。

此本有扉頁，刻"增補萬寶全書。諸名家合選。乾隆丙寅年重鎸。金閶書業堂梓行"。

《中國古籍善本書目》不著錄。《西諦書目》子部類書類著錄有清乾隆刻本，《北京大學圖書館藏古籍善本書目》著錄有清乾隆光霽堂刻本，《清華大學圖書館藏善本書目》著錄有清乾隆七年世德堂刻本。日本《東京大學東洋文化研究所漢籍分類目錄》、《國立國會圖書館漢籍目錄》著錄此本。

1700　清乾隆刻本通俗編　　T9301/1138

《通俗編》三十八卷，清翟灝撰。清乾隆無不宜齋刻本。十冊。半頁十二行二十二字，左右雙邊，白口，單魚尾。框高16.9釐米，寬12.1釐米。題"仁和翟灝"。前有乾隆十六年(1751)周天度序。

翟灝，見清乾隆刻本《經讀考異》。

此書採集古書中俗語方言詞彙及成語，編爲三十八類，計天文、地理、時序、倫常、仕進、政治、文學、武功、儀節、祝誦、品目、行事、交際、境遇、性情、身體、言笑、稱謂、神鬼、釋道、藝術、婦女、貨財、居處、服飾、器用、飲食、獸畜、禽魚、草木、俳優、數目、語辭、狀貌、聲音、雜字、故事、識餘，類各一卷。各詞語之下，皆考辨語義，探索源流，徵引詳贍，並列明出處。

周天度序云："語有見於經傳，學士大夫所不習，而蕘僮竈妾口常及之。若中古以還，載籍極博，抑又繁不勝舉矣。蓋方言流注，或每變而移其初，而人情尤忽於所近也。余友晴江翟氏、山舟梁氏，咸博學而精心。山舟在南中，常出所著《直語類錄》示余，余嘆以爲善。比來都門，復見晴江手輯《通俗編》，則勾稽證釋，視山舟詳數倍焉。二君種業樹文，兼綜細大，故未易伯仲。然山舟鍵戶端居，讀書之外，罕與人事接，其所錄在約舉義例而不求其多。晴江則往來南北十許年，五方風土靡所不涉，車塵間未嘗一日廢書。墜文軼事，殫見洽聞，溢其餘能，以及乎此。宜其積累宏富，考據精詳，而條貫罔不備也。"序中所云梁氏山舟者，即梁同書。

此本有扉頁，刻"通俗編。無不宜齋雕本"。

《續修四庫全書總目提要(稿本)》著錄，云："是編現在傳世者凡有兩種，體裁、卷數並所輯典要各不相同，此乃無不宜齋所刊，爲最後之定本，版藏杭城竹簡齋。"《續修四庫全書》影印底本扉頁刻"通俗編。無不宜齋雕本。武林竹簡齋藏板"，當即《續修四庫全書總目提要(稿本)》著錄之本。館藏此本與《續修四庫全書》影印底本雖行款字體相似，但並非同版，此本似爲較早刻本。

《中國古籍善本書目》不收。《中國科學院圖書館藏中文古籍善本書目》子部類書類著錄，中國國家圖書館、北京大學圖書館、日本內閣文庫、京都大學人文科學研究所等皆有收藏。此書又有《函海》本，卷數、體例俱有改易。1958年商務印書館曾將此書並梁同書《直語補證》排印出版。

鈐印有"大司馬章"、"呂海圜印"、"鏡宇"。

1701　清雍正刻本唐詩金粉　　　　　　　　　　　　　T5209/3191

《唐詩金粉》十卷,清沈炳震輯。清雍正刻本。四冊。半頁十一行二十二字,左右雙邊,白口,單魚尾。框高19.2釐米,寬13.8釐米。題"歸安沈炳震東甫纂輯;男生倬雲將、生霖雨叔訂正;孫華錦榮斯鑑校"。前有雍正二年(1724)沈炳震自序。

沈炳震,字寅馭,號東甫,浙江歸安人。歲貢生。乾隆初舉鴻博不遇,專攻古學,考訂博辨。工韻語,出入蘇黃范陸之間。所著《新舊唐書合鈔》,爲時所重。又著有《九經辨字瀆蒙》《增默齋集》《廿一史四譜》《歷代帝系紀元歌》等。

金粉者,花蕊之粉。唐李白詩《酬殷明佐見贈五雲裘歌》云:"輕如松花落金粉,濃似苔錦含碧滋。"《李群玉詩集》卷上《醒起獨酌懷友》云:"西風靜夜吹蓮塘,芙蓉破紅金粉香。"是書將唐詩中精妙之句輯出,分類編排,並注以出處。卷一天文、時令、地理;卷二至四人事;卷五人倫、仙釋;卷六職官;卷七文史;卷八宮室、服御、兵器;卷九飲食、技術、音樂;卷一〇花木、鳥獸、魚蟲。

沈炳震序云:"粵稽聲律,觀止有唐,載美蒐羅,極於今日。長篇短律,既倒海以探珠;雋句英談,亦傾崑而取琰。三珠樹下,葉葉都珍;二酉山中,篇篇盡寶。琢磨梁棟,固巍峩五鳳之樓;咀嚼英華,亦珍重一臠之味。鄙人窺豹,業驚詫夫、爪牙賤子祭魚,僅貪饕乎?鱗鬣竊學,笛師釀蜜,採擷而分門,聊同布母營巢,剪裁而隸事。或笑青吟翠,錦囊佐碧落之辭;或注玉傾銀,銅鉢助紅筵之句……狐分千腋,巧匠聚以成裘,鯖出五侯,良庖調而克旨。駢黃儷白,待金針而繡出鴛鴦;噓徵含商,叶玉律而音和鸞鳳。入文人之貫串,奚慮散錢;得才子之鞭驅,無非良馬。既粘膠而合豆,何妨棄夫筌蹄;笑礨瓦而結繩,用自慚於蠡管。傳諸好事,應致誚乎?雕蟲貢於大方,辛勿嗤夫猘狗。"

此本寫刻。"玄""弘"字避帝諱。按,此本刷印當在乾隆時。

《四庫全書總目》《續修四庫全書》《續修四庫全書總目提要(稿本)》未收。《中國古籍善本書目》不收。《清華大學圖書館藏善本書目》著錄。

1702　清抄本儷府　　　　　　　　　　　　　　TNC5239.05/2104

《儷府》不分卷。清抄本。四冊。半頁九行二十一字,左右雙邊,單魚尾,粗黑口。框高19.5釐米,寬13.5釐米。

是書纂者不詳。

儷者,對偶之意。是書爲類書,以漢魏六朝唐宋駢體之文足供詞藻之用者,分類纂輯而成。共分十部:天文部、地理部、歲時部、君道部、宮掖部、儲宮部、禮部、人部、職官部、文學部。每部下又分子目。

《四庫全書總目》著録明王志慶編《古儷府》一部,十二卷,分十八部:天文部、地理部、歲時部、帝王部、宮掖部、儲宮部、帝戚部、政術部、人部、職官部、禮部、樂部、道術部、文學部、武功部、居處部、恩賚部、物類部。內容遠較是本爲多,編排不盡一致。

此本封面有識語:"於民國貳年於琉璃廠書肆用鈔伍拾金,諸主人識。"卷末題有"細研究,明末鈔本,並無刊本"。正文首頁題"燕庭識"。

然是書實爲清初抄本，"玄"字避帝諱，"弘"字不避。

鈐印有"燕庭藏書"、"祕册"、"海寧陳鱣觀"、"吉父"，則是書曾爲清中葉著名藏書家陳鱣、劉喜海等收藏。

1703　清乾隆刻本詩材類對纂要

T5209/8231

《詩材類對纂要》四卷，清鄭兆蜚、申贊皇撰。清乾隆刻本。四册。半頁八行二十字，四周雙邊，白口，單魚尾。框高16.4釐米，寬11.6釐米。題"涇陽鄭兆蜚、元和申贊皇仝箋"。前有乾隆二十四年(1759)蔡以壽序。

鄭兆蜚，河北涇陽人。

申贊皇，浙江元和人。

此爲詩詞之類書，卷一天文門(天、日、月、星、風、雨、雪、霜、露、霧、雹、雷、電、雲、霞、虹、天河)、時令門(春、元日、人日、上元、社日、寒食、上巳、夏、午日、伏、秋、七夕、中秋、九日、冬、長生、臘日、除日、閏)、地理門(地、山、江、海、河、湖、泉、潮、池、井、水、冰、石)；卷二人道門(孝子、忠臣、節義、隱逸、美人)、藝事門(農、蠶桑、漁釣、醫卜筮、射、奕)、文學門(書籍、書法、文章、詩歌、畫、筆、硯、墨、紙)、武功門(劍、弓、箭、甲胄)、外教門(佛、仙、僧、道士、佛寺、道觀)、音樂門(歌、舞、笙、簫、鐘、磬、鼓、琴、瑟、箏、琵琶、笛、筇)、珍寶門(金、玉、珠、錢)、宮室門(宮、殿、樓、閣、臺、堂、園圃)；卷三服御門(絲、錦、衣、冠冕、巾帽、帶、裘、履、屐、閨裝)、器用門(舟、車、几、杖、扇、燈、鼎、鏡、屏、簾、床榻、廣蕈、枕、彩彝、諸香)、飲食門(茶、酒、飯、菜、蕈)、草竹門(草、芝、竹、甘蕉、蒲、苔、萍)、花木門(牡丹、芍藥、芙蕖、蘭、菊、海棠、芙蓉、薔薇、木槿、桂、水仙、雞冠、酴醾、玉簪、葵、石竹)、材木門(木、松、柏、槐、桐、楊柳、桑、榆、楓)；卷四果木門(梅、李、桃、梨、杏、棗、栗、柑、橘、櫻桃、石榴、蒲萄、荔枝、甘蔗、枇杷、楊梅、柿、瓜、菱、芡)、禽鳥門(鳳、鶴、孔雀、鴻雁、鷹隼、雉、鸚鵡、鴛鴦、鷺、鶯、燕、雀、鵲、鳩、烏、鷗、雞、鳧鴨、鵝)、走獸門(麟、獅、犀、象、虎、熊、鹿、兔、猿、馬、驢、牛、羊、狗、豕、貓、鼠、狐)、鱗介門(龍、龜、蛇、魚、螺、蛤蚌、蟹、蟬、蜂、蝶、蟋蟀、螢火、蠅、蚊、蛙、蟻、蠶、蜻蜓、蜘蛛)。

蔡以壽序云：是書"上自天地日星，下訖人物器用，或採古言，或徵前事，莫不群分而類聚之。篇帙則無取浩繁，記纂則務取簡要，使人便於流覽"。

此本有扉頁，刻"詩材類對纂要。涇陽鄭兆蜚、元和申贊皇仝纂。自兩字至四字俱各自成對。釀花書屋藏板"。

《四庫全書總目》、《續修四庫全書》未收。《續修四庫全書總目提要(稿本)》著錄。《中國古籍善本書目》未著錄。《中國科學院圖書館藏中文古籍善本書目》著錄。

1704　清乾隆刻本葵書

T9309/1141

《葵書》十六卷，清王桂撰。清乾隆刻本。八册。半頁八行十七字，四周雙邊，白口，單魚尾。框高17.8釐米，寬12.1釐米。題"桑泉布衣王桂著"。前有乾隆二十二年(1757)王桂序；《例言》十二則。末附王桂自傳。

王桂，字子山，號桑泉布衣，山西臨晉人。幼時逢秦晉大荒，隨父南遷南陽穰城西北鄉，年五十北歸。以冒籍法不敢應試，終生以授徒爲業。事見本書末附自傳及王氏自序。

《凡例》有云:"是書略分之則四篇,再分之則十六篇,細分之則一百六十篇。"又云:"是書首節起,末節結,中分兩截。襄文、供武爲經,發揮、引證爲緯。"全書分爲襄文、供武、發揮、引徵四部分。其中"襄文"下又分爲厚生、正德、急公、防患四類;"供武"下分救民、益軍、勤王、永祚四類;"發揮"分爲紀序、次人、論事、析理四類;"引徵"分爲經、史、子、集四類。以上十六類之下又各分小類。如"襄文"之"厚生"類下列農桑、畜牧、節用、周急、解紛、誡盗、醫藥、籌荒、里居、道路諸目。"正德"類下列身範、家禮、族規、鄉約、學舍、圖書、精言、曲誘、彰善、癉惡諸目等等。

此書刻成於王氏晚年。自序云:"憶自髫年,家僑穰地,以冒籍法不敢應試,因涉獵藝苑,憑弔人昔。竊見古人伏田間者,亦可裨益軍國事,爰譜此書,代課八比,名之以葵,義取向日。晚而旋里,簪履自惜。時復點竄,擬質當世。""詎意終日匆匆,困於衣食,百方撥冗,不遑負笈。今則家事粗了,而耄荒即及。"又據自傳,王氏多位門人曾助其刊刻此書。

此本有扉頁,刻"葵書"。

此書後有光緒間刻本及民國八年鉛印本,此本僅知中國國家圖書館有藏。

1705　清乾隆刻本穀玉類編　T9301/3138

《穀玉類編》五十卷,清汪兆舒輯。清乾隆資履堂刻本。八册。半頁十行二十五字,四周雙邊,白口,單魚尾。書口下刻"資履堂"。框高19.8釐米,寬14.1釐米。題"休寧汪兆舒果齋輯"。前有乾隆二十二年(1757)汪由敦序,乾隆二十三年(1758)汪沆序,乾隆二十三年吳世英序;《凡例》十則;乾隆二十三年汪質識語。

汪兆舒,字今魏,號果齋,安徽休寧人。著有《辨體齋制義》。事見本書汪質識語。

此書分乾象、時令、休咎、坤輿、堂廉、庭闈、姻連、交際、懷感、涉歷、利澤、才品、經濟、儒術、武功、帝戚、職官、遭遇、科名、技藝、儀表、方外、器用、文具、音樂、服飾、珍寶、兵器、飲食、卉木、果實、羽毛、鱗介、昆蟲,總三十四類。每類下又各列若干小類,採集經史諸書中相關內容,彙而成編,各注出處。

《凡例》關於此書採集標準,云:"古今事不勝採矣。兹編止録善者。善事亦不勝採矣,止取大忠大孝、可以廉頑立懦者,其次則才識文武經濟攸關,又其次則典故菁華足資聞見,一以寓獎勸之心,一以救空疏之病也。"關於徵引諸書,云:"類書之來久矣,而根柢經史者少。兹編專以十三經爲綱,二十二史爲目。至子、集內有事關體要者,間收一二,用補闕遺。"

此書爲汪兆舒閱數十年編成,卒後由其子汪質付梓。汪由敦序云:"康熙丁亥,予受業於族叔父今魏先生之門,見先生手輯類書穀玉一編,州次部居,已裒然數十帙。後先生客授於藏書家,益肆蒐採,焚膏宿火,寒暑弗輟。閱數十年書成,而先生捐館舍。"汪質識語云:"先君子甫弱冠,補仁和學增廣生,庭訓之暇,且撰杖於諸先生門。胚胎前光,淵源有自。故其學務爲廣大,不屑以分文析字、鋪錦列繡爲工。所著有《辨體齋制義》及詩古文辭若干卷,而生平拳拳牖世之意,尤殫述於是編……爰檢遺稿,正之同學吳嘉樹、族弟西顥,並命兒輩校讎點畫,付諸梨棗。經始於丁丑之秋,明年夏乃蕆成事。"

此本有扉頁,刻"穀玉類編。休寧汪果齋輯。資履堂藏板"。《凡例》末刻"休寧汪兆舒果齋自識。男質樸園訂刊。孫立名賓也、立本其淵參校"。

《販書偶記》子部類書類著録。《中國古籍善本書目》不收。《中國科學院圖書館藏中文古籍善本書目》、《清華大學圖書館藏善本書目》、日本《內閣文庫漢籍分類目録》、《東洋文庫所藏漢籍分類目錄》等著錄。《四庫未收書輯刊》有影印本。

1706 清乾隆刻本類纂精華　　　　　　　　T9301/0242

《類纂精華》三十卷,清吳壽昌、高大爵、吳壽國撰。清乾隆二十三年(1758)刻本。十冊。半頁九行二十三字,左右雙邊,白口,單魚尾。框高20.3釐米,寬9.5釐米。題"山陰吳壽昌泰交、高大爵柱崙、吳壽國肇封仝纂"。前有齊召南序,乾隆二十三年任應烈序;《例言》四則。

吳壽昌,字泰交,號蓉塘,浙江山陰人。乾隆三十四年進士,官翰林院侍講。四十八年,充廣西正考官。五十一年,提督貴州學政。性耿介,不附權貴。致仕後田園自娛,主講稽山書院,本經術以誨生徒,游其門者多有成立。有《虛白齋詩》。傳見《國朝耆獻類徵初編》卷一二九。高大爵,字柱崙;吳壽國,字肇封。皆山陰人,生平不詳。

是書本《淵鑑類函》及《分類字錦》,間採前代類書,分天文、節令、地理、山水、帝王、倫常、肢體、人物、佩服、飲饌、宮室、器用、禮儀、音樂、職官、政教、文事、武備、技藝、境遇、釋道、菽粟、布帛、珍寶、果木、花卉、禽鳥、走獸、鱗甲、昆蟲共三十類,每類各為一卷,下又有小類。各小類中依次排列二字、三字、四字詞藻及五言、七言詩句。

《例言》云:"本朝《淵鑑類函》為集諸書之大成,嗣後又有《分類字錦》之纂,盡善盡美。是刻原本《類函》、《字錦》,而他書亦間採入。""類書家大抵漁獵甚富,卷帙浩繁,茲則專尚簡該,務崇典貴,每類下或略溯源流,或旁徵故實,中間對語自二字至四字錯綜參互,璧合珠聯,後則採擇歷朝詩中工鍊之句五言七言,亦為之類聚而群分焉,使初學掺觚,旁通觸類,不無小助云。""古之篤學者懷鉛握槧,截柳編蒲,譬諸集腋采花,將期成裘釀蜜。某等資性既魯,豈敢妄希淹貫。顧於載籍之有裨詞章者,分類記注,繕成小帙,置之巾箱,祇以自備遺忘,乃仝志再三慫恿,因之質正大方。"

任應烈序云:"山陰高君柱崙、吳君泰交、肇封昆仲,種學士也。三人來,出所纂《類纂精華》問序於予。予閱之,一切分門別類,釋名徵實,大較不出前人體例之外,而剪裁妙處,別具爐錘。其屬對也儷而工,其箋注也約而盡,其編次也二三四五七不逆於倫,其殿以韻語,並可兼皮吳之所擅場。文簡於前,體備於前。"

此本有扉頁,刻"類纂精華。乾隆戊寅冬鐫。豐玉堂藏板。翻刻必究"。

《續修四庫全書總目提要(稿本)》著錄此書,云:"其纂注大體簡略,且唯以前代類書為藍本,故類書缺者,此亦缺之,不能增以益之也。是其微疵矣。纂言之書,必文簡體備,按數而稽,依聲而索,始盡其功。蓋不徒可資攻舉業之搯撦,而亦為學為詩之梯航。清初此類書甚多,而坊賈所編動多剌謬,似此編者,猶不多見焉。"

《中國古籍善本書目》不收。《中國科學院圖書館藏中文古籍善本書目》子部類書類著錄有清乾隆刻本,或即此本。另北京大學圖書館亦有收藏。

1707 清乾隆刻本典制類林　　　　　　　　T9301/0644

《典制類林》四卷,清唐式南撰。清乾隆三十年(1765)刻本。四冊。半頁九行二十五字,小字雙行同,左右雙邊,白口,單魚尾。眉端刻音注。框高17.8釐米,寬12.1釐米。題"華亭唐式南吕鏗氏編"。前有乾隆三十年唐式南序(缺前兩頁);《例言》十三則。

唐式南,字吕鏗,華亭人。乾隆中爲阜陽教官。

是書取經史百家諸語有涉典制者,分類採録,以供作文者採擷。於注中略録上下文,典故有相似及相反者亦附録注内,以供參考。分爲封建、官制總、分職、耕籍、蠶桑、禮樂總、禮制、巡狩、朝覲、明堂等,共一百五十條。

《例言》云:"是編專爲典制題而設,凡不屬典制者俱不列。他如四時應讀月令,九州應讀禹貢,一切器物有附見別條及不須據典者,亦俱不列。""集注所載田車等類,講章所載蠟臘等類,或附或分,皆不敢掛漏,計一百五十條,條分之中間用繰析。""以駢儷體供帖括用者,前人未有。是編分類屬對,稍便時文,兼資古學。字數由少至多,不序書,不挨卷。""經傳子史及古文雜書,一體兼收。但止採精華,餘俱從略。""典故有相似及相反者,附録注内,以資參考。惟愧渺見寡聞,闕遺在所不免。""斷章取義,固類書之體,但正意全文及上下文,必摘要注入,使知原本,且可隨題引用,不專爲典制資糧。"

目録末有"從弟用炎、男康成、康補校閲"一行。唐式南序後有"江寧張玉林鐫"一行。卷一末有"吴趨顧蘭輝蕐園録正"一行。按,唐氏序中有"歸田後知友見者輒欲借抄,念嘗兩番撰次,恐蹈前失,因付剞劂"之語,此本當其自刻者。

《續修四庫全書總目提要(稿本)》著録,云:"大抵其書供帖括家之餖飣掇拾,或能奏效,而無裨於治學,猶不若《五經類編》切當有用,爲學者之所必備者也。以其亦類書之流,而場屋藉以較優拙、競功名,資以爲進階,乃一代之典籍也,故亦著録於篇焉。"

《中國古籍善本書目》不收。《中國科學院圖書館藏中文古籍善本書目》、日本《國立國會圖書館漢籍目録》子部類書類著録。

1708　清抄本獺祭編

T9309/4822

《獺祭編》不分卷。清抄本。六册。半頁八行二十一字,四周雙邊,白口,單魚尾。框格紫色刷印,書口上刻"心齋隨筆",下刻"退思軒"。框高14.3釐米,寬11釐米。

此書分類抄撮古書典故,書衣墨筆題"獺祭編",並書本册類目。第一册仕宦、官職、諍臣、納諫、政刑、王化、頌聖、慶賞、卹典、學校;第二册循吏、遺愛、廉節、慈惠、能吏、訟獄、酷吏、貪污、荒淫;第三册武功、射御、將才、刀劍、邊防、馬;第四册忠、信、義、勇力、力士、游俠、才辯、謹慎、謙讓、節儉、先見、悔過;第五册讒佞、冤誣、權幸、諂諛、賊臣、盗賊、隱逸、知足、貧士;第六册漁樵、卜筮、陰陽、相法、巫醫、技巧、孝弟、賢父母、父子、夫婦、子孫、賢婦、節婦。

行間有校字、注釋,眉端有音義。

"玄"、"弘"字缺筆避帝諱。

1709　清乾隆刻本亦陶書室新增幼學故事群芳

T5161/2122.7

《亦陶書室新增幼學故事群芳》四卷首一卷上層四卷,清程允升撰,周達用增補。清乾隆刻本。一册。半頁十行二十六字,白口,單魚尾。框高19.7釐米,寬12.5釐米。兩節版。題"西昌程允升先生原本;閩汀周達用增訂"。前有乾隆四十三年(1778)鄒汝章序。

程允升、周達用,無考。

此爲兩節版，蒙學書也。上層卷一往來尺牘；卷二祭文、壽文、名公對聯；卷三文武品級、禁約；卷四物類別名、□民實跡、倫紀辨別、交接稱呼、問答便覽。下層首一卷天文圖、地輿圖、河圖、洛書、五嶽圖、歷代帝王總紀；卷一天文、地理、歲時、朝廷、文臣、武職；卷二祖孫父子、兄弟、夫婦、叔姪、師生、朋友賓主、外戚、婚姻、老壽幼誕、女子、身體、衣服、飲食；卷三人事、訟獄、宮室、器用、珍寶、釋道鬼神、疾病死喪；卷四文事、科第、技藝、花木、禽獸、冠禮帖式、婚禮帖式、喪禮帖式、祭禮帖式、喜慶帖式。

鄒汝章序云："邇來坊刻如典制、類林等書，詎靡有功於後學，雖非失之於繁，即流之於簡，均未有當。唯西江程允升先生《幼學》一書，庶無可議，其中門分類別，顯而天文倫紀，淅而草木禽魚，靡所不該。間又典贍煩簡攸宜，字字斟酌，虛實協，而且韻致悠揚，既卓爾而不群；鏤金砌玉，復蔚然而芳芬，因顏之曰《群芳》。"

此本有扉頁，刻"增補幼學故事群芳。採入上層，往來尺牘、兇喪祭文、吉壽表章、名公對聯、文武見禮、品級便覽、學禁款式、物類別名、稱呼問答。金山藏板，校對無訛"。

《中國古籍善本書目》未收。

鈐印有"碧山堂藏書記"。

1710　清康熙刻本新鐫鑑略四字書　T5161/1121

《新鐫鑑略四字書》一卷，清王仕雲撰。清康熙刻本。一冊。半頁八行八字，左右雙邊，白口，無魚尾。框高18.4釐米，寬10.9釐米。兩節版。題"江上王仕雲望如父著"。前有康熙二年(1663)王仕雲序。

王仕雲，字望如，號江南過客，江蘇江寧人。順治九年進士。官泉州府推官。又有《格言僅錄》、《周櫟園先生年譜》。

此蒙學書。前爲《歷代國號歌》、《歷代帝王歌》、《歷代群英歌》。上層爲《新鐫鑑略釋義》。全書四字一句，其正文末爲："神宗萬曆，四十八紀。始任居正，海瑞清直。末年深拱，政事有失。光宗泰昌，號稱仁賢。在位一月，龍馭上仙。熹宗天啓，魏宦擅權。誅戮忠正，邦國用殄。懷宗崇禎，克誅逆闇。流寇肆虐，臣工匪比。遂致淪沒，悲哉隕涕。弘光南渡，位鎮金陵。去賢用佞，一載出奔。大清奮起，薄海咸道。天與人歸，歷萬萬春。"

釋義末爲"懷宗端皇帝"，云："光宗第五子，熹宗之弟，名由檢，建元崇禎。初封信王，熹宗無子，帝始即位。誅魏忠賢等，天下思治，在位十七年，爲流寇李自成攻陷北京，帝登萬歲山之壽皇亭自經。帝披髮，身藍衣，跣左足，右朱履，衣前書曰：朕自登極十七年，逆賊直逼京師，雖朕薄德，匪躬上干天咎，然皆諸臣之誤朕也。朕死，無面目見祖宗於地下，去朕冠冕以髮覆，而任賊分裂朕屍，勿傷百姓一人。太監王承恩，從帝於煤山，帝崩，承恩再拜慟哭，縊於亭下。是時，文武勳臣聞帝崩殉難者數百人，惟左中允劉理順、妻萬氏、妾李氏及子孝廉並婢僕十八人閤門死節。"

王仕雲序云："古者八歲入小學，十五始入大學，學固有次，而教亦自有其方。今之授句讀者，類以千字爲發蒙之端。昔梁武好右軍書法，集右軍手蹟，命散騎常侍周興嗣檢千字錯綜成章，百世而後，稱爲令編，然於古今帝王事不甚臚括。余彼(被)逮西曹，日坐銀鐺湯火中，與甲士十餘人嘐嘈雜沓，口拈古史，集爲四字，或取諸故本，或發自心裁，轇轕繚轉，憂憂相接，以消永晝耳。好事者錄而成書，歸來偶理殘文敗字，長兒部曰：此可爲幼弟輩作句讀，不謂傳之。坊客鄭子元美,力請以梓。"

此本稀見。《中國古籍善本書目》未收。

1711 明萬曆刻本金剛般若波羅蜜經 T1818/8724G

《金剛般若波羅蜜經》一卷,後秦釋鳩摩羅什譯,宋釋道肯集篆,明洪度重臨。明萬曆三十九年(1611)刻本。十册。半頁三行七字,經摺裝。題"姚秦三藏法師鳩摩羅什譯;宋靈隱寺僧莫庵道肯集篆;奉佛弟子楚黄梅洪度重臨"。前有萬曆三十九年汪可受序。

是本篆書,三十二體。序文前有釋迦牟尼佛像。

汪可受序云,戊申夏五月十六日,洪水潰堤,其僅以身免入城居,後見鼓桴頹垣之下,有篋浮來,篋藏故紙,"命男道春,展暴日中,點畫如新,始知爲古刻集篆金剛經。蓋宋僧道肯因五代僧夢英所集十八體,增成三十二體者也。"後可受遍訪緇流,罕有見是書全本者,偶過白下,出示友人段諫議,段謂宜擇善手摹之,梓以流布,然求善手不得。可受有門生洪度,篤志禪理,善諸體篆,於是交度以臨摹。"結繩漸似,呈形於鳥跡,至點畫形象迫意而來,輒落筆成書,不作描摹湊合之態,得一分,或半分,或數字,而還蒲團,乘其所會而已。越九旬而書成。余展視大驚,喜曰,經爲汝來乎? 急問梓人於雲中守。守曰,有白下三人者,在此久矣。試可。皆以不思議得之。"

《中國古籍善本書目》著録明永樂十年刻本,作明釋道肯集篆,藏山東省圖書館,而不及此本。

1712 明萬曆刻本金剛般若波羅蜜經注解 T1818/8724.39

《金剛般若波羅蜜經注解》一卷,後秦釋鳩摩羅什譯,明釋宗泐、釋如玘注。明萬曆刻本。一册。半頁十行十八字,四周單邊,白口,單魚尾。框高18.7釐米,寬13.4釐米。題"姚秦三藏法師鳩摩羅什奉詔譯;大明天界善世禪寺住持臣僧宗泐、演福講寺住持臣僧如玘奉詔同注"。

宗泐,明初臨濟宗僧,浙江臨海人。俗姓周,字季潭,號全室,性厭俗榮。十四歲剃度,二十歲受具足戒。大訢於金陵龍翔集慶寺。初主水西寺,後移住中天竺、雙徑等寺。明初,蒙詔住天界寺,奉勅與如玘撰《楞嚴經注解》四卷、《般若心經注解》一卷并此注解。洪武十年,求法西域,得《莊嚴寶王經》及《文殊經》等。十五年歸朝,任僧禄司右善世,掌理天下之僧教,以受朝臣嫉害,乃建圓通庵隱退。二十四年示寂於江浦石佛寺,年七十四。

如玘,明天台學僧,浙江餘姚人。俗姓張,字具庵,號太璞。十六歲投橫溪普安寺覺海之門,得度受戒後,修習天台典籍,後得法於湛堂性澄之門人善繼。其學冠群英,不僅以天台之十乘三觀聞名,并博綜三教及九經七史等。歷住上天竺寺、永壽寺、開善院、演福寺等。洪武十八年示寂,年六十六。

據記載,《金剛經》此一注解,成於洪武十一年。經文每節後均有注解。《金剛般若波羅蜜經》明代注釋之本,自朱元璋始,有《金剛經注解》不分卷,後又有成祖朱棣注本、秦登瀛注本、徐雲嶠注本、釋大鑑注本、曹元相注本等。此本《中國古籍善本書目》未著録。日本内閣文庫有《心經金剛經注解》,作明萬曆三十七年序刻本(明釋宗泐、如玘注)。

1713　明萬曆刻本金剛般若波羅蜜經　　T1818/8724.4

《金剛般若波羅蜜經》四卷,宋楊圭集注。明萬曆元年(1573)刻本。四册。半頁六行九字,四周單邊,白口,單魚尾。框高19.3釐米,寬14釐米。目録後題"男承議郎知廣州淳安縣事楊宗元校正;蠢峰逸民潘舜龍同編;中大夫浦城縣開國男食邑三百户賜紫金魚袋致仕楊圭編"。前有佛畫并八大金剛、四菩薩。又紹定四年(1231)楊圭序。

楊圭,福建浦城人。

是本有牌記,刊"此經全部共計二百二十五葉,分爲四卷,以成書式,大字楷書,方便老眼。外心經節要一部,附兹統施,印板見貯三山南臺后浦復初庵,十方有緣法眷,或求印者,聽其自便。萬曆元年題記"。

《四庫全書總目》未收。《中國古籍善本書目》著録明嘉靖四十年學易山人刻本,藏中國國家圖書館;明戚繼光刻本,藏山東師範大學圖書館、(臺北"國家圖書館"也有收藏);明刻本,藏天津圖書館。此本疑與天津館所藏同板。

鈐印有"平等心王院",日人印。

1714　明萬曆抄本遺教經、金剛般若波羅蜜經　　T1823/3420

《遺教經》一卷,《金剛般若波羅蜜經》一卷。明萬曆二十七年(1599)李如松抄本。一册。經摺裝。

此爲絹本,墨筆隸書。首《釋迦説法圖》一頁,次節抄《遺教經》二頁,末署"萬曆二十七年施金弟子皇親錦衣衛指揮使李如松"。又次節抄《金剛般若波羅蜜經》三頁,末署"施金弟子李如松焚香跪書"。

《明史》卷二三八有李如松傳,遼寧鐵嶺衛人,萬曆二十年曾受命領兵援朝抗倭。其父李成梁,亦以戰功著,世蔭錦衣衛指揮使。疑此經抄寫者李如松與《明史》所載爲同一人。唯《明史》云李於萬曆二十六年四月戰死軍中,而此署萬曆二十七年,兩相不合。

1715　明永樂刻萬曆重修印本大方廣佛華嚴經　　T1820/4002.3

《大方廣佛華嚴經》八十一卷,唐釋實叉難陀譯。明永樂十七年(1419)刻萬曆三十七年(1609)重修印本。存一册。半頁五行十五字,上下雙邊。題"于闐國三藏沙門實叉難陁譯"。

此爲大乘佛教要典之一。大,即包含之義;方,即軌範之義;廣,即周遍之義,亦即總説一心法界之體用,廣大而無邊,稱爲大方廣。佛,即證入大方廣無盡法界者;華,即成就萬德圓備之果體之因行譬喻;故開演因位之萬行,以嚴飾佛果之深義,則稱之爲佛華嚴。

此存卷六一。末刊"永樂十七年十二月十三日奉佛弟子福賢發心書寫鋟梓謹施"。前有扉畫,爲如來説法圖,不甚精。又有御製碑牌,云:"六合清寧、七政順序、雨暘時若、萬物阜豐、億兆康和、九幽融朗、均躋壽域、溥種良田、上善攸臻、障礙消釋、家崇忠孝、人樂慈良、官清政平、訟簡刑錯、化行俗美、泰道咸亨、凡厥有生、俱成佛果。萬曆三十七年二月吉日。"

1716　清康熙刻本金剛般若波羅密經淺解　　T1818/8724.82

《金剛般若波羅密經淺解》一卷,後秦釋鳩摩羅什譯,清翁春、王錫琯注。清康熙二十年(1681)趙嶽生刻本。一冊。半頁八行二十四字,小字雙行同,四周單邊,白口,無魚尾。框高19.8釐米,寬12.8釐米。題"姚秦三藏法師鳩摩羅什奉詔譯;古歙奉佛弟子趙嶽生敬誦男汝鶴、元、煥,孫崇熙全授梓;奉佛弟子翁春、王錫琯解釋"。末有康熙二十年趙嶽生跋。

此爲《金剛經》簡要注解。每節題下有解,句下有注,節末有釋,皆淺近簡要之語。

趙嶽生以《金剛經》歷代注解者衆,然"初入者,尚苦旁注汗漫,義深語奧",因"偶獲是編,如覿良師益友,勇猛持誦,兼捐貲以廣布流通"。

此書收入日本《續藏》。《中國古籍善本書目》未收。

鈐印有"藤本文庫"。

1717　清雍正刻本思益梵天所問經　　T1824/6841

《思益梵天所問經》四卷,後秦釋鳩摩羅什譯。清雍正十三年(1735)內府刻本。四冊。半頁十行二十字,四周單邊,白口,單魚尾。框高20.1釐米,寬13.4釐米。題"姚秦三藏法師鳩摩羅什譯"。卷前有釋迦說法圖,末有韋馱像。

此經共二十四品,內容爲佛向網明菩薩與思益梵天等諸菩薩說諸法空寂之理。

釋迦說法圖背面有五龍環繞碑形牌,刻:"佛光恩照,三千大千。隨緣徧滿,恒沙法界。普度衆生,悉證菩提。身心安泰,年時豐稔。風雨調順,日月昇恒。乾坤清寧,百昌蕃熾。上下樂利,中外協和。庶物咸亨,萬善圓成。情與無情,同登正覺。大清雍正十三年五月初一日。"

此爲雍正十三年內府所刻《二十八經同函》之一種。《二十八經同函》子目見《清代內府刻書目錄解題》,故宮博物院、遼寧省圖書館、中國國家圖書館、中國科學院圖書館有藏。

1718　明崇禎刻本摩訶僧祇律　　T1828/3368

《摩訶僧祇律》四十卷,東晉釋佛陀跋陀羅、法顯合譯。明崇禎七年(1634)金壇于玉德等刻本。七冊。半頁十行二十字,四周雙邊,白口,無魚尾。框高22.3釐米,寬14.6釐米。題"東晉三藏法師佛陀跋陀羅共沙門法顯譯"。

此經略稱僧祇律,意譯大衆律,爲部派佛教大衆部所傳之律藏。全書分爲比丘戒法(前三十五卷)及比丘尼戒法(後五卷)。前者詳列二百一十八戒,并舉雜誦跋渠法、威儀法,且詳述各戒制戒因緣、戒條釋文及其適用情形。其中雜誦跋渠及威儀二法,相當於四分律等之犍度品,即有關僧中所行儀式行事、羯磨,及日常衣食住等規律制條之隨類解說。比丘尼戒法,則列舉二百七十七戒及雜跋渠法。

此經乃大衆部所傳之廣律,與四分律、五分律、十誦律,共稱古來四廣律。據卷三二"五百比丘集法藏"載,本書係優波離受摩訶迦葉之命所誦出者,其次并記有陀娑婆羅、樹提陀娑、耆哆等二十七人之相承,是乃本律傳承之記錄。

此本存卷一至三○。每卷卷末皆有牌記,今錄其三。"金壇居士于玉德,施貲刻此摩訶僧祇律卷一,計字一萬一千三百二十六個,該銀五兩零九分七厘。崇禎甲戌孟春月,金沙顧龍山識。""京口善女人茅門于氏,存日施造庵銀,改刻摩訶僧祇律卷第六,計字一萬二千五百九十四個,該銀五兩六錢六分八厘,用資冥福,早證菩提者。崇禎甲戌歲仲春月,金沙顧龍山識。""金壇塗毒居士于玉立,遺蜜蠟金念珠一串,托賀尒徹售價刻經,久未完願,頃乃見付,今奉梓摩訶祇律卷十一,計字一萬一千二百五十四個,該銀五兩零六分四厘。崇禎甲戌歲季春月,金沙顧龍山識。"

臺北"國家圖書館"亦有入藏,在《嘉興楞嚴寺方冊藏經》內,作"明崇禎七年金壇于玉德刻本"。

鈐印有"單傳菴圖書記"。

1719　明萬曆刻本成唯識論

T1837/5600

《成唯識論》十卷,唐釋玄奘譯。明萬曆四十年(1612)至四十二年(1614)陳瓛海寧刻本。二冊。半頁九行十八字,四周單邊,白口,單魚尾。框高20.8釐米,寬13.6釐米。題"護法等菩薩造;唐三藏法師玄奘奉詔譯"。

此經又稱唯識論、净唯識論,爲唯識三十論頌之注釋書,乃法相宗所依據之重要論書之一。公元450年頃,世親作唯識三十論頌。至557年頃,以護法爲主之唯識十大論師,對唯識三十論頌各作注釋十卷,共計百卷。唐高宗顯慶四年,玄奘譯此經,并採弟子窺基之主張,以護法之觀點爲主,糅譯諸師學説,集成此書。

其内容論説人類存在之根本依處,即阿賴耶識,其中所藏之種子,由於緣起而形成現在,同時又造作未來,因而展開宇宙之一切,期以觀萬法唯心所現,體證諸法之真理。文中多處引用其他瑜伽行派論師如難陀、陳那等學説。此書不僅爲法相宗所依之論典,亦爲一般佛教研究者所必研習之書。

是本有清闕名批注。卷一〇末刊"海寧陳瓛重校并捐貲刻施,同邑周鼎書"。又刊"陳瓛自萬曆壬子歲鳩工,迄於甲寅佛歡喜日,刻成《成唯識論》版一副,追薦顯考翰林院提督四夷館太常少卿隅陽府君、顯妣封孺人朱□□□"。

《中國古籍善本書目》著録。浙江圖書館亦有入藏,作明陳瓛刻本。

1720　明天啓刻套印本大佛頂如來密因修證了義諸菩薩萬行首楞嚴經

T1825/4218.6

《大佛頂如來密因修證了義諸菩薩萬行首楞嚴經》十卷,唐釋般剌密帝、彌伽釋迦譯。明天啓元年(1621)凌弘憲刻三色套印本。十冊。半頁八行十八字,四周單邊,白口,無魚尾,書眉上刻評解。框高21.5釐米,寬14.2釐米。姓氏題"譯　天竺沙門般剌密帝;譯語　烏萇國沙門彌伽釋迦;筆授　菩薩戒弟子前正議大夫同中書門下平章事房融;譯譯　羅浮沙門懷迪;證疏　西蜀沙門界澄;會譯　資中法師弘沇等十五人;訂解　雲棲沙門袾宏;總論　天台沙門傳如;參考點釋　天池居士凌弘憲;閱正　玉華山人徐武等十人"。前有樂純序,天啓元年凌弘憲序,萬曆三十四年(1606)俞王言序,萬曆三十年釋袾宏序;《科經》;《凡例》十則。

此爲鳩摩羅什所譯首楞經三昧經之别本。本經内容敘述阿難受摩登伽女之幻術,戒體將毁之際,佛遥知之,即遣文殊師利以神呪破幻術。其後,阿難與摩登伽女同詣佛所,佛乃爲説圓解、圓行、圓位,乃至詳説七趣以辨陰魔,及三摩提之法、根塵同源與縛脱無二之理。

此經之傳譯,據《開元釋教録》卷九載,係沙門懷迪所譯。另據智昇之《續古今譯經圖紀》與子瑢之《首楞嚴經義疏注經》卷一等之説,則此經之譯本或有兩種,其一即爲懷迪所譯,時間應在般刺密帝之前。又此經之真僞,歷來即有爭論,近代學者或謂乃唐代房融等人僞作。

此經爲三色套印。墨色爲界澄証疏。其參考諸本者,或有差脱者,皆以黛色刻標於其上。朱色則爲諸家議論,以補証疏之缺略。

凌弘憲序云:"余維是手加披閲,廣譯窮搜,採天如之會解,摘真光之正脈,薈天都之標指,葺觀心之參標。益以雲棲祖之模象,繼以天台師之截流,若長水孤山,温陵醉李、吴興慇山等法師,不下數十家,盈篇纍牘,展卷燦然,一新世界法眼。庀工鳩材,歷春夏而告成。"

卷末刊"皇明天啓元年秋九月重陽日告竣"。刻工有陶仲義。

《中國古籍善本書目》著録明凌毓枬刻套印本,中國國家圖書館、上海圖書館等十七館收藏。另臺北"國家圖書館"(三部),及美國普林斯頓大學葛思德東方圖書館也有入藏。凌毓枬本亦八行十八字,前有毓枬序,卷一〇末題"覺于居士凌毓枬謹校"。臺北"國家圖書館"有《楞嚴經》十卷,版本同此,或爲一板。

1721　明刻本大佛頂如來密因修證了義諸菩薩萬行首楞嚴經　T1825/4218B

《大佛頂如來密因修證了義諸菩薩萬行首楞嚴經》十卷,唐釋般刺密帝、彌伽釋迦譯;宋釋思坦集注。《釋題》一卷,宋釋宗印撰,明釋本無録。明霍達刻本。八册。半頁九行十八字,四周單邊,白口,無魚尾,書眉上刻評。框高23.2釐米,寬14釐米。前有霍達序,至元三年(1337)釋無修序,至元二年(1336)比丘子文序;霍于京跋。

思坦,居杭州上天竺寺,通《華嚴》、《法華》、《楞嚴》、《圓覺》諸經,不時敷演,又好禪法,機鋒鋭猛,從學者衆。

霍達序云:"而慈築老師從石盂山中貽我秘本,乃宋桐州坦法師所鳩集注也。科分本之天台,而疏義明簡,又復大闡宗風,今自長水而下,凡屬善解,靡不載收。"按,霍達,陕西長安人,明崇禎四年進士。官御史,巡按應天;順治間授監察御史,擢大理寺少卿。請日講《帝鑒圖説》、《貞觀政要》、《大學衍義》諸書。官至工部尚書。

霍于京跋云:"于京髫時,凤稟家訓,章句之餘,未遑通博。詎意十年以來,流離於西秦東魯間,筆研荆榛,詩書少莽,回視昔所受業,恍若隔生,不可復憶。比得驚魂甫定,冀從良師友,杜門却軌,重理故業,庶遂學山之願,毋蹈負海之譏。頃家大人捐俸,鋟《楞嚴集注》,以廣其傳,自揣下質,難窺上乘,敬習而讀之,以無忘家學。"

《中國古籍善本書目》著録,上海圖書館亦有入藏。

鈐印有"海平"、"尹汲"、"景儒"。

1722　明天啓刻本大佛頂如來密因修證了義諸菩薩萬行首楞嚴經如説　T1825/4218.8

《大佛頂如來密因修證了義諸菩薩萬行首楞嚴經如説》十卷,明鍾惺撰。明天啓弘覺山房刻本。三册。半頁九行十八字,四周單邊,白口,單魚尾,書口下刻"弘覺山房"。框高20.6釐米,寬13釐米。題"佛弟子竟陵鍾惺參輯;永新賀中男標定"。前有天啓四年(1624)鍾惺序;鍾惺説經啓請疏文;《説經儀約》。

鍾惺序云：“永新賀居士中男，慧性辨才，深心閎覽，昔聚白門，演說者數過。中來閩署，披剝者四旬，辨因果於茲經，析異同於諸教，較如觀果，快若拈花。自謂厥衷所蘊非緣，予筆不宣，亦恐遺亡，勉爲疏緝。七卷以前，已懷強半，八卷至末，賀說居多。諸家舊解，義已安而文未圓者，通其違隔，酌其複單，幾回易稿，劣得成書。是歲冬，居士來楚，重事推詳，猥蒙證可，因取經中如所如說之語，名之如者，準佛五語之一也。”

此本存卷一至八。有日人圈點。

《中國古籍善本書目》著録。中國國家圖書館、浙江圖書館等五館，及日本內閣文庫、東京大學東洋文化研究所亦有入藏。

鈐印有"醒翁"、"汝嘉之印"。

1723　清泥金寫本佛頂尊勝總持經呪　　　T1825/2187

《佛頂尊勝總持經呪》一卷。清泥金寫本。經摺裝。一册。每紙五個半頁，半頁四行十五字。框高 15.9 釐米。

前有扉畫，繪釋迦說法圖並"六合清寧"牌。文前簡目云："今將此呪法式來緣功德略具五條：初引呪序；二持呪法則；三取呪來緣；四正述經呪；五流通功德。"末有呪字音釋、韋馱像。

《中國古籍善本書目》著録明萬曆三十六年刻本，北京大學圖書館藏。

1724　清乾隆刻本佛頂心陀羅尼經等　　　T1825/2137

《佛頂心陀羅尼經》三卷《佛說除一切疾病陀羅尼經》一卷《佛說能淨一切眼疾病陀羅尼經》一卷。清乾隆十年(1745)刻本。一册。經摺裝。每紙九個半頁，半頁四行十二字。框高 13.9 釐米。前有觀音像、開經偈。末有諸呪、音釋、韋馱像。

卷上題"佛頂心陀羅尼經"，卷中題"佛頂心療病救產方"，卷下題"佛頂心救難神驗經"。書衣簽題"佛頂心除一切疾病陀羅尼經"。

觀音像后有龍紋碑形牌，刻"皇圖永固，帝道遐昌。佛日增輝，法輪常轉"。韋馱像前有牌記，刻"信女永壽志誠印造《佛頂心除一切疾病陀羅尼經》一千零十卷，以此功德祈願皇圖永固，天下太平，風調雨順，國泰民安，吉祥如意。大清乾隆乙丑年孟冬吉日施捨"。

此爲疑僞經，各種《大藏經》皆不收入。《中國古籍善本書目》子部釋家類著録，有宋、元、明多種刻本存世。

1725　清順治刻本曇無德部四分律刪補隨機羯磨等　　　T1828/3331

《曇無德部四分律刪補隨機羯磨》二卷附一卷，唐釋道宣撰。清順治七年(1650)金陵寶華山釋讀體刻後印本。《曇無德部四分律刪補隨機羯磨會釋》十四卷《羯磨會釋事義》一卷，清釋德基撰。清康熙間金陵寶華山刻本。十册。《曇無德部四分律刪補隨機羯磨》半頁九行十八字，四周雙邊，白口，無魚尾，無格。框高 21 釐米，寬 13.7 釐米。題"唐京兆崇義寺沙門道宣撰集；寶華山隆昌寺沙門讀體鋟梓"。前有道宣序，讀體序。末有律藏總目。《曇無德部四分律刪補隨機羯磨會釋》、《羯磨會釋事義》亦半頁九行十八字，四周雙邊，白口，無魚尾，唯行間有界格，與前不同。《曇無德部四分律刪補隨機羯磨會釋》題"唐京兆崇義寺沙門道宣撰集；清寶華山律學沙門德基會釋"。前有康熙三十年(1691)大珍序。《羯磨會釋事義》題"清金陵寶華山律學沙門德基輯"。

釋道宣，姓錢氏，江蘇丹徒人，一說浙江長城人。隋大業中，從智首律師受具。後隱於終南山白泉寺，開南山宗，爲世所重，尊號南山律師。著有《廣弘明集》、《續高僧傳》等。《宋高僧傳》卷一四有傳。

釋德基，字定庵，姓林氏，安徽休寧人。受具於金陵寶華山見月，深爲所器，卒傳衣鉢。康熙三十九年卒。著有《毘尼關要》、《比丘尼律本會義》等。《新續高僧傳四集》卷二九有傳。

《曇無德部四分律刪補隨機羯磨》爲釋讀體刻。讀體字見月，雲南楚雄人，俗姓許。圓具於潤之海潮庵，已而繼席金陵寶華，重振律綱。康熙十八年卒。《新續高僧傳四集》卷二十九亦有其傳。釋德基即受具於讀體，隨侍十五年，終繼其席。此本讀體《重刻隨機羯磨敘》云："邇來居山數載，師人作辦，獨欽遵於羯磨，導衆隨機，但宣演於戒法。以此上報佛恩，下酬法乳。茲因共居律友，慮此《羯磨》恐行之不普，聞之不遍，請以印行，廣其彌布。故於庚寅季夏鋟出流通。""庚寅"當即順治七年。

《曇無德部四分律刪補隨機羯磨會釋》並《羯磨會釋事義》爲釋德基所作會釋。大珍序云："定公慨季法陵彝，學者忽於繩墨，罔知作辦，成壞茫然。復於隨機律部窮搜極討，著微闡幽，會釋是書爲十四卷。"序作於康熙三十年，其刻當在此前後。

《曇無德部四分律刪補隨機羯磨》末鐫"板藏金陵寶華山"；《曇無德部四分律刪補隨機羯磨會釋》、《羯磨會釋事義》末皆鐫"板存華山律堂"。

《曇無德部四分律刪補隨機羯磨》歷代《大藏經》皆收入，另《中國古籍善本書目》著錄有明京兆愍忠寺釋永海刻本。《普林斯頓大學葛思德東方圖書館中文舊籍書目》著錄有清康熙五十七年集貲刊嘉興方册藏本《曇無德部四分律刪補隨機羯磨會釋》。

1726　明永樂至正統刻北藏本大方等大集月藏經　T1822/7420

《大方等大集月藏經》十卷，隋那連提耶舍譯。明永樂八年(1410)至正統五年(1440)刻《北藏》本。十册。半頁五行十七字，上下雙邊。框高 27.4 釐米。題"高齊天竺三藏那連提耶舍譯"。

那連提耶舍，北印度烏場國人，姓釋迦，爲刹帝利種。年十七出家，通大小二乘，精於三學。欲禮佛陀聖蹟而周游諸國，後受一尊者之諭，始返其國。歸途中，以誦觀音神呪而免賊害。至芮芮國，值突厥之亂，遂絶其歸國之志。乃越葱嶺，入北齊，時年四十，甚受文宣帝禮敬，住天平寺譯經。尋授昭玄統，以所獲供禄建立汲郡西山三寺，安養癘疾百姓。周武帝滅齊毁佛法時，遁隱田野，披俗服而不廢法事。隋興，始再襲法衣，文帝勅住大興善寺，拜外國僧主，與曇延等三十餘人再從事譯經工作。開皇九年八月入寂，世壽百歲。先後譯有十三部七十餘卷經典。

此經記載佛於佉羅帝山初化比丘菩薩，並度化衆多魔王、波旬、阿修羅、天、龍、鬼神等歸佛之事蹟。本經與會之會衆有不同種類(菩薩、諸天、鬼神)，數量甚多(如有學無學六百萬、諸眷屬八十億那由他百千菩薩摩訶薩)，混有世俗之星宿占法等怪異記述，羅列印度十六國及西域諸國之史地，對佛法滅盡之思想並有詳細之描述。

此本前有御製碑牌，刊"天清地寧、陰陽和順、七政明朗、風雨調均、百穀常豐、萬類咸暢、烽警不作、禮教興行、子孝臣忠、化醇俗厚、人皆慈善、物靡害災、外順內安、一統熙皞、九幽六道、普際光明、既往未來、俱登正覺。大明正統五年十一月十一日"。又有扉畫,爲如來說法圖。卷末有韋駄像。每卷之後皆有音釋。

此爲《北藏》零本,爲"虞"字號。

1727　宋紹聖刻萬壽大藏本十誦律　　T1828/4020

《十誦律》六十一卷,姚秦弗若多羅、鳩摩羅什譯。宋紹聖四年(1097)福州東禪等覺院刻《萬壽大藏》本。存一册。半頁六行十七字。框高23.6釐米。題"姚秦三藏弗若多羅共三藏鳩摩羅什譯"。

此本存卷一三,爲"從"字號。計十七紙。前有"福州東禪等覺院住持傳法沙門智賢謹募衆緣,恭爲今上皇帝祝延聖壽,闔郡官僚同資祿位,雕造大藏經印板,計五百餘函。時紹聖四年十月日謹題"。書口中縫刻有"安撫賈侍郎捨"、"廣東運使寺正曾噩捨"。末有"十七紙尾、郭志刁"。

此經又稱《薩婆多部十誦律》。收於《大正藏》第23册。其將戒律分爲十項(十誦)敘述,故名。爲薩婆多部(部派佛教説一切有部)之廣律。

刻工有昌、琮、楠、才、付先、郭志。又有"林璋印造"小黑色木記。按,林璋又印有《根本說一切有部毗奈耶雜事卷》。有小蛀。

鈐印有"三聖寺"、"寶玲文庫"。

1728　明刻本三劫三千佛名經　　T1822/1412

《三劫三千佛名經》三卷。明刻本。三册。半頁五行十五字,上下雙邊。框高26.4釐米。前有宋畺良耶舍譯序。

此《三劫經》爲《過去莊嚴劫千佛名經》、《現在賢劫千佛名經》、《未來星宿劫千佛名經》。譯於南朝梁代,譯者不詳。

是經列出拘那提佛至樓至佛等千佛之名,並說明懺悔滅罪與稱佛名號。旨在勸教懺悔,揭示誦讀本經者,能得如阿彌陀佛無量壽命之功德。

前有釋迦牟尼佛像,末有普眼菩薩像,皆爲吳彬繪。

1729　明萬曆刻本妙法蓮華經文句　　T1819/4334.8

《妙法蓮華經文句》十卷,隋釋智顗撰。明萬曆刻本。五册。半頁十行二十字,四周單邊,白口,單魚尾,書口下間有刻工。框高21.4釐米,寬13.7釐米。題"天台智者大師説"。

智顗,天台宗開宗祖師。隋代荊州華容(湖南潛江西南)人。俗姓陳,字德安,世稱智者大師、天台大師。年十八,投果願寺法緒出家。陳太建七年,入天台山,於佛隴之北建"修禪寺"居之。隋煬帝敕賜"智者"之號。開皇十七年卒。

是書與《法華經玄義》、《摩訶止觀》,世稱天台三大部。每卷皆分上下。爲顗在南朝陳禎明元年於金陵光宅寺之講說,由弟子灌頂筆記。北宋天聖二年,遵式奏請入藏。其於《法華經》之经文,作逐句之注释,书中多运用天台宗独创之释经方法以解释经文。

刻工有何鲸、邵器、王志等。

《四库全书总目》未收。《中国古籍善本书目》著录,湖南省图书馆亦有入藏。台北"国家图书馆"收在《嘉兴楞严寺方册藏经》内。

此书封面上有近人方表跋:"智者大师,姓陈氏,湖南华容县人,出家长沙果愿寺,依法华经开立天台宗。此书乃大师六十九岁时著作,义蕴宏深,学徒所尚。中华民国十三年春,潘立德博士来游吾华,询天台教义,举以赠之,以为纪念。长沙方表。"

钤印有"黄梅寺记"。

1730　清雍正刻本宗镜录　T1880/1444

《宗镜录》一百卷,宋释延寿辑。清雍正内府刻本。二十册。半页十行二十字,四周单边,白口,单鱼尾。框高 17.5 厘米,宽 12.4 厘米。题"宋慧日永明妙圆正修智觉禅师延寿集"。前有雍正十二年(1734)御制序,雍正十二年御制后序;雍正十二年上谕;宋杨杰序,吴越王钱俶序。卷一首有释延寿自序。

释延寿,姓王,浙江余杭人。住明州雪窦山、杭州灵隐寺,后移永明,世称永明大师。开宝八年圆寂,赐号智觉禅师。有《万善同归集》、《唯心诀》等。《宋高僧传》卷二八有传。

延寿自序述本书之旨:"今详祖佛大意,经论正宗,削去繁文,唯搜要旨。假申问答,广引证明。举一心为宗,照万法如镜。编联古制之深义,撮略宝藏之圆诠。同此显扬,称之曰录,分为百卷,大约三章。先立正宗以为归趣,次申问答用去疑情,后引真诠成其圆信。"

雍正于延寿是书极为推崇,其后序云:"若非禅师弘大慈力,纂此妙典,孰能囊括群经之要旨,廓通三乘之圆诠,使人直达宝所乎?朕谓达摩西来以后,宗门中述佛妙心,续绍慧命,广济含生,利益无尽者,未有若禅师此书者也。"上谕中又推此书为"震旦宗师著述中第一妙典",故命刊刻。雍正又据此书摘录而成《御录宗镜大纲》二十卷。

御制序、御制后序末皆钤"圆明主人"、"雍正宸翰"玺。

《清代内府刻书目录解题》著录,辽宁省图书馆、故宫博物院图书馆藏。据其著录,知是本卷末有雍正十三年僧超海、通理、广持三人跋语及《重刊宗镜录职名》,今馆藏此本阙。另中国人民大学图书馆、北京大学图书馆等亦有收藏。

1731　清雍正刻本御录宗镜大纲　T1880/1444.1

《御录宗镜大纲》二十卷,宋释延寿原集,清世宗胤禛录。清雍正内府刻本。四册。半页十行二十字,四周单边,白口,单鱼尾。框高 17.5 厘米,宽 12.4 厘米。前有雍正十二年(1734)御制序。

雍正于释延寿《宗镜录》极为推崇,先命刻《宗镜录》百卷,又摘录《宗镜录》大要,"录其纲骨,刊十存二,举一蔽诸",而成是书。御制序云:"朕读兹书(《宗镜录》),良深嘉悦,是以付诸剞劂,散在香林兰若之中。复为述其指归,弁诸卍字灵文之首。"知是书编刻在内府刊刻《宗镜录》之后。

御制序末钤"圆明主人"、"雍正宸翰"玺。

《清代内府刻書目録解題》著録,遼寧省圖書館、故宫博物院圖書館藏。另中國科學院圖書館、北京大學圖書館等亦有收藏。《中國科學院圖書館藏中文古籍善本書目》及《四庫未收書輯刊》將此本著録爲"清釋永明撰",誤。永明即宋釋延壽,因居永明,世稱永明大師,蓋因雍正序云《宗鏡録》者,永明壽禪師約舉佛祖大意"云云,誤爲清人永明。

館藏有複本一部(T1880/1444.1/C2),四册。

1732　明萬曆刻本佛説大方廣善巧方便經　T1821/8102

《佛説大方廣善巧方便經》四卷,宋釋施護譯。明萬曆四十一年(1613)丹陽賀懋熙等刻本。一册。半頁十行二十字,四周雙邊,白口,無魚尾。框高23.4釐米,寬15釐米。題"宋西天三藏朝奉大夫試光禄卿傳法大師施護奉詔譯"。前有扉畫。

施護,宋代譯經僧,北印度烏塡曩國人,世稱顯教大師。宋太平興國五年,與北印度迦濕彌羅國之天息災三藏同抵汴京(開封),駐錫於太平興國寺之譯經院,致力於經典翻譯。譯有《大乘莊嚴寶王經》、《給孤長者女得度因緣經》等凡一一五部二五五卷。

卷四末頁刊有"丹陽居士賀懋熙、懋照、懋煢、懋熹、懋煒施刻此卷,計字八千五百箇,該銀四兩四錢二分。萬曆癸丑歲夏四月徑山化城識"。又刊"佛説大方廣善巧方便經,卷一之四已上共字乙萬七千八百四十箇,共該銀九兩二錢八分"。又鈐有黑色"陳鰲印",當爲印工。

臺北"國家圖書館"入藏,在《嘉興楞嚴寺方册藏經》内。

1733　明刻本冥樞會要　T1880/1444.3

《冥樞會要》三卷,宋釋祖心編。明刻本。三册。半頁九行十八字,四周雙邊,白口,雙魚尾。框高18.9釐米,寬12.8釐米。題"黄龍庵主祖心集"。前有洪武十三年(1380)釋來復序。

釋祖心,宋代臨濟宗黄龍派僧,廣東始興人,俗姓鄔,號晦堂。年十九依龍山寺惠全,翌年試經得度,住受業院奉持戒律。後參謁雲峰文悦,隨侍三年。未久,參謁黄檗山慧南,留侍四年;後還文悦,時文悦示寂,乃往止石霜楚圓。一日,閲《傳燈録》,大悟,隨慧南移黄龍山,慧南卒,遂繼黄龍之席。十二年後入京師,晚年移庵深入棧,絶學者二十餘年。宋元符三年示寂,年七十六,謚號寶覺禪師。

此書乃爲釋祖心摘《宗鏡録》中要語而成。《宗鏡録》分標宗、問答、引徵三章,輯集佛教各宗之教義,自稱"宗門寶鏡",故名。原本百卷,浩若烟海,其書使觀者一時遽難尋繹其旨。

釋來復序云:"《宗鏡録》一百卷,其辭奥贍,無宗不通,無法不含,無機不攝,理行兼融,真俗互顯,可謂入道之捷徑,集佛之大成者也。黄龍晦堂心公,恐觀者滯於文繁,莫達其奥,迺依卷帙,撮略精微,以便來學。其門人靈源清公,考訂舛誤,編爲三卷,題曰《冥樞會要》,以傳於時,言簡義詳,一覽畢備,使讀者達本而知源,忘言而契道,則此書之出,於宗教豈小補哉!"

明葉盛《菉竹堂書目》著録此書。按,此書最早有宋紹興十五年湖州報恩光孝寺刻本,今藏臺北"國家圖書館"(有清朱彝尊、程恩澤、李兆洛、蔣因培、錢天樹等跋)。明洪武間,又有釋本空刻本。釋來復序云:"然自宋紹聖初迄今洪武,垂三百年,教庠禪苑,其不多見。余從至正間往來浙河,始獲一本,佩藏三十餘載,雖累涉兵變,篋以自隨,亦嘗有志刊行而未果。今菩薩戒弟子本空,以幼失恃怙,孝慈之念寤寐不忘,嘗曰報親之大,莫大於佛乘,蓋佛之爲道,劭神明,出死生,資之以答劬勞,其功固無窮也。余嘉其誠,即以此書授之,俾鏤板以廣流通,斯亦余之初志也。"

此本視之紙張、字體,似在萬曆間所刻。

《中國古籍善本書目》未著錄。

1734　明末刻本敕修百丈清規　　　　　　　　　　　　T1880/9335

《敕修百丈清規》八卷,元釋德煇撰。明末刻本。二册。半頁十行二十字,四周雙邊,白口,無魚尾。書口上刻"支那撰述"。框高22.8釐米,寬14.9釐米。題"大智壽聖禪寺住持臣僧德煇奉勅重編;大龍翔集慶寺住持臣僧大訢奉勅校正"。前有正統七年(1442)胡濙劄。

釋德煇,字東陽,爲臨濟宗僧。嗣法晦機,元熙,住婺之雙林湖州道場。天曆間掌理百丈寺,至順初重建法堂。傳見《東海一漚集》卷三、《續燈正統》卷一四。

此百丈清規,原爲唐時佛祖大智懷海禪師所訂,至元年又由釋德煇奉敕重修,歷爲天下叢林僧徒循規遵守。卷一《祝釐章》(聖節、景命四齋日祝讚、旦望藏殿祝讚、每日祝讚、千秋節、善月);卷二《報恩章》(國忌、祈禱);卷三《報本章》(佛降誕、佛成道涅槃、帝師涅槃);卷四《尊祖章》(達磨忌、百丈忌、開山歷代祖忌、嗣法師忌);卷五《住持章》(住持日用、請新住持、入院、退院、遷化、議舉住持);卷六《兩序章》(西序頭首、東序知事、列職雜務、請立僧首座、請名德首座、兩序進退、掛鉢時請知事、侍者進退、寮舍交割什物、方丈特爲新舊兩序湯、堂司特爲新舊侍者湯茶、庫司特爲新舊兩序湯礦、堂司送舊首座都寺鉢位、方丈管待新舊兩序、方丈特爲新首座茶、新首座特爲後堂大衆茶、住持垂訪頭首點茶、兩序交代茶、入寮出寮茶、頭首就僧堂點茶、兩序出班上香);卷七《大衆章》(沙彌得度、新戒參堂、登壇受戒、護戒、辦道具、裝包、遊方參請、大相看、大掛搭歸堂、抛香相看、謝掛搭、方丈特爲新掛搭茶、坐禪、坐禪儀、坐參、大坐參、請益、赴齋粥、赴茶湯、普請、日用軌範、龜鏡文、病僧念誦、亡僧、版帳式);卷八《節臘章》(夏前出草單、新掛搭人點入寮茶、出圖帳、衆寮結解特爲衆湯、楞嚴會、戒臘牌、方丈小座湯、四節土地堂念誦、庫司四節特爲首座大衆湯、結制禮儀、四節秉拂、方丈四節特爲首座大衆茶、庫司四節特爲首座大衆茶、前堂四節特爲首座大衆茶、旦望巡堂茶、方丈點行堂茶、庫司頭首點行堂茶、月分須知);卷九《法器章》(鐘、版、木魚、椎、磬、鐃鈸、鼓)。附著《百丈祖師塔銘》、《百丈山天下師表閣記》、《古清規序》、《崇寧清規序》、《咸淳清規序》、《至大清規序》、《日用寒暄文》(原闕)。每卷之後皆有音釋。

胡濙劄云:"永樂二十二年十一月二十七日,該僧錄司官奏:僧衆多,中間有等不守規矩,合無依清規整治節。該奉仁宗昭皇帝聖旨:'照依清規料治他。欽此。'除欽遵外,近因本寺清規書板年遠無存,欽蒙皇上洪恩,普度天下僧行,仍住原額寺院,熏修香火,祝延聖壽。臣切見後學僧徒,多有未見清規體例,罔知軌度,不諳戒律,甚辱祖風,深爲未便。臣依原體式重寫刊完,雖有歷朝序文,年代已遠,誠恐僧徒視爲常事,不行遵守,今將重刊清規,印集一本,開坐具本,親齎謹奏。"

"玄"字不避帝諱。按,此應在《徑山藏》中。臺北"國家圖書館"有《嘉興楞嚴寺方册藏經》,收入此《敕修百丈清規》。

1735　明萬曆刻本禪林寶訓

T1880/3586

《禪林寶訓》四卷，宋釋净善輯。明萬曆刻本。一册。半頁八行十八字，四周單邊，白口，無魚尾。框高20.6釐米，寬12.6釐米。題"東吳沙門净善重集"。前有釋净善序。

此書收南嶽下十一世黄龍、惠南至十六世佛照、拙庵等宋代諸禪師之遺語教訓，凡三百篇，各篇終皆記其出典。其書始爲妙喜普覺、竹庵士珪二禪師於江西雲門寺所輯録，經年散逸，宋淳熙間，净善得之於老僧祖安，因惜其年深蠹損，首尾不備，乃尋之語録傳記，加以重集。此書古來即盛行於禪林，每被列爲初學沙彌之入門書。

釋净善序云："寶訓者，昔妙喜、竹庵誅茅江西雲門時共集。予淳熙間遊雲居，得之老僧祖安，惜其年深蠹損，首尾不完，後來或見於語録傳記中，積之十年，僅五十篇餘。仍取黄龍下至佛照、簡堂諸老遺語，節葺類三百篇，其所得有先後，而不以古今爲詮次，大概使學者削勢利人我，趨道德仁義而已。其文理優游平易，無高誕荒邈詭異之跡，實可以助入道之遠猷也。且將刊木，以廣流傳，必有同志之士一見而心許者，予雖老死丘壑，而志願足矣。"

《四庫全書總目》未收。《中國古籍善本書目》著録，但僅有二卷之本，爲明正統八年金臺永寧寺釋大海刻本、弘治七年刻本、嘉靖二十七年刻本、嘉靖四十四年刻本、萬曆二十八年釋自正等刻本，又有明刻十行本、十一行本等數種，唯此四卷之本不見各家著録。

此本序后刊"星源程亨嘉刻"。

鈐印有"隨緣子"。

1736　清乾隆刻本禪林寶訓筆説

1880/3586.8

《禪林寶訓筆説》三卷，清釋智祥撰。清乾隆十五年（1750）京都比丘際存、了育刻本。三册。半頁十行二十字，小字雙行同，左右雙邊，白口，無魚尾。框高20.4釐米，寬14.7釐米。題"楚衡雲峰後學沙門智祥述"。前有康熙四十五年（1706）智祥序。

釋智祥，字頻吉，號聽雲，湖北麻城人。從獅峰浮木受具，住湖州弁山龍華及衡州雲峰。有《法華經授手》等。

宋釋净善所輯《禪林寶訓》，録宋代諸禪師之遺語教訓，凡三百篇，盛行於禪林。後代多有訓釋之作，此即其一。原文大字，註釋小字雙行，訓釋詞語句意並闡明各節、各篇大旨，行間並標難字讀音。

卷下末刻"乾隆十五年五月京都比丘際存、了育敬募諸刹重梓，板存潭柘下院翊教寺永遠流通。共化銀壹百捌拾一兩捌錢陸分，刻板公費共用銀壹百叁拾柒兩玖錢陸分，印書銀肆拾叁兩玖錢"，並"江寧臧廷獻刊"。各卷末詳列助刻姓氏及各人捐助錢兩。

《東北地區古籍綫裝書聯合目録》著録此本，遼寧省圖書館藏。另北京大學圖書館亦有收藏。

1737　明萬曆刻本三教平心論抄

T1804/0247

《三教平心論抄》一卷，元劉謐撰。明萬曆方如騏刻本。一册。半頁九行十八字，四周單邊,白口,單魚尾。框高 20.4 釐米,寬 14 釐米。題"靜齋學士劉謐撰"。前有萬曆四十六年(1618)方如騏序,甲子東海邵元氏序。

劉謐,宋元時之儒釋道三教調和論者,爲三教關係史上極受矚目之學者。主張儒教係端正綱常,示明人倫而有功於天下,道教崇尚清虛無爲,佛教則捨僞歸真,自利利他,故三教各有其存在之意義。

是書曾爲《大正藏》第 52 册所收,然爲二卷。此爲節本。作者以儒釋道三教之論争,千百年來,是非紛然,故特著此論以明辨之。初言三教皆爲止惡行善之法,而佛以治心,道以治身,儒以治世,不可偏廢;次言三教之結果,有淺深之不同,故教有廣狹、久近之別,以儒、道二教爲世間法,佛教則始於世間法,終於出世間法;後則力駁唐之傅奕、韓愈之說,又例宋之程明道、朱熹、張横渠等主張而論破之。

邵元氏序云:"比觀靜齋學士所著一理論,言簡理詳,盡善盡美,窮儒道之淵源,啓釋門之玄閾,辯析疑惑,決擇是非,未嘗不出於公論。譬猶星之在秤,輕重無差;鏡之當臺,妍醜難隱。斯論之作,良有以矣。通城實堂居士吳鼎來,智識超邁,黨與至公,命工繡梓,以廣其傳。"

方如騏,字士雄,徽州人。以邑庠入太學,父母歿,築室讀書冢旁。居金陵。《(道光)徽州府志》卷一二之五《人物志·義行》有傳。《三教平心論》二卷,又見《琳瑯秘室叢書》(咸豐本)第三集。

《四庫全書總目》未收。《中國古籍善本書目》未著録。日本内閣文庫有《三教平心論》二卷,明刻本。

1738 明刻本瑜伽燄口施食起止規範   T1876.5/1226

《瑜伽燄口施食起止規範》一卷。明釋惺善刻本。一册。半頁六行十七字,四周單邊,白口,單魚尾。框高 17.9 釐米,寬 12.2 釐米。前有扉畫。

燄口,乃根據《救拔燄口餓鬼陀羅尼經》而舉行的施食餓鬼之法事。該法會以餓鬼道衆生爲主要施食對象,施放燄口,則餓鬼皆得超度,亦爲對死者追薦佛事之一。

末刻"皈依三寶弟子惺善發心誠印瑜伽燄口壹佰零捌部,以此功德,崇伸回向。過去父母,高超三界。往生净土,彌陀授記;現存眷屬,利益安樂。二六時中,吉祥如意"。扉畫頗粗劣,坊間所爲也。

《中國古籍善本書目》未著録。

1739 明萬曆刻本續原教論   T1804/0247

《續原教論》二卷,明沈士榮撰。明萬曆四十七年(1619)方如騏刻本。一册。半頁九行十八字,四周單邊,白口,單魚尾。框高 20.5 釐米,寬 14 釐米。題"翰林院待詔建安沈士榮著"。前有萬曆四十七年方如騏序,洪武十八年(1385)沈士榮序。

沈士榮,建安人。爲翰林院待詔。

是書二卷,卷上爲原教論、觀心解、内教外教辯、執迹解、儒者參禪辯、論禪近理辯、作用是性解;卷下爲名儒好佛解、自私辯、莊老異同辯、錯說諸經解、較是非得失辯、三教論、諸師人物雄偉論。專主三教調和之説。

方如騏序云：" 《續原教論》者，國初沈公所著，中有論、有解、有辯，而獨稱《續原教論》者，仍其所自命舊名也。曰續，則當有論在前。然考舊祇有《輔教編》、《原人論》等耳，從未見有稱《原教論》者，竟不知何指。豈即此中所製《原教論》，而以論後觀心解等謂之續耶？……而已論成於洪武乙丑，在高皇帝御極之十八年，計與姚少師同時，不知兩相值否？兩公者，其見俱超，其論俱辨，其所擔荷處，皆本諸自得，而不拾人唾餘。少師比丘說法，而赫然際會風雲；沈公宰官現身，而不見附攀鱗翼，則有遇不遇耳。人固可並重，書決當並傳也，故予既刻《道餘錄》，而更以此付諸梓人。"

《四庫全書總目》未收。《中國古籍善本書目》僅有《原教論》一卷，爲明洪武十九年刻本，今藏中國國家圖書館。臺北"國家圖書館"有明萬曆十九年崑山顧紹芳等刻本（在《嘉興楞嚴寺方册藏經》內）。清光緒元年金陵刻經處有刻本。

鈐印有"嘉賓字孔昭"、"家在雲間"、"松儔竹伴"。

1740　明萬曆刻本淨土資糧全集

T1877/4103

《淨土資糧全集》六卷，明莊廣還輯；《直音略訓》一卷，明沈廣近撰。明萬曆二十八年（1600）檇李桐邑莊氏刻本。五册。半頁八行十八字，四周單邊，上白口，下綫黑口，單魚尾。框高18.7釐米，寬11.9釐米。題"古杭雲棲寺蓮池禪師袾宏校正；檇李桐邑淨業弟子莊廣還輯"。前有扉畫；中峰大師、西齋禪師懷淨土詩；萬曆二十二年（1594）釋袾宏序，萬曆二十三年（1595）陸光祖序，萬曆二十八年莊廣還自序；萬曆二十七年（1599）莊廣還募刻疏文。末有萬曆二十一年（1593）仇雲鳳後序，萬曆二十六年（1598）莊廣還後序；莊芳林跋；沈廣近繪莊廣還小像；《大意》（凡例）十一則。

莊廣還，字復真，檇李人。少承儒業，後習醫，後從蓮池禪師，教以淨業，授以五戒。沈廣近撰像贊云："厚重簡默，東魯流風。雲棲一晤，鍼芥相逢。潛心安養，復此真空。蓮宗要語，輯梓流通。永永法施，利他何窮。必世後仁，正法紹隆。移風易俗，不愧儒宗。"

資糧者，如遠行，一要資財，二要糧食，缺此二事，絕難到達。淨土宗有信仰、發願、修行，稱淨土三資糧。

釋袾宏序云："莊居士集古今淨土經論，擇要語類編之，而間附以己意。既成帙，踵門而告予曰，兹《淨土資糧全集》也。説者謂淨土著述，簡册相望，蓋篋有餘資，囊有餘糧矣。復何藉此？予曰不然，今夫遊萬里外，未聞厭資糧之多者，是故旅途而遭困乏，則文錢斗金，粒米廩粟，況夫以百千劫未歸之窮子，適十萬億難至之寶邦，何嫌乎功德法財之殷且富，披輿圖，問道路之頻煩耶？殊鄉僻邑，購一經一論，不勝其艱，使是編廣布，人得而讀之，一代時教，粗知其大端矣。"

廣還自序云："還不自揣，遂閱淨土經論，掇其要語，分門別類，始以往生定其趣，次以起信迴其向，又以誓願決其志，乃以齋戒成其德，日課達其材，終以兼禪詣其極，分爲六卷，名曰《淨土資糧》。既梓行矣，復加補輯，更名《全集》。"其疏文又云："還雖不材，忝列弟子，斯道污隆，與有責焉。固知涓滴無補於江河，亦以借光可破諸幽暗，遂忘固陋，輯此《資糧》。集群經之要言，會諸師之確論；分門別類，此事屬辭；既正於師，復辨諸友，稿凡三易，全集乃成，誠往生之捷法，出世之要典也。若藏諸篋而不廣其傳，固非普度衆生之意，專於己而不兼乎衆，又非善與人同之心。重興鋟梓之工，再循募緣之例，或多助，或寡助，既同植往生之勝因；或出家，或在家，必同證往生之勝果。蓋以資糧一具,衆善攸歸,上可以隆出世之佛法,下可以遏邪說之橫流;遠可以續廬山之正傳,近可以廣雲棲之聲教。皆一善念爲之造端也。"

此本佚去復真居士像記、像説、復真四偈。《大意》後有牌記,刊"桐邑清信士夏萬鎰楷書净土資糧全集一部登梓"。

《中國古籍善本書目》未收。臺北"國家圖書館"亦有入藏。

鈐印有"華頂文庫"、"出經堂印"、"慧旭書籍閲後還函"。

1741　明萬曆刻本佛法金湯編　　　T1857/3053

《佛法金湯編》十六卷,明釋心泰撰。明萬曆二十八年(1600)天台山慈雲禪寺釋如惺刻本。六册。半頁九行二十字,左右雙邊,白口,單魚尾,書眉上刻注,書口下間有刻工及字數。框高19.6釐米,寬12.6釐米。題"會稽沙門心泰編;天台沙門真清閲"。前有洪武二十六年(1393)蘇伯衡序,洪武二十四年(1391)釋守仁序,洪武二十四年釋清濬序;洪武二十四年釋宗泐識語。末有釋如惺後序。

釋心泰,幼習洙泗之學於鄉校,稍長,爲釋氏學,嘗師事夢堂噩禪師於天台之國清寺,爲其掌箋翰。其學贍而識達,氣充而守約,發爲文章,雄渾淵雅,惟務以弘宗樹教爲本,不以誇多鬥靡爲奇。嘗出世説法郡之東山禪寺,從學者甚衆。

此編述自西周昭王至元順帝約一千七百年間,與佛教有關之帝王、名家之傳記及語要,凡三九八人,各傳之終,皆明載典據。時佛教衰退,而儒道之排佛論盛行,故心泰著此佛教外護者史傳,欲促使排佛論者之反省及佛教界之覺醒。

此編原爲十卷,萬曆間天台山慈雲禪寺釋如惺重刻,析爲十六卷。如惺後序云:"我師象先清和尚宴寂之餘,嘗於是編重加讎閲。一日,出示惺曰,如來以正法眼藏付摩訶迦葉,以佛法付國王大臣,意非弟子内紹,則慧命安寄;非王臣外護,則教法凌夷。故漢明以來,聖君賢臣不負所囑,所以泰公有是編也。吾欲行之未逮,子盍圖之。萬曆戊戌冬,予遊雲間,會陸宗伯、袁比部、俞僉憲及鄉進士錢公、姜公,議修昭代金湯,以備通考。因念先志所存,遂謀梓……庚子夏月佛降生日工竣,原十卷,今分十六卷,僭勒簡末,用紀歲月云爾。"

是書之助刻者多見於每卷之末。卷一末刊"鄉進士錢漸庵助銀十五兩,刻第一卷至第七卷"。卷八末刊"明府倪鷳庵助銀叁兩,刻八卷"。卷一一末刊"僉憲俞新宇助刻十一卷"。卷一二末刊"陳仲醇、張三星、西柱南俞元濟、俞元和、王伯禎、朱伯還、唐中甫助梓"。卷一四末刊"鄉進士倪元錫助刻十四卷"。卷一六末刊"姜神超、朱孟博、鍾繼甫、俞伯葵、殷子象、章穉修、章伯明助刻十六卷終"。又刊有"時萬曆二十八年歲在庚子春季重鐫"一行。刻工有雲間孫訥、張紹祖、吳雲。

《中國古籍善本書目》著録十卷本,明釋圓鋠募刻本,浙江圖書館藏殘存卷六至一〇。此本臺北"國家圖書館"入藏兩部。

1742　明萬曆刻本道餘録　　　T1804/0247

《道餘録》一卷,明姚廣孝撰。明萬曆四十六年(1618)方如騏刻本。一册。半頁九行十八字,四周單邊,白口,單魚尾。框高19.8釐米,寬13.8釐米。題"逃虛子姚廣孝著"。前有萬曆四十六年方如騏序,永樂十年(1412)姚廣孝序;御製推忠報國協謀宣力文臣特進榮禄大夫上柱國榮國公姚廣孝神道碑;《榮國姚恭靖公傳》。

姚廣孝,即釋道衍,明初禪僧,號獨庵,長洲人。十四歲出家,初習天台,後從徑山智及參禪得旨。先後住持臨安普慶寺、杭州天龍寺、嘉定留光寺。能詩文,擅長陰陽術數,尤能詩畫。燕王與之談論甚洽,共王密謀,建文時遂有靖難之變,及成祖踐祚,錄其功第一,勅復俗姓,拜太子少師,時稱姚少師。曾監修《太祖實錄》、《永樂大典》等。永樂十六年入寂,世壽八十四,謚號恭靖。

是書之作,乃在反駁宋代儒者之排佛論,其立於華嚴及禪之立場,對程頤、程顥及朱熹進行論辯。姚廣孝序云:"三先生既為斯文宗主,後學之師範,雖曰攘斥佛老,必當據理,至公無私,則人心服焉。三先生因不多探佛書,不知佛之底蘊,枉抑太過,世之人心,亦多不平,況宗其學者哉!二程先生遺書中有二十八條,晦庵朱先生語錄中有二十一條,余不揣,乃為逐條據理,一一剖析。豈敢言與三先生辯也,不得已也,亦非佞於佛也。稿成,藏於巾笥有年,今冬十月,余自公退,因檢故紙,得此稿,即凈寫成帙,目曰《道餘錄》,置之几案間,士君子有過余,覽是錄者,知我罪我,其在茲乎?"

方如騏序云:"近惟《道餘錄》一編,有抄本行之者,內多妙悟後語,功業之本根,亦可想見大都,雖或與宋大儒相左,要以互相發明,所謂同歸殊途,明眼者自能得之言外,是不可不廣其傳也。遂以付之梓人。"

《四庫全書總目》未收。《中國古籍善本書目》著錄清初抄本。臺北"國家圖書館"有明萬曆四十七年海虞錢謙益刻本(在《嘉興楞嚴寺方冊藏經》內)。日本內閣文庫有明萬曆四十七年刻本。

1743　明萬曆刻本佛法正輪　　　T1804/0247

《佛法正輪》二卷,明周汝登撰。明萬曆方如騏刻本。一冊。半頁九行十八字,四周單邊,白口,單魚尾。框高20.2釐米,寬13.2釐米。題"剡城周汝登編論;會稽陶望齡參閱;新安門人方如騏校梓"。前有方如騏序,萬曆三十一年(1603)周汝登序。

汝登有《聖學宗傳》十八卷及《海門先生集》十二卷,均收入《四庫全書總目》,然此書未著錄。

卷上為佛門諸語十八則;卷下為儒門諸語十八則,玄門諸語四則,又別附三則。正文前,又有方如騏讀是書心得十條。是書乃為闡發儒禪之間關係。

周汝登序云:"孔子之旨,闡在濂洛以後諸儒,故錄取程門及邵楊諸詩而示之儒;如來之旨,闡在曹谿以下諸師,故摘取壇經及諸宗語數條而示之禪。嗟乎!人而有悟於此,則儒自儒,禪自禪,不見其分;儒即禪,禪即儒,不見其合……儒門之語別見,而此專禪家語也。號之曰《佛法正輪》,知佛法正輪,而孔子微言亦在是矣。"

《中國古籍善本書目》未著錄。

1744　清康熙刻本無依道人錄　　　T1805.8/2963

《無依道人錄》二卷,清徐昌治撰。清康熙刻《嘉興藏》本。一冊。半頁九行二十字,左右雙有其全部語録。此計語録三十九則。

斷際禪師，唐代僧，諱希運，福州閩縣人。曹谿六祖之嫡孫，西堂百丈之法姪。住洪州高安縣黃蘗山鷲峰下。聰慧利達，學通內外，人稱黃蘗希運。後於黃蘗山鼓吹直指單傳之心要，四方學子雲集而來。時河東節度使裴休鎮宛陵，建寺，迎請説法。以其酷愛舊山，故凡所住山，皆以黃蘗稱之。大中四年示寂。謐號斷際禪師。此《傳心法要》，爲大中十一年集成，是臨濟禪宗基礎思想之典籍，内容爲裴休兩次於開元寺、龍興寺，從希運問法之筆録，計十三則。宛陵録，爲裴休編，輯録希運住於安徽宣州宛陵時，與裴休等人之宗乘機緣對話，計四十二則。希運以"禪"乃生死大事，不能等閒視之，并強調公案對於頓悟之重要性，顯示自其始，禪林已將公案作爲参禪之特殊法門。

惠照禪師，唐代僧，諱義玄，曹州南華人，俗姓邢。幼而穎異，及落髮受具，志慕禪宗，師在黃檗三年，行業純一。語録計六十三則。此最早有宋刻本，今尚存中國。

唐鶴徵序云："達磨大師西來，不立文字，直指人心，見性成佛，心心相印，以迨六祖。六祖以下，分爲南嶽、青原，而南嶽最盛。南嶽又分爲臨濟、溈仰，而臨濟最盛。世所傳四家語録者，乃南嶽以下馬祖、百丈、黃檗、臨濟四尊宿，應機接人語也。多者萬言，少者亦不下數千言……謂入道者，非此無階，謂法施者，非梓莫廣。會東安解君静山，寧宿植靈根，深培善力，相與捐貲，竟爲繕刻。"釋正傳引也云："解君刻是録畢。"

按，此應在《徑山藏》中。臺北"國家圖書館"藏《嘉興楞嚴寺方册藏經》（即《徑山藏》）未收。又《中國古籍善本書目》著録，青島市博物館入藏，但爲明萬曆十八年解寧募刻本。

鈐印有"人里子印"、"寧志院"、"黃蘗山漢松院常住印"。

1746　明天啓刻本斷際心要　　　　　　　　　　　　　T1881.34/4433

《斷際心要》一卷，唐釋希運撰；附《接衆機縁》一卷。明天啓比丘明吾、性宇刻本。一册。半頁九行十八字，四周單邊，白口，單魚尾。框高22釐米，寬14.1釐米。前有明天啓三年(1623)朱鷺序，唐大中十一年(857)裴休序。

朱鷺序云："寒山佛寺方新，佛法兼布，諸少年駸駸向上，雖雜市廛煩支，應乎勝業，日有聞矣，莫謂姑蘇城外但有夜半鐘聲也。"

此爲單刻本。附《接衆機縁》，乃爲希運之傳。

附録後刻"普明比丘明吾、性宇捐貲重刻"。"板藏寒山寺"。此本當刻於蘇州。

鈐印有"桂窗"、"栯齋"、"志微之印"。

1747　明萬曆刻本虎丘隆和尚語録　　　　　　　　　　T1881.1/2671

《虎丘隆和尚語録》一卷，宋釋紹隆撰，釋嗣端等編。明萬曆二十年(1592)崑山顧紹芳刻本。一册。半頁十行二十字，四周雙邊，白口，無魚尾，書口上刻"支那撰述"。框高24.3釐米，寬15.8釐米。題"參學嗣端等編"。前有扉畫。

紹隆，宋代臨濟宗僧，安徽含山人。生而岐嶷絶俗，九歲謝父母去家，入佛慧院，精研律藏。曾參謁長蘆之浄照崇信，歷訪寶峰之湛堂文準、黃龍山之死心悟新。後赴湖南，隨侍臨濟宗楊岐派高僧圜悟克勤，凡二十年，并嗣其法。建炎四年，居平江之虎丘山雲巖禪寺，大振圜悟之禪邊,白口,無魚尾。框高20.1釐米,寬13.4釐米。題"武原無依道人徐昌治觀周甫著;南村釣雪氏僧鑑删定;嗣法比丘超悟録"。前有康熙六年(1667)僧鑑序。

徐昌治,字觀周,法名通昌,別號無依道人,浙江海鹽人。早習儒業,以聽楞嚴有省,棄公車而圖佛乘。有《醒世録》、《祖庭嫡傳指南》等。事見《五燈全書》卷七一及本書僧鑑序。

是書卷上爲《付法始末》、《偈頌》、《拈頌》,卷下爲《五燈嚴統序》、《序徑山志》等序跋文,間有僧鑑評語。卷末所附《疏稿》一篇,僅存首頁。

僧鑑序云:"道人多著述。辨博典故,則有鑑燦芳摹諸書;宣揚教海,則有法華金剛諸注;游泳藝林,則有孔孟周易諸解;流演宗乘,則有指南醒世諸刻。莫不珠燦玉輝,洞徹源底。至於無依一録,則道人之現居士身而闡揚少室不傳之秘者。故其爲語去華存實,去囂存樸,不然博雅如道人,豈不能剪削雕刻,爲趙華葉龍,以炫人耳目,如近代之宗匠云哉?"

此爲《嘉興藏》續藏之一種,見臺北新文豐出版公司影印《嘉興大藏經》第二十三册。影印本卷末附《疏稿》亦缺。《嘉興藏》又名《徑山藏》,爲民間籌資刊板之大藏經,李濟寧《佛經版本》(江蘇古籍出版社2002年版)云:"由於《嘉興藏》這樣的管理方式,許多地方僧人或名僧弟子,紛紛將自己或祖師的著作按照統一的每半葉10行、行20字的風格體式刊板,送到徑山以求入藏,致使《嘉興藏》成爲收録中國僧人著述最多的一部大藏經。"此或亦如彼刊刻入藏者。檢《嘉興藏》所收徐昌治著述,有《醒世録》八卷,九行二十一字;《祖庭嫡傳指南》二卷,八行十八字;《高僧摘要》四卷,九行二十一字;此本爲九行二十字,皆與《嘉興藏》統一之十行二十字有異。《高僧摘要》徐昌治自序有"余刊布佛祖指南、法苑醒世"云云,諸書或即其自刻而入藏。

《北京大學圖書館藏古籍善本書目》著録清康熙刻本,或即此本,唯誤置於子部道家類。

鈐印有"雞足寺文庫"、"下毛小俣雞足寺文庫"。

1745　明萬曆刻本四家語録

T1881/6308

《四家語録》六卷。明萬曆三十五年(1607)解静山刻本。一册。半頁十行二十字,四周雙邊,白口,無魚尾,書口上刻"支那撰述"。框高22.1釐米,寬14.9釐米。前有唐鶴徵序;萬曆三十五年(1607)釋正傳引。

是書卷一爲江西馬祖道一禪師語録,卷二至三爲洪州百丈山大智禪師語録,卷四爲筠州黄檗山斷際禪師傳心法要,卷五爲黄檗斷際禪師宛陵録,卷六爲鎮州臨濟惠照禪師語録。

道一禪師,唐代禪僧,南嶽懷讓之法嗣。四川廣漢人。俗姓馬,世稱馬大師、馬祖。出家羅漢寺,依資州唐和尚(即處寂)剃染,就渝州圓律師受具足戒。開元年間,就懷讓習曹溪禪法,初止於建陽之佛蹟嶺,後遷至臨川之南康、龔公二山。又駐錫江西進賢開元寺,以"平常心是道"、"即心是佛"大弘禪風。貞元四年,登建昌石門山,經行林中託付後事,於二月四日示寂,壽八十。唐憲宗謚其號爲大寂禪師。其派發展甚大,稱洪州宗。馬祖因於江西闡揚南嶽系禪風,亦稱江西禪。此語録計二十九則。收於卍續藏第118册《古尊宿語録》卷一。

大智禪師,唐代禪宗高僧,禪宗叢林清規之制定者。諱懷海,福建長樂人。俗姓王,以後半生皆住於洪州百丈山(江西奉新),故世稱百丈禪師。從廣東潮安慧照禪師落髮,依衡山法朝律師受具足戒,後至安徽廬江浮槎寺閱藏,再投馬祖道一禪師座下。其最大貢獻,在糅合大小乘律,制定禪門儀規,即百丈清規,爲禪宗首創法制。據陳翊撰塔銘,"門人神行梵雲結集微言,纂成語本,凡今學者,不踐門閾,奉以爲師法焉。"《祖堂集》亦載其語録。《天聖廣燈録》卷八至九風,世稱虎丘紹隆,久之遂成一派,即虎丘派。紹興六年示寂,壽六十。

是書輯録《住和州開聖禪院語録》、《宣州彰教禪院語録》、《平江府虎丘雲巖禪寺語録》三種。末有贊,又徐林撰《宋臨濟正傳虎丘隆和尚塔銘》。

是本末刊牌記,"左春坊左贊善兼編修崑山顧紹芳施貲刻此虎丘隆和尚語録一卷。昌黎沙彌釋净襚對、搓溪王國英書、溧水端繼慧刻。萬曆壬辰春五臺山妙德庵識"。扉畫書口下有"般若堂刻"。

此應在《徑山藏》中,中國有《徑山藏》,存六千九百五十六卷,《續藏》十九函《又續藏》四十三函。臺北"國家圖書館"藏《嘉興楞嚴寺方册藏經》(即《徑山藏》)中有此本。

鈐印有"承應癸巳春,茂真公拜請大藏,薦茂敬公冥福,然恨部帙未全。延寳丁巳秋,家士陳野信清信秀自抽巨財,重請全藏,予喜續先考遺志,且感渠善信,援筆自識。延寳六戊午歲八月初六日。諫早豐前藤原茂門。天祐寺"。按,"延寳六年"爲清康熙十七年。

1748　明萬曆刻本雲庵真净禪師語録　　T1881.1/4104

《雲庵真净禪師語録》六卷,宋釋克文撰,釋福深輯;《附録》一卷,宋釋德洪輯。明萬曆二十年(1592)徐琳刻本。二册。半頁十行二十字,四周雙邊,白口,無魚尾,書口上刻"支那撰述"。框高24.2釐米,寬15.8釐米。題"嗣法門人福深録"。前有扉畫。至元二年(1336)比丘守忠序,蘇轍序。末有崇寧元年(1102)舒軒後序;疏文。附録題"門人高安釋德洪撰"。

釋克文,北宋禪僧,河南陝縣人,俗姓鄭,號雲庵,隨北塔廣公出家,居隆興府泐潭。初參黄龍慧南而不契機,復往陝西朝邑見順和尚,和尚反問黄龍之言句,克文聞而當下大悟,方知黄龍用意。遂仍歸黄龍,並嗣其法。從此開堂説法,大爲精進,又提攜天下衲子。崇寧元年十月十六日,爲衆遺誡宗門大略而示寂。享年七十八,賜號真净。

是書卷一《住筠州聖壽語録》、《住洞山語録上》,卷二《住洞山語録下》、《住金陵報寧語録》,卷三《住廬山歸宗語録》、《住寶峰禪院語録上》,卷四《住寶峰禪院語録下》、《偈頌上》,卷五《偈頌中》,卷六《偈頌下》。附録爲《雲庵真净和尚行狀》、《祭雲庵和尚文》、《重修雲庵塔》、《雲庵真贊》、《題雲庵手帖》三首、《跋山谷雲庵贊》、《雲庵生辰》等。查卍續藏第118册古尊宿語録,收有克文語録、偈頌。第120册收有疏文、行狀、祭文等。此本扉畫左下角刻"般若堂刻"。

又卷一末刻"楚雄府知府華亭徐琳施刻《真净禪師語録》第一卷,江浦賈國政書,江寧魏子清刻。萬曆壬辰春,清涼山妙德庵識"。卷二末刻"楚雄知府華亭徐琳施貲刻此《雲庵真净禪師語録》第二卷,江浦賈國政書,長洲吳子章刻。萬曆壬辰春,五臺山妙德庵識"。卷三末刻"□□□□□□□□刻此《雲庵真净禪師語録》第三卷,昌黎沙彌净□襚對,江浦賈國政書,溧水下樞刻。萬曆壬辰春,清涼妙德庵識"。卷四末刻"華亭徐琳施刻《真净語録》卷四,釋性慧對,真州王國英書,豫章傅机刻。萬曆壬辰夏,妙德庵識"。卷五末刻"楚雄知府華亭徐琳施貲刻此《雲庵真净禪師語録》第五卷,汝寧沙彌性慧對,真州王國英書,上元涂榮刻。萬曆壬辰夏清涼山妙德庵識"。卷六後無識語。

此應在《徑山藏》中,臺北"國家圖書館"藏《嘉興楞嚴寺方册藏經》中有此本。

鈐印有"靈壽山房張氏書藏"。"大藏經壹部、莊置天祐寺。信尼妙香、信士茂真、信士茂誠"。"承應癸巳春,茂真公拜請大藏,薦茂敬公冥福,然恨部帙未全。延寳丁巳秋,家士陳野信清信秀自抽巨財,重請全藏,予喜續先考遺志,且感渠善信,援筆自識。延寳六戊午歲八月初六日。諫早豐前藤原茂門。天祐寺。"按，延寶六年，爲清康熙十七年。

1749　明弘光刻本雪巖和尚住潭州龍興寺語錄　T1883/3188

《雪巖和尚住潭州龍興寺語錄》二卷，宋釋祖欽撰，釋昭如、希陵等編。明弘光元年(1645)嘉興府楞嚴寺刻本。二冊。半頁十行二十字，四周雙邊，白口，無魚尾，書口上刻"支那撰述"。框高22.4釐米，寬14.7釐米。題"嗣法門人昭如、希陵等編"。

釋祖欽，宋代僧，屬臨濟宗楊岐派分支破庵派。浙江婺州人，號雪巖，世稱雪巖祖欽禪師。五歲時爲沙彌，十六歲得度，先後參謁雙林寺短篷遠、妙峰之善、淨慈寺滅翁文禮。復至徑山參無準師範禪師，後嗣其法。寶祐元年，出住潭州龍興寺，歷住湘西道林寺、浙江南明佛日禪寺、仙居護聖禪寺、光孝禪寺、江西仰山禪寺，凡六大寺。元世祖至元二十四年示寂，壽七十餘。

是本卷上末刻"嘉興府楞嚴寺經房餘貲，刻此《雪巖語錄》卷上，計字二萬八千七百六十箇，該銀　兩　錢　分。弘光元年正月般若堂識"。卷下末刻"嘉興府楞嚴寺經坊餘貲，刻此《雪巖語錄》卷下，計字三萬三百八十，該銀　兩　錢　分。弘光元年歲在乙酉春王月般若堂識"。

此本在《徑山藏》中。臺北"國家圖書館"藏《嘉興楞嚴寺方册藏經》(即《徑山藏》)收入。

鈐印有"放牛書淫"。

1750　明崇禎刻本愚庵及禪師語錄　T1883/8614

《愚庵及禪師語錄》十卷，元釋智及撰，明釋希顏等編。明崇禎二年(1629)釋法藏集貲刻本。二冊。半頁十行二十字，四周雙邊，白口，無魚尾，書口上刻"支那撰述"。框高22.4釐米，寬14.9釐米。前有宋濂序。末有宋濂撰《塔銘》。

釋智及，元代臨濟宗大慧派禪僧。江蘇吳縣人，俗姓顧，字以中，號愚庵，又稱西麓。入海雲院爲童子，學內外典籍。出身受具足戒，後專習華嚴。行至建業，投大龍翔集慶寺之笑隱大訢，一度歸海雲院，後至徑山謁寂照行端，并嗣其法。至正二年，於浙江隆教禪寺開堂，其後歷住普慈禪寺、杭州淨慈報恩禪寺、徑山興聖萬壽禪寺。洪武六年，有道沙門十人齊集京師，師爲之首。十一年示寂，壽六十八，賜號明辨正宗廣慧禪師。

此書卷一隆教禪寺語錄，凡三十條；卷二普慈禪寺語錄，凡三十九條；卷三杭州淨慈報恩禪寺語錄，凡三十四條；卷四徑山興聖萬壽禪寺語錄，凡十一條；卷五再住徑山興聖萬壽禪寺語錄，凡五十九條；卷六小參，凡十三條；卷七頌古五十五首、讚語三十五首；卷八偈頌三十三首(長短句)；卷九偈頌一百七首(五七言)；卷一○自題五首、書跋十二首。

此本每卷末皆有牌記，卷一末刻"三峰比丘法藏助銀壹兩、慧慶寺比丘照中助銀壹兩，刻愚庵及禪師語錄第一卷。佛弟子王大穀助寫貲。松陵非仲張雋對。長洲金之龍書。自聞道人蔣成榮刊。崇禎二年己巳歲，佛歡喜日，姑蘇兜率園識"。卷二末刻"古杭真珠寺比丘大成助銀壹兩、靈瑞園比丘弘徹助銀壹兩(以下皆同卷一末所刻)。卷三末刻"歙州比丘通照助銀壹兩、廬陵比丘海明助銀壹兩"。卷四末刻"婺源比丘明梁助銀壹兩、吳江北寺比丘明傳助銀壹兩"。卷五末刻"普陀山比丘照恩助銀壹兩、閩溪比丘德賢助銀壹兩"。卷六末刻"淨土庵比丘寂慶助銀壹兩、天宮寺比丘宏機助銀壹兩"。卷七末刻"貝葉齋比丘照源助銀壹兩、光攝居比丘淨修助銀壹兩"。卷八末刻"瑞光寺比丘圓淨助銀壹兩、寓貝葉齋比丘真空助銀壹兩"。卷九末刻"佛弟

子部

子王與善爲母沈氏助銀壹兩、佛弟子俞九齡助銀壹兩"。卷一〇末刻"佛弟子戴天俊助銀壹兩、佛弟子丘净孝助銀壹兩"。

此本在《徑山藏》中。臺北"國家圖書館"藏《嘉興楞嚴寺方册藏經》(即《徑山藏》)收入。

1751　明萬曆刻本高峰大師語録　　T1880.4/7942

《高峰大師語録》不分卷,元釋原妙撰。明萬曆二十七年(1599)刻本。一册。半頁十行二十字,左右雙邊,白口,雙魚尾。框高19.5釐米,寬12.1釐米。前有萬曆二十七年釋袾宏序。

釋原妙,爲臨濟宗僧。江蘇吴江人。俗姓徐,號高峰。十七歲受業於嘉禾密印寺法住。初習天台,轉而參禪,首詣斷橋妙倫,其後參禮雪巖祖欽,得其心法。咸淳二年,隱居於臨安龍鬚寺。五年,偶爲同參推枕墜地,聞響而徹悟。咸淳十年,住武康雙髻峰。至元十六年,入杭州天目山西峰,開創獅子、大覺二刹,弟子數百人,受戒者數萬。元貞元年,焚香説偈坐化,世壽五十八。是書末附行狀,甚詳。

釋袾宏序云:"始予乍閲内典,得經論並古今雜著共數帙,中有大師語,驚喜信受,如暗降炬至,於今猶然。蓋自來參究此事,最極精鋭,無逾師者。真似純鋼鑄就,一回展讀,一回激發人意氣,俾踴躍淬礪忘倦。雖悟處深玄,不敢以凡臆窺測,而但覺其直截根原,脱落窠臼。近有慈明、妙喜之風,遠之不下德山、臨濟諸老。偉哉,堂堂乎可謂照末法之光明幢也。獨恨大藏未收,坊刻尚尠,怏怏於胸中者三十年。乃今以其舊本重壽諸梓,而蓮社行人,有相顧耳語者,謂予旋轉萬流,指歸净土。"

此本前有圖,繪大師寫作狀,旁有小和尚焚香捧茶。又刊"皇圖鞏固、帝道遐昌、佛日增輝、灋輪常轉"。

按,釋原妙又有《高峰和尚禪要》一卷,爲元洪喬祖輯,有元至元三十一年刻本,藏甘肅省圖書館。

《四庫全書總目》未收。《中國古籍善本書目》著録。上海圖書館及日本内閣文庫亦有入藏。此外又有明萬曆靈隱寺釋弘禮刻本,藏中國科學院圖書館;清康熙六年嘉興楞嚴寺刻本,藏臺北"國家圖書館"。

鈐印有"桂窗"。日人印也。

1752　明萬曆刻本林泉老人評唱丹霞淳禪師頌古虚堂習聽録　　T1881.2/2822

《林泉老人評唱丹霞淳禪師頌古虚堂習聽録》三卷,元釋慧泉輯。明萬曆十六年(1588)内官監管理太監解寧等刻十八年京都太平倉張鋪印本。三册。半頁十一行二十字,四周雙邊,黑口,單魚尾。框高19.5釐米,寬13.5釐米。題"參學比丘慧泉編"。前有大德元年(1297)傅夢序。末有助刊評唱跋。

林泉老人,即釋從倫,爲元初曹洞宗禪僧,號林泉。參謁燕京報恩寺萬松行秀有省悟,爲其法嗣。初住萬壽寺,并繼其師主持報恩寺。至元九年,奉詔入内殿,嘗與帝師論道,發揮禪學大要,委婉奏上宗密之禪源諸詮集。至元十八年十月,林泉於大都憫忠寺焚燒除《道德經》外所有道經。

丹霞淳禪師,爲宋僧,屬曹洞宗。

此書爲釋從倫摘取《丹霞子淳禪師語録》卷下之頌古百則,重新編纂,加入示衆、著語、評唱等,以表達其宗乘見解,爲學人參學悟道之指南。内容包括青原堦級、石頭曹溪、藥山坐次、船子夾山等公案古則。

跋云:"時有丹霞百則平唱,因字樣模糊,真概難分,遂有重刊之説。連見之忻,然已乏惠助,誘之於内府解公等,捐禄資,奉善行,報四恩,歸真際。雖不成大功,就熱鬧處打烘,向忙迫里偷閑,究旨趣若渾吞粒棗,察玄微猶途飲水漿,然縱不知其味,終必濟矣。倘緣熟機活,不忘今日之藉云耳。"

是本序後刻"比丘妙峰福登發心刻板拾塊。比丘慧果、性真、證性大明萬曆戊子歲孟冬吉旦重刻"。卷上目録後刻"内官監管理太監解寧施俸資刊板。助緣比丘證連、證性、性真、郭廷、王忠、王勳、袁福禄、朱敬、湯鑑、金杲、黄添倫、靳守義、蔡汝松、張朝、侯喜、蘇科、陸從義、冉氏"。卷中目録後刻"御用監信官高陽、武忠、御馬監信官高蔭、比丘福穩、廣學、明福、明海"。卷中末刻"惜薪司管理太監等官各助資財刻板、藏貴、李永、趙朝、王忠、李常、王德、趙真、崔才、燕春、吳貴、郭進、楊松"。卷下目録後刻"信官張林、王氏同男張鶯、謝氏、次男張鷗、印氏施財刻板"。末刻"内官監管理太監解寧;内織染局僉書管理王勳;漢經廠信官郭廷、李進、馬朝、李通;内官監右監丞王忠、張用、郭玉;信官袁福禄、朱敬等十二人;助緣比丘證連、性真等七人。京都太平倉張鋪印行。萬曆庚寅歲小春月下澣之吉"。

《中國古籍善本書目》著録有明初刻本(十一行二十字,四周雙邊,白口。中國國家圖書館、上海圖書館等四館有藏);明隆慶刻四家録本(十一行二十字,四周雙邊,白口。中國科學院圖書館有藏);明崇禎釋性湛刻本(八行十八字,四周雙邊,白口。湖南省圖書館有藏);明生生道人刻本(八行十八字,左右雙邊,白口。北京大學圖書館等三館有藏)。此本則不見他館收藏。

1753　清雍正刻本御選語録

T1880.3/3243

《御選語録》十九卷,清世宗胤禛選。清雍正十一年(1733)内府刻本。十四册。半頁十行二十一字,四周單邊,白口,單魚尾。框高19.6釐米,寬13.4釐米。前有雍正十一年御製《總序》。

是書爲雍正選録歷代名僧語録。以人編排,卷一僧肇,卷二永嘉,卷三寒山、拾得,卷四潙山、仰山,卷五趙州,卷六雲門,卷七永明,卷八紫陽真人,卷九雪竇,卷一〇圓悟,卷一一玉琳、茚溪,卷一二爲雍正自撰之和碩雍親王圓明居士語録,並上諭二道、圓明百問,卷一三爲雲棲蓮池大師,卷一四至一八爲歷代禪師,卷一九爲當代法會。諸家語録前多冠以雍正御製序,序文作於雍正十一年四月至九月間。

雍正御製《總序》云:"所以御極以來,十年未談禪宗。但念人天慧命,佛祖別傳,拼雙眉拖地,以悟衆生;留無上金丹,以起枯朽。豈得任彼邪魔,瞎其正眼,鼓諸塗毒,滅盡妙心。朕實有不得不言、不忍不言者。近於幾暇,辨味淄澠,隨意所如,閱從上古錐語録中,擇提持向上、直指真宗者,並擷其至言,手爲删輯。"

御製《總序》及其他各御製序末皆鈐"圓明主人"、"雍正宸翰"璽。

《中國古籍善本書目》未收。《清代内府刻書目録解題》著録故宫博物院圖書館、遼寧省圖書館藏本。另《北京大學圖書館藏古籍善本書目》、《普林斯頓大學葛思德東方圖書館中文舊籍書目》亦著録。

1754　清雍正刻本御錄經海一滴

T1804/3243

《御錄經海一滴》六卷,清世宗胤禛輯。清雍正十三年(1735)內府刻本。六冊。半頁十行二十字,四周單邊,白口,單魚尾。有圖。框高17.5釐米,寬12.4釐米。前有雍正十三年御製序,末有雍正十三年御製《大般涅槃經》跋。

雍正以佛經文字浩瀚,因取諸經"展誦易周者若干部,每部各親錄數十則",編成此書。卷一《圓覺經》、《金剛經》、《楞嚴經》、《維摩經》;卷二《文殊說般若經》、《仁王護國經》、《思益經》、《庵提遮女經》、《楞伽經》、《入法界體性經》、《佛說智印經》;卷三《善住意所問經》、《金剛手經》、《解深密經》、《大乘千鉢經》;卷四《持世經》、《心地觀經》、《無量義經》、《妙法蓮華經》;卷五至六《涅槃經》。

雍正序、跋後皆鈐有"圓明主人"、"雍正宸翰"璽。

《中國古籍善本書目(徵求意見稿)》子部釋家類著録,故宫博物院圖書館等三家館藏。另外,中國國家圖書館、遼寧省圖書館、清華大學圖書館、臺北"中央研究院"史語所傅斯年圖書館亦有收藏。

1755　明嘉靖刻本歸元直指集

T1877/1011B

《歸元直指集》二卷附《山居百詠》一卷《直音切字》一卷,明釋一元撰。明嘉靖馬文臺刻本。二冊。半頁十行二十字,四周單邊,白口,單魚尾。框高20.8釐米,寬13.8釐米。前有嘉靖三十二年(1553)釋道中序,闕名序(後半佚),嘉靖三十二年釋一元自序。

釋一元,延慶人。幼習儒,長從釋。悟徹性宗,專修净土。

歸元一語,原謂出離生滅無常之此世,而還歸真寂本元(即涅槃)之悟界,故轉指僧侣或一般證道者之死亡,而與圓寂、入寂、示寂等同義。上卷始念佛正信往生文,終净土成佛,計三十七篇;下卷始辨明異端,終行願流通,計六十篇。

釋道中序云:一元"誠乃稠人中之知識也,由是利他心切,集成此書"。闕名序云:"其書二卷,皆採集三教經論、諸宗要語,類以成編,欲行於世,啓迪未聞,普願法界衆生於此說中,一見開解,了悟真心。固知彌陀依正,乃在西方。達西方依正,不離本性,但念佛者,皆得往生……於是名緇巨儒,咸仰其化,諦信無疑,敬惜是書,重如至寶,遂以募衆鋟梓,廣布流傳。"

卷末刻"弟子馬文臺發心重刊印行"("弟子"前紙有殘破)。此本無《西方百詠》一卷。卷上第一頁書口下有刻工"許"。

《中國古籍善本書目》著録,有二卷本附《西方百詠》一卷《山居百詠》一卷,爲明嘉靖三十二年釋宗儀等募刻本。又有四卷本,也附《西方百詠》一卷《山居百詠》一卷,爲明嘉靖三十二年釋圓通募刻本。另又有明萬曆二年張孟賢刻本(臺北"國家圖書館"藏,作明嘉靖三十二年淮陰道人張孟賢校刻本)。二卷本有明隆慶四年刻本(十行二十字,四周雙邊,白口)。此本則不見著録。

1756　明萬曆刻本寂音尊者智證傳

T1868/2338

《寂音尊者智證傳》十卷,宋釋惠洪撰,釋覺慈編;附《雲巖寶鏡三昧》一卷。明萬曆十三年

(1585)于中甫刻本。一册。半頁十行十九字,左右雙邊,綫黑口,無魚尾。框高19.8釐米,寬12.7釐米。題"門人覺慈編"。前有萬曆十三年釋真可序;附釋達觀書。末有紹興四年(1134)許顗後序。

寂音尊者,即釋德洪,宋代臨濟宗黃龍派僧,江西高安人,俗姓喻(或謂彭、俞),字覺範,號寂音尊者。年十九,試經於東京天王寺而得度,初名覺洪,能通唯識論奧義,並博覽子、史奇書,過目不忘。崇寧中,住持臨川北禪院,後遷金陵清涼寺,旋被控以冒籍訕謗誣陷入獄,丞相張商英、太尉郭天民等爲之奏免,准。更德洪之名,並賜紫衣。政和元年,張、郭獲譴外謫,有誣指其與二人交通,詔奪袈裟,發配厓州,三年始得歸。同年冬,復拘之於并州獄,踰年獲釋,遂棄僧服,入九峰洞山,以文章自娛。其後,將赴湘西,途經南昌,復爲道士誣陷下獄,幸遇赦得免,遂入居南臺明白庵。靖康元年,蒙賜再度剃髮,恢復慧洪舊名。建炎二年寂於同安,壽五十八。

釋真可序云:"書以智證名,非智不足以辨邪正,非證不足以行賞罰,蓋照用全方能荷大法也……覺範所著有《僧寶傳》、《林間錄》,與是書相表裏,業已有善刻,金沙于中甫比部復捐貲刻是書,三集并行於世,亦法門一快事也,有志於宗門者,珍重流通,是所望云。"

《中國古籍善本書目》著錄。中國國家圖書館、華東師範大學圖書館、臺北"國家圖書館"(在《嘉興楞嚴寺方册藏經》内)亦有入藏。

鈐印有"紫山逸民"、"緑山會下賢珠藏"。

1757　明崇禎刻本五燈會元　　　　　T1898/8632

《五燈會元》二十卷,宋釋普濟撰。明崇禎曹學佺等募刻本。二十册。半頁十行二十字,左右雙邊,白口,單魚尾。框高21.3釐米,寬13.8釐米。前有釋大䑛序,崇禎七年(1634)釋通容序。

釋普濟,宋代僧。四明奉化人。俗姓張,號大川,少即沉厚,探繹佛書。年十九,就香林院文憲剃度受戒,修持戒律。未久,赴赤城,學天台性具之理,覺其非超生死之捷徑,乃志學禪,參見天童無用,一意兀坐,不出僧堂。後往參浙翁如琰,言下相契,遂依止之。後如琰移居四明天童山,普濟亦隨往,主管經藏。時丞相史忠獻王欽仰其德風,延請住大慈報國寺,後移住臨安浄慈光孝寺,更住景德靈隱寺。以疾請退而不獲允。臨終,誠厚葬,命遺骨投江。南宋理宗寶祐元年正月十八日示寂,壽七十五。弟子七十餘人。

此書取自《景德傳燈錄》、《廣燈錄》、《續燈錄》、《聯燈會要》、《普燈錄》等,撮要彙爲一書,故稱《五燈會元》。其内收錄七佛、西天二十七祖、東土六祖以下至南嶽下十七世德山子涓嫡傳付法禪師之行歷、機緣。是書刪掇精英,去其冗雜,敘錄較爲簡要,其考論宗系,分篇臚列,於釋氏之源流本末亦指掌瞭然,固可與僧寶諸傳同資釋門之典故,非諸方語錄掉弄口舌者比也。此書問世後,前述之五"燈錄"遂少流通,内外學者無不喜其方便。又五"燈錄"諸書,多以南嶽懷讓、青原行思二大師之系統來分敘歷代世系,以下不再分小宗,故支派繁衍,大宗難以統攝。而此書則宗派分明,眉目朗然,沿流溯源,索閱極便,故元明以來士大夫之好談禪悦者,無不家有其書。

此本爲曹學佺等募刻。釋大䑛序云:"會五燈爲一書者,宋靈隱大川禪師。未蒙入藏,然一二處刊行,安能廣布?粵僧自性,頓發大心,謀於觀察曹君,爲之首倡,募諸同信,工過半矣。"

目錄後刊"能始居士曹學佺助刻會元第一卷"。卷四末刻"能静居士曹學修助金刊、何應珍、洪士英三錢、李起鳳、曾時"。

《四庫全書總目》入子部釋家類。《中國古籍善本書目》著録宋刻本（中國國家圖書館、臺北"國家圖書館"有全本，山東省圖書館爲殘帙）、元刻本（北京大學圖書館藏）、明初刻本（山西省文物局藏，存二卷，清傅山批）、明成化十一年刻本（遼寧省圖書館、杭州市圖書館、山西祁縣圖書館藏）、明嘉靖四十年嘉興徑山寺募刻本（甘肅省圖書館、福建省圖書館等六館藏）、明釋明顯募刻本（浙江臨海縣博物館藏）。此本則又見臺北"國家圖書館"（作明崇禎七年曹學佺等刻本），及日本内閣文庫入藏。

鈐印有"全達"、"蘭髓之印"。

館藏有複本一部，十八册，缺去卷一三、卷一六。

1758 明崇禎刻本五燈會元   T1898/8632A

《五燈會元》二十卷，宋釋普濟撰。明崇禎曹學佺等募刻本。十八册。存卷一至一二、一四至一五、一七至二〇。半頁十行二十字，左右雙邊，白口，單魚尾。框高21.3釐米，寬13.8釐米。前有崇禎七年（1634）釋通容序。

此本與館藏另一部爲相同版本。另本卷前有釋大艤序，此本缺。此本又間有殘缺抄配頁。

鈐印有"常資福住"、"萬松"。

1759 清初刻本指月録   T1880/6132

《指月録》三十二卷，明瞿汝稷撰。清初釋弘禮刻本。十册。半頁十一行二十一字，四周雙邊，白口，無魚尾。框高23釐米，寬15.1釐米。題"那羅延窟學人瞿汝稷槃談集；吴郡天池山人嚴澂道澈甫較；靈隱道人弘禮重梓；靈隱學人上瀾、超瑩訂閲"。前有明萬曆三十年（1602）瞿汝稷序；明萬曆二十九年（1601）嚴澂《刻指月録發願偈》。

瞿汝稷，字元立，江蘇常熟人。其父景淳，官至禮部左侍郎，兼翰林院學士。汝稷好學，工屬文，以蔭補官，三遷刑部主事。歷黄州知府，徙邵武，再守辰州。遷長蘆鹽運使，以太僕少卿致仕，尋卒。《明史》卷二一六有傳。

錢謙益有《瞿元立傳》（《牧齋初學集》卷七二），謂汝稷"於書無所不窺，考訂異同，箋砭蹻駁，援據蒐討，不窮極源流不已。博綜釋典，酷嗜宗門諸書，手撮其玄要者爲《指月録》"，即是書。瞿氏自序云："予垂髫則好讀竺墳，尤好宗門家言……於是在架之書，率多宗門家言。每讀之，如一瓶一鉢，從諸耆宿於長林深壑。"是書序題"水月齋指月録"，共録六百五十家禪門諸宗匠歷略及機緣語句。卷一至三爲七佛、應化聖賢、西天祖師，卷四爲東土祖師，從菩提達磨至六祖慧能，卷五至三〇爲六祖下第一世至第十六世，卷三一、三二爲臨安徑山宗杲大慧普覺禪師語要。

據瞿氏自序，是書編成於萬曆二十三年。萬曆二十九年，同郡嚴澂率弟侄董梓行之。嚴澂刻本今存，即《中國古籍善本書目》著録之"明萬曆二十九年嚴澂、嚴澤等刻本"，中國國家圖書館、天津圖書館等館藏。其後，是書經過多次翻刻，僅據《中國古籍善本書目》所録，即有明萬曆三十年釋通一刻本、明釋開慧刻本、明崇禎三年釋海明刻本、明成淇刻本及此本，行款皆爲十一行二十一字。

《中國古籍善本書目》著錄此本,作"明釋弘禮刻本",上海圖書館等七家館藏。按,此本卷端有"靈隱道人弘禮重梓",目錄末刻一行:"板存靈隱寺流通",各卷末間有施刊者名氏,此本當即靈隱寺弘禮所刻。檢康熙間孫治撰、徐增重輯《靈隱寺志》,其卷三有《具德弘禮禪師小傳》,卷七《藝文》收錄吳偉業撰《重建靈隱具德大和尚塔銘》、戒顯《本師具德老和尚行狀》等,知弘禮字具德,俗姓張氏,浙江會稽人,生於明萬曆間,前後住持十刹,而以靈隱爲最久,於靈隱有重建之功。卒於康熙六年(1667),年六十八。其住持靈隱時間,《靈隱寺志》卷四有"具德和尚住靈隱進院上堂法語",云"師於己丑春二月十三日住浙江杭州府靈隱寺","己丑"當清順治六年(1649)。又《靈隱寺志》卷前孫治自序云:"具德禮和尚,臨濟之大宗匠也。其以衆人之請而來至此也,蓋剪其蓬蒿而居之。越十有三載,而琳宮梵宇,煥然而鼎新焉。"此序作於康熙二年(1663),上溯十三載,與順治六年正相應,則弘禮始住靈隱寺在順治六年。此本之刻在弘禮住持靈隱期間,則不應在明,而當在順治六年之後、康熙六年之前,《中國古籍善本書目》作"明釋弘禮刻本"當誤。

1760　清初刻本南嶽單傳記　　T1881.18/1326

《南嶽單傳記》一卷,清釋弘儲撰。清初刻本。一册。半頁十行二十字,四周雙邊,下黑口,無魚尾。書口上刻"支那撰述"。框高 23.1 釐米,寬 15 釐米。題"福嚴禪寺嗣祖沙門吳靈巖弘儲表"。前有釋弘儲自序。末有釋南潛後序。

釋弘儲,字繼起,號退翁,江蘇興化人。李姓。年二十五,感人世倏忽,愴榮枯靡常,遂依三峰法藏薙染。依侍三年,得獲印記。崇禎中,住祥符,歷主能仁、國清、靈石、天寧、靈巖、堯峰、虎丘、金粟、福巖諸刹。博通内外,心地光明,提正法印,十坐道場。康熙十一年,恐名筆浮飾生平,自製塔銘而寂。又有《諸會語錄》、《大光明藏》、《孝經箋説》、《湘雲館集》等。傳見《五燈全書》卷六九、《宗統編年》卷三一。

此爲南嶽臨濟宗傳人小傳,始釋迦牟尼,爲始祖,終六十九祖弘儲。

釋南潛後序云:"我臨濟氏,承南嶽之明命,兼統五宗,以照耀南天下,於諸宗獨尊黄檗。"

"玄"字不避帝諱。按,弘儲傳中有"行世《上堂語錄》四十卷、《廣錄》六十卷、《餘錄》三十卷、《樹泉集》、《報慈錄》、《甲辰錄》各十卷、《雪舟集》二卷、《浮湘錄》五卷、《南嶽單傳記》五卷、《南嶽勒古》一卷"。此應在《徑山藏》中。臺北"國家圖書館"有《嘉興楞嚴寺方册藏經》,收入此《南嶽單傳記》。

鈐印有"□名院藏",日人印也。

1761　清雍正刻本重訂教乘法數　　T1809/6035

《重訂教乘法數》十二卷,明釋圓瀞撰,清釋超海等重訂。清雍正内府刻本。十二册。行、字不等,四周單邊,白口,單魚尾。框高 20.2 釐米,寬 13.3 釐米。前有雍正十三年(1735)御製序。

圓瀞,字心源。早游天竺,從雨翁習天台教。宣德間爲僧錄司右善世。見《教乘法數》序。

圓瀞以前代法數之作尚多遺闕,遂博綜群籍,詳加訂定,編爲十二卷,名《教乘法數》。其書今存明宣德六年刻本、明宣德六年刻隆慶二年重修本、明萬曆十七年刻本、明陸光祖刻本、明崇禎九年昭慶寺刻本。雍正間,釋超海等奉旨重訂,即此本。

雍正御製序云:"顧十二分教,浩如淵海。論疏廣博,名相糺紛。非有明眼慧心、讀破全藏者,綜其領綱,編其倫次,何由使朝宗者識派、瞻斗者知星?此《教乘法數》一書纘述者之苦心,不容没也。釋典中是書行世已久,繼有賢宗學者潛溪深爲之釐定,因名《賢首法數》。其後台宗心源瀞重加詳訂,旁及百氏名相與內典有涉者,採摭續入,目之曰《教乘法數》。書經三刻,屢進而彌詳。雖盡善矣,然猶未免彼此廣略之見,尚需考訂刪補之功。朕特命法師超海、通理、廣持等,折衷性相,持平台賢,篤信參詳,重加校定,越期年而告竣,呈朕覽閱。其排列次第,始自一心,終之八萬四千法門。盡一大藏教之開合總別同異稱謂,不勞遍討,瞭然心目,視舊本寔更爲精括。"

雍正御製序末鈐"圓明主人"、"雍正宸翰"二璽。

清刻大藏經《龍藏》收入此書,釐爲三十卷,與此本卷次分合、文字內容皆有差異。《中國古籍善本書目》未收。《清代殿版書目》著錄。

1762　明宣德刻嘉靖重修本佛祖歷代通載　T1894/8392

《佛祖歷代通載》二十二卷,元釋念常撰。明宣德五年(1430)大慈恩寺刻嘉靖二十四年(1545)重修本。十册。半頁十行二十字,左右雙邊,黑口,雙魚尾。框高19.4釐米,寬12.3釐米。題"嘉興路大中祥符禪寺住持華亭念常集"。前有至正元年(1341)虞集序;《凡例》十三則。末有至正四年(1344)比丘覺岸後序,至正三年(1343)釋本無後序;至正三年比丘正印及守忠跋;嘉靖二十四年丁礦後序,嘉靖二十四年李東山後序。

釋念常,禪宗分支臨濟宗楊岐派僧,俗姓黃,號梅屋,華亭人。年十二出家,依平江圓明院體志習經書,尚偘儻,疏財慕義,棲心律典,薙髮受具。弱冠游江浙大叢林,博究群經。延祐中,居嘉興大中祥符禪寺。

是書以宋僧志磐之《佛祖統紀》等爲藍本,內容以禪宗爲佛教正統,上起七佛,下至元順帝元統元年,廣載佛教史實。對歷代皇室臣僚興廢佛教事蹟及有關撰述文書,儒、道、佛之關聯,佛僧譯經、撰述及佛教之活動等,皆按年紀述。以干支紀年,并附注帝紀年號,屬編年體。前數卷關於二十八祖之內容,源自宋代道原之《景德傳燈錄》;東漢明帝至五代之十餘卷,則抄自南宋祖琇之《隆興佛教編年通論》,主要著述對象爲宋、元二代。於正流與傍流之異及正確說法因緣、譯經、弘教師等異論,頗具參考價值。又念常頗涉儒書,在緇流之中,較爲賅洽,於唐以來碣碑志傳之類採掇尤詳,亦足以資考訂。

虞集序云:"嘉興祥符禪寺住持華亭念常,得臨濟之旨於晦機之室。禪悅之外,博及群書,乃取佛祖住世之本末、說法之因緣、譯經弘教之師、衣法嫡傳之裔,正流旁出,散聖異僧,時君世主之所尊尚,王臣將相之所護持,論駮異同,參考訛正,二十餘年始克成編,謂之《佛祖歷代通載》,凡廿二卷。"

此本之刻,先在宣德五年,由比丘廣議洪興募衆緣所刻,嘉靖二十四年李元善又予以重修。李東山後序云:"自宣德五年,前僧錄左善世兼大慈恩寺住持、訥庵廣議洪興,嘗募緣重刊,欲壽其傳。但裝緗未彌百部,工力殫而板竟徒貯,後學罕見。本剎近廢,厥板措置罔歸。賴有今住持諸公,曰宗佑、曰宗鐸、曰宗懷、曰周泰、曰承深者,追憶斯刊既先師祖所遺,歷年久湮滅殘缺,矧無安敬之所,良可惜歟!於是萃衆僉曰,經房海嶼呂氏,敦善人也,諒可奉行;仰厘中貴李公元善,遂捐俸請板,命工繕寫,校讎魯魚,裨補闕漏。"按,李元善,爲檀越中貴,三教書靡不涉獵,而於佛書若有夙契,口誦心惟,豁然得其三昧。"嘗繙閲大藏經典而得是書,乃津津以喜曰,是可以爲後學矜式矣。訪之經房呂海嶼氏,而得宣德間訥庵廣議洪興之所繡梓,今住持宗祐、宗鐸、宗懷、周泰、承深輩之所珍護,不啻百朋之獲,第印施未普,猶夫未有也。乃請舊刻,禮延儒碩,校其舛譌,補其闕略;復鬻俸貲,廣置若干部,以嘉惠天下後世之有志於大丈夫事者。"

此本卷一末刻"宣德五年歲次庚戌十月初吉日,大慈恩寺首座比丘廣議洪興謹募衆緣重刊流通"。卷二末刊"西安比丘惠定助刊此卷"。卷三末刊"日東比丘溥銘助刊此卷"等。包背裝。

《四庫全書總目》入子部釋家類。《中國古籍善本書目》著録。天津南開大學圖書館也存一帙。按,此書今存最早之本爲元至正七年釋念常募刻本,中國國家圖書館有全帙,山東省圖書館存五卷(卷四至六、卷一三至一四),後有明宣德五年大慈恩寺刻本(中國國家圖書館有殘本,缺卷二至三)。又有明隆慶四年至萬曆六年釋性月募刻本(中國國家圖書館、上海圖書館等四館有藏),臺北"國家圖書館"有日本慶安二年刻本。

1763　明永樂内府刻本神僧傳　　T1875/322

《神僧傳》九卷,明成祖朱棣撰。明永樂十五年(1417)内府刻本。四册。半頁十二行二十一字,四周雙邊,黑口,雙魚尾。框高23釐米,寬14.7釐米。前有永樂十五年御製序。

是書收神異知名僧凡二百八人,始漢明帝時摩騰、法蘭,終於元世祖時國師膽巴。《四庫全書總目》云:"大旨自神其教,必有靈怪之蹟者乃載,故以神僧爲名。而諸方古德談禪持律者,則概不録焉。"

成祖崇信佛教,高僧道衍於成祖起兵時任軍師。即位後,論功授僧録司左善世。永樂二年,任太子師,復姓姚,命名廣孝。永樂間,於南京刻有《南藏》,又有刻於北京之《北藏》,都在傳播佛教過程中起積極作用。

御製序云:"神僧者,神化萬變而超乎其類者也。然皆有傳,散見經典,觀者猝欲考求,三藏之文宏博浩瀚,未能周徧,是以世多不能盡知,而亦莫窮其所以爲神也。故間繙閲採輯其傳,總爲九卷,使觀者不必用力於搜求,一覽而盡得之,如入寶藏而衆美畢舉。遂用刻梓以傳,昭著其迹於天地間,使人皆知神僧之所以爲神者有可徵矣。"

《四庫全書總目》入子部釋家類存目。《中國古籍善本書目》著録。中國國家圖書館、北京大學圖書館等六館,臺北"國家圖書館"及日本内閣文庫皆有入藏。按,是書又有明天竺青河髮僧刻本(九行十八字)、明萬曆吳琯刻《古今逸史》本。《大正藏》第50册收入。

鈐印俱被挖去。

1764　清雍正刻本御製揀魔辨異録　　T1867/3243

《御製揀魔辨異録》八卷,清世宗胤禛撰。清雍正内府刻本。四册。半頁十行二十字,小字雙行同,四周單邊,白口,單魚尾。框高17.4釐米,寬12.2釐米。前有雍正十一年(1733)上諭。

雍正以明末密雲圓悟派下法藏之《五宗原》、弘忍之《五宗救》等誆世惑人,外魔知見,遂列舉二人言論，逐條批駁，而成是書。書中以小字録二人言論，稱之爲"魔忍"、"魔藏"、"魔藏父子"，下以大字逐條辯駁。

雍正上諭云："當日魔藏取悦士大夫爲之保護，使緇徒競相逐塊，遂引爲種類。其徒至今散布人間不少。宗門衰壞，職此之由。朕今不加屏斥，魔法何時熄滅？著將藏内所有藏、忍語録，並《五宗原》、《五宗救》等書，盡行毁板，僧徒不許私自收藏。有違旨隱匿者，發覺，以不敬律論。另將《五宗救》一書，逐條駁正，刻入藏内，使後世具正知見者，知其魔異，不起他疑。"由此可見雍正撰作此書之用心。

《中國古籍善本書目》不收。《清代内府刻書目録解題》著録遼寧省圖書館收藏。另《中國科學院圖書館藏中文古籍善本書目》亦著録。

1765　清乾隆刻後印本釋迦如來應化事蹟　T1893/3314

《釋迦如來應化事蹟》四卷，清永珊繪。清乾隆五十八年(1793)刻後印本。四册。框高32釐米，寬28.6釐米。前有乾隆五十八年永珊《重繪釋迦如來應化事蹟緣起》；唐王勃《釋迦如來成道記》。

永珊，字遠亭，號紅玉主人，清宗室，襲封鎮國公。性喜畫山水。事見《讀畫輯略》。

此書選取釋迦牟尼生平故事共二〇八則，共分四函，每則一文一圖，右版繪圖，左版文字。第一函始"釋迦垂跡"，迄"諸天讚賀"；第二函始"華嚴大法"，迄"老人出家"；第三函始"净土緣起"，迄"般若真空"；第四函始"法華妙典"，迄"大法東來"。其衣冠什物、宫室城郭，皆依中土樣式描繪。

此爲永珊據明刻本重新編繪者，永珊撰《緣起》云："余初自衍法蘭若得前明刻本《釋氏源流》一部，觀其繪像集經，良有深意，使人一覽之下，見世尊之實行聖跡，昭彰起飯敬之誠心，狐疑净盡。其於初機後進，開發補益，殊非淺淺。惜其經像間有未符，稍不盡意。余因發心另爲繪寫，以廣流通。至有疑似之處，皆請正於覺生澈公和尚，再三斟酌，始爲定稿……起自丁未仲夏，告成於癸丑季冬。兩經書手，三易畫工，歷七年之久，乃圓厥事。"

《中國古籍善本書目(徵求意見稿)》子部釋家類著録清乾隆五十八年刻本，清華大學圖書館藏。《清華大學圖書館藏善本書目》亦著録。以清華大學圖書館藏本書影與此本相核，知爲相同版本。此本《緣起》後一頁有"㫺嘉慶歲次戊辰秋七月穀旦和碩豫親王裕豐敬刊"，目録末有"同治己巳年"，字體有異，當爲後印時增入。

1766　清雍正刻本寶倫集　T1805.8/4846

《寶倫集》六卷，清釋超格撰。清雍正刻本。二册。清瑞光跋。半頁十行二十字，四周雙邊，白口，單魚尾。框高19.7釐米，寬14釐米。題"沙門蕪湖超格夢庵撰"。目録頁題"蕪湖沙門超格夢庵著；嗣法門人明鼎較"。無序跋。

釋超格，字夢庵，安徽蕪湖人。丁姓。縣諸生，能詩善文。二十八歲偶登廬山五老峰，豁然悟徹，有踏破虛空作兩邊之語。歷住嘉善東禪、慈雲；武林南澗、清波。後主京都柏林。又有《五會語録》。傳見《新續高僧傳四集》。

卷一《出世三寶》，爲《佛寶》(佛法囑付國王臣士説、禮塔説)、《法寶》(擬請諭京省各刊大藏議、附譯場考)、《僧寶》(過去僧寶、佛祖正傳世系);卷二《佛祖正傳傳略》(竺乾、震旦);卷三《佛祖正傳傳略》(震旦之二)、《擬請謚諸祖宗主師號塔號寺額及語録入藏議》;卷四《見在僧寶》(擬請賜各府禪講律寺額及三宗體議、念佛僧説、苦行僧説、咒願僧説、瑜珈僧説、香火僧説、住祖庭説、静主論、藂林静室大小衆皆當誦戒説、孝説、法派説、伴侶説、冤親説、齋飯説)、《未來僧寶》(擬請試經度僧令受戒安居議、三世僧寶總説);卷五《世間五論》(君臣學佛説、父子學佛説、盂蘭盆會説、擬請禁溺女議、夫婦學佛説、昆弟學佛説、朋友學佛説)、《世出世間萬物》(六道四生情與無情學佛説);卷六(附同事撮文集)《評來注周易》、《讀來注周易書後》、《列子仲尼篇解二則》、《文昌化書論》、《讀楚詞聽直後書》、《遊廬山記》、《窮秀才説》、《補梅説》、《送稷昭何貢生序》、《贈潘羔日序》、《送王御仙遵一兩文學省試序》、《賀王聞聲生子序》、《梁爾礪小影贊》,附《夢庵格禪師塔銘》(原闕)、跋(原闕)。

瑞光跋云:"兹集壬戌三月由集成書局購來,惜禪師塔銘並跋被人損去,是何取意,不解其故。前舊藏完全一部,友人借去已數載,今獲此,與禪師大有良緣,幸何如之。未知板存何處,倘能流通,裨益後學。姑志之。後學瑞光謹記。"

"玄"、"真"字避帝諱。按,疑此爲嘉興楞嚴寺方册藏經之一。臺北"國家圖書館"有《嘉興楞嚴寺方册藏經》,存九千九百七十五卷二千二百四十七册,但無此《寶倫集》。

1767　明刻本大藏一覽

T1815/7938

《大藏一覽》十卷,宋陳實撰。明吳覺隆等刻本。九册。半頁十一行二十一字,四周雙邊,黑口,雙魚尾。框高 18.4 釐米,寬 11.6 釐米。題"寧德優婆塞陳實謹編"。

陳實,《四庫全書總目》作陳實原,"實原,寧德人,始末未詳。"《(嘉靖)寧德府志》卷四《孝友》載:"陳實,字充美,號大隱居士,事父母以孝聞,且好學不倦,不求升聞,鄉里稱之。孫鸎祥登進士第。"陳實爲宋人,《總目》及《佛光大辭典》俱作明人,誤。

是編以《大藏經》卷帙浩繁,難於尋覽,故録其大要,括爲一書。全書計一一八一則,分八門六十品。每一門之首,皆以二文句標示要旨,就其形式及内容而言,實爲當代之佛教概論。第一門爲大覺門,"首標大覺先容,俯爲衆生作則",計八品十三則。第二門爲善惡門,"良由善惡二途,故使升沉六道",計十六品四百一十九則。第三至第四門,皆爲善惡門之餘。第五門"天堂延以少歡,地獄待其劇苦",計八品九十九則。第六門"欲超三界輪回,是假三乘修證",計六品一百五十三則。第七門"功成果登正覺,相好妙用神通",計四品四十八則。第八門"四十九年苦口,末後一笑收功",計九品三百五十九則。又於各品之中,復分若干節,各節之初,均以七言二句之偈示其梗概,并列記經中重要文句,其終則注明所録經論之出處,如《大藏經》之卷次、函次。

此本第三門(即第三集)第一頁第五行,刊"崇化里錢塘者欄街社信士吳隆孫抽己資財雕刻印造大藏一覽第三集一完"二行。又第三門中間有"吳竟隆施刊"十七處。

《四庫全書總目》入子部釋家類存目。《中國古籍善本書目》著録,上海圖書館、遼寧省圖書館亦有入藏。又據著録,是書存世最早有明洪武二十二年陳道堅等刻永樂正統遞修本(中國國家圖書館藏),又有明宣德五年刻隆慶五年京都衍法寺重修本(天津圖書館藏)、明萬曆四十二年姚舜漁刻本(南京圖書館、北京大學圖書館及本館藏),臺北"國家圖書館"有日本寬永十九年西田勝兵衛刻本。日本内閣文庫有明初刻本。

鈐印有"有不爲齋"。

1768　明萬曆刻本大藏一覽　　　　　　　　　　T1815/7938B

《大藏一覽》十卷,宋陳實撰。明萬曆四十二年(1614)姚舜漁刻本。十册。半頁九行十八字,四周單邊,白口,單魚尾。框高19.8釐米,寬12.3釐米。題"寧德優婆塞陳實謹編;秀水居士姚舜漁重緝"。前有萬曆四十二年陳懿典序。

陳懿典序云:"則《一覽》之編,陳居士實之心良勤矣。夫亦舉要鉤玄,上根循之,而窺大全,勝果妙因,中人聞之,而信心勃起也。凡爲卷十,分八門六十品,系以因緣,一千一百八十一則。八門次第相承,而善惡獨多,無非以果報提醒衆生之愚濁,品始於先王,終於流通,則又以宣揚敷布,使人共得覿聞。""姚居士,余外家尊行也,少負才名,晚耽禪悦,好行其德,於所不知,尤加意檀施,留心貝葉。與其子茂才君復等,共尊三寶三塔大士殿,倡衆鳩工,重刻《楞伽》、《楞嚴》諸經。而於兹編,念舊刻之漫漶,特捐貲剞劂,親自校訂,自抒妙解作跋。"

卷九刊"秀水居士姚舜漁校正重刊",卷一〇刊"秀水居士姚舜漁重刊"。是本第一至五册,封面籤條書"樊山題籤"、"晚晴軒藏"。審其字蹟,確爲樊增祥所題。

《中國古籍善本書目》著録。南京圖書館、北京大學圖書館,臺北"國家圖書館"(在《嘉興楞嚴寺方册藏經》)),及日本京都大學人文科學研究所亦有入藏。

1769　清乾隆刻本大清重刻龍藏彙記　　　　　　T1807/4320

《大清重刻龍藏彙記》不分卷。清乾隆内府刻本。三册。半頁十行二十二字,四周雙邊,白口,單魚尾。框高19.7釐米,寬14.7釐米。

清雍正帝以明《北藏》未經精密校訂,下旨重刻大藏經。雍正十一年,於京城内東安門外賢良祠設立"藏經館",由莊親王允禄、和親王弘晝總理藏經館事務,下設校閲官、監督等,乾隆三年完工,世稱《龍藏》。其版式爲每版五個半頁,半頁五行,行十七字。分正藏、續藏兩部分,其經板今存北京房山雲居寺。

是書即《龍藏》刊刻完工後所頒,彙記《龍藏》經目、千字文號、經板數等。正藏天字號至漆字號,計四百八十五字,計板五萬零一百零四塊,計連九萬七千七百四十二連;續藏書字號至機字號,計二百三十九字,計板二萬八千四百一十一塊,計連五萬五千六百三十二連。總計天字號至機字號共七百二十四字。另序及目録等板計四百二十一塊,八百三十七連,全部統結用板七萬九千零三十六塊,計連十五萬四千二百十一連。佛像龍牌韋馱所用之板在外。又列欽定續入藏經之目,共五十四種。

卷末列藏經館官員銜名,計總理藏經館事務二人,校閲官三人,監督九人,監造六十四人;以下總率四人,帶領分晰語録三人,帶領校閲藏經四人,分領校閲六人,校閲三十八人,則由僧人擔任。末刻"大清乾隆三年十二月十五日工竣"。

《中國古籍善本書目》著録清道光十一年味經書屋劉如海抄本,《北京大學圖書館藏古籍善本書目》著録清抄本。此本似不多見,諸家著録者多清同治九年金陵刻經處翻刻本。《續修四庫全書總目提要(稿本)》著録此書,所據亦同治九年本。

1770　清康熙刻本閲藏知津　　　　　　　　　T1803/0864.1

《閲藏知津》四十四卷總目四卷,清釋智旭撰。清康熙三年(1664)夏之鼎刻《嘉興藏》本。十二册。半頁九行二十字,四周單邊,白口,單魚尾。框高 21.5 釐米,寬 14.4 釐米。題"北天目沙門釋智旭纂輯"。前有順治十一年(1654)釋智旭序;康熙三年(1664)夏之鼎《緣起》;《凡例》十四則。

釋智旭,字藕益,自號"八不道人",俗姓鍾,江蘇吳縣人。明萬曆二十七年(1599)生,二十四歲依德清弟子雪嶺出家,順治十二年(1655)於靈峰入滅。歷居九華、漳州、湖州、靈峰、石城等地,著述講經。一生著述甚富,有《四書藕益解》、《靈峰宗論》、《周易禪解》、《楞伽經義疏》、《阿彌陀經要解》等。《靈峰宗論》有其自撰《八不道人傳》及弟子成時《補傳》。

此爲佛教典籍之解題目録。智旭有感於"歷朝所刻藏乘,或隨年次編入,或約重單分類,大小混雜,先後失準,致使欲展閲者,茫然不知緩急可否",於是閲藏之間,隨閲隨録,歷二十年而成此稿。全書分經、律、論、雜藏四類。經藏、律藏、論藏又各分大小乘,其中大乘經又分華嚴、方等、般若、法華、涅槃五部;大乘論又分釋經論、宗經論、諸論釋。雜藏分西土撰述與此方撰述,此方撰述又細分十五科。總目四卷,依類列各書簡目。正文各類前有小序,各書爲提要,述其篇卷、函號、譯著者、內容、品題等。

智旭自序云:"於是每展藏時,隨閲隨録,凡歷龍居、九華、霞漳、温陵、幽棲、石城、長水、靈峰八地,歷年二十祴,始獲成稿。終不敢剖破虛空,但藉此稍辨方位。俾未閲者知先後所宜,已閲者達權實所攝。義持者可即約以識廣,文持者可會廣以歸約。若權若實,不出一心;若廣若約,咸通一相。故名之爲《閲藏知津》云。"

夏之鼎《緣起》云:"故每於方册經卷,少刻流通。非敢云作檀度法施,蓋欲藉此稍種般若種子耳。昔者靈峰大師開講報恩三藏,余因得親法席。後欲輒申供養,師囑云:吾有《閲藏知津》一書,共四十八卷,計一千餘紙,居士能爲我梓行,則勝如以四事給我矣。師化去忽十年,塵務紛紛,未得酬此願。去夏癸卯,勉力抽資,並勸一二同志共襄其事,遂鳩工藏舍倡刻,至今夏甲辰得以告成。""方册經卷"者,即《嘉興藏》,又名《徑山藏》,爲民間籌資刊板之大藏經,大規模刊板始自明萬曆十七年,康熙間完成。因不同於前此大藏經梵夾裝的形式,故被稱作"方册大藏經"。此本即《嘉興藏》續藏之一種,見臺北新文豐出版公司影印《嘉興大藏經》第三十一册。

卷四末刻題記,云:"江寧府溧水縣佛弟子夏之鼎仝妻袁氏發心捐刻《閲藏知津》第一册,計四卷,工完,祈求過去父母親冤早超極樂,並法界有情,咸證菩提,同圓種智。歲次壬寅桂月吉旦,板存□□□(墨釘)流通。"其他各卷間有助銀比丘、信士姓氏銀數。

此本後經補刻,《續修四庫全書》即據華東師範大學圖書館藏清康熙三年夏之鼎刻四十八年朱岸登補修本影印。

鈐印有"遠賀文庫"。

1771　明嘉靖刻本釋氏要覽　　　　　　　　　T1812/3305

《釋氏要覽》二卷,宋釋道誠撰;《教誡新學比丘行護律儀》一卷,唐道宣撰。明嘉靖八年

(1529)刻本。四册。半頁十二行二十三字,四周單邊,黑口,雙魚尾。框高20.5釐米,寬13.2釐米。題"錢唐月輪寺講經論賜紫沙門釋道誠編集"。前有嘉靖八年宗林序,天禧四年(1181)崔育材序,天禧四年道誠自序。

釋道誠,號慧悟大師,居月輪山,丞相王隨與爲友。《(康熙)錢塘縣志》卷三〇有傳。

是書以釋贊寧之大宋僧史略爲基礎而加以補充,爲一般僧尼了悉佛教知識而編。上卷爲姓氏、三寶、稱謂、住處、出家、師資、剃髮、法衣、戒法、禮數、道具、制聽;下卷爲恩孝、界趣、中食、志學、聽說、擇友、畏懼、勤惰、躁靜、忍諍、入衆、住持、雜記、瞻病、送終。

道誠序云:"道誠自委講京寺,東歸維桑,始寓龍華禪府,後住月輪蘭若中間,十年寂絶外事,唯讀藏經,日爲常課,酬昔志也。然則臨文昧義,猶渴夫飲河,但能滿腹,不知其深廣焉。或見出家人須知之事,隨便抄錄之。洎天禧三年秋,皇上覃昭曠之恩,普度我天下童行,因是讎文,以類相從,兼益諸家傳記書疏節文,分爲二十七篇,析爲二卷,題曰《釋氏要覽》焉。且恤創入法門者,皆所未知,苟或玩此典言,藏諸靈府,則終身免竊服之誚矣。或通才碩學,豈以誠之微,而廢聖人之言也。"

宗林序云:"我錢唐紫衣誠禪師者,實宋之有學高僧也。隱居月輪山房,恒以法輪不轉爲慮,乃取藏典,再三翻閱,凡遇要旨,即刪繁而錄之,題曰《釋氏要覽》。蓋欲使夫後之學者,不終日而得徧遊諸佛之法界矣。故當時屯田大夫崔公育材序其首,必有同志之士刊而行之,以廣禪師之惠也。惜乎刷印年深,舊板消廢,我朝宣德間,有大報恩寺堅室比丘,復刊於梓,迄今既久,又豈不殘缺耶?嘉靖八年春,予在都城朝陽門東明月堂上,演說世尊要旨,忽有門西勅賜慧照寺住山沙門周榮,與其座元洪音,手執《要覽》殘本,來告予曰,茲乃法師慧肇所愛之佛書也。肇嘗歎曰,欲求新本,則聞舊板亡矣,惟茲一本,焉能與學者共耶?榮等閔其志,願罄衣資唱之,幹緣助之,重刊梓以流布也。"

是書最早有宋刻十卷本,見於《郡齋讀書志》,今不傳。明宣德八年,有釋寶成刻本,據寶成序云,《要覽》舊板湮没,其自幼得此集,隨身四十年,後率同志顧道珍繕寫并捐資,洎信官姜普成等命工刊板,印造流通,以傳列祖心燈不絶。

此嘉靖八年刻本乃據宣德殘本重刻,今此本也罕見流傳,《中國古籍善本書目》未著錄。查諸各家書目,臺北"國家圖書館"僅有日本寬永十年(1633)豐雪齋刻本,爲三卷。日本內閣文庫有明萬曆十一年刻本,爲二卷。繆荃孫《藝風藏書續記》卷二著錄日本刻本,三卷。又楊守敬《日本訪書記》卷一六、《留真譜》初編第11册著錄者亦爲日本刻本,三卷,云"此本爲日本翻雕,末有前川茂右衛門尉開板字樣,相其字體,當是三百年前之物"。日人森立之《經籍訪古志》卷五則著錄爲日本活字印本。又此書曾收入日本《大正藏》第54册,均作三卷。

此本後附之《教誠新學比丘行護律儀》一卷,凡二十三章,出入動用,皆有法則,爲初出家者指南,也可視作律儀之規範。故寶成刊《要覽》時,以此律儀"板行世久而湮没,既學者無所聞見,則於百凡動用之際,罔知行護之法,率皆墮於庸鄙,良可歎也。今既幸獲此本,輒自欣慶,遂捐長資,命工繡梓,以壽其傳"。

鈐印有"心寶羽翰"、"黄氏再同收藏鑒定書畫印記"、"鄂爾坤素佳氏寶翰之印"。

1772　明末刻本雅俗通用釋門疏式　　T1919/3317

《雅俗通用釋門疏式》十卷,明釋如德輯。明末書林熊冲玄鰲峰館刻本。一册。半頁九行二十五字,四周單邊,白口,單魚尾,書口下刊"知儒精舍"。框高 20.9 釐米,寬 11.5 釐米。題"仙亭比丘冰雪如德彙輯;博山門人余陛瞻道寬參閱"。前有釋如德序;《凡例》七則。

此書列釋門各種疏、表、偈、榜、關、牒、對等樣式計五百五十篇,類今書信大全一類,末附聯對三百三十五副。此爲殘本,僅存卷一至二。

扉頁刊"釋門疏式便覽通用。蓮花國比丘雪道人訂。熊熊居藏板。書林鰲峰館熊冲玄發行"。

《四庫全書總目》、《中國古籍善本書目》未著録。日本內閣文庫有藏。

鈐印有"釋氏"、"清潭"、"萬仞"、"招□院"。

1773 明刻套印本三子合刊

T1060/1108

《三子合刊》十三卷。明閔齊伋刻朱墨套印本。七冊。半頁九行十九字,四周單邊,白口,無魚尾,書眉上刻評。框高 21.7 釐米,寬 14.5 釐米。

是書爲老子《道德真經》二卷《音義》一卷、莊子《南華真經》四卷《音義》四卷、列子《冲虛真經》一卷《音義》一卷。《音義》載每種之末。老子一種眉端無評語。莊子、列子二種雖有評,但不列其名。三種末皆刊"西吳閔齊伋遇五父校"一行。

《四庫全書總目》未收。《中國古籍善本書目》著録。中國國家圖書館、上海圖書館等三十一館,及美國國會圖書館亦有入藏。

1774 明萬曆刻本玉堂校傳如崗陳先生二經精解全編

T1061/7945

《玉堂校傳如崗陳先生二經精解全編》九卷,明陳懿典撰。明萬曆二十二年(1594)熊雲濱刻本。五冊。半頁十行二十字,四周單邊,白口,單魚尾,書眉上刻評注。框高 22.4 釐米,寬 13.4 釐米。題"秀水陳懿典孟常父述著;北海焦竑弱侯父考定"。

陳懿典,字孟常,號如崗。秀水人。萬曆二十年進士,歷官翰林。神宗時,皇儲未建,中貴橫行,群議三王並封,懿典屢疏切諫言。輔臣葉向高曾薦言:"懿典抱賈董之學,負經世之才,速宜大用。"詔補掌院學士,辭不就。熹宗即位,上《聖政》、《聖學》二書,且言宦官與政,宰執樹黨,爲禍最烈。璫敗,晉詹事。爲人清介,於書無所不窺,家居三十年,杜門著述。《(康熙)嘉興府志》卷一四有傳。

是書題"二經"者,爲《老子道德經》一卷,《莊子南華真經》三十二卷,前者今已佚,存卷二至九。"精解"者,詳爲注釋也。

扉頁刊"萬曆甲午冬穀旦熊雲濱精校鐫行"。熊雲濱爲建陽書林,又刻有《精刻編集陽宅真傳秘訣》。

《四庫全書總目》收有懿典《讀史漫筆》、《讀左漫筆》,而不及此書。《中國古籍善本書目》著録。上海圖書館、浙江圖書館等八館,及美國普林斯頓大學葛思德東方圖書館亦有入藏。是本嚴靈峰輯《無求備齋莊子集成續編》收入。又是書有清康熙三十四年書林燕詒堂據萬曆熊雲濱本重修本。

鈐印有"下林之氏圖書記"、"殘花書屋"。

子　部

1775　明末刻本老子道德真經　　　　　　　　　　　　T1111/0223K

　　《老子道德真經》二卷，魏王弼注。明末刻本。一册。半頁九行十九字，四周單邊，白口，無魚尾，書眉上刻評。框高 21.1 釐米，寬 14.2 釐米。題"王弼注；河上公章"。前有政和五年(1115)晁説之舊跋，乾道六年(1170)熊克舊跋。

　　書眉刻陶望齡、薛蕙、嚴君平、楊慎、唐順之、袁宏道、袁黄等人評語。

　　《中國古籍善本書目》著録，并附《道德經古今本考正》一卷，作"明刻本"，上海圖書館等五館入藏。臺北"國家圖書館"有明刻本，但無附一卷，也無序跋。上圖藏本行款同哈佛本，但不知書眉上刻評否？

　　鈐印有"夜雨亭藏書"。

1776　明刻本太上老子道德經　　　　　　　　　　　　T1071/2238

　　《太上老子道德經》四卷，元何道全注。明刻本。二册。半頁八行十七字，四周雙邊，黑口，雙魚尾。框高 20.1 釐米，寬 12.9 釐米。題"無垢子何道全述注"。前有葛玄序。

　　何道全，號無垢子，又號松溪道人。浙江四明人。雲游至終南山，隱居於圭峰。明洪武年間，門人賈道玄彙集其語録、詩詞爲《隨機應化録》二卷傳世。

　　此書爲《道經》二卷、《德經》二卷。

　　按，王重民《老子考》中未收此書。嚴靈峰輯《無求備齋老子集成初編》中收有此書之影印本，底本爲明刻本。然嚴氏影印本和哈佛本相核，非同板。嚴本又有聶富序，兹録如下："舊有刻本，久而湮没，讀者不能無憾。予隱處林壑，暇日嘗閉户焚香，時取是經，净而誦之數過，雖未能造其玄微，而亦覺其意味深長，旨趣奥妙，心恒嗜好之而不舍。獨病其字有未真而理亦晦焉，因與我同志求其善本而校正之，繕寫以寶藏之，既而不敢自私，遂命工繡梓，以永其傳，從吾初志也。"

　　此本有補板，如卷上之第九頁、五十一頁至五十四頁，卷下之第十四至十五頁。

　　《四庫全書總目》未收。《中國古籍善本書目》著録明弘治十五年聶富刻本，藏中國國家圖書館、復旦大學圖書館。臺北"國家圖書館"有明初刻黑口本，日本尊經閣文庫、内閣文庫有明刻本。以上所藏，不知與此本同板否。

1777　明萬曆刻本老子解　　　　　　　　　　　　　　T1071/2970

　　《老子解》二卷，明徐學謨撰。明萬曆十八年(1590)申用嘉刻本。二册。半頁九行十六字，左右雙邊，白口，單魚尾。框高 18.3 釐米，寬 13 釐米。題"二白居士東海徐學謨"。前有萬曆十八年徐學謨自序。

　　徐學謨自序云："予涉世久矣，人心風俗日江河徙矣，比於既老，而蒿目以觀，囂咴在前，能不益有味於清静寧一之旨乎？故暇取諸家注釋，總括而折衷之，以務求其是，冀用世者考證焉。匪曰三代之治可廢也，譬之療危疾者，一匕對症，其功不神於君臣佐使之全哉？《解》成，付申甥用嘉校刻之，而自爲之序。"

1331

徐序之第一頁書口下有"秀水朱恒言寫,長洲郭昌言刻"。

《四庫全書總目》收學謨《春秋億》、《萬曆湖廣總志》、《世廟識餘錄》、《徐氏海隅集》、《歸有園稿》,而不及此書。王重民《老子考》著錄,然其未見原書。嚴靈峰輯《無求備齋老子集成初編》收入是書,然缺徐序。《中國古籍善本書目》著錄。中國國家圖書館、上海圖書館等六館亦有入藏。

1778　明萬曆刻本道德經解　　　　　　　　　　　　T1071/3117

《道德經解》二卷,明沈一貫撰。明萬曆十六年(1588)武林徐憲成刻本。四冊。半頁十行二十字,四周單邊,白口,單魚尾。框高20.3釐米,寬13.7釐米。題"四明沈一貫著;弟一中訂;溫陵門人王道顯校"。前有沈一貫自序。末有萬曆十五年(1587)蔡貴易跋。

沈一貫,字肩吾,號龍江。鄞人。隆慶二年進士。萬曆間累官戶部尚書,武英殿大學士。自一貫入內閣,朝政已大非,礦稅使四出爲害,其所誣劾逮繫者,悉滯獄中。一貫等數諫,不省。在位無所作爲,爲言官論劾,辭官去位。卒諡文恭。事蹟具《明史》本傳。

蔡貴易跋云:"少宰公解《老子經》,大旨不求異於孔氏,而孔、老之辨,朗然超絕。其玄風微意,能令讀者心夷而氣平,陰助孔氏立教之意甚深。即河上公以還,注老氏者毋慮數百家,可盡棄不道矣!世路滋降,學者誦法孔子,日失其類,至操律如牛毛,而俗增薄,道增喪,若以老之厚,拯孔之末流,天下其少廖乎?公意在劑劇海內,而不欲以口諭,故因解老氏,微見其旨,使人擇而趨焉,斯玄同之化哉!""貴易獲讀公是編,有概於中,愧無以師其萬一,因請付剞劂,以廣公雅意。而司理王道顯,公門人也,會有事四明,任校讎焉。"

是本卷下末刊"萬曆戊子夏日武林徐憲成重梓",當爲據蔡貴易本重刻。按,一貫此書,有單刻本,題《道德經解》,爲蔡貴易所刻。蔡又刻有《老莊通》十四卷,內有《老子通》二卷《讀老概辨》一卷,爲明萬曆十五年至十六年蔡貴易刻本。王重民《老子考》著錄爲《老莊通》本。嚴靈峰輯《無求備齋老子集成初編》所收也爲《老莊通》本。

《四庫全書總目》收一貫《易學》、《敬事草》、《經世宏辭》,而不及此書。《中國古籍善本書目》著錄明萬曆十五年蔡貴易刻本,天津圖書館、杭州市圖書館、寧波市圖書館入藏。此徐憲成翻刻本則不見著錄。

1779　明嘉靖刻六子書本莊子　　　　　　　　　　　　T1111/4263

《莊子》十卷。明嘉靖六年(1527)許宗魯樊川別業刻《六子書》本。六冊。半頁十行二十字,左右雙邊,白口,無魚尾,書口下刊"樊川別業"四字。框高18.1釐米,寬12.7釐米。

許宗魯,字東侯,陝西咸寧人。正德十二年進士。嘉靖初視湖廣學政,以義倡士,楚風益振。後以僉都御史巡撫保定,又撫遼東,遼人賴之。致仕歸,搆草堂,積圖書。

此爲許宗魯刻《六子書》之零種,另五子爲《老子》四卷、《列子》八卷、《荀子》二十卷、《揚子》十卷、《文中子》十卷。《中國古籍善本書目》著錄此《六子書》本。中國國家圖書館、上海圖書館、臺北"國家圖書館"等九館有全帙。

金鑲玉裝。

鈐印有"海寧陳鱣觀"。僞。

子　部

1780　明末刻本莊子南華真經　　　　　　　　　　T1111/0223K

《莊子南華真經》十卷,晉郭象注。明末刻本。四册。半頁九行十九字,四周單邊,白口,無魚尾,書眉上刻評。框高 20.7 釐米,寬 14.1 釐米。題"郭象注"。前有郭序。

此書書眉刻王宗沐、袁宏道、孫鑛、李贄、唐順之、劉辰翁等人所評。

《中國古籍善本書目》著録。中國國家圖書館、湖南師範大學圖書館亦有入藏。臺北"國家圖書館"有明末刻本。

鈐印有"夜雨亭藏書"。

1781　明嘉靖刻六子書本南華真經　　　　　　　　T1111/0223J.2

《南華真經》十卷,晉郭象注,唐陸德明音義。明嘉靖十二年(1533)顧春世德堂刻《六子書》本。十二册。半頁八行十七字,四周雙邊,白口,單魚尾,書口上刻"世德堂刊"。框高 19.8 釐米,寬 13.5 釐米。題"郭象子玄注;陸德明音義"。前有郭象序。

《莊子》稱《南華真經》始於唐天寶元年二月,詔號莊子爲南華子,稱其所著書爲《南華真經》。

此爲顧春世德堂刻《六子書》零本。《中國古籍善本書目》僅收録《六子書》名家批校、題跋本。本館另有世德堂刻《六子書》全帙。

鈐印有"敬修"、"宋印其端"、"白莊"。

1782　明刻六子書本南華真經　　　　　　　　　　T1111/0223J

《南華真經》十卷,晉郭象注,唐陸德明音義。明刻《六子書》本。十册。半頁八行十七字,四周雙邊,白口,單魚尾。框高 19.7 釐米,寬 13.6 釐米。題"郭象子玄注;陸德明音義"。前有郭象序。

此爲明刻《六子書》本,乃據明嘉靖十二年顧春世德堂刻《六子書》本重刻。顧春世德堂本書口上有"世德堂刊"四字,此重刻本則無。

《中國古籍善本書目》著録,然僅收有批校者。臺北"國家圖書館"亦有入藏。

鈐印有"敬思"、"一齋"。

1783　明刻四色套印本南華經　　　　　　　　　　T1111/0223F

《南華經》十六卷,晉郭象注,宋林希逸口義、劉辰翁點校,明王世貞評點、陳仁錫批注。明刻四色套印本。八册。半頁八行十八字,四周單邊,白口,無魚尾,書眉上刻評注。框高 20.2 釐米,寬 14 釐米。題"晉子玄郭象注;輯諸名家評釋;宋林虞齋口義、劉須溪點校;明王鳳洲評點,附陳明卿批注"。前有徐常吉序,萬曆三十三年(1605)馮夢禎序,沈汝紳序;《總評》十一則;楊慎題辭;郭象序。

是書輯批注彙評者爲沈汝紳。沈序云:"余始有事於《南華》,而彙集諸家評點,擇其最以

1333

從。偶語友人凌君實氏,渠鼓掌謂余曰:'《莊子》一書,久爾沉錮,如果一新,誠爲快舉。然竊怪批點世都濫觴,堪爲識者鄙。先祖以棟家藏有劉須溪批本,此亦海内罕覯者,當出篋以示。'余因得是集,如獲百朋,既而細閱諸解,唯晉郭子玄首出。升庵先生嘗有'非郭注莊,實莊注郭'之語,則子玄已久膾炙人口矣,兹不可不載者。第千百世之下,恒以臆見,懸揣千百世之上,恐讀《莊子》不易,而讀子玄書亦不易耳。唯得郭解劉評,而《莊》之微既闡矣。自兩家而下,更有吴郡王元美,其評隲《南華》猶未行世,故并著之,而諸家評釋,標爲某曰某曰附之首云。"

按,此序所云凌君實者,父凌澄初,祖凌以棟。澄初刻有套印本《晏子春秋》等,則此本或也凌氏所刻。是書分四色套印,諸家評語王士禛用硃紅,林希逸用粉紅,劉辰翁用黛緑,諸名家用深墨。

此本佚卷一五至一六。

《四庫全書總目》未收。《中國古籍善本書目》著録。中國國家圖書館、上海圖書館等四十一館,臺北"國家圖書館"及美國國會圖書館、日本尊經閣文庫亦有入藏。

鈐印有"錦官堂藏書印"。

1784　明天啓刻老莊評注本南華真經評注　　T1111/0223E

《南華真經評注》十卷,晉郭象注,明歸有光評。明天啓四年(1624)刻《老莊評注》本。十册。半頁九行十八字,四周單邊,白口,單魚尾,書眉上及地脚下皆刻評,書口下刊"竺塢藏書"。框高23.3釐米,寬13.7釐米。題"晉郭象子玄輯注;明歸有光熙甫批閱;文震孟文起訂正"。前有蔡毅中序,郭象舊序,馮夢禎舊序。

金鑲玉裝。

《四庫全書總目》未收。《中國古籍善本書目》著録《老莊評注》十二卷,浙江圖書館等九館入藏。此本嚴靈峰輯《無求備齋莊子集成續編》收入。

鈐印有"慎齋"、"西湖高氏"、"好山樓圖籍印"、"震澤王氏家藏"、"錢唐高氏"、"王建安别號雪邨"。

館藏有複本一部,四册。

1785　明嘉靖刻本莊子通義　　T1111/2923

《莊子通義》十卷,明朱得之撰。明嘉靖丁坊刻本。五册。半頁九行十七字,四周雙邊,白口,單魚尾。框高21.6釐米,寬15.3釐米。題"明海岱李時漸伯鴻甫校刊;昭陽後學丁坊重梓"。前有嘉靖三十九年(1560)朱得之序;《讀莊評》十三則。末有咸淳六年(1270)褚伯秀舊序。

朱得之,字本思,號近齋,江蘇靖江人。以貢得桐廬縣丞,尋掛冠歸。少負大志,習制義,心契陽明良知之説,遂往受學。時陽明門多高足,得之日與講論剖析,所得漸真,陽明嘗稱其入道最勇。其學體虚,静宗自然,自起居食息,一言一動,皆以真心檢點其間,雖幽獨無少懈。其教人以立志爲先,誨子弟有法程。嘗修邑志,又有《正蒙通義》、《杜律闡義》等。《(康熙)靖江縣志》卷一四有傳。

是書之撰,乃以莊子之書命辭跌宕,設喻險奇,人多謂其荒唐謬悠,不知異者辭也、不異者道也,故爲作《通義》,并加旁注以詳釋之。又宋咸淳間,錢塘道士褚伯秀撰有《義海纂微》,因避地遺於滇南,未行於世,得之同門友錢塘王潼,游覽四方,於嘉靖初至彼見之,手録以歸,並授得之,圖廣其傳。得之因附刻於每段之下,先列《通義》,次及《義海》。

《四庫全書總目》入子部道家類存目。《總目》云:"伯秀《義海纂微》,採綴詳博,今原本尚存,已著於録。得之所解,議論陳因,殊無可採,至於評論文格,動至連篇累牘,尤冗蔓無謂矣。"按,《通義》有明李時漸刻本,今不見著録。李爲嘉靖三十五年進士,官至陝西按察司副史,曾守台州。此爲丁坊重刻之本,《中國古籍善本書目》著録。上海圖書館、南京圖書館亦有入藏。又是書另有嘉靖四十四年浩然齋刻《三子通義》本。

鈐印有"肇起印"、"顧叔"、"啓南"、"楚瞻"、"玩華軒"。

1786　明萬曆刻本南華真經副墨　T1111/7116

《南華真經副墨》八卷《讀南華真經雜説》一卷,明陸西星撰。明萬曆天台館刻本。七册。半頁八行十七字,四周單邊,白口,無魚尾。框高 20.5 釐米,寬 13.5 釐米。題"明方壺外史陸西星長庚述;太初散人孫大綬伯符重校"。前有萬曆六年(1578)陸西星自序。

陸西星,字長庚,號方壺外史。江蘇興化人。生而穎異,有逸才,束髮受書,輒悟性與天道之旨。爲諸生,名最噪,九試棘闈不遇,遂棄儒服,冠黃冠,爲方外之游,數遇異人,授真訣,乃纂述仙釋書數十種。識宏博,於書無所不窺,嫺於文辭,兼工書畫。《(康熙)興化縣志》卷一〇《文學》有傳。

是書編次,一依郭象注《莊子》本,而以《莊子·天道》篇中"虛静恬淡、寂寞無爲"八字,分標八卷。每篇逐節詮次,末爲韻語,總論一篇之旨。其名"副墨",即取《莊子·大宗師》篇"副墨之子"語也。大旨謂南華祖述道德,又即佛氏不二法門,蓋欲合老釋爲一家。其言博辨恣肆,詞勝於理。

陸西星自序云:"而二氏之學,載之末年,頗窺堂奧。乃復添注是經,補救偏弊,以匡昔賢之不逮,名之《副墨》,相與二家之説,參訂異同。而一二同志,僉謂發所未發,勉令卒業,遊歷江海,佩之奚囊,三易歲乃脱草。嗚呼! 批導熟,則庖丁之目無全牛;察認真,則九臯之肆無留良。千載而下,知莊叟者誰歟!"

是本有扉頁,刊"南華真經副墨。天台館。太初散人鐵筆。莘野逸民刪鐫。一集郭子玄口説。一集方壺外史述。一集林虞齋説義。一集孫伯符校釋。一音義悉照玉篇。一字畫悉遵正韻。一書法悉訪平原。一鍰鐫徽郡原板"。

《四庫全書總目》入子部道家類存目。《中國古籍善本書目》著録。中國國家圖書館,及日本内閣文庫,亦有入藏。按,是書又有明萬曆六年李齊芳刻本、明萬曆十三年孫大綬刻本、明書林詹氏刻本,及明刻本(三種)。此本收入嚴靈峰輯《無求備齋莊子集成續編》。

鈐印有"訒堂珍藏不禁偷看"。

館藏有複本一部,八册。鈐印有"宜雨書樓"、"島田氏雙桂樓收藏"、"篁邨島田氏家藏圖書"。舊藏日人島田翰家。

1787　明萬曆刻本莊子翼　T1111/2303

《莊子翼》八卷,明焦竑撰。明萬曆十六年(1588)王元貞刻本。七册。半頁十行二十字,左右雙邊,白口,單魚尾。框高19.9釐米,寬13釐米。題"北海焦竑弱侯編訂;建業王元貞孟起校閱"。前有萬曆十六年焦竑自序,萬曆十六年王元貞序;《凡例》七則;採摭書目。

是書之撰,在《老子翼》後。據自序:"余既輯《老子翼》若干卷,復取《莊子義疏》讀之,採其合者爲此編,亦名之曰《莊子翼》。"

王元貞序云:"是以魏晉間,諸名流雅尚清言,恣情曠達,咸自此出,而仙家者,流語道業必宗之,即古今以儒術鳴者,往往探其旨趣,未嘗以爲異也,豈非有資於世教者哉!故子輿氏力排異端爲事,當時未嘗一言非之,夫子輿之右漆園,猶大成之尊柱下,其不與吾道異也奚疑!嗟夫!後之解《莊子》者,無慮數十家,率曼衍支離,多不得其要本,茲又寓言之寓言哉!余每撫卷惜之。乃今焦弱侯徧取往疏誦述,錄其與莊合者,爲《莊子翼》,庶幾後之讀者,其有所折衷乎?余故並刻而爲之敘。"

《四庫全書總目》入子部道家類,《總目》於是書述敘頗詳。《中國古籍善本書目》著錄。是書乃明萬曆十六年王元貞刻《老子翼》三卷《莊子翼》八卷之一半。安徽省圖書館、四川省圖書館等十館,臺北"國家圖書館"有全帙。嚴靈峰輯《無求備齋莊子集成續編》收入此書,但與此本不同板。

鈐印有"澹園"。

1788　明萬曆刻本莊子通　　　　　　　　　　　　　　　T1111/3115

《莊子通》十卷《讀莊㮣辨》一卷,明沈一貫撰。明萬曆二十四年(1596)八閩書林鄭氏光裕堂刻本。十册。半頁十行二十字,四周雙邊,白口,無魚尾。框高22釐米,寬14.7釐米。題"沈一貫注"。前有萬曆十六年沈一貫序。

沈一貫序云:"余讀莊三十年,頗有所會,未遑於赫蹏。丁亥春,偶疏大宗師、應帝王二卷,既得陸長庚《副墨》,爲之斂衽。戊子赴闕,無何引疾還,舟中寂無事,因日課數十行以自嬉,於無何有之鄉,實四月廿三日托始於德州。憶舊年解老竣於是,而乃今復於是乎始莊,豈冥數耶?會水落,寄泊清源、聊城之間者一月,遂得專其精神,迨畢工於濟上,則六月朔矣。"

一貫有《老莊通》十四卷,爲明萬曆十五年至十六年蔡貴易刻本,當在此本之前。此本末有牌記,刊"萬曆丙申年仲夏月,八閩書林鄭氏光裕堂梓"。闕名朱筆批并圈點。

《四庫全書總目》未收。《中國古籍善本書目》著錄。東北師範大學圖書館、廣西師範大學圖書館亦有入藏。又《北京圖書館古籍善本書目》有是書,作明萬曆刻本,行款同此本。臺北"國家圖書館"、美國國會圖書館也有明萬曆刻本,然不知與此同板否。嚴靈峰輯《無求備齋莊子集成續編》所收之本,與此不同板。

1789　明末刻本南華真經旁注　　　　　　　　　　　　　T1111/0222

《南華真經旁注》五卷,題晉向秀注。明末刻本。五册。半頁六行十七字,左右雙邊,白口,單魚尾,書眉上刻評。框高23.6釐米,寬14.5釐米。題"周夢蝶真人莊周著;晉竹林賢士向秀注"。前有郭象序。

向秀,字子期,清悟有遠識,少爲同郡山濤所知,雅好老莊之學。注莊子,妙行奇致,大暢玄風。或云郭象之注莊子,大半竊自秀也。秀素與嵇康、呂安善,康被誅,乃作《思舊賦》以哀之。

子　部

後爲黃門侍郎散騎常侍,在朝不任職,容跡而已,卒於位。

是書每小篇標題下皆刊有該篇之要旨,每行旁另有夾行,刻注釋。

《四庫全書總目》未收。《中國古籍善本書目》著錄。四川省圖書館等四館,臺北"國家圖書館"亦有入藏。

1790　明刻本南華經内篇集注　　　　　　　　　　　　T1111/3640

《南華經内篇集注》七卷首一卷,明潘基慶輯。明刻本。三册。半頁八行二十字,四周單邊,白口,單魚尾,書眉上刻評注。框高 21.6 釐米,寬 14.8 釐米。題"周蒙縣莊周子休著;明烏程潘基慶良耜集注"。首一卷爲郭象序,頌,司馬遷撰《莊子列傳》,總論,《凡例》九則,自序。

潘基慶,字良耜。松江人。萬曆四十六年貢生。又有《道德經集注》二卷。《四庫全書總目》收有基慶注《古逸書》三十卷,而不及此。

基慶此本爲單刻。查《中國古籍善本書目》未著錄。《北京圖書館古籍善本書目》著錄。臺北"國家圖書館"也有入藏。潘氏著作另輯有合刻本《老莊會解》九卷(明萬曆刻本)、《老莊郭注會解》九卷(明文樞堂刻本)、《合刻諸名家評點老莊會解》十一卷(明書林楊小閩刻本)傳世。此本,嚴靈峰輯《無求備齋莊子集成初編》收入。

鈐印有"殘花書屋"、"寶南"、"有不爲齋"。

1791　明萬曆刻本鍥南華真經三注大全　　　　　　　　T1111/7945

《鍥南華真經三注大全》二十一卷,明陳懿典輯。明萬曆二十一年(1593)書林余紹崖自新齋刻本。五册。半頁十行十九字,四周單邊,白口,雙魚尾,書口下刊"自新齋"。框高 20.4 釐米,寬 12.1 釐米。題"澗秀水會魁陳懿典輯;閩書林自新余良木梓"。前有翁正春序,史繼階序。

陳懿典,見明萬曆刻本《玉堂校傳如岡陳先生二經精解全編》。

是書爲懿典集郭象、劉辰翁、林希逸、焦竑等十餘家注《南華真經》之説而成,爲二節版,上刻各家注,下爲正文,正文後有林希逸、陸西星釋解。

翁正春序云:"今讀其書,果非有耆碩故老傳聞,其概幾不能句,則林虞齋寔惟《南華》鼓吹,裔是而吕有注、郭有注。入我朝,而陸方壺、李衷一又斌斌輩出,爲《南華》功臣最著,《南華》於是稱全書。而如岡年兄會衆説而集其成,得顔其額,曰《南華三注大全》。"

此本有扉頁,刊"《鍥南華真經三註大全》。余舊讀南華老人書,不甚解,沉酣日久,洒稍領略,顧得其辭矣,未習其旨也。已取林《口義》、陸《副墨》、李《膚解》讀之,則習其旨矣,未得其爲人也。最後讀陳如岡《三註》,有所穆然深思焉,有所怡然高望而遠志焉。夫然後於心目間見之,肌膚若冰雪,綽約若處子,乘雲氣,御飛龍,而遊四海之外。噫,其夢邪覺邪? 是邪非邪? 非南華老人,則孰誰邪? 余避席再拜,間以語腔裏子。腔裏子曰:'是矣,千百世而下,知其解者,是旦莫遇之也。'歸而付《三註》於殺青,蓋庶幾與寓内士共見云。自新齋余紹崖梓"。末有荷蓋蓮座牌記,刊"萬曆癸巳歲冬月自新齋余紹崖梓"。按,自新齋爲建陽坊肆,刻書甚多,今存於世者近二十種,最早似爲嘉靖三十一年余允錫自新齋刻《新刊憲臺鰲正性理大全》七十卷,最晚或爲天啓七年余文杰自新齋刻《四書順天捷解》六卷。此余良木當爲允錫後人。

《四庫全書總目》收懿典《讀左漫筆》、《讀史漫筆》,而不及此。《中國古籍善本書目》著錄。天津圖書館、浙江圖書館等六館,及日本內閣文庫亦有入藏。臺北"國家圖書館"及日本靜嘉堂文庫有《新鍥南華真經三注大全》二十一卷,版本同此,然書名多一"新"字,不知與此同板否。

鈐印有"家原氏"、"澤氏正鯤"、"山田鈍印"、"字曰子靜"。皆日人印也。

館藏有複本一部,十冊。扉頁刊"南華真經三註大全。書林余翼我梓行"。

1792 明刻本南華發覆　　　　　　　　　　　　　　　T1111/9133

《南華發覆》八卷,明釋性㳙撰。明刻本。六冊。半頁九行二十字,四周單邊,白口,單魚尾。框高21.9釐米,寬13.7釐米。題"梁谿性㳙蘊輝甫註;西安方應祥孟旋甫校"。前有天啓六年(1626)陳繼儒序,徐必達序,性㳙自序。末有闕名跋。

性㳙,字蘊輝。梁谿人。嘉靖中,居金陵清涼山孔雀庵,自號孔雀頭陀。曾與比丘正勉共編《古今禪藻集》。

陳繼儒序云:"《南華發覆》,清涼山孔雀庵蘊暉老人所著也。老人繩戒精緊,狀貌清孤,望之類須菩提,衣表瘦骨,可捫而數也。長於詩,無浮屠語,與之談方內方外之書,旁及《南華經》,往往能結吾輩舌。蓋少而習之,長而遊於空山大澤間,無見無非莊者,積三十年,而後發覆之注出焉⋯⋯余曰:它人以我解莊,而蘊公以莊解莊,蘊公潔古有道人也,此語亦從三十年破我得來耳。"

自序云:"竊不自量,以鄙薄謏劣之見,而欲爲古人吐其生平之氣,不已難乎其爲言哉?但以不慧,幼伐頂毛,遊心教乘,風饕雲雪,水宿山棲二十餘年,獨師懷抱,不見許於俗人,孤秀神巖,每遭迴於在世,而於此種,深有契詣,詮次成裘,亦有不忍自秘者。寫一人之胸臆,質四遠之見聞,神識互稟,靈心各具,機朕冥符,或當玄賞,直攄本旨,不事鉛銛,期明理以闡宗,匪敷藻以眩目,意到神傳,筆精形似,千慮或有一得也。其有義理圓活,彼此互通,具慧目者,鑒見自別,決不拘直作曲,證黽成龜耳。天地大全,覆自今發。"

卷二題"武林聞啓祥子將父校",卷三題"梁谿性㳙蘊輝甫注;武林徐世濬思于甫較",卷四題"餘杭嚴武順忍公甫較",卷五題"秀水徐世瀾觀中甫較",卷六題"嘉禾金秉鍾子彝甫較",卷七題"檇李黃承蒼履恒甫、瀨水武化中大冶甫全較",卷八題"鹽官陳昌明莫公甫、嘉禾鍾代英幼芝甫全較"。是本缺卷五第二十四頁。

《四庫全書總目》未收。《中國古籍善本書目》著錄有四種不同版本,行款同此本,分別爲明天啓七年刻本(南京圖書館藏)、明末文秀堂刻本(南京圖書館、福建省圖書館藏)、明末文奎堂刻本(廣東中山大學圖書館、黑龍江伊春地區圖書館藏)、明末刻本(上海圖書館、北京大學圖書館、北京師範大學圖書館藏)。哈佛此本不知與孰種同板,或不同板。

1793 清康熙刻本莊子因　　　　　　　　　　　　　　T1111/4918

《莊子因》六卷,清林雲銘撰。清康熙二十七年(1688)自刻本。四冊。闕名批注。半頁九行二十二字,小字雙行同,四周雙邊,白口。框高21.1釐米,寬13.6釐米。題"三山林雲銘西仲評述"。前有康熙二十七年林雲銘序,康熙二年(1663)林雲銘舊序;《凡例》五則;《莊子列傳》,《莊子總論》,《莊子雜説》二十六則。

林雲銘,字西仲,福建侯官人。弱冠舉於鄉,順治十五年成進士。官徽州府通判,理徽九載,多異政,康熙六年以裁缺歸。十三年爲耿精忠所囚,踰二年得釋。居杭州,以賣文爲生。又著有《莊子因》、《古文析意》、《挹奎樓選稿》、《損齋焚餘》、《吳山毂音》等。《清詩紀事初編》卷八、《今世說》卷二有傳。

此爲林氏所作評注《莊子》之作,所謂"因"者,林氏舊序云:"余考證諸本,參以管見,櫛比其詞,櫽括其旨。惟因是因非,因非因是。以治莊之道,讀莊之書,求合乎作者之意而止。異日者驪龍未寤,腐鼠已捐,汎若不繫之舟,虛而遨游,將手此一編,以質於大莫之國。若謂漆園功臣,漆園罪人,呼牛爲牛,呼馬爲馬,余何蘄乎而人善之、而人不善之邪?亦因之而已矣。遂以因名。"

全書體例,大體每句下先以字面訓詁,再解本句之意。每段又分疏本段大意,或加評語。每篇後有總論,行間有音注。於篇中綱領、段中眼目,或措意精深、摘詞工妙,或埋伏照應等處,各以圈、點、橫、曲等不同符號加以提示。

此書成於康熙初年,當時曾刻板印行。康熙二十七年林氏加以增補修訂,重新刻梓,故序題"增注莊子因"。序云:"余注莊二十有七年矣。鎸木之後,分既良友,即攜歸里,貯建溪別墅。與二三方外畸人講究丹訣,借爲印證,原不蘄於問世。寅卯閩變,余家盡爲逆氛毀奪,所注經書藏稿十餘種,同作劫灰。而是書賴有錢板獨存……茲再加繙閱,其中有鄙意所未盡者,恐初學或費探索,因竭四閱月玩味揣摩之力,重開生面,將内七篇逐段分析,逐句辨定,逐字訓詁,誓不復留毫髮剩義。而外篇雜篇,雖屬内篇注腳,遇有神奇工妙處,亦必細加改訂,分別圈點,鈎截得其眼目所注、精神所匯而後已。"

"玄"字避帝諱。眉端行間有朱、墨筆評語、音注,疑日人之筆。

《四庫全書總目》、《續修四庫全書總目提要(稿本)》皆未著錄。《中國古籍善本書目》著錄三部校本,分藏上海圖書館、復旦大學圖書館、福建省圖書館。《東北地區古籍綫裝書聯合目錄》著錄遼寧省圖書館、東北師大圖書館、黑龍江圖書館、哈爾濱師大圖書館等四館藏。

鈐印有"小野氏藏書"。

1794　明刻三子合刻套印本列子冲虛真經

T1088/7402

《列子冲虛真經》八卷《音義》一卷。明閔齊伋刻《三子合刻》套印本。二册。半頁九行十九字,四周單邊,白口,無魚尾,書眉上刻評。框高21.3釐米,寬14.5釐米。前有劉向序。

此爲閔齊伋刻《三子合刻》本零種,卷末刊"西吳閔齊伋遇五氏校"一行。館藏有《三子合刻》全帙。

按,《北京圖書館古籍善本書目》著錄《三子合刻》子目爲"列子冲虛真經一卷音義一卷",而零本又作"不分卷",蓋一書之著錄也不盡統一。

鈐印有"元和鄒氏世寶"、"養拙書巢"、"詠春讀過"、"守愚軒圖書"、"常學山寶藏"。

1795　明末刻本關尹子

T1074/7962

《關尹子》二卷,宋陳顯微注,明孫鑛等評。明末稽古齋刻本。一册。半頁九行二十字,四周單邊,白口,無魚尾,書眉上刻評。框高19.6釐米,寬13.7釐米。題"宋陳顯微抱一子注;明朱蔚然茂叔父校"。前有陳顯微序。

陳顯微,字宗道,自號抱一子。淮陽人。道士。嘉定、端平間,居臨安佑聖觀。

扉頁刻"關尹子。劉會孟、薛君采、楊升菴、孫月峰四大家批點。稽古齋重梓"。

《四庫全書總目》入子部道家類,爲一卷本。《中國古籍善本書目》著録明天啓讀書坊刻《合諸名家批點諸子全書》本,上海圖書館、南京圖書館入藏。臺北"國家圖書館"有明朱蔚然校刻本,日本内閣文庫有明刻本,或與此同板。

1796　明萬曆刻本道宗六書　　　　　　　　　T1921/4444

《道宗六書》三十六卷,明李栻編。明萬曆四年(1576)黄世厚刻本。九册。半頁九行二十字,左右雙邊,白口,無魚尾,書口下有刻工。框高20.6釐米,寬14.4釐米。前有萬曆四年馬顧澤序,萬曆三年(1575)李栻序。後有黄世厚後跋。

是編計《道德真經義解》四卷(宋李榮撰)、《元始説先天道德經注解》五卷(宋李榮撰)、《文始真經言外旨》三卷(宋陳顯微撰)、《冲虚至德真經解》八卷(宋江遹撰)、《南華真經義纂》十卷(明李栻輯)、《譚子化書》六卷(南唐譚峭撰)。

李栻,字孟敬。豐城人。嘉靖四十四年進士,官至浙江按察司副使。

黄世厚,蕭山人,曾任湖北江夏縣知縣。

此本爲李栻按楚時所編,并授湖廣按察司副使馬顧澤,顧澤又命江夏縣知縣黄世厚刊刻。馬顧澤序云:"侍御勺溪李公,按楚將竣事,出笥中所藏書以授不佞顧澤。首《道德經》,次《先天道德經》,次《關尹子》、《文始經》,次若莊、列,若《化書》,皆承翼老氏者,咸萃録之,標其指曰《道宗六書》,顧澤因得受而終業焉。""侍御夙敦敏,於學無所不窺,而尤好道家書。其雅志恬夷,視勢利芬華,不惟弗戰其中,且將嗒然忘之。按部所至,率先簡要而紀度井然,罔有扞越,蓋於老氏之道,已能冥會而獨行之,非直味其藏蠻已也。語曰,知其解者,旦暮過之。公誠其人哉!顧不自有其道,而出諸笥藏,以示天下,誠使探玄之子得是而諦悟之。"

黄世厚跋云:"侍御李公按楚時,出所笥藏《道宗六書》以授憲副馬公,命厚鍥梓。厚奉而竟業……兹二公命梓之意,其嘉惠來者非淺尠也,酒趣諸梓人精鍥之。"

刻工有蔣繼孔、蔣承德、蔣承惠、蔣承忠、蔣承憲、蔣承懋、蔣邦只、蔣邦右、蔣邦賢、蔣邦左、高士、高一品、高栢、高憲、蔣繼武、高廷栢、李良、李玉海、李元方、李朝東、李廷相、李廷益、李春方、王夢兆、連守閏、胡一定、章玉、盧綸、吳世芳、成興魁、宋堂、宋世相、安中、楊廷、艾朋、盧經、陳應奎、鄭秉元、龔混、殷雲高、蔡自先、蕭尚林、黄金仔、羅應賢、李顯宗。

《四庫全書總目》未收。《中國古籍善本書目》著録,湖北省圖書館亦有入藏,但存五種,缺《譚子化書》六卷。又美國國會圖書館、日本内閣文庫有全帙。

1797　明萬曆刻清康熙重修本道書全集　　　　　T1921/3582

《道書全集》九十四卷,明閻鶴洲編。明萬曆十九年(1591)刻清康熙二十一年(1682)周在延重修本。三十六册。半頁十一行二十二字,左右雙邊,白口,單魚尾。框高20.3釐米,寬13.7釐米。總目後有康熙二十一年周在延識語。

閻鶴洲,江蘇金陵人。生平不詳。

是書初刻在明萬曆十九年,《續修四庫全書總目提要(稿本)》著録是書即明萬曆十九年刻本,云:"編首有萬曆辛卯天柱山人全陽子丁應麟序,稱金陵閻子鶴洲,素志博雅,仰慕玄修,乃聚道教典籍，自金丹正理及黄庭、寶籙、文始等書，各有關於道德，而效法於老子者，共三十餘種，鐫爲一編，名曰《道書全集》。"又據臺北"國家圖書館"善本書志初稿》，萬曆十九年本卷前除丁應麟序外，又有嘉靖十七年(1538)嵩嶽主人《重刻金丹正理大全》序。

此本爲康熙二十一年周在延以萬曆十九年舊板修補刷印者，卷前無丁應麟及嵩嶽主人序。《金丹大要》卷一至六爲重刻，字體與原刻有異，"玄"字避帝諱，其他部分亦間有補刻頁。諸書次序亦與原刻稍有不同。周氏識語云："《道書全集》真本五十餘種，係予家藏舊本。自《諸真玄奧集》而下，則坊間本子所無。蓋世所行者乃《金丹正理》，非《道書全集》也，讀者辨之。外有朱夫子所注《參同契》，近黄俞邵先生得之燕市，行將補入，以公海内同志。"

子目：

《金丹大要》十卷，元陳致虛撰

《金碧古文龍虎上經》三卷，宋王道注疏，宋周真一印證

《周易參同契通真義》三卷，後蜀彭曉撰

《周易參同契解》三卷，宋陳顯微撰

《周易參同契分章注》三卷，元陳致虛撰

《玄學正宗》二卷

《悟真篇注疏》三卷，宋翁葆光注，元戴起宗疏

《悟真注疏直指詳説三乘秘要》一卷，宋翁葆光撰

《金丹四百字内外注解》一卷

《諸真玄奧集成》九卷，涵蟾子輯

《群仙珠玉集成》四卷

《張洪陽注解道德經》二卷，明張位撰

《陰符經三皇玉訣》三卷(存卷上)

《陳虛白規中指南》二卷

《玄宗内典諸經注》十一卷，明邵以正編

  《張洪陽注解陰符經》一卷，明張位撰

  《太上老君説常清静經注》一卷，元李道純撰

  《太上赤文洞古經注》一卷，長筌子撰

  《太上大通經注》一卷，元李道純撰

  《太上昇玄説消災護命妙經》一卷，元王玠撰

  《定觀經》一卷

  《胎息經注》一卷，幻真先生撰

  《無上玉皇心印經》一卷，李簡易注

  《老子説五廚經注》一卷，唐尹愔撰

  《崔公入藥鏡注解》一卷，元王玠撰

  《青天歌注釋》一卷，元王玠撰

《譚子化書》六卷，南唐譚峭撰

《群仙要語》二卷

《玉清金笥寶録》三卷，宋張平叔撰

《中和集》七卷，元李道純撰

《鍾吕二先生修真傳道集》三卷
《純陽吕真人文集》八卷,唐吕嵓撰
《文始真經言外經旨》二卷,宋陳顯微撰
《太上黄庭内景玉經》一卷,梁丘子注
《太上黄庭外景經》一卷,梁丘子注
《黄庭内景五臟六腑圖説》一卷,唐胡悟撰

此本有扉頁,刻"道書全集真本。嵩秀堂藏板"。

《中國古籍善本書目》著録明萬曆十九年刻本及此修補後印本。前者有中國人民大學圖書館、上海圖書館兩家藏;後者有遼寧省圖書館、河南省圖書館、重慶市圖書館三家藏。另臺北"國家圖書館"亦藏此本。

1798　明萬曆刻本太上治生法會伊始真人解悟真經合注　T1922/5702

《太上治生法會伊始真人解悟真經合注》八卷,宋拙玄生等注。明萬曆高俊刻本。八册。半頁八行十六字,四周單邊,白口,單魚尾,書口下有刻工。有圖。框高18.9釐米,寬13.3釐米。題"雪竹齋居士拙玄生、雲翠齋處士谷虚生、碧雲齋處士止静生、六一齋處士了真生全解;澄淅處士望玄生校;閱玄處士聞悮生截句"。前有闕名序,宋吕夷簡序,明羅洪先序;明高俊撰《凡例》八則。末有高俊後序。

此書據《凡例》所云出自唐貞觀間,謂有道人許真如往終南山修道,十九年後始歸,將出山處,遇異人,口稱夢玄道士,與之立譚,少頃又授之《解悟真經》。後許真如與其徒數十人,築室於鳳凰之麓,朝夕講明是義,九十九歲後與高徒八人仙去。《凡例》後有圖,爲"摹唐吴道子蓬萊聖景之圖",并"依抱朴子蓬萊十洲記題名"。

《凡例》有"本經問答",謂"一問一答,乃是爲人辨得明白,文靖設疑而問,真人緣疑而答,直到明白方止";"本經分章",謂"斯經本止五卷,今觀其一卷爲初學之關,二至五爲玄秘之語,似有兩置。今以一卷分作四卷,以配下四卷作八卷,庶使始學者由前四以至後四,不容紊也";"本經注頌",謂"本經所注四卷者,效本經,意以便初學;下四卷不注而頌者,體本經,意微示之通玄者"。

高俊後序云:"每念是經當見重於天下,乃寶藏於雪竹齋者幾番天下,世之真金美玉爲一家重者知多少。正追惜間,主教道人見□者道,欲梓是經,而托重□於愚。夫愚之才拙,推托□恐不堪,而是經之出,當有藏刀飛舞炎氣於世間者不少。"

刻工有虞大申、開衢、虞愛、鄭龍、虞愛溪、游少溪、黄建溪、范冲、范見冲、謝世榮、王子瞻、葉榮、吴榜、黄興宇。

《四庫全書總目》、《中國古籍善本書目》未著録。日本内閣文庫亦有入藏。臺北《"國立中央圖書館"善本書目》著録有三卷本,題明拙玄生等注,明刊白口八行本,疑殘。

鈐印有"星岩"、"聽雨樓"、"豐業文人"、"潑墨齋"。

1799　明刻本太上正一朝天百拜謝罪寶懺、高上玉皇本行集經　T1928/4211

《太上正一朝天百拜謝罪寶懺》一卷。明刻本。一册。經摺裝。每紙五折,每折四行,行十二字。框高26.2釐米。

《高上玉皇本行集經》三卷。明刻本。存卷中。經摺裝。每紙五折,每折三行,行九字。框高25.6釐米。

《太上正一朝天百拜謝罪寶懺》,題下小字云"知磬舉步虛法事如儀禮懺跪念"。卷末小字云"朝天懺文共計三千五百七十六字"。正文內容與《正統道藏》洞神部威儀類《太上正一朝天三八謝罪法懺》相似。

《高上玉皇本行集經》又稱《玉皇經》,《正統道藏》此經列於洞真部本文類盈字號,爲道士齋醮及道門功課必誦經文之一。全書共三卷五品,卷上爲《清微天宮神通品》,卷中爲《太上光明圓滿大神咒品》、《玉皇功德品》,卷下爲《天真護持品》、《報應神驗品》。此本僅存卷中,且有殘闕。

以上兩種合裝一册,皆無千字文編號。

1800　明萬曆刻重修本道言內外秘訣全書　　T1921/3043

《道言內外秘訣全書》六卷,明彭好古輯。明萬曆吳勉學刻黃之寀重修本。二十册。半頁九行十八字,右雙邊,白口,單魚尾。框高18.9釐米,寬13.5釐米。前有萬曆二十五年(1597)彭好古自序。

彭好古,字熙陽,號一壑居士。湖北麻城人。萬曆十四年進士。知歙縣,擢御史,歷僉事,剛直不撓,風格類古人。《(民國)麻城縣志前編》卷九《耆舊》有傳。

是書採摘多種道家之書而成,分道言內外二集。《道言內集》三卷爲,經類:廣成子《陰符經》,太上《道德經》八十一章、《清净經》、《定觀經》、《度人經》並上陽子解、《消災護命經》、《赤文洞古經》三章、《大通經》三章、《五廚經》、《日用經》、《玉樞經》,玉皇《心印經》、《胎息經》;書類:鍾離正陽《傳道集》十八章、《靈寶畢法》三章並自序,崔希範《入藥鏡》,張紫陽《玉清金笥寶籙》、《金丹四百字》並紫陽序及解,白紫清《指玄篇》謝紫陽書辨惑論;歌類:鍾離正陽《破迷正道歌》,許旌陽《醉思仙歌》,吕純陽《瑶頭坏歌》、《敲爻歌》、《谷神歌》,劉海蟾《還丹破迷歌》,曹文逸姑《靈源大道歌》,馬丹陽《太空歌》,張紫陽《石橋歌》,丘長春《青天歌》,馬自然《還丹口訣歌》,陳翠虛《羅浮翠虛吟》,白紫清《前快活歌》、《後快活歌》、《大道歌》,彭鶴林《道闆元樞歌》,高象先《金丹歌》,王景陽《得道歌》,陳上陽《判惑歌》;詞類:吕純陽《沁園春》、《步蟾宮》、《三字訣》、《百字牌》,白玉蟾《水調歌頭》、《酹江月》,張三丰《一枝花》四首;詩類:白玉蟾《五言古詩》。《道言外集》三卷爲:軒轅黄帝《金碧古文龍虎上經》三篇並序及解,廣成子《浮黎鼻祖金藥秘訣》十二章並紫陽序及葛仙翁解,太上《明鏡匣》、《金穀歌》,淮南王《火蓮經》六章,魏伯陽《參同契》八篇原敘三篇並序及解,諶母元君《銅符鐵券》三卷,許真君《石函記》九篇,張紫陽《悟真篇》並序及解,陶公《還金術》三篇並自序,白紫清《地元真訣》,卓壺雲《答論神丹書》。

彭好古自序云:"方余盡讀諸家經書無可入,又盡讀諸家注,則見自經而外,諸家書時有出入,無所統一。又見諸家注各執曲學,以飾其陋,而聖賢之意反晦而不明,安知八百者出,不以余之苦爲苦也。因裒集道言內外,而詠誦之經,直録本文,令其持誦,紬繹自得;而書之難訓者,稍以數語附益其間。余非不欲解也,小子好古,孔氏所云述而不作者也,他日有向老彭而問意者,尚能一一口箋之,夫余安敢自謂有功八百哉?而八百有作,其將以此爲嚆矢也夫。"

此本有扉頁,刊"道言內外秘訣全書。吕純陽祖師世傳。寶仁堂藏板",卷內有題"新安黄之宋亮父校刻"。金鑲玉裝。

《四庫全書總目》未收。《中國古籍善本書目》著錄，有兩種版本，一作明吳勉學刻本，一作明吳勉學刻黃之宋重修本，後者藏上海圖書館、南京圖書館等十三館。疑此本與滬、寧館本同。又臺北"國家圖書館"及美國普林斯頓大學葛思德東方圖書館、日本內閣文庫亦有入藏。

又館藏《古文參同契》一冊，爲此書零種。

1801　明萬曆刻道言内外秘訣全書本古文參同契　T1922/2127

《古文參同契》一卷，漢魏伯陽撰，明彭好古解；《參同契箋注》一卷，漢徐景休撰，明彭好古解；《古文參同契三相類》一卷，漢淳于叔通撰，明彭好古解。明萬曆刻《道言内外秘訣全書》本。一冊。半頁九行十八字，左右雙邊，白口，單魚尾，框高18.9釐米，寬13.3釐米。書口上方刻"道言外上"。題"東漢會稽真人魏伯陽著；明西陵一壑居士彭好古解；新安山人亮父黃之宋校"。前有萬曆二十七年(1599)彭好古序；萬曆二十六年(1598)彭好古題辭；《凡例》四則；魏伯陽參同契經文敘。《箋注》題"東漢青州從事徐景休著；明西陵一壑居士彭好古解；新安亮父黃之宋校"。前有徐景休序。《三相類》題"東漢會稽淳于叔通補遺；明西陵一壑居士彭好古解；新安亮父黃之宋校"。前有淳于叔通序。

魏伯陽，號雲牙子，吳人。性好道術。與弟子三人入山作神丹，丹成，知弟子心懷未盡，乃試之，服丹入口即死，一弟子取丹服之，亦死。餘二弟子遂不服，共出山。二子去後，伯陽及死弟子皆起，作《參同契》、《五行相類》等書。

是書之作，乃取大易、黃老、服食參同契合之，而以服食爲主。上篇爲羲文易卦之理，中篇爲黃老性命之談，下篇爲神仙服食之道。徐景休作《箋注》三篇，淳于叔通作《三相類》兩篇，蓋在詮釋也。彭好古宦游蜀中，得楊慎所序古文，并積諸家注，又以古文爲據，敘而讀之，始知諸家所解未盡契伯陽之意，故重爲之注解。其序云："契凡三篇，徐景休箋注三篇，淳于叔通補遺二篇。五代時，爲蜀彭真一所亂。余從蜀中得慎庵楊君所敘古文讀之，浸浸就緒，顧其書本言神丹，而上陽陳氏注爲陰陽，全陽俞氏注爲清浄，皆不得魏公之意，而曲爲之解者。輒不自揣，僭爲注説，命之曰玄解。"

其《凡例》有云："此書字字不苟，某爲此解，不敢謂盡得古人之意，然亦字字不敢放過，非苟然也。故於此解字字能透，方於此書字字可明，如漫然讀之，終爲無益。敢以是告之同志者。"

此爲《道言内外秘訣全書》零種。本館有全帙。

1802　明萬曆刻本新鍥抱朴子内外篇　T1187/9343

《新鍥抱朴子内篇》四卷《外篇》四卷，晉葛洪撰。明萬曆十二年(1584)慎懋官刻本。六冊。半頁十行二十字，左右雙邊，白口，單魚尾。框高21釐米，寬14.1釐米。題"吳興郡山人慎懋官校"。前有序，缺後半。《外篇》有序，也殘缺其尾。

是編爲葛洪任句漏令後，退居羅浮山時所作。抱朴子，爲洪自號，因以名書，乃現存體系最爲完整之神仙家言。《内篇》談神仙方藥，鬼怪變化，養生延年，禳邪卻禍之事；《外篇》詳論人間得失，世事臧否，可見作者内神仙而外儒術之思想。

此本《外篇》有扉頁，刊"抱朴子詮生内外景"。

《四庫全書總目》入子部道家類。《中國古籍善本書目》著録。中國國家圖書館、上海圖書館等十館,臺北"國家圖書館",及美國國會圖書館、普林斯頓大學葛思德東方圖書館、日本内閣文庫亦有入藏。

按,是書又有明萬曆十二年慎懋官刻二十七年翁天霽重修本、張可大遞修本,及明刻本。此本有補板,疑爲翁天霽重修本(上海圖書館有藏)。

鈐印有"賞顏齋寶藏子孫永保"。

1803　清乾隆刻本太上感應篇圖説　　　　　　　　　　T1927/4250.08

《太上感應篇圖説》八卷,清許纘曾撰。清乾隆刻本。八册。半頁十行二十字,四周單邊,白口,單魚尾。有圖。框高19.3釐米,寬12.9釐米。題"右春坊右中允兼内翰林秘書院編修加一級許纘曾彙輯"。前有乾隆二十三年(1758)帥家相序,乾隆二十二年(1757)閻介年序,乾隆四年(1739)李培仁序,乾隆二十七年(1762)閻介年序,梁化鳳序;順治十二年(1655)御製《勸善要言序》;《太上感應篇》;順治十四年(1657)撰《凡例》十則;内三院奉旨翻譯《太上感應篇》滿文。

許纘曾,字孝修,號鶴沙,江蘇華亭人。順治六年進士,散館授檢討。順治十四年任右春坊右中允,兼内翰林秘書院編修,翻譯《大學衍義》。十五年分校禮闈,旋外補江西驛傳道副使,官至雲南按察使。其母爲徐光啓孫女,奉天主教甚誠篤。纘曾事母至孝,自幼領洗,於教會事多所匡助。有《滇行紀程》、《東還紀程》、《寶綸堂集》等。傳見《詞林輯略》卷一、《中國天主教史人物傳》。又陳垣有《華亭許纘曾傳》,載《真光雜志》五卷六號。

是書分金、石、絲、竹、匏、土、革、木八册,集善惡感應事,文圖相配,每事一圖,並加箋注、引經。

《凡例》云:"《感應篇》者,非孔孟之書也,乃讀其詞,繹其義,福善禍淫,深有符於聖賢之旨,且本朝曾命詞翰諸臣翻譯刊布,則其非異端之書也明甚。自宋以來,注釋斯篇者,指不勝屈。兹特博採諸家之要,參互考訂,爲之箋注,爲之引經,爲之繪圖徵事,彙成一帙,名曰《感應篇圖説》。展卷犂然,雅俗共曉。庶幾有裨於彰善癉惡,聖賢勸戒之意云爾。"

許氏此書初刻於順治十四年,《凡例》"不憚繁費,雕梨刻棗,閱三年而告成"云云可證。當時請名家李藩繪圖、旌邑鮑承勛刻梓,其後又多有補刻、重刻、改刻者。館藏另一部清刻本《太上感應篇圖説》,題"關中張錡宗鄲重輯",卷末有"附宮允許鶴沙先生覆璞庵原札",爲許纘曾致張璞庵札,云:"令親張年翁,欲重鐫《感應篇》行世,此時於名利場中,得一同善之友,不覺爲之眉舞。但弟所刻原本,聞見荒疏,考訂未備,恐不足爲定本。前滇中亦有翻刻者,悉照原板,後都門復有翻刻者,稍爲删定,更覺精工,而篇首姓氏即係刻者自出名。至有行至外洋者,可見好善之念,人有同心。居今之世,而能捐金作勸善之舉,真可敬可慕矣……惟望早鳩工匠,樂觀厥成。弟亦須裁紙借刷,以應四方之求。"由此可知,許氏在世時此書即多有翻刻、改刻者。

因許氏出自天主教世家,而《太上感應篇圖説》爲道家者言,故陳垣先生除撰文考論許氏行實、思想外,並有《記許纘曾輯刻太上感應篇圖説》一文(載《圖書季刊》第三卷第四期),論是書輯刻情況。文云:"夫《感應篇》道家言也,而爲之圖説者,乃天主教世家,則關係大也。"陳氏列其所見是書版本,除順治十四年許纘曾原刻本外,又有順治末梁化鳳印本、康熙間存桂齋改刻本、乾隆十年長蘆鹺使伊拉齊覆刻存桂齋本、乾隆十九年嘉興朱日豐重訂本、乾隆二十三年蔚州僧際常覆刻許氏本等數種。今此本卷前帥家相序有"余來治蔚之明年,僧際常將重鋟是書,偕檀施高瑗諸人丐言於余"之語,序後有際常等人題名,未知是否即陳氏所見之際常刻本。

館藏張錡重輯本卷末"附宮允許鶴沙先生覆璞庵原札"又云:"先慈係滬城徐相國孫女,生平以理學爲宗。前見此書,以爲非孔孟心傳,故易簀時,戒不必廣行。今既有善信續行,將賤名一條,即換令親大名,不必仍用舊銜,遵先志也。刻中有應更改應增删者,因時制宜,悉聽裁酌。"此中述及纘曾母於是書之態度。纘曾母徐太夫人,爲徐光啓孫女,篤信天主,建堂刊書,名聞歐洲,《中國天主教史人物傳》有傳。而纘曾此書爲道家言,故徐太夫人"戒不必廣行"。纘曾一方面嘉許張氏重刻之舉,並要裁紙借刷;一方面又遵母志,不欲署己名。對於此書之矛盾心態可見,此亦可爲陳垣先生謂其宗教觀念不明確之一證。

此本有扉頁,刻"太上感應篇圖説"並小字云:"感應篇一書,海內名家後先發明者,指不勝屈。此刻博採諸家纂述,仿佛通俗演義之意,訪求名筆,每事繪圖。又遍覓旌邑良工,雕鏤三載,方得竣事。俱用梨棗鑲成,製墨扣印。日後有翻板者,誠係好善一念。但恐圖畫草率,魯魚蒙刺,且滿文點畫,絲毫不可假借,外省梓人未諳書法,必致以錯誤取咎。如有發願廣播者,不妨自備紙張竟來刷印,因工料不敷,未能遍送故也。"首幅圖刻有小字"華亭價人李藩寫"、"旌邑鮑承勛刻"。

《中國古籍善本書目》著錄清順治十四年刻本,遼寧省圖書館一家藏。《北京圖書館古籍善本書目》著錄有清初刻本。

1804 明萬曆刻本雲笈七籤

T1921/1312B

《雲笈七籤》一百二十二卷,宋張君房輯。明萬曆張萱清真館刻本。三十六冊。半頁九行二十字,四周單邊,白口,單魚尾,書口上方刊"清真館雲笈七籤"。框高 19.5 釐米,寬 13 釐米。題"宋張君房輯;明張萱訂"。前有序(缺後半)。

張君房,字尹才。岳州安陸人。景德間進士。官尚書度支員外郎,充集賢校理。祥符中,自御史臺謫官寧海,適真宗崇尚道教,盡以秘閣道書付杭州,俾戚綸、陳堯臣校正。綸等同王欽若薦君房主其事。君房乃編次成《大宋天宮寶藏》四千五百六十五卷進之,復撮其精要總萬餘條,成此《雲笈七籤》。

雲笈,爲道家藏書之器。其稱七籤者,道家以天寶君説洞真爲上乘,靈寶君説洞玄爲中乘,神寶君説洞神爲下乘;太玄、太平、太清三部爲輔經;又正一、法文、遍陳三乘別爲一部,合爲七部。

是書卷一至二八,總論經教宗旨,及仙真位籍之事;卷二九至八六,則以道家服食、鍊氣、内丹、外丹、方藥、符圖、守庚申、尸解諸術,分類縷載;卷八七至一二二,則前人文字及詩歌傳記之屬,凡有涉於道家者,悉予編入,大都摘錄原文,不加論説。其引用《集仙錄》、《靈驗記》等,亦多有删削,然類例既明,指歸略備,綱條科格,無不兼該,道藏菁華,亦大略具於是。

《四庫全書總目》入子部道家類。《中國古籍善本書目》著錄。中國國家圖書館、上海圖書館等八館,臺北"國家圖書館"(三部),及美國普林斯頓大學葛思德東方圖書館、日本内閣文庫、京都大學人文科學研究所亦有入藏。按,山東大學圖書館、重慶市圖書館所藏也題明張萱清真館刻本,行款同此本,但有刻工。此書傳世最早之本爲明初抄本,藏中國國家圖書館,存二十九卷。

鈐印有"時習館圖書之印記"、"熊本書鋪上通二丁目川口屋又次郎"。

1805　明正統内府刻道藏本上清靈寶大法　T1928/3284

《上清靈寶大法》六十六卷,宋甯本立授,□王契真纂。明正統十年(1445)内府刻《道藏》本。殘二册。半頁五行十七字,上下雙邊。框高 26.7 釐米。題"洞微高士開光救苦真人甯全真授;上清三洞弟子靈寶領教嗣師王契真纂"。

甯本立,字道玄,號全真,開封人。世裔莫詳,幼養於裴氏,通醫藥卜筮諸書。得田靈虚授予道術,精靈寶大法,從學者衆。曾授上清靈寶大法與道士王契真及金允中。曾受魔祟,目盲三十年,後乃復明。年八十一歲解化,賜號贊化先生。

此爲道家齋醮科儀之書。又有金允中編者,爲四十四卷。

此爲《道藏》零本,在《道藏》正乙部,爲"驚"字號。此本殘存卷三五至三六。

1806　明宣德刻本上清靈寶濟度大成金書　T1922/7262

《上清靈寶濟度大成金書》四十卷,明周思得輯。明宣德七年(1432)楊震宗刻本。一百册。半頁十二行二十六字,四周雙邊,黑口,雙魚尾。框高 23.4 釐米,寬 14.8 釐米。題"制授履和養素崇教高士周思得修集"。前有宣德七年澹然序,宣德八年(1433)吴大節序,宣德七年周養真序。末有宣德七年楊震宗後序,宣德七年周士寧後序。

周思得,名養真。錢塘人。京師大德觀住持。少穎悟,從四十三代天師張宇初讀道家書。永樂初,召至京,嘗扈從北征,寵賚優出。宣德、正統間,累封崇教弘道高士領道録司,卒年九十二。贈通靈真人。傳見《有象列仙全傳》卷九。

是書卷一《玄教祝頌門》、《讚唱應用門》,卷二《膳詞啓建門》,卷三至九《朝真謁帝門》,卷一○《陞壇轉經門》,卷一一至一四《讚祝燈儀門》,卷一五《召魂浴食門》,卷一六至一八《受煉更生門》,卷一九《流傳利濟門》,卷二○至二二《禮成醮謝門》,卷二三至二四《登壇宗旨門》,卷二五《仙儀法制門》,卷二六至二九《合契符章門》,卷三○至三二《頒告符簡門》,卷三三《靈旛寶蓋門》,卷三四至三七《文檢立成門》,卷三八《章法格式門》、《表箋規制門》,卷三九至四○《聖真班位門》。

澹然序云:"大德觀高士周思德,遭際明朝,棟梁吾道,恭沐聖恩,屢脩金籙。其壇壝典儀,一依此式,莫不感應駢臻,諸天稱慶。常恐其文詞浩瀚,蠹朽篇帙,後人難於筆書,遂命工鋟梓,廣而傳之,以示悠久。"

周養真序云:"未幾,先生羽化,予亦多故,於是書未能無憾焉。余沉潛反覆於其間,迨今二十餘年,朝夕拳拳,不敢自逸,深愧躬行不力,老大無成,不能仰副當日期待之意,將無以見先師於洞府。遂訪求於演法吴公大節、提點楊公震宗,復得真集,間嘗竊附己意,補其散失,訂其訛謬,參以簡籙,佐以符章,通爲四十卷,名之曰《上清靈寶濟度大成金書》。壽之於梓,質諸同志,俾前脩嘉惠後學之意。"

楊震宗後序又云:"粤有制授履和養素崇教高士周先生,法諱養真,字曰思得者,毓秀會稽,崇真杭郡,精習靈寶度人之旨,行持五雷火府之法,際遇聖明,永樂間召入京師,俾以其法濟幽度顯。洪熙改元,鼎建九天雷殿,今上嗣登寶位,愈加隆眷,嘉陛清秩,勑賜大德觀額。復創彌羅寶閣,規摹宏大,像設尊嚴,金碧輝映,儼若清都紫府,實爲京師之偉觀也。暇日,迺以所傳靈虛田宗師符章奧旨,集爲全書三卷,散施四方,與同志者共。猶慮未廣,復以水南林先生修譔濟度之書,參以平昔所用諸品科範,校讎成帙,命之曰《上清靈寶大成金書》,凡四十卷,遂捐己貲,命工繡梓,印行於世。"

目錄後有"雲間方嘉刊"。

《四庫全書總目》未收。《中國古籍善本書目》著錄。上海圖書館、天津圖書館等五館,臺北"國家圖書館"(作明宣德七年原刻本),及美國普林斯頓大學葛思德東方圖書館亦有入藏。

1807　明隆武刻本文昌化書　　　　　　　　T1932/0625

《文昌化書》五卷。明隆武元年(1645)閩邑徐鍾震刻本。二册。半頁九行十八字,左右雙邊,白口,單魚尾。框高19.6釐米,寬13.3釐米。題"閩中劉以修楙卿父訂正;閩邑徐鍾震器之父較梓"。前有科儀;成化十三年(1477)敕諭;成化十五年(1479)御製護國文昌帝君廟碑。末有隆武元年徐鍾震跋。

文昌,即梓潼帝君,道教神名。相傳姓張名亞子,居蜀七曲山,仕晉戰死,後人立廟紀念。唐宋時屢封至英顯王。元仁宗延祐三年曾封爲"輔文開化文昌司祿宏仁帝君",道家謂玉帝命梓潼掌文昌府及人間功名、祿位事,因此稱梓潼帝君。卷五爲附錄,爲祭梓潼帝君文等。

徐鍾震跋云:"閩蜀相去萬里,梓潼帝君《化書》,傳者甚少,其祠祀則不乏,誠囿焉,掌天曹桂籍之說也。殊不知其道通三教,化顯歷朝,司善惡之權,握文章之柄者,其功咸始於孝友,載在周詩,班班可考。劉老師縉符入閩,首攜是書,故其臨民出政,正直謙和,一一本於《化書》之教者,民愛之不啻若慈母。及移治三山,亟欲廣行是書,震獲與較售之役,私心竊喜,當茲劫運方興之時,欲化閻浮大地爲樂育世界,則舍是書無繇矣。"此所題"劉老師"者,爲劉以修,四川閬中人,明崇禎十三年進士。

《四庫全書總目》未收。《中國古籍善本書目》未著錄,僅有《文昌化書》二卷別錄一卷(明萬曆二十九年王季通刻本,上海圖書館藏)、《文昌化書別錄》一卷(明崇禎刻本,中國科學院圖書館藏)、《繡像文昌化書》四卷(清康熙二十五年周長年刻本,中國國家圖書館藏)。此本日本內閣文庫亦有入藏。

鈐印有"北岡藏書"、"可人堂"。

1808　清乾隆刻本文帝全書　　　　　　　　T1920.3/0085

《文帝全書》五十卷《藝文附錄》一卷,清劉體恕輯;清關槐增輯。清乾隆三十九年(1774)王世陛等刻本。二十四册。半頁九行二十一字,左右雙邊,白口,單魚尾。框高19.7釐米,寬13.3釐米。題"義陵劉體恕無我彙輯;古鼎劉廣恕、古渝金本存、古鼎劉悟誠全訂;仁和關槐柱生校定"。前有乾隆四十年(1775)王世陛序,彭啓豐序,乾隆三十九年吳穎芳序,乾隆三十九年關槐序;《凡例》十九則;舊序;姓氏。卷五〇末有乾隆三十九年蔡來鶴跋。

劉體恕,後更名樵,字柯臣,號無我,湖南漵浦人。官古州司馬。又有《呂祖全書》。事見本書及《呂祖全書》前後序跋。

關槐,字柱生,號晉卿,又號晉軒、雲岩、曙笙,晚號青城山人,浙江仁和人。秀骨天成,豐神絕世,讀書一目數行,工詞章翰墨,脫穎不群。乾隆四十五年傳臚,散館授翰林院編修,督廣東學政,官至禮部左侍郎。《詞林輯略》卷四、《墨香居畫識》卷三有傳。

文昌帝君爲道教尊奉之神,掌功名利祿,民間多虔信。乾隆八年(1743)劉體恕集文帝諸書及事蹟,編爲《文帝全書》三十二卷,鑴刻行世。此本則關槐於三十二卷本基礎上加以增訂者。《凡例》云:"是書劉氏德馨堂舊本卷三十二,自卷一至卷二十四爲内函,卷二十五至卷三十二爲外函。《玉局心懺》、《躬行心懺》、《清静法要》、《清静法程》、《禄嗣秘訣》、《坤寧妙經》六册,題曰《群真著述》,不列全書之内。今增訂五十卷,内外之分,一仍其舊。"

是本卷一至三〇爲内函,其中卷一爲本傳及靈驗事蹟,卷二以下爲化書、忠經、孝經新注、大洞經示讀注釋、本願經、救劫經、延嗣經、應驗經、聖訓、陰隲文句頌、陰隲文注證、丹桂集注案、蕉窗十則注解、戒士文徵信錄、慾海廻狂寶訓集説。卷三一至五〇爲外函,依次爲大洞吉祥神咒、開心神咒注釋、大洞紫陽寶籙、大洞治瘟寶籙、玉局心懺、躬行心懺、文昌心懺、克治清静法要、克治清静法程、禄嗣秘訣、坤寧經箋注、質神錄、聖誥、聖卷誥、群真誥。末附《藝文》,錄歷代題詠詩文並集唐籤詩。

蔡來鶴跋云:"義陵劉體恕舊有刻本,爲卷三十有二,而魯魚亥豕,往往不乏。武林關君柱生,徵求善本,譌者訂之,逸者廣之,補綴離合,增輯爲五十卷,義載凡例,仍名之曰全書。視劉本則覈而詳矣。鶴與關君謀登剞劂,以公諸世,幸桂香集中王君雲軒等捐貲以贊厥事,基始於癸巳五月,而蕆事則甲午冬仲也。"王君雲軒即王世陞,字履階。據蔡跋可知,是本之刻,在乾隆三十九年已告完成,乾隆四十年又增入王世陞序。勷梓姓氏列十人,以王世陞爲首。

此本有扉頁,刻"文帝全書。武林王履階增鑴。仁和關槐校訂",並鈐朱記:"此書敬請家庭供奉,不但驅邪解厄,而且諸事吉祥,消災降福,靈應異常。汪繩武敬啓。"

鈐印有"名古屋陸軍地方幼年學校"、"東京陸軍幼年學校圖書之印"。

《中國古籍善本書目》不收。《内閣文庫漢籍分類目錄》子部道家類著錄。另北京大學圖書館亦有收藏。

1809 清乾隆刻本呂祖全書   T1920.3/6624.2

《呂祖全書》六十四卷,清劉體恕輯,清邵志琳增輯。清乾隆四十年(1775)王世陞等刻本。二十八册。半頁九行二十一字,左右雙邊,白口,單魚尾。框高 20.8 釐米,寬 13.6 釐米。題"義陵劉體恕無我彙輯;黄誠恕一行、劉允誠清虚參訂;武林王世陞雲軒重鑴;錢塘邵志琳純一增校"。前有乾隆四十年王世陞序,彭啓豐序,乾隆四十年吴穎芳序,乾隆四十年趙金簡序,乾隆四十年沈吴坤序,乾隆四十年邵志琳序,王世陞序;《凡例》三十二則;原序;姓氏。卷五〇末有乾隆四十年蔡來鶴跋。

劉體恕,見清乾隆刻本《文帝全書》。

邵志琳,字儒珍,號純一,浙江錢塘人。

是書劉體恕所輯原本三十二卷,彙集有關呂洞賓事蹟傳説及著作。此邵志琳增輯本,釐爲六十四卷,《凡例》於增輯修訂體例言之甚詳。其内容序次與三十二卷本有異,依次爲《呂祖本傳》、《靈應事蹟》、《忠誥》、《孝誥》、《前八品仙經》、《後八品仙經》、《五品仙經》、《清微三品經》、《參同經》、《聖德諸品經》、《醒心經》、《廣慧超劫經》、《延生證聖經》、《先天一炁度人妙經》、《心經》、《金丹示掌初編》、《三寶心鐙》、《訓世文》、《金剛經注釋》、《玉樞經讚》、《靈寶畢法小乘》、

《靈寶畢法中乘》、《靈寶畢法大乘》、《修真傳道集》、《文集》、《葫頭集》、《涵三雜詠》、《涵三語錄》、《指玄篇》、《渾成集》、《名壇新詠》、《語錄會粹》、《福報指南》、《儒道同源》、《群言會粹》、《藥石製》、《金華宗旨》、《金丹種子》、《警世功過格》、《十戒十行垂訓》、《度厄救劫救苦滌氛四神咒》、《雪過修真仙懺》、《敲爻歌沁園春百字碑注解》、《廣化真經》、《治病仙方決疑籤詩》、《金丹救劫度人寶懺》、《慈航無極寶懺》、《證道成真心懺》、《禪宗正指》、《呂祖誥》。

是書刻在《文帝全書》之後，亦由王世陞捐資，蔡來鶴等協同刊刻。蔡跋云："昔劉體恕先生梓輯《呂祖全書》，又梓輯《文帝全書》，各三十二卷，並行於世。今關君柱生於《文帝全書》為增輯至五十卷，鶴與關君既釀錢以授之鋟，適邵君儒珍復增輯《呂祖全書》，鶴因盡出所藏懿訓若干，與邵君參互考訂，計為卷六十有四，亦謀登諸梨棗。賴王君雲軒欣然捐貲，爰開雕於甲午八月，而藏事則乙未七月也。"

王世陞等刻是書及《文帝全書》，卷前皆有王世陞敘。《文帝全書》王氏序有"故特秉誠心，增刊流布，仰希貴國衆善奉行，同心向道"之語。此本王氏序又云："今陞遍加訪訂，幸獲大全，竊思貴國地本蓬瀛，人敦古道，善言所佈，咸樂遵行。故特遠奉全書，載揚祖化。惟冀廣為宣布，敬謹流傳。"王氏此二序似專對東瀛日人而言。按，王氏所刻此二本，國內各館收藏甚稀，而館藏此二本皆由日本傳來。或當時所刻，即以日人為售賣對象，故專為二序以廣佈流傳。

此本有扉頁，刻"呂祖全書。武林王履階敬刻。錢塘邵志琳增輯。板貯西湖瑪瑙講寺南房"。扉頁後之空白頁鈐有"汪繩武敬啓"朱記，與《文帝全書》所鈐同。

鈐印有"谷澤藏書"。書衣鈐墨色木記："北越，苫屋德兵衛，直江津今町港。"

《中國古籍善本書目》不收。《京都大學人文科學研究所漢籍分類目錄》子部道家類著錄。另中國國家圖書館、臺灣大學圖書館、日本島根縣圖書館亦有收藏。

1810　清乾隆刻本金仙證論、慧命經

T1920.8/4247

《金仙證論》一卷《慧命經》一卷，清柳華陽撰。清乾隆五十八至五十九年(1793—1794)刻嘉慶增刻本。六冊。半頁九行二十三字，左右雙邊，白口，單魚尾。有圖。框高18.1釐米，寬12.7釐米。《金仙證論》題"江右株林橋傳盧柳華陽撰並注；洪都後學無霞道人高雙景參定"。前有乾隆五十七年(1792)吾祖望序，乾隆五十五年(1790)高雙景序，乾隆五十六年(1791)釋妙悟序。《慧命經》題"江右株林橋傳盧柳華陽撰並注；山陽後學一陽參訂"。前有乾隆五十九年孫廷璧序，乾隆五十九年柳華陽自序。

柳華陽，字傳盧，江西湖口人。自幼好佛，後於雙蓮寺落髮。於三教之師，靡不參究，後得傳金丹秘旨，遂入道門。事見《慧命經》自序。

明末伍守陽，號沖虛子，倡仙佛合宗，著有《天仙正理》、《仙佛合宗語錄》。柳華陽繼承伍守陽之說，著為《金仙證論》、《慧命經》，闡其丹法要旨，後人稱為"伍柳派"，並將兩人的四部著作合刻，稱《伍柳仙宗》。"伍柳派"修丹主清靜修持，仙道為宗，佛法為用，仙佛合宗，為道教內丹修煉的一大門派。《金仙證論》包括《序煉丹》、《淺說》、《煉已》、《小周天藥物直論》、《小周天鼎器直論》、《風火經》、《效驗說》、《總說》、《圖》、《圖說》、《顧命說》、《風火煉精賦》、《禪機賦》、《妙訣歌》、《論道德沖和》、《火候次序》、《任督二脈圖》、《決疑》共十八篇，末附增刻之《危險說》、《後危險說》。《慧命經》又名《最上一乘慧命經》，包括《漏盡圖》、《六候圖》、《任督脈絡圖》、《道胎圖》、《出定圖》、《化身圖》、《面壁圖》、《還虛圖》、《集說慧命經》、《正道修煉直論》、《正道功夫直

論》、《正道禪機直論》、《雜類說》、《決疑》共十四篇。

《金仙證論》卷末刻一行"乾隆癸丑年上元吉日江蘇祝其會然居士發心刻行"。《慧命經》卷末刻一行"安省司下坡文盛堂周永言刻字店鐫"。《金仙證論》後有《危險說》、《後危險說》,署"嘉慶四年端陽前五日華陽著於北京仁壽寺",當為嘉慶間增刻者。

《金仙證論》前有扉頁,刻"金仙證論。柳華陽著。乾隆癸丑年。板藏安慶府大南門外潔王廟內"。《慧命經》前扉頁刻"慧命經。柳華陽著。乾隆甲寅年。板藏安慶府大南門外潔王廟"。《續修四庫全書總目提要(稿本)》著錄《金仙證論》,云:"其書蓋本之沖虛直論,以衍其緒,而於下手功夫,條分縷析,不厭求詳。不惟可使道家修煉得其舟梯,即沖虛之書,亦賴之而益顯,誠沖虛之功臣也。"

二書道光、同治、光緒間皆有刻本,而此乾隆本不多見。《中國古籍善本書目》不收。

1811　清道光木活字本玉樞經籥　　T1922.1/1432

《玉樞經籥》二十四卷首一卷,清姚燮撰。清道光二十五年(1845)洞梵閣木活字印本。六冊。半頁九行十九字,四周雙邊,白口,單魚尾。書口下刻"洞梵閣"。框高18.6釐米,寬12.5釐米。題"復莊姚氏注"。前有道光二十五年姚燮自序,道光二十五年張培基序,道光二十五年盧派序,道光二十五年郭傳璞序;《例言》十二則。卷末有《校譌》;道光二十五年袁青湘跋。

姚燮,字梅伯,號復莊,浙江鎮海人。道光十四年舉人。生具異稟,自經傳子史至叢書小說,旁逮道藏釋典,靡不覽觀,博學多識。於詩、詞、曲、駢文等皆負盛名,又長繪畫。生平足跡遍於江南北,而寓居寧波最久。同治三年卒,年六十。有《復莊詩問》、《復莊文榷》、《疏影樓詞》、《今樂考證》等。《清史列傳》卷七三及《續碑傳集》卷八一有傳。

盧派序云:"復莊姚子年前以攻苦受羸,醫不能效,因至郡羽士觀齋心閉關者數月,病遂霍然。博覽道藏,窮精蘊,取《玉樞經》而注解之。上至性理道德之說,下及百家九流之賾,靡不搜採,以洗發其元妙,務使讀是經者開卷了然,易繁而艱者簡且易,險而奇者平且常,高而遠者卑且邇,一歸於大中至正,使人人得以領悟會通,戒慎恐懼,取益於民生日用父子君臣之道而後已,則所志顧不遠哉。名之曰籥,蓋將啓其重扃而導夫入門之先路也。"

此本以木活字印,當時刷印僅三百部。關於此本印製情況,袁青湘跋有云:"書既成,適暨陽魯君挾聚珍板來業吾郡,因附之編印焉。凡二十有四卷,其捐輸印貲紙費以襄成是舉者,則周君掄山、水君聽橋、陳君博山、李君茂生、李君靜嵒、唐君小梅也。"《凡例》亦云:"是注既成,以聚珍版印三百部,不能廣為流傳,亦幸中之一憾。"

有扉頁,刻"玉樞經籥",背面刻:"道光二十五年九月聚珍板印三百部"。

《販書偶記續編》著錄。《中國古籍善本書目》不收。中國國家圖書館、中國人民大學圖書館有藏。

鈐印有"居易草堂"、"補蘭軒珍藏印"。

1812　明萬曆刻本性命雙脩萬神圭旨　　T1938/9842

《性命雙脩萬神圭旨》四卷。明萬曆四十三年(1615)吳之鶴刻本。四冊。半頁十一行十八字,無邊框及界欄。前有鄒元標序,萬曆四十三年佘永寧序。末有萬曆四十三年吳之鶴跋。有圖，頗精。

此爲道家修行之書。道家以内功養性，外功養形，性功煉神，命功煉形，名爲性命雙修之功。道教内丹各派，皆以此爲宗旨。《中和集》卷四：「高上之士性命兼達，先持戒定慧而虛其心，後煉精氣神而保其身。身安泰則命基永固，心虛澄則性本圓明，性圓明則無來無去，命永固則無死無生，至於混成圓頓，直入無爲，性命雙修，形神俱妙也。」據傳吕洞賓作《敲爻歌》：「只修性，不修命，此是修行第一病。」

是書傳爲尹真人弟子所著。據亨集中《口訣涵養本原救護命寶》引羅念庵（羅洪先）語，則此書之作當在嘉靖至萬曆間。

書分元、亨、利、貞四集，均以圖配文，闡述内功修煉過程及細節，兼采儒、釋之旨，而大要仍歸於道教。元集爲總論，前刻《三聖圖》，以詩讚老君、釋迦、孔子，彰三教合一之説。次爲《大道説》、《性命説》、《死生説》等三十三篇。後三集爲内丹法口訣，並次第解説，每集三節，其目爲：第一節《口訣涵養本原救護命寶》、第二節《口訣安神祖竅翕聚先天》、第三節《口訣蟄藏氣穴衆妙歸根》、第四節《口訣天人合發採藥歸壺》、第五節《口訣乾坤交媾去鑛留金》、第六節《口訣靈丹入鼎長養聖胎》、第七節《口訣嬰兒現形出離苦海》、第八節《口訣移神内院端拱冥心》、第九節《口訣本體虛空超出三界》。繪圖所示經脉穴位較爲準確，爲内丹書中之佳作。

鄒元標序云：「是書出尹真人高第手筆，蓋述其師之意而全演之。中間所載諸圖説及修行節次功夫，可謂詳且盡矣。玄家書汗牛充棟，而直指微妙，無踰此編，棲真者儻能藉此而入道，不亦希有事哉！」

佘永寧序又云：「里有吴思鳴氏，得《性命圭旨》於新庵唐太史家，蓋尹真人高第弟子所述也。藏之有年，一日出示豐干居士。居士見而悦之，謂：『其節次功夫，咸臻玄妙，而繪圖立論，尤見精工，誠玄門之秘典也。』因相與公諸同志。」

吴之鶴跋云：「之鶴無似，在垂髫時，竊慕道真，乃於外祖唐太史新庵先生故篋中，得《性命圭旨》一集，説者以爲本之浙東世家所藏。余珍之二十餘年，雖未能頓契玄筌，而人天境界稍稍領悟。今乙卯出示豐干居士，大慊賞心，因請公諸同志。」之鶴，字思鳴。

此本有扉頁，刊「性命雙脩萬神圭旨」，字體作篆，書名四周爲朱藍雙色套印之花卉圖案。

《四庫全書總目》未收。《中國古籍善本書目》著録。中國國家圖書館、上海圖書館等十館入藏。按，此書又有天啓二年程于廷重修本，中國國家圖書館、南京圖書館等五館，及美國國會圖書館入藏。此外又有明胡虞潢刻本，僅河南省圖書館藏。臺北「國家圖書館」有舊抄本。

鈐印有「星巖圖書」。

1813　清康熙刻本性命雙修萬神圭旨　　　T1938/9842B

《性命雙修萬神圭旨》四卷。清康熙刻本。四册。半頁十一行十八字，無邊框及界欄。前有康熙九年（1670）李樸序，康熙八年（1669）尤侗序，明萬曆四十三年（1615）佘永寧序，鄒元標序。

是書相傳爲尹真人弟子所著，全書分元、亨、利、貞四集，以圖配文，闡述内煉理論與功法，是有影響的道教内丹著作。館藏另有明萬曆四十三年吴之鶴刻本，是本當據萬曆本翻刻者，版式、字體皆與萬曆本同，唯圖畫偶有差異。元集第一圖《三聖圖》，萬曆本繪儒、釋、道三聖坐像，各配四句七言詩，此本無圖無詩，僅標題及兩行文字而已。

此本有扉頁,刻"性命圭旨。尹真人秘授。棲鄂堂藏板"。"玄"字避帝諱。

《續修四庫全書總目提要(稿本)》著録,云:"書中或師龍虎經、參同契之意,或採六十四卦之象,或據楞嚴諸經之義,融會貫通,同途合轍,雖以釋道二教與儒家合爲一堂,而大要不離於姓命雙修之理,固未可以附會學術源流而少之也。"

《中國古籍善本書目》著録有明萬曆四十三年吳之鶴刻本及天啓二年程于廷重修本、明胡虞潢刻本、明抄本、明崇禎三年朱在錫刻本等,不收此本。《北京大學圖書館藏古籍善本書目》著録清康熙刻本,《普林斯頓大學葛思德東方圖書館中文舊籍書目》著録清康熙九年三槐堂刻本,或即此本。

鈐印有"渡邊千春遺愛書"。

1814　明萬曆刻本有象列仙全傳　　　　　　　　　　　　　T1933/4440

《有象列仙全傳》九卷,明王世貞輯,汪雲鵬補。明萬曆二十八年(1600)汪雲鵬玩虎軒刻本。六册。半頁十一行二十二字,四周單邊,白口,無魚尾,書口下間有"玩虎軒"。框高20.7釐米,寬12.6釐米。有圖。題"吳郡王世貞輯次;新都汪雲鵬校梓"。前有李攀龍序。

此書乃汪雲鵬據明張文介輯《廣列仙傳》七卷增補而成。王秋桂、李豐楙主編《中國民間信仰資料彙編》第一輯提要與總目云,《廣列仙傳》中張文介自序與此本李攀龍序基本相同,李序僅"略加更易數字",故李序乃後人僞托。李序云:"倘逢習静山中,澹然無事,因念劉向、陶弘景二神仙傳所載,僅漢晉以上,而六朝逮今闕焉,讀者少之。迺搜群書並二傳舊所載者,共得四百九十七人,合而梓之,名曰《列仙全傳》。"

是書所收上起上古,下迄明代弘治末年。卷一至卷八共收四百九十七人,卷九題"新都後學汪雲鵬輯補",增八十四人,總共五百八十一人。又李序後刊"新都汪雲鵬書",僞托李攀龍序者,當爲汪氏無疑。

汪雲鵬,字光華,歙縣人。其玩虎軒爲萬曆間新安名肆之一,刊戲曲圖書不少,多有圖,頗精工。其所刻今存者尚有《養正圖解》、《重校孝義祝髮記》、《會真記》、《琵琶記》、《新鐫紅拂記》、《謇徵歌集》等。

此本有扉頁,刊"繪像列仙全傳"。刻工爲黄一木,所刻雋雅秀麗,精密細巧,爲徽派版畫之典型。又李攀龍序後佚去半頁。

《四庫全書總目》未收。《中國古籍善本書目》著録。中國國家圖書館、上海圖書館等六館,及日本内閣文庫亦有入藏。按,中國國家圖書館又有明刻清初德讓堂重修本。日本有慶安三年(1650)刻本。

鈐印有"四友樓藏書章"。

1815　明萬曆刻套印本楚辭　　　　　　　　　　　　　T5240/1133.2

《楚辭》二卷,楚屈原、宋玉、漢賈誼等撰。明萬曆四十八年(1620)閔齊伋刻三色套印本。二册。半頁九行十九字,四周單邊,白口,無魚尾,書眉上刻評,書口下刻頁數。框高21.4釐米,寬14.5釐米。

卷末刊"皇明萬曆庚申烏程閔齊伋遇五父校"一行。評及後之敘説,皆分墨、朱、藍三色。

末又有"閔"、"齊伋"小印。

金鑲玉裝。

《中國古籍善本書目》著錄。南京圖書館、浙江圖書館等二十八館,臺北"國家圖書館"(兩部)亦有入藏。

1816　明萬曆刻本楚辭章句　　　　　　　　　　　T5240/1133.3

《楚辭章句》十七卷,漢王逸撰;附錄一卷。明萬曆十四年(1586)馮紹祖觀妙齋刻本。八冊。半頁九行十八字,左右雙邊,白口,無魚尾,書眉上刻注,書口下有"杭州郁文瑞書"。框高21.6釐米,寬13.9釐米。題"漢劉向子政編集;王逸叔師章句;明後學武林馮紹祖繩武父校正"。前有萬曆十四年黃汝亨序,萬曆十四年馮紹祖後序;《凡例》五則。

王逸,字叔師。湖北宜城人。漢安帝元初中爲校書郎,順帝時官至侍中。著有賦、誄、書、論等二十一篇及《漢詩》一百二十三篇,原有集,已散佚。明張溥輯有《王師叔集》。事蹟見《後漢書》卷一百十《文苑傳》。

逸生長楚地,對屈原之遭遇,異代相感,深表同情,讀《楚辭》而傷愍屈原,故作此書。此書以劉向輯《楚辭》作底本,爲之解說,爲現存最早之一部完整《楚辭》注本。原書十六卷,今流傳之本爲十七卷。編次爲《離騷》、《九歌》、《天問》、《九章》、《遠遊》、《卜居》、《漁父》、《九辯》、《招魂》、《大招》、《惜誓》、《招隱士》、《七諫》、《哀時命》、《九懷》、《九嘆》、《九思》。因《九思》爲王逸自作自注,故後人疑爲他人增入。

逸注《楚辭》,逐句作解,謂爲訓詁,所言多有依據,故深受後代《楚辭》注家重視。

是書附錄爲司馬遷撰《屈原傳》、各家《楚辭》書目、《楚辭章句》總評。書眉上端雜引各家論說章節大義,或行文脈絡,亦載韻字叶音,大體用朱熹所錄之說。

馮紹祖序云:"是編也,不佞非以益騷,而聊以畢其所慕,縈起窮愁而揄伊鬱也。若曰或邛之而或抑之,則不佞烏敢開罪靈均,而爲叔師引咎哉!嗟乎!子雲反騷,至其論玄也,則謂千載之下有子雲。謂千載之下有子雲者而知玄,毋乃謂千載之下有屈子者而知騷乎哉!"紹祖,字繩武,鹽官人。

刻工又有信中、信文、子信、英中、臣等。

《四庫全書總目》入集部楚辭類。《中國古籍善本書目》著錄,中國國家圖書館、上海圖書館等三十一館亦有入藏。臺北"國家圖書館"有《觀妙齋重校楚辭章句》十七卷,作明萬曆十四年武林馮氏刻本,或即同此本。日本內閣文庫、尊經閣文庫亦有入藏。

鈐印有"內藤虎印"。